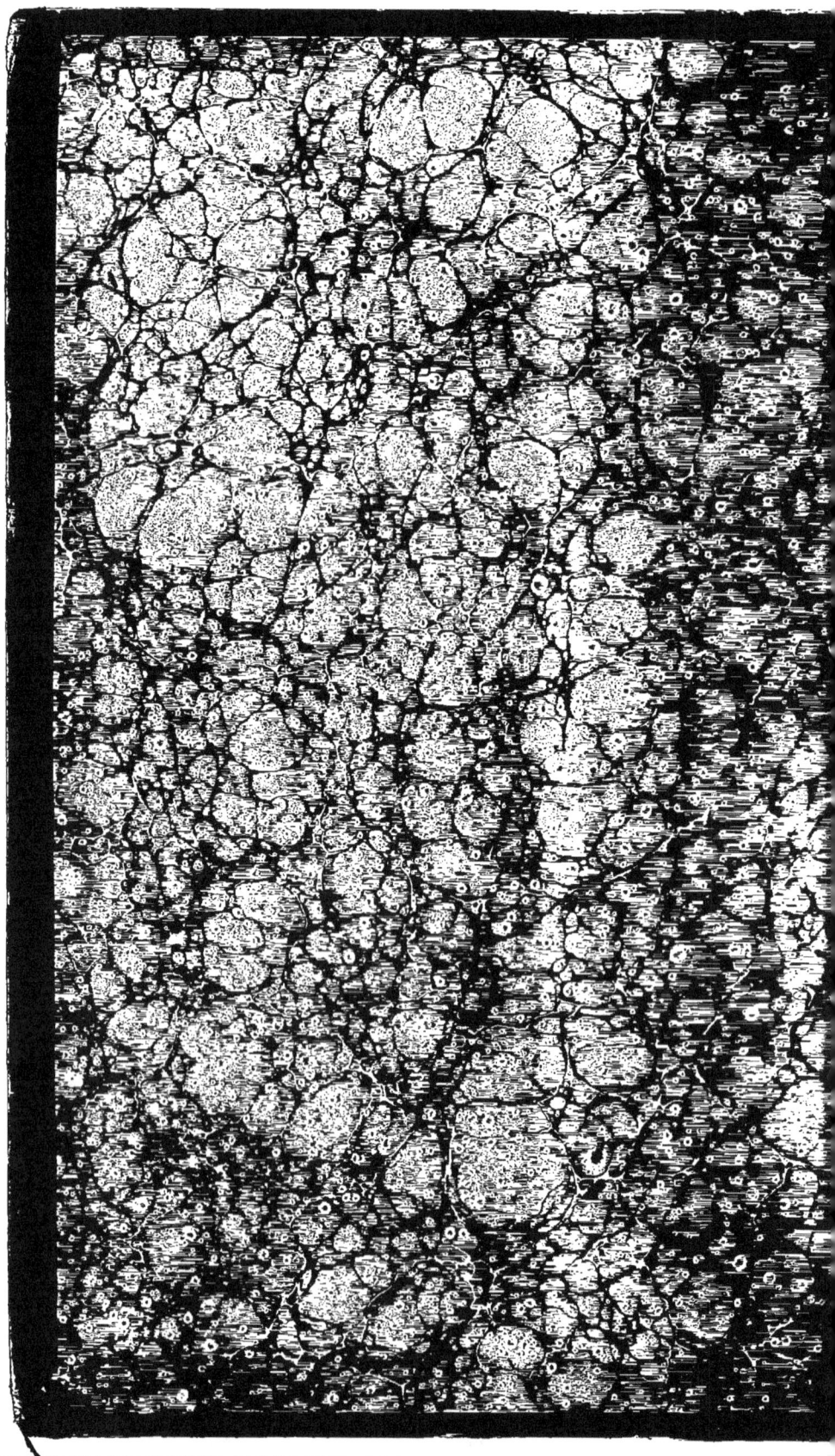

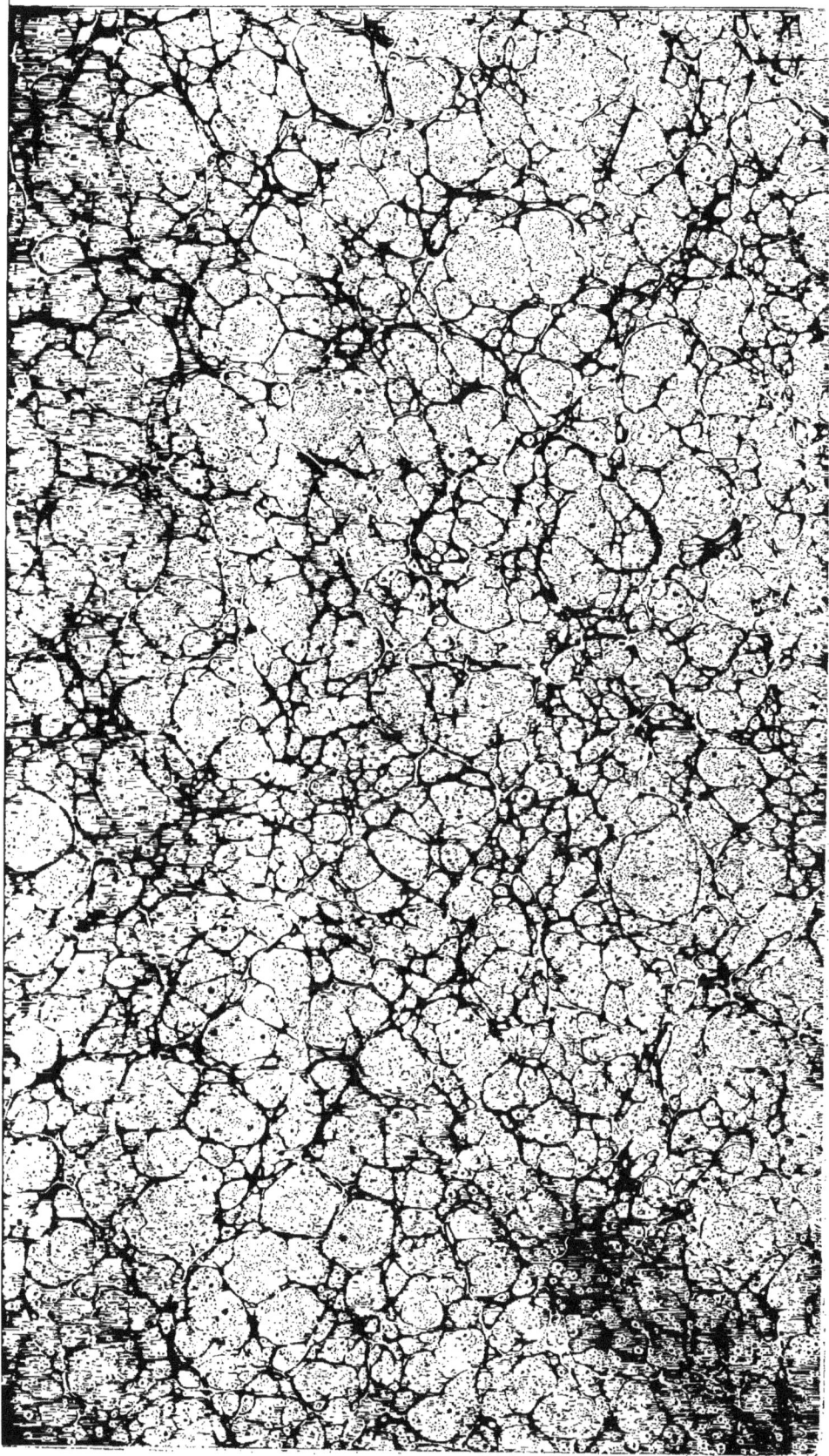

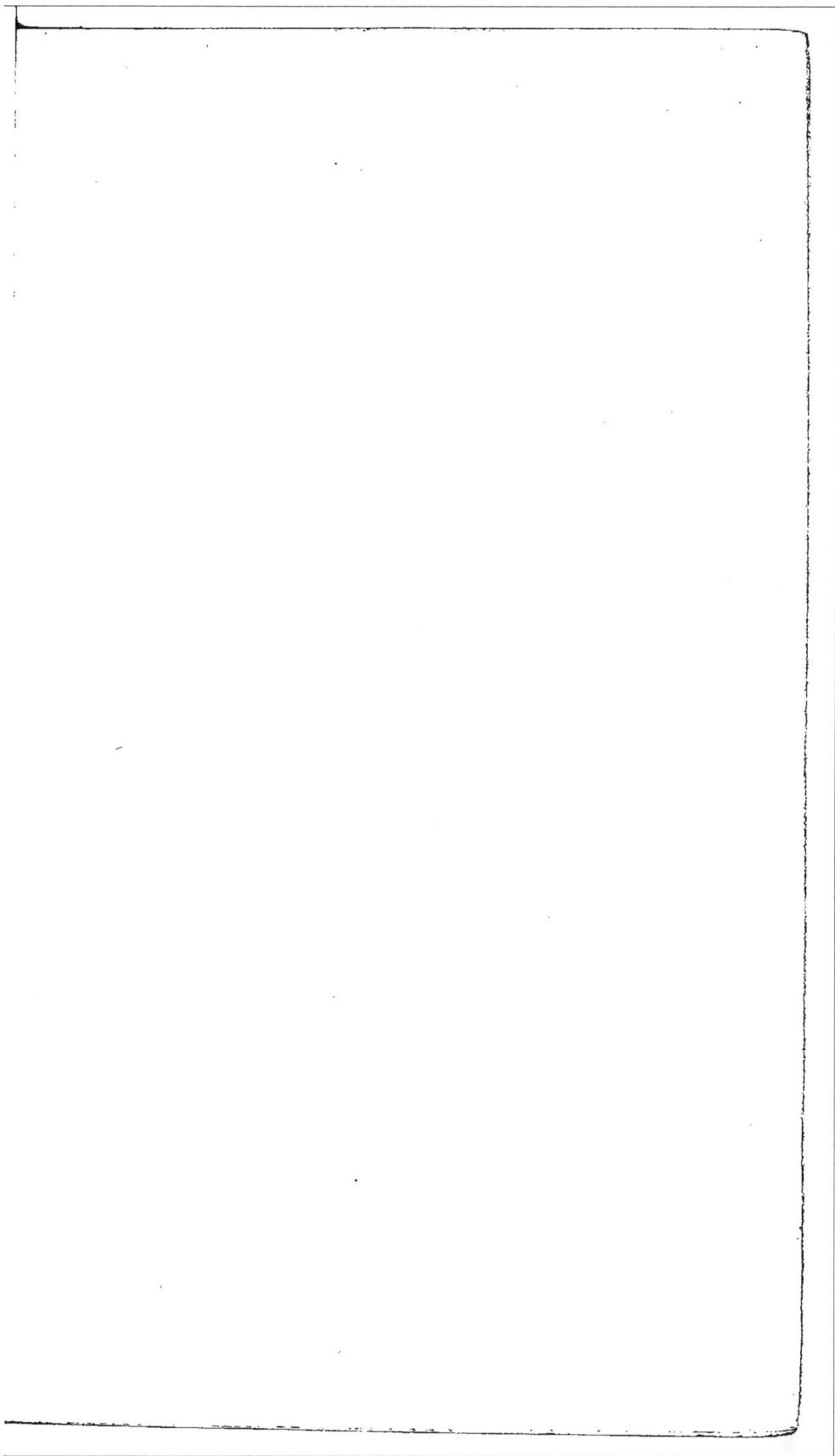

EXPLICATION

THÉORIQUE ET PRATIQUE

DU CODE NAPOLÉON

V

TRAITÉ DU CONTRAT DE MARIAGE

et des droits respectifs des époux; par MM. RODIÈRE, professeur à la Faculté de droit de Toulouse, etc.; Paul PONT, conseiller à la Cour de cassation. 2e édition (1865). 3 vol. in-8. Prix. 27 fr.

RÉPERTOIRE GÉNÉRAL DE L'ENREGISTREMENT

ou **Nouveau Dictionnaire des droits d'enregistrement, de transcription, de timbre, de greffe, et des contraventions dont la répression est confiée à l'Administration de l'Enregistrement.** — 3 vol. in-4o à deux colonnes, contenant la matière de 30 vol. in-8 ordinaires, par M. GARNIER, député au Corps législatif, ancien employé supérieur de l'Enregistrement et des Domaines. 19e *tirage*, 4e *édition*, mise au courant de la jurisprudence jusqu'au 1er janvier 1857. Prix, 42 fr.; *franco*, 47 fr.

Moyennant ce prix, on reçoit gratuitement l'année courante du *Répertoire périodique*, journal qui fait suite au *Répertoire alphabétique* et qui le complète.

Les années 1857 à 1863 inclusivement dudit *Répertoire* se vendent au prix de 7 francs l'une. — Les années 1864 et 1865 coûtent 10 fr. chacune.

Abonnement annuel. — Prix, 12 fr. payables d'avance.

L'Administration aura toujours, à la disposition des demandeurs, des exemplaires, reliés avec soin, du *Répertoire alphabétique* et du *Répertoire périodique*.

Prix des reliures: *Répertoire général*, 3 vol. in-4o réunis en 2 vol., demi-chagrin, 7 fr. *Répertoire périodique*, deux années en un volume, demi-chagrin, 2 fr. le volume.

DICTIONNAIRE DE COMPTABILITÉ, MANUTENTION ET PROCÉDURE

À L'USAGE DES AGENTS DE L'ENREGISTREMENT, DES DOMAINES ET DU TIMBRE, ET DES CONSERVATEURS DES HYPOTHÈQUES; par Charles GÉRAUD, rédacteur à la Direction générale de l'enregistrement et du timbre. — 3 vol. in-4o, contenant la matière d'environ 15 vol. in-8. — PRIX DE LA SOUSCRIPTION: 20 FR. A partir du 15 mars 1866, le prix sera irrévocablement porté à 30 fr.

L'ouvrage dont M. Géraud annonce la publication se présente dans des conditions qui en assurent infailliblement le succès. Il y a longtemps, en effet, que les employés de l'enregistrement cherchent autour d'eux un guide qui vienne diriger leurs pas dans les sentiers multiples de la réglementation qui les enserre de toute part.

A ce titre, l'ouvrage annoncé remplit une véritable lacune, et les précédents de M. Géraud, qui a déjà obtenu un légitime succès par la publication de son TRAITÉ D'ENREGISTREMENT ET DE TIMBRE, *sont un sûr garant du soin qu'il aura apporté à la création de son nouveau livre: intelligente rédaction, méthode irréprochable, telles seront, à coup sûr, les qualités distinctives du Dictionnaire.* GARNIER.

TRAITÉ PRATIQUE ET THÉORIQUE DES RADIATIONS HYPOTHÉCAIRES

contenant le développement des principes, l'examen de la jurisprudence, et la discussion des questions controversées; ouvrage faisant suite au *Dictionnaire du Notariat*, et mis en concordance avec le *Journal des Notaires*, le *Journal des Conservateurs des hypothèques*, et plusieurs autres recueils périodiques; par M. Ernest BOULANGER, docteur en droit, rédacteur à l'administration centrale des Domaines. — 1 vol. in-8 de 700 pages. Prix, 8 fr. *franco*. — Paris, à l'administration du *Journal des Notaires et des Avocats*, rue des Saints-Pères, 52, et au Bureau du *Répertoire périodique de l'enregistrement*.

La matière des radiations est l'une des plus importantes du droit hypothécaire: aucune surtout n'offre plus d'intérêt pratique pour les notaires et les conservateurs. On pouvait donc facilement promettre le succès à un livre présentant, sous une forme attrayante et lucide, le développement complet de la doctrine et de la jurisprudence.

Le *Traité* de M. Boulanger a vite conquis les sympathies du public; les appréciations flatteuses des recueils judiciaires ne lui ont pas manqué.

Nous le recommandons particulièrement ici aux employés qui se destinent aux conservations, et qui ont besoin de s'éclairer sur les limites de leur responsabilité ainsi que sur les moyens de la mettre à l'abri.

MANUEL DE LA PERCEPTION DES DROITS DE TIMBRE

Par E.-J. DUFRESNE, vérificateur de l'enregistrement. — 1 vol. in-8 de 300 pages. Prix, 5 fr. *franco*.

MANUEL DU SURNUMÉRAIRE DE L'ENREGISTREMENT

des domaines et du timbre, par M. FLOUR DE SAINT-GENIS directeur des Domaines, officier de la Légion d'honneur. — Rédigé sur les programmes de 1864. *Huitième édition*.

Ce livre est adopté, depuis 1854, par les comités d'examen. — Prix, 7 fr. 35 c. *franco* par le retour du courrier. — *Adresser, par lettre affranchie, un mandat sur la poste.*

Paris. — Typographie de J. Best, rue St-Maur-St-Germain, 15.

EXPLICATION

THÉORIQUE ET PRATIQUE

DU CODE NAPOLÉON

CONTENANT

L'ANALYSE CRITIQUE DES AUTEURS ET DE LA JURISPRUDENCE

ET UN

TRAITÉ RÉSUMÉ APRÈS LE COMMENTAIRE DE CHAQUE TITRE ;

PAR V. MARCADÉ,

Ancien avocat à la Cour de Cassation, au Conseil d'État et du Ministère de l'Intérieur,
l'un des rédacteurs-fondateurs de la *Revue critique de la Jurisprudence*

CINQUIÈME ÉDITION,

Augmentée de plusieurs Questions et des Lois et Arrêts récents.

— 2ᵉ Tirage —

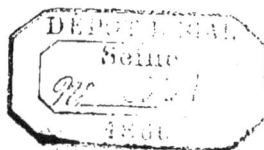

TOME CINQUIÈME

PARIS

DELAMOTTE, ADMINISTRATEUR DU RÉPERTOIRE DE L'ENREGISTREMENT

par M. Garnier,

9, RUE CHRISTINE, 9

1866

EXPLICATION
DU CODE NAPOLÉON.

LIVRE TROISIÈME.

TITRE III.

DES CONTRATS OU DES OBLIGATIONS CONVENTIONNELLES EN GÉNÉRAL.

CHAPITRE VI.

DE LA PREUVE DES OBLIGATIONS ET DE CELLE DU PAYEMENT.

I. — Le Code, dans ce sixième et dernier chapitre du titre *Des Obli-gations conventionnelles*, traite des moyens par lesquels on peut établir, soit l'existence d'une obligation, soit son extinction.

Nous disons qu'il s'agit de la preuve, soit de l'obligation, soit de l'*extinction* de cette obligation, et non pas seulement de celle du *paye-ment,* comme le dit notre rubrique et comme le disait aussi Pothier (*part.* 4). Il est évident, en effet, qu'il importe peu par quelle cause le débiteur s'est trouvé libéré, et que ce débiteur devra tout aussi bien être renvoyé de la demande quand il établira que sa dette s'est éteinte par novation, par compensation ou autrement, que lorsqu'il fera preuve d'un payement : aussi l'art. 1315 nous dit-il que le débiteur doit justi-fier le payement *ou le fait qui a produit l'extinction*... On pourrait dire, au surplus, que le mot *payement* est employé par notre rubrique dans son sens générique et pour signifier toute rupture du lien (*solutio*), tandis que l'art. 1315 l'emploie dans son acception spéciale.

II. — Ce chapitre, après avoir d'abord déclaré (art. 1315) par qui la preuve doit être faite, en posant sur ce point une règle que la raison fait assez comprendre *à priori*, va nous indiquer (art. 1316) cinq classes de preuves dont chacune sera l'objet d'une section particulière.

1315. — Celui qui réclame l'exécution d'une obligation, doit la prouver.

Réciproquement, celui qui se prétend libéré, doit justifier le paye-ment ou le fait qui a produit l'extinction de son obligation.

SOMMAIRE.

I. La preuve de toute prétention incombe à celui qui la soulève et qui veut renverser l'état de choses préétabli.
II. Suite et sens des maximes *Probatio incumbit actori; — Ei qui dicit, non ei qui negat.*
III. Application du principe à l'obligation dont l'acte n'énonce pas la cause : c'est au débiteur de prouver que la cause n'existe pas. Erreur de MM. Duranton, Zachariæ, etc.

1.— La raison dit que c'est toujours à celui qui avance une allégation que son adversaire conteste, de la justifier. Quand vous élevez une prétention contre moi, et que je la soutiens fausse, c'est à vous d'en établir le fondement, et non pas à moi d'en prouver l'inexactitude.

C'est bien ainsi que l'entend notre article, quand il dit que celui qui se prétend créancier doit prouver sa créance, et que le débiteur qui se dit libéré doit établir sa libération. Mais la proposition n'est pas assez large, et il faut dire d'une manière plus générale, plus absolue, que c'est toujours à celui qui soulève une prétention nouvelle, quelle qu'elle soit, d'en faire la preuve.

Ainsi, et pour prendre ici un exemple que nous offre la disposition de l'art. 1302, si je prétends que vous vous êtes obligé à me livrer tel cheval, c'est à moi, en cas de dénégation de votre part, de prouver votre obligation ; — Si, ma créance n'ayant jamais été niée par vous ou se trouvant prouvée contre vous, vous prétendez qu'elle s'est éteinte par la mort fortuite du cheval que vous me deviez, et que je conteste ce point, c'est à vous de prouver qu'en effet l'animal a péri par accident ; — Que si, ce fait étant reconnu par moi ou établi par vous, j'allègue que cette mort par cas fortuit vous est imputable et que vous me devez une indemnité parce que, sans une faute par vous commise avant l'accident, le cheval n'aurait pas été frappé ; si je dis, par exemple, que vous étiez en demeure d'exécuter quand l'événement a eu lieu, et que sans ce retard fautif le cheval eût été soustrait à l'incendie ou à l'accident quelconque qui l'a fait périr, c'est à moi de constater la faute que je vous reproche ; — Si vous soutenez à votre tour que l'animal, dans le cas où il m'eût été livré au temps voulu, aurait péri chez moi comme il a péri chez vous, c'est à vous d'apporter la preuve de cette nouvelle allégation (1).

II. — Il ne faudrait donc pas s'aviser de prendre au pied de la lettre la règle *actori incumbit probatio*, et croire que c'est toujours à celui qui est demandeur au procès de faire preuve de toute proposition con-

---

(1) Mais dans aucun cas le juge ne peut décider un point de fait contesté, en se fondant sur la connaissance personnelle qu'il en aurait acquise en dehors du procès. Montpellier, 23 nov 1852 (*J. Pal.*, 1854, t. II, p. 444); Bastia, 7 fév. 1855 (*J. Pal.*, 1855, t. I, p. 124); MM. Toullier (t. VIII, p. 39); Duranton (t. XIII, n° 9); Zachariæ (§ 749 et note 5); Massé (*Droit comm.*, t. VI, n° 6); Bonnier (n° 71). — Néanmoins, la lettre missive adressée par une partie au juge peut être assimilée à un document judiciaire, et être invoquée par un tiers à l'appui d'une action qu'il forme contre l'auteur de la lettre ou son ayant droit. — *Voy.* Lyon, 16 fév. 1854 (*J. Pal.*, 1855, t. I, p. 43).

testée ; c'est à celui qui élève cette proposition, qui l'invoque dans son intérêt et contre son adversaire, qu'il soit du reste demandeur ou défendeur, à en offrir la justification.

Sans doute, on peut dire que la règle *actori* est vraie absolument et toujours ; mais c'est en l'entendant avec discernement et en désignant par le mot *actor*, non pas celui qui introduit l'action en justice, mais la partie (demanderesse ou défenderesse, peu importe) qui introduit contre l'autre un nouvel élément de décision, qui agit et va en avant en alléguant quelque chose de nouveau, qui prétend changer et renverser, au moins sur quelque point, le *statu quo*, l'état où en sont les choses, l'ensemble de faits ou d'idées qui se trouve actuellement établi, soit par les preuves déjà faites ou les reconnaissances données, soit par la nature ordinaire des choses. En un mot, la règle *actori* n'est vraie absolument que quand on l'applique aussi bien au défendeur, marchant (*agens*) à la justification de sa défense, qu'au demandeur chargé de justifier sa demande, et quand on a soin de placer, à côté de la règle ACTORI *incumbit probatio*, cette autre règle : *reus excipiendo fit* ACTOR. — C'est ce qu'a très-bien compris un arrêt de Grenoble du 14 juillet 1832. Le tribunal de première instance avait imposé aux époux Argoud, parce qu'ils étaient demandeurs au procès, la charge de prouver qu'une servitude réclamée sur leur prairie n'existait pas ; mais la Cour, se fondant sur ce principe de toute évidence que la liberté des héritages est l'état naturel et normal, réforma cette décision et mit la preuve à la charge de ceux qui prétendaient avoir le droit de servitude, bien qu'ils fussent défendeurs (Dev., 33, 2, 11).

Il faut également entendre avec prudence cette autre maxime, si fréquemment employée, et qui a quelquefois été mal comprise, que la preuve tombe sur celui qui affirme et non sur celui qui nie ; *ei qui dicit, non ei qui negat*. Si l'on veut que cette règle soit vraie, il faut entendre *is qui dicit* de celui qui soulève une prétention, qui jette dans le débat une allégation nouvelle, aussi bien en niant ce qui semblait être, qu'en affirmant ce qui semblait ne pas être : réciproquement, *is qui negat* sera celui qui, soit par une négation, soit par une affirmation, contredira, repoussera l'allégation nouvelle pour rester dans le *statu quo*.

D'anciens glossateurs entendaient autrement cette règle, en s'appuyant sur un passage mal interprété du Code de Justinien. La loi 23 de ce Code, liv. 3, tit. 19, déclare qu'un demandeur ne peut pas, en se reconnaissant dans l'impossibilité de prouver sa prétention, forcer le défendeur à prouver le contraire ; car, disait-elle, celui qui nie le fait n'a, par la nature même des choses, aucune preuve à faire : *Actor, quod asseverat, probare se non posse profitendo, reum necessitate monstrandi contrarium non astringit ; cum, per rerum naturam, factum negantis probatio nulla sit.* Les derniers mots *factum negantis probatio nulla* avaient, comme on le voit, un sens purement relatif que fait bien comprendre l'ensemble de la phrase : ils signifiaient que le défendeur, niant le fait allégué contre lui, n'a rien à prouver ; que l'on n'a pas de preuve à faire quand on se tient sur la défensive, quand on se renferme dans une dénégation. Les glossateurs, isolant ces mots du reste de la phrase, les prirent dans un sens absolu et en firent cette maxime générale : *Il n'y a jamais de preuve à faire pour celui qui nie ; toute preuve d'une négation est impossible par la nature même des choses.* — Toutefois, comme ils rencontraient plusieurs textes supposant la nécessité de prouver des propositions négatives et démentant dès lors leur prétendu principe, ils le restreignirent singulièrement, en imaginant quatre classes de négatives, dont trois, disaient-ils, pouvaient et devaient se prouver, et la dernière seule ne le pouvait pas : la négative *d'un droit*, la négative *d'une qualité*, la négative *d'un fait défini* (c'est-à-dire précisé dans ses circonstances), et la négative *d'un fait indéfini.*

Mais ces subtilités, imaginées à l'appui d'un principe erroné et que l'on voit parfois encore invoquer aujourd'hui, devraient bien être enfin abandonnées avec le principe lui-même. Toutes ces idées, qui seraient assurément mortes depuis longtemps si la routine n'était pas la plus grande puissance du monde, ont été victorieusement réfutées, au dix-septième siècle, par le jurisconsulte allemand Cocceius ; et bien longtemps avant, Barthole et Marcardus avaient nettement enseigné que « toutes les fois qu'une négation est le fondement de la prétention d'une partie, demanderesse ou défenderesse, peu importe, c'est à cette partie de faire preuve, sans qu'on doive distinguer, si la négative est de droit, de fait ou de qualité. » *Ubicumque negatio est causa intentionis alicujus, sive agentis, sive excipientis,* EI QUI NEGAT INCUMBIT ONUS PROBANDI... *sive sit negativa juris, sive facti, sive qualitatis.*

Et en effet, outre qu'il n'est guère de négation qui ne puisse se transformer en une affirmation contraire et devenir ainsi susceptible d'être prouvée, il est clair que, dans les cas assez rares où la preuve de la négation se trouverait impossible, c'est un malheur pour celui qui soulève la prétention basée sur cette négation ; mais ce n'est pas une raison pour imposer des preuves à faire à celui qui ne demande rien, qui ne prétend à rien et se contente d'attendre la justification des attaques dirigées contre lui. — Dans ces cas mêmes, au surplus, la position de la partie qui soulève la prétention nouvelle ne sera pas aussi fâcheuse qu'elle peut le paraître au premier abord ; car si cette partie ne peut pas prouver complétement son allégation, elle pourra du moins prouver certains faits, certaines circonstances, qui donneront à cette allégation quelque vraisemblance et un certain degré de probabilité. Or ce commencement de preuve autorise le juge, aux termes de l'art. 1367, à se décider au moyen *du serment qu'il déférera*, soit à l'adversaire, soit même *à la partie qui soulève la prétention ;* et le refus du défendeur (défendeur à l'action ou à l'exception, peu importe) de donner lui-même une preuve contraire qu'il lui serait facile de procurer, ce qu'il a dès lors mauvaise grâce à ne pas faire, suffira pour l'exposer à se voir condamner sur le simple serment de son adversaire.

Ainsi, la meilleure manière de répondre à la question de savoir par qui doit se faire la preuve, ce n'est pas de dire que la preuve incombe au demandeur; ce n'est pas non plus de dire qu'elle incombe à celui qui affirme et non à celui qui nie. Ces deux propositions, très-exactes quand on les entend comme elles doivent être entendues, présentent un sens ambigu qui pourrait induire en erreur. Il faut dire que toute prétention nouvelle, toute allégation tendant à changer l'état actuel des choses, doit être prouvée par celui qui la met en avant, et jamais par celui contre qui elle est dirigée et qui la conteste (1).

III. — Ce principe si simple donne, selon nous, la solution facile d'une question aussi importante que controversée, et sur laquelle la plupart des auteurs, notamment M. Duranton (X-355) et M. Zachariæ (II, p. 475), nous paraissent tomber dans une erreur que ne commet pas la jurisprudence.

Quand l'écrit qui constate un contrat unilatéral, une obligation prise par une personne envers moi sans obligation réciproque de ma part envers elle, n'énonce pas la cause de l'obligation; par exemple, quand vous avez souscrit un billet portant : « Je reconnais devoir à N. une somme de 500 fr., que je lui payerai à telle époque », ou bien : « Je m'oblige à payer à N., à telle époque, une somme de 500 fr. », sans dire pourquoi la somme est due, est-ce au prétendu créancier de prouver qu'une cause licite existe, ou bien au prétendu débiteur d'établir qu'il n'en existe pas?

La réponse est à nos yeux bien simple. Puisque de deux allégations contraires, celle-là doit être prouvée qui tend à changer le *statu quo*, à renverser l'ensemble de faits ou d'idées actuellement acquis, soit par les preuves ou les reconnaissances antérieurement données, soit par la nature ordinaire des choses, c'est donc à celui qui apparaît ici comme débiteur, et qui prétend cependant ne pas l'être, de prouver qu'il ne l'est pas en effet... Quand je viens vous demander 500 fr. en présentant un écrit par lequel vous vous déclarez *obligé* à me les payer, il est clair que je ne dérange rien à l'ordre préétabli, et que ma prétention tend tout simplement à faire suivre aux choses leur cours normal et régulier : vous vous êtes proclamé mon débiteur, je demande qu'on vous traite comme tel; rien n'est plus naturel. Quand, au contraire, vous me répondez qu'à la vérité vous avez signé un écrit, mais qu'il doit être déchiré; que vous vous êtes dit mon obligé, mais que cependant vous ne l'êtes pas, c'est vous qui voulez renverser ce qui existe, qui attaquez ce que vous avez établi vous-même, qui prenez l'offensive et devenez ACTOR *excipiendo*. C'est donc à vous de faire la preuve de votre prétention... En vain on dira que c'est à celui qui se dit créancier de justifier de l'existence des diverses conditions auxquelles la formation de sa créance était subordonnée, et par conséquent de l'existence d'une cause de l'obligation; car cette cause (comme les autres conditions requises) est établie quant à présent, et sauf preuve contraire, par cela même que vous vous êtes proclamé débiteur. Il est évident, en effet, que, d'après la règle générale et dans l'ordre ordinaire des choses, on ne

_____

(1) *Dict. du not.*, 4ᵉ édit., vᵒ Preuve, nᵒˢ 5 et 6.

vient pas souscrire un engagement quand on ne doit pas. Sans doute, cela peut arriver (et c'est précisément parce que le fait est possible qu'on vous permettra de le prouver), mais c'est là l'exception, la dérogation à l'état normal et habituel. Or on n'a pas besoin de prouver la règle contre l'exception, mais bien l'exception contre la règle.

Et comment n'a-t-on pas vu jusqu'où irait la doctrine contraire ? Ce que MM. Duranton, Zachariæ, Dalloz et autres disent de la cause, il faudrait le dire aussi des autres conditions requises pour la formation ou même pour la validité de l'obligation. L'obligé dirait à son créancier : « Pour me faire condamner au payement, il faut que vous établissiez une créance efficace et valide ; prouvez donc que j'étais majeur, que je n'étais pas interdit, que j'ai agi librement, etc., etc. » Car enfin, si la loi exige une cause licite, elle exige aussi la capacité de la partie qui s'oblige, elle exige un consentement exempt d'erreur, de violence et de dol ; et si le créancier est tenu de prouver l'existence de la première condition, on ne voit pas pourquoi il serait dispensé de prouver l'existence des autres... La vérité est que, du moment qu'une personne s'est reconnue obligée, on doit croire qu'elle l'est en effet, jusqu'à ce qu'elle prouve le contraire ; et cela est vrai de la cause aussi bien que des autres conditions, puisque la cause n'a pas plus besoin que les autres d'être exprimée dans l'acte (art. 1132).

Et qu'on ne dise pas que le débiteur se trouve ainsi soumis à la preuve absolument impossible d'une négative indéfinie, et qu'il succombera nécessairement, alors même que sa prétention sera parfaitement fondée. C'est là une erreur palpable ; et la position de ce débiteur n'est jamais aussi fâcheuse qu'on veut bien le dire... Ou bien il s'agit d'une cause fausse, c'est-à-dire d'une cause qu'on croyait exister et qui n'existe pas ; ou bien l'acte avait une cause réelle mais contraire à la loi ; ou bien c'était une cause future qui ne s'est pas réalisée, ou une cause successive qui a cessé d'exister ; ou bien enfin il y a eu absence absolue de cause, et alors celui qui a souscrit l'acte était fou (car il n'y a qu'une personne privée de sa raison qui puisse s'engager sans aucun motif). Or, dans tous les cas, la négation se transforme en l'affirmation d'un fait très-positif, dont la preuve sera facile (1) ; et s'il est vrai que le créancier peut toujours (hormis le cas de folie, dont la preuve une fois faite ne lui laisserait rien à répondre) échapper, en disant que, si l'adversaire rend sa prétention vraisemblable, il n'en donne cependant pas la preuve, puisque l'obligation peut avoir toute autre cause que celle dont il prouve le vice, il ne faut pas oublier que la vraisemblance que ce débiteur donne à son allégation permet au juge, en présence du mauvais vouloir du créancier (qui se contenterait de dire : « Il y a une cause valable et que je connais, mais je ne veux pas l'indi-

---

(1) M. Duranton dit que, dans le cas de cause fausse, il sera facile au débiteur de prouver la fausseté de la cause, mais qu'il lui serait absolument impossible de prouver l'absence totale de cause. C'est une erreur sensible ; car le fait de s'obliger sans aucune cause ne peut être que le résultat d'un défaut de raison, et la folie est certes une chose qui tombe parfaitement en preuve.

quer »), de s'en rapporter au serment de ce débiteur (art. 1367).

C'est donc au débiteur de prouver, dans ce cas, son allégation ; et ce point, déjà proclamé autrefois par le Parlement de Paris pour les pays de coutume, et par le Parlement de Toulouse pour les pays de droit écrit, est également consacré sous le Code (1) par les arrêts (quoique M. Duranton n'en cite aucun, même dans son édition *augmentée de l'analyse de la jurisprudence*).

Cette doctrine doit paraître d'autant moins douteuse qu'il est reconnu par d'autres arrêts plus nombreux, et même par les auteurs que nous combattons, que le défaut de cause doit être prouvé par le souscripteur lorsque l'écrit porte les mots : *Je reconnais devoir;* c'est seulement quand on a dit : *Je payerai* ou : *Je m'oblige à payer,* que ces auteurs veulent rejeter la preuve sur le créancier. Cette distinction, imaginée par d'anciens auteurs, reproduite au conseil d'État et soutenue aujourd'hui encore, surtout par M. Duranton, n'est-elle pas une puérilité ? Comment la raison, le bon sens, permettent-ils de voir une différence entre celui qui dit : « Je reconnais devoir telle somme à N. », et celui qui dit : « Je m'oblige à payer telle somme à N. ? » Est-ce que ce n'est pas se reconnaître débiteur que de se déclarer tenu de payer ? Être débiteur ou être obligé, c'est la même chose ; et M. Duranton lui-même le proclame nettement ailleurs (XIII-321, al. 6).

La question, du reste, ne peut se présenter que pour le contrat unilatéral ; car si l'écrit constatait un contrat synallagmatique, la cause de chaque obligation s'y trouverait nécessairement énoncée, puisqu'elle serait précisément l'objet de l'autre obligation.

1316. — Les règles qui concernent la preuve littérale, la preuve testimoniale, les présomptions, l'aveu de la partie et le serment, sont expliquées dans les sections suivantes.

N. B. — Nous avons déjà dit que cinq sections sont consacrées aux cinq espèces de preuves dont parle notre article.

SECTION PREMIÈRE.
DE LA PREUVE LITTÉRALE.

I. — La loi comprend ici, sous le nom de preuve littérale, non pas seulement celle qui résulte de l'écriture proprement dite, mais aussi celle qui se trouve établie par des *tailles*, destinées à indiquer la quantité de marchandises fournies par une partie à l'autre, et qui constituent ainsi une espèce d'écriture, un système de signes suffisant pour exprimer la pensée qu'il s'agit de manifester.

---

(1) *Voy.* Rennes, 24 août 1816 ; Liége, 19 fév. 1824 ; Bourges, 12 fév. 1825 ; Agen, 3 juill. 1830 ; Cass. (d'un arrêt de Poitiers), 16 août 1848 (Dev., 5, 2, 190 ; 8, 2, 27 ; 32, 2, 575 ; 49, 1, 113) ; Nîmes, 17 déc. 1849 (D. P., 52, 2, 69). — Dans le même sens : Maleville (art. 1131) ; Marbau (*Trans.*, n° 157) ; R. de Villargues (v° Cause des Obligat.) ; Bonnier (*Preuves*, n° 557) ; Poujol (art. 1131, n° 8) ; Larombière (t. I, p. 294).

II. — Les écrits destinés à constater les conventions, et que l'on a appelés très-exactement *instrumenta* (moyens de preuve, instruments de preuve), ont fini par recevoir les noms, peu exacts mais consacrés par l'usage, de *titres* ou *actes*. A proprement parler, l'*acte* n'est rien autre chose que le fait même qui s'est passé entre les parties, *quod actum est ;* mais, par une figure de langage, on a transporté à l'écrit qui rappelle l'événement le mot qui ne convenait qu'à l'événement lui-même. Il en est de même du mot *titre,* qui exactement exprime le fondement du droit (titre d'acheteur, d'héritier, de donataire), et qu'on a appliqué à l'*instrumentum* qui constate ce titre. Du reste, si le substantif *instrument* n'est pas usité dans le sens dont il s'agit ici, le verbe *instrumenter* s'emploie très-bien, au contraire, et nous allons le rencontrer dans l'art. 1317.

Les titres ou actes sont *authentiques* ou *sous seing privé, originaux* ou simples *copies, primordiaux* ou seulement *récognitifs.*

III. — La section que nous avons à expliquer ici est divisée en cinq paragraphes, qui s'occupent :

Le premier, du titre authentique et des contre-lettres par lesquelles on y apporte une dérogation secrète ;

Le deuxième, de l'acte sous seing privé ;

Le troisième, des tailles ;

Le quatrième, des copies de titres ;

Le cinquième et dernier, des actes récognitifs. Il parle aussi des actes *confirmatifs,* qui, régulièrement, ne devraient pas se trouver dans notre chapitre, mais au précédent, dans la section *De l'action en nullité ;* car la confirmation ou ratification a pour but de faire disparaître le vice qui permet de faire annuler une convention ; et quant aux moyens de se prouver, elle suit les règles ordinaires.

§ 1er. — Du titre authentique.

1317. — L'acte authentique est celui qui a été reçu par officiers publics ayant le droit d'instrumenter dans le lieu où l'acte a été rédigé, et avec les solennités requises.

SOMMAIRE.

I.   Ce que c'est que l'acte authentique. Il s'agit surtout ici de l'acte notarié.
II. Quatre conditions sont requises pour son efficacité.
III. Analyse et critique de la déplorable loi du 21 juin 1843.

I. — On appelle en général actes authentiques, ou actes publics, ceux qui émanent régulièrement de l'autorité publique. Ainsi, les actes législatifs sont au premier chef des actes authentiques. Il en est de même des actes administratifs. Mais ce n'est pas de tous ces actes que notre article entend parler. On le voit assez quand il parle d'actes *reçus* par des officiers publics ayant le droit d'*instrumenter*. Il ne s'occupe, comme l'indiquent sa rédaction et la matière à laquelle il appartient,

que de l'acte authentique ayant pour but de faire *preuve* des conventions. Du reste, il eût été facile de donner une définition s'appliquant
à tout acte authentique, en disant que c'est celui qui émane d'officiers
publics agissant dans l'exercice régulier de leurs fonctions (1).

Les greffiers, les avoués, les huissiers, etc., confèrent aussi l'authenticité aux actes de leur compétence; mais les actes authentiques dont
il est question dans notre article, ceux qui sont destinés par excellence
à constater authentiquement les conventions, ce sont les actes *notariés,* puisque le notaire a précisément pour mission de donner l'authenticité aux déclarations de volonté des citoyens.

II. — Pour que l'acte soit vraiment authentique et produise l'effet
attaché à ce caractère, il faut qu'il soit reçu par un fonctionnaire capable, compétent, et agissant avec les formes requises.

Et d'abord, il faut que celui qui reçoit l'acte soit officier public. Si
donc il s'agissait d'un individu qui s'est fait passer pour notaire et qui
ne l'était pas, il est clair que l'acte dressé par lui ne saurait valoir jusqu'à inscription de faux, quelle que fût la bonne foi des parties trom-
pées. Il en serait de même d'un notaire destitué; car par sa destitution,
il a cessé d'être notaire; il n'est plus officier public, ce qui n'a lieu,
bien entendu, que du jour où la destitution est notifiée, et non pas du
jour où elle est prononcée (2). Mais nous pensons qu'il en serait autrement et que l'acte aurait sa pleine authenticité, si la personne dont il
émane s'était fait nommer notaire sans réunir les conditions voulues; par
exemple, si un étranger avait obtenu une commission, en se faisant
passer pour Français, ou en se croyant Français lui-même; ou si, par
erreur, un Français avait été institué notaire avant l'âge voulu : car s'il
est vrai qu'il y a alors violation de la loi, il n'est pas moins vrai que
l'individu est notaire, et qu'il restera tel tant que sa commission ne lui
sera pas retirée. (*Conf.* M. Duranton, XIII-77; M. Bonnier, n° 354;
Rolland de Villargues, n° 16; Aubry et Rau, 3ᵉ éd., t. VI, p. 359;
Larombière, art. 1317, n° 7; *Dict. not.*, vᵒ Acte auth., n° 6, et Acte
not., n° 441. — *Voy.* Alger, 22 février 1856, D. P. 59, 2, 143.)

— Il faut, en second lieu, que l'officier public soit capable d'instrumenter; et, par conséquent, l'acte n'aurait pas son efficacité s'il
était reçu par un notaire suspendu de ses fonctions, pourvu, conformément à ce qui vient d'être dit, qu'il y ait eu signification de la
suspension. Il est bien vrai que le notaire qui n'est que suspendu, à la
différence de celui qui est destitué, est toujours officier public; mais il
est incapable d'instrumenter pendant la durée de sa suspension. (*Voy.*
MM. Rolland, nᵒˢ 18 et 20; Aubry et Rau, 3ᵉ éd., t. VI, p. 359; Larombière, art. 1317, n° 6.) — Il faut encore que le fonctionnaire soit

---

(1) Ainsi, nul doute que le procès-verbal de conciliation dressé par le juge de paix
ne soit un acte authentique, qui ne pourrait être démenti que par la voie difficile de
l'inscription de faux. Il est bien clair, en effet, que le magistrat conciliateur n'est pas
une personne privée. Lors donc que l'art. 54 du Code de procédure nous dit que cet
acte n'a que *force* d'obligation privée, il n'entend pas parler de la *force probante*, de
la foi due à l'acte, mais de la *force exécutoire* seulement. *Voy.* art. 1319, n° III.
(2) Arg. de Cass., 25 nov. 1813. *Dict. not.*, 4ᵉ édit., vᵒ Acte authent., n° 7.

compétent, c'est-à-dire : 1° que l'acte qu'il dresse soit de la nature de ceux pour lesquels il a mission (1) ; 2° qu'il le reçoive dans le lieu où il a le droit d'instrumenter (2) ; et 3° que cet acte ne concerne pas les personnes auxquelles il lui est défendu de prêter son ministère. Ainsi, un notaire ne pourrait pas plus délivrer une citation en justice qu'un huissier ne pourrait recevoir un acte de donation ; un notaire de Versailles ne pourrait pas dresser un acte à Paris ; et aucun notaire ne peut (art. 8 de la loi du 25 ventôse an 11) recevoir un acte dans lequel serait partie son parent ou allié, en ligne directe à quelque degré que ce soit, ou en ligne collatérale jusqu'au troisième degré (frère, oncle ou neveu). — Il faut enfin que les solennités requises par la loi aient été accomplies ; et nous devons dire ici quelques mots de celles de ces solennités qui concernent le nombre et la qualité des personnes par lesquelles l'acte doit être reçu.

III. — L'art. 9 de la loi du 25 ventôse an 11 dispose que « les actes seront reçus par deux notaires, ou par un notaire assisté de deux témoins. » Mais comme cette règle, déjà portée et renouvelée autrefois par les ordonnances de Philippe IV en 1304, de Charles VII en 1437, de Louis XII en 1498, et de François Ier en 1543 (3), n'avait jamais pu vaincre la résistance des notaires, et que deux arrêts de règlement de 1681 et 1703, et même des édits royaux d'octobre 1691, mars et septembre 1706 (4), finirent par modifier cette disposition et dirent que l'acte pourrait être reçu par un notaire seul, à la charge par lui de le faire signer en second par un confrère, chaque notaire continua, après et malgré la loi de ventôse, à recevoir les actes seul, sauf à demander après coup à un confrère une signature de pure forme. Ce qu'on faisait pour le notaire en second, on le fit tout naturellement pour les deux témoins destinés à le remplacer ; et dans les localités où ne résidait qu'un notaire, ce notaire recevait les actes seul et sans témoins, sauf à faire apposer après coup la signature de deux voisins qui la donnaient habituellement à tous les actes de l'étude, sans savoir même de quoi il y était question.

C'était là, quoi qu'on ait pu dire, une violation flagrante de la loi de ventôse, puisque cette loi reproduisait nettement la règle des anciennes ordonnances, non la règle différente des édits plus récents ; que d'ailleurs ces édits n'avaient aucun trait aux témoins, dont la présence avait toujours été indispensable aux yeux du législateur. C'était en outre une pratique peu morale, puisqu'on déclarait dans les actes que les parties avaient comparu et arrêté leurs conventions par-devant M. N. *et son collègue,* quoique ce collègue n'eût jamais vu les parties ; ou que l'acte avait été reçu *en présence de tel et tel témoins,* alors que ces deux personnes n'avaient été témoins de rien : c'étaient le mensonge et la fausseté

(1) Merlin (*Rép.,* t. XVI, p. 368); Rolland (n° 22); Aubry et Rau (3° édit., t. VI, p. 659); Larombière (art. 1317, n° 9). *Dict. not.,* 4° édit., v° Acte auth., n° 11.
(2) Larombière (art. 1317, n° 5). *Dict. not.,* 4° éd., v° Acte auth., n° 10, et Acte not., 438.
(3) *Rec. de M. Isambert,* t. II, p. 818; t. VIII, p. 855; t. XI, p. 352; t. XII, p. 835.
(4) *Journ. des aud.,* tit. 5, liv. 3, chap. 44 ; Jousse, *Admin. de la just. civ.,* part. 5, tit. 2, n° 50.

authentiquement établis dans tous les actes notariés... Cependant la jurisprudence refusa souvent (malgré le texte formel de l'art. 68 de la loi de ventôse, déclarant nul tout acte fait en contravention à l'art. 9) d'annuler ces actes ; et si plusieurs arrêts de Cours d'appel prononcèrent la nullité, beaucoup d'autres proclamèrent la validité, par le motif étrange que l'usage qui s'était établi avait opéré une abrogation tacite de la loi ; comme si nous en étions encore à l'empire de la coutume ! comme si la puissance législative, qui seule peut faire et défaire la loi, n'était pas exclusivement attachée aujourd'hui à l'expression publique et régulière de la volonté du Corps législatif et du Sénat !... Cette dernière jurisprudence, qui pouvait être d'un exemple si funeste, avait quelques chances de l'emporter, lorsque la Cour suprême, par un arrêt de rejet du 7 mai 1839, et surtout par son arrêt de cassation du 25 janvier 1841 (1), se déclara nettement pour la nullité, en disant avec raison que le nombre des contraventions à une loi ne saurait les légitimer ; que l'usage opposé à une disposition d'intérêt public n'est qu'un abus qui ne doit pas être consacré ; et que si l'usage a pu abroger la loi alors que la coutume était loi, il n'en saurait être ainsi aujourd'hui.

Le gouvernement s'émut alors et proposa une loi.

Il semble que, tout en absolvant le passé par la toute-puissance législative, c'était le moment d'exiger pour l'avenir la sincérité des garanties à une partie desquelles nos anciens rois n'avaient renoncé que de guerre lasse après quatre cents ans de lutte (2), garanties que la conduite de quelques notaires dans ces derniers temps paraissait rendre plus nécessaires que jamais. Il n'en fut point ainsi, et la loi du 21 juin 1843 est venue sanctionner, au contraire, pour la généralité des actes, l'ancien usage du notariat, et quant au notaire en second, et même quant aux témoins... On en a donné pour raison, dans le rapport à la Chambre des députés (3), que la présence réelle des deux notaires serait impraticable sans augmenter le nombre de ces fonctionnaires. Mais quand même il en serait ainsi (ce dont il est permis de douter), la loi de ventôse ne permettait-elle pas de remplacer le second notaire par deux témoins ?... On a ajouté que des témoins ignorants, dépendants du notaire et souvent rétribués par lui, ne sauraient être une garantie. Mais c'est précisément pour avoir des témoins sérieux, comme dans les actes de l'état civil, comme dans les actes de notoriété délivrés par les juges de paix, comme dans les testaments, qu'il fallait exiger la présence de ces témoins. Et si la garantie de deux témoins est insignifiante, comment donc votre loi nouvelle l'exige-t-elle par exception dans les actes qui lui paraissent plus importants que les autres ?... On a encore dit que la présence des témoins gê-

---

(1) Dev., 39, I, 353 ; 41, I, 105 ; J. Pal., I, 1839, p. 503 ; I, 1841, p. 154.
(2) On a vu que l'ordonnance de Philippe V est de 1304 et que le premier édit modifiant la règle est de 1691. Le pouvoir royal ne s'est donc rendu qu'après des efforts de trois cent quatre-vingt-huit ans ! On sait d'ailleurs que s'il a fini par transiger quant au second notaire, il ne l'avait jamais fait pour la présence des témoins.
(3) Moniteur du 9 mars 1841.

nerait les parties, qui peuvent tenir quelquefois à ne pas faire connaître le secret de leur position et de leurs affaires ; et on a précisément exigé cette présence pour les reconnaissances d'enfants naturels ! Il est facile à celui qui craint la divulgation d'un acte de choisir lui-même deux témoins sur la discrétion desquels il puisse compter ; et il n'y avait, selon nous, aucun motif raisonnable de refuser aux parties les garanties que nos anciennes ordonnances et la loi de ventôse avaient voulu leur accorder.

Quoi qu'il en soit de cette opinion, il est un point qui ne nous paraît pas contestable : c'est, disons-le franchement, l'*immoralité* de cette loi, qui érige en *règle de droit* le mensonge qui n'avait été précédemment qu'un *fait* illicite et toléré. En effet, ces art. 1 et 3 reviennent à dire que l'art. 9 de la loi de ventôse (dont les prescriptions sont exigées à peine de nullité par l'art. 68) est toujours en vigueur ; que dès lors il faut toujours, et à peine de nullité, que l'acte soit reçu par deux notaires ou par un notaire avec deux témoins ; mais que cette règle doit être entendue comme la pratique du notariat l'avait appliquée jusqu'alors. Ces deux articles signifient donc ceci : *Les actes pourront être reçus* PAR UN NOTAIRE SEUL ET SANS TÉMOINS*, mais à la condition, exigée à peine de nullité, de dire dans l'acte qu'il est reçu* PAR DEUX NOTAIRES *ou* PAR UN NOTAIRE ASSISTÉ DE DEUX TÉMOINS*, et de faire apposer après coup les signatures nécessaires pour donner à cette fausse déclaration l'apparence de la vérité !*

Ainsi nos législateurs font ici de la fourberie un principe légal et imposent officiellement aux notaires le jeu d'une misérable comédie. On n'y a sans doute pas songé ; mais il est assurément difficile d'imaginer quelque chose de plus démoralisant qu'une telle loi (1).

Au surplus, si vicieuse que cette loi puisse être, elle n'en est pas moins obligatoire ; et nous devons résumer ici les règles qui résultent de ses quatre articles pour les trois classes d'actes notariés qu'elle a créées : 1° les testaments publics doivent toujours être reçus par *deux notaires en présence de deux témoins* ou par *un notaire en présence de quatre témoins* (art. 4 ; et Code Napoléon, art. 971) ; — 2° les donations entre-vifs, même entre époux, les révocations de donation ou de testament, les reconnaissances d'enfants naturels et les contrats de mariage, puis les procurations données pour consentir ces divers actes, doivent être reçus par *deux notaires* ou par *un notaire en présence de*

---

(1) Du moment qu'on admettait, à tort ou à raison, la suffisance d'un notaire seul et sans témoins, il fallait dire franchement que les actes pourraient être reçus par un notaire. Il semble que, non-seulement les principes de la morale, mais aussi les règles du bon sens, l'exigeaient ainsi... Quand on voit une telle loi proposée par le ministère, adoptée par la Chambre des députés (sur le rapport de M. Philippe Dupin), adoptée par la Chambre des pairs (sur le rapport de M. Frank-Carré), on cherche où s'est réfugié chez nous le respect de la sainte majesté des lois et le sentiment de la morale publique, on se demande avec effroi où nous allons depuis quelques années et à quels destins est réservée la France.

N. B. — Nous écrivions ceci pour notre troisième édition, en 1847. Les événements ont bientôt justifié notre prévision, en rappelant une fois de plus à ceux qu'on décore du nom d'hommes politiques que « Dieu et sa morale sont pour quelque chose dans les affaires d'ici-bas. » (*Voy.* nos *Études de science religieuse,* p. 611 et 612).

deux témoins (art. 2) ; — 3° tous les autres actes peuvent être reçus par *un notaire seul et sans témoins*, pourvu que l'acte porte la mention mensongère de l'assistance d'un second notaire ou de deux témoins, et la signature de ces mêmes personnes (art. 1 et 3).

Nous ne nous étendrons pas davantage sur les règles à suivre pour les actes notariés ; car ce serait faire, non plus le commentaire du Code Napoléon, mais le commentaire de la loi de ventôse an 11. Il faut se reporter, sur ce point, aux ouvrages spéciaux.

1318. — L'acte qui n'est point authentique par l'incompétence ou l'incapacité de l'officier, ou par un défaut de forme, vaut comme écriture privée, s'il a été signé des parties.

SOMMAIRE.

I. L'acte authentique, nul comme tel, peut valoir comme s'il était acte privé, et forme ainsi une classe intermédiaire qui n'est pas soumise aux règles spéciales de l'acte privé. Erreur de Delvincourt.
II. Il est dispensé de ces règles, et vaut notamment sans être fait double ou triple, alors même qu'il est reçu en brevet.
III. Mais il n'a cette valeur d'acte privé que quand il est signé de toutes les parties contractant obligation.
IV. Réfutation d'une erreur contraire de Toullier et de M. Duranton.
V. Il faut, en outre, que l'acte ait vraiment l'apparence de l'authenticité et que les parties aient dû le croire authentique. Développement sur cette règle inexactement formulée par le texte.
VI. Observations.

1. — Pour qu'un acte soit vraiment authentique, il faut, ainsi qu'on l'a vu au n° II de l'article précédent : 1° qu'il soit reçu par un fonctionnaire public, 2° que ce fonctionnaire soit compétent, 3° qu'il soit capable, et 4° qu'il reçoive l'acte en suivant les formes voulues par la loi. — Quand c'est la première de ces quatre conditions qui manque, quand celui qui a reçu l'acte n'était pas officier public, l'acte reste sans valeur aucune, la loi le laisse frappé d'une complète nullité. Au contraire, quand l'acte émane bien du fonctionnaire, et qu'il y a eu seulement incompétence, incapacité ou absence de formes voulues, la loi, dans notre art. 1318, qui ne fait que reproduire la disposition de l'art. 68 de la loi de ventôse, vient au secours des parties et accorde à l'acte la valeur des écrits sous seing privé, pourvu, bien entendu, que cet acte présente la signature des parties.

Nous disons que notre article apporte aux parties un secours spécial. Sa disposition, en effet, n'est pas une simple application des principes généraux ; et on n'aurait pas pu suivre sa règle dans tous les cas, si elle n'avait pas été formellement écrite... Nous allons voir, par l'art. 1325, que quand il s'agit de contrats synallagmatiques, on ne peut se procurer une preuve écrite, même par une simple écriture privée, qu'en rédigeant autant d'originaux qu'il y a de parties ayant un intérêt distinct. Il faut donc, en principe, que l'acte sous seing privé soit fait double, triple, quadruple, etc., lorsque deux, trois, quatre parties ou davantage, se trouvent avoir dans la convention des intérêts opposés. Or, notre article fait exception à ce principe pour l'acte que les parties ont voulu et cru faire authentique, et qui ne l'est pas. Cet acte, qui a l'apparence de l'authenticité, qui réunit même très-réellement la plupart des conditions de l'acte public régulier, qui a été reçu par un notaire, qui est mis en dépôt dans ses minutes, etc., cet acte est dispensé, et avec raison, par la loi, de la formalité des doubles ; et du moment qu'il porte la signature des parties, il vaut *comme s'il était* acte sous seing privé régulier. — Ainsi, notre article ne signifie pas, comme on l'a cru quelquefois, que par l'incompétence ou l'incapacité de l'officier, ou par le défaut de forme, l'acte *devient un acte sous seing privé.* Tel n'est pas le sens de notre disposition : l'écrit dont il s'agit *est un acte authentique :* seulement, cet acte authentique, irrégulier et nul en cette qualité, vaut comme si c'était un acte privé rédigé avec toutes les conditions voulues.

La discussion au conseil d'Etat prouve que ces idées ont bien été celles du législateur... M. Jollivet commença par y reconnaître que l'art. 1325 (celui qui impose la formalité des doubles, et qui portait alors le n° 214) ne s'applique point au cas de notre art. 1318 (alors 208) ; et il fit observer que si l'on voulait étendre à ce cas la règle des doubles, il faudrait élargir la rédaction de l'art. 1325, qui ne parlait que des actes sous seing privé, et le rédiger ainsi : « Les actes *sous seing privé* ET CEUX *qui sont l'objet de l'art.* 1318, etc. » M. Regnauld s'opposa à cette addition, en faisant remarquer que la question était déjà décidée par l'art. 68 de la loi de ventôse ; et M. Tronchet ajouta qu'en effet, « lorsque l'acte est retenu dans un dépôt public, il n'y a plus de raison pour exiger qu'il soit double. » (Fenet, t. XIII, p. 113.) (1)

Et puisque l'acte authentique, irrégulier et nul pour l'une des trois causes indiquées dans notre article, obtient, au moyen de la signature des parties, la même valeur qu'un écrit privé, sans devenir pour cela acte sous seing privé, et sans être soumis aux règles qui vont être tracées par le § 2 pour cette seconde espèce d'actes, il faut donc reconnaître, malgré l'opinion contraire de Delvincourt, qu'on ne peut pas plus lui appliquer la règle de l'art. 1326 que celle de l'art. 1325. — Cet art. 1326 veut que la promesse unilatérale par laquelle une personne s'oblige à payer une somme d'argent, des marchandises ou des denrées, soit écrite en entier par cette personne ou qu'elle présente, outre la signature, un *bon* ou *approuvé* écrit de la main de cette personne, et portant en toutes lettres le montant de l'argent ou la quantité de la chose. Or, puisque cette règle ne concerne que les actes sous seing privé, et que l'acte dont s'occupe notre article n'est point un acte sous seing privé, mais un acte reçu et délivré sous le seing public du

---

(1) *Conf.* Delvincourt (t. II) ; Duranton (XIII-71) ; Dalloz (§ 3, n° 5) ; Bonnier n° 377) ; Rolland (*Acte not.*, n° 468) ; Aubry et Rau (3e édit., t. VI, p. 374) ; Larombière (art. 1318, n° 3 ; Rej., 8 mai 1827 ; Douai, 10 fév. 1851 (D. P., 51, 2, 61). *Dict. not.*, v° Acte authent., n° 21, et Acte not., n° 485.

notaire, cette règle ne l'atteint donc pas. Et en effet, si le législateur a craint la fraude dans un acte rédigé peut-être *par le créancier lui-même,* et que le débiteur a pu signer de confiance sans en vérifier suffisamment la teneur, il est clair qu'il n'avait pas le même motif de suspicion alors que l'acte a été dressé par un tiers désintéressé, fonctionnaire public, et investi de la confiance de la loi et des deux parties (1).

II. — Un point plus délicat que nous n'avons vu traité nulle part et que soulèvent incidemment, mais sans le résoudre, Delvincourt et M. Dalloz (*loc. cit.*), est celui de savoir s'il y aurait également dispense des règles requises pour les actes sous seing privé, et notamment de la nécessité des doubles, dans le cas où l'acte authentique, nul comme tel, mais signé par les parties, aurait été reçu en brevet, c'est-à-dire sans minute, en sorte qu'il serait resté, non dans le dépôt public du notaire, mais entre les mains d'une des parties... Delvincourt se contente de dire qu'il n'est pas d'usage de faire rédiger ainsi en brevet un acte intéressant plusieurs parties ; mais, bien que ce ne soit pas l'usage ordinaire, le cas peut se présenter, et s'est présenté en effet : c'est une raison pour examiner la question. M. Dalloz dit que cette question a été résolue négativement par un arrêt de Paris du 14 août 1815 ; mais c'est une erreur : cet arrêt a déclaré l'acte complétement inefficace, non pas parce qu'il n'aurait été passé qu'en brevet, mais parce que le notaire qu'on prétendait l'avoir reçu ne l'avait pas signé, ce qui a fait dire à la Cour qu'il ne pouvait valoir ni comme acte privé, puisqu'il n'était pas fait double, ni comme acte authentique même irrégulier, puisqu'il n'était *pas reçu par l'officier public.* Cette décision est très-juste, comme nous le verrons au numéro suivant ; et notre question reste dès lors entière.

S'il s'agissait de traiter cette question en législation, peut-être devrait-on la décider dans le sens pour lequel paraissent pencher Delvincourt et M. Dalloz, au moins quant aux conventions synallagmatiques, en disant que l'acte authentique (irrégulier) ne vaudra comme écriture privée, dans ce cas, que quand il y aura minute restant aux mains du notaire. Mais en droit, la loi étant ce qu'elle est, il nous paraît impossible d'exiger cette condition.

Et d'abord, la décision ne saurait être douteuse pour les actes relatifs à un objet dont l'importance n'excède pas 300 fr. Car l'art. 20 de la loi de ventôse, après avoir exigé en principe que les actes soient reçus en minute, fait immédiatement exception pour les actes simples qui, *d'après les lois,* peuvent être délivrés en brevet ; et la déclaration du 7 septembre 1723, qui détermine ces actes, met dans ce nombre toutes les conventions n'excédant pas 300 livres. L'acte notarié reçu en brevet est donc parfaitement légal et régulier, même pour un contrat synallagmatique, du moment qu'il ne s'agit pas de plus de 300 fr. — Maintenant, quand l'objet du contrat présente une valeur dépassant ce

---

(1) *Conf.* Duranton (XIII-73), et (implicitement) Bonnier (n°ˢ 377 et 378); Larombière (art. 1318, n° 3).

chiffre, il est bien vrai que l'acte reçu en brevet sera irrégulier et qu'il n'aura pas la valeur d'un acte authentique, puisque l'art. 68 de la loi de ventôse déclare nul comme tel l'acte dans lequel on aura contrevenu à la règle de l'art. 20. Mais cet acte, dénué de la force de l'acte authentique, conservera (s'il est signé par les parties) la force probante d'un acte sous seing privé, puisque l'absence de minute est précisément l'un des vices de forme dont parlent notre article et l'art. 68 de la loi de ventôse : « Tout acte, dit ce dernier, fait en contravention aux articles... *vingt* (celui qui exige la minute), vaudra comme écrit privé lorsqu'il sera revêtu de la signature de toutes les parties. » — Ainsi, soit que l'acte qui devait être passé en minute, et qui l'a été en brevet, ne présente que cette irrégularité (suffisante déjà pour lui enlever sa valeur d'acte authentique), soit que l'irrégularité provienne simultanément de ce vice de forme et de l'une des autres causes indiquées par notre article et par l'art. 68 de la loi de ventôse, l'acte aura toujours, sous la condition d'être signé par les parties, la même valeur qu'un acte privé régulier, c'est-à-dire double ou triple dans les cas où l'exige l'art. 1325 (1).

On voit donc, en résumé, qu'en outre : 1° de l'acte authentique régulier pour lequel doivent être accomplies les diverses prescriptions de la loi de ventôse, et 2° de l'acte privé dont le Code va nous indiquer les règles dans le paragraphe suivant, la loi reconnaît : 3° un acte *authentique* irrégulier qui vaut comme s'il était acte sous seing privé ; en sorte que, acte authentique valant comme tel, acte authentique ne valant que comme écrit privé, puis acte privé, telles sont les trois classes d'écrits constituant la preuve littérale.

III. — Le législateur, dans notre article comme dans la loi de ventôse, ne donne à l'acte qui a l'apparence de l'authenticité, sans en avoir rigoureusement la réalité, l'effet d'un acte privé régulier que sous la condition d'être signé par les parties. Dès lors il faut dire avec Toullier (VIII-135) qu'il ne suffirait pas qu'il fût déclaré dans l'acte que chacune ou l'une des parties a déclaré ne savoir ou ne pouvoir signer. Que la déclaration du notaire à cet égard produise son effet dans l'acte authentique régulier, c'est tout simple ; mais pour l'acte qui ne vaut que par une faveur exceptionnelle, il n'en saurait être ainsi : la disposition qui le fait valoir, étant une exception, doit s'appliquer avec rigueur ; et puisque la loi exige la signature, il faut que cette signature existe.

Notre article demande *la signature des parties* sans distinction, et la loi de ventôse dit *de toutes les parties*. Mais il faut entendre ces expressions avec discernement... Ce n'est pas la signature de toutes les parties ayant figuré dans l'acte à quelque titre que ce soit qui est nécessaire, mais bien celle de toutes les parties contractant obligation, des parties contre lesquelles l'écrit est destiné à faire preuve. Ainsi, quand il s'agit de conventions synallagmatiques et dans lesquelles cha-

---

(1) M. Dalloz a adopté cet avis dans sa nouvelle édition (v° Oblig., n°s 3797 et 3798). *Conf.* Larombière (art. 1318, n° 2).

cune des parties a contracté des engagements, la signature de toutes ces parties est indispensable ; et si l'acte n'était signé que de l'une d'elles, il n'aurait aucune valeur, il ne prouverait ni contre celle dont la signature manque, ni même contre celle qui a signé, parce qu'on ne pourrait voir là qu'un projet, que l'écrit ne prouverait nullement s'être réalisé. Mais s'il s'agissait d'un contrat unilatéral, par exemple, d'un dépôt que j'ai fait chez Titius et que celui-ci est venu reconnaître devant un notaire, il est clair qu'il suffira de la signature du débiteur. C'est évident, puisque, comme le fait observer Delvincourt (*ibid.*), cette signature du dépositaire suffirait même pour un acte sous seing privé ordinaire. Ici donc, ma signature ne serait nullement nécessaire, quoique j'eusse figuré à l'acte. (*Conf.* M. Duranton, n° 73 ; M. Bonnier, n° 376 ; Massé, Vergé et Zachariæ, t. III, p. 494, note 8 ; Larombière, 1318, n° 8 ; *Dict. not.*, 4ᵉ édit., vᵒ Acte not. nᵒˢ 469 et suiv.)

Mais que faudrait-il décider s'il s'agissait d'une convention présentant d'un côté une partie qui a signé, et de l'autre plusieurs parties cointéressées dont une ou quelques-unes seulement auraient donné leurs signatures ? Ainsi, quand on représente un acte notarié (nul comme tel) dans lequel on lit que Pierre s'oblige envers Jacques et Jean, soit à leur livrer sa ferme, soit à leur construire une maison, soit à faire ou donner quoi que ce soit, et que ceux-ci s'obligent solidairement à lui payer une somme de 60,000 fr., quelle sera la valeur de cet acte, s'il est signé par Pierre et par Jacques, mais non par Jean ?... Il serait nul et sans valeur aucune, aussi bien vis-à-vis des signataires qu'à l'égard de l'autre ; et la doctrine contraire de Toullier et de M. Duranton nous paraît une erreur évidente.

IV. — Toullier (VIII, 135 à 137) fait à la question une réponse contradictoire dans ses diverses parties, mais qui revient à dire que l'acte est valable entre les parties qui ont signé, sauf le droit, pour chacune de ces parties, de s'en départir et de se dégager, tant que l'autre partie n'aura pas exprimé la volonté de maintenir le contrat (1). M. Duranton, qui a du moins le mérite de s'exprimer nettement et sans contradiction, enseigne aussi (t. III, n° 72) que le contrat se trouve suffisamment formé et prouvé entre les signataires, et il n'accorde point à ces signataires, comme le fait à tort Toullier, la faculté de se soustraire à leur engagement, qui ne pourrait se rompre, en effet (si l'on admet qu'il existe), que par le commun accord des contractants. — Au contraire, Delvincourt (*loc. cit.*) enseigne, au moins comme principe général, et M. Bonnier (n° 376) pense aussi que l'acte dont il s'agit est nul par

---

(1) Toullier, en effet, après avoir déclaré positivement au n° 135 que l'*acte est nul*, dit au n° 136 que celui à qui la somme est promise peut en exiger l'exécution contre celui des promettants qui a signé, si, avant les poursuites, celui-ci n'a pas déclaré se dégager ; et après avoir ainsi contredit pour l'une des parties sa proposition première de nullité de l'acte, il la contredit également pour l'autre, au n° 137, en disant que celui des codébiteurs qui a signé peut de même, si la partie adverse ne lui a pas fait signifier qu'elle se dégageait, la contraindre à exécuter, pourvu, bien entendu, qu'il offre lui-même de remplir en entier l'obligation corrélative. Ainsi, les deux nᵒˢ 136 et 137 viennent renverser, chacun pour moitié, ce que le n° 135 avait établi.

cela seul que toutes les parties contractantes ne l'ont pas signé (1).

Nous n'hésitons pas à dire que cette dernière doctrine est seule vraie, et que celle de Toullier et de M. Duranton est une grave erreur.

En effet, lorsque plusieurs personnes voulaient, par exemple, faire un achat en commun, en s'obligeant conjointement et solidairement à en payer le prix, et que l'une ou quelques-unes seulement d'entre elles sont venues donner leur signature à la convention projetée, en même temps que le vendeur le faisait aussi de son côté, il est clair que les consentements donnés de part et d'autre ne l'étaient que sous la condition que les autres parties viendraient s'obliger à leur tour ; et dès lors, la signature de celle-ci manquant, la convention se trouve n'avoir jamais existé qu'en projet. Sans doute il y a eu quelque chose de fait, mais ce quelque chose était conditionnel, et la condition ne se réalisant pas, tout est resté dans le néant ; le projet a été en voie de réalisation, mais il ne s'est pas réalisé, il n'y a jamais eu de vente... En vain Toullier et M. Duranton nous disent que le vendeur ne peut se refuser à exécuter sur la demande des acheteurs signataires, parce qu'il n'a aucun intérêt à ce refus, puisque les deux ou trois signataires offrent de lui payer la somme qui lui aurait été donnée par les cinq personnes qui projetaient d'acheter. C'est là un argument étrange, et qu'on s'étonne de trouver dans la bouche de jurisconsultes... Depuis quand faut-il, pour pouvoir se refuser à l'exécution d'une convention *qui n'existe pas,* avoir intérêt à ce qu'elle n'existe pas? J'ai consenti à vendre ma ferme pour 60 000 fr. *à cinq personnes* désignées. Trois de ces personnes ont accepté, deux ont refusé. De quel droit ces trois personnes me forceraient-elles à leur livrer mon immeuble pour ce même prix de 60 000 fr. ou même pour un prix plus élevé?... J'ai proposé un marché ; on ne l'a pas accepté tel que je le proposais ; donc je ne suis tenu à rien ; et si je livre ma ferme pour le même prix aux trois signataires, ce sera parce que je le voudrai bien, et qu'une volonté nouvelle formera un contrat nouveau.

L'erreur de Toullier et de M. Duranton est plus étrange encore en ce qui concerne les acheteurs ; car, outre qu'il s'agit, non d'une question d'*intérêt,* mais d'une question de *volonté,* et que, de ce que ces personnes voulaient bien acheter à cinq, on ne peut pas conclure qu'elles voulaient aussi acheter à trois, il est palpable que la considération même de l'intérêt se joindra souvent ici à la considération de la volonté, puisque l'acquisition de l'immeuble pourrait être avantageuse en tant que faite par les cinq parties, et devenir au contraire très-gênante en restant à la charge des trois signataires... Du reste, cette question de l'intérêt doit, nous le répétons, rester en dehors du débat ; et tout se réduit à dire que l'acte qui n'est pas signé par tous ceux qui devaient s'obliger prouve bien un projet, mais ne prouve pas une convention réalisée.

(1) *Conf.* Aubry et Rau (3ᵉ édit., t. VI, p. 375 et 376) ; Larombière (art. 1318, nᵒ 10).

C'est, au surplus, ce que reconnaît la jurisprudence de la Cour suprême. Un arrêt de rejet, du 27 mars 1812, rendu sur les conclusions conformes de Merlin, proclame qu'un acte nul comme authentique « n'a pu également valoir comme sous seing privé, puisqu'il ne portait pas la signature de toutes les parties contractantes, et que *le défaut d'engagement* de la part de l'une des parties *mettait obstacle à la perfection du contrat.* » Un autre arrêt beaucoup plus récent (26 juillet 1832), sur une décision conforme de la Cour de Metz, déclare que ceux des cinq acheteurs qui avaient signé « ont entendu, en s'engageant solidairement, n'acheter que chacun pour un cinquième du prix, avec un droit de recours à chacun contre les autres ; qu'ainsi la Cour d'appel a fait une juste application des règles du droit en ne substituant pas *une convention à une autre,* et en ne forçant pas les signataires à l'exécution d'un contrat *autre que celui qu'ils avaient voulu faire ;* que le refus de deux des cinq acquéreurs de signer le contrat ayant *rompu pour les vendeurs,* comme pour *les acquéreurs signataires*, le contrat *tel qu'il avait été entendu* par toutes les parties, *il n'y avait plus de vente,* et qu'*un nouvel accord* devenait nécessaire, etc... » On s'étonne que M. Duranton, même dans son édition augmentée de l'analyse de la jurisprudence, ne parle pas de ces arrêts, si nettement contraires à sa doctrine (1)... La jurisprudence et la raison sont ici d'accord avec le texte de la loi, qui exige, comme on l'a vu, la signature *de toutes les parties* contractant des engagements dans l'acte.

Nous ferons, en terminant cette partie de nos explications, une remarque dont l'objet se pressent facilement. C'est que la décision que nous venons de donner ne s'appliquera pas seulement au cas particulier qui nous occupe ici, d'un acte authentique irrégulier, mais s'étendra nécessairement à tous actes quels qu'ils soient, authentiques ou sous seing privé. Ainsi, l'acte notarié ou l'acte privé rédigé double qui ne présenterait aucun autre vice que de n'être pas revêtu des signatures de tous les coobligés serait par cela seul sans aucune valeur, puisque, comme on vient de le voir, cet acte prouve bien un projet, mais ne prouve nullement une convention formée, un marché conclu.

Mais, bien entendu, s'il était avoué, par une partie qui n'a pas signé, que la signature qu'elle n'a pas pu ou n'a pas voulu donner ne se trouvait nécessaire que pour la preuve du contrat et nullement pour sa formation ; que la convention avait été bien et dûment conclue dès avant la rédaction de l'acte et indépendamment de cet acte, en dehors duquel les parties se tenaient déjà pour obligées ; s'il y avait un pareil aveu, il est clair que le défaut de signature deviendrait insignifiant : la convention serait alors pleinement efficace, puisqu'elle se trouverait *formée,* abstraction faite de l'écrit, et *prouvée* par l'aveu des parties en dehors de ce même écrit.

---

(1) Dev., 32, I, 492; *J. Pal.,* t. XXIV, p. 1333. — Le second de ces arrêts, auquel nous reviendrons plus loin (art. 1347), décide aussi, et avec beaucoup de raison, que l'acte dont il s'agit ne serait pas même un commencement de preuve par écrit. *Voy.* Cass., 1er déc. 1819, et, sur renvoi, Paris, 24 juill. 1820; Bourges, 22 déc. 1840.

V. — Il nous reste à voir quels sont au juste les actes qui, malgré la nullité dont ils sont frappés comme actes authentiques, obtiendront, sous la condition qui vient d'être indiquée, la même force qu'un acte régulièrement fait sous seing privé. Notre article dit que ce sont ceux qui se trouvent vicieux pour incompétence, incapacité ou défaut de forme ; mais cette règle a besoin d'être développée, car il y a des actes qu'elle embrasse tout en paraissant les exclure, et d'autres auxquels on ne doit pas l'appliquer, quoique ses termes semblent les comprendre.

Et d'abord, la règle comprend des cas que la rédaction de l'article paraît exclure. Ainsi, quoique la destitution ou le remplacement d'un notaire ne soient pas simplement des cas d'incompétence ou d'incapacité, puisque le fonctionnaire destitué ou démissionnaire cesse d'être officier public et devient absolument une personne privée, cependant l'acte reçu par l'ex-notaire dont la destitution ou le remplacement, quoique régulièrement accomplis, étaient ignorés des parties, devait évidemment rentrer dans notre règle, et il s'y trouve en effet placé. L'art. 68 de la loi de ventôse, qui exprime, on le sait, la même disposition que le nôtre, renvoie à l'art. 52 ; et ce dernier met le cas de destitution et de remplacement sur la même ligne que la simple suspension. Ce n'est pas à dire assurément qu'il suffirait d'avoir été notaire à une époque quelconque pour pouvoir dresser des actes ayant force d'écrits privés sans en suivre les règles ; il faut que l'acte ait l'apparence de l'authenticité, il faut que les parties aient pu et dû croire que celui auquel elles s'adressaient était encore notaire ; mais cela suffit, et dès là que l'acte a été reçu peu de temps après la destitution ou le remplacement, et à un moment ou l'ex-notaire se livrait encore, quoique indûment, à l'exercice de ses anciennes fonctions, les parties jouiront du bénéfice de notre article.

Réciproquement, quoiqu'on doive ranger sous la dénomination d'*incompétence* le cas d'actes qui ont été dressés par un notaire, alors qu'ils ne pouvaient l'être que par tel ou tel autre officier public, il est clair que de tels actes ne vaudraient pas plus comme écrits privés que comme actes authentiques. Ce n'est pas de l'acte que nul notaire ne pouvait recevoir que notre article entend parler, mais de ceux qui devaient régulièrement être passés devant un notaire autre que celui qui les a reçus. C'est ce que nous indique bien l'art. 68 de la loi de ventôse, en renvoyant à l'art. 6, qui prévoit le cas du notaire instrumentant hors de son ressort (1). — De même, quoique l'absence de la signature du notaire soit évidemment *un défaut de forme,* et que notre article, par la généralité de ses termes, ainsi que l'art. 68 de la loi de ventôse, par son renvoi à l'art. 14, semblent l'embrasser, il est certain que cette absence de signature ne permettrait pas d'appliquer ces articles. L'écrit non signé du notaire n'a ni la réalité ni même l'*apparence* de l'authenticité ; et il ne peut dès lors avoir la valeur d'un acte privé qu'autant qu'il

(1) *Conf.* Duranton (t. XIII, n° 74); Aubry et Rau, 3ᵉ édit., t. VI, p. 374); Bonnier (n° 420); Larombière (art. 1318, n° 4).

serait vraiment acte privé présentant les conditions spéciales requises pour cette troisième classe d'actes. Ainsi l'ont décidé l'arrêt de Paris, déjà cité au n° II, du 14 août 1815, et un autre de la même Cour, du 17 décembre 1829 (1).

Pour ce qui est de la parenté ou de l'alliance entre le notaire et les parties ou les témoins, ou entre les deux notaires ; du défaut de minute ; de l'absence, dans certains cas, du notaire en second, ou des deux témoins qui doivent le remplacer (et du défaut, pour les autres actes, de la *comédie légale,* qui consiste, comme on l'a vu au n° III de l'art. 1317, à mentionner et faire signer comme présents un notaire ou des témoins qui ne sont pas présents) ; de l'irrégularité de la commission du notaire, etc. : ce sont là des cas d'incapacité ou de défaut de forme que l'on verrait facilement devoir être rangés dans la règle de notre article, alors même que l'art. 68 ne démontrerait pas cette vérité en renvoyant aux art. 8, 9, 10, 20, 64, etc. (2).

On voit combien l'expression de Toullier est inexacte et trop restreinte, lorsqu'il dit et répète à chaque pas, notamment aux n°s 134, 140, 141 (t. VIII), que la loi, sous la condition de la signature des parties, donne force d'acte privé à l'acte authentique *nul pour défaut de forme.* Ce n'est pas seulement au cas de défaut de forme que s'applique la règle ; et notre article lui-même a bien soin de parler et de l'incompétence de l'officier, et de son incapacité, et du défaut de forme. Ce vice d'expression est d'autant plus grave chez Toullier que l'auteur, dans les quinze pages qu'il consacre à cette règle (n°s 134-142), n'explique nulle part à quels actes elle s'applique, et se contente de répéter toujours qu'il s'agit de l'acte *nul pour défaut de forme.* Beaucoup trop restreinte d'un côté, l'expression devient trop large de l'autre, puisqu'elle comprendrait aussi bien les cas d'absence de signature du notaire.

VI. — Nous terminerons l'explication de cet article par deux observations tellement simples qu'il suffira de les énoncer. — L'une, c'est que l'acte nul comme authentique ne pourrait jamais avoir la valeur subsidiaire que lui confère notre article, et restera non avenu quand il s'agira de l'un des cas pour lesquels l'authenticité est rigoureusement requise, d'une donation entre-vifs, par exemple (3).—La seconde, c'est que, quand l'écrit se trouvera présenter les conditions exigées pour

---

(1) *Voy.* Aubry et Rau (3ᵉ édit., t. VI, p. 675); Larombière (art. 1318, n° 4). Caen, 5 janv. 1844, et, sur pourvoi, Cass., 16 avr. 1845 (D. P., 45, 1, 293; Dev. 45, 1, 654); Caen, 26 mai 1847; Riom, 13 juin 1855 (Dev., 56, 2, 273); Caen, 23 juill. 1861 (Dev., 62, 2, 61).

(2) *Conf.* Rolland (n° 258). Aix, 8 prair. an 12; Req., 28 brum. an 14; Douai, 10 fév. 1851; Cass., 29 juill. 1863, 4 août 1864. — Il a été cependant jugé qu'un tel acte était nul, même comme sous seing privé, s'il ne réunissait pas toutes les conditions essentielles à la validité de ces sortes d'actes. — Orléans, 31 mai 1845 et 5 mai 1849; Cass. (2 arrêts), 15 juin 1853 (D. P., 53, 1, 212; Douai, 11 janv. 1862). *Conf.* Aubry et Rau (3ᵉ édit., t. VI, p. 375); Larombière (art. 1318, n° 5).

(3) *Conf.* Delvincourt (t. II, p. 607, notes); Favard (*Acte not.,* § 7, n° 5); Larombière (art. 1318, n° 6); Pont (*Priv. et Hyp.,* art. 2127, n° 259). Pau, 11 mars 1811; Colmar, 16 mars 1813; Rouen, 2 fév. 1829; Toulouse, 31 juill. 1830; Besançon, 17 juill. 1844; Cass., 3 août 1847; Limoges, 11 juill. 1854; Amiens, 9 août 1856; Grenoble, 8 juill. 1858; Cass., 11 juill. 1859 (Dev., 59, 1, 551).

l'acte sous seing privé, il vaudra évidemment comme tel, si nombreux et si profonds que puissent être les vices dont il serait atteint sous le rapport de l'authenticité. Ainsi, quand l'acte ne serait pas signé par le notaire, ou alors même qu'il aurait été dressé par un individu complétement étranger au notariat, il est clair qu'il serait parfaitement valable comme acte privé, par le seul fait de la signature, si l'on était dans un cas où la loi ne demande rien autre chose que cette signature, ou si, étant soumis à la nécessité des doubles (art. 1325), le notaire ou prétendu notaire en avait, en effet, dressé deux originaux signés par les parties ; ou si, ayant besoin du bon ou approuvé (art. 1326), cette formalité avait été accomplie. Dans ce cas, en effet, ce ne serait plus un acte authentique vicieux, valant comme écriture privée, ce serait exactement, et, ni plus ni moins, un acte sous seing privé, et l'on ne serait plus dans le cas de notre article (*voy.* page précédente, note 2).

Une dernière idée que nous signalerons ici, parce que Toullier a beaucoup insisté dessus (n°s 133, 141 et 142) et l'a rattachée à l'explication de notre article, bien qu'elle lui soit complétement étrangère, c'est que, quand même l'acte serait nul et comme écrit public et comme écrit privé, il ne résulterait nullement de cette nullité de l'écrit la nullité de la convention que cet écrit devait prouver, si cette convention s'était vraiment formée et se trouvait établie par un autre moyen, par l'aveu des parties, par exemple. Il est bien clair que toutes les fois qu'un écrit n'est pas exigé pour la formation même du contrat (art. 1107, *in fine*, 1108, n° V, *in fine*) et n'a d'importance que pour la preuve, le vice ou l'inexistence de cet écrit deviennent insignifiants du moment que la convention se trouve autrement constatée. Autre chose est la question de formation ou de validité de la convention, question qui a été traitée précédemment, autre chose la question de *preuve*, qui fait l'objet de notre chap. 6.

N'oublions pas, au surplus, que très-souvent les parties, abstraction faite de toute exigence de la loi à cet égard, n'entendent se lier que par la signature même de l'écrit et prennent la confection de cet écrit comme constituant précisément la conclusion de leur marché, en même temps que sa preuve.

1319. — L'acte authentique fait pleine foi de la convention qu'il renferme entre les parties contractantes et leurs héritiers ou ayants cause.

Néanmoins, en cas de plainte en faux principal, l'exécution de l'acte argué de faux sera suspendue par la mise en accusation; et, en cas d'inscription de faux faite incidemment, les tribunaux pourront, suivant les circonstances, suspendre provisoirement l'exécution de l'acte.

II. L'acte fait pleine foi d'une manière absolue, et aussi bien à l'égard des tiers qu'à
    l'égard des parties. Critique de Pothier et de la rédaction du Code.
III. Suspension de l'exécution par l'effet de l'inscription de faux. Observations.

I. — L'acte authentique fait pleine foi, c'est-à-dire établit la preuve
complète des faits et conventions qu'il rapporte, et que l'officier rédacteur avait mission de constater ; en sorte qu'on ne serait admis ni à les
repousser par une simple dénégation, ni même à en prouver la fausseté
par les moyens ordinaires. Cette fausseté pourrait sans doute être prouvée ; car un fonctionnaire peut faillir à ses devoirs, et la loi ne pouvait pas laisser les citoyens sans moyen aucun d'établir l'infidélité de ce
fonctionnaire ; mais la preuve ne peut se faire que par la voie si difficile de l'inscription de faux. (Code de procédure, art. 214, 251.)
    Nous disons que, jusqu'à ce qu'il soit renversé par le résultat d'une
inscription de faux, l'acte authentique fait pleine foi, preuve entière,
des *faits* et conventions. En effet, l'acte ne prouve pas seulement les
conventions, comme le dit notre article, *quod conventum est ;* il prouve
tout ce qui s'est passé devant le notaire, *quod actum est ;* et il est bien
clair qu'une numération d'espèces ou les déclarations de volonté qui
constituent un testament seront, quoiqu'elles ne présentent aucune
convention, tout aussi bien prouvées par l'acte que le serait un contrat. L'art. 1er de la loi de ventôse est donc rédigé plus complétement
et plus exactement que le nôtre, quand il parle des *actes et contrats*
auxquels les parties ont voulu donner l'authenticité.
    Mais, bien entendu, l'acte n'établit ainsi que les choses que le fonc-
tionnaire a pu et dû constater. — Il faut d'abord que le notaire ait pu
les constater, c'est-à-dire qu'elles se soient passées devant lui, qu'il les
ait vues ou entendues, et qu'il les atteste pour en avoir acquis la certitude, *propriis sensibus.* Si donc il s'agissait de contredire l'acte en
tant qu'il déclare que telle personne était majeure, on n'aurait pas besoin de s'inscrire en faux ; car on ne s'attaque pas à la véracité du notaire ; on reconnaît bien qu'une déclaration de majorité lui a été faite, et
on prétend seulement que cette déclaration vraiment faite à l'officier se
trouve fausse. De même, si on prétend que les conventions constatées
par l'acte sont frauduleuses ou simulées, on n'attaque pas encore la véracité du fonctionnaire, puisqu'on s'en prend seulement à la sincérité, à
la loyauté des conventions, que l'on reconnaît très-bien d'ailleurs s'être
formées extérieurement devant l'officier public. C'est un point consacré
par de nombreux arrêts de Cours d'appel et de la Cour suprême (1).
    Il faut, en outre, que l'objet de la constatation soit de ceux que l'of-
ficier a mission de constater. On n'aurait donc pas besoin de s'inscrire
en faux pour prouver le dérangement des facultés intellectuelles, au

(1) *Voy.* notamment les arrêts de rejet des 31 juill. 1833, 4 fév. 1836, 2 mars 1837,
7 mai 1839 (Dev., 33, I, 840; 36, I, 839; 37, I, 985; 39, I, 483. — *J. Pal.*, t. XXV,
p. 746; 1837, t. II, p. 89; 1839, t. II, p. 258); Cass., 9 mai 1855 (Dev., 55, 1, 733).
— Par la même raison, on admet qu'il peut être prouvé par témoins, sans recourir
à l'inscription de faux, que les stipulations contenues dans un acte authentique sont
incertaines. Rej., 23 déc. 1853 (*J. Pal.*, 1855, t. I, p. 280). *Voy.* encore *Dict. not.*,
4e éd., vo Acte auth., no 39, et Simulation.

moment de l'acte, du testateur ou donateur que le notaire aurait déclaré sain d'esprit ; car ce notaire n'a pas mission pour constater authentiquement l'état sanitaire des personnes. (Toullier, n° 145, note ;
MM. Bonnier, n° 391 ; Aubry et Rau, 3e édit., t. VI, n°s 367, 368 ; Larombière, art. 1319, n°s 5 et suiv. ; *Dict. not.*, 4e éd., v° Acte auth. 33.)

II.— C'est absolument et vis-à-vis de toutes personnes que l'acte
authentique prouve, jusqu'à inscription de faux, *id quod conventum
aut actum est ;* et c'est à tort que notre article, après avoir dit que l'acte
fait pleine foi, ajoute « entre les parties, leurs héritiers ou ayants cause. »
Il faut, en ce qui concerne *la foi* due à l'acte, ne tenir aucun compte
de ces mots, qui ne se trouvent pas, en effet, dans l'art. 19 de la loi de
ventôse, que le nôtre a entendu reproduire. (Fenet, XIII, p. 114.) —
Ces mots ne se trouvaient dans Pothier, où nos rédacteurs les ont co-
piés, que par suite de l'interprétation inexacte qu'il donnait à un passage de Dumoulin, en tombant dans une confusion contre laquelle la
haute raison de ce dernier s'était énergiquement élevée.

Pothier disait (art. 3, § 3, al. 1, et § 4, al. 1), et plusieurs commentateurs du Code ont dit après lui, pour justifier la rédaction de notre
article, que, par rapport aux tiers, l'acte fait *foi*, mais non pas précisément *pleine foi ;* que, pour eux, il prouve seulement *rem ipsam*, c'est-
à-dire l'objet principal et direct de l'écrit, les *dispositions* de l'acte,
tandis que pour les parties, leurs héritiers ou ayants cause, il prouve
aussi les simples déclarations incidentes, les simples *énonciations*,
pourvu qu'elles soient en rapport direct avec les dispositions... Or tout
ceci est purement imaginaire, et il faut dire, avec Toullier (VIII, 148)
et M. Bonnier (n° 392), que, quant à *la preuve* des conventions, il n'y
a aucune différence à faire entre les parties ou leurs ayants cause et les
tiers, aucune distinction à établir entre les dispositions et les énonciations, et que toutes les parties de l'acte authentique, toutes les constatations du fonctionnaire, qu'elles soient dispositives ou énonciatives,
font foi pleine et entière vis-à-vis de toutes personnes, sans que nul
puisse jamais en contredire une seule autrement que par l'inscription
de faux. Les tiers ne peuvent pas plus que les parties venir donner un
démenti à l'officier que la loi a investi de sa confiance ; et si cet officier,
jusqu'à ce qu'on ait prouvé, par le moyen que la loi autorise, qu'il a
été faussaire, est réputé avoir dit vrai, il est clair que c'est absolument
et pour tout le monde qu'il a dit vrai.

Mais s'il est évident que la véracité du fonctionnaire, et par suite *la
foi* due aux actes, sont les mêmes pour tous, il est évident aussi qu'il
n'en saurait être de même de l'*effet* que ces actes doivent produire,
c'est-à-dire des droits et obligations que feront naître le fait ou la convention constatés ; et c'est sous ce rapport de l'*effet* que la règle du
premier alinéa de notre article et celle de l'article suivant se trouvent
vraies. C'est de l'effet qu'on devra donner à l'acte, des droits ou obligations qu'il engendrera, et nullement de la foi, de la croyance qu'on doit
lui accorder, que nos articles, en définitive, ont entendu parler. En ce
qui concerne cet *effet* de l'acte, que les rédacteurs ont eu seul en vue,

quoique leur rédaction indique le contraire, les règles de nos deux articles deviennent parfaitement exactes ; au contraire, si on voulait les entendre de la *foi* due à l'acte, foi qui serait plus ou moins pleine selon les cas, ces règles seraient tout à la fois profondément fausses et aussi contraires à la pensée du législateur qu'à la raison. Tout se réduit donc à un simple vice de rédaction, provenant de la confusion entre la foi due à l'acte et l'effet à lui attribuer, vice dont le reproche, au surplus, doit remonter à Pothier lui-même.

Donnons quelques mots de développement à ces idées.

Nous disons d'abord que les règles de nos art. 1319 et 1320, inadmissibles quand on les entend de la foi due aux actes, deviennent parfaitement simples et rationnelles quant à l'effet que l'acte doit produire. — Effectivement, s'il est impossible d'admettre qu'un acte notarié ne fait pas foi, ne mérite pas croyance, aussi bien vis-à-vis des tiers que vis-à-vis des parties ou de leurs représentants, il est au contraire tout simple que les conventions ou actes quelconques ainsi arrêtés n'aient leur effet qu'entre ces parties ou représentants d'elles : ce n'est plus là que l'application de l'art. 1165 et de cette règle de droit et de raison, *res inter alios acta, aliis nec nocet, nec prodest.* Nous verrons de même que les règles de l'article suivant, dénuées de raison quand on les entend de la foi due à l'acte, deviennent parfaitement justes quand on les explique au même point de vue et quant aux effets de cet acte.

Nous disons en second lieu que telle est, au fond, la pensée que les rédacteurs, d'après Pothier, cachent sous une expression impropre. La vérité de cette proposition, qui va ressortir clairement de ce que nous allons dire à l'alinéa suivant, nous semble résulter déjà du texte même de notre article. En effet, la seconde partie commence par la conjonction *néanmoins*, ce qui indique une exception à la règle qu'il vient de poser ; or cette seconde partie consiste à dire que, dans tel et tel cas, l'exécution de l'acte sera suspendue ; mais si la suspension de l'exécution est une exception à la règle précédente, c'est donc que cette règle, dans la pensée des rédacteurs, organise bien l'*effet* de l'acte, effet que vient arrêter accidentellement la fin de l'article... Le rapprochement des trois art. 1319, 1320 et 1321, contribue encore à établir la même idée ; et il est si vrai que, dans les deux premiers, les rédacteurs, tout en parlant de la foi due à l'acte, pensent à l'effet que cet acte doit produire, qu'après s'être ainsi occupés de l'effet des actes, ils arrivent, dans le dernier article, à s'occuper, et cette fois explicitement, de l'effet des contre-lettres par lesquelles on viendrait en modifier les dispositions.

Nous disons enfin que la confusion commise ici par Pothier (puis par nos rédacteurs ensuite), et que le jurisconsulte d'Orléans présentait comme la reproduction de la doctrine de Dumoulin, avait au contraire été critiquée, et dans les termes les plus énergiques, par ce dernier. La courte analyse que nous allons présenter ici pour la constatation de ce fait sera en même temps la meilleure démonstration des règles du droit sur ce point.

Pothier, qui a imaginé le premier (*ubi sup.*) la singulière distinction de l'acte prouvant tout son contenu quand il s'agit des parties, et prouvant seulement *rem ipsam* quand il s'agit des tiers, Pothier nous présente cette doctrine comme étant extraite du § 8 du Commentaire de Dumoulin sur la Coutume de Paris, n°s 8 et 10 (tit. 1, *Des Fiefs*). Or Dumoulin, dans le passage indiqué, explique précisément le contraire; et il le fait avec une insistance remarquable, et en relevant avec force la confusion dans laquelle étaient tombés *les docteurs,* et que Pothier, malgré cet avis, n'a pas su éviter à son tour... Dumoulin dit, dans son sommaire, *Instrumenta publica probant rem gestam contrà omnes;* et Pothier, qui semble s'être arrêté à ce sommaire sans en lire le développement, a d'ailleurs mal compris cette proposition : au lieu de l'entendre dans son sens absolu et vrai, « Les actes publics prouvent envers tout le monde *ce qui s'est passé,* tout ce qui s'est passé devant le notaire, *rem gestam,* tout ce que le notaire déclare », il l'a prise dans ce sens restrictif, « Les actes ne prouvent contre tous que *rem gestam,* que *rem* IPSAM, que le fait principal de la convention, tandis que, entre les parties, ils font foi de tout leur contenu. » Nous allons voir combien le profond commentateur de la Coutume de Paris est loin d'admettre la distinction que Pothier lui prête.

Dumoulin déclare tout d'abord qu'il ne faut pas confondre la force *probante* de l'acte avec sa force *efficiente,* ce qui touche à *la preuve* avec ce qui concerne *les effets,* et le fond du droit, *la foi,* la croyance due aux déclarations de l'acte, avec *les droits* que cet acte crée pour ou contre les personnes... Avant de répondre à la question de savoir quelle est la valeur de l'acte authentique régulier, il fait observer que la question peut être faite ou quant à la preuve, ou quant aux effets et aux droits que l'acte doit produire : « *Aut quæritur* QUOAD VERITATEM SEU » PROBATIONEM *rei gestæ... aut quæritur* QUOAD JUS ET EFFECTUM *actûs* » *gesti* »; et après avoir ainsi tracé dès son début cette ligne de démarcation que Pothier n'a pas vue, il déclare, et *par trois fois consécutives,* qu'en ce qui touche *la preuve,* la force de l'acte est exactement et absolument la même pour toutes personnes, sans qu'il y ait aucune différence possible à cet égard entre les tiers et les parties, leurs héritiers ou ayants cause : « *Quoad veritatem seu probationem,* PLENAM » FIDEM FACIT QUOAD OMNES ; *nedùm inter patronum et clientem* (1), *vel* » *eorum hæredes, vel causam habentes, sed etiam* CONTRA QUOSCUMQUE EX- » TRANEOS ; *quoniam acta vel quæcumque scripta publica probant seipsa,* » *id est rei taliter gestæ* FIDEM FACIUNT INTER QUOSCUMQUE. » — Ce qui concerne la foi due à l'acte, la force probante de cet acte, étant ainsi exposé, Dumoulin arrive aux *effets* que l'acte doit produire; et c'est alors qu'il distingue, comme le veut la raison, entre les parties, leurs héritiers ou ayants cause et les tiers : « *Quoad jus et effectum actus* » *gesti, tunc aut inter quos confectum est, eorum hæredes vel causam ha-*

---

(1) On sent qu'il faut généraliser ici les expressions de Dumoulin, et entendre de toutes parties contractantes ce qu'il dit du *patronus* et des *cliens :* nous avons dit que notre passage est extrait du titre *Des Fiefs.*

» *bentes, aut inter penitus extraneos* »; et il nous dit que, pour les premiers, l'acte, en même temps qu'il fait preuve, engendre aussi des droits
ou obligations, tandis qu'il ne saurait en produire quant aux seconds :
« *In primo membro, plenè probat* ET PRÆJUDICAT... ; *secundo membro,*
» *videlicet inter extraneos,* ILLIS NON PRÆJUDICAT, *quia res inter alios*
» *acta, non nocet, nec obligat, nec facit jus inter alios.* » — Et comme
si ce n'eût pas été assez d'exposer si nettement ces règles d'une vérité
évidente ; comme s'il eût pressenti que la confusion déjà faite avant lui
entre la foi de l'acte et son effet pouvait se renouveler plus tard, et
qu'il eût compris le besoin de s'élever de toute son énergie contre
cette idée fausse, le grand écrivain ajoute une dernière phrase pour
répéter encore que la force probante de l'acte est la même *à l'égard
de tous indistinctement,* puisque l'acte est authentique *pour tous* et absolument, et pour mettre en garde à cet égard contre *le langage cras-
sement inexact des docteurs qui parlent si souvent sans se comprendre.*
« C'est ainsi, dit-il, c'est dans ce sens *des effets* de l'acte, qu'il faut
» expliquer les paroles des docteurs : *Ità exponenda sunt dicta doc-
» torum, ubicumque* PERFUNCTORIÈ ET CRASSÈ (*ut plerumque solent*) LO-
» QUENDO, *dicunt instrumentum publicum inter extraneos* NON PRO-
» BARE; *quia ibi verbum* probare *per catachresim, sive improprie, pro
» jus efficere, sive* præjudicare, *accipitur. Cæterum, verè et proprie lo-
» quendo, publicum instrumentum* ERGA OMNES EST ÆQUÈ PUBLICUM ET
» PROBANS. »

Comment comprendre après cela que Pothier ait vu là une force
probante plus grande envers les parties qu'envers les tiers, et qu'aujourd'hui même des jurisconsultes renommés et de savants professeurs, au lieu de redresser la rédaction vicieuse du Code, aillent enseignant et écrivant que, entre les parties ou leurs représentants et
les tiers, « il y a cette différence que l'acte, à l'égard de ces derniers,
prouve SEULEMENT *rem ipsam;* et qu'au contraire, à l'égard des premiers, cet acte fait *pleine foi* (M. Demante, II, 794)?... » Tâchons
donc de ne pas rétrograder ainsi au delà de Dumoulin, de ne pas
reculer de trois cents ans, et ne retombons pas aujourd'hui dans ce
langage faux et vide de sens que le puissant logicien du seizième siècle
reprochait si sévèrement aux docteurs de son temps... Tout ce que
l'acte notarié *prouve* entre les parties, la raison dit qu'il le prouve également envers les tiers, envers toutes personnes quelles qu'elles soient ;
ce n'est pas relativement, ce n'est pas pour ceux qui voudront bien
avoir confiance en lui, que le notaire est officier public, posé pour
donner authenticité à ce qui se passe devant lui et pour émettre des
propositions croyables jusqu'à inscription de faux, c'est absolument.
Sans doute, quand il s'agira de l'effet que doivent produire ces propositions tenues pour vraies, des droits et obligations que doit engendrer
ce qui s'est dit ou fait devant le notaire, *quoad jus et effectum actûs,*
oh! alors il faudra soigneusement distinguer entre les parties et les
tiers; mais quant à la foi due aux constatations, quant à la vérité des
faits et dires relatés par l'officier dans les limites de ses attributions,

quoad veritatem seu probationem, elle est absolue et n'admet pas de distinction : ce que prouve la constatation du notaire, elle le prouve pour tous ; ce qu'elle ne prouve point pour les tiers, elle ne le prouve pour personne (1).

N. B. — Quoique Toullier semble bien (VII-148) admettre au moins en germe les idées que nous venons de développer, il faudrait cependant se garder de le prendre pour guide en cette matière, et on ne devra le lire qu'avec précaution et défiance ; car il paraît avoir sur tout ceci des idées peu précises et tomber (au moins quant aux termes qu'il emploie) dans des contradictions au milieu desquelles il serait souvent difficile, sinon impossible, de se reconnaître. Ainsi, il présente sa doctrine comme étant celle que professèrent autrefois Dumoulin *et Pothier;* or nous venons de voir que Pothier s'est écarté étrangement des explications claires et logiques de Dumoulin et s'est jeté, pour y entraîner le Code à sa suite, dans une confusion contre laquelle le premier s'était élevé avec une grande force. Ainsi encore, après avoir dit que notre art. 1319 est inexactement rédigé, quand il restreint la foi due à l'acte authentique entre les parties et leurs représentants, tandis qu'elle s'étend évidemment aux tiers, tant pour la convention que pour les autres faits attestés par le notaire, il revient plusieurs fois, et notamment au t. IX, n° 68, à dire que « ces actes même authentiques *ne font foi* DES FAITS QU'ILS CONTIENNENT *qu'entre les parties, leurs héritiers ou ayants cause,* suivant l'art. 1319. »

Les explications de M. Duranton, beaucoup moins complètes, ne sont pas plus précises ; et il nous serait difficile de dire si la doctrine du savant professeur est celle de Dumoulin ou celle de Pothier. Il dit bien, d'une part, que l'*acte fait* ÉGALEMENT FOI *à l'égard des tiers, sauf que ce n'est pas* A L'EFFET DE LES OBLIGER, ce qui semblerait être la doctrine de Dumoulin ; mais il ajoute que cette foi, en ce qui touche les tiers, ne tombe que sur *rem ipsam,* sur le fait *principal,* ce qui indique une différence, même quant à la foi due, entre les tiers et les parties, et rentre dès lors dans l'idée de Pothier (XIII, 81 et 98).

III. — D'après la disposition du deuxième alinéa de notre article, l'effet de l'acte authentique peut, et quelquefois doit, être suspendu par la procédure en faux. Si c'est par une action criminelle dirigée contre l'auteur du prétendu crime de faux que l'acte se trouve attaqué, la suspension résulte de plein droit de l'arrêt qui prononce la mise en accusation et renvoie devant les assises (Code d'instruction criminelle, art. 231) ; au contraire, lorsque l'acte n'est argué de faux que devant la juridiction civile, la suspension n'est que facultative pour les juges, qui peuvent ou non prononcer selon les cas.

Il serait hors de notre sujet de développer ici les idées qui se rattachent aux qualifications bizarres de *faux principal* et de *faux incident,* dont le maintien n'est dû qu'à une routine aveugle, comme pour tant

---

(1) *Conf.* Merlin (*Rép.*, v° Preuve, sect. 2, § 3, art. 1, § 23) : Bonnier (n° 435) ; Aubry et Rau (3ᵉ édit., t. VI, p. 367, note 36) ; Larombière (art. 1319, n°ˢ 15 et suiv.) ; Dalloz (*Rép. alph.*, v° Oblig., n° 3077). *Dict. not.*, 4 id., v° Acte auth., 44 et suiv.

d'autres. Cette matière appartient aux Codes de procédure et d'instruction criminelle; et il nous suffit de savoir ici que le faux est appelé *principal* quand il est poursuivi au criminel, d'après les art. 145 et suivants du Code pénal, 448 et suivants du Code d'instruction criminelle; et *incident,* quand la constatation en est demandée aux tribunaux civils, dans le cours d'un procès pendant devant eux, d'après les art. 214 et suivants du Code de procédure. Nous n'avons pas non plus à examiner si le faux ne pourrait pas être principal, c'est-à-dire être l'objet d'une *action principale,* devant la juridiction civile aussi bien que devant les tribunaux criminels; disons seulement que si l'on admet cette poursuite principale au civil, la suspension de l'exécution n'y serait également que facultative, puisque la suspension n'est prononcée nulle part pour ce cas, dont le législateur ne s'est pas même occupé.

Faisons, avant de laisser le texte de cet article, une dernière observation. On pourrait croire, par le rapprochement des deux alinéas, qu'un acte est toujours susceptible d'exécution forcée (sauf l'effet de l'inscription de faux), par cela seul qu'il est authentique et que la force exécutoire est la conséquence directe de l'authenticité. Ce serait une erreur; et l'acte authentique n'est exécutoire qu'autant et en tant qu'il est revêtu de la formule portant commandement du souverain : « *Empire français; Napoléon, par la grâce de Dieu et la volonté nationale...* Ici vient la teneur de l'acte entier, après quoi : *mandons et ordonnons,* etc... » Cette formule, qui se place ainsi au commencement et à la fin de l'acte, comme au commencement et à la fin des jugements, se nomme quelquefois le *pareatis* (obéissez), d'où les expressions, assez ridicules, de *titre paré, exécution parée.* — On a un exemple d'un acte authentique n'emportant pas exécution, dans le procès-verbal de conciliation du juge de paix, que l'art. 54 du Code de procédure nous dit n'avoir, quant à l'exécution, que *la force d'un acte privé.*

1320. — L'acte, soit authentique, soit sous seing privé, fait foi entre les parties, même de ce qui n'y est exprimé qu'en termes énonciatifs, pourvu que l'énonciation ait un rapport direct à la disposition. Les énonciations étrangères à la disposition ne peuvent servir que d'un commencement de preuve.

SOMMAIRE.

I.   Distinction entre le *dispositif* d'un acte et ses *énonciations :* les énonciations sont *directes* ou *étrangères* au dispositif.
II. Cet article, comme le précédent, s'occupe, sous le mot de *foi,* des effets que l'acte doit produire. Quant à la foi, elle est la même pour tout et pour tous.
III. L'énonciation directe a le même effet qu'une disposition spéciale; l'énonciation étrangère au dispositif permet seulement de prouver par témoins ce que l'on n'aurait pu prouver par écrit. *Idem* dans un écrit privé.
IV. Ces énonciations sont aujourd'hui sans aucun effet contre les tiers.
V.   Il en est ainsi quand elles sont anciennes comme quand elles sont récentes. — Erreurs diverses de Toullier.

I. — Cet article distingue, dans le texte d'un acte, ce qui est *dispo-*

sition de ce qui est simplement *énonciation.* On appelle dispositions, ou propositions dispositives, ou dispositif de l'acte, tout ce qui exprime le véritable objet de cet acte, l'arrangement que les parties ont entendu faire, la position qu'elles ont voulu se donner, de telle sorte qu'on ne pourrait rien supprimer de ce dispositif sans changer par là même l'arrangement que l'acte avait en vue; on appelle, au contraire, énonciations, ou propositions énonciatives, les simples indications qui, dans le but de l'acte, se trouvent être accessoires et surabondantes, en sorte qu'on pourrait les retrancher sans modifier l'arrangement que les parties s'étaient proposé. Parmi ces énonciations, notre article distingue celles qui ont un rapport direct et prochain avec le dispositif, et celles qui, n'ayant avec lui qu'une relation éloignée, se trouvent vraiment étrangères au but qu'on se proposait… Ainsi, par exemple, je vais avec Pierre chez un notaire pour qu'il y passe avec moi un acte constatant la rente qu'il me doit depuis plusieurs années et dont je n'avais pas eu de titre jusque-là ; et Pierre signe, comme je signe moi-même, un acte par lequel *il reconnaît me devoir une rente de* 100 *fr. par chaque année, dont les arrérages sont payés jusqu'à ce jour, et qu'il continuera de me payer à telle époque.* Les mots *dont les arrérages sont payés jusqu'à ce jour* ne constituent qu'une énonciation et n'appartiennent pas au dispositif de l'acte, puisque cet acte a pour objet, pour but, de me donner un titre de mon droit de rente, et non de donner à Pierre une quittance des arrérages antérieurement payés; mais cette énonciation est dans un rapport très-direct, intime avec les dispositions. Au contraire, si Pierre, à qui je vends ma maison pour 20 000 fr., déclare qu'il me payera ce prix à l'époque du remboursement des 10 000 fr. qu'il me doit déjà, *et dont les intérêts sont acquittés jusqu'à ce jour,* cette dernière phrase ne constitue encore qu'une énonciation; mais cette fois l'énonciation n'a aucun rapport avec le dispositif de l'acte, puisqu'il s'agissait seulement de fixer les règles et conditions de la vente.

Ceci compris sur la différence qu'il y a entre le *dispositif* d'un acte et ses *énonciations,* soit directement relatives à ce dispositif, soit étrangères au dispositif, arrivons à l'explication de l'article.

II. — Nous avons vu, par les explications données au n° II de l'article précédent, que notre article, tout en déclarant s'occuper *de la foi* due à l'acte, s'occupe au contraire *des effets* que l'acte peut produire ; et que ce vice de rédaction provient de la confusion dans laquelle est tombé Pothier, malgré les explications si claires et si énergiques par lesquelles Dumoulin semblait l'avoir prévenue.

Quant à la foi due à l'acte, dont l'article ne s'occupe pas, quoiqu'il semble s'en occuper, il est évident que cette foi, cette croyance à l'attestation notariale, est complétement la même pour les énonciations que pour les dispositions, comme elle est la même pour les tiers que pour les parties ; nul ne peut, sans prendre la voie de l'inscription de faux, dire que le notaire a menti dans quelque partie de l'acte que ce soit, pas plus dans une énonciation que dans une disposition; la croyance que la loi accorde et impose est nécessairement la même pour tout comme pour tous : *Quoad veritatem seu probationem, plenam fidem facit quoad omnes : publicum instrumentum ergà omnes est œquè publicum et probans.*

Bien entendu, l'acte, comme nous l'avons dit au n° I de l'article précédent, ne fera foi que de ce que le notaire atteste *propriis sensibus :* ainsi il sera prouvé et légalement incontestable (autrement que par inscription de faux), non pas que les arrérages ou les intérêts dont il est question ci-dessus *étaient payés* (car ce n'est pas là ce que le notaire a attesté), mais seulement que *Pierre a déclaré* qu'ils étaient payés, sauf à examiner ensuite, comme nous allons le faire au n° III, si et dans quelles limites cette déclaration pourra produire un effet et engendrer des droits et obligations.

III. — La valeur de l'acte est invariable, elle est toujours et absolument la même quand il s'agit de la foi due aux constatations ; mais il en est tout autrement quant à l'*effet* de l'acte, quant aux droits et obligations qu'il crée. Or, encore une fois, c'est uniquement de cet *effet* que notre article entend parler par le mot inexact de *foi*, parce que, comme disait Dumoulin, les mots *probare, fidem facere,* sont mis alors improprement pour *jus efficere, præjudicare.* Alors et *quoad jus et effectum actús,* il faut, de même que l'on distingue entre les parties et les tiers, distinguer aussi entre les dispositions et les énonciations, puis distinguer encore si ces énonciations sont directes ou étrangères au dispositif.

Notre article déclare, et avec raison, que les simples énonciations produisent entre les parties (et il en faut dire autant, bien entendu, des représentants de celles-ci, quoique le texte ne le dise pas) le même effet que les dispositions elles-mêmes, lorsqu'elles sont en rapport direct avec ces dispositions ; et qu'au contraire elles constituent seulement un commencement de preuve par écrit entre ces parties ou leurs représentants, lorsqu'elles sont étrangères à la disposition. Ainsi, quand l'acte dressé pour donner à Paul un titre de la rente qui lui appartient contre Pierre, mentionne incidemment que tous les arrérages échus de cette rente ont été acquittés, cette simple *énonciation* mettra les deux parties dans le même état respectif que s'il existait une *disposition* à cet égard, c'est-à-dire une quittance formelle de Paul envers Pierre pour tous ces arrérages. En effet, si Paul, intervenant à l'acte par lequel Pierre reconnaît la rente, n'avait pas été payé des arrérages, il est bien clair qu'il n'aurait pas laissé insérer dans l'acte une telle énonciation : elle était en relation trop intime avec l'objet principal de l'écrit pour qu'il ait pu n'y pas faire attention. Au contraire, quand on a mis dans l'acte de vente d'une maison la mention incidente de payement des intérêts d'une dette de l'acheteur, il n'est pas impossible que ce membre de phrase, qui n'avait aucun rapport avec l'objet du contrat, ait passé au milieu des clauses nombreuses de l'acte sans être remarqué par le vendeur ; et la loi ne pouvait pas dès lors lui donner la valeur d'une disposition spéciale, d'une quittance formelle. Mais comme cette énonciation, si elle ne rend pas certain comme la précédente le consentement du créancier, lui donne du moins de la vraisemblance, elle ne sera pas dénuée de tout effet ; elle formera entre les parties un commencement de preuve par écrit, c'est-à-dire que le débiteur ou son représentant aura envers le créancier ou ses ayants cause la faculté de faire par simple témoignage la preuve de sa libération (art. 1347), preuve qui n'aurait pu en principe être faite que par écrit (art. 1341).

Au surplus, comme il ne s'agit ici que des rapports des parties entre elles ou de leurs représentants, non des tiers, et que quant à ces parties ou représentants d'elles un écrit privé a nécessairement le même effet que l'acte authentique (art. 1322), ce que nous venons de dire pour les énonciations contenues dans un acte notarié s'applique également à celles qui se trouveraient dans un acte sous seing privé. C'est en effet ce que déclare formellement notre article.

IV. — Ainsi les énonciations ont tantôt le même effet qu'une disposition, et tantôt autorisent la preuve par témoins dans les cas où elle ne serait pas permise en principe ; mais il n'en est ainsi qu'entre les parties ou leurs représentants, et ces énonciations restent privées de tout effet à l'encontre des tiers (1). Si donc il est dit dans l'acte de vente de la maison que vous vendez à côté de mon jardin que cette maison jouit d'un droit de vue sur le jardin, cette mention n'aura aucun effet contre moi et ne pourra pas m'être opposée, par la raison bien simple qu'elle n'émane pas de moi et que je suis complétement étranger à l'acte dans lequel on l'a insérée. Sans doute cette partie de l'acte notarié, tout aussi bien que le reste, fera vis-à-vis de moi *la même foi* que vis-à-vis de votre vendeur ; il sera tout aussi vrai envers moi qu'envers votre vendeur, que la déclaration du droit de vue a été faite par lui ; mais tandis que cette énonciation oblige votre vendeur (en sorte que la servitude s'exercerait si c'était possible, c'est-à-dire si le jardin qu'on a dit la devoir était à lui, et que vous pourrez demander des dommages-intérêts ou même la résolution du contrat, en cas d'impossibilité), elle sera, au contraire, complétement inefficace envers moi qui suis un tiers.

Une énonciation, quelle qu'elle soit, sera donc sans aucun effet aujourd'hui contre les tiers. Il n'en était pas de même autrefois. Pothier nous dit (ch. 2, art. 4, *in fine*) que les anciennes ordonnances, en tant qu'elles prohibaient la preuve testimoniale pour les cas où il n'existerait pas un commencement de preuve par écrit, avaient été regardées comme contraires au droit commun ; que, par suite, la jurisprudence et les auteurs s'étaient efforcés d'en restreindre autant que possible l'application ; et que, pour cela, on voyait un commencement de preuve par écrit dans toute clause donnant quelque vraisemblance au fait allégué, alors même que cette clause n'était émanée ni de celui à qui on l'opposait, ni de son auteur. Tout en combattant cette opinion, il cite

_____

(1) *Conf.* Aubry et Rau (3ᵉ édit., t. VI, p. 371, note 47); Larombière (art. 1320, n° 7); Dalloz (v° Oblig., 3133).

lui-même, d'après Vrevin, un arrêt qui l'avait ainsi décidé ; et aujour-
d'hui encore, les Cours d'appel et la Cour suprême décident que, pour
tous les cas antérieurs au Code Napoléon, le commencement de preuve
par écrit, par cela même qu'il n'avait été défini autrefois par aucune
loi, existe aussi bien dans l'acte émané d'un tiers que dans celui auquel
le défendeur était partie (1). Autrefois donc, et jusqu'à la promulgation
de l'art. 1347 du Code Napoléon, les énonciations d'un acte, qu'elles
fussent directes ou indirectes par rapport à son dispositif, produisaient
contre les tiers l'effet que les énonciations indirectes produisent encore
entre les parties, c'est-à-dire qu'elles autorisaient contre ces tiers
l'emploi de la preuve testimoniale pour les allégations qui, en principe,
n'auraient pu être prouvées que par acte écrit.

Cela étant, et toute énonciation formant ainsi, avant le Code, un
commencement de preuve contre les tiers, quant au fond même du
droit, *quoad jus effectum*, il avait paru tout naturel, d'après cette idée
que l'ancienneté d'un acte doit le rendre moins suspect et plus efficace,
d'arriver à dire que les énonciations contenues dans un titre ancien
devaient avoir le même effet qu'une disposition même contre un tiers :
in antiquis, dit Dumoulin, *verba enunciativa plenè probant... et in
præjudicium tertii... etiamsi essent incidenter et propter aliud pro-
lata.*

V. — Il est certain que cette règle n'a plus de valeur aujourd'hui ;
et l'opinion contraire de Toullier (VIII, 164-166) et de M. Dalloz
(sect. 1, art. 1, § 4, n° 11) est une erreur qui se réfute par le principe
même sur lequel elle s'appuie. Toullier, en effet, aux développements
duquel M. Dalloz renvoie (2), prend pour point de départ cette idée
très-exacte de Dumoulin, dont il nous donne lui-même la traduction
et le texte : « L'ancienneté peut ajouter (quelquefois) à la preuve qui
existe déjà dans un certain degré, mais elle ne crée pas une preuve qui
n'existe point du tout : *Non potest antiquitas inducere in totam probationem quæ nulla est, sed eam demùm quæ aliquà est adjuvare.* » Et il
ajoute que « c'est par une suite nécessaire de cet effet, que l'ancienneté
donne la consistance d'une preuve aux simples énonciations, même
contre les tiers. » Et cependant Toullier reconnaît lui-même (IX, 66
et 67) que si les énonciations formaient autrefois commencement de
preuve contre les tiers, elles n'ont plus cet effet aujourd'hui, parce que
l'art. 1347 déclare ne donner ce caractère qu'à l'écrit « émané de celui
contre lequel la demande est formée ou de celui qu'il représente. »

Peut-on déduire de deux prémisses une conclusion plus fausse?
« L'ancienneté peut transformer en preuve complète le commencement de preuve, mais elle ne saurait créer la preuve qui n'existe pas ;
or, les énonciations formaient autrefois, mais ne forment plus aujour-
d'hui, un commencement de preuve contre les tiers ; donc la règle que

---

(1) Rej., sur arrêt de Nîmes, 8 mai 1811; Rej., 17 nov. 1819; Poitiers, 24 déc. 1828;
Rej., sur arrêt de Metz, 1831 (Dev., 1831, I, 404, et II, 87).
(2) M. Dalloz est revenu à un sentiment contraire dans son *Rép. gén.*, v° Oblig.,
n° 3135.

les énonciations font preuve entière contre les tiers quand elles sont anciennes (*plenè probant et prœjudicant*) existe aujourd'hui comme autrefois! » Il n'y a pas à réfuter un pareil syllogisme; il est trop clair que les prémisses amènent forcément la conclusion contraire... Toullier, du reste, se trouve bientôt forcé de reconnaître (n° 165) que sa prétendue règle ne peut plus s'appliquer pour les droits réels, pour les servitudes, qui étaient autrefois l'objet le plus fréquent de son application; mais il dit qu'elle conserve sa force en ce qui touche l'état des personnes (n° 166). Cette distinction arbitraire suffirait déjà pour condamner son système...

La vérité est donc que les énonciations n'acquerront en vieillissant aucune efficacité contre les tiers, par cette raison entre autres que ce qui est nul et non avenu, *ab initio,* reste nul à toujours. Mais il faut aller plus loin; et quoique, vis-à-vis des parties, les énonciations étrangères au dispositif forment encore aujourd'hui un commencement de preuve par écrit, il faut dire que, même pour les parties, ces énonciations n'arriveraient pas par leur ancienneté à avoir l'effet d'une disposition. Si notre législateur avait entendu donner aux énonciations anciennes un autre effet qu'aux nouvelles, il s'en serait expliqué; il aurait pris la peine de nous dire, comme il le fait dans l'art. 1335 pour les copies, après quel temps l'énonciation serait réputée ancienne, en faisant cesser sur ce point la divergence de nos vieux auteurs, qui exigeaient ceux-ci trente ans, ceux-là quarante, d'autres cinquante, d'autres soixante-dix, quelques-uns cent années (Toullier, n° 167); et du moment que la loi porte une règle absolue pour toutes les énonciations, nul ne peut faire la distinction que la loi ne fait pas.

On pense bien, au surplus, que M. Bonnier a repoussé comme nous la doctrine erronée de Toullier (n° 394) (1). Quant à M. Duranton, il dit seulement que les énonciations anciennes ne pourraient plus, ce que Toullier lui-même reconnaît, avoir effet quant aux servitudes (XIII, 98), sans parler du point de savoir si la règle *in antiquis* subsiste encore en principe, comme le prétend à tort Toullier.

Un autre point dont ne parle pas non plus M. Duranton, et sur lequel Toullier est également tombé dans une erreur, ou plutôt dans deux erreurs signalées par M. Bonnier, se trouve traité par le savant professeur de Rennes en même temps que le précédent... On disait autrefois que dans les actes anciens les formalités requises étaient présumées accomplies jusqu'à preuve du contraire : *In antiquis omnia prœsumuntur solemniter acta.* Cette vieille maxime, que Pothier déjà s'était bien gardé de rappeler, n'était qu'une phrase vide de sens; car de deux choses l'une : — ou bien la nullité pour défaut de forme ressort de l'acte lui-même (par exemple, s'il s'agit d'une mention exigée à peine de nullité et qui n'est pas faite), et alors il ne peut pas être question de présumer l'accomplissement des formalités, puisque

---

(1) *Conf.* Pardessus (*Des Servit.,* t. II, p. 50 et suiv.); Larombière (art. 1320, n° 10); Aubry et Rau (3ᵉ édit., t. VI, p. 372).

leur inaccomplissement est patent : aussi était-il bien entendu que la maxime n'était pas faite pour ce cas ;—ou bien aucun défaut de forme n'apparaissait, et c'est pour ce cas que la maxime venait dire que, *si l'acte est ancien,* la régularité de l'acte doit se présumer et avoir effet tant que l'irrégularité ne sera pas prouvée; mais n'est-il pas clair qu'il en est absolument de même *quand l'acte est nouveau?...* Quand un acte est dressé la semaine dernière, et que je le prétends nul pour quelque vice de forme qui ne se voit pas, n'est-il pas clair que c'est à moi de justifier mon allégation? La règle de droit et de raison qu'on ne présume pas une nullité, que celui qui allègue une violation de la loi doit l'établir, et que l'acte doit être regardé comme régulier jusqu'à preuve du contraire, est donc indépendante de l'ancienneté de cet acte.

Toullier cependant (n° 163) prend au sérieux ce prétendu privilége de l'ancienneté de l'acte; il présente comme existant encore, en principe, sous le Code Napoléon, la maxime ridicule que Pothier avait mise de côté; et, ajoutant à cela une grave erreur, il nous dit que ce principe n'aura guère d'application, vu que l'action en nullité sera prescrite aujourd'hui par dix ans et avant que l'écrit, par conséquent, soit devenu ancien, comme si la prescription de dix ans avait trait à ce cas! L'art. 1304 s'occupe de la nullité ou plutôt de l'annulation des *conventions* pour vices du consentement (erreur, violence, dol, incapacité), et nullement de la nullité des *écrits,* des *instrumenta.*

1321. — Les contre-lettres ne peuvent avoir leur effet qu'entre les parties contractantes : elles n'ont point d'effet contre les tiers.

SOMMAIRE.

I.   Sens du mot *contre-lettre* dans notre article.
II.   La contre-lettre ne nuit point aux tiers. *Tiers* signifie ici ayants cause des parties à titre particulier. Pour eux, la fiction constatée par l'acte ostensible l'emporte sur la vérité prouvée par l'acte secret.
III. Elle doit l'emporter, à plus forte raison, sur la vérité qui ne serait prouvée que par des circonstances de fait et par la correspondance des parties. Critique d'un récent arrêt de la Cour de cassation.
IV.   Mais la contre-lettre a tout son effet au profit de ces tiers.
V.   Notre article abroge l'art. 40 de la loi du 22 frim. an 7.

I. — On entend en général par *contre-lettre* (écrit rédigé contre un autre écrit) tout acte qui vient en modifier un autre. C'est dans ce sens large que le mot se trouve employé par les art. 1396 et 1397. Mais ici le mot *contre-lettre* est pris dans un sens plus restreint, et signifie un acte destiné à rester *secret* et qui modifie les dispositions d'un acte *ostensible ;* de telle sorte que les parties se font ainsi deux positions, l'une vraie, mais qui ne sera connue que d'elles, l'autre fausse et apparente, mais que les tiers croiront être la véritable.

Le plus souvent l'acte ostensible est un acte notarié, et la contre-lettre un écrit sous seing privé; le plus souvent aussi les deux écrits sont dressés en même temps. Mais on conçoit que ces circonstances sont indifférentes ; et quand même le second acte serait notarié comme le premier, qu'il serait fait plus ou moins longtemps après lui, ou que le premier acte serait fait sous seing privé, le second acte ne constituerait pas moins une contre-lettre, soumise à la règle de notre article, du moment qu'il serait reconnu en fait que les parties l'ont rédigé dans le but de se faire une position secrète que devait masquer la position différente résultant de l'acte ostensible.

En présence de ces deux positions contraires, l'une vraie, mais ignorée, l'autre fausse, mais seule connue, la loi devait déclarer, et déclare en effet, que les effets de l'acte ostensible pourront toujours être invoqués par les tiers, comme si la contre-lettre n'existait pas et sans que cette contre-lettre (qui produira son effet entre les parties tant que des tiers n'y seront pas intéressés) (1) puisse jamais leur être opposée.

II. — Et, bien entendu, il faut donner ici au mot *tiers* une autre signification que dans les art. 1165 et 1319-1320, où l'on dit que les actes ne peuvent pas prouver (*præjudicare*), c'est-à-dire avoir leur effet, contre les tiers. Il ne s'agit alors que de ceux qui sont complétement étrangers à l'acte et aux parties, qui ne se trouvent en rien les ayants cause de celles-ci. Ici, au contraire, c'est précisément pour les ayants cause que notre règle est portée ; c'est précisément ces ayants cause qui sont désignés par le nom de tiers ; car eux seuls ont besoin d'être protégés contre l'effet des contre-lettres ; eux seuls subiraient un préjudice si la contre-lettre avait la valeur des actes ordinaires : quant aux tiers *penitùs extranei*, il ne pouvait pas être question pour eux d'une règle spéciale déclarant les contre-lettres sans effet, puisque pour eux tous ces actes indistinctement sont sans effet.

Il s'agit donc des ayants cause. Ainsi, quand j'ai acheté la maison de Paul en reconnaissant, par un acte tenu secret entre Paul et moi, que la vente était purement fictive, cette dernière déclaration ne pourra avoir aucun effet contre mes ayants cause ; et si, agissant déloyalement à l'égard de Paul, j'allais vendre, hypothéquer, grever de servitudes, ou seulement donner ou léguer la maison qui est mienne en apparence, celui qui aurait ainsi acquis de moi, soit à titre onéreux, soit à titre gratuit, la propriété, un démembrement de propriété ou une hypothèque, conserverait malgré la contre-lettre, qui est non avenue quant à lui, le droit par lui acquis, comme si mon acquisition de la maison avait été sérieuse. Et ce ne sont pas seulement les tiers acquéreurs, ceux qui ont obtenu de moi un droit réel sur l'objet par moi acquis en apparence, qui peuvent repousser l'effet de la contre-lettre ; ce sont aussi mes simples créanciers chirographaires, en un mot tous les tiers, c'est-à-dire tous mes ayants cause : ces créanciers seraient tout aussi bien trompés que des acquéreurs ; c'est parce qu'ils ont compté sur les biens qui étaient miens en apparence que ces créanciers sont devenus ou restés tels, qu'ils m'ont prêté leur argent ou n'ont pas fait

---

(1) Req., 21 déc. 1836 ; Cass., 20 déc. 1852.

de diligence pour me le faire rendre; la vente fictive ayant paru sérieuse à eux comme à d'autres, et la contre-lettre étant restée cachée pour eux comme pour d'autres, la loi ne devait donc pas distinguer et devait mettre tous les tiers sur la même ligne, comme elle l'a fait.

Mais il est clair, d'un autre côté, qu'on ne peut pas comprendre parmi les tiers, les ayants cause à titre universel, les successeurs généraux de la personne, ceux qui se trouvent tenus de toutes ses dettes et soumis à toutes ses obligations, soit au delà de l'importance des biens, c'est-à-dire les héritiers, soit jusqu'à concurrence de ces biens, c'est-à-dire les successeurs irréguliers et les légataires ou donataires universels ou à titre universel. Tous ces ayants cause à titre universel, loin de pouvoir profiter de l'acte ostensible sans tenir compte de la contre-lettre, se trouveraient au contraire, puisqu'ils succèdent aux obligations de leur auteur, tenus comme il l'aurait été lui-même des dommages-intérêts auxquels l'infraction à la contre-lettre donnerait lieu au profit de l'autre partie. — Il va sans dire qu'un mandant serait tenu aussi de respecter la contre-lettre souscrite pour lui par son mandataire, et ne pourrait pas (en dehors du cas de fraude) se prétendre *tiers ;* car le mandataire n'est que l'instrument, le bras du mandant, et par son mandataire le mandant a été *partie* dans la contre-lettre comme dans l'acte ostensible. On ne comprend pas qu'un tribunal (Bordeaux, 21 juin 1825) ait pu, dans une espèce où aucune fraude n'était articulée contre les mandataires qui avaient reçu mission de transiger avec le débiteur du mandant, condamner ces mandataires à payer au mandant une somme de 65 000 fr., indiquée comme reçue par eux dans l'acte ostensible, alors qu'une contre-lettre établissait que l'arrangement avait eu lieu pour 40 000 fr. : aussi la Cour de Bordeaux réformat-elle cette incroyable décision en disant que le mandant, puisqu'il n'articulait aucun fait de dol ou de fraude, ne pouvait se prévaloir de l'acte ostensible en rejetant la contre-lettre, qu'il n'était point tiers dans celle-ci, qu'il y avait été partie par ses mandataires, lesquels l'avaient souscrite dans son intérêt et pour son compte (25 juillet 1826) (1). .

Ainsi, et en résumé, les tiers sont ici, ni plus ni moins, les ayants cause à titre particulier; et c'est là un point reconnu par la jurisprudence (2).

Toullier (VIII, 182) et M. Duranton (XIII, 100) ne s'expliquent pas à ce sujet. Toutefois on voit que ce dernier partage notre doctrine; car après avoir dit que les contre-lettres n'ont leur effet qu'entre les parties contractantes, il ajoute que « sous le nom de parties contractantes on comprend aussi *les héritiers* de ces parties », ce qui exclut implicitement, et fait rentrer sous le nom de tiers, tous les autres ayants cause.

---

(1) Cass., d'un arrêt de Grenoble, 23 fév. 1835; Paris, 29 avr. 1837; Lyon, 21 juin 1837 (Dev., 1835, I, 361; 1837, II, 245 et 444). *Conf.* Bonnier (n° 442); Massé et Vergé, sur Zachariæ (t. III, p. 498, note 22); Larombière (art. 1321, n° 9). *Dict. not.* (v° Contre-lettre, n° 15).

(2) *Conf.* Rolland (v° Acte not., n° 63); Bonnier (n° 442); Aubry et Rau (3ᵉ édit., t. VI, p. 406); Larombière (art. 1323, n° 23). Cass., 8 juin 1859 (D. P., 59, 1, 250).

Il est vrai que l'expression d'héritiers est trop restreinte; mais il est probable que le savant professeur entend par là tous les successeurs généraux : héritiers, successeurs irréguliers, légataires et donataires à titre universel. M. Bonnier (n°s 399, 400), qui ne présente aussi comme exclus de la classe des tiers que *les héritiers et le mandant*, corrige cette inexactitude en disant dans le cours de son explication que le mot tiers embrasse *tous les ayants cause à titre particulier.*

III. — Puisque dans le concours de deux actes, l'un ostensible et constatant une fausse apparence, l'autre secret et constatant la vérité, c'est la fiction qui l'emporte sur la réalité au respect des tiers induits en erreur, il est clair qu'il en doit être ainsi, *à fortiori,* quand la réalité, masquée par un acte ostensible, résultera, non plus d'un acte exprès et formel qu'on a tenu secret, mais de la simple correspondance des parties. Nous ne saurions donc nous empêcher de signaler comme profondément contraire à la règle de notre article un arrêt de rejet du 11 mai 1846, par lequel la chambre des requêtes a maintenu, malgré notre plaidoirie, un arrêt de Rennes qui avait refusé à des créanciers la mise en faillite de leur débitrice constituée marchande publique par des actes ostensibles, authentiques et exécutés au grand jour depuis nombre d'années, en se fondant sur ce qu'il résultait de certains faits et surtout de la correspondance confidentielle de la femme avec son mari, que, dans la réalité, le commerce était celui, non de la femme, mais du mari, dont la première n'était que le prête-nom. (Voy. *Gazette des tribunaux* du 12 mai 1846.)

La Cour de Rennes reconnaissait que la femme avait fait le commerce en vertu d'une autorisation authentique de son mari; que la patente était en son nom, que les actes commerciaux étaient faits par elle; que des poursuites et des condamnations commerciales avaient été subies par elle; et que, quand certains actes avaient été faits par le mari, ils l'avaient été en vertu d'une procuration authentique de sa femme, au nom de laquelle il agissait comme mandataire de celle-ci; puis elle déclarait que tout cela n'avait été qu'une fiction, qu'un mensonge, révélés par les lettres du mari : de là elle concluait que la femme n'ayant pas été *réellement* marchande publique, elle ne pouvait pas être mise en faillite par ses créanciers... C'était, comme on voit, faire prédominer, à l'encontre des tiers, une réalité tenue cachée, et résultant seulement des lettres secrètes, sur une apparence trompeuse authentiquement publiée; or notre article veut que, par rapport à ces tiers, la réalité soit sans effet et laisse son cours aux simples apparences, alors même que la première est constatée et celles-ci démenties par un acte exprès et régulier, dès là que cet acte a été tenu caché et couvert sous l'acte ostensible.

Il est évident que la preuve par correspondance intime des parties ne peut pas avoir plus de force contre les tiers que la preuve par acte formel; s'il en était autrement et si une pareille décision pouvait faire jurisprudence, la fraude serait désormais bien à l'aise : il suffirait aux parties qui voudraient faire prévaloir à quelque jour, à l'encontre des tiers, la vérité par eux cachée, sur la fiction d'un acte ostensible, de ne pas faire de contre-lettre et de la remplacer par des lettres missives expliquant leurs véritables rapports. Par ce moyen, je vendrai fictivement ma maison à Pierre ; les tiers prêteront sur hypothèque au propriétaire apparent ; puis je viendrai faire disparaître ces hypothèques en prouvant par notre correspondance, et par tous moyens autres qu'une contre-lettre, que la vente n'était qu'une fiction et que c'est moi qui suis resté propriétaire !... Evidemment la décision du 11 mai 1846 est dans le faux, et nous étions dans le vrai en soutenant qu'il y avait lieu de casser l'arrêt de Rennes.

. IV. — Au surplus, il ne faudrait pas croire que par rapport aux tiers, qui sont ici des ayants cause des parties, la contre-lettre soit pleinement non avenue. Elle n'est inefficace envers eux qu'autant qu'elle devrait leur nuire ; et la raison dit assez que quand elle doit leur profiter, ces ayants cause peuvent très-bien l'invoquer... Ainsi quand un acte déclare que Pierre a vendu sa maison à Paul moyennant 100 000 fr., et qu'une contre-lettre vient établir que le prix réel est de 125 000, il est clair que non-seulement Pierre ou ses successeurs à titre universel, mais aussi ses créanciers venant exercer ses droits pour avoir payement de leurs créances, pourront exiger de Paul une somme de 125 000 fr. : ayants cause de Pierre, ils ont autant de droits que lui ; et si une contre-lettre qui nuirait à leur débiteur ne peut pas leur nuire, il est bien clair que celle qui peut lui profiter leur profite également (1).

Il en serait autrement, on le conçoit, si c'était, non plus contre Paul ou ses successeurs à titre universel que les créanciers de Pierre vinssent réclamer l'effet de la contre-lettre, mais contre les créanciers ou les tiers acquéreurs de celui-ci. Ainsi, que Pierre et Paul tombent tous deux en déconfiture et que le débat existe entre les créanciers de l'un et les créanciers de l'autre, il est clair que les créanciers de Pierre ne pourront poursuivre que pour 100 000 fr., et non pour 125 000, puisque, dans cette position, les successeurs, même à titre universel, de Pierre, et Pierre lui-même, ne pourraient demander que ces 100 000 fr. Ce résultat proviendrait alors, non pas de ce que la contre-lettre serait sans effet *au profit* des créanciers de Pierre (car, encore une fois, la contre-lettre produit autant d'effet au profit des créanciers qu'au profit des parties elles-mêmes), mais de ce qu'elle est sans effet *contre* les créanciers de Paul (2).

V. — Nous venons de supposer qu'une contre-lettre, augmentant le prix de vente indiqué à l'acte ostensible, produit le même effet que toute autre. Il en est ainsi d'après notre article, qui met indistinctement toutes les contre-lettres sur la même ligne ; mais il en était autrement lors de la promulgation du Code, d'après la loi du 22 frimaire an 7.

---

(1) Bonnier (n° 445) ; Larombière (art. 1321, n° 11). *Conf.* Paris, 2 germ. an 13. *Dict. not.*, v° Contre-lettre, n° 5.
(2) *Voy.* Cass., 15 juin 1843 (Dev., 43, 1, 467), 10 mars 1847 (Dev., 47, 1, 616) ; Dijon, 13 juin 1864 (Dev., 64, 2, 244). *Dict. not.* (l. c., n°ˢ 10 et 13).

L'art. 40 de cette loi, tout en soumettant par son second paragraphe à une amende triple de la somme qui aurait été due pour droit d'enregistrement, le cas de contre-lettre portant augmentation d'un prix de vente, édictait en outre, par son paragraphe premier, la nullité entière et absolue d'une telle contre-lettre. Mais, quoi qu'en ait dit Merlin (*Quest.*, v° Contre-lettre, § 3), il est certain que cette disposition exorbitante et inique a été abrogée par notre article. La discussion au conseil d'Etat ne laisse pas de doute à cet égard.

Le directeur général de l'enregistrement, M. Duchâtel, sentant bien que la question de validité ou de nullité d'un acte appartient au droit civil, non aux lois fiscales qui, régulièrement, ne doivent procéder que par voie d'amendes, et que par conséquent la règle générale qui allait être posée dans le Code réagirait sur la disposition de l'art. 40 de la loi de frimaire, M. Duchâtel demanda que les contre-lettres, *toujours faites en fraude du Trésor public,* fussent *proscrites d'une manière absolue.* Mais sa proposition fut improuvée par le Conseil entier. MM. Bigot-Préameneu, Cambacérès, Berlier, Tronchet et Defermon, répondirent qu'on ne doit annuler les contre-lettres que quand elles sont frauduleuses ; que, dans une foule de contrats, il serait injuste de rejeter les modifications contenues dans la contre-lettre ; que *c'est par des amendes et non par la peine de nullité que la fraude envers le Trésor public doit être punie ;* que, dans aucun cas, le législateur ne peut mettre sa volonté à la place de celle des parties, en augmentant ou en diminuant les obligations qu'elles se sont imposées ; que *la disposition actuellement existante contre l'usage des contre-lettres ne semble pas juste ;* que *ces actes doivent avoir tout leur effet entre les parties et être nuls seulement contre les tiers ;* que l'intérêt même du fisc sera mieux assuré au moyen de l'*amende infligée aux parties pour n'avoir pas fait enregistrer.* (Fenet, XIII, p. 112 et 113.)

Aussi la section de législation, sur le renvoi qui lui fut fait de la proposition de M. Duchâtel, n'en tint aucun compte, et maintint entière et absolue la règle de la validité des contre-lettres entre les parties.

L'intention des rédacteurs à cet égard s'est donc clairement manifestée ; l'abrogation de la première partie de l'art. 40 de la loi de frimaire serait incontestable, alors même que la loi du 30 ventôse an 12 ne serait pas venue déclarer abrogées toutes lois antérieures relatives à des matières faisant l'objet du Code Napoléon ; et la fraude aux droits du fisc n'est punie aujourd'hui que par l'amende du triple, que prononce la seconde partie du même article, et qui suffit bien en vérité (1).

N. B. — On comprend assez par ce qui vient d'être dit qu'il n'y a

---

(1) Toullier (VIII, 186); Favard (*Rép.*, v° Contre-lettre); Duranton (XIII, 103); Dalloz (§ 5, n° 3); Bonnier (n° 403); Aubry et Rau (3ᵉ édit., t. VI, p. 373, note 55); Larombière (art. 1321, n° 7). *Dict. not.*, v° Contre-lettre, n° 19. — *Contrà :* Merlin (*Rép.*, v° Contre-lettre, n° 3). *Voy.* Rej., 10 janv. 1819; Dijon, 9 juill. 1828; Aix, 21 fév. 1832 (Dev., 32, 2, 263); Douai, 10 juill. 1844. — Il en est autrement en matière d'office.

rien de commun entre les *contre-lettres* et les réserves qui se font quelquefois dans un acte au profit d'un tiers, telles notamment que les *déclarations de command*. La déclaration de command est celle par laquelle un acheteur avertit qu'il achète pour une personne qu'il désignera ultérieurement et qui l'a chargé (qui lui a *commandé*), ou pour laquelle il se charge lui-même d'acquérir le bien. Il est clair qu'il n'y a là aucune modification secrète d'un acte ostensible; et on ne voit pas trop pourquoi Toullier rattache à la matière des contre-lettres de longues explications sur la déclaration de command (n°ˢ 169-181) (1).

§ 2. — De l'acte sous seing privé, et des écrits privés non signés.

Le Code place ce second paragraphe sous la rubrique « *De l'Acte sous seing privé* »; mais cette rubrique se trouve trop étroite. Les actes dressés sous seing privé, c'est-à-dire sous la signature de personnes privées (par opposition aux actes authentiques, qui se délivrent sous la signature d'une personne publique, et qui sont ainsi des actes sous seing public), ne sont pas les seuls dont s'occupe ce paragraphe; car, après avoir parlé, dans les art. 1322-1328, des écrits portant ainsi la signature privée des parties, il parle, dans les art. 1329-1332, d'écrits qui produisent un certain effet sans porter aucune signature. Il fallait donc intituler ce paragraphe *Des Écrits privés*, par opposition au précédent qui s'occupe *des écrits publics*.

Traitons successivement, et dans l'ordre des articles, 1° des actes sous signature privée, 2° des écrits valables sans signature.

1° Des actes sous signature privée.

1322. — L'acte sous seing privé, reconnu par celui auquel on l'oppose, ou légalement tenu pour reconnu, a, entre ceux qui l'ont souscrit et entre leurs héritiers et ayants cause, la même foi que l'acte authentique.

I. — L'acte sous seing privé, que l'on se contente souvent, dans la pratique, d'appeler acte *sous seing* (ce qui est peu exact, puisque l'acte notarié est aussi sous seing), fait la même foi que l'acte authentique, c'est-à-dire produit le même effet, *eodem modo præjudicat* (art. 1319, n° II), quand il est reconnu ou réputé reconnu par celui à qui on l'oppose.

Nous disons que, sous cette condition, à laquelle se réfèrent les deux articles suivants, il a le même effet, *idem præjudicium*, que l'acte authentique, c'est-à-dire qu'il crée des droits ou obligations entre les parties, leurs héritiers ou ayants cause, tout comme le ferait un acte

---

(1) Rolland de Villargues (v° Contre-lettre, n° 2); Bonnier (n° 449); Larombière (sur l'art. 1321, n° 15).

public : aussi notre article, en outre de ce qu'il déclare formellement que l'effet de l'acte privé est *le même* que celui de l'acte authentique (ce qui suffirait déjà pour faire comprendre qu'il s'applique aux mêmes personnes), nous dit d'ailleurs, dans les mêmes termes précisément que l'art. 1319, que cet effet a lieu entre les parties, leurs *héritiers* et leurs *ayants cause*.

C'est donc à tort que M. Duranton (XIII, 135 et 136) et M. Ducarroy (*Thémis*, III, p. 46) ont enseigné, pour relever une erreur de Toullier, dont nous parlerons sous l'art. 1328, que notre article n'entend par *ayants cause* que les héritiers imparfaits et les donataires ou légataires universels, ou à titre universel, à l'exclusion des acheteurs, échangistes, donataires ou légataires particuliers, etc... Notre article, évidemment, comprend, tout aussi bien que l'art. 1319, les ayants cause à titre particulier en même temps que les ayants cause à titre universel. C'est par une autre idée qu'il fallait, comme nous le verrons à l'art. 1328, réfuter Toullier et résoudre la difficulté que présente la combinaison de cet art. 1328 avec le nôtre.

II. — Et si, entre les parties, leurs héritiers et ayants cause, l'acte privé, légalement reconnu, produit le même effet qu'un acte authentique (*idem præjudicium, quoad jus et effectum*), il a aussi vis-à-vis des tiers la même foi (*quoad probationem seu veritatem*), excepté en ce qui concerne la date, pour laquelle une règle spéciale est posée par l'article 1328 (1).

Du reste, si l'acte privé, une fois qu'il est légalement reconnu, a la même foi (sauf pour sa date) et produit le même effet que l'acte authentique lui-même, il est clair qu'il ne peut pas avoir plus d'énergie que celui-ci, et qu'il peut être attaqué comme lui par une inscription de faux (art. 214, Code de procédure; M. Duranton, XIII, 123 et suiv.).

1323. — Celui auquel on oppose un acte sous seing privé, est obligé d'avouer ou de désavouer formellement son écriture ou sa signature.

Ses héritiers ou ayants cause peuvent se contenter de déclarer qu'ils ne connaissent point l'écriture ou la signature de leur auteur.

1324. — Dans le cas où la partie désavoue son écriture ou sa signature, et dans le cas où ses héritiers ou ayants cause déclarent ne les point connaître, la vérification en est ordonnée en justice.

I. — L'acte sous seing privé n'a sa valeur que quand il est reconnu émaner de celui auquel on l'attribue.

Quand celui à qui l'acte est opposé en est lui-même l'auteur prétendu, il ne peut suspendre l'effet de l'acte qu'en déclarant nettement que la signature ou l'écriture n'est pas la sienne; quand c'est seulement un héritier ou autre ayant cause, il lui suffit pour cela de dire qu'il ne

_____

(1) Toullier (t. VII, n°s 239 et 240); Solon (n° 86); Larombière (art. 1328, n° 11).

sait pas si cette écriture ou cette signature est celle de son auteur. La loi admet bien que mes successeurs ignorent si tel acte émane ou non de moi ; mais elle n'admet pas que je puisse être moi-même dans une semblable ignorance. — On parle de la signature *ou de l'écriture,* quoique nos articles paraissent n'avoir trait qu'aux actes privés faits sous seing. C'est qu'en effet, même pour l'acte sous seing, il est des cas où, tout en reconnaissant la signature, on pourrait encore arrêter l'effet de l'acte en désavouant l'écriture (si c'est le signataire lui-même), ou en déclarant ne pas le connaître (si c'est seulement son successeur). Ces cas sont ceux de l'art. 1326, qui exige pour la validité de l'écrit que l'acte, s'il n'est pas tout entier de la main du signataire, présente du moins un *bon* ou *approuvé,* portant en toutes lettres la somme ou la quantité, écrit de cette main.

Du reste, il est évident que ce qui est dit par nos articles pour les actes sous seing privé doit aussi, au moins par analogie, s'appliquer, quant à l'écriture, aux écrits qui n'ont pas besoin de signature.

II. — Il n'est nullement nécessaire que celui qui veut se servir d'un acte privé assigne préalablement son adversaire en reconnaissance d'écriture, et il n'est pas besoin non plus qu'il conclue simultanément dans son exploit à la reconnaissance, ou à la vérification en cas de méconnaissance, puis à l'exécution après reconnaissance ou vérification. C'était indispensable autrefois en matière civile : un édit de 1684, qu'une déclaration du 15 mai 1703 vint dire inapplicable aux affaires commerciales, l'exigeait ainsi (1) ; mais aucune règle de ce genre n'étant imposée aujourd'hui, ni par le Code Napoléon, ni par le Code de procédure, le demandeur, qui peut sans doute, s'il le juge à propos, appeler d'abord en reconnaissance ou vérification, peut fort bien aussi assigner directement en exécution de l'acte, sauf au défendeur à répondre à sa demande par une méconnaissance. M. Duranton, qui avait d'abord enseigné le contraire dans son *Traité des Contrats* (IV, 1282), a rétracté cette erreur dans son *Cours de Droit* (XIII, 114), et dans un article inséré au *Répertoire* de M. Favard, v° Acte privé (2).

Lorsque le défendeur, assigné *de plano* en exécution de l'acte, répond par une défense au fond, il est clair qu'il reconnaît l'acte par cela même (3). Lorsque, soit sur une demande au fond, soit sur une demande en reconnaissance, il dénie l'écriture ou la signature (ou déclare ne les pas connaître, quand il s'agit d'un héritier ou autre ayant cause), c'est alors qu'il y a lieu à une vérification dont les règles sont tracées par les lois sur la procédure (Code de procédure, art. 193-213 ; loi du 3 septembre 1807). Si, par le résultat de cette vérification, le tribunal déclare que l'écriture ou la signature appartiennent bien à celui auquel on les attribue, l'acte se trouve ainsi reconnu : il est reconnu par la

---

(1) *Voy.,* au *Code Tripier,* sous l'art. 193 du Code de procédure.
(2) Carré (*Procéd.,* art. 193) ; Toullier (n°ˢ 229 et 230) ; Aubry et Rau (3ᵉ édit., t. VI, p. 396) ; Larombière (art. 1323, n° 7). Cass. 24 juin 1806, 10 août 1814, 7 fév. 1814, 27 août 1835 ; *Dict not.* (v° Vérif. d'écrit., n° 6).
(3) Toullier (t. VIII, n°ˢ 197 à 212) ; Larombière (art. 1322, n° 7) ; Paris, 8 mai 1815 ; Req., 9 déc. 1839.

justice au lieu de l'être par le défendeur. Ce cas, et celui où l'on défend au fond sans élever de méconnaissance, sont ceux auxquels l'art. 1322 fait allusion quand il parle de l'acte légalement tenu pour reconnu (1).

1325. — Les actes sous seing privé qui contiennent des conventions synallagmatiques, ne sont valables qu'autant qu'ils ont été faits en autant d'originaux qu'il y a de parties ayant un intérêt distinct.

Il suffit d'un original pour toutes les personnes ayant le même intérêt.

Chaque original doit contenir la mention du nombre des originaux qui en ont été faits.

Néanmoins le défaut de mention que les originaux ont été faits doubles, triples, etc., ne peut être opposé par celui qui a exécuté de sa part la convention.

SOMMAIRE.

I.   Règle fausse et immorale introduite par le Parlement de Paris. Notre article s'est gardé de la reproduire ; il applique à la preuve ce qu'on disait de la convention même. Grave erreur d'un arrêt de Paris.
II. Il suffit que la convention, dont l'acte ne mentionne pas les doubles ou n'a pas même été fait double, soit prouvée d'une autre manière ou volontairement exécutée. L'acte non double fait commencement de preuve par écrit. Renvoi.
III. Sens des mots « qui a exécuté *de sa part* » ; et « ayant *le même intérêt.* »
IV. La formalité des doubles n'est imposée que pour les contrats synallagmatiques. Elle ne l'est donc pas pour une promesse unilatérale de vendre ou d'acheter (lourde erreur de Merlin et des Cours d'Angers et de Lyon). Elle ne l'est pas non plus quand l'une des obligations réciproques est exécutée lors de la rédaction.

I. — C'est en 1736 seulement que, par une étrange violation des principes les plus élémentaires du droit, vint s'établir dans notre ancienne jurisprudence la règle que notre article, qui aurait peut-être mieux fait de la rejeter complétement, n'a du moins reproduite qu'en la modifiant profondément.

Confondant la validité d'une convention avec la validité de l'écrit destiné à en faire preuve, le Parlement de Paris, par divers arrêts, don le premier est du 30 août 1736, décida que toute convention créant des engagements réciproques est complétement nulle, si elle n'est pas constatée par un écrit rédigé en autant d'originaux qu'il y a de parties ayant un intérêt opposé, et dont chacun porte la mention du nombre de ces originaux. Ainsi, alors même que chacune des deux parties ayant formé un contrat synallagmatique aurait formellement avoué la réalité de la convention, et que cette convention aurait été déjà volontairement exécutée par l'une d'elles, la circonstance que l'écrit n'avait pas été fait double, ou même qu'en rédigeant deux doubles représentés dans le procès, les parties n'avaient pas eu soin d'en écrire la mention sur chacun, la convention était déclarée nulle, et l'impudente mauvaise foi de

---

(1) Du reste, il est évident que la dénégation d'écriture n'oblige pas le juge à ordonner une vérification et qu'il peut, lorsque la sincérité de l'acte lui est démontrée, le tenir immédiatement pour reconnu. — *Voy*. Paris, 31 juill. 1852 (*J. P.*, 1853, t. II, p. 289).

celui qui demandait à se soustraire à sa promesse sous un pareil prétexte serait triomphante.

Notre Code n'a pas reproduit cette règle aussi absurde qu'immorale. Il déclare inefficace, à défaut des doubles ou de la mention de ces doubles, non pas le contrat, mais seulement l'écrit qui devait en faire preuve. « *Les actes* qui contiennent des conventions synallagmatiques, dit-il, *ne sont valables* qu'autant... »; et appliquant lui-même à l'un des cas qui s'étaient présentés devant le Parlement de Paris, au cas de défaut de mention des doubles, cette règle de nullité *de la preuve* (sauf validité de la convention, si elle se trouve autrement justifiée), il déclare par son dernier alinéa que l'exécution faite par l'une des parties rendrait ce vice de forme insignifiant et ne permettrait pas de l'opposer.

On n'est pas peu étonné, d'après cela, que la Cour de Paris (arrêt du 27 novembre 1811) ait pu déclarer que l'art. 1325 vient *consacrer les anciens principes!* « Il s'en faut de beaucoup, dit avec raison le *Répertoire* de Merlin, que cet article ait donné dans une aussi étrange aberration ; et tandis que la très-moderne jurisprudence du Parlement de Paris poussait l'oubli des notions les plus élémentaires du droit jusqu'à annuler une convention synallagmatique, par cela seul que la preuve n'en résidait pas dans un acte fait double, l'art. 1325 se borne à déclarer qu'un pareil acte n'est pas valable à l'effet de constater cette convention, qui d'ailleurs peut être prouvée de toute autre manière. » (V° Double écrit, n° 8.) (1)

II. — Le défaut de la mention des doubles ou de la rédaction même de ces doubles n'est donc plus aujourd'hui qu'une question de preuve, en dehors de laquelle la convention sera toujours valable, si elle se trouve autrement prouvée.

Ainsi, quand la partie contre laquelle on demande l'exécution se fonde pour la refuser sur ce qu'on n'a pas mentionné les doubles, ou sur ce qu'on n'a pas fait de doubles, ou sur ce qu'on n'a même rédigé aucun écrit, mais en reconnaissant d'ailleurs que la convention s'est formée, cette convention, ainsi établie par l'aveu même de la partie, produira pleinement l'effet qu'on lui refusait autrefois.

Que si cette partie nie la convention même et prétend qu'on avait soumis la formation du contrat à la rédaction d'un acte complètement régulier, en sorte que, suivant elle, l'irrégularité de l'acte a empêché les engagements de naître, l'adversaire pourra lui déférer le serment (art. 1358 et suiv.); et si, reculant devant un parjure, la partie qui avait nié d'abord avoue enfin que la convention était arrêtée avant la rédaction de l'écrit et indépendamment de cet écrit, le contrat, se trouvant encore établi par là, aura tout son effet (2).

De même encore, si la convention, comme le prévoit le dernier ali-

---

(1) *Conf.* Rej., 27 niv. an 12, 17 août 1814; Metz, 11 fév. 1819; Rej., 16 mai 1859 (D. P., 59, 1. 373); *Dict. not.* (v° Double écrit., n°⁵ 3 et 4).
(2) *Conf.* Toullier (324); Duranton (t. XIII, n° 163); Aubry et Rau (*loc. cit.*, 385); Larombière (art. 1325, n° 33); Dalloz (v° Oblig., n°⁵ 4054 et 4060); Cass., 29 prair. an 13 ; *Dict. not.* (v° Double écrit., n° 43).

néa de l'article, se trouve prouvée par l'exécution même, ce ne sera pas seulement le défaut *de la mention* des doubles, mais aussi le défaut *des doubles* eux-mêmes, qui deviendra insignifiant : si cette décision pouvait paraître douteuse en face du seul texte de notre article, elle cesserait de l'être en présence de l'art. 1338, qui déclare que l'exécution volontaire emporte renonciation à tous les moyens et exceptions qui pouvaient être opposés contre l'acte (1).

Le doute ne serait pas plus possible, et la nécessité de donner effet à la convention serait évidente, si, comme il était arrivé dans l'une des espèces jugées par le Parlement de Paris, il y avait absence *de la mention* des doubles, mais représentation de ces doubles. La règle de notre article ne présente plus qu'une question de preuve, la mention des doubles n'est exigée que pour prouver et mieux assurer l'existence même de ces doubles; or la représentation effective des doubles est assurément la meilleure preuve possible de leur existence : c'est une preuve beaucoup plus forte que la mention elle-même. (*Conf.* Grenoble, 8 avril 1829; Bonnier, n°605.—*Contrà:* Aubry et Rau, 3ᵉ édit., t. VI, p. 383.)

Nous verrons, sous l'art. 1347, que, contrairement à la doctrine de MM. Duranton, Bonnier et autres, l'acte ne portant pas la mention *fait double* pourrait aussi être pris comme commencement de preuve par écrit de la convention, autorisant le demandeur à prouver par témoins que cette convention s'est vraiment formée, et permettant aux juges de se décider par de simples présomptions (art. 1355) ou au moyen du serment supplétoire (art. 1367).

III. — En prévoyant le cas d'exécution volontaire, notre article parle de l'exécution que l'une des parties aurait faite *de sa part*. Il est possible, en effet, qu'une convention, quoique synallagmatique, reçoive une exécution de l'une des parties, sans que l'autre concoure en rien à cette exécution. Ainsi, quand je vous ai vendu ma maison moyennant 40 000 fr. dont vous deviez payer 35 000 à moi-même et 5 000 à un tiers en mon nom, le fait par vous d'avoir payé à ce tiers les 5 000 fr. constitue *de votre part* une exécution dans laquelle je ne suis pour rien; tandis que, s'il s'agissait d'un payement d'une portion de prix reçu par moi, il y aurait eu exécution de ma part aussi bien que de la vôtre. — Quand il n'y a eu exécution que de la part d'une des parties, sans aucun concours de l'autre, celle qui a exécuté est la seule qui ne puisse plus opposer le défaut des doubles (2).

A cette observation de texte, joignons-en une autre pour les mots *ayant le même intérêt*.

L'article nous dit qu'un seul original suffit pour les parties ayant un même intérêt, et que c'est seulement pour chacune des parties ayant

(1) Toullier (VIII, 133); Delvincourt (t. II); Solon (n° 89); Duranton (VIII, 161); Dalloz (art. 2, § 2, n° 3); Bonnier (n° 562); Aubry et Rau (3ᵉ édit., t. VI, p. 384); Larombière (art. 1325, n° 39); Rej., 13 fév. 1812; Cass., 15 fév. 1814; Req., 29 mars 1852; Riom, 13 juin 1855.
(2) *Conf.* Aubry et Rau (3ᵉ édit., t. VI, n° 386); Larombière (sur l'art. 1325, n° 30). — *Voy.* le *Dict. not.*, (v° Double écrit., n°ˢ 54 et suiv.).

un intérêt distinct qu'un original séparé doit être fait. Ceci, on le comprend bien, ne s'entend pas seulement des personnes qui auraient identiquement un seul et même intérêt (par exemple, une femme stipulant avec le concours de son mari qui ne vient que pour l'autoriser), mais de toutes personnes ayant chacune un intérêt semblable et qui jouent toutes ensemble, par rapport à la partie adverse, le rôle que jouerait une seule partie. Ainsi, lorsque les trois copropriétaires d'une maison traitent avec un entrepreneur pour la réparation de cette maison, il suffira de deux originaux, un pour l'entrepreneur, l'autre pour les trois copropriétaires : quoique ceux-ci, en définitive, aient entre eux des intérêts distincts, ils jouent cependant à eux trois, vis-à-vis de l'entrepreneur, le rôle que remplirait un propriétaire unique de la maison. Que s'il s'agissait, au contraire, de faire entrer les trois copropriétaires au partage d'un bien commun, chacun des copartageants serait alors l'adversaire des autres, et l'acte devrait être fait en trois originaux (1). — Il est évident, au surplus, que, dans le cas de plusieurs personnes ayant des intérêts qui se trouvent n'en former qu'un seul par rapport à la partie adverse, l'original que cette partie reçoit, en échange de celui qu'elle donne aux divers coïntéressés, doit être signé de tous ses coïntéressés. Autrement, les écrits n'établiraient que le projet d'une convention, que rien ne prouverait s'être conclue, ainsi que nous l'avons expliqué au n° III de l'art. 1318, en réfutant une grave erreur de Toullier et de M. Duranton.

On voit que la règle que nous venons d'expliquer serait mieux formulée en disant qu'il faut autant d'originaux qu'il y a de parties ayant, *dans la convention,* des intérêts *opposés.*

IV. — Voyons maintenant à quels contrats s'applique la règle de la nécessité des doubles.

Notre article ne l'impose que pour les conventions synallagmatiques, et par conséquent on ne peut l'exiger pour aucun des contrats unilatéraux, pas plus pour ceux qui peuvent faire naître *ex post facto* des obligations réciproques contre la partie qui n'était pas obligée d'abord, que pour les autres. Il est vrai que ces contrats (le dépôt, le commodat, etc.) sont souvent appelés *synallagmatiques imparfaits;* mais ils ne sont en définitive qu'une des espèces du contrat unilatéral ; s'ils peuvent présenter des obligations réciproques, ce n'est jamais qu'après coup et par accident ; ils n'ont rien de synallagmatique au moment où ils se forment, et on ne peut pas dire que l'acte rédigé pour les constater contienne des conventions synallagmatiques : aussi on a toujours été d'accord, et on l'est encore, pour ne pas leur appliquer la règle des doubles (2).

---

(1) *Voy.* Req., 23 août 1853 (*J. Pal.,* 1835, t. I, p. 528); Duranton (XIII, 154); Aubry et Rau (t. VI, p. 382); Larombière (art. 1325, n° 23).
(2) Toullier (VIII, 326); Delvincourt (t. II); Duranton (XIII, 150); Dalloz (n° 6); Bonnier (n° 566); Zachariæ (V, p. 648); Aubry et Rau (3e édit., t. VI, p. 380); Larombière (art. 1325, n° 11); *Dict. not.* (v° Double écrit., n° 7). — Ainsi jugé pour les arrêtés de comptes et les quittances données en conséquence. Cass., 16 mars 1852; Orléans, 2 déc. 1853 (*J. Pal.,* 1852, t. I, p. 449; 1855, t. I, p. 171).

La règle ne s'appliquerait pas non plus à la promesse unilatérale, c'est-à-dire faite par une seule partie sans que l'autre s'oblige, de conclure ultérieurement un contrat synallagmatique. Ainsi, quand je m'oblige à vous livrer ma maison pour 60 000 fr., si vous vous décidez à la prendre pour ce prix dans un délai de trois mois, il est bien évident qu'il n'y a pas lieu de faire un acte double et que celui que je vous souscris est bien suffisant, puisque vous ne vous obligez *à rien* envers moi. Que le Parlement de Paris ait pu pousser l'oubli de tous les principes jusqu'à décider le contraire (dans un arrêt que rapporte Denizart au mot *Doubles*), on peut le comprendre, après l'étrange aberration dans laquelle Merlin lui reproche si justement d'être tombé : dans l'erreur comme dans le vice, le premier pas conduit à d'autres. Mais on ne conçoit pas que, sous le Code Napoléon, Merlin lui-même (*Rép.*, v° Vente, p. 534-555), et après lui les Cours d'Angers et de Lyon (1), soient venus dire que toute obligation de vendre ainsi contractée unilatéralement se trouve frappée de nullité par l'art. 1589... Cet article déclare que la promesse de vente *vaut vente*, quand il y a consentement réciproque, c'est-à-dire contrat synallagmatique par lequel les deux parties s'obligent, l'une à vendre, l'autre à acheter. Ce que le bon sens conclut de là, c'est que quand, au lieu de deux obligations réciproques, il y a seulement obligation de vendre, la promesse de vente *ne vaut plus vente,* et constitue un simple contrat unilatéral dont l'effet est nécessairement celui de tous les contrats unilatéraux. Merlin et les Cours d'Angers et de Lyon n'ont pas raisonné ainsi ; et de ce que la promesse de vendre constitue une vente lorsqu'il y a obligation réciproque, ils en concluent que, quand il n'y a qu'une seule obligation, *elle ne vaut rien* et se trouve absolument nulle ! L'esprit reste vraiment confondu en présence d'une aussi monstrueuse décision, contraire, comme on le pense bien, à la doctrine de tous les auteurs anciens et modernes (2).

C'est surtout par M. Troplong qu'a été énergiquement réfutée cette doctrine incroyable et que repoussent les plus simples lumières de la raison. Car enfin, toute convention légalement formée ne tient-elle pas lieu de loi à ceux qui l'ont faite (art. 1134)? Or qu'y a-t-il de contraire aux bonnes mœurs ou à l'ordre public dans le contrat par lequel je m'oblige, soit à vous vendre ma maison, soit à vous acheter la vôtre, moyennant tel prix, si, dans un délai de..., vous vous décidez à acheter ou à vendre? Sans doute, il ne faut pas confondre la simple pollicitation ou offre que j'ai pu vous faire et qui ne me lie pas, de simples pourparlers, avec l'obligation que j'ai entendu prendre ; mais, du moment qu'il est bien reconnu que je me suis obligé, qu'il n'y a pas eu simple

---

(1) Angers, 27 août 1829 ; Lyon, 27 juin 1832 (*J. Pal.*, t. XXII, p. 1418 ; t. XXIV, p. 1212).
(2) Notamment : Tiraqueau (*De Ret. conv.*, tit. fin) ; Fachin (*Conf.*, liv. 2, ch. 7) ; Boerius (Décis. 183) ; Henrys (t. I, liv. 4, ch. 6, Quest. 40) ; Bardet (t. I, liv. 2, ch. 31) ; Pothier (*Vente*, n° 477) ; Troplong (*Vente*, n°ˢ 114-116) ; Duranton (XIII, 147) ; Duvergier (*Vente*, I, 121 et 122) ; Bonnier (n° 561) ; Aubry et Rau (3ᵉ édit., t. VI, p. 380) ; Larombière (1325, n° 19). — *Voy.* Colmar, 8 mai 1845 (D. P., 46, 2, 219).

pourparler, mais contrat, par quel motif, par quel prétexte viendrait-
on déclarer non avenu le lien auquel je me suis soumis? Que le Parlement de Paris, après avoir exigé l'acte double, non pas seulement pour
la preuve, mais pour la validité des conventions synallagmatiques, ait
ensuite élargi cette belle doctrine jusqu'à exiger aussi les doubles pour
la preuve et pour la validité d'une promesse de vente, on ne peut guère
s'en étonner : quand on se jette dans l'absurde, il n'y a pas de raison
pour s'arrêter en chemin; mais qu'on veuille ressusciter cette dernière
doctrine sous le Code, qui proscrit même la première, c'est ce qui ne
se conçoit pas (1).

Ainsi, la rédaction des doubles, qui serait indispensable dans la
vente proprement dite et aussi dans la promesse synallagmatique de
vendre et d'acheter (que l'art. 1589 déclare équivaloir à une vente), ne
sera nullement nécessaire dans la promesse simple et unilatérale, soit
de vendre, soit d'acheter, puisqu'il n'y a alors obligation que d'un côté.

Elle ne serait pas nécessaire non plus, même dans un contrat primitivement synallagmatique, si l'une des obligations s'exécutait sur-le-
champ, et que la constatation d'une seule obligation devînt ainsi l'objet
de l'écrit. Ainsi, quand j'achète moyennant 1 500 fr. que je vous paye
à l'instant même un cheval que vous devez me livrer plus tard, l'acte
privé que nous rédigeons pour constater votre obligation de me livrer
ce cheval, et me servir en même temps de quittance de mon prix, n'a
pas besoin d'être fait double, puisqu'il ne constate pas des engagements réciproques. L'acte unique que vous me remettez signé de vous
suffit alors, puisqu'il constate tout ensemble et votre obligation et ma
libération du prix de vente (2). Mais il faut remarquer que, dans ce cas,
si l'obligation unique qu'il s'agit de constater avait pour objet une
somme d'argent ou une certaine quantité de denrées ou marchandises
(si c'était l'acheteur qui, en recevant l'objet de la vente, s'obligeât à en
payer le prix; ou si la chose vendue, et que le vendeur ne livre pas en

---

(1) M. Troplong croit que le Parlement de Paris n'a jamais admis l'hérésie que nous
combattons ici. Cette idée paraît inexacte. Il est vrai que le Parlement avait d'abord
consacré les vrais principes sur ce point par plusieurs arrêts du dix-huitième siècle;
mais il les abandonna plus tard, dans l'arrêt dont parle Denizart, et qui annule, pour
n'avoir pas été rédigée en double, la promesse faite par l'archevêque de Reims d'a-
cheter l'hôtel Conti pour 450 000 livr.
Nous devons signaler ici deux erreurs de fait que nous avons remarquées chez les
auteurs cités au texte.
M. Duvergier présente Toullier (IX, 91) comme partageant la doctrine que lui-même
repousse, ainsi que nous. Or Toullier ne dit rien qui autorise à lui imputer cette doctrine; il dit, au contraire, que si celui qui promet de vendre ne transfère pas la propriété, *il s'oblige à la transférer* par un contrat postérieur (n° 91, *in fine*). Toullier
reconnaît donc que le promettant est lié.
L'autre inexactitude se trouve chez M. Bonnier, qui cite comme ayant admis l'hérésie dont il s'agit un arrêt de Grenoble, du 23 mai 1829, tandis que cet arrêt, maintenu en Cassation, le 9 juillet 1834, décide, et décide exactement, une question différente, quoique touchant à la nôtre (*J. Pal.*, t. XXVI, p. 725).
(2) Conf. Pothier (*Vente*, n° 477); Toullier (t. VIII, n°ˢ 327 et suiv.); Delvincourt
(t. II, p. 614); Maleville (sur l'art. 1325); Duranton (t. XIII, n° 146); Bonnier
(n° 608 : Aubry et Rau (3° édit., t. VI, p. 381); Larombière (art. 1325, n° 20); Troplong (*Vente*, n° 114); *Dict. not.*, 4° édit. (Double écrit., n° 20). — *Voy.* cependant
Toullier (335 et suiv.); Aubry et Rau (p. 386), et Larombière (n° 32).

recevant son prix, était 50 hectol. de blé, 600 kilogr. de cuivre, etc.),
l'acte signé par la partie qui reste débitrice devrait, d'après l'article suivant, être écrit en entier de la main du débiteur ou porter un *bon* indiquant en toutes lettres la somme d'argent ou la quantité de la chose (1).

1326. — Le billet ou la promesse sous seing privé par lequel une
seule partie s'engage envers l'autre à lui payer une somme d'argent
ou une chose appréciable, doit être écrit en entier de la main de celui
qui le souscrit; ou du moins il faut qu'outre sa signature, il ait écrit de
sa main un *bon* ou un *approuvé,* portant en toutes lettres la somme ou
la quantité de la chose; excepté dans le cas où l'acte émane de marchands, artisans, laboureurs, vignerons, gens de journée et de service.

1327. — Lorsque la somme exprimée au corps de l'acte est différente de celle exprimée au *bon,* l'obligation est présumée n'être que
de la somme moindre, lors même que l'acte ainsi que le *bon* sont
écrits en entier de la main de celui qui s'est obligé, à moins qu'il ne
soit prouvé de quel côté est l'erreur.

SOMMAIRE.

I.   La loi, pour obvier à de nombreux dangers, veut que l'acte privé constatant l'obli-
     gation unilatérale d'une certaine somme ou d'une quantité de marchandises
     présente l'indication de cette quantité en toutes lettres de la main du débiteur,
     au moins dans un *bon* ou *approuvé*, ajouté au corps de l'acte.
II. La règle s'applique toutes les fois qu'il n'y a d'engagement que d'un côté, cet en-
     gagement fût-il pris par plusieurs personnes. Observations.
III. La règle n'est relative qu'à la preuve, non à la validité de la convention : consé-
     quences. L'acte ferait commencement de preuve par écrit. Renvoi.
IV. Exception fâcheuse que la nature même des choses fait apporter à la règle. —
     Quand il y a désaccord entre le corps de l'acte et le bon sur la quotité, et que
     rien n'indique de quel côté est l'erreur, c'est toujours à la quotité la plus faible
     que l'on s'arrête.

I. — Dans notre ancien droit déjà, on avait senti le danger d'admettre, comme preuve suffisante d'une obligation, la simple signature du
prétendu débiteur au bas de l'écriture qui exprime cette obligation.
Une personne a pu donner de confiance un blanc seing dont on a abusé;
sa signature a pu être mise sur l'enveloppe d'un paquet, ou jetée par
distraction et sans but sur un chiffon de papier, de manière à ce qu'un
fripon ait écrit au-dessus quelques mots portant promesse d'un payement; on a pu signer un écrit sans l'examiner avec assez d'attention, et
souscrire ainsi un engagement quand on ne songeait pas à s'obliger, ou
du moins un engagement autre que celui qu'on voulait prendre; enfin
un créancier pourrait faire signer au débiteur un acte indiquant l'objet
dû en chiffres qu'il changerait ensuite, pour leur faire exprimer une
somme ou une quantité plus fortes : il est bien facile, par exemple,

---

(1) Toullier (t. VIII, n°ˢ 308, 328, 330); Rolland (n°ˢ 28 et 29); Larombière
(art. 1326, n° 12); Dalloz (v° Oblig., n° 4092).

d'ajouter un zéro et de décupler ainsi l'importance de la valeur exprimée.

Pour obvier à ces inconvénients, une déclaration du 22 septembre 1733 (1) porta une règle analogue à celle que reproduisent nos articles, sauf qu'elle ne s'appliquait qu'aux billets *causés pour valeur en argent,* tandis que le Code met sur la même ligne toute promesse de *chose appréciable,* expression bizarre par laquelle on a voulu désigner les denrées ou autres marchandises livrables au poids, au compte ou à la mesure, comme l'indique la fin du premier alinéa, en parlant de *la quantité de la chose* (2).

Ainsi la promesse unilatérale de payer une certaine somme ou une certaine quantité de marchandises n'est suffisamment prouvée par l'acte que rapporte le créancier, qu'autant que cet acte est écrit tout entier par le débiteur ou du moins revêtu d'un bon ou approuvé indiquant en toutes lettres, et non pas en chiffres, la quotité de la somme ou des choses. — Et puisque la quotité doit être écrite en lettres, non pas indiquée en chiffres, dans le *bon* qui est nécessaire lorsque le corps de l'acte n'est pas de la main du débiteur, il faut dire que, dans le cas contraire, il doit aussi être mis en toutes lettres dans le corps de l'acte : le changement frauduleux de simples chiffres serait tout aussi facile dans le corps de l'acte que dans le *bon ;* et en proscrivant formellement ces chiffres pour le second cas, la loi indique bien qu'elle entend les proscrire aussi pour le premier. Si le Code a pris soin d'exprimer la règle pour le bon, sans le faire pour le corps de l'acte, c'est que l'indication en lettres paraît devoir s'employer tout naturellement quand le débiteur prend la peine d'écrire lui-même l'acte tout entier, tandis qu'une indication abrégée et en chiffres aurait souvent été donnée par celui qui se contente d'approuver en quelques mots un écrit indiquant déjà la quotité.

II. — La règle s'applique à toute promesse unilatérale, aussi bien à celle où plusieurs débiteurs rempliraient dans la convention le rôle d'une seule partie s'obligeant sans réciprocité, qu'à celle où l'engagement n'est pris que par une personne. Ainsi quand Pierre et Paul s'obligent solidairement à payer une somme de... à Jacques, il faut que l'acte, s'il est écrit par l'un des débiteurs, soit approuvé par l'autre, et qu'il porte le bon de tous deux s'il est écrit par une main tierce. Les deux codébiteurs ne présentent alors, dans la convention, qu'une partie, il n'y a d'engagement que d'un côté; et c'est pour cela que, dans le cas de contrat synallagmatique, un seul original suffirait pour eux deux. Notre règle, en définitive, comme l'indique assez le rapprochement des deux art. 1325 et 1326, s'applique à toute obligation (d'ar-

---

(1) *Voy.* le *Code Tripier,* sous l'art. 1326.
(2) La jurisprudence tend à admettre que, sous ce rapport, la prescription de l'art. 1326 s'applique aux cautionnements comme aux obligations principales, aux obligations indéterminées comme à celles dont le *quantum* est fixé ou appréciable. Req., 1er mars 1853; Paris, 28 déc. 1852 et 24 mai 1855. — *Voy.* cependant Douai, 25 nov. 1853 (*J. Pal.*, 1854, t. I, p. 14; 1855, t. I, p. 591); Aubry et Rau (3e édit., t. VI, p. 392); Larombière (art. 1326, n° 8); Dalloz (v° Oblig., n° 4123); *Dict. not.,* 4e édit. (v° App. d'écrit., n° 31).

gent ou de quantités) qu'une obligation réciproque ne vient pas soumettre à la formule d'un double écrit (1).

Si la convention est soustraite à notre règle pour rentrer sous celle
des doubles quand elle est synallagmatique, ce n'est pas une raison
pour que, lorsqu'elle est unilatérale, on ait le choix entre les deux règles. Ainsi, quand une personne s'engage unilatéralement à payer une
somme, les contractants ne seraient pas libres de substituer la rédaction en double à la règle de notre article ; et la circonstance que l'acte
aurait été fait double n'empêcherait pas, c'est évident, qu'il y eût contravention à la loi et insuffisance de la preuve : les parties auraient accompli alors une formalité qui n'était pas exigée, et elles auraient omis
celle qui se trouvait indispensable. (Toullier, n° 307.) (2) — Il en serait autrement, et l'on pourrait prendre au choix l'une ou l'autre règle,
dans l'hypothèse que nous avons prévue sous l'art. 1354, n° IV, dernier alinéa, c'est-à-dire quand il s'agit d'un contrat synallagmatique
que l'on exécute sur-le-champ d'un côté, en sorte qu'il ne reste plus
d'obligation que de l'autre côté. D'une part, en effet, il est incontestable que l'écrit n'a plus à constater qu'un engagement *unilatéral,* ce
qui permet d'abandonner la règle de l'art. 1325 pour suivre celle de
nos articles ; d'autre part, il est également vrai que l'acte mentionne
un contrat *synallagmatique,* qu'il est rédigé pour la constatation de ce
contrat, et si la circonstance que l'obligation d'une des parties s'exécute
sur-le-champ et ne laisse plus subsister qu'un seul engagement *permet*
aux parties de substituer la règle de nos articles à la première, il est
clair qu'elle ne saurait les y *forcer,* et que c'est là pour elles une simple
faculté. (Toullier, n° 370.)

III. — Nos articles, ainsi que le précédent, n'étant relatifs qu'à la
preuve de la convention et nullement à sa validité, il s'ensuit que,
dans le cas d'un écrit qui ne serait que signé du débiteur, l'engagement
resterait valable et aurait tout son effet, s'il était autrement prouvé,
soit par l'aveu spontané de ce débiteur, soit par le serment qu'on lui
aurait déféré ; et nous verrons sous l'art. 1347 que cet écrit constituerait un commencement de preuve et autoriserait dès lors la preuve par
témoins, et celle par simples présomptions ou par le serment supplétoire (art. 1353, 1367) (3).

IV. — La loi apporte une exception à la règle qui nous occupe pour
les marchands, artisans, laboureurs, vignerons, gens de journée et de
service. — Pour les domestiques, journaliers, ouvriers, etc., qui souvent peuvent signer leur nom sans savoir autrement écrire, l'exception
était indispensable, puisque déclarer non probant l'acte qu'ils n'au-

(1) Delvincourt (t. II, p. 613) ; Favard (v° Acte sous seing privé, sect. 1, § 3, n° 7) ;
Merlin (v° Billet) ; Toullier (VIII, 300) ; Duranton (XIII, 179) ; Bonnier (n° 550) ; Aubry et Rau (3e édit., t. VI, p. 389) ; Larombière (art. 1326, n° 5) ; *Dict. not.,* 4e édit.
(v° App. d'écrit., n°⁵ 33, 34) ; Cass., 8 août 1815 ; Cass., 6 mai 1816.
(2) Toullier (VIII, n° 307) ; Solon (n° 96) ; Aubry et Rau (3e édit., t. VI, p. 390) ; Larombière (art. 1326, n°⁵ 11 et 13).
(3) Toullier (284 et suiv.) ; Duranton (*loc. cit.*) ; Paris, 18 févr. 1808 ; Turin, 20 avr.
1808 ; Cass., 2 juin 1823, 1er juill. 1828, 4 févr. et 23 avr. 1829, 4 mai 1851, 21 mars
1852, 18 nov. 1834, 6 févr. 1839. — Voy. *Dict. not.,* 4e édit. (v° App. d'écrit., 69).

raient pas écrit ou revêtu d'un bon, c'eût été les contraindre à recourir à un notaire pour les actes de la moindre importance. Malheureusement, on enlève ici la protection de la règle à ceux-là précisément qui avaient le plus besoin d'être protégés, vu leur peu d'instruction ; mais ce résultat, comme on le voit, ne saurait être reproché au législateur ; il découle de la nature même des choses (1). — Pour ce qui est des marchands (et aussi des banquiers, manufacturiers, négociants, etc., que la déclaration de 1733 plaçait nommément dans l'exception, et que le Code entend certainement comprendre tous sous le nom de marchands (2), l'exception, on le conçoit, a une tout autre cause : c'est la multiplicité des billets de ce genre qu'ils ont à souscrire et qui a fait craindre que la règle, qui est pour d'autres une sage protection, ne devînt pour eux une entrave à la marche de leurs affaires (3).

Toutes les fois qu'il y a désaccord, sur la quotité, entre le bon et le corps de l'acte, la dette, tant que quelque circonstance n'indique pas de quel côté est l'erreur, ne se trouve prouvée que jusqu'à concurrence de la quotité pour laquelle les deux indications sont d'accord, c'est-à-dire pour la plus faible des deux quotités. Mais, bien entendu, si l'on voyait, peu importe comment, que cette quotité plus faible est erronée et que la plus forte est exacte, c'est à celle-ci qu'on s'arrêterait.

C'est seulement dans le doute que l'on suit l'indication la plus faible ; mais alors on la suit toujours.

1328. — Les actes sous seing privé n'ont de date contre les tiers que du jour où ils ont été enregistrés, du jour de la mort de celui ou de l'un de ceux qui les ont souscrits, ou du jour où leur substance est constatée dans des actes dressés par des officiers publics, tels que procès-verbaux de scellé ou d'inventaire.

SOMMAIRE.

I.   L'acte privé ne fait pas foi de sa date à l'égard des tiers.
II. C'est seulement envers les tiers, jamais pour la partie ou ses héritiers.
III. On entend ici par tiers tous ceux qui ont traité avec le signataire de l'acte : lourde erreur de Toullier. — Conciliation des art. 1322 et 1325 ; erreur de MM. Ducaurroy et Duranton.
IV. La certitude légale de la date ne peut résulter que des trois circonstances indiquées par l'article : erreur de Toullier.
V.   L'article ne s'applique pas aux quittances. Contradiction de M. Duranton.

---

(1) En thèse générale, l'exception que la loi consacre ici à l'égard des laboureurs s'applique sans distinction entre celui qui laboure les terres d'autrui et celui qui fait valoir ses propres terres, même avec le secours de domestiques. Toutefois, dans ce dernier cas, l'exception ne s'applique pas si le rang que la personne a dans le monde, son éducation ou l'importance de l'exploitation, excluent en elle la qualité de laboureur. *Voy.* Caen, 14 avril 1847; Nîmes, 4 mai 1852 (*J. Pal.*, 1847, t. II, p. 387 ; 1853, t. II, p. 374); Cass., 12 fév. 1861 (Dev., 62, 1, 83); Larombière (art. 1326, n° 23); Dalloz (v° Oblig., n°ˢ 4133 et suiv.); *Dict. not.* (v° App. d'écrit., n°ˢ 45 et suiv.).
(2) Du reste, le billet non revêtu d'un bon ou approuvé peut être déclaré valable comme émanant d'un artisan, bien qu'il n'y eût pas eu à cet égard d'articulation de fait. Req., 13 déc. 1853 (*J. Pal.*, 1855, t. II, p. 332).
(3) *Conf.* Toullier (t. VIII, n° 299); Solon (n° 90); Aubry et Rau (3ᵉ édit., t. VI, p. 393); Larombière (art. 1326, n° 19).

I. — Quoique nous ayons dit, avec l'art. 1322, que les actes sous seing privé, une fois qu'ils sont reconnus ou tenus pour tels entre les parties, leurs héritiers et ayants cause, ont la même efficacité que les actes authentiques, il y a cependant entre les deux classes d'actes cette différence que l'acte public donne la certitude légale de la vérité de sa date aussi bien que de tout le reste de son contenu, tandis que l'acte privé n'acquiert une date légalement certaine vis-à-vis des tiers, c'est-à-dire des simples ayants cause, que du jour de son enregistrement, ou de la relation de sa substance dans un acte public, ou de la mort de l'un des signataires. Ainsi, quand on dit que l'acte privé fait la même foi que l'acte public, c'est à l'exception de la date quant aux ayants cause, laquelle n'est prouvée vis-à-vis d'eux que par l'une des trois circonstances sus-indiquées, et non par l'acte même.

On conçoit, en effet, qu'il eût été trop facile d'antidater un acte sous seing privé. Quand j'ai vendu à Pierre ma maison en 1845, par acte public ou par acte privé enregistré, il ne me serait pas difficile de faire frauduleusement avec Paul, en 1846, un second acte de vente que nous daterions de 1844, et au moyen duquel celui-ci viendrait évincer le premier et véritable acquéreur. La loi devait donc prendre des précautions pour garantir contre la fraude les tiers intéressés, et ne donner à l'acte son effet vis-à-vis d'eux qu'à compter du moment où son existence se trouve régulièrement constatée.

II. — C'est seulement vis-à-vis des tiers que l'acte privé ne fait pas foi de sa date par lui-même. Quant aux parties et à leurs successeurs généraux, l'acte fait foi de sa date jusqu'à ce que la fausseté en soit prouvée (1). Ainsi, une personne ne pourrait pas, parce qu'elle a été frappée d'incapacité (d'interdiction, par exemple), prétendre incertaine, quant à elle-même, la date de l'acte privé qu'elle a souscrit ; et les héritiers de l'incapable ou d'un mort civilement ne le pourraient pas davantage.

Il est très-vrai que l'acte émané de celui qui a été interdit ou frappé de mort civile en 1845, et qui est daté de 1844, pourrait bien n'avoir été souscrit qu'en 1846, après l'interdiction ou la mort civile, et avoir été antidaté par l'inintelligence de l'interdit ou la fraude du mort civilement. Mais ces cas exceptionnels ne rentrent ni dans le texte ni dans l'esprit de notre disposition. Notre article, par ses termes, n'embrasse pas ces cas (car l'héritier n'est pas un tiers par rapport à son auteur, et on ne peut pas être tiers par rapport à soi-même). Nous ajoutons qu'il ne devait pas les embrasser ; car s'il était convenable d'exiger rigoureusement l'enregistrement (ou son équivalent) quand l'acte est opposé aux tiers qui ont traité avec les parties, on ne pouvait pas aller jusqu'à l'exiger également alors qu'il ne s'agit de donner à l'acte son efficacité que contre la partie cocontractante ou ses héritiers. Dire à la partie avec laquelle je contracte que, si elle suit ma foi et ne fait

_____

(1) *Voy.*, sur la manière de prouver la fausseté de la date, Aubry et Rau (3ᵉ édit., t. VI, nᵒ 398) ; Larombière (art. 1322, nᵒˢ 6 et 7) ; Dalloz (vᵒ Oblig., nᵒ 3875) ; et le *Dict. not.*, 4ᵉ édit. (vᵒ Date, nᵒˢ 79 et suiv.).

pas enregistrer, elle s'expose à voir son droit demeurer non avenu vis-à-vis de ceux qui pourraient traiter plus tard avec moi, en ne conservant alors de recours que contre moi ou mes héritiers, c'était juste; mais lui dire que, dans tel cas donné, son droit serait ainsi brisé même vis-à-vis de mes propres héritiers ou de moi-même, c'eût été jeter la perturbation partout et entraver, par la nécessité gênante de l'enregistrement, les actes quotidiens de la vie civile... L'absence de l'enregistrement (ou de son équivalent) ne pourra donc être opposée que par les tiers, et non par les parties ou leurs héritiers, qui ne pourraient se refuser à l'exécution qu'en prouvant l'antidate (1).

III. — On comprend facilement, et nous avons déjà dit incidemment, que notre article entend par tiers tous ceux qui ont traité avec la personne de laquelle émane l'acte, c'est-à-dire ses ayants cause à titre particulier. Il est bien clair, en effet, qu'il ne s'agit pas ici des tiers étrangers à cette personne et que n'intéresse pas l'acte par elle souscrit; pour ceux-ci, il est bien indifférent que l'acte ait ou n'ait pas date certaine, puisque cet acte ne produit aucun effet ni pour ni contre eux; c'est quant à eux *res inter alios acta, quæ aliis non nocet nec prodest :* pour que je puisse me prévaloir du défaut de date certaine d'un acte, et même pour qu'il y ait lieu de se demander si je puis ou non m'en prévaloir, il est bien évident qu'il faut que je sois de ceux contre lesquels cet acte peut produire son effet.

On ne conçoit donc pas comment Toullier a pu enseigner le contraire et surtout le soutenir opiniâtrément en face de la contradiction que souleva et devait soulever une telle hérésie (t. IX, nos 145 à 156, et dissertation à la fin du t. X).

Toullier prétend qu'il ne s'agit ici que de ceux qui sont tiers absolument parlant et complétement étrangers, des *penitùs extranei,* de ceux qui ne sont en rien les ayants cause de la personne dont l'acte émane. Ainsi, quand vous achetez la maison de Pierre en 1845, par acte notarié ou par acte privé enregistré, et que deux ou trois ans plus tard Paul vient se prétendre propriétaire de cette maison et veut vous évincer en vertu d'un acte de vente non enregistré qui porte la date de 1844, vous ne pourriez pas, suivant Toullier, opposer à cet acte le défaut de date certaine, parce que vous êtes ayant cause de Pierre et non pas un tiers *penitùs extraneus.*

Comme cette étrange doctrine signifiait, en définitive, que le défaut de date certaine ne pourrait être opposé que par ceux que la chose ne regardait pas et qui n'avaient aucun intérêt à l'opposer, Toullier, pour échapper à ce contre-bon sens, s'est imaginé de dire que les créanciers d'une personne ne sont pas ses ayants cause, mais des tiers; qu'ils tiennent leur droit, non du débiteur, mais de la loi, et que ces créanciers constituent dès lors la classe de personnes ayant tout à la fois

_____

(1) Paris. 28 janv. 1830; Rej., 17 mai 1831; Colmar, 30 juill. 1831; Dijon, 17 mars 1835; Rej., 8 mars 1836; Orléans, 25 août 1837; Orléans, 21 mars 1838. Il faudrait bien se garder, au surplus, d'accepter comme exactes toutes les idées admises par ces différents arrêts.

qualité et intérêt pour opposer le défaut de certitude de la date. Mais il est trop évident qu'un créancier n'est et ne peut être qu'un ayant cause de son débiteur; et que si c'est la loi qui organise la règle qu'il doit suivre pour l'exercice de son droit sur les biens du débiteur, ce droit sur les biens n'en est pas moins une délibation, un reflet, du droit de propriété du débiteur, dont le créancier n'est dès lors que l'ayant cause, le représentant (art. 1166, n° 1).

Mais enfin, a dit Toullier, si c'est aux ayants cause que vous appliquez l'art. 1328 en leur accordant le droit de ne pas respecter l'indication de la date, vous le mettez en contradiction avec l'art. 1322, qui donne plein effet à l'acte, aussi bien pour la date que pour le reste, entre les parties, leurs héritiers *et leurs ayants cause!*

Une réponse a été faite à cette objection par M. Ducaurroy (*Thémis*, t. III, p. 149) et par M. Duranton (XIII, nᵒˢ 132-136); mais elle n'est pas exacte. Les deux professeurs ont dit que l'art. 1322, après avoir parlé des *héritiers*, n'entend y ajouter que les ayants cause à titre universel autres que ces héritiers, c'est-à-dire les successeurs irréguliers *ab intestat* et les légataires ou donataires universels ou à titre universel, mais non pas les ayants cause à titre particulier. C'est là une erreur évidente, comme nous l'avons dit déjà sous l'art. 1322. Cet article parle de tous les ayants cause sans restriction, de tous ceux qui tirent du souscripteur de l'acte la cause de leur droit; il ne distingue pas plus entre les ayants cause à titre particulier et les ayants cause à titre universel que ne le fait, pour l'acte public, le premier alinéa de l'art. 1319, sur lequel il est calqué.

Et il ne pouvait pas distinguer, en effet, car cet article ne s'occupe pas seulement de la date de l'acte, il s'occupe aussi et surtout de sa disposition; en sorte que, s'il était vrai, comme le disent MM. Ducaurroy et Duranton, qu'il ne s'applique qu'aux ayants cause à titre universel, il s'ensuivrait que, même en principe, d'une manière absolue et indépendamment de la question de date, l'acte privé n'a jamais de valeur pour les ayants cause à titre particulier des parties contractantes!... Aussi nous allons voir bientôt (n° V) M. Duranton se mettre sur ce point en complète contradiction avec lui-même.

M. Bonnier a donc eu raison de rejeter ici (n° 569) la doctrine de ses deux collègues, et d'adopter la réponse donnée par M. Troplong (*Hypoth.*, II, 530).

Cette réponse est bien simple, et il est facile de concilier les deux art. 1322 et 1328. Sans doute, l'art. 1322 parle des ayants cause à titre particulier aussi bien que des autres, et par conséquent celui qui a acheté la ferme de Pierre par un acte privé peut invoquer cet acte contre moi, à qui Pierre a également vendu la même ferme. Mais pour que je sois obligé de respecter l'acte de mon adversaire et d'en subir l'exécution, il faut que je sois véritablement, par rapport à cet adversaire, l'ayant cause de Pierre. Or, quand j'ai acheté la ferme de Pierre, le 1ᵉʳ février 1845, je ne suis pas son ayant cause vis-à-vis de toutes personnes quelles qu'elles soient et pour tous les actes qu'il a consentis à une époque quelconque ; je ne le suis que pour les personnes qui avaient traité avec lui avant le 1er février 1845 ; et je ne suis plus qu'un tiers pour tout ce qui suit cette époque. Donc, quand mon voisin se présente avec un acte de vente de 1844, c'est à lui d'établir que cet acte est véritablement de 1844, et qu'il émane dès lors d'une personne dont je suis l'ayant cause. Tant qu'il ne s'appuiera pas sur une date certaine, il tourne dans un cercle vicieux, comme l'a fort bien dit M. Troplong.

Il va sans dire, au surplus, que l'étrange erreur de Toullier, malgré ses longs efforts pour la faire triompher, a toujours été repoussée par la jurisprudence aussi bien que par les auteurs (1).

IV. — Toullier tombe dans une autre erreur beaucoup moins lourde assurément, mais qui nous paraît également incontestable, lorsqu'il enseigne (VIII, nos 241-243) que les trois causes indiquées par notre article comme donnant à l'acte une date légalement certaine ne sont mises que par forme d'exemple, et que la date devra être déclarée certaine toutes les fois que les circonstances rendront l'antidate impossible aux yeux des magistrats.

Ainsi, quand l'un des signataires a perdu les deux mains, ou quand il a disparu sans qu'on sache ce qu'il est devenu, ou quand il est parti pour un voyage au delà des mers, Toullier veut qu'à partir de cet événement l'acte fasse pleine foi de sa date, en sorte que la question de la certitude de la date ne serait plus une question de droit, mais une question de fait, une simple appréciation de la possibilité ou de l'impossibilité de l'antidate... Sans doute, tel aurait pu être le système du législateur ; mais tel n'est pas celui qu'il a adopté, et les travaux préparatoires du Code prouvent que, à tort ou à raison, on a entendu limiter les cas en dehors desquels il serait défendu aux juges de déclarer la date incertaine.

Notre article, en effet, qui, dans le projet (où il portait le n° 217), n'admettait comme donnant date certaine que l'enregistrement ou la mort, fut critiqué lors de la discussion comme *incomplet* et parce qu'il ne présentait pas, fut-il dit, toutes les circonstances pouvant donner la certitude de la date. Ce seul fait est péremptoire ; car si l'on avait entendu faire une disposition indicative et non limitative, si l'on avait entendu que le cas de mort n'était mis que comme exemple et que c'était là un point de fait abandonné à l'examen des magistrats, qui auraient à voir si l'antidate était ou non possible à partir de tel événement, il est clair qu'on n'aurait pas pu reprocher à la règle d'être incomplète... On n'aurait pas pu discuter non plus sur le point de savoir si on devait ajouter un troisième cas aux deux cas déjà prévus. C'est

___

(1) Nîmes, 11 fév. 1822 ; Cass. (d'un arrêt de Grenoble), 27 mai 1823 ; Rouen, 12 avr. 1825 ; Rej., 20 fév. 1827 ; Toulouse, 7 juill. 1831 ; Grenoble, 19 mai 1833 ; Bastia, 24 juin 1833. Du reste, si ces décisions sont exactes, il n'en est pas toujours de même de leurs motifs. *Voy.* encore Cass., 21 juill. 1846 (D. P., 46, 1, 389) ; 29 août 1849 (D. P., 49, 1, 273) ; 28 juillet 1858 (D. P., 58, 1, 316). *Voy.* Larombière (art. 1322, n° 2) ; Aubry et Rau (t. V, p. 674, note 94) ; Dalloz (v° Oblig., n° 3922) ; *Dict. not.* (v° Ayant cause, n° 4).

cependant ce qui fut fait; et l'article fut renvoyé à la section pour l'examen de l'amendement de M. Berlier, qui proposait d'ajouter le cas de scellés, en disant qu'on ne pouvait se contenter d'une *simple mention* dans un acte public qui ne ferait pas connaître *la teneur* de l'écrit (Fenet, t. XIII, p. 38 et 1117).

Sur le renvoi, la section, généralisant l'amendement de M. Berlier et prévenant l'inconvénient par lui signalé, admit, comme troisième cause de certitude légale, la relation, dans un acte public quelconque, procès-verbal de saisie ou autre, *de la substance* de l'acte privé.

Il est donc certain que les trois cas prévus sont les seuls dans lesquels le législateur a entendu reconnaître à l'acte une date certaine vis-à-vis des tiers, et telle est en effet la doctrine des auteurs et des arrêts (1).

Ainsi l'acte *n'aura* date certaine *que du jour* de son enregistrement ou de la mort de l'un des signataires (que ce signataire soit une partie ou un témoin, peu importe), ou de la relation de sa substance dans un acte public. C'est-à-dire que, vis-à-vis des tiers, sa date sera celle de ce jour; il sera censé avoir été souscrit ce jour-là même.

V. — Les auteurs sont unanimes pour reconnaître, et la plupart des arrêts admettent également que la règle de notre article ne doit pas

---

(1) Duranton (n° 131); Favard (*Rép.*, v° Acte sous seing privé); Rolland de Villargues (*ibid.*, n° 56); Dalloz (art. 2, § 1, n° 11, et Oblig., n° 3880); Zachariæ (V, p. 680); Bonnier (n° 573); Aubry et Rau (3ᵉ édit., t. VI, p. 407); Larombière (art. 1328, n° 50); *Dict. not.* (v° Date, n°ˢ 88 et suiv.); Cass., 27 mai 1823; Toulouse, 7 juill. 1831; Grenoble, 9 mai 1833; Bordeaux, 4 août 1836; Angers, 18 fév. 1837; Douai, 11 août 1837; Nîmes, 27 mai 1840; Agen, 4 déc. 1841 (Dev., 32, 2, 646; 33, 2, 506; 37, 2, 100; 38, 2, 106; 39, 2, 426; 40, 2, 405; 43, 2, 1135); Grenoble, 26 avr. 1849; Paris, 18 fév. 1857; Cass., 28 juill. 1858.

Dans sa dernière édition, Toullier, après avoir rapporté l'arrêt de 1823 (VIII, n° 242, note), ajoute : « Ainsi, toute discussion doit désormais cesser. » Qu'est-ce à dire ?... Par cela seul qu'une question sera décidée par un arrêt de cassation, l'interprète devra-t-il faire un acte de foi et s'interdire tout examen ultérieur !... On ne s'explique pas cette phrase chez Toullier, lui qui recommande tant aux autres et déclare observer rigoureusement lui-même la sage maxime *nullius addictus jurare in verba magistri*.

C'est sans doute une haute et imposante autorité que celle de la Cour suprême; mais la Cour suprême peut se tromper, et elle s'est trompée plus d'une fois, puisque plus d'une fois elle a jugé le oui et le non sur une même question. Sans rappeler la question de l'adoption des enfants naturels, celle de l'appréhension de la réserve par l'héritier renonçant, et plusieurs autres, nous citerons ici, puisque l'occasion s'en présente, un fait qui nous a vivement affligé en le lisant dans les recueils.

Le 17 août 1841, la Chambre des requêtes a rejeté un pourvoi en jugeant, sur les conclusions conformes de M. l'avocat général Pascalis, que le mariage du Français contracté à l'étranger sans publication en France est frappé de nullité par l'art. 170 du Code Napoléon. Le lendemain, 18 août 1841, elle a rejeté un pourvoi en jugeant, malgré les conclusions contraires du même avocat général, que l'art. 170 n'emporte pas nullité du mariage célébré à l'étranger sans publication en France !... Et, ce qui est encore remarquable, c'est que les motifs donnés par ce dernier arrêt étaient précisément ceux qu'avait donnés, pour soutenir la même thèse, un arrêt de Rennes de 1834, et qu'avait réfutés un arrêt de cassation du 6 mars 1837 (*voy.* Dev., 1841, 1, 682 et 683; 1837, I, 177).

La Cour de cassation peut donc se tromper; et quand l'écrivain a la conviction d'une erreur commise par elle, il doit combattre cette erreur avec d'autant plus d'énergie qu'elle vient d'une source plus respectée. Si haut placée que soit la Cour régulatrice, la vérité est plus haut qu'elle... C'est pour cela que, ici comme partout, nous avons combattu la doctrine de Toullier, non par l'autorité de l'arrêt devant lequel il déclare lui-même courber la tête, mais par l'autorité de la raison, et sans tenir compte de la demi-rétractation que contient sa phrase.

s'appliquer à de simples quittances... Le point est assurément fort délicat, car, notre article ne faisant aucune espèce de distinction, il paraît bien difficile de soustraire telle ou telle classe d'actes à sa disposition. Mais nous croyons cependant qu'on doit suivre l'opinion commune.

Ce n'est pas que nous adoptions tous les motifs présentés par les divers auteurs. Ainsi, quand M. Duranton donne pour raison, dans le cas de cession d'une créance que le débiteur prétend avoir payée en rapportant au cessionnaire une quittance n'ayant pas date certaine, que le cessionnaire est l'ayant cause du cédant, et que dès lors il est tenu, d'après l'art. 1322, de respecter l'acte signé par celui-ci sans pouvoir opposer l'incertitude de la date (XVI, 504), le savant professeur présente là un argument insignifiant et qui est d'ailleurs singulièrement étrange dans sa bouche. Il est insignifiant, puisque le cessionnaire, comme tout autre ayant cause, n'a cette qualité que pour les actes faits par le cédant avant la concession du droit par lui acquis, en sorte que ce ne serait précisément que par la certitude légale de la date (antérieure à la cession) apposée à la quittance qu'il serait constitué l'ayant cause du cédant relativement au débiteur, ainsi que nous l'avons expliqué au n° IV. Mais en outre, M. Duranton, le seul qui ait ici présenté cet argument, était précisément le seul qui n'eût pas dû le faire, puisque c'est lui qui, pour combattre Toullier, soutient que les ayants cause dont parle l'art. 1322 ne sont que les ayants cause à titre universel, ce qui constitue précisément l'erreur contraire. On ne s'explique pas comment le célèbre professeur peut venir se jeter ici dans l'erreur de Toullier, lui qui la combat si énergiquement ailleurs par l'erreur opposée.

Mais, tout en repoussant certains motifs, nous nous rangeons à la décision commune. Il nous paraît impossible que le législateur ait eu la pensée de soumettre à la nécessité de l'enregistrement de simples quittances, des reçus de sommes d'argent, pour lesquelles il est et a toujours été d'un usage universel de se contenter de la signature du créancier : vouloir que des quittances de loyer, des reçus d'arrérages ou d'intérêts, n'acquissent force probante que par l'enregistrement, c'eût été jeter la perturbation dans les habitudes bien connues de tous les citoyens. Nous croyons d'autant moins à cette volonté de la loi que l'exception existait dans l'ancienne jurisprudence (1), et que nos rédacteurs ne l'auraient pas supprimée sans faire à cet égard quelques observations dont on ne trouve aucune trace dans les travaux préparatoires. Nous pensons donc aussi que la règle ne s'applique pas aux actes constatant simplement un payement reçu (2).

(1) Charondas (*Observ.*, v° Cession); Bourjon (liv. 3, tit. 3, sect. 2, n° 12); Ferrières (art. 108, *Cout. de Paris*); Rousseau de la Combe (v° Transport, n° 20).
(2) Toullier (VIII, 249, 250); Delvincourt (III); Duranton (XVI, 504); Troplong (*Vente*, II, 920); Duvergier (*Vente*, II, 204); Zachariæ (II, p. 559); Bonnier (n° 570); Larombière (art. 1328, n° 23); Aubry et Rau (3° édit., t. VI, p. 404); Dalloz (v° Oblig., n°° 3908 et 3909); *Dict. not.*, 4° édit. (v° Bail, n° 425); Besançon, 15 fév. 1827; Bourges, 3 fév. 1836; Cass., 14 nov. 1836; Nîmes, 5 janv. 1837; Rej., 5 août 1839; Toulouse, 5 juin 1840 (Dev., 36, 1, 883; 37, 2, 11; 39, 1, 952, et 2, 225; 40, 2, 340). — Voy. aussi Req., 22 fév. 1854.

Delvincourt, M. Troplong et M. Bonnier pensent que la quittance ne peut être déclarée valable, malgré le défaut de date certaine, qu'autant que le débiteur l'oppose immédiatement et non quand il tarde à la faire valoir. Nous ne saurions adopter cette restriction, et il nous semble que du moment que notre article est reconnu inapplicable, force est de dire qu'il n'y a plus là qu'une question de fait abandonnée à l'appréciation du magistrat, qui doit avoir toute latitude pour décider, d'après les diverses circonstances, si la date est fausse ou sincère. Du moment qu'on admet qu'il y a sur ce point silence de la loi, il serait arbitraire et dangereux tout à la fois d'enchaîner la liberté d'appréciation du juge.

2° Des écrits efficaces sans signature.

1329. — Les registres des marchands ne font point, contre les personnes non marchandes, preuve des fournitures qui y sont portées, sauf ce qui sera dit à l'égard du serment.

1330. — Les registres des marchands font preuve contre eux; mais celui qui en veut tirer avantage ne peut les diviser en ce qu'ils contiennent de contraire à sa prétention.

SOMMAIRE.

I. Les registres d'un marchand permettent, pour les obligations des non-marchands, la délation du serment supplétoire.
II. Ils ne permettent pas la preuve testimoniale : erreur de Toullier.
III. Ils font preuve entière pour les obligations du marchand.

I. — Les registres des marchands sont l'un des moyens légaux de preuve, de preuve complète, contre d'autres marchands (Code de commerce, art. 12 et 109), ce qui n'a rien que de très-juste, puisque la règle est alors réciproque entre les parties. Mais ils n'ont pas et ne devaient pas avoir la même force contre des personnes non marchandes. Ils constituent seulement envers celles-ci un commencement de preuve suffisant pour autoriser le juge à déférer le serment supplétoire.

Tel est le sens évident des derniers mots de l'art. 1329. Car d'abord, en disant que les registres *ne font pas preuve, sauf les règles du serment,* il est bien clair que la loi entend que, sans faire preuve entière, les registres permettent du moins la délation du serment. D'un autre côté, il ne peut pas être ici question du serment qui est déféré par une partie à l'autre, puisque ce serment peut être déféré sans le moindre commencement de preuve (art. 1360) et sans aucune existence de registres, et c'est parce qu'il conduit ainsi par lui seul à la décision du litige qu'il est appelé *décisoire.* Evidemment il s'agit ici d'un serment dont la délation est la conséquence de l'énonciation contenue au registre, de celui que le juge peut déférer d'office à l'une ou à l'autre des parties, quand la demande n'est pas totalement dénuée de preuve (art. 1367), et qu'on appelle pour cela serment *supplétoire.*

Cette règle n'est, d'ailleurs, que la reproduction de l'ancienne jurisprudence (1).

II. — Tout le monde est d'accord sur ce point ; mais il y a controverse, au contraire, sur le point de savoir si l'énonciation portée aux registres permet aussi d'admettre la preuve testimoniale pour établir la vérité de la fourniture.

Toullier (VIII, 369, et IX, 70) soutient l'affirmative, en disant que, la loi permettant de déférer le serment supplétoire au marchand demandeur, elle permet par là même, et *à fortiori,* de prouver par témoins, puisqu'il est assurément moins dangereux de s'en rapporter à ces témoins qu'au demandeur lui-même.

C'est là une erreur repoussée par les autres auteurs qui ont traité la question. La délation du serment supplétoire est permise par cela seul que la prétention de la partie n'est pas totalement dénuée de preuve (art. 1367), tandis que la preuve testimoniale ne l'est que quand il existe ce que la loi appelle *commencement de preuve par écrit* (article 1347); or, le Code ne reconnaît ce caractère qu'aux écrits émanés de celui *contre lequel la demande est formée* (même art.).

Et il y avait une raison d'être plus sévère pour la preuve testimoniale que pour le serment supplétoire. C'est bien à tort, en effet, que Toullier suppose que ce serment sera nécessairement déféré au demandeur, au marchand ; le juge est libre de le déférer à qui il veut : au lieu de faire jurer par le marchand qu'il a livré la fourniture, il pourra fort bien faire jurer par l'autre partie qu'elle n'a point reçu cette fourniture ; il se déterminera dans cette alternative par les circonstances, par la position et le caractère des deux parties. Si, au contraire, l'énonciation du registre entraînait l'admission de la preuve testimoniale, il serait en vérité trop facile à un marchand de mauvaise foi de se faire payer ce qui ne lui serait pas dû, en écrivant mensongèrement sur ses registres des livraisons de la sincérité desquelles quelques compères viendraient déposer : aussi, quoique Pothier pensât autrefois que la preuve testimoniale devait être admise dans ce cas, une jurisprudence contraire était suivie au Châtelet, où le serment, comme on le voit au livre de Danty (ch. 8, notes), était déféré *aux bourgeois* contre les livres des marchands. D'ailleurs Pothier lui-même changerait aujourd'hui sa doctrine, puisque le commencement de preuve par écrit, qui n'était pas défini dans l'ancien droit, est aujourd'hui l'acte écrit *émané de celui contre lequel la demande est formée.*

Les travaux préparatoires du Code ne laissent pas de doute sur la volonté du législateur à cet égard : « Quant aux personnes qui ne sont pas dans le commerce, dit l'exposé des motifs (par M. Bigot-Préameneu), on a dû maintenir la règle suivant laquelle nul ne peut se faire de titre à lui-même... Les marchands *n'ont* à cet égard *d'autre droit* que celui d'exiger le serment des personnes qui contesteraient leur demande. »

(1) Pothier (*Oblig.*, 754); Boiceau (part. 2, chap. 8); Pardessus (*Droit comm.*, t. I, n° 257); Toullier (VIII, 368); Bonnier (684); Aubry et Rau (3ᵉ édit., t. VI, p. 409, note 3); Larombière (art. 1329, n° 12); Dalloz (vᵒ Oblig., 4194 et 4195).

M. Bigot, il est vrai, s'exprime inexactement, et pourrait faire croire qu'il entendait parler du serment décisoire : il fallait dire *de faire déférer le serment ;* mais enfin on voit qu'il n'y a lieu qu'à la délation du serment, et que la preuve testimoniale est exclue. « Contre les personnes non marchandes, dit à son tour le rapport au Tribunat, ces registres *ne peuvent servir qu'à* déterminer le juge à déférer le serment. » (Fenet, t. XIII, p. 295 et 388). Enfin, M. Maleville, l'un des rédacteurs, dans son analyse sur notre article (t. III, p. 158), tout en relevant l'inexactitude des paroles de son collègue M. Bigot, explique aussi que le registre n'autorise que la délation du serment supplétoire (1).

III. — Mais si les registres d'un marchand n'ont pas d'autre effet, quant aux obligations d'individus non marchands qui s'y trouvent, que d'autoriser la délation du serment supplétoire sur l'existence de la prétendue dette, il en est autrement, et ils font preuve complète pour les obligations qui en résultent contre le marchand lui-même : seulement, la raison dit assez que l'énonciation dont l'adversaire du marchand peut ainsi s'emparer contre celui-ci doit être prise dans son entier, et que cet adversaire ne pourrait pas se prévaloir de ce qu'il y trouve de favorable en retranchant ce qui lui serait contraire (2).

1331. — Les registres et papiers domestiques ne font point un titre pour celui qui les a écrits. Ils font foi contre lui : 1° dans tous les cas où ils énoncent formellement un payement reçu; 2° lorsqu'ils contiennent la mention expresse que la note a été faite pour suppléer le défaut du titre en faveur de celui au profit duquel ils énoncent une obligation.

SOMMAIRE.

I.   Les papiers domestiques font foi contre celui qui les tient quand ils énoncent l'extinction de sa créance, et aussi, mais sous une condition, quand ils énoncent une obligation contre lui.

II.   Dans le premier cas, l'écriture conserverait sa force, quoiqu'elle fût biffée; *secùs* dans le second. Pourquoi la condition exigée par la loi dans le second cas ne l'est pas dans le premier.

III.   Les papiers ne font jamais foi pour celui qui les tient; mais on ne peut toutefois diviser leurs mentions. Critique d'un passage de M. Bonnier.

IV.   Suite.

V.   Ce qu'il faut entendre par papiers domestiques. Erreur de MM. Toullier, Rolland de Villargues et Bonnier.

VI.   Du cas où le maître du registre nie en avoir un ou refuse de le présenter.

I. — Les registres, livres-journaux, cahiers, et en général tous les papiers domestiques que des personnes non commerçantes tiennent

_____

(1) *Conf.* Boncenne (*Proc.*, 4, p. 184); Bonnier (n° 634); Boileux (art. 1329); Massé (*Droit comm.*, t. VI, n° 129); Bravard (*Manuel de droit comm.*, p. 32); Aubry et Rau (3ᵉ édit., t. VI, p. 409, note 3, p. 456 et note 29); Larombière (art. 1329, n° 16; art. 1347, nᵒˢ 6 et 11). — Req., 7 août 1810; Paris, 26 nov. 1836, et, sur pourvoi, Req., 30 avr. 1838. — *Voy.* cependant Toulouse, 25 nov. 1831; Bruxelles, 12 fév. 1822, et Req., 10 août 1840.

(2) Quand les livres sont irrégulièrement tenus, ils ne sont plus qu'un élément de preuve abandonné à l'appréciation et aux lumières des juges. Cass., 7 nov. 1860 (Dev., 61, 1, 708).

quelquefois pour se rendre compte de leurs affaires, sont loin de présenter la même présomption d'exactitude, et d'avoir autant de force probante que les registres dont la loi impose la tenue aux marchands, en traçant elle-même les règles d'après lesquelles ils doivent être tenus (Code de commerce, art. 8-11). Cependant ces papiers domestiques ne sont pas absolument dénués de toute force probante.

A la différence des livres de commerce, ils ne font jamais foi au profit de la personne par qui ils sont tenus, mais ils font foi contre elle dans deux cas : 1° quand il s'agit de la créance que cette personne avait contre un tiers, l'énonciation portée au registre que le montant de la dette a été reçu fait preuve suffisante de la réception et de la libération du débiteur; 2° quand ils énoncent une obligation de la personne au profit du tiers, la loi est plus difficile, et elle n'y voit une preuve suffisante de l'existence de cette obligation que quand il est expressément dit que la note a été écrite pour suppléer au défaut de titre du créancier; par exemple, « M. P... m'a prêté aujourd'hui 500 fr. ; je l'écris ici, parce qu'il n'a pas voulu que je lui donne une reconnaissance. » (1)

II. — Les auteurs enseignent avec raison qu'il y a entre les deux cas cette différence importante que, dans le premier, l'écriture conserverait toute sa force alors même qu'elle serait biffée, tandis que, dans le second, elle se trouverait par là sans valeur aucune. En effet, quand vous avez constaté sur votre registre que vous avez reçu le montant de telle créance, la réception ainsi avouée par vous est un fait auquel les ratures que vous avez faites quelques semaines ou quelques mois après n'enlèvent rien de sa force : du moment qu'il est prouvé par l'écriture, biffée il est vrai, mais qui se lit encore, que ma libération a existé un instant, elle existe nécessairement toujours. Quand, au contraire, vous avez écrit me devoir 500 fr. pour un prêt dont je n'ai pas voulu recevoir de titre, et pour la constatation duquel vous avez rédigé votre note, la rature que vous avez faite plus tard de votre écriture donne lieu de croire, non pas assurément que les 500 fr. ne vous avaient pas été prêtés, mais qu'ils ont été rendus par vous, et que par conséquent votre obligation n'existe plus (2).

La cause de cette différence conduit à comprendre celle que notre article fait lui-même entre les deux cas : l'énonciation d'un payement reçu fait par elle seule preuve de ce payement, tandis que l'énonciation d'une dette ne fait preuve de l'existence de cette dette que quand il est dit que l'écriture a eu pour but de servir de titre au créancier. Voici quelle a été la pensée du législateur.

Quand je mentionne sur mon registre un payement reçu, tout est dit par là : à quelque époque et en quelque état qu'on lise cette mention, elle indiquera toujours que le payement a été fait, que le débiteur dès

---

(1) *Voy.* Cass., 27 avr. 1831. Toullier (t. VIII, n° 403); Duranton (t. XIII, n° 206); Aubry et Rau (3ᵉ édit., t. VI, p. 411, n° 4); Larombière (art. 1331, nᵒˢ 3 et 4).
(2) Pothier (*Oblig.*, 754); Delvincourt (t. II, p. 617); Duranton (207, 208); Bonnier (652); Rolland de Villargues (n° 13); Aubry et Rau (3ᵉ édit., t. VI, p. 412); Larombière (art. 1331, n° 10); Dalloz (vᵒ Oblig., 4237).

lors est libéré; il n'est donc pas utile de demander que j'aie écrit ma
note pour servir de quittance à mon débiteur; que je l'aie écrite dans
ce but ou seulement comme renseignement pour moi-même, c'est indifférent. Mais dans la mention d'une dette, c'est autre chose : si je n'ai
écrit cette mention que comme renseignement pour moi-même, en
donnant peut-être d'ailleurs un billet à mon créancier, j'ai pu, quelque temps après, en payant ce créancier, me contenter de retirer mon
billet (que j'ai peut-être détruit ensuite ou perdu), sans me préoccuper d'aller effacer une mention qui, dans ma pensée, n'avait d'utilité
que pour moi; et la loi ne pouvait pas dire dès lors que, par cela seul
qu'une telle mention se trouverait intacte sur mon registre, je serais
déclaré devoir et condamné à payer. Au contraire, quand j'ai eu soin
de mentionner que je faisais la note dans l'intérêt de mon créancier, et
pour constituer son titre de créance, on ne peut guère admettre que
j'aie payé sans effacer ce titre, et tant que l'écriture est intacte, on est
fondé à croire que je dois encore.

Cette différence, critiquée cependant par des professeurs distingués,
nous paraît donc, comme à M. Demante (*Progr.*, II, 807), parfaitement rationnelle.

III. — Si les registres et papiers domestiques font preuve contre
leur auteur, ils ne peuvent jamais faire preuve à son profit, de quelque
manière que ce soit. Ainsi, quand le prétendu créancier d'une rente
auquel je réponds ne rien devoir, et dont je repousse la prétendue
créance en invoquant la prescription, soutient que la prescription a
été interrompue par des payements d'arrérages que je lui ai faits et que
je nie, il ne pourra pas faire la preuve de ces payements au moyen de
son registre. En vain il dirait que le registre doit être écouté, puisqu'il
prouve un payement fait par moi... Sans doute, s'il s'agissait d'un
payement par moi invoqué et nié par lui, le registre ferait preuve; mais
puisque c'est moi qui nie le prétendu payement, ainsi que ses conséquences, et que le registre prouverait ce payement contre moi et à mon
préjudice, ce registre devient inefficace (1).

M. Bonnier (n° 605, *in fine*), après avoir posé ce principe, que le
registre ne fait jamais foi en faveur de celui qui le tient, ajoute : « Vainement prétendrait-il que le titre *est indivisible*, et que *la même mention* qui constate l'extinction de la créance constate une dette contractée en sa faveur par l'ancien créancier; *les deux mentions* peuvent
parfaitement s'isoler. » Puis il invoque un arrêt de cassation du 16 décembre 1833.

Ces idées, trop peu développées pour être comprises, exprimées
d'ailleurs d'une manière vague et même quelque peu contradictoire
(puisqu'on parle d'abord d'une *seule et même mention* pour dire ensuite
que l'on peut séparer *les deux mentions*), ces idées sont vraies ou
fausses, selon le sens que l'honorable professeur a entendu donner à

_____

(1) Rennes, 18 déc. 1840; Rej., 11 mai 1842 (Dev., 1842, I, 719). Voy. Req.,
1er mai 1848. *Conf.* Toullier (IX, 103); Vazeille (*Prescript.*, 215); Troplong (*Prescript.*,
t. II, n° 621); Larombière (art. 1331, n° 7); Dalloz (v° Oblig., 4225).

sa phrase. S'il a voulu dire que, dans le cas de deux mentions distinctes
et indépendantes, celle qui est contraire au maître du registre fait
preuve, sans que celle qui lui est favorable ait le même effet; que dans
le cas d'une seule mention, même exprimée par diverses phrases, cette
mention est à la vérité indivisible, mais que son indivisibilité ne peut
pas aller jusqu'à faire un titre de créance au profit du maître du registre
contre son adversaire : si telle est la doctrine de M. Bonnier, elle est
exacte; et elle est en effet conforme à l'arrêt de 1833. Mais s'il a voulu
dire que la mention composée de plusieurs parties (ou un ensemble de
mentions concernant une même affaire) est divisible, qu'on doit y donner effet aux indications qui prouvent contre le maître du registre en
ne tenant aucun compte de celles qui prouvent pour lui, sa doctrine est
erronée, et elle est contraire aussi à l'arrêt qu'il invoque.

IV. — Un exemple fera mieux comprendre ce que nous venons de
dire.

Pierre soutient que je lui dois 500 fr. pour reliquat du compte ayant
existé entre nous, et dont l'unique preuve se trouve, dit-il, sur mon
registre. Eh bien, il est clair qu'il faudra prendre tout l'ensemble du
compte, les énonciations des payements par moi faits aussi bien que
celles des sommes que j'ai reçues, et que si cet ensemble me présente
comme ayant payé précisément une somme égale aux recettes, il y aura
preuve que je ne dois rien. Nous disons que cela est évident et que l'*indivisibilité* du renseignement fourni par mon registre est tout aussi incontestable dans ce cas que dans le cas de l'article précédent, pour les
registres des marchands. Et en effet, s'il était permis de diviser les
indications du registre pour donner effet à celles qui favorisent mon
adversaire et laisser les autres comme non avenues, cet adversaire
pourrait me réclamer, en vertu de mon registre, non pas seulement
telle ou telle des sommes par lui versées, mais toutes les sommes ensemble; il me dirait : Votre registre indique que vous avez reçu en
divers payements une somme totale de 32 000 fr., et en cela il fait
preuve contre vous, aux termes de notre article; il est vrai que ce même
registre indique aussi des versements par vous faits; mais en cela il
n'a plus force probante, puisque notre article dit que le registre ne fait
pas foi pour celui qui le tient : donc votre registre à lui seul, et sans
que j'aie besoin d'aucune autre preuve, vous constitue mon débiteur
des 32 000 fr.!!!

Il est certes bien évident que notre article n'a pas entendu établir
une règle aussi monstrueuse : il est bien évident que mon registre, tant
qu'il s'agit d'un même compte, d'une même affaire, d'une même question, tant qu'il s'agit d'une seule mention ou de mentions intimement
liées entre elles, fait preuve entière à mon profit pour renverser ce qui
n'est établi contre moi que par des énonciations identiques ou corrélatives; il est évident, en d'autres termes, que le registre *est indivisible*
dans le cas de notre article, tout aussi bien que dans le cas de l'article précédent. Mais mon registre ne peut pas (et c'est en cela qu'il
diffère du registre d'un marchand, c'est là ce que signifie notre ar-

ticle) faire preuve ou commencement de preuve à mon profit, du moment qu'il ne s'agit plus de détruire ce que lui seul a établi contre moi. Ainsi, quand mon registre, par vous invoqué pour la preuve de votre prétendue créance, soit des 32 000 fr., soit des 500 fr. seulement, indique que j'ai reçu 32 000 fr. et que j'en ai payé 32 479, il y a bien preuve dans mon registre de ma libération des 32 000 fr., mais je ne pourrais pas, en vertu du registre, obtenir condamnation contre vous pour les 479 fr. dont mes dépenses excèdent les recettes (1).

Ainsi le registre ne fait pas foi pour celui qui l'a écrit, il ne peut jamais lui servir, tandis qu'il peut lui être opposé; ce registre peut servir à l'adversaire et ne peut pas lui nuire. Mais cela ne signifie pas que cet adversaire peut choisir à son gré dans les énonciations relatives à l'affaire pour prendre celles-ci et laisser celles-là. L'adversaire doit prendre tel qu'il est tout l'ensemble des énonciations, ensemble qui est forcément indivisible : s'il lui est favorable, il s'en prévaudra; s'il lui est contraire, il le laissera. mais sans qu'on puisse alors le retourner contre lui.

Tel est le sens de l'article, et telle est aussi la doctrine de l'arrêt de 1843 : « Attendu, dit-il, que Gaudriot n'avait produit, à l'appui de sa demande reconventionnelle, que ses livres et papiers domestiques, et qu'aux termes de l'art. 1331 ces registres ne font point titre pour celui dont ils émanent; que cependant c'est sur la simple production des livres du défendeur que la Cour royale de Dijon a condamné le demandeur à payer... que si la production de ses papiers domestiques, faite par le défendeur, *a pu produire l'effet de le faire renvoyer de la demande,* elle n'a pu faire en sa faveur un titre de nature à le constituer créancier; qu'*en prononçant dès lors la condamnation du demandeur,* en l'absence de toute autre preuve, à payer au défendeur la somme de 479 fr. dont celui-ci avait reconventionnellement formé la demande, la Cour royale a ouvertement violé l'art. 1331 du Code civil; casse l'arrêt, *mais dans la disposition seulement qui a prononcé la condamnation du demandeur au payement des* 479 fr. » (2) Comme on le voit, la Cour de cassation maintient l'arrêt de Dijon en tant qu'il déboutait le demandeur et le condamnait aux dépens; elle reconnaît dès lors que les registres, tant qu'il s'agit des mentions concernant une même affaire, prouvent au profit de celui qui les écrit, à l'effet de renverser ce qui est prouvé par les mentions corrélatives; elle reconnaît, en d'autres termes, que les renseignements de ces registres sont indivisibles.

Ainsi donc, il est bien vrai que la mention ne peut jamais servir au maître du registre contre son adversaire, mais c'est de la mention entière, complète et prise dans son ensemble que cela est vrai. A côté de la première règle, que la mention ne peut jamais servir à son auteur, se place cette seconde règle, que la mention ne peut jamais être divisée,

_____

(1) Bonnier (n° 652) ; Larombière (art. 1331, n° 6); Massé et Vergé, sur Zachariæ (t. III, p. 513, note 2); *Dict. not.,* 4ᵉ édit. (v° Pap. domest., 21 à 23); Req. 15 juill. 1834.
(2) Dev. et Car., 1834, I, 123 ; *J. Pal.,* à la date du 16 déc. 1833.

et ces deux règles se résument en cette idée unique : la mention, nécessairement prise dans son ensemble, prouve contre son auteur et ne prouve jamais pour lui.

V. — Quels sont au juste les écrits que l'on doit comprendre sous l'expression de *papiers domestiques?* Les auteurs enseignent qu'il ne peut jamais être question de feuilles volantes, mais seulement des registres, livrets ou cahiers (1).

Cette décision nous paraît trop absolue, et nous pensons que, suivant les circonstances, des écritures mises sur de simples feuilles volantes devraient quelquefois rentrer sous cette expression si large de *registres et papiers.* Il est bien vrai qu'il n'en devra pas être ainsi la plupart du temps : la feuille que l'on trouve chez le créancier, et qui porte l'énonciation d'un payement reçu, alors même qu'elle serait écrite et signée par ce créancier, ne sera souvent qu'une quittance qu'il avait préparée dans la pensée d'un payement qui n'a pas été fait; il en est de même de la feuille sur laquelle il reconnaissait avoir emprunté une somme à une personne. Mais une pensée toute différente peut très-bien aussi se manifester, et la preuve de la libération ou de la créance du tiers se trouver acquise par l'énonciation de la feuille volante. Ainsi, par exemple, s'il est dit sur cette feuille : « M. N... m'a remis la semaine dernière les 500 francs qu'il me devait »; « M. N... m'a prêté hier 500 francs, sans vouloir prendre d'écrit; cette note renseignera mes héritiers, si je venais à mourir »; il est clair que des énonciations aussi précises donneraient la plus complète certitude de la libération ou de la créance du sieur N...; il serait évidemment impossible de leur refuser force probante, bien qu'elles fussent sur une feuille volante. Un arrêt de la Cour suprême reconnaît virtuellement l'inexactitude de la règle contraire (2).

Et s'il faut dire que les notes de la personne pourraient avoir quelquefois l'efficacité dont parle notre article, même en se trouvant sur de simples feuilles volantes, il faut dire aussi réciproquement qu'elles pourraient quelquefois rester inefficaces, bien qu'elles fussent sur le registre de cette personne. Ce serait évident, par exemple, si la note était écrite d'une autre main que les autres mentions du registre et paraissait ajoutée après coup.

C'est donc par les habitudes qu'avait la personne, comme le disait lors de l'arrêt précité M. l'avocat général Laplagne-Barris, et par les diverses autres circonstances, qu'il faudra décider si l'écrit constitue oui ou non un papier domestique, c'est-à-dire un papier destiné par le père de famille à être conservé pour la constatation de l'état de ses affaires (3).

---

(1) Toullier (VIII, 357 et 399); Rolland de Villargues (v° Feuilles vol.); Bonnier (n° 604); Larombière (art. 1331, n° 1); *Dict. not.* (*loc. cit.*, n°ˢ 30 à 35).
(2) Cass. d'un arrêt de Lyon, 9 nov. 1842 (Dev., 43, 1, 704-707). *Voy.* aussi Aubry et Rau (3ᵉ édit., t. VI, p. 451); Paris, 6 mars 1854; Rej., 30 juin 1855.
(3) Toullier (VIII, 357); Rolland (v° Feuilles volantes, n°ˢ 2, 3, 4); Bonnier (n° 653); Massé (*Droit comm.*, t. VI, n° 157); Aubry et Rau (3ᵉ édit., t. VI, p. 415); Larombière (art. 1331, n° 15).

VI. — Notre article, en déclarant que les registres domestiques font preuve au profit de l'adversaire de celui qui les tient, accorde par là même à cet adversaire le droit d'en exiger la représentation (1). Malheureusement, il sera toujours facile à un homme de mauvaise foi de déclarer qu'il n'a pas tenu de registre, ou que celui qu'il tenait est détruit ou perdu, et il sera bien rare que la preuve du contraire puisse être faite par l'adversaire, qui n'aura ainsi la plupart du temps que la ressource de déférer le serment sur le fait de l'existence du registre (2).

Que si le maître du registre, alors qu'il serait prouvé par l'adversaire ou avoué par lui qu'il en existe un, refusait de le présenter, ce refus donnerait évidemment une certaine vraisemblance à la prétention de cet adversaire, et il constituerait ainsi un commencement de preuve permettant au juge de recourir au serment supplétoire (art. 1367).

1332. — L'écriture mise par le créancier à la suite, en marge, ou au dos d'un titre qui est toujours resté en sa possession, fait foi, quoique non signée ni datée par lui, lorsqu'elle tend à établir la libération du débiteur.

Il en est de même de l'écriture mise par le créancier au dos, ou en marge, ou à la suite du double d'un titre ou d'une quittance, pourvu que ce double soit entre les mains du débiteur.

SOMMAIRE.

I.   Écritures non signées mises par le créancier sur son titre ou sur celui du débiteur. Vice de rédaction et difficulté d'interprétation de cet article. Trois systèmes présentés par les auteurs.
II. Réfutation du système de M. Demante et d'une partie de celui de Delvincourt.
III. Réfutation de la seconde partie du système de Delvincourt et du système de Toullier, M. Duranton et M. Bonnier.
IV. Réfutation de la seconde partie du dernier système. Étrange inexactitude de M. Bonnier.
V.   Résumé de l'interprétation de l'article.

I. — Après avoir parlé 1° des mentions portées sur les registres des commerçants, et 2° de celles que présentent les registres ou autres papiers domestiques, le Code, pour terminer ce qui concerne les écrits non signés, s'occupe en troisième et dernier lieu de l'écriture mise sur le titre même de la créance, soit à la suite, soit au dos, soit à la marge de l'écriture qui constitue ce titre ; car la place, on le conçoit bien, ne fait rien à la chose.

Le Code, au surplus, ne s'occupe de cette écriture qu'en tant qu'elle énonce la libération du débiteur, et il ne dit rien du cas où elle énon-

(1) *Voy.* L. 5, Code, *de Eundo;* L. 8, *id.;* Duranton (t. XIII, n° 209); Toullier (t. VIII, n° 404); Bonnier (n° 655); Massé et Vergé (t. III, p. 512, note 1); Dalloz (v° Oblig., 4238). Cepend. Larombière (art. 1331, n° 12); Aubry et Rau (3° édit., t. VI, p. 413, note 9); Rej., 15 fév. 1837; Rennes, 31 mars 1849; *Dict. not.* (*loc. cit.*, n° 39).
(2) Toullier (n° 404); Rolland de Villargues (n°ˢ 19 et 20); Duranton (n° 211).

cerait une augmentation de la créance. Nous dirons un mot de ce second cas, après avoir expliqué celui que le texte prévoit.

Il s'en faut de beaucoup, quoique M. Bonnier dise le contraire
(n°s 609 et 610), que tous les auteurs soient d'accord sur l'interprétation que cet article doit recevoir. Trois systèmes existent à cet égard.

Toullier (VIII, 353), M. Duranton (XIII, 212, 218) et M. Bonnier
(loc. cit.), enseignent qu'on ne doit tenir compte ni de la rédaction du
premier alinéa, ni de la rédaction du second, et que, malgré la déclaration contraire du texte, c'est toujours à la doctrine fort différente de
Pothier qu'il faut s'en tenir. Ainsi, quoique le premier alinéa n'attribue
un effet libératoire qu'à l'écriture mise *par le créancier* sur le titre qui
est *toujours resté en sa possession*, ces auteurs décident que l'une des
deux conditions, n'importe laquelle, suffit à elle seule : dès là que les
mots qui énoncent la libération sont écrits par le créancier, la libération sera prouvée, que le titre soit ou ne soit pas resté aux mains du
créancier ; et de même, dès que le titre est toujours resté aux mains du
créancier, l'écriture fera preuve de la libération, qu'elle soit ou non
celle de ce créancier. Ils disent de même, dans le cas du second alinéa,
que les mots *pourvu que...* doivent être supprimés, et qu'il importe
peu de savoir en quelles mains se trouve le double sur lequel le créancier a mentionné de sa main la libération de son débiteur. C'est donc
trois changements qui sont apportés par ces auteurs aux dispositions
de notre article. — Delvincourt (sect. 1, § 1, notes) n'admet que l'un
de ces changements. Il dit aussi que, dans le premier alinéa, les mots
par le créancier sont inutiles ; et que, quand le titre sur lequel se trouve
l'écriture énonçant un payement reçu est resté aux mains du créancier,
il importe peu par qui cette écriture a été mise. Mais il s'en tient au
texte de la loi sur les deux autres points, c'est-à-dire qu'il veut que le
titre soit toujours resté aux mains du créancier dans le cas du premier
alinéa, et aux mains du débiteur dans le cas du second. — M. Demante
enfin (*Progr.*, II, 808 et 809) (1) rejette le changement proposé par
Delvincourt comme les deux autres, et s'en tient scrupuleusement sur
les trois points au texte de notre article.

Nous n'adoptons aucun de ces trois systèmes : les deux premiers
nous paraissent être arbitraires et substituer la pensée de l'interprète à
la pensée du législateur ; le dernier nous semble tomber dans l'extrême
contraire et méconnaître l'esprit de la loi par un respect exagéré de
son texte... Nous convenons bien avec les trois premiers auteurs, et
contrairement à l'opinion de Delvincourt et M. Demante, que le maintien du titre aux mains du débiteur ne peut pas être exigé du moment
que l'écriture a été mise sur ce titre de la main du créancier ; mais nous
pensons, contrairement à l'opinion de Toullier, M. Duranton et M. Bonnier, que, hors cette seule idée, nos dispositions doivent être suivies
textuellement. Quand la raison et la combinaison des règles légales dé-

___

(1) *Conf.* Aubry et Rau (3e édit., t. VI, p. 413, note 11) ; Larombière (art. 1332,
n°s 3 et suiv.) ; Massé et Vergé (t. III, p. 513 et 514, note 6).

montrent l'inexactitude d'un texte, il est clair qu'il ne faut plus s'attacher à ses termes, et c'est ce qui condamne ici la doctrine de M. Demante et même celle de Delvincourt; mais quand un texte n'a rien d'opposé ni à la raison ni aux autres règles de la loi, il n'est pas permis de le rejeter pour y substituer arbitrairement la doctrine de Pothier ou de tout autre. C'est cependant ce que font ici les trois premiers auteurs.

II. — Que l'écriture mise par le créancier lui-même sur son propre titre prouve la libération qu'elle énonce, aussi bien quand ce titre est sorti de ses mains que quand il y est toujours resté, c'est ce qui nous paraît évident; car si le fait d'écrire une mention de payement sur mon registre domestique donne par lui seul, et nonobstant la rature postérieure de la mention, la preuve légale du payement, comment en serait-il autrement de la mention que j'ai mise sur mon titre même de créance? une telle mention n'est-elle pas beaucoup plus significative, plus énergique, quand elle est sur l'acte même par l'exhibition duquel je pouvais exercer mes poursuites, que quand elle est sur un registre qui n'était après tout qu'un simple renseignement pour moi-même? Le seul fait d'avoir écrit cette mention prouve donc la libération par lui-même, et il ne peut pas être important de savoir en quelles mains l'acte a pu passer, du moment que c'est bien moi qui ai mis là mention dessus.

S'il était vrai que l'écriture mise sur le titre ne fait preuve que quand ce titre est resté aux mains du créancier, elle n'aurait donc pas cet effet quand ce serait au débiteur lui-même que ce titre aurait été remis. Or, les art. 1282 et 1283 déclarent que le fait même de la remise du titre par le créancier au débiteur donne, selon les cas, ou une présomption, ou même une preuve de la libération. Ainsi, tandis que, d'après l'art. 1331, la mention non signée de libération, mise sur un simple registre confidentiel et de renseignement, fait preuve, et que, d'après l'art. 1282, la remise du titre sans aucune mention fait preuve également, voici que la mention mise sur le titre lui-même, et suivie de la remise de ce titre, ne produirait pas cet effet, vu le défaut de signature! On aurait : A égale X; B égale aussi X; puis A et B réunis sont plus petits que X!

M. Demante nous dit (n° 808) que si la loi exige ici que le titre soit toujours resté en la possession du créancier, c'est pour qu'il y ait lieu de supposer que l'écriture est bien de lui. Nous avons en vain cherché un sens à cette proposition. Comment parler de supposer que l'écriture est celle du créancier quand, par hypothèse, c'est là un fait constant? Est-ce que notre article ne déclare pas qu'il parle de l'écriture *mise par le créancier !*... Ici comme partout, en présence du débiteur qui dit que l'écriture est celle de son créancier, il y a pour celui-ci le droit de désavouer cette écriture (art. 1323), et pour ses ayants cause le droit de dire qu'ils ne la connaissent pas (*ibid.*); l'exercice de ce droit amènera une vérification, et s'il en résulte que l'écriture n'est pas celle du créancier, il est clair que notre article ne s'appliquera pas, et que dès lors il n'y aura pas lieu de discuter sur sa signification : l'article n'est fait que pour le cas où l'écriture est *mise par le créancier*, pour le cas où cette écriture est avouée être la sienne, ou prouvée telle après contradiction ; comment donc dire que l'article impose telle condition, pour qu'on puisse supposer un fait qui se trouve constant *à priori?* Encore une fois, il nous est impossible de trouver un sens à cette phrase de M. Demante, et il nous paraît évident qu'ici comme dans l'interprétation de l'art. 526, comme sur quelques autres points, le savant professeur s'est laissé entraîner à l'erreur et à de fâcheuses subtilités par le besoin de ne jamais trouver en défaut la rédaction du Code.

Les vices de rédaction sont pourtant assez abondants dans le Code pour qu'un de plus ou de moins ne soit pas une affaire, et nous croyons avoir démontré qu'il faut ici en reconnaître un, qui du reste s'explique facilement. Dans le projet, la disposition de notre premier alinéa différait de ce qu'elle est aujourd'hui ; elle donnait force libératoire à l'écriture mise sur le titre par une main quelconque, mais en exigeant, ce qui était fort juste, que ce titre ne fût pas sorti des mains du créancier. (Fenet, t. II, p. 193.) Lors de la rédaction postérieure, on pensa qu'il ne fallait attribuer cet effet qu'à l'écriture mise par le créancier, et on ne remarqua pas que ce changement, pour ne pas mettre la disposition en désaccord avec la raison et avec les principes du Code, demandait la suppression des mots « *qui est resté en sa possession.* »

III. — Mais s'il y a nécessité, de par la raison, de par les diverses règles posées par le Code lui-même, de faire abstraction des mots « *qui est resté en sa possession* », y a-t-il également nécessité, et dès lors est-il permis de retrancher, sinon absolument au moins pour certains cas, les autres mots « *mise par le créancier?* » Évidemment non, et c'est contredire et le texte et la pensée du législateur que d'enseigner, comme Delvincourt, Toullier, M. Duranton et M. Bonnier, que, sur un titre qui sera toujours resté aux mains du créancier, il suffira d'une écriture mise par une main quelconque. C'est là une violation flagrante de la volonté législative, puisqu'on vient de voir que c'est après coup, par réflexion, et tout exprès pour changer la règle qui donnait effet à toute écriture, que les rédacteurs ont pris la peine d'ajouter trois mots pour exiger une écriture mise *par le créancier!*

L'erreur que nous relevons ici est vraiment étrange, et chez Delvincourt, et chez les trois autres auteurs.

Pour Delvincourt, d'abord, on sait qu'il admet comme M. Demante qu'il faut tenir rigoureusement aux mots « *qui est toujours resté en sa possession.* » Or, comment le célèbre doyen de la Faculté de Paris a-t-il pu, du moment qu'il reconnaissait la nécessité d'opérer une suppression dans le texte de l'alinéa, par suite de l'incise qu'on y avait ajoutée, maintenir les mots qui s'y trouvaient dans la première rédaction, et qui dès lors pouvaient bien n'avoir été laissés que par inadvertance (comme dans l'art. 809, où les rédacteurs, après avoir supprimé l'un des deux cas du projet, ont laissé subsister les mots « *dans l'un et l'autre cas* »), pour supprimer ceux-là précisément qu'on avait pris la peine d'ajouter après coup?

L'erreur de Toullier, M. Duranton et M. Bonnier, est plus singulière encore. Car celle de Delvincourt ne devient saillante que par le recours aux travaux préparatoires, tandis que celle-ci l'est en face du seul contexte de notre article. L'idée des trois professeurs, en effet, revient à dire qu'on ne doit supprimer absolument ni la première incise, ni la seconde, et qu'il faut les laisser là toutes deux comme des espèces de chevilles qui s'enlèvent et se reposent à volonté. L'acte est-il constamment demeuré aux mains du créancier et porte-t-il une écriture d'une autre main? alors les mots « *qui est toujours resté en sa possession* » ont été laissés à dessein, et c'est l'incise « *par le créancier* » qui est entrée par inadvertance. Au contraire, l'écriture est-elle de la main du créancier, le titre étant sorti de ses mains? oh! alors, c'est à l'incise « *par le créancier* » que les rédacteurs ont entendu s'attacher, et les mots « *qui est resté en sa possession* » sont ceux qui proviennent de l'inattention du législateur. Mais vraiment c'est faire trop bon marché des plus simples règles de l'interprétation. Dites que par mégarde les rédacteurs ont mis ceci ou bien cela, ou même ceci et cela tout ensemble, à la bonne heure; mais faire de leur phrase un jeu de navette qui donne le rouge quand on ne veut pas du noir, et le noir quand on n'aime pas le rouge, c'est trop clairement inadmissible... Il y a quelque chose à retrancher dans l'article, c'est bien; ce quelque chose sera ceci ou sera cela, c'est encore bien; mais quand ce qu'il faut retrancher sera retranché, ne venez pas le rétablir demain pour retrancher à son tour la partie que vous disiez hier devoir être maintenue.

Encore une fois, et ceci répond tout ensemble à Delvincourt et aux trois autres auteurs, ou bien le législateur tient à ce que l'écriture soit de la main du créancier, ou bien il n'y tient pas : s'il n'y tient pas, il est indispensable que le titre soit resté aux mains de ce créancier; s'il y tient, il serait déraisonnable et contraire d'ailleurs aux autres règles du Code d'exiger cette seconde condition, et la seconde incise doit être supprimée. Or il est bien évident que le législateur y tient, puisque c'est uniquement dans ce but qu'il a changé la rédaction primitive de l'alinéa.

Il est donc nécessaire, et nécessaire dans tous les cas, que l'écriture soit mise par le créancier. Et la loi nous paraît en cela très-sage; car ne pourrait-il pas arriver que, bien que l'acte ne soit jamais sorti de chez moi, quelques mots énonçant la libération du débiteur y eussent été écrits à mon insu?... La question, à notre connaissance, ne s'est présentée qu'une fois devant les tribunaux, et elle a été décidée dans le sens que nous venons d'établir. (Colmar, 6 décembre 1816.)

Il est évident, au surplus, que ce qui est dit de l'écriture du créancier, il faut le dire de l'écriture de la personne qui aurait eu l'habitude d'écrire pour lui ou de la personne qu'il aurait chargée de recevoir pour lui en lui confiant son titre dans ce but; car tout ce que fait un mandataire est légalement fait par le mandant. (*Voy.* Metz, 23 frimaire an 13.) (1)

IV. — La doctrine de Toullier, M. Duranton et M. Bonnier, ne nous paraît pas plus exacte, quand ils disent que, dans notre second alinéa, il faut effacer les mots « *pourvu que le double* (ou la quittance) *soit entre les mains du débiteur.* »

Ces auteurs supposent, bien à tort, que la loi entend parler ici de l'original quelconque d'un acte fait double, et, partant de cette idée inexacte, ils demandent pourquoi la mention de payements reçus, mise par le créancier lui-même sur son propre double, ne ferait pas preuve alors même qu'il a conservé ce double par devers lui, tout aussi bien que la mention mise sur un titre simple.

Mais notre second alinéa, ainsi que l'ont parfaitement compris Delvincourt et M. Demante et comme l'indique bien l'idée de quittance ajoutée à l'idée du double, n'entend parler que du double appartenant au débiteur ; il parle de l'écriture mise par le créancier *sur le double* de son titre, et non pas sur son titre à lui, sur son propre original. Quant à l'écriture mise sur l'original qui lui appartient (et que notre article appelle son *titre,* par opposition au *double du titre*), son effet est réglé par le premier alinéa, qui parle d'un titre quelconque, sans distinguer entre l'acte fait simple et l'acte fait double... Du moment que nos rédacteurs n'ont entendu appliquer le deuxième alinéa qu'au double appartenant au débiteur ou à une précédente quittance de ce débiteur, on comprend parfaitement pourquoi ils ont exigé que la pièce, pour faire preuve de la libération, fût aux mains du débiteur. « Autrement, dit fort bien M. Demante, on pourrait supposer que le débiteur a remis au créancier son double ou sa quittance précédente, en vue d'un payement par lui annoncé, pour faire préparer la quittance, et que celui-ci a retenu la pièce parce que le payement n'a pas été effectué. » (2)

Il est étonnant que MM. Duranton et Bonnier n'aient rien dit de cette interprétation si simple de leurs deux collègues, et il est plus étonnant encore que M. Bonnier termine ce passage de son livre en disant positivement que *tous les commentateurs* sont d'accord pour regarder comme non avenus les mots *pourvu que...,* et pour s'en tenir sur ce point à l'ancienne doctrine de Pothier, malgré la disposition contraire du Code.

V. — Voici donc en peu de mots le sens de notre article.

Quand les écritures non signées qui énoncent des payements faits par le débiteur se trouvent, soit sur l'acte simple, soit sur celui des doubles qui forme le titre du créancier, elles font preuve par cela seul qu'elles sont de la main de ce créancier (ou de son mandataire, bien entendu), sans qu'il y ait à considérer si le titre est ou non resté en sa

---

(1) *Conf.* Riom, 10 juin 1817; Toullier (t. VIII, n° 354) ; Larombière (art. 1332, n° 4).

(2) *Conf.* Aubry et Rau (3ᵉ édit., t. VI, p. 414, note 12); Dalloz (v° Oblig., n° 4250). — *Voy.* Larombière (art. 1332, n° 8).

possession. Quand ces écritures se trouvent sur une précédente quittance ou sur celui des doubles qui appartient au débiteur, elles ne font preuve qu'à la double condition que l'écriture est encore celle du créancier et que la pièce qui la porte n'est pas retenue par lui.

Il y a d'ailleurs cette autre différence entre les deux cas que, dans le premier, l'écriture aurait toujours la même valeur, bien qu'elle fût biffée (1), puisque la libération du débiteur résulte du seul fait d'avoir été énoncée par le créancier à un moment quelconque, tandis que, dans le second, les ratures rendraient naturellement l'écriture sans effet en donnant lieu de croire que cette écriture n'avait été mise que dans l'espérance d'un payement qui ne s'est pas réalisé.

Quant aux écritures qui, ajoutées ainsi sur le titre d'une créance, énonceraient une créance nouvelle sans présenter une seconde signature, nos anciens auteurs (Boiceau, part. 2, ch. 2, § 2; Danty, *ibid.*; Pothier, n⁰ˢ 728, 729) décident, et avec raison, qu'elles peuvent faire preuve si elles sont en relation intime avec l'acte : comme si, au bas de l'acte sur lequel Pierre reconnaît que Paul lui a prêté 600 fr., il était écrit de la main de Pierre : « Je reconnais que ledit Paul m'a de nouveau prêté 200 fr. » Dans le cas contraire, elles ne pourraient être qu'un commencement de preuve par écrit (1347) (2).

§ 3. — Des tailles.

1333. — Les tailles corrélatives à leurs échantillons font foi entre les personnes qui sont dans l'usage de constater ainsi les fournitures qu'elles font et reçoivent en détail.

I. — On appelle *taille* un petit bâton fendu dans sa longueur en deux moitiés, dont l'une reste aux mains du fournisseur, en conservant ce même nom de taille, tandis que l'autre est remise au consommateur, et prend le nom d'*échantillon* ou contre-taille. A chaque fourniture qui se fait, on rapproche les deux moitiés et on fait sur le tout des entailles transversales appelées *coches,* dont le nombre indique la quantité des choses fournies. Ce moyen de constatation est surtout en usage chez les boulangers.

Lorsque l'échantillon est représenté et se trouve d'accord avec la taille, celle-ci fait foi de la quantité de fournitures qui se trouve ainsi constatée. — C'est là, comme nous l'avons déjà dit en commençant notre section, une espèce de preuve écrite, et par conséquent elle aurait autant de force au-dessus de 150 fr. qu'au-dessous, sans qu'on puisse objecter la disposition de l'art. 1341, qui n'est faite que pour le cas de preuve testimoniale (3). Et cette espèce d'écriture, ce système particulier de manifestation par signes, pourrait même quelque-

(1) Pothier (n⁰ 761); Duranton (t. XIII, n⁰ˢ 216 et suiv.); Bonnier (661); Aubry et Rau (3⁰ édit., t. VI, p. 415); Larombière (art. 1332, n⁰ 10). — *Voy.* cependant Toullier (t. VIII, n⁰ 356); Req., 11 mai 1819; Cass., 23 déc. 1828.
(2) Toullier (t. VIII, n⁰ 355); Duranton (t. XIII, n⁰ 222); Bonnier (662); Massé et Vergé (t. III, p. 514, note 2); Larombière (art. 1332, n⁰ 11).
(3) Bonnier (n⁰ 665); Dalloz (v⁰ Oblig., n⁰ 4262).

fois acquérir date certaine vis-à-vis des tiers; car un échantillon pourrait être mis sous scellé et être mentionné dans un inventaire indiquant le nombre de coches qui s'y trouve.

II. — Si l'échantillon présentait moins de coches que la taille, il est clair que la fourniture ne serait prouvée que jusqu'à concurrence du nombre de coches commun aux deux moitiés, et que les coches qui ne se trouvent pas sur l'échantillon seraient complétement non avenues. — Que si c'était l'échantillon qui présentât plus de coches que la taille, nous croyons que la preuve n'existerait encore que dans les limites dans lesquelles les deux moitiés se trouvent d'accord. Sans doute, si le consommateur reconnaissait que les entailles qui se trouvent en plus sur son échantillon ont été mises pour des fournitures faites, il y aurait preuve, preuve résultant de l'aveu du débiteur et non de l'échantillon; mais si le consommateur niait les prétendues fournitures, l'échantillon ne prouverait rien, car les entailles ont pu être faites sans but, et, par exemple, par un enfant jouant avec l'échantillon. Il faut donc s'en tenir au texte de l'article, qui demande une taille et un échantillon corrélatifs.

III. — La taille présentée par le fournisseur serait-elle dénuée de toute force probante, si le consommateur prétendait qu'il n'a jamais existé d'échantillon, et qu'on ne lui a rien fourni ou que les fournitures ont été payées comptant? Nous le croyons, malgré la doctrine de M. Duranton (XIII, 235) et M. Bonnier (n° 611), dont le premier enseigne positivement, et le second admet aussi (tout en reconnaissant que c'est aller bien loin), que la taille ainsi dénuée de contre-taille doit avoir la même force qu'un registre de marchand (art. 1329) et autoriser le juge à déférer le serment supplétoire (1). Il nous paraît impossible d'accepter cette idée, par la double raison que ce qui est dit du serment pour les registres des marchands, par l'art. 1329, n'est point répété ici pour la taille à laquelle ne vient pas répondre un échantillon, et qu'en effet cette taille ne mérite pas même autant de confiance que ces registres, pour la tenue desquels la loi impose des règles qui ne sont pas exigées ici. La seule ressource du fournisseur, dans ce cas, serait donc de recourir à la preuve testimoniale pour établir, comme le veut Toullier (VIII, 409), le fait que l'échantillon a existé (ce qui le placerait sous la règle dont nous allons parler), ou pour établir immédiatement, s'il s'agissait de moins de 150 fr., la réalité de la fourniture et de la dette de l'adversaire.

Que doit-on décider maintenant lorsque, l'échantillon n'étant point représenté, son existence antérieure est prouvée par le fournisseur ou avouée par le consommateur qui dit l'avoir perdu, et que ce consommateur nie néanmoins tout ou partie de la dette qu'on lui réclame? Nous pensons qu'alors, à moins de fraude prouvée du fournisseur, la taille doit faire foi; car le consommateur, dans le cas même où il reconnaît spontanément qu'il y avait une contre-taille et où son allégation de l'a-

---

(1) *Conf.* Rolland (v° Taille, n° 7); Dalloz (v° Oblig., n° 4263). Cont. *Dict. not.* 4e édit. (v° Taille, n° 8).

voir perdue serait sincère, est toujours en faute de n'avoir pas été, de suite après avoir perdu l'échantillon, arrêter son compte chez le fournisseur pour recommencer une taille nouvelle. C'est ce que décidait la coutume de Tournai : « En ce cas, le rée (*reus*, le défendeur) est ajourné, si, avant qu'il ait la contre-taille de celle exhibée, est tenu à en faire exhibition, à défaut de quoy faire, la taille par le demandeur exhibée est tenue pour vérifiée. » (Art. 14 de l'*Interprét. et ampliat. de la coustume*. (1)

§ 4. — Des copies des titres.

1334. — Les copies, lorsque le titre original subsiste, ne font foi que de ce qui est contenu au titre, dont la représentation peut toujours être exigée.

1. — Il ne s'agit pas ici de copies d'écrits privés ; car, pour ces écrits, l'original seul peut faire foi : il ne s'agit que de copies, délivrées par un officier public, d'actes authentiques dont il est dépositaire (2). Aussi notre paragraphe est-il intitulé : « Des copies *des titres* », expression que la loi réserve ici à l'acte authentique. On le voit par les rubriques des deux premiers paragraphes, intitulés, l'un : « Du *titre* authentique », l'autre : « De l'*acte* sous seing privé. »

Une copie de nature à faire foi, c'est-à-dire une copie régulièrement délivrée d'acte authentique, ne tire sa force probante que de l'original lui-même ; elle n'est rien par elle-même, et ne devient un titre que par sa relation et sa conformité avec cet original. La copie ne peut donc faire foi que quand elle est prouvée conforme à l'original ou avouée telle par le silence de celui à qui on l'oppose ; et si celui-ci conteste la conformité et demande la représentation de l'original, cette représentation ne peut pas lui être refusée. Notre article ne soumet ce droit d'exiger la représentation de l'original qu'à la seule condition que demandait la force même des choses, à savoir que cet original subsiste encore.

C'est donc violer la loi que de juger, comme l'a fait un arrêt de Bourges, du 17 février 1845, qu'on ne peut demander la représentation de l'original qu'à la condition de signaler des différences essentielles entre cet original et la copie que l'on repousse. Cette doctrine est aussi contraire à la raison qu'à la loi écrite ; car, comment un défendeur pourrait-il être tenu de signaler des différences avec un original que peut-être il n'a jamais vu ni pu voir, ce qui précisément avait lieu dans l'espèce ?

L'arrêt de Bourges n'a pas compris la règle de notre article. Il a cru que pour exiger le recours à l'original, il fallait alléguer contre la copie quelque motif particulier de suspicion, tandis qu'il suffit de ce simple fait qu'on ne veut pas s'en rapporter à la copie. C'est évident, puisque le droit de recourir à l'original n'est que la conséquence de ce principe,

---

(1) Merlin (*Rép.*, v° Taille de march.); Toullier (VIII, 409); Duranton (XIII, 234); Bonnier (n° 616); Rolland (v° Taille, n° 5); *Dict. not.*, 4ᵉ édit. (v° Taille, n° 7).
(2) *Conf.* Bonnier (694) ; Zachariæ, édit. Massé et Vergé (t. III, p. 516, note 3); Larombière (art. 1335, n° 24).

¢

que la copie n'est pas un titre par elle-même et ne le devient que par le consentement de l'adversaire à l'accepter comme tel. « La copie n'a pas force probante, disait Lucas de Penna, quoiqu'elle soit délivrée par le notaire même qui a reçu l'acte : *Copia non probat, etiam quum extracta sit ab eodem notario rogato.* » (Tr. *de judic.*, ch. 77, § 34.) Aussi notre texte nous dit-il que dès lors que le titre subsiste, sa représentation peut être exigée *toujours*. L'exposé des motifs et le rapport au Tribunat expliquent l'article dans ce même sens absolu et exclusif de toute condition (Fenet, t. XIII, p. 297 et 389), et M. Maleville, l'un des rédacteurs, nous dit que « quand l'original subsiste et qu'une partie demande sa représentation, *la copie ne prouve plus rien.* » (*Anal. de l'art.* 1334.) Telle est aussi la doctrine des auteurs (1).

II. — Nous avons dit, sous l'art. 45, que la disposition de notre article et du suivant ne s'applique point aux extraits des actes de l'état civil, lesquels, sous la condition d'être *délivrés conformes* aux registres, c'est-à-dire *déclarés, certifiés* tels, par le dépositaire légal, en d'autres termes, portant cette mention : « *délivré conforme par nous...* », font foi jusqu'à inscription de faux, sans que l'adversaire puisse exiger la représentation du registre. Cet adversaire pourra, puisque les registres sont publics, prendre à son tour un extrait pour contrôler celui qu'on lui oppose; il pourrait encore obtenir que l'on procède en présence des deux parties à un compulsoire du registre pour faire constater exactement l'état de l'acte ; mais il ne pourrait pas invoquer notre article pour faire ordonner *la représentation* du registre, son apport au tribunal où l'on plaide.

---

(1) Toullier (VIII, 415 et 427); Delvincourt (t. II); Duranton (XIII, 240); Bonnier (n° 243); Rej., sur l'arrêt de Bourges, 9 nov. 1846 (Dev., 47, 1, 55–65); Rolland (v° Copie, n° 3); Aubry et Rau (3ᵉ édit., t. VI, p. 417); Larombière (art. 1334, n°ˢ 1 et 2); *Dict. not.*, 4ᵉ édit. (v° Copie, n°ˢ 2 et 6). — *Voy.* aussi Paris, 22 juill. 1809; Cass., 15 juill. 1829; Req., 9 nov. 1846.

Il paraîtra sans doute surprenant qu'un arrêt *de rejet*, un arrêt *qui maintient* la décision de la Cour d'appel, repose sur un principe *contraire*. C'est pourtant ce qui a lieu dans cette affaire, où tout devait être étrange, du commencement à la fin. On peut voir, soit dans la *Gazette des tribunaux* des 31 octobre et 2 novembre 1845, soit, et mieux encore, dans le mémoire rédigé pour la Cour de Bourges par M. Demante et par nous (et dont notre troisième édition, p. 79 et 80, contient un extrait), les incroyables faits signalés dans ce procès, et notamment la moralité et les façons d'agir des fonctionnaires de l'île de Cuba, de qui émanaient les originaux, si gravement suspects, dont la représentation était demandée. Or c'est aussi par une circonstance bien singulière que le pourvoi, par nous dirigé contre l'arrêt de Bourges, a été rejeté devant la Chambre des requêtes. Après la discussion close, sans que la moindre contradiction ni le moindre doute se fussent manifestés sur ce fait, que les originaux n'avaient jamais été vus en France, la Cour, prenant le change sur les circonstances d'une procédure de faux qui avait précédé la décision attaquée, prononça le rejet, en se fondant sur ce qu'il était constaté que, dans cette procédure en faux, « tant les copies que *les originaux ont été longtemps sous les yeux des juges et de tous les intéressés, et qu'ils ont été soigneusement appréciés.* » Or il était, au contraire, matériellement constant que, dans cette procédure en faux (que la Cour d'appel avait écartée sans même lui donner suite), *les copies seulement* avaient figuré, que *pas un seul original* n'avait jamais été présenté ni au demandeur, ni aux magistrats, et que l'arrêt rendu sur cette procédure avait, aussi bien que l'arrêt attaqué, refusé d'ordonner, non-seulement l'apport des originaux en France, mais même leur compulsoire à Cuba... C'est par suite de cette erreur de fait que la Chambre des requêtes a rejeté le pourvoi, tout en proclamant le principe de droit sur lequel ce pourvoi reposait.

Notre doctrine est en opposition avec celle de la plupart des auteurs (1); mais elle a ébranlé déjà l'opinion contraire de plusieurs jurisconsultes, notamment des rédacteurs du Répertoire du *Journal du Palais* (v° Actes de l'état civil, n° 195), et elle a été pleinement adoptée par M. Bonnier (n° 744), MM. Aubry et Rau (3e édit., t. I, p. 196), et par M. Demolombe (I, n° 318).

Et en effet, on est bien obligé de reconnaître, dans le système contraire, que les extraits d'actes de l'état civil ne sont pas soumis à la règle de l'article suivant : or, comment le seraient-ils à la disposition du nôtre, alors que les deux forment un système indivisible?

1335. — Lorsque le titre original n'existe plus, les copies font foi d'après les distinctions suivantes :

1° Les grosses ou premières expéditions font la même foi que l'original; il en est de même des copies qui ont été tirées par l'autorité du magistrat, parties présentes ou dûment appelées, ou de celles qui ont été tirées en présence des parties et de leur consentement réciproque.

2° Les copies qui, sans l'autorité du magistrat, ou sans le consentement des parties et depuis la délivrance des grosses ou premières expéditions, auront été tirées sur la minute de l'acte par le notaire qui l'a reçu, ou par l'un de ses successeurs, ou par officiers publics qui, en cette qualité, sont dépositaires des minutes, peuvent, en cas de perte de l'original, faire foi quand elles sont anciennes.

Elles sont considérées comme anciennes quand elles ont plus de trente ans;

Si elles ont moins de trente ans, elles ne peuvent servir que de commencement de preuve par écrit.

3° Lorsque les copies tirées sur la minute d'un acte ne l'auront pas été par le notaire qui l'a reçu, ou par l'un de ses successeurs, ou par officiers publics qui, en cette qualité, sont dépositaires de minutes, elles ne peuvent servir, quelle que soit leur ancienneté, que de commencement de preuve par écrit.

4° Les copies de copies pourront, suivant les circonstances, être considérées comme simples renseignements.

SOMMAIRE.

I. Après la perte de l'original, laquelle doit être prouvée par le demandeur, la copie tirée par un officier public a plus ou moins de force selon les cas.
II. Cette copie fait pleine foi dans trois cas : dissentiment avec Toullier.
III. Elle peut servir de commencement de preuve par écrit dans deux autres cas.
IV. Les copies de copies ne peuvent donner que des renseignements. Sens de cette règle. Exceptions.

---

(1) Maleville (art. 45); Delvincourt (t. I); Duranton (I, 299); Vazeille (*Du Mar.*, I, 199); Richelot (I, 152); Zachariæ (I, 147); Larombière (art. 1334, n° 5); Dalloz (v° Actes de l'état civil, n°s 391 et suiv.). Voy. *Dict. not.* (v° Copie, n° 8).

I. — Une copie d'acte authentique, tant que cet acte existe, n'a aucune force probante par elle-même, et elle n'acquiert cette force que par l'aveu tacite que le défendeur fait de sa conformité avec l'original; mais il en est autrement quand cet original n'existe plus. C'est, du reste, à celui qui veut se servir de la copie de prouver que l'original n'existe plus; mais il n'a pas besoin pour cela d'établir que l'acte s'est trouvé anéanti à telle époque et par telle cause : il lui suffit de constater qu'il ne se trouve plus dans le dépôt où il devrait être, et que rien n'indique son existence ailleurs. (Rej., 10 nov. 1830; Rej., 19 nov. 1833.) (1)

Quand l'original n'existe plus, ou, ce qui est ici la même chose, ne peut plus être retrouvé (2), la copie fait pleine foi, ou devient seulement un commencement de preuve par écrit, ou se trouve réduite à ne pouvoir être qu'un simple renseignement, selon les cas.

II. — La copie fait pleine foi, comme le ferait l'original lui-même, dans trois cas :

1° Quand cette copie est une grosse ou du moins une première expédition... On appelle grosse, l'expédition revêtue de la formule exécutoire; mais la première expédition qui ne présenterait pas cette formule (parce qu'il s'agit d'un acte qui n'était pas de nature à donner lieu à des poursuites, comme une reconnaissance de servitude) est mise ici sur la même ligne : le peu de temps qui sépare la rédaction de la minute, de la délivrance de la grosse ou de la première expédition, donne au législateur une garantie suffisante de leur conformité (3). — 2° Quand la copie a été tirée sur la minute par l'officier dépositaire sur l'ordre de la justice, parties présentes ou appelées; ou quand elle l'a été, même sans ordre du magistrat, en présence et du consentement des divers intéressés... Toullier (VIII, 130 et 431), reproduisant ici une doctrine de Dumoulin (Paris, gl. 1, § 8, n° 37) et de Pothier (art. 3, §§ 1 et 2), enseigne que cette seconde classe de copies, à la différence de la première, ne ferait foi qu'entre les parties et leurs ayants cause, et non vis-à-vis des tiers (4). C'est une erreur que repoussent, avec raison, M. Duranton (XIII, 244) et M. Bonnier (n° 747). Sans doute, une telle copie ne pourrait pas, d'après la raison comme d'après le texte de notre article, produire son effet contre celles des parties qui n'auraient pas été présentes ou appelées; mais du moment que les conditions exigées par la loi ont été remplies, du moment que la copie n'a été tirée sur la minute que du consentement de toutes les parties ou après sommation faite à toutes par ordonnance du juge, il y a toute garantie possible de son exactitude, et l'original venant à se perdre, elle ferait, dit positive-

(1) *Conf.* Duranton (t. XIII, n° 240); Bonnier (n° 695); Aubry et Rau (3ᵉ édit., t. VI, p. 417); Larombière (art. 1334, n° 6); Dalloz (v° Oblig., n° 4277); *Dict. not.* (v° Copie, n° 12).
(2) Zachariæ (§ 760); *Dict. not.* (v° Copie, 11); Cass., 10 nov. 1836.
(3) *Dict. not.* (*loc. cit.*, n° 19). — Jugé, à cet égard, que l'on peut tenir une expédition pour première, par cela seul qu'elle ne renferme pas de mention contraire. Cass., 29 nov. 1830.
(4) *Conf.* Boileux (art. 1335); A. Dalloz (*Formul. du not.*, n° 752).

ment notre article, la même foi qu'une grosse, qui a elle-même la même foi que cet original (1). — 3° Quand la copie prise sur l'original l'a été en dehors des circonstances ci-dessus, mais toujours par l'officier dépositaire légal de cet original, et qu'elle a plus de trente ans de date. — Si la copie ne présente plus ici les garanties de sincérité qui existent dans les deux premiers cas, elle en présente une autre, son ancienneté, qui fait disparaître toute crainte sérieuse de collusion entre l'officier qui l'a délivrée et la partie qui l'invoque. On ne s'y prend pas trente ans à l'avance pour se procurer un titre déloyal.

Il est évident, au surplus, que c'est à la date de la copie, à l'époque à laquelle elle a été dressée, qu'il faut s'arrêter pour compter les trente années, et non à la date de l'acte original que cette copie reproduit (2).

III. — Toute copie, tirée sur la minute, qui ne se trouve pas dans l'un des trois cas ci-dessus, ne peut servir que de commencement de preuve par écrit.

Cette seconde règle comprend d'abord les copies délivrées par un officier public qui n'était pas le dépositaire légal de la minute, quel que soit leur âge. Ce cas, qui se présentait souvent autrefois, ne se rencontrera pas souvent aujourd'hui qu'il est expressément défendu aux notaires de se dessaisir de leurs minutes sous aucun prétexte. (Loi de ventôse, art. 22.) La règle s'applique en outre à toute copie qui, n'étant pas une grosse ou une première expédition, et n'ayant pas été dressée par ordre du juge et parties appelées ou en présence et du consentement de ces parties, l'aurait bien été par le dépositaire légal, mais depuis moins de trente ans. — Remarquons que cette seconde règle, en accordant force de commencement de preuve par écrit aux copies dont il s'agit, apporte une exception aux principes adoptés par le Code, puisque, d'après l'art. 1347, il n'y a commencement de preuve par écrit que dans l'écriture émanant de la partie contre laquelle on veut prouver. Cette exception était, au surplus, bien juste ; car la présomption de conformité d'une copie dressée par un officier public égale bien la force des indices résultant d'une simple note de la partie adverse.— Les copies dont il s'agit ici permettront donc aux juges de se décider au moyen de témoignages (art. 1347), et par là même au moyen de simples présomptions (art. 1353). Ces présomptions seront même le seul moyen de décision, lorsqu'il s'agira de copies trop anciennes pour qu'il y ait lieu de recourir au témoignage (3).

Notre texte, au surplus, dit que les copies dont il s'agit *peuvent* servir de commencement de preuve par écrit. Nous verrons, en effet, sur l'art. 1347, que l'un des éléments qui constituent le commencement de preuve par écrit est un fait nécessairement appréciable par la con-

---

(1) *Conf.* Larombière (art. 1335, n° 17); Dalloz (v° Oblig., n° 4360); *Dict. not.* (v° Copie, n° 34).
(2) *Conf.* Dumoulin (*Cout. de Paris,* gl. 1, § 8, n° 41); Toullier (t. VIII, n° 434); Duranton (t. XIII, n° 245); Boileux (art. 1335); Larombière (art. 1335, n° 11); Dalloz (v° Oblig., n° 4373); *Dict. not.* (v° Copie, n° 48).
(3) Toullier (n° 436); Duranton (t. XIII, n° 247); Bonnier (n° 700); Larombière (n° 21); *Dict. not.* (*loc. cit.,* 55).

science du juge, ce qui rend essentiellement facultative l'admission de ce commencement de preuve.

IV. — Une troisième et dernière règle concerne les copies qu'un officier public a tirées, non sur une minute, mais sur une autre copie. Ces copies de copies ne constituent ni la preuve complète, ni même le commencement de preuve par écrit permettant de se décider par le témoignage ou les présomptions ; mais elles ne sont pas absolument sans force légale, et la loi permet de les prendre comme *renseignements*.

Mais quelle est ici la valeur de ce mot et quel sera au juste le degré de force probante de cette dernière classe de copies? Nous pensons que son effet serait d'autoriser le juge à déférer le serment supplétoire, si la présomption résultant de la copie produite lui paraît assez forte. D'une part, en effet, l'art. 1367 permet de recourir à ce serment dès là que la prétention d'une partie n'est pas totalement dénuée de preuve, quelle que soit la source de la vraisemblance et de la probabilité que croit reconnaître la conscience du magistrat : c'est là le dernier degré de force probante. Or, et d'un autre côté, il faut bien admettre que le dernier alinéa de notre article a voulu dire quelque chose en déclarant qu'il serait possible, qu'il serait permis aux magistrats de puiser des renseignements dans les copies de copies. Cette décision nous semble le seul moyen de mettre une différence entre ces copies et celles qui émaneraient de personnes privées, lesquelles sont sans aucune valeur légale (1).

Au surplus, la règle posée ici pour les copies de copies reçoit une exception bien remarquable dans la disposition de l'art. 844 du Code de procédure, qui permet de faire tirer, non-seulement sur une minute, mais sur une grosse déposée, une nouvelle grosse ou expédition exécutoire. Cette expédition, bien qu'elle ne soit qu'une copie de copie, serait soumise, non pas à notre troisième règle, mais à la première, et ferait la même foi que l'original ou la première grosse après la perte de celle-ci, puisqu'elle est aussi une grosse (2).

Nous allons voir une autre exception à notre règle dans l'article suivant.

1336. — La transcription d'un acte sur les registres publics ne pourra servir que de commencement de preuve par écrit, et il faudra même pour cela :

1° Qu'il soit constant que toutes les minutes du notaire, de l'année dans laquelle l'acte paraît avoir été fait, soient perdues, ou que l'on prouve que la perte de la minute de cet acte a été faite par un accident particulier.

2° Qu'il existe un répertoire en règle du notaire qui constate que l'acte a été fait à la même date.

___

(1) *Conf.* Bonnier (n° 702); Boileux (art. 1335). — *Contrà :* Larombière (art. 1335, n° 18); Dalloz (v° Oblig., n° 4391). — *Voy.* aussi Toullier (n° 440-42); *Dict. not.* (v° Copie, n° 72).

(2) Boileux (art. 1335); Larombière (art. 1335, n° 15); Dalloz (v° Oblig., n° 4389).

Lorsqu'au moyen du concours de ces deux circonstances, la preuve par témoins sera admise, il sera nécessaire que ceux qui ont été témoins de l'acte, s'ils existent encore, soient entendus.

I. — Cet article, en permettant de voir un commencement de preuve par écrit dans la transcription de l'acte, aujourd'hui perdu, sur le registre du conservateur des hypothèques, fait exception, tout à la fois et au principe qui veut qu'un écrit ne fasse commencement de preuve que quand il est émané de l'adversaire, et à la règle par laquelle l'article précédent n'accorde cet effet qu'aux copies d'originaux et non aux copies de copies. La transcription, en effet, s'opère toujours sur une expédition de l'acte, non sur la minute : c'est donc la copie d'une copie ; et M. Demante, par conséquent, présente à tort ce cas comme une simple application du 3° de l'article précédent. (*Progr.* II, 817.)

Du reste, comme il serait trop facile à la fraude de faire transcrire un acte faux qu'on supprimerait ensuite, la loi ne permet d'admettre la copie du registre du conservateur comme commencement de preuve par écrit que sous deux conditions destinées à donner la certitude que l'acte a bien existé, et qui se comprennent clairement par le texte même de l'article.

La loi exige en outre, et c'est tout naturel, que, dans le cas d'admission de la preuve testimoniale, on entende toujours ceux qui ont été témoins à l'acte, s'ils existent encore. Malheureusement l'étrange loi du 21 juin 1843 rend bien inutile cette sage précaution ; car, quels renseignements pourront donner sur tel ou tel acte de prétendus témoins qui n'y ont pas assisté et dont la prétendue présence n'est qu'un mensonge, aujourd'hui très-légal, de l'officier public ? (*Voy.* art. 1317, n° III.)

II. — Delvincourt et M. Duranton (XIII, 255) enseignent que le simple enregistrement de l'acte produirait, comme sa transcription, le commencement de preuve par écrit. C'est une erreur que rejettent avec raison Toullier (IX, 72) et M. Bonnier (n° 754) ; et, comme le fait très-bien observer Toullier, « les propres raisonnements de M. Duranton suffisent pour le réfuter. »

En effet, M. Duranton reconnaît comme nous (n° 246) que nos articles, quand ils donnent à des écritures n'émanant pas de la partie adverse l'effet d'un commencement de preuve par écrit, constituent *une exception,* ce qui suffirait déjà pour qu'il ne fût par permis d'étendre leurs dispositions au delà des cas qu'ils prévoient ; et il fait d'ailleurs observer lui-même (n° 255) que la valeur de l'enregistrement est bien moindre que celle de la transcription, puisque celle-ci est *une copie,* une reproduction intégrale de l'acte, tandis que l'autre n'en présente qu'une mention sommaire. Ces deux raisons résolvent clairement la question. — Il est vrai que le savant professeur emploie ensuite toute une page à établir que la loi aurait pu, sans grand danger, étendre à l'enregistrement ce qu'elle dit de la transcription, que peut-être même elle l'aurait dû. Mais il ne s'agit pas de ce que le législateur aurait pu ou dû faire; il ne s'agit que de ce qu'il a fait (1).

§ 5. — Des actes récognitifs et confirmatifs.

Les rédacteurs du Code ont été vraiment malheureux dans ce paragraphe, soit quant au fond des idées, soit quant à l'arrangement et à la marche de ces idées.

Pour le fond, d'abord, l'art. 1337 est la reproduction routinière d'une règle déraisonnable et due à une grave erreur de Pothier : aussi cette règle, que M. Demante essaye de justifier, a-t-elle été blâmée par les divers autres interprètes, même par M. Maleville, l'un des rédacteurs.

D'un autre côté, le Code est tombé ici dans une confusion que Pothier n'avait pas commise, en plaçant dans notre matière *de la preuve* les actes *confirmatifs d'une obligation*. Sans doute, l'acte qui ne tendrait qu'à réparer les vices d'un écrit antérieur, de l'*instrumentum* irrégulièrement dressé (acte que l'on pourrait aussi appeler confirmatif), ne présenterait qu'une question de preuve ; mais les actes qui tendent à réparer les vices de la convention elle-même, à ratifier une obligation susceptible d'être annulée ou rescindée, les seuls dont s'occupent les art. 1338-1340, ne présentent plus une question de preuve ; il est bien évident qu'ils concernent le fond même du droit. Sans doute encore, les règles d'après lesquelles doit être dressé l'acte qui constate la confirmation constituent une question de preuve, en sorte que le premier alinéa de l'art. 1338 pouvait rester dans notre chapitre; mais rien ne saurait y justifier la présence des deuxième et troisième alinéas de cet article, ni celle des art. 1339 et 1340, qui s'occupent, non pas de la preuve de la confirmation, mais de cette confirmation en elle-même : la place de ces dispositions était au chapitre précédent, dans la section de la nullité et de la rescision des conventions ; aussi Pothier s'était bien gardé de parler des actes confirmatifs de la convention, dans notre matière de la preuve; Delvincourt les a transportés à la fin de la section de l'action en nullité (ch. 5, sect. 7, § 4); M. Zachariæ, dont le plan exclut des quatre premiers volumes de son ouvrage tout ce qui concerne la preuve, et qui dès lors y garde le silence sur tout l'ensemble de notre chapitre,

---

(1) Un arrêt de Rejet, du 16 fév. 1837 (Dev., 1837, I, 642), déclare cependant l'enregistrement suffisant ; mais c'est un arrêt d'espèce qui, loin de repousser le principe que nous venons d'exposer, semble au contraire le présupposer vrai. Il s'appuie, en effet, sur ce « qu'il est reconnu et constaté, en fait, que l'enregistrement (vu la sim» plicité de l'acte, qui n'était autre qu'une procuration donnée à l'effet de reconnaître » un enfant naturel) *équivaut dans l'espèce à une transcription entière*, puisqu'il fait » mention littérale de la date, du nom du mandant et de l'objet de l'acte, et que, » d'après les faits reconnus constants, la Cour royale a pu, *dans l'espèce*, admettre la » preuve testimoniale sans violer l'art. 1336. » — Quant à d'autres arrêts, des 30 nov. 1825, 22 fév. 1831 et 9 mars 1833, que l'on invoque quelquefois dans notre sens, ils ne jugent pas la question ; car il s'agissait alors d'actes privés, pour lesquels dès lors les deux conditions requises par notre article n'existaient pas et ne pouvaient pas exister. — *Voy.* Aubry et Rau (3e édit., p. 418, note 7); Larombière (art. 1336, no 8); Dalloz (vo Oblig., 4404); *Dict. not.* (vo Extrait, nos 4 et 5); Aix, 21 fév. 1840; Grenoble, 5 juill. 1845.

a soin, au contraire, d'y consacrer un paragraphe spécial à la confirmation des obligations (t. II, p. 450, § 339); enfin, M. Bonnier, qui ne traite que des preuves, s'occupe bien des actes récognitifs (nᵒˢ 736-741), mais non pas des actes confirmatifs d'une obligation. On peut donc s'étonner que l'extrême respect de M. Demante pour les textes lui ait fait reproduire ici la marche du Code sans aucune critique ni observation (nᵒˢ 818-821).

1º Des actes récognitifs.

1337. — Les actes récognitifs ne dispensent point de la représentation du titre primordial, à moins que sa teneur n'y soit spécialement relatée.

Ce qu'ils contiennent de plus que le titre primordial, ou ce qui s'y trouve de différent, n'a aucun effet.

Néanmoins, s'il y avait plusieurs reconnaissances conformes, soutenues de la possession, et dont l'une eût trente ans de date, le créancier pourrait être dispensé de représenter le titre primordial.

SOMMAIRE.

I.   Ce que c'est qu'un acte récognitif. Injustice de la première règle de l'article.
II. Cette disposition provient d'une erreur de Pothier.
III. Les rédacteurs ont même enchéri, en un point, sur la doctrine erronée de celui-ci.
IV. On n'en doit pas moins se soumettre aux règles de l'article : critique de Delvincourt et M. Duranton, de Toullier et M. Bonnier.
V.   L'inefficacité de l'acte, en ce qu'il contient de plus onéreux, n'a pas lieu réciproquement ; elle n'a lieu, d'ailleurs, que pour l'acte simplement récognitif.
VI. Moyen d'échapper souvent à la disposition injuste de l'article, lequel doit d'ailleurs se restreindre à la preuve des droits personnels.

I. — Les mots *actes récognitifs,* c'est-à-dire *actes portant reconnaissance* (ou tout simplement *les reconnaissances*), pourraient convenir en général à tout écrit par lequel une partie reconnaît le droit d'une autre, et lui en procure une preuve; mais ils n'ont pas ce sens large ici. Il s'agit dans notre article, non pas des actes tendant à constater un droit pour la première fois, mais uniquement de ceux qui, se référant à un écrit plus ancien, viennent prouver la volonté de maintenir les droits constatés par ce premier acte. Les actes *récognitifs* sont donc mis ici en opposition avec les actes *primordiaux*.

L'acte récognitif ayant pour but de maintenir l'état antérieur des choses, il ne doit donc pas changer les droits et engagements préexistants ; et dès lors le second alinéa de notre article est parfaitement rationnel quand il déclare que ce qui serait, dans le titre nouveau, différent de ce que contient le titre primordial, resterait sans effet. Mais si cette disposition est parfaitement rationnelle, il n'en est pas de même du reste de l'article.

En effet, lorsque, dans un acte formel, une personne se reconnaît clairement soumise à telle dette envers une autre depuis plus ou moins longtemps, il est clair que cet aveu devrait être parfaitement efficace, et que la présentation de ce nouvel acte devrait faire preuve entière sans qu'il fût besoin de recourir à l'acte primordial. Sans doute, on peut exiger certaines conditions pour l'efficacité de la reconnaissance; on peut demander que, non-seulement l'importance de la dette, mais aussi sa cause, soient bien précisées, et refuser force probante à une déclaration trop vague. Sans doute encore, celui à qui on oppose un tel acte pourra, comme dans tout autre cas, prétendre qu'il y a eu dol, violence ou erreur; qu'en réalité la dette n'a jamais existé, ou que cette dette a été acquittée par lui et qu'il n'a pas songé à retirer la reconnaissance en même temps que l'acte primordial; mais il est évident, quoi que dise M. Demante (n° 819), qu'ici comme partout ailleurs ce devrait être au débiteur de justifier son allégation, de renverser la preuve qui résulte de l'acte par lui souscrit, et que du moment que la reconnaissance est suffisamment explicite et que nulle preuve contraire ne vient en détruire la force, il n'y a aucun motif raisonnable pour lui enlever la foi due à tout aveu.

C'est cependant ce que fait notre article, en déclarant que, dans les cas ordinaires, et hormis le cas particulier où l'acte récognitif reproduirait la teneur de l'acte primordial, cet acte récognitif ne prouvera rien et laissera le créancier dans la nécessité de rapporter le titre originaire, et dans l'impossibilité complète de faire la preuve de son droit si cet acte primordial est perdu. D'où peut venir une aussi étrange disposition, une règle aussi peu conforme à la raison?... Elle n'a pas d'autre cause, comme nous l'avons dit déjà, et comme l'a fort bien démontré Toullier (VIII, n°s 474-484, et n°s 313-334), qu'une erreur matérielle de Pothier... Prouvons cette assertion.

II. — Les anciens canonistes décidaient que les confirmations (faites par les papes, les souverains ou seigneurs quelconques) de priviléges antérieurement concédés n'avaient point, en général, et quand elles étaient conçues dans les termes ordinaires, *in formâ communi*, l'effet de prouver la concession; qu'en principe, et à moins de circonstances particulières, de tels actes devaient être regardés comme donnés par le supérieur sans aucun examen du droit, comme étant dès lors sans importance par eux-mêmes, et n'ayant de valeur que par leur relation avec l'acte primitif de concession, dont la représentation demeurait ainsi indispensable; qu'il n'en était autrement, et que l'acte de confirmation ne pouvait prouver par lui seul qu'autant qu'il était dressé avec une rédaction présentant quelque chose de particulier, *in formâ speciali*, en termes manifestant que la confirmation était bien donnée en connaissance de cause, *ex certâ scientiâ*, et dès lors avec la pensée de faire de cet acte, au besoin, un second titre de la libéralité. Ainsi, la représentation de l'acte originaire était nécessaire quand la confirmation était *in formâ communi;* elle ne l'était pas quand cette confirmation était faite *in formâ speciali, ex certâ scientiâ :* seulement, il fallait savoir à quels signes on reconnaîtrait cette dernière confirmation. Après de longues disputes sur ce point, on était arrivé à dire qu'on ne devait considérer comme telle que celle dans laquelle on avait reproduit la teneur de l'acte de concession!... La doctrine des canonistes sur ces confirmations féodales se résumait donc à dire que la confirmation faite *communiter,* c'est-à-dire sans reproduction du titre de concession, ne faisait preuve de rien, et que la force probante n'était attachée qu'à la confirmation donnée *ex certâ scientiâ, specialiter,* c'est-à-dire avec copie du titre primordial.

Cette doctrine était devenue générale lorsque Dumoulin écrivait, et il la reproduisit dans son *Commentaire de la coutume de Paris* (§ 8, n° 88). Bien entendu, il ne l'appliqua, comme on ne l'avait toujours appliquée, qu'aux confirmations féodales, c'est-à-dire aux reconnaissances, données par un seigneur à son vassal, de priviléges antérieurement concédés; et quand il traita de toutes autres reconnaissances, il enseigna, comme on avait toujours enseigné, qu'elles faisaient pleine preuve à défaut du titre primordial. Ainsi, par exemple, en parlant (n° 85) du vassal qui aurait accepté une confirmation le disant soumis à certains droits vis-à-vis du seigneur, il dit que, si ce vassal prétend n'être point assujetti à ces droits, *ce sera à lui de prouver l'erreur* de la reconnaissance qu'il a souscrite (parce que si l'acte est *une confirmation* du seigneur au vassal, elle n'a plus ce caractère et n'est qu'une reconnaissance ordinaire du vassal au seigneur) : *tenetur probare et docere de errore recognitionis.* Ainsi encore, dans son traité *De Usuris,* n° 210, il dit que la reconnaissance d'un droit de rente fait, par elle-même, *pleine preuve* du droit reconnu : *Ipsa recognitio seu confessio juris reditûs in se plenam fidem facit de jure confesso...* La différence existant sous ce rapport entre les *confirmations* ou reconnaissances féodales du seigneur bienfaiteur envers son vassal, et les reconnaissances ordinaires d'un débiteur envers son créancier, est même marquée d'une manière saillante dans la marche des n°ˢ 86-88 de son *Commentaire de la coutume ;* car après avoir dit, au n° 86, que des reconnaissances erronées font néanmoins preuve complète jusqu'à ce que l'erreur soit prouvée, il commence le n° 87 en disant qu'il en est autrement pour les confirmations, *secùs de confirmationibus.*

Pothier, s'arrêtant inconsidérément à une seule phrase de Dumoulin, a pris pour un principe général et commun à toutes les reconnaissances la règle écrite spécialement et exclusivement pour les confirmations. « Dumoulin, dit-il (part. 4, ch. 1, art. 4), distingue deux espèces de titres *récognitifs* ou *reconnaissances :* celles qui sont dans la forme qu'il appelle *ex certâ scientiâ,* et celles qu'on appelle *in formâ communi.* Les reconnaissances *ex certâ scientiâ,* qu'il appelle aussi *in formâ speciali,* sont celles où la teneur du titre primordial est relatée. Elles équivalent au titre primordial, au cas qu'il fût perdu, et dispensent le créancier de le rapporter dans ce cas. Les reconnaissances *in formâ communi* ne confirment le titre primordial qu'autant qu'il est vrai ; elles n'en prouvent point l'existence et ne dispensent point le créancier de le rapporter. »

Ainsi Pothier, croyant reproduire la doctrine de Dumoulin, présente comme s'appliquant aux reconnaissances ordinaires une règle qui ne concernait que les confirmations féodales.

C'est d'autant plus étonnant que, s'il avait lu quelques lignes plus haut, il aurait vu que le passage qu'il cite fait suite à une règle toute différente posée pour les reconnaissances ordinaires, et qui commence par ces mots : SECUS *de confirmationibus*. Ce qui n'est pas moins étonnant, c'est la citation tronquée qu'il fait ensuite d'un autre passage de Dumoulin, en s'arrêtant au milieu d'une phrase, et précisément aux mots qui prouvent le contraire de ce qu'il dit. « Ailleurs, continue-t-il, au § 48, gl. 1, n° 18, il dit en général des reconnaissances que *non interponuntur animo faciendæ novæ obligationis, sed solùm animo recognoscendi; unde simplex titulus novus non est dispositorius.* » Il est bien vrai que Dumoulin dit, et avec raison, que les reconnaissances ayant pour but de reconnaître une obligation préexistante et non de créer une obligation nouvelle, il s'ensuit qu'elles ne sont pas dispositives, et que, dans le cas de différence entre la reconnaissance et l'acte primordial, c'est celui-ci qu'il faut suivre; mais nous savons aussi que Dumoulin enseigne nettement que la reconnaissance fait preuve contre le débiteur jusqu'à ce que celui-ci ait rapporté le titre primordial pour renverser cette preuve résultant de la reconnaissance ; et Pothier, qui aurait pu s'en convaincre en recourant à vingt autres passages de Dumoulin, l'aurait vu encore par la phrase même qu'il reproduit ici, s'il avait pris les mots qui suivent ceux où il s'arrête. Dumoulin, en effet, après avoir dit que la reconnaissance ne peut pas apporter une obligation nouvelle et qu'elle n'a pas force dispositive, ajoute immédiatement qu'elle a force déclarative, c'est-à-dire *force probante*, et que si elle ne produit aucun effet nouveau quant au fond de l'obligation, elle en produit un *quant à la preuve* et quant à la force exécutoire : *Unde simplex titulus novus non est dispositorius* (Pothier s'arrête ici), SED DECLARATORIUS SEU PROBATORIUS... *nec aliquid de novo inducit circa substantiam obligationis*, SED BENE CIRCA PROBATIONEM ET VIM EXECUTIVAM.

Nos rédacteurs ont donc commis une lourde erreur de fait, quand ils ont pensé que la doctrine attribuée à Dumoulin par Pothier lui appartenait en effet et reproduisait l'ancien droit à cet égard; et en croyant maintenir ainsi une règle dès longtemps établie, ils ont posé, au contraire, un principe nouveau et qui n'avait jamais existé que dans l'imagination de Pothier. La Cour de Lyon est tombée dans cette même erreur, moins excusable depuis le travail de Toullier, en jugeant par son arrêt du 8 décembre 1838 (Devill., 39, II, 538) que les anciens principes exigeaient, comme notre art. 1337, la reproduction de la teneur du titre primordial dans la reconnaissance (1).

III. — C'est donc bien à tort que le Code a refusé force probante à toute reconnaissance faite en forme ordinaire, et ne l'a accordée qu'à

---

(1) *Voy.* Bonnier (n°ˢ 686 et 687); Aubry et Rau (3ᵉ édit., t. VI, p. 419, note 4); Larombière (art. 1337, note 18).

celle qui reproduit la teneur du titre primordial, ou à une série de reconnaissances conformes soutenues de la possession et dont une aurait trente ans de date.

Sur ce dernier point, les rédacteurs, sans le remarquer peut-être, ont même enchéri encore sur la doctrine de Pothier ; car celui-ci accordait l'effet de faire preuve (sauf au débiteur à renverser cette preuve par la représentation du titre primordial), soit à plusieurs reconnaissances conformes dont une serait ancienne, soit à une seule reconnaissance qui serait ancienne et soutenue de la possession, tandis que notre dernier alinéa n'attribue cet effet qu'à la reconnaissance ancienne (c'est-à-dire de trente ans), qui se trouve être tout à la fois et soutenue de la possession et accompagnée d'une ou plusieurs autres reconnaissances conformes. Ainsi le Code n'admet l'exception, pour la reconnaissance ancienne, qu'au moyen de la réunion des deux circonstances dont une seule suffisait d'après Pothier (1).

En face de règles aussi peu rationnelles, on ne doit pas s'étonner que M. Maleville lui-même, quoiqu'il fût pourtant l'un des rédacteurs et qu'il crût que l'extension, aux reconnaissances ordinaires, du système des confirmations féodales fût déjà faite par notre ancien droit, se récrie contre notre article. « Tout cela, dit-il, était très-bon, très-utile à l'égard des cens et des fiefs ; mais il est douteux si ces règles ont le même caractère de justice à l'égard des autres créances.—Une reconnaissance est un aveu ; or il n'y a pas de plus forte preuve que l'aveu de l'adversaire. Ai-je besoin de plus d'un aveu de mon débiteur pour établir ma créance ?—Sans doute, si le débiteur prouve par la représentation du titre primordial que la somme due est moindre qu'il n'est dit dans la reconnaissance, il faut se tenir au titre ; mais n'est-ce pas au débiteur à prouver qu'il y a en effet surcharge par la reconnaissance ? »

IV. — Au surplus, si peu rationnelle que soit la disposition de notre article, on n'en est pas moins tenu de s'y soumettre : *dura lex, sed lex ;* et dès lors nous ne saurions adopter la doctrine de Delvincourt, suivie par M. Duranton (XIII, 263), qui veut que la force probante de la reconnaissance ne soit soumise à la relation de la teneur du titre primordial que quand cette reconnaissance est opposée à des tiers, par exemple, à des créanciers du débiteur, mais non quand elle est invoquée contre le débiteur lui-même ou ses héritiers : cette distinction est trop évidemment arbitraire pour pouvoir être admise (2).

Nous ne saurions adopter davantage, quoiqu'elle viole la loi moins ouvertement, la doctrine de Toullier (X, 334), suivie par M. Bonnier (n° 738), et qui consiste à se contenter de la simple mention de la substance de l'acte primordial, au lieu d'exiger la relation de sa teneur.

---

(1) C'est donc bien à tort que la Cour de Pau, par un arrêt du 30 janv. 1828, avait jugé que la nécessité de plusieurs reconnaissances était un principe existant déjà sous l'ancien droit, et auquel dès lors devaient être soumises les espèces régies par les lois antérieures au Code : aussi, cette Cour a reconnu elle-même son erreur par un arrêt du 14 août de la même année, maintenu en Cassation, le 29 janv. 1829.

(2) *Voy.* Favard (Rép., v° Acte récogn., § 1, n° 5) ; Dalloz (v° Oblig., n° 4459).

Si c'est le droit du jurisconsulte de critiquer des dispositions mauvaises, c'est son devoir de les accepter franchement avec le sens que la volonté législative a entendu leur donner. Or, Toullier lui-même nous dit : « Il est très-vraisemblable, il paraît même *certain* que, dans l'esprit des auteurs du Code, qui avaient sous les yeux Pothier qu'ils ont copié, et les passages de Dumoulin qui l'ont induit en erreur, les mots *la teneur spécialement relatée* se rapportent à la confirmation *spéciale* des canonistes, pour laquelle il fallait la relation *ad longuum* de toute la teneur du titre, *inserto toto tenore tituli*. » Et ce n'est pas seulement par les antécédents de notre article que cette volonté du législateur se manifeste ; elle ressort encore de la comparaison de notre article avec l'article suivant, d'après lequel il suffit pour l'acte confirmatif qu'*on y trouve la substance de l'obligation,* tandis qu'ici il faut que *la teneur du titre soit relatée*. Or, du moment que cette volonté de la loi est certaine, comment pourrait-on n'en pas tenir compte ? (1)

V. — Voici donc les deux règles qui résultent de notre article :

L'acte de reconnaissance d'une dette déjà constatée par un titre précédent ne fait preuve de la dette, et ne dispense le créancier de rapporter le titre originaire, que dans deux cas : 1° quand elle contient la copie entière de ce titre ; 2° quand, ayant trente ans de date, elle est d'ailleurs soutenue de la possession et d'une ou plusieurs autres reconnaissances conformes à elle. — Mais, bien entendu, cette preuve ne se trouve faite que sauf le droit pour le débiteur de prouver que la dette est moins forte qu'il n'est dit dans la reconnaissance ou les reconnaissances ; et cette nouvelle preuve, renversant la première, résulterait suffisamment du titre primordial, contre la teneur duquel les titres récognitifs, si nombreux et si anciens qu'ils soient, ne peuvent jamais prévaloir, puisqu'ils n'ont pour but que de prouver de nouveau et de maintenir les dispositions primitivement arrêtées, et non d'en former de nouvelles : *Non sunt dispositorii sed tantùm probatorii.*

Cette seconde règle, aussi rationnelle que la première l'est peu, appelle deux observations importantes. La première, c'est que l'acte récognitif ne perd ainsi sa valeur, en présence et par la contradiction de l'acte primordial, que pour ce qu'il contient en plus et nullement pour

___

(1) M. Bonnier cite, à l'appui de la doctrine de Toullier, un arrêt de Rejet, du 11 juin 1834 (Dev., 33, 1, 763), qui ne la consacre cependant pas. L'arrêt dit seulement, et c'est avec raison, qu'un arrêt de Cour d'appel ne saurait être cassé, quand il n'a donné force probante à une reconnaissance qu'après avoir déclaré que les énonciations contenues en cette reconnaissance suffisent pour constituer la *relation de la teneur du titre.* Il est clair, en effet, que c'est là un point de fait dont l'appréciation est dans le domaine des Cours d'appel. — Pour ce qui est des règles d'après lesquelles les Cours d'appel devront faire cette appréciation, nous admettons bien, comme l'avait jugé dans l'espèce l'arrêt de Nancy, qu'on ne peut pas exiger rigoureusement une copie absolument textuelle et intégrale ; mais autre chose est la *relation de la teneur d'un acte,* même entendue dans un sens peu rigoureux, autre chose l'indication sommaire du *montant de la dette et de la date de l'acte* primordial, que Toullier déclare suffisant. — Consultez : Rolland de Villargues (vº Titre nouvel, nᵒˢ 30 et 31) ; Larombière (art. 1337, nº 5) ; Aubry et Rau (3ᵉ édit., t. VI, nº 420) ; Dalloz (vº Oblig., 4443) ; Favart (vº Acte récogn., sect. 1ʳᵉ, nº 5) ; *Dict. not.* (vº Titre nouvel, nᵒˢ 28 et suiv.).

ce qui serait un changement en moins. La seconde, c'est que la règle s'applique uniquement à l'acte qui n'est vraiment que récognitif.

Ainsi, d'abord, quand une ou plusieurs reconnaissances me présentent comme débiteur d'une somme de 900 fr., et que le titre originaire n'en constate qu'une de 800, les 100 fr. qui se trouvent *en plus* dans les actes postérieurs y sont non avenus. De même, si l'acte récognitif me présente comme devant une prestation annuelle de 12 pièces de vin, et que je rapporte le titre primordial qui ne parle que de 12 feuillettes, je serai déchargé de l'obligation *différente* et plus lourde indiquée par le second acte. Que si, au contraire, l'acte récognitif portait une quantité moindre, ou une chose différente en moins, il serait très-possible que le titre primordial ne l'emportât pas : ce serait si la prescription s'était accomplie. Dans ce cas, en effet, il ne serait pas même besoin de l'acte pour opérer la libération partielle du débiteur : cette libération serait suffisamment acquise et prouvée du moment que le débiteur établirait, ne fût-ce qu'en rapportant ses quittances, que, depuis trente ans, c'est la dette moins considérable qu'il a constamment payée, et non celle plus forte que présente l'acte primordial.

Lors donc que notre second alinéa déclare sans effet ce que les reconnaissances contiennent de plus que le titre primordial, ou ce qui s'y trouve de *différent,* il n'entend parler que de ce qui serait différent *en plus*. Car, encore une fois, ce qui serait différent en moins pourrait fort bien être efficace au moyen de la prescription. Ce sens de l'alinéa résulte clairement du passage de Pothier où on l'a copié. « Si, par la reconnaissance, le débiteur s'est reconnu obligé à quelque chose de plus ou de différent, en apportant le titre primordial et faisant connaître l'erreur, il en sera déchargé... quand même l'erreur se trouverait dans une longue suite de reconnaissances... Si les reconnaissances, au contraire, ont reconnu pour moins qu'il n'est porté par le titre, et si les reconnaissances remontent à trente ans, le créancier, en rapportant le titre primordial, ne pourra pas prétendre plus qu'il n'est porté par les reconnaissances, parce qu'il y a prescription acquise pour le surplus. » (1)

Nous disons en outre que notre second alinéa ne s'applique qu'aux actes qui ne sont réellement et rigoureusement que récognitifs ; car si, malgré la signification qu'on aurait donnée à l'acte et les termes dont

---

(1) Nous faisons dire ici à Pothier : « *Si les reconnaissances remontent à trente ans.* » Telle n'est pas précisément sa phrase, et nous avons modifié ici sa rédaction parce qu'elle pourrait présenter une idée fort inexacte. Pothier dit : « *S'il y a plusieurs reconnaissances conformes et qui remontent à trente ans.* » On pourrait croire que la circonstance de plusieurs reconnaissances conformes doit nécessairement s'ajouter à celle du laps de trente ans, pour que le titre primordial soit sans force contre le débiteur en ce qu'il contient de plus. Ce serait une erreur, puisque, comme nous l'avons dit et comme le font également remarquer M. Duranton (n° 262) et M. Bonnier (n° 740), la libération partielle du débiteur résulte alors du fait de la prescription ; en sorte qu'il est indifférent qu'il y ait plusieurs reconnaissances ou qu'il n'y en ait qu'une (il serait même indifférent qu'il n'y en eût pas). — *Conf.* Delvincourt (t. II, p. 622) ; Favard (*Rép.,* v° Acte récogn., § 1, n° 4) ; Aubry et Rau (3ᵉ édit., t. VI, p. 419, note 2). —*Contrà :* Toullier (VIII, n° 489) ; Larombière (art. 1337, n° 10).

on s'y serait servi, il était reconnu en fait par le juge que les parties ont entendu modifier plus ou moins leur position et faire, sur un ou plusieurs points, quelque chose de nouveau, il est clair que le titre ne serait plus seulement récognitif, mais primordial, *non tantùm probatorius sed dispositorius*, et qu'il ne serait plus soumis aux règles de notre article (1).

VI. — Cette dernière observation nous conduit à l'indication d'un moyen, plus légal que ceux que nous avons vus présentés plus haut par Delvincourt et Toullier, et en même temps plus efficace, d'échapper souvent à la disposition inique de notre article. Ce moyen consiste en ce que les tribunaux pourront toujours décider en fait que l'acte, malgré sa qualification de récognitif, a eu pour but, non pas de reconnaître et de maintenir l'ancien titre, mais de le remplacer. Dans ce cas, l'acte, d'après l'intention des parties reconnue en fait par le juge, se trouve être un second acte primordial, tout aussi bien que le premier, qui, dans la pensée des parties, pouvait être supprimé, et notre article lui est complétement inapplicable.

Une dernière observation, c'est que notre article n'étant écrit dans le Code que pour la preuve des obligations, on devra restreindre son application au cas de droits purement personnels, sans jamais l'étendre à la preuve des droits réels. Telle est vraisemblablement la pensée du législateur, puisque notre article parle de la représentation du titre primordial par *le créancier*, et que l'art. 695 nous présente le titre récognitif comme pouvant, dans tous les cas et sans condition particulière, *remplacer* le titre constitutif en ce qui concerne les servitudes. Mais alors même qu'il y aurait doute sur ce point, la circonstance que notre article déroge au droit commun, et doit dès lors se restreindre autant que possible, suffirait pour justifier notre décision (2).

Au surplus, si la reconnaissance qui ne relate pas la teneur du titre primordial ne fait pas preuve légale de la dette et ne dispense pas le créancier de rapporter ce titre primordial, il est clair qu'elle n'est pas dénuée de toute valeur et qu'elle aurait toujours pour effet d'interrompre la prescription (3).

2° Des actes confirmatifs.

1338. — L'acte de confirmation ou ratification d'une obligation contre laquelle la loi admet l'action en nullité ou en rescision, n'est valable que lorsqu'on y trouve la substance de cette obligation, la mention du motif de l'action en rescision, et l'intention de réparer le vice sur lequel cette action est fondée.

---

(1) *Voy.* Zachariæ, édit. Massé et Vergé (t. III, p. 482); Aubry et Rau (3e édit., t. VI, p. 419 et 420); Larombière (art. 1337, nos 19-21); Toullier (t. VIII, no 888); Dalloz (vo Oblig., nos 4447-4457).—Pau, 14 août 1828, et, sur pourvoi; Req., 29 janv. 1829; Metz, 26 mai 1835.

(2) Toullier (t. X, no 312); Boileux (art. 1337); Aubry et Rau (*loc. cit.*, p. 420). — Req., 16 nov. 1829.—*Voy.* cependant Bonnier (no 693).

(3) *Voy.* Aubry et Rau (3e édit., t. VI, p. 420); Larombière (art. 1337, no 18); *Dict. not.* (vo Titre nouvel, 24); Poitiers, 28 fév. 1823; Angers, 19 janv. 1843.

A défaut d'acte de confirmation ou ratification, il suffit que l'obligation soit exécutée volontairement après l'époque à laquelle l'obligation pouvait être valablement confirmée ou ratifiée.

La confirmation, ratification, ou exécution volontaire dans les formes et à l'époque déterminées par la loi, emporte la renonciation aux moyens et exceptions que l'on pouvait opposer contre cet acte, sans préjudice néanmoins du droit des tiers.

SOMMAIRE.

I.   Ce que c'est que la confirmation des obligations. Elle n'est pas possible pour l'obligation inexistante : erreur de Merlin, Delvincourt, Toullier et M. Duvergier.
II. Elle a très-bien lieu pour les obligations naturelles : erreur de M. Zachariæ.
III. Des deux espèces de confirmation, expresse et tacite.
IV. De la preuve de la confirmation.

I. — Les rédacteurs, ainsi que nous l'avons déjà fait observer, ont confondu ici, en traitant de la preuve, les règles sur la nature et les effets de la confirmation des obligations, avec les règles d'après lesquelles cette confirmation peut être prouvée.

Confirmer une obligation, c'est effacer les vices dont elle était atteinte, en renonçant à invoquer les causes d'annulation que l'on pouvait faire valoir contre elle. La confirmation n'est donc possible que pour les obligations annulables, et non pour celles qui seraient proprement nulles, inexistantes. La raison dit assez qu'on ne peut pas fortifier, réparer, corroborer d'une manière quelconque, ce qui n'existe pas : le néant ne peut pas plus être confirmé qu'il ne peut être détruit, *quod nullum est confirmari nequit.* Il est surprenant que Merlin (*Quest.*, vº Ratif.), Delvincourt, Toullier (VI, 180), et même l'annotateur de celui-ci, M. Duvergier (malgré les lumières jetées dans ces derniers temps sur la matière des nullités), n'aient pas compris ceci, qu'ils aient tous confondu l'action tendant à faire reconnaître et *constater la non-existence d'un acte* avec celle qui tend à *faire briser un acte vicieux ;* et qu'ils en soient venus à enseigner que l'on peut ratifier l'obligation proprement nulle aussi bien que l'obligation annulable !... Notre article n'admet et ne pouvait admettre la confirmation que pour les obligations contre lesquelles la loi organise l'action en nullité ou en rescision(1). Or nous avons établi, en commençant la section de l'action en nullité, au tome précédent, que cette action ne peut exister, et n'existe, en effet, que pour les obligations *annulables* seulement.

Cette impossibilité d'une confirmation pour les obligations qui seraient proprement nulles a été nettement reconnue lors des travaux préparatoires, et la volonté du législateur à cet égard ne saurait être douteuse. En effet, la rédaction actuelle de notre article n'a été adop-

---

(1) Jugé que la règle est applicable aux actes attaquables pour lésion. Req., 22 fév. 1854 (*J. Pal.*, 1854, t. I, p. 404). — *Voy.* aussi Cass., 3 mai 1852 (*J. Pal.*, 1852, t. II, p. 729).

tée que sur cette observation du Tribunat : « On observe que rien n'est plus vague (que la rédaction précédente). Ce serait une source d'arbitraire et d'incertitude... Il faut une disposition conçue de manière que la ligne de démarcation soit bien clairement tracée entre les nullités irréparables et celles qu'on peut réparer. » Puis, après avoir donné comme exemples d'actes qui *ne peuvent jamais être validés,* parce qu'*ils sont considérés par la loi comme n'ayant jamais existé,* l'engagement d'un enfant qui n'a pas encore sa raison et celui qui serait contracté pour une cause illicite, on ajoute : « Il n'en est pas de même des engagements contractés par le mineur, l'interdit ou la femme mariée ; la loi ne les déclare pas nuls de droit. » (Fenet, t. XIII, p. 167.) C'est sur cette observation que notre article a été rédigé de manière à faire comprendre que la confirmation n'est possible que pour l'obligation *contre laquelle la loi admet l'action en nullité ou en rescision,* et non pour celle qui, n'ayant pas d'existence légale, demeure toujours inefficace, sans avoir besoin d'être attaquée dans un délai déterminé. — Plus tard, le rapport du Tribunat, après avoir parlé des disputes dont cette matière avait été l'objet dans l'ancien droit, ajoute encore : « Une idée vraie et simple, c'est qu'on ne peut confirmer et ratifier que ce qui a réellement existé. » (*Ibid,* p. 394.) L'erreur contraire est également condamnée par la jurisprudence(1).

Ainsi, dans tous les cas où la convention ne se sera pas formée, soit pour défaut de consentement, soit pour cause fausse ou illicite, soit autrement, il n'y a pas à parler de confirmation ; la prétendue confirmation que le débiteur déclarerait faire serait complétement non avenue ; et le seul moyen d'arriver au but, moyen bien simple d'ailleurs, serait de former une obligation nouvelle. C'est ce que nous avons prouvé, notamment pour les obligations sur cause illicite, en expliquant l'art. 1304 (n° IV, alinéa 3), où nous avons relevé l'erreur de Toullier, M. Duvergier et M. Zachariæ. Cette erreur est d'autant plus certaine que les observations qui ont amené le changement de rédaction de notre article présentent précisément, ainsi qu'on vient de le voir, le cas de cause illicite comme l'un des plus frappants de ceux où la confirmation n'est pas possible(2).

Parmi les obligations inexistantes, et pour lesquelles dès lors il n'y a pas lieu à confirmation, mais seulement à la formation nouvelle de l'obligation, se trouvent aussi celles que l'on voulait faire résulter d'un acte non signé des parties, ainsi que nous l'avons expliqué sur l'art. 1318, n° III, *in fine.*

II. — Faut-il assimiler aux obligations inexistantes et déclarer non susceptibles de ratification les obligations simplement naturelles ? M. Zachariæ (II, p. 451) enseigne l'affirmative, que semble consacrer

_____

(1) Notamment, Rej., 9 juin 1812 ; Bordeaux, 24 déc. 1844 (Dev., 44, 2, 356); Cass., 13 nov. 1849 (Dalloz P., 49, 1, 311); Pau, 7 déc. 1861 (Dev., 62, 2, 257).
(2) Voy. Duranton (t. XIII, n°⁵ 271-281); Solon (*Des Nullités,* t. II, n° 350); Championnière (*Traité de l'enreg.,* n°⁵ 627 et suiv.); Boileux (art. 1338); Aubry et Rau (3ᵉ édit., t. III, p. 186); Dalloz (v° Oblig., 4470); *Dict. not.* (v° Ratific., n°⁵ 6 et suiv.).

implicitement un arrêt de rejet du 25 octobre 1808 ; mais Toullier (VI, 391) professe la négative, et c'est en effet dans ce dernier sens que la question doit être résolue.

Nous avons vu que l'obligation naturelle, fort mal comprise pendant longtemps, est celle que la loi civile, après lui avoir refusé d'abord l'efficacité ordinaire, sanctionne ensuite par l'effet de quelque circonstance contenant de la part du débiteur l'aveu de la valeur réelle de la dette (art. 1235, n° II). Or, cet aveu du débiteur n'existe-t-il pas dans la confirmation qu'il fait de son obligation ?... Comment l'obligation naturelle ne serait-elle pas susceptible d'être confirmée quand, de l'aveu de tout le monde, de M. Zachariæ lui-même (II, p. 390), elle est parfaitement susceptible de novation ?... Que la jurisprudence n'ait pas bien senti ceci en 1808, alors qu'on ne s'était pas encore fait une juste idée de l'obligation naturelle ; qu'elle se soit montrée sévère à l'encontre des obligations naturelles et en ait restreint les effets autant que possible, quand on plaçait dans cette classe les obligations même réprouvées par la loi comme contraires à l'ordre public, cela se conçoit ; mais aujourd'hui que de nombreux arrêts ont proclamé la vraie nature de cette obligation, notre doctrine ne saurait faire difficulté devant les tribunaux.

Au fond, et pour parler rigoureusement, il est vrai de dire qu'on ne donne jamais d'effet qu'à une obligation civile, et que l'obligation naturelle, qui reste inefficace et légalement inexistante tant qu'elle n'est que naturelle, n'acquiert de valeur et n'est reconnue pour avoir été une obligation naturelle qu'au moment même où elle devient une obligation civile. Le dualisme, qui existait à Rome entre l'obligation civile et l'obligation naturelle, n'existe pas et ne pouvait pas exister dans notre Code ; il existe bien jusqu'à un certain point dans les mots, mais non dans la réalité des choses. Tant qu'une obligation qui existe naturellement, c'est-à-dire en conscience et d'après les règles de l'équité, n'existe pas en droit, c'est uniquement parce que le législateur ne sait pas qu'elle existe en conscience : du moment que le législateur la croit valable en équité, il la déclare valable en droit, et elle se trouve par conséquent obligation civile. Mais maintenant est-il quelque chose qui puisse manifester la valeur que l'engagement avait en équité avec plus d'énergie que la ratification régulière du débiteur ?

Toullier dit donc, avec beaucoup de raison, qu' « un acte de con-« firmation confère à une obligation naturelle toute la force d'une obli-« gation civile. » M. Zachariæ (II, p. 259) critique cette doctrine de Toullier. Il prétend que, même par l'exécution volontaire du débiteur, l'obligation naturelle ne se transforme pas en obligation civile, et il en donne pour raison que l'exécution volontaire d'une partie de l'obligation ne permettrait pas au créancier d'agir pour contraindre le débiteur à l'exécution de l'autre partie. Cette dernière idée est très-exacte ; mais elle n'est pas la conséquence du prétendu principe dont M. Zachariæ la fait découler. Elle est la conséquence de cet autre principe bien simple que, si l'exécution prouve la réalité de la dette et la rend dette civile, elle ne produit cet effet, bien entendu, que dans les limites dans lesquelles elle a lieu : quand Pierre prétend que je lui dois 1 000 fr., et que, sans pouvoir être contraint à lui rien payer, je consens à lui payer 600 fr., je reconnais bien par là que je lui devais les 600 fr., mais je ne reconnais pas lui devoir aussi les 400 autres. L'exécution volontaire, comme la ratification formelle, comme la novation, ne peuvent évidemment avoir leur effet que dans les limites dans lesquelles elles ont lieu ; mais cet effet est nécessairement de rendre civilement obligatoire la dette qui ne l'était pas. C'est évident ; car enfin, si les 600 fr. que j'ai payés n'étaient pas reconnus par la loi avoir été dus, la loi me permettrait de les répéter comme indus ; or, si la loi positive, *le droit civil*, les déclare dus, ils se trouvent donc dus *civilement*, la dette a été prouvée *dette civile* par le payement que j'en ai consenti, par l'aveu que j'ai fait de la loyauté de cette dette jusqu'à concurrence des 600 fr. (1).

La confirmation de l'obligation naturelle sera donc efficace comme l'est sa novation : seulement, on pourrait dire que, rigoureusement parlant, le mot de confirmation n'est pas exact dans ce cas ; car la confirmation proprement dite est la validation d'une obligation, vicieuse mais civilement existante, tandis que la confirmation dont il s'agit ici a pour effet de donner l'existence civile à l'engagement auquel la loi l'avait refusée par une erreur que l'aveu du débiteur fait reconnaître. Mais il n'en est pas moins vrai que les causes qui peuvent confirmer l'obligation civile annulable peuvent aussi vivifier l'obligation naturelle (2).

III. — La confirmation est expresse ou tacite. Elle est expresse quand il y a déclaration formelle du débiteur. La confirmation tacite résulte de toute circonstance manifestant la volonté de ce ▆▆▆▆ de valider l'engagement annulable auquel il est soumis.

La circonstance la plus significative, c'est évidemment l'exécution même de l'obligation, pourvu qu'elle soit faite avec reconnaissance du vice de cette obligation et dans l'intention de le réparer. On conçoit, en effet, que cette condition est tout aussi nécessaire dans la confirmation tacite que dans la confirmation expresse, et qu'une exécution faite dans l'ignorance du droit qu'on avait de faire annuler ne saurait constituer une renonciation à ce droit. Ce point, évident par lui-même, est d'ailleurs reconnu par la jurisprudence (3).

---

(1) *Voy.* Req., 29 juin 1857 (D. P., 58, 1, 33).
(2) *Conf.* Toullier (t. VI, n° 391). — *Contrà :* Aubry et Rau (3ᵉ édit., t. III, p. 6, note 18 et p. 186) ; Larombière (art. 1338, n° 6) ; Dalloz (v° Oblig., 4471) ; Orléans, 23 avr. 1842.
(3) Rej. 5 déc. 1826 ; Grenoble, 8 mai 1835 ; Grenoble, 15 nov. 1837 ; Cassation d'un arrêt d'Alger, 9 mai 1842 ; Riom, 16 mai 1842 (Dev. et Car., 35, II, 554 ; 38, II, 180 ; 42, I, 563, et II, 360) ; Agen, 28 mai 1850 ; Lyon, 3 août 1850 ; Req., 28 fév. 1855 ; Cass., 25 nov. 1857, 29 juill. 1856 ; Cass., 19 déc. 1853, 11 juill. 1859, 27 juill. 1863 (Dev., 63, 1, 459) ; Poitiers, 27 janv. 1864). — Il faut ajouter que, d'après la jurisprudence, la demande d'un délai pour payer, n'impliquant point par elle-même une exécution réelle et volontaire, est insuffisante pour constituer une confirmation du titre entaché de nullité. — *Voy.* Rennes, 8 avr. 1835 ; Lyon, 24 déc. 1852 (*J. Pal.*, 1853, t. II, p. 516) ; Cass., 4 août 1864.

Il faut en outre, bien entendu, que l'exécution ou le fait quelconque d'où l'on veut induire la ratification, ou enfin la déclaration que l'on prétend constituer la confirmation expresse, se soient accomplis à une époque où le débiteur avait toute sa capacité et aussi sans aucune des causes qui font annuler les conventions, puisque sans cela la confirmation ne serait pas plus valide que l'obligation elle-même (1).

IV. — Pour ce qui est de la preuve de la confirmation, elle reste soumise aux principes généraux, excepté lorsqu'elle est faite par écrit, cas où s'applique la règle du premier alinéa de notre article. Ainsi, dans tous les cas de confirmation tacite, et au-dessous de 150 fr. dans la confirmation expresse, la preuve peut se faire par témoins et par de simples présomptions. Hors de là, il faut un écrit, soit authentique, soit privé; mais à défaut de cet écrit, la preuve se ferait très-bien par l'aveu du débiteur, notamment par son serment, et un commencement de preuve par écrit autoriserait l'admission du témoignage et des présomptions (2).

Mais quand il s'agit de prouver par écrit, la loi s'écarte du droit commun, et l'acte, pour avoir force probante, doit présenter la substance de l'obligation, l'indication de la cause ou de chacune des causes pour lesquelles on pouvait la faire annuler, et la déclaration de la volonté du débiteur d'effacer cette cause ou ces causes de nullité. Ainsi l'acte confirmatif dans lequel je me contenterais de dire, en général, que j'entends valider la vente que j'ai faite de ma maison, et renoncer à tous les moyens de nullité ou de rescision qui me sont ouverts contre elle, ne serait pas une preuve suffisante de ratification, faute d'avoir précisé le vice ou les vices qui permettaient l'annulation du contrat. La loi veut que la ratification se fasse mûrement, avec conna███████e cause; et par une partie qui sait bien à quoi elle renonce; et██████re certaine de l'existence de ces conditions, elle en exige l'expression dans l'acte même (3). Du reste, si l'acte qui ne contiendrait pas toutes les mentions voulues rendait vraisemblable aux yeux des magistrats le fait que la ratification a vraiment été donnée en connaissance de cause (et c'est ce qui arrivera souvent), il constituerait un commencement de preuve par écrit, au moyen duquel on devrait autoriser l'adversaire à prouver par témoins et par présomptions que cette connaissance existait en effet (art. 1347 et 1353) (4).

Puisque c'est au créancier, dans le cas même où il rapporterait un acte contenant confirmation expresse, mais sans spécifier le vice qu'on a entendu couvrir, d'établir que le débiteur a bien connu ce vice et a

---

(1) *Voy.* Caen, 8 déc. 1852 (*J. Pal.*, 1855, t. II, p. 335); Paris, 15 mars 1831; Rennes, 23 nov. 1846; Boileux (1338); Aubry et Rau (3ᵉ édit., t. III, p. 189); Larombière (art. 1338, nᵒˢ 15 et 16); Dalloz (vᵒ Oblig., 4481); *Dict. not.* (vᵒ Ratif., nᵒ 27).

(2) *Conf.* Duranton (t. XIII, nᵒ 276); Boileux (art. 1338); Aubry et Rau (3ᵉ édit., t. III, p. 191, nᵒ 19); Larombière (art. 1338, nᵒˢ 39-43); Dalloz (vᵒ Oblig., 4529-4532); Nimes, 10 mars 1847; Req., 6 juin 1839; Lyon, 5 juin 1852.

(3) *Voy.* Larombière (art. 1338, nᵒ 28); Cass., 19 août 1857 (D. P., 57, 1, 339); Req., 20 avr. 1859 (D. P., 59, 1, 310).

(4) *Conf.* Toullier (t. VIII, nᵒ 500); Duranton (t. XIII, nᵒ 276); Aubry et Rau (*loc. cit.*, p. 191, note 31); Larombière (art. 1338, nᵒ 31).

entendu le réparer, à plus forte raison serait-ce à lui de faire cette même justification dans le cas où il argumenterait seulement d'une ratification tacite résultant de l'exécution : la doctrine contraire de Toullier (VIII, 519), de Merlin (*Quest.*, v° Ratific., § 5) et de M. Rolland de Villargues (v° Ratif., n° 58), nous paraît, comme à M. Zachariæ (II, p. 456), une erreur certaine. Car si le simple fait de l'exécution devait faire présumer, sans qu'il fût besoin de les prouver, la connaissance du vice de l'obligation et la volonté de le réparer, il est clair qu'une telle présomption résulterait avec bien plus de force de l'acte que le débiteur a déclaré signer tout exprès pour confirmer son engagement, et que la loi aurait admis cet acte comme preuve complète de la ratification, sans exiger spécialement l'énonciation du moyen de nullité auquel on entend renoncer... Même en présence d'une confirmation formelle, la loi ne considère cette confirmation comme prouvée qu'au moyen de la justification faite de telles circonstances; mais puisque cette justification fait partie intégrante de la ratification, et que cette ratification est à faire par le créancier, notre question ne saurait donc être douteuse (1).

On conçoit, au surplus, que la preuve dont il s'agit pouvant se puiser dans le témoignage, et dès lors dans de simples présomptions, elle pourrait fort bien, dans certains cas, résulter de la nature même du vice que présentait l'obligation et de l'exécution qui a été faite. Ainsi, par exemple, si c'est pour violence que l'obligation était annulable et qu'il soit constant que le débiteur a exécuté avec une parfaite liberté, il est bien évident que le vice ne pouvait pas être ignoré par lui, et que le fait de l'exécution prouve par lui seul la volonté où il a été de renoncer à cette cause d'annulation.

V. — Le dernier alinéa de notre article s'occupe de l'effet de la ratification, soit expresse, soit tacite. Cet effet, ainsi qu'on l'a déjà dit, est de rendre l'acte, d'abord vicieux, pleinement inattaquable (quant aux points, bien entendu, sur lesquels la ratification a porté), et de mettre ainsi le débiteur dans l'impossibilité de faire valoir, soit en demandant, soit en défendant, les causes d'annulation qu'il eût pu invoquer avant sa renonciation. L'effet de la confirmation est donc essentiellement rétroactif, puisqu'il s'agit d'une obligation qui était *ab initio* existante, et pouvait seulement devenir nulle par suite du vice que la confirmation a réparé (2).

Mais la confirmation ne peut avoir son effet que *sans préjudice du droit des tiers*, c'est-à-dire qu'elle ne pourra jamais, ainsi que l'a fait observer le Tribunat en demandant l'addition de ces derniers mots (Fenet, t. XIII, p. 168), nuire aux droits que des tiers auraient acquis

_____

(1) *Conf.* Aubry et Rau (3ᵉ édit., t. III, p. 190, note 19) ; Larombière (art. 1338, n° 37).— *Contrà* : Dalloz (v° Oblig., n° 4531). Bordeaux, 16 juin 1841 ; Cass., 11 juill. 1859 (D. P., 59, 1, 323).
(2) *Conf.* Boileux (art. 1338) ; Zachariæ, édit. Massé (t. III, p. 486, note 27) ; Aubry et Rau (3ᵉ édit., t. III, p. 192) ; Larombière (art. 1338, n° 49) ; *Dict. not.* (v° Ratif., n°ˢ 71 et suiv.) ; Cass., 10 nov. 1862 (Dev., 63, 1, 129).

dans l'intervalle de l'acte annulable à la confirmation qui en a été faite, droits que cette confirmation anéantirait si on lui donnait effet. Ainsi, quand, après avoir souscrit en minorité au profit de Pierre la vente de mon immeuble, j'ai, devenu majeur, consenti à Paul une nouvelle vente du même bien ou un droit réel sur ce bien, la ratification que je ferais ensuite de la première vente serait inefficace quant à Paul, qui pourrait toujours, en agissant dans les délais de l'art. 1304, faire prononcer l'annulation, quant à lui, de la vente illégalement faite, pour maintenir son droit de propriété, de servitude, ou d'hypothèque, comme si la ratification n'avait pas eu lieu (1).

Il en serait autrement pour les tiers qui n'auraient acquis que de simples créances contre ma personne, puisque leurs créances ne m'enlèvent pas le droit de disposer de mes biens, et que dès lors je pourrais consentir très-validement à Pierre une nouvelle vente qui les priverait de toute action sur l'immeuble. Du moment que je puis enlever à mes créanciers la garantie de cet immeuble par une nouvelle aliénation, il n'y a pas de raison pour que je ne le puisse faire par une ratification de l'aliénation primitive. Les droits qu'il s'agit de protéger ici sont ceux qui, ne pouvant pas être atteints par une aliénation, tomberaient devant l'effet rétroactif d'une confirmation. Ces créanciers ne pourraient donc critiquer une telle confirmation que d'après les principes généraux, et comme ils pourraient faire pour tout autre acte de leur débiteur, c'est-à-dire en prouvant qu'elle a amené l'insolvabilité de ce débiteur et qu'elle a été faite frauduleusement. (*Voy.* art. 1167.) (2)

Terminons cette explication par deux observations qui ne sont pas sans utilité. La première, c'est que la confirmation ne venant pas former une convention, mais seulement consolider une convention préexistante et annulable dans l'intérêt de l'une des parties, elle n'exige nullement le concours de ces parties, et se trouve parfaite par la seule volonté du débiteur qui pouvait faire annuler : puisqu'elle présente uniquement (et ne présente que pour une des parties) un supplément de volonté venant se joindre à la volonté légalement suffisante de la seconde partie, il est clair que celle-ci n'a pas besoin d'y prendre part. Il ne peut donc pas être question ici d'exiger un écrit fait double (3). La seconde, plus simple encore, quoique nous l'ayons vue échapper quelquefois à des légistes, c'est que la confirmation ou ratification dont il s'agit ici ne doit pas être confondue avec la ratification qui consiste à accepter pour notre compte l'obligation qu'un tiers avait contractée en notre nom. Il est évident que cette dernière espèce de ratification n'est en rien soumise aux règles de notre article.

---

(1) Besançon, 30 juill. 1811 ; Rej., 24 janv. 1825, 6 juill. 1831 ; Cass., 16 janv. 1837; Douai, 20 juin 1838 ; Rej., 25 nov. 1856 ; Paris, 18 juin 1863 (Dev., 64, 2, 208).
(2) Rej., 8 mars 1854 (D. P., 54, 1, 191) ; Boileux (1338) ; Larombière (1338, n° 55) ; *Dict. not.* (*loc. cit.*, n°² 81 et suiv.).
(3) *Conf.* Merlin (*Quest.*, v° Mineurs, § 3, et Testament, § 18, n° 1) ; Toullier (t. VIII, n° 509) ; Massé et Vergé, sur Zachariæ (t. III, p. 485, note 20) ; Aubry et Rau (3ᵉ édit., t. VI, p. 192) ; Larombière (art. 1338, n° 47) ; Lyon, 21 déc. 1840 ; Bordeaux, 21 août 1848.

1339. — Le donateur ne peut réparer par aucun acte confirmatif les vices d'une donation entre-vifs; nulle en la forme, il faut qu'elle soit refaite en la forme légale.

1340. — La confirmation, ou ratification, ou exécution volontaire, d'une donation, par les héritiers ou ayants cause du donateur, après son décès, emporte leur renonciation à opposer, soit les vices de forme, soit toute autre exception.

SOMMAIRE.

I. Difficulté que présentent ces articles. Interprétations vicieuses de Merlin, Toullier et M. Duvergier ; de M. Zachariæ, de M. Duranton, etc.
II. Théorie de ces deux dispositions; l'une et l'autre présentent l'application des principes.
III. La règle de l'art. 1340 n'emporte point ici application de l'art. 1304.
IV. Les deux articles s'appliquent aussi aux testaments. — Renvoi pour une erreur de Toullier.

I. — Ces deux articles se réduisent à dire qu'une donation, nulle en la forme, ne peut jamais être confirmée par le donateur, qui n'a pas d'autre moyen d'assurer son effet à la libéralité que de faire une donation nouvelle, tandis qu'elle peut l'être efficacement par les héritiers ou ayants cause de ce donateur, après le décès de celui-ci.

Que la donation, nulle pour défaut des formes voulues, ne puisse pas être ratifiée par le donateur, cela paraît tout simple, puisque la donation est un des actes dans lesquels la forme est requise, non pas seulement pour la validité de la disposition, mais pour son existence légale. C'est un des cas dans lesquels la forme donne l'être à la chose, *forma dat esse rei.* La règle de l'art. 1339 n'apparaît donc que comme l'application du principe qu'on ne peut pas ratifier une obligation inexistante. Mais comment expliquer l'art. 1340? Si la donation dont il s'agit est légalement inexistante, comment donc peut-elle être ratifiée par l'héritier du donateur? La doctrine des auteurs est loin d'être satisfaisante sur ce point.

Toullier, Merlin, Delvincourt et M. Duvergier, expliquent facilement, on le conçoit, cet art. 1340. Du moment qu'ils posent en principe que les actes proprement nuls et inexistants peuvent être confirmés aussi bien que les actes simplement annulables, il est tout simple que la donation, légalement inexistante pour défaut de formes, puisse être ratifiée par les héritiers; ce n'est plus que l'application d'une règle générale, à laquelle l'art. 1339 soustrait le donateur par un motif particulier. Mais on a vu sous l'article précédent que ce prétendu principe n'est qu'une lourde erreur, contraire à la volonté certaine du législateur aussi bien qu'à la raison.

M. Zachariæ (II, p. 453) professe aussi que l'art. 1339 est une disposition tout exceptionnelle, et que l'art. 1340 n'est que l'application du droit commun : seulement, au lieu de partir du principe que les actes inexistants sont confirmables comme d'autres, principe qu'il reconnaît faux, il enseigne que la donation, nulle pour défaut de formes, n'est pas inexistante, mais seulement annulable. Malheureusement cette seconde idée n'est pas plus exacte que la première, car personne n'oserait soutenir, par exemple, que la donation que j'aurais faite de ma maison par un acte sous seing privé devrait être attaquée dans les dix ans, et qu'elle demeurerait valable à défaut d'une annulation prononcée dans ce délai. Il est clair qu'il n'y a pas lieu d'annuler une telle disposition et qu'elle est nulle par elle-même.

M. Duranton présente sur ce point une théorie qui n'en est pas une. Il reconnaît d'abord qu'*on ne peut pas confirmer les engagements nuls de plein droit* et de nature à ne produire aucun effet (XIII, 271); il admet également (n° 290) que l'art. 1339 est une application de ce principe, parce que les vices de forme produisent, en matière de donation, une nullité radicale; puis, quand il en vient à expliquer l'art. 1340, il se contente de dire (n° 291) que, « comme les héritiers du donateur sont généralement plus enclins à critiquer ses libéralités qu'il ne l'est lui-même, on a pensé que s'ils les confirmaient, *c'est qu'ils auraient de bonnes raisons pour le faire.* » Mais si la donation, nulle pour vice de forme, est légalement inexistante, comme l'admet M. Duranton, comment peut-elle être confirmée par les héritiers du donateur plutôt que par le donateur lui-même? Qu'importe que ces héritiers aient ou non de bonnes raisons pour confirmer, si la confirmation est impossible *ipsâ naturâ?* Avant tout, il fallait rechercher si et comment la confirmation, impossible pour le donateur, devient possible pour ses successeurs.

D'autres jurisconsultes ont donné de l'art. 1340 une dernière explication, qui n'est pas plus acceptable que les trois précédentes. Ils disent que lorsque l'héritier du donateur exécute ou déclare confirmer la donation de son auteur, il n'y a pas là précisément une confirmation rendant la donation valable, mais seulement une renonciation aux biens que cet héritier pouvait garder ou reprendre, et l'obligation d'en laisser jouir le donataire *comme si* la donation était devenue valable. Mais s'il en était vraiment ainsi, si la donation n'était pas confirmée et demeurait légalement inexistante, à quel titre le donataire se trouverait-il donc propriétaire des biens? Il faudrait dire alors que ces biens lui ont été transmis, non par le donateur défunt, mais par l'héritier; et comme la disposition faite par cet héritier serait à titre gratuit, on retomberait encore dans le résultat, qu'on voulait éviter, d'une donation s'opérant valablement au moyen d'actes sous seing privé ou d'une simple tradition, alors même qu'elle aurait des immeubles pour objet. Évidemment, ce n'est pas la peine de faire un tel circuit et de dire que ce que la loi appelle une confirmation n'en est pas une, pour revenir définitivement au même point, et se retrouver en face d'une donation qu'il faut reconnaître légalement efficace alors que les principes la déclarent légalement inexistante.

Mais quelle est donc la théorie de notre art. 1340, et comment, encore une fois, peut-on expliquer que la confirmation, impossible *ipsâ naturâ* pour le donateur, devienne possible pour son héritier? Nous pensons avec M. Demante (II, 825) que ceci s'explique par l'idée d'une obligation naturelle, que la ratification de l'héritier vient transformer en obligation civile. Cette idée, que M. Demante présente trop sommairement pour pouvoir la faire comprendre, demande ici quelques développements.

II. — On a déjà vu que l'obligation naturelle est celle qui existe vraiment en conscience, quoique à l'insu de la loi (qui la croit sans fondement et refuse dès lors de la reconnaître), et qui sera sanctionnée par le législateur dès qu'un aveu du débiteur viendra en manifester la réalité et la justice. On a vu de même qu'il ne peut jamais y avoir obligation naturelle dans l'engagement que la loi, non contente de ne pas le reconnaître, va jusqu'à prohiber, parce que, en effet, si la loi peut offrir sa sanction à l'obligation qui ne lui était pas d'abord suffisamment connue et qu'elle connaît mieux plus tard, elle ne peut pas l'offrir également à celle qu'elle sait positivement contraire à ses prescriptions. En un mot, l'obligation naturelle est celle qui, sans être actuellement sanctionnée par la loi, est cependant susceptible de l'être; or on ne peut évidemment pas reconnaître ce caractère à l'engagement que la loi frappe de proscription.

Ceci posé, il est clair que la donation, faite sans suivre les formes voulues, ne saurait contenir une obligation naturelle pour le donateur, puisqu'il y avait défense adressée à celui-ci de donner en dehors de ces formes. Pour les héritiers du donateur, il en est autrement. On ne peut leur reprocher, à eux, aucune infraction à la loi, et par conséquent l'engagement que leur transmet leur auteur peut, selon les cas, être pour eux une obligation naturelle. Si ces héritiers, dans l'intérêt desquels surtout la loi avait exigé les formes que l'auteur a omises, pensent eux-mêmes que la donation est juste et raisonnable, et si un acte de ratification ou d'exécution vient manifester leur pensée à cet égard, la loi devait évidemment respecter l'engagement qu'eux-mêmes viennent proclamer respectable.

L'art. 1340 n'est donc, en définitive, comme l'art. 1339, que l'application des principes, quand il dit que la ratification ou l'exécution de la donation par les héritiers du donateur rend ces héritiers non recevables à faire valoir les vices de forme aussi bien que tout autre moyen de nullité. Du reste, il faut, pour que la ratification des héritiers produise cet effet, qu'elle ne soit faite qu'après la mort du donateur; car si c'était de son vivant que les héritiers vinssent renoncer à critiquer plus tard la donation, leur promesse serait nulle, comme présentant une stipulation sur une succession future (art. 1130).

III. — Mais de ce qu'une donation, nulle en la forme, peut ainsi, après le décès du donateur, se trouver efficacement ratifiée par les représentants de celui-ci, il n'en faudrait pas conclure que cette donation se trouverait également validée par le silence que ces héritiers garderaient pendant dix années, à partir de ce décès; car ce silence de dix ans ne rend inattaquable (art. 1304) que les actes annulables; et nous venons de voir que la donation dont il s'agit n'est pas seulement annulable, mais légalement inexistante. La ratification expresse des héritiers ou la ratification tacite résultant de leur exécution volontaire vient prouver que l'obligation, présumée inexistante par la loi, existait en conscience, et lui fait acquérir l'efficacité civile; mais il est bien clair que le même effet ne saurait être produit par le simple silence de ces héritiers. Légalement inexistante au décès du donateur, l'obligation reste nécessairement telle tant que les héritiers ne viennent pas proclamer sa validité, et par conséquent ces héritiers seront toujours écoutés, à quelque époque que ce soit, quand ils viendront en invoquer la nullité.

Quand nous disons à quelque époque que ce soit, on comprend que c'est une distinction expliquée déjà au n° III de l'art. 1304. S'il ne s'agit pour ces héritiers que de repousser l'action par laquelle le donataire voudrait se faire mettre en possession, la proposition est vraie absolument; mais s'il leur fallait, au contraire, agir contre un donataire possédant l'objet irrégulièrement donné, leur action devrait être intentée avant trente ans depuis la possession du donataire, sans quoi celui-ci serait devenu propriétaire, non par l'effet de la donation, mais par l'effet de la prescription (sauf, bien entendu, les suspensions de cette prescription pour minorité ou autre cause).

IV. — Quoique nos deux articles ne soient écrits que pour les donations entre-vifs, il est évident qu'ils s'appliqueront également aux testaments (1). Un testament, nul pour vice de forme, et par conséquent sans existence légale, ne saurait être ratifié par le testateur, qui n'aurait pas d'autre moyen que de refaire un testament nouveau; et quant aux représentants du disposant, il est clair que leur ratification expresse ou la ratification tacite résultant de leur exécution produiraient le même effet pour ce testament que pour une donation.

Rappelons enfin (ce qui se voit assez, du reste, par le contexte des trois art. 1338, 1339 et 1340) que l'art. 1339 entend parler aussi bien de la ratification tacite résultant de l'exécution que de la ratification expresse, et que toutes deux sont comprises sous l'expression d'*acte confirmatif*. Nous l'avons prouvé au n° II de l'art. 932, en réfutant la doctrine contraire de Toullier, repoussée par les auteurs et les arrêts.

SECTION II.

DE LA PREUVE TESTIMONIALE.

Des témoins complaisants semblent malheureusement chose facile à obtenir; et si nos pères répétaient déjà cet adage rapporté par Loisel, *qui mieux abreuve, mieux preuve,* ce n'est peut-être pas dans notre siècle que l'influence de la table et d'autres, plus puissantes que celle-ci, doivent paraître moins à craindre. Quoi qu'il en soit, notre législateur s'est défié des témoins; et la précaution qu'il prend d'autoriser le plai-

---

(1) Grenier (*Donat.*, 325); Toullier (t. II, n° 73); Duranton (t. IX, n° 274); *Dict. not.* (v° Ratif., n° 21); Paris, 8 mai 1815; Colmar, 29 mai 1813; Paris, 27 fév. 1827; Cass., 5 fév. 1829; Rennes, 12 mai 1851; Cass., 11 avr. 1857.

deur à écarter du débat tous ceux qui ont bu ou mangé aux frais de son adversaire (art. 283, Code de procédure) ne lui semble pas suffisante pour admettre absolument la preuve testimoniale.

D'un autre côté, et même en ne supposant que des témoins consciencieux et véridiques, la proscription de la preuve testimoniale a paru un excellent moyen d'éviter une foule de contestations ruineuses. L'ordonnance de Moulins, de 1566, qui porta pour la première fois les dispositions confirmées ensuite par l'ordonnance de 1667, et que reproduit notre section, disait qu'elles étaient faites « pour obvier à la multiplication des faits que l'on a vu ci-devant être mis en avant en jugement, sujets à preuve de témoins et reproches d'iceux, dont adviennent plusieurs inconvénients et involutions de procès. » (1)

Ainsi, la crainte de la subornation des témoins d'une part, et d'un autre côté le désir d'empêcher la multiplicité des procès, tel est le double motif qui a fait prohiber, du moins en principe, la preuve testimoniale. C'est donc à tort que M. Duranton (XIII, 321 et 323) et M. Demante (II, 826) n'assignent à ce principe que la première de ces deux causes. (Voy. art. 1342, n° I, et 1344, n° V.)

Nous étudierons d'abord cette prohibition sous les art. 1341-1346, pour examiner ensuite, sous les art. 1347 et 1348, les exceptions qu'elle comporte.

§ 1er. — Prohibition de la preuve testimoniale.

1341. — Il doit être passé acte devant notaires ou sous signature privée, de toutes choses excédant la somme ou valeur de cent cinquante francs, même pour dépôts volontaires; et il n'est reçu aucune preuve par témoins contre et outre le contenu aux actes, ni sur ce qui serait allégué avoir été dit avant, lors ou depuis les actes, encore qu'il s'agisse d'une somme ou valeur moindre de cent cinquante francs;

Le tout sans préjudice de ce qui est prescrit dans les lois relatives au commerce.

SOMMAIRE.

I. L'article présente deux principes et une exception à tous deux. — *Premier principe* : la rédaction d'un écrit est exigée toutes les fois qu'il s'agit d'un intérêt excédant 150 fr. Critique de la doctrine de Toullier et M. Bonnier. Erreur de deux arrêts.

II. L'écrit n'est exigé que pour la preuve. Ce n'est pas par le chiffre de la demande, mais par le montant réel de l'intérêt, que se détermine l'admissibilité ou l'inadmissibilité du témoignage. Inexactitude de M. Duranton.

III. Quand le droit réclamé s'appuie sur un payement contesté, le chiffre de la somme payée n'est pas à considérer. Erreur de fait de Delvincourt et M. Zachariæ.

IV. *Deuxième principe* : même pour un intérêt n'excédant pas 150 fr., dès là que cet intérêt est constaté par un écrit, on ne peut rien prouver par témoins qui vienne contredire ou étendre les énonciations de cet écrit.

V. En d'autres termes, on ne peut, par simple témoignage, apporter aucune modification au contenu de l'écrit; mais la défense ne s'applique qu'aux modifications : erreur de Merlin et de Favard.

---

(1) *Voy.* le *Code Tripier*, sous l'art. 1341.

VI. Suite. Précision du principe... Il n'empêche pas de recourir au témoignage pour interpréter l'écrit. — Renvoi pour l'exception apportée aux deux principes.

I. — Cet article pose dans son alinéa premier deux principes, à chacun desquels le second alinéa annonce une exception que nous verrons plus loin n'être pas la seule.

Le premier principe, beaucoup plus long à expliquer que le second, et dont les art. 1342 à 1346 ne sont que les développements ou la sanction, consiste à dire qu'il doit être rédigé un écrit *pour toutes choses excédant* 150 fr., c'est-à-dire pour tout fait qui intéresse pécuniairement une personne pour plus de 150 fr. Ainsi, ce n'est pas seulement aux conventions (soit productives ou extinctives d'obligations, soit translatives de droits réels) que la règle est appliquée par la loi, mais à tous faits quelconques présentant pour la personne un intérêt pécuniaire supérieur à 150 fr.

La preuve de cette généralité du principe, généralité méconnue par quelques auteurs, notamment par Toullier (IX, 20 et 26) et M. Bonnier (n° 99), se trouve dans notre article lui-même, où les mots DE TOUTES CHOSES ont été mis après coup, et en remplacement de ces autres mots du projet, DE TOUTES CONVENTIONS *sur choses* (Fenet, t. XIII, p. 41); et aussi dans l'art. 1348, qui déclare *excepter de la règle* les délits, les quasi-délits et toutes les circonstances et événements où la rédaction d'un acte se trouve impossible : on n'excepte d'une règle que les cas qu'elle embrasse et qui y resteraient soumis si l'exception n'existait pas.

Au surplus, il n'y a guère au fond de ceci qu'une affaire de méthode et de classification, puisque l'exception de l'art. 1348 restreint précisément la règle à l'étendue que lui donne le système opposé au nôtre. Nous disons que cette règle embrasse, en principe, tous les cas où s'agite un intérêt pécuniaire de plus de 150 fr., mais que tels cas en sont retranchés par l'exception de l'art. 1348 ; M. Bonnier dit que la règle ne comprend pas ces cas, que par conséquent l'art. 1348 ne saurait lui faire exception et doit être effacé comme illogique et inutile. M. Bonnier donne à l'art. 1341 seul (en supprimant l'art. 1348) le sens que nous donnons aux deux art. 1341 et 1348 combinés. Le résultat est donc le même : seulement, notre système d'interprétation nous paraît seul conforme à la pensée du législateur, et il ne présente pas d'ailleurs le danger que l'autre peut offrir (1).

En effet, quand on entend notre règle de tous les faits et événements quelconques qui présentent un intérêt de plus de 150 fr., pour n'en excepter, d'après l'art. 1348, que ceux de ces événements dans lesquels il a été *impossible* au réclamant d'avoir un écrit, il ne peut guère y avoir de difficulté sur la portée définitive de la disposition, tan-

---

(1) *Conf.* Zachariæ, édit. Massé (t. V, p. 517); Aubry et Rau (3ᵉ édit., t. VI, p. 422 et note 2, p. 425, note 1); Larombière (1317, n° 1, et 1341, n° 6); Dalloz (v° Oblig., 4369); *Dict. not.* (v° Preuve, n°ˢ 41 et suiv.). — *Voy.* cependant Cass., 23 mai 1860 (Dev., 1860, 1, 792); 25 août 1862 (Dev., 1862, 1, 1030).

dis que cette portée devient très-difficile à préciser quand on pose en principe qu'il ne faut pas s'attacher au sens naturel de notre article et que sa disposition est trop large. Si cette disposition doit être restreinte, jusqu'où doit-elle l'être ? S'il ne s'agit pas de tous faits présentant un intérêt de plus de 150 fr., de quels faits s'agit-il ?... M. Bonnier nous dira qu'il s'agit de tous ceux de ces faits dans lesquels il a été possible d'avoir un écrit (se servant ainsi de l'art. 1348, qu'il déclare pourtant inutile) ; mais d'autres pourront aller plus loin que lui, et dire qu'il ne s'agit que des conventions.

C'est aussi ce qui est arrivé. Un arrêt de Bruxelles, du 10 décembre 1812, et un de Toulouse, du 18 mai 1831, décident que notre article ne s'applique pas au créancier qui, sur une exception de prescription qui lui est opposée, prétend établir que sa créance existe toujours et que la prescription ne s'est pas accomplie, parce qu'un payement d'intérêts ou d'arrérages est venu l'interrompre (art. 2248). D'après ces arrêts, le créancier pourrait prouver par témoins la non-prescription et le maintien de son droit, quelle que soit l'importance de ce droit, parce que, dit-on, *il ne s'agit que d'un fait* et non d'une convention, et que dès lors la preuve n'est plus dans la catégorie de celles que la loi défend d'administrer par témoins (1).

C'est là une erreur certaine, erreur que M. Bonnier lui-même aurait sans doute combattue s'il l'avait remarquée, mais dont la réfutation serait, ce semble, assez difficile dans son système, tandis qu'elle est fort simple quand on s'en tient aux textes du Code. En effet, notre art. 1341 porte la prohibition pour toutes circonstances quelconques, et l'art. 1348 n'excepte que celles dans lesquelles il a été impossible de se procurer un écrit. Or il était très-facile au créancier, même au cas de rentes, de se procurer un écrit pour constater le maintien de son droit : il pouvait, au cas de créance exigible, poursuivre son remboursement avant les trente ans, ou ne consentir un si long retard qu'à la condition de recevoir du débiteur une reconnaissance écrite de la dette, ou du moins des contre-quittances constatant les payements d'intérêts faits par ce débiteur ; au cas de rentes, en supposant que le débiteur n'eût pas voulu lui donner de contre-quittances, il pouvait, après vingt-huit ans de la date de son titre, le contraindre à lui en passer un nouveau (art. 2263). Il n'a donc pas été dans l'impossibilité d'avoir un écrit, et il reste ainsi sous la règle de notre article (2).

II. — Ainsi, il est ordonné par notre article de rédiger un écrit pour tout fait présentant un intérêt de plus de 150 fr. Mais ceci ne signifie pas que l'écrit est nécessaire comme condition de validité et que sans lui le fait resterait sans valeur légale. Il ne s'agit ici que d'une question

(1) Dev. (31, II, 302). — Nous verrons plus loin (n° III) que Delvincourt et M. Zachariæ se sont gravement mépris sur le sens des arrêts de Bruxelles et de Toulouse.
(2) Toullier (IX, 97) ; Troplong (*Prescr.*, II, 622) ; Félix et Henrion (*Rentes fonc.*, n° 441) ; Zachariæ (V, p. 703, n° 12) ; Riom, 4 mai 1841 ; Douai, 19 janv. 1842 (Dev., 41, 2, 334 ; 42, 2, 112) ; Caen, 10 nov. 1857 ; Cass., 17 nov. 1858 ; Pau, 28 janv. 1861.

de preuve, et la pensée de l'article est uniquement que le fait allégué ne pourra pas se prouver par témoins. Cette vérité, qui n'est d'ailleurs contestée par personne, se manifeste suffisamment, et par la seconde phrase de l'article, et par les articles suivants, et par la rubrique de notre section, et surtout par les antécédents du Code. Si donc un fait quelconque, une convention, par exemple, se trouvait établi par l'aveu de l'adversaire, il produirait tout son effet, quoiqu'il n'eût pas été constaté par écrit (1).

Notre premier principe revient donc à dire que la preuve testimoniale n'est pas admise, du moment qu'il s'agit d'une somme ou d'une valeur de plus de 150 fr. Nous disons, comme la loi, d'une somme *ou d'une valeur;* car il est bien possible que l'objet réclamé ne soit pas de l'argent. Dans ce cas, c'est au juge de déterminer la valeur de la chose, soit par lui-même, soit au moyen d'une estimation d'experts, s'il en sent la nécessité. Le juge ne pourrait pas, à cet égard, s'en rapporter à l'estimation donnée par les conclusions du demandeur, si l'évaluation était arguée d'inexactitude par l'adversaire (2).

C'est qu'en effet, pour déterminer si l'intérêt excède ou non 150 fr., et si la preuve testimoniale est ou non admissible, il ne faut pas, comme l'enseigne à tort M. Duranton (XIII, 306), considérer le montant *de la demande* que forme le réclamant, mais bien le *quantum* réel et intégral du droit résultant pour lui du fait qu'il veut prouver. Ainsi, quand je vous ai prêté, sans écrit, 160 fr., que vous niez avoir reçus, et que je viens vous demander 140 fr., ma demande ne sera pas reçue, si j'avoue que, bien que je ne réclame que 140 fr., vous m'en devez cependant 160 ; — ou si je dis que vous m'avez déjà rendu 20 fr. et que les 140 sont le reste de ce que vous me deviez d'abord ; — ou s'il s'agit d'un objet que j'estime 140 fr., mais que l'on reconnaît en valoir 160 ; — ou enfin si, malgré mon affirmation que vous ne m'avez jamais dû que 140 fr., il résulte des dépositions des témoins que votre dette était bien de 160 fr.

Cette dernière idée a été contredite par M. Maleville (art. 1344), dont l'erreur, à cet égard, est reconnue par tous les auteurs, même par M. Duranton (ainsi que nous le verrons en expliquant cet art. 1344); mais elle est aussi certaine que les autres, et il faut dire, d'une manière générale, que ce n'est jamais par les conclusions du demandeur, par le chiffre de la demande, qu'on doit se déterminer, comme on le fait quand il s'agit de fixer la compétence, mais bien par la quotité de l'intérêt résultant du fait contesté. La preuve s'en trouve d'abord dans notre article, qui, lorsqu'il ordonne de passer acte pour plus de 150 fr., le fait en se reportant au moment même où s'accomplit l'événement

_____

(1) Zachariæ, édit. Massé (t. III, p. 518); Aubry et Rau (3ᵉ édit., t. VI, p. 430, note 13); Larombière (art. 1341, nᵒ 5); Dalloz (vᵒ Oblig., nᵒ 4637); Douai, 7 janv. 1836.

(2) Pothier (vᵒ Oblig., nᵒ 788); Duranton (t. XIII, nᵒ 317); Favard (vᵒ Preuve, § 1, nᵒ 3); Bonnier (nᵒ 118); Zachariæ, édit. Massé (p. 519, note 8); Aubry et Rau (t. VI, p. 435); Larombière (art. 1341, nᵒ 9); *Dict. not.* (vᵒ Preuve, nᵒ 64). — *Voy.* cependant Montpellier, 24 mai 1842.

générateur du droit, et nullement à l'époque du procès qui pourra s'élever plus tard. Elle se trouve également, et dans l'art. 1343, qui dispose que ma demande sera rejetée, alors même qu'après vous avoir demandé les 160 fr. que vous me devez je me réduirais à vous en demander 140 et voudrais faire preuve pour ces 140 seulement; et dans l'art. 1344, d'après lequel ma demande, quoique inférieure à 150 fr., doit néanmoins être rejetée du moment qu'il est reconnu que la somme demandée se trouve faire partie ou être le restant d'une somme excédant 150 fr.

M. Duranton est donc dans l'erreur, ou du moins s'exprime fort inexactement, lorsque, pour arriver à une autre solution, que nous examinerons sous l'art. 1348, il dit (*loc. cit.*) que celui *qui ne demande pas* au delà de 150 fr. peut prouver par témoins; qu'en cette matière il ne faut pas voir la convention, mais au contraire *l'objet de la demande,* et que cette demande peut se prouver par témoins, toutes les fois que la preuve ne tendrait pas *à faire obtenir plus de* 150 fr. Cette erreur avait été évitée par Toullier, qui expose clairement la doctrine contraire (IX, 12 et suiv.) (1).

III. — Il est bien certain aussi, il est même évident que, quand le droit contesté repose sur le fait d'un payement effectué, c'est l'importance du droit réclamé qu'il faut considérer, et nullement l'importance de la somme dont le payement est invoqué comme fait générateur ou conservateur de ce droit. Ainsi, par exemple, vous prétendez éteinte par prescription la créance de 2 000 fr. dont je viens vous demander le remboursement; je réponds que cette créance existe toujours, que sa prescription ne s'est pas accomplie, attendu qu'elle a été interrompue par un payement d'intérêts que vous m'avez fait dans le cours des trente ans voulus pour prescrire, et j'offre de prouver par témoins ce payement interruptif de la prescription et conservateur de mon droit. Le témoignage par moi offert est-il admissible, vu que le payement à prouver n'est que de 100 fr.? Il est bien clair que non, puisque le droit, l'intérêt, à la constatation duquel je veux arriver, n'est pas de 100 fr., mais de 2 000 fr. Sans doute, si c'était mon débiteur qui offrît de prouver le payement des 100 fr., pour établir qu'il est libéré d'une année d'intérêts que je lui demanderais, le témoignage serait admissible, puisqu'il s'agirait de prouver une *libération* de 100 fr. (2); mais quand j'invoque ce même payement pour prouver l'existence de ma créance, il est palpable que le chiffre de la somme que je prétends avoir été payée est complètement insignifiant, et que c'est le montant de la créance réclamée qu'il faut considérer. Or ce montant étant de 2 000 fr., la preuve testimoniale est donc inadmissible.

Ce point est trop évident pour faire question, et nous n'en parle-

---

(1) *Conf.* Pothier (*Oblig.*, n° 755); Dalloz (v° Oblig., 4680); Boileux (art. 1341); Bonnier (n° 119); Aubry et Rau (3ᵉ édit., t. VI, p. 430 et note 13); Larombière (art. 1342, nᵒˢ 1 et 6).

(2) Pothier (n° 786); Delvincourt (t. II, p. 833); Aubry et Rau (3ᵉ édit., t. VI, p. 433 et note 25); Dalloz (v° Oblig., n° 4688).

rions même pas si nous ne lisions dans Delvincourt (sect. 2, note du *quatrième alin.*) et dans M. Zachariæ (V, p. 708, n° 25) qu'il a été décidé en sens contraire par les deux arrêts, cités au n° I, de Bruxelles et de Toulouse. Mais ces arrêts ne disent rien de semblable; ils décident seulement la question que nous avons examinée en terminant ce n° I, et c'est par erreur qu'on les indique comme jugeant aussi le point dont nous parlons ici (1).

IV. — Le second principe de notre article, reproduit comme le premier de l'ordonnance de 1566, consiste en ce que, même pour un intérêt inférieur à 150 fr., et pour la preuve duquel dès lors un écrit n'était pas nécessaire, on ne pourra pas encore, si un écrit a cependant été fait, prouver par témoins à l'encontre ni au delà de ce qui est dit dans cet écrit. — Ainsi, quand un acte énonce que vous m'avez prêté 100 fr. pour six mois sans intérêt, non-seulement vous ne pourriez pas prouver par témoins que la somme était de 120 fr., comme je ne pourrais pas prouver qu'elle n'était que de 90 (2), car ce serait prouver *contre* le contenu de l'acte; mais nous ne pourrions pas même prouver qu'en outre de la clause principale que présente l'écrit, on est convenu, soit avant la rédaction, soit depuis, de telle ou telle idée accessoire, par exemple, que je serais libre de garder la somme plus longtemps en vous payant l'intérêt (3); car ce serait prouver *outre* le contenu de l'acte. Nous ne pouvons ni restreindre, ni élargir, ni modifier en rien le sens et la portée que l'acte présente. Du moment qu'on a fait un écrit, même dans le cas où l'on n'était pas tenu de le faire, la loi ne permet pas aux parties de se rejeter dans les difficultés de la preuve testimoniale, comme si cet écrit n'existait pas, et si elles veulent, après coup, apporter quelques modifications à leur convention primitive, l'existence du premier écrit les met dans la nécessité, ou de constater ces modifications par écrit également, ou de supprimer l'acte antérieur.

Le texte nous dit que la preuve testimoniale ne sera pas reçue, même au-dessous de 150 fr., *contre et outre le contenu aux actes,* et il ajoute qu'elle ne sera pas reçue non plus *sur ce qui serait allégué avoir été dit avant, lors ou depuis les actes.* Le second membre de phrase n'ajoute rien au premier; il ne fait que l'expliquer, en développant la même idée par d'autres termes. La pensée bien évidente de la loi est

---

(1) C'est également par erreur que M. Zachariæ cite comme décidant ce même point dans notre sens les auteurs et arrêts par nous indiqués à la précédente note. Ces auteurs et arrêts décident seulement le point de savoir si un payement d'arrérages, quand il est invoqué comme fait interruptif de prescription, rentre ou non sous la prohibition de la preuve testimoniale pour tout intérêt excédant 150 fr.; mais ils ne s'occupent nullement du point de savoir si c'est le chiffre des arrérages payés, ou celui du capital réclamé, qu'il faut considérer. — *Conf.* Félix et Henrion (*Rentes foncières,* n° 213); Troplong (*Prescr.,* t. I, n° 280, et t. II, n° 622); Larombière (art. 1341, 14); Massé et Vergé (t. III, p. 517, note 1); Aubry et Rau (3e édit., t. VI, p. 429 et note 12, p. 433, note 2); Cass., 14 mars 1827; Riom, 4 mai 1841; Douai, 19 janv. 1842; Cass., 24 juin 1854, 17 nov. 1858.

(2) Duranton (t. XIII, n° 327); Larombière (art. 1341, n° 27).

(3) Duranton (t. XIII, n° 342); Pothier (794); Merlin (v° Preuve, sect. 2, § 3, art. 1, n° 19); Larombière (art. 1341, n° 27). — *Voy.* cependant Req., 20 juin 1843.

qu'on ne sera pas admis à prouver les explications verbales qui ont précédé, accompagné ou suivi la rédaction de l'écrit, pour arriver, soit à restreindre, soit à élargir, soit à modifier d'une manière quelconque les mentions de cet écrit, qui doit toujours être accepté tel qu'il est. Et comme retrancher quelque chose de l'écrit, c'est affirmer qu'il en dit trop sur ce point et contient dès lors quelque chose de faux, en sorte que c'est lui apporter une contradiction ; que, d'un autre côté, c'est encore le contredire que de changer le sens d'une de ses clauses ; et que le seul cas où il n'y aurait pas contradiction à l'acte serait celui où l'on prétendrait que tout ce qu'il dit étant d'ailleurs exact, il n'a cependant pas dit tout ce qu'il fallait dire, il s'ensuit que les deux mots CONTRE et OUTRE le contenu expriment exactement le principe, qui revient à dire ceci : On ne peut ni contredire en rien les énonciations de l'acte, ni rien ajouter à ces énonciations, pas même au moyen de ce que l'on prétendrait avoir été dit postérieurement à la rédaction.

Lors donc qu'une convention postérieure ne sera qu'une restriction, une addition ou une modification quelconque apportée à la convention antérieurement constatée par écrit, la preuve de cette convention nouvelle ne pourra pas se faire par témoins, puisqu'il s'agirait alors de contredire l'écrit ou d'y ajouter. Ainsi, quand l'écrit déclare que vous m'avez prêté 100 fr. pour vous être rendus en 1848, vous ne pourrez pas prouver que, par une convention postérieure, je me suis obligé de vous rendre cette somme en 1847 : ce serait contredire l'acte. Quand l'écrit indique que vous m'avez loué votre herbage moyennant 60 fr. et quatre poulets par chaque année, vous ne pourrez pas prouver que nous sommes convenus depuis d'un loyer de 70 fr. sans poulets : ce serait encore contredire l'acte. Quand l'écrit énonce que je vous ai chargé de faire telle réparation sur tel plan et en tel temps, vous ne pourrez pas prouver que, par une convention postérieure, je vous ai chargé de faire cette même réparation sur un plan plus large et dans un plus long délai : ce serait ajouter à l'acte et prouver contre son contenu (1).

V. — A côté de cette règle, que la modification apportée après coup à une convention ou à un fait constatés par écrit ne peut se prouver aussi que par écrit, règle sans laquelle on ne donnerait pas toute sa portée au second principe de notre article, il faut en placer une autre qui empêchera d'attribuer à ce même principe plus d'étendue qu'il n'en a : c'est que ce qui est dit des faits et conventions, qui ne sont qu'une modification du fait antérieur, ne doit pas s'étendre à tous les faits qui se trouvent avec le premier dans un rapport plus ou moins intime et exercent sur lui une influence plus ou moins profonde... Ainsi, quand il est établi par écrit que vous m'avez prêté 100 fr., et que je demande à prouver par témoins que je vous ai rendu ces 100 fr., ma preuve doit être admise. Il est bien vrai que le payement que je

_____

(1) Rej., sur arrêt conforme de Metz, 10 mai 1842 (Dev., 42, 2, 797) ; Caen, 29 janv. 1845 (D. P., 45, 2, 422).

prétends établir exerce une grande influence sur la convention de prêt et fait plus que de modifier l'obligation qui en résultait pour moi, puisqu'il l'éteint complétement; mais c'est précisément parce qu'il ne s'agit plus d'une simple modification à la convention écrite que le témoignage est admissible et que je ne suis plus sous le coup du second principe de notre article.

Ce principe, en effet, me défend de contredire en rien l'écrit et de rien ajouter à la convention qu'il constate. Or je ne le contredis en rien ; car l'écrit énonce que vous m'avez prêté 100 fr., et loin d'attaquer cette proposition, mon allégation tend à en démontrer de nouveau la vérité, puisque c'est parce que vous m'avez prêté 100 fr. que j'ai eu 100 fr. à vous rendre. D'un autre côté, il est bien clair que ce n'est pas vouloir étendre une convention, ni l'élargir en quoi que ce soit, que de soutenir que cette convention a vraiment été faite telle que l'écrit la présente, qu'elle a toujours duré sans modification aucune jusqu'à tel jour, et que ce jour-là je suis venu l'exécuter. Il en serait autrement si l'acte portait que la somme ne pourra pas être rendue avant deux ans et que je prétende vous l'avoir payée à la fin de la première année. Dans ce cas, en effet, l'allégation du payement contiendrait celle d'une convention postérieure et accessoire, qui aurait eu pour but unique de modifier la première quant au terme du payement, et je demanderais ainsi à prouver par témoins *une modification* apportée aux clauses écrites : quand je dis que *j'ai pu payer* et que j'ai en effet payé *au bout d'un an,* en présence d'un acte qui énonce que *je ne pourrai payer qu'après deux ans,* il est évident que je demande à prouver *contre* l'acte ; et ce serait seulement après avoir prouvé *par écrit* la convention postérieure et modificative de la convention première, que je pourrais prouver par témoins le payement par lequel je prétends avoir exécuté la convention nouvelle. Mais hors ce cas ou autres analogues, et quand on veut prouver tout simplement qu'on a exécuté ou autrement éteint l'obligation énoncée par l'écrit, il est palpable qu'on ne demande pas à prouver *contre* ni *outre* le contenu de l'acte, et que le témoignage dès lors est admissible, pourvu, bien entendu, qu'il ne s'agisse pas de plus de 150 fr.

Aurait-on l'idée de dire (car que ne s'imaginent pas certains esprits!) que l'acte ne parlant pas du payement, c'est bien vouloir prouver *outre* l'acte et *au delà* de cet acte que de vouloir établir ce payement?... Mais il est clair que, quand notre article défend de prouver outre le contenu de l'acte, il n'entend pas parler généralement de toutes les choses dont cet acte ne s'occupe pas, mais seulement de celles dont il ne s'occupe pas *quoiqu'il eût dû s'en occuper,* parce qu'elles font partie de l'objet qu'il constate. Ainsi, quand je prétends que les 100 fr. que l'écrit présente comme vous étant dus par moi n'étaient dus que sous une condition qui a défailli et dont l'écrit ne parle pas, c'est dans l'acte qu'il fallait insérer cette condition ; quand, selon moi, nous sommes convenus, après coup, que je vous payerais l'intérêt à 4, au lieu des 5 indiqués par l'écrit, ou que j'aurais un an pour vous payer, au lieu des six mois énoncés dans cet écrit, il fallait, en modifiant ainsi la convention exprimée à l'acte, modifier aussi l'acte que l'on conservait comme l'établissant (ou le supprimer, pour rentrer complétement sous la preuve testimoniale) : dans tous les cas et autres semblables, je ne pourrais pas prouver par témoins. Mais quand il s'agit d'éléments qui ne sont point une des parties de la convention, d'éléments que l'acte réglant cette convention n'avait pas à constater et ne pouvait même pas constater, il est bien évident que ce n'est pas d'eux que la loi entend parler quand elle défend de prouver *outre* le contenu de l'acte.

Tout ceci est tellement simple que l'on a peine à comprendre comment Merlin(*Répert.*, v° Preuve, sect. 2, § 3, art. 1, 20) et M. Favard (*ibid.*, § 1) ont pu admettre l'idée contraire, et prétendre qu'un payement devait être prouvé par écrit, par cela seul que la créance était constatée par écrit. Il est vrai que la pratique du siècle dernier l'avait souvent entendu ainsi; mais cette idée, réfutée déjà par Pothier, semblait ne pouvoir être accueillie par des jurisconsultes aussi distingués que Merlin et Favard. Les lois *De testibus, De fide instrumentorum, Contra scriptum,* et autres rappelées par le premier comme ayant fait juger la question contre le débiteur par un arrêt du Parlement de Grenoble, du 25 mars 1782, ne jettent aucun jour sur la question ; et les deux arrêts de cassation invoqués par le second n'ont rien de contraire à notre doctrine. L'un (27 janvier 1812) décide que, quand un écrit énonce qu'un bail a été fait pour six ans, on ne peut pas prouver par témoins que ce bail a été modifié dans sa durée, et réduit par une convention postérieure à un temps moindre, ce qui n'est qu'une application de ce que nous venons de dire à la fin du n° IV (1) ; le second (12 mars 1816) n'a aucun rapport avec notre thèse : il décide une question de bail verbal, non d'après notre article, mais d'après la disposition particulière de l'art. 1715, qu'il déclare, et avec raison, con-

---

(1) Cet arrêt, que nous n'avons trouvé ni dans le *Journal du Palais,* ni dans la nouvelle collection de M. Devilleneuve, est rapporté dans l'ancienne édition de M. Sirey, t. XII, 1, 184. — En outre de la question qui nous occupe, l'arrêt décide encore implicitement, et fort inexactement, une autre question, qui n'est prévue ni par Favard, ni par Merlin, ni par aucun auteur, du moins à notre connaissance, et qui se trouve résolue dans nos explications incidemment et à plusieurs reprises. C'est celle de savoir si, malgré la suppression (lors de la convention modificative) de l'écrit qui constatait la convention première, suppression faite d'un commun accord par les parties pour n'avoir pas à rédiger par écrit la convention nouvelle, les parties seront néanmoins dans l'impossibilité de prouver la seconde convention par témoins.— La négative n'est pas seulement certaine, elle est évidente ; et c'est sans doute parce que ce point ne pouvait pas faire difficulté que nul auteur n'a songé à le traiter. Il est clair que, quand nous venons modifier la convention primitivement arrêtée entre nous et constatée par écrit pour un objet n'excédant pas 150 fr., nous avons le choix, ou de faire une nouvelle rédaction de notre écrit, ou d'anéantir cet écrit pour échapper au second principe de l'art. 1341. Comment rejetterait-on ma preuve testimoniale comme offerte outre ou contre le contenu d'un acte, alors que, par l'effet de la convention, il n'existe aucun acte ?... Dans l'espèce de l'arrêt, il était établi et reconnu par tout le monde que les parties, en modifiant leur convention primitive, avaient lacéré comme devenant inexact l'écrit qui constatait cette convention. C'est en ces circonstances que le jugement (du Tribunal de Nîmes) a été cassé pour prétendue violation de l'art. 1341, comme ayant admis la preuve testimoniale *contre le contenu de l'acte !* L'hérésie est en vérité trop lourde.

ténir *une exception à notre art.* 1341... Notre décision reste donc certaine, et elle est, en effet, généralement admise (1).

Au reste, Pothier, en relevant cette erreur, ne parlait que du cas de payement; et les auteurs nouveaux que nous venons de citer, M. Bonnier comme les autres, ne parlent également que de ce cas de payement, sans songer à formuler *la règle* dont ce cas particulier ne devrait présenter qu'une application. M. Duranton, il est vrai, ajoute encore (n° 335) le cas de remise de la dette; mais il ne s'occupe pas plus que les autres de remonter à l'idée générale, au principe lui-même.

Parmi les faits destinés à exercer de l'influence sur un fait antérieurement constaté par écrit, quels sont ceux qui devront se constater par écrit d'après le second principe de notre article, quels autres pourront se prouver par témoins? Où sera la ligne précise de démarcation entre les deux catégories? C'est ce qu'on ne dit nulle part, et ce qu'il est pourtant indispensable de comprendre. Les explications qui viennent d'être données nous conduisent facilement à la réponse.

VI. — D'après ce qui vient d'être dit, en effet, l'écrit est exigé, et le témoignage inadmissible, toutes les fois, mais alors seulement, que le fait postérieur vient restreindre, ou élargir, ou modifier autrement, l'état de choses antérieur, tout en laissant subsister ce même état de choses, un peu différent seulement de ce qu'il était d'abord; hors de là, le témoignage reste permis. — Lorsque le fait allégué serait venu seulement changer l'état de choses antérieur dans quelqu'une de ses parties, tout en le maintenant d'ailleurs, l'écriture est demandée pour la preuve, parce qu'il n'est pas croyable qu'on ait modifié les choses sans modifier l'écrit qui les constatait et que l'on conservait comme les constatant : il était trop naturel, du moment qu'on ne déchirait pas cet acte, pour laisser tout sous l'empire de la preuve testimoniale, d'en faire, pour ainsi dire, une édition nouvelle et exacte. — Au contraire, quand le fait allégué serait venu détruire, supprimer le précédent état de choses, en sorte que l'écrit primitif voyait disparaître l'objet de sa constatation; quand on est venu, non pas conserver en le modifiant l'état de choses antérieur, mais créer un autre état de choses, qui supposait bien, mais qui faisait entièrement cesser l'état précédent : alors l'écriture n'est pas exigée, et la circonstance que le premier état était constaté par un écrit encore subsistant n'empêche pas de prouver le second par témoins, parce que, s'agissant alors d'une chose absolument nouvelle, d'une chose pour la constatation écrite de laquelle il aurait fallu, non pas une édition nouvelle et corrigée du même acte, mais un autre acte, les parties se sont retrouvées sous le droit commun et ont été libres, ou de rédiger cet autre acte, ou de se contenter de témoins, puisque l'intérêt (on le suppose) n'excédait pas 150 fr.

Ainsi donc : 1° le témoignage est inadmissible quand l'allégation

(1) Parlement d'Aix, 20 déc. 1640; Cour des aides de Paris, 30 août 1682. Pothier (n° 799); Delvincourt (t. II); Duranton (XIII, 334); Bonnier (n° 92); Zachariæ et ses annotateurs Massé et Vergé (t. III, p. 522, 523 et note 5); Boileux (art. 1341); Aubry et Rau (3ᵉ édit., t. VI, p. 443 et note 7); Dalloz (v° Oblig., n° 4733).

tend à établir *une simple modification* de l'état de choses constaté par l'acte, et qu'il aurait dès lors suffi, pour avoir la preuve écrite, d'une *nouvelle rédaction du même acte*. Au contraire, 2° l'allégation peut se prouver par témoins quand il s'agit *de la suppression* de l'état de choses que le nouveau fait supposer, et qu'il eût fallu (pour avoir la preuve par écrit) la *rédaction d'un acte nouveau*. Que si 3° l'allégation contenait, tout à la fois, et une modification de l'état de choses prouvé par l'écrit, et la suppression de cet état de choses ainsi modifié, le témoignage serait encore inadmissible, évidemment, à cause du premier de ces deux points, et ce n'est qu'autant que ce premier point serait prouvé par écrit que le second pourrait l'être par témoins. — On voit que cette troisième proposition n'est que la conséquence et l'application des deux premières.

Le second principe de notre art. 1341 revient donc à dire (et il suffit de lire attentivement le texte de la loi pour en être convaincu) que l'on ne peut jamais, même au-dessous de 150 fr., apporter par la preuve testimoniale *aucune modification* aux énonciations d'un écrit. Il ne signifie pas autre chose; et ceci nous conduit à une dernière observation.

C'est que ce ne serait pas vouloir modifier l'écrit que de discuter sur le sens et la portée que présente telle clause plus ou moins obscure, telle expression plus ou moins vague, et que, par conséquent, on peut entendre des témoins pour se renseigner sur certaines circonstances de nature à faire comprendre la véritable pensée de l'acte. Autre chose est d'arriver, même par le témoignage, à savoir quel est le sens ou l'étendue d'un terme ou d'une phrase, autre chose d'arriver par ce témoignage à des idées différentes de celles que cette phrase présente. Il est donc permis de recourir à des témoins pour l'interprétation d'un écrit, pourvu qu'on ne fasse qu'une interprétation, et qu'on s'en tienne définitivement et uniquement à l'acte, qui sera reconnu avoir telle signification et s'appliquer à tels objets. Ainsi, par exemple, quand l'acte d'acquisition d'un domaine ne précise pas les différentes terres qui le composent et ne les désigne que collectivement par ces mots : « le domaine de..., le château de..., avec toutes ses dépendances », on pourra fort bien entendre des témoins sur le point de savoir si telle pièce de terre est ou n'est pas une dépendance du domaine. C'est un point consacré, et avec raison, par la jurisprudence (1).

Les deux principes de notre article ainsi compris, passons aux articles suivants, qui ne font que développer ou appliquer le premier. Quant à l'exception que le texte apporte à ces deux principes pour les matières commerciales, nous l'étudierons dans le § 2 (art. 1347, 1348), avec les autres exceptions que ces principes reçoivent.

1342. — La règle ci-dessus s'applique au cas où l'action contient,

---

(1) Bonnier (107); Aubry et Rau (3ᵉ édit., t. VI, p. 444); Larombière (art. 1341, nᵒˢ 33 et 34); Paris, 7 déc. 1833; Cass., 23 janv. 1837; Rej., 31 janv. 1837 (Dev., 37, 1, 110 et 522).

outre la demande du capital, une demande d'intérêts qui, réunis au capital, excèdent la somme de cent cinquante francs.

I. — Cet article et les suivants, ainsi qu'on l'a déjà dit, ne font que développer ou sanctionner le premier principe de l'article précédent, et nous commençons à voir ici avec quelle sévérité la loi entend la prohibition dont elle frappe la preuve testimoniale.

La loi considère tout à la fois, et le moment où le droit est né, et le moment où l'on vient réclamer ce droit devant la justice ; et si elle trouve un intérêt de plus de 150 fr. à l'une de ces deux époques, elle repousse la preuve par témoins. Ainsi, d'une part, dès là qu'il s'est agi de plus de 150 fr. dans l'origine, les parties ont dû rédiger un écrit et le témoignage est inadmissible, quoique l'intérêt soit devenu inférieur à 150 fr. au moment de la demande : c'est une idée que nous a déjà révélée l'art. 1341 (en se reportant, pour poser sa règle, au moment même de l'événement qui fait naître le droit), et que vont nous prouver plus nettement les art. 1343 et 1344. D'un autre côté, encore bien que le droit ait été primitivement inférieur à 150 fr., le témoignage est également impossible si l'objet de la réclamation est actuellement supérieur à ce chiffre : on le voit par notre art. 1342 et par les art. 1345 et 1346 (1).

Quand le droit, aujourd'hui inférieur à 150 fr., excédait originairement cette limite, le réclamant a commis une faute dont la loi le punit, et la prohibition s'explique par la pensée d'obvier à la multiplicité des procès, en sanctionnant l'ordre de rédiger l'écrit qui doit les prévenir. — Quand le droit, inférieur d'abord à 150 fr., excède aujourd'hui ce chiffre, la prohibition est la conséquence de la crainte de la subornation des témoins : du moment que le droit par vous réclamé est supérieur à 150 fr., il importe peu de savoir s'il était tel dès l'origine ; car, de quelque manière que votre droit prétendu soit arrivé à excéder la limite tracée, vous avez un égal intérêt à vous procurer de faux témoins, et le faux témoignage dès lors est également à craindre. C'était à vous de vous procurer un écrit dès que vous avez vu votre droit arriver à 150 fr.

II. — La seconde des deux idées que nous venons d'indiquer est appliquée par notre article au cas d'intérêts qui viennent s'ajouter au capital.

Ainsi, quand vous m'avez prêté 145 fr. devant porter intérêt à 5 pour 100, sans me faire signer un écrit, si vous laissez se réunir au capital deux années d'intérêts, vous ne pourrez plus, à partir de ce moment, et quoi qu'il arrive ensuite, prouver votre créance par témoins, attendu qu'elle s'élève maintenant à 154 fr. Vous deviez, avant la fin de la seconde année, avant que votre créance, arrivée déjà à 147 fr.,

_____

(1) *Voy.* cependant Aubry et Rau (3ᵉ édit., t. VI, p. 432 et note 23) ; Larombière (art. 1341, nᵒ 15) ; Duvergier (72) ; Troplong (*Des Sociétés,* 202) ; Bravard (p. 44) ; Dalloz (vᵒ Sociétés, 259) ; Turin, 24 mars 1807.

n'arrivât à 154, ou vous faire donner un écrit, ou vous faire payer les 7 fr. d'intérêts dus pour la première année. Du moment que la créance totale est arrivée à excéder 150 fr., la preuve testimoniale vous est refusée, parce que, dès ce moment, la loi craint la subornation des témoins, et que pour toute créance excédant ce chiffre un écrit est exigé (1). La preuve testimoniale vous sera donc refusée, et elle vous le sera alors même que votre créance, après avoir atteint 154 fr., serait retombée à 147 par le payement d'une année d'intérêts, parce qu'alors les 147 fr. seraient *le restant* des 154, et que l'art. 1334 s'oppose au témoignage pour ce cas. Elle le sera également, quoique vous déclariez abandonner les intérêts et vous contenter du capital de 140, parce que ces 140 *font partie* d'une créance excédant en total 150 fr., et que le témoignage est repoussé pour ce cas par l'art. 1344... Dès là qu'à un instant quelconque votre créance a excédé 150 fr., le témoignage sera désormais impossible pour aucune de ses parties. (Art. 1344, n° V.)

Bien entendu, on ne doit ajouter au capital, pour voir si le total excède ou non 150 fr., que les intérêts échus au moment où la demande en justice se forme, et non ceux qui échoient dans le cours de l'instance : un débiteur ne peut pas changer et aggraver ma position par son refus de me donner un écrit ou de me payer, et du moment que ma demande d'établir mon droit par témoins était recevable au moment où je l'ai formée, elle ne peut pas devenir non recevable par cela seul que l'affaire traîne en longueur. C'est là un point manifeste (2) et qu'on s'étonne de voir mis en question par M. Demante (II, 828).

1343. — Celui qui a formé une demande excédant cent cinquante francs, ne peut plus être admis à la preuve testimoniale, même en restreignant sa demande primitive.

1344. — La preuve testimoniale, sur la demande d'une somme même moindre de cent cinquante francs, ne peut être admise lorsque cette somme est déclarée être le restant ou faire partie d'une créance plus forte qui n'est point prouvée par écrit.

SOMMAIRE.

I. Ces art. 1343 et 1344 développent et sanctionnent la première des deux idées indiquées sous l'article précédent.
II. Une demande de plus de 150 fr. ne peut pas se prouver par témoins, même avec restriction à ce chiffre, à moins pourtant qu'il n'y ait eu erreur dans le chiffre de cette demande. Erreur de Toullier. — Le témoignage est également inadmissible, et il serait en tout cas inefficace, pour une somme qui ferait partie d'une créance excédant 150 fr. Erreur de Maleville.
III. Il en est de même pour la somme qui serait le restant de la créance excédant ce chiffre. Cas où la règle ne s'applique pas.

---

(1) Aubry et Rau (3e édit., t. VI, p. 434, note 27); Bonnier (n° 121); Larombière (art. 1342, n° 1); Dalloz (v° Oblig., n° 4683).
(2) Maleville (art. 1342); Delvincourt (t. II); Duranton (XIII, 319); Favard (v° Preuve, § 1, n° 10); Zachariæ, édit. Massé (t. III, p. 520).

IV. Réfutation de l'erreur ci-dessus indiquée de M. Maleville.
V. Nouvelle preuve d'une erreur de M. Duranton, relevée sous l'art. 1341. Source de cette erreur dans une idée fausse de M. Duranton et de M. Demante.

I. — Nous venons de dire que le principe qui prohibe la preuve testimoniale pour un intérêt excédant 150 fr. se compose de ces deux idées : 1° le témoignage est inadmissible par cela seul que l'intérêt excédait la limite dans l'origine, et quoiqu'il soit moindre aujourd'hui; 2° il est inadmissible également par cela seul que l'intérêt dépasse actuellement la limite, et quoiqu'il fût moindre dans l'origine. Nos deux art. 1343, 1344, ne sont que des applications et des conséquences de la première idée; et les deux art. 1345, 1346, vont développer et sanctionner la seconde.

Et d'abord, du moment que votre droit présentait originairement une importance de plus de 150 fr., il y avait pour vous obligation de le constater par écrit, afin d'écarter les dangers et les inconvénients de la preuve testimoniale, et ce moyen de preuve vous sera fermé, malgré les restrictions ou diminutions que votre droit a pu subir ou qu'il vous plairait de vous imposer vous-même.

II. — Ainsi, quand Pierre vous devait et vous doit encore 200 fr., vous ne pourrez pas faire preuve par témoins, encore bien qu'après avoir intenté votre action pour ces 200 fr., vous déclariez restreindre votre demande à 150 : c'est ce que dit positivement notre art. 1343. Mais il est clair qu'il en serait autrement, quoi que dise Toullier (IX, 43), si vous prouviez que votre créance n'est vraiment que de 150 fr. et que c'est par erreur que vous en aviez d'abord demandé 200. La créance, n'étant et n'ayant jamais été que de 150., n'est pas soumise aux règles de nos articles; et la circonstance qu'une erreur de fait a été commise ne saurait être une raison ni un prétexte pour exiger un écrit. Nous nous étonnons que la doctrine de Toullier à cet égard n'ait été relevée jusqu'ici par aucun auteur, pas même dans le Traité spécial de M. Bonnier (1).

Vous ne pourriez pas non plus prouver par témoins, et c'est l'article 1344 qui le dit à son tour, alors même que vous n'auriez réclamé tout d'abord que 150 fr. sur les 200 que vous prétendez vous être dus, et que vous n'auriez demandé à faire votre preuve que pour ces 150 fr. : la somme demandée se trouvant alors *faire partie* d'une somme qui dépasse les limites voulues, le témoignage ne serait pas admissible. — Que si, en demandant seulement 150 fr., au lieu des 200 qui vous sont dus, vous aviez soin de garder le silence quant aux 50 fr. d'excédant, ou de dire faussement que ces 150 fr. forment le montant total de la dette, on devrait, à la vérité, entendre les témoins; mais quand il sera établi par leur déposition que les 150 fr. font partie d'une somme plus forte, la preuve faite se trouvera inutile, et votre demande

_____

(1) Duvergier (t. V, p. 35); Massé et Vergé (t. III, p. 520, note 10); Boileux (art. 1343); Aubry et Rau (3e édit., t. VI, p. 431 et note 19); Larombière (art. 1343, n° 2).

devra être repoussée, puisqu'elle serait pour partie d'une somme excédant 150 fr. La doctrine contraire de M. Maleville, sur laquelle nous reviendrons au n° IV, est une erreur que repoussent avec raison tous les auteurs.

La somme demandée, et inférieure à 150 fr., pourrait faire partie d'une somme supérieure à ce taux, et se trouver dès lors dans le cas d'être refusée d'une autre manière encore. Elle pourrait être la fraction à vous échue d'une créance dont les autres fractions ont passé à vos cohéritiers par le décès du créancier primitif. S'il s'agissait, par exemple, d'une créance de 300 fr. qui s'est trouvée entre vous et vos deux frères par la mort de votre père, vous ne pourriez pas plus faire preuve par témoins pour les 100 fr. formant le tiers de la créance, que votre père ne l'aurait pu pour la créance entière ou pour une partie quelconque de cette créance. C'est surtout en vue de ce cas que, sur la demande du Tribunat, on a ajouté à notre art. 1344 les mots *ou faire partie,* qui n'existaient pas dans le projet. (Fenet, t. XIII, p. 169.)

III. — On ne peut pas enfin prouver par témoins, pour une somme inférieure à 150 fr., lorsque cette somme est reconnue être le restant d'une somme supérieure à ce chiffre; et ici encore, malgré la doctrine contraire et erronée de M. Maleville, la demande devrait être rejetée, même après la preuve faite, si, les témoins ayant été admis à déposer, parce que les juges ignoraient que la somme demandée fût le restant d'une autre qui excédait le taux de la loi, cette circonstance se trouvait établie par leurs dépositions.

Il en serait autrement si le créancier offrait de prouver par témoins, non pas la dette primitive supérieure à 150 fr., et dont la somme aujourd'hui réclamée est le restant, mais une promesse postérieure portant spécialement sur cette dernière somme. Ainsi, quand je vous ai prêté 300 fr. devant témoins et que vous m'en avez rendu 160, je ne pourrais pas, en cas de méconnaissance de votre part, faire entendre, pour avoir payement des 140 fr. restants, les témoins en présence desquels vous avez reçu mes 300 fr.; mais si, après m'avoir emprunté ces 300 fr. avec ou sans témoins, vous êtes venu, *en présence de témoins,* me rendre 160 fr., et me *promettre de me payer* à telle époque les 140 autres, ces témoins pourront être entendus. Dans le premier cas, en effet, c'est sur la créance de 300 fr. qu'il s'agirait d'entendre ces témoins, et la loi ne le permet pas; dans le second, au contraire, cette créance de 300 fr. n'a besoin de jouer aucun rôle dans le débat, et il suffira d'entendre les témoins sur le point de savoir si tel jour vous vous êtes reconnu mon débiteur de 140 fr. Qu'importe, dans ce dernier cas, qu'une promesse positive de 300 fr. ait précédé la promesse nouvelle de 140 et en ait été la cause? Il ne s'agit pas de prouver pourquoi vous m'avez promis 140, mais seulement si vous me les avez promis; et puisqu'il s'agit de 140 fr., la preuve peut se faire par témoins. Sans doute, j'avais contrevenu à la loi le jour où je vous avais prêté 300 fr. sans exiger un écrit, et je ne pourrais aujourd'hui prouver par témoins pour aucune partie de cette somme, dès là que ma preuve devait porter sur cette créance de 300 fr.; mais du moment que la preuve par moi offerte ne remonte pas à cette créance et ne porte que sur celle de 140, le témoignage est admissible : le jour où vous n'étiez plus mon débiteur que pour 140 fr., j'ai pu, cherchant une preuve de votre dette, faire ce que je n'avais pas pu la première fois, me contenter de témoins sans contrevenir à la loi. C'est aussi ce que décident Pothier (n° 756) et Toullier (IX, 46); et il n'existe, à notre connaissance, aucune autorité en sens contraire (1).

A plus forte raison, le témoignage serait-il admissible si je n'avais jamais été créancier que pour les 140 fr. que je réclame. Ainsi, quand je vous vends, pour le prix de 300 fr., un cheval pour lequel vous me comptez à l'instant 160 fr., en reconnaissant devant témoins me devoir une dernière somme de 140 fr., il est clair que ces témoins pourront être entendus, puisqu'il s'agira de prouver, non pas précisément qu'une vente a eu lieu, qu'elle a eu pour objet un cheval, que le prix en était de 300 fr. (ces circonstances ne seront qu'accessoires), mais tout simplement que vous vous êtes reconnu mon débiteur de 140 fr. Ici, la raison de douter qu'on eût pu objecter plus haut n'existe même plus : on ne peut plus dire, dans aucun sens, que les 140 fr. soient *le restant* d'une créance plus forte; car l'autre partie du prix m'ayant été comptée à l'instant même où je vous livrais le cheval, je n'ai jamais été votre créancier pour cette partie. Nous nous étonnons que M. Duranton, qui, du reste, se prononce dans le même sens, ait jugé cette question assez délicate pour devoir être l'objet d'une longue discussion (XIII, 322); et nous sommes surpris également que ces différents points n'aient pas trouvé place dans le Traité de M. Bonnier (2).

IV. — M. Maleville (sur l'art. 1344), comprenant mal la doctrine de Pothier, et abusant singulièrement des mots « lorsque la somme *est déclarée* être le restant ou faire partie », enseigne que la preuve testimoniale serait efficace et devrait faire adjuger la demande, si le créancier *ne déclarait pas* que la somme demandée se trouve être le restant ou une partie d'une créance excédant 150 fr., quoique le fait se trouvât prouvé par les témoins. C'est une erreur que la moindre réflexion réfute; car on conçoit ce qu'il y aurait d'illogique, d'immoral même, de la part du législateur, à dire au créancier : « Vous succomberez, si vous agissez franchement et loyalement en déclarant que les 150 fr. réclamés sont le reste ou font partie d'une créance de 300 fr.; mais si vous dites mensongèrement que cette somme forme l'intégralité de votre créance, vous réussirez, malgré la preuve postérieurement acquise de votre mensonge!... »

Cette doctrine est repoussée, avec raison, par Toullier (IX, 45 et 46),

(1) *Conf.* Rolland (n° 53); Duranton (t. XIII, n° 321); Bonnier (n° 120); Zachariæ, édit. Massé et Vergé (t. III, p. 520, note 14); Boileux (art. 1343); Aubry et Rau (3e édit., t. VI, p. 431, note 10). *Contrà :* Larombière (art. 1343, n°ˢ 15 et 17).
(2) *Conf.* Zachariæ et ses annotateurs, Massé et Vergé (t. III, p. 520 et note 11); Aubry et Rau (t. VI, p. 432 et note 22); Larombière (art. 1341, n° 16); *Dict. not.,* (*loc. cit.,* 66).

par M. Bonnier (n° 103) et même par M. Duranton (XIII, 323), qui, bien qu'il ait mal compris sur ce point le principe de la loi, reconnaît cependant, quoique à regret, que l'idée de M. Maleville est contraire à la pensée du législateur. Quant à Pothier, dont M. Maleville invoque l'autorité, il n'a rien dit de semblable. Il enseigne seulement (n° 756), comme nous venons de le faire nous-même au numéro précédent, que le témoignage serait admissible si la somme inférieure à 150 fr. se trouvait due en vertu d'une promesse postérieure à la convention primitive, et que le créancier demandât seulement à prouver cette promesse postérieure (1).

V. — Avant de passer aux articles suivants, nous devons faire remarquer que notre art. 1344 fait toucher du doigt l'erreur de M. Duranton, par nous signalée sous l'art. 1341. Si, comme le dit le savant professeur, l'admissibilité du témoignage devait se déterminer par le chiffre de la somme *demandée*, par l'importance *de la demande*, il est bien clair que notre article n'existerait pas et que le témoignage ne serait pas repoussé pour la demande d'une somme inférieure à 150 fr., comme il l'est, d'après notre article, quand cette somme est le restant ou fait partie d'une somme excédant ce chiffre : aussi M. Duranton critique-t-il amèrement cette disposition (XIII, 321), qui n'est à ses yeux qu'*une absurdité* qu'il faudrait faire *disparaître du Code* (n° 323, *in fine*). Il est très-vrai, en effet, que notre art. 1344 est absurde dans le système de M. Duranton ; mais ce système n'est nullement celui de la loi, et cette absurdité même, cette contradiction du oui et du non, à laquelle vient se heurter l'honorable auteur, aurait dû lui faire sentir qu'il avait fait fausse route et qu'il n'avait pas donné au principe de l'art. 1341 le sens que lui donne le législateur.

L'erreur provient de cette fausse idée de M. Duranton, admise aussi par M. Demante (II, n°s 826, 827), que la crainte de la subornation des témoins est le seul motif qui ait fait prohiber en principe la preuve testimoniale. Si cette idée était exacte, si cette crainte des faux témoignages était vraiment le seul motif du législateur, alors, puisque la loi ne trouve cette crainte assez grave que pour plus de 150 fr., et ne s'en préoccupe pas au-dessous de ce chiffre (parce qu'en effet ce n'est pas pour des bagatelles qu'on se procure de faux témoins), il est clair que le témoignage devrait être admis *toutes les fois* que le demandeur ne réclame pas plus de 150 fr. Que les 150 fr. forment tout le montant de la créance, ou qu'ils soient le restant d'une créance plus forte dont une fraction est déjà payée, ou bien qu'ils soient seulement une partie d'une créance dont le demandeur sacrifie le reste pour ne pas perdre tout, c'est ce qui importerait peu : du moment que, d'un côté, je ne demande pas plus de 150 fr. et ne puis pas obtenir au delà de cette somme, et que, d'un autre côté, la loi n'admet la crainte de la subornation (seul motif, par hypothèse, de la prohibition) que pour un inté-

---

(1) *Conf.* Poujol (art. 1341, n° 23) ; Zachariæ, édit. Massé et Vergé (t. III, p. 520) ; Aubry et Rau (3ᵉ édit., t. VI, p. 430 et note 15) ; Larombière (art. 1344, n° 13) ; Dalloz (vᵒ Oblig., n° 4696) ; *Dict. not.* 4ᵉ édit. (vᵒ Preuve, n° 65).

rêt excédant 150 fr., il est évident que ma demande doit être accueillie. Dans ce système, donc, c'est par le chiffre de la demande que devrait se déterminer l'admissibilité du témoignage, et nos art. 1343 et 1344 devraient être supprimés.

Mais on a vu par le préambule même de l'ordonnance de Moulins (ci-dessus, p. 100), et l'on voit encore plus clairement, s'il est possible, par la disposition de nos deux articles, que tel n'est pas le système de la loi, et que si elle s'est préoccupée du danger des faux témoignages, elle s'est préoccupée aussi, d'un autre côté, des difficultés, des lenteurs, des embarras qu'entraîne après elle la preuve testimoniale, et a voulu pour cela couper court, autant qu'il était en elle, à ce genre de constatation judiciaire. Il est vrai que, sous ce second point de vue, tout différent du premier, elle s'est encore attachée au chiffre de 150 fr., parce qu'il était impossible de prohiber le témoignage absolument, et d'exiger un écrit (et dès lors le recours à un notaire quand les parties ne sauraient pas écrire) pour des conventions de 25 ou 30 fr., ou moins encore; mais cette identité de la ligne de démarcation dans les deux cas n'empêche pas les deux motifs d'être différents l'un de l'autre et d'entraîner des conséquences différentes. C'est par suite de ce second motif que, si la somme demandée (quoiqu'elle soit inférieure à 150 fr. et ne donne pas lieu de craindre légalement la subornation) fait partie ou est le restant d'une somme excédant 150 fr., le témoignage sera encore inadmissible. « Je veux, dit le législateur, même abstraction faite du danger des faux témoins, écarter autant que possible le témoignage; et je vous ai ordonné, en conséquence, de faire un écrit toutes les fois que la chose en vaudrait la peine, c'est-à-dire quand il s'agirait de plus de 150 fr. Or vous étiez dans ce cas pour l'objet dont vous venez aujourd'hui demander une partie, si faible qu'elle soit; votre demande tend ainsi à introduire le témoignage dans une circonstance d'où ma règle l'éloigne : je n'accueillerai donc pas cette demande. »

C'est ainsi que deviennent très-simples, très-rationnelles, des dispositions que l'on arrive à trouver absurdes quand on ne tient compte, comme MM. Demante et Duranton, que de la moitié de la pensée de la loi.

1345. — Si dans la même instance une partie fait plusieurs demandes dont il n'y ait point de titre par écrit, et que, jointes ensemble, elles excèdent la somme de cent cinquante francs, la preuve par témoins n'en peut être admise, encore que la partie allègue que ces créances proviennent de différentes causes, et qu'elles se soient formées en différents temps, si ce n'était que ces droits procédassent, par succession, donation ou autrement, de personnes différentes.

SOMMAIRE.

I. Lorsque diverses créances, inférieures à 150 fr., arrivent à dépasser ce chiffre par leur réunion, un écrit devient nécessaire.

II. La règle n'est pas faite, bien entendu, pour les droits ou créances soustraits à

la prohibition du témoignage, et elle reçoit exception pour ceux qui proviennent de personnes diverses, mais pour eux seulement. Erreur de Toullier.
III. Il en est ainsi, sans qu'il y ait à considérer si ces droits sont antérieurs ou postérieurs à ceux qui restent soumis à l'article. Observation sur la doctrine de
M. Duranton.
IV. Réfutation de la critique adressée à notre article par Toullier.

I. — Après avoir appliqué et sanctionné, dans les deux articles précédents, l'inadmissibilité du témoignage pour toute créance qui a été
dans l'origine supérieure à 150 fr., alors même qu'elle serait descendue
au-dessous de ce chiffre ou qu'on n'en demanderait qu'une partie inférieure à ce même chiffre, la loi, dans notre article et le suivant, consacre et organise cette inadmissibilité du témoignage pour tout ou partie
de l'intérêt qui se trouve excéder 150 fr. au moment de la demande,
quoiqu'il ait été moindre dans l'origine. Nous avons déjà vu l'art. 1342
appliquer cette idée au cas d'une créance unique, s'augmentant de ses
accessoires; nos articles l'étendent au cas de réunion de plusieurs
créances.

Lorsqu'une personne est devenue successivement créancière vis-à-vis
d'une autre de diverses sommes (ou autres valeurs) dont chacune est
inférieure à 150 fr., mais dont l'ensemble excède ce chiffre, elle a dû,
au moment où ses droits allaient dépasser le taux fixé par la loi, exiger
un écrit. Ainsi, quand je vous ai vendu, en janvier, un objet moyennant
100 fr. que vous ne m'avez pas payés; qu'en mars je vous ai donné en
location un autre objet pour 40 fr. qui sont restés dus également, et
que vous venez plus tard m'emprunter 20 fr., le prêt de cette petite
somme devant élever mon droit contre vous à 160 fr., je ne dois vous
le consentir qu'en exigeant de vous un écrit qui constate, ou les trois
dettes, ou du moins l'une des dettes, de manière à n'avoir jamais plus
de 150 fr. à prouver contre vous par le témoignage.

Telle est la volonté de la loi; et comme notre article, en ordonnant
d'additionner le montant des diverses créances demandées *dans la
même instance,* laisserait facile la violation de cette règle (puisque le
créancier pourrait avoir soin de former autant d'instances distinctes
qu'il y a de choses dues), l'article suivant assure l'application de la
règle, en exigeant que toutes les demandes dont il s'agit soient formées
par un même exploit, sous peine de n'être plus recevables.

II. — Il est bien évident que pour former le total qui rend la preuve
testimoniale impossible quand il excède 150 fr., on ne doit pas compter les créances qui sont de nature à pouvoir se prouver toujours par
témoins. Ainsi, on laissera en dehors de l'addition à faire, 1° celles
qui, présentant un commencement de preuve par écrit, peuvent dès lors
recevoir un complément de preuve par témoins d'après l'art. 1347,
et 2° celles qui, étant nées dans des circonstances où la rédaction d'un
écrit était impossible, peuvent s'établir pleinement par témoins d'après
l'art. 1348. Ces idées n'avaient pas besoin d'être énoncées par notre
article, car personne ne saurait avoir la pensée de soumettre à la prohibition du témoignage, parce que *leur réunion* excède 150 fr., des

créances dont chacune serait exemptée de cette prohibition alors même qu'elle excéderait ce chiffre *à elle seule* (1).

Mais, en outre de ces restrictions (qui ne sont pas précisément des exceptions à la règle, car elles ne rentrent pas dans cette règle), il est une exception que notre article devait formuler et formule en effet. C'est pour les droits qui, ne se trouvant ni dans le cas de l'art. 1347, ni dans celui de l'art. 1348, ne pourraient cependant pas être soumis sans injustice à notre disposition, parce qu'ils sont nés chez des personnes diverses et ne sont réunis que plus tard sur une seule tête, par succession ou autrement. Ainsi, je vous avais prêté 100 fr. sans écrit; mon frère vous avait aussi prêté sans écrit une même somme, et ce frère étant mort sans descendants ni ascendants, je me trouve, en devenant son héritier, votre créancier d'une somme de 200 fr.; ou bien, à l'inverse, j'avais prêté sans écrit une somme de 100 fr. à vous et une somme égale à votre frère, puis vous devenez mon débiteur des 200 fr. comme seul héritier de ce frère : dans ces cas et autres semblables, je ne suis pas en faute de n'avoir pas d'écrit, puisque c'est indépendamment de ma volonté que se sont réunis les différents droits dont chacun est inférieur à 150 fr. et dont la réunion dépasse ce chiffre. Les deux créances pourront donc être prouvées oralement par moi contre vous, comme elles auraient pu l'être contre vous par mon frère et par moi séparément, ou par moi contre vous et contre votre frère.

Mais de ce qu'il y a ainsi exception pour les droits provenant de diverses personnes, il n'en faut pas conclure, comme le fait Toullier (IX, 52), qu'il y aurait également exception pour les droits provenant d'une seule personne et qui se sont divisés ensuite entre plusieurs. Ainsi, quand mon père, à qui vous deviez déjà 100 fr. pour une vente faite sans écrit, vous a prêté sans écrit encore une seconde somme de 100 fr., et qu'il est mort laissant mon frère et moi pour héritiers, nous ne pourrons pas plus prouver par témoins, chacun pour nos 100 fr., que mon père ne l'aurait pu pour les 200.

La justesse de cette décision et l'erreur de Toullier sont vraiment évidentes, à quelque point de vue qu'on veuille se placer. — Et d'abord, comment les héritiers du créancier auraient-ils plus de droits que ce créancier lui-même? Comment le père aurait-il transmis à ses enfants, par son décès, une faculté dont lui-même ne jouissait pas?... Toullier nous dit que c'est parce qu'il s'agit de deux créances distinctes, et que la preuve testimoniale, qui s'était trouvée impossible accidentellement par la réunion des deux créances dans une même main, se trouve permise par leur séparation... Il y a là deux erreurs pour une; car, d'un côté, les deux créances ne sont pas plus séparées l'une de l'autre qu'elles ne l'étaient auparavant : les deux héritiers n'ont pas, l'un la créance pour prêt, et l'autre la créance pour vente, chacun d'eux a la moitié des deux créances; en sorte que la réunion des deux créances

---

(1) Delvincourt (t. II, p. 624); Duranton (t. XIII, n° 324); Aubry et Rau (3ᵉ édit., t. IV, p. 437); Larombière (art. 1345 et 1346, n° 13).

sur une même tête existe toujours (pour la moitié de chacune) chez chacun des héritiers, comme elle existait (pour la totalité) chez le défunt. Et puisque l'union des deux créances existe toujours, l'argument tiré de leur prétendue séparation (le seul qu'on peut imaginer pour colorer l'hérésie de Toullier) disparaît complétement. D'un autre côté, et quand même les deux créances seraient vraiment séparées l'une de l'autre, comme cela aurait lieu si le créancier primitif avait légué, donné ou vendu chacune d'elles à deux personnes différentes, comment cette circonstance rendrait-elle permise la preuve par témoins? Est-ce que des créances peuvent devenir plus énergiques par cela seul qu'elles passent d'un créancier à plusieurs créanciers? Est-ce que la position d'un débiteur (réel ou prétendu) peut devenir pire par la division que le créancier fera entre plusieurs personnes des créances multiples qui lui appartiennent? Il suffirait donc, pour arriver à prouver par témoins toutes les petites créances que j'ai accumulées bien au delà de 150 fr., d'en faire poursuivre le recouvrement par autant de cessionnaires, vrais ou apparents, qu'il y aurait de créances! — Un peu de réflexion fait comprendre combien l'idée de Toullier est profondément contraire à tout le système de nos articles. Pourquoi, en effet, notre art. 1345 défend-il de prouver par témoins au delà de 150 fr., alors même que la somme est alléguée provenir de créances diverses? C'est parce que, du moment que l'intérêt excède 150 fr., la loi craint le faux témoignage, et qu'il ne serait pas plus difficile, au moyen de faux témoins, de présenter la somme comme provenant de plusieurs créances que comme provenant d'une seule : c'est pour cela que quand vous me demandez 300 fr. que je soutiens ne pas vous devoir (et que je ne vous dois peut-être pas), vous ne pourrez pas plus prouver par témoins deux prétendues dettes de 150 fr. qu'une seule de 300 fr. Ceci posé, comment voudrait-on que les deux héritiers ou prétendus cessionnaires de mon prétendu créancier pussent, avec ces mêmes témoins complaisants, être admis à prouver que les 300 fr. proviennent de deux dettes de 150 fr. chacune?

L'erreur de Toullier, qui n'est pas même spécieuse en ce qui touche les héritiers (puisque, pour eux, la prétendue séparation des créances n'existe même pas), est donc également certaine pour tous autres successeurs, quels qu'ils soient (1).

III. — Les créances qui se trouvent dans le cas des art. 1347 ou 1348 (et pour lesquelles dès lors notre article est inapplicable), comme aussi celles provenant de diverses personnes (et pour lesquelles l'article admet une exception), devront rester en dehors du calcul à faire, et ce aussi bien quand elles seront antérieures aux autres créances du même demandeur que quand elles leur seront postérieures. Ainsi, quand je vous demande 200 fr., dont 100 me sont dus par suite d'un

_____

(1) Pothier (n° 790); Locré (t. XII, p. 286, n° 75); Aubry et Rau (3ᵉ édit., t. VI, p. 431; Zachariæ, édit. Massé et Vergé (t. III, p. 520, note 12); Larombière (art. 1343 et 1344, n° 10); Dalloz (v° Oblig., n° 4694); Solon (n° 144); Boileux (art. 1345); *Dict. not.* (v° Preuve, n° 69).

prêt, et les 100 autres par suite d'un dépôt fait dans un incendie (art. 1348), il importe peu de savoir si le dépôt a précédé ou suivi le prêt, et je pourrai dans tous les cas prouver mes deux créances par témoins.

En effet, il est bien vrai que si le dépôt forcé a précédé votre emprunt, j'aurais pu, dans la pensée que j'allais me trouver votre créancier pour plus de 150 fr., exiger de vous un écrit. Mais de ce que j'ai *pu* l'exiger, il ne s'ensuit nullement que je l'aie *dû,* et j'ai bien aussi pu me dire que mon dépôt étant dans l'un des cas auxquels notre article est inapplicable, mon prêt ne pouvait pas dès lors rentrer sous le coup de cet article, et que la preuve testimoniale me restant ainsi permise, je n'avais pas besoin d'exiger de vous un titre écrit (en vous imposant inutilement les frais d'un acte notarié, si vous ne savez pas écrire). La même observation s'applique au cas où, antérieurement au prêt, j'aurais eu déjà contre vous une ou plusieurs créances de 100 fr. chacune me provenant, par succession ou autrement, de diverses personnes : puisque la loi fait exception à la règle pour ce cas, sans aucune distinction de l'antériorité ou de la postériorité de l'arrivée des créances exceptées, je n'ai nullement contrevenu à la loi, et j'ai pu me contenter de la preuve testimoniale. La loi est assurément assez sévère, dans tous nos articles, pour qu'on n'aille pas encore étendre ses dispositions : il faut s'en tenir à ce qu'elle dit, en se gardant bien d'aller au delà.

M. Duranton (XIII, 324), appliquant ici un système fort singulier et que l'on rencontre malheureusement trop souvent chez l'honorable auteur, commence par *prouver,* comme nous venons de le faire, que, dans ces cas, le témoignage est admissible absolument et malgré l'existence antérieure et connue des créances auxquelles notre article ne s'applique pas ; puis, après cette preuve faite, et sans aucun argument nouveau, il finit par dire que la question est difficile, et qu'*il est porté à croire que les tribunaux rejetteraient le témoignage...* Qu'est-ce à dire ? est-ce donc là une question de fait abandonnée à l'appréciation des juges ? Non, évidemment : c'est un point de droit ; et s'il est vrai, comme le reconnaît M. Duranton, que le témoignage est admis par le Code, il est clair qu'un tribunal, en le déclarant inadmissible, violerait la loi et encourrait la cassation.

IV. — Notre article, comme on le voit, se réduit à dire que la preuve testimoniale est inadmissible pour l'ensemble et pour chacun des droits que l'on a contre une même personne, lorsque ces droits, inférieurs séparément à 150 fr., excèdent ce chiffre par leur réunion, à moins que ces droits ne soient provenus de diverses personnes, ou, bien entendu, qu'ils ne soient de ceux que la loi soustrait à la prohibition de la preuve par témoins.

C'est là une conséquence indirecte, il est vrai, mais forcée du principe même de l'art. 1341, un moyen nécessaire d'en assurer l'exécution ; et on ne comprend pas l'amère critique que Toullier fait de cette disposition (IX, 48). Du moment que la loi, craignant la subornation des témoins pour un intérêt excédant 150 fr., ne voulait pas soumettre mon prétendu débiteur aux effets de la preuve testimoniale pour une somme ou valeur dépassant ce chiffre, il fallait qu'elle arrivât, sous peine d'inconséquence, à la règle subsidiaire de notre article. Car lorsque j'aurais voulu, au moyen de faux témoins, faire condamner un individu à me payer 200 ou 300 fr., il m'eût été bien facile de faire déposer, par ces témoins gagnés, que l'individu me devait 100 ou 150 fr., pour un prêt fait à telle époque, puis une somme égale pour le prix d'un objet vendu à telle autre époque. En vain Toullier nous dit que la crainte est chimérique, parce qu'on aurait exigé des témoins différents pour chacune des créances alléguées; car, outre que ce système serait une gêne et une restriction apportées, pour le cas de créances multiples, au droit de prouver par témoins (en sorte que Toullier se contredit lui-même, quand il prétend que ce droit devrait être absolu dans ce cas), ce système serait d'ailleurs insuffisant, puisqu'il s'agirait tout simplement pour le créancier, vrai ou prétendu, de se procurer un plus grand nombre de témoins complaisants. Celui qui est assez malhonnête homme pour faire déposer deux ou trois faux témoins, en fera bien déposer quatre ou cinq (1).

1346. — Toutes les demandes, à quelque titre que ce soit, qui ne seront pas entièrement justifiées par écrit, seront formées par un même exploit, après lequel les autres demandes dont il n'y aura point de preuves par écrit ne seront pas reçues.

SOMMAIRE.

I. Cet article a pour objet de garantir l'exécution du précédent, et aussi d'ailleurs de restreindre le nombre des procès. Inexactitude de M. Demante.
II. Il ne s'applique pas aux droits nés après l'action intentée. Erreur de Delvincourt.
III. Il ne s'applique pas non plus aux droits non encore exigibles. Insuffisance de la doctrine des auteurs. Erreur de M. Zachariæ.
IV. Les demandes non justifiées par écrit, que l'on n'a pas comprises dans le même exploit, sont ensuite non recevables. Erreur de Toullier et de M. Duranton.

I. — Il eût été bien inutile de défendre la preuve testimoniale pour des demandes qui, inférieures séparément à 150 fr., dépassent ce chiffre par leur réunion, s'il était resté permis au prétendu créancier de ne pas réunir ces demandes, et d'intenter chacune d'elles à part et successivement. Après avoir exigé l'addition des diverses demandes, comme le fait l'article précédent, il fallait, si l'on ne voulait pas que la règle fût dérisoire, ordonner que toutes fussent formées par un même exploit. C'est ce que fait notre art. 1346.

Cet article a donc pour but tout d'abord de sanctionner le précédent et d'en garantir l'exécution. Mais cet objet n'est pas le seul; et il serait impossible d'expliquer complétement sa disposition, si l'on s'en

---

(1) *Conf.* Aubry et Rau (t. VI, p. 436, note 34); Duvergier, sur Toullier (t. V, p. 41); Larombière (art. 1345 et 1346, n° 2).

tenait à ce premier motif, comme le fait à tort M. Demante (II, 831).
L'article se propose aussi, en dehors de cette première idée, de restreindre autant que possible le nombre des petits procès.

En effet : 1° cet ordre de former simultanément et par un même exploit les diverses demandes n'est pas porté seulement pour celles dont la réunion devra excéder 150 fr., mais aussi pour celles dont l'ensemble reste inférieur à ce chiffre; 2° au-dessus de 150 fr., l'ordre n'est pas porté seulement pour celles dans lesquelles le témoignage est prohibé, et qui se trouvent ainsi soumises à l'article précédent, mais aussi pour celles dans lesquelles le témoignage demeure absolument permis, soit parce qu'il y a commencement de preuve par écrit (art. 1347), soit parce qu'il y a eu impossibilité d'avoir un titre (art. 1348) : l'article, en effet, veut qu'on réunisse toutes les demandes qui ne sont pas *entièrement prouvées par écrit*, et ajoute encore qu'on ne recevra ensuite que celles dont il y aura *preuve* par écrit, et non pas seulement commencement de preuve par écrit; 3° enfin, il ne s'agit pas seulement des droits nés sur une seule tête, mais aussi de ceux qui proviennent de diverses personnes, quoique ces dernières soient exceptées de la disposition de l'art. 1345 : on ne peut pas en douter quand on compare la disposition absolue de notre article à la distinction écrite dans l'article précédent. Or on voit que, dans ces trois idées, il n'est plus question de la prohibition de la preuve testimoniale, et que, sous ce triple rapport, notre art. 1346 tend seulement à restreindre le nombre des procès, à combiner plusieurs procédures en une seule, et à obtenir ainsi une plus prompte expédition des affaires. Si la loi ne s'était proposé ici que de protéger le principe posé par l'art. 1341 et garanti par l'art. 1345, elle n'aurait exigé la réunion que pour les demandes qui ne peuvent pas se prouver par témoins, et elle aurait laissé en dehors de la règle : 1° les droits qui reposent sur un commencement de preuve par écrit (1347) ou pour lesquels un titre a été impossible (1348); 2° tous ceux dont la réunion ne dépasse pas 150 fr. (1341 et 1345); et 3° ceux qui, dépassant 150 fr. par leur réunion et ne rentrant pas d'ailleurs dans les art. 1347 ou 1348, peuvent encore se prouver par témoins, parce qu'ils proviennent de personnes diverses.

Le motif donné par M. Demante n'expliquait donc qu'une faible partie de la règle que présente notre article (1).

II. — Le bon sens dit assez que la règle ne s'applique pas aux créances (ou autres droits) qui ne sont nées qu'après l'introduction de l'action; il serait absurde d'exiger que je mette au nombre de mes demandes celles d'un droit que je n'ai pas et dont je ne soupçonne peut-être même pas l'existence future ! Quand l'article ordonne de demander simultanément toutes les créances (non prouvées par écrit), il est en vérité par trop clair qu'il ne parle que de celles qui existent,

---

(1) Bonnier (123); **Aubry et Rau** (3ᵉ édit., t. VI, p. 437 et note 37); Dalloz (v° Oblig., 4704).

et que, par conséquent, les créances (non prouvées par écrit toujours) qu'il déclare ne pouvoir être reçues plus tard, sont uniquement celles qui ont été laissées en dehors du premier exploit, quoiqu'elles existassent déjà. Nous n'aurions pas insisté sur une pareille idée si, par une aberration vraiment inconcevable, Delvincourt n'avait soutenu le contraire (sect. 2, 6ᵉ alinéa, 3ᵉ note)... Pour donner une certaine apparence de raison à son étrange doctrine, Delvincourt commence par isoler l'une de l'autre les deux propositions de l'article; puis, expliquant la seconde comme si elle était absolue et indépendante de la première, il dit que, quand un créancier a déjà été obligé de recourir à la preuve testimoniale pour établir son droit contre la dénégation de son débiteur, et qu'il a ainsi reconnu la mauvaise foi de ce débiteur, on ne peut pas croire qu'il lui ait ensuite prêté sans écrit même une somme modique, et que dès lors il n'est pas étonnant que la loi l'admette à ne prouver une créance née depuis sa première demande qu'au moyen d'un écrit.

Il y a bien des idées fausses dans ce peu de mots. Et d'abord, la proposition par laquelle notre article déclare non recevables, après une première action, les demandes (non justifiées par écrit) qui n'ont pas été comprises dans cette action, n'est pas absolue et indépendante de celle qui ordonne de réunir toutes les demandes dans le même exploit; elle en est, au contraire, la conséquence et la sanction : c'est pour que je respecte l'ordre de mettre toutes les demandes (non prouvées par écrit) dans le même exploit, que la loi défend de recevoir ensuite celles que je n'y aurais pas mises. Ceci posé, s'il est évident que l'ordre de réunir toutes les demandes ne concerne point les droits qui n'existent pas quand je forme mon action, il est donc évident aussi que la défense d'accueillir toute demande postérieure ne les concerne pas davantage. — D'un autre côté, même en se plaçant au point de vue inexact de Delvincourt, la raison qu'il donne est, tout à la fois, fausse en elle-même, et insuffisante (quand même elle serait vraie) pour conduire à sa conclusion. Il est faux, d'une part, que je ne puisse pas me contenter de témoins pour établir, vis-à-vis même d'un débiteur peu délicat, une créance n'excédant pas 150 fr., puisque, le témoignage étant alors admis, ces témoins suffisent pour que je ne sois pas à la discrétion de mon débiteur : sans doute je ne dois pas, vis-à-vis d'un tel débiteur, me priver de toute espèce de preuve (et, en tout cas, ce serait là mon affaire, et non pas celle de la loi); mais je puis très-bien me contenter d'une preuve testimoniale, quand je suis dans un cas où la loi l'admet. Enfin, quand même l'argument de Delvincourt serait, pour l'hypothèse particulière où il a soin de se placer, aussi décisif qu'il l'est peu, il n'en serait pas moins insignifiant pour la question... En effet, ce n'est pas seulement pour un prêt ou toute autre créance née par la volonté du créancier que notre article est fait; ce n'est pas seulement pour de telles créances que la demande, dans le système de Delvincourt, serait non recevable faute d'avoir été comprise dans l'exploit primitif (malgré la naissance postérieure du droit), c'est pour toutes créances non justifiées par écrit, aussi bien pour celles qui sont nées sans la volonté du créancier que pour les autres : cette circonstance fait toucher du doigt l'erreur que nous combattons. Eh quoi! parce que j'ai formé contre vous, il y a deux ou trois ans, une action dans laquelle j'ai dû réunir, et j'ai réuni en effet, les diverses créances non prouvées par écrit que j'avais sur vous, je ne pourrais pas aujourd'hui prouver par témoins que vous me devez une indemnité pour la blessure que vous m'avez causée il y a quelques semaines! je serais non recevable dans cette nouvelle demande dont la cause est née il y a quelques jours, par le curieux prétexte que je ne l'ai pas formée il y a deux ans!

Le système de Delvincourt est donc erroné sur tous les points; et la vérité est que, la non-recevabilité de la demande nouvelle (qui n'est pas prouvée par écrit) n'étant que la conséquence de la contravention qu'on a commise en ne réunissant pas cette demande aux autres dans l'action primitive, cette non-recevabilité ne saurait concerner les droits qui ne sont nés que postérieurement à cette action (1).

III. — Ce que nous disons des droits qui n'étaient pas nés lors de la première action s'étend-il à ceux dont l'exigibilité seulement n'était pas encore arrivée?

Les auteurs trouvent l'affirmative évidente; et M. Bonnier, notamment, la voit si claire que non-seulement il n'en donne aucun motif, mais il se contente même de l'énoncer d'une manière purement incidente, en disant : « Cette prescription, *qui ne comprend* ÉVIDEMMENT *que les dettes* ÉCHUES »; puis il passe à une autre question (2). Malgré cette prétendue évidence, M. Zachariæ (V, p. 715, note 41) se prononce en sens contraire; et si sa doctrine est erronée, comme nous le pensons, elle mérite du moins discussion, et prouve que les auteurs ont eu tort de ne pas attacher plus d'importance à ce point de droit.

Pour la négative, on dit que le terme plus ou moins reculé de l'échéance n'a rien à faire dans la question; et que l'art. 1345, voulant que tout créancier dont les droits sont arrivés à 150 fr. se procure désormais une preuve écrite (à moins d'impossibilité) pour tout ce qui viendra augmenter ultérieurement ses droits, son obligation à cet égard ne peut pas disparaître par la circonstance que la nouvelle créance, ou l'une des anciennes, est d'une échéance éloignée.

Mais cette idée, qui présente, il est vrai, une grave raison de douter, n'est pas un motif suffisant de décision; et voici, ce me semble, ce qu'il faut dire : La prescription posée par les art. 1341 et 1345, ainsi que la sanction que lui donne notre art. 1346, sont certes assez rigou-

---

(1) *Conf.* Duranton (t. XIII, n° 359); Aubry et Rau (3ᵉ édit., t. VI, p. 435, note 29, et 439, note 43); Larombière (art. 1342, n°ˢ 4 et 5); Massé et Vergé, sur Zachariæ (t. III, p. 521).

(2) Toullier (IX, 50); Favard (*Rép.*, vᵒ Preuve, nᵒ 14); Duranton (XIII, 327); Dalloz (sect. 2, art. 2, nᵒ 14); Bonnier (nᵒ 105). — Dans le sens contraire, Aubry et Rau (3ᵉ édit., t. VI, p. 439, note 41); Larombière (art. 1345 et 1346, nᵒ 21).

reuses pour qu'il ne soit pas permis d'aller au delà. Cet art. 1346 présentant une disposition exceptionnelle, pénale, même dans sa dernière partie, les règles de l'interprétation ne permettent pas de l'étendre, et tout ce qui n'est pas défendu par lui reste permis, comme demeurant dans le droit commun. Ce serait donc violer les principes fondamentaux de la loi, sous le prétexte d'entrer plus avant dans l'esprit de nos articles, que d'exiger ce qu'ils n'exigent pas. Ceci posé, l'art. 1345 veut que l'on additionne toutes les demandes faites *dans la même instance*, et notre art. 1346 ordonne de réunir dans la même instance et de former *par un même exploit* toutes *les demandes* non justifiées par écrit. Or, on ne peut pas former la demande de créances non exigibles ; ces créances ne peuvent donc pas être demandées dans l'instance introduite pour les autres ; elles ne tombent donc pas sous le coup de la règle.

M. Zachariæ objecte que si ces créances non exigibles ne peuvent pas être *demandées* par l'exploit, elles peuvent du moins être *indiquées,* afin que le juge les calcule avec les autres. — Sans doute, j'aurais pu le faire, mais je n'étais pas tenu de le faire ; et la loi me traitait assez sévèrement déjà pour que je n'aie pas dû m'ingénier à faire plus encore qu'elle n'exigeait... L'art. 1346 me commandait de former en une fois toutes les demandes (non prouvées par écrit) que j'avais à former, je l'ai fait ; l'art. 1345 commandait d'additionner toutes ces demandes, on l'a fait : tout est donc fini ; et demander quelque chose de plus, ce ne serait plus expliquer ou appliquer la loi, mais la refaire... Il n'est pas douteux que la loi aurait pu aller plus loin qu'elle n'a été : elle aurait pu dire, dans l'art. 1346, que le créancier, en demandant les créances susceptibles d'être demandées, *indiquerait* les autres, puis ordonner, dans l'art. 1345, d'additionner toutes les créances demandées *ou indiquées;* mais elle ne l'a pas fait, et nul n'a le droit de le faire à sa place.

Disons donc que si la doctrine des autres auteurs est insuffisante à cet égard, leur décision est au fond parfaitement exacte, et celle de M. Zachariæ une erreur certaine.

IV. — Mais s'il faut avoir soin de ne pas étendre les dispositions déjà si sévères de nos articles, il faut aussi les admettre en entier, et rejeter une erreur que commettent ici Toullier (IX, 49), M. Duranton (XIII, 328) et M. Larombière (art. 1345, 1346, n° 12).

Ces deux auteurs enseignent que les demandes non justifiées par écrit qui n'auront pas été comprises dans le premier exploit ne pourront pas, à la vérité, s'établir par témoins, mais qu'elles seront néanmoins parfaitement recevables, sauf au demandeur à faire sa preuve autrement que par le témoignage, en déférant le serment à son adversaire. — Cette doctrine est évidemment contraire et au texte et à l'esprit de l'article. A son texte, car la loi dit, non pas que les demandes postérieures *ne pourront se prouver par témoins,* mais qu'*elles ne seront pas reçues*... A son esprit, car on a vu qu'il a pour but de diminuer le nombre des procès ; or, que l'on veuille s'appuyer sur le serment de l'adversaire ou prouver par témoins, ce serait toujours un procès nouveau, ce serait toujours une succession d'instances là où la loi ne voulait qu'une instance unique (1).

§ 2. — Exceptions à la prohibition de la preuve testimoniale.

Les deux principes qui viennent d'être développés dans le paragraphe précédent, — à savoir : 1° que la preuve testimoniale n'est jamais admise pour un intérêt supérieur à 150 fr., et 2° que même au-dessous de ce chiffre elle n'est pas admissible contre ni outre le contenu aux actes, — reçoivent exception dans trois cas : 1° quand il existe un commencement de preuve par écrit (art. 1347) ; 2° quand il a été impossible au réclamant de se procurer une preuve écrite (art. 1348) ; 3° enfin, quand il s'agit de matières commerciales (art. 1441).

Nous allons développer ces trois cas d'exception, en ayant soin d'indiquer, à la fin du paragraphe, les motifs pour lesquels nous rejetons la doctrine qui en voit un quatrième dans le consentement donné par l'adversaire à l'admission du témoignage.

1347. — Les règles ci-dessus reçoivent exception lorsqu'il existe un commencement de preuve par écrit.

On appelle ainsi tout acte par écrit qui est émané de celui contre lequel la demande est formée, ou de celui qu'il représente, et qui rend vraisemblable le fait allégué.

SOMMAIRE.

I. Il n'y a aujourd'hui commencement de preuve par écrit que sous les conditions indiquées par notre article. Erreur de Toullier.
II. Ainsi, on ne peut le voir, ni dans l'acte privé que l'adversaire dénie ou méconnaît, tant qu'il n'y a pas vérification, ni au profit d'un créancier, dans des quittances par lui signées. Erreurs diverses de Toullier.
III. Un acte peut émaner d'une personne étant écrit par elle, quoique non signé, ou étant seulement signé par elle, ou même n'étant ni écrit ni signé par elle. Mais il faut, dans ce dernier cas, que l'acte soit reçu par un fonctionnaire ayant capacité pour attester de qui l'acte émane. Erreur de Toullier.
IV. L'écrit doit rendre l'allégation vraisemblable. — Cette condition n'existe pas dans le titre constitutif d'une rente, quand on veut prouver que la prescription de cette rente a été interrompue. Erreur de deux arrêts. — Ni dans l'acte qui, énonçant une convention comme formée entre plusieurs personnes, n'aurait pas reçu l'adhésion de toutes. Erreurs de Toullier et de M. Duranton.
V. Elle existe dans le billet qui porte la signature du débiteur sans le *bon* exigé par l'art. 1326. Erreur de Delvincourt. — Et aussi dans l'acte fait simple, en contravention à l'art. 1325. Erreur de MM. Duranton, Bonnier, Zachariæ, etc.
VI. Notre article ne fait point exception à l'art. 1346.

I. — La loi défend de faire une preuve entière par simple témoignage ; mais elle permet de compléter, par ce moyen, la preuve dont

---

(1) Massé et Vergé, sur Zachariæ (art. 1346, note 4); Aubry et Rau (3e édit., t. VI, p. 440) ; Cass., 2 nov. 1812.

quelque écrit a donné déjà un commencement : les témoins doivent être entendus, d'après notre article, toutes les fois que l'allégation qu'il s'agit de justifier s'appuie déjà sur un *commencement de preuve par écrit.*

Si la loi n'avait pas défini elle-même ce qu'elle entend par commencement de preuve par écrit, on aurait pu donner ce nom à tout écrit de nature à rendre vraisemblable le fait allégué; mais cette latitude, qui existait autrefois, vu le silence des ordonnances à cet égard, n'existe plus aujourd'hui en présence de notre article. Il n'y a légalement commencement de preuve par écrit que quand l'écrit réunit ces deux conditions : 1° de rendre le fait vraisemblable, et 2° d'émaner de celui à qui on l'oppose.

En vain Toullier (IX, 70, 90, etc.) s'efforce d'échapper au texte de notre article, en invoquant tantôt l'autorité d'anciens auteurs, tels que Boiceau, Danty, etc., tantôt les dispositions des art. 1329 (combiné avec 1367), 1335, 2° et 3°, 1336, pour soutenir qu'il n'y a pas à considérer de quelle personne l'acte émane. Sans relever ici (ce qui nous mènerait beaucoup trop loin) toutes les idées inexactes que présentent les longues observations du savant professeur de Rennes, il suffit de répondre, d'une part, que l'autorité des anciens auteurs n'est d'aucun poids dans la question (puisque, de leur temps, le commencement de preuve par écrit n'avait pas reçu de définition légale), et que, d'autre part, quand même les art. 1329, 1367, 1335 et 1336 entraîneraient les conséquences que Toullier leur attribue, ces dispositions ne seraient toujours que des exceptions qui, loin de détruire la règle, viendraient la confirmer.

Cette règle est, en effet, trop formelle, trop précise, pour qu'il soit permis de n'en pas tenir compte : le deuxième alinéa de notre article est fait tout exprès et uniquement pour nous dire que l'écrit qui rend l'allégation vraisemblable doit en outre émaner de celui à qui on l'oppose (1).

Il faut donc reconnaître que Toullier est ici dans l'erreur, et tenir pour certaines, avec les auteurs et les arrêts, ces deux propositions : 1° pour la preuve de conventions ou autres faits antérieurs au Code Napoléon, les juges n'ont pas à considérer de qui émane l'écrit; 2° mais pour les espèces régies par le Code, les juges ne pourraient admettre un écrit n'émanant pas de l'adversaire (ou de son auteur ou représentant), sans violer notre article et encourir dès lors la cassation (2).

II. — Cette erreur première et capitale de Toullier est sans doute la

---

(1) *Conf.* Pothier (773) ; Duranton (t. XIII, n° 351) ; Rolland (n° 6); Aubry et Rau (3ᵉ édit., t. VI, p. 456); Larombière (art. 1347, n° 6); Dalloz (v° Oblig., 4790) ; Cass., 7 août 1810, 30 avr. 1838, 30 déc. 1839, 27 nov. 1844.
(2) Merlin (*Rép.*, v° Comm. de proc.) ; Duranton (XIII, 352) ; Bonnier (n°ˢ 107 et 108); Zacharise (V, p. 733); Sebire et Carteret (v° Comm. de proc.); Demolombe (V, 503); Aubry et Rau (3ᵉ édit., t. VI, p. 460) ; Larombière (art. 1347, n° 27); Rej., 17 nov. 1829; Rej., 16 août 1831; Cass., 30 déc. 1839 (Dev., 31, 1, 404; 40, 1, 139). Req., 10 août 1840, 17 mai 1855 (D. P., 55, 1, 347); 14 juill. 1856 (Dev., 58, 1, 144); 9 janv. 1861 (Dev., 1862, 1, 69); 5 avr. 1864 (Dev., 64, 1, 215).

cause des erreurs de détail dans lesquelles cet auteur est tombé ici.

Ainsi, par exemple, il est bien évident que, si mon adversaire dénie pour sienne l'écriture ou la signature que je prétends être de lui, ou méconnaît cette écriture ou cette signature pour être celle de son auteur (art. 1323, 1324), il est évident, disons-nous, que l'écrit invoqué par moi comme commencement de preuve ne pourrait avoir cet effet qu'après vérification judiciaire. Tant que le point de savoir si l'écriture est ou n'est pas de la personne à qui je l'attribue demeure contesté, il est bien clair qu'on ne peut pas dire que l'acte émane de cette personne; car c'est précisément là le point en question. Lors donc que Toullier (IX, 76) range parmi les écrits formant commencement de preuve les actes sous seing privé dont l'écriture ou la signature sont déniées ou méconnues, il tombe dans une grave erreur, que repoussent avec raison M. Bonnier (n° 108) et M. Zachariæ (V, p. 731) (1).

Toullier est également dans l'erreur quand il enseigne (IX, 99) que le créancier d'une rente, auquel l'héritier du débiteur oppose la prescription, peut, pour arriver à prouver par témoins l'interruption de cette prescription, invoquer comme commencement de preuve par écrit les quittances d'arrérages qu'il a données à ce débiteur (et dont un inventaire dressé au domicile de ce débiteur, après décès, constaterait la présence parmi les papiers de celui-ci). Il est palpable, en effet, que ces quittances ne sont pas des actes émanés du débiteur : elles sont, au contraire, émanées du créancier. Sans doute ces quittances, sinon par elles-mêmes, au moins par le fait de leur présence au rang des papiers du débiteur, peuvent rendre vraisemblables contre lui les payements qu'elles énoncent, et que le créancier prétend avoir eu lieu; mais si elles présentent ainsi la seconde condition exigée par notre article, elles ne présentent pas la première : ce ne sont pas des actes émanés de celui à qui on les oppose. — Nous disons que ces quittances peuvent rendre seulement *vraisemblable,* contre le débiteur, la réalité des payements allégués par le créancier; nous ne saurions admettre que jamais elles la rendent *certaine,* et c'est là une nouvelle contradiction à la doctrine de Toullier. Le célèbre professeur, en effet, enseigne que s'il y a simple commencement de preuve (et par conséquent simple vraisemblance des payements allégués), quand les quittances inventoriées se réfèrent à des payements postérieurs à ceux que le créancier prétend avoir interrompu la prescription, il y aurait au contraire preuve complète (et dès lors certitude acquise de la réalité de ces payements), si les quittances se rapportaient précisément aux payements allégués comme interruptifs. Or cette idée est inadmissible... Quand une quittance est invoquée pour prouver ce qu'elle a précisément pour objet de constater, à savoir la libération du débiteur; quand elle est invoquée par celui-là même dont elle est le titre, c'est-à-dire par le débiteur

---

(1) *Conf.* Duvergier, sur Toullier (t. VIII, n° 216); Boileux (art. 1347); Aubry et Rau (t. VI, p. 452); Larombière (art. 1347, n° 25); Cass., 19 frim. an 14; 20 juill. 1842; Nîmes, 27 mai 1851.

contre son créancier, sans doute elle prouve contre ce créancier le payement qu'elle énonce, et elle rend déjà vraisemblables les payements antérieurs. Mais quand les rôles sont intervertis et que la quittance est invoquée contre le débiteur par le créancier qui l'a écrite, elle ne peut pas être une preuve complète ; car il ne serait pas impossible qu'un créancier, après la prescription de sa rente accomplie, mît ou fît mettre dans les papiers du débiteur, à l'insu de celui-ci, soit une quittance, soit une collection de quittances indicatives de prétendus payements d'arrérages qui n'auraient jamais eu lieu... Les quittances ne pourront donc jamais, quand elles seront invoquées par le créancier, rendre certains les payements par lui invoqués, elles ne pourraient que les rendre vraisemblables ; mais comme, d'un autre côté, ces actes n'émaneraient pas alors de celui à qui on les oppose, ils ne pourront pas même être pour ce créancier un commencement de preuve par écrit (1).

III. — Le commencement de preuve par écrit peut se rencontrer, au surplus, soit dans une écriture signée par la personne, soit dans des lignes tracées par elle et non signées, soit même, enfin, dans des actes qui ne seraient ni écrits ni signés par elle. — Ainsi, d'une part, les énonciations consignées par une personne, soit sur ses registres, soit dans une lettre missive, soit ailleurs, pourront évidemment, alors même qu'elles ne seront pas signées, servir de commencement de preuve par écrit de tous les faits que ces mêmes énonciations rendront vraisemblables ; car les conditions exigées par notre article se trouvent réunies : il y a un écrit ; cet écrit émane de celui à qui on l'oppose, et il rend vraisemblable le fait allégué (2). — D'un autre côté, l'acte qui ne serait ni écrit ni signé par la personne ne sera pas moins susceptible de constituer un commencement de preuve contre elle, si c'est un acte authentique qui ait sa valeur indépendamment de la signature de cette personne. Dans ce cas serait un acte notarié auquel vous êtes intervenu sans le signer, mais qui mentionne que l'absence de votre signature tient à ce que vous ne savez pas ou ne pouviez pas signer ; de même un procès-verbal d'interrogatoire sur faits et articles (art. 324, 336 du Code de procédure), de comparution au bureau de conciliation (art. 48, 58 du Code de procédure), etc., etc. (3).

_____

(1) *Conf.* Aubry et Rau (t. VI, p. 452) ; Larombière (art. 1247, n° 13) ; Dalloz (v° Oblig., n° 4761).

(2) *Conf.* Pothier (n° 806) ; Toullier (t. IX, n°ˢ 128, 129, 469) ; Rolland (55 et 56) ; Larombière (art. 1347, n°ˢ 14 et 31) ; Cass., 3 déc. 1818 ; Bordeaux, 7 mai 1834 ; Cass., 7 déc. 1836 ; Lyon, 16 fév. 1854 ; Rej., 30 juill. 1855. — Cepend. Req., 5 mai 1856.

(3) Aubry et Rau (3ᵉ édit., t. VI, p. 453) ; Larombière (art. 1347, n°ˢ 17 et 21) ; Pigeau (t. I, n° 328) ; Chauveau, sur Carré (n° 1362) ; Bonceune (t. IV, n° 551) ; Massé et Vergé (t. III, p. 524, note 3) ; Rej., 6 avril 1836, 19 juin 1839, 21 fév. 1843, 15 mars 1843, 31 mai 1848, 15 mai 1850, 22 et 23 juill. 1851, 8 mars 1852 ; Paris, 31 juill. 1852, 20 août 1853, et 24 mai 1855 ; Cass., 22 avril 1854 (Dev., 1836, I, 747 ; 1849, I, 462 ; 1843, I, 660 et 584 ; *J. Pal.*, 1848, t. II, p. 554 ; 1852, t. I, p. 53, et t. II, p. 703 ; 1853, t. II, p. 65, 280 et 289 ; 1855, t. I, p. 591, et t. II, p. 268) ; Cass., 18 août 1854 (*J. Pal.*, 1856, t. I, p. 257) ; Rej., 14 juill. 1856, 31 mai 1858 (D. P., 56, 1, 465, et 59, 1, 178). — *Voy.* aussi Cass., 9 juill. et 24 sept. 1857 (D. P., 57, 1, 379 et 452 ; 22 août 1864).

Mais si l'acte, qui n'est ainsi ni écrit ni signé de la personne, était nul, soit pour vice de forme, soit pour incompétence ou incapacité de l'officier rédacteur, l'officier qui aurait ainsi agi en dehors des conditions marquées par la loi se trouverait n'avoir pas eu mission pour constater les énonciations de l'acte, et on ne pourrait plus dire dès lors que cet acte émane de la personne. Pour que la nullité de l'acte authentique ne l'empêchât pas de servir de commencement de preuve contre une personne, il faudrait que cette personne l'eût signé; mais lorsque d'un côté il n'y a pas de signature de cette personne, et que d'autre part on se trouve en face d'un fonctionnaire aux énonciations duquel la loi ne commande plus d'ajouter foi, il est clair que l'acte ne peut pas être considéré comme émanant de la personne et qu'il est dès lors légalement impossible de l'opposer à cette personne. La doctrine contraire de Toullier (IX, 90) est donc une nouvelle erreur (1).

Il est bien évident, au reste, que la personne à laquelle l'acte est opposé n'a pas besoin d'être physiquement celle de laquelle il est émané. Il est bien clair qu'ici comme partout l'héritier ne fait légalement qu'un avec son auteur, que le mandant est légalement la même personne que son mandataire, etc. (2).

IV. — La seconde condition exigée par notre article, comme elle l'est par le bon sens, pour que l'écrit autorise l'admission du témoignage, c'est que cet écrit rende vraisemblable le fait qu'il s'agit de prouver.

Ainsi, il faudrait bien se garder d'admettre, comme l'ont fait deux arrêts (3), que le titre constitutif d'une rente peut servir de commencement de preuve à l'effet d'établir que la prescription invoquée par le débiteur a été interrompue; car il est bien évident que ce titre ne rend ni certaine ni vraisemblable l'interruption de prescription que le créancier allègue et veut prouver : le titre prouve très-bien que la rente a été due; mais quand le débiteur, tout en reconnaissant l'existence antérieure de la rente, se retranche derrière la prescription, et que le créancier prétend et veut prouver que cette prescription a été interrompue, il est palpable que l'écrit constatant la rente ne donne aucune vraisemblance à l'interruption alléguée, et ne signifie rien ni pour ni contre ce fait. Il ne constitue donc pas un commencement de preuve; et la décision des arrêts précités est une erreur qui ne se comprend pas et que rejettent avec raison les auteurs et des arrêts plus récents (4).

---

(1) Pothier (*Obligat.*, n° 809); Duranton (XIII, 352); Zachariæ (V, p. 733); Solon (t. II, n° 18); Aubry et Rau (t. VI, p. 458); Larombière (art. 1347, 18, 29); Toulouse, 13 mai 1843; Cass., 15 juin 1853, 23 juill. 1851.

(2) *Voy.* Toullier (t. VIII, n°° 369-436, et t. IX, n° 67); Rolland (n°° 8 et 10); Larombière (art. 1347, n° 7); Aubry et Rau (t. VI, p. 455); Riom, 10 juin 1817; Cass., 7 mars 1831; Metz, 22 mai 1828; Paris, 14 juin 1843; Poitiers, 31 janv. 1854; Nimes, 19 juill. 1849.

(3) Toulouse, 18 mai 1831; Caen, 20 mai 1840 (Dev., 31, 2, 302; 40, 2, 300).

(4) Toullier (IX, 97); Troplong (*Prescr.*, II, 622); Félix et Henrion (*Rentes fonc.*, n° 441); Larombière (art. 1347, n°° 13 et 24); Aubry et Rau (t. VI, p. 458); Riom,

On ne saurait voir non plus la vraisemblance d'une convention alléguée, ni dès lors son commencement de preuve par écrit, dans l'acte
qui, énonçant cette convention comme formée entre plusieurs personnes,
aurait été signé par quelques-unes d'elles seulement et repoussé par les
autres. Par exemple, quand un écrit authentique ou privé, peu importe,
présente Pierre comme vendant son immeuble à cinq acheteurs solidaires et que trois seulement de ceux-ci ont signé avec le vendeur, les
deux autres n'ayant pas voulu réaliser la convention projetée, l'acte,
quoi que disent Toullier et M. Duranton (voy. art. 1318, n° IV), ne
saurait être, contre les signataires, ni une preuve, ni même un commencement de preuve, et il n'autoriserait ni les signataires qui voulaient
acheter, ni celui qui voulait vendre, à prouver par témoins que la vente
s'est réalisée et doit s'exécuter. Nous avons déjà démontré (loc. cit.)
qu'un pareil acte ne fait point preuve ; il est facile de voir qu'il n'est
pas non plus un commencement de preuve.

En effet, la signature de Pierre prouve bien son consentement de
vendre aux cinq personnes désignées à l'acte ; mais elle ne rend ni certain ni vraisemblable qu'il ait consenti à vendre aux trois personnes qui
ont signé : c'est peut-être par la présence de l'un de ceux qui ont refusé d'accéder au contrat, qu'il se décidait à aliéner. De même la signature des trois autres parties prouve bien leur consentement d'acheter
en commun à cinq ; mais elle ne rend ni certaine ni vraisemblable la
volonté d'acheter à trois. En un mot, l'acte, avec les quatre signatures
qu'il porte, prouve bien qu'il y a eu projet d'une vente à faire à cinq
personnes par une sixième, et que ce projet, repoussé par deux des
six personnes, a été accepté par les quatre autres ; mais il ne rend en
aucune façon vraisemblable qu'on ait substitué, à ce projet avorté d'une
vente à faire à cinq, la réalisation d'une vente faite à trois (ni même,
qui plus est, le projet de cette vente à faire à trois, à laquelle rien n'indique qu'on ait jamais songé). L'une des parties ne saurait donc se prévaloir de cet écrit pour être admise à prouver par témoins que la vente
a eu lieu ; et c'est ce que dit avec beaucoup de raison l'arrêt de rejet
du 26 juillet 1832 : « Attendu que le refus de deux des cinq acquéreurs
ayant rompu le contrat tel qu'il avait été entendu, un nouvel accord
entre les parties devenait nécessaire, et la preuve de ce nouvel accord
ne pouvait pas être faite par témoins, la vente signée par quelques-uns
des cinq acquéreurs étant une preuve de vente à cinq et ne pouvant servir ni de preuve, ni de commencement de preuve, d'une autre vente
faite à deux ou à trois. » (Dev., 32, 1, 492.)

Toullier et M. Duranton sont donc bien loin de la vérité quand ils
enseignent qu'un pareil acte forme entre les signataires, non pas un
simple commencement de preuve, mais une preuve complète (1).

V. — Au contraire, l'écrit rend évidemment l'allégation vraisem-

4 mai 1841 ; Douai, 19 janv. 1842 (Dev., 41, 2, 334 ; 42, 2, 112) ; Cass., 19 nov. 1845 ;
Caen, 30 avril 1860.
(1) Voy. Duvergier, sur Toullier (n° 90, note a) ; Aubry et Rau (3e édit., t. VI,
p. 454) ; Larombière (art. 1347, n° 19) ; Dalloz (Oblig., n°° 4814 à 4816).

blable et forme dès lors le commencement de preuve autorisant l'admission du témoignage, quand il s'agit d'un billet (ou autre promesse unilatérale) signé par la personne à qui on l'oppose, et auquel il ne manque, pour faire preuve entière, que d'être revêtu du *bon* ou *approuvé* de cette personne, comme l'exige l'art. 1326.

En effet, de ce que la loi n'admet pas comme preuve suffisante de la dette le billet qui n'est que signé par la personne, on n'en peut pas conclure que son idée soit qu'un tel billet n'est *jamais* sincère et provient *toujours*, ou de l'erreur de la personne qui a signé autre chose que ce qu'elle croyait signer, ou de l'abus qu'on a fait de sa signature, mise de confiance ou même sans aucun but sur un papier blanc. Une telle idée serait par trop déraisonnable, par trop contraire à la vérité des faits, puisque, sur un nombre donné de billets qui ne seraient que signés, il y en aurait certainement beaucoup plus de vrais que de frauduleux. La pensée de la loi n'est donc pas que le billet simplement signé est toujours frauduleux, mais seulement qu'il peut assez facilement l'être, et c'est seulement la facilité de la fraude qui empêche de l'admettre comme preuve complète. Mais puisqu'il en est ainsi, puisqu'il est bien certain qu'un tel billet sera beaucoup plus souvent sincère que frauduleux, il rend donc probable, vraisemblable, la dette qu'il énonce, et permet dès lors de la prouver par des témoins. Sans doute, il se pourra qu'il en soit autrement d'après les circonstances particulières de l'espèce : il se pourra, par exemple, que la nature et la forme du papier, ainsi que la place respective de la signature et de l'écriture, donnent tout lieu de croire que cette écriture a été mise après coup au-dessus d'une signature jetée par hasard sur un chiffon de papier blanc ; et, en pareil cas, l'écrit ne donnera aucune vraisemblance à la dette. Mais en principe il en est autrement, par la raison bien simple que la fraude, si facile qu'elle soit ici, ne sera cependant encore que l'exception. La doctrine contraire de Delvincourt et de quelques arrêts dont le dernier a été rendu par la Cour de Lyon, le 26 janvier 1828, doit donc être rejetée, et elle l'est, en effet, par la généralité des auteurs et par la jurisprudence (1).

Cette vraisemblance, et dès lors le commencement de preuve par écrit, existe encore, quoi qu'on ait pu dire, dans l'acte privé qui, énonçant une convention synallagmatique, a été signé par toutes les parties, mais sans être fait double, comme le veut l'art. 1325. Ce point, il est vrai, à la différence du précédent, est très-controversé (2) ; mais il nous paraît néanmoins incontestable.

---

(1) Merlin (*Rép.*, v° Billet, § 1); Toullier (VIII, 281); Duranton (XIII, 189); Zachariæ (V, p. 666); Bonnier (n° 554); Lyon, 18 déc. 1828; Civ. rej., 1ᵉʳ juill. 1828; Req. rej., 4 fév. 1829; Bordeaux, 31 mars 1830; Req. rej., 4 mai 1831; Req. rej., 31 mars 1831; Metz, 28 mars 1833; Req. rej., 18 nov. 1834; Req. rej., 6 fév. 1839; Req. rej., 26 fév. 1845 (Dev., 31, I, 197; 32, I, 251; 35, II, 49, et I, 393; 39, I, 289; 45, I, 731); Bourges, 11 juin 1851; Nimes, 18 nov. 1851; Paris, 31 juill. 1852, et 20 août 1853 (*J. Pal.*, 1851, t. II, p. 38, et 1853, t. II, p. 278, 280 et 289).
(2) *Aff.*, Merlin (*Rép.*, v° Double écrit, n° 8); Delvincourt (t. II); Solon (*Nullités*, II, 29); Boncenne (IV, 197); Dalloz (art. 3, n° 9); Troplong (*Vente*, I, 33); Poujol

En effet, pour qu'il y ait commencement de preuve par écrit, il faut, d'après notre article, qu'on rapporte un écrit, que cet écrit émane de celui à qui on l'oppose, enfin qu'il rende vraisemblable le fait que l'on demande à prouver. Or, y a-t-il ici un écrit?... C'est évident. Cet écrit émane-t-il de l'adversaire?... C'est encore évident, puisqu'il est signé de lui. Cet écrit, enfin, rend-il vraisemblable la convention qu'il relate?... Il nous semble, malgré tous les efforts qu'on a faits, que ce troisième point est tout aussi évident que les deux premiers. Eh quoi! je présente un acte expliquant et constatant tout au long une vente que Pierre m'a faite, l'acte est signé de Pierre comme de moi, et on prétend que cet acte ne donne aucune vraisemblance à ma prétention que la vente a eu lieu! En vérité, c'est nier l'évidence, et la controverse sur une pareille question ne peut s'expliquer que par la préoccupation que l'étude du droit fait naître dans l'esprit par les mille et une règles de détail dont elle le charge. C'est encore là un de ces points où les subtilités de la science viennent étouffer la voix de la raison, du bon sens...

Non, peut-on dire, votre acte ne saurait, *en droit*, rendre la vente vraisemblable. En fait, vous avez raison; en fait, on peut dire que l'écrit signé rend la vente vraisemblable et même certaine; mais d'après la théorie bonne ou mauvaise de la loi, il en est autrement. L'art. 1325 dit qu'une convention synallagmatique n'est légalement prouvée par écrit que quand on a signé deux actes semblables, avec mention de la duplicité d'acte; donc légalement l'acte unique prouve seulement un projet : or, la constatation d'un projet ne rend ni certaine ni vraisemblable sa réalisation.—Cet argument, qui fait le fond du système contraire, ne saurait se soutenir devant un examen sérieux. On commet ici, quant à l'art. 1325, l'erreur commise par Delvincourt quant à l'art. 1326, et que nous venons de voir rejetée avec raison par les auteurs et la jurisprudence. On raisonne comme si la pensée du législateur, dans cet art. 1325, était qu'un acte non fait double, quoique signé par toutes les parties, ne sera *toujours* que le résultat d'un simple projet, tandis que, bien évidemment, sa pensée est seulement qu'il en pourrait être ainsi *quelquefois*...

Un acte énonçant soigneusement le contrat arrêté entre diverses personnes, constatant la réalisation de ce contrat, et portant la signature de toutes ces personnes, est assurément chose fort grave; et s'il peut exister parfois alors que la convention n'est encore qu'en projet, il ne saurait être douteux pour personne que le plus souvent il n'existera qu'après le contrat formé : il n'est pas ordinaire assurément, il n'est qu'exceptionnel, de signer de part et d'autre comme arrêtée une

(n° 8); Toullier (VIII, 319); Aubry et Rau (3ᵉ édit., p. 384, t. VI); Larombière (1325, n° 38); Bordeaux, 3 mars 1826; Besançon, 12 juin 1828; Grenoble, 2 août 1839; Poitiers, 3 janv. 1843; Limoges, 29 fév. 1844; Douai, 12 août 1847; Nimes, 18 nov. 1851. — *Nég.*, Favard (*Rép.*, vᵒ Acte sous seing privé, sect. 1, § 2); Duranton (XIII, 164); Chardon (*Dol*, I, 125); Bonnier (n° 563); Zachariæ (V, p. 652); Amiens, 15 juill. 1826; Bourges, 29 mars 1831; Bordeaux, 31 juill. 1839 (Dev., 40, 2, 196).

convention simplement projetée, pour ne se lier définitivement qu'en faisant ensuite un double original. Or ceci tranche la question… D'une part, l'apposition des signatures pouvant se présenter quelquefois pour un simple projet, l'art. 1325 défend de voir dans ces signatures la certitude de la formation du contrat; mais comme, d'un autre côté, cette apposition sera beaucoup plus souvent le résultat d'un contrat formé, il est clair que, tout en ne prouvant pas en droit ce contrat, elle le rend, en droit comme en fait, très-probable, très-vraisemblable.

VI. — Le Code nous dit ici qu'au moyen du commencement de preuve par écrit, il y a exception *aux règles ci-dessus;* mais on doit comprendre, par l'explication et par le texte même de l'art. 1346, que l'exception ne s'applique pas à ce dernier. C'est évident, puisque sa règle (qui consiste, on le sait, à ordonner la réunion dans un seul exploit de toutes les demandes que le créancier peut avoir à former contre son débiteur, sous peine de non-recevabilité de celles qu'il n'y comprendrait pas) est faite pour toutes les demandes qui ne sont pas *entièrement* prouvées par écrit. La règle de l'art. 1346 s'applique ainsi, nonobstant le texte de notre art. 1347, au cas d'un commencement de preuve par écrit, comme elle s'applique aussi, nonobstant le texte de l'art. 1348, au cas d'impossibilité d'avoir une preuve écrite.

Et ceci s'explique facilement. L'existence d'un commencement écrit de preuve et l'impossibilité d'avoir un écrit ne devaient faire cesser que la prohibition du témoignage; or, comme la règle de l'art. 1346 n'a pas seulement en vue cette prohibition du témoignage, mais aussi la diminution du nombre des procès (même dans les cas où le témoignage est admis), l'exception créée par nos art. 1347 et 1348 ne devait pas toucher à cette règle. Il est vrai que ces deux articles ont le tort de dire d'une manière absolue qu'ils font exception *aux règles ci-dessus,* sans distinction; mais ce vice de rédaction n'a rien d'étonnant, quand on remarque que l'art. 1346 n'existait pas lorsque les deux autres ont été rédigés, et n'a été inséré dans le projet qu'après coup, sans qu'on ait songé alors à modifier les deux textes dont cette addition rendait l'expression trop large. (Fenet, t. II, p. 196.) (1)

1348. — Elles reçoivent encore exception toutes les fois qu'il n'a pas été possible au créancier de se procurer une preuve littérale de l'obligation qui a été contractée envers lui.

Cette seconde exception s'applique :

1° Aux obligations qui naissent des quasi-contrats et des délits ou quasi-délits;

---

(1) *Conf.* Delvincourt (t. II, p. 624 et 625); Duranton (t. XIII, n° 627); Bonnier (123); Duvergier, sur Toullier (t. V, 1re partie, p. 42); Boileux (art. 1346); Aubry et Rau (3e édit., t. VI, p. 438, notes 38, 39 et 40). — *Contrà :* Massé et Vergé (t. III, p. 521); Larombière (art. 1345 et 1346, notes 11, 19, etc.).

2° Aux dépôts nécessaires faits en cas d'incendie, ruine, tumulte ou naufrage, et à ceux faits par les voyageurs en logeant dans une hôtellerie, le tout suivant la qualité des personnes et des circonstances du fait;

3° Aux obligations contractées en cas d'accidents imprévus, où l'on ne pourrait pas avoir fait des actes par écrit;

4° Au cas où le créancier a perdu le titre qui lui servait de preuve littérale, par suite d'un cas fortuit imprévu et résultant d'une force majeure.

SOMMAIRE.

I.   Division de l'article en deux règles. — La première est que le témoignage est admis toutes les fois qu'on n'a pas pu faire un écrit.

II. Le 1°, le 2° et le 3° ne sont que des applications de cette règle. — Elle n'embrasse pas tous les quasi-contrats; et si l'allégation d'un délit ou quasi-délit implique celle d'un fait pour lequel on pouvait avoir un écrit, le témoignage est encore inadmissible. Erreur de quelques arrêts.

III. Cette première règle embrasse des objets de preuve non indiqués par le texte, notamment le dol, l'erreur, la violence, etc. Mais si l'on peut prouver par témoins *le dol* (l'erreur, etc.), auquel on attribue un contrat, on ne peut pas prouver ainsi *le contrat* qu'on attribue au dol. Erreur d'un arrêt.

IV. Par la même raison, la preuve orale de la simulation d'un acte n'est pas permise en général à l'auteur de l'acte comme elle l'est aux tiers. Il en est autrement si cette simulation cache une fraude à la loi.

V.   Deuxième règle; explication du 4° : le témoignage est admis quand il y a eu impossibilité de conserver la preuve écrite. Trois points à établir dans ce cas. Il n'est pas nécessaire, en général, que les témoins aient lu l'écrit et en rapportent la teneur. Erreur de MM. Toullier, Duranton, Zachariæ et Bonnier.

VI. Autres erreurs d'un arrêt de cassation et de M. Mangin.

VII. Il y a encore exception aux deux principes de l'art. 1341 en matière commerciale. Double erreur, de droit et de fait, de M. Bonnier. — L'exception s'applique aux remises, faites à des entrepreneurs de transport, d'objets destinés à être transportés.

VIII. Il n'existe pas d'autre exception; et le témoignage ne devient pas admissible par le consentement qu'y donnerait l'adversaire. Controverse.

I. — Les deux principes de l'art. 1341 reçoivent une seconde exception toutes les fois que le défaut d'écrit n'est nullement imputable à la personne et résulte de la force des choses.

Ce cas d'exception, que notre article ne formule pas d'une manière générale, se subdivise en deux exceptions distinctes, selon qu'il y a eu pour la personne impossibilité de se procurer un écrit (ce qui embrasse le 1°, le 2° et le 3° de l'article), ou seulement impossibilité de conserver l'écrit qu'elle avait eu soin de se procurer (c'est le 4°). La rédaction de notre article n'est pas régulière, quand elle présente son quatrième cas aussi bien que les trois premiers comme rentrant dans l'impossibilité de se procurer l'écrit : il est clair que s'il y a destruction ou perte de mon écrit, c'est que j'avais pu m'en procurer un… Ainsi, impossibilité de faire faire l'écrit (1°, 2° et 3°); — impossibilité de conserver l'écrit fait (4°).

Et d'abord, la preuve testimoniale est admise dans tous les cas (1) et seulement dans les cas (2) où il y a eu, pour celui qui l'invoque, impossibilité, soit physique, soit morale, de se faire donner une preuve écrite... Telle est la règle. C'est ainsi que la raison le demande ; et c'est ainsi que le premier alinéa de notre article nous la présente, en disant d'une manière absolue qu'il n'y a lieu à la preuve orale *toutes les fois qu'il n'a pas été possible de se procurer une preuve littérale.* Telle est la règle; et les propositions du 1°, du 2° et du 3° ne sont que des exemples et des cas d'application qui ne sauraient la rendre ni plus large ni plus étroite. Elles ne doivent pas la rendre plus large ; et quoique le 1° parle des quasi-contrats absolument et sans distinction, la preuve testimoniale ne serait pas admissible pour le quasi-contrat dans lequel il y a eu possibilité d'avoir une preuve écrite. Elles ne peuvent pas la rendre plus étroite ; et du moment qu'il y a vraiment eu impossibilité d'avoir un écrit, le témoignage est admissible, quoiqu'on ne soit pas dans l'un des cas de détail indiqués par le texte.

Il faut qu'il y ait eu impossibilité; mais une impossibilité morale suffit. C'est ce que prouvent bien les exemples des dépôts faits dans une hôtellerie et dont parle le 2°; et c'est d'ailleurs un point reconnu par la jurisprudence (3).

II. — 1° Notre article applique en premier lieu sa règle aux quasi-contrats, délits et quasi-délits.

Ce n'est pas à tous les quasi-contrats absolument, et en tant que quasi-contrats, que la règle s'applique; c'est seulement à la plupart des quasi-contrats et en tant qu'il y a eu pour le réclamant impossibilité d'avoir une preuve littérale (4). Ainsi, la preuve par témoins ne serait pas permise à celui qui prétendrait m'avoir payé 500 fr. qui ne m'étaient pas dus (art. 1376); car il a pu et dû, en me payant ces 500 fr., en retirer une quittance : il n'a donc pas été dans l'impossibilité d'avoir une preuve écrite du payement qu'il allègue (5).

Pour les délits et quasi-délits, comme pour le reste, l'exception ne s'applique toujours qu'à l'impossibilité ; et si l'allégation d'un délit implique celle d'un contrat ou autre fait licite que ce délit présuppose et

---

(1) *Voy.* Favard (v° Preuve, § 1, n° 20); Massé et Vergé, sur Zachariæ (t. III, p. 525, note 1); Aubry et Rau (3ᵉ édit., t. VI, p. 461); Larombière (art. 1348, n° 4); Dalloz (v° Oblig., n° 4873).

(2) *Voy.* Aubry et Rau (*loc. cit.*); Boileux (art. 1348); Larombière (art. 1348, n° 3).

(3) Toullier (t. IX, n° 139); Favard (v° Preuve, § 1, n° 20); Bonnier (n° 130); Aubry et Rau (t. VI, p. 461); Larombière (1348, n° 4); Paris, 9 avril 1821; Bourges, 24 nov. 1824; Pau, 1ᵉʳ avril 1840; Rej., 19 mai 1841 (Dev. et Car., 1841, I, 545); Bordeaux, 18 mars 1852 (*J. Pal.*, 1854, t. II, p. 291); *Dict. not.* (v° Preuve, 79).

(4) Elle s'applique notamment au quasi-contrat de gestion d'affaires.—*Voy.* Bourges, 6 avril 1845; Cass., 19 mars 1845; Bordeaux, 20 juin 1853 (*J. Pal.*, 1845, t. I, p. 388; 1847, t. I, p. 467; 1855, t. I, p. 288).—*Voy.* Troplong (*Du Mandat*, n° 147); Zachariæ (§ 765, note 5); Mourlon (t. II, p. 722); Pothier (813); Toullier (141); Aubry et Rau (p. 461); Larombière (art. 1348, n° 9).

(5) *Conf.* Duranton (t. XIII, n° 358); Bonnier (n° 115); Massé et Vergé, sur Zachariæ (t. III, p. 525, note 2); Aubry et Rau (3ᵉ édit., t. VI, p. 462); Larombière (art. 1348, n° 12); Dalloz (v° Oblig., n° 4879).

qui pouvait se constater par écrit, celui qui ne prouverait pas ce fait par écrit (ou au moyen d'un commencement de preuve par écrit) ne pourrait pas prouver par témoins le délit lui-même. — Ainsi, quand j'allègue contre vous la violation d'un dépôt (non nécessaire) ou d'un mandat, ma demande implique deux idées, elle a deux objets : la formation d'un contrat entre vous et moi, et la violation de ce contrat par vous. Or, si le second objet peut se prouver par témoins d'après notre article (puisque c'est un délit dont il m'a été impossible de tirer une preuve écrite), il n'en est pas de même du premier, du contrat, que j'ai pu et dû constater par écrit. Divers arrêts qui avaient méconnu cette distinction, écrite pourtant dans la nature des choses, ont été, avec raison, cassés par la Cour suprême (1). — De même, si je prétends que l'acte que vous m'opposez, soit comme quittance, soit autrement, n'est que le fruit de l'abus par vous fait d'un blanc seing que je vous avais confié, j'allègue deux faits que la loi ne me permet pas de prouver de la même manière ; je soutiens, d'une part, que je vous ai confié un blanc seing, d'autre part que la prétendue quittance a été par vous fabriquée illicitement au moyen de ce blanc seing. Or si la preuve orale m'est ouverte pour le second fait, elle ne l'est pas pour le premier ; car la remise d'un blanc seing n'est point un délit, c'est un fait très-licite et dont je pouvais bien demander un reçu : je n'ai pas été dans l'impossibilité de me procurer une preuve écrite. C'est encore un point reconnu par les arrêts (2).

2° De l'exemple tiré des quasi-contrats, délits et quasi-délits, la loi passe à celui des dépôts nécessaires.

On appelle proprement dépôts nécessaires, ceux auxquels le déposant se trouve contraint par une nécessité physique, résultant d'un incendie, d'une inondation, d'un naufrage ou autres accidents analogues (1348-2°, 1949) ; et notre article, comme l'art. 1952, met sur la même ligne ceux faits par des voyageurs dans des hôtels ou auberges où ils descendent, parce qu'il existe alors une nécessité morale qui doit entraîner les mêmes conséquences. Il y a pour de tels dépôts, et en raison, tantôt du danger qui ne permet pas de s'amuser à une rédaction d'actes, tantôt de la gêne extrême que l'obligation de cette rédaction imposerait aux voyageurs et aux hôteliers, impossibilité physique dans un cas, morale dans l'autre, d'avoir une preuve écrite, et le témoignage dès lors est formellement permis par notre article, comme par l'art. 1951. — Du reste, comme cette exception, toute raisonnable qu'elle est, pourrait facilement donner lieu à des abus, la loi ne la pose pas d'une manière absolue et en ce sens que le juge doive toujours

---

(1) Cass. d'un arrêt de Nimes, 26 sept. 1823 ; Nimes, 20 fév. 1828 ; Cass. d'un arrêt d'Aix, 16 mai 1829 ; Orléans, 12 juin 1833 ; Rej., 23 déc. 1835 ; Cass. d'un arrêt de Montpellier, 20 avril 1844 (Dev., 1836, I, 141 ; 1844, I, 948).

(2) Rej., 5 mai 1831 ; Toulouse, 5 juin 1844 ; Riom, 30 mars 1844 (Dev., 1831, I, 188 ; 1842, II, 12 ; 1844, II, 321) ; Cass., 12 août 1848, 8 déc. 1849, 3 juin 1853, 23 déc. 1853. — Conf. Toullier (t. IX, nos 145, 185, etc.) ; Duranton (t. XIII, n° 312) ; Rolland (93 à 97) ; Bonnier (177, etc.) ; Aubry et Rau (t. VI, p. 462) ; Larombière (art. 1348, nos 14, 17, etc.) ; Merlin (Rép., v° Blanc seing).

admettre le témoignage. Au contraire, elle donne au juge un pouvoir discrétionnaire, qui lui permet d'admettre ou de rejeter l'enquête, selon que la nature, la quantité et la valeur des objets réclamés, la position et le caractère des personnes, et toutes les autres circonstances de l'affaire, donnent ou enlèvent de la vraisemblance à la prétention : *le tout,* dit l'article, *suivant la qualité des personnes et les circonstances du fait* (1).

Quant au point de savoir si l'on peut également prouver par témoins la remise, faite à un voiturier, d'objets destinés à être transportés, nous l'examinerons plus loin, sous le n° VII.

3° L'exception que le 2° applique au dépôt nécessaire, proprement dit ou improprement dit, le 3° la pose généralement pour toutes les obligations contractées par suite d'autres accidents imprévus et dans lesquels la rédaction d'un écrit s'est également trouvée impossible. — Ainsi, je rencontre dans un lieu isolé, en voyageant avec des amis, un autre ami que des voleurs ont dépouillé, et je lui prête 200 fr. pour continuer sa route. De même un militaire, dans le *sauve qui peut* d'une déroute, partage sa bourse avec un camarade sans argent, et chacun d'eux s'enfuit de son côté. Dans ces cas et autres analogues, il n'y avait pas possibilité de rédiger un écrit ; et si la dette était niée plus tard par l'emprunteur, ou que ses héritiers après sa mort déclarassent n'en avoir pas connaissance, le prêteur pourrait la prouver par témoins. Il est évident, au surplus, que, par analogie du 2°, le juge jouirait ici du pouvoir discrétionnaire dont nous avons parlé plus haut (2).

III. — Nous avons déjà dit que si les cas d'application indiqués par le 1°, le 2° et le 3° de notre article ne peuvent pas élargir la règle de droit et de raison proclamée par le premier alinéa, ils ne peuvent pas non plus la restreindre : le témoignage n'est admissible que quand le réclamant n'a pas pu se procurer une preuve écrite, mais il l'est toutes les fois qu'il ne l'a pas pu.

Ainsi, je pourrai très-bien, quoique l'article ne spécifie point ces cas, prouver par témoins l'erreur, la violence ou le dol que je prétends m'avoir déterminé à former telle convention, ou à réaliser tel acte ou tel fait. Il est évident, en effet, que je n'ai pas pu me faire donner une reconnaissance écrite, soit du dol que l'on pratiquait envers moi, soit de la violence dont j'étais victime, soit de l'erreur dans laquelle je me trouvais. L'impossibilité se touche ici du doigt (3). Il en est de même du tiers qui demande à prouver qu'un acte qui lui préjudicie n'est que simulé et n'a rien de sérieux, ou qu'il est entaché de fraude. Il est bien clair que ce tiers n'a pas pu demander une reconnaissance écrite de la

---

(1) *Voy.* Aubry et Rau (t. VI, p. 464) ; Larombière (art. 1348, n°ˢ 32 et 41) ; Dalloz (v° Oblig., 4909).

(2) Pothier (779) ; Toullier (IX, 194, 198 et 199) ; Favard (v° Preuve) ; Rolland (111, 112 et 113) ; Dalloz (v° Oblig., 4916) ; Larombière (art. 1348, n° 25) ; Cass., 12 janv. 1855 ; 27 juill. 1859.

(3) *Conf.* Toullier (t. IX, 173) ; Duranton (X, 196) ; Larombière (art. 1348, n° 15) ; Aubry et Rau (p. 464 et 465) ; *Dict. not.* (v° Preuve, 99) ; Cass., 27 mai 1837, 22 août 1840, 3 mai 1848, 3 août 1848. — *Voy.* cependant Cass., 20 avril 1844.

fraude ou de la simulation que l'on accomplissait à son préjudice (1).

Tous ces cas rentrent donc dans la règle qui permet la preuve orale à quiconque n'a pas été dans la possibilité de se procurer une preuve littérale. La jurisprudence est constante à cet égard (2).

Mais si je puis bien recourir au témoignage *pour prouver le dol* (ou l'erreur, ou la violence) que je prétends avoir donné lieu au contrat, ce n'est pas une raison de dire, comme on l'a fait quelquefois, que je puis y recourir *pour prouver le contrat* que je prétends provenir du dol (ou de la violence, ou de l'erreur), mais que mon adversaire soutient n'avoir pas existé. — Ainsi, quand je soutiens que la vente que je vous ai faite de tels objets, vente dont l'existence n'est nullement contestée par vous, n'a été consentie par moi que par suite d'un dol qui me permet de faire annuler le contrat, je ne demande à prouver que le dol, et je puis dès lors prouver par témoins; mais si je viens soutenir contre vous, qui prétendez n'avoir jamais fait aucun contrat avec moi, que vous m'avez amené par dol à déposer chez vous tels objets, je demande alors à prouver deux choses : qu'il y a eu dol pratiqué par vous contre moi, et qu'un contrat de dépôt s'est formé entre nous; or, si l'on peut prouver par témoins le premier point (l'existence du dol), il n'en est pas de même pour le second (la formation du contrat). La circonstance que le dépôt (allégué par moi et nié par vous) proviendrait d'un dol ne m'empêchait pas d'exiger de vous un écrit : je n'ai donc pas été dans l'impossibilité de me procurer une preuve écrite de ce dépôt, et je ne puis pas dès lors le prouver par témoins. On s'étonne qu'une Cour d'appel ait pu juger le contraire, en confondant ainsi la preuve à faire *d'un dol* avec la preuve à faire *d'un contrat* provenant du dol; et c'est avec raison que sa décision a été cassée par la Cour suprême.

L'arrêt de cassation (3) est celui que nous avons déjà cité à l'appui de cette autre proposition, établie plus haut (n° II), que, quand le délit que l'on veut prouver présuppose l'existence d'un contrat (ou autre fait licite) contesté comme le délit lui-même, la preuve complexe à faire alors ne peut pas s'administrer par témoins seulement, puisque, si l'impossibilité d'une preuve écrite et dès lors l'admissibilité du témoignage existent pour le délit, elles n'existent pas pour le contrat. Cette règle du n° II et celle de ce n° III se présentaient toutes deux dans l'espèce. Le demandeur, en effet, voulait prouver par témoins qu'il avait été amené par le dol de son adversaire à effectuer entre ses mains un dépôt que celui-ci avait ensuite violé; or il y avait dans cette allé-

---

(1) *Conf.* Prudhon (*De l'Usuf.*, 2ᵉ édit., t. III, n° 1308); Toullier (IX, 164 à 166, 184); Duranton (XIII, 338); Aubry et Rau (3ᵉ édit., t. VI, p. 465); Larombière (art. 1348, n° 21); Caen, 24 avril 1830; Bordeaux, 22 janv. 1828; Bruxelles, 31 janv. 1829; Caen, 20 juin 1825; Aix, 27 fév. 1841; Cass., 14 fév. 1843, 30 déc. 1857.
(2) Bordeaux, 22 janv. 1828; Toulouse, 15 mars 1834; Bordeaux, 7 mars 1835; Toulouse, 22 janv. 1838; arrêts de la Cour suprême des 24 mars 1829, 26 avril 1830, 5 janv. 1831, 1ᵉʳ fév. 1832, 20 déc. 1832, 31 juill. 1833, 3 juin 1835, 4 fév. 1836, 28 nov. 1838, 2 juill. 1839 (Dev. et Carr., 1831, I, 8; 1832, I, 139; 1833, I, 144 et 840, et II, 537; 1835, I, 428, et II, 263; 1836, I, 839; 1838, II, 129; 1839, I, 626 et 813).
(3) 20 avril 1844 (Dev. et Carr., 1844, I, 848).

gation trois choses : dol ayant donné lieu au dépôt, réalisation du contrat de dépôt, violation de ce dépôt; et comme d'un côté la seconde de ces trois idées (la réalisation du contrat) n'était pas de nature à se prouver par témoins (puisque le déposant aurait fort bien pu en tirer un écrit), et que, d'autre part, la preuve offerte simultanément sur les trois points était purement orale, il est palpable que cette preuve ne devait pas être admise.

Encore une fois, vous pouvez bien prouver par témoins *le dol, l'erreur ou la violence* auxquels vous attribuez la réalisation d'un contrat ; mais vous ne pouvez pas prouver par témoins *le contrat* que vous attribuez à la violence, à l'erreur ou au dol (1), à moins, bien entendu, que, dans le cas de violence, cette violence ne soit alléguée comme ayant eu précisément pour objet de vous empêcher de tirer un écrit de votre cocontractant. Alors, en effet, votre allégation consiste à dire que vous avez été dans l'impossibilité d'obtenir une preuve écrite ; et en prouvant par témoins la violence qui vous a mis dans cette impossibilité, vous pourrez prouver aussi par témoins le contrat lui-même (2).

IV. — De même, tandis que la preuve testimoniale de la simulation d'un acte peut très-bien, comme nous l'avons dit, être faite par le tiers auquel cet acte préjudicie, parce qu'il y a eu pour lui impossibilité d'en avoir un preuve écrite, elle ne pourrait pas l'être par celui qui a été partie à l'acte et qui est ainsi l'un des auteurs de la simulation ; car il était facile à celui-ci de se procurer une preuve écrite de cette simulation.

Ainsi, quand nous signons un acte par lequel je déclare vous vendre ma maison, mais que la prétendue vente n'est qu'apparente et fictive, mes créanciers pourront bien prouver la simulation par témoins, parce qu'il leur a été impossible d'en avoir une preuve écrite ; mais moi, je ne le pourrai pas, car rien ne m'a empêché de vous faire signer une contre-lettre démentant l'énonciation de l'acte ostensible. La Cour de Riom est donc tombée dans l'erreur lorsqu'elle a déclaré la preuve par témoins permise en pareil cas, et c'est avec raison que son arrêt, qui présentait une fausse application de notre article et une violation de l'art. 1341, a été cassé (3).

Mais en est-il ainsi ? la preuve par témoins de la simulation alléguée est-elle également fermée à la partie, alors que cette simulation couvre une fraude à la loi, c'est-à-dire quand elle cache un acte qui se trouve prohibé comme contraire à l'ordre public ?

La question est délicate et a donné lieu, dans une seule et même affaire (Boulet C. Lapeyre), à des solutions contraires. Jugée négativement par la Cour de Riom, elle le fut en sens contraire par la Cour

---

(1) *Conf.* Aubry et Rau (3ᵉ édit., t. VI, p. 464 et 465); Dalloz (vᵒ Oblig., nᵒ 4937).
(2) Toullier (t. IX, nᵒ 186); Zachariæ, édit. Massé (t. III, p. 526) ; Aubry et Rau (t. VI, p. 465); Cass., 7 avril 1854.
(3) Cass., 6 août 1828 ; Rej., 30 avril 1838 (Dev., 1838, I, 437); Toullier (t. IX, 178 à 184); Duranton (X, 357); Aubry et Rau (3ᵉ édit., t. VI, p. 466); Zachariæ, édit. Massé (t. III, p. 526); Larombière (art. 1348, nᵒ 18).

suprême, qui cassa, le 29 mai 1827, et renvoya devant la Cour de Lyon. Là elle fut résolue négativement encore; et sur le second pourvoi, la Cour de cassation, chambres réunies, conformément aux conclusions de M. Dupin, se rangea à l'avis des deux Cours d'appel, en décidant que la fraude à la loi peut se prouver oralement par toute personne intéressée, même par celle qui a été partie à l'acte simulé. Cette doctrine, savamment critiquée dans le compte rendu de l'arrêt par M. Devilleneuve, nous paraît cependant exacte, et c'est avec raison, selon nous, qu'elle est adoptée par une jurisprudence à peu près constante (1).

D'une part, en effet, l'art. 1353 admet la preuve par simple présomption pour tout cas de fraude, et aussi bien dès lors pour la fraude faite à la loi que pour celle qui préjudicie seulement aux individus; et c'est avec raison, puisque la première est évidemment plus grave que la seconde. Or nous verrons, en expliquant cet art. 1353, que, malgré la rédaction vicieuse par laquelle il semblerait dire le contraire, la preuve testimoniale est certainement admissible dans tous les cas où l'est la preuve par simple présomption. D'un autre côté, il est bien vrai qu'ici la personne à laquelle préjudicie la simulation qui fait fraude à la loi a participé et consenti à cette simulation; mais, outre que le plus souvent le consentement par elle donné en pareil cas ne résultera que d'une contrainte morale et d'un défaut de pleine liberté, on comprend d'ailleurs qu'il ne lui aura guère été possible de se faire donner une preuve écrite de la simulation. Ainsi, quand je vous souscris un billet par lequel je me déclare votre débiteur d'une somme de..., pour objets que vous m'avez vendus, tandis que ma prétendue dette n'a pour cause que des intérêts usuraires, ou un dédit de promesse de mariage (comme dans l'affaire Boulet), ou toute autre cause prohibée par la loi, il est clair que je ne puis pas vous demander de me signer une contre-lettre qui établisse la fausseté de la cause indiquée : du moment que, moralement forcé par la fausse position où je me trouve, j'ai consenti à vous signer une obligation mensongère, je ne pouvais pas vous demander un écrit destiné à la faire annuler. Il y a donc eu impossibilité morale d'avoir une preuve écrite, et ce cas rentre ainsi dans la règle générale de notre article.

V. — Après avoir parlé du cas où il a été impossible à la personne de faire faire un écrit, notre article arrive au cas où il lui a été impossible de conserver l'écrit qu'elle s'était procuré; et il a le tort de présenter cette hypothèse comme un quatrième cas d'application de la première règle, tandis qu'elle forme évidemment une règle distincte,

---

(1) Rej., chambr. réun., 7 mai 1836, et Observ. de l'arrêtiste (Dev., 36, I, 674); Bordeaux, 7 avril 1827; Caen, 25 juill. 1827; Rej., 18 fév. 1829; Angers, 27 mars 1829; Bourges, 2 juin 1831; Lyon, 21 mars 1832; Cass. (d'un arrêt de Poitiers et d'un arrêt de Montpellier), 11 juin 1838; Nîmes, 25 janv. 1839; Limoges, 16 avril 1845; Lyon, 17 nov. 1848; Cass., 9 janv. 1850 (Dev., 31, II, 248; 32, II, 391; 38, I, 192; 39, I, 177; 49, II, 334; 50, I, 132), 26 nov. 1858. — Conf. Maleville (sur l'art. 1905); Merlin (Rép., v° Jeu, n° 4); Toullier (t. VI, n° 382); Duranton (t. X, n° 370); Massé et Vergé, sur Zachariæ (t. III, p. 527); Aubry et Rau (3e édit., t. VI, p. 468, note 20); Larombière (art. 1348, n° 19); Dalloz (v° Oblig., 4917 et suiv.).

puisqu'on ne peut pas perdre un écrit qu'on n'a pas. C'est là, au surplus, un vice de rédaction qui n'a aucune importance.

Le réclamant devra ici prouver, tout à la fois, et que tel événement de force majeure a existé, et que cet événement a fait disparaître tel acte, et que cet acte était bien relatif au droit qu'il prétend établir. Ainsi, il lui faudra établir par témoins : 1° qu'il possédait un titre justifiant du droit qu'il prétend lui appartenir ; 2° qu'il a été victime de tel événement de force majeure (un incendie, une inondation, un pillage, un vol, etc., etc.) ; 3° que c'est par cet événement que le titre lui a été enlevé (1).

Un mot d'observation est nécessaire sur chacun de ces trois objets de preuve.

On ne pourra pas, par la nature même des choses, être très-rigoureux sur le troisième point. Il est évidemment impossible, au moins en général, de prouver d'une manière bien précise que tel acte, que les témoins déclarent avoir été en ma possession avant l'incendie ou autre événement, a vraiment péri dans cet événement avec mes autres titres et papiers ; je n'ai pas pu, au moment même du sinistre, faire dresser l'inventaire des différents papiers que le feu dévorait ; je ne puis pas prouver que quelques jours ou quelques heures avant l'incendie, je n'ai pas, dans un but quelconque, séparé ce titre de mes autres papiers ; et il faudra bien se contenter ici, la plupart du temps, de probabilités, de vraisemblances.

Il n'en est pas de même du second point : l'événement même dont je dis avoir été victime doit être prouvé de la manière la plus positive ; car c'est lui qui fait naître l'exception aux principes de l'art. 1341. S'il suffisait de faire entendre des témoins disant que j'avais tel titre et ajoutant vaguement qu'il s'est trouvé perdu, la règle de notre 4°, au lieu d'être une simple exception à l'art. 1341, serait véritablement la destruction entière de cet article. Si la loi trouve facile de se procurer de faux témoins pour déposer d'un prétendu droit, il serait tout aussi facile de faire dire par ces témoins que j'avais de ce droit un titre que j'ai perdu. Il est clair qu'il faut ici la preuve très-précise, très-rigoureuse et ne laissant aucune espèce de doute, d'un événement plus fort que ma volonté et qu'il m'a été impossible de conjurer (2).

Quant au premier point, l'*existence du titre* qu'on allègue avoir été enlevé par l'événement, il demande plus de développement... Il faudra certainement prouver d'une manière positive que le réclamant possédait un titre ayant pour objet d'établir son droit ; car le texte de la loi ne lui permet de recourir au témoignage que quand il a perdu un titre formant preuve littérale, et ce n'est dès lors qu'en établissant qu'il

---

(1) Pothier (*Oblig.*, 816) ; Bonneau de Lacombe (v° Preuve, § 1, n° 6) ; Toullier (IX, n°ˢ 206 et 207) ; Merlin (v° Preuve, § 7) ; Duranton (t. XIII, n° 368) ; Rolland (117) ; Bonnier (133) ; Massé et Vergé (t. III, p. 527) ; Aubry et Rau (t. VI, p. 470) ; Larombière (art. 1348, n°ˢ 40 et suiv.).

(2) Rolland de Villargues (v° Preuve, 118) ; Toullier (t. V, n° 207) ; Solon (n° 144) ; Bonnier (2ᵉ édit., 133) ; Larombière (art. 1348, n° 42) ; Orléans, 13 oct. 1862.

avait bien cette preuve littérale qu'il se place dans l'exception. Il faudra de plus, s'il s'agit d'un acte qui n'a de valeur que par l'emploi de certaines formalités, qu'il résulte des dépositions des témoins que l'acte réunissait les diverses conditions de validité voulues par la loi (1). Mais faut-il dire que toujours, et en dehors même de ce dernier cas, les témoins devront avoir lu le titre et en rapporter la teneur? Toullier (IX, 206), M. Duranton (XIII, 368), M. Zachariæ (V, p. 653) et M. Bonnier (n° 114), semblent l'exiger. Mais nous ne saurions partager ce sentiment; car, entendue ainsi, la règle nous paraît contraire et à la loi et à la raison.

La loi, d'abord, ne dit pas que la perte d'un titre, arrivée par force majeure, autorisera le réclamant à prouver par témoins *quel était le contenu de ce titre*. Elle dit que cette perte, une fois justifiée, apportera exception aux règles ci-dessus, aux règles de l'art. 1341, ce qui signifie que je pourrai prouver alors par témoins *ma réclamation*. Notre alinéa, par sa relation avec le commencement de l'article, avec l'article précédent et avec l'art. 1341, signifie que, quand j'aurai prouvé, en premier lieu, l'existence antérieure d'un titre établissant ma prétention et la destruction de ce titre par une force majeure, je pourrai, en second lieu, prouver par témoins la prétention que je n'aurais pu sans cela prouver que par le titre même; or si la première preuve à faire, celle qui est nécessaire pour se placer dans l'exception, embrassait la justification de la teneur même du titre perdu, il n'y aurait plus rien à prouver ensuite, il n'y aurait pas de seconde justification à faire : en reconstruisant par le témoignage tout le contenu de mon acte, j'aurais par là même complétement justifié ma prétention, tout serait fini; or la loi n'entend pas qu'il en soit ainsi, puisque, dans son système, la première preuve faite ne sera qu'un moyen d'arriver à prouver ensuite mes prétentions par le témoignage.

Et en effet, le système que nous rejetons ici eût été trop rigoureux; et si celui à qui une force majeure a enlevé son titre ne pouvait réussir qu'en rétablissant la teneur de ce titre au moyen de témoins qui l'auraient lu et retenu, on arriverait à rejeter des demandes que la raison commande d'admettre. Prenons un exemple... Je vous réclame 2 000 fr. que je prétends vous avoir prêtés; vous soutenez ne m'avoir jamais rien emprunté et vous me demandez mon titre. Je réponds que ce titre est détruit, mais que je suis cependant en mesure de donner la justification légale de ma créance... J'ai été victime d'un incendie qui est un fait constant; il est également notoire que cet incendie a commencé dans mon cabinet, au milieu de la nuit, pendant mon sommeil, et que, quoique bientôt arrêté, il a consumé avec son contenu le meuble où trente personnes déclarent avoir toujours été tous mes papiers; puis de nombreux témoins, et des plus dignes de foi, déposeront, ceux-ci

---

(1) Toullier (216-218); Rolland (126); Bonnier (133); Aubry et Rau (3ᵉ édit., t. VI, p. 471); Massé et Vergé, sur Zacha ie (t. III, p. 527); Larombière (art. 1348, n° 19); Dalloz (v° Oblig., 4927); Cass., 12 déc. 1859.

vous avoir vu venir chez moi, dans mon cabinet, peu de temps avant
l'incendie, la veille peut-être, me prier de vous rappeler l'époque d'é-
chéance de votre billet de 2 000 fr., et m'avoir vu chercher ce billet
dans le meuble ci-dessus pour vous indiquer cette échéance; d'autres,
vous avoir entendu dire à diverses reprises que vous aviez 2 000 fr. à
me payer à telle époque; d'autres encore, si l'on veut, vous avoir vu à
une époque antérieure, dans ma chambre, m'emprunter les 2 000 fr.,
les mettre dans votre poche, puis passer avec moi dans mon cabinet
(où ils ne nous ont pas suivis) pour y écrire votre billet... N'est-il pas
palpable qu'en pareil cas ma demande doit triompher?... Et pourtant
aucun témoin ne rapporte la teneur du billet, aucun ne l'a lu, aucun
même ne l'a vu...

Il y a donc erreur à dire, comme Toullier et M. Zachariæ, que les
témoins doivent rapporter *la teneur de l'acte;* comme M. Bonnier, que
notre alinéa vient permettre de constater par témoins *le contenu de
l'acte perdu ou détruit;* comme M. Duranton, que je devrai faire entendre « des témoins qui déposent avoir vu les billets entre mes mains
avant l'incendie, *en avoir lu le contenu et se souvenir de leur teneur.* »
Il est vrai que M. Duranton a copié ce passage dans Pothier; mais il
donne comme absolue une idée qui n'est dans Pothier que le premier
membre d'une alternative, et il s'arrête précisément dans cette dernière
proposition : ou qui déposeront *avoir connaissance de la dette.* Et Pothier ajoute : « Il faut qu'il soit avoué que ma maison a été incendiée,
ou que je sois en état de le prouver, pour que je puisse être admis *à
la preuve testimoniale* (de quoi? du contenu des billets? Non) *des
prêts d'argent* dont je prétends avoir perdu les billets. » (*Oblig.,*
n° 781.)

Ainsi, des témoins ayant personnellement vu, lu et retenu l'acte, ne
seront nécessaires que quand il s'agira d'un acte soumis à des formalités dont l'accomplissement n'a pu et ne peut se constater que par
l'examen de cet acte et de la relation de sa teneur (1).

VI. — La Cour suprême, dans un arrêt *de cassation* du 5 avril 1817,
a émis, à l'occasion de notre § 4°, une doctrine qui, pour avoir été ap-
prouvée par quelques jurisconsultes, n'en est pas moins une lourde
erreur, un grossier cercle vicieux et une violation flagrante de la loi...
L'arrêt décide que celui qui se prétend victime de la soustraction d'une
contre-lettre, et qui demande à prouver par témoins le fait de cette
soustraction et les conventions que la contre-lettre énonçait, n'est pas
recevable, et qu'il ne peut être admis à prouver oralement la soustraction de la contre-lettre qu'après avoir au préalable prouvé par écrit
(ou au moyen de commencement de preuve par écrit) l'existence de
cette contre-lettre.

Voici le singulier motif de ce singulier arrêt : « Attendu que la soustraction de la contre-lettre... est un fait de fraude excepté par l'arti-

(1) *Voy.* Rolland (119); Aubry et Rau (t. VI, p. 470, note 35); Massé et Vergé,
sur Zachariæ (t. III, p. 527); Larombière (art. 1348, n° 46).

cle 1348 de la règle prescrite (par l'art. 1341); mais qu'il ne peut pas
y avoir eu de soustraction de contre-lettre s'il n'y a pas eu de contre-
lettre; qu'avant qu'il puisse être instruit par témoins sur un fait de
soustraction de contre-lettre, il faut donc que l'existence antérieure
de la contre-lettre soit établie (par écrit); qu'admettre, sans cette
preuve préalable, la preuve testimoniale du fait de la soustraction
ce serait... établir l'existence de conventions civiles par un genre de
preuve expressément prohibé (par l'art. 1341); attendu que, dans
l'espèce, Bouilloux... ne rapportait aucune preuve écrite... de la
préexistence de la contre-lettre... CASSE. »

On ne sait trop par où saisir ce gâchis d'idées; mais de quelque manière et par quelque côté qu'on l'attaque, on arrivera toujours à en
démontrer l'absurdité et à faire toucher du doigt la violation de loi qu'il
contient. L'arrêt, comme on voit, se réduit à ceci : « Il est vrai que le
cas de soustraction d'une contre-lettre fait exception à l'art. 1341, mais
comme on ne peut pas prouver la soustraction d'une contre-lettre sans
faire preuve de la préexistence de cette contre-lettre, et que l'art. 1341
défend de faire une telle preuve par témoins, il s'ensuit que la preuve
testimoniale de la soustraction de contre-lettre n'est pas possible. » En
d'autres termes, le cas dont il s'agit *n'est pas soumis au principe de
l'art.* 1341, il rentre sous l'exception de l'art. 1348, en sorte que la
preuve testimoniale y semblerait permise; mais comme le principe de
l'art. 1341 (*qui n'est pas applicable*) s'oppose à la preuve testimoniale,
cette preuve reste défendue! C'est dire que le cas *présente une exception,* mais reste *soumis au principe;* que l'art. 1341 *est inapplicable,*
mais qu'*il doit s'appliquer!!!*

Que d'idées fausses, que de subtilités ridicules et inexactes, entas-
sées dans les quelques lignes de cet arrêt! Vous dites qu'il n'a pas pu
exister une soustraction de contre-lettre, s'il n'a pas existé une contre-
lettre (ce qui est de toute évidence), et vous ajoutez qu'avant de prouver par témoins le fait de la soustraction, il faut préalablement prouver *par écrit* cet autre fait qu'une contre-lettre a existé!... On peut
vous accorder l'ordre des preuves à faire; que le réclamant doive prouver séparément et successivement : 1° qu'il avait une contre-lettre, et
2° qu'on lui a arraché et détruit cette contre-lettre, ou bien qu'il puisse
prouver les deux faits simultanément, c'est évidemment chose insignifiante; mais ce qu'on ne saurait vous accorder, c'est que le premier
fait, à la différence du second, doive se prouver par écrit. Comment!
quand un événement de force majeure m'a enlevé mon titre, il me faudrait prouver *par écrit* que ce titre a existé! C'est-à-dire que quand je
forme une convention antérieure et constatée par un acte, je devrais
non-seulement me procurer un écrit *pour prouver la convention* le cas
échéant, mais encore me procurer un second écrit *pour prouver le
premier écrit!* Une pareille entente de l'art. 1341 est certes assez contraire au bon sens pour qu'il n'y ait pas lieu d'insister sur ce premier
argument : aussi l'arrêt nous paraît-il avoir dit là, en passant et sans
y penser, plus qu'il ne voulait dire; et ce premier argument se confond

sans doute dans la pensée du rédacteur avec celui qui vient plus loin...
On nous dit que prouver par la preuve purement orale le fait complexe
de la soustraction d'une contre-lettre énonçant telles conventions ce
serait, en définitive, faire preuve des conventions par témoins (ce qui
est très-vrai), mais qu'une telle preuve est prohibée par l'art. 1341
(ce qui est encore très-vrai), et que par conséquent cette preuve est
impossible dans notre cas comme dans tout autre. Or ceci est complétement faux : elle sera impossible tant qu'on restera sous le principe
de cet art. 1341, mais elle sera possible assurément quand on sera dans
l'une des exceptions qui autorisent la preuve testimoniale. Sommes-
nous, oui ou non, dans une de ces exceptions? Oui, évidemment, dans
celle de l'art. 1348, 4°, puisque c'est par un événement de force majeure que le réclamant a été dépouillé de l'écrit qu'il s'était procuré
pour prouver les conventions. Comment a-t-on pu si mal comprendre
notre 4°?... On veut bien que le réclamant prouve par témoins la soustraction de la contre-lettre, et on ne veut pas qu'il arrive à prouver par
témoins la convention que constatait cette contre-lettre! Mais le 4° de
notre article n'a pas pour but d'admettre *la preuve testimoniale de
l'événement de force majeure* (cette preuve va de soi, et résulte d'ailleurs de la première règle de ce même article); il a précisément pour
but d'admettre, sous la condition de cet événement de force majeure,
la preuve testimoniale de la convention dont cet événement a fait disparaître la preuve écrite.

Essayerait-on d'assimiler le cas de cet arrêt au cas, par nous expliqué au n° II, 1°, d'un délit qui présuppose un contrat ou autre fait licite
échappant à la preuve testimoniale? Mais il est évident qu'il n'y a aucune
parité. Quand j'allègue contre vous la violation d'un dépôt que je prétends vous avoir fait, la preuve testimoniale, si elle m'est évidemment
permise pour une partie de l'objet complexe de mon allégation, ne l'est
pas pour l'autre, puisque j'ai pu et dû retirer une preuve écrite du dépôt que je prétends violé; mais ici le témoignage est admissible pour
chacun des objets de mon allégation : il l'est pour le fait de la soustraction, d'après le 1° de notre article, puisque c'est un délit dont je
n'ai pu tirer une preuve écrite; et il l'est pour les conventions elles-
mêmes, d'après le 4°, puisque c'est l'événement de force majeure qui
me met dans l'impossibilité de rapporter la preuve écrite que j'avais
eu soin de me procurer.

M. Mangin, et après lui les recueils d'arrêts (1), tout en n'osant pas
approuver les motifs de la décision que nous critiquons ici, la trouvent
exacte au fond, et croient la justifier en disant qu'elle ne s'applique
qu'à un cas de contre-lettre, de preuve à faire outre ou contre les énonciations d'un autre acte, mais qu'elle ne s'appliquerait pas au cas de
titres ordinaires. Cette distinction, imaginée par M. Mangin et reproduite par les arrêtistes, est évidemment insignifiante : la disposition du 4°

---

(1) Voy. *Traité de l'acte publ.*, I, n° 173 (Dev., *Collect. nouv.*, t. V, part. 1re, p. 304,
note; *J. Pal.*, t. XIV, p. 171, note).

de notre article, aussi bien que celle des paragraphes précédents, aussi bien que celle de l'art. 1347, ne font pas exception à la première seulement des deux règles de l'art. 1341, mais à toutes deux : *Les règles ci-dessus reçoivent exception*, dit l'art. 1347 ; et le nôtre répète: *Elles reçoivent encore exception...* Lors donc, 1° qu'il y a commencement de preuve par écrit, ou 2° lorsque le réclamant n'a pas pu se procurer une preuve écrite, ou 3° lorsqu'une force majeure lui a enlevé cette preuve écrite, le témoignage est admissible, soit pour prouver au delà de 150 fr., soit pour prouver outre ou contre les actes produits.

L'arrêt erroné de 1817 a donc eu raison de ne pas s'appuyer sur une distinction qui ne serait qu'une erreur de plus. Mais il a eu grand tort de méconnaître si profondément le sens de la disposition finale de notre article, et il eût dû voir que sa doctrine ne serait rien moins que *la suppression* de cette disposition, qui, avec un tel système, ne pourrait s'appliquer *dans aucun cas...* Supposez, en effet, tel événement de force majeure que vous voudrez ; supposez aussi la preuve testimoniale la plus convaincante, la plus complète qui se puisse imaginer, de la perte, par cet événement, de l'acte qui établissait la prétention du réclamant ; supposez enfin et d'ailleurs une preuve (testimoniale toujours) aussi parfaite que possible du fondement de cette prétention : *dans tous les cas*, le réclamant sera repoussé par l'arrêt. Il suffira de mettre *incendie, inondation,* etc., etc., à la place de *soustraction,* et d'écrire *acte de vente, quittance,* etc., à la place de *contre-lettre...* Dans tous les cas possibles, l'exception de notre 4° *sera effacée;* car si vous n'avez ni preuve complète par écrit, ni commencement de preuve par écrit, on vous repousse ; si vous avez une preuve par écrit, il n'y a plus exception à l'art. 1341, mais bien application de cet article; si enfin vous avez un commencement de preuve par écrit, l'admission de votre preuve testimoniale n'est plus le résultat de l'art. 1348, 4°, mais le résultat de l'art. 1347... L'étrange doctrine de l'arrêt serait donc, encore une fois, *la suppression du dernier alinéa de notre article ;* et plus on y réfléchit, moins on comprend une telle aberration, surtout dans un arrêt *qui casse* une décision parfaitement exacte (1).

VII. — Nous avons étudié jusqu'ici trois cas généraux d'exception à la double prohibition de l'art. 1341 : 1° l'existence d'un commencement de preuve par écrit (art. 1347); — 2° l'impossibilité où s'est trouvé le réclamant de se procurer une preuve écrite (art. 1348, 1°, 2°, 3°); — 3° l'impossibilité où il a été de conserver l'écrit qu'il s'était procuré et qu'une force majeure lui a enlevé (art. 1438, 4°). Nous devons nous occuper maintenant de la quatrième cause d'exception que nous a indiquée le texte même de cet art. 1341, par cette restriction finale : *le tout sans préjudice de ce qui est prescrit dans les lois relatives au commerce.*

---

(1) *Conf.* Merlin (*Quest.*, v° Supp. de titre, § 1); Toullier (t. IX, n° 156); Duvergier, *eod.*); Massé et Vergé (t. III, p. 527, note 16) ; Aubry et Rau (3ᵉ édit., t. VI, p. 471); Larombière (art. 1348, n° 41).—Req., 4 déc. 1823, 10 déc. 1823, 2 avril 1835; Rouen, 3 mai 1839 ; Cass., 30 janv. 1846.

Les deux principes de l'art. 1341 reçoivent exception l'un et l'autre, selon nous du moins, en matière commerciale. Ainsi, on peut alors, par témoins, 1° prouver un intérêt excédant 150 fr.; puis 2° prouver, au-dessus comme au-dessous de ce chiffre, outre ou contre les énonciations d'un acte écrit.

Les auteurs et les arrêts sont tous d'accord sur le premier point. Et en effet, l'art. 109 du Code de commerce suffit à lui seul pour le justifier. Cet article déclare que les achats et les ventes peuvent se constater par la preuve testimoniale; or les achats et les ventes sont le type de toutes les affaires commerciales; ils sont les plus fréquents et les plus importants des actes commerciaux. Le moyen de preuve formellement admis pour eux l'est donc implicitement pour toutes autres opérations; et tel était l'ancien usage du commerce, auquel rien n'indique que notre législateur ait voulu apporter de changement. (Merlin, *Quest.*, v° Dern. ressort, § 18.) (1)

Le second point est controversé. M. Bonnier (n° 93) et trois arrêts de Cours d'appel (le dernier est d'Angers, 4 juin 1829) décident que, même en matière commerciale, on ne peut pas, en dehors des cas d'exception indiqués par nos art. 1347, 1348, prouver par témoins contre ni outre le contenu aux actes. Mais cette doctrine est repoussée par la grande majorité des auteurs et des arrêts (2); et c'est, selon nous, avec raison.

En effet, 1° l'ancien usage du commerce était également constant sur ce second point (Merlin, *loc. cit.*), et le Parlement de Paris jugeait ainsi dès le commencement du dix-septième siècle; or, rien dans la loi n'indique une règle différente; 2° au contraire, l'art. 109 ayant été rédigé tout d'abord en ce sens que la preuve testimoniale serait admissible s'*il y avait commencement de preuve par écrit*, ce qui eût assimilé les matières commerciales aux matières civiles, de vives réclamations s'élevèrent de toutes parts contre cette innovation, on demanda le maintien de l'ancienne règle, et il fut fait droit à ces réclamations par la rédaction actuelle, qui permet la preuve testimoniale *dans tous les cas où le tribunal croira devoir l'admettre;* 3° l'art. 41 du Code de commerce, porté tout exprès pour rejeter la preuve testimoniale contre et outre le contenu aux actes *dans le cas particulier de société*, indique assez qu'en règle générale elle est admissible: on n'aurait pas exprimé spé-

---

(1) *Conf.* Locré (sur l'art. 109, *C. comm.*); Toullier (t. IX, n° 230); Pardessus (262 et 263); Favard (v° Preuve, § 1, n° 9); Delvincourt (t. II, p. 1, n° 190); Bravard (chap. 7); Rolland (131); Duranton (XIII, 340 et 341); Bonnier (n° 132); Massé et Vergé (t. III, p. 519, note 7); Aubry et Rau (p. 445); Larombière (art. 1341, n° 36); Cass., 25 janv. 1821, 1er juill. 1824, 28 juin 1825, 15 mars 1827, 15 déc. 1827, 15 janv. 1828.

(2) Toullier (IX, 233); Pardessus (n°s 262 et 459); Dalloz (*Obligat.*, 4962); Zachariæ (V, p. 724, note 3); Nouguier (III, 65); Devilleneuve et Massé (n° 10); Bravard (chap. 7); Nouguier (t. III, p. 65); Aubry et Rau (t. VI, p. 446); Toulouse, 11 mai 1833; Paris, 3 mai 1834; Rej., 10 juin 1835; Rej., 11 juin 1835; Agen, 1er fév. 1838; Rej., 6 avril 1841 (Dev. et Car., 1836, I, 623 et 689; 1841, I, 709); Rej., 10 avril 1860. — *Nota.* M. Bonnier a rétracté son opinion dans sa 2e édition (n° 106, et 3e édit., n° 145).

cialement pour les sociétés la prohibition dont on ne parle pas dans les autres matières, si cette prohibition avait été un principe commun à toutes; 4° le texte même de l'art. 1341 manifeste la même idée, puisque, après avoir porté les deux prohibitions, il annonce que l'exception des lois commerciales frappe sur *le tout*.

M. Bonnier tombe, au surplus, dans de graves erreurs de fait, quant aux deux arrêts qu'il cite à l'appui de son opinion. « Un arrêt de cassation du 16 mai 1829, dit-il, s'est prononcé en ce sens; et si un arrêt de rejet du 11 juin 1835 paraît décider le contraire, c'est parce que, dans l'espèce, il y avait un commencement de preuve par écrit. » Ces trois lignes donnent lieu à plus d'une observation. Et d'abord, le prétendu arrêt de cassation du 16 mai (qui est au contraire un arrêt de rejet du 15 juin) ne juge en aucune façon que le témoignage est inadmissible outre ou contre l'acte; il dit seulement que le juge a un pouvoir discrétionnaire à cet égard, ce qui est bien évident en présence de ces termes de l'art. 109 : *Dans le cas où le tribunal croira devoir l'admettre.* — Ensuite, l'arrêt du 11 juin 1835, que M. Bonnier dit n'avoir reconnu l'admissibilité du témoignage que parce qu'il y avait commencement de preuve par écrit, la proclame au contraire très-expressément en dehors et indépendamment de cette circonstance. La Cour d'appel avait dit : « Attendu qu'en matière commerciale la preuve testimoniale est admissible *dans toute espèce de contestation*, et que dès lors elle serait *doublement* admissible dans celle-ci, où il y a un commencement de preuve par écrit »; la Cour suprême a reproduit la même doctrine en disant : « Attendu que la preuve testimoniale est admissible en matière commerciale, *encore bien que la demande* (contre laquelle elle est dirigée) soit formée en vertu *d'un titre écrit,* conformément à *la disposition finale de l'art.* 1341 combiné avec l'art. 109 du *Code de commerce;* attendu, *d'ailleurs,* que l'arrêt attaqué constate qu'il y avait dans la cause un commencement de preuve par écrit. » — Enfin, nous venons de voir que la Cour suprême, que M. Bonnier présente comme opposée à notre doctrine, l'a au contraire consacrée trois fois (10 juin 1835, 11 juin 1835, 6 avril 1841), et n'a jamais jugé autrement.

Cette règle de l'inapplicabilité des principes de l'art. 1341 aux matières commerciales nous paraît trancher une question qui est cependant controversée, celle de savoir si l'on peut prouver par témoins la remise, faite à un entrepreneur de transports, des objets destinés à être transportés. M. Bonnier (n° 111) se décide pour la négative; mais nous croyons, avec M. Maleville (sur l'art. 1786) et M. Zachariæ (t. II, p. 41), qu'elle doit se résoudre affirmativement, non pas par une prétendue analogie avec le 2° de notre article et avec l'art. 1952, mais par la raison que c'est là une opération commerciale. En vain M. Bonnier fait remarquer que l'art. 1785 ordonne aux entrepreneurs d'inscrire sur des registres tout ce qu'on leur donne à transporter, et voudrait conclure de là l'impossibilité de la preuve testimoniale; car les autres commerçants aussi doivent inscrire sur des registres toutes leurs opérations (art. 8, Code de commerce), ce qui n'empêche nullement l'admission du témoignage, comme le reconnaît M. Bonnier lui-même (1).

VIII. — C'est une question très-controversée sous le Code Napoléon, comme elle l'était auparavant, que celle de savoir si l'on doit admettre comme dernière exception aux principes de l'art. 1341 le cas où celui contre lequel il s'agit de faire preuve consent à l'audition des témoins (2). .

Quoique l'affirmative, en outre des nombreux auteurs qui la professent, compte pour elle trois arrêts de Cours d'appel, notre conviction intime se refuse à l'admettre... On a vu, en effet, que la prohibition du témoignage ne tend pas seulement à protéger le plaideur contre le danger de la corruption des témoins, mais aussi à prévenir la multiplicité des procès. Or, si la prohibition, sous le premier point de vue, se rapporte principalement à l'intérêt privé de la partie, il est clair que, sous le second, son but est tout d'intérêt général : ce n'est pas spécialement pour les personnes que vous venez d'appeler devant tel tribunal qu'il importe de restreindre autant que possible le nombre des procès, c'est pour tous, c'est pour la société entière. Mais puisqu'il s'agit là d'un objet d'intérêt public, il est donc impossible, aux termes de l'art. 6, d'y déroger par convention particulière, et le consentement donné à cet égard par les deux adversaires se trouve inefficace. Aussi remarquons bien que le Code, qui a soin de formuler les diverses exceptions qu'il entend apporter à son principe, n'a rien dit nulle part qui fasse allusion à celle que l'on veut introduire ici; et ce silence est d'autant plus significatif que la loi s'explique même sur les cas d'exception qui allaient de soi, ceux dans lesquels il y a eu impossibilité physique, matérielle, absolue, de se procurer une preuve écrite. Et non-seulement la loi ne dit rien qui puisse faire croire à la nouvelle exception dont il s'agit, mais ses termes indiquent assez clairement l'intention contraire : car l'art. 1341 ne dit pas qu'*on pourra s'opposer à la preuve par témoins*, mais bien qu'*il ne sera reçu aucune preuve par témoins*, posant ainsi, non pas *un droit conféré au plaideur*, qui serait libre de repousser le témoignage quand il voudrait, mais *une défense adressée au juge*, qui ne doit pas recevoir de témoignage.

Les seules exceptions qui nous paraissent admissibles sont donc les

---

(1) *Conf.* Favard (v° Preuve); Duranton (t. XIII, 316); Rolland (n° 109); Aubry et Rau (t. VI, p. 377); Larombière (art. 1348, n° 35); Dalloz (v° Oblig., n° 4914).
(2) *Négat.*, Toullier (IX, 36 et suiv.); Merlin (*Rép.*, v° Preuve, sect. 2, § 3, n°ˢ 28 et suiv.); Rolland de Villargues (*Rép.*, v° Preuve, 40 et suiv.); Boncenne (IV, p. 223 et suiv.); Zachariæ (V, p. 695); Poujol (sur l'art. 1341, 17); Aubry et Rau (3ᵉ édit., t. VI, p. 423); Larombière (art. 1347, note 1). *Voy.* Caen, 24 vent. an 9; Caen, 30 avr. 1860 (Dev., 1861, II, 93); — *Affirm.*, Duranton (XIII, 308); Favard (v° Enquête, sect. 1, § 1); Dalloz (v° Oblig., n° 4615); Curasson (*Compét. des juges de paix*, I, 15); Bonnier (n° 115); Boitard (t. II, p. 173); Carré et Chauveau (p. 497, quest. 976); Bioche (v° Enquête, n° 42); Massé et Vergé, sur Zachariæ (t. III, p. 517, note 2); Bourges, 16 déc. 1826; Rennes, 25 fév. 1841; Bordeaux, 16 janv. 1846 (Dev., 1841, II, 427; 1846, II, 299); Req., 5 août 1847 (D. P., 47, 1, 349).

quatre que nous avons indiquées, et que nous rappelons en terminant cette importante et difficile matière :

1° Existence d'un commencement de preuve par écrit ; — 2° impossibilité où s'est trouvée la personne de se procurer une preuve écrite ; — 3° impossibilité où elle a été de conserver la preuve écrite qu'elle s'était procurée ; — 4° enfin, matières commerciales.

Il va sans dire, au surplus, que, dans tous les cas où la preuve testimoniale serait dirigée contre les énonciations prouvées par un acte faisant foi jusqu'à inscription de faux, elle ne pourrait être employée qu'au moyen de cette inscription de faux.

SECTION III.

DES PRÉSOMPTIONS.

1349. — Les présomptions sont des conséquences que la loi ou le magistrat tire d'un fait connu à un fait inconnu.

I. — A défaut de preuves proprement dites, c'est-à-dire de nature à donner, ou à peu près, la certitude de la vérité de l'allégation, la loi se contente des présomptions qui en procurent la simple vraisemblance, la probabilité. Ces présomptions, dit notre article, sont des conséquences tirées d'un fait connu à un fait inconnu ; mais cette définition, si elle était prise à la lettre, s'appliquerait à toute preuve quelconque d'un fait ; car cette preuve ne se fait jamais que par l'induction du connu à l'inconnu (1). La loi n'entend donc parler ici que des conséquences *conjecturales* et tirées, du connu à l'inconnu, par voie de pure probabilité.

Du reste, on voit que les présomptions, que l'on peut opposer aux preuves en prenant ce dernier mot dans son sens spécial, deviennent elles-mêmes des preuves, dans le sens large du mot, et sont admises comme telles par le Code, puisqu'elles forment ici la troisième des classes de preuves que nous avions à étudier, et que nous avait indiquées l'art. 1316.

II. — Les présomptions se divisent en présomptions *légales* ou *de droit,* et en présomptions *de l'homme* ou *de fait,* selon que l'induction qui les constitue est faite par la loi elle-même ou par le magistrat. Nous allons voir que les présomptions légales se subdivisent en simples ou *juris tantùm,* et en absolues, que l'on a appelées *juris et de jure.*

Un premier paragraphe est consacré par le Code aux présomptions légales ; un second s'occupe des présomptions de l'homme.

§ Ier. — Des présomptions établies par la loi.

1350. — La présomption légale est celle qui est attachée par une loi spéciale à certains faits. Tels sont :

_____

(1) Bonnier (n° 707) ; Larombière (art. 1349, n° 2).

1° Les actes que la loi déclare nuls, comme présumés faits en fraude de ses dispositions, d'après leur seule qualité;

2° Les cas dans lesquels la loi déclare la propriété ou la libération résulter de certaines circonstances déterminées;

3° L'autorité que la loi attribue à l'autorité de la chose jugée;

4° La force que la loi attache à l'aveu de la partie ou à son serment.

I. — La présomption légale est, nous le savions déjà, celle que la loi pose elle-même par quelque disposition particulière. Notre article nous en indique plusieurs cas.

Ainsi, d'abord, il y a présomption légale toutes les fois qu'un acte est déclaré nul par le législateur sur la simple supposition, déduite de telle ou telle circonstance, que cet acte est fait en fraude des dispositions de la loi. Lorsque l'art. 911, par exemple, après avoir établi la nullité de toute donation faite à une personne incapable de recevoir, range de plein droit dans cette catégorie les donations faites aux père, mère, descendant ou époux de l'incapable, c'est une présomption, puisque de ce fait connu que la donation est faite au conjoint ou à un proche parent de l'incapable, on déduit, par pure conjecture et par simple probabilité, ce fait inconnu que la donation s'adresse réellement à l'incapable lui-même; et c'est une présomption légale, puisque c'est la loi elle-même qui tire cette conséquence. Il y a également présomption légale, et du même genre, dans l'art. 918, qui déclare que tout acte apparaissant comme une vente faite, à fonds perdu ou avec réserve d'usufruit, à l'un des héritiers présomptifs en ligne directe du vendeur, n'est qu'une donation déguisée, et que cet acte, nul comme vente, ne vaudra que comme libéralité réductible à la quotité disponible.

Il y a présomption légale d'un autre genre dans tous les cas où la loi, dit notre article, fait résulter de certaines circonstances la propriété ou la libération. Ainsi, quand la loi nous déclare propriétaire par prescription, c'est sur la supposition, tirée du silence gardé pendant le temps voulu par le précédent propriétaire, qu'il y a eu consentement de celui-ci et que vous êtes aujourd'hui le véritable maître; quand elle déclare qu'il y a dans telle circonstance, et qu'il n'y a pas dans telle autre, mitoyenneté d'un mur, d'un fossé ou d'une haie, c'est parce que ces circonstances donnent lieu de supposer que l'objet appartient en entier à l'un des voisins ou seulement pour moitié à chacun d'eux, et c'est encore un cas de propriété établi par présomption légale. Quand la loi, par l'effet de la prescription, vous déclare libéré d'une dette, c'est parce que le silence gardé par votre créancier lui fait présumer que vous l'avez payé; et c'est également parce que la remise que le créancier vous a faite de son titre fait supposer un payement, que la loi vous déclare encore libéré dans cette circonstance (art. 1282, 1283) : ce sont encore là des présomptions légales.

II. — L'une des présomptions légales les plus importantes, l'une de celles qui, comme la prescription, doivent être considérées comme des fondements de l'ordre social, est celle que nous indique le 3° de notre article, l'autorité de la chose jugée. Nous allons l'étudier sous l'article suivant.

Il existe bien d'autres présomptions légales que celles dont parle notre article, qui n'a entendu, comme on le voit par son texte même, nous donner que des exemples. On peut voir à ce sujet l'art. 1er, qui fixe un délai à l'expiration duquel la loi est réputée connue des citoyens; l'art. 312, qui établit la présomption de paternité du mari de toute femme accouchée; les art. 388 et 488, qui posent en principe que l'individu n'a jamais la pleine intelligence de ses actes avant vingt et un ans et l'a toujours après cet âge; les art. 720-722, qui, à défaut de preuves, déterminent présomptivement, par l'âge et le sexe des personnes mortes dans un événement, l'ordre des décès de ces personnes; l'art. 847, l'art. 849, etc.

Quant au 4° de notre article, c'est à tort qu'il range parmi les présomptions l'aveu et le serment de la partie. Ce ne sont plus là de simples présomptions, mais des preuves complètes, et les rédacteurs se mettent en contradiction avec eux-mêmes. Le Code, en effet, en traçant dans l'art. 1316 le plan de cette matière de la preuve, loin de faire rentrer l'aveu et le serment dans la classe des présomptions, a soin, après avoir indiqué ces présomptions comme formant la troisième catégorie de preuves *lato sensu*, de présenter l'aveu comme formant la quatrième, puis le serment comme constituant la cinquième et dernière. Aussi notre section des Présomptions est-elle suivie d'une section IV, consacrée à l'aveu, et d'une section V, qui traite du serment. Ce 4° de notre article est donc à considérer comme non avenu.

1351. — L'autorité de la chose jugée n'a lieu qu'à l'égard de ce qui a fait l'objet du jugement. Il faut que la chose demandée soit la même; que la demande soit fondée sur la même cause; que la demande soit entre les mêmes parties, et formée par elles et contre elles en la même qualité.

SOMMAIRE.

I.   *Observations préliminaires.* — Trois sens des mots *chose jugée.* Le jugement attaquable par une voie ordinaire, mais non encore attaqué, constitue ici chose jugée. Erreur de MM. Duranton et Zachariæ, inexactitude de M. Bonnier.

II. La chose jugée ne se trouve que dans le dispositif du jugement. Une demande ne peut être repoussée comme déjà jugée que quand il y a entre les deux prétentions : 1° identité d'objet, 2° identité de cause, et 3° identité de parties litigantes.

III. 1° *Identité d'objet.* — Cette identité ne saurait se déterminer par les axiomes *Pars in toto,* — *Non in parte totum.* Erreur de Toullier, de M. Zachariæ, etc.

IV. Règle à substituer ici au système des auteurs.

V.   Contradiction de système, instinctivement repoussé par la jurisprudence.

VI. 2° *Identité de cause.* — Ce qu'il faut entendre par cause d'une demande. Il ne faut pas confondre la cause avec les moyens.

I. — C'est, nous l'avons déjà dit, une des bases de l'ordre social que la règle qui présume toujours vraie la chose jugée, *res judicata pro veritate habetur,* et qui ordonne de l'accepter comme telle dans tous les cas et quelle qu'ait pu être l'erreur du juge. Que signifierait, en effet, l'autorité judiciaire, si deux plaideurs, après avoir fait juger deux fois, quatre fois, la difficulté qui les divise, pouvaient revenir toujours la mettre en question? Il est clair qu'il fallait s'arrêter quelque part et que tout ce que pouvait faire la loi, pour diminuer l'inconvénient de l'erreur, dont le juge n'est pas plus exempt que les autres hommes, c'était d'accorder, au moins en général, plusieurs degrés de juridiction. Dès que le plaideur a épuisé les degrés de juridiction qui lui étaient ouverts, ou s'il n'en a pas usé, la chose jugée demeure légalement vraie, quelle que puisse être l'erreur, même évidente, de la décision.

Un jugement ne constitue chose jugée que quand il est en dernier ressort et contradictoire, ou que, étant en premier ressort ou par défaut, il n'est pas frappé d'appel dans le premier cas, ou d'opposition dans le second. Quant à l'exercice de l'un des recours extraordinaires admis contre les jugements, d'un pourvoi en cassation, par exemple, il n'empêche pas le jugement de conserver actuellement son autorité, sauf que, si la décision est annulée plus tard, elle sera anéantie avec tout ce qui s'en était suivi.

Nous disons que le jugement de premier ressort, tant qu'il n'est pas frappé d'appel, et le jugement par défaut, tant qu'il n'y a pas opposition, constituent dès à présent la chose jugée. M. Duranton (XIII, 454 et 455) et M. Zachariæ (V, p. 764) enseignent le contraire et expliquent qu'il n'y a pas chose jugée dans la sentence qui est *susceptible* d'appel ou d'opposition, encore bien que cet appel ou cette opposition n'existent pas. C'est une erreur que réfutent tout à la fois la raison, les textes, et l'autorité de Pothier, invoquée bien à tort à l'appui de cette doctrine. D'abord, dire qu'il n'y a pas chose jugée sur un point, c'est dire que, sur ce point, il n'existe pas de jugement ; or il est clair qu'un jugement qui est seulement *attaquable* par l'appel ou par l'opposition, et qui n'est pas *attaqué*, est bien un jugement. Sans doute, une fois l'appel interjeté, il sera vrai de dire qu'il n'y a plus jugement, puisque par l'appel tout sera remis en question ; mais tant que cet appel, quoique possible, n'existe pas, il est évident que le point décidé par le jugement, n'étant pas remis en question, est bien une chose jugée quant à présent... Aussi l'ordonnance de 1667 (tit. 18, art. 5) mettait-elle ici sur la même ligne les jugements « rendus en dernier ressort » et ceux *dont il n'y a appel* ou dont l'appel est non recevable »; et Pothier expliquait fort bien que, « tant qu'il n'y a pas appel, ces jugements ont, de même que ceux rendus en dernier ressort, une espèce d'autorité de chose jugée qui donne le droit d'en poursuivre l'exécution, et forme une espèce de présomption *juris et de jure* qui exclut de pouvoir rien proposer contre, tant qu'il n'y a pas d'appel interjeté » ; que seulement « cette autorité, et la présomption qui en résulte, ne sont que momentanées, et sont détruites aussitôt qu'il y a un appel. »

Cette erreur de MM. Duranton et Zachariæ vient de la confusion qu'ils ont faite des différentes significations des mots *autorité de chose jugée*... Quand il s'agit de savoir si la personne est vraiment liée de telle sorte qu'il lui faille *bon gré, mal gré*, subir l'exécution du jugement, il est clair qu'il n'y a pas autorité de chose jugée tant que cette personne reste libre de remettre tout en question ; mais quand il s'agit de savoir, comme dans notre article, si l'on doit dès à présent tenir le jugement pour non avenu et considérer le point litigieux comme actuellement indécis, il ne suffit plus de la faculté de remettre ce point en question, il faut qu'il soit effectivement remis en question : il suffit, dans le premier cas, de la possibilité de l'appel ; mais il faut évidemment, dans le second, l'appel effectué.

L'expression de *chose jugée* présente donc différents sens (nous allons voir qu'elle en a trois) qu'il faut éviter de confondre. M. Bonnier l'a compris, mais il fait de cette idée une application complétement fausse, et qui s'écarte de la vérité encore plus que de la doctrine de MM. Duranton et Zachariæ. Il enseigne (n° 680) que cette expression, au lieu de signifier ici, comme le disent ces deux auteurs, l'impossibilité d'attaquer le jugement par les voies ordinaires de recours (qui sont l'appel et l'opposition), prend un sens encore plus rigoureux et signifie l'impossibilité de tout recours, soit ordinaire, soit extraordinaire. Dans ce système, la chose jugée, telle que l'entendent nos articles, n'existerait que dans la décision qui serait à l'abri de toute espèce de recours ; tandis qu'il est incontestable et incontesté que non-seulément la possibilité d'un recours extraordinaire (du pourvoi en cassation, par exemple), mais même l'exercice effectif de ce recours extraordinaire, ne modifie en rien la force juridique du jugement, qui demeure avec tous ses effets tant que l'annulation n'en est pas prononcée.

L'expression de *chose jugée* a donc trois acceptions. Dans le sens le plus fréquent, et qui tient le milieu entre les deux acceptions extrêmes, elle signifie la décision qui se trouve à l'abri des recours ordinaires, mais qui est passible, et qui est peut-être actuellement frappée d'un recours extraordinaire qui, sans en modifier l'efficacité, quant à présent, peut l'anéantir plus tard. Dans un sens plus rigoureux, elle indique la décision qui ne craint aucune espèce de recours, ni ordinaire, ni extraordinaire ; puis, dans un sens moins rigoureux, elle indique la décision susceptible d'être frappée d'un recours ordinaire, mais qui n'en est pas actuellement frappée. Ainsi trois degrés dans la chose jugée : ou la chose est jugée d'une manière irrévocable absolument, ou bien elle l'est d'une manière non révocable par les voies ordinaires, mais révocable par quelque voie extraordinaire, ou bien elle l'est de manière à pouvoir être révoquée, même par un recours ordinaire, et alors elle cessera d'être jugée et redeviendra une question par cela seul que ce recours sera dirigé contre elle et sans en attendre l'issue. Or la raison, d'accord avec Pothier et l'ordonnance de 1667, nous dit que, du moment que la chose est jugée et conserve actuellement son caractère de chose jugée, elle est nécessairement une vérité légale : on ne peut distinguer les trois degrés de force indiqués ci-dessus que quant à l'avenir et pour la facilité plus ou moins grande avec laquelle on peut faire tomber la présomption ; mais, quant à présent, cette présomption est nécessairement une, et dès là qu'une proposition est *res judicata,* elle doit, sans distinction possible, *pro veritate haberi.*

L'expression de *chose jugée* n'a donc, dans notre article, ni le sens intermédiaire et trop rigoureux déjà que lui donnent MM. Zachariæ et Duranton, ni le sens plus rigoureux encore dont parle M. Bonnier ; elle comprend toute chose jugée, aussi bien celle de la dernière classe que celle des deux premières. Quand j'oppose à votre prétention un jugement, même révocable par voie ordinaire, qui l'a déjà repoussée, ce jugement, si révocable qu'il soit, n'en forme pas moins contre vous une fin de non-recevoir insurmontable, tant que vous ne le frappez pas d'opposition (s'il est par défaut) ou d'appel (s'il est en premier ressort), et cette opposition ou cet appel, seuls moyens pour vous de faire tomber l'autorité de la chose jugée, sont dès lors vos seuls moyens d'éviter l'application de nos art. 1351,1352.

II. — Il est bien entendu que c'est uniquement dans le dispositif d'un jugement, et non dans ses motifs, que se trouve la chose jugée.

Les motifs ne sont que l'indication, donnée par le magistrat, des raisons pour lesquelles il va prononcer son jugement dans tel sens plutôt que dans tel autre, et c'est le dispositif qui constitue seul ce jugement. Si formelle que puisse être, dans les motifs, l'énonciation d'une opinion, il n'y a pas chose *jugée* si le dispositif n'a pas prononcé sur ce point ; et si les motifs peuvent quelquefois être consultés à cet égard, c'est uniquement pour expliquer le véritable sens d'un dispositif qui serait rédigé d'une manière obscure (1). Bien plus, le dispositif lui-même ne présente la chose jugée que pour les points qui sont vraiment décidés, et non pour ceux qui ne s'y trouvent que comme de simples énonciations : c'est en examinant les questions sur lesquelles les parties étaient en désaccord et que leur débat présentait à décider, le *quid judicandum*, que l'on arrivera facilement à comprendre ce qui a été jugé, le *quid judicatum* (2).

Puisque, par une nécessité inhérente à la nature même des choses, tout point jugé entre deux plaideurs est pour eux une vérité légalement incontestable, il s'ensuit que toute demande, soit du demandeur, soit du défendeur, toute action et toute exception qui tendrait à remettre en question le point déjà décidé, sera invinciblement repoussée par l'adversaire prouvant qu'il y a chose jugée à cet égard. Mais le point de savoir si la question que soulève actuellement l'une des parties est bien précisément celle qui a été déjà décidée entre elles, et si la demande dès lors doit être repoussée par la fin de non-recevoir tirée de l'autorité de la chose jugée, est souvent délicat et peut présenter de graves difficultés. Notre article est consacré à l'indication des conditions nécessaires pour l'admission de cette fin de non-recevoir.

Cet article, passant trop brusquement d'une idée à une autre (puisque, après une première proposition qui concerne l'autorité de la chose jugée considérée *en général et absolument,* il en présente, sans transition, une seconde qui ne peut avoir de sens que pour cette même autorité de la chose jugée, considérée *relativement à une demande nouvelle*), nous dit que, pour qu'il y ait lieu de repousser une demande comme contraire à l'autorité de la chose jugée, il faut : 1° que la chose demandée soit la même que dans le premier procès ; 2° que la demande soit fondée sur la même cause ; 3° qu'elle s'élève entre les mêmes parties agissant dans les mêmes qualités.

Ainsi, 1° identité de l'objet ; 2° identité de la cause ; 3° identité des parties et de leurs qualités : telles sont les trois conditions que nous avons à étudier.

1° De l'identité de l'objet.

III. — Et d'abord, *identité de l'objet.* Il faut que la chose à laquelle

---

(1) *Voy.* Cass., 5 juin 1821 ; Rej., 21 déc. 1830 ; Bourges, 23 août 1832 ; Req., 9 janv. 1838 ; Req., 23 juill. 1839, 8 juin 1842 ; Orléans, 17 août 1848 ; Rej., 30 avril 1850 ; Cass., 12 août 1851, 3 déc. 1856 ; Aubry et Rau (3ᵉ édit., t. VI, p. 480) ; Larombière (art. 1351, n° 18).

(2) *Voy.* Cass., 14 janv. 1852 ; Agen, 23 août 1854 (*J. Pal.*, 1852, t. I, p. 382 ; 1856, t. I, p. 435) ; Rej., 20 fév. 1855 (Dev., 56, I, 415).

tend la nouvelle prétention soit bien la même que celle sur laquelle a porté le jugement.

Quand nous disons que la chose doit être *la même*, cela ne signifie pas, bien entendu, que cette chose ne doit pas avoir subi de changements : il ne s'agit pas ici des qualités et manières d'être de la chose, mais de cette chose elle-même ; et quelles que soient les modifications survenues dans l'intervalle, dès là qu'il s'agira du même objet, la nouvelle demande devra être repoussée comme tendant à faire discuter une question déjà jugée. Ainsi, quand j'ai intenté contre vous, il y a quelques années, une action en revendication de telle maison, de telle pièce de terre ou de tel troupeau, la circonstance que la maison a reçu des embellissements, une distribution nouvelle et des changements considérables ; que la pièce de terre, qui était plantée de bois, est aujourd'hui une terre de labour ; que le troupeau, composé d'abord de 60 têtes, s'est élevé à 100, ou se trouve réduit à 25 : cette circonstance, n'empêchant pas que ce soit toujours le même troupeau, la même terre ou la même maison, n'empêchera pas que la revendication nouvelle que vous voulez exercer aujourd'hui ne soit déclarée non recevable, comme soulevant une question jugée. Il est bien clair, en effet, que la manière d'être de la maison, le mode de culture de la terre et l'importance du troupeau sont indifférents à la question soulevée par vous il y a trois ans, et que vous soulevez encore aujourd'hui, de savoir si cette maison, cette terre ou ce troupeau vous appartiennent, et que par conséquent les modifications subies par les objets n'empêchent pas que cette question est toujours la même et que c'est une question jugée (1).

Ceci est bien simple, si simple que c'est presque l'obscurcir que de l'expliquer ; et tout ce qui se rattache à cette condition de l'*identité de l'objet* eût été assez simple aussi, si la doctrine n'était pas venue, ici comme trop souvent, fausser les idées sous prétexte de les mieux fixer. Les lumières du bon sens eussent suffi, ce semble, pour rechercher et déterminer si le point qu'un plaideur veut mettre en question devant la justice est décidé, oui ou non, par le premier jugement ; mais malheureusement quelques jurisconsultes romains avaient imaginé de faire à notre matière une application mécanique d'axiomes de géométrie, dont l'emploi, plus ingénieux que juste, ne pouvait manquer de conduire à l'erreur (*voy.* notamment *Digeste*, liv. 44, t. II, VII, proleg.) ; et nos commentateurs modernes, adoptant ces idées avec plus de respect que de discernement, sont venus donner, jusque sous le Code Napoléon, des décisions auxquelles on a vraiment peine à croire.

La plupart de nos auteurs, mais surtout Toullier (X, 147-149 et 150-155) et M. Zachariæ (V, p. 782, 783), reproduisant servilement le système romain, posent ces deux principes, incontestables assurément,

_____

(1) *Conf.* Pothier (*Des Oblig.*, n° 890) ; Toullier (X, 145) ; Proudhon (*De l'Usuf.*, III, 1271) ; Duranton (XIII, 462) ; Aubry et Rau (p. 495) ; Larombière (art. 1351, n°ˢ 34 à 37). *Voy.* Cass., 28 déc. 1859 (Dev., 60, I, 330).

que *la partie est comprise dans le tout* et que *le tout n'est pas compris dans la partie;* et ils concluent de là que l'on ne peut plus demander une partie quand on a échoué sur la demande du tout, mais qu'au contraire on peut fort bien demander le tout quand on a échoué sur la demande d'une partie. Voici les exemples donnés par Toullier.

Celui qui a succombé sur une demande en revendication de tel immeuble, et qui demande ensuite une part, soit divise, soit indivise, de la propriété de ce même immeuble, sera repoussé par l'exception de chose jugée; car, nous dit-on, l'objet de sa seconde demande est une partie de la chose qu'il avait demandée d'abord, et comme une partie est comprise dans son tout, il est vrai de dire que cet objet de la seconde demande a aussi fait l'objet de la première. Par la même raison, si Pierre m'a demandé 20 000 fr. pour telle cause, et qu'après avoir succombé il vienne m'en demander 10 000 pour cette même cause, il devra être repoussé par l'effet de la chose jugée. De même encore, si mon adversaire, après avoir échoué dans l'action par laquelle il réclamait sur mon terrain un droit de passage à pied et à voiture, *viam,* vient me demander le simple passage à pied, *iter,* il sera non recevable, puisque *iter* est compris dans *via,* et que dès lors l'objet de la seconde demande se trouve avoir été aussi l'objet de la première... Au contraire, celui qui a succombé dans sa demande d'une part seulement de la propriété de l'immeuble sera recevable à demander l'immeuble entier; celui qui n'avait échoué qu'en demandant 1 000 ou 1 200 fr. pourra en demander 20 000; et celui qui n'a pas réussi en demandant un simple sentier pour passer à pied pourra demander le passage complet à pied et à voiture, parce que le plaideur n'ayant demandé d'abord qu'une partie, et demandant la seconde fois le tout, on ne peut plus dire que l'objet de la seconde demande ait aussi fait l'objet de la première.

M. Duranton (XIII, 462 et 463), M. Bonnier (nos 684 et 685) et M. Poujol (n° 23, deuxième alinéa) semblent admettre aussi ces idées en ce qui touche le premier principe.

Or, quoi de plus sophistique et de plus faux que de pareilles décisions, et quelle puissance ne faut-il pas à la routine pour que de telles doctrines se professent encore aujourd'hui!... Eh quoi! parce qu'il est jugé que je n'ai pas la propriété entière et exclusive de tel immeuble, il est jugé par cela même que je n'en suis pas copropriétaire pour une fraction!... Parce qu'il est jugé que je ne suis pas votre créancier pour 20 000 fr., il est jugé aussi que je ne le suis pas pour 1 000 ou 1 200!... Parce qu'il est entendu que je ne puis pas passer sur votre terrain, tantôt à pied et tantôt avec voiture, il s'ensuit que je ne puis pas y passer à pied seulement!... Et comme s'il n'y avait pas déjà là assez d'absurdités, il faudrait admettre encore la réciproque de chacune de ces propositions... Quand il est légalement certain que telle cause ne vous donne pas même une fraction de la propriété de tel immeuble, *un cinquième,* par exemple, il resterait possible et discutable que cette même cause vous en donnât la propriété entière, c'est-à-dire *ce même cinquième* avec les quatre autres!... Quand il est établi que je ne vous dois pas 1 200 fr. pour telle cause, il resterait possible et discutable que, pour la même cause, je vous en doive 20 000!... Quand il est reconnu que vous n'avez pas le droit de passer sur mon terrain *à pied,* il resterait possible que vous ayez le droit d'y passer et *à pied* et en voiture!... En vérité, c'est à n'y pas croire!

De ce que le tout n'est pas compris dans la partie, vous en concluez qu'après avoir succombé sur la partie, je puis encore demander le tout! C'est certes bien à tort; car, puisque la partie est dans le tout, le jugement qui décide que *vous n'avez pas même cette partie* décide, implicitement et forcément, que *vous n'avez pas le tout...* C'est donc avec raison que M. Duranton repousse (n° 464) les singulières conséquences que l'on a voulu tirer ici du principe *Totum in parte non est,* et sur lesquelles M. Poujol, et même le Traité spécial de M. Bonnier, gardent le silence. Il est vrai que M. Duranton, qui a le tort de ne pas oser rompre ici avec le droit romain, donne prise à la critique en invoquant à l'appui de son idée la loi 3, *Digeste,* l. 44, t. II. Cette loi suppose tout simplement, comme la loi 7, § 4, une personne qui, d'abord par une revendication à titre particulier, et ensuite par la pétition d'hérédité, vient réclamer *les mêmes biens,* en sorte que c'est toujours la même question qu'elle soulève par des voies différentes. Mais M. Duranton n'en a pas moins raison au fond, et il est de la dernière évidence que l'axiome *Totum non est in parte* n'a nullement pour conséquence de permettre à celui qui est reconnu n'être pas propriétaire de tel bien, de se faire attribuer un ensemble de choses comprenant ce même bien... Qu'il obtienne *toutes les autres parties* de cet ensemble, à la bonne heure; mais qu'il se fasse déclarer propriétaire de la partie qui est définitivement jugée ne pas lui appartenir, et fasse ainsi mentir le jugement, c'est impossible, puisque *res judicata veritas est.*

Mais, s'il faut rejeter ces conséquences, on voit qu'il faut rejeter aussi celles que l'on prétend tirer de l'autre principe, *In toto pars continetur,* quoiqu'elles paraissent admises par MM. Poujol, Bonnier et Duranton, aussi bien que par Toullier, Zachariæ et les autres auteurs. Car enfin, si imposant que soit cet accord des interprètes, il ne saurait l'emporter sur la raison, et quoi qu'on puisse dire, on ne pourra jamais conclure logiquement, de ce que je n'ai pas droit au tout, que je n'aie pas droit non plus à quelqu'une de ses parties (1).

IV. — Ce n'est donc point par l'application de ces deux principes, *Pars in toto, Non in parte totum,* qu'il faut chercher à résoudre les difficultés qui peuvent se présenter dans cette matière de l'identité de l'objet demandé; et le moyen de les résoudre nous semble s'offrir tout naturellement... Il s'agit de savoir si la question que soulève un plaideur est, oui ou non, décidée par le jugement antérieur; si le point qu'il veut débattre et discuter est une chose déjà jugée, ou si le pre-

---

(1) *Voy.* Larombière (art. 1351, n°ˢ 47 et suiv.); Dalloz (v° Chose jugée, 107 et suiv.).

mier jugement laisse ce point indécis et permet de le résoudre encore dans tel sens qu'on voudra. Pour cela, que faut-il faire?... Prendre la proposition établie par le précédent jugement, et rapprocher d'elle celle qui exprime la prétention que le plaideur veut faire juger. Si cette seconde proposition, rapprochée de la première, ne la contredit pas et peut coexister avec elle, c'est donc que le point n'était pas décidé; si, au contraire, les deux propositions se contredisent et se trouvent incompatibles, c'est que la seconde prétention était déjà chose jugée.

Ainsi, j'ai succombé dans ma demande en revendication de tel immeuble. Puis-je maintenant m'en prétendre propriétaire pour une fraction divise ou indivise, un cinquième, par exemple?... Appliquons notre règle... Il est jugé que *je ne suis pas propriétaire exclusif de tout l'immeuble,* et je veux faire juger que *je suis propriétaire divis ou indivis de cet immeuble pour un cinquième.* Ces deux propositions sont parfaitement d'accord entre elles ; on peut admettre la seconde, celle à laquelle je veux arriver, sans contredire en rien la première : il n'y a donc pas chose jugée, et ma demande est admissible. Il en sera de même si le premier jugement décide que *je n'ai pas un droit de copropriété indivise sur tout l'immeuble,* et que je veuille faire décider que *je suis propriétaire exclusif de telle portion divise de cet immeuble ;* ou réciproquement si, le premier jugement me déniant la propriété exclusive et divise d'une portion, je réclame une copropriété indivise. C'est ce qu'a décidé très-bien la Cour suprême (1)... Si je ne demandais dans le premier jugement qu'une portion, divise ou indivise, de l'immeuble, pourrais-je, après avoir succombé, demander l'immeuble entier? Non; car il est jugé que *je n'ai pas même un cinquième de l'immeuble,* et je voudrais faire juger que *j'ai ce même cinquième et les quatre autres aussi;* en sorte que le second jugement serait la négation du premier. Mais je pourrais très-bien, après avoir laissé juger que *je n'ai pas tel cinquième déterminé,* demander, au lieu de l'immeuble entier, *les quatre autres cinquièmes,* sur lesquels on n'a pas prononcé : il est clair que, dans ce cas, les deux demandes portent sur deux objets distincts. Il va sans dire, enfin, que si le premier jugement avait tranché la question de propriété contre moi sous ses diverses faces, en décidant que je n'ai ni copropriété indivise pour une fraction quelconque, ni propriété divise et exclusive, soit du tout, soit d'une partie, aucune question ne serait plus possible, et toute prétention relative à la propriété, quelle qu'elle fût, serait chose déjà jugée.

De même, quand il est jugé que pour telle cause *vous ne me devez pas mille francs,* je ne puis évidemment pas faire juger que pour la même cause *vous m'en devez dix mille.* Au contraire, s'il est seulement jugé que *vous ne me devez pas dix mille francs,* je puis bien demander à faire juger que *vous m'en devez mille.* Que si, sur ma première de-

---

(1) Cass. d'un arrêt de Poitiers, 14 fév. 1831 (Dev., 31, I, 415). — *Voy.* encore Cass., 24 avril 1854, et les Observations de M. Rodière sur cet arrêt, dans le *Journal du Palais,* 1855, t. I, p. 588.

mande de dix mille, on avait jugé, non pas seulement que vous ne me devez pas ces dix mille, mais que vous ne me devez rien, il est clair que je ne pourrais plus rien demander.

De même enfin, quand il est jugé que *je n'ai pas le droit de passer à pied et avec voiture,* je puis demander le droit de passer *à pied seulement* ou bien *avec voiture seulement.* Quand il est jugé que je n'ai pas le droit de passer *à pied,* je puis bien encore demander le droit de passer *avec voiture seulement;* mais je ne puis pas demander le droit de passer *à pied et avec voiture,* car il y a contradiction entre les deux propositions. — Nous disons qu'après avoir succombé quant au passage à pied, *iter,* je puis demander le passage avec voiture seulement, *viam* SINE ITINERE. On comprend, en effet, que le droit de passage avec voiture (*via*), comme aussi celui de passer pour conduire des bestiaux (*actus*), quoiqu'il contienne ordinairement le droit de passer à pied (*iter*), peut quelquefois ne pas le contenir et exister seul : vous pouvez avoir le droit de voiturer à travers mon enclos pour rentrer vos récoltes, ou d'y passer pour mener paître vos bestiaux, sans avoir pour cela le droit d'y passer seul pour vous promener ou vaquer à vos affaires. Il en était de même à Rome; et si *via,* comme aussi *actus,* comprenait ordinairement *iter,* il ne le comprenait pas nécessairement. Ceci posé, il est bien évident que si le jugement qui vous refuse ITER ne vous permet plus, quoi qu'en disent Toullier et M. Zachariæ, de demander *viam* CUM ITINERE, ou *actum* CUM ITINERE, il ne vous empêche pas de demander *viam* SINE ITINERE.

Nous ne saurions faire ici l'application de notre règle à tous les cas, trop nombreux, rapportés par les auteurs; et nous terminerons cet ordre d'idées par quelques observations que nous suggère la lecture de M. Zachariæ, et qui nous semblent prouver de mieux en mieux la fausseté du système que nous combattons, par les efforts mêmes que l'on a faits pour voiler son absurdité.

V. — Le professeur allemand et ses traducteurs, posant les prétendues conséquences de l'axiome *Le tout n'est pas dans la partie,* commencent par dire (p. 282, note 58), qu'après le jugement qui rejette la demande portant sur une partie de la chose ou du droit, on peut admettre une demande portant *sur l'intégralité* de cette chose ou de ce droit; mais, pour rendre cette règle moins choquante, ils l'expliquent en ajoutant que « *ce qui n'était pas contenu* dans la première demande peut être réclamé dans une seconde. » Or, qui ne voit que cette seconde proposition, présentée comme simple explication de la première, en est au contraire la négation, et que la première est aussi fausse que la seconde est vraie?... Oui, sans doute, je puis réclamer par une seconde demande ce qui n'était pas contenu dans la première; je puis demander le passage pour mes bestiaux (*actum*) et pour mes voitures (*viam*), mais séparé du voyage à pied (*iter*), quand ma première demande ne portait que sur ce dernier; je puis demander les immeubles B, C, D, dépendances de tel domaine, lorsque le premier jugement ne m'a refusé que l'immeuble A, autre dépendance de ce même domaine ; je puis, après avoir succombé dans ma demande de tel cinquième d'un fonds, réclamer les quatre autres cinquièmes de ce même fonds : je puis, en un mot, après avoir succombé quant à une partie de la chose ou du droit, réclamer *les autres parties* de cette chose ou de ce droit, puisque ces autres parties ne se trouvaient pas dans la première demande. Mais je ne puis pas demander l'*intégralité* de cette chose ou de ce droit, puisque ce serait faire porter ma seconde demande sur la partie même qui faisait l'objet de la première.

Un peu plus loin (p. 783, note 62), M. Zachariæ, en décidant que celui à qui un jugement a refusé *iter* peut demander encore *viam* ou *actum* considérés comme comprenant *iter*, renvoie pour le développement de cette idée, non-seulement à Toullier, mais aussi à M. Duranton (XIII, 467). Or M. Duranton, dont on déclare ainsi implicitement suivre la doctrine, enseigne au contraire, comme nous, que le jugement qui refuse *iter* ne permet plus de demander *actum* ou *viam* que *sine itinere*. M. Duranton, en effet, après avoir dit (et avec beaucoup de raison, quoique ce soit contraire au système de Toullier et de M. Zachariæ) que celui qui a succombé dans la demande d'un droit d'usage ne serait pas recevable à demander l'usufruit, parce que, quand il est jugé que je n'ai pas droit aux fruits d'un fonds dans la limite de mes besoins, il est jugé par cela même que je n'ai pas droit à tous les fruits de ce fonds, ajoute que s'il en peut être autrement pour les servitudes *intineris* et *actús*, et si l'on peut encore demander la seconde après le rejet de la première, C'EST PARCE QUE L'ON PEUT AVOIR *actum* SANS AVOIR *iter*, tandis qu'il est impossible d'avoir le plein usufruit sans avoir le petit usufruit qu'on appelle usage (1).

Et remarquons la contradiction où tombent à ce même endroit M. Zachariæ et ses traducteurs... Pour rendre plausible l'idée, évidemment fausse, que je puis encore demander *actum* ou *viam* comprenant *iter*, quand *iter* m'a été refusé par un jugement, les trois jurisconsultes veulent que *via* (et il en sera de même pour *actus*), alors même qu'elle comprend *iter*, soit considérée, non comme la réunion de deux servitudes séparables l'une de l'autre (ce qui est pourtant vrai), mais comme une servitude unique et indivisible, laquelle, étant différente de *iter*, pourra être demandée et obtenue après qu'*iter* aura été refusé ; et ils formulent leur règle à cet égard en disant que « le propriétaire qui a refusé une servitude peut, malgré le rejet de sa demande, réclamer ultérieurement *une servitude d'une espèce différente*, qu'elle soit *plus restreinte* ou *plus étendue*. » Mais alors, de même qu'après le rejet de la demande de *iter* je pourrais demander la servitude différente et plus étendue *viam*, de même après le rejet de la demande de *via* je pourrais demander la servitude différente et plus restreinte *iter*... Que devient alors votre prétendu principe que le rejet de la demande d'un tout rend non recevable la demande de chaque partie de ce tout, principe

(1) *Conf.* Dalloz (vº Chose jugée, nº 117).

que Toullier applique spécialement à cette espèce (n° 149), en expliquant tout au long qu'après avoir succombé dans ma prétention de
passer à pied et avec voiture, je ne puis plus demander le passage à
pied seulement?... Comment expliquer ces tâtonnements et ces contradictions, sinon par le besoin de présenter d'une manière quelque
peu spécieuse un système profondément insoutenable, et que Toullier
seul a osé donner dans presque toute sa nudité?

Nous disons *presque;* car on le voit lui-même tantôt s'arrêter devant certaines conséquences qu'il tait prudemment, tantôt n'exprimer
ces conséquences qu'en prenant le change d'une étrange façon et en
sortant de son système sans le remarquer. Ainsi, quoiqu'il pose très-
nettement les deux prétendus principes qu'«on oppose bien l'exception
aux demandes qui ont pour objet quelque partie du tout qui était l'objet d'une première action», mais que « cette exception ne peut être
opposée à celui qui demande par une seconde action un tout dont quelque partie était l'objet de la première (n° 155, *in fine*)», et quoiqu'il
déduise formellement du premier de ces principes prétendus cette conséquence nécessaire que celui qu'on aurait jugé n'avoir pas droit à
20 000 fr. n'en pourrait plus demander 10 000 (n° 148), il n'ose cependant pas formuler également cette conséquence, tout aussi nécessaire, du second principe, que celui qu'on a jugé n'avoir pas droit
à 20 000 fr. pourrait fort bien en demander 40 000. — D'un autre
côté, s'il a le courage de dire qu'après avoir laissé juger que *je ne suis
pas propriétaire de l'immeuble A,* dépendance du domaine Cornélien,
je puis demander et obtenir le domaine entier avec toutes ses dépendances, et faire ainsi juger la seconde fois que *je suis propriétaire de
l'immeuble A* (n° 155), il ne le fait qu'en sentant instinctivement le
besoin de colorer quelque peu cette étrange solution, et il la colore en
effet en disant que si le fonds est alors déclaré m'appartenir, c'est *à un
autre titre...* Mais si c'est à un autre titre que le demandeur triomphe,
l'inapplicabilité de l'exception de chose jugée tiendra donc à ce que ce
n'est pas *eadem causa petendi,* et non plus à ce que ce n'est pas *eadem
res;* ce sera l'absence de la seconde condition, de l'*identité de la cause,*
et non plus l'absence de la première, de l'*identité de l'objet,* la seule
cependant dont il s'agisse ici!

Rejetons donc des idées qui, pour être admises explicitement ou
implicitement par tous nos auteurs (sauf la demi-contradiction de
M. Duranton), n'en sont pas moins contraires aux règles de la raison
et de la justice. Disons que, si celui qu'on a jugé n'avoir droit *à aucune
partie d'un tout* n'en peut plus rien réclamer, celui qu'on a seulement
jugé n'avoir pas droit *au tout* peut fort bien réclamer une partie, et réciproquement, que celui qu'on a jugé n'avoir pas droit à *telle partie
d'un tout* peut bien réclamer les autres parties de ce tout, mais non
pas le tout intégralement et comprenant cette même partie. Laissons
de côté les prétendus principes qu'on a voulu déduire des axiomes *Pars
in toto, non totum in parte,* pour nous en tenir à cette règle de bon

sens, qu'une prétention est contraire à la chose jugée dans tous les cas et seulement dans les cas où la décision conforme à cette prétention serait en contradiction avec le jugement existant.

C'est là, au surplus et fort heureusement, ce que fait instinctivement la jurisprudence; car, en outre de l'arrêt de cassation, déjà cité, du 14 février 1831, nous en trouvons un du 30 mars 1837, qui condamne la prétendue règle, admise par tous les auteurs, que celui qui a succombé en demandant le tout ne peut plus demander aucune partie de ce tout. L'espèce mérite d'être rapportée... La dame Sœhnée, à qui le contrat d'acquisition de son terrain, situé entre la rue Richelieu et des jardins appartenant à son vendeur, défendait de construire ailleurs que sur la rue Richelieu, avait prétendu, lors du percement de la rue Vivienne sur les derrières de son terrain, que ce percement faisait *disparaître entièrement* sa servitude *non œdificandi*, qu'elle avait désormais *la pleine liberté* de son fonds, et pouvait construire sur la rue Vivienne *tant en hauteur qu'en profondeur*, et comme il lui plairait; sa prétention fut rejetée par un arrêt de Paris du 11 novembre 1833. Plus tard, la dame Sœhnée prétendit que, si elle n'avait pas le droit de construire *en hauteur*, elle pouvait du moins le faire *en profondeur*, en édifiant sur la rue Vivienne des boutiques dont l'élévation ne dépassât pas celle de son mur de clôture. L'adversaire répondit que cette nouvelle prétention était contraire à la chose jugée, puisque le droit de construire en profondeur seulement étant une partie du droit de construire en profondeur et en hauteur, et la partie étant comprise dans le tout, la question nouvelle se trouvait ainsi jugée par le premier arrêt. Il invoquait à cet égard les lois romaines, Toullier, M. Duranton, etc... Malgré cela, la prétention de la dame Sœhnée fut accueillie et maintenue, et par le Tribunal de la Seine, et par la Cour d'appel de Paris, et par la Cour de cassation (Dev., 37, I, 80)... C'est avec raison, car il est bien évident que le droit d'*élever des constructions quelconques* et celui de *construire en profondeur seulement sans surélévation*, ne sont pas un même objet. Il est bien évident qu'il n'y a pas l'ombre d'une contradiction entre l'arrêt qui juge que je n'ai pas le droit de *bâtir en profondeur et en hauteur tout ensemble*, et celui qui décide que je puis *bâtir en profondeur seulement* (1).

2° De l'Identité de la cause.

VI. — Il ne suffit pas, pour qu'une prétention nouvelle puisse être écartée comme chose déjà jugée, que cette prétention porte sur le

---

(1) M. Dalloz, qui, dans le savant article *Chose jugée* de sa nouvelle édition, partage souvent nos idées et fait quelquefois à notre Commentaire l'honneur d'en citer de longs extraits (*voy.* les n°ˢ 107, 173, 198, etc.), est ici en complète opposition avec nous. Après avoir reproduit cette phrase, où nous présentons comme *évidentes* l'absence de toute contradiction entre les deux propositions indiquées, et la différence d'objet entre les deux cas, M. Dalloz nous répond que *très-certainement* il y a contradiction, et que l'identité d'objet *est manifeste* (n° 173). — Si étonnantes que soient à nos yeux ces paroles, nous n'avons cependant pas à les discuter. Il s'agit, des deux côtés, d'une idée que l'on prétend évidente; or l'évidence ne se discute pas, ne se

même objet ; il faut en second lieu (et en outre encore de la troisième condition qui sera étudiée plus loin) qu'elle s'appuie sur la même cause : 1° *eadem res ;* 2° *eadem causam petendi.* Mais que faut-il entendre ici par cause ?... C'est là une question fort importante, mais assez difficile, et traitée comme la précédente, d'une manière peu satisfaisante par la généralité des auteurs.

La cause, c'est le fondement *immédiat* du droit que la partie demande à exercer. C'est la base *immédiate* de la demande ; et dès lors, il faut éviter de la confondre, soit avec les diverses circonstances constituant les bases médiates ou simples *moyens,* qui produisent ou justifient cette cause dernière (comme on est souvent porté à le faire), soit avec le droit lui-même, *objet* de la demande (comme l'ont fait d'anciens commentateurs, et tout récemment encore M. Bonnier et M. Poujol).

Et d'abord, il ne faut pas confondre la cause avec les éléments qui viennent produire ou justifier cette cause. Sans doute, il y aura là des principes du droit demandé, et dès lors des bases de l'action par laquelle on réclame ce droit ; mais ce sont des bases éloignées et médiates, des causes de la cause, que la loi n'aurait pas pu prendre ici en considération sans éterniser les procès et dépouiller de toute efficacité les décisions judiciaires. Il n'y a pas à se préoccuper de ces bases éloignées, et la cause ne se trouve que dans la base dernière, dans le principe *immédiatement* générateur que les Romains appelaient fort exactement *causam* PROXIMAM *actionis*... Ainsi, quand j'ai succombé dans ma demande en nullité d'un acte notarié pour un vice de forme tiré de la minorité d'un témoin, je ne pourrai pas attaquer cet acte, une seconde fois, pour un autre vice de forme tiré de toute autre circonstance, et, par exemple, de ce que l'un des témoins n'aurait pas été Français ! C'est un point reconnu par les auteurs et les arrêts (1).

_____

démontre pas : elle se voit... Nous présenterons seulement deux observations. — La première, c'est que si le premier arrêt avait dénié au plaideur *toute espèce de droit,* en jugeant qu'il ne peut bâtir *ni en hauteur ni en profondeur,* il y aurait, en effet, contradiction à venir dire ensuite qu'il peut bâtir *en* profondeur. Mais tel n'est pas le cas ; il s'agit ici d'un premier arrêt décidant que le plaideur n'a pas le droit *complexe et général* de bâtir en hauteur et en profondeur tout à la fois. — La seconde est relative au reproche que nous fait M. Dalloz de donner à l'arrêt Sœhnée un sens et une portée qu'il n'a pas, reproche dont la justification se trouve, selon lui, dans les explications du conseiller rapporteur de l'arrêt, M. Lasagni. Ce reproche porte à faux. L'arrêt n'a pas deux sens possibles, et le savant rapport de M. Lasagni, loin d'être en désaccord avec nos idées, déclare nettement, comme nous, que, pour qu'il y eût chose jugée sur la demande *du droit spécial* (de bâtir en profondeur seulement), il faudrait que le premier arrêt, au lieu de débouter seulement le demandeur de sa prétention du droit *général et illimité* (de bâtir en profondeur et en hauteur), l'eût jugé être *sans droit aucun* (ne pouvant bâtir ni en hauteur ni en profondeur). — Quant à la question de contradiction, il n'y a pas, nous le répétons, de discussion possible. Le point est de savoir s'il y a impossibilité de coexistence entre ces deux idées : *Pierre ne peut pas bâtir en profondeur et en hauteur ; il peut bâtir en profondeur seulement...* La compatibilité de ces deux idées est pour nous chose parfaitement claire. M. Dalloz voit autrement. C'est au lecteur de juger. *Voy.* Larombière (art. 1351, n° 44) ; Aubry et Rau (3e édit., t. VI, p. 494, note 59) ; Dalloz (v° Chose jugée, n° 115).

(1) Toullier (X, 166) ; Bonnier (n° 690) ; Zachariæ (V, p. 786) ; Colmar, 17 juill. 1816 ; Rej., 3 fév. 1818 ; Cass., 29 janv. 1822 ; Aix, 30 déc. 1833 ; Rej., 24 fév. 1835

Et en effet, la cause de ma première demande, c'est-à-dire son motif prochain, sa base *immédiate,* ce n'était pas le fait de la minorité prétendue d'un témoin, c'était l'irrégularité de formes dans l'acte... Qu'ai-je demandé? la nullité de l'acte notarié. Cette nullité était donc l'*objet* de ma demande. — Pourquoi l'acte devait-il, selon moi, être déclaré nul? Parce qu'il était irrégulier dans sa forme. L'idée générale d'irrégularité de formes était donc le motif prochain de mon action, sa base immédiate, sa *cause.* — Mais pourquoi l'acte était-il, selon moi, vicieux en sa forme? parce qu'un des témoins était mineur. Ce fait spécial de minorité d'un témoin, ne répondant qu'au second pourquoi, n'était donc qu'une cause de la cause, en d'autres termes, une base médiate de la demande, un simple *moyen*... Et maintenant, dans ma seconde demande, la présence d'un étranger parmi les témoins, ou telle autre circonstance par moi alléguée, n'est également que la base la plus éloignée sur laquelle s'appuie la base immédiate; et comme celle-ci est encore l'idée générale d'*irrégularité de formes,* il s'ensuit que, malgré la différence des moyens, la cause est la même dans les deux cas.

Sans doute, et on le voit par ce qui vient d'être dit, les moyens sont aussi des causes, puisqu'ils concourent à fonder la prétention; et la cause est aussi un moyen, puisqu'elle est l'une et même la première des raisons alléguées à l'appui de cette prétention. De même que l'on a dit fort exactement, en physique, qu'on appelle NUAGE *le brouillard* dans lequel on n'est pas, et qu'on appelle BROUILLARD *le nuage* dans lequel on est, de même on peut dire ici qu'on appelle CAUSE *le moyen* qui motive la prétention immédiatement, et qu'on appelle MOYENS *les causes* qui se trouvent plus éloignées. Mais ici, comme partout ailleurs, il faut assigner rigoureusement à chaque chose son appellation propre, et avoir soin, pour éviter une confusion bien dangereuse et bien fréquente, de n'entendre par *cause* que la base immédiate, en réservant à toutes les autres le nom de *moyen.*

D'après cela, on comprend facilement que si, après avoir succombé dans ma demande en annulation d'une convention pour erreur, j'en demande ensuite l'annulation pour dol ou pour violence, ou *vice versâ,* je serai écarté par l'autorité de la chose jugée. Dans les deux cas, en effet, la base immédiate, la cause de la demande en annulation, est la même, c'est l'idée générale d'invalidité du consentement donné (art. 1109); et les circonstances, spéciales et différentes dans les deux cas, d'erreur, de violence ou de dol, ne sont que des bases éloignées, médiates, en d'autres termes des moyens, que la loi ne prend pas en considération.

Ceci suffit déjà pour faire comprendre combien est peu exacte la définition que M. le professeur Bonnier, qui est d'accord avec nous pour les résultats, donne de la cause, quand il dit qu'elle n'est « pas la base générale de l'action, mais la cause spéciale (n° 689). » C'est, au con-

---

(Dev., 35, I, 179). *Voy.* encore Larombière (art. 1351, n° 83); Aubry et Rau (t. VI, p. 498); Dalloz (v° Chose jugée, n°ᵛ 210 et suiv.).

traire, dans la base générale et commune aux diverses actions que nous trouvons ici leur cause, et la base spéciale à chacune n'est qu'un moyen. Ce n'est donc pas par la distinction des bases en *générales* et *spéciales* qu'il faut caractériser et préciser la cause, mais par leur distinction en *médiates* et *immédiates*.

On voit que cette règle fondamentale n'est pas de nature à se comprendre sans des explications nettes et précises, et on doit s'étonner que M. Duranton ait cru pouvoir n'en rien dire, et n'ait pas seulement indiqué, même sommairement, ce qu'on entend par *cause de la demande*. (*Voy.* t. XIII, n° 472.)

Elle est d'autant plus difficile à bien saisir, cette règle, qu'au premier aperçu elle paraît peu naturelle et peu équitable. Il semble dur, en effet, que celui qui a succombé dans sa demande en nullité d'un acte, pour telle irrégularité de forme, ne puisse plus faire valoir telle autre irrégularité de forme complétement différente de la première, et qu'il soit repoussé par l'autorité de la *chose jugée,* quand il s'agit d'un point que, dans sa première action, il n'avait *pas même soumis au juge,* et auquel ni ce juge ni lui-même n'avaient pas seulement songé. Il en est de même de celui qui, après avoir succombé en invoquant son erreur, veut faire valoir un dol dont il n'a nullement été question dans sa première demande, un dol que lui-même peut-être ne connaissait pas *et n'a découvert que depuis!*... Comment la raison, l'équité et l'exactitude même du langage permettent-elles, dans ces cas et autres semblables, de dire que la question est jugée?...

La règle s'explique par le sacrifice, toujours nécessaire, de l'intérêt particulier à l'intérêt général. Si on eût permis de considérer ici autre chose que la base prochaine ou immédiate, il eût fallu tenir compte, non pas seulement de la base précédant immédiatement celle-ci, et qui se trouve la seconde en remontant, mais aussi de celle qui précède cette seconde, et ainsi de suite en remontant jusqu'aux causes les plus éloignées ; car l'objection que nous venons de nous faire pour la cause du second degré eût toujours pu se faire pour celles d'un degré ultérieur. Or, ouvrir de nouveaux débats pour toutes causes nouvelles, si éloignées qu'elles soient, c'est-à-dire pour tous nouveaux moyens, c'eût été, comme nous l'avons déjà dit, éterniser les procès, réduire les décisions judiciaires à n'être jamais que provisoires, et détruire l'autorité de la chose jugée... Donc il fallait, si fâcheuse que la conséquence en pût être dans tel ou tel cas pour les parties, ne tenir compte ici que de la *cause* proprement dite et prochaine, en faisant abstraction des simples *moyens* ou causes éloignées. C'est à celui qui se décide à former une demande de rechercher avec attention toutes les circonstances importantes qui se rattachent à la cause prochaine, afin de ne rien omettre de ce qui peut être décisif...

La règle ainsi justifiée quant à l'équité, elle se justifie facilement quant à l'exactitude des termes. Car du moment qu'il est entendu de n'admettre, comme constitutive de *la question* judiciaire, que la cause prochaine de la demande, il sera exact de dire que *la question* est jugée toutes les fois que le débat sera tranché quant à cette cause prochaine. Ainsi, dans le premier exemple ci-dessus, il est très-vrai qu'on ne pourrait pas dire la seconde question jugée par la première sentence, si la formule de cette question devait comprendre l'indication de la cause éloignée. On dirait qu'on a jugé le point de savoir *si l'acte est nul pour vice de forme résultant de la minorité d'un témoin,* et qu'on n'a pas jugé *s'il y avait nullité pour vice de forme résultant de la présence d'un témoin étranger.* Mais du moment qu'il y a un élément de trop dans cette position de la question, du moment que la formule légale, repoussant toute autre base que la cause immédiate, se réduit à ceci : *Y a-t-il nullité pour vice de forme?* sans qu'il y ait à considérer le pour- quoi de ce vice (parce que ce pourquoi conduirait à une base médiate), de ce moment, il est clair que la question est la même dans les deux affaires et que cette question est jugée.

La règle est donc de ne considérer ici que la base immédiate. Mais, bien entendu, dès là que cette base immédiate n'est pas la même dans les deux demandes, il n'y a plus chose jugée, et la demande nouvelle est recevable. — Ainsi, quand on a succombé dans une demande en annulation d'une convention pour vice de consentement (par erreur, dol ou violence), on pourra fort bien en demander de nouveau l'annu- lation pour incapacité (vu l'état d'interdiction de la personne, ou le dé- faut d'autorisation maritale si c'est une femme mariée). Car, quoiqu'il y ait ici de l'analogie entre les causes des deux demandes, ce sont ce- pendant deux causes distinctes, dont l'une (le consentement vicié), réglée par les art. 1109 et suivants, présente l'absence *de la première* des quatre conditions requises pour la validité des contrats dans l'art. 1108, tandis que l'autre (le défaut d'aptitude légale à s'obliger), réglée par les art. 1123-1125, est l'absence *de la seconde* de ces mêmes condi- tions. Ainsi encore, on a jugé avec raison que celui qui avait d'abord demandé à faire déclarer sans effet le testament d'un Français natura- lisé à l'étranger sans autorisation, en se fondant sur ce que, d'après le décret de 1811, les biens de ce Français s'étaient trouvés confisqués par le fait de sa naturalisation, pouvait très-bien, après avoir succombé dans cette demande (parce que la confiscation établie par le décret a été abolie par la Charte de 1814), faire valoir contre ce même testa- ment une nullité tirée de ce que le testateur, étant privé de ses droits civils par le même décret, s'était ainsi trouvé incapable de tester. On voit, en effet, que l'objet des deux prétentions successives, la nullité du testament, n'était pas réclamé dans les deux cas pour la même cause : dans le premier cas, cette cause était la prétendue absence, chez le testateur, du titre de propriétaire des biens ; dans le second, c'était son incapacité personnelle. La diversité de cause se rencontrait donc dès le premier degré, dans la base prochaine, et sans qu'il fût besoin de remonter plus haut (1).

VII. — Nous avons dit que cette condition de l'identité de la cause

_____

(1) Pau, 19 mars 1834 (Dev. et Car., 34, II, 441).

était, en général, présentée par les auteurs d'une manière peu satisfaisante. Si les uns, en effet, notamment M. Duranton, ne prennent pas même la peine de définir ce qu'on entend ici par cause, les autres, en développant plus ou moins exactement la règle, ne s'occupent nullement de la justifier, de l'expliquer moralement, pour ainsi dire, en répondant à l'objection d'iniquité qui contribue tant à empêcher de la bien comprendre.

Il est vrai qu'il est un auteur, un seul à notre connaissance, qu'on doit excepter de ce dernier reproche. M. Bonnier, quoiqu'il n'ait présenté ce principe de l'identité de cause, et aussi celui de l'identité d'objet, que d'une manière incomplète et beaucoup trop restreinte (p. 638-643), s'est du moins efforcé visiblement de préciser et aussi de justifier cette règle. Mais les efforts de l'honorable professeur n'ont pas été heureux ; et il serait, au contraire, difficile d'imaginer quelque chose de plus fâcheux que son explication.

« La cause dont veut parler la loi, dit M. Bonnier, *ce n'est pas la base générale de l'action,* par exemple, si la contestation porte sur un testament, *la nullité de ce testament,* mais *la cause spéciale* pour laquelle on l'attaque... Mais il ne faut pas aller trop loin dans cette voie, et *confondre* avec *la cause* de la demande *les moyens* employés pour justifier de l'existence de cette cause ; autrement les procès se multiplieraient à l'infini... La jurisprudence se trouve placée ici entre *deux écueils :* il ne faut *ni remonter à la cause la plus éloignée* de la demande, de manière à faire porter la décision sur des points autres que celui qui avait été jugé, *ni pourtant considérer comme autant de causes diverses les moyens* de détail qui peuvent être employés à l'appui des conclusions, de manière à multiplier indéfiniment les procès (n°s 689, 690). »

Tel est le fond de l'explication de M. Bonnier. Or on se demande d'abord quels sont les *deux* écueils que l'auteur signale ; quels sont ces *deux* dangers qu'il oppose l'un à l'autre... D'après lui, le premier danger serait de *remonter à la cause la plus éloignée,* tandis qu'on doit s'arrêter à la cause prochaine ; et le second serait de *considérer les moyens comme des causes.* Mais *prendre un simple moyen pour la cause,* c'est précisément *remonter à une cause plus éloignée* au lieu de s'en tenir à la cause prochaine ; en sorte que les *deux* écueils dont M. Bonnier parle, et qu'il oppose comme un extrême à l'extrême contraire, ne sont que le seul et même écueil. Ainsi, par exemple, si un tribunal, après avoir repoussé ma demande en nullité d'un contrat pour invalidité de consentement par erreur, admettait (à tort) ma demande en nullité du même contrat, pour invalidité du consentement par violence, et qu'il l'admît encore, après un second échec, pour invalidité du consentement par suite de dol, *ce serait, d'une part, considérer l'erreur, la violence et le dol,* qui ne sont que *des moyens* d'établir l'invalidité du consentement, *comme autant de causes diverses,* et par là même *multiplier indéfiniment les procès ;* mais ce serait aussi, d'autre part et en même temps, *remonter,* dans chaque affaire, *à la cause la plus éloi-*

gnée, au lieu de s'en tenir à la cause prochaine... Il est évident que M. Bonnier, quoiqu'il parle ici de deux dangers, et qu'en effet deux dangers existent vraiment, n'indique pourtant qu'un seul et même danger, celui de prendre une circonstance produisant ou justifiant la cause pour cette cause même, de prendre une *causa remota* pour la *causa proxima*.

Et si l'on ne peut absoudre cette dernière phrase de M. Bonnier, nous avons déjà vu qu'on ne saurait absoudre non plus la première, celle qui présente la prétendue définition de la cause. « La cause dont veut parler la loi, dit-il, ce n'est pas la base *générale* de l'action, c'est la cause *spéciale*. » Erreur... Quand je veux intenter successivement trois actions en nullité d'un contrat pour invalidité du consentement, en me fondant d'abord sur le dol, puis sur la violence, puis sur l'erreur, la base générale de ces actions, la cause commune à toutes trois, c'est l'invalidité du consentement; la cause spéciale à chacune, c'est l'erreur, puis la violence, puis le dol. Or, s'il était vrai qu'il faut s'attacher ici à la cause spéciale, il s'ensuivrait que cette cause spéciale étant différente dans les trois cas, je devrais être reçu dans mes trois actions; et, au contraire, M. Bonnier enseigne, comme nous, « qu'un contrat attaqué inutilement pour cause de dol ne peut plus l'être pour cause de violence ou d'erreur », parce que, dans les trois cas, la cause, telle que l'entend la loi, c'est, dit-il, *le vice du consentement*. Mais précisément ce vice du consentement est la base générale et commune des trois actions!... De même, quand je demande successivement la nullité d'un testament, d'abord pour vice de forme provenant de la minorité d'un témoin, puis pour vice de forme provenant de la présence d'un témoin non Français, puis encore pour un vice de forme résultant d'une autre cause, la prétendue règle conduirait à dire que mes actions sont recevables et qu'il n'y a pas chose jugée, puisque la cause spéciale, celle à laquelle on nous dit qu'il faut s'attacher, est différente dans les trois cas. Et pourtant M. Bonnier dit encore ici, comme nous, que, malgré la différence de la question *spéciale*, je dois être déclaré non recevable, parce que la cause, telle que l'entend la loi, c'est *le défaut de formes en général*, et non pas tel vice de formes-spécial... La règle présentée par M. Bonnier, et que nous avons critiquée déjà en passant, est donc précisément le contre-pied du vrai; et c'est M. Bonnier qui la renverse lui-même par ses exemples, après l'avoir posée (1).

VIII. — Nous avons dit que s'il ne faut pas confondre *la cause* pro-

---

(1) Nous faisons dire à M. Bonnier que, dans ces deux exemples, la cause, telle que l'entend la loi, c'est, pour l'un *le vice du consentement*, et pour l'autre *le défaut de formes*. En cela, nous changeons la rédaction de l'honorable professeur, mais c'est à dessein et pour la rendre exacte. Les deux propositions de M. Bonnier sont : « La cause de ma demande n'était pas un vice de formes spécial, mais LA NULLITÉ *pour défaut de formes* »; et plus loin : « La cause de ma demande était LA RESCISION *pour vice du consentement*. » Or la rescision du contrat, dans un cas, comme la nullité du testament dans l'autre, ne sont point du tout *les causes* des demandes; elles en sont au contraire *les objets*. La rescision, l'annulation, c'est précisément ce que je viens

prement dite (c'est-à-dire la cause prochaine) avec les différentes circonstances qui la produisent et la justifient (c'est-à-dire avec les causes éloignées), il ne la faut pas non plus confondre avec *l'objet*. Ce dernier écueil, si peu dangereux qu'il paraisse, demande cependant à son tour quelques observations ; car des auteurs, même tout récents, y sont tombés. M. Poujol, au n° 24, indique comme étant une même chose, *la cause* d'une demande et *le but* de cette demande ; puis, au n° 25, alinéa 2, il présente la propriété faisant l'objet d'une revendication, et le droit d'usage réclamé dans une autre action, comme *les causes* des deux demandes. M. Bonnier commet aussi cette lourde faute, et c'est de là que proviennent chez lui les explications, tantôt fausses, tantôt inintelligibles, que nous venons de signaler.

Essayons donc de présenter sur ce point une analyse exacte. Si nos développements paraissent longs, on n'oubliera pas que la nécessité nous en est imposée par les erreurs que nous avons à relever.

De même que l'esprit, quand il veut saisir *la cause*, le fondement, d'une demande judiciaire, peut rencontrer des éléments multiples dans chacun desquels il reconnaît ce caractère de cause, de même il pourra quelquefois rencontrer des éléments multiples aussi, quand il recherchera *l'objet* de cette même demande ; de sorte que, comme il peut y avoir, pour une seule demande, plusieurs causes, conséquences les unes des autres (et dont *la dernière,* comme on l'a vu, doit seule être considérée ici), de même il peut y avoir plusieurs objets, conséquences aussi les uns des autres. Par exemple, quand je veux faire annuler pour violence la vente que j'ai consentie de ma maison, de même qu'en recherchant *la cause* de mon action on trouve deux choses, à savoir : la violence que l'on a pratiquée envers moi, puis l'imperfection de consentement que cette violence a produite, de même en recherchant *l'objet* de cette action, ce à quoi je veux arriver par elle, on trouve aussi deux choses, à savoir : l'anéantissement de la vente, puis la reprise de la maison vendue ; en sorte que, s'il y a d'un côté, au-dessus de la cause prochaine et immédiate, une seconde cause plus éloignée et médiate qui engendre la première, il y a aussi, au-dessous de l'objet direct et immédiat, un second objet médiat et plus éloigné qui découle du premier... Donc deux causes et deux objets ; en tout, quatre choses. Il pourrait, selon les cas, y en avoir davantage ; mais cet exemple nous en donne quatre, et c'est assez pour notre explication. Remarquons bien, en effet, que si deux seulement de ces quatre éléments jouent le

---

demander, ce à quoi tend mon action ; c'est donc l'*objet* de ma poursuite. Mais la raison sur laquelle je fonde cette demande, le motif légal sur lequel je l'appuie, *la cause* de ma demande, en un mot, c'est *le vice du consentement* dans un cas, *le défaut des formes* dans l'autre... Comment les jeunes gens seront-ils formés à la rectitude des idées si ceux qui se chargent de l'enseignement y manquent à ce point ?... Nous allons voir que c'est à cette étrange confusion de la cause avec l'objet que tient la profonde inexactitude des explications données sur cette matière par M. Bonnier. M. Bonnier a modifié son opinion pour se rattacher à la distinction proposée par Marcadé. — *Voy.* sa 3ᵉ édit., n° 874.

rôle de causes par rapport à l'action, il en est autrement et tous jouent ce rôle de cause sous un autre rapport, c'est-à-dire par rapport à l'élément qui se trouve au-dessous de lui. Ainsi, la violence est la cause qui engendre l'invalidité de mon consentement, cette invalidité est la cause qui engendre (sous la condition d'être prononcée par le juge) l'anéantissement de la vente, et cet anéantissement est la cause qui engendre la reprise du bien, en faisant renaître mon droit de propriété sur lui.

Ainsi, quand les éléments plus ou moins nombreux sont considérés, non plus dans leur rapport avec la demande, mais dans leur rapport entre eux, tous, à l'exception du dernier (qui ne peut être qu'effet), sont *une cause* pour celui qui suit. C'est ainsi que la rescision du contrat de vente est *une cause* par rapport au droit de reprendre le bien vendu, mais n'est plus que *l'objet* par rapport à la demande qui tend à cette rescision; que la nullité prononcée d'un testament est *une cause* par rapport au droit qu'aura l'héritier légitime de prendre les biens légués, mais n'est plus que *l'objet* par rapport à l'action qui tend à faire prononcer cette nullité. Or, c'est parce que l'un des éléments peut ainsi être *cause et objet* tout à la fois, selon le point de vue différent où l'on se place, et selon la chose par rapport à laquelle on le considère, que certains esprits, prenant le change et allant sans s'en apercevoir d'un point de vue à l'autre, sont venus dire que l'objet immédiat, alors qu'il est suivi d'un objet médiat qui en est une conséquence, est une cause de la demande!... Dites qu'il est une cause de cet objet médiat et plus éloigné, oui sans doute; mais une cause *de la demande,* évidemment non.

C'est pour n'avoir pas compris ces idées que M. Bonnier nous dit, au n° 690, que la demande par laquelle je veux faire tomber un testament a pour cause *la nullité* de ce testament, et que celle qui tend à faire annuler un contrat a pour cause *la rescision* de ce contrat; puis, au n° 720 (*voy.* plus bas la note du n° XV), que l'application d'une peine est *la cause* de l'action criminelle, etc. C'est également à cela que sont dues les propositions fausses et contradictoires qui forment le fond de sa doctrine sur cette condition de l'identité de cause... Ainsi, quand il dit, au n° 689, qu'il faut entendre par cause, non pas *la base générale* de l'action, par exemple, dit-il, *la nullité du testament,* mais *la cause spéciale,* pour laquelle on attaque ce testament, il est évident, par l'exemple qu'il donne, qu'il entend, par *base générale,* l'objet immédiat de la demande; en sorte que le fond de sa pensée, si on l'énonçait en termes exacts, serait qu'il ne faut pas prendre pour cause de l'action l'objet de cette action. Et quand, après avoir dit (au numéro suivant) que, réciproquement, il ne faut pas non plus prendre pour la cause les simples moyens, il ajoute, en terminant, qu'il faut éviter les deux écueils et ne tomber ni dans tel extrême, ni dans tel autre, il paraît certain qu'il entend résumer par là les deux idées corrélatives qu'il a voulu expliquer précédemment, et que sa phrase doit se traduire ainsi : il ne faut ni prendre l'objet pour la cause, ni considérer comme causes les moyens (1).

Pour résumer ces trois nᵒˢ VI, VII et VIII, nous disons : *La cause*, qui doit être la même dans les deux demandes pour que la seconde soit écartée comme déjà jugée, c'est le principe qui engendre immédiatement le droit qu'une partie prétend exercer et que l'autre lui conteste ; si ce droit, qui fait l'objet de la demande, résulte d'éléments multiples, le plus prochain constitue seul la cause du droit et de la demande, et les autres principes générateurs, que l'on appelle moyens, ne sont pas plus la cause que mon aïeul et mon bisaïeul ne sont mon père. Il ne faut pas non plus, dans le cas d'objets multiples et découlant l'un de l'autre, confondre la cause avec le premier de ces objets ; car s'il est cause par rapport aux objets plus éloignés, il ne saurait l'être par rapport à la demande.

Ainsi, il ne faut pas, d'un côté, remonter aux Moyens ; mais il ne faut pas, d'autre part, descendre à l'Objet. Du reste, l'Objet se trouve par la réponse à cette question : Que demande le plaideur ? Et on trouve la Cause par la réponse à cette autre question : Sur quoi le plaideur fonde-t-il immédiatement sa prétention ?

IX. — A ces développements, qui nous ont paru nécessaires, en l'état des choses, pour bien faire saisir la condition de l'identité de cause, nous ajouterons, avant de passer à l'identité des personnes, deux observations :

La première, c'est que l'impossibilité d'écarter une seconde demande par l'autorité de la chose jugée, alors que la cause est différente, ne comporte pas d'exception.

Et d'abord, elle s'applique aussi bien aux demandes réelles qu'aux demandes personnelles. Ainsi, quand j'ai succombé dans la revendication de l'immeuble A, fondée sur l'attribution que m'en aurait faite un testament, et que je fonde une nouvelle revendication sur un autre testament, il est clair que ma demande est recevable, puisque si l'objet

---

(1) Mais pourquoi M. Bonnier, en considérant à tort l'objet immédiat de la demande comme l'une des causes de cette demande (tandis qu'il n'est cause que pour l'objet médiat), en fait-il une cause *générale* et réserve-t-il à la cause véritable de cette demande le nom de *cause spéciale* ? Pourquoi, surtout, quand il veut opposer au danger de prendre pour la cause un simple moyen, le danger réciproque de prendre pour cause l'objet immédiat, formule-t-il cette dernière idée par les mots REMONTER *à la cause la plus éloignée* ?... C'est ce qu'il nous paraît impossible d'expliquer ni de comprendre... L'inexactitude de cette dernière formule est d'autant plus bizarre que, venir jusqu'à l'objet d'une demande quand on doit s'arrêter à sa cause, ce n'est pas monter, mais *descendre* ; car, de même que les simples moyens, ou causes médiates, se trouvent *au-dessus* de la cause prochaine, puisqu'elles l'engendrent, de même l'objet se trouve *au-dessous* de cette même cause prochaine, puisqu'il est produit par elle. La rescision par moi réclamée de tel contrat est *la conséquence* du vice de consentement dont ce contrat était affecté et qui forme la cause de mon action ; la nullité demandée de tel testament est *la conséquence* du défaut de formes constituant la cause de mon action. Or, depuis quand va-t-on *en remontant* d'un principe à sa conséquence ?... Comment s'expliquer une telle série d'inexactitudes ? (*Voy.* aussi la note du nᵒ XV, *infrà*.) — *Voy.* la 3ᵉ édit. du *Traité des preuves* de M. Bonnier, nᵒ 874, où l'auteur a modifié sa première opinion.

des deux demandes est le même, à savoir, la propriété de l'immeuble A, leur cause, c'est-à-dire le titre d'acquisition de cette propriété, est différente (1)... Il est vrai qu'il en était autrement à Rome, au moins dans le cas où l'action réelle avait été formée sans expression spéciale de la cause, c'est-à-dire du titre d'acquisition (*Digeste,* liv. 44, t. II, XIV, § 2). Mais comme chez nous l'exploit d'ajournement doit contenir, à peine de nullité, l'exposé des moyens, et par conséquent l'indication de la cause alléguée (art. 61, Code de procédure), le cas ne peut guère se présenter; et alors même qu'il se présenterait, parce que l'adversaire n'aurait pas fait valoir la nullité de l'exploit, nous pensons, comme M. Bonnier (n° 687), et contrairement à l'opinion de M. Zachariæ (V, p. 792), qu'il suffirait de l'indication que les motifs du premier jugement donneraient de la première cause, pour que la seconde demande, fondée sur une autre cause, dût être reçue. Le Code, en effet, d'accord avec la raison, ne fait aucune distinction ni restriction, et c'est seulement pour la seconde demande fondée sur la même cause que la première qu'il reconnaît l'autorité de la chose jugée; donc, dès là que je prouve, peu importe par quelle voie, que ma nouvelle demande repose sur une cause autre que celle de l'ancienne, cette demande est recevable.

Elle doit s'appliquer également, quoi que dise Toullier, d'après la loi romaine (X, 169), aussi bien quand les deux causes de demande qui sont successivement invoquées existaient déjà l'une et l'autre sur la tête du prétendant lors de la première action, que quand la seconde de ces causes n'a existé pour lui que postérieurement au rejet de la première. Ainsi, quand Pierre a vendu deux fois le même immeuble, une première fois à mon père, en 1840, puis à moi-même en 1841, et que, devenu héritier de mon père, en 1842, j'ai, quelque temps après, poursuivi Pierre pour me faire délivrer l'immeuble, en me fondant sur la vente à moi faite en 1841, je pourrais très-bien, si je succombe dans cette action, en intenter une autre fondée sur la vente faite en 1840 à mon père. La cause de la seconde action, en effet, n'est pas celle de la première, la question que soulève ce second procès n'est pas celle du premier, et il n'y a nullement chose jugée. On a jugé inefficace la vente de 1841; mais il n'y a rien de jugé par là sur la vente de 1840.

Et pourquoi donc ne serais-je pas recevable? C'est, dit Toullier, parce que, les droits et actions de mon père s'étant réunis à mes propres droits et actions pour former un seul patrimoine, les deux actions qui découlaient primitivement des deux ventes *n'en forment plus qu'une seule*... La conséquence est on ne peut plus fausse. De ce que le patrimoine de mon père et le mien ne font plus qu'un patrimoine, il s'ensuit tout simplement que les deux actions sont maintenant dans un même patrimoine, au lieu d'être dans deux, et reposent sur une même

---

(1) Bordeaux, 14 mai 1839; Montpellier, 15 fév. 1841; Rej.. 3 mai 1841 (Dev., 41, I, 720, et II, 213). *Conf.* Aubry et Rau (3ᵉ édit., t. VI, p. 502); Larombière (art. 1351, n° 67).

tête, au lieu de reposer sur deux. Ainsi, il résulte bien de l'acceptation de succession que les deux actions appartiennent à la même personne, mais il n'en peut pas résulter qu'une des actions soit absorbée par l'autre pour n'en faire plus qu'une : il y a toujours deux actions semblables, mais distinctes, parce qu'il y a deux causes d'action, deux ventes. On n'aurait sans doute pas accueilli cette idée d'absorption si, au lieu de supposer deux titres d'acquisition semblables, on en avait supposé deux différents, une donation et une vente ; il est clair que l'action *ex empto* et l'action *ex donato* ne peuvent pas devenir une seule et même action... Et si cette idée d'absorption était vraie, il faudrait donc dire, dans le cas prévu par Toullier lui-même, où mon père et moi aurions, chacun de notre côté, payé comptant, et en supposant que les ventes fussent déclarées nulles toutes deux, il faudrait dire que les deux actions en réclamation du prix indûment payé et tendant chacune à la répétition de 25 000 fr., se réduisent, au moyen de cette absorption de l'une par l'autre, à une seule répétition de cette somme, en sorte que j'aurais droit seulement à 25 000 fr. au lieu de 50 000 !... N'est-il pas évident, au contraire, que je puis toujours, par suite de la réunion des droits de mon père aux miens, faire à moi seul ce qui aurait pu être fait par mon père et par moi séparément, et par conséquent faire valoir, soit par une seule action, soit par deux actions successives, peu importe, ou deux créances de 25 000 fr., ou une créance de 25 000 fr. et la revendication, ou enfin deux fois cette revendication, d'abord par l'un des contrats, et ensuite par l'autre, après avoir succombé quant au premier ?

Pourquoi donc, encore une fois, serais-je non recevable ? Serait-ce parce qu'ayant eu les deux actions à ma disposition au moment où j'ai intenté l'une, j'ai dû les faire valoir toutes deux ensemble, et parce qu'on m'appliquerait la prétendue règle que celui qui a choisi d'abord l'une des actions qui lui appartenaient ne peut plus revenir à une autre : *Electa una via, non datur recursus ad alteram ?*... Non (1), car Toullier lui-même réfute très-longuement et très-bien (n°ˢ 170-193), trop bien pour que nous ayons besoin d'insister là-dessus, ce principe chimérique, qui n'est qu'une erreur de plus à relever dans cette matière de la chose jugée, où tant d'erreurs se sont accréditées. Toullier, dans les trente-deux pages qu'il consacre à la critique de ce prétendu axiome, prouve très-bien, contre les anciens commentateurs, contre le président Favre et contre Merlin, que ce brocard, aussi contraire aux règles de la raison qu'aux principes du droit, n'est qu'une de ces aberrations conservées par une routine aveugle ; que le choix qu'une personne fait de telle action, parce qu'elle lui semble plus sûre que les autres, ne sau-

---

(1) *Voy.*, sur cette prétendue maxime, l'arrêt remarquable par lequel les chambres réunies de la Cour de cassation ont admis l'action correctionnelle dirigée contre un contrefacteur après que celui-ci avait été assigné devant le Tribunal de commerce en payement d'une somme stipulée à titre de clause pénale pour le même fait de contrefaçon. Cass., 10 juill. 1854 et 7 mai 1852 (*J. Pal.*, 1852, t. II, p. 385, et 1854, t. II, p. 118). — *Voy.* encore M. Larombière (art. 1351, n° 74).

rait l'empêcher de recourir ensuite à celles-ci; que l'exercice d'une seconde action ne saurait être empêché par l'exercice d'une première qu'au moyen de l'application des principes de la chose jugée; et que par conséquent le brocard *electa una via, non datur recursus ad alteram* ne devient vrai que quand on a soin d'ajouter *nisi ex aliâ causâ.* Or, puisqu'ici la cause de la seconde action n'est pas celle de la première, puisque l'une est la vente faite à mon père en 1840, et l'autre la vente faite à moi-même en 1841, ma seconde action est donc recevable.

Notre seconde et dernière observation, c'est que, si la nouvelle demande doit être reçue toutes les fois que la cause est distincte, elle doit réciproquement être écartée toutes les fois que cette cause est la même, encore bien qu'on procède par une action toute différente. — Ainsi, celui qui a succombé dans l'action en pétition d'hérédité qu'il avait formée quant à la moitié de tel patrimoine, ne pourrait pas réclamer ensuite cette même moitié par une simple action en partage; car c'est par une même cause, son prétendu titre d'héritier, qu'il poursuit le même objet. — Ainsi encore, le vendeur d'effets mobiliers qui a été débouté de la revendication qu'il avait formée pour défaut de payement du prix, ne saurait être reçu dans une action en résolution de la vente fondée sur ce même défaut de payement (1).

La loi, en effet, ne demande pas quatre conditions pour qu'il y ait autorité de la chose jugée; elle n'en demande que trois. Elle n'exige pas, avec l'identité d'objet, de cause et de personnes, la similitude d'action; et du moment, dès lors, que l'objet et la cause sont les mêmes (les personnes étant les mêmes aussi), la nouvelle demande est non recevable; comme elle est recevable, au contraire, toutes les fois et par cela seul que la cause est différente.

3e De l'identité des parties.

X. — Avec l'identité d'objet et l'identité de cause, qui viennent de nous demander de si longs développements, il faut encore, pour qu'il y ait chose jugée, que la nouvelle prétention s'élève entre les mêmes personnes agissant en la même qualité : 1° *eadem res ;* 2° *eadem causa ;* 3° *eadem conditio personarum…* Nous avons vu, en effet, sous l'art. 5, n° II, que l'efficacité judiciaire, à la différence de l'efficacité législative, a pour caractère la spécialité, aussi bien quant aux personnes entre lesquelles le jugement prononce, que quant aux choses sur lesquelles il porte, et que ce jugement ne forme jamais lien que pour les parties en cause dans le débat : *Res inter alios judicata aliis non nocet nec prodest.*

Pour qu'il y ait identité juridique des personnes, notre article, d'accord avec la raison, exige deux choses : 1° que les parties soient les

(1) Orléans, 18 avril 1835; Rej., 19 avril 1836 (Dev. et Car., 37, I, 42). — *Voy.* encore, dans le même sens, Poitiers, 4 avril 1854 (*J. Pal.*, 1854, t. I, p. 534).

mêmes, c'est-à-dire que ceux entre lesquels s'élève le nouveau débat aient figuré dans le premier; 2° que ces parties agissent encore d'après les qualités sous lesquelles elles agissaient la première fois. Débarrassons-nous d'abord de cette seconde idée, pour examiner plus librement la première, qui présente plus de détails.

Ainsi, il ne suffit pas que la personne qui figure aujourd'hui dans le second procès ait figuré dans le premier; il faut aussi qu'elle apparaisse avec la même qualité : en d'autres termes, il ne suffit pas de l'identité physique, il faut l'identité juridique, légale. Quand j'ai succombé en exerçant pour moi-même la revendication de tel immeuble et que je veux l'exercer ensuite en qualité, soit de tuteur de tel mineur ou interdit, soit de mandataire ou de gérant de telle personne, il est bien clair que si le demandeur est toujours le même physiquement, il n'est plus le même légalement parlant. Dans le premier cas, en effet, le demandeur était moi-même, tandis que dans le second c'est le pupille, l'interdit ou telle autre personne dont je ne suis que le mandataire, le lieutenant, l'instrument, pour ainsi dire : ce n'est plus moi, c'est cette autre personne, qui demande par mon organe. Il en sera de même dans les hypothèses réciproques (1).

Mais l'identité juridique de la personne peut encore disparaître, par la diversité des qualités, quoique cette personne agisse dans les deux cas pour son propre compte, pour son bénéfice personnel. C'est quand la personne figure dans le second procès comme héritière d'une autre personne à laquelle elle n'avait pas encore succédé lors du premier. La chose jugée pour elle ou contre elle, alors qu'elle n'était pas héritière, n'empêchera pas qu'elle ne puisse de nouveau poursuivre ou être poursuivie à ce titre d'héritière; car il n'y a pas *eadem conditio personarum,* et l'un des plaideurs n'est plus, quant aux droits et obligations reposant sur sa tête, la même personne juridique qu'auparavant.

Voici une espèce jugée, par la Cour suprême, en l'an 7. Un sieur Lostanges, héritier de sa mère, mais qui avait renoncé à la succession de son père, avait triomphé devant le Parlement de Toulouse, contre un sieur Bessières, dans la revendication d'un domaine appartenant à sa mère et indûment vendu par son père. Mais plus tard, Lostanges s'étant décidé à accepter la succession paternelle, qu'il avait d'abord répudiée, il fut alors poursuivi par Bessières en restitution du domaine, comme tenu des obligations du vendeur. Lostanges, soutenant que son adversaire devait être repoussé par l'autorité de la chose jugée, vit d'abord sa prétention accueillie; mais, sur le pourvoi, le Tribunal de cassation cassa le jugement, par le motif, parfaitement exact, que les parties ne procédaient plus en la même qualité que lors de l'arrêt de Toulouse. Et en effet, s'il est vrai que la prétention de Bessières avait dans les deux cas le même objet, à savoir, la propriété du domaine, et

(1) *Conf.* Larombière (art. 1351, n° 141); Toullier (t. X, n° 213); Duranton (t. XIII, n° 499); Aubry et Rau (p. 433); Cass., 21 déc. 1841 (Dev., 42, I, 65); 28 août 1849 (Dev., 50, I, 49); 4 juill. 1854 (Dev., 54, I, 785); 23 avril 1855 (Dev., 57, I, 285).

aussi la même cause, à savoir, la vente faite par Lostanges père, il est clair qu'elle ne se débattait pas entre deux personnes présentant la même condition, puisque Lostanges, étranger, lors du premier procès, aux obligations de son père, s'y trouvait soumis, lors du second, par l'acceptation de succession qu'il avait faite.

On voit, par cet exemple, que la circonstance que la personne procède, tantôt comme héritière de tel, et tantôt comme héritière de tel autre, peut très-bien faire obstacle à l'autorité de la chose jugée pour le seul défaut d'identité juridique de cette personne, et quoiqu'il y ait d'ailleurs identité d'objet et identité de cause. Mais souvent aussi cette circonstance fera disparaître, soit l'identité de cause, soit l'identité d'objet. En voici un exemple, que nous croyons également important de rapporter :

Le comte d'Albert et le président d'Albert, son frère, avaient fait en l'an 3, avec la commune de Mondragon, une transaction par laquelle ils abandonnaient certains biens à cette commune. En 1823, les enfants du comte obtinrent de la Cour de Nîmes un arrêt déclarant la transaction nulle et ordonnant leur réintégration dans les biens cédés par leur père. Plus tard, ces mêmes enfants, devenus héritiers de leur oncle le président, réclamèrent la partie de biens cédée par celui-ci dans la même transaction ; et, sur la prétention de la commune de faire débattre la question de nouveau, ils soutinrent qu'il y avait chose jugée. Mais la Cour de Nîmes rejeta cette fin de non-recevoir le 25 novembre 1836, et sur le pourvoi, l'arrêt fut maintenu, par le motif que les deux instances de 1823 et 1836 avaient pour objet deux portions de bien différentes, réclamées par les demandeurs, l'une en qualité d'héritiers du comte leur père, l'autre en qualité d'héritiers du président leur oncle ; en sorte qu'il n'y avait ni l'identité d'objet, ni l'identité juridique des parties, et que sous ce double rapport il n'y avait pas chose jugée (1).

Donc, si la diversité des qualités sous lesquelles procède le même individu peut amener distinction juridique de personne, elle peut amener aussi distinction d'objet et plus souvent encore distinction de cause. Or ceci conduit à la solution d'un point controversé entre Toullier et M. Zachariæ. — Le premier (X, 214 et 215) enseigne que la diversité de qualités, ainsi produite par une acceptation de succession, ne fait obstacle à l'autorité de la chose jugée que dans le cas où la qualité sous laquelle on soulève la seconde demande serait née, par l'acceptation de succession, après la première demande, et non pas quand les deux qualités existaient déjà lors de cette première demande. M. Zachariæ (V, p. 780) professe, au contraire, que cette condition n'est pas nécessaire, et qu'il n'y a jamais chose jugée, dès là qu'une personne se présenterait d'abord comme héritière de tel et se présente ensuite comme

---

(1) Cass., 7 mess. an 7 ; Rej., 3 mai 1841 (Dev. et Car., 1, I, 216 ; 41, I, 391) ; Req., 30 juin 1856 (Dev., 57, I, 260). *Conf.* Zachariæ (t. V, p. 780) ; Duranton (t. XIII, n° 500) ; Larombière (art. 1351, n° 141) ; Aubry et Rau (3ᵉ édit., t. VI, p. 492).

héritière de tel autre, encore qu'elle fût déjà héritière de tous deux lors du premier procès... La question se résout par la distinction qui ressort de ce que nous avons dit plus haut.

Si l'usage que l'on fait, dans le second débat, de la qualité dont on n'avait pas parlé dans le premier ne peut faire obstacle à l'autorité de la chose jugée que par le défaut d'identité des parties (l'objet et la cause restant nécessairement les mêmes), comme dans l'affaire Lostanges, l'idée de Toullier sera vraie, c'est-à-dire que l'effet ne se produira qu'autant que la qualité sera née postérieurement à la première demande. C'est en vain, en effet, qu'on voudrait soutenir qu'un individu n'a figuré dans un premier procès que *proprio nomine* ou comme héritier de sa mère, et qu'il agit dans le second comme héritier de son père ou de tel autre, alors que dès ce premier procès il était déjà l'héritier de tous. Quand vous avez dès à présent accepté la succession de votre mère, et celle de votre père, et celle de votre oncle, il n'est au pouvoir de vous ni d'aucun autre de faire que les droits actifs et passifs de ces trois personnes ne soient *vos droits propres :* toute prétention par vous soulevée, qu'elle le soit pour un droit vous provenant de telle et telle succession ou pour un droit qui vous appartenait déjà avant d'avoir accepté aucune succession, est toujours soulevée *proprio nomine,* puisque les trois patrimoines que vous avez recueillis ne sont plus que les parties intégrantes du seul et même patrimoine qui vous appartient : comment pourrait-on dire, soit dans votre intérêt, soit contre vous, que vous n'avez plus dans le second procès la même qualité que dans le premier, alors que nulle qualité nouvelle ne vous est survenue dans l'intervalle, et que vous étiez dès la première époque, comme vous l'êtes à la seconde, héritier des trois personnes? Comment dirait-on qu'il n'y a plus *eadem conditio personarum,* alors que rien, absolument rien, n'est venu modifier la condition des parties?... De ce qu'on n'a pas parlé de telle qualité, il ne s'ensuit pas assurément que vous ne l'aviez point; de ce qu'on n'a pas envisagé votre condition sous le rapport dont on se préoccupe aujourd'hui, il ne s'ensuit pas que cette condition ait changé... C'est donc seulement lorsque la qualité d'héritier, dont on argumente dans le second débat, n'a été prise par vous que postérieurement au débat primitif, que cette qualité peut faire cesser, *pour défaut d'identité juridique des personnes,* l'autorité de la chose jugée. Dans cette première hypothèse, dès lors, Toullier a raison et M. Zachariæ est dans l'erreur.

Mais si l'usage que l'on fait dans le second débat, d'une qualité dont on n'avait pas parlé dans le premier, a pour conséquence de donner à ce débat une cause nouvelle, ou même un nouvel objet, comme dans l'affaire d'Albert, il importe peu alors que la qualité existât déjà lors du premier procès, et que par conséquent la cause nouvelle ou l'objet nouveau eussent pu y figurer. Car la circonstance qu'on eût pu faire valoir la cause ou demander l'objet n'empêche pas qu'on ne l'a pas fait, et que, par conséquent, il y a cause nouvelle ou objet nouveau. Il n'y a donc pas chose jugée; et Toullier est dans l'erreur à son tour quand, par le renvoi qu'il fait de son n° 169 (dont nous avons réfuté déjà la solution au n° VII), il enseigne que la seconde demande sera toujours non recevable, absolument et sans distinction, par cela seul que la qualité sous laquelle on la forme existait déjà lors de la demande primitive. Sans doute, l'autorité de la chose jugée ne cessera pas alors pour défaut d'identité des parties ; mais elle cessera pour défaut d'identité de cause ou d'identité d'objet.

Cette différence entre les deux hypothèses tient, on le conçoit bien, à ce qu'il dépend de la volonté d'un plaideur de demander ou non tel objet et de baser sa demande sur telle cause ou sur telle autre, tandis qu'il ne dépend ni de sa volonté, ni de celle de son adversaire, de changer la vérité des choses et de faire qu'il n'ait pas la condition qu'il a.

XI. — De même qu'une personne agissant dans un second procès doit quelquefois être considérée comme n'étant plus la même partie, bien que ce soit elle aussi qui ait agi dans le premier, de même, et en sens inverse, cette personne devra souvent être déclarée la même partie, quoique ce ne soit pas elle qui ait soutenu la première demande. C'est-à-dire que, comme il peut y avoir diversité juridique de personne, malgré l'identité physique, il peut y avoir également identité juridique des personnes malgré la diversité physique des individus. En d'autres termes, je puis, sans avoir figuré par moi-même dans une instance, y avoir été représenté par celui qui agissait alors et avec lequel je me trouve ne faire légalement qu'une seule et même personne.

Ainsi, il est clair que le pupille et l'interdit sont représentés par leur tuteur : la femme, par son mari, pour les actions dont la loi confie l'exercice à celui-ci ; les communes ou établissements publics, par leurs administrateurs légaux ; les sociétés commerciales, par leurs gérants ; l'héritier qui vient recueillir une succession d'abord vacante, par le curateur nommé à cette succession ; l'absent qui vient reprendre ses biens, par l'envoyé en possession ; en un mot, tous mandants, par leurs mandataires, soit légaux, soit conventionnels (1).

L'héritier qui continue légalement la personne du défunt, et comme lui ceux qui, sans continuer la personne défunte, sont cependant aussi successeurs généraux de cette personne, c'est-à-dire les légataires ou donataires universels ou à titre universel, se trouvent avoir été représentés par leur auteur dans tous les jugements rendus pour ou contre lui, mais avec une distinction. Si, en effet, il s'agit d'un héritier pur et simple, il est clair que la représentation étant absolue, l'identité juridique de personne existe absolument et dans tous les cas ; mais s'il s'agit d'un héritier bénéficiaire ou d'autres successeurs généraux ne continuant pas la personne défunte, comme alors le successeur n'est tenu des obligations du défunt qu'en tant qu'il possède ses biens et dans la limite de la valeur de ces biens, il s'ensuit que quand ces biens

---

(1) *Voy.* Aubry et Rau (t. VI, p. 486) ; Larombière (art. 1351, n°° 95 et suiv.) ; Rej., 19 nov. 1838 (Dev., 38, I, 1001) ; Paris, 11 mars 1835 (Dev., 35, II, 262).

sont une fois épuisés, ou si le successeur veut les abandonner, le jugement obtenu contre son auteur devient pour lui *res inter alios judicata* (1).

Quant aux successeurs particuliers d'une personne vivante, ils sont bien, en ce qui concerne la chose pour laquelle ils succèdent, des ayants cause de l'aliénateur (tout comme le serait un légataire particulier pour le bien légué); mais on sait (art. 1328, n° III) qu'ils n'ont cette qualité d'ayants cause que pour ce qui a été fait par l'auteur antérieurement à leur titre d'acquisition. C'est donc seulement pour les instances antérieures à la vente, à la donation, etc., que l'acheteur ou donataire doit, en ce qui touche le bien vendu ou donné, être considéré comme ne faisant qu'un avec le vendeur ou donateur : tout jugement obtenu contre celui-ci sur une demande formée après le moment où l'acquisition était légalement accomplie et constatée serait évidemment, pour le successeur, *res inter alios judicata*. Nous disons après l'acquisition légalement accomplie et constatée; car on comprend bien que l'acquisition à titre onéreux ne comptera que du jour où elle a eu date certaine (art. 1328), et la donation du jour seulement où elle a été transcrite (art. 941). Ce sont là des points qui ne sauraient être douteux et que consacre en effet la jurisprudence (2).

Il n'est pas douteux non plus, dans le cas assez rare d'aliénation faite entre-vifs à titre universel, que, d'une part, l'acquéreur ne serait jamais tenu *ultrà vires bonorum* des jugements rendus contre l'auteur (puisqu'il succède seulement aux biens, non à la personne qui subsiste toujours), et que, d'un autre côté, la représentation n'aurait lieu également, comme on vient de le dire, que pour les instances antérieures à l'acquisition. Mais est-ce l'époque de la prononciation du jugement ou celle de l'introduction de l'instance qu'il faut considérer ici; et celui qui aurait acheté ma maison dans le cours d'un procès que je soutenais relativement à elle serait-il légalement représenté par moi dans le jugement, rendu après la vente, mais sur une instance introduite avant cette vente?... Toullier (X, 199) et M. Bonnier (n° 694) ne s'expliquent pas à cet égard, quoiqu'ils semblent s'attacher à l'époque du jugement. Au contraire, M. Duranton (XIII, 506), et plus formellement M. Valette (*Revue de droit français*, 1844, p. 28) et M. Zachariæ (V, p. 768), veulent que l'on considère le moment de la demande, et ils présentent ce point comme une règle évidente, allant de soi, et qui ne demande pas de discussion parce qu'elle ne saurait faire difficulté. Il n'en est cependant pas ainsi, car une jurisprudence constante, dont ces auteurs

_____

(1) Zachariæ, et ses annotateurs Aubry et Rau (t. VI, p. 482); Duranton (XIII, 502); Larombière (art. 1351, n° 103).

(2) Rej., 11 mars 1834 (Dev., 34, I, 345, et les arrêts cités à la note.)— *Voy.* aussi Rej., 16 fév. 1830 (Dev., t. IX, part. 1, p. 453, et la note).—Dans le même ordre d'idées, il faut dire que la chose jugée sur la validité d'une saisie-arrêt entre le saisissant et le saisi ne lie pas le tiers saisi qui n'a pas été partie au jugement rendu. Orléans, 27 janv. 1849; Cass., 14 fév. 1854 : Paris, 27 janv. 1855 (*J. Pal.*, 1849, t. I, p. 185; 1854, t. II, p. 177; 1855, t. I, p. 299).— *Voy.* encore Cass., 23 août 1854 (*J. Pal.*, 1855, t. I, p. 512); Aubry et Rau (t. VI, p. 483); Pothier (t. II, n°s 905 et suiv.); Bonnier (2e édit., 694); Larombière (art. 1351, n° 105).

ne parlent pas, admet la règle opposée et va jusqu'à décider que l'acquéreur n'est plus ayant cause, non-seulement quand l'acquisition, postérieure à la demande, est antérieure au jugement, mais même quand, postérieure et à la demande et au jugement, elle est antérieure à l'arrêt qui est venu confirmer la sentence des premiers juges (1).

Qui a raison ici des auteurs ou des arrêts?... Les premiers, selon nous; car, d'un côté, l'effet d'un arrêt confirmatif rétroagit au jour du jugement confirmé, et l'effet du jugement qui octroie une demande rétroagit à son tour au jour de la formation de cette demande, à laquelle la partie perdante est reconnue avoir dû obtempérer dès le moment qu'elle lui a été faite. D'un autre côté, celui à qui je concède un droit, vrai ou prétendu, prend ce droit dans l'état où il est au jour de la concession; et du moment que l'acquisition n'a eu lieu qu'après l'instance liée, l'acquéreur s'est soumis à la nécessité de subir les conséquences de l'état actuel des choses : il s'est trouvé, en me succédant et en se faisant mon ayant cause, obligé par le quasi-contrat judiciaire antérieur à son acquisition, comme il l'eût été par une convention formelle (art. 1122). Il nous paraît donc certain que la jurisprudence est ici dans l'erreur.

XII. — Il est incontestable et incontesté que des créanciers simplement chirographaires sont légalement représentés par leur débiteur dans toutes les instances où figure celui-ci, et quoique ces instances soient postérieures aux titres de créance. Ceux qui acceptent une personne pour débitrice sans lui demander aucune garantie particulière sur ses biens consentent par là même à n'avoir de recours que sur le patrimoine, tel quel, qui se trouvera appartenir à cette personne au jour de la poursuite; et, sauf le cas de fraude, que la loi excepte elle-même et qui permet d'attaquer les jugements aussi bien que les conventions (art. 1167, n° V), ils ratifient d'avance tout ce que fera leur débiteur. Ce débiteur les représente donc, et la chose jugée avec lui est jugée avec eux (2)... Mais en serait-il de même quant au créancier hypothécaire? C'est une question qui, après avoir été décidée presque unanimement par l'affirmative jusqu'à ces derniers temps, est aujourd'hui fort controversée. Tandis que Carré, Favard, Th. Desmazures, Berriat, mais surtout Merlin (Quest., v° Opp. tierces, § 1) et Proudhon (Usufr., III, n°s 1300-1307), puis avec eux une jurisprudence constante (3), décident que le créancier hypothécaire se trouve représenté par son débiteur dans le procès soutenu, après l'inscription de l'hypothèque, quant à la propriété du bien hypothéqué, MM. Duranton

(1) Rej., 8 mai 1810; Pau, 24 déc. 1824; Rej., 25 mars 1828; Montpellier, 26 mars 1828; Rej., 26 mars 1838; Bordeaux, 19 août 1840 (Dev., 1840, 38, I, 759; 41, II, 7).
(2) Voy. Bonnier (2e édit., n° 698); Aubry et Rau (3e édit., p. 484); Req., 15 fév. 1808 (Dev., 8, I, 196); Nîmes, 8 fév. 1832 (Dev., 32, II, 336); Larombière (art. 1351, n°s 115 et suiv.).
(3) Cass. d'un arrêt de Caen, 12 fruct. an 9; Rej. sur arrêt de Toulouse, 16 juin 1811; Cass. d'un arrêt de Douai, 21 août 1826; Rouen, 30 nov. 1827. et Rej., 22 mars 1831; Paris, 2 fév. 1832; Rennes, 24 août 1839, et Rej., 26 mai 1841 (Dev. et Car., t. VIII, part. 1, p. 417; 31, I, 350; 32, II, 301; 41, I, 749).

(XIII, 507), Bonnier (n° 695), Valette (*Revue de droit français*, 1844, p. 27), et Zachariæ (V, p. 770), enseignent, au contraire, qu'un tel jugement est pour le créancier hypothécaire *res inter alios judicata* (1)... Ce dernier sentiment est seul exact, et comme les arrêts contraires ont tous été rendus à une époque où la question n'était pas même examinée d'une manière sérieuse; comme M. Valette, le premier qui ait logiquement traité ce point important (car l'ouvrage même de M. Bonnier ne présente aucune discussion à ce sujet), n'a écrit qu'en 1844, tandis que le dernier des arrêts est de 1841 ; comme enfin ces différents arrêts ne donnent aucune raison à l'appui de leur décision, et se contentent tous de transformer en motif du jugement le point qui est à juger, en disant : *Attendu que le créancier hypothécaire est représenté par son débiteur,* il y a lieu d'espérer que tôt ou tard un mûr examen fera sortir la jurisprudence de la fausse voie dans laquelle Merlin l'a engagée.

Il est très-vrai que le droit d'hypothèque n'est pas un démembrement de la propriété, et que, après sa concession, le débiteur conserve sur l'immeuble cette propriété entière; mais il faut entendre bien prudemment cette proposition, dont on a souvent exagéré la portée, et nous allons voir que cette idée, qui seule a pu engendrer l'erreur dont il s'agit, est indifférente pour la solution de la question. Le droit d'hypothèque n'est pas un démembrement de la propriété de l'immeuble, comme serait, par exemple, le droit d'usage; mais c'est, aussi bien que l'usage ou tel autre démembrement, un droit réel et affectant le bien lui-même : l'hypothèque diffère de l'usage, en ce qu'elle ne donne pas une fraction de *dominium;* mais elle lui ressemble en ceci, qu'elle frappe aussi sur ce *dominium* et le modifie au profit de celui à qui elle appartient : le droit d'hypothèque ne fait pas que la propriété ne soit plus *entière,* rigoureusement parlant; mais il fait pourtant qu'elle n'est plus *intacte :* si, par la concession d'un droit d'usage ou d'usufruit, votre *dominium* subit, pour ainsi dire, l'amputation d'un membre, ne voyez-vous pas que l'établissement de l'hypothèque, tout en lui laissant ses membres, lui imprime une marque brûlante qui annonce le droit d'un tiers, et lui impose une chaîne qui le tient au pouvoir de ce tiers? ne voyez-vous pas que si votre propriété, dans le premier cas, ne peut être transmise que dans l'état de mutilation où on l'a mise, elle ne le peut dans le second qu'en portant le sceau d'esclavage que je lui ai imprimé et la chaîne qui l'empêche de m'échapper?... Encore une fois, si, malgré l'hypothèque, votre propriété reste entière dans vos mains, elle n'y est plus intacte, elle n'y est plus pleine et libre; elle y est gênée, et singulièrement gênée, dans votre droit de disposition, dans l'*abusus,* par le droit que vous avez concédé à un tiers sur le bien, droit qui va jusqu'à contenir le pouvoir conditionnel de faire vendre le bien sur

---

(1) *Voy.* aussi Bourges, 16 nov. 1853 (*J. Pal.*, 1854, t. I, p. 178); Toulouse, 7 mars 1855 (*J. Pal.*, 1855, t. I, p. 621); Orléans, 15 fév. 1854 (*J. Pal.*, 1854, t. II, p. 203); Rej., 14 nov. 1853 (*J. Pal.*, 1855, t. II, p. 290). *Conf.* Aubry et Rau (t. VI, p. 484); Larombière (art. 1351, n° 117).

quelque détenteur que ce soit, en sorte que la concession de ce droit présente un germe d'aliénation.

Mais puisque le créancier hypothécaire se trouve avoir directement sur le bien un droit à lui propre, droit qui, dans sa réalité, le fait participer, d'une manière énergique, à la maîtrise même de la chose, comment pourrait-on dire avec exactitude qu'il doit rester étranger aux instances qui concernent cette maîtrise de la chose, et que le propriétaire débiteur sera, pour de telles instances, son représentant naturel?...

Cela est vrai pour le créancier pur et simple, qui n'a de rapport direct qu'avec la personne du débiteur, qui a laissé intacts les droits de cette personne sur les biens, et qui ne peut se mettre en rapport avec ces biens que par l'intermédiaire de la personne, et en tant que ces biens appartiennent actuellement à cette personne; mais c'est évidemment faux pour le créancier qui a établi un lien direct entre lui et le bien, et qui a brisé une partie des droits que le débiteur avait sur la chose pour y substituer un droit à lui propre sur cette chose... L'hypothèque étant un droit réel propre au créancier, droit qui entre dans son patrimoine et devient sa propriété tout aussi bien qu'un droit d'usufruit, comment une autre personne que ce créancier pourrait-elle en disposer ou la compromettre d'une manière quelconque?

Puisque, à la différence du gage général qui n'est qu'un droit éventuel sur le patrimoine tel quel qui se trouvera définitivement rester au débiteur, mon gage hypothécaire est un droit s'attachant immédiatement et irrévocablement au bien, un droit absolu et indépendant de la volonté ultérieure du débiteur, tout aussi bien que le droit d'usufruit ou d'usage qu'il m'aurait conféré, comment ce débiteur aurait-il le pouvoir de le compromettre plutôt que ce droit d'usufruit?... On me répond que, même quand il est hypothécaire, le créancier n'est toujours qu'un ayant cause : sans doute; mais celui à qui j'ai concédé l'usufruit ou l'usage n'est-il pas aussi mon ayant cause? Celui à qui j'ai vendu ou donné l'immeuble entier n'est-il pas aussi mon ayant cause? Ne voyez-vous pas que tous ceux à qui j'ai conféré un droit réel, quel qu'il soit, sont tous mes ayants cause pour ce que j'ai fait avant la concession, mais ne le sont plus pour ce que je fais ensuite?... Et pourquoi encore mon débiteur pourrait-il compromettre mon hypothèque en plaidant, alors qu'il ne le peut pas *en contractant?* Est-ce que je suis moins son ayant cause *quand il contracte* que quand il plaide?... Cette dernière idée, sans être plus probante que les autres (qui sont également décisives), nous paraît du moins plus frappante : tout le monde doit comprendre que, puisque le débiteur hypothécaire (à l'instar d'un aliénateur et à la différence d'un débiteur chirographaire) ne peut pas compromettre mon droit par un contrat, il ne le peut pas davantage par un procès. Car, comment pourrait-il y avoir une différence entre les deux cas?...

On a imaginé de dire que c'est parce que le jugement ne fait que déclarer les droits préexistants, tandis que la convention crée des droits nouveaux; et qu'ainsi, quand il vient à être jugé que le débiteur n'était pas propriétaire, la chute de sa propriété entraîne la chute de mon hypothèque, par application de la règle *soluto jure dantis...;* mais tout ceci est pitoyable et deux fois pitoyable. Car, d'un côté, le jugement ne serait-il pas de même purement déclaratif pour l'acquéreur de l'usage, de l'usufruit ou de la propriété, aussi bien que pour le créancier hypothécaire? Et si la résolution du droit du constituant fait tomber l'hypothèque, ne fait-elle pas tomber également les servitudes, les droits d'usage, d'usufruit, et aussi le plein *dominium* qu'il aurait transmis? Et d'un autre côté, n'est-il pas évident qu'on se jette là dans un grossier cercle vicieux, puisqu'*on applique l'effet du jugement* pour arriver à dire que l'hypothèque du créancier n'était pas validement établie, et que précisément la question est de savoir si, pour ce créancier, il y a jugement, si ce qui est jugé quant au débiteur est jugé aussi quant à lui créancier? On applique contre le créancier, sans voir qu'on pourrait le faire de même contre des acquéreurs, la maxime *res judicata veritas est,* quand le point en discussion est précisément de savoir s'il y a *res judicata!*

Comment des hommes comme Merlin et Proudhon ont-ils pu, d'une part, tomber dans une telle pétition de principes, et ne pas voir d'ailleurs que tous acquéreurs d'un droit réel, depuis celui qui obtient une simple hypothèque jusqu'à celui qui achète la propriété même, sont ici forcément sur la même ligne? Tous, sans distinction possible, sont ayants cause du concédant, puisque tous tirent leur droit de lui; mais ils ne le sont que pour des faits antérieurs à la concession et sont des tiers pour tout ce qui la suit, c'est-à-dire qu'ils reçoivent le droit dans l'état où il est au jour de la concession. Tous ont leur droit indépendant de la volonté ultérieure du concédant, et ce droit ne peut subir aucune atteinte, ni des conventions que celui-ci formera, ni des jugements qu'il laissera prononcer. Tous, encore une fois, sont sur la même ligne; et il est à remarquer, en effet, que Proudhon (*loc. cit.*) applique sa doctrine, non pas aux hypothèques seulement, mais aux hypothèques *et aux servitudes,* et n'en excepte que ceux qui ont acquis la propriété ou la copropriété. Il est vrai qu'ailleurs il oublie ce système, et enseigne que le jugement rendu avec le propriétaire est *res inter alios acta* pour l'usufruitier et pour l'usager (nº 1298, et t. V, nº 2749). Comment concilier ces idées? Car l'usufruitier et l'usager ne sont pas des copropriétaires! l'usufruit et l'usage ne sont que des servitudes... La vérité est, comme on l'a vu, que tous les droits réels sont ici sur la même ligne; que les raisonnements imaginés contre le créancier hypothécaire s'appliquent à tous acquéreurs; que ce qu'on a dit des jugements est forcément applicable aux conventions; et qu'on ne pourrait refuser au créancier hypothécaire le droit de se dire étranger au jugement obtenu contre son débiteur qu'en allant jusqu'à dire que le vendeur même de l'immeuble reste, nonobstant la vente, libre de disposer comme il l'entendra des droits qu'il a transmis à son acheteur! Répétons-le encore une fois, car tout est là : celui qui obtient un droit réel quelconque sur une chose est bien l'ayant cause de celui qui le lui confère; mais il n'est ayant cause que pour ce qui a précédé la concession, et ce qui se passe ensuite arrière de lui, soit dans une convention, soit dans un procès, est pour lui *res inter alios acta* ou *judicata*.

Merlin, à défaut d'argument spécieux quant à la théorie légale, en a cherché un dans la pratique des choses, et il a été jusqu'à dire, dans le réquisitoire auquel on doit l'arrêt de l'an 9 et les autres par suite, qu'il serait *absurde* de demander que celui qui plaide en revendication contre le détenteur d'un immeuble mette en cause les six, huit ou dix créanciers à qui ce détenteur a pu conférer des hypothèques. M. Bonnier, tout en adoptant, mais sans discussion, la même décision que nous, reconnaît pourtant que cette nécessité serait *extrêmement gênante,* et il explique ainsi l'adoption, par la jurisprudence, de la doctrine que nous venons de combattre, doctrine qu'il appelle *plus utile que logique.*

Quand cette idée d'une gêne extrême serait vraie, ce ne serait pas une raison pour violer la loi, ni même pour en désirer la modification. On ne voit pas pourquoi on dispenserait plutôt le réclamant d'obtenir jugement contre les huit ou dix créanciers auxquels on a pu donner hypothèque, qu'on ne le dispense de l'obtenir contre les huit ou dix personnes auxquelles on a pu transmettre un huitième, un dixième de la propriété divise ou indivise d'un immeuble, ou donner des servitudes d'usage, de passage, de vues, etc...; et s'il pourrait être commode à l'un d'obtenir contre une seule personne un jugement opposable à dix, il est, ce semble, assez commode et assez juste pour celles-ci, qui ont apparemment droit aussi à la protection de la loi, d'avoir la faculté de défendre leurs droits! Mais il y a plus, et il nous paraît que le système de la jurisprudence est aussi contraire à l'utilité pratique qu'il l'est aux règles légales. D'un côté, en effet, les acquisitions de la propriété ou de ses démembrements pouvant généralement se faire sans publicité, tandis que l'hypothèque (sauf le cas exceptionnel de l'hypothèque légale des mineurs et des femmes mariées) est soumise à l'inscription, c'est précisément dans le cas de créanciers hypothécaires qu'il sera plus facile de mettre en cause tous les intéressés pour obtenir un seul jugement opposable à tous; et alors même qu'on n'aura pas pris cette précaution d'appeler tous les intéressés, il est peu à craindre, si la question de propriété a été débattue sérieusement, que ces intéressés, quoique pouvant soulever un nouveau procès, se déterminent à le faire pour le plaisir de s'imposer des frais inutiles; et puis enfin, le plus grand inconvénient qui puisse se présenter, dans le cas exceptionnel d'hypothèques occultes, ce serait de plaider plusieurs fois sur la même question. D'un autre côté, au contraire, il y aurait, pour les créanciers hypothécaires, un danger énorme et beaucoup plus grand que pour des acquéreurs de servitudes ou de portions de l'immeuble, à être représentés par leur auteur dans le jugement obtenu contre celui-ci; car il peut arriver qu'un débiteur ruiné, insolvable, et qui, dans le procès qu'on

lui intente, n'a plus aucun intérêt personnel à sauvegarder, laisse juger
contre lui, même sans mauvaise foi, mais par un découragement et une
indifférence que le défaut d'intérêt explique, une question de propriété
dans laquelle une défense aurait facilement triomphé. Comment veut-on
qu'un tel jugement, rendu par défaut peut-être, ait son effet contre des
créanciers seuls intéressés, et à l'insu desquels il aura été rendu et passé
en force de chose jugée?... Quoi de plus propre à ébranler le crédit public?... Un danger aussi effrayant n'existe pas même pour des acquéreurs d'une portion de l'immeuble, puisque leur auteur aurait toujours
à défendre sa propre portion; et il existe encore bien moins pour des
acquéreurs de simples servitudes, puisque ces servitudes laissent au
concédant la valeur presque entière de l'immeuble.

Ainsi, en refusant aux créanciers hypothécaires un droit qu'il est
bien forcé de reconnaître aux acquéreurs de portions de l'immeuble ou
de servitudes, le système de Merlin repousse précisément pour le cas
où il est beaucoup plus facilement praticable et de première nécessité,
un droit d'intervention qu'il accorde dans le cas où son application est
plus difficile et bien moins utile!... On peut donc dire, en renversant la
phrase de M. Bonnier, que cette doctrine n'est pas plus utile que logique, et que, loin de là, elle est aussi contraire aux besoins de la société
qu'aux principes du droit positif.

XIII. — Il est certaines classes de personnes qui, par leur rapport
avec telle autre, se trouvent légalement représentées par elle dans les
jugements qui leur sont profitables, et ne sont plus que des tiers, au
contraire, pour ceux qui leur seraient nuisibles. C'est-à-dire que, dans
ce cas, la partie qui a plaidé se trouvait, par sa position envers la personne à laquelle il s'agit d'opposer le jugement, avoir mandat pour
rendre meilleure la condition de celle-ci, mais non pour la rendre
pire. ·

Ainsi, les acquéreurs d'un bien, quoique le jugement rendu sur ce
bien *contre* leur auteur sur une demande postérieure à l'aliénation soit
pour eux *res inter alios judicata,* peuvent invoquer, au contraire, le jugement rendu dans le même cas au profit de cet auteur. Par exemple,
quand vous avez intenté contre Paul une revendication de la maison
que celui-ci venait de me vendre et que vous avez succombé, vous ne
pourrez pas intenter de nouveau une action semblable contre moi, en
disant que le jugement obtenu par Paul n'est point obtenu par moi;
car Paul, qui n'avait plus lors du procès la propriété de la chose, n'a
pu plaider que pour mon compte, comme mon gérant d'affaires; et si
je puis bien ne pas respecter cette gestion et argumenter du défaut de
pouvoir, quand cette gestion m'est nuisible, je suis bien le maître aussi
de la ratifier quand elle m'est profitable.

Ainsi encore, l'usufruitier sera représenté par le nu propriétaire
quant à son usufruit, et le nu propriétaire par l'usufruitier quant à sa
nue propriété, dans les jugements obtenus par l'un d'eux contre d'autres personnes sur la pleine propriété du bien, tandis qu'ils ne le se-

raient pas si les jugements étaient rendus au profit de ces autres personnes. Ce point a été expliqué sous l'art. 614 (1).

De même, celui qui se trouve actuellement propriétaire d'un bien, mais sous une condition résolutoire, soit parce qu'il l'a acquis sous cette condition, soit parce qu'il l'a aliéné sous une condition suspensive (art. 1168, n° I), et dont la propriété vient à s'évanouir rétroactivement par l'avénement de la condition, aura dûment représenté, quant aux jugements favorables relatifs au bien, celui qui se trouve définitivement être et avoir été propriétaire, tandis qu'il ne l'aura pas représenté dans les jugements contraires (2).

Il en est ainsi encore du simple possesseur ou propriétaire apparent, relativement au propriétaire réel qui vient l'évincer; car, ainsi que nous avons déjà eu l'occasion de le dire, ce propriétaire apparent se trouvait l'administrateur du bien, ayant évidemment qualité pour faire tout ce qui intéressait le véritable maître, et n'ayant aucun pouvoir, au contraire, pour détruire ou compromettre les droits de celui-ci.

On doit également mettre sur la même ligne, malgré l'opinion contraire de Toullier (X, 207), les jugements rendus, sur ce qui touche la propriété d'un immeuble, et même sur un droit *indivisible* de servitude sur cet immeuble, pour ou contre l'un des copropriétaires indivis de l'immeuble. Ce copropriétaire aura suffisamment représenté les autres copropriétaires contre le tiers dans les jugements favorables à ces copropriétaires, mais il aura été sans qualité si le jugement est favorable au tiers, malgré l'indivisibilité de l'objet. Toullier, invoquant une loi romaine dont la pensée est assez obscure, et s'appuyant, mais à tort, de l'autorité de Pothier, prétend que les copropriétaires seront représentés ici aussi bien dans les jugements contraires que dans les autres. Mais sa doctrine, repoussée avec raison par MM. Duranton (XIII, 528) et Bonnier (n° 702), est évidemment inadmissible, et l'indivisibilité même de l'objet ne saurait faire que la question de savoir à qui il appartient puisse se juger contre quelques-uns de ceux qui s'en prétendent maîtres, sans leur concours. Qu'importe que la chose soit indivisible? Peut-il y avoir là une raison, un prétexte même, pour que je sois dépouillé de ma copropriété sur elle, sans être admis à défendre mon droit?... Aussi Pothier, après avoir dit, au n° 59 de sa section de l'autorité de la chose jugée, que le jugement défavorable se trouve alors, vu l'indivisibilité de l'objet, exécutoire par la nature même des choses contre tous les copropriétaires, a-t-il soin, ce que n'a pas remarqué Toullier, d'ajouter, au numéro suivant, que ceux qui n'y ont pas figuré *peuvent y former opposition en tiers* (tierce opposition), *sans qu'ils aient besoin d'alléguer la collusion.* Or celui qui a été représenté dans

---

(1) *Voy.* Duranton (n° 520); Zachariæ (p. 773 et suiv.); Aubry et Rau (p. 487); Dalloz (v° Chose jugée, 265); Larombière (art. 1351, n° 102); Proudhon (*De l'Usuf.*, n°s 37 et suiv., 1267 et suiv.).

(2) *Voy.* Proudhon (*De l'Usuf.*, t. III, p. 1314); Aubry et Rau (3e édit., t. VI, p. 487-491); Larombière (art. 1351, n°s 112 et suiv.).

un jugement n'y peut former tierce opposition (opposition *en tiers* en tant que tiers) qu'à la condition de prouver qu'il y a eu fraude de son représentant, fraude qui fait tomber la qualité de représentant; mais quand on peut former la tierce opposition sans alléguer la fraude, c'est qu'on est complétement tiers et que le jugement est *res inter alios acta.* La doctrine de Pothier signifie donc que si l'indivisibilité de l'objet a pour conséquence naturelle et forcée de faire rejaillir l'exécution du jugement par ceux-là mêmes qui n'y ont pas figuré, elle n'empêche pas que ceux-ci ne soient toujours des tiers, ayant le droit absolu de faire juger la question de nouveau, sauf à eux à ne pouvoir agir pour cela que par la tierce opposition, au lieu d'avoir le choix entre cette tierce opposition et une action principale. C'est là aussi, tout simplement, ce que juge un arrêt de rejet du 19 décembre 1832 (1); et M. Bonnier se trompe quand il critique cet arrêt, comme déclarant *ayants cause les uns des autres* les copropriétaires d'un objet indivisible.

Toullier commet donc une grave erreur dans ce n° 207, comme il en commet une autre également grave dans le numéro précédent, quand il dit que toute obligation indivisible est par là même solidaire. (*Voy.* art. 1225, n° II.)

Cette dernière idée fausse de Toullier le conduit à dire que le codébiteur d'une dette indivisible est représenté par son codébiteur aussi bien dans les jugements qui leur sont contraires que dans ceux qui leur seraient favorables, puisque, étant codébiteurs solidaires, ils se trouvent par là mandataires les uns des autres. Mais comme cette prétendue solidarité n'existe pas, et que *longè aliud est,* ainsi que le disait Dumoulin, *plures teneri in solidum, et aliud obligationem esse individuam,* la conséquence de Toullier, alors même que son principe serait vrai, ne pourrait pas encore être admise.

Mais le principe lui-même est-il vrai; et faut-il admettre, comme Toullier (X, 202), que de même que le jugement obtenu contre le créancier par l'un des débiteurs solidaires profite toujours aux codébiteurs (pourvu, bien entendu, qu'il s'agisse d'un moyen de défense commun à tous), de même le jugement rendu au profit du créancier contre l'un des débiteurs (sur un moyen de défense commun également) sera toujours *res judicata* contre les autres débiteurs? Nous ne le pensons pas. Nous avons vu, sous les art. 1205 et 1207, que si les codébiteurs solidaires sont regardés, dans le système de la loi, comme s'étant constitués mandataires les uns des autres, c'est uniquement *ad conservandam obligationem.* Ainsi le créancier peut bien, par la poursuite dirigée contre un seul (art. 1206), ou au moyen de l'aveu de ce débiteur (art. 2249), empêcher vis-à-vis de tous la prescription du droit qu'il a contre eux et faire continuer ce droit tel qu'il est; mais il ne peut, ni en contractant, ni en plaidant avec l'un, arriver vis-à-vis

_____

(1) Sur arrêt conforme de Colmar (Dev. et Car., 33, I, 473). *Voy.* Aubry et Rau (p. 490, note 43); Pardessus (*Des Servitudes,* II, 334).

des autres à une consolidation ou amélioration quelconque de ce droit. Il nous paraît donc, comme à MM. Duranton (XIII, 520) et Zachariæ (V, p. 774, note 42), et contrairement à l'opinion de Toullier (X, 502) et de M. Bonnier (n° 701), que le débiteur non poursuivi peut faire juger de nouveau la question jugée en présence seulement de son co-débiteur, non pas seulement quand il invoque un moyen de défense qui lui serait personnel, mais absolument et aussi bien pour des moyens communs à tous que pour des moyens à lui personnels (1).

La plupart des auteurs, et aussi des arrêts (2), admettent que la caution est représentée par le débiteur principal dans les jugements rendus contre celui-ci sur des moyens proposables par tous deux, et qu'elle ne doit être considérée comme tiers que quand elle a à proposer des moyens qui lui sont propres. Cette doctrine, que nous comprenons très-bien chez Toullier, M. Bonnier et tous ceux qui admettent qu'un débiteur solidaire est représenté par son codébiteur dans les jugements rendus contre celui-ci sur un moyen commun, nous paraît être une contradiction de la part de la Cour suprême, en présence de l'arrêt ci-dessus cité du 15 janvier 1839, puisque les codébiteurs solidaires sont plus rigoureusement liés envers le créancier que de simples cautions, et que, dans le même cas où ils sont à considérer comme simples cautions, c'est seulement dans leurs rapports entre eux et nullement par rapport au créancier (art. 1216). Si un créancier ne peut se prévaloir contre un débiteur solidaire du jugement qu'il a obtenu contre un co-débiteur, à plus forte raison ne doit-il pas pouvoir opposer à une simple caution le jugement qu'il a obtenu contre le débiteur principal : aussi, M. Zachariæ, qui enseigne comme nous que le débiteur solidaire n'est pas représenté dans les jugements défavorables par son codébiteur, enseigne également comme nous (V, p. 773, note 40) que la caution ne l'est pas par le débiteur. Quant à M. Duranton, qui admet aussi le premier point, il est assez difficile de savoir ce qu'il pense sur le second; car il commence par dire que le jugement défavorable « serait bien censé rendu *avec la caution,* parce que *le débiteur la représente* »; puis il ajoute : « Mais la caution *pourrait y former tierce opposition* (XIII, 517,

(1) Rej., 15 janv. 1839 (Dev., 39, I, 97). — M. Bonnier enseigne que la jurisprudence ne réserve au codébiteur non poursuivi que ses moyens personnels, et le soumet à la décision rendue arrière de lui sur un moyen commun; il cite à l'appui de cette assertion un arrêt de rejet du 20 novembre 1836 (Dev., 37, I, 362). C'est une nouvelle inexactitude. D'une part, cet arrêt de 1836 ne juge pas et ne pouvait pas juger la question quant aux moyens communs, puisqu'il s'agissait d'un codébiteur invoquant un moyen à lui propre, et qui dès lors devait être admis à un nouveau débat, dans le système de M. Bonnier comme dans le nôtre. Quant aux moyens communs à tous les débiteurs, la question ne s'est présentée que dans un arrêt de Paris du 20 mars 1809 et dans l'arrêt de rejet de 1839; jugée contre le débiteur dans le premier, elle l'a été en sa faveur dans le second.—*Voy.* Merlin (*Quest.,* Chose jugée, § 18, n° 2); Proudhon (*De l'Usuf.,* III, 1321); Chauveau, sur Carré (*Lois de la procédure,* quest. 645, *in fine*); Aubry et Rau (t. VI, p. 488); Limoges, 19 déc. 1842; Req., 3 fév. 1846.

(2) Cass., 27 nov. 1811; Lyon, 12 avril 1831; Rej., 11 déc. 1834; Paris, 11 juill. 1836; Rej., 12 fév. 1840 (Dev., 35, I, 376; 40, I, 529). *Voy.* Merlin (*Quest.,* Chose jugée, § 18, n° 4); Zachariæ et ses annotateurs Aubry et Rau (3ᵉ édit., t. VI, p. 487).

alinéa 3). » Ceci revient à dire que la caution serait bien représentée...

Quoi qu'il en soit, nous pensons que la caution ne saurait être ici représentée par le débiteur. De ce que le cautionnement est un accessoire et une dépendance de la dette sans laquelle et au delà de laquelle il ne saurait exister, il s'ensuit bien que, quand la dette s'évanouit ou diminue (pour une cause qui n'est pas personnelle au créancier, mais qui concerne la dette elle-même), le cautionnement diminue ou s'évanouit par là même, et que dès lors tout ce qui est jugé (pour une telle cause) au profit du débiteur est par là même jugé au profit de la caution ; mais comment s'ensuivrait-il réciproquement que ce qui est jugé contre ce débiteur soit jugé contre la caution?... L'obligation de la caution, si elle est dépendante de l'obligation principale, n'est pas pour cela identique avec elle ; elle en est assurément très-distincte, et la caution se trouve liée de son côté comme le débiteur l'est du sien ; et comme les causes de nullité, d'extinction ou de diminution de la dette principale sont aussi des causes de nullité, d'extinction ou de diminution du lien particulier à la caution, il s'ensuit que, quand la caution invoque ces causes, elle n'agit pas au nom et du chef du débiteur, mais bien de son chef et en son nom personnel : si le droit qu'elle exerce alors appartient au débiteur, il lui appartient aussi en propre à elle-même... Mais s'il en est ainsi, elle ne se présente donc pas alors comme ayant cause de ce débiteur, et par conséquent la question jugée avec celui-ci n'est pas pour cela jugée avec elle.

Disons donc, malgré les arrêts, qui sont dans l'erreur aussi bien sur ce point que sur l'importante question des créanciers hypothécaires, que les cautions, comme les débiteurs solidaires, comme les autres classes de personnes indiquées plus haut, sont bien représentées par leurs débiteurs principaux ou codébiteurs, dans les décisions favorables obtenues par ceux-ci, mais ne le sont plus dans les jugements défavorables prononcés contre eux.

XIV. — Nous avons vu, sous l'art. 137, n° IV, en réfutant le système adopté par la jurisprudence et par plusieurs auteurs, notamment M. Demolombe, que l'héritier apparent n'est nullement le mandataire de l'héritier réel ; et nous n'avons pas à insister de nouveau sur cette idée pour en conclure que ce dernier ne serait pas représenté dans les jugements rendus contre l'héritier apparent, quant aux biens héréditaires. Cet héritier apparent, pour lequel, quoi qu'on puisse faire et dire, on ne trouvera nulle part dans la loi une règle qui lui donne une position exceptionnelle, est ni plus ni moins sur la même ligne que tous les autres propriétaires putatifs dont nous avons parlé dans l'alinéa 5 du numéro précédent (1).

Nous avons vu aussi, sous l'art. 800, que le jugement par lequel un héritier s'est laissé imprimer la qualité d'héritier pur et simple et qu'il a laissé passer en force de chose jugée, alors qu'il pouvait l'attaquer, peut être invoqué contre cet héritier par toutes personnes intéressées,

---

(1) *Conf.* Aubry et Rau (t. VI, p. 487).

non pas qu'il y ait alors *chose jugée* au profit de ces personnes qui n'ont pas figuré au procès, mais parce que l'inaction de l'héritier, qui pouvait réclamer contre cette qualité, équivaut à une acceptation pure et simple de la succession; en sorte qu'il n'y a pas là exception au principe de notre article. Ce n'est pas le jugement, en tant que jugement, qui est alors invoqué contre l'héritier, c'est son acquiescement à ce jugement, considéré comme acceptation (1).

Nous ne reviendrons pas sur ces idées; et sans nous jeter non plus dans quelques autres qui nous conduiraient trop loin, nous nous contenterons, pour terminer cette matière de l'identité juridique des personnes, d'ajouter une observation relative à la tierce opposition.

La tierce opposition est l'*opposition* qu'une personne dirige contre un jugement dont l'exécution serait de nature à lui préjudicier, pour le faire tomber quant à elle, en se fondant sur ce qu'elle est *tiers* par rapport à ce jugement, qui est pour elle *res inter alios acta* (art. 474, Code de procédure).

Quand celui contre lequel le jugement a été rendu avait en principe qualité pour représenter la personne qui veut empêcher l'exécution, par exemple, s'il s'agit d'un créancier chirographaire qui veut arrêter l'effet du jugement rendu contre son débiteur, cette personne ne peut réussir qu'à la condition de prouver qu'il y a eu fraude, collusion, entre les adversaires et son représentant, qui a ainsi cessé de la représenter; car ce n'est plus représenter une personne, mais devenir bien plutôt son adversaire, que de colluder avec ceux qui ont des intérêts opposés pour leur sacrifier ses droits. Quand le tiers opposant n'était nullement représenté par la partie perdante, quand il n'est en aucune façon son ayant cause et qu'il peut se dire tiers absolument et en principe, la fraude n'est plus nécessaire, et la tierce opposition est admissible sans condition. On voit par là que cette tierce opposition, soit qu'elle se fonde sur ce que la partie perdante n'avait pas qualité pour représenter l'opposant, soit qu'elle se fonde sur ce que cette partie, ayant qualité en principe, a perdu cette qualité par sa collusion, est toujours une conséquence et une application du principe, proclamé par le 3° de notre art. 1351, qu'il n'y a pas chose jugée quand il n'y a pas identité juridique des parties, et que *res inter alios judicata aliis neque nocere, neque prodesse potest.*

Toutefois, parce qu'il y a un rapport naturel entre le principe que nous venons de développer et la tierce opposition, rapport qui explique pourquoi les nombreux arrêts que nous avons cités dans les numéros précédents se trouvent tous sous la rubrique *Tierce opposition,* il ne faut cependant pas croire que ce principe, comme on le pense souvent et comme semble l'enseigner Proudhon (*Usuf.,* III, n° 1286), soit subordonné à l'exercice de la tierce opposition, qui serait ainsi

(1) *Voy.* Larombière (art. 1351, n°⁸ 130 et suiv.); Grenoble, 22 juill. 1863 (Dev., 1863, II, 256, *et la note*); Cass., 19 avril 1865 (Dev., 65, I, 270).

une voie indispensable à prendre pour prouver qu'on n'a pas été partie dans le jugement que l'on invoque contre nous. Ce serait une erreur. La tierce opposition n'a pas pour but d'établir qu'on est tiers par rapport à un jugement, mais bien d'arrêter l'exécution d'un jugement. Sans doute, pour réussir dans la tierce opposition, il faut prouver qu'on est tiers; mais cette circonstance qu'il faut justifier n'est pas l'objet de l'action, elle en est au contraire la cause, le fondement; et loin que cette justification de ma qualité de tiers et de l'impossibilité dès lors de m'opposer le jugement soit subordonnée à la tierce opposition, c'est au contraire ma tierce opposition qui est subordonnée à cette justification. Si donc la tierce opposition dépend nécessairement du principe *res inter alios judicata aliis nocere non potest,* comme l'effet dépend de sa cause, ce principe est au contraire entièrement indépendant de la tierce opposition.

Mais maintenant ce but auquel tend la tierce opposition, est-ce que je ne puis pas l'atteindre sans elle? Est-ce que je ne puis pas, en me contentant de dire que je suis tiers quant au jugement, faire qu'il ne soit tenu aucun compte de ce jugement par rapport à moi et que toutes choses se passent absolument comme si ce jugement n'existait pas? Est-ce que dès lors la tierce opposition n'est pas dans la loi une superfétation, une chose complétement inutile?... Sans doute, en principe, en thèse générale, il suffira au tiers de dire que cette qualité de tiers fait que, par rapport à lui, il n'y a pas de jugement, en sorte qu'il pourra, au lieu de recourir à la tierce opposition, qui ne sera pour lui qu'une pure faculté, agir comme si rien n'avait été jugé. Mais il est un cas particulier où la loi ne devait plus accepter les conséquences de ce système radical, et c'est surtout pour ce cas qu'elle a organisé la tierce opposition, qui devient alors une nécessité pour le tiers, s'il ne veut pas que le jugement lui nuise.

Ce cas est celui où le jugement par rapport auquel vous vous prétendez tiers ne peut pas s'exécuter vis-à-vis de celui contre qui il est obtenu sans s'exécuter par là même vis-à-vis de vous, de telle sorte que ce jugement ne pourrait demeurer inefficace quant à vous qu'en demeurant inefficace absolument. Par exemple, quand il est jugé entre Pierre et Paul, riverains d'un cours d'eau, que le premier a le droit d'établir un barrage en tel point de ce cours d'eau, et si ce barrage doit vous nuire à vous-même aussi bien qu'à Paul, comme alors le jugement n'est pas susceptible de rester inexécuté quant à vous en s'exécutant quant à Pierre, qu'il doit par la nature même des choses s'exécuter absolument ou demeurer absolument sans effet, vous ne pouvez empêcher l'exécution (qui n'est pas poursuivie contre vous, mais qui vous nuit) ou faire revenir sur l'exécution déjà consommée, que par l'emploi de la tierce opposition. Il existe un acte de l'autorité, un acte légalement exécutoire, qui ordonne la confection d'un travail; vous voulez empêcher ce travail ou le faire détruire; vous devez donc faire révoquer l'ordre dont vous avez à vous plaindre, et pour cela la loi vous offre la tierce opposition : tant qu'un acte de l'autorité subsiste, il doit être respecté ; c'est à celui qui croit avoir à s'en plaindre d'en faire prononcer la rétractation.

Ainsi, quand le jugement rendu au profit de Pierre contre Paul, quoique susceptible d'arriver à vous nuire, peut cependant aussi avoir effet contre Paul sans s'exécuter contre vous, vous pourrez, sans recourir à la tierce opposition, refuser de vous y soumettre et renvoyer Pierre à exécuter contre Paul seulement, tant qu'il n'aura pas obtenu jugement contre vous-même ; mais quand ce jugement ne saurait demeurer inefficace contre vous sans être inefficace absolument, quand l'effet que vous voulez empêcher est pourtant le seul que l'acte exécutoire puisse recevoir, et que pour ne vous pas nuire cet acte devrait être anéanti, il vous faudra l'attaquer et diriger pour cela contre lui la tierce opposition.

Cette distinction, que semble commander la combinaison du principe *res inter alios...* avec la nécessité de respecter tout acte de l'autorité, et qui nous montre la tierce opposition tantôt comme purement facultative et tantôt comme obligatoire, distinction qui paraît d'ailleurs adoptée par plusieurs interprètes du Code de procédure, est de nature à rapprocher les deux opinions extrêmes professées sur ce point et les divers arrêts rendus sur la question (1).

4° Influence sur le civil du jugement rendu au criminel.

XV. — Notre art. 1351 (dont l'explication se termine ici, et pour lequel ce qui nous reste à dire n'est plus qu'un appendice) ne s'occupe, bien entendu, que des décisions civiles ; il n'a aucun trait aux jugements criminels. Mais on conçoit cependant qu'une question peut se présenter devant un tribunal civil après avoir été jugée déjà par un tribunal criminel, ou réciproquement ; et si nous n'avons pas à rechercher quelle peut être l'influence du civil sur le criminel, ce qui rentre dans l'étude du droit criminel, nous devons examiner, au contraire, si et jusqu'à quel point les décisions criminelles doivent influer sur le jugement à intervenir au civil.

Ici encore les auteurs présentent une doctrine bien peu satisfaisante ; et depuis Merlin et Toullier, qui discutaient la question il y a plus de trente ans, jusqu'à MM. Bonnier et Poujol, qui sont venus résumer le travail de ceux-ci dans ces dernières années, aucun, à l'exception de MM. Dalloz et Zachariæ, n'a traité cette question d'une manière logique et aperçu le véritable moyen de solution. Ici comme sur la matière de l'*identité d'objet*, les arrêts ont dû, à défaut de théories rationnelles, se guider par ce sentiment instinctif du vrai que la science, quand elle n'est pas exacte, étouffe au lieu de le développer ; et la doctrine, bien loin de montrer la route à la jurisprudence, n'a

(1) Boitard (53e et 54e leçon) ; Th. Desmazures (I, 525). — Tierce opposition facultative : Cass., 2 germ. an 10 ; Cass., 11 mai 1840.—Tierce opposition obligatoire : Colmar, 24 mars 1830 ; Colmar, 4 juill. 1831 ; Rej., 19 déc. 1832 ; Rej., 24 avril 1844 (Dev., 33, I, 473, et II, 76 ; 410, I, 79 ; 45, I, 33).

pas même su extraire de nombreuses décisions, justes au fond sinon dans leurs motifs, le système logique qu'elles contenaient en germe.

Merlin, se plaçant le premier sur le faux terrain où tout le monde l'a suivi depuis, et forcé par là d'invoquer, même pour arriver à des conclusions vraies, les principes les plus faux, soutient (*Quest.*, v° Faux, § 6) que quand je viens, par exemple, demander à Pierre, devant un tribunal civil, la réparation du délit pour lequel celui-ci a été condamné par un tribunal criminel, il y a chose jugée sur l'existence du délit et son imputation à Pierre, en sorte que celui-ci ne peut pas prétendre débattre de nouveau la question pour essayer de prouver qu'il n'est pas l'auteur de ce délit. Ceci est vrai, comme nous le verrons bientôt ; mais Merlin, prenant le change, comme tout le monde l'a fait après lui, excepté MM. Dalloz et Zachariæ, explique d'une manière très-longue et parfois fort obscure comme quoi l'autorité de la chose jugée résulte de ce qu'il y a tout à la fois : 1° identité de cause, puisque la base des deux actions est le délit commis ; 2° identité d'objet, parce que, « malgré la différence de leurs *objets directs,* les deux procès sont censés, aux yeux de la loi, avoir le même *objet fondamental* » ; 3° enfin, identité de parties, parce que, le ministère public étant le représentant de la société entière, il m'a donc représenté comme tous les autres citoyens dans le procès qu'il a dirigé contre Pierre.

Toullier (X, n°⁵ 240-259) a facilement réfuté ce système de Merlin. Il a démontré qu'il n'y a ni identité de parties, puisque le ministère public ne pouvant pas demander la réparation pécuniaire du tort causé, et l'individu lésé n'ayant pas d'autre droit que de demander cette réparation pécuniaire, il s'ensuit bien évidemment que le ministère public n'a pu exercer le droit de cet individu, en d'autres termes, le représenter ; ni surtout identité d'objet, puisque cet objet n'est et ne peut être, au criminel, que l'application d'une peine, tandis qu'il ne peut être, au civil, qu'un payement de dommages-intérêts. De là il conclut que la décision criminelle ne peut avoir aucune influence sur l'action civile.

M. Bonnier (n°⁵ 720-723), en exposant, fort inexactement d'ailleurs (1), la doctrine de Toullier, lui oppose celle de Merlin, à laquelle il paraît s'en tenir, et finit par dire (n° 623) que le ministère public est le représentant de tous les intérêts publics *et privés.* Mais en supposant que ce fût vrai et qu'il y eût ainsi identité de parties, ce qui n'est pas, il n'en resterait pas moins évident qu'il ne peut pas y avoir

---

(1) M. Bonnier, en effet, retombant ici dans l'étrange confusion, que nous avons relevée au n° VIII, de la cause d'une demande avec son objet, et prêtant cette même confusion à Toullier, fait dire à celui-ci (n° 720) qu'entre les deux actions, civile et criminelle, il y a différence essentielle de *cause,* puisque *la cause* de la première est la réparation d'un dommage, et *la cause* de la seconde l'application d'une peine. Or s'il est faux que cette réparation de dommage et cette application de peine soient les CAUSES des deux actions, puisqu'elles sont, au contraire, ce à quoi ces actions tendent, c'est-à-dire leurs OBJETS, il est également faux que Toullier ait rien dit de semblable. Toullier, au n° 247, explique nettement, au contraire, que les deux actions peuvent bien être fondées *sur la même cause,* à savoir le délit reproché à la personne, mais qu'elles ne sauraient avoir le *même objet,* puisque l'*objet* de l'une est l'application

identité d'objet, et par conséquent ce système est inadmissible. — M. Poujol, au contraire, suit le système de Toullier, et enseigne (n° 38) que l'absence des conditions exigées par l'art. 1351 repousse l'application au civil de la chose jugée au criminel. — Quant à M. Duranton, il serait assez difficile de dire au juste quel est le fond de sa théorie sur ce point ; car il se contente, sans remonter aux principes généraux, de présenter (XIII, 486-497) une série d'espèces particulières et une collection d'arrêts qu'il semble accepter comme autant de textes de loi. Toutefois, il paraît se ranger au système de Merlin, et admet notamment comme lui qu'il y a identité de parties entre les deux actions, parce que le ministère public est, pour l'action criminelle, le représentant de tous et de chacun (n°s 495, 496).

Ainsi, les auteurs se partagent entre deux systèmes qui consistent à dire : l'un, que le jugement rendu au criminel conserve toute sa valeur devant les tribunaux civils, parce que dans les deux procès criminel et civil on trouve l'identité de cause, d'objet et de parties, comme le veut l'art. 1351 ; l'autre, que s'il y a l'identité de cause, il n'y a ni l'identité d'objet ni l'identité de parties, et que par conséquent ce même art. 1351 enlève toute valeur au jugement criminel devant la juridiction civile.

Or ces deux systèmes sont également faux.

Il est d'abord bien certain, quoi qu'on ait pu dire, que ni l'identité de parties, ni surtout l'identité d'objet, ne se rencontrent ici ; et Toullier l'a démontré avec une netteté qui permet de s'étonner qu'on ait encore pu soutenir le contraire après ses explications. Comment celui qui cherche de bonne foi la vérité peut-il, pour nous en tenir à l'identité d'objet, prétendre que le payement d'une somme pour dommages-intérêts et l'emprisonnement d'un homme sont la même chose ? Que demander contre Pierre un payement de 200 00 fr. ou demander qu'on lui tranche la tête, c'est demander *la même chose* et poursuivre *le même objet*? Comment s'imaginer de dire, comme l'a fait Merlin, que dès qu'il y a identité de cause, il y a par là même identité de l'*objet fondamental*? Qu'est-ce que cet objet qui est *fondamental* dans l'action et qui est le même pour les deux demandes? C'est sans doute l'objet, c'est-à-dire ici la chose quelconque, qui forme le *fondement* de ces deux demandes, c'est-à-dire le méfait reproché à la personne. Mais ce méfait, qui sert de base aux deux demandes, cette chose (ou, si vous voulez, cet objet ;

d'une peine, et l'*objet* de l'autre une somme d'argent pour réparation du dommage. Cette idée de différence dans l'*objet* est exprimée jusqu'à douze fois, et plusieurs fois en italique, dans ce n° 247 de Toullier !...

Et, en effet, comment a-t-on pu s'imaginer de dire que l'application de la peine est la *cause* de l'action du ministère public, le *fondement* de cette action? S'il en était ainsi, l'effet se produirait donc *avant sa cause*, et l'action s'appuierait sur un fondement *qui n'existe pas* !... C'est évident, puisqu'il faut que l'action soit intentée et suivie du jugement avant que l'application de la peine puisse arriver... Dire que l'application de la peine est le fondement de l'action, c'est dire que le fondement d'un édifice est dans la toiture. Il en est de même de tous les cas où M. Bonnier prend ainsi l'objet pour la cause. — *Nota.* M. Bonnier a modifié son premier avis dans la 3e édition de son *Traité des preuves*, n°s 909 et suiv.

car il n'y a pas de chose qu'on ne puisse appeler *objet :* toute chose que
considère notre esprit est l'*objet* de notre attention), cette chose qui
est *fondamentale* dans les deux demandes, qui forme *le fondement* de
ces demandes, c'est précisément et ni plus ni moins *la cause* de ces demandes; en sorte que votre phrase entortillée, cette phrase du genre
de celles qui ont fait dire que « la logique est l'art d'embrouiller les
idées par le raisonnement », revient à dire, que dès qu'il y a identité
de cause, il y a par là même identité de cause... S'il ne faut pas
prendre l'objet pour la cause, comme le fait M. Bonnier, il ne faut
pas non plus prendre la cause pour l'objet, même en ajoutant *fondamental* pour donner le change. Ce qui est fondamental dans une demande, ce qui lui donne son fondement, c'est là sa cause; et quant à
son objet, c'est ce qu'on veut obtenir en s'appuyant sur ce fondement... Encore une fois, la mort, les travaux forcés ou telle autre
peine que demande le ministère public, et les billets de mille francs
que je demande, ne sont pas la même chose, tous les sophismes possibles ne feront pas que ce soit la même chose; et quand il y aurait
entre les deux demandes identité de cause et identité de parties, il ne
pourra jamais y avoir identité d'objet. C'est donc une erreur insoutenable que de voir là, comme MM. Merlin, Mangin, Leseylier, Duranton,
Bonnier, etc., l'existence des conditions exigées par l'art. 1351.

Mais si ce système est inadmissible, celui de Toullier ne l'est pas
moins. Comment admettre, en effet, que celui qui a fait juger avec le
mandataire de la société que le fait dont il était accusé n'a jamais existé,
puisse encore être recherché et passible d'une condamnation quelconque pour ce prétendu fait, même devant un tribunal civil? Tous les
principes de justice et d'équité s'y opposent. Comment admettre, à
l'inverse, que celui qui, après une défense présentée avec toute la
liberté et toutes les garanties que la loi accorde, a été solennellement
condamné comme coupable de tel crime, puisse ensuite, même devant
un tribunal civil, soutenir et arriver à établir légalement que le fait n'a
pas été commis ou ne lui est pas imputable? Ce serait un scandale juridique, qui est, bien évidemment, aussi contraire à la volonté du législateur qu'à la raison. Cette volonté, qui ne pouvait pas ne pas être,
de faire respecter dans toute la société, et dans les discussions civiles
comme ailleurs, les décisions rendues en justice criminelle, se manifeste d'ailleurs dans plus d'un texte. C'est ainsi, notamment, que
l'art. 463 du Code d'instruction criminelle veut que, quand des actes
authentiques auront été déclarés faux en tout ou en partie par un tribunal criminel, ce tribunal ordonne la radiation ou la réformation des
actes. Il est clair que cette radiation ou réformation ne pourrait pas
être ordonnée si la décision criminelle ne jugeait pas la question quant
aux intérêts civils... Mais enfin, nous dit-on, il n'y a ici, entre les
deux décisions, ni l'identité de parties, ni l'identité d'objet, et par conséquent les conditions exigées par l'art. 1351 n'existent pas... C'est
très-vrai; mais (et c'est là ce que devaient répondre Merlin et ses partisans, au lieu de nier l'évidence) cet art. 1351 est inapplicable à ce cas.

L'art. 1351, comme nous l'avons dit au commencement de ce n° XV, n'est qu'une règle de droit civil, écrite pour les questions de pur droit civil, non pour celles qui résultent du rapprochement du droit civil et du droit criminel, et qui, prévoyant le cas des deux décisions civiles l'une et l'autre, ne se préoccupe nullement du rapport de deux actions, dont l'une est civile et l'autre criminelle.

Il nous paraît donc, et tel est aussi le sentiment de M. Dalloz (t. II, p. 624, 625) et de M. Zachariæ (V, p. 793), que Merlin, comme Toullier, a eu tort d'expliquer les rapports du droit criminel au droit civil par une disposition qui ne les régit pas, et que si le système du premier, vrai dans sa conclusion, est faux dans son principe, le système du second, vrai dans son principe, est faux dans sa conséquence.

XVI. —Mais si la nature même des choses ne permet plus, quand il s'agit de l'influence d'un jugement criminel sur le civil, d'exiger, pour reconnaître l'autorité de la chose jugée, la réunion des trois conditions requises par l'art. 1351, il faut toujours exiger, bien entendu, que le point que l'on prétend légalement établi par le jugement soit bien précisément celui que ce jugement a décidé, et qu'il soit l'un de ceux sur lesquels la juridiction criminelle avait mission de prononcer.

Et d'abord, il faut qu'il s'agisse d'un point dont la décision appartient à la juridiction criminelle. Or la mission des tribunaux criminels est de décider si le fait reproché à l'inculpé existe, si l'inculpé en est l'auteur, et si ce fait lui est imputable au point de vue de la loi pénale, et comme délit de droit criminel (1). Au contraire, les tribunaux criminels, à moins que la personne lésée ne se soit portée partie civile, comme le lui permet l'art. 3 du Code d'instruction criminelle (cas où ces tribunaux sont saisis et de l'action publique et de l'action civile) (2), n'ont pas à décider si le fait reproché constitue ou non, soit un délit de droit civil, soit un quasi-délit, de manière à produire des conséquences légales au point de vue de la loi civile. Si donc un tribunal criminel jugeait, alors qu'il n'y a pas de partie civile, que le fait dont l'inculpé est reconnu l'auteur est complètement irrépréhensible, et ne peut donner lieu ni à l'application d'une peine, ni à une condamnation de dommages-intérêts, la décision serait sans valeur quant à ce dernier point, et la personne qui se prétendrait lésée pourrait toujours venir, devant la juridiction civile, débattre la question d'existence d'un délit de droit civil ou d'un quasi-délit donnant lieu aux dommages-intérêts, question que le tribunal criminel n'avait pas droit de décider, et dont la solution négative se trouve non avenue.

Il faut, en outre, que le point qu'on invoque devant la juridiction ci-

---

(1) Nous verrons, en arrivant à la matière des délits et quasi-délits (art. 1382), que le délit de droit criminel n'est pas toujours délit de droit civil, ni réciproquement, et que M. Duranton (XIII, 697 et 698) tombe dans l'erreur en les confondant.

(2) Mangin (n° 421) ; Merlin (Rép., v° Chose jugée, § 15) ; Toullier (t. X, n° 243) ; Larombière (art. 1351, n° 184) ; Zachariæ, édit. Aubry et Rau (3ᵉ édit., t. VI, p. 505); Carnot (Inst. crim., art. 5, n° 73) ; Bourguignon (Jur. Code crim., art. 360, n°ˢ 5 et 7); Cass., 7 mars 1855 (Dev., 55, I, 439) ; Besançon, 14 janv. 1859 (Dev., 59, II, 522).

vile, comme jugé par le tribunal criminel, soit bien précisément celui que ce tribunal a décidé. Ainsi, quand ce tribunal a jugé que le fait reproché à Pierre n'existe pas, la personne qui se dit lésée par ce prétendu fait ne peut pas, bien qu'elle n'ait pas figuré au procès criminel, être admise à prouver au civil l'existence du fait. De même, si le tribunal criminel, en reconnaissant l'existence du fait, a jugé que Pierre n'en était pas l'auteur, il est clair que la personne lésée ne pourra pas poursuivre Pierre au civil à raison de ce fait (1). De même encore, si le tribunal criminel, en reconnaissant que le fait existe et que Pierre en est l'auteur, a déclaré qu'il ne lui est pas imputable et qu'il n'y a pas culpabilité, on ne pourra pas prétendre établir contre lui cette même culpabilité devant la juridiction civile. Réciproquement, si Pierre a été déclaré coupable de tel délit, et qu'on demande ensuite contre lui, au civil, quelque conséquence civile de ce délit, par exemple, une révocation de donation pour ingratitude, il ne pourra pas prétendre discuter de nouveau la question de culpabilité (2). Dans ces différents cas, en effet, le point que l'on voudrait débattre de nouveau devant la juridiction civile est bien celui qu'a décidé le tribunal criminel; et quoique la seconde action n'ait pas le même but que la première, quoique le réclamant ne soit plus le même et qu'il n'y ait ainsi ni identité d'objet ni même identité de parties, il y a cependant chose jugée : la juridiction civile ne peut pas déclarer inexistant le délit que la juridiction criminelle a constaté, ni juger étranger à un fait ou innocent de ce fait celui que l'autre juridiction en a déclaré coupable, ni réciproquement; toute décision criminelle, étant rendue avec la société elle-même, présente un caractère de généralité qui lui imprime l'autorité de la chose jugée indépendamment des conditions requises par l'art. 1351. Mais si, au contraire, le point qu'on veut débattre au civil n'est pas identiquement celui ou l'un de ceux qu'a décidés le tribunal criminel, il est clair que la question demeure intacte et peut fort bien être débattue (3).

Ainsi, quand le jugement criminel, sans décider si le fait existe ou non, si l'inculpé en est ou non l'auteur, a déclaré seulement, et c'est toujours ce qui a lieu maintenant devant la cour d'assises (4), que l'in-

---

(1) *Voy.* le fameux arrêt du 17 mars 1813, dans l'affaire Tourangin contre Charret.

(2) Caen, 13 déc. 1816; Rej., 5 mai 1818; Limoges, 20 fév. 1846; Grenoble, 17 nov. 1846 (Dev., 46, II, 106 et 547).— *Voy.* encore, sur ce point, une dissertation de M. le président Lagrange, insérée dans la *Revue critique de législation.* t. VIII, p. 31.

(3) *Voy.* Bastia, 15 mai 1833; Orléans, 16 mai 1851; Cass., 12 janv. 1852, 3 août 1853, 7 et 29 mars 1855 (*J. Pal.*, 1851, t. I, p. 561; 1852, t. II, p. 161; 1855, t. I, p. 324 et 466; t. II, p. 445); Cass., 14 fév. 1860 (Dev., 60, I, 193); 3 août 1864 (Dev., 1864, I, 395); 7 mai 1864, affaire Armand (Dev., 1864, I, 515).

(4) Sous le Code *Des Délits et des Peines*, du 3 brumaire an 4, il ne pouvait être posé au jury aucune question complexe, et il fallait décomposer les idées de cette manière : *Tel fait a-t-il été commis? L'accusé est-il l'auteur de ce fait? L'accusé est-il coupable* pour avoir commis ce fait? Aujourd'hui, d'après l'art. 337 du Code d'instruction criminelle, on ne pose que cette seule question, comprenant les trois idées : L'accusé *est-il coupable* d'avoir commis tel fait? Cette unité est malheureusement fort dangereuse, en ce que des jurés peu éclairés confondent, comme nous l'avons souvent remarqué dans les cours d'assises, les deux dernières des trois idées ci-dessus, et se refu-

culpé n'en est pas *coupable*, ce jugement ne saurait empêcher que la personne qui se prétend lésée vienne prouver au civil que le fait existe, que l'individu acquitté en est l'auteur, et que ce fait constitue un quasi-délit ou un délit de droit civil donnant lieu à des dommages-intérêts. Alors, évidemment, il n'y a aucune contradiction entre le point établi par la décision criminelle et le point que l'on veut établir devant la juridiction civile, puisqu'il est seulement jugé que Pierre n'a pas commis un délit criminel donnant lieu à l'application de la loi pénale, et que l'on veut faire juger qu'il a commis un simple délit civil donnant lieu à l'application des dispositions purement civiles des art. 1382, 1383.

La règle consiste donc à dire que la prétention soulevée devant la juridiction civile pourra être débattue dans tous les cas et seulement dans les cas où elle ne se trouve pas inconciliable avec la décision émanée de la juridiction criminelle. Elle est, on le voit, identique à celle que nous avons substituée, en combattant l'étrange doctrine des auteurs, à l'application des axiomes *pars in toto, non in parte totum*, quand il s'est agi de déterminer l'identité d'objet ; et nous nous étonnons que M. Zachariæ, qui a si bien senti ici la justesse de cette règle, ne l'ait pas également sentie plus haut.

D'après cette règle, celui qui a été déclaré non coupable du crime d'incendie de sa propre maison pourra fort bien, sur la demande civile de la compagnie d'assurance, être jugé avoir occasionné l'incendie par son imprudence, et n'avoir pas droit dès lors à indemnité vis-à-vis de cette compagnie. De même l'arrêt qui déclare que Pierre n'est pas coupable du crime de faux n'empêche pas de faire juger au civil que la pièce à l'occasion de laquelle il était poursuivi est vraiment fausse, puisque cette pièce peut être fausse sans qu'il y ait eu crime de faux (par exemple, si elle a été altérée par un fou, ou par un enfant agissant sans discernement), et que le crime de faux peut aussi avoir existé sans avoir été commis par Pierre. Ces questions et d'autres analogues ont été jugées en ce sens par de nombreux arrêts (1).

---

sent à comprendre, malgré les efforts de l'avocat, qu'autre chose est d'avoir commis un fait, autre chose d'être coupable de l'accomplissement de ce fait. — Mais si les jurys n'ont à donner que cette décision unique : *Oui, l'accusé est coupable*, ou : *Non, l'accusé n'est pas coupable* (art. 348 du Code d'instruction criminelle), les tribunaux correctionnels, au contraire, développent et motivent leur décision, et il peut dès lors résulter de leur jugement, ou que le fait même n'a pas existé, ou que le prévenu n'en est pas l'auteur. *Voy.* Larombière (art. 1351, n° 179) ; Bonnier (3ᵉ édit., n°ˢ 914 et suiv.) ; Aubry et Rau (3ᵉ édit., t. VI, p. 506) ; Orléans, 16 mai 1851 (Dev., 51, II, 416) ; Rej., 31 janv. 1859.

(1) Rej., 19 mars 1817 ; Rej., 8 mai 1832 ; Bastia, 15 mai 1833 ; Rej., 10 fév. 1840 ; Cass., 27 mai 1840 ; Cass., 2 juin 1840 ; Orléans, 4 déc. 1841 ; Rej., 3 juill. 1844 ; Limoges, 14 août 1844 (Dev., 32, I, 845 ; 33, II, 373 ; 39, I, 767 ; 40, I, 633, 638 et 984 ; 42, II, 467 ; 44, I, 733 ; 45, II, 496) ; Cass., 12 janv. 1852 (Dev., 52, I, 113) ; Cass., 27 mars 1855 (Dev., 55, I, 598) ; 4 avril 1855 (Dev., 55, I, 668) ; 2 déc. 1861 (Dev., 62, I, 123). — *Voy.* Cass., 7 mai 1864, affaire Armand (Dev., 1864, I, 515). — Il ne faudrait pas, au surplus, accepter comme exacts tous les motifs de ces divers arrêts. *Conf.* Larombière (art. 1351, n° 177) ; Mangin (n° 427) ; Toullier (t. VIII, n°ˢ 32 et suiv.) ; Duranton (XIII, 489) ; Boncenne (t. IV, p. 43 et suiv.) ; Merlin (*Quest.*, v° Faux, § 6) ; Aubry et Rau (3ᵉ édit., t. VI, p. 507).

Parmi ces arrêts, il en est un qui mérite surtout d'être remarqué, en ce qu'il applique la règle, et l'applique exactement dans l'hypothèse la plus délicate qui pouvait se présenter, celle d'une personne acquittée d'une prévention d'homicide involontaire par imprudence. Il semble au premier coup d'œil qu'après l'acquittement prononcé en pareil cas par la justice criminelle, il ne saurait y avoir lieu à condamnation civile en dommages-intérêts ; car le délit criminel existant alors (art. 319 du Code de procédure), par cela seul qu'il y a eu maladresse, imprudence, inattention ou négligence, la déclaration de non-culpabilité signifie que cette simple imprudence, négligence, etc., n'existe pas, et on ne voit pas trop, dès lors, comment une condamnation civile (qui ne peut également se baser que sur cette imprudence) pourrait ne pas contredire la première décision. Ce sentiment serait cependant une erreur. Sans doute, si la première décision, émanant d'un tribunal correctionnel, a jugé que ce n'est pas le prévenu qui a causé l'homicide, aucune condamnation ne sera plus possible ; mais si cette décision, émanant, soit d'un tribunal correctionnel, soit d'une cour d'assises, dit seulement que l'inculpé *n'est pas coupable* de cet homicide (bien qu'il puisse en être l'auteur), une condamnation n'est pas impossible. En effet, il y a des degrés, il y a du plus ou du moins dans l'imprudence ; on peut n'avoir pas été assez imprudent, négligent ou inattentionné pour mériter une condamnation à l'emprisonnement, et l'avoir été assez pour être tenu de réparer le préjudice causé. Mais s'il en est ainsi, il n'y a donc pas contradiction entre le jugement qui nie l'imprudence constituant le délit (criminel) d'homicide involontaire et le jugement qui affirme l'imprudence constituant le simple quasi-délit de l'art. 1383... C'est donc avec raison que la Cour d'appel d'Orléans a reconnu ici la possibilité d'une condamnation civile en réparation du préjudice causé, en se fondant sur ce que, « dans ce cas, la décision civile *n'a rien d'inconciliable* avec la décision criminelle. » (1)

1352. — La présomption légale dispense de toute preuve celui au profit duquel elle existe.

Nulle preuve n'est admise contre la présomption de la loi, lorsque, sur le fondement de cette présomption, elle annule certains actes ou dénie l'action en justice, à moins qu'elle n'ait réservé la preuve contraire, et sauf ce qui sera dit sur le serment et l'aveu judiciaires.

SOMMAIRE.

I. Celui qui invoque une présomption légale est dispensé de prouver autrement son allégation ; mais il est tenu de prouver que la présomption existe. Lourde erreur de Toullier et d'anciens docteurs.

II. Les présomptions absolues sont celles en conséquence desquelles la loi prononce la nullité de l'acte ou accorde une exception péremptoire contre l'action. Toutes les autres sont des présomptions simples.

_____

(1) 23 juin 1843 (Dev. et Car., 43, II, 337).

III. La présomption absolue n'admet la preuve contraire que dans quelques cas indiqués par la loi; mais elle peut aussi, si elle ne touche pas à l'intérêt public, s'évanouir devant le serment ou l'aveu de celui au profit duquel elle existe.

IV. La présomption légale simple peut être combattue par toute preuve contraire, et dès lors par des présomptions de fait. Erreur de Toullier.

I. — Le premier alinéa de cet article présente une idée si simple, qu'elle ne semble comporter aucun développement; mais nos vieux docteurs, et d'après eux Toullier, enseignent, à ce sujet, une doctrine tellement fausse et inexacte, qu'il est indispensable d'entrer dans quelques observations sur ce point.

Les présomptions légales (au premier rang desquelles se trouve la règle *res judicata veritas*, la présomption de vérité attachée aux jugements, ou l'*autorité de chose jugée,* qui vient d'être appliquée sous l'article précédent) dispensent celui au profit duquel elles existent de prouver autrement l'idée que la loi établit ainsi : La loi déclarant elle-même, par l'effet de sa présomption, que l'idée est vraie, cette idée n'a donc pas besoin d'être autrement justifiée; la présomption légale étant elle-même l'un des moyens de preuve consacrés, il est clair qu'il n'est pas besoin d'y joindre une autre preuve, qui ne serait qu'un double emploi (1).

Mais si, quand vous invoquez une présomption légale comme preuve de la vérité de votre allégation, vous êtes dispensé de prouver autrement cette allégation, il est assurément bien évident, quoique Toullier et les docteurs qu'il prend pour guides ne l'aient pas compris, que vous n'êtes pas également dispensé, mais qu'au contraire vous êtes tenu tout d'abord et avant tout de prouver l'existence à votre profit de la présomption que vous invoquez. La présomption, dit notre article, dispense de toute preuve *celui au profit duquel elle existe;* c'est donc quand vous aurez prouvé que la présomption existe pour vous que vous serez dispensé de recourir à une autre preuve. Ainsi, le possesseur au profit duquel la prescription est reconnue exister n'a pas à prouver autrement qu'il est propriétaire du bien; car, par cela seul qu'il y a prescription, la loi présume que celui qui réclame aujourd'hui n'a jamais eu de droits ou a renoncé à ses droits, et elle déclare, en conséquence, que le bien appartient au possesseur. Mais si le réclamant, au lieu de reconnaître qu'il y a prescription, soutient au contraire que cette prescription n'existe pas, que les circonstances requises par la loi pour opérer cette prescription ne se rencontrent pas dans l'espèce, il est bien clair qu'il faudra débattre avant tout cette question, et il est bien clair aussi (puisque toute prétention doit être justifiée par celui qui la soulève) que ce ne sera pas à celui qui nie la présomption de prouver qu'elle n'existe pas, mais à celui qui veut établir son droit par ce moyen de prouver qu'elle existe.

A ces idées, bien simples assurément, d'anciens docteurs, et comme

_____

(1) Duranton (t. XIII, n° 411); Rolland (*Présompt.,* n° 29); Aubry et Rau (t. VI, p. 330, note 4); Larombière (sur l'art. 1352, n° 2).

eux Toullier (X, n⁰ˢ 57-59), ont substitué une doctrine bizarre et on ne peut plus fausse : ils prétendent que c'est vouloir faire preuve contre une·présomption que de dire que cette présomption n'existe pas ; que par conséquent une telle preuve, parfaitement permise pour les simples présomptions *juris,* se trouve défendue en principe dans les présomptions *juris et de jure,* où la preuve contraire n'est pas autorisée ; puis, après avoir créé ce principe imaginaire, ils décident néanmoins que cette preuve est admissible *par exception,* et parce qu'*il est toujours permis de se défendre !*...

Quel gâchis d'idées ! et combien n'est-il pas pénible de voir ériger ainsi en règles de la science des propositions heurtant si violemment le bon sens ! Comment d'abord serait-ce prouver *contre la présomption* que d'établir que cette présomption n'*existe pas?* On ne peut évidemment combattre une présomption que quand il existe une présomption... Et s'il y avait là une preuve dirigée contre la présomption, comment cette preuve, alors qu'elle est défendue en principe, serait-elle permise par exception ? Où est écrite cette exception?... On nous dit que cette prétendue exception au prétendu principe résulte de ce qu'*il est toujours permis de se défendre !*... Mais pas du tout ; il n'est permis de se défendre qu'autant qu'on peut employer pour sa défense des moyens autorisés par la loi. S'il était toujours permis de se défendre, et que cette permission emportât ainsi exception aux principes de la loi, je pourrais aussi, après que la présomption *juris et de jure* serait établie, en combattre les conséquences ; je pourrais encore, même au-dessus de 150 fr., et sans commencement de preuve par écrit, recourir pour ma défense à la preuve testimoniale ; le droit de défense ferait ainsi exception à tous les principes prohibant tel ou tel genre de preuve, et ces principes ne recevraient d'application que pour le demandeur... En outre de cette confusion où l'esprit ne saurait se reconnaître, la doctrine des docteurs et de Toullier aurait encore, dans la pratique même, cette conséquence illégale que ce serait au défendeur de prouver que la présomption n'existe pas, tandis que c'est au demandeur (demandeur quant à la prétention qui se fonde sur la présomption) de prouver qu'elle existe, comme on l'a vu plus haut...

Laissons donc là ces idées de Toullier, Alciat, Menochius, Barthole et autres, pour revenir à la raison, et tenons-nous-en à cette règle de notre article : que celui-là seul est dispensé de faire preuve au profit duquel *la présomption existe,* ce qui laisse soumis au droit commun le débat sur le point de savoir si cette présomption existe ou n'existe pas (1).

II. — Le second alinéa de l'article, sans reproduire les dénominations semi-barbares (mais généralement employées, et dont nous nous servons nous-même pour cela) de présomptions *juris tantùm* et de présomptions *juris et de jure,* consacre les idées qu'on est convenu

---

(1) Duranton (XIII, 413); Bonnier (n° 740); Aubry et Rau (t. VI, p. 330, note 4); Larombière (sur l'art. 1352, n° 2); Dalloz (v° Oblig., 5004).

d'exprimer par là ; car il distingue, parmi les présomptions générales légales, celles dont on peut arrêter l'effet en prouvant que la présomption se trouve porter à faux dans tel cas particulier, puis celles dont on ne peut jamais combattre ainsi l'exactitude, et dont l'effet est invincible (1).

Quelles sont les présomptions dont l'effet ne saurait être évité, dont il n'est jamais permis de prouver l'inexactitude, et qui constituent ainsi les présomptions appelées *juris et de jure,* ou présomptions absolues, par opposition aux présomptions simples ou *juris tantùm?* Ce sont, dit le texte, celles sur le fondement desquelles la loi annule certains actes ou dénie l'action en justice. — Ainsi, quand la loi déclare un acte nul, parce que, d'après la nature de cet acte, elle le suppose fait en fraude de ses dispositions, il n'est pas permis de prouver que cette supposition tombe à faux dans le cas particulier où l'on se trouve. Par exemple, les art. 911, 1099 et 1100 déclarant *nulle,* comme présumée faite à une personne légalement incapable de recevoir, toute donation qui s'adresse ostensiblement au conjoint ou à tel parent de la personne, il ne sera jamais permis de prouver que dans tel cas particulier la donation s'adressait réellement au donataire ostensible, et non à son conjoint ou parent incapable de recevoir. De même, l'art. 918 déclarant que toute vente faite à l'un des successibles en ligne directe, sans le concours des autres et avec réserve d'usufruit, ou à fonds perdu, est *nulle* comme telle au profit des successibles qui n'y ont pas consenti, parce qu'elle est présumée n'être qu'une donation, il ne sera jamais permis de prouver que l'acte est vraiment une vente sérieuse. Ce n'est pas assurément que ces présomptions de la loi ne puissent être quelquefois en défaut; mais le législateur, pour atteindre plus sûrement la fraude, dans le cas où elle lui paraissait plus à craindre, a préféré une annulation absolue à un système qui, plus juste en apparence, aurait laissé à cette fraude quelque chance de triompher par des moyens de preuve habilement ménagés. — Ainsi encore, et en dernier lieu, la preuve de l'inexactitude de la présomption n'est pas possible lorsque la loi, en conséquence de cette présomption, refuse l'action en justice à une personne, c'est-à-dire permet à l'adversaire de cette personne de repousser son action au moyen d'une fin de non-recevoir basée sur la présomption. C'est ainsi que la demande sur laquelle il a été déjà statué, et qui serait soulevée une seconde fois, pouvant être écartée par l'exception de la chose jugée, suivant les explications données à l'article précédent, la présomption de vérité de la chose jugée est une présomption *juris et de jure,* dont il n'est pas permis de prouver la fausseté dans tel ou tel cas ; de même, puisque la prescription permet à celui qui a prescrit de ne pas laisser discuter la réalité de son droit de propriété ou de la libération de la

---

(1) Toullier (t. X, n° 35); Duranton (t. XIII, n° 409); Solon (n° 179); Bonnier (n° 737); Boileux (art. 1350); Zachariæ, édit Massé (t. III, p. 534); Aubry et Rau (3ᵉ édit., t. VI, p. 330 et 331); Dalloz (v° Oblig., 4998).

dette, et de repousser l'adversaire par ce seul mot : *J'ai prescrit*, la présomption de propriété ou de non-existence de la dette, que la loi pose dans ce cas, est encore une présomption absolue, une présomption *juris et de jure*.

III. — Au principe que nulle preuve n'est admissible contre une présomption lorsque, sur le fondement de cette présomption, il y a déclaration légale de nullité d'un acte, ou impossibilité légale de discuter la question en justice, notre article indique deux exceptions : 1° le cas d'une réserve, expressément accordée par la loi, de la preuve contraire ; 2° le cas du serment et de l'aveu judiciaires.

Et d'abord, la preuve contraire à une présomption qui est absolue dans les cas ordinaires peut être permise exceptionnellement dans tel cas spécial ou sous telle condition particulière. C'est ainsi que la présomption de paternité du mari, qui, en règle générale, ne permet pas à celui-ci de discuter en justice la filiation des enfants nés de sa femme, peut cependant, d'après la réserve expresse des art. 312 et 313, être combattue dans les circonstances particulières indiquées par ces articles. On peut de même regarder la faculté accordée par le deuxième alinéa de l'art. 2279 de revendiquer, dans le cas particulier de perte ou de vol, le meuble possédé par un tiers de bonne foi, et de prouver qu'on en est propriétaire, comme une preuve exceptionnellement admise contre la présomption générale sur le fondement de laquelle le premier alinéa de cet art. 2279 déclare le possesseur du meuble propriétaire par l'effet immédiat de sa possession, et rend ainsi non recevable toute action du précédent propriétaire. Du reste, si l'on trouve ainsi quelques cas où la preuve contraire est réservée contre une présomption faisant refuser l'action en justice, on n'en trouve aucun où elle le soit contre une présomption emportant déclaration de nullité de l'acte.

Il s'en faut de beaucoup que la seconde exception soit aussi simple à entendre, et elle a été interprétée de deux manières bien différentes. Dans l'opinion de plusieurs jurisconsultes, l'exception consisterait ici en ce que le serment et l'aveu judiciaires seraient eux-mêmes, dans la pensée des rédacteurs, des présomptions légales, présomptions contre lesquelles la preuve contraire serait admise, alors même qu'elle n'est pas formellement réservée par la loi. Ainsi l'article signifierait, sous ce rapport : les présomptions par l'effet desquelles la loi annule un acte ou permet de repousser l'action en justice n'admettent pas de preuve contraire, à l'exception pourtant du serment et de l'aveu judiciaires, contre lesquels cette preuve contraire reste possible. D'après la seconde opinion, au contraire, le serment et l'aveu ne sont point considérés comme des présomptions légales, et l'exception consiste, non pas en ce que le serment et l'aveu peuvent être combattus par une preuve contraire, mais bien en ce que l'on peut combattre les présomptions légales par le serment et par l'aveu. Ce second système, qui est celui de MM. Demante (II, 841), Bonnier (n° 668) et Zachariæ (V, p. 593), nous paraît seul soutenable... Sans doute, on ne pourrait pas s'étonner de voir les rédacteurs prendre ici le serment et l'aveu pour des présomptions légales (quoiqu'ils n'en soient pas), puisqu'ils l'ont déjà fait dans l'art. 1350, 4° ; cette seconde inexactitude ne serait qu'une conséquence bien naturelle de la première. Mais il paraît pourtant impossible de croire que telle ait été leur idée. Difficilement explicable pour l'aveu, cette idée se trouve absolument impossible pour le serment, qui est pourtant indiqué en première ligne ; car le serment n'admet jamais la preuve contraire (art. 1363) : où trouverait-on, quant au serment, ce que notre article nous annonce devoir *être dit* plus loin comme faisant exception à notre règle de l'impossibilité de la preuve contraire? Cette impossibilité, bien loin d'être contredite dans le paragraphe du serment décisoire (art. 1358-1365), s'y trouverait, au contraire, confirmée! (1)

Dans le second système, au contraire, et quand on considère le serment et l'aveu judiciaires, non pas comme des présomptions absolues, mais comme des moyens de combattre exceptionnellement ces présomptions absolues, les mots *sauf ce qui sera dit* font tout naturellement allusion à l'art. 1358 pour le serment, et à l'art. 1356 pour l'aveu ; et la combinaison des trois art. 1352, 1356 et 1358 revient à dire ceci : les présomptions *juris et de jure* n'admettent la preuve contraire que dans les cas où elle est spécialement réservée par la loi, mais en outre elles peuvent encore se trouver détruites par l'aveu ou le serment (art. 1352); l'aveu, en effet, fait *pleine foi,* absolument et sans distinction ni restriction, contre la partie qui l'a fait, aussi bien quand cette partie se trouvait protégée par une présomption *juris et de jure* que dans tout autre cas (art. 1356, alinéa 2) ; et à son tour le serment décisoire est utilement déféré sur toute contestation, en toute circonstance et malgré l'existence de cette présomption *juris et de jure* (art. 1358)... Et en effet, pourquoi ne pas laisser ici toute leur force au serment et à l'aveu, puisque ce ne sont pas précisément de simples preuves ordinaires et dirigées contre l'adversaire, mais des moyens qui laissent la solution de la difficulté à la conscience et au libre arbitre de cet adversaire, en sorte que si une présomption *juris et de jure* se trouve devenir inefficace dans ce cas, ce sera parce qu'elle aura été brisée, non pas par celui à qui on l'opposait, mais par celui-là même pour le seul profit duquel elle était établie, et qui l'a volontairement reconnue inexacte?

Nous disons : « Par celui *pour le seul profit* duquel elle était établie » ; car si l'on conçoit très-bien que la loi abandonne, quand vous-même la déclarez fausse, la présomption qu'elle n'avait posée que dans votre intérêt privé, on ne comprendrait pas qu'elle laissât également sans effet celle qu'elle a établie dans un but d'intérêt général et d'ordre public,

---

(1) *Voy.*, en ce sens, Massé et Vergé (t. III, p. 534, note 6); Aubry et Rau (3e édit., (t. VI, p. 332, et note 11).— M. Larombière (sur l'art. 1352, n° 11), propose une autre interprétation. Selon lui, la loi veut dire que les présomptions légales résultant du serment et de l'aveu pourront être combattues ainsi qu'il est dit aux sections du Serment et de l'Aveu. *Voy.* Pothier (*Des Oblig.*, 841).

comme est, en première ligne, la présomption de vérité de la chose jugée. C'est donc par cette distinction entre le cas où la présomption touche à l'intérêt général et celui où elle ne concerne que l'intérêt privé de la personne, que l'on devra décider si le serment et l'aveu peuvent ou non faire évanouir la présomption *juris et de jure.*

IV. — Quant aux présomptions *juris tantùm,* c'est-à-dire celles qui n'entraînent ni déclaration textuelle de nullité des actes, ni exception péremptoire contre l'action en justice, elle peuvent toujours être combattues par une preuve contraire; et comme la loi ne limite nulle part les moyens de preuve admissibles dans ce cas, il s'ensuit qu'elles peuvent être combattues par tous moyens, et aussi bien par de simples présomptions de fait que par une preuve d'un autre genre.

Toullier enseigne cependant le contraire. Il prétend (X, 63) que si la simple présomption de fait peut toujours être combattue dans l'esprit du magistrat par une autre présomption de fait, parce que ce magistrat, étant maître de la rejeter, est maître, par là même, de lui en préférer une autre, il en est autrement de la présomption légale, parce que le magistrat est tenu de la respecter ; et il cite, à l'appui de sa décision, d'Aguesseau, Voët, et le considérant d'un arrêt de cassation du 5 janvier 1810. Mais il y a ici inexactitude profonde, et quant aux autorités invoquées à l'appui de la décision, et dans l'argument qui motive cette décision.

Et d'abord, l'arrêt de 1810 dit seulement que la présomption de droit ne peut être détruite par des présomptions *non autorisées par la loi et purement arbitraires,* et il reproche à l'arrêt attaqué de « n'avoir opposé à la présomption légale que *des conjectures frivoles, insignifiantes et démenties toutes* par des circonstances de la cause. » L'art. 1353 ne permettant d'admettre les présomptions non légales que sous la condition qu'elles seront *graves, précises et concordantes,* il est clair que des conjectures *frivoles, insignifiantes, et démenties d'ailleurs par les faits,* ne sont pas des présomptions *autorisées* par la loi : ces conjectures sont à rejeter, non-seulement quand il s'agit de combattre une présomption légale, mais aussi dans toute autre circonstance. — Le passage de Voët n'est pas plus concluant; car il enseigne, non pas que le juge ne peut pas puiser dans des présomptions de fait la preuve de l'inexactitude particulière d'une présomption *juris,* quand cette preuve contraire est permise, mais que ce juge, qui peut rejeter à sa volonté les présomptions de fait, parce qu'il est souverain pour toute question de fait, n'a plus ce pouvoir absolu dans la présomption *juris,* parce qu'elle constitue une règle de droit. « Comme la présomption *juris,* dit-il, vient du droit lui-même, et que le juge a bien en son pouvoir les questions de fait, mais non les commandements du droit, *il s'ensuit que cette présomption est indépendante de l'appréciation du juge* »; *Juris præsumptio... cùm ex ipso jure descendat, in potestate vero judicis, facti quidem quæstio sit, non juris auctoritas,* CONSEQUENS EST EAM AB ARBITRIO JUDICIS NON PENDERE. Il est vrai qu'au milieu de son explication et en indiquant les caractères de la présomption légale, il dit qu'elle est tenue pour vraie tant qu'elle n'est pas renversée *probatione aut præsumptione contrariâ fortiore;* mais il se garde bien de dire que cette présomption contraire et plus forte doive être aussi une présomption *juris,* et, encore une fois, l'objet et le résultat de cette explication est uniquement de dire que la présomption *juris* a son effet indépendamment de l'appréciation du juge. *Consequens est eam ab arbitrio judicis non pendere.* Ceci, on le voit, écarte tout à la fois et la prétendue autorité de Voët, et aussi l'argument à l'appui duquel elle est invoquée. — Enfin, le passage de d'Aguesseau est cité, s'il est possible, plus mal à propos encore. Le célèbre magistrat dit bien, dans son vingt-troisième plaidoyer, que « la présomption capable d'attaquer *celle de la loi* doit être écrite dans la loi et fondée sur un principe infaillible »; mais *cette présomption de la loi,* que d'Aguesseau dit ne pouvoir être renversée que par quelque chose d'infaillible, ce n'est pas, comme le fait croire Toullier, toute présomption légale, mais bien une présomption *juris et de jure,* tandis que nous ne parlons ici que des simples présomptions *juris :* et bien mieux, d'Aguesseau ne parle pas de toute présomption *juris et de jure,* mais uniquement et spécialement de la présomption de paternité du mari vis-à-vis des enfants dont accouche sa femme. Après avoir insisté sur la puissance de cette présomption de paternité et avoir ajouté qu'elle souffre cependant quelquefois une preuve contraire, il dit : « Mais quelle est la preuve que le droit permet qu'on lui oppose?... » Ici vient la réponse que Toullier reproduit (en la détournant de son véritable sens, puisqu'il généralise une idée rigoureusement spéciale), après quoi d'Aguesseau continue : « On ne peut trouver que deux exceptions à la règle générale, fondées toutes deux sur une impossibilité physique et certaine. Il n'y a donc que deux preuves contraires qui puissent être opposées à cette présomption : la longue absence du mari, l'impuissance... » Comment Toullier a-t-il pu invoquer un pareil passage? Comment n'a-t-il pas vu que ce qui est profondément vrai pour la présomption absolue de paternité du mari serait profondément faux si on l'appliquait à toute présomption absolue, et encore bien plus pour les présomptions simples? Comment n'a-t-il pas compris que les lignes qu'il cite, en tronquant les paroles de d'Aguesseau et en dénaturant sa pensée, suffisent encore à elles seules pour démontrer qu'il s'agit d'une idée vraie dans un cas particulier, mais qui serait fausse comme règle générale? Ces quelques lignes, en effet, disent que la présomption ne pourra tomber que devant quelque chose d'*infaillible!* Toullier aurait dû voir, à ce seul mot, qu'il était dans le faux; car si la présomption de paternité ne peut tomber que par une preuve *infaillible,* par la constatation de l'*impossibilité* de cohabitation, il est bien clair qu'il n'en est pas ainsi partout, et que cette exigence de l'infaillibilité de la preuve ne saurait être généralisée. La citation, telle que l'a faite Toullier, prouvait beaucoup trop pour prouver rien; car elle signifierait que non-seulement la présomption légale *juris tantùm* ne peut pas être combattue par des présomptions de fait, mais qu'elle ne peut l'être non plus ni par d'autres présomptions légales, ni même par la plupart des preuves positives et directes, mais seulement par celles de ces preuves (fort rares assurément) qui donnent un résultat *infailliblement* certain!

En résumé, Toullier a confondu ici deux questions qu'il faut distinguer avec soin : 1° Le juge peut-il repousser une présomption *juris*, sans qu'aucune preuve soit dirigée contre elle, par cela seul qu'il ne la trouve pas concluante, et qu'elle lui semble contraire aux règles de la raison ou aux données de l'expérience? Ici, on répond *non,* parce que ce serait, de la part du juge, substituer sa raison à la raison de la loi, et que la présomption *juris* constituant une règle de droit, et non un point de fait, *ab arbitrio judicis non pendet.* 2° Le juge peut-il, comme moyens de preuve contre une présomption *juris*, comme éléments devant le convaincre que cette présomption *juris*, légalement vraie en général, se trouve inexacte dans tel cas particulier, admettre des présomptions de fait? Il faut dire *oui,* puisque la présomption *juris* admet la preuve contraire sans distinction du genre de cette preuve, et que les présomptions de fait forment l'une des classes de preuves admises par le Code.—Et ce que nous disons ici de la présomption *juris* s'applique aussi, évidemment, à la présomption *juris et de jure,* dans les cas exceptionnels où la loi admet contre elle, non pas tel genre particulier de preuve, mais toute preuve contraire indéterminément (1).

§ 2. — **Des présomptions qui ne sont point établies par la loi.**

1353. — Les présomptions qui ne sont point établies par la loi sont abandonnées aux lumières et à la prudence du magistrat, qui ne doit admettre que des présomptions graves, précises et concordantes, et dans les cas seulement où la loi admet les preuves testimoniales, à moins que l'acte ne soit attaqué pour cause de fraude ou de dol.

SOMMAIRE.

I. Haute importance de cet article, qui érige en preuve légale la simple probabilité. — Les trois qualités qu'il exige pour les présomptions se résument dans la première, et il suffit d'une seule présomption si elle est assez grave. Erreur de Toullier. L'appréciation de la gravité est d'ailleurs abandonnée au juge du fait. Mais il en est autrement de la défense d'admettre les présomptions lorsque le témoignage n'est pas admissible.

II. Mauvaise rédaction de la dernière partie de l'article, qui ferait croire que le témoignage n'est pas toujours admis en cas de fraude.

I. — Cette disposition est de la plus haute importance; elle est l'une de celles qu'il faut se graver profondément dans l'esprit pour ne les jamais perdre de vue. Sa portée est, en effet, immense, puisqu'elle érige en preuves légales, pour tous les cas où le témoignage est admissible, les simples conjectures du magistrat, les simples probabilités que

_____

(1) *Conf.* Bonnier (n° 738); Massé et Vergé, sur Zachariæ (t. III, p. 535, note 7); Aubry et Rau (t. VI, p. 331 et note 6); Larombière (art. 1352, n° 8); Dalloz (v° Oblig., 5006); Nîmes, 22 mai 1829; Rej., 24 fév. 1846.

les dépositions des témoins ou les diverses circonstances de la cause peuvent faire naître dans son esprit... Quand on dit que celui qui soulève une prétention, soit en demandant, soit en défendant, ne peut la voir triompher qu'à la condition de la prouver, cette proposition, en cas d'admissibilité du témoignage, est bien loin d'avoir le sens rigoureux qu'on est naturellement enclin à lui donner, puisqu'elle signifie tout simplement que ce plaideur réussira s'il arrive, soit en faisant entendre des témoins, soit en argumentant de tel fait ou de telle circonstance, à rendre seulement probable dans la pensée du juge la vérité de son allégation. Ainsi, il est bien vrai que vous devez toujours fournir la preuve de votre prétention ; mais n'oublions jamais que, dans le langage de la loi, la preuve se réduit souvent à une simple vraisemblance, à une pure probabilité.

L'article nous dit que le juge ne doit admettre que des présomptions graves, précises et concordantes ; mais, par la force même des choses, cette proposition, dont les trois qualifications se résument définitivement dans la première, et qui est bien plutôt une recommandation de fait qu'un précepte de droit, n'a pas et ne peut pas avoir la sévérité qu'elle paraît présenter au premier aspect (1).

Et d'abord il ne paraît pas douteux, malgré les longues explications par lesquelles Toullier (X, 20-22) s'efforce d'établir le contraire, qu'un concord de présomptions ne saurait être exigé : sans doute, s'il y a plusieurs présomptions, il sera très-bon qu'elles soient concordantes ; mais s'il n'y en avait qu'une, ce qui arrivera souvent, le concord serait bien impossible, et comme il peut cependant arriver qu'une seule présomption ait beaucoup plus de gravité que plusieurs autres réunies et concordantes entre elles, il serait contradictoire que le juge pût se décider au moyen de plusieurs présomptions dont la réunion et le concord arrivent à un certain degré de gravité, et ne pût pas le faire au moyen d'une autre présomption qui, bien qu'elle soit isolée, présenterait pourtant une gravité beaucoup plus grande. Qu'on exigeât le concours de plusieurs présomptions alors qu'on exigeait, pour la preuve testimoniale, le concours de plusieurs témoins, c'était tout simple ; mais aujourd'hui que la règle *testis unus testis nullus* est, Dieu merci, repoussée de nos lois, aujourd'hui que les témoignages doivent se peser et non pas se compter, on ne voit pas comment il en pourrait être autrement pour les présomptions, et on ne peut regarder le mot *concordantes* que comme la production irréfléchie d'une idée devenue inapplicable. Toullier, en tout cas, tombe dans une singulière erreur quand il dit (n° 20) que c'est là une idée nouvelle, introduite par notre législateur comme un progrès que la sagesse réclamait ; car cette idée que présentaient autrefois Danty (*sur Boiceau*, ch. 7, § 62) et Pothier lui-même (n° 816), est au contraire une de ces vieilles maximes dont le temps a

_____

(1) *Conf.* Solon (n°ˢ 189 et suiv.); Chardon (*Du Dol*, t. I, n°ˢ 100 et suiv.); Favard et Merlin (v° Présompt.); Rennes, 20 avril 1820; Req., 28 nov. 1833; Bordeaux, 19 mars 1841 et 28 mai 1856.

fait justice, et qui tombe nécessairement avec la règle *testis unus* dont elle était la conséquence.

Et maintenant n'est-il pas évident que les deux autres conditions de gravité et de précision se réduisent à dire que les présomptions, soit qu'elles coexistent dans une même affaire, soit qu'on les considère isolément, doivent être *concluantes* et non pas tellement vagues et légères qu'on n'en puisse induire aucune probabilité raisonnable?... La présomption, ou la réunion des présomptions, doit être assez grave, assez puissante, pour engendrer la probabilité. Voilà le seul sens possible de la loi; et comme le degré de gravité est un point qui ne saurait être fixé et pour ainsi dire numéroté, ni dans une règle générale, ni encore moins dans chacun des objets auxquels il s'agirait d'appliquer cette règle, il est palpable qu'il y a là une question de fait, une appréciation de circonstances forcément abandonnée à la conscience du juge... C'est donc là un point qui ne saurait donner lieu à une violation de la loi, ni dès lors à un recours en cassation. Cette vérité, avec laquelle une partie des motifs de l'arrêt de cassation, du 10 janvier 1810, cité sous l'article précédent, nous paraît peu d'accord, est reconnue par des arrêts formels de la Cour suprême comme par les auteurs (1).

Il en est autrement, bien entendu, de la règle qui défend d'admettre les présomptions de l'homme, dans les cas où la loi n'admet pas la preuve testimoniale. C'est là, évidemment, une règle de droit, non pas un point de fait; et c'est avec raison qu'un arrêt de Montpellier, qui avait méconnu cette règle, a été cassé par la Cour suprême (2).

II. — Notre article dit que les présomptions de l'homme ne sont admissibles que dans les cas où la loi admet la preuve testimoniale, *à moins que* l'acte ne soit attaqué pour fraude ou dol. Cette rédaction, si on l'acceptait comme exacte, signifierait que le cas de fraude rend les présomptions admissibles même alors que le témoignage ne l'est pas, ce qui supposerait que la preuve testimoniale n'est pas toujours admise en cas de fraude. Il faut se garder d'une pareille erreur, et reconnaître que la fin de l'article est mal rédigée.

Et d'abord, puisque la fraude peut toujours se prouver, d'après notre article, par de simples présomptions de fait, cela suffirait déjà pour dire qu'elle peut aussi et à plus forte raison se prouver par témoins; car si l'on peut l'établir par simple probabilité, *à fortiori* doit-on le pouvoir par preuve positive et proprement dite. Mais, à part cet argument, le point, quoiqu'on l'ait contesté, n'est pas sérieusement contestable, puisque l'art. 1348 admet le témoignage dans tous les cas où l'on n'a pas pu se procurer une preuve écrite, et que la fraude est précisément l'un de ces cas. Enfin, s'il pouvait rester des doutes sur cette vérité et sur l'inattention qui a causé la rédaction vicieuse de

(1) Duranton (XIII, 532): Bonnier (n° 644); Zachariæ (V, p. 755); Aubry et Rau (t. VI, p. 472); Dalloz (v° Oblig., 5012); Rej., 27 avril 1830; Rej., 1ᵉʳ fév. 1832; Rej., 20 déc. 1832 (Dev., 30, I, 186; 32, I, 139; 33, I, 344); Req., 21 août 1837.

(2) Montpellier, 31 mai 1814; Cass., 1ᵉʳ mai 1815.

notre texte, ils disparaîtraient par la lecture des travaux préparatoires ; car il a été nettement expliqué, et par l'orateur du gouvernement, et par celui du Tribunat, que la fraude peut toujours se prouver par témoins. « On doit observer, a dit le premier, que cette exclusion de la preuve testimoniale *ne s'étend ni aux cas de fraude, ni...* » Le second dit à son tour : « La fraude et le dol ne se présument pas ; mais celui qui les allègue doit être admis *à les prouver par témoins.* Car, si la fraude ne se présume pas, ceux qui la commettent ne manquent pas d'employer tous les moyens pour la cacher. La morale publique exige donc *que la preuve testimoniale soit admise en cette matière.* » (Fenet, t. XIII, p. 303 et 403.) (1)

SECTION IV.

DE L'AVEU DE LA PARTIE.

1354. — L'aveu qui est opposé à une partie est ou extrajudiciaire ou judiciaire.

1355. — L'allégation d'un aveu extrajudiciaire purement verbal est inutile toutes les fois qu'il s'agit d'une demande dont la preuve testimoniale ne serait point admissible.

1356. — L'aveu judiciaire est la déclaration que fait en justice la partie ou son fondé de pouvoir spécial.

Il fait pleine foi contre celui qui l'a fait.

Il ne peut être divisé contre lui.

Il ne peut être révoqué, à moins qu'on ne prouve qu'il a été la suite d'une erreur de fait. Il ne pourrait être révoqué sous prétexte d'une erreur de droit.

SOMMAIRE.

I. L'aveu et le serment sont des preuves, même des preuves très-énergiques, et non pas de simples présomptions. Doctrine de M. Zachariæ. Critique de l'art. 1350.

II. Définition de l'aveu. Il est judiciaire ou extrajudiciaire. Conditions, effets et rétractation de l'aveu judiciaire.

III. De l'aveu extrajudiciaire.

I. — Si l'on peut accepter comme preuves les dépositions de témoins, c'est-à-dire les déclarations faites par des tiers sur les points qui divisent deux parties, à plus forte raison doit-on prendre comme telles les déclarations faites par l'une de ces parties elles-mêmes au profit de l'autre, pourvu qu'elles réunissent les garanties désirables de sincérité.

M. Zachariæ critique le Code d'avoir mis l'aveu au rang des preuves, et il prétend contraire à la logique (V, p. 588) de considérer comme une preuve l'aveu que fait une partie, parce que l'aveu, dit-il, a pour conséquence de dispenser de toute preuve et d'enlever au juge le pouvoir d'en exiger une. Mais que signifie cet argument ?... Quand j'ai fait

---

(1) *Conf.* Bonnier (2ᵉ édit., 715) ; Aubry et Rau (3ᵉ édit., t. VI, p. 466) ; Larombière (sur l'art. 1353) ; Dalloz (vᵒ Oblig., 5023).

entendre des témoins dont les dépositions établissent nettement mon allégation, ne suis-je pas dès lors dispensé de la prouver autrement? Quand je rapporte un écrit réunissant toutes les conditions requises et qui constate pleinement la justesse de ma prétention, est-ce que le juge peut me demander une autre preuve? Dira-t-on pour cela que le témoignage n'est pas une preuve et que des écrits ne sont pas des preuves?... Si je suis dispensé de prouver autrement ma prétention, quand l'aveu même de mon adversaire la justifie, c'est précisément parce que cette prétention se trouve prouvée au moyen de l'aveu, et c'est aussi parce que l'aveu est une preuve, et la plus forte des preuves, que la loi (art. 1356) déclare qu'il fait pleine foi, et que le juge, dès lors, ne peut rien demander de plus. Prouver, n'est-ce pas procurer la justification de ce qu'on avance? Et puisque l'aveu que mon adversaire fait de cette vérité en est la justification, c'est donc une preuve : aussi nos anciens auteurs, bien loin d'exclure l'aveu de la classe des preuves, l'appelaient au contraire la preuve la plus probante, *probatio probantissima.*

Il en est de même des présomptions légales, à l'occasion desquelles M. Zachariæ (p. 581) a également rejeté la classification du Code. Puisque ces présomptions sont pour celui qui les invoque des moyens d'établir légalement la vérité de ce qu'il allègue, elles constituent donc des preuves légales.

Ainsi, il n'y a aucune nécessité de s'écarter en tout ceci de la marche et des dénominations adoptées par les rédacteurs, et qui étaient aussi celles de Pothier. La rédaction du Code offre certes assez de vices sérieux à relever, sans qu'on aille lui en reprocher du genre de ceux-ci.

Parmi ces vices sérieux de rédaction, nous avons déjà signalé celui de l'art. 1350, 4°, qui range l'aveu et le serment parmi les présomptions légales : nous avons déjà dit que ce ne sont pas là des preuves par simple présomption, mais des preuves proprement dites, plus fortes même que les autres preuves... Dira-t-on que l'aveu est une *présomption*, parce que la preuve résulte ici de ce que la loi *présume* l'aveu conforme à la vérité? Mais, d'une part, l'aveu ne serait pas la présomption, il en serait seulement la base, ce serait la circonstance servant de point de départ à cette présomption, comme le mariage d'un homme avec la femme qui vient d'accoucher est le fondement de la présomption de la paternité de cet homme : l'aveu ne serait pas plus une présomption dans un cas que le mariage n'est une présomption dans l'autre. D'un autre côté, si l'aveu devenait une présomption parce qu'on présume qu'il est l'expression de la vérité, le témoignage, qui n'est probant que parce qu'on le présume de même l'expression de la vérité, serait donc également une présomption; et les écrits, qui sont probants aussi parce qu'on présume que ce qu'ils relatent est la vérité, ne seraient encore que des présomptions! Dans ce système, tout serait présomption, et il ne faudrait plus parler de preuve... Sans doute, on n'arrivera pas dans les matières juridiques à la certitude absolue, à la démonstration rigoureuse que donnent les expériences dans les sciences physiques, et mieux encore les calculs dans les mathématiques. Mais il faut bien prendre les choses telles qu'elles sont et se contenter de la nature de preuves dont elles sont susceptibles ; or on appelle *preuves* ici les inductions qui conduisent à une conviction et font naître une certitude morale, tandis qu'on réserve le nom de *présomptions* à celles qui produisent une simple probabilité.

En présence donc de la contradiction que nous offrent les deux art. 1316 et 1350, 4°, il faut s'en tenir à l'idée du premier, idée reproduite d'ailleurs par les articles auxquels nous arrivons, lesquels, au lieu de traiter de l'Aveu et du Serment dans les subdivisions de la section *Des Présomptions*, en font deux sections spéciales. Il faut dire que l'Aveu et le Serment forment des preuves, qui ne sont rejetées ici à la fin de la matière que parce qu'elles sont moins fréquentes, moins usuelles, puisqu'il est rare qu'on en soit réduit à elles.

II. — En général, on appelle Aveu toute reconnaissance faite par une personne de la vérité de l'allégation quelconque dirigée contre elle ; mais nous allons voir que ce mot n'a pas dans la loi cette signification large, et qu'il présente ici un sens plus précis et plus restreint.

Et d'abord il ne peut y avoir aveu, dans le sens de la loi, que dans la reconnaissance qui a pour objet un fait, non dans celle qui porterait sur un point de droit, car la déclaration d'une personne que telle règle légale doit s'entendre de telle manière, ne saurait changer en aucune façon le sens et la portée de cette règle : cette déclaration prouve que le plaideur avait telle opinion sur le sens de la règle ; mais comme ce n'est pas d'après l'opinion de ce plaideur que la règle doit s'appliquer, la déclaration qu'il fait à cet égard ne saurait devenir une preuve ni empêcher de débattre la question de droit. C'est ce que reconnaît un arrêt de la Cour suprême de 8 août 1808 (1).

La déclaration doit donc porter sur un fait. Mais il faut, en outre, pour constituer l'aveu et faire ainsi une preuve irréfragable, que cette déclaration soit faite avec réflexion, en connaissance de cause et avec la pensée qu'elle devra dispenser l'adversaire de toute autre preuve sur le fait dont il s'agit ; on ne saurait voir l'aveu légal, la reconnaissance rendant le fait constant et certain, dans les propositions qu'une partie a pu laisser échapper plus ou moins légèrement ; et si de telles propositions peuvent bien devenir des arguments plus ou moins puissants qui contribueront à établir la vérité du fait, ou si elles peuvent même par elles seules donner lieu aux présomptions de l'homme et engendrer la probabilité dont nous avons parlé sous l'art. 1353, elles ne peuvent pas être une preuve rigoureuse et constituer l'aveu (2). C'est, du reste, au juge du fait, on le comprend, qu'il appartient d'apprécier les circonstances dans lesquelles est intervenue la déclaration que l'on prétend

---

(1) *Conf.* Aubry et Rau (p. 334) ; Larombière (art. 1354, n° 2) ; Dalloz (v° Oblig., 5060).

(2) Bonnier (2ᵉ édit., 291) ; Aubry et Rau (3ᵉ édit., t. VI, p. 334) ; Massé et Vergé, sur Zachariæ (t. III, p. 535, note 2) ; Larombière (art. 1354, n° 3).

former un aveu légal. Ces points sont également consacrés par la Cour suprême (1).

L'aveu doit donc se définir : la déclaration par laquelle une personne reconnaît positivement un fait comme devant être tenu pour avéré vis-à-vis d'elle (2).

On distingue l'aveu judiciaire et l'aveu extrajudiciaire (art. 1354).

Le Code ne s'explique que sur les effets du premier ; nous aurons à voir si, et jusqu'à quel point, les principes qui le régissent sont applicables au second.

L'aveu judiciaire est, d'après l'art. 1356, celui que fait en justice la partie ou son fondé de pouvoir spécial. Il faut qu'il ait eu lieu, soit à l'audience même, soit dans un interrogatoire, sur faits et articles (Code de procédure, art. 324 et suiv.), ou que du moins il se trouve consigné dans un acte régulier de procédure. Mais faut-il aussi que ce soit pendant l'instance même dans laquelle la partie adverse veut s'en prévaloir ?

Merlin (*Quest.*, v° Confession) et M. Zachariæ (V, p. 596) enseignent l'affirmative. Mais le premier, sans présenter aucune considération qui motive cette décision, l'appuie seulement sur des autorités qui paraissent peu concluantes ; M. Zachariæ, lui, ne l'appuie sur rien, et au lieu d'indiquer ce point comme une question, ainsi que le fait Merlin, il le présente comme un principe évident par lui-même. Il nous semble, au contraire, que du moment qu'un fait a été tenu pour avéré par Pierre dans un procès contre Paul, ce dernier n'aura jamais à prouver ce fait dans tout autre procès contre Pierre ; car le même fait ne peut pas être vrai dans le premier procès et faux dans le second. Le sentiment de Voët, qui est la principale autorité invoquée par Merlin, est bien plutôt favorable que contraire à cette doctrine ; car c'est seulement comme une concession que les adversaires de cette doctrine seraient toujours forcés de faire qu'il indique cette idée que *tout au moins l'aveu serait encore une grave présomption dans la seconde instance,* et son idée à lui est que cet aveu fait preuve dans la seconde instance comme dans la première : *In uno judicio civili facta* ETIAM PROBAT IN ALIO *inter easdem personas.* Deux arrêts, l'un du grand conseil de Malines indiqué par Merlin, l'autre de la Cour de cassation cité par M. Zachariæ (3), semblent également admettre implicitement cette règle ; car s'ils refusent effet à l'aveu, c'est en se fondant, le premier, sur ce que l'aveu était tel que le premier jugement n'*y avait eu aucun égard;* le second, sur ce que l'aveu n'*avait aucun rapport au litige* sur lequel on prononçait.

Quoi qu'il en soit, l'aveu ayant pour effet de rendre pire le condition de la personne qui le fait et pouvant entraîner la perte de son procès, il s'ensuit qu'il ne peut émaner valablement que de la personne ca-

---

(1) Rej., 3 juin 1829 ; Rej., 23 fév. 1836 (Dev. et Car., 36, I, 603), 18 nov. 1854.
(2) *Conf.* Aubry et Rau (3ᵉ édit., t. VI, p. 333).
(3) Rej. sur arrêt conforme de Grenoble, 4 août 1840 (Dev., 40, I, 903). *Voy.* aussi Req., 9 mai 1834, 9 janv. 1839 ; Massé et Vergé (t. III, p. 536, note 2) ; Boileux (art. 1355) ; Aubry et Rau (p. 355) ; Rauter (§ 13).

pable de disposer de ce qui fait l'objet de ce procès (1). — L'aveu ne serait donc pas efficace s'il était émané d'un mineur, d'un interdit, ou d'une femme mariée qui ne serait pas dûment autorisée par son mari ou par la justice à ester en jugement; que si la femme est autorisée à ester en justice, elle a dès lors la capacité voulue et par conséquent elle peut faire des aveux, sans avoir besoin pour cela d'une autorisation spéciale que la loi n'exige nulle part (2). — Au contraire, le simple mandataire ne peut, d'après la disposition formelle de l'art. 1356, faire des aveux efficaces qu'en vertu d'un pouvoir spécial de son mandant, et le mandat qui lui est donné pour plaider n'emporte pas celui d'avouer. Il en est ainsi même pour le procureur officiel *ad lites,* pour l'avoué : seulement, comme sa qualité d'officier public, institué *ad hoc,* fait présumer qu'il n'a pas fait l'aveu sans mandat suffisant, l'aveu ne tombe qu'autant que le client prouve, par la procédure spéciale de désaveu, qu'il n'avait pas donné ce pouvoir à son avoué (Code de procédure, art. 352 et suiv.). L'avoué seul, et non l'avocat, représentant le plaideur en justice, l'aveu fait par ce dernier serait sans valeur directe; mais si l'avoué assistant l'avocat ne rétracte pas l'aveu de celui-ci, il se l'approprie par son silence, et l'effet de cette confession ne peut encore disparaître que par le désaveu dirigé contre l'avoué (3).

Après avoir parlé des conditions de l'aveu judiciaire, occupons-nous de ses effets et de sa rétractation.

Cet aveu, d'après l'art. 1356, fait pleine foi contre celui qui l'a fait, soit par lui-même, soit par son représentant, sous les conditions qui viennent d'être indiquées. Mais l'aveu pouvant être simple ou complexe, il y a lieu de se demander si ce dernier peut être divisé par celui qui l'invoque.

L'aveu est simple quand il présente sans modifications ni additions la reconnaissance du fait allégué; il est complexe quand il ne présente la reconnaissance du fait allégué qu'en la faisant suivre d'autres faits qui le modifient ou en altèrent ou détruisent les conséquences. Dans ce dernier cas, celui qui veut se servir de l'aveu peut-il scinder la déclaration pour y prendre le fait principal dont il a besoin en ne tenant aucun compte des autres? Berruyer, Henrys, Voët, Merlin et

---

(1) *Voy.* Duranton (t. XIII, n° 551); Pothier (n° 832); Rolland (n° 33); Bonnier (2ᵉ édit., 289); Boileux (art. 1356); Zachariæ, Massé et Vergé (t. III, p. 537, note 6); Aubry et Rau (t. VI, p. 337); Larombière (art. 1356, n° 10).

(2) Rej. sur arrêt de la Cour d'Agen, 22 avril 1828. *Conf.* Massé et Vergé (t. III, p. 537); Aubry et Rau (t. VI, p. 337); Larombière (art. 1356, n° 10).

(3) Rej. sur arrêt de Riom, 16 mars 1812; Rej. sur arrêt de Rouen, 9 avril 1838 (Dev., 38, I, 442). — Le premier de ces deux arrêts semble dire qu'il faudrait alors diriger le désaveu contre l'avocat. Ce serait une erreur; l'officier ministériel est seul passible du désaveu : Arrêt du Parlement de Paris, du 14 fév. 1759; Arrêt du Parlement de Bretagne, du 20 mars 1763; Toullier (X, 258); Bonnier (n° 246); Zachariæ (V, p. 599), etc. : aussi l'arrêt de 1838 reconnaît-il, et avec raison, que l'aveu de l'avocat s'est trouvé sans valeur par cela seul qu'il avait été rétracté à l'audience et sans aucune formalité. *Voy.* encore Rolland (*Rép.,* v° Aveu, nᵒˢ 35 et 36; Pigeau (t. I, p. 126); Duranton (t. XIII, n° 546); Aubry et Rau (t. VI, p. 337); Larombière (art. 1356, n° 9); Rennes, 13 janv. 1826; Paris, 2 déc. 1836; Req., 9 avril 1838; Bordeaux, 18 janv. 1839.

d'autres auteurs ont traité très-longuement cette question, que l'on s'accorde aujourd'hui à résoudre par une distinction bien simple.

L'aveu est indivisible et doit nécessairement être pris dans son ensemble lorsque le fait qu'il présente à côté de celui qu'allègue la partie adverse se trouve avoir avec lui un rapport intime, une connexité toute naturelle. Ainsi, quand le porteur d'un billet, tout en reconnaissant que la cause qui s'y trouve indiquée n'est pas réelle, affirme que ce billet a telle autre cause, sa déclaration ne saurait être scindée, et l'adversaire ne peut se faire décharger de la nécessité d'acquitter ce billet qu'en prouvant, en dehors de l'aveu, que la prétendue créance ne repose ni sur la cause indiquée par le billet, ni sur celle qu'indique le porteur; de même, quand le prétendu débiteur d'une somme avoue qu'en effet il a dû cette somme, mais en ajoutant qu'il l'a payée, on ne saurait diviser sa reconnaissance, et ce ne serait qu'en prouvant la dette autrement que par l'aveu que le demandeur mettrait le défendeur dans l'alternative de payer ou de prouver sa libération. Cette règle, formellement exprimée dans l'exposé des motifs et dans le rapport au Tribunat (Fenet, XIII, p. 367 et 405), est consacrée par de nombreux arrêts (1). — Nous disons que celui dont la prétention ne se trouve pas justifiée par l'aveu, pris dans son ensemble, a toujours le droit de l'établir autrement que par cet aveu. Il est bien évident, en effet, que ce n'est pas *diviser* un aveu que de l'abandonner *en entier* pour prouver par d'autres moyens; et l'on ne conçoit pas comment on a pu attaquer devant la Cour suprême un arrêt de Cour d'appel comme ayant violé l'indivisibilité de l'aveu, alors que cet arrêt avait trouvé la preuve du fait en dehors de l'aveu passé par la partie. Il n'est pas besoin de dire que ce moyen de cassation a été rejeté comme il devait l'être (2).

Au contraire, l'aveu, ou, pour mieux dire, *la déclaration,* sera parfaitement divisible, si les deux faits dont cette déclaration se compose n'ont pas entre eux cette liaison intime et naturelle, et se trouvent indépendants l'un de l'autre; comme si, lorsque je prétends vous avoir prêté 500 fr., vous reconnaissez les avoir reçus, en ajoutant qu'ils sont compensés par une égale somme que je vous dois pour telle ou telle cause. Dans ce cas, en effet, la seconde allégation étant indépendante de l'objet de l'aveu, il est vrai de dire que cette allégation ne fait pas partie de cet aveu, que l'aveu se trouve complet et entier dans la pre-

---

(1) Cass., 8 déc. 1817; Cass., 30 août 1821; Cass., 4 déc. 1827; Rej., 10 janv. 1832; Rej., 6 nov. 1838; Rej., 8 juin 1842 (Dev., 32, 1, 90; 43, I, 892; 42, I, 844); Cass., 25 mai 1841, 14 avril 1852, 25 avril 1853 (*J. Pal.*, 1852, t. I, p. 59; 1854, t. II, p. 87); Paris, 20 fév. 1852 (*J. Pal.*, 1854, t. II, p. 285); Cass., 21 avril 1856, 29 mai 1862; Cass., 24 juin 1863. *Conf.* Toullier (t. X, 339); Duranton (t. XIII, n° 555); Bonnier (2ᵉ édit., 293); Aubry et Rau (3ᵉ édit., t. VI, p. 341); Massé et Vergé (t. III, p. 539, note 6); Larombière (art. 1356, n° 15).

(2) Rej., 21 mai 1838 (Dev. et Car., 42, I, 37). — *Conf.* Rej., 17 mars 1813, 20 juin 1826, 8 janv. 1839; Amiens, 14 déc. 1839; Req., 22 nov. 1841, 15 nov. 1842; Caen, 20 mars 1849; Req., 18 fév. 1851, 26 fév. 1851, 7 juill. 1858, 28 déc. 1859; Grenoble, 29 nov. 1861; Bonnier (2ᵉ édit., n° 293); Massé et Vergé (t. III, p. 539, note 5); Larombière (art. 1356, n° 21).

mière partie de la déclaration, et que dès lors ce n'est pas diviser l'aveu que de séparer ces deux allégations. Ce second point est consacré comme le premier par des arrêts (1).

Il est bien clair, au surplus, que, s'il y a plusieurs aveux portant sur des objets distincts, rien n'empêche d'invoquer l'un ou plusieurs de ces aveux, en ne tenant pas compte des autres. Il nous paraît également évident que le principe de l'indivisibilité de l'aveu ne s'oppose en rien à ce que celui qui invoque le fait avoué prouve (soit par des présomptions légales, soit par des écrits, soit par témoins, dans le cas où le témoignage est admissible) la fausseté des déclarations accessoires par lesquelles l'adversaire, dans son aveu, a voulu modifier ou détruire les conséquences de ce fait : quand on dit que l'aveu est indivisible, cela signifie que cet aveu ne peut pas être divisé au caprice et à la fantaisie de l'adversaire, mais non qu'il soit indivisible absolument; je ne puis pas, en y prenant comme prouvées les parties qui me sont favorables, repousser *par le pur effet de ma volonté* celles qui les contrarient, mais je puis fort bien les écarter *par la constatation de leur inexactitude,* comme vous pouvez vous-même, après votre aveu fait, le détruire en prouvant qu'il est inexact et le résultat de l'erreur. Ce point est également reconnu par la jurisprudence (2).

Nous n'avons pas besoin d'ajouter que le principe de la pleine foi de l'aveu souffre exception, et que l'aveu reste sans valeur : 1° quand cet aveu devrait emporter la perte d'un droit auquel il n'est pas permis de renoncer; 2° quand il porte sur des faits dont la loi prohibe la reconnaissance; 3° quand on est dans un cas où quelque disposition spéciale de la loi déclare que l'aveu ne fera pas preuve. (*Voy.* art. 870 du Code de procédure.)

Arrivons enfin à la rétractation de l'aveu judiciaire.

La force probante d'un aveu, quoi qu'on ait pu dire à cet égard, est évidemment indépendante de l'acceptation de l'autre partie, et nous regardons dès lors comme une erreur l'opinion, accréditée dans la pratique et admise aussi par plusieurs auteurs, notamment par MM. Bonnier (n° 249) et Poujol (n° 21), que l'aveu peut, en principe, être rétracté tant que l'adversaire ne s'en est pas fait donner acte. Que peut signifier, en effet, la réunion de ma volonté à la vôtre sur le point de savoir si le fait allégué par moi contre vous est ou n'est pas vrai? Est-ce qu'il s'agit ici d'un contrat? Est-ce que la vérité ou la fausseté d'un fait s'établit par une convention, par le concours des volontés ?... Vous reconnaissez que ce fait est vrai : tout est là, et la circonstance que j'ai ou n'ai pas demandé acte de votre reconnaissance ne peut pas

___

(1) Rej., 14 janv. 1824; Rej., 23 déc. 1835; Douai, 13 mai 1836 ; Rej., 6 fév. 1838 (Dev. et Car., 36, II, 450; 38, I, 108); 8 mai 1855; Cass., 30 juin 1857. *Conf.* Toullier (t. X, n° 339); Bonnier (2ᵉ édit., n° 293); Boileux (art. 1356); Aubry et Rau (3ᵉ édit., t. VI, p. 342) ; Zachariæ, Massé et Vergé (t. III, p. 539 et 540); Larombière (art. 1356, n° 17); Dalloz (vᵒ Oblig., n°ˢ 5124 et 5133).

(2) Bourges, 4 juin 1825 ; Paris, 6 avril 1829 ; Rej., 10 janv. 1832 (Dev., 32, I, 90); Req., 15 nov. 1853 (*J. Pal.*, 1855, t. II, p. 40) ; 28 juill. et 18 août 1854 (*J. Pal.*, 1856, t. I, p. 257).

plus faire qu'un fait vrai devienne faux qu'elle ne peut faire qu'un fait faux devienne vrai. En vain M. Bonnier fait-il remarquer que Pothier définissait la confession judiciaire : « l'aveu qu'une partie fait devant le juge *et dont le juge donne acte.* » Cette observation se retourne contre les adversaires, puisque le Code, dont les rédacteurs avaient cette définition sous les yeux, se garde bien de la reproduire, et nous dit, dans l'alinéa 1 de l'art. 1356, que l'aveu judiciaire, qui n'existait, d'après Pothier, que quand on avait donné acte de la déclaration, se constitue aujourd'hui par *la déclaration que fait la partie,* sans que rien autre chose soit exigé. Et maintenant cet aveu, qui se constitue ainsi sans aucune condition d'acceptation, pourra-t-il être révoqué tant que cette acceptation ne sera pas intervenue? Non ; car la raison, et avec elle le quatrième alinéa du même art. 1356, disent que l'aveu ne peut être révoqué que par la preuve faite de son inexactitude. Or, encore une fois, que peut signifier, quant à votre erreur sur le fait avoué, la circonstance que j'ai ou n'ai pas demandé acte ?... C'est donc avec beaucoup de raison que nos articles ne disent rien de semblable à ce qui sera dit plus loin pour le serment décisoire par l'art. 1364 ; et il faut dire, avec M. Solon (*Addit.* à l'*Essai* de Gabriel) et M. Zachariæ (V, p. 600), que le défaut d'acceptation de l'adversaire n'autorise en rien la rétractation de l'aveu, ce qui n'empêche pas, bien entendu, qu'il ne soit très-bon de demander acte de cet aveu, afin d'en avoir une constatation régulière (1).

L'aveu, comme on vient de le voir, ne peut être rétracté que quand celui qui l'a passé prouve qu'il a été de sa part le résultat d'une erreur *de fait,* et il ne pourrait l'être pour erreur *de droit.* Qu'importe, en effet, que vous ayez su ou ignoré que le fait devait entraîner telles conséquences légales, et comment pourrait-on effacer votre aveu sous le prétexte que vous ne saviez pas que ce fait entraînait pour vous telle obligation? Du moment que cet aveu est exact, que le fait est vrai, c'est tout ce qu'il faut (2).

III. — Les règles qui viennent d'être expliquées n'étant que l'expression des principes de raison et d'équité naturelle, on doit reconnaître qu'en principe elles sont applicables à toute espèce d'aveu. L'aveu extrajudiciaire devrait donc, aussi bien que l'aveu judiciaire, faire preuve complète contre son auteur, sans pouvoir être rétracté autrement que par la justification d'une erreur de fait, mais sans pouvoir aussi être divisé par l'adversaire. Mais, d'un autre côté, comme cet aveu extrajudiciaire n'intervient pas dans les circonstances solennelles qui garantissent si bien l'existence des conditions dont dépend son efficacité, et que pour cette raison le législateur n'a pas cru devoir ériger

---

(1) *Conf.* Duvergier, sur Toullier (t. X, n° 290, note A) ; Massé et Vergé, sur Zachariæ (t. III, p. 537. note 9); Aubry et Rau (3e édit., t. VI, p. 338); Larombière (art. 1356, n° 30); Dalloz (v° Oblig., n° 5143); Bruxelles, 30 mai 1823; Colmar, 21 avril 1828; Req., 12 août 1839.

(2) *Conf.* Toullier (t. X, n° 310); Bonnier (2e édit., 292); Larombière (art. 1356, n° 27).

ces idées en règles de droit, il s'ensuit que tout est abandonné ici à l'appréciation du juge du fait. Quelque décision que sa conscience lui inspire sur ce point, il pourrait bien y avoir un mal-jugé susceptible de réformation sur appel, mais non violation des dispositions de la loi, puisque la loi n'a voulu porter aucune disposition à cet égard. C'est ce que décide, et avec raison, la Cour de cassation (1).

La seule règle de droit que le Code pose en ce qui touche l'aveu extrajudiciaire, règle qui n'est d'ailleurs qu'une conséquence de l'article 1341, c'est que, si cet aveu n'est pas constaté par écrit et que celui qui l'invoque soit aussi réduit à l'établir par témoins, cette preuve testimoniale de l'aveu ne sera possible qu'autant que le fait qui est l'objet de l'aveu pourrait lui-même se prouver directement par le témoignage (art. 1355). On conçoit, en effet, que si l'on eût permis la preuve par témoins du prétendu aveu des faits pour lesquels cette preuve n'est pas admise, c'eût été rendre la prohibition illusoire, puisqu'il ne serait pas plus difficile de faire déposer ces témoins (que l'on suppose gagnés) sur le prétendu aveu d'un fait, que de les faire déposer sur le prétendu fait lui-même.

Du reste, nous croyons erronée la prétendue règle, enseignée par Merlin (*Quest.*, v° Confess., § 4) et appliquée par l'arrêt de cassation précité du 30 avril 1821, qu'un aveu extrajudiciaire se transforme, par sa réitération en justice, en aveu judiciaire qui fait disparaître la première qualité, et enlève ainsi au juge la latitude dont nous avons parlé, pour le soumettre à une application forcée de l'art. 1356. De ce qu'un aveu a été fait en justice, en 1840, est-ce que pour cela celui qui avait été fait hors justice, en 1838, n'existe plus ? N'est-il pas évident, au contraire, qu'il y a alors deux aveux, et que les magistrats dès lors sont libres de ne pas se servir du second pour attribuer au premier les conséquences dont il est susceptible ? Cette prétendue transformation nous paraît donc une erreur; et elle est en effet repoussée par d'autres arrêts, notamment par l'arrêt de rejet déjà cité du 10 décembre 1839 (2).

SECTION V.

DU SERMENT.

1357. — Le serment judiciaire est de deux espèces :

1° Celui qu'une partie défère à l'autre pour en faire dépendre le jugement de la cause : il est appelé *décisoire;*

2° Celui qui est déféré d'office par le juge à l'une ou à l'autre des parties.

I. — Le serment est un acte civil et religieux par lequel une per-

_____

(1) Rej., 29 fév. 1820; Cass., 30 avril 1821; Rej., 10 déc. 1839 (Dev., 40, I, 467).
(2) Orléans, 7 mai 1818; Bourbon, 26 mai 1838; Rej., 10 déc. 1839 (Dev., 40, I, 467). *Conf.* Aubry et Rau (3ᵉ édit., t. VI, p. 336); Larombière (art. 1356, n° 7).

sonne prend Dieu à témoin de la vérité de son affirmation ou de la sincérité de sa promesse.

Quoique le serment se prête ordinairement en tenant la main droite levée vers le ciel pendant qu'on prononce les mots : *Je le jure,* il est incontestable qu'on ne saurait astreindre à suivre cet usage ceux dont les croyances religieuses ne permettent pas de jurer et n'admettent qu'une affirmation en âme et conscience, comme sont les quakers. La constitution, qui consacre la liberté de religion et l'égalité politique des cultes (art. 7) plus complétement encore que la charte précédente (art. 5 et 6), ne saurait laisser aucun doute sur ce point, déjà jugé dans ce sens dès 1809 et 1810 (1). Mais faut-il dire aussi, réciproquement, que ceux dont le culte admet un mode de prestation de serment plus solennel et entouré de plus de formalités que celui qui est suivi dans la pratique, comme sont les juifs, peuvent être forcés de prêter leur serment avec ces formalités particulières ?

Presque tous les auteurs répondent affirmativement (2); mais nous ne saurions nous ranger à cette opinion. Sans doute, cette opinion n'a rien de contraire à la liberté de conscience, comme on l'a dit à tort quelquefois, puisqu'il ne s'agit que de faire prêter le serment selon le rit de la religion à laquelle la personne appartient; mais elle nous paraît contraire à l'esprit de la loi, qui est évidemment d'établir pour tous une règle uniforme, à l'exception seulement du cas où la personne se trouve empêchée par sa religion de suivre cette règle. Qu'importe que le serment puisse acquérir une plus grande force religieuse au moyen de telles ou telles formalités, puisqu'il aura toujours et forcément son caractère religieux sous quelque forme qu'il soit prêté et par cela seul que la personne prend Dieu à témoin de sa sincérité? Que l'on *permit* au juif de jurer *more judaico,* à la bonne heure; mais qu'on *exige* qu'il le fasse, alors qu'il est prêt à jurer d'après le mode ordinaire, ce ne serait pas plus légal que d'exiger du chrétien de jurer sur les saints Évangiles.

C'est aussi dans ce sens que la question, après avoir été résolue diversement par de nombreux arrêts, vient d'être décidée par un arrêt de la Cour suprême cassant une décision contraire de la Cour de Colmar, et par un arrêt de la Cour de Besançon, à laquelle l'arrêt de cassation avait renvoyé l'affaire (3).

II. — Le serment est judiciaire ou extrajudiciaire. Le serment judiciaire est celui qui se défère en justice dans le cours d'un procès; et il est (aussi bien que le serment extrajudiciaire) promissoire ou affir-

---

(1) Bordeaux, 14 mars 1809; Rej., 28 mars 1810.
(2) Notamment Merlin (*Quest.,* v° Serm.); Toullier (X, 342); Favard (v° Enquête, sect. 1, § 4); Duranton (XIII, 593); Bonnier (n° 388); Zachariæ (V, p. 610).
(3) Pour le serment *more judaico :* Nancy, 15 juill. 1808; Turin, 15 juin 1811; Colmar, 5 mai 1815; Colmar, 18 janv. 1818; Pau, 11 mai 1830; Colmar, 12 mai 1841; Alger, 18 juin 1845; — Pour le serment ordinaire : Turin, 22 fév. 1809; Rej., 19 mai 1826; Nîmes, 10 janv. 1827; Nîmes, 17 juin 1827; Rej., 12 août 1828; Aix, 13 août 1829; Cass., 3 mars 1846; Besançon, 15 janv. 1847 (Dev. et Car., 31, II, 150; 42, II, 493; 46, I, 193, et II, 138; 47, II, 142); Cass., 18 nov. 1847.

matif, selon qu'il a pour objet d'assurer.l'accomplissement d'une promesse (comme celui des témoins) ou de garantir la sincérité d'une affirmation.

Le serment judiciaire affirmatif, le seul dont nous ayons à nous occuper ici, est de deux sortes : 1° le serment *décisoire, ou litis-décisoire,* que l'une des parties défère à l'autre pour en faire dépendre la décision ; 2° le serment *supplétif,* que le juge défère à l'une ou l'autre des parties pour en faire résulter un complément de preuve. La loi va s'en occuper successivement dans deux paragraphes.

§ 1er. — Du serment décisoire.

1358. — Le serment décisoire peut être déféré sur quelque espèce de contestation que ce soit.

1359. — Il ne peut être déféré que sur un fait personnel à la partie à laquelle on le défère.

1360. — Il peut être déféré en tout état de cause et encore qu'il n'existe aucun commencement de preuve de la demande ou de l'exception sur laquelle il est provoqué.

SOMMAIRE.

I. Par qui, à qui, et pour quels objets peut être déféré le serment décisoire.
II. Sa délation ne dépend point du pouvoir discrétionnaire du juge. Erreur de la jurisprudence.
III. Il peut être déféré en tout état de cause, et dès lors subsidiairement à tous autres moyens. Erreur de la jurisprudence et de Merlin, Toullier, etc.

I. — Le plaideur qui veut se décharger de la preuve à donner d'un fait le peut en déférant le serment sur ce fait à son adversaire, pourvu : 1° que le fait soit de nature à entraîner la décision du litige ; 2° qu'il soit personnel à la personne à laquelle on le défère ; 3° que la contestation porte sur un objet susceptible de transaction et s'agite entre personnes capables de transiger ; et enfin, 4° que la délation du serment ne tende pas à combattre la vérité d'une présomption *juris et de jure* établie dans un but d'intérêt public.

La partie à laquelle le serment est déféré dans ces circonstances est obligée, sous peine de voir tenu pour vrai le fait contesté et de perdre dès lors son procès, de prêter le serment qui lui est déféré, ou, si le fait lui est commun avec l'adversaire, de le référer à celui-ci.

Il faut d'abord, disons-nous, que le fait soit tel que sa constatation doive emporter la décision du litige, au moins sur l'un de ses chefs, puisque sans cela le serment proposé n'aurait rien de *décisoire.* Le juge doit donc repousser la délation du serment lorsque le fait qui en est l'objet n'est pas décisif (1) ; et, bien entendu, le point de savoir si

---

(1) Agen, 17 fév. 1830 ; Rouen, 22 fév. 1832 ; Rej., 6 mai 1834 (Dev., 32, II, 109 ; 34, I, 757) ; Cass., 5 mai 1852 (Dev., 52, I, 395) ; 12 mars 1852 (Dev., 52, I, 782) ; Grenoble, 17 déc. 1858.

ce fait est ou n'est pas décisif n'est qu'une appréciation pour laquelle les tribunaux d'appel sont souverains et qui ne saurait donner ouverture à cassation (1).

Il faut, en second lieu, que le fait soit personnel à la partie à laquelle on défère le serment; le texte de l'art. 1359 est formel sur ce point. Toutefois, on a toujours admis que le serment peut aussi être déféré à la veuve ou aux héritiers de celui auquel on le prétend personnel, non pas, bien entendu, sur le fait lui-même, mais sur le point de savoir si cette veuve ou ces héritiers n'en ont pas personnellement connaissance. L'art. 2275 reproduit cette règle, et tout est d'accord pour reconnaître que cet article ne doit pas être considéré en cela comme une exception, mais au contraire comme la manifestation d'un principe que le législateur regarde comme sous-entendu partout ailleurs. Il est tout naturel, en effet, qu'une veuve ou des héritiers connaissent les affaires du défunt, et il ne faut pas que la position de celui qui eût pu déférer le serment décisoire à son adversaire soit empirée par la mort de celui-ci. Et c'est bien dans ce sens que l'art. 1359 a été voté : « Des héritiers, dit le rapport au Tribunat, ne peuvent être tenus d'affirmer qu'il était dû ou qu'il n'était pas dû à leur auteur : seulement, *ils seraient tenus d'accepter le serment sur ce qui peut être parvenu à leur connaissance.* » (Fenet, XIII, p. 407.) (2)

En outre, comme la délation du serment décisoire produit le même effet qu'une transaction qui interviendrait entre les deux plaideurs, il s'ensuit qu'elle ne peut avoir lieu que dans les cas où cette transaction serait possible. Ainsi la délation de serment ne pourrait pas être autorisée sur des faits non susceptibles de transaction ; par exemple, et quoi que dise un arrêt de Rennes (3), sur des faits de filiation, de légitimité, ou sur des faits servant de fondement à une demande en séparation de corps (4). Elle ne pourrait pas l'être non plus entre personnes n'ayant pas capacité pour transiger; par exemple, si l'un des plaideurs était un syndic de faillite non autorisé par le juge-commissaire à accepter ou déférer le serment (art. 487 du Code de commerce), ou un mandataire n'ayant pas de pouvoir spécial pour cet objet (5).

Enfin, le serment ne peut pas être déféré quand il tend à renverser une présomption *juris et de jure* établie dans un but d'ordre public. Nous avons vu, sous l'art. 1352, n° II, *in fine*, que les présomptions

---

(1) Req., 5 mai 1852, 6 fév. 1860.
(2) *Voy.* Rej., 15 fév. 1832, 6 mai 1834; Douai, 30 août 1837; Req., 9 nov. 1846; Poitiers, 27 nov. 1850; Duranton (XIII, 580); Boncenne (t. II, p. 492); Larombière (art. 1539, note 12); Aubry et Rau (p. 521, note 15); Bonnier (2ᵉ édit., 346).
(3) Rennes, 16 déc. 1836 (*J. Pal.*, 1837, t. II, p. 320; Dalloz, 37, II, 96).
(4) Merlin (*Rép.*, vᵒ Serm., § 2, art. 2, n° 6); Bonnier (2ᵉ édit., n° 344); Duvergier, sur Toullier (t. X, p. 399); Aubry et Rau (t. VI, p. 350); Demolombe (*Paternité et Filiation*, n° 312); Larombière (art. 1358, n° 9).
(5) Grenoble, 23 fév. 1827; Bordeaux, 30 juill. 1829; Rej., 27 avril 1831; Rouen, 21 fév. 1842; Paris, 20 fév. 1844 (Dev., 31, I, 194; 42, II, 262; 44, II, 538,. *Voy.* Toullier (t. X, 375 et 376); Massé et Vergé, sur Zachariæ (t. III, p. 543, note 8); Aubry et Rau (t. VI, p. 248); Larombière (art. 1539, n° 3); Nîmes, 12 janv. 1848; Rennes, 29 mai 1858.

légales contre lesquelles la preuve contraire n'est pas admise peuvent, à la vérité, être combattues par le serment décisoire, mais que cette possibilité n'existe que pour celles qui sont établies dans un intérêt purement privé. Ainsi je ne pourrais pas déférer le serment pour combattre la chose jugée (1). Je ne le pourrais pas non plus, en général, pour détruire l'effet de la prescription, car la prescription n'est pas seulement une consécration de la probabilité des droits de celui qui l'invoque, elle est aussi, du moins le plus souvent, une déchéance prononcée dans un but d'intérêt général et d'ordre social contre les propriétaires ou créanciers négligents : quand la loi me déclare propriétaire de tel immeuble, par cela seul que je le possède depuis plus de trente ans et malgré toute absence de titre que je puisse invoquer, ce n'est pas seulement parce qu'elle suppose que j'en ai loyalement acquis la propriété, c'est aussi et bien plutôt parce qu'elle entend m'attribuer elle-même, en tant que de besoin, cette propriété en vous l'enlevant, pour mettre un terme aux incertitudes des possessions. Que deviendrait, en effet, la tranquillité des familles et de la société si à toute époque, et après cent ans et plus, on pouvait remettre en question la libération des débiteurs ou la propriété des détenteurs?... Le Code nous manifeste bien clairement cette idée, quand il nous dit que la prescription, au lieu de n'être qu'une preuve de l'acquisition ou de la libération produite par une autre cause, peut être elle-même *moyen d'acquérir ou de se libérer* (art. 712 et 2219). C'est donc par exception au principe général que l'art. 2275 autorise la délation du serment pour les petites prescriptions réglées par les art. 2271-2274 ; et cette exception proclamée pour des cas particuliers (où la prescription cesse ainsi d'être un moyen de libération et n'en est plus que la preuve) confirme la règle pour les cas ordinaires (2).

Il est évident, au surplus, que le serment ne peut pas être déféré à la personne qui figurerait dans une instance sans y être partie, par exemple, au mari qui ne serait là que pour autoriser sa femme : il ne peut l'être qu'*à la partie*, comme le dit l'art. 1359 (3).

II. — L'art. 1358 nous dit que le serment décisoire *peut* être déféré. En effet, il est bien clair qu'une partie ne peut jamais être *obligée* de se livrer ainsi pieds et poings liés à la conscience d'un adversaire qui peut fort bien n'avoir pas de conscience, et que le serment est une ressource extrême à laquelle elle est libre, et non pas tenue, d'avoir recours. Si simple et si évidente que soit cette signification de l'art. 1358, elle est cependant méconnue par la jurisprudence, qui prétend que la faculté résultant du mot *peut* s'adresse au juge et

---

(1) Delvincourt (t. II, p. 629); Duranton (XIII, 576); Rolland (18 et 19); Zachariæ, édit. Massé et Vergé (t. III, p. 542, note 5); Aubry et Rau (t. VI, p. 350); Turin, 15 juill. 1806, 5 avril 1809; Req., 12 août 1822, 7 juill. 1829.

(2) Solon (164); Duranton (t. XIII, n° 574 et 575); Boileux (t. IV, p. 732); Massé et Vergé (t. III, p. 542 et note 4); Larombière (art. 1358, note 10); Cass., 21 juill. 1852.

(3) Angers, 28 janv. 1825; Toullier (t. X, 376); Larombière (1539, n° 5); Dalloz (v° Oblig., 5280).

non à la partie (1), en sorte que les tribunaux seraient maîtres d'autoriser ou de repousser la délation du serment, selon qu'ils le jugeraient à propos.

C'est là une erreur qu'on a peine à comprendre et que rejettent avec beaucoup de raison M. Devilleneuve (*Rec.*, 38, 1, 875), M. Bonnier (n° 302), et M. Zachariæ (V, p. 618), les seuls auteurs qui aient examiné la question. Le doute n'est pas possible sur ce point, en présence des deux art. 1357 et 1358, puisque le dernier nous dit que *le serment décisoire peut être déféré*, après que le premier nous a appris qu'on appelle serment décisoire *celui que défère une partie :* le serment décisoire étant déféré par la partie, et non par le juge, il est clair que si la loi avait entendu exprimer ainsi une faculté s'adressant au juge, elle aurait dit : « *La délation* du serment *peut être autorisée* », et non pas : « *Le serment peut être déféré.* » Comment la phrase complète serait-elle « peut être déféré *par le juge* », alors qu'il s'agit d'un serment que le juge ne défère jamais ? (2)

III. — Et si la jurisprudence viole ainsi l'art. 1358, elle ne viole pas moins profondément l'art. 1360 quand elle juge, comme elle l'a fait tant de fois, que le serment déféré par l'une des parties à l'autre *peut* à la volonté du juge, selon quelques arrêts, ou même *doit* absolument, selon d'autres, être considéré comme un simple serment supplétif, s'il n'est déféré que subsidiairement et après avoir inutilement employé tous autres moyens à l'appui de la prétention (3).

On conçoit les conséquences qu'entraîne cette prétendue transformation. Si le serment, déféré par une partie, parce qu'il n'est proposé que comme pis-aller et après que cette partie a essayé de triompher par d'autres moyens, devient par cela seul un serment supplétif au lieu d'être toujours un serment décisoire, il s'ensuivra que le juge sera libre de le faire prêter ou de ne pas le faire prêter, aux termes de l'art. 1366, et que même il n'aura pas le droit de le faire, aux termes de l'art. 1367, si la prétention ne s'appuie pas déjà sur un commencement de preuve, tandis que si le serment demeure toujours décisoire, la partie, et non pas le juge, pourra toujours le déférer, aux termes de notre art. 1360, encore qu'il n'existe aucun commencement de preuve.

Or nous disons que le serment est toujours décisoire dans le cas dont il s'agit, et que décider autrement c'est confondre étrangement les principes les plus clairs. Il est vrai que sur ce point, à la différence de ce qui a lieu pour le précédent, la doctrine des arrêts est aussi celle de

---

(1) Amiens, 11 janv. 1828 ; Rej., 23 avril 1829 ; Bordeaux, 19 janv. 1830 ; Limoges, 10 mai 1845 (Dev. et Car., 46, II, 73) ; Orléans, 2 janv. 1850 ; Req., 6 août 1856, 1er mars 1859, 6 fév. 1860 ; Cass., 17 mars 1862 ; Chambéry, 22 mars 1861 ; Cass., 11 nov. 1861, 17 nov. 1863.

(2) *Conf.* Boncenne (t. II, n° 494) ; Bioche (v° Serment, n° 40) ; Aubry et Rau (t. VI, p. 353) ; Larombière (art. 1361, n° 6).

(3) Agen, 14 déc. 1808 ; Rej., 30 oct. 1810 ; Colmar, 5 fév. 1834 ; Nimes, 8 avril 1834 ; Amiens, 16 janv. 1835 ; Colmar, 7 mars 1835 ; Rej., 12 nov. 1835 ; Rej., 7 nov. 1838 ; Limoges, 23 fév. 1843 (Dev., 35, II, 143 et 416 ; 36, I, 923 ; 38, I, 875 ; 44, II, 637) ; Douai, 31 janv. 1855 (*J. Pal.*, 1855, t. I, p. 20) ; Metz, 17 déc. 1856 ; Grenoble, 17 déc. 1858.

quelques auteurs, notamment de Merlin (*Quest.*, v° Serment, § 4) et de Toullier (X, 404 et 405); mais cette doctrine n'en est pas moins une erreur certaine et très-certaine.

Cette erreur se démontre jusqu'à l'évidence, selon nous, et par les caractères distinctifs des deux serments décisoire et supplétif, et aussi par la disposition formelle de notre art. 1360. — Et d'abord, qu'est-ce qu'un serment décisoire? C'est celui qui est déféré à un plaideur *par l'autre partie,* au lieu de l'être d'office *par le juge,* et qui doit *trancher le débat* par lui seul, au lieu de tendre seulement *à compléter* un commencement de preuve déjà existant. Donc, quand c'est moi, plaideur, qui déclare m'en remettre au serment de mon adversaire, et tenir mon procès pour perdu s'il prête ce serment, qu'importe, je vous le demande, que je fasse de cette déclaration mon seul moyen ou que je n'y recoure qu'après avoir tenté la chance d'autres moyens? Qu'importe que cette déclaration soit mon début ou qu'elle soit ma fin? Qu'importe qu'elle constitue ma seule conclusion ou qu'elle vienne seulement comme un subsidiaire extrême, après une série de conclusions aussi longue qu'il vous plaira? Est-ce que le législateur a dit, ou seulement fait soupçonner quelque part, soit dans ses règles définitivement écrites, soit dans ses travaux préparatoires, que le serment décisoire serait une espèce de récompense (elle serait belle, en vérité!) accordée à celui qui voudrait bien ne pas plaider pour épargner le temps des juges? Est-ce qu'il n'a pas clairement montré partout que c'était à ses yeux, comme aux yeux de la raison et de l'équité, une dernière ressource, un moyen extrême, un pis aller, une dernière planche de salut pour celui à qui tous autres moyens viennent à manquer? Est-ce qu'il ne vous dit pas positivement, dans l'art. 1360, que ce moyen pourra être pris *en tout état de cause?...* Qu'importent, encore une fois, le moment et la forme de ma déclaration? Dès là que je m'en remets au serment de mon adversaire et que je me tiens pour condamné s'il le prête, le serment est évidemment et nécessairement décisoire, et ne peut pas être supplétif : *il est décisoire,* puisqu'il est déféré par l'un des plaideurs et que ce plaideur passe condamnation sous la condition de sa prestation; *il ne peut pas être supplétif,* puisqu'il n'est pas déféré d'office par le juge et ne tend pas du tout à procurer à ce juge le complément d'une preuve commencée. Et maintenant, les mots déjà cités de l'art. 1360 ne suffiraient-ils pas à eux seuls? Puisque ce serment peut être déféré *en tout état* de la cause, à quelque moment du procès que ce soit, il peut donc l'être après qu'on a plus ou moins longtemps plaidé. Or sur quoi aura-t-on plaidé, si ce n'est sur des moyens qui sans doute n'ont pas réussi pour moi, puisque j'ai recours au serment? Cet art. 1360 suppose donc bien, prouve bien, que le serment décisoire pourra se proposer comme dernier moyen après d'autres moyens, comme subsidiaire extrême.

En vérité, nous n'avons jamais compris, non pas seulement comment on pouvait dire qu'il y a là serment supplétif, mais comment on pouvait se demander si c'est un serment supplétif, parce que nous ne comprenons pas qu'on se demande si la figure qui présente quatre angles et quatre côtés égaux est un cercle... On aurait dû être arrêté dès le premier pas par cette idée : le serment supplétif est celui qui est *déféré d'office par le juge* (art. 1357 et 1366, puis rubrique du § 2) ; or celui-ci est déféré *par le plaideur,* donc il n'est pas supplétif. Sans doute, un jugement aurait parfaitement raison s'il décidait, en fait et comme interprétation de volonté de la partie, que la conclusion subsidiaire de cette partie est tout simplement *une prière* adressée au juge de déférer, lui juge, le serment à l'autre partie ; s'il ne trouve pas les preuves suffisantes, le jugement aurait évidemment raison de dire qu'il ne peut y avoir là qu'un serment supplétif; mais voir un serment supplétif dans celui que la partie défère elle-même à son adversaire, en tenant son procès pour perdu si ce serment est prêté, voir là un serment supplétif par la circonstance insignifiante qu'il est proposé subsidiairement aux autres moyens, c'est, encore une fois, voir un cercle dans une figure présentant quatre angles et quatre côtés, sous prétexte que cette figure est rouge au lieu d'être noire (1).

1361. — Celui auquel le serment est déféré, qui le refuse ou ne consent pas à le référer à son adversaire, ou l'adversaire à qui il a été référé et qui le refuse, doit succomber dans sa demande ou dans son exception.

1362. — Le serment ne peut être référé quand le fait qui en est l'objet n'est point celui des deux parties, mais est purement personnel à celui auquel le serment avait été déféré.

1363. — Lorsque le serment déféré ou référé a été fait, l'adversaire n'est point recevable à en prouver la fausseté.

1364. — La partie qui a déféré ou référé ce serment ne peut se rétracter lorsque l'adversaire a déclaré qu'il est prêt à faire ce serment.

SOMMAIRE.

I.   On peut, sous une condition, référer le serment déféré; mais le serment référé ne peut se référer de nouveau. — La délation, ou relation non acceptée, peut être retirée; elle ne le peut après l'acceptation, si ce n'est pour dol.
II. Si la partie qui accepte le serment meurt avant de le prêter, il ne peut être censé refusé ou censé prêté que s'il y a eu faute de cette partie ou de son adversaire. Erreur de Toullier et des arrêts.
III. Une fois le serment prêté, l'adversaire ne peut en prouver la fausseté, ni au civil, ni au criminel. Erreur de M. Duranton.

I. — Celui à qui le serment est déféré a le choix de le prêter ou de le référer à son adversaire, pour que celui-ci affirme le contraire. Ainsi, quand vous m'avez proposé de jurer que je vous ai prêté 1 000 fr., je

---

(1) *Conf.* Bonnier (2ᵉ édit., 346, note); Boileux (art. 1360); Massé et Vergé, sur Zachariæ (t. III, p. 531 et 532); Aubry et Rau (3ᵉ édit., t. VI, p. 353); Larombière (art. 1360, nº 6); Dalloz (vº Oblig., 5189); Pau, 3 déc. 1829; Nimes, 24 mars 1852. — *Voy.* encore Req., 12 nov. 1835, 21 nov. 1833, 26 nov. 1828, 3 fév. 1829; Bastia, 12 avril 1864.

suis libre de faire ce serment, ou de vous proposer de jurer vous-même que je ne vous ai pas prêté cette somme. Bien entendu, cette relation du serment n'est possible que quand le fait est commun aux deux parties, ou à l'une des parties et à l'auteur de l'autre ; dans ce dernier cas, il y a lieu d'un côté au serment ordinaire sur le fait lui-même, et de l'autre côté au serment offert à la veuve ou aux héritiers sur leur croyance au fait, ainsi que nous l'avons dit plus haut, serment que les auteurs appellent quelquefois serment de *crédibilité* ou de *crédulité*. Si le fait était purement personnel à la partie à qui il est déféré, il est clair que celle-ci ne pourrait pas le référer, et c'est ce que dit formellement l'art. 1362. Il est évident, au surplus, que celui qui avait d'abord déféré le serment et à qui on le réfère, ne peut pas le renvoyer à son tour à l'adversaire ; car ce serait tourner dans un cercle éternel : celui à qui le serment est déféré est libre, soit de le refuser (mais en perdant son procès), soit de le prêter ou de le référer ; mais celui à qui on le réfère ne peut que le prêter ou le refuser.

Tant que la délation ou la relation du serment n'est pas acceptée, la partie qui l'a faite peut la retirer, et c'est seulement par l'acceptation de sa proposition que cette partie, d'après l'art. 1364, se trouve liée (1). La délation ou relation de serment, en effet, n'est que la proposition et la première partie d'une convention, d'une espèce de transaction qui ne se parfait dès lors, comme toute autre convention, que par le concours des volontés, à la différence de l'aveu, qui est un fait essentiellement unilatéral, et n'a ni ne peut avoir rien de conventionnel. Mais une fois que la partie à laquelle s'adresse la proposition l'a acceptée, une fois qu'elle a formé le contrat en se déclarant prête à faire le serment demandé, l'autre partie ne peut plus retirer son offre. Elle ne le peut plus, à moins pourtant qu'elle n'ait été amenée à faire cette offre par le dol de son adversaire ; par exemple, si je ne me suis résigné à proposer le serment que par la perte de pièces qui justifiaient ma prétention, et que j'arrive ensuite à savoir et à prouver que ces pièces étaient retenues par mon adversaire (art. 480, 1° et 10°, du Code de procédure, et art. 2057).

II. — Si le serment déféré ou référé est refusé, la loi voit avec raison, dans le refus de la partie, l'aveu tacite de la fausseté du fait qui formait la base de sa prétention, et en conséquence, cette prétention de la partie est rejetée et son procès perdu sur ce chef ; que si, au contraire, elle prête le serment, la condition sous laquelle l'adversaire était convenu de perdre son procès étant accomplie par cette prestation, la transaction produit son effet, et le procès est gagné par celui qui a fait le serment.

Mais que déciderait-on si la partie qui s'est déclarée prête à faire le serment venait à mourir avant de l'avoir fait ? Faudrait-il, par cela seul

---

(1) *Voy.* Montpellier, 22 avril 1833, et Paris, 25 mars 1854 (*J. Pal.*, 1854, t. II, p. 372) ; Toullier (t. X, n° 360) ; Rolland (n° 6) ; Boileux (t. I, p. 732) ; Zachariæ, édit. Massé (t. III, p. 546).

qu'elle avait déclaré accepter, et quoiqu'on ne puisse en rien reprocher à l'adversaire d'avoir empêché ou retardé la prestation, dire que le serment sera néanmoins tenu pour fait? Poser une pareille question, c'est la résoudre ; car il est bien évident que la condition de la transaction n'est pas accomplie : je n'ai pas consenti à perdre mon procès, si mon adversaire acceptait mon serment, mais bien s'il prêtait ce serment. Est-ce qu'il ne pouvait pas arriver que, quoique ayant accepté le serment, cet adversaire eût reculé, au dernier moment, devant un parjure et eût définitivement refusé? Est-ce que promettre de faire un serment, et faire effectivement ce serment, c'est la même chose?... Sans doute, si c'est par mon mauvais vouloir, par des causes de retard que j'ai suscitées à dessein, que la prestation a été empêchée, le serment devra être considéré comme prêté, car la raison comme la disposition de l'art. 1178 veulent que l'on considère comme accomplie la condition qui n'a été empêchée que par la personne obligée sous cette condition : le serment serait donc tenu pour prêté dans ce cas particulier, comme au contraire il serait tenu pour refusé si celui qui devait le prêter avait été mis en demeure de le faire; mais quand on ne peut rien reprocher à aucune des parties, quand aucune circonstance particulière ne conduit ni à l'une, ni à l'autre de ces deux décisions extrêmes, quand on se trouve en face de ce seul fait, que la mort ou la folie d'une personne vient l'empêcher de prêter le serment, n'est-il pas évident, palpable, qu'il faut rester dans la vérité des choses, dire que le serment n'est ni prêté ni refusé, que la condition prévue se trouve impossible et dès lors la délation non avenue? Celui qui avait déféré le serment peut seulement, alors, déférer aux héritiers de son adversaire défunt le serment de crédibilité dont nous avons parlé plus haut(1).

On ne saurait donc s'expliquer que certains auteurs, notamment Toullier (X, 385, alinéa 7) et après lui deux arrêts (2), aient pu décider que la mort de la partie fait équivaloir son acceptation du serment à une prestation effective. C'est une lourde erreur que rejette avec raison M. Zachariæ (V, p. 619) et qu'avait condamnée à l'avance notre célèbre Dumoulin, en disant, sur la loi 3, C. *De Jurej.* : *Juramentum delatum defuncto, sed nondum præstitum ab illo, non potest objici* (3).

III. — Une fois que le serment décisoire a été effectivement prêté, la condition est accomplie, la transaction pleinement efficace, et on ne serait pas admis à détruire l'effet de cette transaction en prouvant la fausseté du serment(4). *Non illud quæritur*, disent les Instituts (§ 11, *De Action.*), *an pecunia debeatur, sed an juraverit;* et notre art. 1363 proclame nettement ce même principe. Et en effet, la condition n'est pas

---

(1) *Conf.* Bonnier (2ᵉ édit., nᵒ 355); Zachariæ, édit. Massé (t. III, p. 545); Aubry et Rau (p. 355) ; Limoges, 12 mars 1839 ; Caen, 20 janv. 1846.
. (2) Douai, 26 mai 1814 ; Aix, 13 août 1829.
(3) Mais la déclaration par celui à qui le jugement est déféré qu'*il ne se rappelle pas* termine le litige en sa faveur. Besançon, 1ᵉʳ fév. 1856 (*J. Pal.*, 1856, t. I, p. 255).
(4) *Voy.* Req., 27 avril 1853 (*J. Pal.*, 1854, t. I, p. 493); Pothier (*Oblig.*, nᵒ 916); Larombière (art. 1363, nᵒ 2); Dalloz (vᵒ Oblig., 5267).

et ne peut pas être : *si l'adversaire prête un serment conforme à la vérité,* car alors il faudrait plaider de nouveau pour savoir si le serment est ou non conforme à la vérité, en sorte que ce serment n'aurait rien de *décisoire;* la condition est tout simplement : *si l'adversaire prête le serment.*

C'est pour n'avoir pas bien compris ceci que M. Duranton (XIII, 600) a émis à ce sujet une doctrine aussi contraire à la pensée de notre art. 1363 qu'à son texte même et aux explications des travaux préparatoires... Le savant professeur, tout en reconnaissant que celui contre lequel le jugement a été rendu par suite du serment décisoire ne pourrait pas argumenter au civil de la fausseté de ce serment, prétend qu'il pourrait le faire au criminel en joignant son action à l'action du ministère public. Selon lui, l'art. 366 du Code pénal prononçant une peine contre l'auteur d'un faux serment décisoire, et l'art. 1ᵉʳ du Code d'instruction criminelle accordant une action civile en réparation du dommage à tous ceux qui ont été lésés par un délit, il s'ensuit que je pourrai me rendre partie civile dans le procès criminel pour obtenir la réparation du préjudice. « Ce n'est qu'au *civil,* dit-il, qu'il m'est interdit de prouver la fausseté du serment : il y aurait quelque chose de révoltant que celui qui serait condamné pour avoir prêté ce faux serment pût s'enrichir par son crime... »

M. Duranton n'a pas vu qu'il faisait ici le procès à la loi et qu'il corrigeait notre article au lieu de l'expliquer. L'article vous dit que vous n'avez pas le droit de prouver la fausseté du serment; donc ce serment, légalement parlant, est irrévocablement vrai quant à vous. Il pourra être faux en lui-même et être démontré tel par le ministère public, qui tirera les conséquences de sa fausseté; mais il restera vrai pour vous : la transaction intervenue entre vous et votre adversaire sera insignifiante pour la société, et n'empêchera pas, comme de raison, la vindicte publique; mais elle aura toute sa force contre vous. Or, si le serment reste légalement vrai quant à vous, comment pourriez-vous parler du préjudice que vous cause sa fausseté?... L'art. 1363, dites-vous, n'est fait que pour l'action civile, et *il s'agit de l'action criminelle;* mais c'est une erreur : l'action qu'une personne privée joint à l'action criminelle n'est rien autre chose qu'une action *civile,* et c'est pour cela que cette personne prend le nom de *partie civile.* M. Duranton n'aurait pas dû perdre de vue que celui-là seul a le droit de demander une réparation par une action (*civile*) jointe à l'action criminelle du ministère public, qui pourrait le faire aussi par action ordinaire au civil. Il aurait dû comprendre que notre règle n'est pas une exception, mais l'application d'un principe; car toutes les fois que vous avez renoncé, par transaction ou autrement, à l'action qui pouvait résulter pour vous de mon délit, votre renonciation vous enlève tout droit d'agir, sans empêcher pour cela l'action du ministère public... Et ce que M. Duranton eût dû comprendre ainsi par le seul raisonnement, il eût dû surtout l'admettre en présence des travaux préparatoires du Code pénal. « L'intérêt *de la société,* dit l'exposé des motifs, ne permet pas que le *crime* de faux serment *reste impuni*, et quoique la partie *ne puisse pas agir pour son intérêt privé*, la peine due au crime pourra néanmoins être provoquée par le ministère public. » — « Cette disposition, dit à son tour le Rapport du Tribunat, toujours sur l'art. 366 du Code pénal, n'ouvre *aucune action nouvelle*... Le Code Napoléon a *irrévocablement réglé tout* ce qui est relatif *aux intérêts privés* et A LA PARTIE CIVILE ; c'est le ministère public qui pourra, *dans le seul intérêt de la société*, poursuivre le parjure. » Ces déclarations sont certes assez explicites ; et la jurisprudence consacre en effet ces principes incontestables (1).

La fausseté du serment ne saurait donc jamais offrir aucune ressource à l'adversaire du parjure, puisque, encore une fois, cette fausseté est un fait dont la partie privée ne peut pas argumenter. Mais si cet adversaire prouvait que c'est par le dol de l'autre partie qu'elle avait été amenée à lui déférer le serment, il pourrait pour cette cause faire rétracter le jugement, aux termes de l'art. 480, 1°, du Code de procédure.

1365. — Le serment fait ne forme preuve qu'au profit de celui qui l'a déféré ou contre lui, et au profit de ses héritiers et ayants cause ou contre eux.

Néanmoins le serment déféré par l'un des créanciers solidaires au débiteur ne libère celui-ci que pour la part de ce créancier ;

Le serment déféré au débiteur principal libère également les cautions ;

Celui déféré à l'un des débiteurs solidaires profite aux codébiteurs ;

Et celui déféré à la caution profite au débiteur principal.

Dans ces deux derniers cas, le serment du codébiteur solidaire ou de la caution ne profite aux autres codébiteurs ou au débiteur principal que lorsqu'il a été déféré sur la dette et non sur le fait de la solidarité ou du cautionnement.

SOMMAIRE.

I. Rédaction inexacte et incomplète de l'article.
II. Du serment refusé par un cocréancier solidaire ou prêté par le débiteur, et aussi de celui que prête ce créancier ou que refuse le débiteur (par rapport aux autres créanciers).
III. Du serment prêté par un codébiteur solidaire ou refusé par son créancier, et aussi de celui que refuse ce codébiteur ou que le créancier prête (par rapport aux autres débiteurs). — Mêmes hypothèses pour un débiteur par rapport à sa caution, et pour la caution par rapport au débiteur.

I. — Le serment prêté ou refusé ne peut évidemment produire son effet que pour ou contre les parties entre lesquelles la chose s'accomplit

---

(1) Rej., 21 août 1834, et surtout Rej., 30 mars 1843 (Dev., 35, I, 119 ; 44, I, 36) ; Rej., 8 mars 1853 (*J. Pal.*, 1853, t. II, p. 65) ; Bonnier (2ᵉ édit., 356) ; Toullier (X, 389) ; Larombière (1363, n° 7) ; Aubry et Rau (t. VI, p. 356) ; Dalloz (v° Oblig., 5376). — Toutefois, on admet que la règle reçoit exception lorsque le fait du faux serment est recherché dans l'intérêt d'une poursuite disciplinaire. Angers, 14 nov. 1855 (*J. Pal.*, 1856, t. I, p. 356).

et pour ou contre les personnes que ces parties représentent : il est, pour toutes autres, *res inter alios acta quæ aliis non nocet nec prodest* (1).

Le premier alinéa de notre article exprime mal cette pensée, quand il dit que le *serment fait* ne forme preuve que contre celui qui l'a déféré, ou *à son profit*. Ce n'est pas le serment fait qui formera preuve *au profit* de celui qui l'a déféré, ce sera au contraire le refus de faire ce serment; et le serment prêté fera toujours preuve au profit de celui qui le prête et *contre* celui qui l'a déféré. Il faut donc lire : *le serment fait ou refusé.* — Ce cas de refus du serment, dont ne s'occupe aucune partie de notre article, devait cependant être prévu comme celui de sa prestation.

II. — Après avoir posé, d'une manière inexacte et incomplète, le principe que la prestation ou le refus du serment ne font preuve qu'entre les parties ou leurs ayants cause, notre article présente comme une exception à ce principe la règle que le serment déféré au débiteur par l'un des cocréanciers solidaires, et prêté par ce débiteur, ne décharge ce débiteur que pour la part du créancier dans la créance. On ne voit pas trop comment c'est là une exception et pourquoi la disposition commence par le mot *néanmoins*.

L'idée des rédacteurs est probablement que les créanciers solidaires étant sous un rapport mandataires et ayants cause les uns des autres, le serment déféré par l'un d'eux devrait, d'après le principe, avoir effet vis-à-vis de tous, en sorte que la règle qui ne lui donne effet que pour la part du créancier plaidant serait ainsi une exception. Mais cette idée n'est pas exacte ; car si les cocréanciers solidaires sont mandataires les uns des autres, c'est seulement pour ce qui tend à la conservation ou à l'amélioration de la créance, et l'un des créanciers n'a pas plus mandat pour transiger que pour remettre la dette (art. 1198, alinéa 2).

Il n'y a donc ici rien d'exceptionnel, mais au contraire une application pure et simple du principe. Et, bien entendu, ce que l'article dit du serment prêté par le débiteur, sur la proposition du cocréancier plaidant, s'appliquerait aussi au serment déféré au cocréancier par le débiteur et refusé par le premier. — Au contraire, et puisque les cocréanciers sont mandataires pour conserver et améliorer la créance, le serment refusé par le débiteur sur la proposition de l'un des créanciers, ou prêté par celui-ci sur la proposition du débiteur, profiterait à tous les créanciers.

III. — Le serment prêté par l'un des codébiteurs solidaires, comme aussi celui qui serait refusé par le créancier sur la proposition du premier, profite évidemment à tous les codébiteurs, puisqu'ils sont mandataires réciproques pour améliorer leur position (alinéa 4). Mais si le serment, au contraire, a été refusé par le codébiteur ou prêté par le créancier, nous pensons qu'il ne pourrait pas être opposé aux autres dé-

---

(1) Du reste, le serment déféré sur plusieurs questions relatives à une seule et même convention peut être considéré comme incomplet et sans caractère décisoire, lorsqu'il a été refusé sur une de ces questions. Req., 8 mars 1852 (*J. Pal.*, 1853, t. II, p. 65).

biteurs, par les motifs que nous avons indiqués sous l'art. 1351, n° XIII (p. 199) (1).

Le serment prêté par un débiteur principal, comme aussi celui qui est refusé sur la proposition de celui-ci par le créancier, profite évidemment à la caution (alinéa 3), puisque la dette tombant, le cautionnement tombe nécessairement avec elle. Mais si le serment, au contraire, est refusé par le débiteur ou prêté par le créancier, nous ne pensons pas qu'il puisse être opposé à la caution : nous en avons également donné la raison plus haut (p. 207 et 208).

Quand le serment, toujours sur un fait concernant la dette en elle-même, est prêté par la caution ou refusé par le créancier sur la proposition de cette caution, il profite au débiteur principal (alinéa 5), puisqu'il ne peut plus y avoir de débiteur là où il n'y a plus de dette. Mais si le serment est refusé par la caution ou prêté par le créancier, il ne saurait être opposé au débiteur ; car une caution n'a aucun pouvoir d'empirer, ni par une transaction ni autrement, la position du débiteur.

Il est bien évident, au surplus, que le serment prêté par un codébiteur solidaire, ou refusé sur la proposition de celui-ci par le créancier, ne profite aux autres débiteurs que quand il a pour objet un fait qui, bien que personnel à ce codébiteur ou à ce créancier, concerne pourtant la dette en elle-même (comme serait le fait d'un payement), et qu'il serait insignifiant pour eux si le fait ne concernait que la solidarité du débiteur plaidant, par exemple une remise de solidarité faite à ce débiteur (alinéa 6). — La même distinction est à faire pour le serment prêté par la caution ou refusé, sur la proposition de celle-ci, par le créancier (*ibid.*).

§ 2. — **Du serment déféré d'office.**

1366. — Le juge peut déférer à l'une des parties le serment, ou pour en faire dépendre la décision de la cause, ou seulement pour déterminer le montant de la condamnation.

1367. — Le juge ne peut déférer d'office le serment, soit sur la demande, soit sur l'exception qui y est opposée, que sous les deux conditions suivantes : il faut

1° Que la demande ou l'exception ne soit pas pleinement justifiée;

2° Qu'elle ne soit pas totalement dénuée de preuves.

Hors ces deux cas, le juge doit ou adjuger ou rejeter purement et simplement la demande.

1368. — Le serment déféré d'office par le juge à l'une des parties, ne peut être par elle référé à l'autre.

---

(1) *Voy.* Duranton (t. XIII, n° 605); Aubry et Rau (t. VI, p. 355); Larombière (art. 1365, n° 8).

I. — Il s'agit, dans ce paragraphe, du serment déféré à l'une des parties, non plus par l'autre partie, mais par le juge lui-même, qui y recourt d'office pour compléter sa conviction.

Nous disons pour *compléter* sa conviction ; car il ne faut pas prendre dans un sens qui n'est pas celui de la loi ces termes de l'art. 1366, *soit pour en faire dépendre la décision,* et croire que le magistrat puisse prendre dans le serment qu'il défère son seul et unique moyen de décider; ce serait une erreur dans laquelle ne permet pas de tomber la disposition si catégorique de l'article suivant : ce serment ne peut être pour lui qu'un second élément de sa décision, que le complément d'une conviction déjà commencée. Le juge, en effet, d'après l'art. 1367, ne peut pas plus déférer le serment sur une prétention complétement dénuée de preuves, qu'il ne le peut pour une prétention pleinement établie : il doit immédiatement rejeter cette prétention dans le premier cas, comme il doit l'admettre immédiatement dans le second, et c'est seulement quand la prétention, sans être pleinement justifiée, s'appuie déjà sur un commencement de preuve, qu'il peut recourir au serment d'office. C'est pour cela que ce serment d'office est ordinairement appelé serment *supplétif* ou *supplétoire.*

La loi nous dit que le serment supplétoire peut avoir pour objet d'éclairer le juge, ou sur la condamnation elle-même (c'est-à-dire sur le point de savoir s'il doit ou non condamner), ou seulement sur le montant de cette condamnation, le fait qui motive cette condamnation étant déjà établi. Dans ce second cas, des auteurs ont donné au serment supplétoire le nom de serment *in litem* ou *en plaids* (en plaidoiries, en débats judiciaires). Mais il est clair que tout serment judiciaire est un serment *en plaids* ou *in litem,* aussi bien quand il est supplétoire pour le fond même de la condamnation, ou même quand il est décisoire, que quand il a trait seulement au *quantum* de la condamnation, puisque dans tous les cas il a lieu dans le cours d'un litige et pour terminer ce litige.

II. — La délation du serment supplétoire n'étant permise au juge que sur une prétention pour laquelle il existe déjà un commencement de preuve, il s'ensuit que, dans les cas où le témoignage n'est pas autorisé par la loi, ce serait seulement au moyen d'un commencement de preuve *par écrit* qu'elle serait possible. En effet, un commencement de preuve est déjà une preuve, c'est une preuve commencée, une preuve encore incomplète. Or, dans le cas de prohibition du témoignage, le juge ne peut légalement prendre cette preuve incomplète ni dans la déclaration d'un témoin, puisqu'il n'a pas le droit d'en entendre, ni dans des présomptions de fait, puisqu'il ne peut tenir compte de ces présomptions que quand le témoignage est autorisé (art. 1353). Il ne peut donc pas légalement, alors, y avoir d'autre commencement de preuve que le commencement de preuve *par écrit*. Ainsi le juge ne pourrait pas, en matière ordinaire, se fonder sur une présomption pour déférer le serment d'office sur un débat de plus de 150 fr.; il le pourrait, au contraire, en matière commerciale, puisque le témoignage y est permis (1).

Le juge défère le serment à celle des parties qu'il juge à propos de choisir, à celle que les circonstances de la cause et l'inspiration de sa conscience lui indiquent comme devant faire une déclaration plus sincère ou généralement plus utile à la manifestation de la vérité. Il n'en serait autrement que dans le cas où la loi aurait indiqué elle-même auquel des deux plaideurs le serment doit être déféré (art. 1369 et aussi art. 17 du Code de commerce). C'est parce qu'il appartient au juge de déférer le serment, quand la loi ne l'a pas fait elle-même, à la partie qu'il lui paraît plus convenable de choisir, que jamais le serment supplétoire ne peut être référé à celui à qui on l'impose (art. 1368) (2).

Le juge est également libre, alors qu'il s'agit d'un fait personnel non à tel plaideur, mais à son auteur, de déférer à ce plaideur le serment *de credulitate*. Cette proposition que nie cependant Toullier (X, 421), nous semble devenir évidente par la réflexion : le juge, en effet, ne peut jamais déférer le serment que quand il existe déjà une preuve imparfaite, une probabilité plus ou moins grande à l'appui de la prétention, c'est-à-dire au moins quelque présomption au profit de cette prétention. Or nous avons vu (art. 1353) que la simple probabilité résultant ainsi d'une présomption de fait suffit au juge, à défaut de preuve proprement dite, pour adjuger la prétention. Comment donc ce juge, qui pourrait immédiatement condamner une partie, n'aurait-il pas le droit de ne le faire qu'après avoir corroboré sa conjecture par la délation d'un serment de crédulité?... Et il faut aller plus loin. La règle qui défend de déférer le serment décisoire autrement que sur un fait personnel, règle sur laquelle la loi insiste avec tant de soin quand il s'agit de ce serment décisoire (art. 1359 et 1372), n'étant pas reproduite pour le serment supplétoire, et la pensée de la loi ayant dû être en effet de laisser au juge la plus grande latitude possible pour s'éclairer et juger plus sainement, il faut dire que ce juge pourrait déférer un serment de crédulité, non pas seulement sur un fait personnel à l'auteur de la partie, mais même sur un fait personnel à toute autre personne.

La seule objection que Toullier trouve à faire à cette délation du serment de crédulité par le juge, c'est que les art. 2275 du Code Napo-

(1) Rej., 9 nov. 1831 (Dev. et Car., 1832, I, 10); Toullier (n° 406); Rolland (n° 66); Bonnier (2ᵉ édit., 369); Zachariæ, Massé et Vergé (t. III, p. 531); Aubry et Rau (t. VI, p. 473); Dalloz (vᵒ Oblig., 5319).
(2) *Voy.* Pothier (*Oblig.*, n° 925); Bonnier (2ᵉ édit., 370); Zachariæ, édit. Massé (t. III, p. 531); Aubry et Rau (t. VI, p. 474); Rolland (n°ˢ 69 et 70).—Req., 19 prair. an 13; Rennes, 3 janv. 1818; Rej., 22 avril 1828.

léon et 189 du Code de commerce ne parlent de ce serment, dit-il, que comme devant être déféré par une partie à l'autre, c'est-à-dire comme serment décisoire. Mais d'abord, le point de départ même de l'argument est inexact, car si l'art. 2275 ne parle en effet que de la délation par une partie, l'art. 189, au contraire, veut que ce serment soit prêté par les veuves ou héritiers quand *ils en seront requis,* sans distinction. D'ailleurs, si ces art. 2275 et 189 ont besoin d'être invoqués comme exception, alors qu'il s'agit du serment décisoire (parce que celui-ci ne peut en principe être déféré que sur le fait même de la personne), il est clair qu'on n'a plus besoin de cette exception, du moment qu'on n'est plus sous le principe. Or, puisque la règle qui ne permet le serment que sur un fait personnel, c'est-à-dire la disposition de l'art. 1359, n'est écrite que pour le serment décisoire, le juge reste donc libre de déférer le serment supplétif même sur le fait d'un tiers (*de credulitate,* bien entendu). C'est ce qu'a jugé la Cour suprême (1).

III. — La délation du serment supplétif n'étant qu'une affaire d'instruction, de renseignement pour le juge, il s'ensuit que si le magistrat, après avoir rendu le jugement qui l'ordonne, arrive autrement et par la découverte de nouveaux éléments de décision à se procurer une conviction complète, il pourra déclarer non avenu le jugement qui ordonnait un serment inutile (2).

Il suit encore de là qu'une fois le serment prêté, et tant que le jugement sur le fond n'est pas rendu, la partie contre laquelle le serment a eu lieu pourrait, si elle découvrait de nouveaux moyens de preuve, établir la fausseté du serment, justifier sa prétention, et obtenir gain de cause. Le serment n'a ici rien de transactionnel, rien de conventionnel, entre les parties ; et la loi, dès lors, ne pouvait pas reproduire ici la règle qui défend de prouver la fausseté du serment décisoire (3).

Que si le jugement définitif était rendu, soit qu'il l'eût été d'avance sous la condition de la prestation du serment, soit qu'il l'eût été en conséquence du serment prêté, la partie perdante à laquelle seraient survenus de nouveaux moyens de preuve pourrait les faire valoir, soit dans un appel, s'il y avait lieu d'appeler, soit en réclamant des dommages-intérêts et prouvant la fausseté du serment par une action principale au civil, ou en se portant partie civile dans un procès intenté par le ministère public. La doctrine erronée que professe à cet égard M. Duranton quant au serment décisoire, et que nous avons réfutée sous l'art. 1363, serait parfaitement exacte pour le serment supplétoire, qui, comme on le voit, n'a rien de transactionnel et laisse ouverte la preuve de sa fausseté.

---

(1) Caen, 3 août 1831 ; Rej., 8 déc. 1832 (Dev. et Car., 33, I, 113), 5 juin 1833, 10 mai 1842 ; Favard (v° Serment) ; Larombière (art. 1367 et 1368, n° 8) ; Rolland (v° Serment, n° 60) ; Aubry et Rau (VI, p. 474) ; Bonnier (2ᵉ édit., n° 371).
(2) Rej., 10 déc. 1823 ; Limoges, 23 mars 1825 ; Toulouse, 3 juill. 1827.
(3) Toullier (t. X, n° 424) ; Duranton (t. XIII, n° 613) ; Delvincourt (t. II, n° 632) ; Solon (n° 174) ; Rolland (n°ˢ 76 à 79) ; Bonnier (2ᵉ édit., 372) ; Boileux (art. 1368) ; Larombière (art. 1368, n° 25). *Voy.* Aubry et Rau (t. VI, p. 475) ; Dalloz (v° Oblig., 5285).

Enfin, il est évident que, dans le cas même où la partie perdante n'aurait pas de preuves nouvelles, les juges d'appel (si ce jugement était dans le taux du premier ressort) pourraient, en examinant l'affaire de nouveau, l'apprécier autrement que les premiers juges, et arriver, soit à trouver suffisamment convaincants les moyens de la partie qui avait d'abord perdu, et lui donner gain de cause sans recourir à aucun serment, soit encore déférer le serment supplétif à cette même partie, adversaire de celle qui l'avait prêté en première instance.

1369. — Le serment sur la valeur de la chose demandée ne peut être déféré par le juge au demandeur que lorsqu'il est d'ailleurs impossible de constater autrement cette valeur.

Le juge doit même, en ce cas, déterminer la somme jusqu'à concurrence de laquelle le demandeur en sera cru sur son serment.

I. — C'est ici l'espèce de serment supplétif auquel on donne quelquefois le nom de serment *in litem,* et dont nous avons déjà parlé plus haut. Il présente ceci de particulier, qu'il ne peut être déféré qu'au demandeur et seulement après que le juge a lui-même fixé un *maximum,* au delà duquel le serment serait sans valeur (1).

Du reste, ce serment est soumis, bien entendu, aux autres règles qui viennent d'être exposées. Ainsi, notamment, le juge peut, après l'avoir reçu, s'il lui survient de nouveaux éléments d'appréciation, non-seulement diminuer la somme pour laquelle le serment a été fait, mais aussi l'augmenter et dépasser de beaucoup le *maximum* qu'il avait déterminé d'abord.

N. B. — Nous avons déjà dit, en commençant le commentaire de ce titre, que son résumé ne serait donné que plus loin, en même temps que celui du titre IV, qui complète la matière *Des Obligations en général.*

TITRE IV.

DES ENGAGEMENTS QUI SE FORMENT SANS CONVENTION.

(Décrété le 9 février 1804. — Promulgué le 19.)

Nous savons que si la convention, le contrat, c'est-à-dire le consentement mutuel des parties, est la source la plus fréquente des obligations

---

(1) Dans une instance en restitution de titres d'obligations et de valeurs soustraites, le jugement qui défère le serment au demandeur satisfait au vœu de la loi, lorsqu'il indique numériquement d'après leur contexte les obligations sur lesquelles devra porter le serment déféré. Req., 27 fév. 1854 (*J. Pal.*, 1854, t. II, p. 382).

ou engagements, elle n'est cependant pas la seule. Le Code, dans ce petit titre, complète et termine la matière des obligations considérées en général, en traitant, dans les dix-sept articles que nous allons commenter, des obligations provenant de toute source autre que le contrat.

Nous avons déjà signalé le tort qu'ont eu les rédacteurs de diviser en deux titres, malgré l'exemple de Pothier, une matière dont l'unité est évidente, et de réserver le nom d'*obligations* à la classe des obligations conventionnelles, pour ne donner ici aux autres que le nom d'*engagements*, quoiqu'un engagement ou une obligation soient une seule et même chose. (*Voy.*, au tome précédent, nos observations préliminaires du tit. III.)

1370. — Certains engagements se forment sans qu'il intervienne aucune convention, ni de la part de celui qui s'oblige, ni de la part de celui envers lequel il est obligé.

Les uns résultent de l'autorité seule de la loi, les autres naissent d'un fait personnel à celui qui se trouve obligé.

Les premiers sont les engagements formés involontairement, tels que ceux entre propriétaires voisins, ou ceux des tuteurs et des autres administrateurs qui ne peuvent refuser la fonction qui leur est déférée.

Les engagements qui naissent d'un fait personnel à celui qui se trouve obligé, résultent ou des quasi-contrats, ou des délits ou quasi-délits; ils font la matière du présent titre.

SOMMAIRE.

I. Mauvaise rédaction du Code, reproduite par Toullier et M. Duranton. — Division des obligations nées sans convention. Sens du mot *volontairement*.
II. Observations sur cette classification.
III. Autre critique de l'article. Réfutation des étranges principes de Toullier.
IV. Suite de la réfutation. Erreurs et contradictions de cet auteur.
V. Reproches adressés par Toullier au droit romain, qu'il n'a pas compris ici.
VI. Notre article ne range et ne devait ranger l'obligation des tuteurs dans les obligations de *la loi* que quand ces tuteurs ne peuvent pas refuser leurs fonctions. Observation finale.

I. — Le premier alinéa de cet article s'exprime fort inexactement, quand il oppose aux obligations conventionnelles les engagements qui se forment *sans qu'il intervienne aucune convention, ni de la part* du débiteur, *ni de la part* du créancier. Une convention ne peut pas intervenir *de la part d'une seule personne*, puisqu'elle consiste dans le concours et la réunion des volontés des contractants. Il fallait dire : *sans qu'il intervienne aucune convention* ENTRE *celui... et celui...;* ou bien, si l'on voulait conserver les mots *ni de la part* du débiteur, *ni de la part* du créancier, il fallait dire : *sans qu'il intervienne* AUCUNE VOLONTÉ DE S'OBLIGER. Encore une fois, une convention ne saurait intervenir de la part d'une personne : l'obligation conventionnelle suppose bien plusieurs *volontés de former l'obligation,* volontés dont chacune *intervient de la part* de chaque partie; mais elle ne suppose pas plusieurs *conventions*. — Ce premier vice de rédaction de l'article se conçoit d'autant moins que Pothier, guide continuel des rédacteurs, disait fort exactement, en commençant cette matière : « sans qu'il intervienne aucune convention *entre* les deux personnes », et à l'alinéa suivant : « sans qu'il soit intervenu aucune convention *entre* l'héritier et les légataires (113). » Il se gardait bien de parler d'une convention intervenant soit de la part d'une des personnes, soit de la part de l'autre... Du reste, si de telles inexactitudes d'expression s'expliquent à la rigueur chez des praticiens, comme MM. Tronchet, Bigot et autres, comment les comprendre dans la bouche de professeurs? Comment Toullier (XI, 6) et M. Duranton (XIII, 629), ayant à choisir entre la locution de Pothier et celle du Code, ont-ils pu adopter la dernière.

Les obligations qui naissent sans convention résultent, ou d'un fait de l'homme, ou de la seule autorité de la loi. Le fait de l'homme qui donne naissance à l'obligation est licite ou illicite : quand il est licite, on dit qu'il y a quasi-contrat; quand il est illicite, il y a délit ou quasi-délit, selon que ce fait illicite a été accompli avec ou sans intention de nuire. Au surplus, le *fait de l'homme* s'entend ici dans le sens le plus large; il comprend le fait négatif comme le fait positif et proprement dit, l'omission comme la commission; et il y aura délit ou quasi-délit lorsque, avec ou sans intention de nuire, vous aurez causé un préjudice en ne faisant pas ce que vous deviez faire, aussi bien que quand vous l'aurez causé en faisant ce que vous ne deviez pas faire.

Donc : 1° obligations provenant du fait de l'homme (et résultant dès lors d'un quasi-contrat, d'un délit ou d'un quasi-délit); 2° obligations se trouvant exister sans aucun fait de l'homme : telle est la division adoptée par le Code et qu'il a prise dans Pothier. Cette division fait comprendre dans quel sens le troisième alinéa de l'article parle des *engagements formés involontairement* par opposition à ceux naissant des quasi-contrats, délits et quasi-délits, lesquels seraient ainsi des engagements *formés involontairement*. Par engagements formés volontairement ou involontairement, la loi n'entend pas ici des obligations formées avec ou sans la volonté de s'obliger, mais seulement des obligations provenant ou ne provenant pas d'un fait volontaire, des obligations nées du fait de l'homme ou sans le fait de l'homme.

Ainsi, quand vous me comptez 1 000 fr., que nous croyons tous deux m'être dus par vous et qui ne le sont pas, je me trouve vis-à-vis de vous dans une obligation (l'obligation de restituer les 1 000 fr.); et cette obligation, pour parler comme notre troisième alinéa, s'est formée volontairement, non pas en ce sens qu'il y ait eu volonté de s'obliger, car ni vous ni moi n'avons songé à former une obligation, mais en ce sens que l'obligation résulte d'un fait volontaire, le payement de l'argent par vous et sa réception par moi; et comme le fait est licite, il y a alors quasi-contrat. L'obligation dans laquelle se trouve le voleur de restituer ce qu'il a volé s'est formée volontairement, non pas qu'il y ait eu chez le voleur volonté de s'obliger, mais parce qu'il a commis volontairement le vol qui engendre l'obligation; et comme ici le fait générateur est illicite et accompli avec la conscience du préjudice causé, il y a délit. Quand un propriétaire dont la maison menaçait ruine l'a laissée, faute de la faire abattre ou réconforter, tomber sur des passants que sa chute a blessés, l'obligation où il est d'indemniser les victimes, et qui naît de l'omission des travaux qu'il eût dû faire, provient encore d'un acte de volonté de l'obligé, de son libre arbitre; il y a eu de sa part faculté de prévenir le mal et volonté plus ou moins réfléchie d'omettre les travaux nécessaires pour le conjurer, il y a fait de l'homme : comme alors le fait, ce fait d'omission, quoique blâmable et illicite, n'a pas eu lieu avec l'intention de causer le malheur, il y a quasi-délit.

Au contraire, l'obligation dans laquelle je me trouve d'administrer comme tuteur la personne et les biens d'un enfant s'est formée sans qu'il y ait eu aucun acte de ma volonté, puisque la charge de tuteur est forcée. De même, l'obligation où je suis de vous laisser entrer dans mon héritage pour y prendre les meubles qu'une inondation a emportés de chez vous et poussés chez moi, existe sans qu'il y ait aucun fait de l'homme dans les circonstances qui l'ont produite.

II. — La distinction du Code, distinction reproduite de Pothier, est donc celle-ci : ou il existe quelque fait de l'homme d'où provient l'obligation (et ce fait est un quasi-contrat, ou un délit, ou un quasi-délit, selon les cas); ou cette obligation se forme sans aucun fait de l'homme, et alors, de quelque manière et par quelque circonstance que l'engagement soit né, on dit qu'il vient de la loi.

Quoique l'on fasse ainsi une classe à part des obligations venant *de la loi,* il est bien clair que, en définitive, toutes les autres obligations, sans distinction, viennent également de la loi : toute obligation civile, quelle qu'elle soit, vient d'un principe de l'équité naturelle, sanctionné par la loi positive. — Ainsi l'obligation que l'on dit venir du quasi-contrat de réception de l'indu provient de ce principe d'équité, consacré par la loi, que nul ne doit s'enrichir au détriment d'autrui. « Dans les quasi-contrats, dit Pothier lui-même, à qui est due la classification du Code, *c'est la loi seule, ou l'équité naturelle* (il fallait dire, *après* l'équité, *comme sanction* de l'équité), qui produit l'obligation, en rendant obligatoire le fait d'où elle résulte (n° 114). » — Dans le délit ou le quasi-délit, l'obligation vient de la consécration, par la loi, de ce principe d'équité, que tout dommage causé (avec ou sans dessein de nuire, peu importe) par un fait condamnable doit être réparé par l'auteur de ce fait. — Enfin, dans les contrats eux-mêmes, que Pothier, dans ce n° 114, paraît mettre en opposition sous ce point de vue avec les quasi-contrats, l'obligation vient également de la loi, qui sanctionne et fait respecter ce principe d'équité que tout homme doit tenir sa parole et remplir ses promesses. C'est ce que Pothier reconnaît lui-même un peu plus loin (n° 123).

L'obligation vient donc de la loi dans tous les cas possibles, et aussi bien dans les quatre premières classes indiquées par le Code que dans la cinquième ; mais dans ces quatre premières, il existe, à côté de la loi et avant son intervention, *un fait de l'homme* qui n'existe plus dans la cinquième, et le Code se sert du nom générique de ce fait pour distinguer les différentes catégories. Sans doute, dans le cinquième cas encore, il existe quelque circonstance qui détermine l'intervention de la loi, et ici comme dans les quatre autres cas, le législateur ne fait que sanctionner une obligation de conscience, de justice naturelle, qu'il voit préexister : si la loi civile me déclare tenu de me soumettre à la mission de tuteur qui m'est déférée, c'est parce que la loi naturelle ne permet pas de laisser sans protection l'enfant dont on me confie les intérêts ; quand la loi me commande de fournir aux besoins de mon père indigent, elle ne fait que consacrer une obligation écrite dans ma conscience. Mais comme les circonstances variées qui peuvent se rencontrer ici ne sauraient être rangées sous une expression générique et les embrassant toutes, le Code, toujours d'après Pothier, désigne ici la source de l'obligation par la loi même, ce qui suffit pour distinguer la cinquième classe, puisque chacune des quatre autres porte une désignation différente.

Ainsi l'obligation vient : 1° *du contrat* et de la loi ; 2° *du quasi-contrat* et de la loi ; 3° *du délit* et de la loi ; 4° *du quasi-délit* et de la loi ; 5° enfin, de quelque circonstance autre que les quatre ci-dessus et *de la loi,* de la loi qui, bien que principe commun aux cinq classes d'obligations, présente ainsi une appellation spéciale à la dernière.

III. — Notre article nous dit à deux reprises différentes, dans le deuxième alinéa et dans le quatrième, que les obligations non conventionnelles résultant du fait de l'homme naissent d'un fait *personnel à celui qui se trouve obligé.* C'est une nouvelle inexactitude ; car si le fait oblige le plus souvent son auteur envers une autre personne, il peut quelquefois aussi obliger, au contraire, cette autre personne envers lui. C'est ce que prouvent l'art. 1371 et l'art. 1375, où l'on parle d'obligations que le fait de gestion d'affaires accompli par moi fait naître à mon profit contre vous : un fait émané de moi peut donc faire naître quelquefois une obligation chez vous, et il est inexact, dès lors, de ne présenter les obligations dont il s'agit que comme résultant d'un fait personnel *à celui qui se trouve obligé.* Cette inexactitude, répétée deux fois, est d'autant moins excusable que Pothier disait fort bien, avec sa netteté et sa précision ordinaires : « On appelle *quasi-contrat* le fait d'une personne, permis par la loi, qui l'oblige envers une autre, *ou oblige une autre personne envers elle,* sans qu'il intervienne aucune convention entre elles (n° 113). »

Toullier, qui ne critique certes pas la rédaction du Code toutes les fois qu'il le faudrait le faire, lui adresse ici, par compensation, un reproche qui n'a aucun fondement, et dans lequel l'inexactitude est toute du côté de l'auteur. Il prétend (XI, 9 et 310) que, corrigés comme nous venons de le dire, les alinéas deuxième et quatrième sont encore incomplets, et qu'il faut mettre en regard des obligations résultant de la loi, non-seulement celles qui viennent d'un fait personnel soit à celui qui se trouve obligé, soit à celui envers qui on est obligé, mais aussi celles qui naissent *à l'occasion d'un cas fortuit* et sans aucun fait de l'homme, ce qui ferait apparemment une sixième classe d'obligations. Nous disons *apparemment ;* car Toullier ne s'explique pas à ce sujet, et ne nous dit pas s'il entend faire de cette nouvelle classe une catégorie à part, ou la faire rentrer dans l'une des autres. Il semblerait même considérer ces obligations comme formant une simple subdivision du cas de délit ou de quasi-délit, car, après avoir consacré son chapitre Ier aux quasi-contrats, il donne aux délits et quasi-délits un chapitre II, subdivisé en trois sections, et c'est dans la dernière de ces trois sections qu'il traite des engagements nés à l'occasion d'un cas fortuit. Mais comme il est bien impossible de voir *un délit ou un quasi-délit* dans un cas où il n'existe *aucun fait de l'homme, aucun acte de volonté,* on ne peut regarder cette division de Toullier que comme un défaut de méthode, et il faut croire qu'il a entendu créer ici une sixième catégorie d'obligations.

Quoi qu'il en soit, toujours est-il que le célèbre professeur ne veut pas que ces obligations soient rangées parmi celles provenant de la loi. Il en donne cette raison, déjà réfutée plus haut, que ces obligations ne proviennent pas *de la loi seule,* puisqu'on trouve là *autre chose que la volonté de la loi,* à savoir *le cas fortuit ;* et il s'appuie en outre sur l'autorité de Domat, qui fait aussi une classe à part de ces *obligations formées par des cas fortuits,* et leur consacre le titre IX de son second livre de la première partie des *Lois civiles.*

Il serait vraiment difficile, disons-le franchement, de moins comprendre les choses, de mieux embrouiller des données fort claires, et de s'enfoncer plus avant dans un pêle-mêle d'idées fausses, que ne le fait ici Toullier, soit quant au fond de sa pensée, soit quant à sa citation de Domat; et l'on ne sait trop si l'on doit rire ou s'affliger, quand il ajoute que s'il a écrit tout ceci, c'est *pour rectifier les idées des jeunes lecteurs, et les habituer à mettre de l'exactitude dans leurs raisonnements !*

IV. — Dans ce même but de rectifier les idées des jeunes lecteurs (si souvent faussées par le savant professeur de Rennes) et de les habituer à mettre de l'exactitude dans leurs raisonnements, nous devons insister sur cette nouvelle erreur de Toullier.

Et d'abord, l'autorité de Domat n'a absolument rien à faire ici. Il est bien vrai que Domat consacre un titre de son livre II aux engagements qui se forment *par des cas fortuits ;* mais ce n'est certes pas pour les exposer aux engagements résultant *de la loi,* attendu qu'il ne parle nulle part d'engagements venant de la loi, pas plus qu'il ne parle d'engagements venant de quasi-contrats, ou de délits ou de quasi-délits. Domat, dans un plan qui n'a rien de commun ni avec celui du droit romain, ni avec celui du Code, divise sa matière des engagements en quatre livres, et après avoir traité *en détail,* dans le livre I, des engagements conventionnels (vente, échange, louage, prêt, société, etc.), il traite dans son livre II, *en détail* aussi et *sans aucune idée de générali-*

sation, des principaux engagements non conventionnels. Ainsi, c'est après avoir donné un titre aux tuteurs, un autre aux curateurs, un autre aux administrateurs de communautés, un quatrième à la gestion d'affaires, etc., etc., qu'il en donne un neuvième aux cas fortuits. Comment, quand Domat procède ainsi par *spécialités* sans faire aucune catégorie générale, Toullier a-t-il pu s'imaginer de l'invoquer à l'appui de son idée de ne pas classer les engagements nés à l'occasion d'un cas fortuit dans *la généralité* des engagements venant de la loi?...

Et maintenant Toullier est dans une singulière erreur quand il dit que les obligations nées à l'occasion de cas fortuits ne peuvent pas se ranger parmi les obligations venant *de la loi* SEULE, parce qu'il y a dans ce cas *autre chose que la loi,* c'est-à-dire le cas fortuit. Nous avons vu que dans toute obligation, quelle qu'elle soit, il y a toujours autre chose que la volonté de la loi; que dans les obligations que l'on dit provenir de la loi seule, comme dans les autres, il y a toujours autre chose que la volonté législative, toujours quelque circonstance qui a fait naître un engagement naturel, un engagement de conscience, engagement que la loi vient approuver, sanctionner et transformer en obligation civile. C'est ainsi que mon obligation de nourrir mon vieux père, l'une de celles qui se présentent dans le système du Code comme venant de la loi seule, existait assurément en conscience, en morale, avant que la loi civile la proclamât. Où Toullier, avec son idée fausse, classerait-il cette obligation? Pas parmi celles venant de la loi seule, puisqu'il y a ici autre chose que l'autorité de la loi; pas parmi celles venant d'un cas fortuit, puisqu'il n'y a pas ici de cas fortuit... Il faudrait donc créer une septième catégorie, puis une huitième, puis une neuvième... Encore une fois, Toullier se méprend étrangement quand il s'imagine que, dans les obligations que l'on dit former la cinquième classe et venir de la seule autorité de la loi, il n'y a pas autre chose que la loi; de même que cette autorité de la loi existe nécessairement dans les quatre premières classes, comme dans la cinquième, de même il y a dans la cinquième, comme dans les quatre premières, quelque chose, quelque circonstance qui fait naître l'engagement naturel, et par suite de laquelle la loi intervient pour poser l'obligation civile. Cette circonstance, c'est ici le cas fortuit, par exemple, le débordement qui a emporté vos meubles de chez vous chez moi, et qui me met dans l'obligation de vous laisser entrer sur mon terrain pour les enlever... Lors donc que le Code parle d'obligations venant *de la loi* SEULE, le mot *seule* n'a pas un sens absolu, mais un sens relatif : on veut dire que *la loi* est seule en ce qu'elle n'est accompagnée ni d'un contrat, ni d'un quasi-contrat, ni d'un délit, ni d'un quasi-délit; mais, encore une fois, on ne veut pas dire qu'elle soit seule absolument, et qu'il n'ait existé aucune circonstance ayant déterminé son intervention par la formation d'un engagement de raison et d'équité naturelle.

Comment n'avoir pas compris une idée que nous révèlent à la fois et la raison, et le guide que suivaient nos rédacteurs, et les travaux préparatoires du Code? La raison; car le bon sens dit assez que le législateur n'est pas un enfant s'amusant capricieusement à créer des obligations pour le plaisir de créer des obligations, sans que quelque motif grave, sans que quelque circonstance particulière l'exige, et qu'il n'a pu poser une obligation que là où la justice, l'équité, la loi naturelle en avait posé une. Le guide des rédacteurs; car Pothier, au § 3, *De la Loi,* explique très-bien que *la loi naturelle* est la cause médiate et primitive *de toutes les obligations;* et après l'avoir fait comprendre pour les contrats, les délits, les quasi-délits, puis les quasi-contrats, il le fait voir pour les obligations qui ont la loi *seule* pour cause *immédiate* (1). Les travaux préparatoires; car entre autres passages manifestant cette pensée, nous y lisons celui-ci : « Les engagements de cette espèce sont fondés sur ces grands principes de morale, si profondément gravés dans le cœur de tous les hommes, qu'il faut faire aux autres ce que nous désirerions qu'ils fissent pour nous dans les mêmes circonstances, et que nous sommes tenus de réparer les torts et les dommages que nous avons pu causer. Les dispositions dont vous entendrez la lecture sont *toutes* des conséquences, plus ou moins éloignées, mais nécessaires, de ces vérités éternelles. » (Fenet, t. XIII, p. 465.)

Au surplus, ce n'est pas seulement cette idée, que dans la génération de toute obligation, même de celles attribuées par le Code à la seule autorité de la loi, il y a nécessairement autre chose que cette autorité de la loi, ce n'est pas seulement cette idée qui est restée incomprise pour Toullier; c'est aussi cette autre idée corrélative à la première, que l'autorité de la loi est la cause d'où proviennent définitivement toutes les obligations, aussi bien celles attribuées aux contrats, quasi-contrats, etc., que celles qui sont dites venir de la loi seule. Le célèbre professeur, sur ce second point, a embrassé successivement deux systèmes contradictoires l'un à l'autre, mais aussi faux l'un que l'autre; en sorte qu'il n'a réfuté sa première erreur qu'en se jetant dans une seconde : la vérité est au milieu des deux extrêmes qu'il a successivement adoptés. Au tome VI (n°ˢ 3 et 4), il enseigne que *l'obligation n'a jamais d'autre cause efficiente que la loi civile;* puis, ou tome XI (n°ˢ 2-6), il critique longuement cette idée et professe que, s'il en est ainsi dans l'obligation non conventionnelle, il en est tout autrement dans *l'obligation conventionnelle,* laquelle *est parfaite par la seule volonté de l'homme et sans aucun besoin de l'intervention de la loi civile...* Cette contradiction provient de ce que Toullier sépare deux choses qui sont, au contraire,

(1) La loi naturelle et l'engagement moral qu'elle impose peuvent être moins apparents dans certaines obligations civiles que dans les autres, mais ils s'y retrouvent toujours. Ainsi, quand il me faut subir une expropriation forcée pour l'exécution de travaux publics, ou céder la mitoyenneté de mon mur (comme dans le dernier exemple que donne ici Pothier) pour éviter des pertes de terrain, on ne viole ainsi mon intérêt privé que pour l'intérêt général; car il est d'intérêt général d'exécuter les travaux publics et de ne rendre inutile aucune portion de terrain. — Or le sacrifice de tout intérêt particulier à l'intérêt commun est une obligation de conscience, un devoir de morale, devoir beaucoup plus profond et beaucoup plus fécond en conséquences qu'on ne le pense communément. On peut voir à ce sujet la quatrième *Etude* de notre *Théodicée.*

réunies dans l'obligation : le lien purement moral et naturel, le lien purement juridique et civil. C'est parce qu'il se trouve, à son insu, porté successivement de l'un à l'autre point de vue, et envisage l'objet tantôt par un côté et tantôt par l'autre, qu'il arrive successivement à deux idées contradictoires dont chacune est vraie ou fausse, selon la face que l'on considère, mais qui sont fausses et incomplètes toutes deux, quand on se place au vrai point de vue et qu'on envisage l'objet entier...

Sans doute, s'il s'agissait du lien purement moral, purement naturel, la seconde proposition de Toullier serait vraie, et l'obligation serait parfaite sans aucune intervention de la loi et par la seule efficacité du droit naturel (seulement, il en serait évidemment ainsi pour toute obligation, et Toullier serait dans le faux, avec tous les systèmes possibles, quand il veut distinguer sous ce rapport l'obligation conventionnelle de l'obligation formée sans convention). Au contraire, si l'on suppose un lien purement juridique, purement civil, en se plaçant sous une législation organisée, en dehors des règles de la conscience et des lois de la nature, comme le droit romain, il est clair que c'est la première proposition, celle du tome VI, qui sera exacte, et que l'obligation viendra toujours et uniquement de la loi civile... Il ne faut certes pas beaucoup de réflexion pour voir ceci et éviter de prendre le change, comme l'a fait Toullier... Mais, d'une part, nous n'étudions pas ici l'obligation en philosophes et au point de vue de la morale ; nous l'étudions en jurisconsultes, en interprètes du Code et au point de vue du droit civil, ce qui repousse la seconde proposition de Toullier. D'un autre côté, nous ne sommes plus à Rome, grâce à Dieu ! nous n'avons plus affaire avec une législation où l'enfant n'était pas parent avec sa mère, où toute dette qui ne s'était pas formée d'après les formes sacramentelles et les règles antinaturelles du *jus civile* n'avait rien d'obligatoire civilement, si valide et si respectable qu'elle pût être aux yeux de la raison : nous sommes sous une législation qui prend pour bases l'équité, la raison, la nature même des choses, ce qui rend fausse et inacceptable la première proposition de Toullier.

La vérité est donc ceci : notre Code entend consacrer les principes de l'équité ; l'obligation, dans notre droit français, c'est la réunion des deux liens moral et juridique ; c'est l'obligation naturelle, légalisée et devenue obligation civile par la sanction du droit positif. C'est donc une idée fausse et incomplète de dire que l'obligation vient uniquement de la loi civile ; car elle vient aussi et avant tout de la loi naturelle. C'est aussi une idée fausse et incomplète de dire que l'obligation puisse quelquefois ne pas venir de la loi civile ; car le bon sens dit assez qu'en dehors de la *loi civile* il ne peut y avoir *lien civil*. C'est enfin et surtout une idée fausse que de vouloir distinguer à cet égard entre les obligations formées par contrat et les autres. — Ainsi, dans la génération de toute obligation on trouve, et la loi naturelle comme cause médiate, primitive et plus éloignée, et la loi civile comme cause immédiate, définitive et plus rapprochée. L'obligation implique, à côté du lien juridique qui ne peut venir que du droit civil, le lien moral qui vient de la conscience. Quoi de plus simple?...

Et c'est à celui qui, malgré son génie (car, à la différence de Pothier, Toullier avait du génie), n'avait pas su comprendre ces idées indiquées par Pothier ; à celui qui, dans cette matière des obligations, avait commis tant et de si graves erreurs évitées par son judicieux devancier ; à celui qui avait adopté sans observation ni critique la pitoyable distribution de matières substituée par nos rédacteurs au plan si logique du jurisconsulte d'Orléans (1), qu'on osait écrire, en 1815 : « Vous pouvez vous glorifier d'avoir *surpassé* Pothier, *et de beaucoup...* Votre ouvrage est bien plus savant, *plus fortement raisonné* et MIEUX DISTRIBUÉ que le sien!... »

V. — Toullier n'est pas plus heureux dans la comparaison qu'il fait du système du Code Napoléon avec celui du droit romain, et dans la critique qu'il adresse à ce dernier.

Dans le système des jurisconsultes romains, l'obligation provient de *deux* sources principales, le Contrat et le Délit (*Contractus, — Delictum* ou *Maleficium*), qui reçoivent *seules* un nom particulier ; et c'est à l'une ou à l'autre de ces deux sources, selon les cas, que sont rattachées et assimilées les mille circonstances diverses dans lesquelles une obligation naît sans qu'il y ait eu ni délit ni contrat. Ainsi, quand une obligation existe sans provenir ni d'un contrat ni d'un délit, on examine si les circonstances qui l'ont fait naître présentent, oui ou non, quelque chose de coupable, de blâmable : en cas d'affirmative, on dit que cette obligation se trouve formée *comme si* elle provenait D'UN DÉLIT ; dans le cas contraire, elle est regardée *comme* provenant D'UN CONTRAT. Dès lors toutes les obligations viennent, ou *d'un contrat* ou comme *d'un contrat,* ou *d'un délit* ou comme *d'un délit ;* Justinien nous dit : *Aut* EX CONTRACTU *sunt, aut quasi* EX CONTRACTU, *aut* EX MALEFICIO, *aut quasi* EX MALEFICIO. (Inst., l. III, tit. 13, § 2.)

Remarquons bien que l'obligation ne naît pas alors, comme chez nous, par un *quasi-contrat* ou par un *quasi-délit,* mais bien comme par *un contrat,* comme par *un délit :* les textes romains ne disent pas EX QUASI-CONTRACTU, EX QUASI-DELICTO, mais bien *quasi* EX CONTRACTU, *quasi* EX DELICTO. Sans doute, les Romains auraient fort bien pu dire *quasi-contractus, quasi-maleficium,* comme ils disaient *quasi-ususfructus ;* mais ces expressions n'auraient pas du tout rendu leur pensée ; et si celui à qui je paye une somme que je crois lui devoir et que je ne lui dois pas est tenu de me la rendre, ce n'est pas, dans le système romain, *par un quasi-contrat,* mais comme *par un contrat ;* ce n'est pas parce qu'*il y a eu* UN QUASI-PRÊT, c'est *comme s'il y avait eu* UN PRÊT ; les Institutes, reproduisant le texte de Gaïus, nous disent : *Quasi* EX CONTRACTU *debere videtur...* PERINDE AC SI *mutuum illi daretur* (tit. 27, § 6)... A Rome, il n'y a pas de *quasi-contrat,* pas de *quasi-*

_____

(1) *Voy.* les pages 10-12 au tome 1er de la 4e édition, et les renvois qu'elles indiquent ; puis, dans ce tome V, les art. 1318 (no IV), 1320 (no V), et 1328 (no III).

délit; il n'y a que le *contrat* et le *délit,* auxquels viennent s'ajouter une
foule de circonstances innomées, inqualifiées, dans lesquelles on se
trouve obligé comme s'il y avait eu *contrat* ou comme s'il y avait eu
délit.

Or Toullier n'a pas compris, n'a pas même soupçonné cette différence de la théorie romaine à celle que notre Code a adoptée. Partant
de cette idée, profondément fausse, que les Romains faisaient, comme
nous, dériver les obligations des contrats, des délits, des *quasi-contrats*
et des *quasi-délits,* il leur reproche (XI, n° 10 et n° 15) de n'avoir nulle
part défini les quasi-contrats, et surtout d'avoir rangé les obligations
des tuteurs parmi celles venant de ces quasi-contrats, tandis qu'elles ne
peuvent, dit-il, venir que de la loi, puisque le tuteur devenant tuteur
malgré lui, il n'y a ici aucun fait volontaire qui puisse constituer le
quasi-contrat (1).

Que dire d'une pareille critique?... Et d'abord, il est bien clair que
les textes romains n'ont jamais dû définir le quasi-contrat, puisque le
droit romain n'admettait pas de quasi-contrat.... Pour ce qui est de l'o-
bligation forcée des tuteurs, la différence des deux législations romaine
et française est toute simple, et ces deux législations sont parfaitement
logiques l'une et l'autre. Tant que les obligations qui se forment sans
contrat et sans délit ont été considérées et désignées comme naissant,
non pas d'un quasi-contrat (chose et idée complétement inconnues),
mais comme d'un contrat, toute circonstance, toute position (génératrice d'obligations) qui n'offrait ni contrat, ni délit, et qui ne présentait d'ailleurs rien de fautif, rien d'imputable à une personne, conduisait
logiquement à dire que l'obligation était née comme d'un contrat; et
telle est la position du tuteur devenu tel malgré lui. Mais du moment
où l'on a imaginé le quasi-contrat, cette cause d'obligations n'a pu être
assignée *qu'à une partie* de celles que l'on disait précédemment naître
comme par un contrat; elle n'a pu être assignée qu'à celles dans la génération desquelles on trouvait *un fait de l'homme,* un acte de volonté
sur lequel tomberait la dénomination de *quasi-contrat...* Il a donc
fallu, du jour où l'on substituait à la classe des obligations formées
comme par un contrat, la classe moins large des obligations formées
par un quasi-contrat, ajouter une classe nouvelle, une cinquième catégorie, qui reçût les obligations que le système nouveau faisait sortir de
la troisième, c'est-à-dire celles dans la génération desquelles il n'exis-

---

(1) Toullier invoque à ce sujet l'autorité, assez peu compétente, de Fergusson. —
Mais d'abord il prête au philosophe écossais une idée que celui-ci n'a pas. Il lui fait
dire que le droit romain a fait dériver du *quasi-contrat* les obligations réciproques du
tuteur et du pupille, tandis qu'elles dérivent de la *loi.* Or Fergusson ne parle ni de la
loi, ni du quasi-contrat; il parle de l'équité et du contrat : « Thus mutual pleas of
» guardian and ward, which arose *from equity,* were sustained, in the roman law, as
» arising *from contract.* » (*Instit. of moral philos.*) — Et maintenant, cette idée de Fergusson est complétement fausse. La loi romaine ne fait dériver les obligations du tuteur ni du quasi-contrat (qu'elle ne connaît même pas), ni du contrat : elle dit seulement qu'elles existent *comme s'il y avait eu contrat,* ce qui ne les empêche pas
assurément d'avoir pour cause immédiate la loi, et pour cause médiate et première
l'*équité.*

tait aucun fait de l'homme. C'est ainsi que le Code admet comme cinquième source l'autorité de la loi, dont on ne parlait pas à Rome, et dans laquelle rentre aujourd'hui l'obligation forcée des tuteurs.

Toullier s'est donc lourdement mépris dans tout ceci comme dans ce qui précède, et il a fait naître et propagé bien des erreurs par ces développements, qu'il croyait si propres à *rectifier les idées des jeunes lecteurs*.

VI. — Parmi les engagements formés involontairement (c'est-à-dire sans aucun fait de l'homme, sans aucun acte, positif ou négatif, de la volonté, et formant dès lors la cinquième catégorie, celle des engagements venant *de la loi*), notre article range nommément les obligations des tuteurs ou autres administrateurs *qui ne peuvent refuser* leurs fonctions, puis celles que la loi établit entre propriétaires voisins.

La loi ne parle et ne devait, en effet, parler que des tuteurs *qui ne peuvent pas refuser ;* car s'il s'agissait de tuteurs ou autres administrateurs, libres de ne pas accepter la mission qu'on leur défère, l'acceptation, *volontaire* dans ce cas, de la fonction et des charges qu'elle impose, présenterait le fait constitutif du quasi-contrat, et le cas sortirait dès lors de la cinquième catégorie pour rentrer dans la seconde. Quant aux obligations légales existant entre propriétaires voisins, et dont le Code s'est occupé dans les deux premiers chapitres du titre *Des Servitudes,* nous les avons expliquées en leur lieu, et nous y avons fait observer déjà qu'elles ne sont que des servitudes improprement dites (art. 639).

La catégorie des engagements venant de la loi embrasse, on le conçoit, beaucoup d'autres obligations que celles qu'on indique ici comme simple exemple. Elle comprend absolument et sans restriction toutes les obligations (et elles sont fort nombreuses) qui ne viennent ni de contrats ou quasi-contrats, ni de délits ou quasi-délits, et notamment, comme nous l'avons déjà dit, celles qui sont nées par suite de cas fortuits.

Après ces observations, arrivons aux règles de détail de notre titre, qui va s'occuper, dans deux chapitres : 1° des quasi-contrats ; 2° des quasi-délits.

CHAPITRE PREMIER.

DES QUASI-CONTRATS.

1371. — Les quasi-contrats sont les faits purement volontaires de l'homme, dont il résulte un engagement quelconque envers un tiers, et quelquefois un engagement réciproque des deux parties.

SOMMAIRE.

I. Critique de la loi pour les quasi-contrats. Définition incomplète du texte.
II. Différents cas de quasi-contrats. L'acceptation de succession en est-elle un ? Inexactitude de l'opinion commune à ce sujet.
III. *Quid* des règles de capacité en matière de quasi-contrats ?

I. — La définition que cet article nous donne du quasi-contrat, sans être complète encore, suffit pour justifier la critique que nous avons faite de celle que les alinéas 2 et 4 de l'article précédent donnent des engagements qui se forment sans convention, mais volontairement, en disant que ces engagements naissent d'un fait *personnel à celui qui se trouve obligé.* Elle prouve que les obligations réciproques qui existent du gérant au maître et du maître au gérant dans la gestion d'affaires, et qui vont nous être indiquées, les unes par les art. 1372-1374, les autres par l'art. 1375, sont considérées, dans le système du Code, comme provenant toutes du quasi-contrat de gestion, et que le Code a pleinement adopté le système de Pothier, qui dit aussi : « Le fait d'une personne qui l'oblige envers une autre, *ou oblige une autre envers elle.* »

Peut-être eût-il été plus logique de n'attribuer au quasi-contrat de gestion d'affaires que les obligations du gérant, nées par le fait volontaire de ce gérant, et d'attribuer celles du maître, nées à l'occasion d'un fait qui lui est étranger et qui est pour lui l'équivalent d'un cas fortuit, l'autorité de la loi. De même, tandis que, dans le cas d'un tuteur acceptant bénévolement et se trouvant ainsi tenu non plus par la loi, mais par un quasi-contrat, l'obligation du pupille ou de l'interdit devra, d'après notre article, être attribuée à ce même quasi-contrat ; elle résulterait toujours de la loi dans le système dont nous parlons, ce qui serait, ce semble, plus rationnel ; car comment la circonstance que le tuteur est volontaire au lieu d'être forcé peut-elle changer la source de l'obligation de son interdit ou de son pupille? Est-ce que ce pauvre fou ou cet enfant en bas âge ne se trouvent pas liés sans aucune conscience de ce qui se passe, sans aucun acte de volonté, aussi bien avec un tuteur libre qu'avec un tuteur forcé? Est-ce que leur obligation ne vient pas de la seule force de la loi (sanctionnant une règle d'équité) aussi bien dans un cas que dans l'autre?... Il nous semble donc qu'au lieu de proclamer, comme Toullier, le système du Code plus logique que le système romain, qu'il n'a pas compris, il faut reconnaître le contraire : tant qu'il s'est agi d'obligations existant *comme s'il y avait eu contrat* et sans précision de leur source, on a pu logiquement y faire rentrer toutes les obligations formées involontairement, celles des pupilles comme celles des tuteurs forcés, comme toutes autres ; mais du moment qu'on réduisait cette classe aux obligations résultant *du fait volontaire* appelé quasi-contrat, il semble qu'on devait en retrancher, non pas seulement les obligations involontaires des tuteurs forcés et de leurs pupilles, mais aussi les obligations *également involontaires* de l'enfant ou du fou dont le tuteur est libre... De cette manière, on eût dit avec exactitude ce que l'article précédent dit inexactement : que les obligations des seconde, troisième et quatrième catégories se forment *volontairement,* par un acte de volonté *de l'obligé,* par un fait *personnel à cet obligé,* et la démarcation eût été nette et facile à saisir entre les obligations résultant *du fait de l'obligé* et celles qui se forment *sans aucun fait de cet obligé...* Mais tout en paraissant adopter ce système dans l'art. 1370, la loi l'abandonne trop clairement dans le nôtre pour qu'on puisse le présenter comme sien ; et la démarcation légale reste entre les obligations qui naissent sans aucun fait de l'homme et celles qui viennent à l'occasion d'un fait de l'homme (fait émané, indifféremment, ou de l'obligé, ou de l'autre partie).

On doit d'autant moins hésiter à prendre comme traduction de la pensée de la loi cette dernière idée, et à ne voir dans l'art. 1370 qu'une rédaction vicieuse et incomplète reproduisant mal le système de Pothier, évidemment adopté par les rédacteurs, que ces rédacteurs sont, en général, fort peu exacts pour tout ce qui est définition, et que, dans ce titre encore, nous les voyons, d'une part, omettre complétement, dans le chapitre II, de définir les délits et les quasi-délits... et, d'autre part, assigner au quasi-contrat dans notre article une définition qui convient également à ces délits et quasi-délits... Il y a quasi-contrat, d'après l'article, dans *le fait volontaire dont il résulte un engagement envers un tiers ;* or un vol, par exemple, est un fait volontaire dont il résulte un engagement envers un tiers! Un vol serait-il donc un quasi-contrat?... Les rédacteurs, quoique suivant Pothier, ont omis ici l'idée essentielle et qui distingue le quasi-contrat des délits et quasi-délits, de fait *licite, non répréhensible,* idée que Pothier exprimait en disant : « On appelle quasi-contrat le fait d'une personne, *permis par la loi,* qui oblige, etc. » (N° 113.)

II. — Notre chapitre ne va s'occuper que de deux quasi-contrats, la gestion des affaires d'autrui (art. 1372-1377), et la réception de l'indu (art. 1378-1381); mais on conçoit qu'il y a d'autres cas de quasi-contrat.

Les tuteurs, subrogés-tuteurs, etc., qui se soumettent aux fonctions à eux déférées dans un cas où ils pourraient s'y soustraire, réalisent un quasi-contrat, puisque, d'une part, il n'intervient alors aucune convention, et que, d'un autre côté, c'est volontairement qu'ils acceptent la charge. L'administration, par l'un des copropriétaires, d'un bien indivis entre plusieurs personnes, alors qu'il n'y a ni société entre ces personnes, ni mandat donné par elles au copropriétaire gérant, constitue également un quasi-contrat; et ses effets, comme l'indique assez sa nature, se règlent par analogie des principes du contrat de société combinés avec ceux du quasi-contrat de gestion des affaires d'autrui.

On admet généralement que l'acceptation d'une succession présente encore un cas de quasi-contrat, non pas, dit-on, entre l'héritier et les créanciers héréditaires, mais entre cet héritier et les légataires. C'est une idée inexacte; car si le quasi-contrat existe alors, il existe tout aussi bien et de la même manière envers les créanciers qu'envers les légataires.

Sans doute, les obligations auxquelles l'héritier, par son acceptation, se trouve soumis envers les créanciers héréditaires, ne commencent pas, ne se forment pas au moment de cette acceptation ; elles existaient dès avant, elles passent seulement du défunt à son héritier, chez qui elles continuent d'avoir la même source et la même date qu'auparavant ; et comme le quasi-contrat est le fait (volontaire et licite) qui engendre obligation, il semble bien qu'il ne peut pas y avoir ici quasi-contrat, puisqu'il n'y a pas génération d'obligation. Mais si l'acceptation ne fait pas commencer les obligations dont il s'agit, ne fait-elle pas commencer pour l'héritier, n'engendre-t-elle pas pour lui la nécessité juridique, l'obligation de remplir vis-à-vis des créanciers le rôle de son auteur, comme elle engendre pour les débiteurs héréditaires l'obligation de reconnaître dans l'héritier le remplaçant et le continuateur du défunt avec tous les droits de celui-ci ? N'y a-t-il pas dès lors, dans l'acceptation de succession, même en dehors de ce qui concerne les legs, un fait (volontaire et licite) produisant obligation, créant un lien juridique entre les personnes, et, par conséquent, un quasi-contrat ?

Et maintenant, il en est exactement ainsi pour les obligations envers les légataires. Sans doute, les dettes de legs, à la différence des autres, ne passent pas *du défunt* à l'héritier, puisque ce défunt n'y était pas soumis ; sans doute, l'obligation d'acquitter le legs et la créance du légataire ne commencent qu'au décès même du testateur, et c'est au moment précis où la dette se forme (c'est-à-dire au moment de l'ouverture de la succession) qu'elle repose sur la tête de l'héritier acceptant, par l'effet rétroactif de son acceptation. Mais de ce que *la naissance* de l'obligation et *son imposition* à la personne de l'héritier ont lieu en même temps, il n'en faut pas conclure, comme on le fait ordinairement, qu'elles viennent d'une même cause, à savoir l'acceptation de l'héritier. Cette acceptation est bien la cause qui *impose* à l'héritier la dette du legs (comme elle lui impose les dettes préexistantes envers les créanciers héréditaires), mais elle n'est pas la cause qui fait *naître* cette dette... La preuve que la dette du legs, la créance du légataire, ne naît pas de l'acceptation de l'héritier, c'est que quand même une succession sur laquelle on a légué 20 000 fr. viendrait à être refusée par tous les héritiers et même par l'État, il est bien clair que le légataire n'en serait pas moins créancier de ses 20 000 fr., dont il pourrait poursuivre le payement contre les biens héréditaires, contre la personne morale *succession*... Ce n'est donc pas l'acceptation de l'héritier qui fait naître la créance du légataire, la dette du legs ; cette dette naît dès l'instant même du décès, indépendamment et sans aucune condition d'acceptation future, par la seule autorité *de la loi*, qui donne pleine valeur à toute volonté dernière régulièrement exprimée. Quant à l'acceptation, elle a pour unique effet de faire porter sur tel héritier l'engagement préexistant qui, en cas de renonciation de sa part, eût porté ou sur tel autre héritier, ou sur l'État, ou sur la succession même ; et si cette acceptation est un quasi-contrat, si elle engendre obligation, c'est ici comme vis-à-vis des créanciers ordinaires, en ce que, par elle, l'héritier s'oblige à prendre pour sienne une dette existant d'ailleurs.

Ainsi, dans un cas comme dans l'autre, les obligations ne naissent pas du fait d'acceptation de succession ; mais c'est par ce fait que l'héritier se les impose et se les approprie. Il en est ainsi, encore une fois, dans un cas comme dans l'autre, et on ne voit pas pourquoi Pothier (n° 113), et tant d'autres après lui, ont dit que l'acceptation forme un quasi-contrat vis-à-vis des légataires seulement.

Il serait, selon nous, plus vrai de dire qu'il n'y a point ici quasi-contrat, ni vis-à-vis des légataires, ni vis-à-vis des créanciers ou débiteurs héréditaires; que l'acceptation des successions n'a point pour effet d'engendrer les obligations proprement dites, mais seulement de les déplacer, de les faire passer d'un sujet sur un autre, et qu'elle n'est, dès lors, pour ces droits personnels comme pour les droits réels, qu'un mode de transmission de propriété; que la nécessité juridique dans laquelle se trouve l'héritier de supporter comme siennes les dettes de la succession envers les créanciers et les légataires, comme aussi la nécessité juridique où sont les débiteurs héréditaires d'accepter cet héritier pour leur créancier aux lieu et place de cette succession, ne sont pas précisément des *obligations* dans le sens propre de ce mot, mais bien plutôt de simples applications, des devoirs généraux découlant de la transmission de patrimoine opérée par l'acceptation; que, d'une part, la nécessité où sont les débiteurs héréditaires de subir l'héritier pour leur créancier n'est rien autre chose que le devoir de respecter partout la propriété d'autrui, cet héritier étant légalement devenu propriétaire des créances héréditaires; que, de même, la nécessité où est l'héritier de tenir pour siennes les dettes envers les créanciers et les légataires n'est qu'un devoir résultant de son investiture du patrimoine actif et passif, et ne saurait présenter l'idée d'une obligation proprement dite, obligation que l'esprit ne conçoit guère comme distincte de chacune des dettes qu'il s'agit d'acquitter; qu'ainsi, et en définitive, l'acceptation de succession n'est rien qu'un mode d'acquisition de propriété, nullement une cause génératrice d'obligations nouvelles, et ne saurait dès lors constituer le quasi-contrat.

Toutefois, comme l'idée d'une acceptation constitutive du quasi-contrat était celle de Pothier, qu'elle a sans doute été dès lors dans la pensée des rédacteurs, qu'elle est en effet admise généralement, et qu'il n'est pas absolument impossible de l'admettre, nous la laisserons subsister, mais en remarquant qu'elle s'applique forcément vis-à-vis des créanciers et débiteurs tout aussi bien que vis-à-vis des légataires (1).

Et comme c'est par le fait de l'acceptation de l'héritier que les débiteurs héréditaires sont, d'après ce système, dans la nécessité juridique, dans l'espèce d'*obligation* de reconnaître cet héritier pour leur créancier, il devient évident que si un quasi-contrat peut engendrer des obligations 1° chez l'auteur du fait seulement, et 2° chez des tiers et chez l'auteur du fait tout à la fois, il en peut engendrer quelquefois aussi 3° chez des tiers seulement et sans réciprocité; en sorte que la

_____

(1) Et bien plutôt encore, car, par l'acceptation, l'héritier rend véritablement *siennes* les dettes et créances du défunt, qui deviennent ses créances et ses dettes *personnelles*. Les dettes de legs, au contraire, demeurent, après son acceptation, les dettes des biens héréditaires, dettes dont l'héritier n'est tenu que jusqu'à concurrence de ces biens, comme tiers détenteur et non pas personnellement.

définition de notre article, en n'ajoutant aux obligations de l'auteur du fait que les obligations *réciproques* des parties, se trouve trop restreinte encore et moins exacte que celle de Pothier.

III. — Puisque le fait constitutif du quasi-contrat peut engendrer des obligations, non-seulement chez l'auteur du fait, mais aussi chez un tiers et à l'insu de ce tiers, et que par conséquent il n'est aucun besoin de la volonté de celui-ci pour que le quasi-contrat se réalise et produise ses effets, même réciproques, il s'ensuit que toutes personnes, même celles qui sont privées de raison, peuvent par le quasi-contrat résultant du fait d'un autre obliger cet autre envers elles et être obligées envers lui. C'est ce qui arrive pour les pupilles et les interdits dont les tuteurs acceptent bénévolement (Pothier, n° 115).

Que s'il est évident que la raison n'est pas requise, pour la formation du quasi-contrat, chez celui qui n'est pas l'auteur du fait, elle est nécessaire au contraire chez ce dernier, puisque le quasi-contrat doit être un fait volontaire, un acte de volonté (1). Le fait d'un fou, comme celui d'un enfant encore privé de raison, ne saurait donc être un quasi-contrat. Mais s'il faut que l'auteur du fait ait l'usage de sa volonté, la pleine intelligence de ses actes (puisque le quasi-contrat est un fait *volontaire*), il n'est pas nécessaire qu'il ait la capacité de s'obliger, de consentir, et un pupille de dix-huit ou vingt ans serait évidemment tenu (puisqu'il ne s'agit pas ici d'engagements consensuels, mais d'engagements naissant du fait même et en dehors de toute pensée de s'obliger); seulement, comme le mineur est restituable pour lésion dans toute espèce d'engagements, à l'exception de ceux venant de son délit ou quasi-délit, il ne resterait définitivement obligé qu'autant et en tant qu'il se serait enrichi. Que s'il y avait quelque faute de sa part, il y aurait alors quasi-délit, et il serait par conséquent tenu pour le tout (art. 1310) (2).

Après l'examen de ces différents points, qui ne sont pour la plupart que de pure théorie, mais que nous devions traiter ici, au moins pour la rectitude des idées, arrivons aux règles pratiques de deux quasi-contrats dont le Code s'occupe.

§ 1er. — De la gestion d'affaires.

1372. — Lorsque volontairement on gère l'affaire d'autrui, soit que le propriétaire connaisse la gestion, soit qu'il l'ignore, celui qui gère contracte l'engagement tacite de continuer la gestion qu'il a commencée et de l'achever, jusqu'à ce que le propriétaire soit en état d'y pourvoir lui-même; il doit se charger également de toutes les dépendances de cette même affaire.

---

(1) *Conf.* Duranton (XIII, 663); Massé et Vergé (t. IV, p. 5, note 1). — *Contrà :* Pothier (n° 224); Toullier (XI, n° 39); Rolland de Villargues (30); Zachariæ, édit. Massé (t. IV, p. 5, note 1).

(2) *Voy.* Duranton (XI, 497); Vazeille (*Cont. de Mar.*, 326); Demolombe (t. IV, n°* 179 et 181); Massé et Vergé, sur Zachariæ (t. IV, p. 5, note 1).

Il se soumet à toutes les obligations qui résulteraient d'un mandat exprès que lui aurait donné le propriétaire.

1373. — Il est obligé de continuer sa gestion, encore que le maître vienne à mourir avant que l'affaire soit consommée, jusqu'à ce que l'héritier ait pu en prendre la direction.

1374. — Il est tenu d'apporter à la gestion de l'affaire tous les soins d'un bon père de famille.

Néanmoins les circonstances qui l'ont conduit à se charger de l'affaire, peuvent autoriser le juge à modérer les dommages et intérêts qui résulteraient des fautes ou de la négligence du gérant.

I. — Celui qui, sans mandat, entreprend la gestion d'une affaire d'autrui, se soumet (c'est improprement que la loi dit *contracte*) aux obligations qui résulteraient d'un mandat formellement accepté pour cette affaire. Ainsi, il doit continuer sa gestion, jusqu'à ce que le maître, c'est-à-dire celui dont l'affaire est gérée, ou les héritiers du maître, puissent s'en charger eux-mêmes, et la gestion doit embrasser toutes les dépendances de l'affaire. Bien entendu, la plus ou moins grande étendue de cette expression *dépendances* se déterminera d'après les circonstances. En prenant l'affaire, n'a-t-il pas écarté d'autres gérants de certaines parties qui peuvent se rattacher à cette affaire? Quelles sont les choses dont on a dû croire qu'il se chargeait? Ce sont là des points abandonnés à l'appréciation du juge (1).

En chargeant le gérant de continuer sa gestion jusqu'à l'arrivée des héritiers (1373) après la mort du maître, la loi s'est montrée plus sévère envers lui qu'envers le mandataire; car celui-ci n'y est tenu que lorsqu'il y a péril en la demeure (1991). Le gérant est, en effet, moins favorable que le mandataire, puisqu'il s'est ingéré dans l'affaire sans que personne le lui ait demandé. Du reste, s'il y avait pour lui nécessité de se retirer, soit après la mort, soit du vivant du maître, il pourrait évidemment le faire, en prenant les précautions convenables, en mettant un autre gérant à sa place, en avertissant les parents du maître, etc.; en un mot, en faisant une retraite qui n'eût rien d'intempestif ni de nuisible (2).

Il doit rendre compte de sa gestion, et ce compte doit, par la raison déjà indiquée, être plus sévère que celui d'un mandataire (3). Toutefois, cette sévérité pourra être tempérée suivant l'occurrence des cas. Ainsi, on devra incontestablement se montrer moins sévère à l'encontre d'un homme qui, par pur dévouement pour le maître, s'est chargé d'une affaire en souffrance dont personne ne voulait prendre la direction,

---

(1) Sur le point de savoir si cette obligation de continuer la gestion s'applique seulement en cas de *péril*, voy. Locré (t. XIII, p. 17 et 20 ; Favard (*Rép.*, Quasi-cont., n° 4); Delvincourt (t. III, p. 467, notes); Dalloz (*Oblig.*, 5418); Larombière (n° 30).

(2) *Conf.* Pothier (201 et 202): Toullier (t. XI, n° 34); Duranton (666); Rolland de Villargues (n°ˢ 36 et 37); Larombière (n°ˢ 25 et 26).

(3) Il est rendu dans les mêmes formes. Cass., 10 avril 1854 (D. P., 54, I, 183).

qu'envers celui qui a entrepris une affaire que d'autres étaient tout disposés à gérer. On devra tenir compte de ces circonstances et autres semblables pour la fixation des dommages-intérêts, en cas de négligence (1).

Si le gérant s'est substitué des personnes dans son administration, le maître aura directement action tout à la fois et contre ces personnes et contre le gérant (1994, 2° et deuxième alinéa. — Pothier, n° 214).

II. — La loi dit : soit que le propriétaire *connaisse* ou non la gestion. Quand il la connaît, ne peut-on pas dire que c'est un mandat tacite?... Il est vrai que l'art. 1985 ne parle que de mandats donnés *par écrit* ou *verbalement,* et dès lors de mandats exprès. Toutefois, puisque même à Rome le mandat était un contrat purement consensuel, il n'est pas douteux qu'il ne puisse se former tacitement.

L'importance de la question est facile à concevoir. En effet, s'il y a mandat tacite lorsque le propriétaire connaît la gestion, celui qui gère, en vertu de ce mandat tacite, aurait droit d'exiger le remboursement de tout ce qu'il aurait déboursé en exécution du mandat, même de ce qui était *inutile* (art. 1999), tandis que, s'il ne doit être considéré que comme gérant, il n'aurait droit qu'aux dépenses utiles (art. 1375). Y a-t-il donc mandat tacite quand le propriétaire connaît la gestion?... Il n'est pas possible de résoudre cette question d'une manière absolue, parce que les éléments essentiels de décision ne peuvent se trouver que dans une multitude de circonstances de fait. Le propriétaire a pu connaître la gestion, en général, sans connaître tel ou tel détail ; il a pu n'avoir de tels ou tels faits particuliers qu'une connaissance trop tardive pour les empêcher. C'est donc une appréciation à faire par les magistrats (2).

1375. — Le maître dont l'affaire a été bien administrée, doit remplir les engagements que le gérant a contractés en son nom, l'indemniser de tous les engagements personnels qu'il a pris, et lui rembourser toutes les dépenses utiles ou nécessaires qu'il a faites.

SOMMAIRE.

I. Obligations du maître envers le gérant. Qu'entend-on par gestion utile?
II. Le maître peut avoir, par suite de la gestion, des obligations et des créances directes envers des tiers. Le gérant a droit aux intérêts de ses dépenses du jour où il les a faites.
III. Celui qui a géré l'affaire d'autrui, la croyant sienne, aurait également droit au remboursement de ses dépenses utiles. Erreur de M. Zachariæ.
IV. Celui qui a géré, malgré la défense du maître, a droit au remboursement de ce dont celui-ci se trouve enrichi. Erreur de Toullier et de M. Zachariæ.

---

(1) *Voy.* Toullier (n° 38); Rolland (42); Zachariæ, édit. Massé (t. IV, p. 6); Favard (n° 6); Larombière (n°s 4 et 7).
(2) *Voy.* Pothier (n°s 192,114); Rolland de Villargues (*Gest. d'aff.*, 10); Troplong (*Mandat,* 71); Larombière (n° 3); Aubry et Rau (3e édit., t. III, p. 527); Dalloz (v° Oblig., 5406); Req., 11 fév. 1834.

I. — Les trois articles précédents nous ont présenté les obligations du gérant envers le maître; celui-ci présente celles du maître envers le gérant. Pour que le maître soit obligé envers le gérant, il faut qu'il y ait eu affaire bien administrée, avantageusement gérée, qu'il s'agisse d'une entreprise utile. Notre article, en effet, ne parle que du maître dont l'affaire a été *bien administrée*, et il ne le soumet qu'au remboursement des dépenses *utiles*. (Il dit *utiles ou nécessaires*, mais il est clair que la première expression embrasse la seconde.) Ainsi, tandis que le mandataire aurait action même pour une affaire *mauvaise* (1999, deuxième alinéa), le gérant ne l'aura pas, ce qui est de toute justice.

Mais pour savoir si une entreprise était utile ou non, il ne faut pas s'attacher absolument au résultat définitif, et considérer uniquement le profit actuel qu'en retire le maître. Il faut remonter à l'origine de l'opération. Il se peut qu'une affaire ait été très-utile à entreprendre et qu'un accident imprévu soit venu ensuite en rendre le résultat sans profit. Ainsi, c'est seulement quand il s'agit d'une entreprise mauvaise en soi et dès le principe, d'une dépense véritablement inutile et imprudemment faite, que le maître ne doit rien : le gérant porte alors la juste peine de sa témérité (1).

II. — Le gérant a pu contracter des engagements soit au nom du maître, soit en son nom personnel. Le maître doit indemniser le gérant de ces derniers engagements, dont l'accomplissement est imposé au gérant, et il doit remplir lui-même et directement les premiers; en sorte que, par l'effet de la gestion, le maître peut avoir des obligations directes envers des tiers, comme il peut avoir contre eux des créances directes.

Du reste, même quand le gérant s'est engagé en son nom personnel, le tiers, en outre de l'action qu'il a contre le gérant, a aussi action contre le maître, par analogie du cas de mandat (1998) et pour éviter le circuit d'actions. Réciproquement, le tiers n'aurait pas action contre le maître (même quand le gérant a contracté au nom de celui-ci) lorsque l'affaire est inutile, puisque dans ce cas d'inutilité le maître n'est tenu à rien. Le tiers n'a, dans ce cas, de recours que contre le gérant, qu'il peut poursuivre en se fondant, non sur un contrat, puisque le contrat n'était pas fait au nom de ce gérant, mais sur un quasi-délit, sur le dommage que lui cause l'imprudence du gérant (1382 et 1383).

Il est évident que, par analogie du mandat (2001), le gérant a droit aux intérêts de ses dépenses du jour même où il les a faites. L'article 2028 le prouve bien, puisqu'il donne recours pour les intérêts à toute caution qui a payé pour le débiteur, sans distinguer si elle avait ou si elle n'avait pas mission de cautionner, c'est-à-dire s'il y avait eu mandat ou simple gestion (2).

---

(1) Conf. l. 10, § 1 (Dig., *De Neg. gest.*); Pothier (221 et 222); Delvincourt (t. III, p. 448); Toullier (n° 51) ; Duranton (t. XIII, n° 671; Rolland de Villargues (n°° 62, 63 et 64); Zachariæ, édit. Massé (t. IV, p. 7, note 10); Larombière (n° 9).
(2) *Conf.* Delvincourt (t. III, p. 447); Duranton (t. XIII, p. 674); Troplong (n° 680);

III. — M. Zachariæ (III, p. 182) enseigne que les règles ci-dessus ne s'appliqueraient pas à celui qui n'a géré l'affaire d'autrui que par erreur et en croyant faire la sienne propre. Il dit qu'il n'aurait recours que pour le montant du profit définitif que tire le maître, et non pour le montant intégral de ses dépenses, quoique faites utilement, dans des circonstances où le maître les aurait certainement faites, et n'ayant manqué de donner le résultat définitif qu'on en attendait que par quelque accident particulier. Son idée est que le maître n'est alors tenu *que par l'autorité de la loi,* d'après ce principe que nul ne doit s'enrichir aux dépens d'autrui, et non par le quasi-contrat de gestion d'affaires, parce que le gérant n'a pas eu l'intention *d'obliger autrui,* ne sachant pas que c'était la chose d'autrui... C'est, selon nous, une erreur, et le quasi-contrat de gestion doit se voir dans toute gestion de l'affaire d'autrui, même faite par la pensée que c'était l'affaire d'autrui, et sans intention dès lors d'obliger autrui.

Dans la réception de l'indu, je me trouve obligé de vous payer les 1 000 fr. que j'ai reçus sans qu'ils me fussent dus; et pourtant je ne savais pas qu'ils ne m'étaient pas dus : je n'avais pas l'intention de m'obliger et vous n'aviez pas l'intention de m'obliger envers vous. Donc si le fait constitutif du quasi-contrat doit-être volontaire, c'est-à-dire être un acte de la volonté, il n'est pas nécessaire qu'il soit volontaire en ce sens qu'il soit fait sans erreur sur sa nature et avec la volonté de s'obliger. C'est un point déjà expliqué plus haut... L'équité n'est-elle pas d'accord, d'ailleurs, avec ces principes? Du moment que j'ai déboursé pour vous mon argent utilement, et dans un cas où vous l'auriez déboursé vous-même, ne devez-vous pas m'en tenir compte? (1)

IV. — Nous ne saurions admettre non plus cette autre idée du même auteur, quoiqu'elle soit aussi celle de Toullier (XI, 55 et 62), que celui qui a géré l'affaire d'une personne malgré sa défense ne peut réclamer *rien,* pas même ce dont cette personne se trouve enrichie, et qu'il doit être légalement réputé avoir entendu *faire cadeau* de son argent (2). Nous ne comprenons pas que des interprètes de notre Code Napoléon, si ami de l'équité, s'efforcent ainsi de reproduire cette doctrine de Justinien, sur laquelle les jurisconsultes romains eux-mêmes étaient partagés et que Pothier avait déjà repoussée. (Q. C. *Neg. gest.,* n° 184.) L'un des principes fondamentaux de notre Code Napoléon, c'est qu'on ne doit jamais s'enrichir aux dépens de qui que ce soit, pas même d'un voleur. Vous devez donc me rembourser ce dont je vous enrichis par ma dépense.

Dalloz (v° Oblig., 5471). *Contrà :* Larombière (n°⁴ 16 et 17); Rej., 7 nov. 1825; Cass., 9 déc. 1839. — *Voy.* encore Delamarre et Lepoitvin (t. I, n° 177), et Troplong (n° 681).

(1) *Conf.* l. 5, § 1, 45 § 2, 31 § 1 (Dig., *De Neg. gest.*); Pothier (n°⁴ 194 et 195); Massé et Vergé, sur Zachariæ (t. IV, p. 5, note 3); Larombière (art. 1375, n° 7); Dalloz (v° Oblig., n° 5395). — Arg. de Pau, 27 août 1836. — *Voy.* encore, au sujet de celui qui a géré l'affaire d'autrui avec une intention frauduleuse, Rolland de Villargues (n° 16); Toullier (n° 28); Duranton (t. XIII, n° 649); Larombière (art. 1375, n° 20).

(2) *Voy.* Duranton (XIII, 648); Massé et Vergé (t. IV, p. 5, note 3); Larombière (n° 18); Metz, 8 janv. 1833; Lyon, 25 août 1831.

La doctrine de Toullier sur ce point est vraiment incroyable. Il dit que pour qu'il y ait lieu à l'application de la règle qu'on ne doit pas s'enrichir aux dépens d'autrui, *deux* conditions sont nécessaires ; qu'il faut : 1° que ce soit *cum alterius detrimento*, et 2° que ce soit *cum injuriâ*, c'est-à-dire, *sine jure*, contrairement aux principes du droit ; et il ajoute qu'aucune de ces *deux* conditions ne se rencontre dans le cas où l'on s'immisce dans les affaires d'autrui contre sa défense formelle et spéciale... Mais d'abord comment le *cum alterius detrimento* serait-il une condition d'application de la défense de s'enrichir *aux dépens d'autrui,* puisqu'il est au contraire un élément constitutif de cette défense, car le *cum detrimento alterius* signifie précisément : *aux dépens d'autrui?*... D'ailleurs, comment Toullier peut-il dire que le détriment d'autrui n'existe pas, quand c'est par les dépenses que j'ai faites que vous vous enrichissez?... Quant à l'idée que le dommage n'est pas causé ici *cum injuriâ, sine jure*, et qu'il est conforme aux règles du droit, c'est précisément la question par la question. Qu'il fût conforme aux principes romains, nous le croyons, quoique le point ait été controversé à Rome ; mais il est certain qu'il est contraire aux principes du Code, qui ne veut pas qu'on s'enrichisse JAMAIS aux dépens d'un tiers, même quand ce tiers est *en faute et de mauvaise foi.* On le voit notamment par l'art. 555, *qui change la règle du droit romain* pour dire que celui qui a construit ou planté de *mauvaise foi* sur le terrain d'autrui, doit être indemnisé, tandis qu'à Rome il était, à cause de sa faute, réputé avoir donné : *donasse videtur* (art. 555, n° VI) (1).

§ 2. — De la réception des choses indues.

1376. — Celui qui reçoit par erreur ou sciemment ce qui ne lui est pas dû, s'oblige à le restituer à celui de qui il l'a indûment reçu.

1377. — Lorsqu'une personne qui, par erreur, se croyait débitrice, a acquitté une dette, elle a le droit de répétition contre le créancier.

Néanmoins ce droit cesse dans le cas où le créancier a supprimé son titre par suite du payement, sauf le recours de celui qui a payé contre le véritable débiteur.

SOMMAIRE.

I.   Ces deux articles prévoient deux cas distincts ; et, d'après le premier, la chose peut être répétée (en tant que chose payée), par cela seul que celui qui l'a reçue n'était pas créancier. Erreur de Toullier et de M. Zachariæ.

II. Dans le second article, l'erreur de droit donne lieu à la répétition, aussi bien que l'erreur de fait.

III. Décision inadmissible de quelques jurisconsultes romains. Celui qui par erreur

---

(1) *Conf.* Delamarre et Lepoitvin (*Cont. de comm.*, t. I, n° 134) ; Massé et Vergé (t. IV, p. 5, note 4). *Contrà :* Duranton (653) ; Aubry et Rau (3° édit., t. III, p. 529) ; Rolland de Villargues (n° 22) ; Dalloz (*loc. cit.*, 5477) ; Req., 27 juill. 1852 (D. P., 52, I, 226).

paye avant le terme a le droit de répéter. Erreur de Toullier et de M. Zachariæ.

IV. Quand le créancier auquel j'ai payé par erreur ce que je ne devais pas a supprimé son titre, la répétition cesse, s'il a agi de bonne foi.

I. — Ces deux articles prévoient deux cas distincts. Dans l'art. 1376, celui qui a reçu le payement (payement purement apparent) n'était pas créancier, il ne lui était rien dû ; c'est à un autre que la chose était due, ou même elle n'était due à personne. Au contraire, dans l'art. 1377, celui qui a reçu le payement était vraiment créancier ; seulement, ce n'est pas celui qui l'a payé qui était débiteur.

Dans le second cas, quand celui qui a reçu était créancier, celui qui l'a payé sans devoir n'est admis à répéter qu'autant qu'il l'a fait *par erreur*, parce qu'en effet il est tout naturel de regarder celui qui m'a payé une somme, ou un cheval, ou tout autre objet, sachant bien qu'il ne me le devait pas, comme ayant payé pour le compte de cette personne dont il a ainsi géré l'affaire. Le payement sera donc valablement reçu, et celui qui l'a ainsi fait, sans erreur, ne pourra rien me réclamer. Il aura son recours, par l'action *negotiorum gestorum*, contre celui pour lequel il a payé (1). Dans le premier cas, au contraire, il y aura toujours lieu à répéter la chose en tant que payée indûment, sans distinguer s'il y a eu ou non erreur, et celui qui, sachant très-bien qu'il ne me devait rien, serait venu, sous prétexte d'un payement auquel j'ai cru moi-même, me verser une somme (peut-être pour la mettre ainsi en dépôt dans une maison où il craignait qu'on ne voulût pas la recevoir à ce titre), pourra toujours venir la reprendre (2).

Il en était autrement à Rome. La répétition n'était jamais admise que quand la chose indue avait été livrée par erreur ; et toutes les fois qu'elle l'avait été à dessein, *consultò*, le droit romain voyait là une donation : *Cujus per errorem dati repetitio est, ejus consultò dati donatio est*. (Digeste, lib. 50, t. 17, 53.) On voit que notre Code, fidèle à son principe d'équité, a rejeté ici encore ce système peu équitable de donation présumée. Il est vrai que Toullier (XI, 60 et 61) et M. Zachariæ (III, p. 183 et 185, note 10) voient dans ces articles la consécration du système du droit romain. Mais c'est une erreur que réfutent autant les textes mêmes des articles que l'esprit de la loi.

L'argument de Toullier (M. Zachariæ n'en donne *aucun*) consiste à

---

(1) *Conf.* Toullier (XI, n° 83) ; Duranton (XIII, n° 84) ; Favard (v° Quasi-contrat, § 15) ; Dalloz (v° Oblig., n° 5487) ; Larombière (art. 1377, § 7) ; Rolland (n° 34) ; Paris, 11 fév. 1808 ; Cass., 12 mars 1850 (D. P., 50, I, 86).

(2) Mais il ne pourrait la reprendre qu'entre les mains de celui qui l'a reçue. *Secùs* entre les mains de ceux auxquels celui-ci l'aurait transmise sans fraude et en payement d'une créance légitime. — *Voy.* Cass., 13 mai 1823 ; Bordeaux, 2 avril 1855 ; Cass., 28 avril 1840, 31 mars 1852 ; Paris, 27 fév. 1852 ; Req., 7 mars 1855 (*J. Pal.*, 1853, t. II, p. 401 ; 1855, t. I, p. 541). — Il en est autrement, à notre avis du moins, dans le cas où la revendication a pour objet un immeuble revendu par celui qui l'avait reçu indûment. Dans ce cas, la revendication peut être exercée contre le tiers acquéreur par celui qui a indûment payé l'immeuble. — *Voy. infrà*, sur l'art. 1380, n° 3. Les associés qui ont touché des dividendes sont tenus de les rapporter quand il est prouvé que la société n'a pas fait de bénéfices. Cass., 25 nov. 1861 ; Sirey (62, I, 189) ; 5 août 1862, et 3 mars 1863 deux arrêts (Dev., 1863, I, 134).

dire que les mots *par erreur ou sciemment* de l'art. 1376 prouvent que
les expressions *par erreur* sont mises à dessein dans l'art. 1377 et
comme exprimant une condition indispensable... Sans doute, l'erreur
est indispensable dans l'art. 1377; mais ce dernier article n'est fait que
pour le cas d'un *véritable créancier* à qui j'ai payé sa dette; et quant
au cas tout différent où j'ai payé à une personne *ce qui ne lui était pas
dû,* il est prévu par l'art. 1376, qui se garde bien d'exiger que celui qui
a payé l'ait fait par erreur. Comment Toullier n'a-t-il pas vu que les
deux articles ne prévoient pas le même cas?...

Ainsi, quand la chose livrée n'était pas due, elle peut, même sans
condition d'erreur, être reprise en tant que chose *payée...* Nous disons
en tant que chose payée ; car, si elle avait été livrée, non à titre de payement, mais à titre de donation, la répétition ne serait pas toujours possible. Elle le serait, vu la nullité de la donation, si la chose était un immeuble, mais la donation pourrait être efficace et faire cesser le droit
de répétition si la chose était mobilière. (*Voy.* art. 931, n° III, et 1235,
n° I.)

Bien entendu, ce serait à celui qui vient exercer la répétition de justifier sa prétention, en prouvant ces trois points : qu'il a livré la chose,
qu'il l'a livrée à titre de payement, et que cependant elle n'était pas
due. On sait, au surplus, qu'une chose ne peut être réputée comme
payée indûment quand il y a dette naturelle, et il nous suffit de renvoyer, sur ce point, à notre explication de l'art. 1235.

II. — Quand la répétition se fonde sur ce que le payement a été fait
par erreur, suffit-il d'une erreur de droit, ou l'erreur de fait est-elle seule
à considérer?

Le droit romain, du moins en général, n'admettait que l'erreur de
fait; mais la généralité des termes des art. 1235, 1376 et 1377 ne
permet plus de distinguer entre l'une et l'autre erreur; car on ne peut
pas croire, en présence de la controverse qui existait sur ce point
parmi nos anciens docteurs, que les rédacteurs du Code aient regardé
l'inefficacité de l'erreur de droit comme allant de soi. C'est d'autant
moins admissible que, dans les cas particuliers où cette erreur leur a
paru devoir rester sans effet, ils ont pris soin de le déclarer par des
dispositions expresses qui eussent été inutiles si telle avait été la règle
générale (art. 1356, 2052). L'esprit de notre Code Napoléon n'est pas
moins concluant. Car si l'on suppose un homme complétement igno-
rant qui s'est imaginé que sa qualité de légataire mettait à sa charge
telle dette qui ne concernait que l'héritier légitime, les plus simples
règles de justice et d'équité naturelle n'exigent-elles pas qu'on lui restitue la somme que l'on reconnaît n'avoir été payée par lui que dans
cette conviction erronée? (1)

_____

(1) Toullier (XI, 63); Duranton (X, 127 et 128); Zachariæ (III, p. 183); Poujol
(sur l'art. 1110); Massé et Vergé, sur Zachariæ (t. IV, p. 10, note 6); Aubry et Rau
(t. III, p. 532); Larombière (art. 1376, n° 32); Cass., 24 janv. 1827. — *Contra :* Cujas
(*Opp.*, t. VII, p. 895); Donneau (l, 21, § 12 et 28); Voet (XII, 6 et 7); Pothier (*Condict.
indeb.*, n° 162); Savigny (*Droit rom.*, t. III, app. 35); Metz, 22 août 1806, 28 nov.
1817.

III. — Les jurisconsultes Marcellus, Celsus et Ulpien (Digeste, l. 12, t. 6, 26, § 13, *in fine*), enseignaient que si celui qui doit alternativement deux choses, et qui peut se libérer par l'une d'elles à son choix, les a livrées toutes deux, c'est au créancier poursuivi en répétition de rendre celle qu'il voudra, parce que c'est lui qui est devenu débiteur. Il est évident que cette décision, rejetée à Rome même par Julien et Papinien, et définitivement repoussée par le Code Justinien (l. 4, t. 5, 15), ne saurait être admise aujourd'hui. Jamais, sous le Code Napoléon, le créancier ne peut conserver au delà de ce qui lui est dû. Je vous devais ou tel objet ou tel autre objet, j'étais maître de vous livrer celui qu'il me conviendrait de choisir. C'est donc à moi qu'il appartient de reprendre celui que je voudrai, pour vous laisser l'autre en payement. De même, si le débiteur alternatif n'a livré l'une des deux choses que parce qu'il ignorait la nature alternative de la dette, il n'est pas douteux, malgré la décision contraire de Celsus (Digeste, l. 31, 19), qu'il n'ait le droit de la reprendre pour livrer l'autre à la place. Dans aucun cas, sans exception, encore une fois, le créancier ne pourra, sous le Code Napoléon, tirer profit de l'erreur de son débiteur (1).

C'est toujours d'après ce principe d'équité, désormais principe de droit civil, que le débiteur à terme qui, dans l'ignorance du terme, paye immédiatement ce qu'il ne doit que pour une époque plus reculée, peut, comme nous l'avons établi sous l'art 1186, répéter ce qu'il a payé pour en jouir jusqu'à l'échéance de la dette. Sans doute, quand c'est à dessein que le débiteur a payé, il ne peut plus répéter, puisqu'il a renoncé par là au bénéfice du terme, et c'est ainsi que l'entend l'art. 1186, comme le prouvent les paroles de l'orateur du gouvernement devant le Corps législatif. Mais quand un héritier dont l'auteur vous devait 20 000 fr. payables dans trois ans prouve qu'il ne vous a payé à l'instant que dans l'ignorance de ce terme de trois années, comment et de quel droit vous appropriez-vous les 3 000 fr. d'intérêts qui ne vous étaient pas dus?

Toullier (XI, 59 et 60), toujours imbu de ce système formaliste avec lequel notre Code a rompu, décide cependant le contraire, et M. Zachariæ (III, p. 185) adopte encore sa doctrine.

On ne peut répéter, dit Toullier, que ce qui n'était pas dû; or, malgré le terme, la chose est due... Oui, malgré le terme, la chose est due quant au *capital,* quant au *fond;* mais la jouissance, les intérêts, ne sont pas dus, et c'est cette jouissance que je veux et puis répéter. Sans doute les 20 000 fr. de capital vous étaient dus, mais les 3 000 fr. d'intérêts qu'ils produiront de 1847 à 1850 vous étaient-ils dus? — « Si c'est un corps certain, continue Toullier, la propriété m'en appartenait avant le terme; et en recevant avant l'échéance, je n'ai acquis en plus que la possession qui, jointe à la propriété, me donne le titre le plus fort que l'on puisse avoir. » Quelles puérilités, et comment se payer ainsi avec des mots? Que signifie votre *titre* que personne ne

(1) *Voy.* Larombière (art. 1376, n° 11); Bugnet (note 4); Dalloz (v° Oblig., n° 5542).

conteste, et votre *propriété* que personne ne critique?... Cette possession actuelle dont vous argumentez si fort pour sortir de la question,
elle ne vous était pas due et ne vous a été conférée que *par erreur ;*
elle réunit donc les deux conditions que vous exigez pour la répétition. — « Mais enfin, dit Toullier, celui qui éprouve un préjudice ne
peut en demander la réparation qu'à celui par la faute duquel il est arrivé ; ici, c'est le réclamant qui est en faute d'avoir payé d'avance ; et
s'il dit qu'il ne l'a fait que par erreur, on lui répondra que cette erreur est sa faute personnelle. » A la bonne heure ! et Toullier arrive
ici tout droit à effacer du Code, pour tous les cas, la répétition de
l'indu. Dans tous les cas, en effet, on dira au réclamant : « Si votre
erreur vous a fait payer ce que vous ne deviez pas, cette erreur est
votre faute personnelle, et vous ne pouvez dès lors vous en prendre
qu'à vous... » Qui ne voit que ces idées de faute n'ont rien à faire dans
notre question, puisque le débiteur n'argumente pas des art. 1382 et
1383, mais de notre art. 1377 ? Tout ce qu'il y a à dire, quant à cette
idée de faute, c'est que, si celui qui a reçu l'indu, dans notre cas
comme dans tout autre, subit quelque préjudice de la restitution qu'il
doit faire, il pourra, tout en restituant, se faire indemniser du tort
qui proviendrait de la négligence et de l'inattention de celui qui l'a
payé. Laissons donc tout le pêle-mêle d'idées fausses de Toullier pour
revenir à cette proposition bien simple : De même que celui qui paye
trop tard, paye moins qu'il ne devait, *minus solvit qui tardius solvit,* de même celui qui paye trop tôt, paye plus. Il peut donc, quand
il a payé *par erreur,* réclamer comme indu ce qu'il a payé en sus de ce
qu'il devait (1).

IV. — Dans le cas même où le payement fait à celui qui était vraiment créancier, mais par un autre que le débiteur, n'a eu lieu que par
erreur et sans aucune pensée dès lors de gestion de l'affaire de ce débiteur (seul cas, comme on l'a vu, où la répétition soit alors possible),
la répétition n'a plus lieu, d'après le deuxième alinéa de l'art. 1377, si
le créancier a, par suite du payement, supprimé de bonne foi son
titre, et celui qui a payé n'a de recours que contre le débiteur dont il
a éteint la dette. Nous disons : si le créancier a supprimé son titre *de
bonne foi,* c'est-à-dire s'il ignorait que celui qui l'a payé ne fût pas son
débiteur. Car, quoique l'article n'en parle pas, cette circonstance est
évidemment nécessaire et elle est dans la pensée de la loi. « Si le
créancier *étant dans la bonne foi,* dit le rapport au Tribunat, avait, par
suite du payement, supprimé le titre de sa créance, alors il ne pourrait, sans injustice, être rendu victime. C'est à celui qui l'a mal à pro-

---

(1) *Conf.* Duranton (t. XI, n° 113); Boileux (sur l'art. 1186); Dalloz (v° Oblig.,
n° 1278). *Contrà :* Delvincourt (t. II, p. 490, notes); Massé et Vergé, sur Zachariæ
(t. III, p. 385, note 6); Larombière (sur l'art. 1186, n° 34). — On paye encore une
chose non due quand on paye avant l'accomplissement de la condition. L. 16 (Dig.,
De Condict. indeb.); Pothier (*Des Obligat.,* n° 218; *Prêt,* n° 150); Duranton (t. XIII,
n° 688); Delvincourt (t. II, n° 698); Larombière (t. V, art. 1576); Rolland (n°° 13 et
14); Aubry et Rau (3° édit., p. 532).

pos payé à s'imputer l'anéantissement du titre; lui seul est responsable des suites. » (Fenet, t. XIII, p. 4773.) (1)

Cette distinction entre la bonne et la mauvaise foi de celui qui a reçu l'objet indu sert de base aux dispositions des trois articles suivants, qui déterminent l'étendue de l'obligation de restituer.

On comprend bien, au surplus, que celui-là est de bonne foi qui croit que la chose lui est due et la reçoit et possède comme sienne, tandis que la mauvaise foi consiste à garder cette chose alors qu'on sait bien n'avoir aucun droit sur elle.

1378. — S'il y a eu mauvaise foi de la part de celui qui a reçu, il est tenu de restituer, tant le capital que les intérêts ou les fruits, du jour du payement.

1379. — Si la chose indûment reçue est un immeuble ou un meuble corporel, celui qui l'a reçue s'oblige à la restituer en nature, si elle existe, ou sa valeur, si elle est périe ou détériorée par sa faute; il est même garant de sa perte par cas fortuit, s'il l'a reçue de mauvaise foi.

1380. — Si celui qui a reçu de bonne foi a vendu la chose, il ne doit restituer que le prix de la vente.

SOMMAIRE.

I. Étendue de l'obligation de restituer, selon qu'il s'agit de choses indéterminées ou de choses déterminées, et selon la bonne ou mauvaise foi du possesseur.
II. Mauvaise rédaction de l'art. 1379 : par la *faute*, il entend la *mauvaise foi*. Causes de ce vice de rédaction, inexpliquées par les auteurs.
III. Quand l'immeuble indûment reçu a été acquis par un tiers, peut-il être revendiqué? Controverse, solution affirmative.

I. — Le premier de ces trois articles s'applique aux choses indéterminées; le second et le troisième, aux choses déterminées individuellement ou corps certains.

En cas de somme d'argent ou d'autres choses *quæ numero, pondere, mensuráve constant*, celui qui les a indûment reçues doit, qu'il soit de bonne ou mauvaise foi, rendre, ou les mêmes choses identiquement, ou d'autres choses en pareilles quantité et qualité (2). S'il a été de bonne foi, son obligation s'arrête là et il ne doit pas d'intérêts, encore bien que lui-même en ait perçu. Notre Code, à la différence du droit romain, ne le considère pas uniquement comme débiteur, mais aussi comme possesseur, et il lui permet en conséquence de faire les fruits siens par sa bonne foi. La disposition est juste, puisqu'il s'agit

---

(1) *Conf.* Toullier (n° 73); Duranton (XIII, 685); Dalloz (v° Oblig., 5551); Larombière (art. 1377, n° 8).
(2) *Conf.* Toullier (t. XI, n°⁰ 92 et 100); Aubry et Rau (t. III, p. 534). —Et il en est de même pour des faits ou services appréciables. Rolland (62 et 63); Larombière (art. 1378 et 1379).

d'un débiteur qui ignore sa dette, et qui se croit propriétaire de la chose. S'il a été de mauvaise foi, il doit payer, en outre, ou la valeur estimative des choses, ou, s'il s'agit de sommes d'argent, les intérêts de ces sommes, lors même qu'il ne les aurait pas perçus. Si, étant de bonne foi au jour de la réception, il a commencé à être de mauvaise foi à une époque plus reculée et intermédiaire entre la réception et la restitution, c'est du jour où sa mauvaise foi a commencé qu'il doit les intérêts, puisqu'il a cessé dès lors d'être possesseur de bonne foi, et que le possesseur de bonne foi peut seul gagner les fruits (1).

S'il s'agit d'un immeuble, ou d'un meuble déterminé *in individuo,* celui qui l'a reçu doit le rendre en nature, s'il le possède encore; et, pour ce qui est des fruits, on applique la distinction ci-dessus. En outre, s'il était de bonne foi, il ne répond ni des détériorations, ni de la perte provenant de son défaut de soins (nonobstant le texte de l'art. 1379), en sorte qu'il se trouve libéré par cette perte; et s'il l'a aliéné, il ne doit que le prix qu'il en a tiré, quoiqu'il soit inférieur à la valeur réelle (art. 1380). Si, au contraire, il était de mauvaise foi au moment des détériorations, de la perte ou de l'aliénation, il doit, en cas de perte ou d'aliénation, restituer la valeur réelle (2), et, en cas de détérioration, en indemniser le propriétaire, alors même que ces détériorations ou cette perte seraient arrivées par cas fortuit (1379). Il serait cependant à l'abri de cette responsabilité des cas fortuits, s'il prouvait que l'objet les aurait également subis chez le propriétaire (art. 1302); car le principe de notre droit français, qu'on ne doit jamais s'enrichir aux dépens d'autrui, même aux dépens d'un malhonnête homme, ne permettrait pas au propriétaire de se faire indemniser d'un préjudice qu'il aurait également souffert, lors même que le payement indu n'aurait pas eu lieu (3).

II. — Nous venons de dire que, dans le cas d'un corps certain, celui qui l'a reçu et le possédait de bonne foi n'est pas responsable des détériorations, ni de la perte provenant de son fait ou de la négligence qu'il a mise à l'entretien ou à la conservation de la chose. Il est vrai que l'art. 1379 semble dire le contraire; mais la règle par nous exprimée est en définitive celle que contient la rédaction vicieuse de l'article.

L'article, en effet, oppose au possesseur de mauvaise foi celui qui a fait périr ou détériorer la chose *par sa faute.* Or on ne peut pas regarder comme étant en faute vis-à-vis d'une autre personne celui qui n'a négligé une chose et ne l'a laissée se détériorer ou périr que parce qu'il la croyait sienne, et pensait n'en devoir compte à qui que ce soit : *Qui re suâ abuti putavit, nulli querellæ subjectus est;* celui-là seul peut être en faute qui pensait que la chose ne lui appartenait pas; mais précisément avoir cette pensée, c'est être possesseur de mauvaise foi.

---

(1) *Conf.* Toullier (t. XI, n° 94); Aubry et Rau (3ᵉ édit., p. 534, note 13); Larombière (art. 1378 et 1379).
(2) Req., 14 juin 1854 (*J. Pal.*, 1855, t. II, p. 33).
(3) *Conf.* Rolland (86, 88); Duranton (XIII, 693); Toullier (t. XI, n° 105).

Donc, quand notre article dit que la valeur de la chose est due si elle a péri ou s'est détériorée *par la faute* du possesseur, il dit par là même : si elle a péri ou s'est détériorée *avec mauvaise foi* de la part du possesseur. Cette règle de toute justice était celle de Pothier (*Prêt de consompt.*, nos 170, 171) ; elle est appliquée par le Code lui-même dans l'art. 1631 ; et les interprètes de notre article, notamment Delvincourt, Toullier (XI, 102) et M. Zachariæ (III, p. 186), reconnaissent bien que telle est sa pensée; seulement, aucun de ces interprètes n'a rendu compte de l'opposition que le milieu de l'article, ainsi entendu, présente avec sa disposition finale.

Cette opposition, selon nous, s'explique très-bien par la mauvaise rédaction du Code. Remarquons, en effet, que la fin de l'article ne parle pas de celui qui était de mauvaise foi au moment du cas fortuit dont on s'occupe, mais de celui *qui a reçu la chose de mauvaise foi* (de même que l'article suivant, au lieu de parler, comme il fallait le faire, de celui qui a vendu la chose de bonne foi, parle de celui qui l'a vendue après l'avoir reçue de bonne foi). C'est-à-dire que le Code, par une rédaction irréfléchie et inexacte, n'a qualifié la bonne ou la mauvaise foi que pour le moment de la réception de la chose, et a fait abstraction, non pas par la pensée et à dessein, mais par ses termes, de la mauvaise foi survenant postérieurement. C'est pour cela que la perte ou détérioration arrivées (après une réception de bonne foi) par *une faute,* c'est-à-dire par un fait répréhensible et imputable, et, dès lors, par un fait qui est un acte de mauvaise foi, n'a pas reçu, de la part des rédacteurs, cette qualification de mauvaise foi, et que cette mauvaise foi survenue après coup s'est trouvée mise, sous le simple nom de *faute,* en opposition avec la mauvaise foi originaire, la seule que le Code appelle ici par son nom. Mais il est bien évident que cette inexactitude et cette insuffisance de rédaction n'empêchent pas que toute connaissance qu'a la personne de son défaut de droit sur la chose ne constitue la mauvaise foi, à quelque moment que cette connaissance lui arrive, et que toutes les règles portées par le Code pour la mauvaise foi, existant *ab origine,* ne doivent s'appliquer également à la mauvaise foi survenue à *parte post.*

III. — C'est un point controversé que celui de savoir si l'immeuble qu'une personne a reçu indûment et aliéné ensuite peut être revendiqué entre les mains du tiers acquéreur par celui qui l'a indûment payé. Toullier (XI, 97 et 99) tient pour la négative; mais M. Duranton adopte l'affirmative (XIII, 683), et nous croyons que cette dernière doctrine est la seule vraie. Nous pensons qu'ici, comme pour la fameuse question des aliénations faites par l'héritier apparent (art. 137, n° IV), les divers arguments qu'on oppose au droit de revendication ne sont que des objections, des raisons de douter, qui n'ont rien à faire dans la solution, et que le seul et véritable motif de décider se trouve dans cette idée bien simple : On ne peut pas transférer des droits qu'on n'a pas soi-même, et l'aliénation faite par un non-propriétaire ne rend pas l'acquéreur propriétaire (art. 1599, 1664, 2125, 2182, etc.). Or

celui qui a reçu en prétendu payement l'immeuble qui ne lui était pas
dû n'a pas pu en devenir propriétaire, puisque la livraison ne lui a été
faite que par erreur et sur une fausse cause (art. 1109, 1131); et par
conséquent, celui à qui il l'a transmis n'en est pas non plus propriétaire. Il n'en pourrait être autrement que par une exception apportée,
pour ce cas, aux principes généraux; or cette exception n'existe pas
dans le Code.

A cette doctrine, on fait des objections qui nous paraissent bien fai-
bles. On dit d'abord que la revendication contre le tiers n'était pas admise à Rome. C'est très-vrai; mais on oublie trop souvent que nous ne
sommes plus à Rome, et tandis que le droit romain traitait ici le créancier putatif comme un vrai propriétaire, simple débiteur de la chose,
on a vu que notre Code le considère, et avec raison, comme possesseur
de bonne ou mauvaise foi, suivant les cas. Or un possesseur, même
de bonne foi, n'est pas un propriétaire. — On dit encore que celui à
qui j'ai indûment payé est *personnellement obligé* de me restituer, et
que, comme il s'agit d'une obligation, d'un rapport de personne à personne, mon droit de réclamation n'existe que vis-à-vis de lui. Mais il
est bien évident qu'on ne peut pas conclure de ce que la personne est
obligée de lui restituer l'immeuble, qu'elle en soit propriétaire, ni de ce
que j'ai contre elle un droit personnel, que je n'aie pas aussi mon droit
réel. — On dit enfin que si le législateur n'avait pas entendu supprimer,
pour ce cas, le droit de revendication contre les tiers, il n'aurait pas
écrit l'art. 1380, puisque si j'avais le droit d'aller reprendre mon bien
entre les mains de l'acheteur, on n'aurait pas pris la peine de faire cet article pour me réserver le droit d'en demander le prix à l'aliénateur,
surtout pour le cas où ce prix serait inférieur à la valeur réelle, cas où
j'aurais bien plus d'avantage à reprendre mon bien en nature. Mais
outre que cet art. 1380, en proclamant mon droit de réclamer le prix,
ne parle nullement de supprimer mon droit de revendiquer le bien,
cet article serait d'ailleurs utile, même au point de vue où se place
ici le système contraire, pour les choses mobilières, puisque, pour elles,
la revendication sera toujours impossible d'après la disposition de
l'art. 2279 (qui rend l'acquéreur propriétaire par l'effet immédiat de
sa possession); et ce cas de choses mobilières sera précisément le plus
fréquent.

On pourrait enfin argumenter, quoiqu'on ne l'ait pas fait jusqu'ici,
des travaux préparatoires, du moins pour le cas de payement reçu de
bonne foi. Car on lit, dans le rapport fait au nom du Tribunat devant le
Corps législatif, que c'est seulement en cas de mauvaise foi que la vente
n'ôtera pas au propriétaire le droit de revendiquer. (Fenet, III, p. 487.)
Mais ce rapport contient tant d'opinions inexactes, notamment l'idée,
réfutée plus haut, que les deux art. 1376 et 1377 ne prévoient qu'un
seul et même cas (*ibid.*, p. 484), et cette autre, rejetée, avec raison,
par tous les auteurs et par Toullier lui-même, que même le possesseur
de bonne foi répond de la perte et des détériorations arrivées par son
fait (*ibid.*, p. 486), qu'il est bien impossible de l'accepter comme la

véritable expression de la pensée législative, quand il est en opposition avec les principes.

Il faut donc s'en tenir aux idées que nous avons présentées; et Toullier lui-même avoue implicitement la justesse de ces idées quand il dit (n° 98) : « Il est vrai que le vendeur n'avait qu'une propriété révocable, et que, d'après les art. 2125 et 2182, le vendeur ne transmet que les droits qu'il avait lui-même et sous l'affectation des mêmes résolutions; mais ce principe souffre *une exception unique* dans notre cas. » Où donc est formulée cette exception dont on est obligé d'avouer la nécessité? Nulle part; et dès lors les principes demeurent dans toute leur puissance. C'est ce que reconnaît implicitement un arrêt de cassation du 4 avril 1838. (Dev., 38, I, 306.) (1)

Du reste, quand l'aliénation a été faite de bonne foi, le demandeur en éviction sera tenu de rembourser à l'aliénateur tout ce que celui-ci payerait à l'acquéreur en sus du prix reçu. C'est évident, puisque l'art. 1380 veut que le vendeur de bonne foi n'ait jamais à rendre au delà du prix de la vente. C'est de toute justice, en effet; car si celui qui a reçu de bonne foi le payement indu n'y doit rien gagner (sauf les fruits qu'il peut avoir comme possesseur de bonne foi), il n'y doit non plus rien perdre; si un préjudice quelconque doit être souffert, c'est évidemment par celui dont l'imprudence et l'inattention en sont la cause.

1381. — Celui auquel la chose est restituée doit tenir compte, même au possesseur de mauvaise foi, de toutes les dépenses nécessaires et utiles qui ont été faites pour la conservation de la chose.

I. — Cet article, relatif, comme les deux précédents, au cas d'un immeuble ou d'un meuble déterminé *in individuo,* et qui prévoit la restitution faite en nature de cet immeuble ou de ce meuble, nous présente une rédaction inexacte et incomplète. — Elle est inexacte, en parlant de dépenses *nécessaires* et *utiles* faites *pour la conservation de la chose.* Car toute dépense faite pour la conservation de la chose est une dépense nécessaire; en sorte qu'il y a tout à la fois pléonasme dans les mots *nécessaires* et *faites pour la conservation,* puis contradiction entre ces mêmes mots et l'adjectif *utiles.* Il fallait dire : dépenses nécessaires, *c'est-à-dire* faites pour la conservation. — Elle est par là même incomplète, puisqu'elle ne règle le sort ni des dépenses *utiles,* c'est-à-dire faites non pour la conservation, mais pour l'amélioration, ni des dépenses *voluptuaires* ou de simple agrément. On conçoit, au surplus, qu'une seule et même dépense peut être nécessaire pour une partie, simplement utile pour une autre partie, et purement voluptuaire pour le reste, et qu'il faudrait appliquer à chaque fraction de cette dépense unique les règles relatives à chaque espèce de dépenses.

II. — Les dépenses faites pour la conservation de la chose doivent,

(1) *Conf.* Durantou (t. XIII, n° 683); Larombière (t. V, art. 1380, n° 7); Aubry et Rau (p. 535).

d'après notre article, être restituées intégralement et toujours, sans distinction de la bonne ou de la mauvaise foi du possesseur. — Quant aux dépenses simplement utiles, c'est-à-dire celles qui, sans être indispensables à la conservation du bien, tendraient seulement à le mettre en meilleur état, on devra, dans le silence de notre article, appliquer la règle générale tracée pour tout possesseur par l'art. 555 (1). — Pour ce qui est des dépenses voluptuaires, elles ne sont pas remboursables par le propriétaire, sauf que le possesseur pourrait enlever ce qui serait susceptible d'enlèvement, à la charge de rétablir les lieux dans leur premier état (art. 599).

Ainsi, dans les rapports de celui qui a fait le payement avec celui qui l'a reçu, la distinction de la bonne ou de la mauvaise foi de ce dernier n'est à considérer que pour les dépenses utiles, conformément à l'art. 555, et non pour les dépenses nécessaires et voluptuaires. Mais cette distinction aurait plus de portée, toujours chez celui qui a reçu, en ce qui touche un tiers acquéreur, et elle doit se faire aussi chez le propriétaire. Ainsi, d'une part, s'il s'agissait d'un tiers acquéreur, et que la chose lui eût été vendue de mauvaise foi, ce tiers pourrait se faire indemniser par son vendeur de toutes les dépenses, même voluptuaires, que le propriétaire de bonne foi n'est pas tenu de rembourser. Telle est la disposition formelle de l'art. 1635, et elle est fort juste, puisqu'il y a, dans ce cas, de la part du vendeur, un quasi-délit qui l'oblige à la réparation de tout le tort qu'il a causé. Une obligation semblable frapperait, et par la même raison (soit au profit de celui qui a reçu de bonne foi le payement, soit au profit du tiers acquéreur), sur un propriétaire qui aurait été de mauvaise foi, c'est-à-dire qui aurait fait le payement indu sachant bien qu'il ne devait pas la chose. Il est clair que ce propriétaire devrait alors réparer intégralement le préjudice causé par le fait blâmable qu'il a commis, et que les règles posées dans le premier alinéa de ce n° II ne concernent que celui qui n'a livré la chose indue que par erreur.

CHAPITRE II.

DES DÉLITS ET DES QUASI-DÉLITS.

I. — Nous savons déjà qu'on entend ici par délit le fait répréhensible et dommageable, accompli avec mauvaise intention, et que le quasi-délit est le fait, également répréhensible et dommageable, accompli sans intention mauvaise.

Nous indiquons quel est *ici* le sens du mot délit; car le délit en matière civile n'est pas la même chose que le délit de droit criminel. En droit criminel, le mot *délit* a deux sens : l'un générique, l'autre

---

(1) *Conf.* Toullier (XI, n° 111); Rolland (n°ˢ 91 et 92); Duranton (675); Dalloz (v° Oblig., n° 5586).

spécial : il signifie, *lato sensu*, tout fait puni par le Code pénal ; puis, dans un sens plus restreint, il désigne le fait entraînant une peine correctionnelle, et se trouve opposé au *crime* et à la simple *contravention*. Ainsi, en droit criminel, il y a trois classes de *délits :* les *crimes,* les *délits* (spécialement dits) et les *contraventions.* Il serait bon, au surplus, de remplacer toujours le mot délit, pris dans son sens générique, par le mot *infraction,* comme le fait le Code pénal (Code pénal, art. 1, 5 et autres ; Code d'instruction criminelle, art. 41, etc.).

Le délit civil n'est pas toujours délit pénal, et réciproquement le délit pénal n'est pas toujours délit civil ; en sorte que M. Duranton tombe dans l'erreur quand il enseigne (XIII, 697 et 698) que le mot *délit* est pris ici dans le sens générique que lui donne le droit criminel. Ainsi, le stellionat, qui constitue un délit civil (art. 2059), n'est pas incriminé par la loi pénale ; réciproquement, l'homicide commis par simple imprudence et sans aucune intention constitue un délit criminel (Code pénal, art. 319), tandis que par cela même qu'il n'y a pas eu intention mauvaise, il n'est pas un délit civil et ne peut être qu'un quasi-délit, en supposant que cet homicide préjudicie à quelqu'un. De même une tentative de meurtre, qui constitue un crime (Code pénal, art. 2), ne saurait être, en droit civil, ni délit, ni quasi-délit, puisqu'il n'y a pas de préjudice causé, et qu'ainsi il n'existe pas de fait dommageable.

II. — Le délit et le quasi-délit, qui se distinguent l'un de l'autre par la présence ou l'absence de l'intention de nuire, ne peuvent exister et donner lieu à la réparation du dommage causé que sous ces deux conditions : 1° que le fait soit illicite ; 2° et qu'il soit imputable à l'agent.

Il faut d'abord que le fait soit illicite, c'est-à-dire qu'il présente une violation du droit d'autrui, une infraction à un devoir, et ne constitue pas l'exercice d'un droit. Il est clair, par exemple, que celui qui élève un mur sur son terrain, en face de ma maison, si gênante et dommageable que sa construction puisse être pour moi, ne commet pas un délit. Il faut ensuite que ce fait illicite soit imputable, c'est-à-dire vraiment volontaire et provenant d'une libre détermination. Ainsi, l'enfant en bas âge ou le fou ne peuvent être auteurs d'un délit ou quasi-délit (1). Nous parlons, bien entendu, de l'acte accompli par un fou au moment où il est privé de sa raison ; car, s'il s'agissait d'un fait accompli pendant un intervalle lucide, il pourrait fort bien constituer le délit ou le quasi-délit.

L'ivresse, quelque profonde qu'elle fût, ne saurait faire obstacle à la réparation, puisqu'il y a obligation de réparer tout dommage causé par une faute, si légère qu'elle soit, et qu'il y a faute à s'enivrer. Sans doute, l'ivresse pourra diminuer assez l'usage de la raison pour qu'il ne puisse plus y avoir délit criminel, mais il y aura toujours faute, pour le fait même de s'être enivré, et il y aura lieu dès lors, en matière civile, sinon au délit, du moins au quasi-délit.

----

(1) *Voy.* Bruxelles, 21 janv. 1820 ; Crim., cass., 19 déc. 1817, 17 mars 1806 ; Bruxelles, 7 nov. 1816 ; Paris, 7 janv. 1809 ; Req., 29 nov. 1832 ; Bordeaux, 28 mai 1856.

III. — La loi s'occupe simultanément des délits et des quasi-délits dans les art. 1382 et 1383, puisqu'elle consacre l'obligation résultant de tout acte préjudiciable et fautif, sans distinguer si cet acte a été ou n'a pas été accompagné de l'intention de nuire. Du reste, le premier de ces articles formule suffisamment ce principe, et on va voir que le second est une répétition parfaitement inutile, inexacte même, et qu'il faut considérer comme non avenue. Elle s'occupe ensuite exclusivement des quasi-délits dans les art. 1384-1386, relatifs à des cas de responsabilité dans lesquels l'intention de nuire n'a guère pu exister.

1382. — Tout fait quelconque de l'homme, qui cause à autrui un dommage, oblige celui par la faute duquel il est arrivé à le réparer.

1383. — Chacun est responsable du dommage qu'il a causé non-seulement par son fait, mais encore par sa négligence ou son imprudence.

SOMMAIRE.

I.   L'art. 1382 embrasse tous les délits et quasi-délits. Importance du mot *faute*.
II. Il n'y a faute dans l'omission que quand on n'a pas fait ce qu'on était *tenu* de faire. Erreur de Toullier.
III. Il ne s'agit ici que de la violation des devoirs généraux, non de la violation d'obligations. Erreur de M. Duranton.
IV. Les délits et quasi-délits civils n'entraînent pas solidarité.
V.   L'art. 1383 fait double emploi avec l'art. 1382, et pourrait être retranché.

I. — Le premier de ces articles, par sa rédaction large et compréhensive, embrasse tous les cas possibles de délits et de quasi-délits, puisqu'il fait résulter l'obligation de réparer, de *tous faits quelconques,* soit de commission, soit d'omission, causant du dommage à autrui et arrivés *par la faute* de leur auteur. Sa proposition comprend donc tous les faits dommageables et répréhensibles, sans distinction, aussi bien ceux dans lesquels il n'y a pas eu dessein de nuire (les quasi-délits) que ceux dans lesquels cette intention a existé (les délits).

Il faut bien remarquer ce mot *faute*, dont on a quelquefois fait abstraction, et qui est essentiel à l'exactitude du principe. On entend souvent dire que tout fait causant du dommage oblige son auteur à réparer ce dommage. C'est une grave erreur. L'auteur du fait dommageable n'est tenu à réparation que quand ce fait est en même temps répréhensible, c'est-à-dire illicite et imputable tout à la fois, comme on l'a vu plus haut; en un mot, quand l'acte constitue *une faute* de la part de son auteur, qui, d'un côté, n'avait pas le droit de l'accomplir, et qui, d'un autre côté, l'a accompli intelligemment et avec le libre usage de sa volonté. C'est ainsi, comme nous l'avons dit déjà, que la construction que j'ai faite dans les conditions voulues par la loi, bien qu'elle vienne masquer toutes vos fenêtres, ne m'oblige à rien, parce que, si ce fait préjudiciable est volontaire, il n'est pas illicite; c'est ainsi également que l'acte d'un fou qui vient couper vos arbres ne l'oblige pas non plus, parce que, si ce fait préjudiciable est illicite, il n'est pas volontaire. Dans ces cas et autres semblables, il n'y a pas faute, et la faute est indispensable pour faire naître l'obligation de réparer le dommage causé (1).

II. — Et, bien entendu, il en est ainsi dans l'omission comme dans le fait positif par commission. Cette omission, pour faire naître l'engagement, doit être également imputable et illicite.

Qu'elle doive être imputable et qu'un fou ou un enfant en bas âge ne répondent pas plus de leurs omissions que de leurs faits positifs, on ne l'a jamais nié ; mais Toullier n'a pas compris qu'elle doit aussi être illicite, et que, comme le fait positif n'oblige que lorsqu'il est l'accomplissement *d'une chose défendue par la loi*, de même le fait négatif ne peut obliger que quand il est l'abstention *d'une chose ordonnée par la loi*. De même que je ne suis tenu pour ce que j'ai fait que lorsque je devais ne pas le faire, de même je ne réponds de ce que je n'ai pas fait que quand *je devais le faire*. Comment donc Toullier, qui développe si bien la première idée (XI, 120), a-t-il pu nier la seconde et soutenir (n° 117, 2ᵉ art.) que celui-là est toujours tenu qui, pouvant empêcher une action nuisible, ne l'a pas empêchée ? Il ne suffit pas qu'il l'ait *pu*, il faut qu'il l'ait *dû*, et les autorités que Toullier cite à l'appui de sa doctrine viennent précisément la contredire. Il invoque d'abord une loi romaine qui déclare le *maître* tenu du délit qu'il a laissé commettre *par son esclave*, alors qu'il eût pu l'empêcher. Il invoque ensuite la loi prussienne ; or cette loi dit : « Celui qui souffre sciemment ce qu'il pouvait et *devait* empêcher. » Enfin, il invoque Domat, qui dit de même : « Ceux qui, pouvant empêcher un dommage que quelque *devoir* les engageait de prévenir… » et Domat cite l'exemple d'un maître répondant du fait de son domestique (art. 1384) (2).

III. — Il ne s'agit donc que de faits, soit positifs, soit négatifs, qui présentent la violation d'un devoir.

Remarquons bien que c'est de la violation d'un devoir proprement dit qu'il s'agit, d'un de ces devoirs généraux existant au profit de toutes personnes, et non pas de la violation du devoir existant spécialement de telle personne déterminée à telle autre personne déterminée, et qui constitue l'obligation. Les violations d'obligations sont prévues par la section 4 du chapitre 3 du titre précédent (art. 1146-1155) ; le Code ne s'occupe plus ici, sous le nom de délits et de quasi-délits, que des violations de devoirs généraux, et M. Duranton commet une inexactitude qu'il faut éviter, quand il confond (XIII, 710) ces deux classes d'infractions que le Code a dû distinguer et séparer. Ce n'est pas seu-

---

(1) Sur ce qu'il faut entendre par la *faute*, vide : Paris, 30 nov. 1840 ; Lyon, 16 mars 1854 ; Bastia, 26 fév. 1855 ; Req., 19 juill. 1854 ; Rej., 1ᵉʳ fév. 1855, 29 janv. 1856, 8 juin 1857. — *Voy.*, au sujet des médecins, Req., 18 juin 1835 ; Colmar, 10 juill. 1850 ; Besançon, 18 déc. 1844 ; Cass., 21 juill. 1862 ; Coffinière *Encyclop. du droit*, v° Art de guérir, n° 61) ; Morin (*Rép.*, cod. v°, n° 4) ; Orfila (*Méd. lég.*, 4ᵉ édit., p. 47).
(2) *Voy.* Proudhon (*Usuf.*, n°ˢ 1524 et 1525) ; Merlin (*Rép.*, v° Faute) ; Rolland de Villargues (n° 6) ; Sourdat (*De la Resp.*, 662) ; Zachariæ (t. III, § 444, p. 189) ; Dalloz (v° Re-p., 87 et 101) ; Larombière (art. 1382, § 6) ; Cass. crim., 19 déc. 1817 ; Rennes, 25 avril 1836 ; Req., 30 juin 1836.

lement pour la rectitude des idées que la distinction doit être faite, elle a aussi de l'importance pratique. La loi, en effet, ne disant nulle part, dans notre chapitre, jusqu'à quel point précis l'auteur du fait devra réparer le tort causé, et s'il devra seulement les dommages que l'on pouvait prévoir comme conséquences du fait ou aussi ceux dont la prévision était impossible, il paraîtrait naturel (si, comme M. Duranton, l'on identifiait les violations d'obligations aux délits ou quasi-délits, en considérant les premières comme l'une des classes de ceux-ci) d'appliquer à notre matière la distinction des art. 1150, 1151, qui veulent que les dommages impossibles à prévoir soient dus en cas de dol seulement, ce qui conduirait à dire ici qu'ils seront dus dans les délits et ne le seront pas dans les quasi-délits. Ce serait une erreur : la réparation de tout le dommage causé, même dans la partie qu'il eût été impossible de prévoir au moment du fait, est due, dans notre matière, pour tous les cas, et aussi bien dans les quasi-délits que dans les délits. La disposition favorable de l'art. 1150, qui restreint l'indemnité au dommage qu'on a pu prévoir, est, comme nous l'avons vu en expliquant cet article, le résultat d'une convention tacite. Or on conçoit que cette convention n'est admissible qu'en présence d'un contrat ou de son équivalent, le quasi-contrat.

Il va sans dire, au surplus, que l'indemnité ne sera due que pour les dommages qui seront des conséquences directes du fait, et dont ce fait sera la cause unique, ainsi qu'il a été expliqué sous l'art. 1151.

IV. — Nous avons vu, sous l'art. 1202, que les quasi-délits et les délits civils n'entraînent pas solidarité comme les délits criminels, et que si certains jurisconsultes (notamment M. Zachariæ, t. II, p. 262) ont enseigné le contraire, c'est en confondant la solidarité avec les cas où la chose est due par chaque obligé *in totum*, sans l'être *totaliter* (1).

V. — L'art. 1382 une fois expliqué, comme il vient de l'être, on ne voit guère ce que vient faire à côté de lui l'art. 1383.

Quelques jurisconsultes l'ont entendu comme s'occupant exclusivement du fait accompli sans intention mauvaise, c'est-à-dire du quasi-délit, l'art. 1382 devenant ainsi spécial au fait accompli avec l'intention de nuire, avec la faute par excellence, c'est-à-dire le dol, et constituant ainsi le délit. Mais cette interprétation est inadmissible, puisque l'art. 1382, au lieu d'opposer l'imprudence à la *faute* (ce qui donnerait, en effet, à ce dernier mot le sens de faute lourde, de dol), l'oppose tout simplement au fait. L'article ne dit pas : « Chacun est responsable du dommage qu'il a causé, non-seulement *par sa faute* », mais bien « non-seulement *par son fait* », ce qui comprend aussi bien l'acte commis sans intention de nuire que l'acte commis avec cette intention.

Il paraît donc probable qu'on a voulu opposer *le fait* proprement dit *à l'omission,* en appliquant l'art. 1382 aux délits et quasi-délits con-

_____

(1) *Conf.* Pigeau (II, 604); Bioche (vº **Dom.**); Sourdat (nº 744); Cass., 12 juill. 1837, 19 avril 1836, 8 nov. 1836, 10 janv. 1849, 20 juill. et 29 déc. 1852.

sistant en un fait positif, et l'art. 1383 aux délits et quasi-délits consistant en un fait négatif, en une simple abstention. Mais, outre que l'opposition du fait à l'imprudence n'est pas exacte, puisqu'il peut y avoir simple imprudence aussi bien dans un fait de commission que dans une omission (c'est ce qui a lieu notamment dans l'homicide par imprudence), l'art. 1384 donne évidemment au mot *fait* le sens large que nous lui avons attribué, et on ne voit pas pourquoi ce mot aurait, dans l'art. 1382, une autre signification que dans l'art. 1384. Le mieux est donc de ne tenir aucun compte de cet art. 1383, qui n'ajoute rien à l'art. 1382, entendu comme il doit l'être.

1384. — On est responsable, non-seulement du dommage que l'on cause par son propre fait, mais encore de celui qui est causé par le fait des personnes dont on doit répondre, ou des choses que l'on a sous sa garde.

Le père et la mère, après le décès du mari, sont responsables du dommage causé par leurs enfants mineurs habitant avec eux;

Les maîtres et les commettants, du dommage causé par leurs domestiques et préposés dans les fonctions auxquelles ils les ont employés;

Les instituteurs et les artisans, du dommage causé par leurs élèves et apprentis pendant le temps qu'ils sont sous leur surveillance.

La responsabilité ci-dessus a lieu, à moins que les père et mère, instituteurs et artisans, ne prouvent qu'ils n'ont pu empêcher le fait qui donne lieu à cette responsabilité.

SOMMAIRE.

I. Les cas de cet article et des suivants sont des cas de quasi-délit où la faute est de plein droit présumée par la loi. La preuve contraire à cette présomption est admise dans certains cas.
II. Le père répond de l'enfant mineur habitant avec lui, même après l'émancipation. Dissentiment avec Toullier. On excepte le cas de mariage.—Quand le père est interdit, absent ou seulement en voyage, c'est la mère qui répond. — Tuteurs, maris, instituteurs. La preuve contraire est admise.
III. Maîtres et commettants. La preuve contraire ne leur est pas ouverte.
IV. La responsabilité a lieu sans distinguer si l'auteur du fait dommageable a agi avec discernement. Erreur de Toullier. Quand il y a eu discernement, l'agent est responsable lui-même.

I. — Les cas dans lesquels cet article et les deux suivants imposent à une personne la responsabilité du dommage causé, soit par d'autres personnes dépendant d'elle, soit par des animaux ou des choses lui appartenant ou confiées à sa garde, sont des cas de quasi-délit. Car cette responsabilité repose sur la présomption que l'obligé, qui était tenu de surveiller les personnes, les animaux ou les choses de manière à les empêcher de nuire à autrui, ou de n'employer que des personnes incapables de nuire, a fautivement omis de le faire. Il y a donc là un fait négatif, un fait d'omission, préjudiciable et répréhensible. Seulement, tandis que dans les autres cas c'est au demandeur en indemnité de prouver, non-seulement qu'il a subi un dommage et que ce dommage résulte du fait de l'adversaire, mais encore qu'il y a eu faute de l'adversaire dans l'accomplissement de ce fait, ici le demandeur n'a pas à prouver cette faute chez la personne déclarée responsable ; cette faute est présumée, de plein droit, par la loi. Du reste, la présomption de faute (qui découle ainsi de plein droit de la constatation du dommage causé par les personnes, les animaux ou les choses) est plus ou moins sévère, selon les cas ; car tantôt, comme on va le voir, la loi réserve au défendeur la faculté de prouver qu'il n'a pu empêcher le fait, et que dès lors il n'y a chez lui ni faute ni responsabilité possibles, tantôt, au contraire, cette faculté n'existe pas, en sorte que la présomption de faute et l'obligation qui en résulte subsistent alors, malgré toute allégation d'impossibilité d'empêchement.

N'oublions pas, au surplus, qu'ici comme dans tous les cas où le témoignage est admis, la justification, soit du demandeur, soit du défendeur, peut, à défaut d'une preuve précise et proprement dite, se faire par de simples inductions tirées des circonstances du débat et laissées à l'appréciation du juge, qui est ainsi autorisé à se contenter d'une vraisemblance, à défaut de certitude. Nous avons plus d'une fois fixé l'attention sur cette règle importante que nous rappelons ici, en terminant cette longue matière des obligations, et il ne faudra jamais perdre de vue que, quand on parle de la nécessité où une partie se trouve de faire preuve, la proposition se réduit à dire (à moins qu'on ne soit dans un cas où la preuve écrite est seule admissible et où il n'y aurait pas commencement de preuve par écrit), que cette partie doit procurer au juge, ou la certitude, ou *une grave probabilité* de la vérité de son allégation.

II. — Le père est responsable du dommage causé par son enfant, tant que cet enfant est mineur et habite avec lui. Il n'y a pas à distinguer, à cet égard, entre l'enfant émancipé et celui qui ne l'est pas (1). Quoique l'émancipation fasse cesser légalement l'autorité des parents (art. 372), la loi pense, avec raison, qu'il leur reste sur l'enfant mineur, tant qu'il demeure avec eux, une autorité morale qui suffit bien pour les rendre responsables. La doctrine contraire de Toullier (XI, 277) est repoussée par M. Duranton (XIII, 215) et par M. Zachariæ (III, p. 197), qui enseignent que l'émancipation d'un enfant indigne de cette faveur, loin de couvrir la responsabilité des parents, constitue déjà, de leur part, une grave imprudence. Il est vrai, et tout le monde le reconnaît, qu'il en serait autrement en cas de mariage de l'enfant ; mais la cessation de la responsabilité a lieu alors, non pas précisément parce que l'enfant est émancipé, mais parce qu'il est *marié,* et qu'en se mariant il est sorti de la puissance paternelle pour devenir chef de famille ou passer sous l'autorité de son mari.

_____

(1) Ni entre les enfants légitimes, naturels reconnus ou adoptifs. **Duranton** (n° 715); **Sourdat** (814) ; **Dalloz** (v° Resp., 560).

Lorsque le père est mort, interdit ou seulement privé de raison sans qu'il y ait eu interdiction, absent déclaré ou présumé, ou seulement parti pour un voyage, comme il lui est bien impossible alors de surveiller l'enfant, c'est sur la femme que la responsabilité retombe. M. Zachariæ (*loc. cit.*) n'admet pas cette décision pour le dernier cas. Mais, d'une part, comment le père, qui voit cesser sa responsabilité en plaçant son enfant chez un instituteur ou en apprentissage chez un maître quelquefois peu éloigné de lui, n'y serait-il pas soustrait quand il est à cent ou deux cents lieues de l'enfant ? D'autre part, comment la mère, pendant cet éloignement du père, pourrait-elle échapper à la responsabilité qui pèse sur une simple institutrice ?... (1)

En cas de séparation de corps, la responsabilité porte sur celui des époux auquel est remise la garde de l'enfant. Quand il n'y a pas mariage, c'est également celui des parents naturels chez qui l'enfant demeure qui est responsable ; et si ces parents demeurent ensemble, c'est tout naturellement le père.

Quoique notre article présente une disposition exceptionnelle et rigoureuse qui ne doit pas dès lors s'étendre par analogie, cependant comme le tuteur, chez lequel demeure l'enfant, se trouve ainsi, quant à sa garde, dans une position non pas seulement analogue, mais *identique* à celle du père ou de l'instituteur, il ne nous paraît pas douteux qu'il soit soumis à la même responsabilité (2). De même, si le tuteur n'avait pas la garde de l'enfant, qui serait placé chez un aïeul ou toute autre personne, c'est cette personne qui s'est chargée de l'enfant qui serait responsable (3). Mais il en serait autrement du mari à l'égard de sa femme ; car il n'a pas pour la direction de la conduite de celle-ci une autorité aussi grande que celle qu'on a sur de jeunes enfants, et, d'autre part, les tiers lésés auront toujours contre la femme le recours direct qui leur manquerait, la plupart du temps, contre l'enfant. Car la femme mariée, même mineure, aura toujours assez d'intelligence pour répondre de ses actes (4).

Les personnes ci-dessus cessent d'être responsables lorsqu'elles prouvent qu'il leur a été impossible d'empêcher le fait dommageable, quoique leur surveillance et leurs soins aient été ce qu'ils devaient être. Nous disons que leurs soins doivent avoir été ce qu'ils devaient être ; car il ne suffirait pas assurément qu'un père n'eût pas pu, dans tel cas particulier, empêcher le mal dont on se plaint, si son impuissance n'était que le résultat de mauvaises habitudes prises et du défaut

(1) *Voy.* Valette, sur Proudhon (*État des pers.*, t. II, p. 245) ; Sourdat (n° 830) ; Duranton (t. III, n° 351) ; Toullier (XI, 278) ; Rolland (n° 31) ; Dalloz (v° Resp., 574 et suiv.) ; Larombière (art. 1384, n° 3).

(2) *Voy.* Loi du 28 sept. 6 oct. 1791, art. 7 ; Code forest. (206) ; Loi du 15 avril 1829, sur la pêche, art. 74 ; Loi du 3 mai 1844, art. 28. *Conf.* Pothier (*Oblig.*, 121) ; Duranton (XIII, 719) ; Zachariæ (t. III, p. 198) ; Sourdat (843).

(3) *Cons.* cependant Cass., 24 mai 1855 (D. P., 1855, I, 426), et Dalloz (v° Resp., 591).

(4) Merlin (*Rép.*, v° Délit, § 8) ; Toullier (II, 279) ; Rolland (v° Resp., n°° 1 à 5) ; Duranton (XIII, 720) ; Zachariæ (t. III, § 447) ; Chauveau-Hélie (t. II, p. 296) ; Sourdat (849) ; Larombière (art. 1384, n° 7).

d'éducation et de discipline. Cette impuissance est alors une faute qui, le jour où elle aura causé quelque préjudice à autrui, l'obligera à le réparer. (Bourges, 19 mars 1821 ; Bordeaux, 1ᵉʳ avril 1829.) (1) Les instituteurs et les artisans répondent également du dommage que leurs élèves et apprentis ont pu causer pendant qu'ils les avaient sous leur garde, sauf aussi à prouver qu'ils n'ont pas pu empêcher le fait. Il est clair qu'on ne range pas, sous ce rapport, dans la classe des instituteurs, les maîtres qui ne font que donner des leçons à l'heure, sans avoir la surveillance des jeunes gens. (*Voy.* Larombière, art. 1384, nº 17.)

III. — Les maîtres et les commettants sont tenus du dommage causé par leurs domestiques ou préposés. La règle, bien entendu, s'applique à l'État et aux diverses administrations publiques, par rapport à leurs agents préposés ou employés, comme aux commettants particuliers (2).

Mais il y a ici à faire cette double observation, que, d'une part, il s'agit seulement du dommage que les domestiques ou préposés ont causé dans l'exercice même de leurs fonctions, en faisant ce à quoi ils étaient employés (3), et que, d'un autre côté, les maîtres et commettants ne sont pas admis à se décharger de la responsabilité en prouvant qu'ils n'ont pas pu empêcher le fait dommageable. Le dernier alinéa de notre article, en accordant la preuve aux père, mère, etc., ne l'accorde pas aux maîtres et commettants, et les travaux préparatoires ne laissent pas de doute sur le dessein de cette omission : « Ils ne peuvent, dans aucun cas, y est-il dit, argumenter de l'impossibilité où ils prétendraient avoir été d'empêcher le dommage... N'ont-ils pas à se reprocher d'avoir donné leur confiance à des hommes méchants, maladroits ou imprudents ? » (Fenet, t. XIII, p. 476.) (4)

IV. — La responsabilité dont il s'agit existe, quoi qu'en ait dit Toullier (XI, 260 et 270), sans qu'il y ait à distinguer si le fait qui a causé le dommage est ou non imputable à son auteur. Ainsi, quand le père, au lieu de surveiller son enfant de six ou sept ans et de le garder sous ses yeux, le laisse courir dans les champs, et que cet enfant s'en va, avec d'autres enfants de son âge, ravager les récoltes ou commettre d'autres dégâts, il est bien vrai qu'il n'y a pas de faute et, par conséquent, pas de délit ni de quasi-délit *de la part de l'enfant,* qui n'a pas eu l'intelligence de ce qu'il faisait, mais c'est évidemment par la faute du père que le dommage est arrivé, et, par conséquent, il y a quasi-délit de sa part (5). Il en serait de même pour un commettant qui aurait pris ou

(1) *Voy.* encore Cass., 29 mars 1827 ; Caen, 2 juin 1840 ; Req., 28 fév. 1843.

(2) Amiens, 26 août 1831 ; Riom, 1ᵉʳ déc. 1831 ; Rej., 27 juin 1832 ; Paris, 25 janv. 1833 ; Paris, 3 mars 1834 (Dev., 32, I, 838 ; 33, I, 99, et II, 410 ; 34, II, 85) ; Douai, 18 déc. 1839 ; Rej., 22 janv. 1835 ; Cass., 12 mai 1851.

(3) *Cons.* Cass., 5 juin 1861 ; Sirey et Devill. (1862, I, 151). *Voy.* Larombière (art. 1384, nº 9).

(4) *Conf.* Pothier (*Oblig.*, 121) ; Maleville (III, 191) ; Toullier (XI, 283) ; Delvincourt (III, 218) ; Rolland (nº 56) ; Duranton (XIII, 724) ; Zachariæ (III, p. 199) ; Sourdat (nº 903).

(5) *Conf.* Nîmes, 13 mars 1855, et Lyon, 30 mars 1851.

conservé un employé atteint de démence, d'un maître qui chargerait de fonctions dangereuses un enfant inintelligent ou trop jeune pour s'en bien acquitter, qui lui ferait, par exemple, conduire une voiture...

Toullier, prenant le change d'une étrange façon, insiste sur ce *principe, émané de la loi éternelle et immuable,* qu'un fait ne saurait être imputé à celui qui l'a accompli sans discernement; mais ce n'est pas là la question. La loi n'impute pas ici le fait à l'agent, elle l'impute, avec raison, à celui qui est en faute d'avoir employé cet agent et de ne l'avoir pas surveillé suffisamment. Mon animal lui-même m'oblige par ses dégâts, d'après l'article suivant; or, mon chien a-t-il agi avec discernement?... Quand à l'ancienne jurisprudence, que Toullier prétend, à tort, conforme à sa doctrine, elle lui était contraire, puisque, comme il le reconnaît lui-même, elle ne faisait cesser la responsabilité du père, même pour le dommage causé par un enfant incapable de discernement, *que quand ce père n'avait pas pu prévenir ni empêcher ce dommage.*

Quand l'auteur du fait a agi avec discernement, en sorte qu'il est lui-même coupable du délit ou du quasi-délit, on comprend que celui qui a subi le préjudice peut alors agir, à son choix, ou contre l'auteur même du fait, ou contre la personne que la loi déclare responsable; et, dans ce même cas, cette personne responsable, si c'est elle qui a payé l'indemnité, a son recours contre l'auteur du fait.

1385. — Le propriétaire d'un animal, ou celui qui s'en sert, pendant qu'il est à son usage, est responsable du dommage que l'animal a causé, soit que l'animal fût sous sa garde, soit qu'il fût égaré ou échappé.

1386. — Le propriétaire d'un bâtiment est responsable du dommage causé par sa ruine, lorsqu'elle est arrivée par une suite du défaut d'entretien ou par le vice de sa construction.

SOMMAIRE.

I.   Responsabilité du dommage causé par des animaux.
II.   Dommage causé par l'écroulement d'une construction. Renvoi pour d'autres cas de responsabilité.
III. Délais dans lesquels doit s'intenter l'action en réparation du dommage causé par des délits ou quasi-délits.

I. — Le propriétaire d'un animal, sauvage ou domestique, peu importe, répond du préjudice causé par cet animal, aussi bien quand il était égaré ou échappé au moment du dommage, que quand il se trouvait alors sous la garde du maître ou de ses gens; car il y a faute, défaut de surveillance et de soins suffisants, à avoir laissé l'animal s'enfuir.

Le propriétaire offrirait en vain de prouver qu'il a fait tout ce qu'il était possible de faire pour empêcher le mal; car, de deux choses l'une, ou il n'a pas pris toutes les précautions que la prudence commandait, et alors il est en faute, ou il s'agit d'un animal tellement méchant que toutes les précautions imaginables pour l'empêcher de nuire sont inefficaces, et alors il est en faute par cela seul qu'il le conserve (1). Il en serait autrement, bien entendu, si c'était par la faute du réclamant que le mal fût arrivé, parce qu'il aurait excité l'animal ou s'en serait approché, malgré les recommandations du gardien (2).

Cette règle de l'art. 1385 s'applique aux lapins d'une garenne, puisque le propriétaire de la garenne est propriétaire des lapins ; mais elle ne s'appliquerait pas aux lapins libres dans les bois, ni à tout autre gibier, puisque le gibier n'est pas la propriété de celui sur le terrain duquel il repose. Sans doute, les propriétaires ou fermiers des terres voisines, auxquels nuirait la trop grande abondance du gibier, pourraient se plaindre ; mais au lieu de pouvoir placer le défendeur sous le coup de la responsabilité de plein droit établie par nos articles, ils ne pourraient invoquer que les art. 1382 et 1383, et n'obtiendraient une indemnité qu'en prouvant que c'est par la faute de leur adversaire que le gibier s'est ainsi accru outre mesure (3).

La responsabilité légale est également imposée à celui qui, sans être propriétaire de l'animal, l'a pris sous sa garde, soit en l'empruntant ou le louant pour s'en servir, soit en le recevant à titre de dépôt ; mais, s'il n'a pas été averti par le maître de la nature difficile et dangereuse de l'animal, il est clair qu'il aura son recours contre le maître. Il n'est pas besoin de dire qu'on ne pourrait plus, sous le Code, comme on le pouvait en droit romain, se soustraire à l'obligation de réparer le dommage en abandonnant l'animal qui l'a causé à la personne lésée (4).

II. — Un dernier cas de responsabilité légale est indiqué par l'article 1386. Le propriétaire d'un bâtiment qui vient à s'écrouler est responsable du dommage causé par sa chute, si l'on prouve que cette chute résulte du défaut d'entretien ou du vice de la construction, sauf, dans ce dernier cas, le recours que le propriétaire peut avoir à exercer contre les architectes ou entrepreneurs (art. 1792). Ici encore, le propriétaire est, de plein droit, présumé en faute ; il a dû savoir que sa maison n'était pas en bon état, il a dû connaître les vices dont elle était affectée et les réparations dont elle avait besoin, et il ne serait pas admis à prouver qu'il avait été trompé et qu'il les ignorait.

Du reste, différents autres cas de responsabilité sont réglés, en de-

_____

(1) Paris, 24 mai 1810 ; Bordeaux, 28 janv. 1841 ; Paris, 20 mars 1846, *Gazette des Tribunaux* et le *Droit* du 21 mars.

(2) *Conf.* Rolland (n° 55) ; Sourdat (1163) ; Dalloz (*loc. cit.*, 717) ; Toullier (XI, 316) ; Domat (liv. 2, tit. 8, sect. 2, n° 7) ; Larombière (art. 1385, n° 3).

(3) Rej., 22 mars 1837 (Dev. et Car., 1837, I, 298) ; 31 déc. 1844, 7 mars 1849, 19 juill. 1859 ; Cass., 25 nov. 1862, 10 juin 1863, 17 fév. 1864. *Voy.* Toullier (310 et suiv.) ; Merlin (*Rép.*, t. XV, add., p. 349) ; Sourdat (1158) ; Dalloz (*loc. cit.*, 737). — En ce qui concerne les volailles et les pigeons, consultez : Merlin (*loc. cit.*, p. 125) ; Toullier (t. XI, n° 300) ; Sourdat (1157) ; Carnot (*Com.* sur l'art. 454) ; Vaudoré (*Lois rurales*, t. II, n° 753) ; Larombière (art. 1385, n° 12).

(4) Larombière (art. 1385, n° 14) ; Zachariæ (t. III, p. 204) ; Merlin (*Rép.*, v° Quasidélit) ; Toullier (t. XI, n° 298).

hors du Code Napoléon, par plusieurs lois spéciales. Ainsi, par exemple, la loi du 10 vendémiaire an 4 déclare les communes responsables du dommage causé, sur leur territoire, par des attroupements ou rassemblements, sauf à la commune à faire cesser sa responsabilité en prouvant : 1° que le dommage a été causé par des personnes étrangères; 2° qu'elle a fait tout ce qui lui était possible pour prévenir le désordre ou le réprimer.

Nous verrons également, dans le Code Napoléon lui-même, d'autres cas de responsabilité. C'est ainsi qu'en cas d'incendie d'une maison, les art. 1733 et 1734 présument en faute, au profit du propriétaire, tous les locataires de la maison, et les déclarent, jusqu'à preuve contraire, auteurs responsables, et solidairement responsables, du dommage causé à ce propriétaire par le sinistre. Il est bien évident, au surplus, par la raison déjà indiquée, que ces dispositions si rigoureusement exceptionnelles ne sauraient être étendues, et que la présomption ainsi établie au profit du propriétaire ne saurait être invoquée par d'autres. C'est un point qui ne peut être douteux pour personne, quoique M. Demante ait eu l'idée de le poser en question dans son *Programme* (II, 879).

III. — Terminons cette matière des délits et quasi-délits par l'indication du délai dans lequel l'action en réparation du dommage devra être intentée.

En principe, toute action personnelle dure trente ans, et ce principe est évidemment applicable en matière de délits ou quasi-délits, comme partout ailleurs (1). Mais il recevra exception toutes les fois que le délit ou quasi-délit consistera en une infraction réprimée par la loi criminelle. L'art. 2 du Code d'instruction criminelle soumet alors l'action civile en réparation du dommage à la même prescription que l'action criminelle. La loi n'a pas voulu qu'après la prescription de l'action publique, on pût venir encore alléguer et prouver un méfait punissable, même sans le faire punir. Or cette prescription, d'après les art. 637, 638 et 640 du même Code, est de dix ans pour les crimes, de trois ans pour les délits, et d'un an pour les contraventions..

Mais si la partie lésée, quoique sachant qu'il y a eu méfait punissable, avait soin de ne rien articuler et de n'argumenter que d'une simple faute civilement répréhensible, l'action pourrait, sous cette précaution, s'intenter pendant trente ans, comme elle le pourra toutes les fois que le délit civil ou le quasi-délit ne constituera pas une infraction atteinte par la loi pénale. Dans les autres cas, l'action durera dix ans, trois ans ou un an, d'après la distinction ci-dessus.

_____

(1) *Conf.* Sourdat (625): Zachariæ, édit. Massé et Vergé (t. IV, p. 19, § 626); Dalloz (v° Respons., n°ˢ 228 et 229).

RÉSUMÉ DES TITRES TROISIÈME ET QUATRIÈME.

DES OBLIGATIONS.

I. — On appelle *obligation* le lien qui astreint spécialement telle personne à une prestation quelconque au profit d'une autre personne.

La nécessité spéciale à une ou plusieurs personnes, et correspondant dès lors à un droit purement relatif et personnel, c'est-à-dire à une créance, constitue seule l'obligation. Quant à la nécessité générale et commune à tous, laquelle correspond au droit absolu, au droit réel, elle forme un *devoir* qu'on est également tenu de ne pas enfreindre, mais qu'il ne faut pas confondre avec l'obligation proprement dite.

Ainsi, par exemple, tandis que le simple devoir n'a jamais pour objet que l'abstention des faits qui nuiraient aux droits d'un tiers, l'obligation, au contraire, peut avoir pour objet, ou de s'abstenir d'un fait, ou d'accomplir ce fait, ou de transférer la propriété ou ses démembrements, ou de procurer une chose à tout autre titre. L'obligation est toujours, pour nous comme pour les Romains, *vinculum juris quo necessitate adstringimur ad aliquid dandum, vel præstandum, vel faciendum, vel non faciendum* (art. 1101) :

II. — Pour traiter avec ordre l'importante matière des obligations, nous étudierons successivement et dans cinq chapitres différents :

1° Les *sources* des obligations ; — 2° Les diverses *espèces* d'obligations ; — 3° L'*effet* des obligations ; — 4° Les causes d'*extinction* des obligations ; — 5° Enfin, la *preuve* des obligations et celle de leur extinction.

CHAPITRE PREMIER.

SOURCES DES OBLIGATIONS.

III. — L'obligation peut naître de cinq sources différentes : le Contrat, le Quasi-contrat, le Délit, le Quasi-délit, et la Loi.

Toutes les obligations, bien entendu, viennent nécessairement de la loi (de la loi civile immédiatement, en même temps que de la loi naturelle médiatement). Mais tandis que la plupart en viennent à la suite d'un fait de l'homme, qui constitue ou un contrat ou un quasi-contrat, ou un délit ou un quasi-délit, quelques autres viennent sans aucun fait de l'homme et par l'effet de circonstances variées qu'il était impossible d'embrasser sous une seule dénomination. On a désigné la source des premières, divisées en quatre classes, par le nom générique du fait qui les produit (contrat, quasi-contrat, délit, quasi-délit), en réservant pour les autres le nom du principe commun à toutes (la loi), qui devient ainsi une appellation spéciale pour celle-ci (art. 1170).

SECTION PREMIÈRE.

DES CONTRATS.

IV. — On entend par *contrat* ou *convention* (car ces deux mots sont synonymes dans le Code) tout accord de plusieurs volontés sur un objet d'intérêt juridique, *consensus plurium in idem placitum.*

Le contrat, qui est la source la plus fréquente des obligations, peut aussi produire d'autres effets, comme nous le verrons en terminant cette section (n° XXVII). Mais c'est surtout en tant que créant des obligations que nous avons à l'examiner ici; et c'est seulement aux contrats productifs d'obligations que s'appliquent les règles qui vont faire l'objet des paragraphes suivants (art. 1101).

§ 1er. — Des diverses espèces de contrats.

V. — Il y a cinq divisions principales des contrats :

1° Ils se divisent en *bilatéraux* (ou synallagmatiques) et *unilatéraux*, selon qu'ils créent des obligations de part et d'autre ou d'un côté seulement. — Si le contrat, en ne créant actuellement qu'une seule obligation, fait cependant naître l'éventualité d'une obligation réciproque, qui peut se réaliser par l'exécution même de la convention, il reçoit le nom de *synallagmatique imparfait* (art. 1102 et 1103).

2° Le contrat est *de bienfaisance* ou *à titre gratuit,* quand l'une des parties rend à l'autre un service, en lui procurant un avantage qui ne reçoit pas d'équivalent; il est *à titre onéreux,* lorsque chacun des contractants entend se procurer un avantage. — Le contrat à titre onéreux est *commutatif,* lorsque des deux côtés l'avantage est certain; il est *aléatoire,* quand, soit des deux côtés, soit d'un côté seulement, cet avantage se trouve soumis à une chance de gain ou de perte (art. 1104-1106).

3° Le contrat est *nommé* ou *innommé,* selon qu'il a ou n'a pas, dans la loi, sa désignation spéciale. Mais, à la différence de ce qui avait lieu à Rome, il est obligatoire dans le second cas aussi bien que dans le premier (art. 1107).

4° Le contrat est *principal,* quand il a son existence propre; il est *accessoire,* lorsqu'il ne peut se former qu'en se rattachant à un autre (*ibid.*).

5° Enfin le contrat est *solennel* ou *non solennel,* selon que son existence légale est ou non subordonnée à l'accomplissement de certaines formalités. Les seuls contrats solennels sont : la donation entre-vifs, les conventions matrimoniales, et la constitution d'hypothèque; mais nous ne parlons, bien entendu, que des contrats ordinaires, pécuniaires, et non des contrats purement moraux, comme le mariage et l'adoption, qui ont leurs règles à part (*ibid.*).

§ 2. — Des conditions requises pour la validité des contrats.

VI. — Quatre conditions sont nécessaires, dans tous les cas, pour la validité du contrat et des obligations qu'il engendre :

1° Le consentement des parties ;

2° La capacité de toute partie qui s'oblige ;

3° Un objet de l'obligation, licite et suffisamment déterminé ;

4° Enfin, une cause également licite de cette même obligation.

On sait en outre que, dans les contrats solennels, il faut ajouter l'accomplissement de certaines formalités (art. 1108).

1° Du Consentement.

VII. — Le consentement, l'accord des volontés, *consensus,* est évidemment de l'essence de tout contrat ; il n'est pas seulement nécessaire pour sa validité, pour son efficacité, mais bien pour son existence, pour sa formation. C'est évident, puisque, comme on la vu, c'est lui qui constitue le contrat. Si donc l'une des parties qui ont contracté (ou plutôt qui paraissent avoir contracté) était, au moment de l'acte, privée de raison, soit par un accès de folie, soit par le délire de la fièvre, soit par l'ivresse, soit par toute autre cause, le prétendu contrat n'existerait pas, la convention ne se serait pas formée, car il n'y aurait pas eu *consensus* (art. 1108).

Il en serait de même si les parties, jouissant d'ailleurs pleinement de leur raison, avaient compris, celle-ci une chose, celle-là une autre chose, et ne s'étaient pas rencontrées sur la nature ou sur l'objet du contrat qu'elles voulaient faire. Ainsi, quand, pour un prix déterminé, vous avez entendu me louer un objet que moi j'entendais acheter, ou quand vous vouliez parler de tel de vos biens, et que moi je comprenais tel autre, il n'y a pas eu rencontre de nos volontés, il n'a pas pu se former de contrat (*ibid.*).

L'accord des volontés étant ce qui constitue le contrat, il est évident que la simple pollicitation, c'est-à-dire l'offre, la proposition, faite par une partie et non encore acceptée par l'autre, ne saurait produire aucun lien. Et comme l'homme n'a pas, ainsi que Dieu, la puissance de lire dans la pensée ; comme, dès lors, le droit positif, le for extérieur, ne peut tenir compte que de la volonté manifestée, le contrat ne se forme que par l'acceptation exprimée, soit par écrit, soit par paroles, soit par les faits ; il ne suffirait pas d'une volonté *in mente retentá*. C'est au juge à dire, en fait, s'il y a eu ou non manifestation suffisante de la pensée (*ibid.*).

VIII.—Au surplus, si le mutuel consentement des parties, si le concours de leurs volontés suffit à la formation du contrat, il ne suffit pas à sa validité, et ce contrat, une fois formé, pourrait être brisé si le consentement, quoique réel, n'avait été donné que par erreur ou extorqué par violence. La lésion et même le simple dol, dont une partie a été victime, conduisent quelquefois au même résultat. Dans tous les cas, l'annulation doit être demandée dans un délai déterminé que nous indiquerons plus loin.

IX. — *De l'Erreur.* — On sait qu'il ne s'agit pas ici de l'erreur qui empêcherait l'existence même du consentement, et dès lors la formation du contrat, mais de celle-là seulement qui vicie ce consentement et permet de faire annuler un contrat qui s'est vraiment formé (article 1109).

La loi accorde l'annulation du contrat pour cause d'erreur : 1° à la partie qui s'est trompée sur les qualités substantielles de l'objet, c'est-à-dire sur celles qui, n'étant pas susceptibles de plus ou de moins, font passer l'objet d'une classe dans une autre, selon qu'elles existent ou n'existent pas ; 2° à celle qui a contracté avec une personne qu'elle prenait pour une autre, alors que la considération de cette autre personne était la cause principale qui la déterminait à consentir (article 1110).

Cette faculté, peut-être exorbitante, ne peut s'exercer, bien entendu, qu'à la charge par le réclamant de prouver l'erreur qu'il allègue; et alors même que l'erreur sera prouvée et l'annulation admise, il pourrait, selon les circonstances, être condamné à des dommages-intérêts pour le tort qu'il cause à l'autre partie par la légèreté avec laquelle il a contracté (*ibid.*).

X. — *De la Violence.* — Lorsque des menaces de violences, accompagnées ou non de violences actuelles, ont été employées contre une personne pour la déterminer à former un contrat, que ces menaces étaient de nature à lui imprimer la crainte raisonnable d'un mal considérable, et que, pour échapper à ce mal, la personne a consenti, la loi regarde avec raison comme incomplet et insuffisant le consentement donné sous une telle influence, et permet de faire annuler la convention. Pour savoir si la crainte éprouvée par le contractant était ou non raisonnable, il faut l'apprécier d'après les circonstances d'âge, de sexe, d'éducation, etc., de la personne violentée (art. 1111-1115).

Le mal considérable dont la crainte peut faire annuler le contrat doit, à la vérité, être personnel au contractant. Mais remarquons qu'il y a souvent un mal bien réel pour moi dans le mal qui ne menace directement que telle autre personne ; car ce n'est pas seulement dans son corps ou dans sa fortune que l'homme peut être atteint ; c'est aussi par le côté moral, dans ses affections et ses sentiments. Ainsi, il faudrait évidemment annuler le contrat auquel je n'aurais consenti que par la crainte de voir assassiner mon frère, un ami, un étranger même. C'est aux tribunaux de voir, par les circonstances de chaque affaire, si le mal qui devait atteindre le tiers a dû constituer aussi un mal considérable pour le contractant lui-même. — Il est un cas, au surplus, où il n'y a pas lieu de faire cette appréciation, qui se trouve alors remplacée par la présomption même de la loi : c'est quand le tiers se trouve être le conjoint ou le parent en ligne directe du contractant. Dans ce cas, le mal qui devait frapper le tiers produit le même effet que s'il avait menacé directement le contractant (*ibid.*).

On comprend, au reste, que la crainte, alors même qu'elle diminuerait gravement la liberté du consentement, ne permettrait pas d'annuler le contrat, si elle n'avait rien d'immoral dans sa cause ni dans son objet. Ainsi, le profond respect que le contractant peut porter à une personne, l'extrême timidité que cette personne lui inspire, la peur qu'il éprouve de la contrarier en rien, ne seront jamais une cause d'annulation, s'il n'y a pas eu d'ailleurs menace d'un mal considérable, crainte de dangers réels (*ibid.*).

XI. — *De la Lésion.* — Le préjudice auquel une partie se soumet en formant un contrat est quelquefois considéré par la loi comme l'indice d'un consentement trop peu éclairé, ou gêné dans sa liberté et arraché par la misère ou de malheureuses circonstances; en sorte qu'il entraîne alors l'annulation de la convention par insuffisance de ce consentement.

La règle s'applique, au profit des mineurs non émancipés, pour tous les actes qui seraient faits par eux seuls, au lieu de l'être par leur représentant, ou tout au moins sous l'autorité de ce représentant (1), et au profit des mineurs émancipés, pour les actes qui excèdent leur capacité, déterminée dans le titre X du livre I. Quant aux majeurs, ils ne peuvent l'invoquer que : 1° dans les partages, pour lésion de plus d'un quart, et 2° dans les ventes d'immeubles, pour lésion de plus de sept douzièmes (art. 1305 et 1118).

XII. — *Du Dol.* — On entend par dol toutes manœuvres frauduleuses, tous moyens fallacieux employés pour tromper une personne et l'amener à contracter.

Le dol, par lui-même, et en tant qu'il ouvre une action spéciale, ne constitue pas un vice de consentement et une cause d'annulation de contrat. Mais, dans un cas donné, il arrive, en définitive, au même résultat, et c'est pour cela que la loi l'assimile aux vices du consentement.

De deux choses l'une, ou l'erreur produite par le dol porte sur les qualités substantielles de la chose, ou bien elle porte seulement sur les qualités accidentelles et secondaires.

Dans le premier cas, il y a bien vice du consentement et cause d'annulation; mais ce n'est pas à cause du dol : c'est à cause de l'erreur même, laquelle aurait toujours produit cet effet quand même aucun dol n'aurait été pratiqué. L'action se fonde alors sur l'erreur, et nullement sur le dol.

---

(1) Régulièrement, l'acte doit être fait par le représentant du mineur; mais le concours de ce représentant à l'acte que le mineur ferait lui-même suffirait pour empêcher la rescision pour lésion : le mineur et son représentant agissant alors tous deux, la présence du premier ne saurait rendre inefficace celle du second. Du reste, pour que l'acte fait par un mineur seul soit seulement annulable pour lésion, il faut que le mineur ait déjà l'intelligence de ses actes; sans cela, l'acte serait radicalement nul, inexistant, pour *absence* de consentement (art. 1305, n° IV).

Quand l'erreur ne porte que sur des qualités accidentelles, le dol produit son effet propre ; mais le consentement ne se trouvant vicié que sur un point secondaire, l'annulation pour insuffisance de ce consentement n'est plus possible. Le contrat demeure donc valable, et la partie trompée peut seulement exiger de l'auteur du dol des dommages-intérêts. — Si l'auteur du dol est un tiers, ces dommages-intérêts consisteront en une somme d'argent représentant la valeur du préjudice souffert, d'après l'appréciation qui sera faite. Si, au contraire, le dol a pour auteur la personne même avec laquelle on a contracté, cette appréciation n'est plus nécessaire : un moyen bien simple existe alors d'arriver à une réparation rigoureusement exacte, c'est de remettre les choses au même état que si le contrat n'avait pas eu lieu. C'est ainsi que le dol, quoiqu'il ne fasse naître au fond qu'une action personnelle en indemnité, conduit cependant à l'annulation du contrat quand il est émané de la partie elle-même.

On a exprimé cette idée en disant que le dol est *in personam*, tandis que l'erreur, la violence et la lésion sont *in rem*. C'est-à-dire que le dol n'est une cause d'annulation que relativement et par rapport au contractant qui s'en est rendu coupable, tandis que l'erreur, la violence et la lésion sont des causes absolues et qui affectent directement le contrat lui-même (art. 1116).

XIII. — Il découle de là une conséquence pratique assez importante. Lorsque la propriété d'un immeuble est transmise au moyen d'un contrat dans lequel l'aliénateur a été victime d'erreur, de violence ou de lésion, le contrat étant annulable absolument, et l'acquéreur n'obtenant qu'une propriété résoluble, ceux auxquels il pourrait transmettre l'immeuble, et qui ne peuvent avoir un droit plus fort que le sien, seront comme lui soumis à l'annulation, et pourront voir résoudre leur propriété. Le simple dol, au contraire, laissant le contrat valable en soi et ne pouvant conduire à l'annulation que par l'effet d'une action toute personnelle contre celui qui l'a pratiqué, ne permettra pas d'agir contre le sous-acquéreur ; et la transmission de l'immeuble à celui-ci ne laisserait à la partie victime du dol que le droit de demander une indemnité pécuniaire à la partie qui a pratiqué le dol ou à ses représentants. — Nous avons supposé l'aliénation d'un *immeuble ;* car le principe qu'en fait de meubles la simple possession de bonne foi rend immédiatement propriétaire, mettrait à l'abri le sous-acquéreur de ces meubles, aussi bien en cas d'erreur, de violence et de lésion, que dans le cas de dol (art. 1116).

N. B. — Ce qui vient d'être dit s'applique uniquement au dol qui a déterminé le contrat, sans lequel la partie n'aurait pas contracté, et qu'on appelle dol principal (*dolus dans causam contractui*). S'il s'agissait simplement d'un dol sans lequel la partie aurait également contracté, en le faisant seulement à des conditions plus avantageuses, dol qu'on a appelé incident (*dolus incidens in contractum*), il y aurait toujours lieu à des dommages-intérêts ; mais ces dommages-intérêts seraient toujours pécuniaires, et on ne pourrait pas obtenir l'annulation

du contrat, alors même que le dol émanerait de la partie contrac-
tante (*ibid.*).

2° *De la Capacité.*

XIV. — En outre de la capacité naturelle de consentir, qui est essentielle, comme on l'a vu, pour la formation même du contrat, il faut
encore, pour la validité de ce contrat, la capacité légale de s'obliger.
Cette capacité, toutefois, n'est pas exigée de toutes les parties contractantes, mais seulement de celle qui s'oblige; et son absence ne permet
aussi qu'à la partie incapable, non à l'autre, de faire prononcer l'annulation de la convention. Cette annulation, au surplus, doit être demandée dans les délais et sous les conditions voulues par la loi, et que
nous indiquerons plus loin.

Les personnes légalement incapables de s'obliger sont : 1° les interdits, 2° les femmes mariées, et 3° quelques autres personnes dans
certains cas prévus par des textes particuliers. Toutefois les femmes
mariées et les personnes qui ne sont interdites que partiellement, c'est-
à-dire soumises seulement à un conseil judiciaire, peuvent s'obliger
dans certains cas, ainsi que nous l'avons expliqué en résumant les titres V, X et XI du livre I.

Quant aux mineurs, quoiqu'on les place ordinairement et que la rédaction vicieuse du Code les place elle-même (art. 1124) au premier
rang des personnes incapables de contracter, la vérité est que, dans le
système de la loi, ils ne sont nullement incapables, mais seulement
restituables pour lésion, comme nous l'avons vu au n° XI. Cette vérité,
quoique vivement contestée, ne saurait être douteuse en présence des
différents textes, de la comparaison du droit nouveau avec le dernier
état de l'ancien droit, et des explications catégoriques données lors des
travaux préparatoires (art. 1305, n° III).

3° *De l'Objet.*

XV. — L'esprit ne conçoit pas de contrat sans objet; et dans les
contrats productifs d'obligations, c'est la création même de ces obligations qui constitue l'objet de la convention. Mais s'il faut un objet au
contrat, il faut aussi un objet, évidemment, à l'obligation même; et
comme le contrat aura souvent pour but la création de plusieurs obligations, il s'ensuit qu'il y aura souvent plusieurs objets en jeu dans le
contrat. C'est de l'objet de l'obligation, quelquefois multiple dans le
contrat, et non pas précisément de l'objet de ce contrat, que le Code
s'occupe, et que nous avons à traiter ici.

Pour qu'un contrat soit valablement formé et engendre les obligations qu'on veut lui faire produire, il faut que la chose qui fait l'objet
de chaque obligation offre deux conditions : 1° qu'elle soit dans le
commerce, et 2° qu'elle présente au stipulant une utilité sérieuse et
à la prestation de laquelle il puisse contraindre le promettant (article 1128).

XVI. — Il faut d'abord que la chose soit dans le commerce. Les faits ou les choses qui, soit par leur nature, soit par la déclaration formelle du législateur, se trouvent soustraits à la disposition de l'homme, ne sauraient devenir l'objet d'une obligation.

Tels sont : — 1° les faits physiquement impossibles ; — 2° les faits illicites, c'est-à-dire contraires soit à un texte de la loi, soit aux bonnes mœurs, soit à l'ordre public ; — 3° les choses qui n'existent pas dans la nature ; — 4° toutes celles qui font partie du domaine public (mais en tant seulement, bien entendu, qu'elles continuent d'en faire partie) ; — 5° celles qui se trouvent enlevées à la disposition de l'homme par un texte exprès de la loi, comme sont, en principe, les successions de personnes encore vivantes ; 6° les personnes et tout ce qui concerne leur état, sauf, bien entendu, les cas dans lesquels la convention se trouve permise par des textes spéciaux, comme pour le mariage et l'adoption (art. 1128).

XVII.—En second lieu, l'objet doit être tel que le promettant puisse être contraint à procurer une certaine utilité au stipulant.

D'après ce principe, le contrat serait nul, si l'objet indiqué était tellement indéterminé que le prétendu débiteur pût exécuter sa promesse au moyen d'un fait ou d'une chose de nulle valeur ; par exemple, si l'on avait promis de faire *quelque chose* ou de livrer *un animal* (article 1129).

Le contrat serait également nul et par le même motif, si l'objet de la promesse n'était utile qu'à une tierce personne, de telle sorte que le stipulant fût sans intérêt, et dès lors sans action, pour en poursuivre l'exécution. Du reste, si la chose ou le fait qui ne doivent être utiles qu'à un tiers ne peuvent pas être l'objet de la convention, puisque alors le promettant ne se trouve pas lié, rien n'empêche que cette chose ou ce fait ne soient pris comme condition ou comme charge de la convention (art. 1119-1122).

Nous reviendrons sur cette idée en expliquant, dans la section IV, l'effet des contrats.

4° De la Cause.

XVIII. — Une dernière condition nécessaire à la validité et même à la formation du contrat, et des obligations qu'il doit produire, c'est que chacune de ces obligations ait une cause licite.

On entend, en droit, par cause de l'obligation, non pas le motif premier qui a pu déterminer la partie à s'obliger, mais le motif immédiat de son engagement : c'est-à-dire qu'il ne faut pas considérer le point qu'elle a voulu atteindre définitivement et en résultat dernier, mais uniquement celui que, par son obligation, elle a voulu obtenir immédiatement. Ainsi, dans tout contrat à titre onéreux, la cause de l'obligation n'est rien autre chose que l'avantage que l'obligé a voulu obtenir de l'autre partie ; si ce contrat est synallagmatique, la cause de chaque obligation se trouve précisément dans l'objet de l'obligation réciproque. Quand je m'oblige, par exemple, à vous construire une maison moyennant l'obligation que vous prenez de me payer 50 000 fr., le payement de 50 000 fr. qui forme l'objet de votre engagement est la cause du mien, et réciproquement c'est dans la construction de la maison que se trouvent en même temps l'objet de mon obligation et la cause de la vôtre. Dans les contrats de bienfaisance, la cause de l'obligation n'est autre que le désir de rendre un service (art. 1108, art. 762, n° II).

XIX. — Sans cause réelle et licite, pas d'obligation possible. L'obligation sera donc nulle, la promesse ne liera pas le promettant, toutes les fois que cette promesse sera sans cause ou reposera sur une cause fausse ou illicite.

Une promesse dénuée de cause au moment même qu'on la fait ne peut pas même se concevoir (si ce n'est de la part d'un homme privé de raison ; et alors la promesse serait nulle pour le défaut même de raison, et non pas seulement pour défaut de cause). Mais on conçoit très-bien que la promesse se trouve sans cause, quand il s'agit d'une cause future ou successive. Ainsi, quand la récolte que j'avais promis à l'avance de payer tel prix ne naît pas, ou quand la maison que j'avais prise à loyer pour plusieurs années brûle au bout de quelques mois, mon obligation se trouve nulle par défaut de cause. — Si la cause, quoique existant dans la pensée des parties, n'existait pas en réalité, il est clair que, malgré cette cause purement putative et fausse, l'obligation serait également nulle, puisque réellement elle serait encore sans cause. — L'obligation est encore nulle lorsque sa cause se trouve être illicite. On comprend, du reste, que la cause serait illicite dans les mêmes cas où l'objet se trouverait l'être, d'après ce qu'on a dit au paragraphe précédent (art. 1131 et 1133).

§ 3. — De l'interprétation des contrats.

XX. — Toutes les règles relatives à l'interprétation des contrats se réduisent, et nécessairement, à ce principe unique, qu'il faut rechercher par tous les moyens possibles quelle a été la commune intention des parties contractantes.

Ainsi on n'hésitera pas à s'éloigner du sens grammatical des termes toutes les fois que la pensée des contractants sera différente ; et pour rechercher cette pensée, il faut tout d'abord combiner les diverses clauses de la convention pour expliquer l'une par l'autre, et chacune d'elles par l'ensemble de l'acte.

Si générales que puissent être les expressions employées par les parties, la convention ne s'appliquera jamais qu'aux objets sur lesquels on verra que ces parties ont entendu contracter ; mais réciproquement, si les parties, en prévoyant spécialement une hypothèse, n'ont voulu que donner un exemple et mieux expliquer leur volonté, on ne restreindra pas à ce cas particulier l'effet du contrat.

Les clauses susceptibles de deux sens s'entendront plutôt dans le sens avec lequel elles doivent avoir un effet que dans celui qui n'en produirait aucun. Si les deux sens dont la clause est susceptible peuvent également produire des effets, on s'attache à celui qui convient le mieux à la nature du contrat.

Au surplus, les principes de l'équité, les règles générales tracées par la loi pour le contrat dont il s'agit ou pour le contrat le plus analogue, l'usage du pays et les circonstances particulières dans lesquelles les parties ont traité, doivent être consultés pour éclaircir, ou même pour compléter la pensée des contractants (art. 1135 et 1156-1164).

§ 4. — De l'effet des contrats.

XXI. — Toute convention, du moment qu'elle est légalement formée, lie les parties contractantes comme le ferait la loi même. Mais ce n'est pas dire assurément que les conventions soient des lois proprement dites; et dès lors la mauvaise interprétation d'un contrat ne saurait être une ouverture de cassation. Il en serait autrement, bien entendu, si un jugement, tout en reconnaissant dans un acte les caractères de tel contrat, lui avait appliqué les règles d'un autre contrat : le jugement, dans ce cas, aurait violé les règles tracées par le Code pour le premier contrat, et fait une fausse application de celles qui régissent le second; il devrait donc être cassé. Mais tant que les juges appliqueront les règles du contrat que, à tort ou à raison, ils auront reconnu exister, il est clair qu'il pourra seulement y avoir un mal-jugé, une fausse interprétation de la convention, et nullement fausse interprétation des principes de la loi (art. 1134).

XXII. — La convention, avons-nous dit, lie les parties contractantes comme le ferait la loi même. Or elle ne les oblige pas seulement à ce qui est exprimé dans l'acte, mais aussi à toutes les suites que la loi, l'usage ou l'équité, donnent à la convention d'après sa nature. Chez nous, en effet, tous les contrats, en général, doivent s'entendre et s'exécuter de bonne foi, à la différence de ce qui avait lieu à Rome, où des principes tout mathématiques et des formules inflexibles mettaient si souvent le droit en opposition avec la justice. C'est pour cela que, dans l'interprétation des contrats, il est ordonné, comme on l'a vu plus haut, non-seulement d'éclaircir les clauses d'un acte, mais même de les compléter et de les suppléer, soit par les règles générales de la loi, soit par les principes de l'équité naturelle, soit d'après l'usage des lieux, soit d'après les autres circonstances dans lesquelles les parties ont traité (art. 1135).

XXIII. — Les conventions, en général, n'ont d'effet que pour ou contre les parties contractantes ou leurs ayants cause; elles ne peuvent nuire ni profiter aux tiers. Nous disons en général, car ce principe n'est pas sans exception.

Ainsi, rien n'empêche de faire une stipulation au profit d'un tiers, quand cette stipulation n'est que la clause accessoire d'une convention que l'on fait pour son propre compte. La stipulation ainsi faite constitue, de la part du stipulant, l'offre d'une libéralité qu'il est évidemment libre de révoquer tant que le tiers auquel elle s'adresse n'est pas venu l'accepter ; mais dès qu'il y a eu acceptation de celui-ci, il y a concours des volontés, contrat, et la révocation n'est plus possible. — Nous supposons ici que l'offre est faite au tiers par le seul stipulant ; car si elle émanait des deux contractants, en sorte que le promettant n'eût entendu s'obliger que dans l'intention de gratifier la tierce personne, il est clair que la révocation ne pourrait être faite que du commun accord des deux parties. — Au surplus, la libéralité ne se produisant qu'accessoirement à un autre contrat, elle n'est pas soumise à d'autres formes que celles qui sont exigées pour le contrat dont elle dépend ; en sorte que, si ce contrat n'est pas lui-même une donation, il n'y aura aucune nécessité d'acte notarié (art. 1119-1122, et art. 1163).

XXIV. — Nos conventions, avons-nous dit, nuisent ou profitent à tous nos ayants cause ; et parmi ceux-ci se trouvent nos créanciers. Les créanciers, en effet, ont, pour le payement de leurs créances, un droit de gage sur tous les biens, quels qu'ils soient, qui constituent le patrimoine de leur débiteur ; en sorte que ce droit de gage augmente ou diminue à mesure que le débiteur, par les conventions qu'il forme, augmente ou diminue son patrimoine (*ibid.*).

XXV. — Les créanciers ayant ainsi droit de gage sur tous les biens de leur débiteur, et les droits et actions qui peuvent compéter à celui-ci formant une partie de ses biens, ces créanciers pourront donc, pour arriver à payement, exercer, au nom du débiteur, tous les droits et actions qui lui appartiennent. Mais il faut pour cela, bien entendu, qu'il s'agisse d'une créance échue, et que le débiteur refuse d'exercer lui-même le droit ou l'action pour en attribuer le profit au créancier : il faut enfin, d'après ce principe général qu'on ne peut jamais s'emparer de sa propre autorité des biens d'un débiteur, que le créancier se fasse autoriser par la justice à l'exercice du droit ou de l'action.

Toutefois, il est certains droits qui sont exclusivement attachés à la personne à laquelle ils compètent, et que ses créanciers dès lors ne pourraient pas exercer.

Tels sont d'abord tous les droits dont l'intérêt est purement moral. Quand il s'agit de droits présentant un côté moral et un côté pécuniaire tout semblable, une distinction est nécessaire : quand le côté purement moral sera pris comme objet même de l'action, il est clair que l'action ne pourra être exercée que par la personne même ; que si, au contraire, l'objet de la demande est purement pécuniaire et que le côté moral de l'affaire soit seulement invoqué comme argument à l'appui de la prétention, rien n'empêche que l'action ne soit exercée par les créanciers. Mais il est des actions qui, bien que pécuniaires dans leur objet, ne pourraient jamais être exercées par les créanciers. Ce sont les demandes en révocation de donation pour ingratitude ou en dommages-intérêts pour délits contre la personne : ces actions reposant sur une injure et s'éteignant par le pardon de la personne offensée, il s'ensuit qu'elles ne peuvent pas s'exercer contre la volonté de cette personne.

Quant aux droits qui n'ont rien que de pécuniaire, l'exercice en appartient nécessairement aux créanciers, tant qu'un texte spécial ne les réserve pas à la personne même. Nous citerons ici, comme rigoureusement réservées à la personne par une disposition précise de la loi, les droits d'usage et d'habitation, la demande d'une femme en séparation de biens, l'action en retrait successoral. Mais en dehors d'une réserve formelle, tout droit purement pécuniaire peut être exercé par les créanciers. Il faut notamment ranger dans cette classe les actions en nullité de convention pour erreur, violence, lésion ou dol, et les exceptions que la loi, en matière de cautionnement, appelle *purement personnelles au débiteur.* Ces termes d'*exception personnelle*, en effet, présentent, en matière de cautionnement, un sens tout particulier, qu'on oppose à *exception réelle*, et qui signifie simplement que l'exception ne peut pas être invoquée par la caution, et ne peut l'être que par le débiteur ou ses ayants cause : la qualification de *personnelle au débiteur* n'exclut donc ici que les cautions de ce debiteur et nullement ses créanciers (art. 1166).

XXVI. — Le gage des créanciers étant d'une nature imparfaite, en ce qu'il ne leur donne pas le droit de suivre les biens du débiteur hors de son patrimoine, et s'éteint, au contraire, par l'aliénation que ce débiteur en fait, la loi devait protéger ces créanciers contre les actes par lesquels le débiteur aurait frauduleusement diminué ce patrimoine. Elle l'a fait, en leur accordant pour ce cas, sous les conditions qui vont être indiquées, une action qui fait considérer l'acte frauduleux comme non avenu, et le bien aliéné comme n'étant pas sorti du patrimoine et se trouvant toujours soumis au droit de gage : *Permittitur creditoribus rescissâ traditione rem petere, id est dicere eam rem traditam non esse, et ob is in bonis debitoris mansisse.* Cette action se nomme, pour cela, action révocatoire, et aussi action *Paulienne*, du nom du préteur qui l'avait introduite à Rome.

Pour qu'il y ait lieu à l'action révocatoire, il faut d'abord qu'il s'agisse d'un acte qui a déterminé ou augmenté l'insolvabilité du débiteur; d'un acte, dès lors, par lequel ce débiteur a diminué son patrimoine, et non pas seulement négligé de l'accroître. S'il s'agissait, en effet, du simple refus d'acquérir un bien nouveau, les créanciers ne pourraient pas dire qu'on a diminué l'objet de leur gage; que si l'acte, tout en opérant une diminution du patrimoine, n'avait pas rendu le débiteur insolvable, les créanciers ne pourraient pas s'en plaindre, puisqu'il aurait laissé une garantie suffisante à leurs créances. Il faut, en outre, que l'acte ait été accompli par le créancier frauduleusement, c'est-à-dire avec connaissance de son insolvabilité et du tort qu'il causait à ses créanciers.

Mais faut-il qu'il y ait fraude aussi chez la partie avec laquelle le débiteur a traité? Oui, s'il s'agit d'un acte à titre onéreux, parce qu'alors l'acquéreur du bien, dont on voudrait faire résoudre l'aliénation, lutte, aussi bien que les créanciers, pour éviter une perte ; en sorte qu'il n'y a pas lieu, quand il a traité de bonne foi, de le déposséder au profit de ceux-ci. Mais dans les actes à titre gratuit, la fraude de cette partie n'est pas nécessaire, parce qu'elle cherche seulement à faire un gain, et qu'elle est dès lors, même dans le cas de bonne foi, moins favorable que les créanciers. — Que si un acquéreur passible de l'action (parce qu'il aurait acquis à titre gratuit, ou même à titre onéreux, mais de mauvaise foi) avait transmis le bien à un sous-acquéreur, celui-ci devrait être traité d'après la même règle, et maintenu, par conséquent, s'il avait acquis à titre onéreux et de bonne foi. Ainsi le voulait notre ancien droit, aux principes duquel le Code se réfère ; et il est tout simple, en effet, qu'en traitant avec celui que le débiteur a mis publiquement en son lieu et place, on n'ait pas moins de droits que si l'on avait traité avec un mandataire de ce débiteur.

Si c'était au moyen de jugements, et en se laissant condamner par collusion avec l'adversaire, que le débiteur eût fraudé ses créanciers, ceux-ci agiraient par la tierce opposition.

Ceux qui ne sont devenus créanciers d'une personne qu'après l'accomplissement d'un acte frauduleux ne peuvent évidemment pas demander la révocation de cet acte, puisque le bien que cet acte a fait sortir du patrimoine de la personne n'a jamais été leur gage ; mais si cette révocation était une fois obtenue par un autre créancier, ils en partageraient nécessairement le bénéfice, puisque l'effet de la révocation, comme on l'a vu plus haut, est de faire considérer le bien comme ayant toujours fait partie du patrimoine, et que tous les créanciers, hors le cas de privilége ou d'hypothèque, ont également droit sur ce patrimoine.

Aucun texte de loi ne limitant la durée de l'action Paulienne, et la règle qui fixe à dix années la durée des actions en nullité n'étant posée, comme on le verra, que pour celles qui sont intentées par l'auteur même de la convention, cette action ne devra s'éteindre que par trente ans, qui courraient à partir de l'acte frauduleux (art. 1167).

XXVII. — Nous terminerons ce paragraphe par une observation importante.

Les contrats, comme nous l'avons dit en commençant cette section 1, n'ont pas pour unique effet de créer des obligations ; ils peuvent aussi éteindre des obligations préexistantes, et en outre, depuis le Code Napoléon, opérer la translation de la propriété ou de ses démembrements, mais alors seulement, bien entendu, qu'il s'agit de corps certains, de choses déterminées *in ipso individuo*.

Il existe donc aujourd'hui trois classes de contrats ou conventions : 1° les contrats productifs d'obligations ; 2° les contrats extinctifs d'obligations ; et 3° les contrats translatifs de droits réels. On conçoit, au surplus, qu'un même contrat peut réunir ces trois caractères ou deux d'entre eux, comme il peut n'en présenter qu'un seul.

C'est un principe tout nouveau et fort important tout à la fois, que celui du transport de la propriété et autres droits réels par l'effet immédiat de la convention, par le seul accord des volontés et sans aucune nécessité ni de tradition de la chose ni de transcription de l'acte.

Les rédacteurs du Code n'ont pas formulé nettement cette règle; il est même vrai de dire que, dans leur théorie, cette règle n'existe pas. Mais cette théorie, d'une subtilité vraiment ridicule, est tellement insignifiante qu'en difinitive on ne doit, on ne peut même en tenir aucun compte... Voici la doctrine bizarre à laquelle ils se sont arrêtés sur ce point : — « La convention de transférer la propriété d'un objet certain ne produit toujours, comme à Rome et dans notre ancien droit, que l'obligation de livrer cet objet; et c'est toujours l'exécution de cette obligation, c'est-à-dire la tradition de la chose, qui en transporte la propriété. Mais cette tradition n'a pas besoin d'être réelle; il suffit d'une tradition purement fictive et civile résultant de la simple volonté des parties. Or cette tradition civile sera désormais considérée comme existant de plein droit dans toute convention, sans qu'il soit besoin d'aucune déclaration à cet égard. » — Tel est le système du Code, système dont la dernière idée, on le voit, détruit les premières, et qui revient à dire que toujours (et hors le cas où les parties auraient exprimé une volonté contraire) c'est la convention même de transférer le droit qui en opérera immédiatement la translation (1), sans que la tradition effective soit nullement nécessaire (art. 1138).

Au reste, la convention, tout en opérant immédiatement le transport de la propriété, crée en outre la double obligation : 1° de faire à l'époque convenue la tradition réelle ou livraison de l'objet, et 2° de conserver l'objet jusqu'à cette livraison (art. 1136).

Pour ce qui est de la transcription de l'acte, les rédacteurs ont été longtemps dans le doute sur le point de savoir s'ils n'en imposeraient pas la nécessité pour la translation des droits réels immobiliers ; mais cette nécessité a été définitivement rejetée, et le transport plein et absolu du droit se trouve consacré pour les immeubles aussi bien que pour les meubles (art. 1140) (2).

SECTION II.

DES QUASI-CONTRATS, DES DÉLITS, DES QUASI-DÉLITS, ET DE LA LOI.

§ 1er. — Des quasi-contrats.

XXVIII. — On appelle quasi-contrat, dans le système du Code, le fait volontaire et licite qui oblige, sans l'aide d'aucune convention, tantôt l'auteur du fait seulement envers des tiers, tantôt des tiers et l'auteur du

---

(1) Quant aux meubles, la translation de la propriété par le seul effet du contrat ne saurait empêcher que de deux acquéreurs, au profit desquels l'objet aurait été successivement aliéné par une même personne, le second ne restât propriétaire s'il avait reçu de bonne foi la possession. Sans doute, le premier était devenu propriétaire dès l'instant de la convention; mais sa propriété, d'après le principe de l'art. 2279, s'est trouvée brisée par prescription du moment qu'un autre a possédé l'objet de bonne foi (art. 1141).

(2) Ceci s'est trouvé modifié par la loi du 23 mars 1855.

fait réciproquement, tantôt même des tiers seulement envers l'auteur du fait (art. 1371).

L'un des cas les plus fréquents de quasi-contrat, c'est l'acceptation de succession. Cette acceptation, en effet, qui d'une part ne constitue pas une convention, est d'autre part un fait volontaire (puisque l'héritier est libre de renoncer), fait licite en même temps et qui engendre des obligations. Car c'est par suite de ce fait que l'héritier se trouve obligé à l'acquittement des legs, qui, au cas de renonciation, ne pourrait se poursuivre que sur les biens de la succession; c'est également par suite de ce fait que l'héritier se trouve tenu vis-à-vis des créanciers héréditaires de prendre pour siennes les dettes de son auteur, et que les débiteurs de la succession sont obligés de le reconnaître pour créancier aux lieu et place du défunt (*ibid*).

La loi s'occupe spécialement de deux quasi-contrats, dont nous allons reproduire ici les principales règles.

1° Du quasi-contrat de gestion d'affaires.

XXIX. — Celui qui, volontairement et sans mandat, gère l'affaire d'autrui, se soumet à toutes les obligations d'un mandat formellement accepté. Sa gestion doit se continuer jusqu'à ce que le maître ou ses héritiers puissent s'en charger, et elle doit embrasser toutes les dépendances de l'affaire (art. 1372 et 1373).

Cette obligation, imposée au gérant de continuer la gestion même après la mort du maître, est plus rigoureuse que celle que la loi impose au mandataire. Ce dernier est, en effet, plus digne de faveur. Toutefois, s'il y avait nécessité, le gérant pourrait se retirer; mais il faudrait que sa retraite n'eût rien de nuisible ni d'intempestif. — Il doit de sa gestion un compte plus sévère que le mandataire. Néanmoins cette sévérité devra être tempérée suivant l'occurrence des cas. — S'il s'est substitué des personnes dans son administration, le maître aura directement action tout à la fois et contre ces personnes et contre le gérant (1374).

Lorsque le maître connaît la gestion, il ne paraît pas douteux qu'on ne puisse dire, selon les cas, qu'il y a alors mandat tacite, puisqu'à Rome même le mandat était un contrat consensuel; mais c'est là une question de fait dont la solution dépend nécessairement des circonstances (art. 1372).

Après les obligations du gérant viennent celles du maître. Pour que celui-ci soit tenu, il faut qu'il y ait eu gestion *utile;* il ne serait pas tenu pour une affaire *mauvaise,* comme le mandant. Du reste, l'inutilité d'une entreprise ne se détermine pas d'après le résultat définitif : il faut remonter à l'origine de l'opération, et examiner si elle avait un but réellement utile. — Si le gérant a contracté des engagements au nom du maître, celui-ci doit les remplir directement, à moins que l'affaire ne soit inutile, puisque, dans ce cas, le maître n'est tenu à rien. Le tiers alors n'a de recours que contre le gérant, en se fondant sur le dommage que lui cause l'imprudence de ce dernier. Quand le gérant s'est obligé en son nom personnel, le tiers, en outre de l'action qu'il a contre le gérant, a aussi action contre le maître, par analogie du mandat. Par la même analogie, le gérant a droit aux intérêts de ses dépenses du jour même où il les a faites (art. 1375).

XXX. — Les règles ci-dessus seraient applicables à celui qui n'a géré l'affaire d'autrui que par erreur et en croyant faire la sienne propre. Car le quasi-contrat de gestion doit se voir dans toute gestion de l'affaire d'autrui, même fait sans la pensée que c'était l'affaire d'autrui et sans l'intention, dès lors, d'obliger autrui. L'équité réclame cette solution non moins impérieusement que les principes. — Que si une personne gérait l'affaire d'un tiers malgré la défense de celui-ci, elle pourrait toujours réclamer du propriétaire ce dont ce dernier se trouverait enrichi par la gestion. Car nos lois, amies de l'équité, ne permettent pas qu'on s'enrichisse *jamais* aux dépens d'un tiers, même quand ce tiers est en faute et de mauvaise foi (*ibid.*).

2° *De la réception des choses indues.*

XXXI. — La loi prévoit deux cas distincts de réception de l'indu : 1° le cas où celui qui a reçu le payement n'était pas créancier; 2° le cas où il était vraiment créancier, mais où il a reçu d'un non-débiteur. Dans ce dernier cas, le non-débiteur n'est admis à répéter qu'autant qu'il a payé *par erreur,* parce que celui qui a fait un payement qu'il savait ne pas devoir, doit être regardé comme l'ayant fait pour le compte du véritable obligé, dont il a ainsi géré l'affaire. Ainsi, le non-débiteur qui a agi sciemment n'aura pas de recours à exercer contre le créancier qui a valablement reçu, mais seulement contre celui pour lequel il a payé, au moyen de l'action *negotiorum gestorum.* Dans le premier cas, au contraire, la répétition sera toujours admise sans qu'il y ait lieu de distinguer s'il y a eu ou non erreur. Il est vrai qu'en droit romain, toutes les fois qu'une chose indue avait été payée sans erreur et *à dessein,* la répétition n'était pas admise; on voyait là une donation : mais notre Code a rejeté ce système, et du moment que la chose n'était pas due, elle peut être répétée, du moins *en tant que chose payée* (art. 1376 et 1377).

Il n'y a plus à distinguer non plus, comme sous l'empire du droit romain, entre l'erreur de fait et l'erreur de droit (*ibid.*).

Les principes d'équité consacrés par le Code Napoléon entraînent forcément cette conséquence, que le débiteur à terme qui, dans l'ignorance du terme, paye immédiatement ce qu'il ne doit que pour une époque plus reculée, peut répéter ce qu'il a payé, pour en jouir jusqu'à l'échéance. Il est vrai que, malgré le terme, la chose est due, mais elle n'est due que *quant au capital, quant au fond.* La jouissance, les intérêts, ne sont pas dus avant l'exigibilité. Donc, celui qui, par erreur, perd cette jouissance ou ces intérêts, par un payement anticipé, paye plus qu'il ne doit et a droit d'exercer la répétition. Dans le cas même où le payement a été fait par erreur par un non-débiteur au véritable créancier, la répétition n'a plus lieu, si, par suite du payement, le créancier a supprimé son titre de bonne foi, c'est-à-dire dans l'ignorance que celui qui l'a payé ne fût pas son débiteur. — Il est clair que la bonne foi consiste dans la croyance erronée que la chose est due, et la mauvaise foi dans la connaissance qu'elle n'est pas due (*ibid.*).

XXXII. — Quand il s'agit de sommes d'argent ou d'autres choses indéterminées, celui qui les a reçues indûment, qu'il soit de bonne ou de mauvaise foi, doit rendre, ou les mêmes choses identiquement, ou d'autres choses en pareille quantité et qualité. Mais là s'arrête son obligation, s'il est de bonne foi. Au contraire, s'il est de mauvaise foi, il doit payer, en outre, ou la valeur estimative des choses, ou, s'il s'agit de sommes d'argent, les intérêts de ces sommes, lors même qu'il ne les aurait pas perçus. Il n'y a que le possesseur de bonne foi qui gagne les fruits (art. 1378-1380).

S'il s'agit d'un immeuble ou d'un corps certain, celui qui l'a reçu doit le rendre en nature, s'il le possède encore. Quant aux fruits, on applique la distinction ci-dessus. En outre, s'il était de mauvaise foi au moment des détériorations, de la perte ou de l'aliénation, il doit, dans les deux derniers cas, restituer la valeur réelle, et, en cas de détérioration, en indemniser le propriétaire, lors même que les détériorations auraient eu lieu par cas fortuit, à moins toutefois qu'il ne prouve qu'elles seraient également arrivées chez le propriétaire. Mais s'il est de bonne foi, il ne répond ni des détériorations, ni de la perte provenant de son défaut de soins (*ibid.*).

L'immeuble reçu indûment et aliéné ensuite peut être revendiqué entre les mains du tiers acquéreur par celui qui l'a indûment payé. En effet, on ne peut pas transférer des droits qu'on n'a pas soi-même, et l'aliénation faite par un non-propriétaire ne rend pas l'acquéreur propriétaire. Or celui qui a reçu, en prétendu payement, l'immeuble qui ne lui était pas dû, n'a pu en devenir propriétaire, puisque la livraison ne lui a été faite que par erreur et sur une fausse cause. Il faudrait, pour qu'il en fût autrement, une exception qui n'existe pas dans la loi. Du reste, le demandeur en éviction sera tenu de rembourser à l'aliénateur, lorsque celui-ci sera de bonne foi, tout ce qu'il payerait à l'acquéreur en sus du prix reçu. Le préjudice, s'il y en a, doit être pour celui dont l'imprudence et l'inattention en sont cause (*ibid.*).

Quant au règlement des dépenses faites par le possesseur de bonne ou de mauvaise foi, il faut en examiner la nature. Celles qui ont été faites pour la conservation de la chose doivent toujours être restituées intégralement, sans distinction de la bonne ou de la mauvaise foi du possesseur. Aux dépenses simplement utiles mais non indispensables, il faut appliquer la règle générale tracée pour tout possesseur par l'article 555. Enfin, les dépenses voluptuaires ne sont pas remboursables par le propriétaire, sauf que le possesseur pourrait enlever ce qui serait susceptible de l'être, à la charge de rétablir les lieux dans leur premier état (art. 1381).

§ 2. — **Des délits et des quasi-délits.**

XXXIII. — En droit civil, on appelle *délit* tout fait volontaire et illicite causant à autrui un dommage et accompli avec l'intention de nuire. Le quasi-délit est la même chose, avec cette différence qu'il n'est pas accompagné de l'intention de nuire.

Le délit et le quasi-délit ne peuvent donner lieu à la réparation que sous ces deux conditions : 1° que le fait soit illicite, c'est-à-dire qu'il présente une violation du droit; 2° qu'il soit imputable à l'agent, c'est-à-dire vraiment volontaire et provenant d'une libre détermination (1382 et 1383).

Il en est ainsi de l'omission comme du fait positif par commission. L'omission doit être imputable et illicite pour donner lieu à la réparation, et on n'est responsable de l'abstention d'une chose que quand cette chose était ordonnée par la loi (*ibid.*).

Du reste, la loi n'entend parler ici que de la violation des devoirs généraux et non des devoirs spéciaux résultant des obligations. Cette distinction ne manque pas d'importance, à cause des conséquences que l'idée fausse d'identité des devoirs généraux et des devoirs spéciaux entraînerait, relativement aux dommages impossibles à prévoir. Ces conséquences seraient fausses si l'on appliquait, dans notre matière, la distinction établie par la loi pour la violation d'obligations (*ibid.*).

XXXIV. — Les cas dans lesquels la loi impose à une personne la responsabilité du dommage causé soit par d'autres personnes dépendant d'elle, soit par des animaux ou des choses lui appartenant ou confiées à sa garde, sont des cas de quasi-délits (art. 1384-1386).

Cette responsabilité repose sur la présomption légale que l'obligé, tenu de surveiller les personnes ou les choses, a fautivement omis de le faire; et la présomption de faute (qui découle ici de plein droit de la constatation du dommage causé par les personnes, les animaux ou les choses) est plus ou moins sévère, suivant les cas (*ibid.*).

XXXV. — Le père est responsable du dommage causé par son enfant, tant que cet enfant est mineur et habite avec lui. Il n'y a pas lieu de distinguer si l'enfant est ou non émancipé. Il en serait autrement si l'enfant était marié, parce qu'alors il est sorti de la puissance paternelle. Que s'il y a impossibilité pour le père de surveiller l'enfant, c'est sur la mère que la responsabilité retombe. En cas de séparation de corps, elle pèse sur celui des époux auquel est remise la garde de l'enfant. Le tuteur est également responsable, quand c'est lui qui est chargé de la garde de l'enfant.

Les personnes ci-dessus peuvent décliner la responsabilité en prouvant qu'il leur a été impossible d'empêcher le fait dommageable, quoique leur surveillance et leurs soins aient été ce qu'ils devaient être. Les instituteurs et artisans répondent aussi du dommage causé par leurs élèves ou apprentis, et ils se déchargent également de cette responsabilité en prouvant qu'ils n'ont pu l'empêcher.

Quant aux maîtres et commettants, ils sont assujettis à la même responsabilité ; mais ils ne peuvent être admis à prouver qu'ils n'ont pu empêcher le fait dommageable de leurs domestiques ou préposés, lorsque ceux-ci ont agi dans l'exercice même des fonctions auxquelles ils étaient employés.

Au surplus, quand l'auteur du fait a agi avec discernement, celui qui a subi le préjudice peut alors agir, à son choix, ou contre l'auteur même du fait, ou contre la personne civilement responsable ; et si celle-ci a payé l'indemnité, elle a son recours contre l'auteur du fait (art. 1384).

XXXVI. — Le propriétaire d'un animal est responsable du dommage que cet animal a causé, soit qu'il fût sous sa garde, soit qu'il fût égaré ou échappé. En effet, ou il n'a pas pris toutes les précautions que la prudence commandait, et alors il est en faute, ou l'animal est d'une telle nature que toutes les précautions sont inutiles, et dès lors il y a eu faute à le conserver (art. 1385).

La responsabilité s'appliquerait pour les lapins d'une garenne, mais non pour les lapins libres dans les bois ni pour tout autre gibier, parce que le propriétaire de la garenne est propriétaire des lapins, et que le gibier, au contraire, n'appartient pas à celui sur le terrain duquel il repose (*ibid.*).

Celui qui loue ou emprunte un animal, ou qui le reçoit, à titre de dépôt, est soumis à la même responsabilité : seulement, il a son recours contre le maître, si celui-ci ne l'a pas averti de la nature difficile ou dangereuse de l'animal (*ibid.*).

Enfin, le propriétaire d'un bâtiment est responsable du dommage causé par sa ruine, lorsqu'elle est arrivée par suite du défaut d'entretien ou par le vice de sa construction ; mais, dans ce dernier cas, le propriétaire a son recours contre les architectes ou entrepreneurs. Ici encore, c'est une présomption légale, et le propriétaire n'est pas même admis à prouver qu'il n'a pu empêcher l'accident (art. 1386).

Du reste, différents autres cas de responsabilité sont réglés en dehors du Code Napoléon, par des lois spéciales, et nous en verrons aussi dans le Code Napoléon lui-même.

XXXVII. — Il nous reste à ajouter un mot sur la durée de l'action en réparation du dommage.

En principe, cette action devrait durer trente ans, comme toute action personnelle et mobilière. Mais si cette action se base sur une infraction réprimée par la loi criminelle, elle est soumise à la même prescription que l'action criminelle elle-même. Elle est de dix ans pour les crimes, de trois ans pour les délits, d'un an pour les contraventions. — Si pourtant la partie lésée a soin de ne pas se prévaloir du méfait criminellement punissable, et de n'argumenter que d'une simple faute civilement répréhensible, elle pourra exercer l'action pendant trente ans, comme elle le pourra toutes les fois que le délit civil ou le quasi-délit ne constitue pas une infraction atteinte par la loi pénale (art. 1386).

CHAPITRE II.

DES DIVERSES ESPÈCES D'OBLIGATIONS.

XXXVIII. — On peut, en se plaçant à différents points de vue, distinguer de nombreuses divisions des obligations.

Ainsi, les obligations sont *conventionnelles* ou *non conventionnelles,* selon qu'elles proviennent d'une convention ou d'une autre source (*Rubrique des titres* III et IV). — Elles sont *positives* ou *négatives,* selon qu'elles consistent à faire ou donner quelque chose, ou, au contraire, à ne pas donner ou à ne pas faire cette chose (art. 1136-1142).—Elles sont *liquides* ou *non liquides,* selon que la quotité de leur objet est ou n'est pas actuellement fixée (art. 1291). — Elles sont de *corps certains* ou *de genres,* selon que cet objet est déterminé dans son individu même ou ne l'est que par l'espèce à laquelle il appartient (art. 1302). — Elles sont *privilégiées* ou *non privilégiées, principales* ou *accessoires, civiles* ou *naturelles,* etc...

Mais il n'y aurait aucune utilité à insister sur toutes ces divisions; et sauf la distinction des obligations civiles et naturelles, dont il importe de dire quelques mots, nous ne nous occuperons que des classifications présentées par le texte même du Code, en les exposant, toutefois, d'une manière plus logique.

XXXIX. — Il semblerait tout simple de dire que l'obligation naturelle, par opposition à l'obligation civile, est celle qui se trouve valable en raison et en conscience, quoique nulle d'après la loi positive. Mais cette notion, qui serait parfaitement exacte s'il s'agissait d'opposer la morale au droit, devient fort difficile, ou plutôt impossible à admettre ici.

En effet, cette obligation, apparaissant ici comme un devoir que la loi positive elle-même reconnaît et protége (tout en la distinguant de l'obligation ordinaire), et notre Code Napoléon, d'un autre côté, à la différence du droit romain, entendant suivre partout les règles de l'équité et admettre comme civilement efficace toute convention sérieuse et licite, on ne voit pas comment une obligation pourrait exister en équité aux yeux du législateur sans être par cela même une obligation civile ordinaire, comment la loi pourrait admettre qu'une obligation est vraiment juste et raisonnable sans lui accorder l'efficacité juridique : il semble que chez nous toute obligation, par cela seul qu'elle est reconnue par la loi, devrait être obligation civile.

Il en est ainsi, en effet, dans la réalité des choses, et la distinction qui nous occupe ici n'est guère qu'une manière de parler; car l'obligation dont il s'agit devient efficace *civilement* au moment même où la loi reconnaît qu'elle existe naturellement. Regardée d'abord, par le législateur, comme nulle *en équité aussi bien qu'en droit,* elle est déclarée valable *en droit comme en équité,* quand l'exécution volontaire du débiteur, ou quelque acte équivalent et attestant de la part de celui-ci la valeur réelle de la dette, indique l'erreur dans laquelle on était.

En définitive, donc, il faut entendre par obligation naturelle, sous le Code Napoléon, l'obligation que le législateur tient d'abord pour nulle par application d'une présomption générale d'invalidité, et qu'il sanctionne ensuite, parce qu'une exécution libre ou quelque acte équivalent vient prouver que cette présomption tombait à faux.

Il est évident, au surplus, que cette sanction ne saurait s'étendre aux obligations que la loi regarde comme illicites, et dont l'invalidité provient ainsi d'une prohibition de la loi. Ce n'est pas quand le législateur tient absolument à proscrire une convention, qu'il pourrait en protéger l'exécution (art. 1235, 1272, n° III).

XL. — Après ces observations, nous traiterons successivement dans ce chapitre :

1° Des obligations pures et des obligations conditionnelles ; — 2° Des obligations à terme et des obligations échues ; — 3° Des obligations simples et des obligations composées, quant à leur objet, ce qui comprend les obligations conjonctives, alternatives et facultatives ; — 4° Des obligations uniques et des obligations multiples, quant aux personnes, ce qui embrasse les obligations conjointes et les obligations solidaires ; — 5° Des obligations divisibles et des obligations indivisibles ; — 6° Enfin, des obligations principales et des obligations accessoires, spécialement en ce qui touche la clause pénale.

SECTION PREMIÈRE.

DES OBLIGATIONS CONDITIONNELLES.

§ 1er. — De la condition en général et de ses diverses espèces.

1° *Nature de la condition et ses diverses espèces.*

XLI. — On entend par condition l'événement *futur* et *incertain* dont dépend l'existence d'un droit qui se formera ou ne se formera pas, selon que cet événement se réalisera ou non.

L'événement doit être *futur ;* et celui qui serait actuellement accompli, bien qu'inconnu des parties, ne formerait pas condition. L'obligation soumise à un tel événement, quoique les parties en ignorassent le sort, quant à présent, n'aurait rien de conditionnel ; elle serait seulement soumise à un terme, en ce que son exécution se trouverait retardée pendant le temps nécessaire pour se renseigner sur l'existence ou l'inexistence du fait prévu. L'événement futur doit aussi être *incertain ;* car il est évident que si sa réalisation est inévitable, l'obligation est immédiatement formée et se trouve seulement frappée d'un terme (art. 1168 et 1181).

XLII. — Il est de l'essence de la condition de *suspendre* l'existence de l'objet sur lequel elle frappe ; une chose conditionnelle est celle qui existera si... et n'existera pas si... La condition est donc nécessairement et toujours *suspensive*, aussi bien quand elle porte sur la résolution d'un droit que quand elle affecte le droit lui-même. Dans ce dernier cas, c'est le droit (l'obligation, par exemple) qui est conditionnel; dans l'autre, c'est seulement la résolution de ce droit, droit qui demeure pur et simple. Toutefois, et quoique la condition ne puisse être ainsi que suspensive, suspensive du droit ou suspensive de la résolution de ce droit, cependant, comme la condition qui vient réaliser la résolution du droit fait disparaître ce droit complétement et rétroactivement, on s'est accoutumé à regarder le droit soumis à la résolution conditionnelle comme affecté lui-même de la condition qu'on a appelée pour ce cas condition *résolutoire*. Cette manière de parler, qui présente deux espèces de conditions, quoiqu'il ne puisse y en avoir qu'une, est au surplus indifférente si l'on comprend bien les idées qu'elle exprime peu exactement (art. 1168).

Un point à remarquer ici, c'est que, dans tout transport de droits réels, une condition, soit suspensive, soit résolutoire, ne peut exister pour l'une des parties sans emporter pour l'autre la condition contraire : si l'acquéreur obtient le droit sous condition suspensive, l'aliénateur le conserve par là même sous condition résolutoire, et réciproquement (*ibid.*).

Du reste, la non-arrivée d'un événement peut, comme son arrivée, être prise pour condition, soit suspensive, soit résolutoire; en sorte que la condition sera tantôt *positive* et tantôt *négative*.

XLIII. — Les conditions ayant pour objet une chose impossible, contraire aux bonnes mœurs ou prohibée par la loi, sont nulles et rendent nulle aussi la convention qui en dépend (art. 1172).

Mais cette règle, à laquelle la loi, par l'effet d'une routine inexcusable, soustrait les testaments et les donations (art. 900), ne doit s'appliquer qu'avec discernement.

Ainsi, il est bien clair que si la condition suspensive d'une chose impossible, immorale ou illicite, est toujours nulle et annule toujours la convention quand elle est positive, c'est-à-dire quand elle consiste à faire la chose prévue, elle peut très-bien, selon les cas, conserver toute sa valeur quand elle est négative et consiste à ne pas faire cette chose. On conçoit de même que la règle serait, pour la condition résolutoire, tout le contraire de ce qu'elle est pour la condition suspensive (art. 1172).

XLIV. — La loi distingue encore les conditions en *casuelles, potestatives* et *mixtes*.

La condition est *potestative*, quand il est au pouvoir de l'une ou de l'autre des parties de faire arriver ou défaillir l'événement prévu. Elle est *mixte*, quand cet événement dépend à la fois de la volonté d'une partie et de celle d'un tiers. Toute autre condition est *casuelle*, soit qu'elle dépende entièrement du hasard, ou de la volonté exclusive d'un tiers, ou du hasard et de la volonté du tiers tout ensemble, ou enfin de la volonté du tiers et du hasard (art. 1169-1171).

Du reste, cette distinction, importante en matière de donations, est complétement insignifiante ici; car la condition potestative que nous venons de définir d'après le Code n'est plus celle que ce même Code déclare rendre nulle l'obligation qui en dépend ; en sorte qu'il faut distinguer deux espèces de conditions potestatives : celle, définie plus haut, qui consiste dans un événement au pouvoir d'une partie, laisse toujours l'obligation valable ; la seule qui la rende nulle est celle qui consisterait dans le pur caprice de l'obligé, *in merâ voluntate debitoris,* sans aucun événement à faire accomplir ou défaillir, ou avec un événement vraiment insignifiant et équivalant encore au pur caprice : je vous payerai 600 fr. *si je le veux,* ou *si je bois un verre de vin* (article 1174).

Mais si l'obligation est ainsi nulle avec toute modalité équivalant au *si voluero,* si ce prétendu *lien* est sans existence réelle (puisque dire *je me lie si je veux,* ce n'est pas se lier), il en serait autrement de celle formée sous la modalité *cùm voluero,* parce que dans ce cas, à moins qu'on ne voie qu'on a voulu faire une plaisanterie, le lien existe, et il s'agira seulement d'apprécier quelle est la latitude de temps qu'on a entendu laisser au débiteur. Il y aura alors, non une condition, mais un terme (art. 1185).

2° *De l'accomplissement des conditions.*

XLV. — On se demandait autrefois si les conditions devaient être accomplies *in formâ specificâ,* ou s'il suffisait qu'elles le fussent *per œqui pollens.* Aujourd'hui que la loi fait prévaloir l'intention des parties sur le sens littéral des termes, cette question n'en peut plus être une, et la condition s'accomplit très-bien par équivalent (art. 1156 et 1157).

De ce principe que la condition peut être accomplie *per œqui pollens* il suit que la condition apposée à l'obligation du débiteur est accomplie, lorsqu'elle défaillit par sa faute. C'est là, en effet, un équivalent fort juste (art. 1178).

La condition positive peut toujours s'accomplir tant qu'elle n'est pas défaillie, ou qu'on n'a pas encore acquis la certitude que l'événement n'arrivera pas. Elle est au contraire défaillie, si un terme ajouté à la condition expire avant l'arrivée de l'événement (art. 1176).

La condition négative est au contraire accomplie, si le terme qu'on y avait ajouté est expiré sans que l'événement soit arrivé, ou si, avant ce terme, on acquiert la certitude qu'il n'arrivera pas (art. 1177).

3° *De l'effet des conditions.*

XLVI. — Le droit soumis à une condition *existe* ou *n'a jamais existé,* dès le moment même de la convention, par suite du principe de rétroactivité inhérent à toute condition. Tel est l'effet immédiat et principal des conditions, d'où découlent toutes les règles relatives aux risques, fruits, etc. Ainsi, *pendente conditione,* quoique le droit n'existe pas encore, il sera considéré comme ayant toujours existé, si la condition vient à s'accomplir, tandis qu'il sera considéré comme n'ayant jamais existé, si la condition défaillit.

Si la condition rétroagit au jour du contrat, et si de ce moment le droit est considéré comme ayant toujours appartenu au créancier, il faut nécessairement en conclure que ce droit passera sur sa tête tel qu'il existait au jour même de ce contrat; de sorte que tous les droits que le débiteur aura constitués, *pendente conditione*, sur l'immeuble qu'il avait promis de livrer conditionnellement, s'évanouiront comme la propriété elle-même. De même, les fruits perçus *pendente conditione* devront être restitués à l'acheteur, sauf au vendeur à se faire tenir compte des intérêts du prix.

Ces effets pourront, du reste, être modifiés par les parties, sans que leur intention à cet égard ait jamais besoin d'être expresse.

XLVII. — Malgré le principe de rétroactivité, le créancier pourra prendre, *pendente conditione,* toutes les précautions tendant à la conservation de son droit, et les actes qu'il pourra faire dans ce but devront être respectés par le débiteur. Sans doute, le droit du créancier n'est pas encore né; il n'y a pour lui qu'une espérance, mais cette espérance suffit pour autoriser des actes conservatoires (art. 1180).

§ 2. — De la condition suspensive.

XLVIII. — La condition suspensive qui s'accomplit rétroagit au jour de la convention, et fait considérer le créancier comme ayant été investi du droit conditionnel dès ce jour même.

Ce principe n'est pas tellement absolu qu'il ne doive fléchir parfois. En effet, pour que la rétroactivité puisse s'accomplir, encore faut-il que la chose qui fait la matière de la convention existe au moment de l'événement de la condition; autrement, et si cette chose avait péri, la condition s'accomplirait en vain; car l'obligation du débiteur ne pourrait naître faute d'*objet*, et celle du créancier, si nous supposons un contrat à titre onéreux, ne pourrait exister faute de *cause*. Ceci fait que la chose, lorsqu'elle est un corps certain et déterminé, demeure aux risques du débiteur (art. 1182, alinéa 2).

Si, au lieu de périr en totalité, la chose ne s'était que détériorée, et ce par la faute du débiteur, le créancier aurait le choix, ou de résilier le contrat, ou de prendre la chose pour le prix actuel, sauf, dans les deux cas, à obtenir de plus amples dommages-intérêts (art. 1182, alinéa 4).

Les solutions des deux alinéas précédents nous paraissent justifiées par les principes; mais on ne saurait en dire autant de celle que la loi donne au cas où, *pendente conditione,* la chose se détériore sans la faute du débiteur. Il eût été juste, ce semble, dans cette circonstance, de faire supporter la détérioration au créancier, puisqu'il jouirait des améliorations ou accroissements. Mais la loi est formelle, et le juge devra accorder au créancier le choix, ou de résoudre l'obligation, ou d'exiger la chose dans l'état où elle se trouve, sans diminution du prix (art. 1182, alinéa 3).

§ 3. — De la condition résolutoire.

XLIX. — Au lieu de soumettre l'existence de l'obligation à l'accomplissement ou au non-accomplissement d'une condition (que la loi appelle alors *suspensive*), les personnes peuvent n'y attacher que sa résolution. C'est de cette dernière, qui est *expresse* ou *tacite,* que nous avons à nous occuper ici.

L. — *De la condition résolutoire expresse.* Lorsque en créant un droit les parties stipulent qu'il sera résolu selon l'arrivée ou la non-arrivée de tel événement, le droit existe dès le jour même du contrat, et dès ce jour, par conséquent, il peut être mis à exécution. Mais si ce droit, ainsi constitué, est pur et simple, il en est tout autrement de sa résolution, qui reste en suspens tant que l'événement prévu n'arrive pas. Et de même que, dans une condition suspensive, l'événement qui s'accomplit rétroagit au jour du contrat, de même, dans une condition résolutoire, l'accomplissement de l'événement rétroagit au jour de la convention, pour remettre les choses au même état que si le droit n'avait jamais existé, et pour obliger conséquemment le créancier à restituer ce qu'il a reçu (art. 1183).

Il importe de remarquer que la condition étant *une,* c'est-à-dire qu'étant toujours suspensive, soit que la suspension porte sur le droit en lui-même, soit qu'elle porte sur sa résolution, la rétroactivité ne saurait être d'une autre nature : elle ne peut être qu'*une* aussi ; en sorte qu'il faut l'appliquer à la condition résolutoire, avec toutes ses conséquences relatives aux risques, fruits, etc.

LI. — *De la condition résolutoire tacite.* Lorsque, dans un contrat synallagmatique, l'une des parties prend un engagement vis-à-vis de l'autre, il est évident qu'elle n'entend exécuter son obligation qu'autant que l'autre exécutera la sienne. En conséquence, la loi consacre le principe que, dans tout contrat bilatéral, la condition résolutoire est toujours sous-entendue pour le cas où l'une des parties ne satisfait point à son engagement.

A la différence de la condition expresse, qui, dès qu'elle s'accomplit, opère immédiatement au profit de l'une comme de l'autre des parties et à leur insu, celle-ci n'a d'autre effet que de permettre à la partie à l'égard de laquelle l'engagement n'a pas été exécuté de demander la résolution du contrat, résolution dont le juge peut différer la prononciation, selon les circonstances, pour donner au défendeur le temps d'exécuter. Il est bien entendu, au surplus, que le simple retard d'exécuter peut donner lieu à des dommages-intérêts, soit qu'on poursuive l'exécution du contrat, soit qu'on demande sa résolution.

Alors même que la résolution pour inexécution du contrat aurait été *expressément stipulée* par les parties, cette stipulation, connue sous le nom de *pacte commissoire,* ne constituerait pas encore la condition résolutoire expresse de l'art. 1183. En effet, cette dernière, on le sait, opère pour les deux parties *ipso facto;* le pacte commissoire, au contraire, ne pourra être invoqué que par la partie à l'égard de laquelle on n'exécute pas, sans préjudice même du droit qu'elle aura de poursuivre l'exécution du contrat (art. 1184).

SECTION II.
DES OBLIGATIONS A TERME.

LII. — A la différence de l'obligation conditionnelle, l'obligation à terme existe dès le moment même de la convention ; mais son exigibilité est suspendue jusqu'au moment de l'arrivée du terme (art. 1185).

Le terme, qui paralyse ainsi dans la main du créancier l'exercice de son droit, est toujours présumé établi en faveur du débiteur ; et comme chacun est libre de renoncer aux droits introduits à son profit exclusif, le débiteur pourra toujours, en principe, abandonner le bénéfice du terme. Mais il en serait autrement, bien entendu, si ce terme avait été stipulé soit dans l'intérêt commun du débiteur et du créancier, soit pour l'unique avantage de ce créancier, ce qui pourrait résulter non-seulement d'une convention expresse, mais aussi des circonstances (art. 1187).

LIII. — Le terme est *de droit* ou *de grâce*, selon qu'il résulte de la convention ou qu'il émane du juge. Le premier, qu'on nomme aussi terme conventionnel, est *exprès* ou *tacite*, selon qu'il a été formellement stipulé ou qu'il résulte seulement de la nature même de la convention (art. 1185).

LIV. — Tant que le terme n'est pas échu, c'est-à-dire tant que le dernier jour du délai n'est pas expiré, le créancier ne peut exiger de son débiteur ce qui lui est dû sous cette modalité, à moins, on le sait, que le débiteur n'ait renoncé au bénéfice du terme. Cette renonciation, qui peut se faire expressément, peut aussi être tacite, et la loi l'a fait résulter par présomption de tout payement fait d'avance ; mais cette présomption peut être combattue par le débiteur, qui pourra répéter en prouvant qu'il n'a payé que dans l'ignorance du terme (art. 1186 et 1376).

Le bénéfice du terme ne peut plus être invoqué par le débiteur s'il tombe en faillite ou en déconfiture ; ou bien, lorsque les sûretés données ou promises par le contrat au créancier ont été diminuées par le fait du débiteur ou qu'elles n'ont pas été réalisées par lui (art. 1188).

SECTION III.
DES OBLIGATIONS ALTERNATIVES ET DES OBLIGATIONS FACULTATIVES.

LV. — L'obligation est alternative lorsque, au lieu de n'avoir qu'un seul objet, elle en présente plusieurs, dont un seul cependant devra être prêté, au choix de celle des parties à laquelle appartient l'élection. Ainsi, je vous dois, ou telle maison, ou 60 000 fr., ou tel travail à faire. Le choix appartient, en principe, au débiteur; mais on peut convenir du contraire (art. 1189, 1190 et 1196).

L'obligation est facultative lorsque, bien qu'elle présente plusieurs prestations, une seule de ces prestations en forme cependant l'objet, l'autre ou les autres n'étant indiquées que comme objet d'une faculté subsidiaire réservée au débiteur. Ainsi, je vous dois la maison, et rien que la maison; mais je serai libre de me libérer en vous comptant 60 000 fr. (art. 1196).

En principe, et quand le choix de l'obligation alternative appartient au débiteur, les deux obligations ont cela de commun, que le débiteur se libère par celle des prestations qu'il lui plaît de choisir, et qu'il est tenu de fournir cette prestation en entier, sans pouvoir offrir partie de l'une et partie d'une autre; mais il faudrait bien se garder de les confondre pour cela, car leur différence de nature entraîne des conséquences importantes.

LVI. — En effet, 1° si l'une des choses (en supposant qu'il n'y en ait que deux) est de nature à ne pouvoir faire l'objet d'une dette, l'obligation alternative portera uniquement sur l'autre prestation, et deviendra ainsi pure et simple; tandis que si la chose était prise pour objet d'une obligation facultative, cette obligation serait nulle, et la faculté de remplacement nulle avec elle. — 2° Dans l'obligation alternative, le véritable objet de l'obligation reste inconnu tant que le choix de la partie n'est pas venu le déterminer, en sorte que, s'il s'agit de deux choses dont l'une est meuble et l'autre immeuble, c'est seulement par le choix fait qu'on saura si la dette était mobilière ou immobilière; tandis que, dans l'obligation facultative, l'objet et par suite la nature de la dette sont connus *ab initio,* et cette dette restera immobilière, par exemple, alors même que le débiteur s'en libérerait par la chose mobilière qui était *in facultate solutionis.* — 3° Dans l'obligation facultative, le créancier n'aura jamais à demander qu'une seule chose, l'objet unique de la dette; dans l'obligation alternative, au contraire, il devra demander au débiteur de fournir l'une ou l'autre prestation au choix de celui-ci, ou, si le choix lui appartenait, à lui créancier, il demanderait celle des deux qu'il voudrait. — 4° Enfin, dans l'obligation facultative, la dette s'éteint par cela seul que l'objet unique vient à ne pouvoir plus être fourni sans la faute du débiteur, tandis que l'impossibilité de procurer l'une des prestations dues alternativement, bien qu'elle soit arrivée sans la faute du débiteur, fait porter la dette sur l'autre prestation et rend ainsi cette dette pure et simple : c'est seulement quand toutes les prestations seraient devenues impossibles, toujours sans la faute du débiteur, que la dette alternative s'éteindrait (art. 1193, 1194 et 1195).

LVII. — Qu'arriverait-il si, dans l'une ou l'autre obligation, c'était par la faute du débiteur que la prestation de l'une ou chacune des prestations alternatives se trouvât dans l'impossibilité d'être procurée?... Il est évident que, dans l'obligation facultative, il n'y aurait lieu pour le créancier qu'à demander la valeur en argent de la prestation, sans qu'il pût jamais exiger la chose réservée *in facultate,* chose que le débiteur, lui, aurait toujours le droit de payer. Mais, quant à la dette alternative, il faut distinguer : si le choix appartenait au débiteur, l'impossibilité où il s'est mis par sa faute de fournir l'une des prestations rend la dette pure et simple, sans qu'il ait le droit d'offrir la valeur en argent de la prestation devenue impossible; et si elles sont devenues impossibles toutes deux, il doit le prix de celle qui l'est devenue en dernier lieu (art. 1193). Que si le choix appartenait au créancier, l'impossibilité, imputable au débiteur, de fournir l'une des prestations permet à ce créancier de demander ou la seconde prestation ou le prix de la première; et si toutes deux sont impossibles, il peut, alors même que le débiteur ne serait en faute qu'à l'égard de l'une, demander le prix de l'une ou de l'autre (art. 1194).

Il ne serait pas toujours facile de justifier complétement les règles qui viennent d'être indiquées, et deux d'entre elles peuvent être peu équitables; mais elles sont formellement établies par la loi. Il va sans dire, au surplus, que le créancier pourrait, selon les cas, obtenir des dommages-intérêts en outre de la valeur de la prestation dont le prive la faute du débiteur (art. 1193 et 1194).

SECTION IV.

DES OBLIGATIONS UNIQUES OU MULTIPLES ET NOTAMMENT DES OBLIGATIONS SOLIDAIRES.

LVIII. — Lorsque l'objet d'une obligation est dû à une seule personne et par une seule personne, il y a obligation unique; l'obligation sera au contraire multiple, quant aux personnes, lorsque la prestation est due, soit par plusieurs débiteurs à un seul créancier, soit à plusieurs créanciers par un seul débiteur. — L'obligation multiple se divise en disjointe et conjointe, selon que les débiteurs ou les créanciers ne sont tels qu'alternativement ou simultanément; et, dans ce dernier cas, l'obligation se subdivise encore : elle peut être ou simplement conjointe ou solidaire. — Dans l'obligation conjointe non solidaire, soit que la conjonction se trouve chez les débiteurs ou chez les créanciers, il n'y a toujours qu'une seule obligation dont chacun des débiteurs n'est tenu que pour partie, comme chacun des créanciers ne peut en demander que sa part.

LIX. — Quand il y a solidarité, au contraire, quoiqu'il n'y ait encore qu'une seule obligation, chacun des débiteurs est tenu de la totalité de la dette, et chacun des créanciers peut demander également la totalité de la créance, de façon, toutefois, que le payement fait par l'un des co-débiteurs à l'un des créanciers éteint la dette à l'égard de tout le monde. Mais il est bien entendu qu'une fois le payement fait, les profits se partageront entre tous les créanciers, de même que tous les débiteurs doivent tenir compte des avances faites par celui d'entre eux qui a payé, à moins de stipulation contraire. — La solidarité, qu'il faut se garder de confondre avec l'indivisibilité, doit être considérée sous deux points de vue différents, selon qu'on l'examine par rapport aux créanciers ou par rapport aux débiteurs (*Observations préliminaires* de l'art. 1197).

§ 1ᵉʳ. — **De la solidarité entre les créanciers.**

LX. — La solidarité entre créanciers, laquelle rend ces créanciers mandataires et associés les uns des autres *ad conservandam obligationem*, ne peut résulter que d'une convention expresse.

Chacun des créanciers solidaires a mandat de demander le total de la créance, et de faire tous les actes conservatoires de cette créance ; de sorte que, s'il interrompt la prescription, l'interruption profite à tous ses cocréanciers. Ce mandat donne aussi le droit au débiteur de se libérer, en payant, à son choix, à l'un ou à l'autre des créanciers solidaires, pourvu, toutefois, que le payement intervienne avant toutes poursuites ; car une fois qu'un des créanciers a actionné le débiteur, celui-ci ne saurait éviter une condamnation sous le prétexte qu'il veut payer à un autre, puisque celui qui le poursuit a le droit de l'actionner au nom de tous (art. 1197-1199).

Mais ce mandat a ses limites naturelles dans les actes qui tendent à conserver ou à réaliser le droit de tous. En dehors de ce cercle, le créancier agirait sans pouvoir, c'est-à-dire qu'il n'agirait que pour sa part. Si donc il faisait remise de la dette, s'il consentait une novation, il est évident que ses actes ne sauraient nuire à ses cocréanciers (art. 1198).

Quoique chacun des créanciers ait le droit de se faire payer de la totalité de la créance, et de libérer ainsi le débiteur, les autres créanciers auront évidemment le droit d'exiger de leurs cocréanciers le partage de la créance qu'il s'est fait rembourser. C'est là le principe en matière de solidarité entre créanciers ; et s'il peut arriver que le bénéfice de la créance doive être attribué à un seul, ce n'est que par exception et quand celui-ci prouve son droit exclusif à la somme due (art. 1197).

LXI. — Lorsqu'une même chose est due par plusieurs personnes, de manière que chacune d'elles puisse être contrainte au payement pour la totalité, on peut bien dire qu'il y a solidarité entre elles, puisque chacune est tenue *in solidum ;* mais il faut cependant faire ici une distinction importante.

La solidarité entre débiteurs peut en effet être parfaite ou imparfaite, selon que chacun d'eux sera le représentant des autres et son mandataire *ad perpetuandam obligationem*, ou que ce pouvoir respectif n'existera pas. La solidarité parfaite ne peut résulter que d'une convention expresse ou d'une disposition formelle de la loi ; en sorte qu'elle est légale ou conventionnelle (art. 1202).

On peut voir ces exemples de solidarité légale dans les art. 396, 1053, 1448, 1887, etc., du Code Napoléon, et 55 du Code pénal. Ce dernier article doit être borné aux seuls cas qu'il prévoit ; ainsi il ne saurait être étendu aux auteurs des délits civils ou quasi-délits, ni même aux contraventions en matière de simple police. Quant à la solidarité conventionnelle, il faut qu'elle soit expressément stipulée; mais la loi, bien entendu, n'exige pas d'expressions sacramentelles (*ibid.*).

LXII. — Si la solidarité suppose nécessairement *une même chose* à laquelle tous les débiteurs sont obligés, il n'est pas nécessaire que tous le soient de la même manière. Ainsi l'un peut n'être tenu qu'à terme ou conditionnellement, tandis que l'autre sera débiteur pur et simple (art. 1201).

Cette solidarité produit des résultats différents, selon qu'on l'examine dans les rapports qu'elle crée entre les débiteurs, ou dans ceux qu'elle établit entre le créancier et ces débiteurs. Nous devons l'examiner successivement sous chaque point de vue.

LXIII. — Lorsque plusieurs débiteurs sont obligés solidairement, la loi suppose que la dette les concerne tous pour un intérêt égal, de sorte que, dans leurs rapports entre eux, chacun est débiteur pour sa part, et simple caution de ses codébiteurs pour les parts de ceux-ci. Tous sont d'ailleurs responsables et garants réciproques de l'insolvabilité qui peut survenir à chacun d'eux. Ainsi, lorsqu'un seul a payé la dette solidaire en entier, il peut répéter, contre les autres, la part de chacun, et faire supporter à tous ceux qui sont solvables, proportionnellement, les parts qu'il ne pourrait recouvrer contre les insolvables (art. 1213 et 1214). — Cette garantie réciproque est évidemment indépendante de la volonté du créancier, et lorsqu'un débiteur devient insolvable, celui à qui le créancier aurait fait remise de la solidarité ne pourra pas se refuser à supporter sa part dans l'insolvabilité; car si le créancier peut bien renoncer à ses droits, il ne peut modifier en rien les droits des débiteurs entre eux (art. 1215). — Mais il se peut qu'au lieu de concerner tous les débiteurs, l'obligation n'ait été contractée par eux que dans l'intérêt d'un seul, et il est évident, alors, que celui-ci pourra être actionné, pour le tout, par le débiteur qui aurait payé toute la dette. C'est le seul cas où le recours pour le tout soit possible; car l'obligation de mutuelle garantie, et le besoin d'éviter un circuit inutile d'actions, rendent ce recours pour le tout impossible partout ailleurs (art. 1214 et 1216).

LXIV. — A l'égard du créancier, ces distinctions n'ont pas lieu; tous les débiteurs sont tenus également, et chacun d'eux peut, au choix de ce créancier, être contraint au payement de la chose entière, sans jouir jamais des bénéfices de discussion ni de division. Le débiteur poursuivi ne pourrait même pas opposer au créancier les poursuites que celui-ci aurait déjà exercées contre un autre débiteur, puisque ces poursuites laissent subsister l'obligation avec tous ses effets, tant qu'elles ne sont pas suivies du payement (art. 1203 et 1204).

Représentants les uns des autres, en tant qu'il s'agit des intérêts du créancier, les débiteurs solidaires sont mandataires réciproques pour tout ce qui tend *ad perpetuandam obligationem;* mais on ne saurait les rendre réciproquement responsables des faits tendant *ad augendam obligationem*. Ainsi, tandis que la poursuite exercée contre l'un d'eux peut interrompre la prescription, et même faire courir les intérêts contre tous, parce qu'on reste ici dans les limites de la convention primitive, la mise en demeure de l'un ne saurait constituer les autres en demeure, à l'effet de les soumettre à des dommages-intérêts en dehors des prévisions du contrat (art. 1206 et 1207).

C'est par suite des mêmes principes que la perte de la chose, arrivée par la faute ou pendant la demeure de l'un d'eux, ne déchargera pas les autres de l'obligation d'en payer le prix, mais ne les soumettra pas à d'autres dommages-intérêts, tandis qu'il en sera autrement pour celui qui est en faute ou en demeure (art. 1205).

Bien entendu, la perte arrivée sans la faute et avant la demeure d'aucun des débiteurs les libérerait tous.

Mais si la perte de la chose libère tous les débiteurs, ou laisse subsister l'obligation contre tous, selon qu'il y a faute ou non, il est d'autres circonstances qui peuvent libérer les uns sans produire le même effet à l'égard des autres. Il faut distinguer, à cet égard, les causes d'extinction (que la loi appelle *exceptions*) en absolues ou *communes* à tous les débiteurs, et *personnelles* ou particulières à un ou quelques-uns d'entre eux. Le débiteur poursuivi par le créancier pourra évidemment lui opposer toutes les causes communes et celles qui lui sont personnelles à lui-même; mais il ne saurait se prévaloir de celles qui seraient personnelles à d'autres codébiteurs (art. 1208).

LXV. — Sous le mot *d'exceptions absolues,* on doit comprendre celles que la loi déclare résulter de la nature de l'obligation, et celles qu'elle nomme communes à tous les débiteurs; car les premières rentrent évidemment dans les secondes, et ne sauraient faire qu'une seule catégorie avec elles. Ainsi, soit que l'obligation n'ait pas de cause ou d'objet, ou bien qu'elle n'en ait que d'illicites; soit qu'il y ait eu payement réel ou par équivalent (comme lorsqu'il y aura eu dation en payement, ou novation, ou compensation opposée par le débiteur poursuivi); soit que le créancier ait fait remise *totale* de la dette, ou que la prescription l'ait atteinte, etc. : dans tous ces cas, l'exception pourra être opposée par chacun des débiteurs, et se trouver dès lors commune à tous.

Mais si les exceptions absolues sont *unes,* il n'en est pas de même des exceptions personnelles. Celles-ci, en effet, sont, les unes, *purement personnelles* à l'un des codébiteurs, de sorte qu'aucun autre ne peut les invoquer; telles nous paraissent être les exceptions résultant de l'incapacité de l'un d'eux, ou des vices de son consentement; tandis qu'il en est d'autres, *personnelles* aussi à un des débiteurs, qui seul peut les opposer pour le tout, mais personnelles *lato sensu,* et de façon que les autres débiteurs peuvent les invoquer pour la part de dette afférente à leur codébiteur (art. 1208).

La *compensation,* lorsqu'elle n'a pas été opposée par le codébiteur dont le créancier est débiteur à son tour, est une exception personnelle *lato sensu,* quant aux autres codébiteurs (*ibid.*). — La *confusion* produit le même effet, c'est-à-dire que les autres débiteurs ne peuvent s'en prévaloir que jusqu'à concurrence de la part que leur codébiteur avait dans la dette. Peu importe, bien entendu, de quelle cause procède cette confusion; et peu importe aussi, sauf l'étendue des effets, que la succession du créancier à l'un des débiteurs, ou réciproquement, soit totale ou seulement partielle (art. 1109). — La *remise* de la solidarité, faite par le créancier à l'un des débiteurs, est également une exception personnelle *lato sensu*. Nous ne parlons plus ici de la remise *de la dette,* faite, soit pour la dette entière, soit pour la part du codébiteur dans cette dette : nous nous sommes occupé plus haut de l'une et de l'autre; et il ne s'agit que de la remise *de la solidarité*. Or cette remise peut être expresse ou tacite.

LXVI. — *Remise expresse de la solidarité*. Lorsque le créancier consent à la division de la dette à l'égard d'un débiteur solidaire, il ne pourra plus actionner les autres codébiteurs que déduction faite de la part de celui qu'il a déchargé de la solidarité. Cette conséquence, véritablement exorbitante, que la loi tire de la remise de solidarité, devrait évidemment cesser dans le cas où le créancier aurait formellement déclaré la limiter aux cas exprimés, et ne faire la remise qu'en se réservant le droit de poursuite, pour le tout, contre les autres débiteurs (art. 1219).

Remise tacite de la solidarité. Le créancier qui reçoit divisément la part de l'un des débiteurs solidaires, ou qui l'actionne divisément pour sa part, sans constater, dans sa quittance ou dans sa demande, que c'est *pour sa part,* conserve la solidarité à l'égard de tous les débiteurs, même contre celui qui ne l'a payé qu'en partie, ou qui n'a été actionné par lui que pour partie. Mais si le créancier, soit dans la quittance délivrée au débiteur, qui ne l'a payé que pour sa part, soit dans la demande qu'il a formée contre lui, a déclaré que c'est *pour sa part,* alors la loi voit là une remise de la solidarité, et ce débiteur ne pourra plus être recherché pour les parts afférentes aux autres, pourvu, bien entendu, dans le cas *de demande,* qu'il y ait acquiescé, ou qu'il soit intervenu un jugement de condamnation (art. 1211).

La loi voit encore une remise tacite de la solidarité dans le payement de la portion d'arrérages ou intérêts de la dette, fait par l'un des débiteurs solidaires, alors que ce payement divisé s'est continué pendant dix années consécutives, et que le créancier n'a fait aucune réserve. Que si ces payements divisés ne s'étaient pas poursuivis pendant dix ans consécutifs, la solidarité subsisterait toujours contre le débiteur, pour le capital et les intérêts ou arrérages futurs; mais le créancier ne pourrait plus l'invoquer pour ceux qui sont échus, et dont le payement aurait été reçu pour la part du débiteur (art. 1212).

SECTION V.

DES OBLIGATIONS DIVISIBLES ET INDIVISIBLES.

LXVII. — Toute obligation, quel que soit son objet, ne peut être

exécutée *divisément* entre le créancier et le débiteur : le créancier peut
refuser tous payements partiels. Il n'y a donc pas lieu, tant qu'il ne
s'agit que d'un seul créancier et d'un seul débiteur, de s'occuper de
la divisibilité ou de l'indivisibilité de l'obligation ; mais il en est autrement toutes les fois qu'il existe plusieurs débiteurs ou plusieurs créanciers, ce qui se présente notamment quand un créancier ou un débiteur vient à mourir en laissant plusieurs héritiers. Il importe alors de
rechercher si l'obligation est ou n'est pas indivisible.

L'obligation est indivisible et insusceptible conséquemment d'exécution partielle, quel que soit le nombre des créanciers ou débiteurs,
toutes les fois que son objet ne peut être divisé ; or, cela peut arriver de
deux manières différentes : soit parce que cet objet n'est susceptible
d'aucune espèce de division, ni matérielle, ni intellectuelle ; soit parce
que cette division, quoique possible intellectuellement au moins, ne
doit pas avoir lieu à cause du rapport sous lequel ce même objet a été
considéré par les parties contractantes.

Il y a donc deux sortes d'indivisibilité, dont l'une peut être appelée
indivisibilité *naturâ* (puisque l'objet y est indivisible par sa nature
même), et l'autre, indivisibilité *contractu* (puisque l'objet, divisible en
lui-même, n'y devient indivisible que par la manière dont l'envisage la
convention). Quant aux obligations que Dumoulin et Pothier (1) appelaient indivisibles *solutione tantùm*, ce sont des obligations divisibles,
auxquelles la loi, comme on le verra, attribue une partie des effets de
l'indivisibilité (*Observat. prélim.* de l'art. 1217).

§ 1ᵉʳ. — De l'indivisibilité des obligations.

LXVIII. — D'après ce qui vient d'être dit, l'obligation est indivisible toutes les fois, et alors seulement, que son objet n'est susceptible
d'aucune division, ni matérielle, ni même intellectuelle, ou qu'étant en
général et en lui-même susceptible de division, soit intellectuellement
et juridiquement (comme un cheval, dans la propriété duquel je puis
avoir une moitié ou toute autre fraction, en sorte qu'il comporte bien
une division juridique), soit matériellement (comme une pièce de terre),
il ne peut cependant pas être divisé dans l'espèce et au point de vue où
se sont placées les parties (art. 1217 et 1218).

Du reste, que l'indivisibilité soit naturelle ou purement conventionnelle, elle produit toujours les mêmes effets.

Toutes les fois qu'une obligation est indivisible, chacun des débiteurs se trouve tenu de la totalité, comme aussi chacun des créanciers
peut exiger le tout. Mais il ne faudrait pas conclure de là qu'il y ait
alors solidarité ; car si, pour chaque partie, le droit actif ou passif
existe alors *in totum* comme dans la solidarité, il n'existe cependant

---

(1) Dumoulin et Pothier, dont nous avons cru devoir abandonner ici le langage fort
peu logique, selon nous, donnaient, on ne voit pas pourquoi, à la première indivisibilité, les deux noms d'indivisibilité *naturâ* ou *contractu*, puis à la seconde celui d'indivisibilité *obligatione*.

pas avec la même énergie et les mêmes conséquences (art. 1122 et 1123).

Ainsi, que la chose vienne à périr par la faute ou le fait de tous les débiteurs, tous seront bien tenus des dommages-intérêts; mais comme chacun n'était tenu *in totum* que par la force des choses et vu l'indivisibilité de l'objet, cette indivisibilité cessant alors (puisque des dommages-intérêts sont parfaitement divisibles), l'obligation *in totum* cessera, et chaque débiteur ne devra plus que sa part. Et si la perte n'est arrivée que par le fait d'un seul, comme ici les codébiteurs ne sont pas représentants les uns des autres comme en cas de solidarité, les dommages-intérêts ne seront jamais dus que par l'auteur du fait. Il est vrai qu'il en serait autrement en cas de clause pénale, d'après des principes que nous verrons plus loin; mais les dommages-intérêts ne seraient toujours dus alors que pour la part de chaque débiteur, tandis que dans ce même cas la solidarité les ferait devoir par chacun pour le tout (art. 1225 et 1232).

LXIX. — Il est évident que l'un des créanciers ne pourra faire seul une remise pleinement efficace de la dette, ni recevoir seul le prix de la chose au lieu de cette chose. Mais si cette remise ou cette dation en payement n'empêchent pas le débiteur d'être tenu *in totum* vis-à-vis des créanciers, elles lui permettent du moins de se faire tenir compte. par le créancier poursuivant, de la valeur de la fraction appartenant dans la chose à celui qui a fait la remise ou reçu le prix (art. 1224).

Le débiteur assigné par le créancier, pour la totalité de la dette, peut obtenir un délai pour mettre tous les autres débiteurs de la même chose en cause, à moins, bien entendu, que la dette ne pût être acquittée que par lui; car alors il devrait être condamné seul, sauf son recours contre les autres (art. 1225).

§ 2. — De la divisibilité et de ses exceptions.

LXX. — Toute obligation dont l'objet ne rentre pas dans les deux classes d'indivisibilité indiquées ci-dessus est nécessairement divisible; en sorte que chacun des héritiers du débiteur primitif n'en est tenu que pour sa part héréditaire, comme chacun des héritiers du créancier n'en peut également exiger que sa portion (art. 1220).

Cet effet cesse, *mais à l'égard des héritiers du débiteur seulement.* c'est-à-dire que chacun d'eux peut être poursuivi pour le tout, quoique l'objet de l'obligation soit divisible, dans les trois cas suivants :

1° Lorsque la dette est d'un corps certain. L'héritier au lot duquel tombe l'objet peut être poursuivi pour le tout, sans qu'il puisse invoquer le principe de la division; et c'est tout simple, puisque c'est lui seul qui détient la chose due.

2° Quand l'un des héritiers est seul chargé, par le titre, de l'exécution de l'obligation.

3° Enfin, toutes les fois qu'il est reconnu, soit par une clause expresse de l'acte, soit par les circonstances, que l'intention des parties a été, non pas de rendre l'obligation indivisible (ce qui présenterait l'indivisibilité *contractu*, et produirait effet pour les héritiers du créancier comme pour ceux du débiteur), mais seulement d'enlever aux héritiers du débiteur la faculté de se libérer pour partie.

Dans les trois cas, l'héritier qui a payé toute la dette à lui seul a son recours contre ses cohéritiers (art. 1221).

Ces trois exceptions sont, au surplus, les seules, malgré la rédaction vicieuse de la loi. Ainsi, l'hypothèque ne saurait communiquer à la dette qu'elle garantit aucun caractère d'indivisibilité, même quant aux héritiers du débiteur, qui ne sont toujours personnellement obligés que pour leur part héréditaire. — La même observation doit être faite pour le cas d'une dette alternative de choses, au choix du créancier, dont l'une est indivisible : quelle que soit, en effet, la chose que le créancier choisira, jamais on ne pourra y rencontrer une exception au principe du payement par parties dans les dettes *divisibles;* car si l'obligation se concentre sur la chose divisible, cette obligation sera nécessairement atteinte par le principe ; que si c'est, au contraire, sur la chose *indivisible,* alors encore on ne sera pas dans une exception, puisque la dette est indivisible (art. 1221).

Ajoutons que, quant aux créances, la division en portions héréditaires qui s'opère de plein droit au décès du créancier n'est que provisoire, et qu'elle disparaîtrait devant la division différente résultant plus tard du partage conventionnel (art. 1220, *in fine*).

SECTION VI.

DES OBLIGATIONS PRINCIPALES ET ACCESSOIRES ET SPÉCIALEMENT DE LA
CLAUSE PÉNALE.

LXXI. — Lorsqu'une obligation est la base de l'existence d'une autre obligation, on dit que la première est *principale* et l'autre *accessoire*. L'obligation accessoire peut naître en même temps que l'obligation principale, comme dans le cautionnement et le nantissement, ou postérieurement, comme dans le cas de dommages-intérêts pour inexécution d'une obligation, soit que ces dommages-intérêts aient été arrêtés d'avance au moyen de la stipulation appelée *clause pénale,* soit que les parties n'aient rien dit à ce sujet.

§ 1er. — De la clause pénale.

LXXII. — Pour mieux assurer l'exécution d'une obligation, ou pour prévenir les retards dans son exécution, les parties peuvent convenir d'une prestation qui tiendra lieu de dommages-intérêts : c'est à la convention faite dans ce but que l'on donne le nom de *clause pénale* (articles 1226 et 1229).

Essentiellement accessoire, l'obligation engendrée par la clause pénale n'existera qu'autant que l'obligation principale dont elle doit assurer l'exécution n'est pas nulle ; mais l'obligation principale ne saurait dépendre, au contraire, de la validité ou nullité de la clause pénale (art. 1227). — Destiné à assurer l'exécution de l'obligation principale et à tenir lieu, pour le créancier, de dommages-intérêts, la clause pénale ne saurait être demandée en même temps que le principal, à moins que le contraire n'ait été expressément ou tacitement convenu, ou que la peine n'ait été stipulée pour le simple retard. C'est par suite du même principe que, au lieu de demander la clause pénale, le créancier peut poursuivre l'exécution de l'obligation principale (art. 1228 et 1229). — Mais comme, d'un autre côté, les dommages-intérêts ne sont dus qu'autant que le débiteur est en retard et en faute, et que le retard (qu'un terme ait été apposé ou non à l'obligation) n'existe qu'autant que le débiteur a été mis en demeure, la clause pénale ne pourra être poursuivie qu'après la mise en demeure (art. 1230).

LXXIII. — L'inexécution arrivée par la faute de l'un des héritiers du débiteur, alors que l'obligation principale était indivisible *naturâ, contractu,* ou même *solutione tantùm,* obligera cet héritier à toute la peine, et chacun de ses cohéritiers pour leur part et portion héréditaire (et hypothécairement pour le tout), sauf leur recours contre celui qui a fait encourir la peine. La loi voit dans les dommages-intérêts, stipulés expressément au moyen d'une clause pénale, une obligation spéciale contractée sous la condition de l'inexécution de l'obligation principale. — La peine, au contraire, ne serait encourue que par le contrevenant, et pour sa part seulement, s'il s'agissait d'une obligation divisible (articles 1232 et 1233).

Du principe que toute convention tient lieu de loi à ceux qui l'ont faite il suit que le créancier ne pourra jamais demander des dommages-intérêts supérieurs à la peine stipulée, quel que soit le préjudice par lui éprouvé, sans que, d'un autre côté, on puisse lui refuser cette peine stipulée, alors même qu'on offrirait de prouver qu'il n'y a eu aucune perte pour lui. Mais si l'obligation principale a été exécutée en partie, le juge pourra alors, s'appuyant sur l'intention présumée des parties, modifier, selon les circonstances, la peine stipulée (article 1231).

CHAPITRE III.

DE L'EFFET DES OBLIGATIONS.

LXXIV. — L'effet des obligations consiste à permettre au créancier d'employer les moyens légaux de coercition : 1° pour contraindre son débiteur à exécuter l'engagement, c'est-à-dire à lui procurer ce à quoi il est tenu ; ou bien, 2° au refus de celui-ci, pour se le faire procurer, si c'est possible, malgré ce débiteur et à ses frais ; ou enfin, 3° pour obtenir, soit à défaut de l'exécution, soit même concurremment avec cette exécution (parce qu'elle est incomplète ou tardive), des dommages-intérêts.

SECTION PREMIÈRE.
DE L'EXÉCUTION VOLONTAIRE OU FORCÉE.

LXXV. — Il est tout simple que le créancier puisse poursuivre contre son débiteur l'exécution de ce à quoi ce dernier est tenu, l'obtention du bénéfice quelconque qui fait l'objet de l'obligation.

A défaut d'exécution par le débiteur, notre Code, à la différence du droit romain (qui n'accordait jamais au créancier qu'une condamnation pécuniaire en dommages-intérêts), permet au créancier l'exécution forcée, non pas dans tous les cas sans distinction, mais toutes les fois qu'on y peut arriver sans exercer des violences sur le débiteur, c'est-à-dire toutes les fois que l'obligation n'est pas de nature à ne pouvoir être accomplie que par le débiteur en personne. Il est clair, au surplus, que quand le créancier peut, au refus du débiteur, obtenir l'exécution forcée, il est toujours maître d'y renoncer pour se contenter de dommages-intérêts (art. 1143).

Nous n'avons rien de particulier à dire sur l'exécution, soit volontaire, soit forcée, de l'obligation : elle consiste toujours, bien entendu, dans l'attribution au créancier de l'avantage, quel qu'il soit, qui fait l'objet de l'engagement; il n'en est pas de même des dommages-intérêts, dont les règles demandent un certain développement.

SECTION II.
DES DOMMAGES-INTÉRÊTS.

LXXVI. — On entend par *dommages-intérêts,* comme le mot même l'indique, la réparation des *pertes* que le débiteur a fait subir au créancier, et des *bénéfices* qu'il l'a empêché de faire. Ces deux idées, toutefois, se réduisent à une seule, la seconde rentrant dans la première; car, dans le langage ordinaire, c'est encore faire une perte que de ne pas obtenir le gain qu'on devait réaliser. Les dommages-intérêts sont donc, en définitive, la compensation des pertes causées au créancier.

Ainsi, le débiteur n'est passible de dommages-intérêts que quand il a causé au créancier un préjudice. Ce préjudice peut résulter, ou du défaut absolu d'exécution, ou de l'insuffisance et du vice de l'exécution, ou du simple retard apporté à cette exécution, régulière d'ailleurs (art. 1147 et 1148). Le retard d'exécuter, ou, comme dit la loi, la *demeure* du débiteur (*mora*), qui fait quelquefois naître par elle seule la dette de dommages-intérêts, en est dans tous les cas un élément nécessaire; car tant que le débiteur est en temps utile pour exécuter son engagement ou pour régulariser l'exécution incomplète qu'il en aurait faite, le créancier ne peut pas se plaindre. Mais il ne suffit pas qu'il y ait demeure, il faut encore, bien entendu, qu'il y ait faute de l'obligé, et que le résultat dont le créancier se plaint ne provienne pas d'une force majeure, d'une cause qui n'aurait rien d'imputable à l'obligé : à l'impossible nul n'est tenu.

T. V.   **21**

Occupons-nous successivement des deux causes dont la réunion fait devoir les dommages-intérêts : 1° la mise en demeure du débiteur, et 2° sa faute; nous parlerons ensuite de l'étendue et de l'évaluation des dommages-intérêts.

§ 1er. — De la mise en demeure du débiteur.

LXXVII. — En principe rigoureux, tout débiteur devrait être reconnu en demeure dès l'instant où il contrevient à son engagement. Quand ce débiteur fait ce qu'il ne devait pas faire, et aussi quand il ne fait pas ou ne donne pas à l'époque convenue ce qu'il devait faire ou donner, il est clair que réellement et en fait il est en retard d'exécuter, *in morâ*. Mais cette réalité des faits, consacrée par la législation romaine, ne l'a pas été par notre Code; et la mise en demeure, chez nous, ne s'accomplit légalement que d'après des règles qui varient selon la nature et les circonstances de l'obligation.

1° Quand l'obligation est de ne pas faire, le débiteur est immédiatement en demeure dès qu'il accomplit le fait qui lui était interdit (art. 1145).

2° Quand l'obligation est de faire ou de donner, et qu'elle est de nature à ne pouvoir s'exécuter que dans un certain délai, le débiteur est en demeure dès qu'il a laissé passer ce délai sans remplir l'engagement (art. 1146). Si pourtant, dans l'obligation de donner, c'était le créancier qui dût aller recevoir la chose, il n'y aurait mise en demeure que quand il serait constaté que ce créancier s'est présenté pour réclamer cette chose, et qu'elle lui a été livrée.

3° La mise en demeure aurait encore lieu par la seule échéance du terme, dans toute obligation de donner ou de faire, s'il avait été fait une stipulation formelle à cet égard, ou qu'il en fût ainsi ordonné par un texte spécial de la loi (art. 1139). Toutefois il faut ajouter ici une restriction analogue à celle que nous venons de faire, pour le cas où il s'agirait de livrer une chose que le créancier devait venir chercher.

4° Dans tous autres cas d'obligation de donner ou de faire, le débiteur n'est mis en demeure qu'après l'interpellation que le créancier lui aura faite par une sommation ou un acte équivalent; encore faut-il attendre, à partir de cette interpellation, le délai moralement nécessaire pour exécuter (*ibid.*).

5° Enfin, dans les obligations de sommes d'argent, il y a plus de latitude encore, et la mise en demeure (sauf quelques cas exceptionnels où des textes spéciaux la font résulter de la simple expiration du terme) ne naît que de la demande en justice, ou du moins de la citation en conciliation suivie de cette demande dans le mois à compter de la non-conciliation des parties, ou de la non-comparution du débiteur (art. 1153).

§ 2. — De la faute du débiteur.

LXXVIII. — Le débiteur est en faute toutes les fois que, pour l'exécution de son obligation, il n'a pas fait tout ce qu'il devait faire. Mais quelles sont les limites de son devoir? quel soin doit-il apporter, soit à l'accomplissement du fait, soit à la conservation ou à la livraison de la chose qui font l'objet de son engagement?

Notre ancien droit, croyant suivre en cela le droit romain, distinguait trois classes de soins dont le débiteur devait tantôt l'un, tantôt l'autre, selon les cas, et dont l'absence constituait ainsi trois degrés de faute. — Il y avait *faute grave,* quand l'obligé n'avait pas apporté à l'affaire sa vigilance accoutumée et habituelle; *faute légère,* quand il n'avait pas donné les soins que donne un administrateur diligent, mais d'une diligence ordinaire; *faute légère,* enfin, quand sa prudence et ses précautions n'avaient pas égalé celles d'un administrateur vigilant jusqu'aux limites du possible. La première faute résultant d'une comparaison faite avec la conduite même du débiteur, on l'appelait pour cela faute *in concreto;* les deux autres, au contraire, s'appréciant par une comparaison faite avec un type abstrait, étaient dites fautes *in abstracto.* — Le débiteur ne devait que les soins de la première classe, quand l'affaire n'intéressait que le créancier; il devait ceux de la seconde quand le contrat intéressait les deux parties; il était, enfin, soumis aux soins extrêmes quand ce contrat avait pour but son intérêt unique, et constituait ainsi, de la part du créancier, un pur acte d'obligeance (art. 1137).

LXXIX. — Cette théorie, plus ingénieuse que praticable, et dont le principe, en effet, disparaissait en grande partie sous les nombreuses exceptions et modifications qu'on y apportait, est rejetée par le Code. C'est toujours, et sauf une exception unique (écrite pour le cas de dépôt), à la seconde des trois fautes indiquées ci-dessus que la loi s'arrête aujourd'hui; c'est toujours par comparaison avec les soins d'un administrateur d'une vigilance ordinaire qu'il faut apprécier la conduite de l'obligé. Du reste, l'appréciation à faire présentant nécessairement une certaine latitude, c'est au juge que la loi s'en remet pour appliquer la règle avec plus ou moins de sévérité, selon que le demanderont les circonstances (art. 1137).

Le débiteur auquel on reproche soit l'inexécution, soit une exécution irrégulière ou tardive, ne doit cependant pas de dommages-intérêts, quand il prouve que la position est le résultat d'une force majeure, et ne peut pas dès lors lui être imputée. Bien plus, si l'obligation, dont un cas fortuit empêche l'exécution ou la rend moins avantageuse, était de donner un corps certain, une chose déterminée *in ipso individuo,* non-seulement le débiteur ne devrait pas de dommages-intérêts et se trouverait libéré, mais le créancier lui devrait toujours le prix intégral de la chose détériorée ou détruite (art. 1138, 2ᵉ partie).

Cette double règle cesse, et les dommages-intérêts continuent d'être dus, dans ce cas même de force majeure : 1° si le créancier prouve que l'événement de force majeure a été précédé d'une faute ou seulement d'un fait du débiteur, sans lesquels l'exécution régulière serait restée possible ; 2° si le débiteur s'était formellement chargé des cas fortuits ; 3° si le cas fortuit ne s'est réalisé que postérieurement à la mise en demeure, à moins, dans ce dernier cas, que le débiteur ne prouve que le cas fortuit dont il s'agit se serait également réalisé, et aurait produit le même effet, quoique l'exécution eût précédé (art. 1302).

§ 3. — De l'étendue et de l'évaluation des dommages-intérêts.

LXXX. — Quoique les dommages-intérêts soient, en général, la réparation de la perte causée au créancier (en comprenant sous ce nom de perte non-seulement la perte proprement dite, *damnum emergens,* mais aussi la privation du bénéfice, *lucrum cessans*), ce qui paraît présenter une règle bien simple et d'une application uniforme, cependant l'uniformité à laquelle on pourrait s'attendre ici n'existe pas : les dommages-intérêts sont plus ou moins étendus, selon les cas, dans les obligations qui n'ont pas pour objet une somme d'argent ; et on ne les évalue pas de la même manière dans les obligations de sommes d'argent que dans les autres (art. 1149).

1° *Des obligations autres que de sommes d'argent.*

LXXXI. — Dans les obligations dont l'objet n'est pas une somme d'argent, les dommages-intérêts, s'ils n'ont pas été fixés d'avance par les parties, s'évaluent tout naturellement d'après le préjudice subi ; mais ils sont plus ou moins étendus, selon qu'il y a eu ou non dol du débiteur.

Et d'abord, le débiteur ne doit jamais les pertes qui ne sont qu'une conséquence indirecte de l'inexécution et dont cette inexécution n'est pas la cause unique. Quant à celles qui en sont vraiment le résultat direct et nécessaire, il les doit, mais dans des limites plus ou moins étendues, d'après la distinction qui vient d'être faite. — Si c'est sans aucun dol que le débiteur a manqué à son engagement et qu'on n'ait à lui reprocher que son fait ou sa faute, il ne doit que les pertes qu'on a raisonnablement dû prévoir lors du contrat. Alors, en effet, on regarde la dette de dommages-intérêts comme résultant d'une convention tacite sur ce point ; or il est bien évident que, dans cette convention présumée, l'intention des parties n'a pu se porter que sur le préjudice qu'elles pouvaient prévoir d'après le cours ordinaire des choses. — Si le débiteur est coupable de dol, au contraire, comme il est bien impossible de supposer des conventions faites pour restreindre la réparation d'un tort causé sciemment et de mauvaise foi, il devra toutes les pertes par lui causées, alors même qu'il n'aurait pas pu les prévoir en contractant.

Quand nous disons toutes les pertes, il est entendu qu'il s'agit seulement de celles qui résultent directement de l'inexécution, puisque jamais les autres ne sont dues (art. 1150 et 1151).

Que si les parties avaient eu soin de stipuler à l'avance que, dans le cas de manquement du débiteur, les dommages-intérêts consisteraient en une somme déterminée, cette somme sera toujours due et ne pourra ni être augmentée ni être diminuée, si grand ou si petit que soit alors le préjudice souffert. Cette convention, qu'on appelle *clause pénale*, comme on l'a déjà vu plus haut, constitue un traité à forfait qui doit s'exécuter comme toute convention légalement faite. Il est évident, au surplus, que, dans cette clause pénale ou évaluation faite à l'avance des dommages-intérêts, on peut prendre pour objet toute autre prestation que celle d'une somme d'argent (art. 1152).

2° *Des obligations de sommes d'argent.*

LXXXII. — Une première remarque à faire ici, c'est que dans les obligations de sommes d'argent les dommages-intérêts, par la force même des choses, n'auront pas pour objet de compenser le tort causé par l'inexécution ou par une exécution incomplète, mais seulement celui qui résultera du retard d'exécuter. Il est clair, en effet, que le débiteur qui ne pourrait pas payer la somme qui fait l'objet de son obligation, à ce titre d'objet de l'obligation, ne pourrait pas la payer davantage à titre de dommages-intérêts. Les dommages-intérêts ne consisteront donc ici que dans une nouvelle somme venant s'ajouter à la somme principale pour réparer le préjudice causé par le retard dans le payement de celle-ci (art. 1153).

Dans les obligations de sommes d'argent, l'étendue des dommages-intérêts ne varie pas comme dans les autres ; elle est toujours la même, soit qu'il y ait eu ou non dol du débiteur. Bien plus, leur évaluation elle-même se fait d'après une base uniforme et indépendante de l'importance des pertes que le créancier a pu faire.

En effet, l'usage et la destination d'une somme d'argent se diversifiant à l'infini, et cette variété infinie devant se retrouver dès lors dans le préjudice qui peut résulter du défaut d'obtention de cette somme à l'époque voulue, le législateur a trouvé sage de rejeter ici l'examen des faits pour s'attacher à une règle générale : le préjudice causé sera légalement compensé, dans ce cas, par l'intérêt de la somme due au taux légal, c'est-à-dire à 5 pour 100 en matière civile, et à 6 pour 100 en matière de commerce. Si minime que soit, en fait, le préjudice souffert, ou si énorme qu'il puisse être, le créancier aura toujours droit à l'intérêt légal à compter de la mise en demeure, et il n'aura jamais droit qu'à cela. Il y a cependant exception à cette dernière idée en matière de cautionnement, de société et de lettre de change, cas où le créancier peut obtenir une certaine réparation en sus de l'intérêt de l'argent. La règle, du reste, ne s'arrêterait pas même devant la clause pénale par laquelle le débiteur se serait formellement obligé à payer plus que l'intérêt ordinaire de l'argent; car cette stipulation serait une violation de la loi spéciale qui restreint rigoureusement l'intérêt conventionnel au même taux que l'intérêt légal (art. 1153).

Les intérêts ainsi dus à titre de dommages-intérêts et pour le retard de payement, *mora,* se nomment pour cela *intérêts moratoires,* tandis qu'on donne à ceux qui sont dus pour la simple jouissance du capital le nom d'*intérêts compensatoires.*

LXXXIII. — Il nous reste à parler d'une règle qui, à la vérité, n'appartient plus à la matière des dommages-intérêts, mais que nous plaçons ici, parce qu'elle est portée par le Code à l'occasion des intérêts moratoires. Il s'agit de savoir si et comment les intérêts d'un capital pourront produire intérêt à leur tour.

L'intérêt d'intérêts, en tant qu'il s'agirait de le stipuler à l'avance et pour des intérêts *à échoir postérieurement,* est absolument défendu et l'a été à toutes les époques de la législation romaine et de notre jurisprudence française, comme une cause inévitable de ruine pour le débiteur. Quant à l'intérêt d'intérêts *actuellement échus,* moins dangereux assurément, il n'est cependant pas resté soumis non plus à la libre disposition de stipuler : permis d'abord par le droit romain primitif, il fut prohibé successivement, et par la législation justinienne, et par notre ancienne jurisprudence, et même par notre droit intermédiaire ; le Code, après cette prohibition de treize siècles, le permet enfin, mais seulement sur les intérêts dus pour une année de jouissance du capital. Cet intérêt, au surplus, ne peut courir que du moment où l'on en fait l'objet d'une demande en justice ou d'une convention formelle (article 1354).

Du reste, cette règle, restrictive du droit commun, n'étant faite que pour des intérêts de capitaux, elle ne s'appliquerait donc ni à des restitutions de fruits, ni à des loyers de fermes ou maisons, ni à des arrérages de rentes. Il est évident qu'elle ne pourrait même pas s'appliquer à des intérêts de capital qu'un tiers aurait payés à l'acquit du débiteur; car si ces intérêts ne sont que des intérêts entre le débiteur et le créancier, il est clair qu'ils deviennent un capital dans les rapports du tiers au débiteur (art. 1155).

CHAPITRE IV.

CAUSES D'EXTINCTION DES OBLIGATIONS.

LXXXIV. — Nous n'avons pas à nous occuper ici des causes spéciales qui peuvent éteindre une obligation dans tel ou tel cas particulier : chacune d'elles est expliquée dans la matière qu'elle concerne ; et nous n'avons à présenter, dans ces principes *généraux* des obligations, que les causes *générales* d'extinction.

Ces causes générales sont au nombre de dix, savoir :

1° Le payement, ou exécution directe de l'obligation ;

2° La novation, ou remplacement d'une obligation par une autre ;

3° La remise de la dette ;

4° La compensation, ou neutralisation de deux obligations qui s'éteignent l'une par l'autre, parce que le créancier de l'une est le débiteur de l'autre, et réciproquement ;

5° La confusion ou réunion sur une seule personne des deux qualités de créancier et de débiteur d'une même obligation ;

6° L'arrivée d'un événement rendant l'exécution impossible ;

7° L'annulation judiciairement prononcée de l'obligation ;

8° L'effet de la condition résolutoire, quand elle s'accomplit avant l'exécution de l'obligation ;

9° La prescription opposée par le débiteur ;

10° Enfin, l'expiration du délai pour lequel l'obligation a été imposée (art. 1234).

L'effet de la condition résolutoire a été expliqué plus haut (n° XLIX) ; la prescription fera plus loin l'objet d'un titre particulier ; et quant à l'extinction par l'échéance du terme auquel l'obligation devait cesser, elle ne demande aucun développement. Nous avons donc à traiter de sept causes d'extinction : chacune d'elles fera l'objet d'une section particulière.

SECTION PREMIÈRE.

DU PAYEMENT.

LXXXV. — Le payement n'est rien autre chose que l'exécution même de l'obligation, l'accomplissement de ce à quoi le débiteur était tenu.

Le payement, en éteignant l'obligation, éteint aussi, tout naturellement, les accessoires de cette obligation ; mais il en peut être autrement, et il peut arriver que les garanties accessoires qui protégeaient une créance continuent de subsister, après le payement et l'extinction de cette créance, au profit d'une créance nouvelle sur laquelle la loi les transporte : c'est quand le payement, au lieu d'être fait par le débiteur, l'est par une autre personne qui obtient sa *subrogation* aux droits du créancier. Ce cas appelle nécessairement des règles particulières. — En outre, lorsqu'il existe, du même débiteur au même créancier, plusieurs dettes ayant des objets de même nature, et qu'il en fait un payement insuffisant pour les acquitter toutes, et pouvant s'appliquer à celle-ci aussi bien qu'à celle-là, il fallait régler à qui, du débiteur ou du créancier, il appartiendrait d'*imputer* le payement fait sur telle dette plutôt que sur telle autre, et comment se ferait l'imputation dans le silence des parties. — Enfin, il peut arriver qu'un créancier refuse sans motif raisonnable le payement qu'il doit recevoir ; et comme il ne peut pas dépendre du caprice de ce créancier d'éterniser l'obligation de son débiteur, la loi présente à celui-ci un moyen de se libérer alors malgré le créancier.

Nous aurons donc à nous occuper successivement : 1° du payement en général ; 2° du payement avec subrogation ; 3° de l'imputation du payement; 4° enfin, du payement forcé en cas de refus du créancier.

§ 1er. — Règles générales sur le payement.

LXXXVI. — Le payement d'une dette peut être fait, non pas seulement par le débiteur, mais encore par toute autre personne, même par celle qui n'avait aucun intérêt à l'acquitter. Dans tous les cas, et par quelque personne que le payement soit fait, la dette sera nécessairement éteinte et le débiteur libéré de cette dette, sauf à se voir soumis à une dette nouvelle vis-à-vis de la personne qui a payé pour lui et qui a ainsi fait son affaire. Mais, bien entendu, il faut, pour qu'il y ait extinction de l'obligation et libération de l'obligé, que la tierce personne ait fait un payement de la créance et non pas un achat de cette créance ; car il est clair que, dans ce dernier cas, ce serait toujours la même dette qui existerait (art. 1236).

Au surplus, la règle que l'exécution peut être faite par un autre que le débiteur n'est applicable qu'autant que le créancier n'a pas intérêt à ce qu'elle soit faite par le débiteur lui-même (art. 1237).

LXXXVII. — Quand il s'agit d'un payement qui doit transférer la propriété de l'objet payé (ce qui a lieu dans les obligations de choses indéterminées, et aussi pour les corps certains dont on serait formellement convenu de laisser la propriété au débiteur jusqu'à la livraison), le payement ne peut être fait valablement que par celui qui est tout à la fois propriétaire de l'objet et capable de l'aliéner.

Si celui qui a payé n'était pas propriétaire de la chose, le créancier n'en pourrait acquérir la propriété que par la prescription (prescription, du reste, qui, pour des meubles non perdus, ni volés, aurait lieu immédiatement) ; et jusqu'à ce qu'elle fût accomplie, il pourrait être évincé par le propriétaire de la chose. Il en serait cependant autrement si la chose avait été consommée de bonne foi par le créancier : dans ce cas, qui ne peut se réaliser que pour des meubles, le créancier serait mis à l'abri par la consommation faite de bonne foi ; et, quoiqu'il s'agît de meubles perdus ou volés, il ne pourrait plus être inquiété par le propriétaire. Que si la consommation avait été faite de mauvaise foi, le propriétaire pourrait agir en dommages-intérêts. — Une fois la prescription accomplie, le créancier peut garder l'objet ; mais il n'y serait pas obligé, et pourrait contraindre le débiteur à lui en livrer un dont il fût propriétaire ; car une personne ne peut pas être forcée d'user de la prescription malgré sa volonté et contre le cri de sa conscience (art. 1238).

Quand celui qui a livré la chose, tout propriétaire qu'il en était, se trouverait incapable de l'aliéner, le payement ne pourrait être critiqué que par cet incapable, s'il avait intérêt à le faire ; par exemple, s'il avait livré une chose d'un prix plus élevé que telle autre dont la livraison l'aurait également libéré. Mais, ici encore, le recours de l'incapable serait impossible si la chose avait été consommée de bonne foi par le créancier (art. 1238).

LXXXVIII. — Le payement doit être fait au créancier capable de recevoir, ou à une personne ayant mandat, soit de lui, soit de la loi, soit de la justice, pour recevoir en son lieu et place. Cependant le payement fait au créancier incapable se trouve validé quand il tourne au profit de ce créancier, et que celui-ci ne souffre aucun préjudice de l'irrégularité du payement; ou encore quand il est ratifié par celui qui avait mission de recevoir pour l'incapable. De même, le payement dû à un créancier capable, et qu'on a fait à une personne qui n'avait pas mandat de recevoir à sa place, devient valable si le créancier le ratifie ou s'il en a profité (art. 1241).

Le payement serait encore valable, quoiqu'il ne fût fait ni au créancier, ni à son mandataire, s'il était fait au possesseur de la créance, c'est-à-dire à celui qui jouissait paisiblement de la qualité de créancier, par exemple à l'héritier apparent. Il en serait de même du payement fait à un mandataire dont le pouvoir serait révoqué, si la révocation de ce pouvoir n'avait pas été notifiée au débiteur. Mais il en serait autrement, s'il s'agissait d'un mandat dont le délai serait expiré ou d'un faux mandat; car, dans le premier cas, il y a eu négligence du débiteur, et, dans le second, c'est lui qui subit l'effet de la fraude, puisque c'est contre lui que cette fraude a été dirigée, c'est lui qu'on a trompé (art. 1239 et 1240).

Le payement, alors même qu'il est fait au créancier maître de ses droits, est encore nul, quand il a lieu au préjudice d'une saisie-arrêt. Dans ce cas de saisie-arrêt, le débiteur doit garder entre ses mains, non pas seulement une somme égale à la créance pour laquelle la saisie est faite, mais la somme entière qu'il doit; car si de nouvelles saisies survenaient après son payement, le premier saisissant, par l'effet du concours des saisissants postérieurs, n'obtiendrait qu'une partie de la somme conservée, et, dès lors, une portion seulement de sa créance. Il subirait donc un préjudice du payement partiel fait au mépris de son opposition; et ce payement, dès lors, serait nul à son égard (art. 1242).

LXXXIX. — Le payement consistant dans la livraison ou l'accomplissement de la chose ou du fait qui est l'objet de l'obligation, le créancier ne peut pas être contraint à laisser substituer à l'objet qui lui est dû un objet différent, alors même que ce dernier aurait plus de valeur. Sans doute, cette substitution d'un objet à un autre est très-possible avec le consentement du créancier, et elle est un cas de novation; mais ce créancier ne doit pas la subir malgré lui (art. 1243).

Ce n'est pas payer autant qu'on doit, ce n'est pas faire un payement exact, que de procurer par fractions et en différents termes ce qu'on devait donner en une seule fois; et, par conséquent, le créancier ne peut pas être contraint à recevoir son payement par parties. Toutefois, les tribunaux sont autorisés à permettre au débiteur ce payement fractionné, quand ils le jugent nécessaire pour lui et sans préjudice pour le créancier. Ce point, quoique contesté, est cependant certain; car il n'est pas seulement écrit dans la loi, mais il a été proclamé aussi de la manière la plus formelle par les auteurs du Code Napoléon. C'est d'autant moins douteux, que le texte qui édicte cette faculté a été adopté avec cette rédaction : « Le juge peut, néanmoins, en considération de la position du débiteur, autoriser *la division du payement.* » Et comme c'est là une mesure d'humanité et d'ordre public, destinée à protéger des débiteurs malheureux et consciencieux contre la dureté, parfois impitoyable et inutile, d'un mauvais créancier, il faut reconnaître qu'on n'y pourrait pas déroger par convention particulière, et que les juges pourront user de cette faculté, nonobstant une stipulation contraire, toutes les fois qu'ils le jugeront vraiment nécessaire. — Enfin, comme la disposition qui crée cette faculté est absolue et sans restriction, et qu'on ne saurait alléguer aucun motif légal ni raisonnable d'y introduire une distinction qui ne s'y trouve pas, il faut dire, malgré l'opinion des auteurs, et avec la jurisprudence constante des arrêts, que cette faculté, exigée par l'humanité même, peut s'exercer tout aussi bien pour une dette constatée par acte notarié que pour toute autre (art. 1244).

XC. — Nul ne pouvant être responsable des impossibilités qui surviennent sans lui être en rien imputables, il s'ensuit que si la chose individuellement déterminée, qui fait l'objet d'une obligation, vient à se détériorer sans la faute ni le fait du débiteur, celui-ci sera pleinement libéré en livrant la chose dans l'état où elle se trouve. Le simple retard de livrer la chose deviendrait une faute, et rendrait le débiteur responsable, si c'était par l'effet de ce retard que la chose se fût détériorée, et qu'elle n'eût pas dû se détériorer de même chez le créancier (art. 1245).

Lorsque la chose due, au lieu d'être déterminée dans son individu même (ce qu'on appelle corps certain), ne l'est que par son espèce, ou, si l'on veut, par son genre, celle des parties à qui le choix appartient (à défaut de convention contraire, c'est le débiteur) doit choisir une chose de qualité moyenne : le créancier ne peut pas exiger la meilleure possible, et le débiteur ne peut pas donner la plus mauvaise. Mais il est clair qu'il en serait autrement, s'il était prouvé qu'on a entendu donner à telle partie le droit de choisir tel objet qu'elle voudrait, soit dans cette catégorie de l'espèce ou du genre, soit même dans toute l'espèce ou dans tout le genre (art. 1246).

XCI. — Le lieu où le payement doit se faire se détermine d'après les trois règles suivantes : 1° c'est au lieu fixé par la convention, toutes les fois que ce lieu a en effet été convenu, soit expressément, soit tacitement ; 2° si, à défaut de convention expresse ou tacite, il s'agit d'un corps certain, il doit être livré au lieu où il était lorsque s'est formée la convention ; 3° hors de ces deux cas, le payement se fait en général au domicile du débiteur : et il s'agit, bien entendu, du domicile que ce débiteur se trouve avoir au jour du payement, et non du domicile différent qu'il aurait eu au jour de la convention ; car Pothier, dont le Code a reproduit la règle, expliquait bien qu'il s'agissait du lieu où la dette devait être demandée. Or c'est au domicile actuel du débiteur que la demande doit se faire (art. 1247).

Les frais du payement, c'est-à-dire toutes les dépenses à faire pour réaliser le payement et le constater, sont tout naturellement à la charge de celui qui est tenu de ce payement, à la charge du débiteur (art. 1248).

§ 2. — Du payement avec subrogation.

XCII. — Il faut entendre par payement avec subrogation celui qui est fait par un autre que le débiteur, et qui, tout en éteignant la dette (car tel est l'effet immédiat et nécessaire de tout payement, en sorte qu'il y aurait contradiction à parler d'une dette payée et non éteinte), laisse cependant subsister les garanties accessoires de cette dette, lesquelles sont reportées sur la créance nouvelle qui naît, par suite de la gestion d'affaires, au profit de celui qui a payé. La subrogation est donc la substitution d'une personne à une autre, quant aux garanties de la créance qui appartenait à celle-ci et qui est payée par celle-là. Du reste, quoique la subrogation ne soit possible, par la force même des choses, que pour ce qui est payé par quelqu'un qui ne devait pas, on comprend toutefois que, dans le cas de plusieurs débiteurs d'une même obligation, cette subrogation peut très-bien avoir lieu au profit de l'un d'eux ; car si l'un des débiteurs paye en entier ce qu'il ne doit que pour sa part, il est clair que ce qu'il paye au delà de cette part est vraiment payé pour un autre (art. 1236).

La subrogation peut être établie par convention ou résulter de plein droit des dispositions mêmes de la loi.

XCIII. — *Subrogation conventionnelle.* La subrogation conventionnelle peut se faire : 1° entre le créancier et un tiers, même sans le consentement du débiteur ; 2° entre le débiteur et un tiers, même sans l'assentiment du créancier.

Deux conditions seulement sont nécessaires pour la validité de la subrogation consentie par le créancier. La première, c'est que la subrogation soit formellement exprimée dans la convention, la loi n'admettant pas de subrogation tacite ; peu importe, au surplus, en quels termes elle est exprimée. La seconde, c'est que la subrogation se fasse au moment même du payement ; car si le payement était fait avant la subrogation, ce payement pur et simple ayant opéré l'extinction des garanties comme celle de la créance même, il ne pourrait plus être question de transporter des garanties qui n'existent plus ; en d'autres termes, il ne pourrait plus être question de subrogation. Du reste, si la subrogation doit s'accomplir lors du payement, rien n'empêche qu'elle ne soit *convenue* dès avant ce payement, puisque alors ce sera toujours par le payement qu'elle se réalisera. — Ces deux conditions sont les seules que la loi demande, et ce serait évidemment tomber dans l'arbitraire que d'en exiger d'autres, telles, par exemple, que la remise des titres du créancier au subrogé, ou la signification authentique de la subrogation au débiteur. Sans doute, la prudence exige que le subrogé prenne les moyens d'assurer les effets de sa subrogation vis-à-vis des tiers et vis-à-vis du débiteur ; mais, outre que ce n'est pas là une question de validité de la subrogation, le subrogé n'est d'ailleurs pas forcé d'avoir recours aux moyens indiqués ici : il serait suffisamment garanti contre l'effet des saisies-arrêts qui pourraient être faites contre le subrogeant, ou de la vente que ce subrogeant pourrait faire par mauvaise foi de la créance payée, par la date certaine qu'il aurait donnée à son acte de subrogation, quoiqu'il n'y eût pas encore eu remise des titres ; et le payement que le débiteur de la créance payée avec subrogation irait faire au créancier subrogeant serait inopposable au subrogé, quoique la connaissance de la subrogation n'eût été donnée à ce débiteur que par une simple lettre missive ou même par une déclaration verbale, qui seraient prouvées ou par un écrit de ce débiteur ou par son aveu (art. 1250).

Il est évident, d'après ce qui vient d'être dit, qu'un tiers ne peut jamais contraindre le créancier à le subroger. Il peut bien le forcer, ainsi qu'on l'a vu déjà, à recevoir malgré lui son payement ; mais il ne peut pas le forcer à recevoir un payement avec subrogation, puisque la subrogation ne peut s'opérer que par convention, par consentement mutuel (art. 1236).

XCIV. — Deux conditions seulement aussi sont exigées pour la subrogation que fait le débiteur. Il faut : 1° qu'il soit constaté par acte notarié que ce débiteur emprunte au tiers une somme destinée à acquitter sa créance ; 2° qu'une quittance également notariée exprime que le payement a effectivement été fait au moyen des deniers empruntés. Aucune autre condition n'est nécessaire, et il n'est pas même besoin que la volonté de subroger soit alors exprimée ; cette volonté résulte assez clairement du soin qu'on a eu d'accomplir les formalités voulues (art. 1250).

XCV. — *Subrogation légale.* Elle a lieu : 1° au profit de tout créancier qui paye un autre créancier (du même débiteur, bien entendu), ayant sur lui quelque cause légale de préférence ; 2° au profit de toute personne qui paye une dette qu'elle avait intérêt d'acquitter, parce qu'elle se trouvait tenue de son payement avec d'autres ou pour d'autres : la règle s'applique notamment à un débiteur solidaire qui a payé au delà de sa part dans la dette à laquelle il était tenu *avec* ses codébiteurs, et au détenteur d'un immeuble hypothéqué qui paye la dette hypothécaire dont il se trouvait ainsi tenu *pour* un autre ; 3° enfin, au profit de l'héritier bénéficiaire qui paye de ses deniers les dettes de la succession (art. 1251).

XCVI. — *Effets de la subrogation.* La subrogation, soit conventionnelle, soit légale, a pour effet de mettre le subrogé, dans les limites de sa créance, aux lieu et place du créancier payé, c'est-à-dire de lui transporter toutes les garanties qui appartenaient au créancier, et, par exemple, la garantie d'un cautionnement, sur le transport de laquelle il y avait dissidence entre nos anciens parlements. Toutefois, la loi apporte à cette règle, pour le cas où le créancier n'est payé par le subrogé que d'une partie de la dette, une exception aussi étrange que peu équitable : elle déclare que ce créancier, pour la partie de créance qui lui reste, viendra, non pas en concours avec ce subrogé, comme cela devrait être, mais par préférence à ce subrogé; de sorte que celui-ci ne peut pas exercer, dans ce cas, au respect du créancier, les garanties qui lui ont cependant été transportées, et se trouve réduit, vis-à-vis de ce créancier, à regarder sa subrogation comme non avenue. Et puisque le créancier partiellement payé conserve, vis-à-vis du subrogé, le droit d'exercer exclusivement à lui les garanties de la créance, il est clair que si sa portion de créance, ainsi favorisée outre mesure, était par lui vendue, donnée ou autrement transmise, le nouveau titulaire, puisqu'il aurait identiquement la même portion de créance, jouirait nécessairement de la même faveur; mais si, au contraire, au lieu d'un transport de cette partie de créance, il y avait pour elle, comme il y a eu d'abord pour la première, payement avec subrogation, le second subrogé ne pouvant pas dire comme un cessionnaire qu'il a la même créance que le créancier primitif, l'étrange exception dont il s'agit cesserait pour faire place au droit commun, et les deux subrogés exerceraient concurremment les garanties à eux transportées (art. 1252).

Nous avons dit que la subrogation ne met le subrogé à la place du créancier, et ne lui transporte les garanties de ce dernier, que dans les limites dans lesquelles la créance nouvelle de ce subrogé en est susceptible. Ainsi, il est bien clair que si le subrogé est précisément l'une des personnes qui étaient tenues de la dette et que le créancier pouvait poursuivre, l'action de ce subrogé ne pourra pas être exercée contre autant de personnes que pouvait l'être celle du créancier primitif. Ainsi encore, quand le créancier a bien voulu recevoir son payement, et donner quittance pour une somme moindre que le montant de la dette (et qu'il est bien reconnu que les parties ont entendu faire un simple payement éteignant la dette, et non pas un transport dont le bon marché devrait profiter au *cessionnaire*, improprement appelé *subrogé*), il est bien clair que le subrogé, qui n'a ainsi qu'une créance moindre que n'était celle du subrogeant, ne pourra poursuivre le débiteur, et exercer tous les avantages qui peuvent résulter pour lui de la subrogation, que pour le montant de cette créance moindre (*ibid.*).

L'étendue du recours du subrogé, lorsque ce subrogé est l'une des personnes qui se trouvaient tenues de la dette, soit avec d'autres, soit seulement par d'autres, semble devoir se déterminer par les deux règles suivantes : — 1° Lorsque le subrogé était tenu avec d'autres, étant lui-même l'un des débiteurs, il n'aura d'abord pas d'action pour la portion qu'il doit supporter dans la dette; et quant à l'excédant de cette portion, il ne pourra, quoique la dette fût solidaire ou hypothécaire, poursuivre ses codébiteurs que pour la part de chacun (pour éviter un circuit d'actions), et ne pourrait exercer aucune poursuite contre ceux qui n'étaient tenus de la dette qu'en qualité de cautions ou à l'instar de cautions, c'est-à-dire *pour* les débiteurs et sans être débiteurs eux-mêmes. — 2° Lorsque le subrogé n'était tenu que pour d'autres, sans être lui-même débiteur, il ne pourra poursuivre ceux qui étaient dans le même cas que pour la part de chacun d'eux (toujours pour éviter le circuit d'actions); mais contre les débiteurs, il aura le même droit de poursuite que le créancier primitif lui-même (*ibid.*).

§ 3. — De l'imputation des payements.

XCVII. — Quand le débiteur de plusieurs dettes ayant un objet semblable fait un payement qui peut s'appliquer à l'une comme à l'autre, mais qui n'est pas suffisant pour les acquitter toutes, c'est lui qui est le maître de déclarer sur quelle dette il entend imputer son payement (art. 1253).

Ce n'est pas avoir deux dettes que de devoir, tout ensemble, une rente ou un capital productif d'intérêts, puis une certaine somme pour arrérages de cette rente ou pour intérêts de ce capital; le capital et les intérêts, la rente et ses arrérages, ne sont vraiment que les objets d'une seule et même obligation. La règle posée pour le cas de plusieurs dettes est donc inapplicable ici; et un débiteur ne pourrait pas, sans le consentement du créancier, imputer son payement sur le capital, de préférence aux intérêts ou arrérages : c'est toujours à ces intérêts ou arrérages que le payement s'appliquera dans le silence des parties. Il en serait ainsi, alors même que le débiteur, faisant un payement trop faible pour acquitter la totalité des intérêts et du capital, déclarerait et ferait énoncer dans la quittance que le payement est fait *pour capital et intérêts :* la circonstance que le capital serait ainsi énoncé avant les intérêts n'empêcherait pas de n'imputer le payement sur le capital que pour ce qui resterait après extinction de la totalité des intérêts ou des arrérages (art. 1254).

Que si, dans ce cas d'un payement excédant le montant des intérêts ou des arrérages, la quittance (au lieu de dire que le payement a été fait pour le capital comme pour les intérêts) gardait le silence sur ce que les parties ont entendu faire, dirait-on que l'excédant de ce qui était dû pour les intérêts doit encore s'imputer sur le capital, ou bien déciderait-on que cet excédant doit être regardé comme une somme payée indûment et susceptible de répétition?... Il est évident que c'est là une simple question d'intention, qui, pour les rentes comme pour les capitaux, se décidera d'après les circonstances du fait : si l'on reconnaît que le débiteur n'ait fait un payement trop fort que par erreur et en ne voulant payer que des intérêts, il est bien clair qu'il y aura payement indu et sujet à répétition, aussi bien pour un capital que pour une rente; si l'on voit, au contraire, que la pensée des parties a été d'éteindre une partie du capital, il est palpable qu'il n'y aura pas lieu à répétition, ni en cas de capitaux, ni en cas de rentes (*ibid.*).

Si, au lieu d'intérêts produits par un capital, et formant dès lors avec lui l'objet d'une seule et même obligation, il s'agissait seulement d'intérêts moratoires, c'est-à-dire d'une somme due, à l'occasion d'une obligation non productive d'intérêts, comme indemnité du retard apporté à l'exécution de l'obligation, alors, comme la dette de ces intérêts moratoires serait distincte de la dette du capital, on rentrerait sous la règle posée pour le cas de plusieurs dettes, et le débiteur serait libre de déclarer laquelle des deux dettes il entend acquitter (*ibid.*).

XCVIII. — Quand le débiteur ne fait pas lui-même l'imputation, le créancier peut la faire; et l'énonciation qu'il insère à ce sujet dans la quittance produit son effet. Il faut toutefois que cette imputation soit faite loyalement; le débiteur pourrait la faire annuler, si elle était le résultat du dol ou même d'une simple surprise (art. 1255).

Si l'imputation n'a été faite ni par le débiteur ni par le créancier, la loi la détermine elle-même d'après les règles suivantes :

Entre deux dettes dont une seule est échue, c'est sur celle-ci que s'impute le payement ; — Si toutes les dettes sont échues ou si aucune ne l'est, l'imputation se fait sur la plus onéreuse ; — Si les différentes dettes sont également onéreuses, l'imputation, pour des dettes échues, se fait sur celle qui est échue depuis plus longtemps ; pour des dettes non échues, sur celle qui est le plus près d'échoir ; — Toutes choses égales, le payement s'imputerait sur toutes les dettes proportionnellement (art. 1256).

§ 4. — Du payement fait malgré le créancier.

XCIX. — Lorsqu'un créancier refuse, sans juste motif, de recevoir son payement, le débiteur peut arriver malgré lui à sa libération par des moyens qui varient selon que la dette a pour objet, ou une somme d'argent, ou un corps certain, ou une chose indéterminée.

Pour que le créancier n'ait pas de juste motif de refuser, il faut, bien entendu, qu'on lui offre un payement régulier et valable. Ainsi il faut : 1° que l'offre soit faite au créancier capable de recevoir ou à une personne ayant pouvoir de recevoir pour lui ; 2° qu'elle soit faite par une personne capable de payer ce dont il s'agit ; 3° qu'elle soit de la totalité de la chose à payer ; 4° et 5° qu'elle ne soit pas faite avant l'échéance d'un terme mis au profit du créancier, ni avant l'accomplissement de la condition par l'événement de laquelle la dette doit se réaliser (art. 1158).

C. — Pour les dettes de sommes d'argent, le débiteur, sur le refus de son créancier, doit lui faire des offres réelles et consigner ensuite la somme (art. 1257).

On appelle *réelles* les offres qui sont faites avec présentation actuelle et effective de la somme. Pour leur validité, il faut d'abord l'existence des cinq conditions dont nous avons parlé au numéro précédent; puis 6° qu'elles soient faites au lieu convenu pour le payement, ou, à défaut de convention sur ce point, à la personne ou au domicile, soit réel, soit conventionnel, du créancier ; 7° qu'elles soient faites par un officier ministériel ayant qualité pour donner authenticité aux actes extrajudiciaires, c'est-à-dire par un notaire ou un huissier; 8° enfin, que le procès-verbal dressé par cet officier indique le nombre et la valeur des pièces offertes, mentionne la réponse du créancier, et dise s'il a signé, refusé de signer, ou déclaré ne pouvoir (*ibid.*).

Si le créancier accepte les offres réelles, il est clair qu'il est payé et que tout est fini, comme si les choses s'étaient passées à l'amiable. S'il refuse, le débiteur, pour arriver à sa libération, doit lui faire faire sommation de se présenter, à jour et heure indiqués, au lieu où se déposent les consignations, pour y recevoir la somme offerte, s'il s'y décide, ou pour l'y consigner, s'il persiste dans son refus. Si, au lieu et au moment indiqués, le créancier ne comparaît pas, ou s'il refuse de nouveau de recevoir, le débiteur doit se dessaisir de toute la somme offerte, plus des intérêts qui ont couru depuis le jour des offres, en déposant le tout dans la caisse des consignations, laquelle a pour préposés, à Paris, un caissier particulier; dans chaque chef-lieu de département, le receveur général; et dans chaque chef-lieu d'arrondissement, le receveur particulier. Enfin un procès-verbal, dressé comme celui des offres réelles par un notaire ou un huissier, doit désigner la nature des espèces, mentionner la non-comparution du créancier ou son nouveau refus, et le dépôt qui s'en est suivi; puis, en cas seulement de non-comparution, une copie de ce procès-verbal doit être signifiée au créancier (art. 1257-1259).

La somme ainsi offerte et consignée est réputée payée quant au débiteur, qui se trouve ainsi libéré, mais sous la condition pourtant que la consignation sera ensuite acceptée par le créancier ou déclarée valable par jugement. Tant que cette acceptation ou ce jugement ne sont pas intervenus, le débiteur peut retirer la somme; et, s'il le fait, la dette continue d'exister. Au contraire, dès qu'il y a acceptation ou chose jugée, l'extinction de la dette est définitive; le débiteur ne peut donc plus reprendre la somme que par le consentement du créancier, et la reprise ainsi opérée n'aurait pour effet que de faire naître une dette nouvelle; en sorte que les cautions, hypothèques ou autres garanties qui accompagnaient la première créance n'en seraient pas moins éteintes (*ibid.* et art. 1261-1263).

Les frais de l'offre et de la consignation, quand le créancier laisse faire l'une et l'autre, sont à la charge de ce créancier, pourvu, bien entendu, que cette offre et cette consignation aient été faites valablement. Si le créancier, après avoir refusé l'offre réelle, empêche la consignation en acceptant au moment où on allait l'opérer, les frais faits sont encore à sa charge. Mais s'il accepte l'offre elle-même dès le moment qu'elle lui est faite, les frais n'en seront à son compte qu'autant que des offres amiables avaient précédé les offres réelles et avaient été refusées; et il est clair que ce sera au débiteur de prouver ces offres amiables et leur refus, puisque, comme on le verra au chapitre *Des Preuves*, c'est à celui qui avance une allégation de la prouver; que si, les offres étant prouvées ou avouées, le créancier prétendait ne les avoir refusées que parce qu'elles n'étaient pas valables, ce serait à lui de prouver l'invalidité (art. 1260).

CI. — Quand la dette a pour objet un corps certain, il n'est jamais besoin ni d'offres réelles ni de consignation; mais il faut distinguer si c'est au créancier de venir prendre l'objet, ou si le débiteur est dans l'obligation de le lui porter chez lui.

Dans le premier cas, le débiteur, après avoir transporté au lieu de la livraison, s'il n'y est pas déjà, l'objet de son obligation, fera au créancier sommation de venir l'enlever. Cette sommation, signifiée soit à la personne du créancier, soit à son domicile réel ou d'élection, produit à elle seule l'effet que nous avons vu résulter plus haut des offres réelles et de la consignation; en sorte que la dette est immédiatement éteinte sous la condition d'une acceptation postérieure du créancier, ou d'un jugement qui déclare la validité de la sommation. Du reste, si le débiteur avait besoin de débarrasser le lieu occupé par l'objet de la dette, il pourrait se faire autoriser par jugement à le déposer dans tel autre lieu que le tribunal désignerait. Il va sans dire que les frais de la sommation, et ceux du dépôt dont on vient de parler, s'il y a lieu, seront à la charge du créancier, toutes les fois qu'il sera établi que ce créancier avait indûment refusé d'aller se livrer de l'objet (art. 1264).

Quand c'est le débiteur qui est obligé d'aller porter la chose chez son créancier, il lui suffit, sur le refus du créancier de la recevoir, de la déposer immédiatement dans un lieu aussi rapproché que possible, et de faire ensuite sommation au créancier de venir l'y prendre. Le débiteur se trouve libéré par cette sommation, toujours sous la condition d'une acceptation postérieure du créancier ou d'un jugement qui déclare la validité de ce qui s'est fait. Il est évident qu'ici encore le refus du créancier fera tomber à sa charge tous les frais qui seront occasionnés par ce refus (*ibid.*).

CII. — Pour les dettes de choses indéterminées, on suivra toutes les règles qui viennent d'être indiquées pour les dettes de corps certains, par cette raison, entre autres, que le choix qu'aurait fait le débiteur de la chose à livrer et la désignation individuelle qu'il en devra faire dans sa sommation au créancier feront de cette chose un corps certain.

Que si le choix, et dès lors la détermination à faire de la chose indéterminée, appartenait au créancier, la marche à suivre serait nécessairement un peu différente. Le débiteur, sur le premier refus du créancier, devra lui faire sommation de venir choisir et enlever l'objet; et sur le nouveau refus d'obtempérer à cette réquisition, il pourra obtenir un jugement ordonnant que, faute par ce créancier de faire son choix dans tel délai, ce choix sera fait par telle personne, et la chose ainsi choisie déposée en tel lieu (*Addition* à l'art. 1264).

SECTION II.
DE LA NOVATION.

CIII. — La novation est le changement d'une obligation en u⁻

autre, c'est la substitution d'une obligation nouvelle à l'obligation précédente, qui se trouve ainsi éteinte et remplacée par la seconde. Elle
peut s'opérer de trois manières : 1° par simple changement de la dette
(le créancier et le débiteur restant les mêmes); 2° par le changement
du débiteur ; 3° par le changement du créancier.

Il est bien évident, au surplus, que ces trois causes, dont une seule
peut opérer la novation de l'obligation, peuvent aussi concourir pour la
former, et que si plusieurs causes de novation peuvent ainsi concourir
pour éteindre une seule dette, il est possible, réciproquement, qu'une
seule cause de novation éteigne plusieurs dettes à la fois (art. 1271).

Dans le cas de novation par changement de débiteur, si c'est l'ancien débiteur qui a présenté le nouveau à sa place, il y a délégation
(art. 1275). Si c'est, au contraire, le nouveau qui est venu se substituer à l'ancien sans le concours de celui-ci, on dit qu'il y a expromis-
sion (art. 1274).

CIV. — C'est un point délicat de savoir si une convention a opéré la
novation ; et ce serait s'exposer à prêter souvent aux parties une intention qu'elles n'ont pas eue, que d'admettre facilement cette novation.
Ainsi, on pourrait voir une novation par changement de dette, alors
que les parties ont seulement voulu apporter une modification à la
dette, et non lui en substituer une autre ; une novation par changement
de débiteur, alors qu'on a entendu adjoindre au premier débiteur un
second débiteur ou une caution ; une novation par changement de
créancier, dans un cas où l'on n'a voulu faire qu'une cession de la
créance. Comme, d'un autre côté, la novation est chose grave, et qu'on
ne doit pas se porter légèrement à croire qu'un créancier ait entendu
briser ses droits, la loi, pour prévenir ici les conséquences de l'interprétation sans contrôle qui appartient ordinairement aux juges du fait
dans les questions d'intention, fait défense positive de la reconnaître,
toutes les fois qu'il peut y avoir quelque doute et qu'il n'y a pas manifestation évidente de la volonté de l'opérer. Bien mieux, dans le cas
où l'erreur paraissait plus à craindre, dans le cas de délégation, la loi
ne permet de reconnaître la novation qu'autant que la volonté de
l'opérer est exprimée ; dans les autres cas, il suffit que cette volonté
résulte des circonstances, pourvu qu'elle en ressorte clairement (art.
1273 et 1275).

La jurisprudence a notamment appliqué ces principes au cas d'un
vendeur qui reçoit des billets de son acheteur en payement de son prix
de vente ; elle décide, avec raison, que la quittance donnée, même
sans réserves, par ce vendeur, contre la remise des billets, n'est pas de
nature à démontrer que le créancier ait entendu éteindre, pour le cas
de non-payement des billets, sa créance privilégiée de vendeur ; et des
arrêts souverains qui avaient jugé le contraire ont été cassés comme contenant une contravention à la loi (art. 1273).

CV. — La novation étant la substitution d'une dette à une autre, il
est donc indispensable, pour qu'elle s'accomplisse, que deux obligations
soient en jeu, celle qui doit s'éteindre par la substitution de l'autre,

et celle dont la substitution à la première doit éteindre celle-ci. Si la première se trouvait n'avoir pas d'existence légale, la seconde, que l'on ne contractait qu'en tant qu'elle devait la remplacer, n'existerait pas non plus, et la novation apparente se trouverait non avenue ; si c'était la seconde qui se trouvât juridiquement existante, la première, dont l'extinction n'avait été consentie qu'en tant qu'elle devait être remplacée par l'autre, continuerait d'exister, et il n'y aurait pas encore eu novation.

Du reste, si deux obligations sont absolument nécessaires, rien n'exige qu'elles aient une existence parfaite et irrévocable. — Ainsi, quand l'une ou chacune des obligations est annulable, la novation (sauf l'effet ultérieur de l'annulation, si elle vient à être prononcée) existe évidemment, puisque cette obligation annulable produit tous les effets ordinaires tant qu'elle subsiste. — La novation s'accomplirait également, et même d'une manière irrévocable, quoique l'une des obligations fût purement naturelle, puisque l'obligation naturelle, du moment qu'elle s'est manifestée comme telle, reçoit de la loi la même efficacité que l'obligation civile, ou plutôt devient dette civile par sa manifestation même. — Enfin, quoique l'obligation conditionnelle se trouve n'avoir jamais existé quand il y a non-accomplissement de la condition suspensive ou accomplissement de la condition résolutoire, une telle obligation suffit néanmoins pour la novation ; et non pas seulement pour une novation conditionnelle et qui ne devrait se parfaire qu'autant que l'obligation deviendrait elle-même parfaite, mais même, si telle est l'intention des parties, pour une novation absolue, pure et simple, et immédiatement parfaite. Notre loi française ayant rejeté le rigorisme romain, pour suivre, dans notre matière des obligations, les règles de l'équité et respecter la volonté des contractants, toutes les fois qu'elle n'a rien d'illicite, il est évident que l'on peut très-bien briser un lien, même imparfait et conditionnel, en y substituant un lien pur et simple, ou réciproquement ; il est évident que l'on peut, par exemple, remplacer absolument par une dette pure et simple de 200 fr. une dette conditionnelle de 500 fr., ou *vice versà* (art. 1272).

CVI. — Le principe, évident et incontestable, de la nécessité de deux obligations, doit donc s'entendre avec prudence ; et nous avons quelques développements à ajouter sur ce point.

Ainsi, quand l'une des deux obligations se trouve frappée d'une nullité radicale (par exemple, comme étant contraire aux bonnes mœurs), il est clair que toute novation est impossible.

Mais si, au lieu d'être radicalement nulle, l'une des obligations est seulement annulable, soit pour incapacité, soit pour violence, erreur ou dol, la novation subsiste tant qu'il n'y a pas d'annulation ; que si l'annulation vient à être prononcée, l'obligation étant ainsi mise à néant et se trouvant n'avoir jamais existé, la novation (en principe et sauf ce qui va être dit ci-dessous) se trouve encore nulle et non avenue. Mais il faut faire ici une observation importante, pour le cas où c'est l'ancienne dette qui se trouve annulable.

C'est qu'alors la novation même couvrira souvent le vice de la dette, en sorte que l'annulation se trouvant désormais impossible, la novation sera immédiatement irrévocable. En effet, si c'est avec pleine connaissance du vice qui affectait son obligation que le débiteur est venu s'en libérer en lui en substituant une nouvelle, il est clair qu'il a renoncé par là à son action en nullité; si, au contraire, il a consenti la novation dans l'ignorance de la cause d'annulation, cette annulation peut toujours être demandée par lui; et si elle est prononcée, la novation s'évanouira. Que si, au lieu d'être novée par le débiteur lui-même, la dette annulable l'a été par un tiers, il est clair que l'annulation pourra toujours être obtenue par le débiteur; mais cette annulation n'entraînera pas toujours la nullité de la novation : si la pensée du tiers a été de s'obliger même pour le cas (et peut-être *surtout* pour le cas) où la dette annulable viendrait à être annulée, c'est que cette dette constitue une obligation naturelle que le tiers a entendu nover comme telle, et la novation doit avoir son effet, de même qu'elle l'a quand on a nové une obligation conditionnelle, précisément comme conditionnelle et non pas seulement en tant qu'elle deviendrait parfaite; mais si le tiers ignorait le vice de l'obligation, ou si, le connaissant, rien ne prouve qu'il ait entendu s'obliger, même pour le cas d'une annulation, la novation est non avenue.

Une autre observation est nécessaire pour le cas où l'ancienne dette était annulée déjà au moment même qu'on la novait. Alors, quand c'est par le débiteur lui-même que la novation a été faite, il est évident que ce débiteur s'est reconnu lié en conscience, et qu'il y a là novation, parfaitement valable, d'obligation naturelle. Quand cette novation a été faite par un tiers, la décision sera nécessairement la même, si ce tiers connaissait l'annulation prononcée; s'il l'ignorait, on retombera dans la distinction du précédent alinéa, et la novation sera nulle ou valable, selon que ce tiers aura entendu ou non s'obliger même pour le cas d'annulation.

Il va sans dire, au surplus, que toutes les fois qu'il y a désaccord entre les parties sur le point de savoir si le débiteur a connu le vice de sa dette ou si le tiers a entendu s'obliger même pour le cas d'annulation, c'est au créancier à faire la preuve du fait dénié par l'adversaire (art. 1272).

CVII. — Pour ce qui est de l'influence des conditions, il résulte de ce qui a été dit plus haut que la novation peut, comme tout autre contrat, se faire purement ou conditionnellement, et qu'on peut l'opérer (qu'elle soit d'ailleurs pure et simple ou conditionnelle, peu importe) en substituant l'une à l'autre ou deux obligations pures et simples, ou une obligation pure et simple et une obligation conditionnelle, ou deux obligations conditionnelles. Du reste, quelles que soient les combinaisons qui pourront exister à cet égard, c'est toujours d'après les principes généraux que devra se régler la convention des parties.

La plus grande difficulté, ici comme partout, serait celle qui résulterait du défaut d'expression de volonté ou de l'ambiguïté des termes employés; or cette difficulté ne serait, comme partout également, qu'une question d'intention à décider par l'examen des circonstances. Ainsi, quand des parties ont déclaré substituer à une obligation pure et simple une nouvelle obligation, sous telle condition, sans expliquer si c'est sur la dette nouvelle ou bien sur le contrat même de novation qu'elles ont entendu faire tomber la condition, c'est par les circonstances qu'on reconnaîtra la volonté des contractants; et la plus significative de ces circonstances serait tout naturellement la valeur comparative des objets des deux obligations (art. 1272).

CVIII. — Quoique la novation ait pour effet naturel d'anéantir l'obligation et, par une conséquence forcée, tous les accessoires de cette obligation, la loi, cependant, par une exception de faveur, permet aux parties de transporter sur la nouvelle obligation les priviléges ou hypothèques qui garantissaient la précédente; en sorte qu'une créance toute récente pourra se trouver ainsi protégée par une hypothèque d'une date fort ancienne et primant d'autres hypothèques antérieures à la naissance de cette créance. Cette translation, sur la nouvelle dette, des hypothèques de l'ancienne, ne peut se faire qu'au moment même de la novation et non après coup, puisque ces hypothèques, si elles n'étaient pas maintenues et transportées en même temps qu'on éteint la dette, s'éteindraient avec elle, et qu'une fois éteintes, on ne pourrait plus les transporter, mais seulement en constituer de nouvelles. Cette translation exige également, pour s'accomplir, le consentement, du moins tacite, du propriétaire des biens hypothéqués : et la loi pousse si loin la rigueur de cette règle que, quand la novation est opérée par l'un de plusieurs débiteurs solidaires, la convention faite entre ce débiteur et le créancier, sans le concours des codébiteurs, ne pourrait pas transporter à la nouvelle créance les hypothèques existant sur les biens de ces codébiteurs (art. 1278-1280).

Il est évident, au surplus, qu'on ne pourrait jamais, par aucune convention, créer sur les biens d'un débiteur nouveau une hypothèque remontant au même rang que celle qui existait sur les biens de l'ancien; la loi permet, par faveur, de maintenir à son rang, pour une dette nouvelle, une hypothèque ancienne; mais elle ne saurait permettre de donner un rang ancien à une nouvelle hypothèque. C'est parce qu'il ne s'agit ainsi que du maintien d'une hypothèque existante, et non d'une constitution d'hypothèque, qu'il suffit du consentement tacite du propriétaire du bien; autrement, et s'il s'agissait de constituer, de créer une hypothèque, non-seulement le consentement de ce propriétaire devrait être formel, mais il faudrait même qu'il fût exprimé dans un acte notarié (*ibid.*).

CIX. — Il va sans dire que le consentement à donner par le propriétaire au maintien de l'ancienne hypothèque pourrait très-bien, comme le consentement à donner par telle personne pour la constitution d'une hypothèque nouvelle, être l'objet d'une condition apposée à la novation. Ainsi, de même qu'on peut faire la novation sous la condition du retour de tel navire, de même le créancier peut déclarer qu'il ne consent à cette novation que pour le cas où telle et telle personne accéderaient à la nouvelle obligation, soit comme codébiteurs solidaires, soit comme cautions ; ou moyennant que telle personne lui donnera hypothèque sur ses biens ; ou pourvu que le précédent débiteur consente au maintien des hypothèques qui garantissaient l'ancienne dette. Dans ces différents cas, comme dans tous les cas où il y a condition, la novation aura effet si le fait prévu se réalise ; et s'il ne se réalise pas, la novation sera non avenue (art. 1281).

Nous avons à présenter ici une dernière remarque. — Quand le nouveau débiteur que le créancier accepte à la place de l'ancien se trouve insolvable, son insolvabilité n'empêchant pas son obligation d'exister, la novation reste donc parfaite et produit tout son effet, quand même elle serait accomplie par délégation, c'est-à-dire quand même ce serait l'ancien débiteur qui aurait présenté le nouveau à son créancier. Mais si, dans ce cas de délégation, le nouveau débiteur était actuellement en faillite ou en déconfiture au moment de la novation, la loi permet au créancier, non pas d'exercer son ancienne créance, qui est définitivement éteinte, mais d'exiger de son débiteur l'indemnité du préjudice qu'il subit. Il est clair que ce recours en indemnité contre le déléguant existerait également, en dehors du cas de faillite et de déconfiture, s'il avait été stipulé par les parties (art. 1276).

SECTION III.

DE LA REMISE DE LA DETTE.

CX. — Quoique, dans un sens large, on pût dire que le créancier *remet la dette,* toutes les fois qu'il tient son débiteur pour quitte et libéré (ce qui comprendrait les cas de payement et de novation), il n'y a toutefois proprement *remise* que quand l'extinction résulte uniquement de la renonciation que le créancier fait à sa créance, de l'abdication qu'il fait de son droit, de telle sorte que la cause immédiatement génératrice de l'extinction soit la simple volonté de ce créancier (1).

La remise d'une dette peut être conventionnelle ou non conventionnelle ; car si elle peut résulter d'un acte ne s'accomplissant que par le concours des volontés du créancier et du débiteur, elle peut résulter aussi d'un testament ou d'une abdication absolue. On entend par abdication absolue la renonciation qu'un créancier ferait à son droit, non dans l'intérêt spécial du débiteur, mais uniquement dans la pensée de se dépouiller de sa créance. Dans ce dernier cas, l'extinction de la dette s'opérerait sans la volonté du débiteur, ou même malgré cette volonté.

La remise se fait à titre onéreux ou à titre gratuit, selon que le créancier reçoit ou non quelque avantage en retour de sa renonciation.

---

(1) Dans la novation, par exemple, c'est le fait de la substitution des créances qui est la cause immédiate de l'extinction, et non pas la volonté, qui n'en est que le principe médiat. La volonté des parties engendre la novation des dettes ; et cette novation, à son tour, produit l'extinction de la dette ancienne.

Ainsi, elle est à titre onéreux quand elle se fait par transaction, ou qu'elle est corrélative à une remise réciproquement consentie par l'autre partie (*Observations préliminaires* de l'art. 1282).

CXI. — La remise est expresse ou tacite. La remise tacite, surtout si elle est gratuite, ne doit pas se présumer légèrement, et ne doit être admise que quand elle se manifeste clairement par les circonstances (art. 1286).

Il est un cas, au surplus, dans lequel la loi la présume de plein droit. C'est quand il y a tradition volontaire, par le créancier au débiteur, du titre qui prouve l'obligation, et qu'il est d'ailleurs reconnu que cette tradition n'est pas la conséquence d'un payement. En cas de contestation, c'est au créancier de prouver que le titre n'a pas été volontairement livré par lui, ou qu'il ne l'a pas été par suite d'un payement ; car la possession du titre par le débiteur fait présumer, jusqu'à preuve contraire, une restitution plutôt qu'une perte ou une soustraction, et cette restitution fait présumer un payement plutôt qu'une remise. — Cette présomption de remise (et par conséquent d'extinction de la dette et de libération du débiteur), résultant de plein droit de toute tradition de titre que le créancier prouve (ou que le débiteur avoue) ne pas être la suite d'un payement, n'admet pas de preuve contraire, quand c'est le titre original qui a été livré ; mais la preuve contraire est possible, et le créancier a le droit de combattre la présomption de libération, quand il n'a livré que la grosse d'un acte authentique dont il reste minute (art. 1282 et 1283).

Enfin la remise, en cas de plusieurs coobligés, se divise en réelle et personnelle, selon qu'elle frappe sur la dette elle-même, de sorte qu'elle libère alors tous les débiteurs, ou qu'elle est purement relative à l'un des obligés et ne libère que lui (art. 1284 et 1287, n° IX).

CXII. — La remise, quelle qu'elle soit, ne s'accomplit jamais qu'au moyen des conditions générales exigées pour l'acte qui l'a produite.

Ainsi, quand il n'y a pas renonciation absolue, renonciation pure et simple, la remise ne s'opère que quand la convention se forme par l'acceptation que fait le débiteur de la renonciation faite à son profit par le créancier. — Si la convention qui contient une remise constitue une transaction, il ne suffit plus de l'accomplissement des règles sur les conventions ordinaires, il faut que les deux parties soient capables de transiger. — Si la remise est gratuite, il faut chez les parties capacité de donner et de recevoir, et il y a soumission aux règles de la réduction et du rapport ; quant aux règles de formes des donations, elles ne sont pas nécessaires, puisqu'il ne s'agit pas là d'une donation proprement dite (*Observations préliminaires*).

CXIII. — La remise, de quelque manière qu'elle s'accomplisse, a pour effet naturel l'extinction de l'obligation et de ses accessoires. Mais si cet effet ne donne lieu à aucune difficulté, et n'appelle aucune observation particulière lorsqu'il n'y a qu'un seul débiteur, il n'en est pas de même quand il y a plusieurs coobligés à la dette ; et il faut faire alors plusieurs distinctions, pour savoir si la remise est réelle ou personnelle, et quelles conséquences elle produit.

La remise expresse accordée à l'un des codébiteurs solidaires s'applique, à moins d'une restriction formelle, à la dette entière, et libère pleinement tous les débiteurs. Quand elle est expressément réduite à la part du codébiteur, elle éteint la dette pour cette part et libère d'autant les autres débiteurs ; elle les décharge aussi, en cas d'insolvabilité de l'un d'eux, de la fraction que le premier eût dû supporter dans cette insolvabilité. Il est évident, au surplus, que le créancier peut aussi, en s'en expliquant, ne libérer le codébiteur que de la solidarité, ce qui maintiendrait l'obligation contre celui-ci pour sa part, et contre les autres pour la totalité. — Quand la remise faite à l'un des codébiteurs solidaires n'est que tacite, elle libère encore les autres pleinement, si elle résulte de la tradition volontaire du titre. Dans les autres cas, c'est par les circonstances du fait que l'on jugera de l'étendue que les parties ont entendu donner à la remise (art. 1285).

CXIV. — En cas de dette garantie par des cautions, il est clair que ces cautions seraient libérées par la remise faite expressément ou tacitement, au débiteur principal. La remise faite à la caution unique ou à toutes les cautions, en cette qualité, ne libère évidemment pas le débiteur ; elle n'éteint que le cautionnement et se trouve sans aucune influence sur la dette, tout comme serait l'abandon d'une hypothèque, d'un nantissement ou de toute autre garantie. La remise faite à l'une des cautions, toujours en tant que caution, diminue d'autant le cautionnement et libère les autres cautions, tant pour la part de la première dans la dette que pour la fraction qu'elle eût dû supporter, le cas échéant, dans l'insolvabilité de l'une des autres. Il en serait autrement, et la décharge de l'une des cautions resterait sans effet pour les autres, si la caution déchargée ne s'était engagée que par un acte postérieur à l'engagement des autres, de sorte que celles-ci n'eussent pas dû compter sur elle. — Du reste, toutes les fois que la remise faite à une caution n'est consentie qu'à prix d'argent, cette remise est par cela seul réelle, ou, pour mieux dire, il y a alors de plein droit payement jusqu'à concurrence de la somme reçue par le créancier. Ainsi, quand même il serait déclaré qu'on entend décharger la caution seulement, et que la somme qu'elle verse est le prix des risques auxquels on la soustrait, cette somme s'imputerait néanmoins sur la dette, et libérerait d'autant tous les obligés (art. 1287 et 1288).

CXV. — Quand les divers obligés à l'un desquels la remise est faite sont tous débiteurs solidaires par rapport au créancier, en même temps qu'ils sont débiteurs principaux et cautions entre eux, il faut rechercher si c'est en qualité de codébiteur solidaire, ou si c'est en qualité de débiteur principal ou de caution, que l'obligé a été déchargé, car on voit, par ce qui vient d'être dit dans les deux alinéas précédents, que l'effet de la remise sera souvent différent, selon les cas.

Ce sera là évidemment un point de fait, une question d'intention, qui, à défaut de déclaration suffisamment explicite, se déciderait par les circonstances. Ainsi, il n'y aurait pas d'embarras possible si la remise faite *pour la part* de l'obligé s'adressait précisément à celui des codébiteurs solidaires qui se trouverait être le seul débiteur réel (les autres n'étant pour lui que des cautions) : il serait bien clair que la remise ne lui est faite que comme codébiteur solidaire et pour sa part virile et apparente, puisque c'est seulement en cette qualité de débiteur solidaire qu'il aurait *une part*. Dans le doute, au surplus, il faudrait dire que c'est comme codébiteur solidaire que l'obligé a été déchargé : c'est évident, puisque telle est sa qualité vis-à-vis du créancier qui a fait la remise, et qu'il n'est débiteur principal ou caution que relativement à ses cobligés (art. 1285, n° IV).

Au surplus, toutes les fois que la remise faite à l'un des divers obligés les a libérés tous, le premier aura ou n'aura pas de recours contre ses cobligés, selon que la remise par lui obtenue aura eu lieu à titre onéreux ou à titre gratuit. En effet, quand le cobligé a acheté, par des sacrifices quelconques, sa libération et celle de ses consorts, il est clair qu'il a accompli pour ceux-ci une gestion d'affaires qui les oblige à l'indemniser; mais quand la remise a été purement gratuite, il n'y a plus d'indemnité possible, une indemnité n'étant que la réparation du préjudice subi... Sans doute, le créancier d'une obligation présentant plusieurs obligés pourrait conférer gratuitement à l'un d'eux le bénéfice de la créance, de façon que l'obligé ainsi gratifié pût se faire payer par ses cobligés; mais il faudrait, pour cela, qu'il y eût *translation* de la créance, et non pas *extinction;* ce serait alors une donation, une *cession* de cette créance (qui continuerait nécessairement d'exister, moins la partie éteinte par confusion), et non plus un cas de *remise* (art. 1286, 1287, n° VIII).

SECTION IV.

DE LA COMPENSATION.

CXVI. — La compensation est l'extinction simultanée des obligations dont deux personnes sont réciproquement débitrices, et qui s'anéantissent l'une et l'autre par le fait même de leur réciprocité. C'est un payement fictif que la loi autorise, quand elle ne l'opère pas elle-même, pour éviter à chacune des deux parties la nécessité de livrer d'une main ce qu'elle aurait à recevoir de l'autre.

Nous disons que la compensation est tantôt opérée par la loi elle-même, et tantôt autorisée seulement par elle. On distingue, en effet, la compensation *légale*, qui s'accomplit de plein droit, même à l'insu des deux débiteurs, par le seul fait du concours des conditions voulues; et la compensation *facultative*, qui, vu l'absence de quelqu'une de ces conditions, ne se réalise que sur la demande de l'une des parties, qui se trouve ainsi avoir la *faculté* de l'opérer ou de ne pas l'opérer.

CXVII. — Les conditions requises pour l'accomplissement de la compensation de plein droit se réduisent à quatre :

1° Il faut que les deux parties soient bien réellement débitrices l'une de l'autre. — Ainsi, la compensation n'aurait pas lieu entre ce que je vous dois et ce que vous devez à la succession que je n'ai acceptée que bénéficiairement; car mon acceptation bénéficiaire laissant le patrimoine héréditaire distinct du mien, c'est la succession et non pas moi que vous avez pour créancier. — De même, la compensation ne s'accomplirait pas entre ce que vous devez à Pierre et ce que Pierre doit à la personne qui vous a cautionné vis-à-vis de lui; car la caution n'est pas, *ab initio,* proprement débitrice : elle ne le devient, et ne se trouve obligée au payement, que quand le créancier vient la poursuivre, après avoir discuté les biens et constaté l'insolvabilité du débiteur principal. Dans ce cas, la caution se trouve directement débitrice, et dès lors la compensation s'accomplit, pourvu, bien entendu, que les autres conditions existent (1). — Ainsi encore, la dette solidaire étant celle dans laquelle le total est dû, non pas précisément par chacun des codébiteurs, mais bien par celui d'entre eux auquel il plaît au créancier de s'adresser, il s'ensuit que ce total dû au créancier se compenserait avec ce que le créancier doit au codébiteur qu'il actionne, mais non pas avec ce qu'il peut devoir au codébiteur auquel il ne demande pas payement. Nous ne parlons, bien entendu, que de la compensation du total de la dette; car, comme chacun des coobligés, avant de devenir débiteur de ce total par la demande que lui adresse le créancier, est déjà, *ab initio,* débiteur de sa part dans la dette, la compensation, à raison de ce que le créancier lui doit, s'accomplit pour cette part avant toute demande de ce créancier, lequel dès lors ne peut plus poursuivre les autres que défalcation faite de la part de ce codébiteur. — Si les divers coobligés étaient tout ensemble débiteur principal et caution dans leurs rapports entre eux, mais codébiteurs solidaires par rapport au créancier, il est clair que c'est aux règles qui viennent d'être indiquées pour le cas de dette solidaire qu'ils seraient soumis, quant à la compensation, et non pas à celles qui régissent le cas de cautionnement, puisque c'est de l'obligé au créancier, et non de l'obligé à son coobligé, que la compensation s'accomplit (art. 1289, 1290 et 1294).

2° La seconde condition requise pour la compensation légale, c'est que les objets des deux dettes soient exactement fongibles entre eux, de telle sorte que chacun des deux débiteurs eût pu accomplir le payement de la chose qu'il doit par la livraison (qu'il aurait pu faire immédiatement après avoir reçu lui-même) de la chose qui lui est due. — Ainsi, la compensation n'aurait pas lieu quand je vous dois un hectare de terre de tel canton, et que vous m'en devez un de telle commune de ce canton; car si je puis bien, moi, vous payer en vous

---

(1) Une fois que la compensation s'est ainsi opérée entre le créancier et la caution, devenue débitrice directe, il est bien clair que cette compensation libère, envers le créancier, le débiteur principal lui-même, puisqu'elle anéantit la dette. Il n'est pas moins évident que la compensation qui s'accomplirait directement entre le créancier et le débiteur principal affranchirait aussi la caution, puisque, la dette tombant, son accessoire ne saurait subsister.

livrant ce que vous me donneriez, vous ne pouvez pas également me payer au moyen de ce que je puis vous livrer : je puis vous payer avec un hectare pris dans une commune autre que celle où vous devez prendre celui que vous me devez. Les deux objets dus ne sont donc pas fongibles respectivement. — La compensation n'aurait pas lieu non plus si l'une des dettes était alternative, puisque dans une telle obligation on ne sait pas quelle est la chose due : c'est seulement quand le choix serait fait et l'obligation devenue ainsi pure et simple, que la compensation deviendrait possible. Que si la dette était seulement facultative, comme alors, malgré la faculté laissée au débiteur, la dette n'a qu'un objet unique, il semble que la compensation devra s'accomplir si ce débiteur laisse passer l'échéance, sans user, ni déclarer qu'il entend user de la faculté de livrer autre chose que l'objet de l'obligation (art 1291 et 1292).

La règle que la compensation a lieu pour les choses fongibles entre elles s'applique naturellement aux dettes d'argent, puisque rien n'est plus fongible que de l'argent (1). Et la loi assimile ici à des dettes d'argent celles de denrées dont le prix est fixé par les mercuriales ; en sorte que, toute denrée ainsi cotée étant réputée ici de l'argent, elle se compensera, soit avec de l'argent, soit avec d'autres denrées cotées également. La règle s'appliquera, notamment, dans le cas de restitution de fruits à faire par un possesseur évincé : ce possesseur, qui, d'après une règle spéciale du Code de procédure, est débiteur des fruits eux-mêmes pour la dernière année, et débiteur seulement du prix de ces fruits pour les années précédentes, verra se compenser, s'il se trouve créancier d'une somme suffisante sur le vrai propriétaire, non-seulement sa dette d'argent des années antérieures, mais aussi sa dette des fruits de la dernière année, pourvu que ces fruits soient cotés aux mercuriales. Le seul cas où la dette de denrées cotées aux mercuriales ne serait pas compensable avec une dette d'argent ou d'autres denrées, est celui où les deux dettes proviendraient d'un même contrat (une vente ou un échange), qui aurait eu précisément pour but de procurer à chaque partie l'objet qui lui est dû en remplacement de celui qu'elle doit : c'est évident, puisqu'une compensation ne serait rien moins alors que l'anéantissement même de la convention formelle des parties (*ibid.*).

3° Il faut, en troisième lieu, que les deux dettes soient liquides, c'est-à-dire qu'elles aient une existence certaine et une quotité déterminée : *Cùm certum sit an et quantum debeatur.* — Ainsi, la compensation n'aurait pas lieu, si l'une des dettes était contestée (pourvu que la contestation fût sérieuse), ou si son existence dépendait d'une condition, ou si son chiffre dépendait d'une estimation à faire ou d'un compte à régler (*ibid.*).

_____

(1) Excepté, bien entendu, dans le cas assez rare où des pièces de monnaie seraient dues, non comme valeur ordinaire, pouvant être payée par des pièces quelconques, mais comme corps certains devant être livrés *in ipse individuo.*

4° Il faut enfin que chacune des deux dettes soit actuellement exigible, c'est-à-dire telle que le créancier puisse immédiatement et efficacement contraindre le débiteur au payement. — Ainsi, la compensation n'aura pas lieu pour une dette à terme (1), puisqu'elle n'est pas payable actuellement; ni pour le capital d'une rente, puisque le débiteur ne peut pas être forcé de rembourser; ni pour une dette annulable ou prescrite, quoique le débiteur n'ait pas encore opposé la prescription ou fait prononcer l'annulation, parce que la dette est soumise à une exception péremptoire qui ne permet pas de faire payer le débiteur malgré lui; ni pour une dette dont l'objet est frappé d'une saisie-arrêt entre les mains du débiteur, puisque cette saisie-arrêt forme un empêchement légal au payement. — L'exigibilité résultant, pour une dette qui était d'abord à terme, de la déconfiture du débiteur ou de la diminution par lui apportée aux sûretés de la créance, rend la dette compensable, à partir du moment où la déchéance du terme est prononcée. Quant à l'exigibilité résultant de la faillite, elle est d'une nature particulière et ne donne pas lieu à la compensation : la loi commerciale le déclare formellement (*ibid.*).

CXVIII. — Aucune condition autre que les quatre qui viennent d'être indiquées n'est exigée pour la compensation légale. Ainsi, la diversité des causes des deux dettes est indifférente. Il en est de même de l'inégalité du montant de ces dettes, dont la plus faible s'éteindra pour le tout, et la plus forte jusqu'à concurrence de la première. Il importe peu encore que les deux dettes soient payables en des lieux différents, sauf à la partie qui aurait eu à supporter (en cas de payement réel) les frais de remise les plus forts, à tenir compte à l'autre de la différence qui existe en faveur de celle-ci dans le cours du change (art. 1290, 1293 et 1296).

Il existe, toutefois, quatre exceptions au principe que la compensation s'accomplit de plein droit par le concours des conditions ci-dessus indiquées.

Ainsi, la compensation légale n'aura pas lieu :

1° Quand l'une des obligations a pour objet la restitution d'une chose dont le propriétaire a été illégalement dépossédé : la restitution effective de cette chose est alors exigée, nonobstant l'existence des conditions voulues pour en opérer la compensation. — 2° Pour la restitution d'une chose qui aurait été déposée avec faculté pour le dépositaire d'en rendre une autre semblable (2). — 3° Pour les dettes de choses insaisissables. — 4° Enfin, pour les dettes à la compensation desquelles les parties auraient renoncé à l'avance. La renonciation à toute compensation future est en effet possible, puisque la compensa-

---

(1) Il ne s'agit pas, toutefois, du simple terme de grâce, qui, étant accordé par le magistrat au débiteur, sans que celui-ci y ait droit, et à cause de l'*impossibilité* où il est de payer immédiatement, devient nécessairement sans valeur, et ne saurait être invoqué, alors que le débiteur peut se libérer sans faire un payement réel, sans rien débourser.

(2) Quant au dépôt régulier et ordinaire d'une chose à rendre identiquement, il est

tion légale n'a été établie que par des motifs d'intérêt purement privé (art. 1293).

CXIX. — Si l'on peut renoncer à une compensation future, à plus forte raison peut-on renoncer au bénéfice d'une compensation accomplie; et, dans les deux cas, la renonciation peut être tacite. Or, la loi voit une renonciation au bénéfice acquis de la compensation non-seulement dans le payement que le débiteur fait de sa dette éteinte par cette cause, mais aussi dans son acceptation pure et simple de la cession que le créancier fait de cette dette. Mais quand il a ainsi renoncé, le débiteur ne se trouve pas avoir pour cela la créance réciproque qu'il avait primitivement, puisque cette créance s'est éteinte de plein droit par la compensation; il acquiert seulement une créance égale, mais nouvelle, et pour laquelle dès lors il ne saurait exercer les privilèges, hypothèques ou cautionnements qui garantissaient l'ancienne. Toutefois, la loi fait revivre ces garanties, par faveur, au profit de la créance nouvelle, quand c'est par une ignorance excusable de sa créance que le débiteur a opéré le payement ou accepté la cession. — Toujours du principe que les deux dettes sont éteintes de plein droit par la compensation, il suit que, dans le cas de cession acceptée purement par le débiteur, le cessionnaire n'acquiert pas la créance primitive, mais bien une créance nouvelle résultant de ce qu'on s'est constitué débiteur envers lui par une acceptation faite sans réserves, et pour laquelle il ne peut jamais exercer les garanties de l'ancienne. — Que si, au lieu d'une acceptation pure et simple de la cession, il y avait eu seulement signification au débiteur ou une acceptation faite avec réserve expresse, il est clair que le bénéfice de la compensation subsisterait en entier et que le cessionnaire n'acquerrait aucun droit contre le débiteur cédé.

Il nous reste à faire une dernière observation sur cette compensation légale : c'est que le payement fictif qui la constitue s'opérant dans le silence des parties et même sans leur volonté, il s'ensuit que, si l'une de ces parties se trouvait avoir envers l'autre plusieurs dettes compensables, il faudrait appliquer ici les règles d'après lesquelles se fait l'imputation du payement, quand ni le débiteur ni le créancier ne s'en sont expliqués (art. 1295, 1297 et 1299).

CXX. — Quant à la compensation *facultative,* elle produit nécessairement le même effet que la compensation légale, c'est-à-dire l'extinction des deux dettes en principal et accessoires : la seule différence, c'est qu'elle ne s'accomplit que par la volonté et sur la demande de celui des débiteurs au pouvoir duquel se trouve être de réaliser celle des conditions qui manquait pour la compensation. Ainsi, par exemple, quand

clair qu'il ne peut pas donner lieu à l'exception, puisqu'il n'est pas compris dans la règle. Dans ce cas de dépôt régulier, en effet, l'objet, quel qu'il soit (alors même que ce serait de l'argent), est déposé comme corps certain ; et dès lors il n'est pas susceptible de compensation, la compensation n'ayant lieu que pour les choses fongibles. — Par la même raison, la compensation légale n'est pas possible dans le prêt à usage, puisque ce prêt ne peut jamais avoir pour objet qu'un corps certain.

vous me devez un corps certain de telle espèce, et que je vous dois un individu indéterminé de cette même espèce (cas où la compensation légale n'a pas lieu, parce que les deux objets ne sont pas fongibles), je suis le maître de faire le payement effectif de ma dette en exigeant le payement de la vôtre, ou de vous opposer, au contraire, la compensation, en disant que j'entends vous payer par l'objet que vous-même me devez (*Addition* à l'art. 1299).

SECTION V.

DE LA CONFUSION.

CXXI. — La confusion, considérée comme cause d'extinction de l'obligation, est le concours, sur la même personne, de deux qualités incompatibles, dont l'une détruit l'autre et rend impossible le maintien de cette obligation.

Nous ne disons pas, comme on le fait ordinairement : *le concours des deux qualités de créancier et de débiteur ;* car, s'il en est ainsi le plus souvent, il n'en est pas ainsi toujours, et la définition serait trop étroite. En effet, s'il est évident que le concours des qualités de créancier et de caution éteint l'obligation accessoire de cautionnement (de même que le concours des qualités de créancier et de débiteur éteint l'obligation principale), il n'est pas moins évident que cette obligation de la caution s'éteindrait également par le concours des qualités de *caution* et de *débiteur principal ;* car, s'il est aussi impossible de cautionner sa propre créance que de se devoir à soi-même, il est bien impossible également d'être la caution de sa propre dette.

La confusion s'opère, soit quand l'une des deux personnes qui avaient les deux qualités incompatibles vient succéder à l'autre, soit quand un tiers vient succéder à toutes deux (art. 1300 et 1301, n° III).

CXXII. — La détermination des effets de la confusion, dans les différents cas particuliers, ne saurait présenter de difficulté, puisque ces effets ne sont que le résultat de la force même des choses, et qu'on ne peut dès lors admettre comme éteints par confusion que les droits dont le maintien se trouve vraiment impossible. Ainsi, quand la qualité de débiteur pour un quart de la dette vient se réunir à la qualité de débiteur pour un autre quart, il est bien clair qu'il n'y aura pas confusion ; car les deux qualités n'ont rien d'incompatible, et il n'y a rien d'impossible à ce qu'une même personne doive seule les deux quarts que devaient les deux personnes qu'elle représente. — Il est également évident que, si la personne en qui viennent concourir deux qualités incompatibles ne revêt l'une ou chacune de ces qualités que pour une fraction de la dette, c'est pour cette fraction seulement qu'il y a confusion. Ainsi, quand un créancier ne succède au débiteur que pour moitié, il est clair que la créance et la dette ne s'éteignent que pour cette moitié, et que le créancier conserve son action pour la seconde moitié contre l'autre représentant du débiteur (art. 1301, n° II).

La confusion peut être révoquée, soit par l'annulation de la cause qui l'avait produite (par exemple, si un héritier fait déclarer son acceptation nulle pour dol ou violence), soit même par simple convention (par exemple, par la vente que cet héritier ferait de ses droits successifs). Dans le premier cas, la confusion se trouve non avenue absolument; et tous les droits éteints, sans exception, se trouvent avoir toujours existé. Dans le second, la confusion ne s'efface que relativement aux parties contractantes ; car la simple volonté de ces parties ne peut pas faire revivre, au préjudice des tiers, les droits de cautionnement, d'hypothèques ou autres, éteints au profit de ces tiers (art. 1301, n° IV).

SECTION VI.
DE LA SURVENANCE D'UN ÉVÉNEMENT RENDANT L'EXÉCUTION IMPOSSIBLE.

CXXIII. — Personne ne pouvant être tenu à quelque chose d'impossible, toute obligation s'éteindra donc quand il y aura impossibilité absolue de l'exécuter. Il en est ainsi évidemment dans le cas même où cette impossibilité proviendrait de la faute et du fait du débiteur : seulement, l'obligation ne s'éteint alors, comme aussi quand le débiteur s'est chargé des cas fortuits, que pour faire place à une dette de dommages-intérêts. Que si cette impossibilité n'est en rien imputable au débiteur, celui-ci est pleinement libéré envers le créancier (art. 1234, 6°, et 1302).

CXXIV. — Ces règles, qui par la force même des choses dominent toute espèce d'obligation, sont spécialement appliquées par la loi à l'obligation de livrer un corps certain, c'est-à-dire un objet individuellement déterminé.

Quand le corps certain vient à être détruit, perdu ou autrement mis hors du commerce, l'obligation s'éteint, sauf les dommages-intérêts si le résultat provient de la faute ou du fait du débiteur, et sans dommages-intérêts dans le cas contraire. Bien entendu, c'est au débiteur de justifier de l'événement de force majeure qui a mis l'objet hors du commerce; mais c'est au créancier, s'il prétend que cet événement provient de la faute ou du fait du débiteur, d'établir cette prétention. Quoique la mise en demeure du débiteur le constitue en faute, cependant, comme la faute ne fait devoir des dommages-intérêts que quand elle cause le préjudice, le débiteur en demeure n'en devra pas, s'il prouve que la chose qui a péri chez lui aurait également péri chez le créancier, alors même qu'il la lui eût livrée au temps voulu (article 1302).

Il est, au surplus, deux cas dans lesquels le débiteur sera tenu de l'indemnité et devra la valeur de l'objet, quoique la perte de cet objet provienne d'un cas fortuit qui ne lui est nullement imputable. C'est d'abord, comme on l'a déjà dit plus haut, lorsque le débiteur, par une convention particulière, a pris à sa charge l'effet des cas fortuits. C'est, en second lieu, quand il s'agit de l'obligation pour un voleur de restituer la chose par lui volée. Ainsi, non-seulement ce voleur devra l'indemnité par suite de cas fortuits ordinaires, par la raison que sa possession même est une faute, et qu'il est à chaque instant en demeure de restituer, mais il la devra encore quand il s'agira d'un cas fortuit qui aurait détruit la chose chez le propriétaire lui-même. Il n'y a, en effet, rien d'inique à ce que le voleur, qui pour s'enrichir au détriment du propriétaire fait courir à celui-ci la chance de ne jamais recouvrer sa chose, coure la chance réciproque d'en perdre la valeur pour en enrichir ce propriétaire; et le voleur ne peut certes pas se plaindre d'être mis par son délit sur la même ligne que le débiteur qui s'est chargé des cas fortuits par une cause spéciale (*ibid.*).

CXXV. — Ce qui vient d'être dit s'appliquerait également, on le conçoit, au cas d'une chose non déterminée individuellement, mais comprise dans un nombre ou une quantité déterminée de choses qui viennent à périr ou à se perdre toutes; par exemple, quand vous me devez l'un de vos quatre chevaux blancs et qu'ils meurent tous quatre, ou un hectare de terre à prendre dans tel champ qui vous est enlevé par l'État pour l'établissement d'une route. — Il y a seulement cette différence, entre ce cas et celui d'une chose déterminée *in ipso individuo,* que le créancier de celle-ci, en ayant acquis la propriété dès avant toute tradition, d'après le principe nouveau du *Code,* c'est à lui qu'appartiennent les actions en indemnité ou autres qu'a pu faire naître la perte de la chose, tandis que, dans notre cas, le débiteur étant demeuré propriétaire jusqu'à la fin, c'est à lui que les actions appartiennent, et le créancier ne peut les exercer qu'après la cession qui lui en serait faite. Le débiteur, au surplus, est obligé de faire cette cession, dont il ne peut plus être question, en cas de corps certains, depuis le Code Napoléon (1).

Dans tous les autres cas de choses indéterminées, c'est-à-dire déterminées seulement par le genre auquel elles appartiennent, il est clair qu'il n'y a pas d'extinction possible de l'obligation par la perte de la chose : *genera non pereunt* (art. 1302 et 1303).

SECTION VII.

DE L'ANNULATION OU RESCISION DES OBLIGATIONS.

CXXVI. — La septième et dernière des causes d'extinction que nous avions à étudier ici (les trois autres se trouvant expliquées ailleurs, comme on l'a vu en commençant ce chapitre IV), c'est l'annulation de l'obligation. Nous disons l'*annulation,* et non la *nullité;* car cette dernière expression, qui est à la vérité celle dont la loi se sert, présente deux idées fort différentes, qu'il faut bien se garder de confondre, et dont l'une, la plus exacte précisément, ne saurait être l'objet de cette section.

---

(1) C'est par inadvertance que les rédacteurs ont écrit l'art. 1303. Sa règle était vraie dans Pothier; mais elle ne présente plus qu'un non-sens aujourd'hui, depuis le principe nouveau de l'art. 1138.

La nullité proprement dite est le cas d'une prétendue obligation dont l'existence légale est purement apparente et n'a rien de réel ; c'est le cas d'une obligation qui, bien qu'on la croie ou qu'on la prétende exister, n'existe cependant pas, parce qu'une circonstance quelconque (par exemple l'absence de consentement d'une partie, ou le défaut de cause ou d'objet licites) s'est opposée à sa formation même. La nullité improprement dite, au contraire, ou simple *annulabilité,* est le cas d'une obligation qui s'est formée (quoique d'une manière irrégulière), qui a légalement une existence (vicieuse, il est vrai), et qui continue de subsister et de produire ses effets, tant que la sentence du juge, sur la demande de la partie intéressée, n'est pas venue la rescinder, la briser, l'anéantir.

Or, puisqu'il s'agit ici d'une des causes d'*extinction* des obligations, il est bien clair qu'il ne peut pas être question de la véritable nullité, puisqu'on ne saurait voir s'éteindre une obligation qui n'existe pas ; on peut bien constater et proclamer que le néant est le néant, mais on ne saurait *anéantir* le néant. Il ne s'agit donc ici que des obligations vicieuses, mais existantes (*Observations préliminaires* de l'art. 1304).

CXXVII. — On sait, par les explications déjà données au chapitre Ier de ce résumé, que les principales causes d'annulation des obligations sont : 1° le consentement vicié chez l'une des parties par le *dol* de l'autre partie, ou par l'*erreur* ou la *violence;* 2° l'*incapacité* de l'interdit qui aurait agi par lui-même, ou de la femme mariée qui aurait contracté sans l'autorisation nécessaire ; 3° enfin la *lésion,* pour le mineur non émancipé, dans tout acte qu'il aurait consenti par lui seul, au lieu de le laisser faire par son représentant ; pour le mineur émancipé, dans les actes pour lesquels l'assistance du curateur était nécessaire et n'a pas eu lieu ; puis pour le majeur lui-même, lorsque dans un partage il a été lésé de plus du quart, ou qu'en vendant un immeuble il l'a été de plus des sept douzièmes.

Ainsi, la minorité, comme on l'a déjà dit plus haut, n'est point un cas d'*incapacité,* quoiqu'on lui applique ordinairement cette qualification inexacte ; elle est seulement une cause de rescision *pour lésion :* le mineur, à la différence de l'interdit et de la femme mariée, n'est nullement incapable de contracter, il ne peut faire annuler qu'en prouvant un préjudice ; et quoique notre mineur ne soit plus ce qu'était le *minor* des Romains (1), il est toujours vrai de dire : *Non tanquàm minor, sed tanquàm læsus, restituitur* (art. 1305).

Ce droit du mineur, de faire annuler pour lésion prouvée (et pourvu, bien entendu, que cette lésion résulte de l'acte même et ne provienne pas d'un accident postérieur), existerait alors même que ce mineur se serait dit majeur, parce que le contractant est inexcusable de s'en être ainsi rapporté à une simple déclaration (art. 1306 et 1307).

_____

(1) On sait qu'à Rome on ne devenait *minor* qu'après avoir cessé d'être *pupillus,* tandis que chez nous le pupille est mineur.

CXXVIII. — Mais il en serait autrement, si le mineur avait trompé l'autre partie sur son âge au moyen de manœuvres frauduleuses (*ibid.*); car il n'est pas restituable contre les obligations nées de ses délits ou quasi-délits (art. 1310).

Ajoutons qu'il n'est pas plus restituable que ne le serait un majeur: 1° pour les actes régulièrement accomplis par son représentant légal, si important que ces actes puissent être ; 2° pour ceux qu'il a faits lui-même à raison du commerce à l'exercice duquel il était dûment autorisé; et 3° pour les conventions qu'il souscrit dans son contrat de mariage avec l'assistance de ceux dont le consentement lui est nécessaire pour se marier. Dans ces trois cas, la minorité s'efface et l'acte est réputé fait par un majeur (art. 1308, 1309 et 1314).

Du reste, pour que l'annulation, dans les cas indiqués au numéro précédent, puisse être prononcée, il faut : 1° qu'elle soit demandée par celui des contractants dont le consentement a été vicié, ou qui était incapable, ou qui s'est trouvé lésé (elle ne pourrait jamais l'être par l'autre) ; 2° qu'elle soit demandée avant toute ratification et avant l'expiration du délai imparti par la loi.

CXXIX. — *De la ratification.* Ratifier ou confirmer une obligation, c'est effacer le vice dont elle était atteinte, en renonçant à invoquer la cause d'annulation que l'on pouvait faire valoir contre elle. Toute ratification est donc impossible pour une obligation proprement nulle : sans doute, on peut créer une obligation nouvelle et efficace pour la substituer à celle qui n'avait qu'une existence apparente, mais on ne peut pas valider celle-ci ; car le néant ne peut pas plus être confirmé qu'il ne peut être détruit : *Quod nullum est confirmari nequit.* Cette vérité, méconnue par plusieurs commentateurs (et qui s'applique notamment aux obligations sur cause illicite), a été nettement exprimée par les auteurs du Code et se trouve consacrée par la jurisprudence (art. 1304 et 1338).

La ratification est expresse ou tacite, selon qu'elle résulte de la déclaration formelle du débiteur ou de quelque circonstance qui, sans déclaration à cet égard, manifeste la volonté de ce débiteur de valider son engagement : la circonstance la plus significative est évidemment l'exécution même de l'obligation, pourvu qu'elle soit faite avec connaissance du vice de cette obligation et avec l'intention de le réparer. Il faut en outre, bien entendu, que la confirmation, soit expresse, soit tacite, intervienne à un moment et avec des circonstances dans lesquelles le débiteur aurait pu former une obligation pleinement valide, puisque sans cela cette confirmation elle-même n'aurait pas de validité. Du reste, la confirmation ne présentant que de la part d'une des parties un complément de volonté qui vient se joindre à la volonté légalement suffisante de l'autre partie, celle-ci n'a pas besoin d'y concourir; c'est un acte qui n'a rien de conventionnel, et que peut accomplir seul le débiteur qui pouvait critiquer son obligation (art. 1330).

CXXX. — L'effet de la ratification remonte tout naturellement au moment même où s'est formée l'obligation ratifiée plus tard : c'est évi-

dent, puisque, d'une part, l'obligation annulable avait déjà son efficacité, et pouvait seulement la perdre par l'effet d'un vice que la ratification fait disparaître. Mais la loi s'oppose expressément à cet effet
rétroactif, en tant qu'il devrait nuire aux droits réels que des tiers auraient acquis dans l'intervalle de la naissance de l'obligation à sa ratification (art. 1338).

Pour ce qui est de la preuve de la ratification, elle est soumise aux
règles générales qui vont être expliquées dans le chapitre suivant, sauf
un point sur lequel la loi est ici plus rigoureuse : Quand il s'agit de constater *par écrit* la ratification d'une obligation annulable, l'acte doit
présenter la substance de cette obligation, l'indication de la cause ou de
chacune des causes pour lesquelles on pouvait la faire annuler, et la
déclaration formelle de la volonté du débiteur d'effacer ces causes
d'annulation. La loi veut que la ratification se fasse en pleine connaissance de cause ; et pour qu'il n'y ait pas de doute à cet égard,
elle exige dans l'acte l'expression très-précise de toutes les circonstances (*ibid.*).

CXXXI. — Quoique ce qui concerne l'obligation naturelle soit étranger à cette section, puisque légalement cette obligation est inexistante,
et que notre section ne s'occupe que des obligations existantes et seulement annulables, nous devons cependant, par occasion et pour compléter le résumé des règles de la ratification, ajouter ici quelques observations sur l'obligation naturelle.

De ce que la ratification est impossible pour l'obligation inexistante,
il n'en faut pas conclure qu'elle serait sans effet pour une obligation
naturelle... Nous avons vu au n° XXXIX que l'obligation naturelle est
celle que la loi civile, après l'avoir repoussée d'abord, sanctionne ensuite, parce qu'un fait émané du débiteur vient prouver la valeur réelle
de l'engagement qu'on avait cru nul ; or, quelle circonstance pourrait
donner une preuve plus énergique de cette valeur que la ratification
du débiteur? Sans doute, il n'y aura pas là confirmation dans le sens
ordinaire, puisqu'il n'y aura pas validation d'une obligation déjà existante légalement ; mais, enfin, les causes qui confirmeraient l'obligation
annulable vivifieront et rendront civilement valable l'obligation naturelle (art. 1338).

Nous avons également vu, au même numéro, *in fine,* que si l'obligation naturelle peut se trouver dans l'engagement auquel la loi ne refusait
l'efficacité civile que parce qu'elle le regardait, par erreur, comme nul
aux yeux de la conscience, elle ne saurait se voir dans l'engagement
que la loi frappe d'une prohibition positive. Ceci posé, comme la loi
(qui voit en général les donations d'un œil défavorable) proscrit sévèrement toute attribution gratuite de biens faite autrement que par l'emploi des formes rigoureuses qu'elle indique, il s'ensuit qu'une donation (soit entre-vifs, soit testamentaire) qui n'est pas faite suivant ces
formes se trouve être un acte proscrit par le législateur, et qui ne saurait dès lors constituer une obligation naturelle de la part du donateur,

qui a contrevenu à la prohibition. Au contraire, comme aucune in-fraction à la loi ne saurait être reprochée aux héritiers de ce donateur, l'acte peut fort bien contenir pour eux, selon les cas, une obligation naturelle. — De là il suit qu'une donation nulle pour défaut de formes ne peut jamais être ratifiée, ni expressément, ni tacitement, par le donateur (qui n'a d'autre ressource que de faire une donation nouvelle et régulière), mais qu'elle peut, au contraire, se vivifier et devenir civi-lement efficace par la ratification expresse ou tacite que feraient, après le décès du donateur, les successeurs de celui-ci (art. 1339 et 1340).

Après ces observations, revenons à notre matière de l'annulation des obligations.

CXXXII. — *Délai de l'action en annulation*. La loi devait tout na-turellement voir, dans le silence prolongé de celui qui pourrait faire annuler son engagement, une ratification tacite de cet engagement; d'ailleurs et en dehors même de cette idée, toute action tendant à dé-ranger un ordre de choses établi doit, pour la tranquillité publique et en vue de l'intérêt social, s'éteindre après un temps donné. L'action en annulation est donc limitée à un délai par l'expiration duquel elle s'évanouit. Ce délai est plus ou moins long suivant les cas, et par exemple, il n'est que de deux ans (art. 1676) pour le majeur qui s'est lésé de plus des sept douzièmes en vendant un immeuble; mais toutes les fois qu'un délai moindre de dix ans n'est pas ainsi fixé par une règle particulière, et notamment dans les trois cas indiqués plus haut : 1° de vice du consentement (pour violence, erreur ou dol), 2° d'incapacité (vu l'état de femme mariée ou d'interdit), ou 3° de lésion d'un mineur ayant agi irrégulièrement, c'est seulement par ce délai de dix ans que l'action se prescrit (art. 1304).

Les dix ans ne courent, bien entendu, dans le premier cas, que du jour de la cessation de la violence ou de la découverte de l'erreur ou du dol; dans le second, du jour de la dissolution du mariage ou de la levée de l'interdiction; et dans le troisième, du jour de la majorité. Et la jurisprudence, dans le silence de la loi à cet égard, admet (avec rai-son, puisque les principes doivent s'appliquer partout où une exception ne les fait pas cesser) que cette prescription est soumise comme toute autre aux causes générales de suspension qui seront indiquées en leur lieu (*ibid.*).

CXXXIII. — *Effet de l'annulation*. L'effet de l'annulation prononcée par le juge est d'anéantir l'acte, et de remettre par conséquent les choses dans l'état où elles étaient avant l'accomplissement de cet acte. L'annulation met donc les parties, en principe, dans la nécessité de se restituer réciproquement tout ce qu'elles ont pu recevoir en exécution de l'acte annulé. — Mais ce principe reçoit exception pour les mineurs, les interdits et les femmes mariées, qui ne sont tenus de restituer ce qu'ils ont reçu que dans les limites dans lesquelles leur adversaire prouve qu'ils en ont vraiment profité (art. 1312).

CHAPITRE V.

DE LA PREUVE.

CXXXIV. — Avant de nous occuper des différents moyens de preuve autorisés par le Code, posons un principe qui n'est pas toujours bien compris et qui est cependant de la plus haute importance. C'est que toutes les fois qu'il y a lieu de faire une preuve, c'est-à-dire toutes les fois qu'une allégation est contestée entre deux parties, c'est sur la partie qui avance cette allégation que tombe la nécessité de la prouver.

On dit souvent que la nécessité de faire preuve incombe au demandeur et non au défendeur, ou bien à celui qui affirme et non à celui qui nie : *Probatio incumbit actori; — ei qui dicit, non ei qui negat;* mais ces deux maximes, qui deviennent vraies quand on les entend dans un certain sens, et en les mettant d'accord avec le principe qui vient d'être indiqué, sont fausses lorsqu'on les prend à la lettre. Et d'abord, la maxime ACTORI *incumbit probatio* n'est vraie que quand on entend par *actor,* non pas celui qui introduit l'action, mais la partie (demande-resse ou défenderesse) qui soulève contre l'autre une allégation; quand on l'applique aussi bien au défendeur marchant (*agens*) à la justifica-tion de sa défense, qu'au demandeur s'occupant d'établir sa demande, et qu'on place à côté de cette règle la règle explicative *reus excipiendo fit* ACTOR. De même, si l'on veut que la seconde maxime soit vraie, il faut entendre *is qui dicit* de tout plaideur qui met une proposition en avant (soit en affirmant ce qui paraît ne pas être, soit *en niant* ce qui semblait être); et *is qui negat,* de celui qui (soit par une négation, soit *par une affirmation*) contredit, dénie, cette proposition nouvelle, et se contente de la repousser pour se tenir dans le *statu quo.* Ainsi, et en un mot, il faut que toute allégation, tendant à modifier l'état actuel des choses, soit prouvée par celui qui la met en avant, sans qu'il y ait à distinguer si elle vient du demandeur ou du défendeur, ni si elle con-siste dans une affirmation ou dans une négation (art. 1315).

Ainsi, quand l'écrit qui constate l'obligation prise par une personne n'indique pas la cause de cette obligation, c'est à celui qui par l'écrit s'est reconnu obligé, et qui prétend ensuite ne pas l'être en soutenant que son obligation apparente n'existe pas faute de cause, de prouver qu'il n'existe en effet pas de cause, et non pas à celui que l'écrit pré-sente comme créancier de prouver qu'une cause existe. Ainsi le décide la jurisprudence, et avec raison; car en demandant l'exécution d'une obligation que l'écrit de mon adversaire déclare exister, je ne fais que suivre l'ordre naturel des choses, tandis que cet adversaire veut renver-ser ce qui existe, quand il soutient que, quoiqu'il se soit dit mon obligé, il ne l'est pas, et que l'acte qu'il a signé doit être déchiré (*ibid.*).

CXXXV. — Le Code indique cinq moyens de preuve, à savoir : l'E-criture, le Témoignage, la Présomption, l'Aveu et le Serment, ce qui donne lieu à une division de la matière en cinq sections (art. 1316).

Il est vrai que cette division est bien loin de présenter une classification logique. Exacte et toute naturelle quant aux mots, elle se trouve très-inexacte quant aux choses. Ainsi, l'un des cinq moyens indiqués, la Présomption, se subdivise en trois classes ou même en quatre (*Présomption de droit absolue d'ordre public,* — *Présomption absolue d'intérêt privé,* — *Présomption de droit simple,* — *Présomption de fait*), qui, bien que réunies sous une seule dénomination générique, présentent pourtant des effets profondément différents, si différents que quatre autres moyens de preuve viennent se ranger dans les intervalles qui séparent ces quatre classes. Il en est de même du Serment, dont les deux branches (*Serment décisoire,* — *Serment supplétoire*) sont si loin de se ressembler, ou seulement de se rapprocher, que l'une présente une preuve invincible et pleinement irrévocable, tandis que l'autre ne prouve même pas jusqu'à preuve contraire, et n'offre que le complément d'une preuve déjà commencée, sans pouvoir jamais devenir par elle seule un élément de décision : le Serment décisoire et le Serment supplétoire se trouvent précisément aux deux extrémités de l'échelle des preuves.

Les moyens de preuve, indiqués d'une manière complète et placés suivant leur plus ou moins d'énergie, présentent dix classes dont voici l'ordre :

1° Le Serment décisoire (*qui n'admet jamais la preuve contraire*); — 2° La Présomption de droit absolue d'ordre public (*idem*); — 3° L'Aveu judiciaire (*qui ne l'admet que dans un seul cas*); — 4° Les autres Présomptions absolues (*qui l'admettent dans plusieurs cas*); — 5° La Présomption de droit simple (*qui l'admet toujours*); — 6° La Preuve littérale (*idem*); — 7° L'Aveu extrajudiciaire (*idem*); — 8° La Preuve testimoniale (*idem, et qui n'est d'ailleurs permise que dans certains cas*); — 9° La Présomption de fait (*idem, idem*); — 10° Enfin, le Serment supplétoire (*qui n'est jamais une preuve, mais seulement le complément d'une preuve commencée*).

Il s'en faut de beaucoup, on le voit, que la division des preuves en cinq parties, telle qu'elle est présentée par le Code, soit logique. Cependant, comme elle peut, au moyen de ces observations, être suivie sans danger, et qu'au contraire, on ne pourrait l'abandonner, selon nous, sans rendre beaucoup plus difficile l'intelligence de la matière, c'est elle que nous adopterons, sauf à revenir encore, et avec un peu plus de développement, à la fin du chapitre, sur les idées que nous venons d'indiquer et qu'il faut avoir soin de ne pas perdre de vue.

SECTION PREMIÈRE.
DE LA PREUVE LITTÉRALE.

CXXXVI. — La preuve littérale ou par écrit est celle qui résulte, soit de l'écriture proprement dite, soit des *tailles,* qui forment aussi une espèce d'écriture. Nous avons à nous occuper ici : 1° de l'acte authentique et des contre-lettres par lesquelles on peut le modifier; 2° de l'acte privé ; 3° des tailles ; 4° des copies des titres ; et 5° des actes récognitifs.

§ 1er. — De l'acte authentique et des contre-lettres.

CXXXVII. — *De l'acte authentique.* En général, tous les actes qui émanent d'officiers publics, agissant dans l'exercice régulier de leurs fonctions, sont des actes authentiques ; mais la loi ne s'occupe ici que de l'acte authentique ayant pour but de faire preuve des conventions, c'est-à-dire de l'acte notarié.

Pour que l'acte produise l'effet attaché à ce caractère d'authenticité, quatre conditions sont exigées : il faut 1° que celui qui reçoit l'acte soit officier public ; 2° que cet officier public soit capable d'instrumenter ; 3° qu'il soit compétent, c'est-à-dire que l'acte soit de la nature de ceux qu'il a mission de dresser, qu'il soit reçu dans le lieu où le fonctionnaire a le droit d'instrumenter, et qu'il ne concerne pas les personnes auxquelles il lui est défendu de prêter son ministère ; 4° enfin que l'acte soit revêtu de toutes les formes exigées par la loi (art. 1317).

CXXXVIII. — Quand l'acte émane de l'officier public, mais qu'il y a eu incompétence, incapacité ou absence des formes voulues, la loi vient au secours des parties et accorde à cet acte la valeur des écrits sous seing privé, pourvu qu'il soit signé des parties : c'est alors un acte authentique, irrégulier et ne valant que comme écrit privé, mais ce n'est pas pour cela un acte privé ; et, par conséquent, on ne pourrait lui appliquer ni la formalité des doubles, ni celle du *bon* ou *approuvé,* que nous verrons plus loin être exigées pour les actes sous seing privé. Il n'y aura pas non plus à se préoccuper de ce qu'il n'aurait été reçu qu'en brevet, dans les cas où il devait en être gardé minute ; car la rédaction en minute est précisément l'une des *formes* dont la loi ne punit l'inobservation qu'en réduisant l'acte à la valeur d'un écrit sous seing privé, sous la condition de la signature des parties. Mais cette condition est indispensable, et l'acte n'aurait pas cette valeur, si chacune des parties ou l'une d'elles avait déclaré ne savoir ou ne pouvoir signer. Du reste, il va de soi que la signature exigée n'est pas celle de toutes personnes ayant pu figurer à l'acte, mais seulement celle des parties entre lesquelles cet acte est destiné à faire preuve (art. 1318).

S'il s'agissait d'une convention présentant d'un côté une partie qui a signé, et de l'autre plusieurs parties cointéressées dont une ou quelques-unes seulement auraient donné leur signature, l'acte serait sans aucune valeur vis-à-vis de tous les signataires. Dans ce cas, en effet, les consentements donnés par les parties signataires ne l'étaient que sous la condition que les parties non signataires s'obligeraient à leur tour ; et cette condition ne se réalisant pas, le projet ne s'est pas exécuté, et tout est resté dans le néant (*ibid.*).

CXXXIX. — Pour entrer dans l'esprit de la loi, qui déclare valables comme actes sous seing privé, sous les conditions que nous venons d'indiquer, les actes authentiques qui se trouvent vicieux pour incompétence, incapacité ou défaut de forme, il faut décider que l'acte reçu par un notaire destitué ou remplacé devrait rentrer dans notre règle, si les parties ont pu et dû croire que celui auquel elles s'adressaient était encore notaire, quoique la destitution et le remplacement ne soient pas simplement des cas d'incompétence et d'incapacité (art. 1318).

Réciproquement, quoique ce soit un cas d'incompétence que celui où un notaire a reçu un acte que nul notaire ne pouvait dresser, cependant l'acte n'aurait alors aucune valeur, parce que l'incompétence dont parle la loi est uniquement celle du notaire recevant l'acte qui devait être reçu par un autre notaire. Enfin, quoique l'absence de la signature du notaire constitue un défaut de forme, il est certain qu'un acte où cette signature manquerait ne pourrait pas non plus valoir comme acte sous seing privé, parce que l'écrit non signé du notaire n'a pas même l'apparence d'un acte authentique, et que c'est seulement à l'acte que les parties ont dû croire authentique que la loi vient en aide (*ibid.*).

CXL. — L'acte authentique fait pleine foi, c'est-à-dire preuve complète et jusqu'à inscription de faux, des conventions et des faits qu'il constate, pourvu qu'il s'agisse de choses que le notaire a pu et dû constater. Il faut d'abord qu'il ait pu les constater, c'est-à-dire qu'il en ait acquis la certitude *propriis sensibus ;* et si l'on prétendait seulement que la déclaration qu'on lui a faite et qu'il a constatée est mensongère, ou que les conventions arrêtées devant lui, et par lui mentionnées, sont frauduleuses, il ne serait pas nécessaire de s'inscrire en faux, puisque la véracité du notaire ne serait pas mise en doute. Il faut, en second lieu, qu'il s'agisse de choses qu'il a mission de constater ; et par conséquent, si un notaire avait déclaré sain d'esprit un tuteur ou un donateur, l'inscription de faux ne serait pas nécessaire pour prouver que le disposant ne jouissait pas de toute sa raison ; car un notaire n'a pas mission pour constater authentiquement l'état sanitaire des personnes (art. 1319).

CXLI. — C'est absolument et vis-à-vis de toutes personnes que l'acte authentique fait preuve, jusqu'à inscription de faux, des faits et conventions qu'il rapporte. Il n'y a, quant à la force probante, aucune différence à faire, soit entre les contractants et les tiers, soit entre les *dispositions* de l'acte et ses *énonciations.* (*Voy.* le numéro suivant.) Toutes les parties de l'acte authentique, quelles qu'elles soient, font foi pleine et entière vis-à-vis de tout le monde, jusqu'à inscription de faux.

Mais si la foi due aux actes est la même pour tous, il n'en saurait être de même de l'*effet* que ces actes doivent produire, c'est-à-dire des droits ou obligations que feront naître le fait ou les conventions constatées. C'est de l'effet à donner à l'acte, et non de la croyance qu'on lui doit, que la loi a entendu parler, lorsqu'elle dit que l'acte authentique *fait pleine foi* de la convention qu'il renferme entre les parties contractantes, leurs héritiers ou ayants cause ; elle n'entend faire rien autre chose que l'application de la règle : *Res inter alios acta, aliis nec nocet nec prodest.* En effet, il est clair qu'un acte notarié, comme toute convention, quelle qu'elle soit, ne peut produire d'effet qu'entre les parties ou leurs représentants ; mais il n'est pas moins évident que le caractère d'authenticité imprimé à un acte est le même pour les tiers que pour les parties qui y ont figuré. Ce qui prouve bien, d'ailleurs, que c'est de l'effet attaché à l'acte authentique que la loi entend parler, c'est qu'elle ajoute que cet effet, c'est-à-dire l'exécution de l'acte, doit ou peut, selon les cas, être suspendu par la procédure en faux. Cette distinction entre la foi due à l'acte et les effets qu'il doit produire, entre sa force probante et sa force efficiente, avait été présentée avec une admirable clarté par notre célèbre Dumoulin, et c'est pour ne l'avoir pas comprise que Pothier est tombé dans le langage inexact que le Code reproduit (art. 1319 et 1320).

CXLII. — On distingue, dans un acte, les *dispositions* et les *énonciations*. On appelle *dispositions,* ou le *dispositif,* la partie qui exprime le véritable objet de l'acte, ses éléments essentiels ; les *énonciations,* au contraire, sont les indications purement accessoires. Parmi ces énonciations, la loi distingue celles qui ont un rapport direct et prochain avec le dispositif, et celles qui, n'en ayant qu'un fort éloigné, se trouvent réellement étrangères au but qu'on se proposait. Les énonciations produisent entre les parties et leurs représentants le même effet que les dispositions elles-mêmes, lorsqu'elles sont en rapport direct avec ces dispositions ; et au contraire, elles ne font que constituer un commencement de preuve par écrit, lorsqu'elles sont étrangères à la disposition. En effet, ces dernières énonciations ne sont pas de nature à attirer l'attention de la partie intéressée à les contester au même degré que celles qui ont rapport direct avec la disposition.

Mais si les énonciations ont un effet plus ou moins étendu entre les parties, elles n'en ont aucun à l'égard des tiers. Le Code n'a pas consacré, sous ce rapport, l'ancienne jurisprudence, suivant laquelle les énonciations des actes authentiques formaient commencement de preuve contre les tiers. Il n'y a plus lieu non plus à l'application de l'ancienne maxime, abandonnée déjà par Pothier, et qui n'était qu'une phrase vide de sens : *In antiquis omnia præsumuntur solemniter acta* (art. 1320).

CXLIII. — *Des contre-lettres.* On entend par contre-lettre, *lato sensu,* tout acte qui vient en modifier un autre. Mais ici, le mot *contre-lettre* a un sens plus restreint ; il signifie un acte destiné à rester *secret,* et qui modifie les dispositions d'un acte *ostensible.* En présence des deux positions contraires que se font ainsi les parties, positions dont l'une est vraie mais ignorée, l'autre fausse mais seule connue, la loi déclare, et avec raison, que, à l'égard des tiers, l'apparence l'emportera sur la réalité ; que les effets de l'acte ostensible pourront toujours être invoqués par ces tiers, comme si la contre-lettre n'existait pas ; et que cette contre-lettre (qui produira son effet entre les parties tant que des tiers n'y seront pas intéressés) ne pourra jamais leur être opposée (art. 1321).

Du reste, il faut bien comprendre la signification que la loi donne ici au mot *tiers*. Il ne s'agit pas des *penitùs extranei*. Une règle spéciale, déclarant les contre-lettres sans effet pour eux, eût été complétement inutile, puisque les actes authentiques eux-mêmes ne peuvent les atteindre. La raison dit assez que les tiers contre lesquels les contre-lettres ne peuvent avoir d'effet sont ceux qui ont besoin d'être protégés contre l'effet des contre-lettres. Or, ceux qui ont besoin d'être ainsi protégés sont précisément les ayants cause des parties, non pas les ayants cause à titre universel, qui sont tenus de toutes les obligations de leur auteur, mais les ayants cause à titre particulier, aux yeux desquels l'acte ostensible était une vérité sur laquelle ils ont dû compter. Et, bien entendu, s'il en est ainsi lorsque c'est par une contre-lettre que la réalité est constatée, à plus forte raison doit-il en être de même lorsque cette réalité, masquée par un acte ostensible, ne resultera que de la simple correspondance des parties, puisque cette correspondance est encore plus secrète qu'un acte (*ibid.*).

CXLIV. — Au surplus, à l'encontre des tiers, qui sont ici des ayants cause des parties, la contre-lettre n'est pas pleinement non avenue : elle n'est inefficace envers eux qu'autant qu'elle devrait leur nuire; et si elle devait leur profiter, ces ayants cause pourraient très-bien l'invoquer. Mais ils ne le pourraient, d'après ce qui vient d'être dit, que contre celui qui s'est obligé par la contre-lettre ou contre ses successeurs à titre universel, et non contre les ayants cause à titre particulier.

Le Code Napoléon ayant mis indistinctement toutes les contre-lettres sur la même ligne, il n'est pas douteux qu'il ait abrogé l'art. 40 de la loi du 22 frimaire an 7, qui prononçait la nullité de toute contre-lettre ayant pour but d'augmenter le prix de vente indiqué à l'acte ostensible. La discussion au conseil d'État prouve clairement que cette disposition inique a été abrogée.

Remarquons, en terminant, qu'il n'y a rien de commun entre les contre-lettres et les déclarations de command, lesquelles ne contiennent aucune modification secrète d'un acte ostensible; et que si le plus souvent l'acte modifié par la contre-lettre est un acte notarié, il pourrait fort bien aussi n'être qu'un acte privé (*ibid.*).

§ 2. — Des écritures privées.

Les écrits privés sont, le plus souvent, des actes sous seing; mais il est aussi des écritures auxquelles la loi attribue une certaine force probante, bien qu'elles soient dépourvues de toute signature. Nous avons à parler et des unes et des autres.

1° *Des actes sous seing privé.*

CXLV. — L'acte sous seing privé produit le même effet que l'acte authentique, quand il est reconnu ou réputé reconnu par celui à qui on l'oppose; et cet effet s'applique à ceux qui l'ont souscrit, à leurs héritiers et ayants cause. Il a aussi la même force probante, même à l'égard des tiers, sauf en ce qui concerne la date, ainsi que nous le verrons au n° CL (art. 1322).

L'acte sous seing privé n'a sa valeur que quand il est reconnu émaner de celui auquel on l'attribue; et il y a ici entre l'auteur prétendu de l'acte et son ayant cause cette différence que l'auteur prétendu ne peut en suspendre l'effet qu'en déclarant que la signature ou l'écriture n'est pas la sienne, tandis qu'il suffit à l'ayant cause de dire qu'il ne sait pas si cette écriture ou cette signature est celle de la personne à laquelle on l'attribue. Lorsque la personne désavoue sa signature ou son écriture, ou que ses héritiers ou ayants cause déclarent ne les point connaître, la vérification en est ordonnée en justice. Mais il n'est plus nécessaire, comme autrefois, que celui qui veut se servir de l'acte sous seing privé conclue d'abord à la reconnaissance, ou à la vérification en cas de méconnaissance; il peut fort bien assigner directement en exécution de l'acte, sauf au défendeur à répondre par une méconnaissance. C'est alors qu'il y a lieu à la vérification, dont les règles sont tracées par le Code de procédure (art. 1323 et 1324).

CXLVI. — *Nécessité des doubles*. Notre Code n'a pas reproduit la règle aussi absurde qu'immorale, introduite en 1736 dans la jurisprudence du Parlement de Paris, qui admettait, en principe, que toutes conventions synallagmatiques étaient nulles, toujours et sans exception, lorsqu'elles n'avaient pas été rédigées en autant d'originaux qu'il y avait de parties ayant un intérêt opposé, et dont chacun portait la mention du nombre de ces originaux. Il est vrai qu'aujourd'hui encore la loi déclare que les actes sous seing privé, contenant des conventions synallagmatiques, ne sont valables qu'autant qu'ils ont été faits en autant d'originaux qu'il y a de parties ayant un intérêt distinct, et que chaque original doit contenir la mention du nombre des originaux qui en ont été faits; mais ce n'est pas la *convention* que notre Code déclare inefficace à défaut des doubles ou de la mention des doubles, ce sont seulement les actes, les écrits, qui contiennent la convention et qui devaient en faire la preuve.

Le défaut des doubles ou de la mention des doubles n'est donc plus aujourd'hui qu'une question de preuve, en dehors de laquelle la convention sera toujours valable, si elle se trouve prouvée autrement, soit par l'aveu de la partie, soit par l'exhibition des doubles eux-mêmes (en cas d'absence *de la mention* seulement de ces doubles), soit de toute autre manière (art. 1325).

CXLVII. — Il doit y avoir autant de doubles qu'il y a de parties ayant un intérêt distinct, et un seul original suffit pour toutes les parties ayant un même intérêt; c'est-à-dire qu'il faut autant d'originaux qu'il y a de parties ayant, dans la convention, des intérêts opposés. Ainsi, un seul original suffit pour toutes personnes ayant chacune un intérêt semblable, et qui jouent toutes ensemble, par rapport à la partie adverse, le rôle que jouerait une seule partie (art. 1325).

Ce n'est qu'aux conventions synallagmatiques que s'applique la nécessité des doubles. On ne peut donc les exiger pour aucun des contrats unilatéraux, ni pour la promesse unilatérale, sans obligation réciproque de l'autre partie de conclure ultérieurement un contrat synallagmatique, par exemple, pour la promesse unilatérale d'acheter ou de vendre. Une telle promesse, qui ne vaudrait pas vente (puisqu'elle est unilatérale), n'en serait pas moins obligatoire pour celui qui l'aurait faite, et elle serait parfaitement bien prouvée par un acte fait simple (*ibid.*).

CXLVIII. — *Nécessité du* bon *ou* approuvé. La loi devait prendre, et a pris en effet, de sages mesures pour empêcher la fraude de s'introduire dans les écrits contenant obligation unilatérale. Ainsi, la promesse unilatérale de payer une certaine somme ou une certaine quantité de marchandises ne peut être prouvée par l'acte que présente le créancier qu'autant que cet acte est écrit tout entier par le débiteur, ou du moins revêtu d'un *bon* ou *approuvé* indiquant en toutes lettres, et non pas en chiffres, la quotité de la somme ou des choses. Si le corps de l'acte est écrit en entier par le débiteur, la quotité de la somme ou des choses devra nécessairement aussi être écrite en lettres et non en chiffres. La raison est la même pour un cas que pour l'autre (art. 1326).

La règle s'applique toutes les fois qu'il n'y a d'engagement que d'un côté, lors même que cet engagement serait pris par plusieurs personnes. Les codébiteurs ne présentent alors, dans la convention, qu'une seule partie ; l'acte doit donc porter le *bon* de chacun d'eux, s'il est écrit par une main tierce, ou le *bon* de l'autre ou des autres débiteurs, s'il est écrit par l'un d'eux. Lorsque la convention est unilatérale, il n'y a pas à opter entre la règle des doubles et celle du *bon* ou *approuvé ;* c'est cette dernière qui doit seule être suivie ; mais on conçoit qu'il en serait autrement, et que le choix entre les deux règles serait possible, dans l'hypothèse d'un contrat synallagmatique que l'on exécute sur-le-champ d'un côté, en sorte qu'il ne reste plus d'obligation que de l'autre côté (*ibid.*).

La règle n'est, au surplus, relative qu'à la preuve, et non à la validité de la convention ; de sorte que, même en l'absence du *bon* ou *approuvé,* la preuve de l'engagement pourrait toujours être faite contre le souscripteur, par son aveu, par le serment ou autrement (*ibid.*).

CXLIX. — La loi fait à la règle qui nous occupe une exception pour les marchands, artisans, laboureurs, vignerons, gens de journée et de service. Cette exception était commandée par la nature même des choses : quant aux marchands, la loi a dû craindre, si elle les soumettait à la règle, d'entraver la marche rapide de leurs affaires ; quant aux gens de journée et autres, les obliger à la formalité du *bon* ou *approuvé,* c'eût été les mettre dans la nécessité de recourir au notaire pour les actes les plus minimes (*ibid.*).

Lorsqu'il y a désaccord entre la somme exprimée au corps de l'acte et la somme exprimée au *bon,* il y a présomption que l'obligation n'est que de la somme moindre, lors même que l'acte et le *bon* sont écrits en entier de la main de l'obligé. Mais cette présomption tomberait devant la preuve contraire (art. 1327).

CL. — *De la date*. Il est trop facile d'antidater un acte sous seing privé pour que la loi l'ait considéré comme faisant foi de sa date à l'égard des tiers. Il n'a date certaine vis-à-vis de ces derniers que du jour de son enregistrement, ou de la relation de sa substance dans un acte public, ou de la mort de l'un des signataires ; quant aux parties et à leurs successeurs, l'acte privé fait foi de sa date jusqu'à ce que la fausseté en soit prouvée. L'absence de l'enregistrement (ou de l'un de ses deux équivalents) ne peut donc être opposée par les parties ou leurs héritiers, mais seulement par les tiers.

Il est clair que par l'expression *tiers* on ne peut entendre ici que ceux qui ont traité avec la personne de laquelle l'acte est émané, c'est-à-dire ses ayants cause à titre particulier. Quant aux tiers *penitùs extranei*, que leur importe, puisque l'acte ne peut produire aucun effet ni pour ni contre ?... Il est vrai que la loi donne plein effet à l'acte sous seing privé entre tous les ayants cause des parties comme entre les parties elles-mêmes ; mais il n'y a là aucune contradiction ; car celui qui a traité avec une personne (l'acheteur, par exemple) n'est l'ayant cause de cette personne que pour les actes qui ont précédé le traité, et non pour ceux qui l'ont suivi ; en sorte que, avant qu'on puisse me dire, par rapport à tel acte, l'ayant cause de la personne avec laquelle j'ai traité, il faut commencer par établir que cet acte a vraiment une date antérieure à mon traité (art. 1328).

CLI. — L'enregistrement, la relation de la substance de l'acte privé dans un acte public, et la mort de l'un des signataires, sont indiqués *limitativement* comme donnant légalement date certaine à l'acte privé ; et cette date certaine ne saurait, sans violation de la loi, être étendue à tous les cas où le juge croirait reconnaître en fait l'impossibilité d'une antidate. Ce point, consacré par la jurisprudence, n'offre en effet aucun doute en présence des travaux préparatoires du Code.

Du reste, ces formalités ne sont pas applicables à de simples quittances, pour lesquelles il a toujours été d'usage de se contenter de la signature du créancier. L'exception existait dans l'ancienne jurisprudence, et l'on ne trouve dans les travaux préparatoires aucune trace d'une innovation qui aurait jeté la perturbation dans des habitudes établies depuis plusieurs siècles (*ibid.*).

2° *Des écrits efficaces sans signature.*

CLII. — Les registres des marchands font preuve légale et complète contre d'autres marchands ; mais ils ne font pas preuve des fournitures qui y sont portées, contre les personnes non marchandes. Ils constituent seulement, envers celles-ci, un commencement de preuve suffisant pour autoriser le juge à déférer le serment supplétoire. Néanmoins, les énonciations portées aux registres ne permettent pas d'admettre la preuve testimoniale pour établir la vérité de la fourniture ; car la preuve testimoniale n'est admissible que lorsqu'il y a *commencement de preuve par écrit,* et la loi ne reconnaît ce caractère qu'aux écrits émanés *de celui contre lequel la demande est formée* (art. 1329).

Mais si les registres d'un marchand ne font pas preuve contre les non-marchands, la raison dit assez qu'ils font preuve complète contre le marchand lui-même : seulement, celui qui veut en tirer avantage ne peut les diviser, en ce qu'ils contiennent de contraire à sa prétention (art. 1330).

CLIII. — A la différence des livres de commerce, les registres et papiers domestiques ne font jamais foi au profit de la personne par qui ils sont tenus ; mais ils font foi contre elle dans deux cas : 1° toutes les fois qu'ils énoncent formellement un payement reçu ; 2° quand ils énoncent une obligation de la personne qui les tient, envers un tiers : mais ici la loi se montre plus exigeante et ne reconnaît l'existence de l'obligation que lorsqu'il est expressément dit que la note a été écrite pour suppléer au défaut du titre du créancier.

Dans le premier cas, c'est-à-dire quand les registres énoncent formellement un payement reçu, l'écriture *même biffée* conserverait toute sa force ; car, toute biffée qu'elle est, la mention du payement reçu prouve bien que ce payement a eu lieu : on n'écrit pas sur son registre que l'on a été payé tel jour, de telle somme, par telle personne, si la somme n'a pas été versée. Dans le second cas, au contraire, l'écriture biffée n'aurait aucune valeur, parce que la rature faite par le débiteur donne lieu de croire qu'il n'a effacé la note que parce que son obligation, qui existait bien d'abord, s'est éteinte plus tard.

Si les registres et papiers domestiques font preuve contre leur auteur, ils ne peuvent jamais faire preuve à son profit : il serait trop commode de se créer un titre à soi-même. Mais il ne faut pas conclure de là que l'adversaire de l'auteur du registre domestique peut choisir à son gré, dans les énonciations relatives à une affaire, pour prendre celles-ci et laisser celles-là. L'adversaire doit prendre tel qu'il est tout l'ensemble des énonciations, ensemble qui est forcément indivisible : s'il lui est favorable, il s'en prévaudra ; s'il lui est contraire, il le laissera, sans qu'on puisse alors (puisque le registre ne fait pas preuve au profit de son auteur) le retourner contre cet adversaire.

Si le maître du registre nie en avoir un, il n'y aura souvent d'autre ressource que de déférer le serment sur l'existence de ce registre. Que si, en avouant l'existence du registre, il se bornait à refuser de le représenter, ce refus constituerait un commencement de preuve autorisant la délation du serment supplétoire (art. 1331).

CLIV. — L'écriture qui énonce des payements faits par le débiteur et qui se trouve à la suite, en marge ou au dos, soit de l'acte simple, soit de celui des doubles qui forme le titre du créancier, fait preuve par cela seul qu'elle est de ce créancier, quoiqu'elle ne soit ni signée ni datée par lui, sans qu'il y ait à considérer si le titre est ou non resté en sa possession. Quand cette écriture se trouve sur une précédente quittance ou sur celui des doubles qui appartient au débiteur, elle ne fait preuve qu'à la double condition que l'écriture est encore celle du créancier, et que la pièce qui la porte n'est pas retenue par lui. Il y a d'ailleurs, entre les deux cas, cette autre différence que, dans le premier, l'écriture aurait toujours la même valeur, bien qu'elle fût biffée, puisqu'il suffit, pour que la libération du débiteur existe, qu'elle ait été énoncée par le créancier à un moment quelconque, tandis que, dans le second, les ratures rendraient l'écriture sans effet, en faisant supposer qu'elle n'avait été mise que dans l'espérance d'un payement qui ne s'est pas réalisé.

Quant aux écritures qui, ajoutées sur le titre d'une créance, énonceraient une créance nouvelle, sans présenter une seconde signature, elles peuvent faire preuve, si elles sont en relation intime avec l'acte, de telle sorte que le tout puisse être considéré comme un acte unique à l'ensemble duquel la signature s'applique. Dans le cas contraire, elles ne peuvent être qu'un commencement de preuve par écrit (art. 1332).

§ 3. — Des tailles.

CLV. — Le moyen de constatation appelé *tailles*, en usage surtout chez les boulangers, est une espèce de preuve écrite, et, par conséquent, il conserve sa force, même au-dessus du taux au delà duquel la loi, comme nous le verrons bientôt, ne permet plus de prouver par témoins.

Lorsque l'échantillon se trouve d'accord avec la taille, celle-ci fait foi de la quantité de marchandises qui se trouve ainsi constatée. Si l'échantillon présentait moins de coches que la taille, la fourniture ne serait prouvée que jusqu'à concurrence du nombre de coches commun aux deux moitiés, et les coches qui ne se trouvent pas sur l'échantillon seraient complétement non avenues. Il en serait de même si c'était l'échantillon qui présentât plus de coches que la taille, puisque la taille et l'échantillon doivent être corrélatifs.

La taille présentée par le fournisseur serait dénuée de toute force probante, si le consommateur prétendait qu'il n'a jamais existé d'échantillon, et qu'on ne lui a rien fourni ou que les fournitures ont été payées comptant. En effet, cette taille, ainsi dénuée d'échantillon, mérite évidemment moins de confiance que des registres régulièrement tenus ; on ne peut donc pas, dans le silence de la loi, leur attribuer l'effet, qu'elle accorde à ces registres, d'autoriser le serment supplétoire. Que si, l'échantillon n'étant pas représenté, son existence antérieure était prouvée ou avouée, la taille devrait faire foi (à moins que la fraude du fournisseur ne fût prouvée); car alors le consommateur serait en faute de ne s'être pas présenté, immédiatement après la perte de son échantillon, chez le fournisseur, pour arrêter son compte et recommencer une taille nouvelle (art. 1333).

§ 4. — Des copies des titres.

CLVI. — La copie d'un *titre*, c'est-à-dire d'un acte authentique, n'est rien par soi et ne tire sa force probante que de l'original lui-même. La représentation de cet original peut donc toujours être exigée, et la loi ne soumet le droit de l'exiger qu'à la seule condition commandée par la force même des choses, c'est-à-dire que cet original subsiste encore. Quand l'original subsiste et qu'une partie demande sa représentation, la copie ne prouve plus rien, et il n'est pas besoin d'alléguer contre elle quelque motif particulier de suspicion. Il n'y a exception à cette règle que pour les extraits d'actes de l'état civil (art. 1334).

Après la perte de l'original, laquelle doit être prouvée par le demandeur (qui n'a pour cela qu'à prouver que l'original ne se trouve plus dans le dépôt où il devrait être, et que rien n'indique son existence ailleurs), la copie qui en a été tirée par un officier public a plus ou moins de force, selon les cas.

Elle fait pleine foi, comme le ferait l'original lui-même, dans trois cas : 1° Quand cette copie est une grosse ou première expédition : le peu de temps qui sépare la rédaction de la minute de la délivrance de la grosse, ou de la première expédition, donne au législateur une garantie suffisante de leur conformité ; — 2° Quand la copie a été tirée sur la minute par l'officier dépositaire sur l'ordre de la justice, parties présentes ou appelées, ou quand elle l'a été, même sans ordre du magistrat, en présence et du consentement des divers intéressés ; — 3° Quand la copie prise sur l'original l'a été en dehors des circonstances ci-dessus, mais toujours par l'officier dépositaire légal de l'original, et qu'elle a plus de trente ans de date, parce que, en effet, on ne s'y prend pas trente ans à l'avance pour se procurer un titre déloyal (art. 1335).

CLVII. — En dehors des trois cas ci-dessus, toute copie tirée sur la minute ne peut servir que de commencement de preuve par écrit. Cette seconde règle comprend d'abord les copies délivrées par un officier public qui n'était pas le dépositaire légal de la minute, quel que soit leur âge ; et en second lieu, toute copie qui, n'étant pas une grosse ou une première expédition, et n'ayant pas été dressée par ordre du juge et parties présentes ou appelées, l'aurait bien été par le dépositaire légal, mais depuis moins de trente ans.

Quant aux copies de copies, elles peuvent seulement, suivant les circonstances, être considérées comme simples renseignements, c'est-à-dire autoriser le juge à déférer le serment supplétoire, si la présomption résultant de la copie produite lui paraît assez forte (*ibid.*).

CLVIII. — Par dérogation au principe qui n'accorde la force d'un commencement de preuve par écrit qu'à l'acte émané de l'adversaire ou du moins aux copies d'originaux et non aux copies de copies, la loi fait de la transcription sur le registre du conservateur des hypothèques un commencement de preuve par écrit ; mais elle ne le fait que sous deux conditions aussi sages que sévères : la première, qu'il soit constant que toutes les minutes du notaire, de l'année dans laquelle l'acte paraît avoir été fait, soient perdues, ou que l'on prouve que la perte de la minute de cet acte a été faite par un accident particulier ; la seconde, qu'il existe un répertoire en règle du notaire qui constate que l'acte a été fait à la même date. La loi exige, en outre, que, dans le cas d'admission de la preuve testimoniale, on entende toujours ceux qui ont été témoins à l'acte, s'ils existent encore (art. 1336).

Le simple enregistrement ne produirait pas le même effet que la transcription, car la loi n'en parle pas, et ce qu'elle dit de la transcription est déjà une exception. D'ailleurs, l'enregistrement a moins de valeur que la transcription, puisque celle-ci est la reproduction intégrale de l'acte, tandis que l'enregistrement n'en présente qu'une mention sommaire (*ibid.*).

§ 5. — Des actes récognitifs.

CLIX. — On entend par *acte récognitif* celui qui, se référant à un acte plus ancien, vient prouver la volonté de maintenir les droits constatés par ce premier acte, qui prend par rapport à l'autre le nom d'acte *primordial*.

L'acte récognitif ayant pour but de maintenir l'état antérieur des choses et non de créer un état de choses nouveau, il est parfaitement rationnel de dire, comme le fait le Code, que ce qui serait, dans le titre nouveau, différent de ce que contient le titre primordial, représenté en même temps, resterait sans effet. Mais il s'en faut de beaucoup que la loi soit également juste quand elle déclare que l'acte récognitif qui ne reproduit pas la teneur de l'acte originaire ne prouve rien, et laisse le créancier qui ne pourrait pas rapporter ce titre imaginaire dans l'impossibilité d'établir son droit : aussi cette disposition n'a-t-elle pas d'autre cause qu'une erreur matérielle commise par Pothier, qui a présenté, comme professée par Dumoulin, cette idée aussi contraire à la doctrine du grand jurisconsulte qu'à la raison elle-même.

Et nos rédacteurs, en reproduisant cette étrange doctrine de Pothier (qu'ils croyaient aussi celle de Dumoulin), ont même enchéri sur les idées du jurisconsulte d'Orléans; car Pothier accordait au moins la force probante à l'acte récognitif, lorsque, étant déjà ancien, il était accompagné, soit de la possession, soit d'un ou de plusieurs autres actes récognitifs conformes à lui, tandis que le Code n'accorde cet effet qu'à l'acte ancien accompagné tout à la fois et de la possession et d'un autre acte conforme. L'acte est considéré comme ancien après trente ans de date (art. 1337).

CLX. — Toutefois, et si peu rationnelles que soient ces règles, il faut bien les respecter : *Dura lex, sed lex.* En vain on voudrait distinguer entre le cas où la reconnaissance est opposée au débiteur lui-même et celui où elle l'est à ses créanciers, pour dire que la relation de la teneur de l'acte primordial n'est indispensable que dans ce dernier cas; car la loi ne fait ni ne permet aucune distinction. En vain également on prétendrait qu'il suffit de la mention sommaire de la substance de cet acte primordial; car il est évident, et par le texte même de la loi, et par la combinaison de ses dispositions, et par la comparaison des règles du Code avec celles de Pothier (que l'on a rendues plus sévères au lieu de les adoucir), que la loi entend positivement exiger la relation *ad longum* de toute la teneur du titre : *Inserto toto tenore tituli*. Ainsi, la reconnaissance d'une dette déjà constatée par un acte ne fera foi que quand elle contiendra la copie entière de cet acte, ou quand, ayant trente ans de date, elle sera soutenue et de la possession et d'une ou plusieurs autres reconnaissances conformes (*ibid.*).

Du reste, l'idée que l'acte primordial, dès là qu'il serait représenté, l'emporterait toujours sur l'acte ou les actes récognitifs, n'est exacte que pour ce que les reconnaissances contiendraient de différent *en plus ;* car pour ce qui serait différent en moins et rendrait l'obligation moins onéreuse, l'acte primordial pourrait bien se trouver sans valeur : ce serait s'il y avait prescription. — Il faut observer encore que les règles ci-dessus sont portées exclusivement pour les actes qui ne sont vraiment que récognitifs ; en sorte que si, malgré la qualification donnée à l'acte, il était reconnu en fait par le juge que les parties ont entendu faire quelque chose de nouveau sur un ou plusieurs points, l'acte serait un titre primordial, et ces règles ne s'appliqueraient plus. — Enfin, ces règles formant une exception peu raisonnable et peu équitable aux principes généraux, elles ne devront s'appliquer que dans le cas explicitement prévu par le texte, c'est-à-dire pour les droits purement personnels et non pour les droits réels : cette idée, justifiée déjà par le caractère d'exception rigoureuse de ces règles, paraît ressortir encore des dispositions du titre *Des Servitudes* (*ibid.*).

SECTION II.
DE LA PREUVE TESTIMONIALE.

CLXI. — La crainte de la subornation des témoins, et aussi le désir de restreindre le nombre des procès font prohiber, en règle générale et sauf quelques exceptions, la preuve testimoniale. Nous étudierons la prohibition dans un premier paragraphe, pour nous occuper, dans un second, des exceptions qu'elle comporte (*Observations préliminaires* de l'art. 1341).

§ 1er. — Prohibition de la preuve testimoniale.

CLXII. — Le Code pose ici deux principes. — Le premier, c'est que tout fait présentant un intérêt supérieur à 150 fr. ne peut jamais être prouvé par témoins. — Le second, c'est que la preuve testimoniale est également prohibée, même pour un fait soulevant un intérêt moindre de 150 fr., alors qu'il s'agit d'aller à l'encontre ou au delà de ce qui est dit dans un écrit. Dès que les parties ont pris la peine de rédiger un écrit pour constater le fait, les mentions de cet écrit ne peuvent être modifiées que par un autre écrit.

Mais, bien entendu, il n'est pas interdit par ce second principe de recourir au témoignage pour interpréter l'écrit ; car ce n'est pas vouloir modifier une clause que de chercher à en bien saisir le sens et la portée.

Il ne serait pas interdit non plus de prouver par témoins tout fait se trouvant en rapport intime avec celui que l'écrit constate et venant exercer sur lui une influence plus ou moins profonde. Ainsi, quand un écrit constate que vous m'avez prêté 100 fr., je pourrai fort bien prouver par témoins que je vous ai rendu ces 100 fr.; car le payement que j'allègue n'apporte aucune contradiction à la déclaration de l'écrit : le témoignage n'est repoussé que quand l'allégation tend à restreindre, élargir, ou autrement *modifier,* l'état de choses constaté par l'écrit. C'est qu'en effet, quand le fait allégué serait venu seulement changer l'état des choses, il n'est pas croyable que l'on ait ainsi modifié ces choses sans modifier l'écrit que l'on conservait comme les constatant; mais quand le fait prétendu serait venu supprimer le précédent état de choses, il ne s'agit plus de soutenir que l'écrit se trouve rédigé inexactement ou incomplétement, il s'agit d'une chose absolument nouvelle, et pour laquelle dès lors les parties ont été libres ou de rédiger un autre acte, ou de se contenter de témoins, puisqu'il s'agit de moins de 150 fr. (article 1341).

CLXIII. — La sévérité de la loi est telle, dans cette prohibition de la preuve testimoniale, qu'il n'est pas nécessaire, pour tomber sous le premier des deux principes indiqués, que l'intérêt fût supérieur à 150 fr. au moment de sa naissance ; il suffit pour cela que la valeur de l'objet réclamé dépasse actuellement ce taux. Ainsi, par exemple, le témoignage est inadmissible pour un capital inférieur par lui-même à 150 fr., si les intérêts échus au moment de la demande font monter au-dessus de ce chiffre le total de la somme due. C'est qu'en effet, la loi admettant que la subornation de témoins est à craindre pour un intérêt excédant 150 fr., ces témoins doivent être écartés toutes les fois qu'il s'agit actuellement d'une valeur dépassant ce taux : c'était au créancier d'exiger un écrit dès le moment où sa créance atteignait ce chiffre (art. 1342).

Ainsi encore, et par la même raison, le témoignage est inadmissible quand la demande comprend plusieurs objets qui, par leur réunion, excèdent cette valeur de 150 fr., encore bien que les créances soient nées à différentes époques et pour des causes différentes. Il n'en serait autrement qu'autant que les créances seraient nées chez des personnes diverses et seraient venues ensuite, par succession ou autrement, se réunir sur une seule tête. Alors, en effet, il n'a pas été possible au créancier de se procurer une preuve écrite au moment où la réunion des créances dépassait la limite fixée. — C'est là l'unique cas d'exception, et la règle ne cesserait pas pour des créances qui, nées successivement, mais chez une même personne, se diviseraient ensuite entre les héritiers de cette personne, ou même seraient léguées ou autrement transmises par cette personne à d'autres personnes dont chacune recevrait l'une des créances. D'une part, en effet, une créance ne peut pas devenir plus énergique ou plus favorable parce qu'elle est cédée par une personne à une autre : le cessionnaire ne peut pas avoir un droit plus fort que celui du cédant; et, d'un autre côté, la loi n'eût pas pu permettre un tel résultat sans renverser tout son système. Car s'il eût été bien facile à celui qui a une créance de beaucoup supérieure à 150 fr. de faire dire par des témoins gagnés que cette créance est formée de plusieurs petites créances, il lui serait tout aussi facile de faire poursuivre le recouvrement de cette créance par fractions au moyen de plusieurs cessionnaires, dont chacun, avec ces témoins complaisants que redoute la loi, ferait déclarer qu'il s'agit d'une petite créance distincte des autres. — C'est donc seulement quand les créances inférieures à 150 fr. sont nées chez des personnes diverses, pour se réunir ensuite sur une seule tête, que notre règle cesse; et hors de là, le témoignage devient impossible (et reste impossible pour l'avenir, malgré toute division ultérieure, comme on va le voir au numéro suivant) du moment que la réunion des créances dépasse 150 fr. (article 1345).

Et pour mieux assurer l'exécution de cette règle (comme aussi pour restreindre autant que possible le nombre des petits procès), la loi veut que toutes les demandes qui ne peuvent pas être justifiées par écrit, et entièrement par écrit, soient faites en même temps et réunies dans un seul exploit, avec ordre au juge de déclarer non recevables celles qui pourraient lui être soumises plus tard. Notons bien que cette règle rigoureuse n'est pas faite seulement pour le cas où la réunion des demandes excéderait 150 fr., mais aussi et indistinctement pour le cas où la réunion serait inférieure à ce taux, parce que la loi ne se préoccupe pas seulement ici de repousser des témoins dont elle craint la corruption, mais aussi d'obtenir une plus prompte expédition des affaires en réunissant plusieurs procédures en une seule. C'est aussi pour ce motif que la règle s'applique même alors que le témoignage est absolument permis, c'est-à-dire pour des créances appuyées sur un commencement de preuve par écrit, ou provenant de diverses personnes, ou se trouvant pour toute autre raison soustraites à la prohibition du témoignage (n° CLXV) : il faut réunir dans un même exploit toutes les demandes, absolument et sans distinction, qui ne sont pas en mesure d'être prouvées entièrement par écrit. — Le bon sens dit assez, au surplus (quoiqu'on ait enseigné le contraire), que la règle ne s'applique pas, et ne pouvait pas s'appliquer, aux droits qui ne sont nés qu'après l'introduction de l'action : la loi ne pouvait pas exiger que vous missiez au nombre de vos demandes celle d'un droit que vous n'aviez pas! Elle ne s'applique pas non plus aux droits qui, déjà existants, n'étaient pas encore exigibles. Elle eût pu s'étendre jusqu'à eux; la loi eût pu exiger qu'en demandant les autres droits, on eût soin, non pas *de demander* aussi (c'était impossible), mais *d'indiquer* les droits non encore exigibles : la loi eût pu le faire, mais elle ne le fait pas, et sa disposition est certes assez rigoureuse pour qu'il ne soit pas permis d'aller au delà (article 1346).

CLXIV.—Nous venons de voir que le témoignage est prohibé lorsque le droit, inférieur à 150 fr. dans l'origine, se trouve actuellement supérieur à ce chiffre. Il l'est réciproquement lorsque cet intérêt, ac-

tuellement inférieur au taux indiqué, excédait cette limite originairement.

Ainsi, celui qui aurait demandé d'abord plus de 150 fr. ne pourrait
pas être admis à la preuve testimoniale en restreignant sa demande à
ce chiffre; à moins, bien entendu, que le premier chiffre indiqué ne
l'eût été que par erreur, et que le droit fût vraiment inférieur à 150 fr.
(art. 1343).

La prohibition s'appliquerait au cas même où l'on n'aurait demandé
que 150 fr. ou moins, s'il était prouvé que le droit était en réalité supérieur à ce taux; comme elle s'appliquerait aussi au cas où la somme
demandée dans les limites légales serait le restant d'une somme excédant ces limites. — Dans toutes ces hypothèses, le demandeur était,
dès le principe, dans l'obligation de constater son droit par écrit : il a
donc contrevenu à la loi, et il en sera puni malgré les diminutions que
son droit a pu subir, ou qu'il lui plairait de s'imposer lui-même (article 1344).

§ 2. — Exceptions à la prohibition.

CLXV. — Il est permis d'user de la preuve testimoniale, bien qu'il
s'agisse d'un intérêt supérieur à 150 fr. ou d'une allégation tendant
à contredire ou élargir les mentions d'un écrit, dans les quatre cas
suivants :

1° Lorsqu'il existe un commencement de preuve par écrit.

Le Code ne reconnaît de commencement de preuve par écrit que
dans l'écriture émanée de celui à qui on l'oppose (sauf l'exception indiquée au n° CLVIII), et qui, bien entendu, rend vraisemblable le fait
allégué. — Il faut d'abord que l'écrit émane de l'adversaire. Ainsi, on
ne saurait le voir au profit d'un prétendu créancier dans des quittances
émanées de lui; ni, tant qu'il n'y aura pas eu vérification, dans l'acte
privé que l'adversaire dénie ou méconnaît, puisque c'est seulement par
cette vérification qu'on saura si l'acte émane ou non de lui. Du reste,
une écriture peut émaner d'une personne sans être signée par elle
(comme on l'a vu plus haut pour les registres et papiers domestiques),
ou sans être de sa main (parce qu'elle est suivie de la signature par laquelle elle se l'est appropriée), ou même sans être faite ni signée par
elle (parce qu'il s'agit d'un acte dressé par un fonctionnaire ayant mission pour constater les déclarations de la personne). — Il faut ensuite
que l'écrit rende l'allégation vraisemblable. Ce dernier point est
évidemment une appréciation de fait abandonnée aux magistrats
(art. 1347).

CLXVI. — 2° Lorsqu'il a été impossible au réclamant de se procurer
une preuve écrite.

Cette exception est appliquée par la loi aux obligations qui naissent
des quasi-contrats, délits ou quasi-délits; mais il ne faudrait pas croire
que toute obligation provenant d'une de ces trois sources pût toujours
se prouver par témoins. La règle à suivre ici, règle qu'il ne faut ni
étendre, ni restreindre, c'est qu'il y ait eu impossibilité de se procurer

l'écrit. Ainsi, celui qui veut prouver la dation d'une somme indue supérieure à 150 fr., pour exercer la répétition de cette somme, ne pourra le faire que par écrit, bien qu'il s'agisse d'un quasi-contrat, puisqu'il lui a été bien facile de retirer quittance de la somme qu'il donnait.

L'exception s'applique encore aux dépôts nécessaires, c'est-à-dire auxquels on se trouve contraint, soit par une nécessité physique (résultant d'un incendie, d'un naufrage, d'une inondation ou autres accidents), soit par une nécessité morale (comme dans le cas de voyageurs s'arrêtant dans une hôtellerie). — Elle s'applique également à tous les autres cas, quels qu'ils soient, dans lesquels la rédaction s'est trouvée impossible; et, par exemple, je pourrai prouver par témoins l'erreur, la violence ou le dol que j'allègue m'avoir déterminé à former telle convention ou à réaliser tel acte ou tel fait; car je n'ai pas pu me faire donner une constatation écrite, soit du dol que l'on pratiquait envers moi, soit de le violence dont j'étais victime, soit de l'erreur dans laquelle je me trouvais. Mais on ne pourrait pas prouver ainsi le contrat ni tout autre fait que l'on attribue à l'erreur, au dol ou à la violence, et que l'adversaire soutient n'avoir pas existé, puisqu'il n'y a pas eu impossibilité de faire constater ce contrat par écrit.

De même, tandis que la preuve testimoniale de la simulation d'un acte peut très-bien être faite par le tiers auquel cet acte préjudicie, parce qu'il y a eu pour lui impossibilité d'avoir une preuve écrite de cette simulation, elle ne pourrait pas l'être, en général, par celui qui a été partie à l'acte et qui est ainsi l'un des auteurs de la simulation, car il lui était facile de la faire constater par écrit. Il en serait toutefois autrement, et la preuve testimoniale serait permise à la partie elle-même, si la simulation couvrait une fraude faite à la loi, c'est-à-dire si elle cachait un acte prohibé comme contraire à l'ordre public. Celui, en effet, qui, contraint par sa position, consent vis-à-vis d'une autre personne à un acte pareil, ne peut pas demander à cette personne de constater la vérité des choses, et il est ainsi dans une espèce d'impossibilité morale de se procurer une preuve écrite (art. 1348).

CLXVII. — 3° Lorsqu'il a été impossible au réclamant de conserver l'écrit qu'il s'était procuré.

Le réclamant devra prouver ici par témoins trois choses : 1° qu'il possédait un titre établissant son droit; 2° qu'il a été victime de tel événement de force majeure; 3° que c'est par cet événement que ce titre lui a été enlevé. — On conçoit que la force même des choses ne permettra pas d'être rigoureux sur la preuve de ce troisième point. Mais il en sera autrement du second, et l'événement de force majeure dont on prétend avoir été victime devra être établi d'une manière très-précise et qui ne laisse aucun doute; car c'est lui qui fait naître l'exception. Quant au premier point, l'existence antérieure du titre, il n'est pas nécessaire en général, comme on l'enseigne souvent, que les témoins qui en déposent aient lu l'acte et en rapportent la teneur : du moment qu'il résulte des dépositions qu'un écrit constatant telle convention ou tel autre fait avait certainement été dressé, c'est tout ce qu'il faut pour les cas ordinaires. La relation précise de la teneur de cet écrit ne pourrait être exigée que s'il s'agissait d'un acte n'ayant de valeur que par l'emploi de certaines formalités ; les témoins devraient alors être en état d'affirmer l'accomplissement de ces formalités et la réunion des diverses conditions voulues pour la validité. — Il est bien évident, au surplus, qu'on ne peut jamais demander pour l'établissement d'un de ces trois points, pas plus du premier que des deux autres, *un écrit* faisant preuve ou commencement de preuve : c'est évident, puisqu'une telle idée (qui a pourtant été admise par un arrêt de cassation) arriverait à dire que celui qui forme une convention dont l'objet excède 150 fr. devra *rédiger d'abord un écrit* destiné à prouver la convention, puis rédiger encore *un second écrit* pour prouver l'existence du premier au cas où il se trouverait perdu !... (Art. 1348.)

CLXVIII. — 4° Lorsqu'il s'agit de matières commerciales.

Il est vrai que, si cette dernière exception est admise sans conteste en ce qui touche la prohibition du témoignage au-dessus de 150 fr., il y a controverse sur le point de savoir si elle existe également quant au principe qui défend la preuve testimoniale outre ou contre le contenu d'un écrit. Mais l'affirmative résulte suffisamment et des textes du Code Napoléon, et de ceux du Code de commerce, et des travaux préparatoires, et des usages de notre ancienne jurisprudence. C'est donc avec raison qu'elle est adoptée par la majorité des auteurs et par la Cour de cassation.

Ces quatre exceptions sont, au surplus, les seules que la loi admette, et celle que l'on voudrait faire résulter du consentement donné à l'audition des témoins par celui contre lequel il s'agit de prouver, condamnée déjà par le silence du Code (par cela seul qu'il s'agit d'une exception), l'est encore par l'esprit comme par le texte de la loi. Elle l'est par son esprit, puisqu'il s'agit d'une prohibition portée (au moins en ce qui touche la restriction du nombre des procès) dans un but d'intérêt public, et que dès lors on ne peut pas y déroger par convention ; elle l'est par le texte lui-même, puisque le principe n'est pas écrit comme une faculté réservée à l'adversaire du réclamant, mais bien comme une défense adressée au magistrat lui-même de recevoir le témoignage en dehors des cas indiqués (art. 1348).

SECTION III.

DES PRÉSOMPTIONS.

CLXIX. — La présomption est une conséquence conjecturale tirée d'un fait connu à un fait inconnu. Elle est déduite ou par le magistrat ou par la loi elle-même ; et dans ce dernier cas, quoiqu'elle ne soit toujours qu'une conjecture qui peut fort bien se trouver contraire à la réalité des choses, elle a juridiquement une force probante très-énergique.

Les présomptions déduites par le juge reçoivent le nom de *présomptions de fait* ou *de l'homme*. Celles qui sont posées par le législateur lui-même se nomment *présomptions légales* ou *de droit*, et se subdivisent en *absolues* et *simples :* les premières sont souvent appelées présomptions *juris et de jure ;* les autres, présomptions *juris tantùm*.

Nous nous occuperons successivement et dans trois paragraphes : 1° des Présomptions de droit absolues ; 2° des Présomptions de droit simples ; 3° des Présomptions de fait.

§ 1er. — Des présomptions de droit absolues.

CLXX. — La présomption légale absolue est celle sur le fondement de laquelle la loi prononce la nullité d'un acte ou accorde une exception péremptoire contre la demande en justice. La preuve juridique résultant d'une telle présomption est généralement invincible, et ne peut être renversée par aucune preuve contraire : il en est quelquefois autrement pas exception ; mais tel est le principe.

Ainsi donc, quand la loi déclare un acte nul parce que, d'après la nature de cet acte, elle le suppose fait en fraude de ses dispositions, il n'est pas permis de prouver que la supposition tombe à faux dans le cas où l'on se trouve, et que l'acte n'est pas frauduleux. De même, la preuve de l'inexactitude de la présomption n'est pas possible, lorsque la loi, en conséquence de cette présomption, refuse l'action en justice à une personne, c'est-à-dire permet à l'adversaire de repousser la demande de cette personne par une fin de non-recevoir basée sur la présomption (art. 1352).

Mais si la présomption absolue ne peut pas, en principe, être combattue, en ce sens qu'il n'est pas permis de prouver qu'elle est inexacte, il est clair qu'il serait parfaitement permis, au contraire, de prouver que la présomption n'existe pas dans l'espèce, que le demandeur n'est pas dans le cas pour lequel cette présomption est faite. Cette idée est tellement évidente, tellement indiquée par le bon sens, que l'on ne comprend pas comment elle a pu être niée. Et, bien entendu, ce n'est pas à celui à qui on oppose cette présomption de prouver qu'elle n'existe pas au profit de son adversaire ; c'est à celui qui l'invoque de prouver qu'elle existe et qu'il est bien dans les conditions sous lesquelles la loi l'admet (*ibid.*).

CLXXI. — Inexpugnable en principe, la présomption légale absolue, une fois qu'elle est prouvée exister, peut par exception être combattue et démontrée fausse dans certains cas particuliers où une disposition formelle de la loi accorde la preuve contraire. C'est ainsi que la présomption de paternité du mari peut être combattue par ce mari, quand il se trouve dans les conditions spéciales que la loi indique.

En dehors des cas où la preuve contraire est formellement autorisée par la loi, la présomption absolue ne peut être renversée que par l'aveu contraire de celui qui l'invoquait ou par le serment décisoire (aveu et serment dont nous parlerons plus loin), pourvu qu'il ne s'agisse que d'une présomption établie uniquement dans l'intérêt privé de la partie, non dans un but d'ordre public (art. 1352).

Ainsi, les présomptions légales absolues peuvent, quant à l'énergie de leur force probante, se diviser en trois classes : celles contre lesquelles un texte spécial réserve la preuve contraire pour certains cas ; celles contre lesquelles cette preuve contraire n'est pas réservée, mais qui, ne concernant que l'intérêt privé de la partie, peuvent encore être combattues par l'aveu ou le serment décisoire ; enfin, celles qui, établies dans un but d'intérêt général, demeurent complétement invincibles. Au premier rang de ces dernières se trouve la présomption de vérité que la loi attache aux décisions judiciaires. Cette présomption, connue sous le nom d'*autorité de la chose jugée*, doit être ici l'objet d'explications particulières.

De l'autorité de la chose jugée.

CLXXII. — C'est une des bases de l'ordre social que la règle légale qui présume vraie toute décision judiciaire, si évidente et si lourde que puisse être en réalité l'erreur du juge ; et c'est avec raison qu'on a toujours proclamé la maxime : *Res judicata pro veritate habetur.*

Quant au point de savoir quand il y a *res judicata*, il est assurément bien simple, quoique controversé. La raison, d'accord avec les textes et l'autorité de Pothier, dit assez que dès là qu'un jugement est prononcé, dès là que le point litigieux est judiciairement décidé, il y a *res judicata*. Sans doute, il sera souvent possible, et quelquefois même très-facile, de faire anéantir ce jugement et de lui faire substituer un jugement contraire : les jugements peuvent être attaqués, tantôt par des voies qu'on appelle *ordinaires* (ce sont l'opposition et l'appel), qui ont pour effet de remettre les choses en question par la seule formation du recours et avant qu'il y ait été statué, tantôt par des voies *extraordinaires* (telles que le pourvoi), qui laissent au jugement toute sa valeur jusqu'au moment où l'autorité compétente le rétracte. Mais si un jugement peut quelquefois être supprimé et l'être plus ou moins facilement, s'il faut distinguer sous ce rapport trois classes de jugements (ceux qu'on peut attaquer même par un recours ordinaire, ceux qui ne sont susceptibles d'aucun recours extraordinaire, et ceux qui ne sont susceptibles d'aucun recours), il n'est pas moins évident que, tant que le point décidé reste décidé, tant que la chose n'est pas remise en question, il y a jugement, la proposition émise par le magistrat est *res judicata* et doit dès lors *pro veritate haberi*. — Il est clair, au surplus, que la chose jugée n'existe jamais que dans le *dispositif* du jugement, non dans ses motifs (qui ne pourraient être consultés à cet égard que pour expliquer le sens d'un dispositif obscur), et seulement dans les parties de ce dispositif qui méritent vraiment ce nom, parce qu'elles tranchent la contestation, et non dans celles qui ne présenteraient que des énonciations.

Toute demande (soit d'un demandeur principal, soit d'un défendeur devenant demandeur en exception) qui tend à remettre en question (autrement que par les voies spéciales de recours autorisées par la loi) un point déjà décidé, doit donc être repoussée. Mais d'après quelles règles déterminera-t-on si la question soulevée dans un second procès doit être réputée la même que celle qu'on a jugée dans le premier ?... La loi exige pour cela trois conditions : 1° que l'objet de la demande soit le même ; 2° que cette demande soit fondée sur la même cause ; 3° qu'elle s'élève entre les mêmes parties. Ainsi, identité de l'objet ; identité de la cause ; identité des parties : occupons-nous successivement de ces trois idées (art. 1351, n°s 1 et 2).

CLXXIII.— *Indentité de l'objet.* Cette première idée est on ne peut plus simple à comprendre ; et si elle peut parfois paraître difficile, c'est par suite des fausses explications des commentateurs qui sont venus l'obscurcir, de même qu'ils ont rendu la seconde beaucoup plus difficile qu'elle ne l'est par elle-même.

On s'est imaginé ici que la règle de l'identité de l'objet devait s'expliquer par les axiomes : *Pars in toto, — Non in parte totum.* En conséquence, on a prétendu que celui qui a échoué en demandant le tout ne peut plus demander une partie ; et qu'au contraire, celui qui a échoué en demandant une partie peut fort bien demander le tout. Ainsi, quand il est jugé que Pierre n'a pas le droit de passer sur mon terrain *à pied et avec voiture*, Pierre ne pourrait plus prétendre qu'il a le droit d'y passer *à pied seulement ;* au contraire, s'il est jugé qu'il n'a pas le droit d'y passer *à pied,* il pourrait prétendre qu'il a le droit d'y passer *et à pied et avec voiture !*

La raison dit assez que la vérité est précisément tout le contraire ; que lorsqu'il y a quelque embarras sur le point de savoir si l'objet actuellement demandé a été, oui ou non, déjà refusé par le précédent jugement, le moyen bien simple à employer, c'est de comparer la proposition jugée avec celle que l'on veut faire juger, pour voir s'il y a, oui ou non, contradiction entre elles ; que, par conséquent, celui qui (dans le procès où il a échoué) demandait le passage *à pied et avec voiture* peut encore obtenir le passage *à pied seulement ;* que celui qui demandait le passage *à pied* ne saurait obtenir le passage avec voiture et *à pied ;* qu'en un mot, celui qui est reconnu n'avoir pas droit au tout peut fort bien avoir droit à quelque partie, et qu'au contraire celui qui est reconnu n'avoir pas droit à une partie (et qui peut fort bien avoir droit aux autres parties) ne saurait avoir droit au tout (art. 1351, n°s 3 à 5).

CLXXIV. — *Identité de la cause.* Le point de savoir ce qu'il faut entendre par *cause* d'une demande, point assez délicat en lui-même déjà, est devenu beaucoup plus difficile encore par les singulières explications des interprètes. Les uns, en effet, ont confondu la Cause avec les Moyens ; et d'autres, par une aberration étrange, ont été jusqu'à la confondre avec l'Objet.

Cette dernière et lourde erreur est bien simple à éviter, puisque l'Objet de la demande, c'est ce à quoi tend le prétendant, c'est la chose qu'il veut obtenir, tandis que la Cause de cette demande, c'est le fondement sur lequel il s'appuie pour demander cette chose; en sorte que l'on distingue facilement l'Objet d'avec la Cause, par la réponse à ces deux questions : *Qu'est-ce que demande le réclamant?... Sur quoi se fonde-t-il pour le demander?...*

Il est bien vrai que la demande peut avoir plusieurs objets découlant les uns des autres. Ainsi, dans l'action en rescision d'une vente pour lésion, la demande a d'abord pour objet l'annulation du contrat de vente, et elle a aussi pour objet (plus éloigné et qui sera la conséquence du premier) la rentrée dans le bien vendu. Mais cette pluralité possible d'objets n'empêche pas de bien distinguer un Objet de demande d'avec une Cause de demande, puisqu'un objet (alors même qu'il est suivi d'autres objets qui découlent de lui) pourra toujours et nécessairement se placer comme réponse à cette question : *Que demande-t-on?* tandis que la cause ne le pourra jamais : l'objet sera toujours, et la cause ne sera jamais, *ce que demande* le prétendant.

Mais s'il est on ne peut plus simple de distinguer l'objet d'avec la cause, il est un peu moins facile de ne pas confondre cette Cause avec les Moyens, par la raison que le moyen est lui-même une cause (plus éloignée) et la cause un moyen (le plus prochain de tous). Toutefois, la distinction devient très-saisissable avec un peu de réflexion, et par les seules idées qui viennent d'être indiquées entre parenthèses. On appelle spécialement Cause celui des moyens, des fondements de la demande, que l'ordre naturel des idées appelle le *premier,* celui qui forme la base *immédiate* de la prétention ; et on réserve le nom générique de Moyens à tous ceux qui se trouvent plus éloignés. Ainsi, dans trois actions en nullité intentées, l'une pour erreur, l'autre pour violence, la troisième pour dol, le fondement immédiat se trouvant toujours dans l'insuffisance de consentement, insuffisance qui découle ici de l'erreur, là de la violence, ailleurs du dol, il s'ensuit que les trois actions ont une même Cause et ne diffèrent que par les Moyens (art. 1351, nos 6 à 8).

CLXXV. — Ceci posé, il suffit, pour appliquer sainement la seconde des trois conditions exigées pour qu'il y ait autorité de chose jugée, de retenir que la loi demande seulement l'identité de la Cause, et ne tient aucun compte de la diversité des Moyens. La règle, il est vrai, paraît, au premier abord, peu naturelle et peu équitable. Il semble bien dur que celui qui a succombé, par exemple, en invoquant son erreur, ne puisse plus faire valoir un dol dont il n'a pas été question et que lui-même peut-être n'a découvert que depuis; mais cette rigueur s'explique comme beaucoup d'autres, par le sacrifice de l'intérêt particulier à l'intérêt général. Si l'on eût permis de considérer ici autre chose que la Cause proprement dite, il eût fallu ouvrir de nouveaux débats pour tous moyens nouveaux, si éloignés qu'ils fussent, réduire ainsi les décisions judiciaires à n'être jamais que provisoires, et renverser dès lors l'une des bases de l'ordre social : c'est à celui qui forme une

demande d'étudier toutes les circonstances de l'affaire pour ne rien
omettre de décisif (art. 1351, n° 6).

La loi, au surplus, n'admet aucune exception, ni dans un sens ni
dans l'autre, à la règle qui nous occupe ici. Ainsi, d'une part, la nouvelle demande sera toujours recevable, dès là qu'elle se fonde sur une
autre cause que la première, aussi bien dans les actions réelles que
dans les autres, quoiqu'il en fût quelquefois autrement à Rome.
D'autre part, la seconde demande sera toujours non recevable, du
moment qu'elle se fondera sur la même cause, encore bien qu'elle soit
formée par une action différente; car la loi ne demande pas quatre
conditions pour constituer l'autorité de la chose jugée; et du moment
que la cause est la même (l'objet et les personnes étant les mêmes
aussi), la seconde demande ne peut pas être accueillie (art. 1351,
n° 9).

CLXXVI. — *Identité des parties.* Si la chose jugée est légalement
une vérité, ce n'est qu'une vérité relative et qui se restreint aux personnes entre lesquelles le jugement a été prononcé. Or, pour qu'il y ait
identité juridique des personnes, la loi exige avec raison, non-seulement
que les parties soient les mêmes, mais aussi qu'elles agissent d'après
les mêmes qualités.

Ainsi, et quant à cette seconde idée, quand Pierre agissait dans le
premier procès, *proprio nomine,* et qu'il agit dans le second comme
tuteur d'un pupille, il n'y a pas identité de parties, puisque le demandeur était d'abord Pierre et qu'aujourd'hui c'est le pupille, dont Pierre
n'est que l'instrument. — Et bien plus, l'identité juridique peut quelquefois disparaître par la diversité des qualités, bien que la personne
agisse dans les deux cas pour son propre compte. C'est quand le plaideur figure dans le second procès comme héritier d'une personne à
laquelle il n'avait pas encore succédé lors du premier : ce plaideur n'est
plus alors la même personne juridique qu'auparavant quant aux droits
et obligations reposant sur sa tête.

Nous disons quand le plaideur figure en qualité d'héritier d'une personne *à laquelle il n'avait pas encore succédé lors du premier procès.*
En effet, si la qualité invoquée dans le second procès avait existé déjà
dès le premier, il est bien clair qu'on ne pourrait plus dire que la personne n'est plus la même, puisque rien ne serait venu modifier son
état : la circonstance que vous n'avez pas invoqué la première fois telle
qualité qui vous appartenait n'empêche pas évidemment que cette
qualité était déjà vôtre et que votre condition n'a pas changé. Sans
doute, si la qualité, dont on argumente pour la première fois dans le
second débat, donnait à la demande une nouvelle cause (ou un nouvel
objet), comme il peut arriver parfois, il n'y aurait plus chose jugée;
mais cela tiendrait uniquement au défaut d'identité de cause (ou d'objet), et nullement au défaut d'identité de la partie (art. 1351, n° 10).

CLXXVII. — Si, comme on vient de le voir, il peut y avoir diversité
juridique des personnes malgré l'identité physique, il peut y avoir réciproquement identité juridique, malgré la diversité physique des in-

dividus; c'est-à-dire que je puis très-bien, sans avoir figuré par moi-même dans une instance, y avoir été représenté par celui qui agissait, de façon que je ne sois légalement qu'une seule personne avec lui. C'est ainsi que le pupille est représenté par son tuteur; l'héritier et tous autres successeurs généraux, par leur auteur; des créanciers chirographaires, par leur débiteur; l'acquéreur particulier, par l'aliénateur, dans ce qui concerne le bien acquis, mais seulement (comme nous l'avons déjà dit au n° CL) pour ce qui avait été fait par l'aliénateur antérieurement à l'aliénation, en sorte que l'acquéreur ne serait plus représenté par l'aliénateur dans les instances que celui-ci intenterait après l'aliénation.

La jurisprudence applique cette règle même pour les instances qui, déjà commencées, ne sont pas encore terminées au moment de l'aliénation. C'est à tort, et il faut reconnaître avec les auteurs que la représentation a lieu dans ce cas. C'est, en effet, quand l'instance se lie que se forme le quasi-contrat judiciaire; et l'acquéreur qui ne traite qu'après la formation de ce quasi-contrat se soumet dès lors à en subir les conséquences, comme il subirait celles d'une convention (art. 1351, n° 11).

CLXXVIII. — En repoussant ainsi la représentation dans un cas où les règles légales l'admettent, la jurisprudence, par une erreur inverse, l'a admise jusqu'ici dans un cas où ces règles commandent de la rejeter. Nous voulons parler du créancier hypothécaire, que la jurisprudence déclare représenté par son débiteur dans les procès soutenus par celui-ci, après l'inscription de l'hypothèque, quant à la propriété du bien hypothéqué. Cette doctrine, qui ne provient que d'un défaut évident d'examen (car ce point n'a été sérieusement traité que postérieurement à tous les arrêts rendus sur la question), cette doctrine n'est pas seulement contraire aux besoins de la société et de nature à ébranler le crédit public, elle est aussi une violation flagrante et palpable du principe de la loi.

En effet, l'hypothèque étant un droit réel, un droit qui, sans démembrer la propriété de l'immeuble, ne la laisse pourtant pas intacte, un droit qui met le créancier en relation directe avec l'immeuble et non pas avec la personne du débiteur, un droit dont l'existence absolue est indépendante de la volonté ultérieure de ce débiteur, et qui fait entrer dans le patrimoine du créancier un pouvoir irrévocable sur le bien hypothéqué, comment le débiteur, comment tout autre que le créancier, seul maître de ce droit, pourrait-il en disposer ou le compromettre d'une manière quelconque?... Si le débiteur pouvait compromettre l'hypothèque en plaidant, il aurait également (ce qu'on n'ose pourtant pas dire) le droit de la compromettre en contractant; car si le créancier est l'ayant cause du débiteur qui plaide, il est clair qu'il l'est aussi du débiteur qui contracte... En vain, par un grossier sophisme, on voudrait expliquer cette prétendue différence par la circonstance que le jugement ne fait que reconnaître les droits, tandis que le contrat les crée; car, outre que le fond de cet argument n'est qu'un cercle vicieux (puisque la question est précisément de savoir si le jugement obtenu contre le débiteur existe aussi contre le créancier hypothécaire), le jugement serait, d'ailleurs, purement déclaratif pour l'acquéreur d'une portion ou de la totalité de l'immeuble aussi bien que pour le concessionnaire d'une hypothèque... La vérité, vérité tellement évidente qu'on s'étonne qu'elle ait pu être méconnue, est que tout acquéreur (soit d'une hypothèque, soit d'une servitude, soit d'une fraction divise ou indivise de l'immeuble, soit de l'immeuble entier) n'est l'ayant cause de son auteur et n'est représenté par lui que pour ce qui s'est passé, soit en jugement, soit en contrat, avant l'acquisition, non pour ce qui n'a eu lieu que plus tard (art. 1351, n° 12).

CLXXIX. — Il est certaines classes de personnes qui, par le rapport qu'elles ont avec telle autre, se trouvent légalement représentées par elle dans les jugements qui leur sont profitables, tandis qu'elles ne sont plus que des tiers pour ceux qui leur seraient nuisibles, parce que la personne qui a plaidé se trouvait, par sa position envers celle à laquelle il s'agit d'opposer le jugement, avoir mandat pour rendre meilleure la condition de celle-ci, mais non pour la rendre pire (*voy.* art. 1351, n° 13).

Du reste, le principe que la présomption absolue de vérité de la chose jugée n'existe pas pour ceux qui n'ont pas été parties ou représentés dans le jugement n'est pas subordonné, comme on l'a dit quelquefois, à l'exercice de la *Tierce opposition*. La tierce opposition n'a pas pour but d'établir qu'on est tiers par rapport à un jugement, mais bien d'arrêter l'exécution ; elle ne concerne pas la force probante, mais la force exécutoire ; et loin que la justification de la qualité de tiers soit subordonnée à la tierce opposition, c'est la tierce opposition qui est subordonnée à cette justification. — Quant au point de savoir si le but auquel tend la tierce opposition ne pourrait pas être atteint sans elle, il doit se résoudre par une distinction. En thèse générale, on doit répondre affirmativement ; mais il est un cas particulier où la tierce opposition devient une nécessité pour le tiers : c'est celui où le jugement ne pourrait pas s'exécuter vis-à-vis de celui contre lequel il est obtenu, sans s'exécuter par là même et forcément contre ce tiers (art. 1351, n° 14).

CLXXX. — *Influence des jugements criminels sur le civil.* La réunion des trois conditions d'identité d'objet, d'identité de cause et d'identité de parties, n'est exigée, évidemment, par le Code Napoléon, que pour le cas où il s'agit de deux demandes civiles ; et quand c'est par une décision criminelle qu'aura été jugée la question qui se soulève devant un tribunal civil, il pourra fort bien y avoir lieu à la présomption de vérité de la chose jugée, quoique cette réunion des trois conditions soit alors impossible.

Cette réunion, disons-nous, est alors impossible. Il ne peut pas y avoir, en pareil cas, identité des parties, puisque le ministère public n'ayant pas pu demander la réparation pécuniaire du tort causé à la personne lésée par un méfait, et cette personne n'ayant pas d'autre droit que de demander cette réparation pécuniaire, il s'ensuit bien que le ministère public n'a pas pu exercer le droit de cette personne, en d'autres termes, la représenter. Il ne peut pas y avoir non plus identité d'objet, puisque cet objet ne peut être au criminel que l'application d'une peine, qu'il ne peut être au civil qu'un payement de dommages-intérêts, et qu'il est absurde de soutenir que la mort ou les travaux forcés que demandait le ministère public, et les écus que je viens de-mander, soient une même chose. Mais si l'identité de parties et l'iden-tité d'objet n'existent pas alors, quoi qu'en disent la plupart des au-teurs, ce n'est pas une raison pour conclure, comme d'autres l'ont fait, qu'il n'y a pas lieu à l'autorité de la chose jugée ; car, encore une fois, les trois conditions ne sont exigées que lorsqu'il s'agit de deux déci-sions civiles. La raison dit assez que celui qui a fait juger, avec le man-dataire de la société, que le fait dont il était accusé n'existe pas, ne saurait demeurer passible d'une condamnation quelconque à raison de ce prétendu fait ; et que réciproquement, celui qui, après une défense entourée de toutes les garanties voulues, a été solennellement re-connu coupable d'un crime, ne saurait soutenir légalement qu'il est in-nocent : aussi plus d'un texte de loi manifeste nettement la pensée du législateur, que la chose jugée au criminel conserve toute sa force au civil.

Seulement, si l'on ne peut pas exiger alors la réunion des trois con-ditions ci-dessus, il faut évidemment que le point que l'on prétend éta-blir par le jugement criminel soit bien celui que ce jugement a décidé, et qu'il soit l'un de ceux sur lesquels la juridiction criminelle avait mis-sion de prononcer. Ainsi, la mission d'un tribunal jugeant criminel-lement étant seulement de décider si le fait reproché à l'inculpé existe, si l'inculpé en est l'auteur, et si ce fait lui est imputable au point de vue de la loi pénale et comme délit de droit criminel, et non pas de dé-cider si ce fait constitue un délit de droit civil ou un quasi-délit, il s'en-suit que la personne déclarée non coupable d'homicide par imprudence peut très-bien être condamnée au civil à des dommages-intérêts comme coupable d'un quasi-délit. Il y a, en effet, des degrés dans l'impru-dence, et on peut n'avoir pas été assez imprudent pour mériter l'em-prisonnement, et l'avoir été assez pour être tenu d'une réparation ci-vile (art. 1351, nos 15 et 16).

§ 2. — Des présomptions légales simples.

CLXXXI. — On appelle présomption légale simple, ou présomption *juris tantum,* celle qui est établie par la loi, mais sans entraîner après elle nullité d'un acte ou fin de non-recevoir contre la demande en jus-tice. La règle qui, dans la matière des successions, détermine, par l'âge et le sexe des personnes mortes dans un même événement, l'ordre des décès de ces personnes, est une présomption de ce genre.

Cette présomption fait toujours preuve complète pour celui qui en établit l'existence à son profit, et le juge ne pourrait pas, sans encourir la cassation, exiger de lui une autre justification ; mais cette preuve peut être renversée par une preuve contraire que le juge trouverait plus forte : et ce, quelle que soit la nature de cette preuve contraire, et encore qu'elle soit puisée dans de simples présomptions de fait, puisque ces présomptions sont l'un des moyens de preuve admis par la loi (art. 1352).

§ 3. — Des présomptions de fait.

CLXXXII. — La présomption de fait, ou présomption de l'homme, est celle qu'aucun texte légal ne consacre spécialement, et que le juge, sous l'autorisation générale que la loi lui en donne, déduit lui-même des faits et circonstances du procès. Le juge ne peut recourir à ce moyen de preuve que dans le cas où le témoignage est permis (1). Il ne doit aussi, bien entendu, admettre que des présomptions graves ; mais l'appréciation de la gravité est forcément laissée à sa conscience. Il peut, d'ailleurs, se décider au moyen d'une seule présomption, comme il le peut, en cas de preuve testimoniale, au moyen d'un seul témoin.

Il résulte de cette faculté accordée au juge, que l'obligation de faire preuve est loin d'être aussi rigoureuse qu'on pourrait le penser, puisque, non pas toujours, mais alors que le témoignage est possible, il suffira de faire naître dans l'esprit du juge la probabilité de la prétention soutenue. Et cette simple probabilité, comme on l'a vu, peut suffire, selon les cas, à renverser les présomptions mêmes de la loi, ce qui est fort juste, d'ailleurs, puisque ces présomptions ne sont que des conjectures aussi bien que celles de l'homme, conjectures dont l'inexactitude est d'autant plus à craindre qu'elles sont posées à l'avance pour tous les cas et sans distinction des circonstances particulières de chaque affaire (art. 1353).

SECTION IV.
DE L'AVEU.

CLXXXIII. — L'aveu est la déclaration par laquelle une personne reconnaît positivement un fait comme devant être tenu pour avéré vis-à-vis d'elle. L'aveu est judiciaire ou extrajudiciaire, selon qu'il est ou non fait en justice (art. 1354).

CLXXXIV. — *Aveu judiciaire.* Il faut qu'il ait lieu, soit à l'audience même, soit dans un interrogatoire sur faits et articles, ou que du moins il soit consigné dans un acte régulier de procédure ; mais la loi ne demande pas que ce soit dans l'instance même dans laquelle la partie adverse s'en prévaut : et en effet, on ne voit pas comment le fait tenu pour vrai dans le premier procès pourrait être faux dans le second. —

---

(1) Il le peut notamment dans tous les cas d'allégation de fraude ; car la fraude peut toujours se prouver par témoins, puisque c'est l'un des objets dont il est impossible d'avoir une preuve écrite. Les principes, aussi bien que les déclarations formelles des travaux préparatoires, ne permettent de tenir aucun compte, à cet égard, de la rédaction de l'art. 1353.

L'aveu pouvant entraîner pour la partie la perte de son procès, il ne peut émaner que de la partie capable de disposer de l'objet de ce procès, ou de son mandataire muni d'un pouvoir tout spécial (article 1356).

L'aveu judiciaire, passé régulièrement et sur des faits pour lesquels il n'est pas prohibé, fait pleine foi contre son auteur; mais il faut faire ici une observation quant à l'aveu complexe. — Tandis que l'aveu est simple quand il présente sans modifications ni additions la reconnaissance du fait allégué, il est complexe quand il ne la présente qu'en la faisant suivre de l'affirmation d'autres faits qui modifient ce premier fait et en altèrent ou détruisent les conséquences. Dans ce dernier cas, il faut distinguer si le fait ou les faits qui suivent le fait principal se trouvent ou non avoir avec lui un rapport intime, une connexité naturelle. Si cette connexité existe, on considère avec raison les faits accessoires comme faisant partie intégrante de l'aveu, et l'adversaire ne saurait dès lors les écarter pour s'en tenir au fait principal; car un aveu ne peut pas évidemment être ainsi divisé au caprice de la partie qui l'invoque. Dans le cas contraire, la seconde allégation se trouvant indépendante de l'objet de l'aveu, ce n'est plus diviser l'aveu que d'écarter cette allégation. Du reste, s'il est évident que l'adversaire ne peut pas diviser l'aveu à son caprice et par sa seule fantaisie, il peut très-bien le faire par la preuve positive de la fausseté d'une partie de l'aveu.

L'aveu ne peut être rétracté que pour erreur sur le fait (non pour erreur sur les conséquences juridiques de ce fait), c'est-à-dire par la preuve faite par l'avouant de l'inexactitude matérielle du fait avoué. Il ne saurait l'être sur le seul fondement que l'autre partie ne s'en est pas fait donner acte en manifestant ainsi la volonté d'accepter le serment; car, quoi qu'on ait pu dire, il est bien évident qu'il ne s'agit pas ici d'un contrat, et que le point de savoir si un fait est vrai ou faux ne peut rien avoir de conventionnel (art. 1356).

CLXXXV. — *Aveu extrajudiciaire.* Comme ce second aveu ne présente pas les garanties qui assurent pour le premier l'existence des conditions dont dépend l'efficacité de tout aveu, le Code n'a voulu ériger en règle légale, pour l'aveu extrajudiciaire, aucune des idées ci-dessus, et tout se trouve ainsi abandonné dans ce cas à l'appréciation des juges du fait, qui n'auront à prononcer que d'après l'inspiration de leur conscience. La seule règle de droit qui existe ici, c'est que, si l'aveu extrajudiciaire n'est pas constaté par écrit, la partie qui serait ainsi réduite à le prouver par témoins ne pourra le faire que quand l'objet de l'aveu prétendu pourrait se prouver lui-même par le témoignage (art. 1355).

Du reste, il serait inexact de dire, comme on l'a fait quelquefois, qu'un aveu extrajudiciaire se transforme en aveu judiciaire par sa réitération en justice. Il est clair qu'il y a alors deux aveux, et que l'existence du second ne saurait enlever au juge la latitude dont il jouit quant au premier (*ibid.*).

CLXXXVI. — Le serment est un acte civil et religieux par lequel une personne prend Dieu à témoin de sa véracité. Quoiqu'il se prête ordinairement en prononçant les mots « *Je le jure* » pendant qu'on tient la main droite levée vers le ciel, on ne saurait astreindre à suivre cet usage ceux auxquels leur croyance religieuse ne le permet pas ; mais on ne peut pas exiger non plus, réciproquement, que ceux dont le culte admet un mode de prestation plus solennel soient forcés de le prêter d'après ce mode particulier : on peut, sans violer la loi, leur permettre de faire plus que les autres citoyens, mais on ne peut pas les y contraindre.

SECTION V.

DU SERMENT JUDICIAIRE AFFIRMATIF.

Le serment est judiciaire ou extrajudiciaire, selon qu'il est ou non fait en justice dans le cours d'un procès ; il est affirmatif ou promissoire, selon qu'il a pour objet de garantir la sincérité d'une affirmation ou d'assurer l'accomplissement d'une promesse. — Le serment judiciaire affirmatif, dont nous avons à nous occuper, est décisoire ou supplétoire, selon qu'il est déféré par une partie à l'autre pour en faire dépendre la décision, ou qu'il est déféré d'office par le juge à l'une des parties pour en faire résulter le complément d'une preuve commencée (art. 1357).

§ 1er. — Du serment décisoire.

CLXXXVII. — Toute partie peut, sous les quatre conditions qui vont être indiquées, déférer le serment à son adversaire pour en faire dépendre la décision du débat ou de l'un des points de ce débat. Cette partie consent ainsi à perdre son procès si l'adversaire prête le serment demandé, ou s'il lui réfère à elle-même le serment et qu'elle le refuse ; elle gagnera ce procès, au contraire, si l'adversaire ne veut ni prêter ni référer le serment, ou si, sur la relation qui lui en serait faite, elle-même le prête.

Quatre conditions sont nécessaires pour la délation du serment : — 1° Il faut, bien entendu, que le fait soit de nature à entraîner la décision du litige ; et le juge devra s'opposer à la délation, s'il trouve que le fait n'est pas décisif. — 2° Il faut que ce fait soit personnel à celui à qui on le défère, ou tout au moins à son auteur. La loi, en effet, permet de déférer le serment à des héritiers, non pas, comme de raison, sur le fait lui-même, mais sur le point de savoir s'ils n'ont pas connaissance de ce fait : c'est alors un serment *de credulitate*. — 3° Comme la délation du serment décisoire a, d'après ce qui vient d'être dit, le même effet qu'une transaction, il faut que la contestation porte sur un objet susceptible de transaction, et s'agite entre personnes capables de transiger. — 4° Il faut enfin, d'après ce que nous avons dit au n° CLXXI, que la délation du serment ne tende pas à combattre la vérité d'une présomption *juris et de jure* établie dans un but d'intérêt public.

Il est certain, au surplus, malgré la décision contraire des arrêts, que

si cette délation est purement facultative pour le plaideur (qui ne saurait jamais être contraint de s'en remettre ainsi à la conscience d'un adversaire qui peut n'avoir pas de conscience), elle n'est nullement
facultative pour le juge, qui n'a jamais le droit de repousser la délation du serment dès là que les quatre conditions exigées se trouvent
exister.

La jurisprudence est également dans une grave erreur, quand elle
décide que le serment déféré par une partie cesse d'être décisoire, et
se transforme en serment supplétoire si la partie ne le défère que subsidiairement, et après avoir inutilement employé tous autres moyens à
l'appui de sa prétention. Car, d'un côté, la loi autorise formellement
la délation du serment décisoire en tout état de la cause; et d'un autre
côté, les deux circonstances que le serment est déféré par la partie (et
non pas par le juge), pour produire à lui seul la décision du débat (et
non pas pour servir seulement de complément à une preuve déjà commencée), sont précisément les caractères distinctifs du serment décisoire (art. 1358-1360).

CLXXXVIII. — Nous avons dit que celui à qui le serment est déféré
a le choix, ou de le prêter, ou de le référer à son adversaire; mais il
faut pour cela qu'il s'agisse d'un fait commun aux deux parties, ou du
moins à une partie et à l'auteur de l'autre (ce qui permet le serment
de credulitate), sans quoi la relation ne serait pas possible. Du reste,
celui à qui on réfère le serment ne peut pas le renvoyer de nouveau à
son adversaire, car ce serait tourner dans un cercle.

Tant que la délation ou relation n'est pas acceptée, elle peut être
retirée; car la convention, la transaction, n'est pas encore formée. Mais
une fois que la proposition faite par une partie est acceptée par l'autre,
la première ne peut plus retirer son offre, à moins de prouver qu'elle
n'a été amenée à le faire que par le dol de son adversaire.

Une fois que le serment déféré ou référé a été prêté, son effet est
pleinement irrévocable, et ne tomberait même pas devant la preuve de
la fausseté du serment. Une telle preuve ne peut jamais être faite par
la partie perdante, pas plus pour obtenir des dommages-intérêts que
pour empêcher l'exécution du jugement, et pas plus en se portant
partie civile dans une action criminelle intentée par le ministère public
qu'en agissant devant le tribunal civil. Cette impossibilité, qui résulte
forcément de la nature du serment *décisoire* (puisque, autrement, il faudrait recommencer le débat pour savoir si le serment est faux ou vrai,
en sorte que ce serment n'aurait rien de décisoire), et qui n'est, au
surplus, qu'une application des principes, a d'ailleurs été formellement
proclamée dans les travaux préparatoires du Code pénal, comme elle
l'est par la jurisprudence, et on ne s'explique pas qu'un auteur ait pu
ne pas la comprendre (art. 1361-1364).

Au surplus, la prestation ou le refus du serment ne font preuve et
n'ont d'effet, bien entendu, qu'entre les parties ou leurs ayants cause.
Ainsi, et sans présenter d'autres exemples sur ce point, le créancier
solidaire n'étant mandataire de ses cocréanciers, et ceux-ci n'étant les

ayants cause du premier, que pour la conservation ou l'amélioration de
la créance, et non pour transiger ou remettre la dette, il est clair que
le serment prêté par le débiteur, sur la délation de ce créancier (comme
aussi celui qui serait refusé par ce créancier sur la proposition du débiteur), ne déchargerait ce débiteur que pour la part du créancier dans
la créance (art. 1365).

Il n'est pas moins certain, malgré l'étrange contradiction des arrêts,
que l'effet produit par le serment prêté ne saurait être attribué, en thèse,
à la simple acceptation suivie de la mort de la partie ou de toute autre
cause d'impossibilité. Il est évident, en effet, que la promesse de prêter un serment n'est pas la même chose que la prestation effective de
ce serment; et la raison est d'accord avec l'autorité de Dumoulin pour
dire que (à moins que le retard de la prestation ne provienne de la
seule faute de l'adversaire) la convention se trouve alors non avenue,
pour inaccomplissement de la condition sous laquelle elle avait été faite
(art. 1364).

§ 2. — Du serment supplétoire.

CLXXXIX. — Ce serment, qui ne peut être déféré que d'office par le
juge, ne peut l'être, comme on l'a déjà dit, que pour compléter une
preuve déjà commencée : il ne pourrait l'être ni alors qu'il y a déjà
preuve complète (cas où la prétention qui s'appuie sur cette preuve
doit être immédiatement admise), ni alors qu'il n'y a pas même commencement de preuve (cas où la demande doit être rejetée); il faut qu'il
y ait commencement de preuve, et rien que commencement de preuve.
Et, bien entendu, ce commencement, dans le cas où le témoignage
n'est pas admissible, doit résulter d'un écrit, puisque tout commencement de preuve est une preuve (commencée et incomplète), et que la
loi, dans ce cas, ne reconnaît pas d'autre preuve que la preuve écrite.

Le juge défère le serment à celle des parties qu'il lui plaît de choisir
(et dès lors ce serment ne peut pas être référé par une partie à l'autre),
et il est libre aussi de déférer à la partie un serment *de credulitate,*
non-seulement sur un fait personnel à l'auteur de cette partie, mais
même sur un fait personnel à tout autre; car la règle qui ne permet
la délation que sur un fait personnel n'est pas reproduite ici par le
Code, et il fallait, en effet, laisser au juge toute latitude pour s'éclairer
(art. 1366-1368).

CXC. — Une autre différence entre le serment décisoire et le serment supplétoire, c'est que celui-ci n'étant qu'une affaire d'instruction
et de renseignement, et n'ayant rien de transactionnel, le magistrat
peut, après avoir rendu le jugement qui l'ordonne, s'il arrive autrement
à se procurer une conviction complète, déclarer ce jugement non avenu.
Pour la même raison, la partie contre laquelle le serment a eu lieu pourrait très-bien en prouver la fausseté; que si le jugement était rendu,
la partie perdante à laquelle surviendraient de nouveaux moyens de
preuve pourrait les faire valoir par un appel, ou, en cas d'impossibilité
d'appeler, par une demande de dommages-intérêts. Enfin, les magis-

trats d'appel pourraient également, même sans de nouveaux éléments de décision, apprécier les choses autrement que les premiers juges et donner gain de cause à celui qui avait perdu d'abord (*ibid.*).

Il va sans dire, du reste, que le serment supplétoire peut avoir pour objet de renseigner le juge, ou sur le point de savoir s'il doit condamner, ou seulement sur le montant de la condamnation, le fait qui motive cette condamnation étant établi déjà. Dans ce dernier cas, il ne peut être déféré qu'au demandeur, et seulement après que le juge a lui-même fixé un *maximum* au delà duquel le serment serait sans valeur (art. 1369).

Classification des moyens de preuve.

CXCI. — On comprend maintenant, d'après ce qui vient d'être dit dans ce chapitre, que les moyens de preuve, ainsi que nous l'avions annoncé en commençant cette matière, peuvent se diviser en *dix* espèces, qui, rangées d'après leur plus ou moins grande énergie, se présentent dans l'ordre suivant : — 1° le Serment décisoire; — 2° la Présomption légale absolue d'ordre public; — 3° l'Aveu judiciaire; — 4° les autres Présomptions légales absolues; — 5° la Présomption légale simple; — 6° l'Écriture; — 7° l'Aveu extrajudiciaire; — 8° le Témoignage; — 9° la Présomption de fait; — 10° le Serment supplétoire.

On voit également que ces dix espèces de preuves pourraient, en les considérant toujours d'après leur degré de puissance, se diviser en cinq catégories, savoir :

1° Le Serment décisoire et la Présomption absolue d'ordre public, qui ne peuvent *jamais* être renversés par une preuve contraire; — 2° les autres Présomptions absolues et l'aveu judiciaire, qui cèdent *quelquefois* à cette preuve contraire (l'aveu, en effet, peut être détruit par la preuve que l'avouant fait de son inexactitude; et la présomption absolue qui n'est pas d'ordre public peut l'être par différents moyens dans les cas réservés par la loi, et, en dehors même de ces cas, elle peut toujours l'être par le serment ou l'aveu); — 3° la Présomption simple et l'Écriture, en face desquelles la preuve contraire est *toujours* admissible; — 4° l'Aveu extrajudiciaire, le Témoignage et la Présomption de fait, qui, toujours expugnables aussi par la preuve contraire, sont en outre pleinement soumises au pouvoir discrétionnaire du juge, dont la conscience peut les trouver probants ou non probants, sans qu'on puisse jamais lui demander compte de sa conviction à cet égard : le second de ces trois moyens est d'ailleurs moins puissant que le premier, puisqu'il n'est permis de l'admettre que dans certains cas; et le troisième l'est moins que le second, puisque le juge n'est jamais forcé d'y recourir; — 5° enfin le Serment supplétoire, qui est également facultatif pour le juge, mais qui, en outre, ne peut jamais servir que pour compléter une preuve déjà commencée, sans être une preuve par lui-même.

TITRE V.

DU CONTRAT DE MARIAGE ET DES DROITS RESPECTIFS DES ÉPOUX.

(Décrété le 10 février 1804. — Promulgué le 20.)

I. — Le Code, après avoir établi dans les deux titres précédents les principes généraux qui régissent les obligations, revient aux contrats, qui en sont, comme on l'a vu, la source la plus fréquente ; et il va nous indiquer, dans un grand nombre de titres particuliers, les règles spéciales de ceux de ces contrats qui sont ou plus importants ou plus usités. Le contrat qui régit l'association conjugale, quant aux biens, réunissait ces deux caractères à un assez haut degré pour mériter d'être placé en première ligne.

Quoique l'expression *Contrat de mariage* dût, ce semble, signifier *le contrat* qui s'appel *mariage*, le contrat qui constitue le mariage (comme les mots *contrat de vente, contrat de louage,* etc., désignent les contrats qui constituent la vente, le louage, etc.), cette expression n'est cependant pas prise ici dans ce sens. Le législateur n'a désigné que par le nom de *Mariage* (titre V du livre Ier) le contrat moral qui a pour objet l'union des personnes, et il réserve le nom de *Contrat de mariage* à la convention accessoire que les futurs époux forment quant à leurs biens. Le *Contrat de mariage* est donc le contrat de société *pécuniaire* du mariage, le contrat formé, à l'occasion du mariage, pour fixer les droits respectifs des époux *quant aux biens ;* et ces mots *quant aux biens* doivent être ajoutés à la rubrique de notre titre, qui sans cela, et telle que le Code la présente, indique mal son objet, et conviendrait aussi bien au mariage lui-même, puisque d'une part le mariage est aussi un contrat, et qu'en réglant ce contrat le législateur a dû s'occuper aussi (au chap. VI, art. 212 et suiv.) *des droits respectifs des époux.* — Du reste, l'expression *Contrat de mariage* est souvent employée aussi pour indiquer l'écrit, l'*instrumentum,* qui constate les conventions arrêtées, tandis que l'écrit qui constate le Mariage ne reçoit jamais d'autre nom que celui d'*acte* de mariage.

II. — Nous avons eu déjà l'occasion de dire (art. 124, n° 1) que le Code admet et explique cinq systèmes ou régimes de conventions matrimoniales, qui sont : 1° la Communauté légale ; 2° la Communauté conventionnelle ; 3° l'Exclusion de communauté ; 4° la Séparation de biens ; et 5° le Régime dotal. Cela étant, on ne s'explique pas trop, au premier coup d'œil, la division adoptée par notre titre. Ce titre, en effet, après avoir consacré un premier chapitre aux *Dispositions générales,* divise toute la matière en deux parties seulement (Chap. II, — Chap. III) ; et c'est dans la première de ces parties, qui a pour rubrique *Du Régime en communauté,* qu'il s'occupe, non pas seulement de la communauté soit légale, soit conventionnelle, mais aussi de l'exclusion de communauté et de la séparation de biens ; en sorte que le régime dotal forme à lui seul l'objet du troisième et dernier chapitre. Ainsi, tandis que trois des cinq régimes sont exclusifs de la communauté, en sorte que la division naturelle semble être celle-ci : I. RÉGIMES DE COMMUNAUTÉ, 1° *Communauté légale*, 2° *Communauté conventionnelle* ; II. RÉGIMES SANS COMMUNAUTÉ, 1° *Exclusion simple de communauté*, 2° *Séparation de biens*, 3° *Régime dotal*, le Code, au contraire, place dans la première catégorie deux des trois objets qui appartiennent à la seconde, et nous donne cette division fort singulière au premier abord : I. COMMUNAUTÉ, 1° *Communauté légale*, 2° *Communauté conventionnelle*, 3° *Exclusion de communauté*, 4° *Séparation de biens* ; II. RÉGIME DOTAL.

Il est souvent arrivé aux rédacteurs du Code, comme on l'a vu par l'étude des précédentes matières, de n'adopter des classifications vicieuses que par défaut de méthode, et sans que nulle circonstance pût justifier ou excuser leur plan. Il n'en est pas de même ici. La division adoptée dans ce titre avait dans les faits sa raison d'être ; et si elle paraît bizarre, quand on l'examine radicalement et *à priori*, elle se trouve au contraire parfaitement simple et toute naturelle, quand on l'envisage au point de vue historique.

On sait que nos anciennes provinces françaises se divisaient en pays coutumier et en pays de droit écrit ; et que ceux-ci, ayant conservé le système romain, étaient soumis au régime dotal, tandis que les premiers suivaient généralement les principes, indigènes et vraiment nationaux, de la communauté (1). Or, comme c'était uniquement dans ces pays de coutumes qu'il pouvait intervenir des conventions excluant la communauté, et non dans les pays de droit écrit (puisqu'il ne pouvait pas être question de stipuler le rejet de la communauté là où la communauté n'était pas admise), il s'ensuit que, lors de la confection du Code, deux systèmes seulement étaient en présence : d'une part, la communauté, avec son cortège obligé de règles subsidiaires, permettant, soit de modifier le régime légal pour constituer une communauté conventionnelle, soit de repousser entièrement ce régime en adoptant ou l'exclusion simple de la communauté, ou la séparation de biens ; d'autre part, le régime dotal.

Lorsque nos législateurs de 1804, après de longues et très-vives discussions entre les partisans des deux systèmes, finirent par donner la préférence au premier, ils durent le formuler tel qu'il existait dans les pays coutumiers et avec les accessoires nécessaires qui le complétaient.

(1) Parmi les provinces de coutumes, qui étaient celles du centre et du nord de la France, une seule, la Normandie, par une exception que semble expliquer l'origine de ses habitants, avait adopté le régime dotal. Sortis, non de la Germanie, mais du fond du Nord, soldats farouches, conquérants avides, les premiers Normands, en s'emparant de la Neustrie et en y prenant les femmes des vaincus, durent, à l'exemple des premiers Romains, voir dans leur mariage un rapport du maître à l'esclave plutôt qu'une association donnant des droits communs aux personnes ; et si l'on comprend que l'élément national, le principe de communauté, n'ait pas pu dominer dans nos provinces méridionales, trop fortement imbues des idées romaines, on comprend de même qu'il ne pouvait pas prévaloir sous la domination normande.

C'est ce qu'ils firent; et quant au régime dotal, ils ne crurent pas d'abord nécessaire d'en parler, l'adoption de ses différentes règles se trouvant suffisamment autorisée par la disposition qui déclarait loisible aux époux de faire telles conventions qu'ils jugeraient à propos (art. 1387). Mais bientôt les partisans de ce régime, croyant voir dans le silence gardé à son égard la pensée de l'anéantir, élevèrent de toutes parts des réclamations, et, pour calmer les pays de droit écrit, il fallut consacrer un chapitre particulier au régime dotal.

Rien ne se trouve donc plus simple, d'après les faits, que le plan du Code dans notre titre. Il va sans dire, au surplus, que nous changerons ce plan dans notre Résumé, où nous devons suivre toujours l'ordre naturel et logique des idées, sans nous préoccuper des circonstances historiques qui ont pu conduire les rédacteurs à présenter ces idées dans un ordre différent.

CHAPITRE PREMIER.

DISPOSITIONS GÉNÉRALES.

La loi va nous dire successivement dans ce chapitre : 1° quelles conventions sont autorisées ou défendues dans le contrat de mariage (art. 1387-1389); 2° les principaux systèmes qui peuvent être adoptés, par quels modes ils peuvent ou non l'être, à quel régime sont soumis ceux qui ne rédigent pas de contrat (art. 1390-1393); 3° les formes dans lesquelles le contrat doit être dressé, et les changements qu'il peut recevoir (art. 1394-1397); 4° enfin la capacité requise pour passer ce contrat (art. 1398).

§ 1er. — Conventions permises ou défendues.

1387. — La loi ne régit l'association conjugale, quant aux biens, qu'à défaut de conventions spéciales, que les époux peuvent faire comme ils le jugent à propos, pourvu qu'elles ne soient pas contraires aux bonnes mœurs, et, en outre, sous les modifications qui suivent.

1388. — Les époux ne peuvent déroger ni aux droits résultant de la puissance maritale sur la personne de la femme et des enfants, ou qui appartiennent au mari comme chef, ni aux droits conférés au survivant des époux par le titre *De la Puissance paternelle* et par le titre *De la Minorité, de la Tutelle et de l'Emancipation,* ni aux dispositions prohibitives du présent Code.

1389. — Ils ne peuvent faire aucune convention ou renonciation dont l'objet serait de changer l'ordre légal des successions, soit par rapport à eux-mêmes dans la succession de leurs enfants ou descendants, soit par rapport à leurs enfants entre eux; sans préjudice des donations entre-vifs ou testamentaires qui pourront avoir lieu selon les formes et dans les cas déterminés par le présent Code.

SOMMAIRE.

1. — Le *contrat de mariage* tel qu'on l'entend ici, c'est-à-dire celui qui règle les rapports des époux quant aux biens, étant (à la différence du *contrat de mariage* qui règle ces mêmes rapports quant aux personnes et dont s'occupe le titre V du livre I) un contrat pécuniaire, c'est donc aux parties elles-mêmes à en arrêter les clauses, comme pour tout autre contrat pécuniaire; et tandis que les diverses règles du contrat *moral* de mariage ne peuvent être fixées que par l'autorité législative, sans qu'il puisse être permis aux époux de les modifier en rien par leur volonté privée, le contrat *pécuniaire* de mariage, au contraire, ne peut être fixé que par les parties, et quand la loi en détermine elle-même les règles, c'est seulement dans le silence des personnes intéressées et en exprimant pour ce cas la volonté présumée de ces personnes.

Et la loi ne se contente même pas de laisser ici aux intéressés la liberté dont ils jouiraient pour tout autre contrat pécuniaire; elle leur donne, ainsi que nous avons eu l'occasion de le remarquer plus d'une fois, une latitude plus grande que partout ailleurs; et pourvu qu'ils n'insèrent dans leur contrat rien de contraire aux règles prohibitives dont nous allons nous occuper, ils peuvent y mettre absolument toutes les stipulations qu'il leur plaira, celles-là même qui seraient interdites dans les contrats ordinaires : qui veut la fin veut les moyens, et pour favoriser le mariage, il fallait favoriser les conventions pécuniaires dont il dépend souvent.

II. — Mais si favorable que soit le mariage, il fallait pourtant une limite à la latitude laissée ici aux futurs époux, et la loi déclare que cette latitude s'arrêtera d'abord devant le respect dû aux bonnes mœurs, restriction qui serait au surplus suppléée par la raison, si elle n'était pas exprimée dans nos articles. Ainsi, il est bien clair qu'une femme ne pourrait pas stipuler la faculté de se créer des ressources particulières en prenant un amant! Mais l'application du principe n'est pas toujours aussi simple; et ici, comme dans la matière des donations, les auteurs sont quelquefois en dissidence sur le point de savoir si telle convention doit ou non être proscrite comme contraire aux bonnes mœurs.

C'est surtout pour la condition de ne pas se remarier que la question s'est présentée. Delvincourt (t. II), M. Vazeille (art. 900, n° 5), et M. Troplong (1, 52), semblent la regarder comme toujours valable; M. Pezzani, au contraire, la déclare absolument nulle; enfin MM. Duranton (VIII, 128), Paul Pont et Rodière (1, 52, et 2ᵉ édit., I, 58), la disent valable ou nulle, selon qu'elle est ou non fondée *sur un motif raisonnable*. Peut-être cette dernière décision est-elle exacte au fond et dans la pensée intime de ceux qui l'ont écrite; mais elle nous paraît mal présentée et basée sur une idée trop superficielle. Ce n'est pas précisément par le motif qui a dicté la clause qu'on doit décider la question, mais par le point de savoir si l'entrave apportée au subséquent mariage constitue, oui ou non, le but des contractants, l'objet de la convention.

Et d'abord, il est évident que quand il s'agira d'une convention absolue de ne pas se remarier, d'une clause par laquelle un subséquent mariage serait complétement interdit au survivant, cette clause serait toujours nulle, si raisonnable, si grave même que pût être la cause qui l'a fait insérer dans le contrat. Ce n'est pas sur une telle stipulation qu'il peut s'élever des doutes, mais seulement sur celle qui laisse au survivant le choix entre le nouveau mariage et un sacrifice d'argent.

Or, cette clause de ne pas se remarier sans subir une perte d'argent sera nulle ou valable, selon que la gêne qu'elle apporte au subséquent mariage sera ou ne sera pas le but qu'on a voulu atteindre. Si on reconnaît que la disposition où se trouve l'idée de ne pas se remarier a eu précisément pour objet d'entraver le nouveau mariage, la disposition sera nulle. Si, au contraire, la difficulté que le contrat présente au nouveau mariage ne se trouve mise que comme moyen d'atteindre un but licite; si le sacrifice à faire par le survivant pour pouvoir se remarier était destiné, non pas à entraver son mariage ou à le punir de le contracter, mais tout simplement à compenser pour certaines personnes le désavantage que ce mariage peut lui causer, la clause est valable. Elle est valable dans le second cas, parce que la convention se trouve, en définitive, n'avoir pour objet qu'un règlement d'intérêts pécuniaires, règlement dans lequel l'idée du nouveau mariage n'intervient que secon-

dairement; elle est nulle dans le premier cas, parce que, l'entrave qu'on
entend mettre au nouveau mariage étant alors précisément le but proposé, on prend ainsi pour objet même de la convention la liberté de la
personne, c'est-à-dire une chose qui ne saurait être matière à convention. N'oublions pas, en effet, qu'il ne s'agit ici que du contrat *pécuniaire* de mariage, d'un contrat ne régissant l'association des parties que
quant aux biens; n'oublions pas que tout ce qui touche au côté moral
de cette association se régit, non plus d'après notre titre et par la
volonté privée des parties, mais par la loi elle-même d'après le titre V
du livre I (1).

On conçoit, au surplus, que le point de savoir si telle convention se
trouve ou non contraire aux bonnes mœurs n'est pas proprement une
question de droit, mais une question de fait abandonnée à l'appréciation souveraine du juge.

III.—Après avoir interdit aux époux, dans l'art. 1387, toutes clauses
contraires aux bonnes mœurs, la loi, dans l'art. 1388, leur interdit
celles qui pourraient déroger : 1° aux droits résultant de la puissance
maritale sur la personne de la femme et des enfants, ou appartenant
au mari comme chef; 2° aux droits conférés au survivant des époux
par les titres *De la Puissance paternelle* et *De la Tutelle;* 3° aux diverses
dispositions prohibitives du Code Napoléon.

On ne peut pas déroger, d'abord, aux droits que la puissance maritale confère à l'époux, soit sur la femme, soit sur les enfants. Ainsi,
par exemple, on ne pourrait pas stipuler que la femme ne sera pas tenue
d'habiter avec son mari (art. 214) (2), ou qu'elle pourra consentir seule
au mariage des enfants (art. 148). La proscription de ces stipulations,
et de celles dont l'explication va suivre, rentre, au surplus, dans la
règle générale qui prohibe toutes conventions contraires aux bonnes
mœurs; car c'est précisément parce qu'elles sont contraires aux bonnes
mœurs, au bon ordre, aux convenances sociales, que le législateur
prohibe ces diverses conventions. Ce sont là, d'ailleurs, des règles se
référant au côté moral de l'association conjugale; or, comme nous
l'avons déjà dit, c'est uniquement *quant aux biens* et pour le côté *pécuniaire* de cette association que les époux peuvent faire des conventions
particulières : quant à tous les points sortant de cette question des
biens, et réglés par les titres *Du Mariage, De la Tutelle* et *De la Puissance paternelle,* leur fixation est indépendante de la volonté privée
des individus, et le législateur, pour être logique, n'aurait pas même
dû en parler ici. La proscription de toutes conventions à cet égard résultait bien suffisamment, et peut-être plus nettement, de ce grand
fait fondamental, qu'il ne s'agit ici que du contrat *pécuniaire* de ma-

(1) *Voy.* Favard de Langlade (v° Don. entre-vifs, sect. 1, § 2); Chardon (*Du Dol,*
t. III, n° 597); Merlin (*Rép.,* v° Cond., sect. 2, § 5, art. 4); Toullier (V, 256); Grenier
(155); Poujol (115); Coin-Delisle (n° 30); Zachariæ (p. 235); Saintespès-Lescot,
(n° 126); Dalloz (v° Disp. entre-vifs, 142); Demolombe (*Des Don.,* n°ˢ 251 et suiv.).
(2) *Voy.* Pothier (*Commun.,* n° 4); Merlin (*Rép.,* v° Conv. matrim., § 2); Troplong
(*Contr. de mar.,* 49, 57 à 59); Rodière et Pont (t. I, n° 55, 2ᵉ édit., I, 60); *Dict. not.,*
(v° Contr. de mar., n° 62).

· riage, et que pour tout ce qui concerne le contrat moral, c'est-à-dire le *mariage* même et ses diverses conséquences, rien n'y peut être abandonné à la volonté privée des citoyens, rien n'y peut être réglé que par les dispositions de l'autorité législative interprétées et appliquées par les décisions de l'autorité judiciaire.

C'est pour avoir perdu de vue ce grand principe que MM. Rodière et Paul Pont enseignent que quelques-unes des conventions dont il s'agit ici pourraient, sans être rigoureusement obligatoires, avoir cependant une certaine force. Ainsi, après avoir rappelé le principe qui oblige la femme à suivre le mari partout où il juge à propos de résider et avoir dit que les tribunaux pourraient dispenser la femme de ce devoir s'il s'agissait d'un séjour dangereux pour elle, ces auteurs ajoutent que la dispense ne peut être accordée que bien rarement si le contrat de mariage est muet à cet égard, mais qu'elle peut, au contraire, l'être facilement si la femme a fait à ce sujet des réserves dans le contrat... Ils enseignent de même que, dans le cas de dissidence entre les deux époux sur la religion dans laquelle on devra élever un enfant, les conventions particulières intervenues sur ce point dans le contrat de mariage auraient une grande importance, et que la femme pourrait appeler son mari devant la justice pour l'inobservation de ces conventions (t. I, n°s 55 et 57, et 2ᵉ édit., 1, 63).

Tout ceci n'est-il pas très-inexact? n'est-il pas clair que l'instruction religieuse à donner aux enfants et le devoir pour la femme de suivre son époux en tous lieux, sauf dispense s'il y a nécessité, sont des choses qui ne peuvent être en aucune façon l'objet de conventions privées, et pour lesquelles les clauses du contrat de mariage sont absolument insignifiantes et non avenues? Ces points et tous autres du même genre sont réglés par la *loi,* sauf intervention de la *justice* pour interpréter et appliquer les règles légales; ils ne peuvent être fixés, en quoi que ce soit, que par l'autorité, et la volonté privée des parties ne peut être pour rien dans leur règlement, absolument pour rien. C'est donc avec raison que M. Duranton (XIV, 24) et M. Zachariæ (III, p. 402) enseignent que la convention, assez fréquente de la part d'époux de religion différente, d'élever les filles dans la religion de la mère et les fils dans la religion du père, est dénuée de toute efficacité civile (1).

IV. — Mais en refusant ainsi toute espèce d'effet aux conventions des parties sur les deux points dont il s'agit (et sur tous autres du même genre), comment ces deux points doivent-ils se décider au fond? Faut-il, sous cette réserve et pour le surplus, admettre à cet égard la doctrine de MM. Paul Pont et Rodière?

Nous partageons la doctrine de ces auteurs quant au premier point. Comme eux, nous disons que, si le lieu où le mari prétend conduire sa femme était vraiment de nature à compromettre son existence ou à

_____

(1) *Voy.* encore, dans ce sens, MM. Taulier (t. V, p. 19); Odier (t. II, n° 628); Troplong (t. I, n° 61); Gilbert (*Code Napoléon annoté,* art. 1888, n° 2); Dalloz (vᵒ Cont. de mar., n° 116); *Dict. not.* (vᵒ Cont. de mar., 69).

blesser gravement sa pudeur, les tribunaux, juges des circonstances et interprètes de la loi, pourraient et devraient déclarer inapplicable à ce cas une règle à laquelle le législateur n'a pas entendu assurément donner une portée contraire aux lois de la morale ou de l'humanité. Cette doctrine, qui ne nous paraît pas même susceptible de contradiction, a été appliquée par un jugement de Senlis du 9 octobre 1835.

Sur le second point, MM. Rodière et Paul Pont enseignent que ce n'est point au mari seul qu'il appartient de déterminer et de diriger l'instruction morale et religieuse des enfants, mais bien au mari et à la femme simultanément. Ils fondent cette idée sur l'art. 203, qui impose aux deux époux l'obligation d'élever les enfants ; et, faisant remarquer que, si le devoir est commun, le droit corrélatif doit l'être aussi, ils en concluent que la mère partage ainsi l'autorité avec le père, d'où la conséquence que, dès qu'il y a dissentiment à cet égard entre les époux, il y a lieu de recourir aux tribunaux pour déterminer le *quid melius.*

C'est là, selon nous, une erreur. Il est très-vrai que, en principe, l'autorité sur les enfants appartient simultanément aux deux époux qui, dans le désir de la loi civile comme dans le vœu de la loi divine, ne doivent faire qu'un seul esprit comme ils ne font qu'une seule chair (*duo in carne unâ*), et qui devraient ainsi marcher toujours d'un commun et parfait accord. Mais comme cet accord parfait ne saurait exister toujours, il a bien fallu prévoir le cas de dissentiment, et, pour ce cas, conférer à un seul des deux parents l'exercice exclusif de l'autorité ; il a bien fallu que, pour tous les cas possibles, il n'y eût toujours qu'un seul chef dans la maison. Telle est, en effet, la théorie du Code, théorie manifestée à chaque pas dans la loi. Ainsi, il est bien vrai que l'art. 203 pose un devoir commun aux deux époux, d'où découle un droit également commun à ces époux ; il est bien vrai que l'art. 148 exige, pour le mariage des enfants, le consentement commun du père et de la mère ; il est bien vrai que l'art. 372, posant le grand principe général dont toutes les autres règles ne sont que des applications, déclare que l'enfant, jusqu'à sa majorité ou son émancipation, est soumis à l'autorité commune de ses père et mère. Mais la loi prend soin d'ajouter que s'il y a dissentiment entre les époux, c'est la volonté du père qui l'emporte (art. 148) ; et, après avoir proclamé le principe de l'autorité commune aux père et mère, elle déclare immédiatement (art. 373) que *le père seul* a l'exercice de cette autorité. C'est donc au père, en cas de dissidence entre les époux, qu'il appartient de diriger l'éducation et l'instruction des enfants, sous le rapport de la religion à embrasser comme sous tout autre rapport.

Sans doute, l'abus n'est pas plus permis ici qu'ailleurs ; et si le père, sous le nom de religion, voulait inculquer à ses enfants des doctrines que la saine morale condamne, la mère pourrait réclamer devant les tribunaux. Si ce père, par exemple, s'imaginait de faire inculquer aux enfants les doctrines du mahométisme, ou les principes soi-disant religieux de quelque songe-creux comme Fourier, nul doute que, sur la demande de la femme, les tribunaux ne pussent et dussent enlever au père la direction de l'éducation. Mais il y a loin de cette théorie, qui ne permet l'intervention des tribunaux que pour le cas d'abus et en se fondant sur cette idée, déjà indiquée plus haut, que l'autorité conférée au mari ne peut pas dépasser les limites admises par la morale, à la doctrine de MM. Paul Pont et Rodière, d'après laquelle, sur le prétendu principe (démenti par l'art. 373) que la mère partage avec le père l'exercice de l'autorité, les tribunaux auraient à intervenir et à rechercher le *quid melius,* par cela seul qu'il y aurait dissentiment entre les deux chefs. Ainsi, nous n'admettons pas, comme ces auteurs, que le mari qui embrasserait après son mariage une religion nouvelle, qui, par exemple, de juif qu'il était se ferait chrétien, de catholique protestant, ou *vice versâ,* ne pourrait élever ses enfants dans cette nouvelle religion qu'autant qu'il obtiendrait le consentement de sa femme ou de la justice. Il n'y a point deux chefs dans la maison, mais un seul, le mari. Si ce mari embrasse une religion nouvelle, c'est sans doute qu'il la croit la vérité ; et dès lors c'est pour lui un devoir de la communiquer à ses enfants. S'il se trompe, il n'en doit compte qu'à Dieu, non aux tribunaux, qui n'ont point à s'immiscer dans la conscience de l'homme. Les tribunaux ne peuvent intervenir que quand le mari excède les limites de son autorité; et cette autorité n'a pas d'autres limites que celles de la morale (1).

V. — Après les droits que la qualité même du mari lui donne *sur la personne* de la femme et des enfants, viennent ceux que cette même qualité lui confère *quant aux biens* et comme chef de la société pécuniaire.

Tel est évidemment le sens des mots *comme chef,* mal compris par plusieurs auteurs, notamment Toullier (XII, 309) et M. Duranton (XIV, 266). Ces auteurs pensent qu'il s'agit encore des droits que le mari, comme chef de la société morale, a sur la personne de la femme et des enfants; mais c'est une erreur que démontrent clairement et le texte même de l'art. 1388 et sa discussion au conseil d'État. Il est clair, d'abord, que quand on prohibe disjonctivement et successivement toute convention qui dérogerait aux droits — *existant pour le mari sur la personne de la femme et des enfants,* — ou *lui appartenant comme chef,* on entend parler, dans le second membre de phrase, de droits autres que ceux dont parle le premier, de droits qui, par conséquent, n'ont plus pour objet la personne de la femme ou des enfants, mais les biens... La discussion au Conseil ne laisse d'ailleurs aucun doute à cet égard. MM. Maleville, Bérenger et Bigot-Préameneu demandent la suppression des mots *ou qui appartiennent au mari comme chef,* parce qu'ils peuvent faire entendre que la femme ne doit jamais avoir *la libre disposition de ses biens, même paraphernaux ;* qu'il vaudrait mieux

---

(1) Telle paraît être aussi la doctrine émise depuis nous par M. Troplong (I, 61), qui, toutefois, n'examine pas les diverses faces de la question. — Comparez Colmar, 19 nov. 1857, et Lyon, 8 mars 1859 (Dev., 60, II, 431).

énoncer en détail les clauses *relatives aux biens* qu'il sera défendu de stipuler; que la phrase critiquée laisse des nuages et ne détermine pas assez clairement les droits du mari (*comme chef et quant aux biens*) auxquels on ne pourra pas déroger. MM. Berlier, Tronchet, Treilhard et Réal répondent que ces droits du mari *comme chef* vont précisément être déterminés *par le titre même qu'on discute;* qu'il existe une connexion si étroite entre l'autorité sur la personne *et l'autorité sur les biens,* qu'il est impossible de les séparer entièrement; que l'énonciation détaillée qu'on a demandée sur le second point donnerait lieu à des omissions dangereuses; que, quant à l'impossibilité pour la femme d'aliéner sans le consentement du mari *même ses biens paraphernaux,* elle est déjà consacrée par l'art. 217, et que le système de MM. Maleville et autres n'irait à rien moins qu'à renverser une disposition déjà votée et reçue avec un applaudissement unanime (Fenet, t. XIII, p. 542-546). Ainsi, ceux qui demandaient la suppression de la phrase, aussi bien que ceux qui voulaient la maintenir, entendaient bien tous qu'elle s'appliquait à l'autorité du mari sur les biens, comme les mots précédents s'appliquaient à son autorité sur la personne. Si des nuages existaient, comme disait M. Bigot, c'était sur la portée de la disposition, mais non sur son objet; et s'il y avait des doutes sur le point de savoir quelles clauses relatives aux biens se trouveraient prohibées par cette règle, il n'y en avait point sur cette idée que la règle ne prohibait que des clauses relatives aux biens.

Ces doutes sur la portée de la règle, la discussion qui vient d'être rapportée ne les lève pas, et nous avons à nous demander ici quelles sont celles des clauses relatives aux biens qui se trouvent prohibées comme portant atteinte aux droits du mari comme chef. Il faut examiner la question, et quant aux biens propres au mari, et quant aux biens propres à la femme, et quant aux biens communs aux deux époux.

VI. — Pour les biens du mari, il n'y a pas d'embarras possible; et il est bien clair qu'il faudrait déclarer nulle toute convention par laquelle l'époux porterait atteinte à son droit de disposition ou d'administration de ses biens propres. Stipuler qu'un mari s'interdit d'administrer tout ou partie de ses biens, ou qu'il renonce à les aliéner sans la permission de sa femme, ce serait renverser complétement l'ordre et insulter à la dignité maritale (1).

Pour les biens propres de la femme, c'est tout différent, et les époux jouissent ici d'une grande latitude pour les conventions qu'il leur plaira de faire. Cette latitude, toutefois, n'est pas sans restriction. Ainsi, le contrat ne pourrait pas conférer le droit à la femme d'aliéner ses biens, soit pour le tout, soit pour partie, sans l'autorisation du mari (ou de la justice, sur le refus de celui-ci). Sous quelque régime que ce soit, même sous la séparation de biens ou pour les paraphernaux du régime dotal, la femme, nonobstant l'idée, si singulièrement fausse, émise par

_____

(1) Cass., 7 sept. 1808, affaire Lalli; Pont et Rodière (2ᵉ édit., I, 65).

M. Maleville dans la discussion analysée ci-dessus, ne pourra jamais être dispensée de l'autorisation; et des textes formels de la loi se sont chargés de démentir à cet égard cette idée de M. Maleville. L'art. 1538 pour la séparation de biens, l'art. 1576 pour les paraphernaux du régime dotal, déclarent que la femme ne pourra être dispensée de l'autorisation *dans aucun cas ni à la faveur d'aucune stipulation.* Et comme on aurait pu ruser avec cette règle, et essayer de s'y soustraire par le moyen détourné d'une autorisation générale et donnée à l'avance (ce qui aurait permis de prétendre qu'on avait respecté l'autorité maritale, puisqu'il y avait eu permission demandée par la femme et accordée par le mari), le législateur, considérant avec raison qu'une telle autorisation ne serait au fond, et sous une forme différente, qu'une abdication du droit et du devoir de surveiller et d'apprécier chaque aliénation que la femme veut faire, déclare expressément (*ibid.*) que toute autorisation générale d'aliéner, donnée dans le contrat de mariage ou depuis, serait nulle (1).

Mais si la femme ne peut jamais stipuler le droit d'aliéner ses biens sans une autorisation spéciale du mari, elle peut très-bien stipuler, au contraire, le droit de les administrer et d'en jouir, et elle le peut sous tous les régimes. Elle le peut d'abord, aux termes formels de la loi, soit en prenant le régime de séparation de biens (art. 1536), soit pour ses biens paraphernaux sous le régime dotal (art. 1576). Or, dès là que ce droit d'administration et de jouissance des biens de la femme peut être attribué à cette femme dans certains cas, c'est donc qu'il n'est pas attaché à la qualité même du mari, qu'il peut lui être enlevé sans qu'aucune atteinte soit portée à sa suprématie comme chef, et qu'il ne rentre pas dans ces règles d'ordre public auxquelles l'art. 6 défend de déroger dans les conventions. Cela étant, ce droit pourra donc être attribué à la femme dans tous les cas, et aussi bien sous le régime de communauté ou d'exclusion de communauté que sous le régime de séparation de biens ou le régime dotal (2).

Cette convention peut avoir lieu, disons-nous, sous le régime de communauté. Il est vrai que l'effet ordinaire de la stipulation de communauté est d'attribuer au mari l'administration des biens personnels de la femme (art. 1428), et à la communauté la jouissance de ces mêmes biens (art. 1401, 2°); mais tout ce qui suit de là, c'est qu'il y aura alors modification au système de communauté que la loi organise, et adoption d'une communauté conventionnelle au lieu d'une communauté légale.

Nous ajoutons que cette convention est possible également avec le régime exclusif de communauté; mais nous devons faire ici une obser-

---

(1) La défense d'aliéner s'applique également aux constitutions d'hypothèques, aux emprunts, en un mot, à tout ce qui excède l'administration. Toullier (II, 643); Proudhon (t. I, p. 267); Merlin (*Rép.*, v° Autor. marit., sect. 6, § 2, art. 2); Cass., 22 mai 1815, 18 mars 1840.

(2) Par la même raison, un tiers peut, en faisant donation à une femme commune, imposer licitement à sa libéralité la condition que la femme conservera l'administration et la jouissance des biens donnés. (*Voy.* l'explication de l'art. 1543, n° III.)

vation pour empêcher tout malentendu, et pour éviter ainsi une querelle de mots du genre de celle que se font plusieurs auteurs à l'occasion du régime dotal, et dont nous allons parler immédiatement. L'objet de cette observation est que si les parties, après avoir déclaré qu'elles adoptent l'exclusion de communauté, ajoutent que la femme conservera l'administration et la jouissance de tous ses biens, cette stipulation sera parfaitement valable (et c'est pour cela que nous disons cette clause permise aux époux qui adoptent l'exclusion de communauté); mais aussi ce ne sera plus la simple exclusion de communauté qui se trouvera exister alors, ce sera le régime de séparation de biens. C'est qu'en effet, la différence entre l'exclusion de communauté et la séparation de biens consiste précisément en ce que l'administration et la jouissance des biens de la femme appartiennent au mari dans le premier cas et à la femme dans le second (art. 1530 et 1536). Ce n'est donc qu'autant que le droit d'administration et de jouissance n'est réservé à la femme que pour une partie de ses biens, que peut exister réellement le régime connu sous le nom d'exclusion de communauté; et les époux qui confèrent ce droit à la femme pour tous ses biens adoptent par ce fait la séparation de biens, nonobstant les termes impropres dont ils ont pu se servir. Ajoutons (pour tout prévoir) que si les parties s'étaient imaginé de séparer l'administration de la jouissance, en disant qu'elles adoptent l'exclusion de communauté, et que par conséquent la disposition des revenus des biens de la femme appartiendra au mari, mais que néanmoins l'administration de ces biens appartiendra à la femme, il est clair que cette clause bizarre d'administration de la femme devrait être annulée comme insultante pour le mari, puisqu'elle lui interdirait la gestion de biens dont on le fait pourtant usufruitier.

Une observation analogue est à faire, quant au régime dotal, non plus entre ce régime et un autre, mais entre les biens dotaux et les biens paraphernaux. Ainsi, les parties, après avoir adopté le régime dotal et déclaré que les immeubles qui appartiennent à la femme lui sont constitués en dot, peuvent très-bien convenir que l'administration et la jouissance de ces immeubles resteront à la femme; mais la conséquence de fait de cette explication sera que les immeubles qui apparaissaient d'abord comme dotaux ne seront réellement que paraphernaux. C'est bien évident, puisque, sous le régime dotal, les biens dotaux sont ceux dont l'administration et la jouissance sont données au mari, et les biens paraphernaux ceux dont l'administration et la jouissance restent à la femme (art. 1549 et 1576). « Que fait, dit Merlin, une femme qui, en se mariant sous le régime dotal, se réserve les fruits des biens qu'elle se constitue en dot? Elle déclare implicitement que les biens qu'elle se constitue en dot ne seront dotaux que de nom, et qu'elle les possédera comme paraphernaux. » (*Répertoire*, vº Dot, § 5, nº III.)

Comment donc s'expliquer la controverse existant à ce sujet entre M. Tessier (t. 1, p. 86), qui prétend nulle la stipulation par laquelle la femme se réserve l'administration des biens qu'elle se constitue en dot, et MM. Paul Pont et Rodière (I, 64, et 2ᵉ éd., I, 69), qui la soutiennent valable? N'a-t-on pas raison de part et d'autre, et n'est-ce pas là un malentendu? Sans doute, la femme peut très-bien, tout en déclarant que tel immeuble sera dotal, s'en réserver l'administration et la jouissance, et par conséquent MM. Paul Pont et Rodière ont raison; mais aussi cette réserve fera que le bien qualifié dotal ne sera en réalité que paraphernal, et dès lors M. Tessier n'a pas tort, quand il dit que l'administration de la femme n'est pas possible pour des biens dotaux!... En définitive, il n'y aura jamais là qu'une question d'interprétation. Tant qu'on pourra croire que les parties, alors même qu'elles auraient distingué des immeubles dotaux et des immeubles paraphernaux, n'ont pas bien compris le sens précis de la première qualification, et n'ont pas tenu rigoureusement à frapper les immeubles d'une véritable dotalité, on devra donner son effet à la clause d'administration par la femme, en disant que les biens qualifiés dotaux ne sont que paraphernaux. Ce n'est qu'autant que les parties, tout en réservant l'administration à la femme, auraient cependant exprimé la volonté rigoureuse d'une vraie dotalité, si, par exemple, elles avaient dit que « tels biens restant paraphernaux, tels autres seront dotaux, et dès lors frappés d'inaliénabilité et soumis à la jouissance du mari, mais en demeurant sous la main de la femme pour leur administration », c'est alors seulement que, force étant bien de reconnaître que les immeubles sont réellement dotaux, il faudrait déclarer nulle, comme portant atteinte à la suprématie maritale, ainsi que nous l'avons déjà dit plus haut, la clause qui retire au mari l'administration de biens dont les revenus lui appartiennent. Ainsi, ce n'est là qu'une question d'interprétation, dans laquelle il s'agit de décider laquelle doit l'emporter des deux clauses contradictoires du contrat; et c'est ce que décide très-nettement un arrêt de la Cour suprême (1).

Fixés sur ce qui concerne les biens propres du mari et les biens propres de la femme, il nous reste à parler des biens qui se trouvent communs à tous deux, soit par suite d'une communauté proprement dite, soit par suite de la simple société d'acquêts qui peut se combiner avec le régime dotal ou avec un autre régime, et qui est toujours une communauté plus restreinte. Pourrait-on, pour ces biens communs, convenir que, par dérogation à l'art. 1421, l'administration appar-

_____

(1) Rej., 2 mars 1837 (Dev., 37, I, 193). — Le cas qui serait le plus embarrassant à cet égard est celui où les époux n'auraient caractérisé la dotalité des immeubles que par l'inaliénabilité, en attribuant d'ailleurs à la femme la jouissance en même temps que l'administration. De ces deux clauses, l'une de la dotalité réelle et emportant inaliénabilité, l'autre de jouissance et d'administration par la femme, l'une, selon nous, doit nécessairement disparaître; car si la gestion et le profit des biens restent à la femme, ces biens ne sont pas dotaux, et s'ils ne sont pas dotaux, ils ne peuvent pas être inaliénables. Une des deux clauses doit donc être effacée; mais laquelle, en supposant que l'ensemble du contrat ne révèle pas chez les parties l'idée d'attacher plus d'importance à l'une qu'à l'autre? Nous pensons que, toutes choses égales, c'est la clause d'inaliénabilité qui doit être effacée, attendu que le droit pour la femme d'administrer ses biens est une chose toute simple, tandis que l'inaliénabilité des biens et leur mise hors du commerce est une règle exorbitante, très-rigoureuse, et qui doit dès lors s'admettre plus difficilement.

tiendra à la femme, ou que du moins le mari ne pourra pas aliéner sans le consentement de la femme? Nous n'hésitons pas à dire non, même en ce qui touche le second point, malgré l'opinion contraire de Toullier (XII, 309), de M. Duranton (XIV, 266), de M. Battur (t. II, n° 549), et de M. Zachariæ (III, p. 401, n° 1). Il est évident, en effet, que le mari est dans toute la rigueur du mot le *chef* de la communauté conjugale, le directeur suprême des biens communs, et que ce serait dès lors violer profondément les droits que la loi lui confère en cette qualité de chef, que de le dépouiller du droit d'administration ou de le réduire à venir demander à la justice une permission d'aliéner que sa femme, devenue maîtresse, ne jugerait pas à propos de lui accorder! Comment ne pas sentir ce que cette nécessité pour le mari de demander la permission de sa femme, et, à son refus, celle de la justice, aurait d'humiliant et de contraire à la dignité maritale!... Et, bien entendu, la règle sera la même pour les biens, même immobiliers, qui auraient été mis dans la communauté par la femme, que pour ceux qui seraient acquis pendant le mariage; car du moment qu'ils sont mis en communauté, ils cessent d'appartenir à la femme et font partie, aussi bien que les autres, de ce fonds commun, de cette masse sociale, dont le mari est le chef suprême.

Ces idées ne nous paraissent pas même douteuses : aussi est-il à remarquer que la décision contraire est donnée par M. Zachariæ sans aucun motif, ni formel, ni implicite; que la seule raison qu'en donnent Toullier et M. Duranton, c'est cette idée singulièrement fausse et réfutée au n° V, que, par les mots *droits appartenant au mari comme chef,* la loi n'entend parler que des droits *sur la personne* de la femme ou des enfants; et que les auteurs plus récents qui ont traité cette matière n'hésitent pas à embrasser la doctrine que nous professons (1).

Disons, en terminant cette matière, que les époux ne pourraient pas plus sous la forme d'un mandat que de toute autre façon conférer à la femme les droits que nous avons vu ne pouvoir lui appartenir. Ainsi le mari pourrait très-bien sans doute, aussi bien par le contrat de mariage que par un acte postérieur, donner à sa femme mandat de vendre pour lui tels et tels biens à lui propres ou appartenant à la communauté, ou la charger d'administrer une partie ou même la totalité de ces biens communs ou à lui propres; mais ces procurations devront toujours être momentanées, révocables; et tout mandat qui, en donnant ainsi à la femme un droit qui ne peut appartenir qu'au mari, le lui donnerait irrévocablement pour toute la durée du mariage, serait évidemment nul, puisque alors le mari, sous forme d'une constitution de simple mandataire, se dépouillerait réellement des droits dont il doit toujours rester revêtu (2).

---

(1) Taulier (V, p. 85); Rodière et Paul Pont (I, 61, et 2ᵉ édit., I, 66); Troplong (*Mar.*, I, 64); Bellot (t. I, p. 314); Dalloz (vᵒ Cont. de mar., n° 104). *Voy.* Cass., 18 mars 1840, et *Dict. not.* (*loc. cit.*, 68).
(2) Toullier (t. XII, n° 307); Bellot (t. I, p. 12); Troplong (n° 63); *Dict. not.* (*loc. cit.*, 83); Pont et Rodière (2ᵉ édit., I, 71 et 72).

VII. — La seconde classe de droits auxquels l'art. 1388 défend de déroger par les clauses du contrat comprend, d'après le texte, ceux qui sont conférés AU SURVIVANT des époux par les deux titres *De la Puissance paternelle* et *De la Tutelle*. Mais cette rédaction n'est pas parfaitement complète, et la loi a certainement entendu dire *aux époux ou au survivant d'eux*. Cette remarque a de l'importance, à cause de l'abus que fait M. Zachariæ de la rédaction trop restreinte de cette phrase.

Argumentant judaïquement des mots de l'article, M. Zachariæ (III, p. 401, n° 3) en conclut qu'il est permis de renoncer par le contrat au droit d'usufruit appartenant pendant le mariage au père ou à la mère sur les biens de leurs enfants, mineurs de dix-huit ans (art. 384, n° II). Son raisonnement est celui-ci : « La première partie de l'art. 1388 ne parle que des droits relatifs *à la personne* de la femme et des enfants, ou relatifs aux biens *des époux;* elle ne s'occupe pas de ceux qui concernent les biens des enfants. D'un autre côté, la seconde partie, en s'occupant, il est vrai, de tous les droits qui se réfèrent aux enfants, soit quant à leurs personnes, soit quant à leurs biens, n'embrasse toutefois que ceux de ces droits qui sont conférés *au survivant* des époux. Donc ni l'une ni l'autre règle ne comprend l'usufruit légal existant *pendant le mariage*. »

On peut d'abord répondre à M. Zachariæ, comme le font très-bien MM. Rodière et Paul Pont, qu'il serait impossible d'expliquer pourquoi et comment on pourrait renoncer au droit d'usufruit légal existant pendant le mariage, alors qu'on ne pourrait pas renoncer au même droit existant après le mariage et pour le survivant! Mais il y a aussi une autre réponse à faire, et qui rend plus manifeste l'absurdité à laquelle on arriverait si l'on adoptait cette interprétation judaïque. On dirait que la première partie de l'article, ne s'occupant que des droits qui résultent de *la puissance maritale*, et que consacre le titre *Du Mariage,* non des droits écrits dans le titre *De la Puissance paternelle;* et, d'un autre côté, la seconde partie, qui s'occupe seule des droits de puissance paternelle, ne le faisant que pour ce qui concerne le *survivant,* il s'ensuit que les époux peuvent très-bien renoncer aussi par leurs conventions au droit de correction des enfants pendant le mariage, et que c'est seulement pour le temps postérieur au mariage, et quant au survivant, que ce droit de correction ne peut plus être l'objet d'une renonciation!... Il en serait de même du titre *De la Tutelle;* et le père, qui ne pourrait pas renoncer au droit de gérer les biens des enfants, après le décès de la mère et comme tuteur d'après l'art. 390, pourrait fort bien renoncer au droit de les gérer pendant le mariage comme administrateur légal et d'après l'art. 389!... Quel tissu de contradictions! (1)

---

(1) *Conf.* Toullier (t. XII, n° 15); Bellot (t. I, p. 16); Odier (t. II, n° 628); Troplong (n° 64); Dalloz (*loc. cit.*, 117); *Dict. not.* (*loc. cit.*, 87); Taulier (V, 85); Aubry et Rau (IV, p. 228); Paris, 7 mai 1855 (*J. Pal.*, 56, I, 30).

Il est donc bien évident que si l'expression de *survivant* a été employée par les rédacteurs (sans doute parce que, se référant à une époque où l'exercice des droits peut appartenir à la mère aussi bien qu'au père, elle a paru plus propre à faire comprendre que cette règle de l'article était posée sans distinction de sexe), ce n'est nullement pour exclure les droits appartenant aux époux dans le cours de leur union; il est évident, en d'autres termes, que la règle s'applique à tous les droits conférés aux père et mère (soit pendant le mariage, soit après) par les deux titres *De la Puissance paternelle* et *De la Tutelle*.

Il faut aller plus loin ; car cette première rectification faite au texte de la règle la laisse encore trop étroite et doit être suivie d'une autre qui lui donnera toute son étendue. En effet, ce n'est pas seulement aux droits conférés aux époux ou au survivant d'eux, *par les titres* DE LA PUISSANCE PATERNELLE et DE LA TUTELLE, que le contrat de mariage ne peut déroger. Ainsi, il est bien clair que la femme ne pourrait pas renoncer par ce contrat au droit de donner ou refuser son consentement, après le décès du mari, soit au mariage de ses enfants, soit à leur adoption. Pourtant ces droits ne lui sont conférés ni par le titre *De la Puissance paternelle* ni par le titre *De la Tutelle;* ils sont écrits, l'un dans le titre *Du Mariage*, l'autre dans le titre *De l'Adoption.* Il faut donc, pour avoir la pensée complète de la loi, dire que cette partie de l'article défend de déroger aux droits découlant, *pour les époux* ou le survivant d'eux, *de la puissance* paternelle ou *de la puissance* tutélaire (sans qu'il y ait à distinguer dans quel titre du Code ces droits peuvent être écrits).

D'après cette règle, le père ne peut pas plus renoncer au droit de correction ou au droit d'usufruit légal qui devrait s'exercer pendant le mariage qu'à celui qui devrait s'exercer après sa dissolution; il ne peut pas plus renoncer au titre d'administrateur légal qu'au titre de tuteur légitime; la mère ne le peut pas non plus pour les cas exceptionnels qui peuvent lui déférer du vivant du mari ces droits d'administration, de correction et d'usufruit; elle ne peut pas plus renoncer au droit de consentir à l'adoption ou au mariage des enfants, après la mort du mari, qu'au droit de consentir à leur émancipation. En un mot, il n'y a point à rechercher si le droit est écrit dans tel titre ou dans tel autre titre, s'il s'exerce par le mari ou par la femme, s'il s'exerce pendant le mariage ou après sa dissolution : du moment qu'il s'agit d'un des attributs, soit de la puissance paternelle proprement dite, soit de la puissance tutélaire également conférée par la loi (et qui n'est encore pour les époux qu'une conséquence de la puissance paternelle), le droit n'est point soumis au règlement privé des parties, il est invariablement fixé par les dispositions de la loi, et toutes les conventions qui pourraient intervenir à cet égard dans le contrat de mariage seraient comme non avenues (1).

---

(1) Pothier (*Introd. à la comm.*, n° 4); Solon (*Des Nullités*, t. I, n° 318); Dalloz (*C. de mar.*, 115); Pont et Rodière (2ᵉ édit., I, 74 à 78).

VIII.—Notre art. 1388 repousse enfin toute dérogation aux diverses dispositions prohibitives du Code Napoléon.

De ce nombre sont les art. 791, qui défend de renoncer à la succession d'une personne encore vivante; 1097, qui défend aux époux de se faire pendant le mariage des libéralités réciproques par un même acte ; 1399, qui défend de fixer le point de départ de la communauté à un autre jour que celui de la célébration civile du mariage; 1422, qui défend au mari de disposer à titre gratuit des immeubles de la communauté ou d'une quotité de son mobilier; 1454, qui ne permet plus à la femme de renoncer à la communauté lorsqu'elle s'est immiscée dans les biens de cette communauté; 1521, qui interdit toute convention attribuant à l'un des époux dans le partage de la communauté une part de passif non proportionnée à sa part d'actif; etc., etc. Toute clause du contrat de mariage tendant à soustraire les époux à l'une de ces dispositions prohibitives resterait sans effet.

Parmi ces dispositions prohibitives se trouve encore celle de l'article 1389, qui va terminer cette première partie de notre chapitre.

IX. — Cet art. 1389 interdit aux époux toute clause dont l'objet serait de changer l'ordre légal des successions, soit quant à eux-mêmes dans la succession de leurs descendants (par exemple, en disant que la succession des enfants ou petits-enfants passera au père pour le tout et à l'exclusion de la mère, ou que le père y prendra deux tiers ou trois quarts et la mère l'autre quart ou l'autre tiers seulement, contrairement à l'art. 746), soit quant aux descendants entre eux (en stipulant, par exemple, que l'aîné des enfants succédera seul ou pour une plus forte part que ses frères et sœurs à ceux des autres enfants qui viendraient à mourir, contrairement aux art. 750 et 752). Et quoique l'article ne s'occupe explicitement que des successions laissées par les descendants, il est bien clair que la prohibition s'étend à toutes autres successions, de quelque personne qu'elles doivent venir. Ainsi, on ne pourrait pas convenir que l'aîné des enfants succédera seul ou pour une plus forte part que les autres, soit au père, soit à la mère, soit à tel ou tel parent du père ou de la mère (1).

Ceci n'empêche en rien, bien entendu, et l'article prend soin de le déclarer formellement, les donations qui, dans les limites et sous les règles voulues par la loi, pourront être faites, ou dans le contrat de mariage, ou pendant le mariage, soit par l'un des époux à l'autre, soit par les époux ou l'un d'eux à l'un ou plusieurs des enfants nés de leur union, soit aux époux par des tiers. Toutes ces donations, évidemment, restent parfaitement permises. Et non-seulement chaque époux conserve le droit de détourner de l'ordre ordinaire des transmissions par

---

(1) On ne peut pas non plus disposer au profit des enfants qui ne sont pas encore conçus. Delvincourt (t. III, p. 230, note 2); Bellot (t. I, p. 18); Paris, 2 mars 1812 ; Rej., 10 nov. 1841 ; *Dict. not.* (*loc. cit.*, n° 95); Tessier (*Suc. d'acq.*, 417); Odier (t. II, n° 715); Bordeaux, 18 août 1864 (Dev., 1865, II, 15). — Cependant *contrà :* Rodière et Pont (II, 19); Troplong (1858); Massé et Vergé, sur Zachariæ (t. IV, § 855, p. 179, note 22).

succession une partie de son patrimoine (la partie disponible) par des libéralités faites, soit à l'un des enfants, soit à son conjoint, mais il ne pourrait pas même renoncer à ce droit dans son contrat de mariage ; car les conventions privées des parties ne peuvent pas plus créer une incapacité non établie par la loi, qu'elles ne peuvent détruire l'incapacité que la loi impose. En vain M. Taulier (t. V, p. 20) décide le contraire en ce qui touche les libéralités entre époux pendant le mariage. Sans doute, ces libéralités sont vues par le législateur avec une certaine défiance, à cause de l'influence trop facile à laquelle elles peuvent être dues ; mais le législateur a parfaitement remédié au danger en déclarant que, dans ce cas, les donations entre-vifs seraient toujours révocables, à l'insu même du bénéficiaire, comme de simples testaments (art. 1096), et il serait non-seulement contraire à la loi, mais aussi contraire à la raison, de permettre à un époux imprévoyant de s'enlever à l'avance la faculté d'avantager plus tard, même en présence d'une fortune considérable, un conjoint méritant et pauvre : aussi l'idée de M. Taulier est-elle condamnée par les auteurs et les arrêts (1).

N. B. — L'art. 1390 adresse encore aux époux une prohibition ; mais comme sa disposition a pour objet, non plus les stipulations qu'on peut faire, mais seulement le mode de les faire, il paraît plus naturel de ne l'expliquer que dans le paragraphe suivant.

§ 2. — **Régimes divers.** — **Leurs modes d'adoption.** — **Leurs combinaisons.** — **Régime de droit commun.** — **Précautions contre le régime dotal.**

1390. — Les époux ne peuvent plus stipuler d'une manière générale que leur association sera réglée par l'une des coutumes, lois ou statuts locaux qui régissaient ci-devant les diverses parties du territoire français, et qui sont abrogés par le présent Code.

1391. — Ils peuvent cependant déclarer, d'une manière générale, qu'ils entendent se marier ou sous le régime de la communauté, ou sous le régime dotal.

Au premier cas, et sous le régime de la communauté, les droits des époux et de leurs héritiers seront réglés par les dispositions du chapitre II du présent titre.

Au deuxième cas, et sous le régime dotal, leurs droits seront réglés par les dispositions du chapitre III.

Toutefois, si l'acte de célébration du mariage porte que les époux se sont mariés sans contrat, la femme sera réputée, à l'égard des tiers, capable de contracter dans les termes du droit commun, à moins que, dans l'acte qui contiendra son engagement, elle n'ait déclaré avoir fait un contrat de mariage.

---

(1) Merlin (*Rép.*, v° Renonc., § 1, n° 3); Bellot (t. I, p. 16) ; Odier (t. II, 634); Duranton (t. XIV, n° 30) ; Toullier (XIII, 18) ; Bellot des Minières (t. I, p. 16) ; Zachariæ (III, p. 404); Rodière et Paul Pont (I, 73) ; *Dict. not.* (*loc. cit.*, 114) ; Rej., 31 juill. 1809 ; Rej., 15 juill. 1812 ; Cass., 22 déc. 1818.

1392. — La simple stipulation que la femme se constitue ou qu'il lui est constitué des biens en dot, ne suffit pas pour soumettre ces biens au régime dotal, s'il n'y a dans le contrat de mariage une déclaration expresse à cet égard.

La soumission au régime dotal ne résulte pas non plus de la simple déclaration, faite par les époux, qu'ils se marient sans communauté, ou qu'ils seront séparés de biens.

1393. — A défaut de stipulations spéciales qui dérogent au régime de la communauté ou le modifient, les règles établies dans la première partie du chapitre II formeront le droit commun de la France.

SOMMAIRE.

I.   Les époux ne peuvent fixer leurs conventions par un renvoi pur et simple à une ancienne coutume. Pas même pour une règle particulière. Erreur de Toullier.

II. Mais ils peuvent le faire par un renvoi pur et simple au texte du Code ou par la simple indication du nom des régimes que ces textes organisent.

III. Pour être soumis à un régime autre que la communauté légale, il faut que la volonté des parties à cet égard soit exprimée. Cette expression de la volonté est surtout nécessaire pour le régime dotal, mais il n'y a cependant pas de termes sacramentels : dissentiment avec la plupart des auteurs.

IV. On peut combiner plusieurs régimes, notamment la communauté et la dotalité.

V. La communauté est le régime de droit commun. Dans quel cas on y est soumis.

VI. Explication du dernier alinéa de l'art. 1391 et des autres additions faites au Code Napoléon par la loi du 10 juillet 1850.

I. — En substituant au cent et une coutumes qui faisaient de notre législation la mosaïque la plus bigarrée les règles uniformes du Code Napoléon, le législateur ne pouvait pas permettre aux époux de faire revivre par leur contact ces coutumes qu'il abrogeait. En conséquence, il déclare nulle toute phrase par laquelle ces époux diraient d'une manière générale, c'est-à-dire sans développement et par simple renvoi, qu'ils entendent adopter, soit le système entier de cette ancienne coutume, soit la règle particulière de tel article de cette coutume. Ainsi serait nulle la clause par laquelle les époux déclareraient, sans autre explication, *se soumettre au système de l'ancienne coutume de Normandie,* et celle par laquelle ils diraient que le remploi du prix des biens vendus de la femme devra être fait *selon la règle de l'art. 45 de l'ancienne coutume de Bretagne* (c'est-à-dire en terres seulement et non pas en maisons). Dans ces deux cas, en effet, on ne trouve ni dans le contrat, ni dans le rapprochement de ce contrat et du Code Napoléon, la pensée des époux, pensée qu'il faut aller chercher dans la coutume indiquée. C'est précisément cette nécessité de recourir aux coutumes, et pour cela d'en conserver les textes pour les étudier et les discuter comme des règles légales, que le législateur a entendu repousser.

Toullier (XIII, 7) a donc commis une grave erreur et fort mal compris les mots *d'une manière générale,* quand il a dit qu'ils proscrivaient le renvoi fait au système entier d'une coutume, mais laissaient permis le renvoi fait à la disposition particulière de tel article de cette coutume. Il est évident qu'il faudrait conserver les textes des coutumes et y recourir, tout aussi bien pour connaître la disposition d'un article isolé dont le contrat n'explique pas la règle, que pour connaître l'ensemble du régime organisé par la coutume indiquée ; que l'indication des textes coutumiers est faite ou non d'une manière générale, dans le sens de l'art. 1390, selon qu'elle met ou ne met pas dans la nécessité de recourir à ces textes pour savoir ce que signifie l'acte ; que la généralité de l'indication s'entend ici du défaut d'explication de la règle indiquée, et nullement de l'étendue ou de la portée des dispositions auxquelles on renvoie. C'est donc avec raison, que l'interprétation de Toullier a été condamnée par la doctrine et par la jurisprudence (1).

Ainsi, la clause serait très-valable si les époux avaient spécifié leur pensée en joignant à l'indication qu'ils font d'une coutume ou d'un article de cette coutume l'expression formelle de cette pensée ; si, par exemple, après avoir dit que le remploi devra se faire selon l'article *tant* de telle coutume, ils ajoutent, *c'est-à-dire en terres*. En un mot, la clause est ou n'est pas générale, et dès lors nulle ou valable, selon qu'elle a ou n'a pas l'inconvénient de forcer à recourir aux textes coutumiers et de perpétuer ainsi l'existence de ces textes (2).

II. — S'il est défendu de fixer les conventions matrimoniales en se référant d'une manière générale, c'est-à-dire par un renvoi pur et simple, à nos anciennes coutumes, attendu que ce ne sont plus là des textes légalement existants, il est au contraire parfaitement permis de les fixer en se référant de cette même manière au Code Napoléon. Ainsi, deux futurs époux pourraient faire leur contrat de mariage en une seule ligne, en disant tout simplement et sans explication qu'ils adoptent le régime de la communauté (ou le régime dotal, ou celui de l'exclusion de communauté, ou celui de la séparation de biens) tel qu'il est réglé par le Code, ou bien en disant, sans indiquer même le nom du régime, qu'ils adoptent le système que le Code présente depuis tel article jusqu'à tel article. Il est clair qu'un tel contrat, si laconique qu'il fût, serait parfaitement valable, puisque, s'il se contente d'un simple renvoi, ce renvoi serait fait à un texte légal.

C'est ce que déclare l'art. 1391, qui s'exprime, du reste, d'une ma-

---

(1) Duranton (XIV, 3); Zachariæ (III, p. 406, n° 14); Duvergier (sur Toull., *loc. cit.*); Paul Pont et Rodière (I, 74); Troplong (I, 138); Odier (t. II, n° 369); Dalloz (*loc. cit.*, 154); Poitiers, 16 mars 1826; Grenoble, 6 juin 1829; Rej., 28 août 1833 (Dev., 33, I, 744). — *Voy.* encore Rej., 22 janv. 1845 (Dev., 45, I, 439).

(2) Cette règle de toute raison doit évidemment s'appliquer à tous autres actes que les contrats de mariage, et notamment aux testaments. Elle explique et concilie parfaitement deux arrêts de rejet, l'un du 19 juillet 1810, qui déclare valable le testament dans lequel on pouvait saisir la volonté du testateur sans recourir à la coutume à laquelle il s'était référé ; l'autre du 23 décembre 1828, qui déclare nul un testament dans lequel cette volonté ne pouvait être comprise sans se reporter à la coutume. C'est donc à tort que M. Zachariæ et M. Duvergier présentent ces arrêts comme opposés l'un à l'autre. *Conf.* Dalloz (v° Cont. de mar., 156); Rodière et Pont (t. I, n° 74, et 2° édit., I, 80 et 81); Rej., 28 août 1833. *Contrà :* Odier (t. II, n° 640); Troplong (n° 140). Rien ne paraît s'opposer, d'ailleurs, à ce que l'on se réfère à tel article d'un code étranger. Bellot (t. IV, p. 506); Dalloz (*loc. cit.*, 158).

nière inexacte et incomplète, quand il dit que les époux peuvent adopter ou le régime de communauté ou le régime dotal, et que leurs droits sont alors réglés par le chapitre II de notre titre dans le premier cas, et par le chapitre III dans le second. Nous savons, en effet, que (même sans parler de la communauté conventionnelle) les deux régimes de communauté et de dotalité ne sont pas les seuls; qu'il faut y joindre l'exclusion de communauté et la séparation de biens; que la communauté réglée par la loi ne l'est point par l'ensemble du chapitre II, mais seulement par la première partie de ce chapitre, la seconde partie étant consacrée (en outre de la communauté conventionnelle) aux deux régimes que notre article a tort de passer sous silence et qui peuvent, tout aussi bien que ceux dont il parle, être adoptés, soit par leur nom seulement, soit sans indication de nom et par un simple renvoi aux articles qui les organisent (1).

III. — Si les époux ont le choix libre entre ces cinq régimes de Communauté légale, Communauté conventionnelle, Exclusion de communauté, Séparation de biens, et Régime dotal, et s'ils peuvent adopter chacun d'eux (moins la communauté conventionnelle, dont la nature même repousse ce mode d'adoption) par la seule indication de son nom ou par un simple renvoi aux textes légaux, il est clair qu'ils peuvent aussi l'adopter (sans mettre son nom ni renvoyer aux textes) par l'indication plus ou moins développée de ses caractères. Mais ils doivent alors se servir de termes clairs et manifestant bien leurs volontés; car une fois le mariage célébré, il ne leur serait permis ni de corriger d'un commun accord la rédaction de l'acte pour la rendre plus intelligible, ni de recourir à des témoignages ou à des circonstances de fait pour manifester leur vraie pensée; et, dans le doute que ferait naître un contrat mal rédigé, sur le point de savoir quel régime on a voulu adopter, c'est toujours à la communauté légale que les époux se trouveraient soumis, quoique leur intention ait pu être différente (2), parce que c'est là le régime de droit commun, celui que le législateur attribue à tous ceux pour qui des conventions régulières et efficaces n'en établissent pas un autre (art. 1393).

C'est surtout pour le régime dotal, dont les effets sont plus rigoureux et vraiment exorbitants, puisqu'il met les immeubles de la femme hors du commerce en les frappant d'inaliénabilité, que la manifestation formelle de la volonté des parties est nécessaire. Il faut, à cet égard, nous dit la loi, une déclaration expresse. Ainsi, il ne suffirait pas, et c'est encore la loi qui nous le dit, d'une clause par laquelle il serait déclaré que tels biens *sont constitués en dot* à la femme, soit par elle-même, soit par d'autres personnes. Le substantif *dot* étant employé, et dans le monde, et par les jurisconsultes, et par la loi elle-même (art. 1443, 1540), pour signifier les biens que la femme apporte en se mariant, sous quelque régime que ce soit, et aussi bien en cas de communauté

---

(1) *Voy.* MM. Rodière et Paul Pont (t. I, n° 78).
(2) Arrêt de la Cour de Turin, du 23 juill. 1808.

que sous le régime dotal, il n'était pas possible de voir l'adoption de la dotalité dans cette simple déclaration que tels biens constituent la dot de la femme. De même, il était bien impossible de voir l'adoption du régime dotal dans la déclaration que les époux se marient *sans communauté* ou *séparés de biens,* puisque l'exclusion de communauté et la séparation de biens sont des régimes particuliers aussi distincts du régime dotal que de la communauté, et l'on ne comprend pas comment les rédacteurs ont cru devoir prendre la peine de nous dire une chose si simple, eux surtout dont le plan présente précisément l'exclusion de communauté et la séparation de biens comme des annexes de la communauté n'ayant aucune relation avec le régime dotal.

Mais s'il faut, pour se soumettre au régime exorbitant de la dotalité, une clause conçue en termes formels, de façon à ne pas laisser de doute sur la pensée des parties, rien ne permet d'exiger des termes sacramentels, rien ne commande l'emploi exclusif de telles expressions, et les parties peuvent se servir de tels mots et de telles tournures de phrases qu'il leur plaira, pourvu que la volonté de se soumettre à la dotalité en ressorte bien. Si donc le parti le plus sûr, en même temps qu'il est fort simple, est de déclarer que *les époux adoptent le régime dotal,* en indiquant ensuite quels immeubles de la femme on veut rendre dotaux (les autres restant paraphernaux), on peut aussi se contenter de dire que les immeubles de la femme ou tels de ces immeubles seront *frappés de dotalité,* ou qu'ils *sortiront nature dotale,* ou qu'ils seront *soumis à l'inaliénabilité de l'art.* 1554 *du Code Napoléon,* ou que tels *seront dotaux* et tels autres *paraphernaux ;* il suffit aussi d'ajouter à la clause, insuffisante par elle seule, qui constitue tels biens en dot, soit l'idée que ces biens *seront par conséquent inaliénables,* soit celle que ces biens étant dès lors *dotaux,* les autres ne sont que *paraphernaux.*

Il est vrai que la plupart des auteurs n'admettent pas ces expressions comme suffisantes. Merlin (*Rép.,* v° Dot, § II, n° 13), Toullier (XIV, n°s 40-45), M. Tessier (I, p. 7), M. Duranton (XV, n°s 330-332), M. Odier (III, 1050), présentent sur ce point des explications tantôt fort laconiques, tantôt très-longues, mais qui semblent toutes conduire à cette conclusion, que les seuls mots qui puissent créer la dotalité sont exclusivement ceux de *régime dotal ;* en sorte que ce serait là véritablement une formule sacramentale que nulle autre expression ne pourrait remplacer. Ainsi, M. Duranton explique longuement que la dotalité ne résulterait pas du contrat dans lequel la femme dirait qu'*elle se constitue tels biens en dot* et qu'*ils seront dès lors inaliénables,* ou que ces biens constitués en dot *étant ainsi dotaux,* les autres *seront paraphernaux.* En effet, dit le savant professeur, la dotalité ne résulte pas, d'abord, de la constitution d'une dot, la loi le dit positivement ; or elle ne peut résulter non plus, ni de ce que les biens apportés comme dot sont faits inaliénables, car l'inaliénabilité et la dotalité ne sont pas strictement la même chose, ni de ce que ces biens sont déclarés dotaux, puisque la qualification de *dotaux* ne fait que reproduire l'idée qu'ils sont apportés comme dot, ni de ce que la femme, en regard des biens dotaux, s'en réserve de paraphernaux, puisque cette dernière qualification signifie tout simplement que la femme conserve l'administration des bien sainsi qualifiés, et que cette circonstance convient autant à la séparation de biens qu'au régime dotal.

Mais n'est-il pas évident que tout ceci est exagéré et par conséquent inexact?... Et d'abord, remarquons bien la teneur de l'art. 1392, qui nous paraît avoir été mal compris par les auteurs précités. Cet article nous dit que, pour créer la dotalité, il ne suffit pas de la *simple* déclaration que tels biens sont constitués en dot à la femme; mais si cette déclaration, qui est par elle seule peu significative (à cause du sens large du mot *dot*), est accompagnée d'une clause qui en spécifie le sens; si l'on ajoute, comme conséquence de la constitution des biens en dot, que ces biens *seront inaliénables*, ou que ces biens seront *dotaux* et les autres *paraphernaux*, ce n'est plus une constitution de dot *simple*, nue et sans portée, c'est une constitution de dot développée, caractérisée; et ce cas sort alors des termes mêmes de l'article, aussi bien que de sa pensée. Et comment, en effet, ne pas voir la volonté suffisamment manifestée d'établir la dotalité, alors qu'on trouve à côté de la constitution de dot le caractère le plus saillant et le plus exorbitant de cette dotalité, l'inaliénabilité des biens; ou quand le contrat explique que les biens constitués en dot seront réellement dotaux et que les autres seront paraphernaux? Si le substantif *dot* n'a pas une signification précise, il en est autrement des adjectifs *dotal* et *paraphernal;* et si l'on a toujours et partout parlé de DOT sous un régime quelconque, jamais et nulle part ailleurs que sous le régime dotal, le Code ne parle de biens DOTAUX et PARAPHERNAUX. Si singulière que puisse être cette différence entre le substantif et l'adjectif correspondants, il faut pourtant bien l'accepter, puisque *sic volet* USUS, *quem penès arbitrium est et jus et norma loquendi.* Autrement, et si l'on voulait, comme M. Duranton, substituer ici, pour le sens des mots, la règle d'un strict raisonnement à la règle (quelquefois bizarre, mais toujours souveraine) de l'usage, il faudrait, après avoir dit que l'expression *biens* DOTAUX peut s'entendre de biens restant soumis à la communauté, parce qu'en résumé elle signifie tout simplement *biens* CONSTITUÉS EN DOT (et qu'il y a constitution de dot sous tous les régimes), il faudrait arriver à dire aussi que l'expression même de *régime* DOTAL peut également s'entendre d'un régime quelconque, puisque proprement elle ne signifie que *régime sous lequel* ON CONSTITUE UNE DOT. Ainsi, on en viendrait à être forcé d'avouer que la déclaration des parties qu'elles *adoptent le régime dotal* est elle-même insuffisante!...

Il faut donc reconnaître que cette expression de *régime dotal* n'est point la seule qui puisse être employée, et que la dotalité résulte de toute clause manifestant nettement la volonté des parties à cet égard. C'est ce que proclament de récents arrêts, cités au numéro suivant, et ce qu'enseignent M. Zachariæ (III, p. 407), MM. Rodière et Paul Pont (II, 375, 376), et M. Troplong (I, 143-160). Il est vrai que ce dernier, tout en combattant comme nous l'exagération désormais abandonnée de MM. Duranton et autres, y retombe lui-même sur un point, en soutenant aussi (n° 155) que l'adjectif *dotal* n'a pas plus de valeur que le substantif *dot;* mais nous croyons qu'il y a plutôt malentendu que dissentiment entre le savant magistrat et nous. Nous reconnaissons bien avec lui que le mot *dotal* n'a pas toujours la signification précise du mot *paraphernal* (n° 157); mais on ne peut pas nier qu'il n'ait plus d'énergie que le mot *dot*. Sans doute, si le mot n'est employé qu'énonciativement et comme simple qualification incidente dans une phrase qui parle en passant des *biens dotaux* de la femme, on pourra reconnaître que ces expressions signifient seulement *biens propres;* mais quand le mot constitue précisément l'objet d'une disposition, quand on dit que *tels immeubles de la femme seront* DOTAUX ou *de nature* DOTALE, une semblable déclaration emporte bien dotalité; sans quoi, encore une fois, il faudrait arriver à dire que les mots de *régime dotal* sont eux-mêmes insuffisants... M. Troplong fait remarquer qu'une ancienne coutume, celle du comté de Bourgogne, dans son art. 34 (et non 35, comme le dit l'auteur), parle de *biens dotaux* pour signifier *biens propres,* et qu'il en est de même de certains contrats; mais il ne s'agit précisément là que de qualifications incidentes, et le mot n'y est point employé dispositivement. Il invoque enfin un arrêt de rejet du 11 juillet 1820; mais cet arrêt est sans autorité, puisqu'il maintient un arrêt de Grenoble qui, d'après M. Troplong lui-même (n° 157), *doit être désapprouvé sans restriction,* et qui, s'il était venu seize ans plus tard, eût certainement été cassé, comme l'a été en 1836 un arrêt de Paris dont nous allons parler. Notre doctrine, au contraire, est nettement consacrée par un arrêt de Caen de 1842, également cité plus bas.

IV. — Si les futurs époux peuvent adopter tel des divers régimes qu'il leur plaira, ils peuvent aussi combiner plusieurs de ces régimes en prenant l'un pour base de leur association et en y ajoutant une ou plusieurs règles empruntées à un autre. Ainsi, de même qu'ils peuvent, tout en adoptant le régime dotal, y joindre la petite communauté réduite aux acquisitions qui se font pendant le mariage et qu'on appelle ordinairement *société d'acquêts* (art. 1581), de même ils pourraient, en adoptant principalement le régime de la communauté, soumettre au régime dotal les biens propres de la femme. Dans les deux cas, il y aura coexistence du régime dotal et du régime de la communauté.

Et, bien entendu, cette adoption partielle et secondaire du régime dotal sera soumise aux mêmes règles que son adoption complète, c'est-à-dire qu'elle devra être expresse, mais sans qu'il y ait nécessité de la faire en tels termes plutôt qu'en tels autres. Manifestation expresse de la volonté, mais rien de sacramentel dans l'expression : telle est la règle. Ainsi, quand les parties, après avoir déclaré qu'elles adoptent le régime de la communauté, ajoutent que néanmoins les immeubles de la femme seront *soumis à la prohibition d'aliéner et d'hypothéquer édictée par l'art.* 1554 *du Code Napoléon,* il y aura évidemment coexistence des règles de la dotalité avec les règles de la communauté;

et c'est avec raison qu'un arrêt de Paris, qui avait déclaré cette clause insuffisante pour rendre les biens dotaux, et qui avait autorisé les créanciers de la femme à poursuivre sur ces biens l'exécution des obligations contractées par la femme pendant le mariage, a été cassé par la Cour suprême (1). Il en sera de même encore, lorsque la femme, adoptant la communauté, stipule que ses propres de communauté seront *dotaux*; et la Cour de Caen l'a ainsi jugé, avec raison, par arrêt du 4 juillet 1842 (2).

V. — Nous avons déjà dit que le régime de la communauté est aujourd'hui, pour toute la France, le régime de droit commun, celui auquel se trouvent soumis tous ceux qui, dans un contrat régulièrement fait, n'en ont pas expressément adopté un autre (3).

Ainsi donc, si les parties se marient sans faire de contrat, ou si leur contrat se trouve nul pour vice de forme (4), ou s'il est nul encore parce qu'on s'y est borné à dire qu'on adoptait le régime organisé par telle ancienne coutume, ou si sa rédaction est telle, par son obscurité ou autrement (*voy.* art. 1399, n° IV), qu'on n'y puisse pas reconnaître quel régime on a entendu prendre, dans ces différents cas, c'est au système de la communauté légale, tel qu'il est réglé par la première partie du chapitre II de notre titre, que les époux sont soumis (5).

C'est également d'après les règles de la communauté légale qu'il faudra fixer les points particuliers qu'un contrat de mariage n'aurait pas prévus. Sans doute on devra, dans un contrat de mariage comme dans tout autre acte, rechercher la commune intention des parties en interprétant et complétant les diverses clauses les unes par les autres, et par l'ensemble de l'acte; mais si, après cette recherche, il reste encore des points que le contrat laisse douteux, c'est évidemment aux règles du régime de droit commun qu'il faudra les déclarer soumis.

VI. — Du reste, diverses dispositions ajoutées au Code Napoléon par la loi du 10 juillet 1850, et dont la principale forme le dernier alinéa de l'art. 1391, offrent désormais aux tiers qui contractent avec une femme dotale un moyen de se garantir d'un danger auquel il était précédemment impossible d'échapper.

Le régime dotal attribuant à la femme et à ses représentants le droit

---

(1) Cass., 24 août 1836 (*J. Pal.*, 1837, t. I, p. 117). *Conf.* Toullier (XII, 372); Bellot (IV, 295); Zachariæ (t. III, p. 402); Rodière et Pont (t. I, n° 79). *Voy.* aussi Battur (t. II, n° 389); Troplong (79 et 159); Dalloz (*loc. cit.*, 180).

(2) *J. Pal.*, 1843, t. I, p. 44.

(3) A quel régime est soumis l'étranger qui se marie en France? *Voy.* Dumoulin (*De Statutis*); Renusson (*De la Com.*, n° 34); Lebrun (*id.*, liv. 1, chap. 2, 73); Pothier (*id.*, 12); Merlin (*Rép.*, v° Aut. marit., sect. 10, n° 5); Chabot (*Quest. transit.*, v° Comm., n° 3); Toullier (t. XII, n° 91); Duranton (t. XIV, n° 88); Zachariæ (t. III, p. 410); Odier (t. I, n° 45); Troplong (n° 83); Pont et Rodière (2e édit., t. I, n° 34); Paris, 30 janv. 1838; Req., 29 juin 1842; Cass., 7 fév. 1843; Rej., 29 déc. 1836; 3 août 1849.

(4) Grenoble, 7 janv. 1851; Toulouse, 5 mars 1852, 20 juill. 1852, 19 janv. 1853; Paris, 1er mars 1853; Montpellier, 9 déc. 1853; Cass., 29 mai 1854; Nîmes, 30 août 1854; Cass., 9 janv. 1855; Toulouse, 2 juin 1857; Montpellier, 24 déc. 1857; Nîmes, 12 nov. 1863.

(5) *Voy.* MM. Paul Pont et Rodière (t. I, n° 32); et Troplong (t. I, n°s 18 et suiv.).

de faire révoquer toute aliénation et tout engagement de ses fonds dotaux, il était souvent arrivé qu'une femme dotale vendait ou engageait
ses biens en se déclarant mensongèrement mariée sans contrat, ce qui
faisait croire au tiers que cette femme était mariée en communauté légale et parfaitement capable, dès lors, avec l'autorisation de son mari,
d'engager et d'aliéner tous ses biens. L'impossibilité pour les tiers de
vérifier la déclaration faite par une femme qu'elle était mariée sans
contrat avait un double inconvénient : elle exposait, d'une part, ceux
qui ajoutaient foi à la déclaration de la femme à voir venir, plus tard,
cette femme exhiber le contrat dont elle avait dissimulé l'existence,
faire révoquer l'acte qu'elle avait souscrit, et spolier ainsi les tiers trop
confiants qui avaient cru à sa parole ; elle exposait, d'autre part, des
époux réellement mariés sans contrat à ne pouvoir pas profiter de leur
qualité d'époux communs, les tiers ne voulant pas, la plupart du temps,
contracter avec eux dans la crainte d'être trompés par une déclaration
dont on ne pouvait pas constater l'exactitude. C'est pour remédier à
ce fâcheux état de choses que la loi du 10 juillet 1850 a fait au Code
plusieurs additions, qui forment : 1° la seconde phrase de l'art. 75 ;
2° les deux derniers alinéas de l'art. 76 ; 3° le dernier alinéa de notre
art. 1391 ; 4° enfin les deux derniers alinéas de l'art. 1394.

Voici le résultat de ces nouvelles dispositions. — D'abord, tout notaire qui reçoit un contrat de mariage doit délivrer aux parties, sur
papier libre et sans frais, un certificat énonçant ses noms, sa résidence,
les noms, qualités et demeures des époux, la date du contrat, et portant l'indication que ce certificat doit être remis à l'officier de l'état
civil avant la célébration du mariage. Il doit aussi, pour renseigner les
époux, tant sur la remise qu'ils auront à faire de ce certificat à l'officier
de l'état civil, que sur la conséquence qu'entraînerait pour eux une
fausse déclaration devant cet officier, leur donner lecture et de ces
dispositions de l'art. 1394, et du dernier alinéa de notre art. 1391.
Mention de cette lecture doit être faite dans le contrat de mariage lui-
même, à peine de 10 fr. d'amende contre le notaire (art. 1394) (1).
— Lors de la célébration du mariage, l'officier de l'état civil doit, soit
que les époux lui aient ou non remis un certificat rédigé comme il vient
d'être dit, interpeller les époux, ainsi que les personnes qui autorisent
le mariage, si elles sont présentes, d'avoir à déclarer s'il a été fait un
contrat de mariage, et, dans le cas de l'affirmative, la date de ce contrat, ainsi que les noms et le lieu de résidence du notaire qui l'a reçu
(art. 75). La déclaration que les époux feront sur cette interpellation
sera énoncée dans l'acte, à peine, contre l'officier, de l'amende fixée
par l'art. 50 du Code Napoléon ; et dans le cas où la déclaration aurait

---

(1) La peine édictée par la loi doit être appliquée au notaire rédacteur d'un acte
additionnel ou modificatif d'un contrat de mariage qui ne donnerait pas lecture aux
parties du dernier alinéa de l'art. 1391, ainsi que du dernier alinéa de l'art. 1394, et
qui ne ferait pas mention de la lecture dans son acte. Paris, 12 janv. 1856 (Dev., 56,
II, 106). — Le contraire a été jugé : Caen, 2 déc. 1856 ; Cass., 18 mars 1857 ; Nimes,
4 fév. 1858.

été omise ou serait inexacte, la rectification de l'acte sur ce point pourrait (en outre du droit de rectification que l'art. 99 ouvre aux parties intéressées) être demandée d'office par le procureur impérial (art. 76). — Enfin, et moyennant ces précautions, la loi déclare ici que quand l'acte de célébration dira que les époux n'ont pas fait de contrat, et si la femme d'ailleurs ne fait pas une déclaration contraire dans l'acte où elle traite avec un tiers, elle sera réputée, à l'égard de ce tiers, capable de contracter conformément au droit commun.

Précisons bien le sens de cette disposition, et voyons, d'une part, à quelles conditions l'effet indiqué se produit ; d'autre part, quel est au juste cet effet. — Deux conditions sont exigées. Il faut d'abord que l'acte de mariage exprime l'idée que les époux sont mariés *sans contrat ;* il ne suffirait pas qu'il fût muet à cet égard. C'est qu'en effet, tout acte de mariage devant désormais contenir la déclaration que les époux ont fait ou n'ont pas fait un contrat, le tiers qui voit un acte gardant le silence à cet égard sait que l'acte est incomplet, et doit dès lors s'abstenir de traiter avec les époux, jusqu'à ce que ceux-ci aient fait rectifier et compléter leur acte de célébration. Bien plus, quand même un maire peu éclairé, et comprenant mal l'obligation que lui impose la loi de 1850, aurait cru devoir exprimer le régime que le contrat établit, et que l'acte déclarerait par fraude ou par erreur que les époux ont fait un contrat les soumettant au régime de la communauté, tandis qu'ils seraient soumis au régime dotal, le tiers, malgré la déclaration nouvelle que la femme pourrait faire qu'elle est mariée en communauté, n'aurait pas le droit pour cela d'invoquer la disposition qui nous occupe et n'en subirait pas moins les conséquences de la dotalité. Ce n'est pas sur les dispositions du contrat que la loi a entendu renseigner le tiers ; c'est uniquement sur le fait de l'existence ou de l'inexistence de ce contrat : du moment qu'il voit qu'un contrat a été fait, il ne doit pas traiter avant de s'être fait remettre par les époux une expédition de ce contrat ; et c'est seulement quand il a été trompé sur le fait de l'existence du contrat, quand il a cru qu'un contrat n'existait pas, tandis qu'il en existait un qui rendait la femme incapable d'aliéner et d'engager sa dot, qu'il peut invoquer le bénéfice de notre disposition. Il faut donc, en premier lieu, que l'acte de mariage dise que les époux n'ont pas fait de contrat. Mais il faut, en outre, que cette assertion ne soit pas démentie par une déclaration contraire faite dans l'acte intervenu entre la femme et le tiers ; car si, dans cet acte, il a été déclaré, soit par la femme, soit par le mari, quoique la loi ne le dise pas quant à ce dernier (car l'effet est identiquement le même, et on peut toujours d'ailleurs considérer le mari comme ayant parlé au nom de sa femme), qu'un contrat existait, le tiers ne peut plus se plaindre d'avoir été trompé, il a su qu'il y avait un contrat et a dû exiger des époux la représentation de ce contrat. Du reste, c'est une déclaration insérée dans l'acte passé par la femme que la loi exige, et l'on ne devrait pas dès lors admettre les époux à prouver qu'ils ont averti le tiers en dehors de l'acte. En présence de la déclaration écrite de l'acte de mariage, il était naturel d'exiger que la déclaration contraire fût écrite aussi dans l'acte que passe la femme; c'était d'ailleurs couper court à de nouvelles difficultés, et notre article a eu raison de demander que la femme fasse sa déclaration dans l'acte par lequel elle contracte. Il importerait peu toutefois, on le conçoit, que cette déclaration fût consignée dans le même acte ou dans un acte séparé : ce qu'il faut, ce qui est dans la pensée de la loi, c'est que l'avertissement soit officiellement donné par écrit, à l'occasion du traité à intervenir.

Quant à l'effet que produira la déclaration d'inexistence d'un contrat contenue à l'acte de mariage et non démentie par une déclaration contraire de l'acte postérieur, il est moins étendu que ne l'ont cru quelques personnes. Cet effet, qui, d'abord et bien entendu, est purement relatif, et ne se produit que par rapport au tiers qui a traité avec les époux, n'est pas de permettre à ce tiers de considérer, pour l'exécution de son traité, comme commune en biens la femme qui ne l'est pas, mais seulement et uniquement de faire considérer cette femme comme pouvant s'obliger et aliéner avec l'autorisation du mari (ainsi que la femme mariée le peut, de droit commun), quoiqu'elle soit soumise au régime dotal, qui lui enlève cette faculté. Ce que la loi rend inefficace relativement au tiers qui a été trompé, et quant à l'exécution de son traité, ce n'est pas toute clause dérogeant au régime de droit commun, à la communauté légale, mais uniquement la clause qui établit l'inaliénabilité des biens de la femme, et qui rend ainsi nuls l'aliénation ou l'engagement que cette femme, même assistée de son mari, en consentirait. Ainsi, par exemple, quand j'ai accepté le bail que me faisait du bien de sa femme un mari qui se disait marié sans contrat, et que l'acte de célébration déclarait de même marié sans contrat, je ne pourrai pas, si plus tard la femme prouve qu'elle est mariée en séparation de biens et demande la nullité du bail, conjurer cette nullité et prétendre que la femme doit être traitée, quant à ce bail, comme si elle était commune en biens. Ce n'est pas de ces cas, en effet, que le législateur s'est occupé. Il a pensé que quand il ne s'agirait ainsi que du plus ou moins d'étendue des droits réciproques du mari et de la femme, le tiers a toujours un moyen facile de se garantir, c'est d'exiger la signature des deux époux. Mais quand une femme qui se dit, et que son acte de mariage dit également, mariée sans contrat et par conséquent en communauté légale, tandis qu'elle a fait un contrat qui la soumet au régime dotal, vient avec le secours de son mari me vendre un de ses immeubles dotaux, ou l'hypothéquer pour garantie de l'emprunt qu'elle me fait, ou prendre envers moi des engagements qui ne peuvent avoir d'autre garantie que ces mêmes immeubles, c'est alors que je pourrai invoquer le bénéfice de l'art. 1391, et faire déclarer valables, malgré la dotalité, qui sera non avenue quant à eux, les contrats que cette femme, dûment autorisée, a passés avec moi. C'est ici que s'applique la nouvelle disposition de l'art. 1391, quand elle dit que, sous les conditions indiquées, la femme sera réputée, à l'égard des tiers, *capable de contracter dans les termes du droit commun*, c'est-à-dire capable d'aliéner tous ses biens, de les hypothéquer et de les engager, avec autorisation du mari ou de justice, comme si elle était mariée en communauté légale (1).

§ 3. — Formes et rédaction du contrat. — Changements. — Contre-lettres.

1394. — Toutes conventions matrimoniales seront rédigées, avant le mariage, par acte devant notaire.

Le notaire donnera lecture aux parties du dernier alinéa de l'art. 1391, ainsi que du dernier alinéa du présent article. Mention de cette lecture sera faite dans le contrat, à peine de dix francs d'amende contre le notaire contrevenant.

Le notaire délivrera aux parties, au moment de la signature du contrat, un certificat, sur papier libre et sans frais, énonçant ses noms et lieu de résidence, les noms, prénoms, qualités et demeures des futurs époux, ainsi que la date du contrat. Ce certificat indiquera qu'il doit être remis à l'officier de l'état civil avant la célébration du mariage.

1395. — Elles ne peuvent recevoir aucun changement après la célébration du mariage.

1396. — Les changements qui y seraient faits avant cette célébration doivent être constatés par acte passé dans la même forme que le contrat de mariage.

Nul changement ou contre-lettre n'est, au surplus, valable sans la présence et le consentement simultané de toutes les personnes qui ont été parties dans le contrat de mariage.

1397. — Tous changements et contre-lettres, même revêtus des formes prescrites par l'article précédent, seront sans effet à l'égard des tiers, s'ils n'ont été rédigés à la suite de la minute du contrat de mariage; et le notaire ne pourra, à peine des dommages et intérêts des parties, et sous plus grande peine s'il y a lieu, délivrer ni grosses ni expéditions du contrat de mariage sans transcrire à la suite le changement ou la contre-lettre.

SOMMAIRE.

I. Le contrat doit être passé devant notaire avec minute. La présence du second notaire ou des témoins n'y est pas requise à peine de nullité.
II. Il ne peut être fait ni modifié pendant le mariage. Erreur de Toullier.

_____

(1) Comme on le voit, la loi n'a pas ici, quant aux tiers, d'autre but que de les renseigner sur le seul fait *de l'existence ou de l'inexistence d'un contrat*, en les protégeant contre la fausse déclaration qui serait faite sur ce point par des époux dotaux. Si donc elle se préoccupe aussi de faire indiquer dans l'acte de célébration *la date* du contrat, ainsi que *les noms et la résidence du notaire* qui l'a reçu, c'est uniquement dans l'intérêt des époux et de leurs enfants, pour qu'ils puissent toujours retrouver ce contrat. Cette précaution peut surtout être utile pour les enfants après la mort des parents.

III. Il peut recevoir des changements avant le mariage, mais sous des conditions déterminées. Les donations faites aux époux par des tiers ne sont pas réputées changements au contrat. *Secùs* des conventions destinées à remplacer une clause douteuse du contrat par une clause plus explicite. Inexactitude de MM. Rodière et Paul Pont.

IV. Le changement n'est valable, même entre les époux, qu'avec l'accomplissement des formes voulues pour le contrat et le consentement de tous ceux qui y ont été *parties*. On doit comprendre sous ce nom les ascendants dont le conseil est nécessaire aux futurs : dissentiment avec plusieurs auteurs. Toutes ces parties doivent être présentes et consentir simultanément. Erreur de MM. Maleville, Toullier et Battur.

V. A l'égard des tiers, le changement n'est valable qu'autant qu'il est rédigé à la suite de la minute du contrat. Le notaire qui délivrerait une copie du contrat sans y joindre celle du changement serait passible de dommages-intérêts envers les tiers lésés; mais le changement ne serait pas nul envers eux. Erreur de Toullier. — Observation sur une inexactitude de MM. Rodière et Paul Pont.

1. — L'acte destiné à fixer les conventions matrimoniales doit être signé avant le mariage; il ne saurait être dressé ni modifié en quoi que ce soit après la célébration. Les époux qui procèdent à cette célébration sans avoir rédigé aucun contrat n'en peuvent plus faire ensuite, et se trouvent soumis, ainsi qu'on l'a déjà dit, au régime de la communauté légale, sans pouvoir y apporter plus tard aucune modification.

Pour assurer l'immutabilité du contrat, et pour empêcher les époux de détruire ou de modifier l'acte après le mariage célébré, la loi exige que cet acte soit passé devant notaire et avec minute. Nous disons avec minute, et c'est évident, puisque l'art. 1397, en parlant des contre-lettres, exige qu'elles soient rédigées *à la suite de la minute* du contrat (1). Le contrat notarié, mais reçu en brevet, serait donc nul, aussi bien que celui qui serait fait par acte sous seing privé; mais il va sans dire que les contrats faits même par acte sous seing privé avant le Code, et sous l'empire d'une coutume qui le permettait, ont conservé leur validité (2). Du reste, si les contrats de mariage doivent partout aujourd'hui, à peine de nullité, être faits par acte notarié dont il y ait minute, il n'est pas nécessaire à peine de nullité qu'ils soient reçus par deux notaires ou par un notaire et deux témoins. L'étrange loi du 21 juin 1843, que nous avons analysée et critiquée sous l'art. 1317, laisse le contrat de mariage parmi les actes pour lesquels un notaire seul et sans témoins suffit, pourvu qu'on y constate mensongèrement la présence des témoins ou du second notaire; il a été entendu, lors du vote de cette disposition immorale, à la Chambre des députés et à la Chambre des pairs, qu'il n'y avait pas à distinguer à cet égard si le contrat contient

____

(1) Toullier (t. XII, n° 71); Grenier (*Hyp.*, n° 8); Duranton (t. XIV, n° 44); Dalloz (*loc. cit.*, 256). — Les parties ne pourraient pas, par un dépôt chez le notaire, conférer l'authenticité au contrat quelles auraient elles-mêmes rédigé.- Rolland de Villargues (*Rép.*, v° Cont. de mar., n° 64); Duranton (t. XIV, n° 43); Zachariæ (t. III, p. 396); Troplong (n° 185); Dalloz (260 et 261). — *Voy.* Pont et Rodière (2° édit., I, 140).

(2) *Voy.* Paris, 19 déc. 1838; Rej., 18 avril 1838; Bastia, 26 déc. 1849 (Dev., 2, II, 165); Cass., 18 avril 1865 (Dev., 65, I, 317).

ou ne contient pas de donations. Ainsi, quoique la donation soit rangée par la loi de 1843 parmi les actes pour lesquels la présence effective du notaire en second ou des témoins est requise à peine de nullité, elle se trouve soustraite à cette règle lorsqu'elle est faite dans le contrat de mariage (1).

II. — La règle que nul changement ne saurait être apporté aux conventions matrimoniales après la célébration du mariage ne peut être douteuse, puisqu'elle fait l'objet de la disposition formelle de l'article 1395. Pourtant elle a été niée opiniâtrément par Toullier, dans une longue dissertation (XII, 24 à 41), qui se résume à dire : 1° que l'article 1395 n'ajoute pas expressément la peine de nullité à la prohibition qu'il porte; et 2° que cette prohibition n'ayant eu pour fondement dans nos anciennes coutumes que la crainte de voir les époux se faire pendant le mariage, sous forme de conventions matrimoniales, les avantages que la loi leur interdisait, et ces avantages leur étant aujourd'hui permis à la condition d'être révocables (art. 1094 et 1096), il s'ensuit que ces conventions, postérieures à la célébration et modificatives du contrat primitif, sont également permises sous cette même condition de révocabilité, sans quoi il y aurait contradiction entre l'article 1395 et l'art. 1094.

Tout ceci n'est que sophisme. D'abord il est faux que la prohibition n'eût pour cause autrefois que la crainte des avantages entre époux, puisqu'elle existait dans les pays de droit écrit et dans les coutumes qui permettaient aux époux les libéralités entre-vifs, aussi bien que dans les autres coutumes... De ce qu'on permet aux époux de se faire des libéralités, ce n'est nullement une raison pour leur permettre des conventions dérogeant au contrat de mariage; car, dans une donation proprement dite, l'époux saura du moins ce qu'il fait, tandis que dans une convention ordinaire cet époux, la femme surtout, pourrait être trompé et procurer un avantage sans en avoir même le soupçon. Enfin, si notre Code avait entendu permettre les conventions dérogatoires au contrat, il n'aurait pas manqué de porter une disposition analogue à celle de l'art. 1096 pour proclamer la révocabilité de ces conventions. Il est évident que si l'on admettait une fois la validité des conventions faites pendant le mariage, nonobstant l'art. 1395, il faudrait les reconnaître irrévocables, puisque nul texte n'en prononce la révocabilité, et il faudrait arriver à dire nettement que les époux sont toujours libres de substituer à leur régime primitif un second régime tout différent, qui pourra être remplacé à son tour par un troisième. — Quant à l'absence de la déclaration expresse de nullité, l'argument ne peut pas même paraître sérieux. Aucune disposition analogue à celle de l'article 1030 du Code de procédure n'existant pour le Code Napoléon, il est clair que la conséquence naturelle de toute prohibition est ici la nullité de l'acte prohibé, et qu'il n'en est autrement que par exception et

___

(1) Conf. Rodière et Paul Pont (t. I, n° 130, et 2ᵉ édit., I, 142); et Bordeaux, 27 mai 1853 (Dev., 53, II, 587); Troplong (n° 184); Dalloz (loc. cit., 257).

dans les cas où une sanction autre que la nullité est portée par le législateur. Or, loin qu'aucun texte formule ou fasse seulement soupçonner pour notre prohibition une sanction autre que la nullité, on trouve, au contraire, dans l'art. 1453 la preuve que cette nullité est bien la sanction que le législateur entend donner à nos articles.

La doctrine de Toullier est donc une erreur certaine, et c'est avec raison qu'elle est repoussée par tous les auteurs et par la jurisprudence (1). •

III. — Si les conventions matrimoniales ne peuvent recevoir aucun changement après la célébration du mariage, elles peuvent fort bien être changées avant, dans l'intervalle de la signature du contrat à la célébration; mais la loi exige, pour la validité des changements, certaines conditions que nous allons étudier après quelques observations préalables.

Le Code nous parle de changements et de *contre-lettres;* mais la première expression suffit à elle seule, car elle embrasse la seconde comme le genre embrasse l'espèce. La contre-lettre, en effet, est un changement qui présente une sorte de démenti donné au contrat, un aveu d'inexactitude préméditée dans l'une ou plusieurs clauses de ce contrat. Ainsi, par exemple, si les futurs époux, après avoir dit dans leur contrat qu'ils mettent en communauté leurs biens meubles, font un acte nouveau pour déclarer qu'ils y mettent aussi telle portion de leurs immeubles, ou bien si, après avoir dit que tels biens de la femme seraient paraphernaux, ils déclarent ensuite qu'ils seront dotaux, ce sont là des changements auxquels le nom de contre-lettre ne conviendrait pas; que si, au contraire, l'acte nouveau vient déclarer qu'une donation de 50 000 fr. faite dans le contrat n'était pas sérieuse pour le tout et ne doit avoir effet que pour 30 000 fr., ce nouvel acte constitue ce qu'on appelle spécialement contre-lettre. Mais dans un cas comme dans l'autre, il y a toujours changement apporté à la teneur du contrat; et ce mot générique de *changement* suffit dès lors pour embrasser toutes les hypothèses (2).

MM. Paul Pont et Rodière (I, nᵒˢ 137-139, et 2ᵉ édit., I, 148 et 154) font remarquer, avec raison, que s'il faut regarder comme changements faits au contrat les donations que l'un des époux ferait à l'autre dans

(1) *Voy.* Duranton (XIV, 38); Battur (I, p. 2); Zachariæ (III, p. 397); Rodière et Paul Pont (I, 133 et 134); Duvergier (sur Toullier, nᵒ 40); Troplong (I, 173 et 174); Demante (*Diss. Thémis.*, t. VIII, p. 161); Rej., 23 août 1826; Toulouse, 7 mai 1829; Bordeaux, 8 déc. 1831; Rej., 31 janv. 1833; Lyon, 3 janv. 1838; Req., 18 août 1840; Caen, 9 mai 1844 (Dev., 32, II, 665; 33, I, 471; *J. Pal.*, 1838, t. II, p. 37; 1844, t. II, p. 286); Cass., 24 août 1846; Lyon, 21 juill. 1849 (Dev., 49, II, 477). — *Voy.* aussi Agen, 12 mai 1848, et Rej., 16 juill. 1849 (Dev., 50, I, 380).

(2) *Voy.* Bastia, 16 janv. 1856 (Dev., 56, II, 81); Delvincourt, Battur (t. I, nᵒ 45); Duranton (t. XIV, nᵒ 59); Zachariæ (t. III, 398); Odier (nᵒ 662); Troplong (nᵒ 240). — Spécialement, est nulle comme constituant une modification au contrat de mariage la contre-lettre postérieure à la célébration du mariage par laquelle le mari et le père de la femme réduisent les gains de survie assurés à cette dernière dans ce contrat; par suite, cette contre-lettre ne peut être opposée à la femme, encore bien qu'elle ne soit pas un tiers vis-à-vis de l'auteur de la contre-lettre. Req., 27 déc. 1854 (Dev., 55, I, 113).

l'intervalle de la signature de ce contrat à la célébration de l'union, parce que ces donations dérangent l'état réciproque que ce contrat donnait aux époux, il n'en est pas de même des donations qui seraient faites à ces futurs époux par d'autres personnes ; d'où il suit que ces dernières donations ne sont pas soumises aux conditions exigées pour la validité des changements faits au contrat : seulement, il faut dire, comme le font aussi les deux auteurs, que l'accomplissement des conditions exigées faisant considérer l'acte nouveau comme une suite et une partie intégrante du contrat, il en résulte qu'on ne pourra faire aux futurs époux, sans accomplir ces conditions, que les donations permises en dehors d'un contrat de mariage, tandis que l'observation de ces mêmes conditions rendrait possibles toutes les donations qu'un contrat de mariage peut contenir, et dispenserait des règles dont on est affranchi dans ce contrat (art. 947, 1081 et suiv.) (1). Mais si MM. Rodière et Paul Pont sont ici dans le vrai, en est-il de même quand ils indiquent sur la même ligne que les donations faites par des tiers, et comme pouvant être faites sans observer les conditions voulues par la loi pour les changements apportés au contrat, les conventions interprétatives et explicatives de ce contrat ? N'est-ce pas là un aperçu trompeur et au fond duquel la réflexion finit par trouver une idée fausse ?

De deux choses l'une. Ou bien l'écrit dont il s'agit (et que MM. Rodière et Paul Pont appellent *clause explicative, convention interprétative*) ne sera considéré que comme constituant purement et simplement une explication, et alors il est très-vrai que cet écrit ne sera pas soumis aux formes de nos articles (ni même à aucune autre forme quelle qu'elle soit) ; mais aussi cet acte n'aura aucune espèce de valeur juridique, il ne liera personne, il ne sera point *une convention ;* et si définitivement il peut conduire à reconnaître tel sens plutôt que tel autre dans la clause obscure ou incomplète du contrat, ce ne sera nullement par sa force *conventionnelle,* mais seulement par sa force *doctrinale,* et comme le ferait toute autre explication émanée de n'importe qui et rédigée à n'importe quelle époque. Ou bien cet écrit sera vraiment une convention et aura pour objet de donner force juridique aux idées qui viennent préciser ou développer la clause douteuse du contrat ; mais alors cette nouvelle clause plus explicite que l'ancienne, cette seconde convention substituée à une convention première dont le texte était insuffisant, sont évidemment un changement fait à la teneur du premier contrat, puisque c'est à la nouvelle convention et non à l'ancienne qu'il faudra se tenir ; et pour que ce second acte soit ainsi le complément obligatoire et juridique du premier, il est bien clair qu'il devra être fait dans les formes voulues par nos articles. — Ainsi, et en deux mots, ou bien l'acte appelé interprétatif n'est rien autre chose qu'un commentaire

---

(1) *Voy.* Cass., 1er juin 1814 ; Paris, 15 juill. 1825; Cass., 19 janv. 1836 ; Nimes, 8 janv. 1850 ; Toulouse, 20 juill. 1852 ; Cass., 11 juill. 1853; Plasman (*Des Contre-lettres,* 235) ; Duranton (t. XIV, n° 59) ; Zachariæ (t. III, p. 198) ; Odier (n° 663) ; Troplong (241). La convention sur le mode de payement de la dot n'est pas non plus une contre-lettre prohibée. Cass., 4 août 1852 ; Bordeaux, 29 mars 1851.

n'ayant aucune existence juridique, ne constituant en aucune façon
une convention, et qui n'est soustrait aux formes du contrat que parce
qu'il n'en produit pas les effets ; ou bien c'est une nouvelle convention remplaçant, pour les points dont elle s'occupe, les conventions
antérieures, et alors les formes sont requises. Il est donc inexact de
dire que ces formes ne sont pas nécessaires pour une *convention* interprétative.

VI. — La loi, dans les conditions qu'elle exige pour les conventions
qui viennent modifier les clauses originaires d'un contrat de mariage,
est plus ou moins sévère, selon qu'il s'agit d'exécuter ces conventions
entre les époux seulement ou vis-à-vis des tiers.

Pour la validité de ces conventions entre les époux, il faut et il suffit
qu'elles soient rédigées dans les mêmes formes que le contrat de mariage (c'est-à-dire par acte notarié et avec minute), et avec la présence
et le consentement simultané des personnes qui ont été parties au
contrat.

Par personnes ayant été parties au contrat, on entend, non pas seulement les deux futurs, mais aussi : 1° tous ceux, parents ou autres,
qui leur ont fait dans ce contrat des libéralités (parce qu'il est possible
que ces libéralités n'aient été faites qu'en vue de l'état de choses qu'il
s'agit de changer) ; 2° les personnes dont le *consentement* est nécessaire
pour le mariage des futurs (parce qu'il est possible également que
le consentement donné par elles au moyen des premières conventions
soit retiré en présence du changement projeté, lequel dès lors ne peut
pas être fait arrière d'eux). Mais doit-on y comprendre aussi les ascendants dont le *conseil* seulement est nécessaire à l'un des futurs ? M. Duranton (XIV, 57) et MM. Rodière et Paul Pont (I, 141, et 2ᵉ éd., I, 158)
répondent affirmativement, et quoique cette décision soit repoussée par
le plus grand nombre des auteurs (1), nous la croyons cependant exacte.
En vain on dira, comme Toullier, qu'on n'est pas partie dans un acte
quand on n'y intervient que comme conseil. Ceci est très-vrai d'un
conseil ordinaire, de celui dont la mission se borne à donner un avis
que le contractant suit ou ne suit pas. Mais telle n'est pas la position
de l'ascendant auquel l'enfant majeur doit demander conseil pour son
mariage : le refus de cet ascendant, loin qu'on puisse passer outre purement et simplement, nécessitera une ou plusieurs notifications après
lesquelles l'ascendant pourra encore faire une opposition que l'enfant
ne peut faire lever que par jugement. Or, comment ne tiendrait-on pas
compte de cette arme si puissante mise aux mains de l'ascendant vis-à-
vis de l'enfant majeur ? Qui oserait affirmer à l'avance que l'enfant tient
assez au changement projeté pour ne reculer ni devant les actes respec-
tueux à signifier à son auteur, ni même devant la nécessité de lui intenter un procès ? Et puisqu'il est, sinon probable, au moins très-possible, que le refus de l'ascendant de consentir au changement entraîne

---

(1) Delvincourt (t. III) ; Toullier (XII, 51) ; Bellot (1, p. 42) ; Battur (I, 47) ; Zachariæ (III, p. 399) ; Troplong (I, 239) ; Aubry et Rau (3ᵉ édit., p. 223, note 25).

la rupture du contrat, comment serait-il permis d'opérer ce changement à son insu ?... Aussi Delaurière lui-même, qui de tous nos anciens auteurs était celui qui restreignait le plus le cercle des personnes à appeler, et le réduisait à celles qui avaient signé le contrat *par nécessité,* Delaurière, dont tous, et notamment Pothier (*Commun.,* 16), rejetaient la doctrine comme trop relâchée, Delaurière lui-même admettait les ascendants dont nous parlons (sur Loisel, 1, 2, 4; sur Paris, art. 258).

Quant à toutes autres personnes qui ont pu intervenir au contrat, soit comme témoins instrumentaires, soit à un autre titre, il est clair qu'elles ne sont pas parties à ce contrat et qu'il n'est pas nécessaire de les appeler à l'acte qui doit le modifier (1).

Au surplus, le consentement des personnes réputées parties au contrat ne serait pas suffisant s'il n'était donné par l'une ou plusieurs d'entre elles qu'au moyen d'actes séparés que le notaire joindrait à l'acte principal. Ce mode de consentir, qui suffirait en toute autre circonstance, même pour le consentement à donner par des ascendants à la célébration du mariage de leur descendant mineur, serait ici inefficace : la loi exige la *présence* de toutes les personnes qui doivent consentir et leur consentement *simultané.* Elles peuvent bien se faire représenter par un fondé de pouvoir spécial; mais il faut que toutes, par elles-mêmes ou par leurs mandataires, soient réunies pour consentir en même temps au changement projeté. La loi a pensé, avec raison, qu'un consentement isolé serait souvent trop facile à obtenir, trop peu éclairé d'ailleurs; et vu la gravité des intérêts qui sont en jeu, l'examen et la discussion de tous les intéressés réunis lui a paru nécessaire.

Comment s'expliquer, après cela, la doctrine de MM. Maleville (*sur l'article*), Toullier (XII, 50) et Battur (I, 49), qui enseignent qu'on n'a besoin ni de la présence ni même du consentement effectif des parties, et qu'il suffirait d'un consentement présumé résultant de ce que ces parties, appelées à intervenir à l'acte, n'y seraient pas venues? Comment parler de l'efficacité du consentement présumé d'une personne qui ne vient pas, alors que son consentement très-formel et donné par un acte exprès serait inutile par cela seul que cette personne ne se présente pas pour le donner en compagnie des autres intéressés? Comment, enfin, nous ne dirons pas admettre, mais proposer une telle idée, alors que notre article exige textuellement la *présence* des parties et qu'un amendement par lequel M. Jollivet proposait, lors de la discussion au conseil d'État, d'ajouter aux mots : *sans la présence des parties,* ceux-ci : *ou elles dûment appelées,* a été rejeté?... C'est évidemment avec raison que cette doctrine est repoussée par la plupart des auteurs (2).

Le consentement doit donc être donné par toutes les parties pré-

(1) Duranton (t. XIV, nos 55 et 56); Troplong (no 238); Paris, 15 fév. 1810; Dalloz (*loc. cit.,* 412); Locré (XIII, 172); Fenet (XIII, 547); Toullier (XII, 51); Bellot (I, 142); Battur (I, 47); Zachariæ (III, p. 399).
(2) Delvincourt (t. III); Duranton (XIV, 53); Bellot (I, p. 54); Zachariæ (III, p. 399); Rodière et Paul Pont (I, 42, et 2e édit., I, 159); Duvergier (sur Toullier, *loc. cit.*);

sentes et réunies, sous peine de nullité de l'acte dérogeant au contrat. Mais ce n'est pas à dire pour cela que la non-présence d'une partie (ou son refus de consentir au changement, ou son décès, ou son impossibilité de manifester sa volonté) rendrait le changement impossible, d'où il résulterait qu'un mariage pourra se trouver empêché par cela seul qu'un simple donateur du premier contrat ne pourra ou ne voudra pas concourir à sa modification. Il est évident, en effet, que les parties dont le mariage dépend sont toujours libres, si elles ne veulent pas absolument s'en tenir au premier contrat, de déclarer qu'elles l'abandonnent complétement et d'en faire un nouveau ; en sorte que le défaut de concours du donateur n'aura pas d'autre effet que de faire perdre aux époux sa donation. Nous reviendrons, au surplus, sur cette idée à la fin du numéro suivant, pour relever à cet égard une inexactitude de MM. Rodière et Paul Pont.

V. — Pour être valable vis-à-vis des tiers, il ne suffit pas que la modification apportée au contrat de mariage soit faite dans la même forme que le contrat et avec la présence et le consentement simultané de tous ceux qui y ont été parties ; il faut en outre que l'acte en soit rédigé à la suite de la minute même du contrat. Sans cela, l'acte accessoire, efficace entre les époux, reste pour les tiers nul et sans effet.

A cette précaution la loi en ajoute une autre qui en est la suite naturelle, mais dont l'obligation, au lieu d'être imposée aux futurs époux comme la première, l'est seulement au notaire. Il est défendu à celui-ci, sous peine de tous dommages-intérêts envers les parties lésées (et sans préjudice des peines disciplinaires, s'il y a lieu), de délivrer jamais aucune copie du contrat de mariage sans y joindre la copie de l'acte qui le suit et d'où résulte le changement. Si le contrat du mariage était expédié sans l'acte modificatif, ce dernier n'en serait pas moins valable, et les époux, qui n'ont aucune faute à se reprocher, puisque l'expédition incomplète n'est pas leur fait, n'en pourraient pas moins exiger l'exécution vis-à-vis des tiers ; mais ceux-ci se feraient indemniser par le notaire dont la négligence leur cause préjudice. Bien entendu, nous supposons qu'aucune mauvaise foi n'est reprochée aux époux à cet égard ; car si les tiers prouvaient que c'est en connaissance de cause et dans le but de les tromper que les époux leur ont remis une expédition incomplète du contrat, c'est à ces époux eux-mêmes, et non pas seulement au notaire, que les tiers pourraient demander des dommages-intérêts, non plus par application de notre article, mais par application du principe général de l'art. 1382. Mais en principe, et sauf ce cas de fraude des époux, il y a lieu seulement à la responsabilité du notaire.

Il est vrai que Toullier (XII, 68) donne un autre sens à l'article et entend par *dommages-intérêts* DES PARTIES une indemnité que le notaire aurait à payer *à ceux qui ont été parties* AU CONTRAT DE MARIAGE, d'où il résulterait que c'est aux époux eux-mêmes, et non pas aux tiers,

Troplong (I, 234) ; Plasman (*Des Contre-lettres*, n° 229) ; Favard (v° Conv. matrim.) ; Odier (n° 656) ; Dalloz (*loc. cit.*, 414).

que nuit le défaut d'expédition de l'acte accessoire, et que, en d'autres termes, ce défaut d'expédition serait envers les tiers une cause de nullité de l'acte, aussi bien que le défaut de rédaction à la suite de la minute du contrat. Mais nous pensons que, par le mot *parties*, la loi entend simplement *les parties lésées;* et nous trouvons, soit dans le texte même, soit dans l'historique de sa rédaction, la preuve que ces parties lésées sont les tiers qui ont traité avec les époux et vis-à-vis desquels l'acte reste valable, sauf leur recours en indemnité. Le texte, en effet, tandis qu'il impose *aux époux* l'accomplissement de la première précaution, en déclarant nettement que le défaut de rédaction à la suite de la minute rendra ce changement sans effet à l'égard des tiers, n'impose l'accomplissement de la seconde qu'*au notaire,* en se contentant de dire que ce notaire ne pourra délivrer aucune copie sans y joindre celle de l'acte modificatif. Et ce n'est pas au hasard qu'est due cette différence entre les deux parties du texte, car la rédaction de l'article avait d'abord été arrêtée dans le sens de Toullier par une seule phrase qui déclarait « tout changement nul à l'égard des tiers, s'il n'était rédigé « à la suite de la minute du contrat, *et si l'expédition n'en était délivrée* » *à la suite de l'expédition de ce contrat* » ; et c'est sur la proposition du Tribunat que cette rédaction a fait place à celle que présente le Code (Fenet, t. XII, p. 577 et 605).

C'est donc avec raison que la doctrine de Toullier a été repoussée par tous les auteurs (1).

Un dernier mot sur nos articles. Leur but, comme on le voit, est de mettre les tiers en mesure de connaître l'état exact des conventions matrimoniales des époux avec lesquels ils traitent. Cela étant, on ne saurait admettre une décision de MM. Rodière et Paul Pont, dont nous aurions dû parler sous le numéro précédent, mais dont l'inexactitude sera mieux comprise ici. — Ces auteurs enseignent (n° 142, et 2ᵉ édit., t. I, p. 159) que si une personne qui a été partie au contrat de mariage, en ce sens seulement qu'elle y a fait une donation, refuse d'intervenir ou de consentir au changement projeté, ce changement peut néanmoins être réalisé et sera valable, le défaut de consentement du donateur ayant ainsi pour unique effet de rendre sa donation non avenue. On a le choix, selon eux, dans ce cas, ou de déclarer nul le premier contrat pour en faire un nouveau (dans lequel la donation n'existera pas, puisque le donateur n'intervient point), ou de dresser simplement un acte modificatif en laissant subsister le premier contrat, dans lequel la donation se trouverait annulée *ipso facto,* et par cela seul que le donateur n'a pu concourir au changement postérieur.

·C'est une erreur. Des deux voies prétendues ouvertes, la première l'est seule; et si, au lieu de faire un nouveau contrat, on se contentait de faire, sans le concours du donateur, un acte modificatif de ce con-

---

(1) Delvincourt (t. III); Plasman (*Contre-lettres,* p. 78); Duranton (XIV, 69); Zachariæ (III, p. 400); Rodière et Paul Pont (I, 146, et 2ᵉ édit., I, 163); Troplong (I, 248); Battur (t. I, n° 53); Odier (n° 669); Dalloz (*loc. cit.,* 435). — *Voy.* Cass., 15 fév. 1847 (Dev., 47, I, 53).

trat, l'acte nouveau serait nul, les changements faits seraient non avenus, et le contrat primitif resterait valable pour le tout, pour la donation comme pour le reste. Cette solution est écrite, et dans nos textes,
et dans la pensée intime de la loi. — Dans les textes, puisque l'article 1396 déclare positivement nul le changement fait sans la présence
et le consentement de tous ceux qui ont été parties au contrat. — Dans
le but de protection que la loi se propose envers les tiers ; car ce but
serait parfaitement manqué. Si les époux, en effet, pouvaient, malgré
le refus du donateur, faire leurs changements par la voie d'un simple
acte accessoire et modificatif (dans lequel la donation serait annulée,
dit-on, implicitement, et par le seul fait du défaut de concours du donateur), quel piége serait tendu aux tiers ! Quand ces tiers verront dans
un contrat·la donation de tel domaine, comment devineront-ils que
l'acte modificatif, qui ne dit pas un mot de cette donation, la détruit
cependant ? Qui leur fera comprendre ou seulement soupçonner cette
annulation énigmatique et sur les causes de laquelle on ne trouve aucune trace dans la loi ?... Il doit évidemment rester bien entendu, en
présence du but du législateur, en présence du texte si précis de l'article 1396, que quand un donateur du contrat refusera de concourir au
changement auquel les époux tiennent absolument, et pour lequel ils
consentent à sacrifier la donation, un moyen, toujours facile mais
unique, est offert à ces époux : c'est d'abandonner le premier contrat
pour en faire un nouveau.

§ 4. — De la capacité des contractants.

1398. — Le mineur habile à contracter mariage est habile à consentir toutes les conventions dont ce contrat est susceptible; et les conventions et donations qu'il y a faites sont valables, pourvu qu'il ait été
assisté, dans le contrat, des personnes dont le consentement est nécessaire pour la validité du mariage.

SOMMAIRE.

I. Le mineur, avec l'assistance de ceux dont le consentement est requis pour son
    mariage, a ici la même capacité qu'un majeur, sauf une seule exception.
II. *Quid* si le mineur a fait son contrat avant l'âge compétent ou sans l'assistance
    voulue et que le mariage soit ensuite célébré régulièrement, ou que le mariage
    étant lui-même nul, sa nullité soit ensuite couverte ? Controverse.
III. L'article ne s'applique qu'au mineur ordinaire : erreur de M. Odier. Il n'exige
    point la présence en personne de ceux qui doivent assister ce mineur.
IV. *Quid* de l'interdit et du prodigue ? Dissentiment avec **M. Duranton** et MM. **Rodière**
    et **Paul Pont.**

I. — Cette disposition, que le Code nous a déjà présentée dans le
texte des art. 1095 et 1309, se trouve expliquée au moyen de ce que
nous avons dit sous ces deux articles et au nᵒ IV de l'art. 149.
Par faveur pour le mariage, la loi, dans les conventions matrimoniales, donne au mineur, à la condition seulement d'être assisté par

ceux dont le consentement lui est nécessaire pour se marier, la pleine capacité dont jouissent les majeurs, et l'affranchit des règles tracées au titre *De la Tutelle et de l'Émancipation*. Il résulte de là trois différences entre le contrat de mariage et toutes autres conventions : 1° tandis que le pupille, dans tout autre contrat, ne pourrait rien faire par lui-même et devrait être remplacé par son tuteur, ici c'est le pupille qui stipulera lui-même sous l'assistance des personnes indiquées par l'article ; 2° tandis que, pour les contrats ordinaires, c'est le tuteur ou le curateur (s'il y a émancipation) qui intervient, ici c'est le parent dont le consentement est requis pour le mariage, alors même que ce parent ne serait pas le tuteur ou le curateur du mineur (1) ; 3° enfin, tandis que le tuteur du pupille, ou l'émancipé assisté de son curateur, ou le mineur seul, pour disposer à titre gratuit, ne pourraient agir que dans des limites restreintes, en dehors desquelles il y aurait, soit nécessité de recourir à certaines formalités, soit impossibilité complète d'accomplir l'acte projeté (art. 457-459, 484, 903, 904), ici le mineur, si jeune qu'il soit et dès là qu'il est légalement apte à se marier, pourra faire, sous l'assistance requise par la loi, toutes les aliénations, donations et stipulations quelconques que pourrait faire un majeur. Ainsi, et pour ne prendre qu'un seul exemple, tandis que, d'après les art. 903 et 904, le mineur, même de seize à vingt et un ans, ne peut faire aucune donation entre-vifs, et ne peut tester que pour la moitié de son disponible, une jeune fille pourra, dès quinze ans (et même avant, en cas de dispense d'âge obtenue par son mariage), disposer par donation entre-vifs de tout ce qu'un majeur pourrait donner.

En un mot, les mineurs, émancipés ou non, jouissent, pour leurs conventions matrimoniales, sous la condition d'être assistés par ceux dont ils dépendent, de la même capacité que les majeurs. Il existe seulement une exception à ce principe : c'est pour la restriction que la future épouse consentirait de son hypothèque légale sur les biens du mari. Cette restriction, aux termes de l'art. 2140, ne peut être consentie que par la femme majeure (2).

II. — Nous avons dit que le mineur qui signerait ses conventions matrimoniales même avant l'âge fixé par la loi pour le mariage, mais après qu'il a obtenu dispense, agirait en cela très-valablement ; et c'est bien évident, puisque notre article parle de tout mineur qui se trouve *habile à contracter mariage,* et que celui dont il s'agit est habilité par sa dispense. Mais que dire si, ayant arrêté ses conventions avant l'âge et sans dispense, et ayant fait ainsi un contrat nul, son mariage est ensuite célébré après l'arrivée de l'âge voulu ou l'obtention postérieure de la dispense ?... M. Duranton (XIV, n° 14, 1°) décide, mais sans en donner aucun motif, que ce contrat nul ne subira aucune influence de

(1) Duranton (t. III, n° 532, et t. XIV, n° 13) ; Zachariæ (t. III, p. 394) ; Odier (t. II, n° 605) ; Troplong (n° 281) ; Bastia, 3 fév. 1836.
(2) Lyon, 30 mai 1844 ; Grenoble, 25 août 1847 (Dev., 44, II, 449 ; 48, II, 301) ; Paris, 25 juin 1850 ; Merlin (*Rép.,* v° Inscr. hyp.) ; Duranton (t. XIV, et t. XX, n° 56) ; Troplong (t. II, n° 637 *bis*) ; Pont et Rodière (2ᵉ édit., t. I, n° 41).

la célébration régulière qui le suit et demeurera nul malgré cette célébration. MM. Paul Pont et Rodière, au contraire, enseignent (I, 38, et 2ᵉ édit., I, 54) que le contrat se trouve validé par l'effet de la célébration, attendu que cette célébration constitue une exécution volontaire qui, aux termes de l'art. 1338, opère ratification de l'acte nul... Cette idée de ratification, à laquelle M. Duranton ne paraît pas avoir songé, est, selon nous, très-exacte au fond ; mais elle ne nous semble pas aussi simple qu'à MM. Rodière et Paul Pont, et elle suppose plusieurs décisions préalables qui ne sont pas sans difficulté.

Pour que le contrat dont il s'agit puisse être ainsi validé, il faut d'abord qu'il ne soit pas nul de nullité absolue et proprement dite, mais seulement annulable, puisque s'il était légalement inexistant, s'il était juridiquement néant, il ne pourrait pas être vivifié, *quod nullum est confirmari nequit*. Or, s'il paraît incontestable que le contrat émané d'un mineur inhabile à se marier est seulement annulable (et non pas rigoureusement nul) pour ce qui est des conventions à titre onéreux, d'après les art. 1304 et suivants, il est, au contraire, très-contesté qu'il en soit de même quant aux donations qu'il peut contenir, et ou sait que grand nombre d'auteurs et d'arrêts décident que l'incapacité de celui qui fait ou reçoit la donation rend cette donation légalement inexistante et non avenue. Si l'on admettait cette doctrine, il faudrait déclarer inexistant tout contrat contenant donation (et inexistant pour le tout, puisque toutes les parties de l'acte s'enchaînent et que le rapport qui existe entre la donation faite et les autres stipulations ne permet pas d'anéantir l'une en laissant subsister les autres), en sorte que la ratification ne serait possible que pour les contrats, assez rares, ne contenant aucune donation. Mais on sait que, dans notre sentiment (établi sous l'art. 935, nº V), l'incapacité du donateur ou du donataire ne doit pas être confondue avec les vices de forme et rend seulement la donation annulable, en sorte que la ratification en est possible ; or, comme la célébration du mariage projeté, et le fait des contractants de réaliser les stipulations de leur contrat, constitue une exécution intervenant à un moment où ils auraient pu faire un contrat valable, nous disons, comme MM. Paul Pont et Rodière, que la célébration régulière du mariage donne pleine validité au contrat.

Mais que dire si la célébration elle-même avait eu lieu, comme la confection du contrat, avant l'arrivée de l'âge ou l'obtention de la dispense, et que le mariage ne dût sa validité qu'à l'une des deux causes indiquées par l'art. 185 ?... ici MM. Rodière et Paul Pont sont d'accord avec M. Duranton pour décider que le contrat reste annulable et qu'il sera toujours permis de le faire annuler pour faire régler les droits des époux par les principes de la communauté légale. Nous saurions admettre cette doctrine absolument et sans distinction.

Si la validation du mariage tient uniquement à ce que la femme se trouve enceinte et que cette femme n'ait pas encore ses quinze ans, la doctrine de nos auteurs devra s'appliquer ; car la ratification d'un acte par exécution volontaire n'a lieu que quand cette exécution se réalise à un moment où les contractants seraient capables de faire cet acte ; or la circonstance qu'une femme de moins de quinze ans est grosse ne la rendrait pas capable de faire validement un contrat de mariage. Mais si la validation du mariage tient à l'autre cause indiquée par l'article 185, c'est-à-dire à ce que l'époux d'abord trop jeune a atteint depuis six mois l'âge compétent, ou bien si, la validité tenant à la grossesse de la femme, cette femme a cependant atteint l'âge compétent (mais depuis moins de six mois), alors le contrat se trouve validé. Que fallait-il, en effet, pour que ce contrat devînt inattaquable? Deux choses : 1° que le mariage lui-même fût à l'abri de la nullité (car tant que le mariage peut être annulé, le contrat ne saurait être irrévocable, puisque le mariage tombant, le contrat tombe par là même), et 2° que le contrat soit exécuté à un moment où les parties seraient capables de le consentir valablement. Or cette seconde condition existe ici aussi bien que la première, puisque l'exécution de l'acte, exécution permanente et qui se renouvelle chaque jour depuis la célébration, a continué jusqu'à un moment où les parties ont atteint l'âge et la capacité qui leur avait manqué d'abord (1).

Tout ce qui vient d'être dit, dans ce n° II, pour le contrat émanant d'une partie qui n'avait pas l'âge compétent, s'applique également, *mutatis mutandis,* au contrat qu'un mineur aurait fait sans l'assistance des personnes dont le consentement est nécessaire à son mariage, puisque c'est encore là une question de capacité. Dans les deux cas, l'acte est simplement annulable sur la demande de l'incapable lésé ; dans les deux cas, il peut être ratifié, et l'incapable ne peut plus le faire annuler une fois que la ratification est intervenue (2).

III. — Puisque notre article a pour but d'augmenter, par faveur pour le mariage, la capacité ordinaire du mineur, il n'entend donc parler que du mineur de vingt et un ans : le jeune homme de vingt et un à vingt-cinq ans qui a encore des ascendants, quoiqu'il soit mineur pour le mariage, reste majeur pour ses conventions matrimoniales comme pour tous autres contrats pécuniaires, et il peut les faire sans l'assistance ni le consentement de personne. C'est du mineur ordinaire, et non du mineur quant au mariage, que parle notre article. C'est évident, puisque la disposition, appliquée au second, serait une restriction mise à sa capacité ordinaire, et que le but de la loi est, au contraire, de créer ici une extension de capacité. C'est donc avec raison que ce point est regardé comme constant par tous les auteurs, et la doctrine contraire de M. Odier (II, 607) est une erreur certaine.

Il faut aussi tenir pour certain que les personnes dont l'assistance est

---

(1) Jugé que la nullité ne peut être couverte que par une ratification expresse consentie avant la célébration du mariage dans la forme des art. 1396 et 1397 du Code Napoléon. Grenoble, 7 juin 1851 ; Nimes, 6 août 1851 ; Toulouse, 5 mars 1852, 20 juill. 1852, 19 janv. 1853 ; Pau, 1er mars 1853 ; Montpellier, 9 déc. 1853 ; Cass., 29 mai 1854, 9 janv. 1855 ; Toulouse, 2 juin 1857. *Voy.* Duranton (XIV, 9) ; Odier (605); Troplong (98) ; Dalloz (456).

(2) *Voy.* cependant Rej., 5 mars 1855 (Dev., 55, 1, 319); Cass., 13 juill. 1857 (Dev., 57, 1, 801).

requise par l'article peuvent, ici comme partout ailleurs, se faire représenter au contrat par un fondé de pouvoir, et que si le mineur dépend pour son mariage de son conseil de famille, ce conseil peut, après avoir discuté et arrêté en séance les stipulations du contrat, se contenter d'envoyer un ou plusieurs délégués pour la rédaction et la signature de l'acte devant le notaire (1).

IV. — On s'est demandé quelle serait, pour les conventions matrimoniales, la capacité de l'interdit et de la personne munie d'un conseil judiciaire.

Quant à l'interdit, nous n'avons pas à répondre à la question ; car nous pensons qu'il ne peut pas contracter mariage, et nous croyons l'avoir prouvé au titre *Du Mariage* (*Observations préliminaires* du chap. IV, n° II) (2). Pour ce qui est du prodigue, la plupart des auteurs lui appliquent le principe *habilis ad nuptias, habilis ad pacta nuptialia,* et ils en concluent qu'il peut, sans l'assistance de son conseil, arrêter ses conventions matrimoniales et choisir tel ou tel régime qu'il lui plaira (3). Nous ne partageons pas cet avis, et nous pensons que le principe *habilis ad nuptias* n'est applicable qu'au mineur. Nous le pensons d'autant mieux, et l'idée que ce principe ne saurait être invoqué pour le prodigue nous paraît d'autant plus sûre, que ces auteurs finissent eux-mêmes par y revenir en rejetant finalement la prétendue règle qu'ils prennent pour point de départ. Ils reconnaissent, en effet, que le prodigue est incapable, non pas seulement de faire à son conjoint la moindre donation entre-vifs, mais même de consentir une clause d'ameublissement (art. 1505 et suiv.). Or, s'il était vrai que toute personne qui a capacité pour se marier a par là même capacité pour régler ses conventions matrimoniales, il est clair que le prodigue pourrait consentir seul toutes les stipulations dont le contrat de mariage est susceptible... De deux choses l'une, évidemment : ou la règle *habilis ad nuptias* s'applique à tous incapables, et le prodigue dès lors jouit d'une entière capacité ; ou elle ne s'applique qu'aux mineurs, et le prodigue alors reste pleinement incapable. C'est tout un ou tout autre, et le système mitoyen des auteurs précités est manifestement inadmissible.

M. Troplong l'a compris (I, 297); mais il ne s'accorde avec nous en ce point que pour s'en éloigner davantage au fond; car il reconnaît ici au prodigue une pleine capacité, en se fondant sur trois arguments qui sont loin de nous convaincre.

Le premier n'est que l'application de la règle *habilis ad nuptias ;* or c'est là une pétition de principe, puisque la question est précisément de savoir si cette règle s'applique ou non au prodigue. Le second se ré-

---

(1) Rolland (v° Cont. de mar., n° 12) ; Zachariæ (t. III, p. 394, 2) ; Odier (t. II, n° 609); Duranton (IX, 765). — *Voy.* aussi Bordeaux, 21 août 1848 (D. P., 49, II, 40) ; Req., 19 mars 1838 ; Dalloz (v° Cont. de mar., 468); Pont et Rodière (2e édit., I, 44).

(2) *Conf.* Pont (*Rev. de lég.*, t. III, p. 239); Odier (t. II, n° 612); Troplong (292). *Contrà* : Demolombe (t. III, n° 127); Cass., 12 nov. 1844.

(3) Toullier (II, 1379); Duranton (IV, 15); Odier (II, 613); Rodière et Paul Pont (I, 45, et 2e édit., I, 18).

duit à dire que, puisque le prodigue en se mariant soumet ses biens à l'hypothèque légale, quoique l'art. 513 lui défende toute concession d'hypothèque, c'est donc qu'il est soustrait pour son mariage à l'incapacité qui le frappe ; mais cet argument est triplement inexact : d'une part, en effet, il s'agit alors du mariage même, du contrat moral, et notre question ne concerne que le contrat pécuniaire ; d'autre part, il n'est pas vrai que, même en ce qui concerne l'hypothèque, le prodigue soit soustrait à la prohibition de l'art. 513, puisque cet article lui défend, non pas de se soumettre aux hypothèques établies *par la loi* pour telle ou telle position prévue, mais seulement de consentir et d'établir lui-même des hypothèques ; enfin, la conséquence serait encore fausse quand même la prémisse serait vraie, puisqu'on ne peut pas conclure du particulier au général, et que la capacité qui serait exceptionnellement accordée pour concéder hypothèque à la femme n'emporterait pas capacité de consentir tous pactes quelconques. La dernière raison spéciale aux donations, consiste à dire que la donation faite ici par le mari est bien plutôt le contrat onéreux *do ut des* qu'une vraie donation, puisque l'épouse en apporte le prix en donnant sa beauté, sa jeunesse et ses soins empressés... Nous ne voyons pas ce que viennent faire ici la jeunesse et la beauté de l'épouse (qui, d'ailleurs, pourra souvent n'être ni jeune ni belle). Cette jeunesse, cette beauté, ces soins empressés, tous les avantages physiques et moraux de l'épouse, sont l'objet, non du contrat pécuniaire qui se rédige chez le notaire et qui nous occupe seul, mais du contrat moral qui constitue le mariage ; les qualités de la femme, ou plutôt la femme elle-même reçoit pour prix, non les écus du mari, mais le mari lui-même, qui se donne tout entier à l'épouse comme l'épouse se donne à lui. Les trois arguments du savant magistrat sont donc sans valeur et notre question reste entière.

Or c'est dans le sens de l'incapacité que les principes commandent impérieusement de résoudre cette question. Et d'abord, l'individu frappé d'incapacité par une disposition légale ne se trouve-t-il pas sous le coup de cette incapacité pour toute position dans laquelle une autre disposition ne vient pas l'en relever ? Mais puisque l'incapacité du prodigue pour la disposition de ses biens ne trouve nulle part le relief que celle du mineur reçoit dans notre art. 1398, force est bien de reconnaître que cette incapacité subsiste ici comme ailleurs... Et cette règle du droit positif, la raison ne l'exigeait-elle pas ? Comment ! il s'agit d'une de ces tristes organisations, heureusement rares, qui ne soupçonnent même pas la gestion à demi raisonnable d'un patrimoine, d'un homme que ses folles dissipations et ses dépenses scandaleuses ont forcé la justice de venir frapper pour le protéger contre lui-même, et c'est précisément dans la circonstance où la séduction est le plus à craindre qu'on lui aurait retiré cette protection pour le rendre sans défense à ses malheureux penchants ! Cet homme ne peut pas, sans l'assentiment du conseil chargé d'être prudent à sa place, donner le demi-quart de sa fortune, même pour récompenser le plus beau dévouement, et voilà qu'une courtisane habile pourrait, en l'amenant par l'empire de ses charmes à consentir à un mariage dont elle se moque, se faire donner par lui, sans examen ni contrôle, sa fortune tout entière !... Sans doute il se peut que le prodigue, comme se plaît à le supposer M. Troplong, « ait choisi une épouse honnête, d'une condition sortable, d'une vertu éprouvée », et que les avantages qu'il lui fait soient dès lors raisonnables et bien placés ; mais comme le contraire est fort à craindre, vu l'état du prodigue, c'est donc avec raison que le Code laisse ses conventions soumises au contrôle d'un homme plus judicieux. Celui-ci les approuvera si elles sont raisonnables ; dans le cas contraire, il les empêchera ou les rendra nulles par son refus.

Il suit de là que le seul régime auquel puisse se soumettre valablement le prodigue qui ne recourt pas à l'assistance de son conseil, c'est celui de la communauté légale. Établie par la loi elle-même, la communauté légale est indépendante de la capacité de l'époux ; elle existe de plein droit, comme la transmission par la succession légitime se réalise de plein droit et aussi bien quand le défunt est un enfant de six mois que quand c'est un majeur. Si le prodigue non assisté adopte tout autre régime, comme ce régime ne peut être valablement établi que par la volonté du contractant capable, le contrat sera susceptible d'annulation pour incapacité, et le prodigue ou ses ayants cause pourraient le faire annuler tant qu'il n'aurait pas été ratifié (1).

CHAPITRE II.

DU RÉGIME EN COMMUNAUTÉ.

1399. — La communauté, soit légale, soit conventionnelle, commence du jour du mariage contracté devant l'officier de l'état civil : on ne peut stipuler qu'elle commencera à une autre époque.

SOMMAIRE.

I.   On ne peut stipuler que la communauté commencera à une époque autre que celle de la célébration, ni qu'elle finira à une époque autre que celle de la dissolution du mariage.

II. Et si la communauté ne peut pas être stipulée avec un terme, elle ne peut pas l'être davantage sous une condition. Dissentiment avec Toullier et M. Duranton ; contradiction du premier.

---

(1) *Voy.* Bordeaux, 7 fév. 1855, et Pau, 31 juill. 1855 (Dev., 56, II, 65). — M. Zachariæ, autant que le laconisme dans lequel il s'enferme permet d'en juger, semble avoir la même doctrine que nous. Il dit, en effet, que si la capacité de faire un contrat de mariage suppose nécessairement la capacité de se marier, celle-ci *n'emporte pas nécessairement la première ;* que cette capacité, quant aux biens, reste soumise *aux principes généraux ;* et c'est comme *une exception à cette règle* qu'il semble considérer la disposition de notre art. 1398 (III, p. 39, 3394). — Mais *voy.* en sens contraire, outre l'opinion de M. Troplong, celle de MM. Toullier (t. II, n° 1379) ; Duranton (t. XIV, n° 15) ; Rodière et Paul Pont (t. I, n° 45) ; Odier (t. II, n° 613). Le sourd-muet peut faire son contrat de mariage sans tuteur *ad hoc,* s'il est en état de manifester sa volonté. Paris, 3 août 1855 (Dev., 57, II, 443). *Conf.* Troplong (*Donat. et rect.,* t. II, n° 539) ; Demolombe (t. III, n° 25) ; Pont et Rodière (2e édit., I, 49).

III. Ce qui est dit ainsi de la communauté doit s'appliquer aux autres régimes, et on ne peut pas, au moyen de termes ou de conditions, adopter simultanément plusieurs régimes. Dissentiment avec MM. Rodière et Paul Pont.

IV. Le contrat qui adopterait ainsi plusieurs régimes placerait les époux, dans tous les cas, sous la communauté légale. Erreur de MM. Rodière et Paul Pont.

V. La communauté commence à l'instant de la célébration d'une manière réelle, et rend immédiatement la femme copropriétaire des biens communs. Erreur de Toullier et de MM. Championnière et Rigaud.

I. — Dans la plupart de nos anciennes coutumes, la communauté ne commençait que le lendemain du mariage; d'autres en retardaient l'ouverture jusqu'à l'an et jour depuis la célébration. Le Code, que nous avons déjà vu, pour assurer la fixité des conventions matrimoniales, proscrire les contrats sous signature privée permis autrefois, s'est préoccupé ici encore de garantir ce même résultat, et, non content de déclarer que la communauté stipulée par les époux commencera, sans qu'il soit besoin de s'en expliquer, au moment même de la célébration, il a soin d'ajouter qu'il n'en pourra jamais être autrement et que la règle sera suivie malgré toute stipulation contraire.

Et puisque les époux ne peuvent pas faire commencer la communauté à un jour autre que celui de la célébration, ils ne pourraient donc pas stipuler valablement qu'ils seront d'abord soumis au régime dotal et que ce régime fera place à la communauté après un temps déterminé. Réciproquement, et quoique le texte de la loi ne le dise pas, ils ne pourraient pas non plus faire *cesser* la communauté à un moment autre que la dissolution du mariage, en stipulant qu'après un tel temps déterminé le régime de communauté sera remplacé par le régime dotal. Il n'y a, en effet, ni raison ni prétexte pour qu'on puisse plutôt se soumettre à la communauté d'abord et au régime dotal ensuite, qu'au régime dotal en premier lieu et à la communauté plus tard; il est évident que la pensée de la loi est que le règne de la communauté ne doit pas être scindé, qu'il doit être admis ou rejeté purement et simplement, de manière à régir l'association conjugale pendant toute sa durée ou à ne pas la régir du tout.

II. — Ainsi la communauté ne peut pas être stipulée avec un terme, pas plus le terme *ad quem*, c'est-à-dire celui à l'échéance duquel elle devrait finir, que le terme *à quo*, c'est-à-dire celui à partir duquel elle devrait commencer. Mais ne pourrait-elle pas être stipulée sous une condition, soit suspensive, soit résolutoire, et ne devrait-on pas déclarer valable le contrat où il serait dit que les époux seront communs en biens, si pendant le mariage tel événement vient à se réaliser; ou bien que ces époux adoptent la communauté, mais qu'elle sera non avenue et remplacée par le régime dotal, si tel événement vient à s'accomplir? Nous n'hésitons pas, malgré l'opinion contraire de Toullier (XII, 83 et 84), Delvincourt (t. III, 257), Battur (t. Ier, n° 89), et de M. Duranton (XIV, 97), à répondre négativement. La fixité des conventions matrimoniales n'est-elle pas aussi bien troublée au cas de condition que dans le cas d'un terme? Il y a, sans doute, entre les deux cas cette différence, qu'avec la condition, et à cause de son effet rétroactif, l'association conjugale sera *juridiquement* soumise à un seul régime : ainsi, par exemple, si les parties ont dit qu'elles seraient communes s'il naissait un enfant de leur union, il est bien vrai que la naissance d'un enfant, arrivée après deux ou trois ans de mariage, ferait remonter juridiquement l'existence de la communauté au moment même de la célébration, et que le régime différent qui existait pendant les premières années serait fictivement réputé n'avoir pas existé ; mais ce phénomène purement juridique, c'est-à-dire *fictif*, empêcherait-il la *réalité* des choses et en détruirait-il les inconvénients ? Quoique juridiquement il ne pût exister ici qu'un régime, il n'est pas moins vrai qu'en fait il en existerait deux ; or ce n'est assurément pas une fixité fictive des conventions matrimoniales, mais une fixité vraie et réelle, que le législateur a entendu établir (1).

Et non-seulement cette différence entre la condition et le terme ne diminuerait pas les inconvénients de la variation du régime, mais elle les augmenterait, au contraire, et la rétroactivité du second régime qu'il faudrait substituer au premier, même pour le passé, serait précisément une source féconde de difficultés inextricables ; en sorte que c'est par *à fortiori* qu'il faut appliquer à la condition ce que nous avons dit du terme.

Aussi Toullier, qui a soutenu le premier sous le Code cette doctrine d'une stipulation conditionnelle de communauté, tombe à cet égard dans une lourde contradiction, et condamne lui-même, sans le remarquer sans doute, le sentiment qu'il veut établir. En effet, il motive sa décision, comme on l'a fait après lui, sur ce que la condition, à la différence du terme, ayant un effet rétroactif, il en résulte que juridiquement la communauté aura existé toujours ou n'aura jamais existé. Or il explique lui-même que notre art. 1399 a pour objet de retrancher les difficultés que faisaient naître certaines dispositions, telles que celles de la coutume de Bretagne, qui soumettait l'établissement de la communauté *à la condition* que les époux auraient été en mariage par an et jour, et il insiste sur ce que l'effet rétroactif de cette condition, en faisant remonter la communauté au jour du mariage, faisait naître les difficultés que le Code a eu raison de faire disparaître.

C'est qu'en effet, non-seulement notre texte porte sa défense de faire commencer la communauté dans le cours du mariage d'une manière absolue, et aussi bien dès lors pour un établissement de communauté rétroactif que pour un autre, mais c'est précisément du premier qu'il a surtout entendu parler, puisque son but a été de faire disparaître la règle contraire des anciennes coutumes, et que cette règle était que l'arrivée de la communauté après l'an et jour réagissait au jour des noces : *Trahitur retro ad diem nuptiarum*, disait Dumoulin. (*Voy.* Pothier, *Communauté*, nos 22 et 23, et le *Nouveau Denizart*, vo Communauté, § 3.)

---

(1) *Conf.* Renusson (*De la Comm.*, part. 1, chap. 4, no 12) ; Bellot (III, p. 4-23) ; Rodière et Paul Pont (I, 82 et 83) ; Troplong (I, 332) ; Odier (II, 674) ; Duranton (XIV, 99) ; Battur (II, 251) ; Dalloz (*loc. cit.*, 563).

III. — Notre article ne parle que de la communauté. Faut-il en conclure que le Code ne tient que pour elle à la fixité des conventions matrimoniales, et que l'on pourrait, conditionnellement ou au moyen de termes, adopter deux ou trois régimes, pourvu que la communauté ne fût pas l'un d'eux ? Ainsi, pourrait-on convenir que les époux seront soumis au régime dotal jusqu'à ce que la femme ait vingt-cinq ans, qu'il y aura ensuite régime exclusif de communauté jusqu'à tel autre moment, puis enfin séparation de biens ?... MM. Rodière et Paul Pont répondent affirmativement (n° 85), en se décidant surtout par cette raison que les trois régimes de non-communauté ne sont tous trois que les déductions d'un même système. Nous ne saurions nous ranger à cet avis.

Sans doute, les trois régimes ont un point qui leur est commun, le rejet de la communauté; mais ils sont assez différents l'un de l'autre pour que la substitution de celui-ci à celui-là ne puisse pas s'opérer sans entraîner, soit quant aux époux, soit quant aux tiers, les bouleversements et les embarras que le Code a voulu prévenir. Serait-ce un léger changement, par exemple, que la substitution de l'exclusion de communauté à la séparation de biens ? Sous le premier régime, la femme avait la libre administration de ses biens, ainsi que la jouissance de ses revenus, dont le mari ne touchait pas un centime; sous le second, c'est le mari qui administre les biens de la femme comme sous la communauté, et les revenus de cette femme, au lieu de former un fonds commun aux deux époux, appartiennent au mari, qui en dispose pour son profit particulier; c'est-à-dire que le changement serait ici plus profond que le passage de l'exclusion de communauté à la communauté elle-même, communauté qui tient le milieu entre les deux extrêmes ! Et que serait-ce si cette substitution d'un extrême à l'autre extrême devait se faire avec effet rétroactif ?...

Si le législateur avait entendu que les époux pourraient ainsi passer d'un régime à un autre, à la condition seulement de rester en dehors de la communauté, pourquoi n'aurait-il pas permis sous cette condition de faire un nouveau contrat dans le cours du mariage ? Le soin si minutieux qu'il a mis à assurer l'immutabilité des conventions matrimoniales, sans aucune distinction de régimes, prouve clairement pour nous, comme pour M. Bellot (*loc. cit.*), l'invariabilité absolue qu'il veut voir régner ici; et nous croyons que la pensée de la loi se résume dans cette double idée : les époux seront parfaitement libres d'adopter tel système de convention qu'il leur plaira; mais ce système sera nécessairement unique et régira, sans variation possible, l'association conjugale depuis son commencement jusqu'à sa fin. Cette idée de fixité, d'unité, résulte, à nos yeux, bien plus encore des art. 1394 et 1395 que de notre art. 1399. Celui-ci n'est, en définitive, qu'une application de détail de cette idée générale; et si le législateur a songé à exprimer formellement la règle pour le cas particulier de communauté, c'est uniquement parce qu'il rencontrait pour ce cas des règles contraires dans nos anciennes coutumes.

IV. — Ainsi donc, le contrat ne peut jamais établir qu'un système unique et identique pour toute la durée du mariage. Mais à quel régime les époux se trouveraient-ils soumis en présence d'un contrat qui, au moyen d'une condition ou d'un terme, adopterait plusieurs régimes? Serait-ce à tel ou tel des régimes stipulés? Serait-ce de plein droit et toujours à la communauté légale?... C'est à ce second parti qu'il faut s'arrêter.

En effet, et pour parler d'abord du cas d'un terme, quand les époux ont déclaré adopter tel régime jusqu'à telle époque et tel autre pour le temps qui suivra, il n'apparaît dans la volonté des parties aucune idée de prendre l'un de ces deux régimes plutôt que l'autre pour la durée entière du mariage; et puisque le contrat ne manifeste pas la volonté des contractants pour le système unique qui doit les régir, force est bien de rejeter ce contrat, et de placer les époux sous le régime de droit commun comme ceux qui n'ont pas écrit de conventions matrimoniales. En vain on dirait, si les deux ou trois régimes indiqués au contrat étaient pris tous en dehors de la communauté, que les époux ont au moins manifesté la volonté de ne pas être communs, et qu'on doit donner effet à cette volonté en choisissant l'un des régimes du contrat. Car, encore une fois, ce contrat ne permettant pas de préférer tel régime à tel autre, c'est donc comme s'il n'existait pas, ou, si l'on veut, c'est comme si ce contrat se réduisait à dire que les parties ne veulent pas de communauté. Or, il est évident qu'un contrat qui se contenterait ainsi de dire quel régime on ne veut pas, sans dire quel régime on veut, serait comme n'existant pas et placerait les époux sous la communauté légale (1).

Il en serait de même dans le cas d'une condition. Lorsque deux époux stipulent, par exemple, qu'ils resteront séparés de biens s'il ne naît pas d'enfants de leur union, et qu'ils seront soumis au régime exclusif de communauté dans le cas contraire, leur contrat n'apprend évidemment rien sur le point de savoir lequel de ces deux systèmes ils auraient préféré pour y être soumis absolument et avec ou sans enfants; et puisque ce contrat ne donne pas d'indication sur le choix du régime unique, il est donc comme non avenu et fait tomber les époux sous le régime du droit commun.

Ceci réfute la doctrine par laquelle MM. Rodière et Paul Pont, en admettant pour un cas particulier la nullité des conditions que nous croyons nulles pour tous les cas possibles, enseignent (n° 85, *in fine*) que la nullité de l'adoption conditionnelle de deux régimes autres tous deux que la communauté ne permettrait pas de placer les époux sous cette communauté, parce que le contrat indiquerait qu'on a entendu *exclure ce dernier régime pour tous les cas*, et qu'il faudrait dès lors les déclarer

---

(1) C'est un cas analogue à celui de la personne qui ferait un prétendu testament pour déclarer seulement qu'elle entend que ses biens ne passent pas à ses héritiers du sang, sans dire à qui elle veut les faire passer. Il est clair qu'il n'y aurait pas là de testament, et que par conséquent c'est précisément aux héritiers du sang que les biens passeraient.

soumis à celui des deux régimes indiqués au contrat qui paraîtrait plus
favorable à l'autorité maritale et aux enfants, *parce que ce serait le plus
moral...* La première raison, celle qu'on tire de ce que les époux n'ont
pas voulu de communauté, est sans valeur, comme on vient de le voir
plus haut. La seconde, celle qui consiste à dire que tel régime devrait
être préféré comme plus moral, ne l'est pas moins ; car il est bien clair
que tous les régimes autorisés par la loi (et par cela seul qu'ils sont
autorisés par la loi) sont tous également et parfaitement moraux. Celui-
là seul peut être préféré et doit régir l'association, que les parties ont
exclusivement choisi ou qui est indiqué par la loi pour ceux qui n'ont
pas fait ce choix exclusif.

V. — Puisque la communauté commence toujours, et nécessairement, le jour même de la célébration du mariage, il y a donc erreur à
dire, comme l'ont fait Toullier (XII, n°s 75-81), et plus tard MM. Championnière et Rigaud (IV, 2835), d'après des passages mal compris de
Dumoulin et de Pothier, que la communauté n'existe pas entre les
époux pendant le cours du mariage, qu'elle ne se réalise que quand
la femme, après ce qu'on appelle (très-improprement dans ce système)
la dissolution de la communauté, vient accepter cette communauté, et
que jusque-là cette femme n'est pas encore commune, mais peut seulement le devenir : *Non est socia, sed speratur fore.*

Même sous les coutumes, alors que le mari était déclaré seigneur
et maître de la communauté, et avait un droit de disposition illimité
que les art. 1422-1424 du Code sont venus restreindre, la communauté n'en existait pas moins pendant le mariage, la femme n'en était
pas moins commune, et le *non est socia, sed speratur fore* de Dumoulin, rappelé par Pothier, n'était qu'une manière d'exprimer énergiquement les droits d'administration du mari. C'est du rapport entre le
mari et les tiers qu'il s'agissait là, et on disait que le mari pouvait
faire « COMME SI *la femme n'était pas commune avec lui* » : elle l'était
donc. Elle l'était si bien que Pothier lui-même nous dit que c'est
comme *chef de la communauté*, comme *mandataire de sa femme*, que
le mari peut disposer de *la part de sa femme*. (Pothier, *Communauté*,
n°s 22, 23, 498, etc.)

A plus forte raison ne peut-on pas douter de la réalité de la communauté sous le Code Napoléon, qui restreint les droits autrefois illimités
du mari et lui donne le nom plus logique d'*administrateur*, substitué
à celui de *seigneur et maître*. Et qu'importe la possibilité pour le mari
de dissiper les biens communs? Est-ce que la femme n'a pas, en regard,
le droit de demander la séparation pour sauver *sa part* des biens communs et *faire cesser la communauté*, qui ne pourrait pas cesser si elle
n'existait pas? Si le droit de copropriété de la femme n'existait pas et
que le mari fût propriétaire unique, la femme ne pourrait pas se
plaindre des dissipations de celui-ci et les arrêter ! Il est vrai que la
femme, en compensation du pouvoir exorbitant d'administration du
mari, a le droit, après la dissolution de la communauté, de renoncer
à cette communauté ; mais ce droit vient précisément prouver encore

que la communauté existe bien pendant le mariage; et loin qu'on puisse dire que la femme n'est pas commune et peut seulement le devenir à la condition de son acceptation, il faut reconnaître qu'elle l'est et qu'elle peut cesser de l'être à la condition d'une renonciation.

Le système de Toullier et de MM. Championnière et Rigaud est, ni plus ni moins, le contre-pied et le renversement de toutes les dispositions du Code; et c'est avec raison qu'il est repoussé par tous les auteurs (1).

PREMIÈRE PARTIE.
DE LA COMMUNAUTÉ LÉGALE.

1400. — La communauté qui s'établit par la simple déclaration qu'on se marie sous le régime de la communauté, ou à défaut de contrat, est soumise aux règles expliquées dans les six sections qui suivent.

I. — Les époux, d'après ce texte, sont soumis à la communauté légale, 1° lorsqu'ils se sont contentés de déclarer dans leur contrat, sans apporter aucune modification aux règles de la loi, qu'ils adoptent la communauté, et 2° *lorsqu'il n'existe pas de contrat*. Mais on comprend, d'après ce qui précède, qu'il faut embrasser, sous ces dernières expressions, non pas seulement le cas où il n'a pas été fait de contrat, mais aussi ceux où le contrat dressé se trouverait légalement non avenu, soit parce qu'il serait fait sous seing privé ou autrement nul pour vice de forme, soit parce qu'on se serait contenté d'y renvoyer au système d'une ancienne coutume, soit parce qu'il serait trop obscur pour faire comprendre quel régime on a voulu adopter, soit enfin parce qu'il établirait plusieurs systèmes au lieu d'en adopter un seul pour toute la durée du mariage.

SECTION PREMIÈRE.
DE CE QUI COMPOSE LA COMMUNAUTÉ ACTIVEMENT ET PASSIVEMENT.

§ Ier. — De l'actif de la communauté.

1401. — La communauté se compose activement :

1° De tout le mobilier que les époux possédaient au jour de la célébration du mariage, ensemble de tout le mobilier qui leur échoit pendant le mariage à titre de succession ou même de donation, si le donateur n'a exprimé le contraire;

2° De tous les fruits, revenus, intérêts et arrérages, de quelque nature qu'ils soient, échus ou perçus pendant le mariage, et provenant des biens qui appartenaient aux époux lors de sa célébration, ou

---

(1) *Voy.* notamment Laurière (*Cout. de Paris*); Duranton (XIV, 96); Battur (I, 64); Zachariæ (III, p. 408); Rodière et Paul Pont (I, 293 à 295); Duvergier (sur Toullier); Troplong (I, 333); Glandaz (*Encyclop. du droit*, v° Comm., n° 12); Dalloz (545).

de ceux qui leur sont échus pendant le mariage, à quelque titre que ce soit;

3° De tous les immeubles qui sont acquis pendant le mariage.

1402. — Tout immeuble est réputé acquêt de communauté, s'il n'est prouvé que l'un des époux en avait la propriété ou possession légale antérieurement au mariage, ou qu'il lui est échu depuis à titre de succession ou donation.

1403. — Les coupes de bois et les produits des carrières et mines tombent dans la communauté pour tout ce qui en est considéré comme usufruit, d'après les règles expliquées au titre *De l'Usufruit, de l'Usage et de l'Habitation.*

Si les coupes de bois qui, en suivant ces règles, pouvaient être faites durant la communauté, ne l'ont point été, il en sera dû récompense à l'époux non propriétaire du fonds ou à ses héritiers.

Si les carrières et mines ont été ouvertes pendant le mariage, les produits n'en tombent dans la communauté que sauf récompense ou indemnité à celui des époux à qui elle pourra être due.

SOMMAIRE.

I.   La communauté, dont les biens forment un troisième patrimoine en face des deux patrimoines des époux, et qui a notamment l'usufruit des biens de ceux-ci (critique des idées de Toullier), a pour actif trois classes de biens :

II.   1° *Biens meubles des époux.* — L'action en reprise ou récompenses sur une précédente communauté est meuble ou immeuble selon le résultat de la liquidation. Erreur de Toullier; réfutation de la doctrine de M. Troplong.

II *bis.* Même règle pour toute obligation alternative; *secùs* pour l'obligation facultative. De l'obligation de faire.

III.   Toute rente est mobilière, et tombe dès lors en communauté, la rente viagère comme les autres. Erreur de Toullier.

IV.   La communauté prend tous les meubles arrivant aux époux par quelque cause que ce soit, même par succession ou donation; et il importe peu que la succession dont le partage n'a donné que des meubles à l'époux contînt aussi des immeubles. Il en est de même des créances attribuées en entier au lot de l'époux copartageant. Dissentiment avec M. Duranton.

V.   Les compositions littéraires, scientifiques ou artistiques, tombent dans la communauté (erreur de MM. Toullier et Battur). *Idem* des offices transmissibles ; mais le titulaire survivant n'est pas tenu de les vendre. — De la moitié de trésor attribuée *jure soli* à l'époux propriétaire du fonds. Dissentiment avec plusieurs auteurs. — Renvoi pour la loi du 25 juin 1850.

VI.   2° *Fruits des propres.*—La communauté prend tous les fruits, naturels ou civils, échus ou perçus pendant son cours. Quant aux fruits antérieurs au mariage, elle les a, non comme fruits, mais comme mobilier ordinaire : erreur de M. Odier. — Renvoi au titre *De l'Usufruit* pour diverses règles. — Il est dû récompense à la communauté pour les frais de semences, labours, etc., des fruits existants sur le propre d'un époux lors de la dissolution. Elle a également droit à indemnité pour toute récolte qui eût dû être faite sur un propre avant la dissolution et qui ne l'a pas été.

VII.   3° *Conquêts.*— Tous les biens sont présumés communs jusqu'à preuve contraire faite par un des époux. Cette preuve se fait en établissant, ou que l'époux a eu avant le mariage, soit la propriété de l'immeuble, soit sa possession civile (erreur de Toullier), ou que le bien est arrivé pendant le mariage par l'une des causes qui donnent des propres.

I. — L'actif de la communauté conjugale comprend trois espèces de biens : 1° tous les biens meubles que possédaient les époux en se mariant, et ceux qui leur échoient pendant le mariage même par succession ou donation, à moins, dans ce dernier cas, que le donateur n'ait disposé du bien mobilier à la condition qu'il serait propre au donataire ; 2° tous les fruits des biens qui restent propres aux époux ; 3° enfin, tous les biens, même immeubles, acquis en commun par ces époux. Ainsi, la communauté a la pleine propriété de presque tout le mobilier, des immeubles acquis en commun, puis l'usufruit des biens restés propres aux conjoints.

D'après cela, on peut fort bien dire que la communauté fait exister dans une maison trois patrimoines : le patrimoine du mari, c'est-à-dire l'ensemble des biens restant propres au mari ; le patrimoine personnel à la femme ; puis le patrimoine de la communauté, comprenant la propriété des biens non propres aux époux et la jouissance des propres. Cette manière de parler n'a rien d'inexact, et on ne saurait attacher aucune importance à la critique que Toullier (XII, 82) adresse à Delvincourt, Proudhon et autres, pour avoir dit qu'il faut, pour bien comprendre la position des époux communs en biens, considérer la communauté comme une personne morale placée entre le mari et la femme, laquelle est propriétaire de biens à elle personnels, en même temps qu'usufruitière des biens des époux, et dont le patrimoine est administré par le mari, mandataire de cette personne morale.

On conçoit que de telles idées ne soient aux yeux de Toullier que des absurdités, lui qui prétend, comme on l'a vu sous l'art. 1399, que la communauté n'existe pas, que le Code n'emploie que des mots vides de sens quand il parle d'une société pécuniaire commençant par la célébration du mariage et finissant par sa dissolution, et que les biens qu'on appelle à tort biens de la communauté ne sont que des biens du mari ; on conçoit également que, niant l'existence même de la communauté, et par conséquent la possibilité de droits appartenant à la communauté, Toullier regarde comme une nouvelle absurdité l'usufruit ou droit de jouissance appartenant à cette communauté sur les propres des époux, et qu'il s'empare de quelques différences de détail entre ce droit de jouissance et celui de l'usufruit ordinaire pour en conclure qu'il n'y a pas d'usufruit dans notre matière. Mais nous qui croyons comme tout le monde que la communauté est une communauté, et les biens communs des biens communs, nous qui ne pensons pas que pour le triomphe d'une idée bizarre on puisse détruire ou bouleverser toutes les dispositions d'un titre entier, nous qui pensons (et l'annotateur même de Toullier, M. Duvergier, convient de cette vérité) que le système du savant professeur de Rennes n'est qu'une hérésie, nous disons que, en outre et en face des biens appartenant primitivement (et pour la nue propriété seulement) au mari d'un côté et à la femme de l'autre, il existe un fonds de communauté, un patrimoine social, et que ce patrimoine comprend, avec la pleine propriété de certains autres biens, la jouissance de ceux des époux... Sans doute, il n'est pas nécessaire d'admettre que la communauté, par l'effet d'une fiction de droit qui existe dans d'autres circonstances, constitue proprement une personne juridique, une personne civile (non pas que l'existence de cette personne civile eût rien d'absurde, quoi que dise Toullier, car elle ne serait pas plus absurde dans la société conjugale, comme le fait très-bien observer M. Duvergier, qu'elle ne l'est dans les sociétés commerciales, dont la nature, si elle eût été mieux étudiée par Toullier, lui aurait certainement épargné les idées fausses qu'il émet à ce sujet); mais si rien dans le Code n'autorise à voir là, juridiquement, l'existence proprement dite d'une personne civile, il faut bien reconnaître du moins que la communauté n'est pas un mot vide de sens et que, à côté des deux masses de biens personnels, les uns au mari, les autres à la femme, il existe une masse de biens communs dont fait partie le droit d'usufruit des deux premières (1).

Les biens de la société conjugale se nomment, tantôt *biens communs*, tantôt *conquêts* ou *acquêts*, indistinctement; mais ces dernières expressions ne conviennent exactement qu'aux biens qui arrivent à la communauté dans le cours du mariage, tandis que celle de *biens communs* s'applique à tous, à ceux qui forment le fonds social dès l'instant même de la célébration aussi bien qu'aux autres. Les biens personnels des époux se nomment *propres de communauté* ou tout simplement *propres* (2).

Examinons chacune des trois catégories de biens qui composent le fonds social.

II. — 1° BIENS MEUBLES. — La communauté comprend d'abord tous les biens meubles des époux, aussi bien ceux qui leur échoient pendant le mariage que ceux qui leur appartenaient au moment de la célébration (3). Nous avons suffisamment expliqué au titre Iᵉʳ du livre II, art. 516 à 536, quels biens sont meubles, quels autres immeubles,

---

(1) Toullier tombe dans une erreur analogue, et plus étrange encore peut-être, pour le régime dotal, quant au droit du mari sur les biens dotaux (art. 1549, n° II). Sur la question de savoir si la communauté forme un être moral, *voy.* encore Duranton (t. XIV, n° 96); Troplong (306 et suiv.); le Guérel (Dissert. sur l'art. 585, p. 19 et 20); Dalloz (*loc. cit.*, n° 546).

(2) Autrefois les biens communs se nommaient uniquement *conquêts* (et non pas *acquêts*); et les biens personnels aux époux se disaient *propres de communauté* (et non pas *propres* simplement). La raison en était que la législation coutumière admettait, en regard des *conquêts*, opposés aux *propres de communauté*, en matière de société conjugale, des *acquêts*, opposés aux *propres de succession*, en matière d'hérédité. Les propres de succession étaient les biens que le défunt avait lui-même reçus par héritage; les acquêts étaient ceux qu'il avait acquis de toute autre façon, et qui dès lors ne constituaient pas des biens de famille. — Aujourd'hui que la législation ne s'occupe plus de l'origine des biens en matière de succession (art. 732), le mot *propres* signifie par lui seul *propres de communauté*, et les biens communs peuvent, sans inconvénient, se dire aussi bien *acquêts* que *conquêts* : aussi le Code se sert-il indifféremment de l'une ou de l'autre expression (art. 1402 et 1408).

(3) Tous les objets mobiliers servant à l'usage des deux époux communs en biens sont légalement présumés faire partie de la communauté, à moins que l'un des époux n'établisse qu'ils lui appartiennent en propre, en vertu d'une clause de leur contrat de mariage ou d'un titre formel et exprès : il ne suffirait pas, à cet effet, que l'un des époux, spécialement la femme, justifiât avoir acheté ces objets pendant le mariage et au moyen de deniers qu'elle prétendrait lui avoir été propres. Paris, 13 janv. 1854 ; Cass., 22 mars 1853 (Dev., 54, II, 209 ; 55, I, 246).

pour n'avoir pas à y revenir ici ; mais nous avons à examiner plusieurs questions plus ou moins délicates que fait naître cette première partie de l'art. 1401.

Ainsi d'abord, on se demande si le droit de récompense qu'un époux aurait à exercer sur une communauté précédente, à raison de capitaux à lui propres qui sont entrés dans la caisse commune, tombe nécessairement dans sa seconde communauté. Pour les uns, ce n'est là qu'une CRÉANCE, un droit *ad pecuniam,* toujours mobilier dès lors, et tombant ainsi forcément dans la communauté nouvelle ; d'après les autres, au contraire, ce droit doit être considéré comme rentrant dans la COPROPRIÉTÉ de l'époux sur les biens communs à partager, en sorte que sa nature reste alternative et indéterminée jusqu'au partage, pour devenir mobilière ou immobilière et tomber ou non dans la communauté, selon que, par ce partage, l'époux aura pour ses reprises des meubles ou des immeubles... La question n'a pour nous rien de douteux. La première doctrine avait dominé dans l'ancien droit jusqu'au temps de Pothier ; mais la seconde a fini par prévaloir dès avant le Code Napoléon, et c'est elle qui est aujourd'hui consacrée par les art. 1470-1476. Il est vrai que l'opinion contraire, professée d'abord par Toullier sans aucun succès (XII, 111), vient d'être énergiquement soutenue par M. Troplong (I, n⁰ˢ 374-400) (1). Mais la longue dissertation du célèbre magistrat, loin de combattre victorieusement la jurisprudence aujourd'hui fixée en sens contraire, porte en elle-même la réfutation du système erroné qu'elle défend (2).

Après avoir savamment établi ce fait (qui n'était contesté par personne) que la nature nécessairement mobilière du droit, et par suite son attribution à la communauté nouvelle, avait toujours prévalu dans le droit très-ancien, M. Troplong affirme que cette idée n'a jamais varié, que le changement qui s'est opéré plus tard dans les esprits, et dont Pothier signalait déjà les progrès, portait sur un tout autre point, qu'il y a une *inconcevable méprise* dans l'application qu'on a faite de ce changement à l'idée qui nous occupe, et que ce qu'on a pris ici *pour la découverte d'une science profonde* n'est que *la distraction d'un bon esprit un instant égaré.* Certes, rien n'est plus affirmatif, mais rien pourtant n'est moins exact... Il est très-vrai que la question où Pothier signale le changement dont il s'agit n'était pas la nôtre quant *à la conséquence* cherchée de part et d'autre, mais elle était la nôtre quant *au principe* engendrant cette conséquence ; or c'était précisément le changement *du principe* que Pothier constatait et expliquait ; c'était uniquement sur ce changement *du principe* qu'il insistait, parce qu'en effet, une fois le principe admis, la conséquence cherchée par Pothier (comme celle cherchée par nous) en découle naturellement et forcément... Pothier se demande, comme nous, si les reprises qu'un survi-

---

(1) *Junge :* Nancy, 16 fév. 1852 (Dev., 52, II, 545).
(2) Nous avons déjà réfuté cette doctrine de M. Troplong dans un article publié par la *Revue de droit français et étranger* (1850, p. 206). — *Voy.* aussi *Revue critique* (t. II, p. 577).

vant a droit d'exercer sur sa communauté dissoute constituent pour lui *une créance*, si dès lors, pour la communauté, et aussi pour la succession du prédécédé (quant à la moitié dont celui-ci en est tenu), elles sont *une dette*. Il répond que, dans son sentiment, c'est là *une vraie dette;* mais que plusieurs pensent maintenant autrement. « Ces reprises, dit-il, leur paraissent devoir être regardées moins comme *une créance* que comme donnant à celui qui les a *un droit plus fort dans la communauté*, et qu'en conséquence la succession du prédécédé ne doit pas être considérée comme *débitrice*, mais comme n'ayant jamais été *propriétaire* d'autres choses, dans les biens de la communauté, que de celles qui lui sont échues en son lot, le surplus étant censé *avoir toujours appartenu* au survivant qui avait les reprises à exercer ; que c'est une suite de *l'effet déclaratif et rétroactif* que notre jurisprudence donne *aux partages*. » Il termine en précisant les cas auxquels on devra restreindre cette *opinion moderne*, si elle est suivie (*Succ.*, ch. 5, art. 2, § 1, al. 13-15). — C'est bien là, on le voit, le principe qui résout notre question, et tout se réduit à rechercher si c'est cette idée moderne d'un droit de *copropriété*, ou bien l'ancienne idée d'un droit de *créance*, que le Code a consacrée. Or il n'y a pas ici de difficulté, puisque M. Troplong lui-même reconnaît que l'opinion nouvelle est bien celle du Code. C'est « le dernier état des idées, dit-il, que le Code a voulu faire prévaloir. En donnant à l'époux un droit de prélèvement, il a fait de la reprise une charge *réelle* de la communauté. L'époux reprend la chose à titre *de propriétaire,* non à titre de *créancier* (n° 389). »

Chose étrange, et qui prouve à quel point M. Troplong est ici tombé dans la confusion qu'il reproche à chaque pas à ses adversaires ! C'est malgré cet aveu du changement adopté par le Code, aveu qui devait trancher toute question, que l'honorable magistrat continue de soutenir une thèse rendue par là insoutenable. « Sans doute, dit-il en substance, l'époux reprend à titre de propriétaire. Mais qu'a-t-il le droit de reprendre à ce titre? C'est une somme d'argent, ce sont les deniers versés à la communauté, deniers dont celle-ci n'est que dépositaire et dont la propriété demeure à l'époux. Quant aux immeubles de la communauté, quand même on les aurait achetés avec les deniers de l'époux, ils ne sont pas la propriété de cet époux, et s'il les prend, c'est à titre de dation en payement. La communauté est comme tout autre dépositaire qui, ne rendant pas son dépôt en nature, serait poursuivi sur tous ses biens (n°s 390-393). » M. Troplong invoque à l'appui de cette idée de dation en payement l'autorité des anciens auteurs ; et, revenant encore sur ce sujet au tome suivant (III, 1633), il s'appuie également d'un remarquable arrêt de Caen, de 1832, qui, tout en jugeant que la reprise s'opère à titre de propriété et non à titre de créance, aurait aussi jugé, selon lui, que quand l'époux agit sur les immeubles, c'est à titre de dation en payement.

Or, que d'erreurs amoncelées ici!... Et d'abord, des deux systèmes qui sont en présence depuis bientôt trois siècles, M. Troplong commence par proclamer que celui qu'adopte le Code, c'est le dernier, celui d'un droit de *propriété ;* et, par une singulière méprise, celui que partout il développe et applique comme étant le système légal, c'est au contraire le premier, celui d'un droit de *créance,* d'une *dette* à recouvrer, d'un *payement* à recevoir ! Lisez notamment son Commentaire de l'art. 1471 (III, n°s 1628-1632). Le savant magistrat nous y parle de la femme obligée, à défaut d'argent, de se *payer* sur le mobilier, de cette femme à qui *il est dû* une somme et à qui on offre *en payement* des meubles meublants, d'où la conséquence qu'elle peut exiger la vente de ces meubles afin de recevoir *les deniers qui lui sont dus ;* puis il invoque Coquille (un des soutiens de l'ancien système qu'il a déclaré n'être plus celui du Code), disant que la veuve n'est pas tenue de prendre les meubles *en payement,* puisqu'il s'agit ici pour elle *d'une dette* en deniers (n° 1628). De même pour les immeubles, sur lesquels la femme vient *se payer* après discussion du mobilier : elle aura le choix, dit-il, de prendre un immeuble *en payement* ou d'en exiger la vente pour se faire *payer* en argent (n° 1629). La raison de tout ceci est simple, c'est qu'il ne s'agit que *d'argent dû à la femme* (n° 1630). Ainsi *une dette* pour la communauté, *une créance* pour la femme, voilà le système que développe M. Troplong en s'appuyant de Coquille et autres, et c'est M. Troplong qui nous apprend que le Code a répudié cet ancien système de Coquille et autres, et que la femme agit aujourd'hui à titre de *propriétaire,* non à titre de *créancière !* — En vain la pensée inexacte du savant magistrat se trouve ici enveloppée sous un langage qui n'est certes pas celui d'un jurisconsulte, et dont l'impropriété pourrait faire prendre le change au lecteur inattentif, par le singulier mélange de termes inconciliables et contradictoires. Ainsi, M. Troplong nous dira que si la femme a le choix de prendre les meubles ou immeubles *en payement* ou d'en exiger la vente, afin de se faire *payer en argent,* c'est pour retrouver les deniers *qui lui appartiennent,* la somme dont elle est PROPRIÉTAIRE (n° 1629) ; et il répète à plusieurs reprises (n° 1632 et ailleurs) que « les valeurs mobilières ou immobilières de la communauté ne lui sont attribuées qu'*à titre de payement* et comme *mode de libération* d'une somme d'argent DONT ELLE EST PROPRIÉTAIRE ! » comme s'il était possible que la femme fût propriétaire de deniers et autre chose que créancière, alors qu'il n'existe pas même de deniers, mais seulement des biens en nature qu'on lui donne en payement ! comme si la dation en payement n'était pas exclusive du droit de propriété chez la personne payée, et ne supposait pas forcément le droit de créance ! Maintenant, et dans cette contradiction des mots, c'est bien réellement le droit de créance qui existe au fond des choses dans la théorie que nous réfutons, puisqu'on y reconnaît à la femme le droit de refuser les meubles ou immeubles qu'on veut lui donner en nature, et d'exiger qu'ils soient vendus pour la payer en argent, ce qu'elle ne pourrait évidemment pas faire pour des meubles ou immeubles qu'elle viendrait partager à titre de copropriétaire. Il est donc bien vrai que M. Troplong reste en plein dans l'ancien système d'un droit de créance, tout en proclamant lui-même la répudiation de ce système par le Code; et la qualification de propriétaire qu'il donne de temps en temps à la femme, et par laquelle il semble se faire illusion à lui-même, loin d'amoindrir l'étrangeté de sa doctrine, y forme au contraire un vice de plus. — Cette profonde méprise de M. Troplong se trouve encore plus ou moins voilée par cette autre idée, qu'il n'y aurait payement de dette que quand on prend des biens en nature et non quand on prend de l'argent, cet argent formant, selon lui, un bien resté propre à l'époux et dont la communauté n'aurait été que *dépositaire* dans le sens propre de ce mot. Or c'est encore là une autre erreur et une erreur énorme. Comment un jurisconsulte a-t-il pu songer, même un instant, à dire la communauté simple *dépositaire* des deniers des époux? La communauté n'a-t-elle pas le droit de jouir de leurs capitaux comme de tous leurs autres biens, et le droit de jouissance n'est-il pas incompatible avec la qualité de dépositaire? Le droit de jouir d'une somme rend (sous l'obligation de restituer une somme égale) propriétaire de cette somme (art. 587) : lors donc que le capital propre à un époux est versé à la communauté, il devient bien commun, et la récompense qui s'en exerce, même sur de l'argent, n'est pas plus un retrait de propres que celle qui s'exerce sur des immeubles. — C'est qu'en effet (et nous arrivons ici à une nouvelle erreur non moins singulière que les autres), quand on se demande si l'époux qui exerce sa récompense agit ou non en qualité de propriétaire, il ne s'agit pas, comme le croit M. Troplong, de la *propriété* exclusive de l'époux sur un bien à lui resté PROPRE, mais de sa *copropriété* sur le bien COMMUN qu'il prélève : la question (sur le sens même de laquelle s'est mépris M. Troplong) est de savoir si la prise de ce *bien commun* n'est qu'un payement de créance, ou si elle est un prélèvement constituant l'un des actes du partage de la communauté. Que signifie donc cette incroyable objection de M. Troplong, que les immeubles acquêts appartenant toujours à la communauté, il y a confusion quand on croit que ces immeubles sont prélevés à titre de propriétaire? La méprise est, au contraire, chez le savant magistrat, qui confond le prélèvement *des biens communs* pour reprises avec le retrait *des propres*. Sans doute les immeubles acquêts sont des biens communs et non des propres, mais *c'est précisément aux biens communs* et nullement aux propres que s'applique notre question; et la simple lecture de Pothier aurait dû prévenir cette erreur de M. Troplong. S'il s'agissait de propres, en effet, Pothier ne parlerait pas d'un droit plus fort *dans la communauté* (car les propres ne sont pas dans la communauté); il ne parlerait pas des effets *du partage* (car les propres ne se partagent pas); il ne dirait pas que le bien prélevé est *censé* avoir toujours appartenu à l'époux (car les propres lui ont toujours appartenu réellement)... Que signifie aussi l'invocation réitérée de Renusson, Ferrières, Coquille et autres, puisque ces auteurs sont précisément ceux qui professaient l'ancien système que l'on reconnaît abandonné par le Code?... Pour ce qui est, enfin, de l'arrêt de 1832, présenté par M. Troplong comme admettant aussi l'idée de dation en payement, c'est une dernière erreur du savant écrivain ; car l'arrêt, bien loin d'admettre cette idée, la trouve au contraire si évidemment inadmissible, que précisément il la présente comme une preuve de l'inadmissibilité du principe qui l'engendre.

Tenons donc pour bien certain, avec les auteurs et la jurisprudence, que, d'après le système que Pothier indiquait sans l'adopter, et qui a été admis par le Code, les biens obtenus par l'exercice du droit de reprise tombent ou non dans la communauté nouvelle, selon qu'ils sont meubles ou immeubles (1).

II *bis*. — La règle ci-dessus s'appliquerait aussi, bien entendu, pour toute créance alternative appartenant à un époux et dont les deux objets seraient, l'un mobilier, l'autre immobilier ; comme si cet époux, par exemple, était bénéficiaire d'un legs imposant à l'héritier l'obligation de lui remettre ou tel immeuble, ou une somme de 15 000 fr. Si l'obligation est acquittée au moyen de la chose mobilière, le droit se trouve avoir été mobilier, et le bien appartient à la communauté ; la créance, au contraire, reste immobilière, et l'objet reste propre à l'époux si c'est l'immeuble qui est livré (2). — On sait qu'il en serait autrement et qu'il n'y aurait pas à considérer la nature de l'objet remis au créancier, si l'obligation, au lieu d'être alternative, était simplement facultative. Alors, en effet, l'obligation n'a pas deux objets, mais un seul (la seconde chose étant seulement *in facultate solutionis*), et sa nature est déterminée à l'avance par la nature de cet objet unique ; en sorte que si l'objet dû est mobilier, la chose à livrer facultativement étant un immeuble, la créance et le bénéfice qu'elle produira appartiendront à la communauté, quoique ce soit l'immeuble que l'époux reçoive du débiteur (3).

Ce que nous venons de dire pour les reprises ou récompenses à exercer sur une précédente communauté et pour toutes créances alternatives doit s'appliquer aussi, selon nous, au cas d'une obligation de faire. Pothier (*Introduction aux coutumes*, n° 50) enseignait le contraire. Il

---

(1) Coin-Delisle (*Revue de droit français*, 1846, t. I, p. 657) ; Paul Pont et Rodière (1, 335) ; Dalloz (2381) ; Caen, 19 janv. 1832 et 31 déc. 1852 ; Rouen, 10 juill. 1845 ; Paris, 21 fév. 1846 et 31 mars 1853 ; Rej. civ., concl. conf. de M. Nicias-Gaillard, 28 mars 1849 ; Rej. req., 8 avril 1850 (Dev., 41, II, 82 ; 46, II, 305 ; 49, I, 353 : 50, I, 356 ; 53, II, 337 et 344) ; Bourges, 20 avril 1855 (Dalloz, 56, II, 41) ; Cass., 30 mai 1854 (Dev., 54, I, 386) ; 23 fév. 1853 (Dev., 53, I, 373) ; Cass., 2 janv. et 10 juill. 1855 ; Metz, 10 avril 1862. *Voy.*, au sujet de cette question si vivement discutée de la nature des reprises, les autorités suivantes : Douai, 21 janv. 1856 ; Amiens, 6 mars 1856 ; Orléans, 19 juin 1856 ; Lyon, 25 juill. 1856 ; Paris, 23 août 1856, 16 déc. 1856 ; Amiens, 3 janv. 1857 ; Douai, 29 janv. 1857 ; Cass., chambres réunies, 16 janv. 1858 ; Cass., 1er déc. 1858, 15 mars 1859, 23 août 1859 ; Angers, 25 avril 1860 ; Caen, 27 juin et 19 juill. 1861 ; Cass., 2 juin 1862 ; Cass., 13 déc. 1864 ; Rodière et Pont (1re édit., I, 834, et 2e édit., I, 383) ; Pont (dissert. insérées au *J. du Pal.*, 53, I, 513, et 54, I, 225 ; et *Revue crit.*, VI, p. 398) ; Valette (le *Droit*, 25 avril 1855) ; Tessier (*Rep. de la femme*) ; Mourlon (3e examen, p. 67) ; Odier (II, 504) ; Delsol (C. Nap., t. III, p. 66) ; Berthaud (*Hyp. lég.*, n° 4) ; Rouland (Réquis. rappelé Devil., 55, II, 449).

(2) *Conf.* Pothier (*De la Comm.*, n° 54) ; Dalloz (593).

(3) Duranton (t. XIV, n° 115) ; Toullier (t. XII, n° 103) ; Troplong (373) ; Dalloz (594).

disait, et M. Troplong (I, 401) répète après lui, que cette obligation se
transformant, par l'inexécution du débiteur, en une simple obligation
de sommes d'argent, elle tombe toujours dans la communauté... Cette
idée est inexacte. Sans doute, toutes les fois que l'obligation de faire
se sera transformée en une obligation d'argent, cette obligation entrera dans la communauté ; mais dans son état primitif et alors qu'il
n'y a pas transformation, on conçoit que l'obligation peut quelquefois
être immobilière. Ainsi, quand un entrepreneur s'est obligé à me construire une maison sur mon terrain, l'objet de ma créance c'est *domus
œdificanda,* c'est une maison, et si cette maison m'est livrée, si l'obligation s'exécute directement au lieu de se transformer en une obligation de sommes d'argent, n'est-il pas clair que la chose acquise est un
immeuble et n'entre pas dès lors en communauté ? Il en serait autrement, et la créance tomberait dans la communauté, si le fait du débiteur devait me procurer des marchandises, ou de l'argent, ou d'autres
valeurs mobilières (1).

III. — Si l'obligation de faire peut être considérée tantôt comme
mobilière et tantôt comme immobilière, on sait qu'il n'en est plus ainsi
d'une rente, puisque toutes les rentes, foncières ou constituées, perpétuelles ou viagères, sont toutes déclarées meubles par le Code. Toute
rente appartenant à l'un des époux tombera donc dans le fonds commun, de quelque nature qu'elle soit. Toullier pourtant (XII, 110) enseigne très-longuement le contraire pour la rente viagère. Il prétend
que la communauté n'a droit qu'aux revenus, qu'aux arrérages, qui
sont produits par cette rente pendant le cours du mariage ; mais que
la rente elle-même reste propre à l'époux, qui en reprendra la jouissance à la dissolution de la communauté. Il en donne pour raison ces
deux idées : 1° que la rente viagère n'est pas une véritable rente, un
droit produisant de véritables arrérages, mais bien un droit à une série
de petits capitaux se payant chaque année, d'où il suivrait, selon lui,
que la communauté doit faire siens ceux de ces capitaux qui arrivent à
l'époux pendant sa durée, mais n'a aucun droit sur ceux qui n'échoient
qu'après sa dissolution ; 2° que la rente viagère doit être considérée
comme un droit intimement attaché à la personne du créancier, de telle
sorte que si celui-ci, à la vérité, peut très-bien l'aliéner, cependant son
aliénation n'est efficace que par une déclaration très-expresse de la
volonté, et ne saurait se voir dans le simple fait du créancier d'adopter
le régime de la communauté légale. Toullier, qui donne à ces idées de
fort longs développements, les appuie aussi çà et là de l'autorité d'anciens arrêts ou de quelques passages d'anciens auteurs.

Tout ceci n'est qu'erreur et confusion. Et d'abord il faut écarter de
la question toutes les autorités de l'ancien droit, par la double raison
que la nature de la rente viagère, fort douteuse et très-controversée

_____

(1) *Conf.* Merlin (*Rép.,* v° Legs) ; Bugnet (sur Pothier) ; Paul Pont et Rodière
(I, 336) ; Toullier (VI, 408) ; Taulier (II, 150) ; Dalloz (596). — *Voy.* cependant Proudhon (196).

autrefois, est aujourd'hui nettement fixée par le Code, et que d'un autre côté les rentes étant souvent immeubles dans l'ancien droit, tandis qu'elles sont meubles aujourd'hui, il est clair que la même règle qui les met aujourd'hui dans la communauté les en excluait alors. Maintenant, le premier motif de Toullier se trouve faux deux fois pour une ; car, d'une part, la rente viagère est aujourd'hui, d'après le Code Napoléon, une rente véritable, proprement dite et produisant juridiquement de véritables arrérages. Les sommes perçues chaque année par le crédirentier, au lieu d'être, sinon de purs capitaux, au moins un mélange de revenus et de capitaux, comme l'enseignaient autrefois beaucoup d'auteurs, ne sont plus, juridiquement et en droit, que de purs revenus, de simples arrérages. La preuve en est écrite dans l'article 588, qui attribue la totalité de ces sommes à l'usufruitier, lequel n'aurait pas droit à cette totalité si ces sommes étaient légalement réputées contenir une portion de capital ; et l'article adopte ce principe d'une manière tellement absolue, qu'il n'excepte pas même de son application un cas particulier dont parlait Pothier, et que les règles de l'équité eussent peut-être dû faire excepter. Il est donc faux, d'abord, que la rente viagère soit le droit de recevoir une série de capitaux, et le premier argument de Toullier perd ainsi son principe ; mais quand même ce principe serait aussi vrai qu'il est faux, quand même la rente viagère serait vraiment une créance ayant pour objet une série de capitaux payables tous les ans ou tous les six mois jusqu'au décès du créancier, cette créance tomberait encore dans la communauté pour toutes les sommes à recevoir, puisqu'elle serait un bien purement mobilier ! Est-ce que les diverses créances mobilières de celui qui se marie en communauté ne tombent pas toutes dans cette communauté, sans distinction de l'époque de l'exigibilité des sommes dues ? Est-ce que, la créance étant une fois tombée dans la communauté par sa nature de bien mobilier, il n'est pas complétement indifférent de savoir si cette créance vient à payement dans le cours de la communauté ou après sa dissolution ? — La seconde idée de Toullier n'est pas plus exacte que la première. Puisque, de son propre aveu, la rente viagère est aliénable comme tout autre bien, et qu'elle est d'ailleurs un bien meuble, il est clair qu'elle se trouve aliénée et transmise à la communauté par le fait de l'époux qui adopte cette communauté, que la loi lui dit embrasser tous les biens meubles des époux. En vain Toullier nous dit qu'il faut pour cette aliénation une volonté expressément manifestée. Est-ce qu'une telle volonté n'est pas nécessaire pour l'aliénation d'un bien quelconque ? Est-ce qu'une rente non viagère, ou tout autre bien, pourrait se trouver aliénée sans manifestation de la volonté du propriétaire ? La manifestation de la volonté de l'aliénateur, ou, comme le dit lui-même Toullier, une disposition formelle de la loi, est nécessaire partout et toujours ; mais cette condition existe, soit dans la déclaration de l'époux qu'il adopte la communauté légale, soit dans la disposition par laquelle la loi le soumet à ce régime, parce qu'il n'a pas fait de contrat. L'étrange doctrine de Toullier est donc une erreur aussi grave que certaine, et c'est avec raison qu'elle est rejetée par tous les auteurs, même par son continuateur et annotateur, M. Duvergier (1).

IV. — La communauté, avons-nous dit, embrasse aussi bien les meubles arrivant aux époux pendant le mariage, même par succession ou donation, que ceux qui leur appartenaient au jour de la célébration. Nous disons *même* par succession ou donation ; car si la loi a spécialement indiqué ces deux causes d'acquisition, c'est précisément comme étant les plus personnelles à l'époux, comme étant celles pour lesquelles on aurait pu douter davantage ; et la pensée du législateur, en signalant celles-ci, a été de comprendre *à fortiori* toutes les autres. Les dispositions de la Coutume de Paris et les procès-verbaux de la confection du Code ne laissent pas de doute à cet égard, et tout le monde est d'accord sur ce point. Toullier (XII, 93), Duranton (XIV, 103), Battur (I, 152), Zachariæ (III, 411), Glandaz (I, 25), Bugnet (*loc. cit.* 26), Locré (t. XII, p. 180), Dalloz (*loc. cit.* 625).

Dans le cas de donation (sur lequel nous reviendrons sous l'article 1404), si les meubles échus à l'époux tombent dans la communauté en règle générale, ils peuvent demeurer propres par exception et au moyen de la condition imposée par le donateur. Mais il en est autrement dans le cas de succession, et les meubles acquis à l'époux par cette cause sont communs toujours et absolument. Ainsi, quand même le partage d'une succession de 200 000 fr. et composée pour moitié de meubles et d'immeubles, par exemple, 100 000 fr. de rentes sur l'État et une maison d'égale valeur, aurait attribué à l'un des deux cohéritiers la maison et à l'autre les rentes, ce dernier verrait tomber dans sa communauté la totalité de ces rentes, et ne pourrait pas prétendre qu'il doit en avoir en propre une partie proportionnelle au droit qu'il avait dans l'ensemble des biens héréditaires, c'est-à-dire une moitié ou 50 000 fr. Cette idée, proposée autrefois par Lebrun, mais repoussée déjà par Pothier (*Comm.*, n° 100), n'a eu sous le Code aucun partisan, et se trouve en effet inadmissible en face de l'art. 883, d'après

---

(1) Demante (*Thémis*, t. VIII, p. 169) ; Dalloz (v° Contrat de mariage, n° 612) ; Duranton (XIV, 125) ; Battur (I, 156) ; Bellot (I, p. 169) ; Paul Pont et Rodière (I, 352) ; Duvergier (sur Toullier) ; Troplong (I, 407) ; Glandaz (*loc. cit.*, 59) ; Rennes, 16 juin 1841 ; Agen, 6 mars 1844 (Dev., 41, II, 553 ; Dalloz, 45, II, 56) ; Cass., 30 avril 1862.

Il en serait autrement si la rente viagère avait été déclarée inaliénable, incessible ; et l'exception s'applique, bien entendu, à toutes sommes ou pensions qui, soit d'après l'acte soit d'après quelques dispositions de la loi, se trouvent incessibles. Arr. cons. d'État du 23 janv., 2 fév. 1802 ; Troplong (409) ; Cass., 3 fév. 1830.

M. Glandaz (art. *Communauté*, dans l'*Encyclopédie*, n° 59) applique cette exception à toute pension donnée à titre d'aliments, alors même qu'elle n'est pas déclarée incessible. C'est aller trop loin. Il est bien vrai qu'alors il y a incessibilité, c'est-à-dire impossibilité de dépouiller le créancier malgré lui ; mais ce créancier peut toujours se dépouiller lui-même, s'il y trouve avantage ; et, puisqu'il peut aliéner, il peut donc faire entrer en communauté. Rej., 21 juin 1815 ; Rej., 31 mai 1826 ; Demante (*loc. cit.*) ; Troplong (*Vente*, n° 227) ; Rodière et Paul Pont (I, 353) ; Dalloz (613).

Le droit à un bail est aussi une créance mobilière tombant dans la communauté. *Voy.* Toullier (t. XII, 106 et 107) ; Duranton (t. XIV, n° 126) ; Odier (I, 84) ; Troplong (401-404) ; Pothier (*De la Comm.*, n° 71, et *Du Louage*, 288). — M. Troplong a soutenu le contraire par le motif que le droit du fermier est immobilier (*Vente*, 321 ; *Louage*, t. I, n° 5 à 20, et t. II, n° 473, etc.) ; mais cette opinion a été réfutée *infrà*, sous l'art. 1712.

lequel le partage n'est que déclaratif de propriété, et fait considérer chaque héritier comme n'ayant jamais eu droit *ab initio* que sur le lot qui lui échoit (1).

M. Duranton (XIV, 119) pense qu'il y a exception à ce principe pour les créances, à cause de la disposition de l'art. 1220, qui, sans attendre l'effet du partage et dès le décès du *de cujus,* divise entre les héritiers les créances par portions héréditaires. C'est donner trop de portée à la disposition de l'art. 1220. La division faite par cet article entre tous les héritiers, pour régler immédiatement leur position envers les débiteurs, ne fait nullement obstacle à l'application de l'art. 883 et n'est en quelque sorte que provisoire. Si les héritiers veulent maintenir cette division en ne faisant ensuite porter leur partage que sur le reste de la succession, ils sont sans doute libres de le faire ; mais ils peuvent aussi, s'ils le jugent à propos, réunir les créances aux immeubles pour faire un seul partage portant sur le tout, pouvant donner à l'un plus d'immeubles, à l'autre plus de créances ; et l'effet de ce partage remontera comme toujours au jour même du décès (2). Donc l'époux qui recevra ainsi des créances les verra également tomber dans la communauté.

Il va sans dire que l'on suppose dans tout ceci des partages faits de bonne foi ; car s'il était prouvé qu'il y a eu concert frauduleux, soit pour avantager la communauté au détriment de l'époux, soit pour lui préjudicier, le partage serait nul. La fraude fait tomber tous les principes : *Fraus omnia corrumpit* (3).

V. — Ainsi, la communauté est propriétaire de tous les biens meubles des époux, tant de ceux qui leur appartenaient lors de la célébration, que de ceux qui leur arrivent ensuite, soit par succession ou donation, soit par le résultat de leur travail ou industrie (4), soit comme

---

(1) *Voy.* Lebrun (*Comm.,* chap. 3, sect. 1, dist. 1, n° 20) ; Valin (*Cout. de la Roch.,* art. 48, § 2) ; Pothier (*Comm.,* 100) ; Denizart (v° Comm., § 6, n° 8) ; Toullier (XII, 119) ; Battur (I, 250) ; Duranton (XIV, 19) ; Zachariæ (III, 415) ; Dalloz (619) ; Rennes, 31 juill. 1811 ; Caen, 9 mars 1839. — Jugé cependant que la somme d'argent attribuée à l'un des époux dans le partage d'une succession composée de meubles et d'immeubles ne tombe en communauté que jusqu'à concurrence de la part de cet époux dans les meubles. Cass., 11 déc. 1850. — Pour les soultes ou retour de lots, on admet généralement qu'ils demeurent propres à l'époux. Pothier (*loc. cit.,* 100) ; Renusson (*De la Comm.,* I, chap. 3, n° 16); Lebrun (*id.,* liv. 1, chap. 5, sect. 1, dist. 1, n° 11); Toullier (XII, 118) ; Duranton (XIV, 118); Bugnet, sur Pothier (100); Nancy, 3 mars 1837; Dalloz (*loc. cit.,* 620).

(2) Zachariæ (IV, p. 486, note 8, et III, p. 415) ; Odier (I, 78) ; Rodière et Paul Pont (I, 357) ; Troplong (I, 370 ; mais ce dernier ne répond pas à l'objection et n'a pas remarqué la difficulté) ; Rej. req., 24 janv. 1837 ; Rej. civ., 20 déc. 1848 (Dev., 37, I, 106 ; le *Droit,* 22 déc. 1848).

(3) Les mêmes principes s'appliqueraient au cas d'une société dissoute lors du mariage et comprenant des meubles et des immeubles encore indivis. Dalloz (68).

(4) Mais les bénéfices d'une entreprise commencée pendant la communauté, mais réalisés depuis sa dissolution, n'appartiennent à la communauté qu'autant que les opérations faites depuis la dissolution de la communauté sont une suite nécessaire de l'entreprise commencée pendant son existence. Req., 19 nov. 1851 (Dev., 52, I, 32). Si une société contractée avant le mariage par l'un des conjoints s'est dissoute depuis, les immeubles échus en partage à cet associé entreront en communauté. Du-

traitement de fonctions par eux exercées, soit par l'effet de paris ou de jeux, soit enfin par toute autre cause que ce puisse être (1); et parmi ces biens meubles, il faut comprendre, ainsi que nous l'avons déjà dit au livre II, les offices légalement transmissibles, aussi bien que les propriétés littéraires ou scientifiques. Mais le trésor trouvé dans le propre d'un époux n'est commun, nous l'avons dit également, que pour la moitié attribuée à l'inventeur. Nous devons insister sur ces différents points.

Les compositions littéraires, scientifiques ou artistiques forment évidemment des biens meubles et appartiennent dès lors à la communauté. Toullier (XII, 116) et M. Battur (II, p. 188) enseignent cependant le contraire. Ils disent que la communauté aura bien les fruits de la chose, c'est-à-dire le produit des éditions faites pendant le mariage et même (ce qui est une contradiction dans ce système) le prix capital de la vente qui serait faite dans le cours de la communauté, mais que, si le droit existe encore non cédé lors de la dissolution, il restera propre à l'auteur. Cette doctrine est évidemment inadmissible. On veut l'appuyer sur l'art. 39 du décret du 5 février 1810, qui garantit la propriété de l'auteur *et à sa veuve, si les conventions matrimoniales de celle-ci lui en donnent le droit,* en entendant cette phrase dans ce sens, qu'une clause spéciale serait nécessaire pour que le droit appartînt à la veuve; mais il est clair que la phrase signifie tout simplement : « si le droit résulte pour la femme du régime sous lequel elle est mariée. » Du reste, l'erreur du système contraire se manifeste assez par sa contradiction; car si le bien était propre à l'époux, il est clair que le prix de la vente faite pendant le mariage lui serait propre également. Le bien est meuble; donc il tombe dans la communauté, puisque aucune exception ne l'y soustrait; et c'est avec raison que la doctrine de Toullier et de M. Battur est repoussée par les autres auteurs (2). Il est évident, au surplus, que cette règle serait inapplicable, comme l'enseigne avec beaucoup de raison M. Troplong (I, 435 et 436), à des manuscrits que l'on reconnaîtrait n'avoir été rédigés par l'époux que pour être conservés comme papiers de famille et sans aucune pensée de publication, et à des lettres confidentielles de parents ou d'amis dont cet époux aurait fait collection. Ces deux classes de choses sont manifestement propres et personnelles à l'époux, à la différence de manuscrits destinés à l'impression ou d'autographes recueillis par curiosité, lesquels constituent une valeur vénale tombant dans la communauté.

Les offices transmissibles, c'est-à-dire pour lesquels le titulaire a le droit de présenter un successeur après avoir arrêté avec lui des conventions pécuniaires, forment aussi des biens incorporels purement mobi-

---

ranton (t. IV, n° 127; t. XIV, 122); Glandaz (*Encycl.,* v° Comm., 53); Dalloz (602). — *Voy.* cependant Toullier (II, 97); Zachariæ (t. I, p. 147-171).

(1) Même par suite d'une profession déshonnête, comme la contrebande. Duranton (XIV, 141); Dalloz (*loc. cit.,* 627).

(2) Duranton (XIV, 131); Glandaz (n° 38); Zachariæ (III, p. 413); Paul Pont et Rodière (I, 363); Troplong (I, 434); Odier (I, 82); Dalloz (628).

liers et tombent dès lors dans la communauté (1). Autrefois, alors qu'on craignait de donner trop d'extension à la classe des biens meubles, ils étaient réputés immeubles (Pothier, *Des Pers. et des ch.*, n° 267, *in fine*); mais aujourd'hui que cette classe de biens est constituée sans aucun égard à l'importance des choses, il est clair que le droit de présentation à un office est mobilier, puisqu'il a pour objet une somme d'argent. Ce droit appartient donc à la communauté, soit pour l'office dont le mari était pourvu en se mariant, soit pour celui qu'il acquerrait pendant le mariage, même à titre gratuit (excepté le cas d'une donation faite sous la condition qu'il restera propre au donataire). Au surplus, si, lors de la dissolution de la communauté, c'est le titulaire qui survit, les héritiers de la femme ne peuvent pas exiger que l'office soit vendu, et n'ont que le droit de demander la moitié de sa valeur sur estimation; car ce n'est qu'à défaut de titulaire que la loi accorde à d'autres le droit de présenter un successeur. Mais de quelle valeur le titulaire survivant doit-il tenir compte? Est-ce de celle par laquelle l'office a été acquis; ou de celle qu'il avait au jour de la dissolution; ou de celle qu'il a ultérieurement au jour de la liquidation? C'est évidemment de celle du jour de la dissolution; car, d'un côté, tant que la communauté a duré, c'est pour elle, puisqu'elle était propriétaire, que se sont réalisées les augmentations ou diminutions de valeur; d'autre part, c'est la dissolution qui doit être le moment d'arrêt, puisque c'est à la moitié du bien, tel qu'il existait à ce moment, que les héritiers ont droit. Cette doctrine, que l'ancienne jurisprudence avait repoussée (quoiqu'elle fût celle de Dumoulin, et que Pothier lui-même, sans oser la professer, en reconnût la justesse), est aujourd'hui, et avec raison, celle de tous les auteurs et de tous les arrêts (2).

Les droits de la communauté sur le trésor trouvé dans l'immeuble propre d'un époux donnent lieu à controverse, et trois systèmes se produisent à cet égard. Dans l'un, qui nous paraît insoutenable, quoiqu'il soit enseigné par Toullier (XII, 129), M. Battur (I, 161), et M. Bellot (I, p. 151), Rolland de Villargues (*Rép.*, v° Trésor, 15), Taulier (V, 53), on prétend que la totalité du trésor reste propre à l'époux, quand c'est celui-ci qui l'a trouvé dans son fonds. Mais l'idée est évidemment inadmissible, puisqu'une moitié de ce trésor n'est attribuée alors à l'époux que *jure inventionis*, comme argent trouvé, au même

---

(1) Lors même que, avant la loi du 28 avril 1816, le mari aurait été pourvu de l'office lors de son mariage. Riom, 28 mars 1859; Douai, 14 fév. 1863.

(2) Duranton (XIV, 130); Toullier (XIII, 175); Zachariæ (III, p. 413); Glandaz (n° 43); Dard (*Tr. des off.*, p. 381); Paul Pont et Rodière (I, 364); Troplong (I, 427); Douai, 15 nov. 1833; Agen, 2 déc. 1836; Paris, 23 juill. 1840; Paris, 6 avril 1843; Bordeaux, 6 janv. 1846 (Dev., 34, II, 189; 37, II, 309; 40, II, 401; 43, II, 173; *J. Pal.*, 1846, t. II, p. 251); Cass., 4 janv. 1853 (Dev., 53, 1, 468). — *Voy.* cependant Metz, 24 déc. 1835 (Dev., 36, II, 255); Bordeaux, 27 fév., 5 mars 1856, 12 janv. 1857. Opinion conforme émise à la Chambre des députés. *Moniteur*, 20 sept. 1830, p. 1127; Taulier (V, 176); Dalloz (631 à 643). Les fonds de commerce sont régis par les mêmes principes. Duranton (XIV, 129); Troplong (414-432); Dalloz (646); Paris, 22 mars 1834; Metz, 3 juin 1841; Req., 29 nov. 1842.

titre qu'elle serait attribuée à tout autre inventeur, et qu'il ne peut y
avoir dès lors aucune raison de la refuser à la communauté, à qui appartiennent tous les biens meubles qui arrivent aux époux. Ce n'est
donc que pour l'autre moitié, celle qui appartient *jure soli* au propriétaire du fonds, qu'une discussion sérieuse est possible; or, tandis
qu'une seconde opinion réserve cette moitié à l'époux propriétaire, une
troisième l'attribue, comme la moitié de l'inventeur, à la communauté.
Cette dernière opinion, soutenue par Merlin (*Répertoire*, v° Comm.,
§ 2, n° 4), M. Bugnet (sur Pothier, t. VII, p. 93), M. Odier (I, 86),
MM. Rodière et Paul Pont (I, 367), Mourlon (p. 17), et M. Troplong
(I, 417), s'appuie sur ce que la moitié du trésor venant au propriétaire
n'est en définitive que de l'argent tout aussi bien que la moitié donnée
à l'inventeur, qu'en cette qualité de bien mobilier elle tombe nécessairement dans le fonds commun, et qu'on ne peut pas invoquer l'art. 716
pour imprimer fictivement à cette moitié la qualité de produit du
fonds, attendu que cet article est uniquement fait pour régler les droits
de l'inventeur et du propriétaire l'un envers l'autre. On invoque d'ailleurs plusieurs anciens auteurs, notamment d'Argentré, Duplessis, et
ses deux annotateurs, Berroyer et Delaurière (*Traité de la Communauté*, chap. II).

Le second sentiment nous paraît seul conforme à la loi. En vain on
prétend que l'art. 716 n'est pas applicable à notre cas; car cet article,
en déterminant *la nature juridique du trésor*, s'applique forcément à
toutes les questions qui doivent se résoudre par le point de savoir
quelle est la nature du trésor. Or la loi, par une disposition que l'on
peut trouver bizarre si l'on veut, mais qui n'en est pas moins la règle
à suivre, décide que, tandis qu'une moitié du trésor conserve en droit
la nature mobilière qu'elle a en fait, l'autre moitié, au contraire, est
fictivement considérée comme étant une partie de l'immeuble qui le
contient dans son sein, et qui appartient au propriétaire *jure accessionis*.
Donc, puisque cette moitié est juridiquement une portion de l'immeuble, laquelle s'en sépare sans être d'ailleurs un fruit (comme le
prouve l'art. 598), elle ne peut donc appartenir à la communauté, ni
comme bien meuble ordinaire, d'après le 1° de notre art. 1401, ni
comme fruit du propre, d'après le 2°, et elle reste propre à l'époux
comme tous les produits non fruits dont nous parlerons bientôt. Si
parmi les anciens auteurs quelques-uns pensaient le contraire, d'autres
pensaient ainsi, notamment Chopin (sur Paris, l. 1, tit. 1, n° 30), et
plus récemment Pothier (*Communauté*, n° 98), guide ordinaire des
auteurs du Code. Mais il y a plus. Sur quoi se fondaient les très-anciens
jurisconsultes qui attribuaient le trésor entier à la communauté? Uniquement sur ce que c'était un meuble, un don de Dieu purement mobilier; et on les voit, au passage indiqué plus haut, combattre la doctrine de Chopin qui prétendait qu'on devait le considérer fictivement
comme immobilier. Or cette doctrine de Chopin étant précisément devenue la règle du Code pour la moitié du trésor, la conséquence n'en

saurait donc être douteuse pour cette moitié. Cette conséquence est en effet adoptée par le plus grand nombre des auteurs (1).

N. B. Une dérogation remarquable a été apportée au principe de l'art. 1401, 1°, par l'art. 4 de la loi des 18-25 juin 1850 sur la caisse de retraites. Comme ce même art. 4 déroge aussi à d'autres principes de notre matière du contrat de mariage, nous n'en donnerons l'explication qu'à la fin du titre, dans un appendice spécial.

VI. — 2° FRUITS DES PROPRES. — Les fruits étant destinés à satisfaire aux charges du ménage, il était naturel de les attribuer à la communauté appelée à supporter ces charges. Elle aura donc tous les fruits échus ou perçus pendant le mariage. La loi ne parle que de ceux-là et ne dit rien de ceux qui ont été recueillis avant la célébration, par la raison bien simple que ces derniers sont devenus une partie du mobilier de l'époux, et sont ainsi tombés dans la communauté, non pas comme fruits et d'après notre 2°, mais comme meubles ordinaires et d'après le 1° de l'article. La singulière idée de M. Odier, d'après lequel les fruits échus avant le mariage resteraient propres (I, 92), n'est qu'une évidente erreur.

Nous avons vu, au titre *De l'Usufruit,* qu'on appelle *fruits* d'un bien les produits que ce bien est destiné à donner périodiquement, *quod ex re nasci et renasci solet;* que l'on divise les fruits en naturels et civils (2); et que, en regard des fruits ou produits ordinaires et périodiques, il existe des produits extraordinaires que la chose donne sans que ce soit sa destination, et qui, une fois pris, ne renaissent plus.

D'après le texte même de l'art. 1401, faisant en cela l'application de la première règle de l'art. 585, les fruits civils s'acquièrent à la communauté par leur échéance même (échéance qui a lieu pour eux jour par jour, d'après l'art. 586); et les fruits naturels par leur perception seulement. Ainsi, il se peut pour ces derniers, comme nous l'avons expliqué au titre *De l'Usufruit,* qu'une communauté qui n'a duré que quelques mois recueille une récolte de neuf années sur un bois, et qu'une autre ait duré huit ans et demi sans rien récolter. La troisième et dernière règle de l'art. 585, qui réserve les droits qu'un colon aurait sur les fruits, s'applique incontestablement au cas de communauté, aussi bien que la première dont nous venons de parler; mais doit-on aussi appliquer la seconde, qui n'accorde pas de récompense de part ni d'autre pour les frais de semences, labours, etc.? Delvincourt (t. III, p. 14), Taulier (V, 49) et M. Bugnet répondent affirmativement, en se fondant sur ce que cette règle, qui tend à prévenir entre le propriétaire et l'usufruitier de nombreuses difficultés (et que sa récipro-

___

(1) Delvincourt (t. III); Duranton (XIV, 133); M. Demante (*Thémis,* t. VIII, p. 181); M. Dalloz (t. X, p. 186, et *Cont. de mar.,* 651); M. Glandaz (n° 47); M. Zachariæ (III, p. 413), et aussi Toullier, M. Battur et M. Bellot des Minières (*loc. cit.*), puisqu'ils vont plus loin encore (et trop loin), en donnant au trésor la qualité fictive d'immeuble, même pour l'autre moitié, quand c'est l'époux propriétaire qui l'a découvert.

(2) On sait aussi que les fruits naturels se subdivisent en *naturels* plus spécialement dits, et en *industriels,* mais que cette subdivision n'a aucun intérêt.

cité met d'ailleurs à l'abri du reproche d'iniquité), présente la même utilité entre les époux. Nous ne sommes pas de cet avis, pour trois raisons.

D'abord, la réciprocité que la règle présente en cas d'usufruit ordinaire ne serait ici qu'apparente, et dans la réalité la communauté éprouverait un préjudice par son application. Car cette communauté qui perdrait d'un côté à ne pas recevoir récompense lors de la dissolution pour les frais de culture qu'elle a faits sur l'immeuble dont l'époux seul prend ensuite la récolte, ne gagnerait rien d'un autre côté à ne pas payer de récompense pour les frais des fruits qu'elle a trouvés lors de son établissement. Elle ne gagnerait rien, disons-nous, à ne pas payer cette récompense, puisque si cette récompense eût été payée par elle, ce n'aurait été que pour lui revenir comme somme d'argent appartenant à l'époux. C'est qu'en effet, si on se place à un autre point de vue, on trouve que cette somme ne peut pas être due par la communauté, puisque, si l'époux n'avait pas fait les dépenses, l'argent qu'il y a mis aurait également appartenu à la communauté comme bien meuble, et d'après le 1° de l'art. 1401. Ainsi, la communauté ne gagnerait rien d'une part et perdrait de l'autre, et il n'y aurait plus ici la compensation qui existe au cas d'un usufruitier ordinaire. C'est déjà une raison pour dire qu'on devra suivre les principes généraux, en indemnisant celui au préjudice duquel on s'enrichit, et que par conséquent la communauté aura droit à une récompense des frais faits par elle pour les fruits existants lors de la dissolution, sans en avoir à payer aucune pour les frais des fruits existants au commencement du mariage.—Une seconde raison se trouve dans l'art. 1437, qui déclare d'une manière absolue qu'un époux doit récompense à la communauté toutes les fois qu'il tire de cette communauté un profit personnel. — Enfin, et ceci nous paraît péremptoire, cette solution n'a jamais souffert difficulté sous le droit coutumier, et elle était proclamée partout, soit par le texte même des coutumes (notamment Paris et Orléans), soit par la doctrine des auteurs. C'est donc avec raison qu'elle est généralement admise (1).

Une autre différence, quant aux fruits naturels encore, entre l'usufruitier ordinaire et la communauté, existe pour ceux de ces fruits qui eussent pu être recueillis avant l'extinction du droit de jouissance, mais qui ne l'ont pas été. D'après l'art. 590, ces fruits sont perdus pour l'usufruitier, qui ne peut demander aucune indemnité pour la récolte qu'il a manqué de faire; mais en cas de communauté, d'après le deuxième

(1) Bourjon (Droit comm., tit. 10, part. 6, chap. 8); Renusson (Commun., part. 2, chap. 4, n° 14); Lebrun (ibid., liv. 1, chap. 5, sect. 2); Ferrières (sur l'art. 231 de Paris); Pothier (Comm., n° 212); — Toullier (XII, 124 et 125); Proudhon (Usuf., 2685); Duranton (XIV, 151); Battur (I, 194); Glandaz (n° 68); Zachariæ (III, p. 414); Odier (I, 95); Paul Pont et Rodière (I, 384); Troplong (I, 465 et 467); Rennes, 26 fév. 1828; Bordeaux, 22 mai 1841 (J. Pal., 1841, t. II, p. 247); Douai, 20 déc. 1848 (D. P., 50, II, 88). — Il en est ainsi même dans le cas où la dissolution de la communauté a été opérée par le prédécès de l'époux auquel appartiennent les biens ensemencés, et où l'usufruit de ces biens est dévolu à l'autre époux survivant. Douai, 20 déc. 1848 (Dev., 49, II, 544). — Sic M. Paul Pont (Revue critique, t. I, p. 193 et suiv.).

alinéa de l'art. 1403, cette circonstance donne lieu à une récompense due (non pas à l'autre époux, comme le dit inexactement le texte, mais à la communauté, ce qui est différent, comme on le verra plus loin) par l'époux qui prend avec son immeuble la récolte que, dans l'ordre régulier des choses, la communauté devait recueillir. Il est vrai que l'art. 1403 ne parle que des coupes de bois ; mais il est clair que c'est uniquement parce que le cas se présenterait très-rarement pour d'autres fruits (1) : le législateur s'est préoccupé *de eo quod plerùmque fit*, et sa règle doit évidemment s'appliquer à toutes les récoltes, puisque pour toutes il y a même motif, à savoir, la crainte des avantages frauduleux qu'il serait si facile de faire à un époux par ce moyen.

Pour les fruits civils, nous l'avons déjà dit, l'acquisition se fait jour par jour ; en sorte que, quoique la communauté se dissolve longtemps avant l'échéance du terme des loyers d'une maison, elle aura cependant droit à une partie de ces loyers : autant il s'est écoulé de jours depuis le terme précédent, autant elle prendra de fois la fraction imputable à une journée. On sait aussi que les loyers des fermes sont aujourd'hui fruits civils comme les loyers des maisons. On l'a vu sous les art. 584 et 586, auxquels nous renvoyons aussi pour le cas où l'immeuble rural serait tantôt loué et tantôt exploité par les époux, et donnerait ainsi successivement des fruits civils, puis des fruits naturels.

Quant aux produits qui ne constituent pas des fruits, ils restent propres à l'époux propriétaire, et la communauté ne peut les prendre qu'à charge de récompense. La loi nous déclare ici, comme dans l'article 508, que les substances extraites des mines, carrières ou tourbières, sont ou ne sont pas réputées fruits, selon que ces carrières, mines et tourbières, existaient déjà quand le droit de jouissance a commencé ou n'ont été ouvertes que depuis (2). Et puisque la communauté exerce sur les propres des époux un droit de jouissance, un droit qui, malgré les différences que nous avons signalées, n'en est pas moins véritablement un usufruit, il est clair que ce n'est pas seulement la règle de l'art. 598 pour les carrières qu'il faut appliquer ici, mais aussi celles des art. 591 et 592 pour les futaies, de l'art. 593 pour les échalas, glands, faînes, etc., de l'art. 594 pour les arbres fruitiers, de

---

(1) Une coupe de bois peut très-bien se trouver retardée d'une ou plusieurs années. Il n'en saurait être ainsi pour des récoltes de céréales, de vignes, de prairies, etc.

(2) D'après le texte de l'art. 1403, c'est selon que les mines, carrières ou tourbières, ont été ouvertes *avant ou pendant le mariage*, que leurs produits sont ou ne sont pas des fruits ; mais il est clair que la règle n'est ainsi formulée qu'en vue des immeubles qui appartenaient déjà à l'époux lors de la célébration, et qu'il faut élargir la formule si l'on veut qu'elle embrasse aussi les immeubles qui arrivent à l'époux pendant le mariage. Ainsi, un mariage s'est fait en 1830 ; le père d'un des époux a ouvert une mine sur son immeuble en 1835, et c'est en 1840 que cet immeuble est arrivé à l'époux par succession : il est bien évident que les produits de la mine seront des fruits pour la communauté, quoique cette mine n'ait été ouverte que pendant le mariage. Il faut donc dire que les produits seront ou non des fruits, selon que la mine a été ouverte avant ou après le moment *où a commencé la jouissance de la communauté* sur cet immeuble. — *Voy.* MM. Toullier (t. XII, n° 128) ; Duranton (t. XIV, n° 147) ; Paul Pont et Rodière (t. 1, n° 397 et suiv.) ; Odier (t. I, n° 98) ; Troplong (t. I, n° 560 et suiv.) ; Bellot (I, 146) ; Battur (200) ; Glandaz (*Encyclop.*, v° Comm., 76) ; Taulier (V, 90) ; Dalloz (*loc. cit.*, 700).

l'art. 596 pour l'alluvion, de l'art. 597 pour les servitudes; il faut également appliquer la règle de l'art. 587 pour les choses de consommation, au premier rang desquelles se trouvent les sommes d'argent, de sorte que celles de ces choses qui sont propres aux époux tomberont dans la communauté même pour la propriété, mais à charge de restitution lors de la dissolution. Le Code lui-même suppose l'application de cette règle dans les art. 1403, *in fine,* et 1433, où il parle de valeurs mobilières propres aux époux et que la communauté prend cependant, sauf à en payer récompense.

VII. — 3° CONQUÊTS. — L'actif de la communauté se compose, en troisième et dernier lieu, de tous les biens, tant immeubles que meubles, qui sont acquis pendant le cours du mariage par toute cause qui ne se trouve pas exclusivement personnelle à l'un des époux (1). Quant à ceux provenant d'une cause personnelle à un époux, ils restent propres à cet époux, si ce sont des immeubles; que si ce sont des meubles, ils appartiennent encore, en règle générale, à la communauté, non plus d'après notre 3° et comme conquêts, mais d'après le 1°, qui, en général (et sauf exception pour les produits non fruits, pour les meubles donnés avec réserve et pour quelques autres cas précisés plus loin), attribue à cette communauté tous les biens meubles des époux (2).

La communauté étant en possession de tous les biens, et le moyen pour un époux d'établir que tel ou tel bien lui est propre étant on ne peut plus facile, il était tout naturel de déclarer que la présomption serait ici en faveur de la communauté, et que tout bien serait réputé commun jusqu'à ce que l'un des époux soit venu établir qu'il lui est propre. C'est ce que fait l'art. 1402, dont la règle, formulée seulement pour les immeubles, s'applique également aux meubles, et à plus forte raison, puisque, pour ces meubles, la qualité de propres est encore plus exceptionnelle et plus rare. Ainsi, d'une part et pour ce qui est des meubles, tous sont censés appartenir à la communauté jusqu'à la preuve faite par l'époux, soit d'un droit de propriété personnelle sur tel d'entre eux, soit d'un droit à une récompense pour tel autre que cette communauté n'a pu prendre que sauf restitution. D'autre part et pour les immeubles, cas où la présomption était évidemment moins énergique, cette présomption existe encore, et l'immeuble lui-même sera réputé commun (3), tant qu'un des époux ne prouvera pas qu'il lui est propre.

Ainsi, même pour un immeuble, c'est à l'époux qui lui refuse la qualité de bien commun de faire preuve à cet égard; et, pour cela, il

_____

(1) L'usufruit qui grevait un propre de l'un des époux et qui a été acquis pendant le mariage entre aussi en communauté. Proudhon (*Usuf.*, 2681); Bugnet, sur Pothier (639); Pont et Rodière (n° 412); Dalloz (719); Req., 16 juill. 1845. — *Voy.* cependant Lebrun (liv. 3, chap. 2, sect. 1); Pothier (639); Merlin (*Rép.*, v° Récomp., sect. 1, § 5, n° 3).

(2) *Voy. suprà* la note première sur le n° 1.

(3) Et par là même réputé *acquêt,* comme dit l'art. 1402, puisque les immeubles, à la différence des meubles, n'appartiennent jamais à la communauté qu'autant qu'ils ont été acquis après la célébration du mariage, tout immeuble possédé par un époux avant le mariage lui restant propre.

lui faut établir, ou qu'il en avait soit la propriété, soit la possession, dès avant le mariage, ou qu'il lui est arrivé depuis, soit par succession, soit par donation, soit par remplacement d'un précédent immeuble propre, soit par l'une des autres causes donnant des immeubles propres et qui vont être indiquées par les art. 1404-1408.

Par exemple, l'immeuble que l'époux avait acheté avant son mariage sous une condition qui ne s'est réalisée que pendant la communauté; celui qu'il avait donné ou vendu avant la célébration, et qui lui revient pendant le mariage par l'effet d'une révocation légale de la libéralité ou d'une rescision de la vente; celui qu'il avait acheté d'un mineur ou d'une femme mariée non autorisée, et pour lequel il n'a obtenu que pendant le mariage la ratification nécessaire, lui seront reconnus propres; car dans tous ces cas et autres analogues, la propriété de l'époux, par l'effet rétroactif de la condition, de la résolution ou de la ratification, se trouve être antérieure au mariage (1).

Et de même que l'immeuble sera propre et non conquêt dès là que l'époux justifiera d'un droit de propriété remontant au delà du mariage, alors même que cette propriété n'y serait pas accompagnée de la possession (comme il arrive dans le cas d'un achat fait avant le mariage sous une condition suspensive dont l'accomplissement ne s'est réalisé, et n'a ainsi donné lieu à la possession de l'époux, que postérieurement à la célébration), de même la simple possession antérieure au mariage (pourvu, bien entendu, qu'il s'agisse d'une possession légale et à titre de propriétaire, d'une possession conduisant à la prescription) suffira par elle seule, et sans avoir été accompagnée de la propriété, pour exclure l'immeuble de la communauté (2). Ainsi, peu importe que cette possession légale n'ait duré que fort peu de temps avant le mariage, puisque, à quelque moment que la prescription s'accomplisse, elle aura un effet rétroactif et remontant à l'origine de la possession (3). Et peu importe aussi, comme l'a décidé avec raison la Cour suprême en cassant une décision contraire de Cour d'appel (4), que la prescription ne fût pas encore accomplie lors de la dissolution de la communauté, et que la propriété prétendue de l'époux ait été contestée entre cet époux et des tiers, puisque, quand même ces tiers

---

(1) Il en était autrement autrefois, dans le cas d'acquisition faite d'une femme non autorisée, et l'immeuble pour l'aliénation efficace duquel intervenait, pendant la communauté, le consentement de la venderesse devenue veuve ou dûment autorisée, formait un conquêt. Ceci tenait à ce que l'aliénation de la femme non autorisée étant alors radicalement nulle et non pas seulement annulable, comme aujourd'hui, c'était dans le consentement donné régulièrement plus tard, et pendant le cours de la communauté, que se trouvait le titre de l'acquisition. Aujourd'hui que l'acte est seulement annulable et peut se ratifier, il est, par l'effet de l'approbation donnée postérieurement, valable rétroactivement et à compter du jour même où il a eu lieu. *Conf.* Tessier (*Société d'acq.*, n° 28); Troplong (499); Dalloz (742); Duranton (170); Toullier (179); Pothier (185).

(2) Duranton (XIV, 177); Pont et Rodière (n° 420); Odier (114); Troplong (529); Dalloz (760).

(3) Duranton (178); Rodière et Pont (n° 421); Odier (115); Troplong (534); Dalloz (761). *Contrà* : Bellot (I, p. 135).

(4) Cass., 4 mai 1825; et aussi Rej., 23 nov. 1826.

feraient déclarer inexistant le prétendu droit de l'époux, ce ne serait toujours pas au profit de la communauté, vis-à-vis de laquelle cet époux doit toujours triompher, sauf à succomber, s'il y a lieu, vis-à-vis des tiers.

Mais si la possession antérieure à la célébration a, pendant le mariage, été reconnue insignifiante par l'époux, et donné lieu, non plus à une simple ratification de l'acte primitif, mais bien à un nouvel acte translatif de propriété, il est clair que, la propriété n'ayant alors sa source que dans ce dernier acte, l'immeuble serait un conquêt, et la doctrine contraire de Toullier (XII, n°s 173 à 177) est une erreur certaine. Il est évidemment inexact de dire, comme le fait cet auteur, que la disposition de notre art. 1402 est une innovation; que le droit coutumier n'admettait comme excluant la qualité de conquêt que la *propriété* antérieure au mariage; et que le Code, en admettant de plus la *possession,* entend parler d'une possession quelconque. L'ancien droit, comme le Code (et la preuve s'en trouve dans Pothier à chaque page, et notamment au n° 157), admettait aussi bien la possession que la propriété, et le Code, comme l'ancien droit, veut une possession *légale,* c'est-à-dire une possession juridiquement efficace et dans laquelle se trouve la cause du droit de l'époux. C'est donc avec raison que la doctrine de Toullier à cet égard est repoussée et par les arrêts et par les auteurs (1).

Quant aux circonstances de l'une desquelles un époux devra faire la preuve pour établir qu'un bien lui est propre, non plus comme lui ayant appartenu ou ayant été possédé par lui avant le mariage, mais comme lui étant advenu pendant le mariage par une cause qui l'empêche d'entrer en communauté, on les comprendra par l'étude que nous allons faire sous les articles suivants des différents cas dans lesquels le bien reste exclu de la communauté. Répétons seulement ici ce que nous avons déjà dit incidemment, que la succession et la donation ne sont pas les seules causes qui donnent des propres, et que notre art. 1402, en ne parlant que de celles-ci, a seulement indiqué les principales. Nous allons voir, en effet, qu'en outre de ces deux causes, prévues par les art. 1404 et 1405, une troisième est indiquée par l'article 1406, une quatrième par l'art. 1407, une cinquième par les articles 1434 et 1435 que nous étudierons de suite ici, puis une sixième et dernière par l'art. 1408.

Il va sans dire, au surplus, que l'époux peut faire la preuve des faits dont il s'agit par tous les moyens possibles, et aussi bien par témoins que par titres (2).

(1) Delvincourt (t. III); Battur (207); Odier (116); Duranton (XIV, 180); Zachariæ (III, p. 421); Rodière et Paul Pont (I, 425); Duvergier (sur Toullier, n° 174); Troplong (I, 526); arrêt de Cass. précité du 4 mai 1825. — Req., 23 nov. 1826.
(2) Rej., 29 déc. 1836 (Dev., 37, I, 437); Liége, 5 juin 1839. — Jugé même que la preuve peut être induite des présomptions de fait que fournissent les circonstances de la cause. Riom, 10 nov. 1851 (Dev., 51, II, 774). *Voy.* Pau, 8 mars 1865; Sir. et Dev. (1865, II, 90).

DES BIENS PROPRES AUX ÉPOUX.

1° *Des propres immobiliers.*

1404. — Les immeubles que les époux possèdent au jour de la célébration du mariage, ou qui leur échoient pendant son cours à titre de succession, n'entrent point en communauté.

Néanmoins, si l'un des époux avait acquis un immeuble depuis le contrat de mariage, contenant stipulation de communauté, et avant la célébration du mariage, l'immeuble acquis dans cet intervalle entrera dans la communauté, à moins que l'acquisition n'ait été faite en exécution de quelque clause du mariage, auquel cas elle serait réglée suivant la convention.

1405. — Les donations d'immeubles qui ne sont faites pendant le mariage qu'à l'un des deux époux, ne tombent point en communauté, et appartiennent au donataire seul, à moins que la donation ne contienne expressément que la chose donnée appartiendra à la communauté.

1406. — L'immeuble abandonné ou cédé par père, mère ou autre ascendant, à l'un des deux époux, soit pour le remplir de ce qu'il lui doit, soit à la charge de payer les dettes du donateur à des étrangers, n'entre point en communauté, sauf récompense ou indemnité.

SOMMAIRE.

I. Observation et renvoi pour les propres mobiliers. Quant aux propres immobiliers, la première classe se compose des immeubles que les époux possèdent au jour de la célébration. Il y a toujours une exception pour l'immeuble qu'un époux aurait acheté depuis la passation du contrat. La réciproque n'a pas lieu : controverse.

II. Sont propres, en second lieu, les immeubles échus pendant le mariage par succession. Ils le sont pour le tout, quand même il y aurait une soulte à payer, mais sauf récompense. Les art. 747 et 351 présentent des cas de succession soumis à cette règle. Erreur de Delvincourt.

III. Sont encore propres les immeubles arrivant pendant le mariage par donation entre-vifs ou testamentaire, à moins de déclaration contraire du disposant. Mais il faut que la donation soit faite personnellement à l'un des époux ; si elle l'était conjointement à tous deux, l'immeuble serait commun : controverse.

IV. Sont propres, en quatrième lieu, les immeubles qu'un époux reçoit de l'un de ses ascendants, soit comme payement de ce que l'ascendant lui doit (pour dot ou pour une autre cause), soit à la charge de payer les dettes de cet ascendant envers d'autres personnes.

I. — Quoique ces trois articles, ainsi que les quatre qui nous resteront à étudier après eux pour terminer notre matière, ne parlent que de propres immobiliers, on a vu par ce qui précède qu'il existe aussi des propres mobiliers ; et nous aurons soin, après avoir expliqué les sept articles indiquant les causes d'où proviennent les immeubles propres, de préciser celles qui impriment cette qualité de propres à des biens meubles.

Les immeubles propres aux époux sont tout d'abord .ceux qui leur appartiennent au jour de la célébration du mariage.

La loi apporte cependant à cette première règle une exception que commandaient la justice et la loyauté des conventions. Lorsqu'un futur époux s'est soumis, par la disposition formelle de son contrat de mariage, au régime de la communauté, et que, dans l'intervalle de son contrat à la célébration, il achète un immeuble, cet immeuble, qui appartient à l'époux au jour de la célébration et qui devrait dès lors, d'après les principes, lui rester propre, sera commun cependant, parce que cet immeuble a été obtenu au moyen de valeurs qui devaient, d'après la convention, tomber dans la communauté et sur lesquelles le futur conjoint a dû compter en contractant (1). La plupart des anciens auteurs (2), et comme eux la jurisprudence, admettaient déjà cette exception ; mais elle n'était pas écrite dans la loi, et c'est l'art. 1404 qui en a fait pour la première fois une disposition légale. Du reste, par cela seul que cette disposition est exceptionnelle, elle doit être rigoureusement restreinte au cas qu'elle prévoit. Ainsi d'abord, s'il n'y avait pas eu de contrat, on ne serait plus ni dans les termes, ni dans la pensée de l'article : chacun des futurs époux n'a dû compter que sur les valeurs mobilières qui appartiendraient à l'autre au jour même de la célébration ; et quand même l'achat d'un immeuble serait fait par l'un la veille même de cette célébration, l'autre ne pourrait pas prétendre que cet immeuble sera commun (3). Ainsi encore, l'immeuble qui arriverait à l'époux dans l'intervalle du contrat à la célébration, mais par l'une des causes qui donneraient des propres pendant le mariage (succession, donation, échange d'un autre immeuble), resterait évidemment propre : par immeuble *acquis*, la loi, comme on le voit par la comparaison du 2° de l'art. 1401 avec son 3°, n'entend que ceux qui arrivent par des causes donnant des *acquêts*. — Il est tout simple, au surplus, que l'immeuble acquis à prix d'argent reste lui-même propre, quand son acquisition n'est que l'exercice d'une faculté que le futur époux s'était réservée par le contrat.

De ce que la loi fait exception aux principes pour rendre commun l'immeuble appartenant à un époux lors de la célébration, s'il a été acquis postérieurement au contrat, s'ensuit-il qu'il faille réciproquement y faire exception pour rendre propre le prix d'un immeuble que l'époux aurait vendu entre le contrat et la célébration? Plusieurs auteurs (4) répondent affirmativement et se fondent surtout sur ce que telle était autrefois la doctrine de Pothier (*Comm.*, n°ˢ 281 et 603).

---

(1) Jugé que l'exception s'applique même au cas où les époux ont déclaré adopter la communauté réduite aux acquêts, en stipulant seulement la condition que certaines sommes déterminées entreraient seules en communauté, et que le surplus de leurs biens et droits leur resterait propre. Paris, 6 déc. 1855 (Dev., 56, II, 28).

(2) Pothier (281, 603); Lebrun (liv. 1, chap. 4, n° 8) ; Ferrière (*Compil.*, t. III, 89) ; Denizart (*Comm.*, § 7, n°ˢ 11 et 12).

(3) *Conf.* Toullier (XII, 172); Duranton (XIV, 183) ; Pont et Rodière (405) ; Odier (I, n° 18) ; Dalloz (733).

(4) Duranton (XIV, 184) ; Battur (I, p. 174) ; Zachariæ (III, p. 412) ; Troplong (I, 364) ; Glandaz (v° Comm., 81).

Mais cette décision nous paraît inadmissible. Le Code, qui trouvait ces deux idées professées l'une et l'autre par Pothier, indique déjà, en gardant le silence pour la seconde, alors qu'il érige la première en règle légale, qu'il ne leur trouve pas la même exactitude et n'entend pas les consacrer toutes deux. Et en effet, dans le premier cas, le conjoint de l'acheteur subirait, si l'exception n'existait pas, un préjudice à l'abri duquel il est juste de le mettre, tandis que, dans le second cas, si l'époux vendeur subit un préjudice en transformant son immeuble en argent, c'est qu'il le veut bien, en sorte que personne ne peut se plaindre. Le motif que donnait Pothier, que la vente faite dans ce cas doit être regardée comme un moyen de donation dictée par des raisons blâmables, puisqu'on n'ose pas les avouer, ce motif est évidemment inadmissible avec ce caractère de présomption générale; car la fraude ne peut pas se présumer. Sans doute, s'il est constaté en fait qu'il y a eu séduction de l'époux par son futur conjoint ou par la famille de celui-ci, on devra maintenir le prix comme propre; car la fraude fait cesser tous les principes; mais hors le cas de cette preuve particulière, et comme règle générale de droit, il est clair qu'on ne peut pas étendre l'exception, écrite dans la loi pour une hypothèse, à une autre hypothèse dont la loi ne parle pas et qui est en effet très-différente (1).

II. — L'art 1404 met sur la même ligne que les immeubles possédés par les époux au moment du mariage ceux qui leur échoient ensuite par succession. Et peu importe que, la succession étant en partie mobilière et en partie immobilière, l'époux appelé à en prendre une fraction ne recueille que des immeubles dans le partage; ces immeubles seront propres pour le tout et sans que la communauté ait aucune indemnité à prétendre, de même que la part héréditaire recueillie par l'époux dans ce même cas est commune pour le tout, quand elle ne comprend que des meubles (art. 1401, n° IV). L'immeuble reste également propre pour le tout, même quand sa valeur excède la part héréditaire de l'époux, et qu'il ne lui est attribué qu'à la charge par lui de payer à son héritier une somme déterminée à titre de soulte ou retour de lot; mais il est bien clair que, dans ce cas, l'époux doit récompense à la communauté de la somme qu'il a ainsi payée des deniers de cette communauté (voy. art. 1407) (2).

C'est évidemment un cas de succession que celui de l'art. 747. Ainsi, quand deux époux communs ont fait donation à leur enfant d'un immeuble conquêt de leur communauté, et que plus tard, cet enfant mourant sans postérité, ils recueillent chacun pour moitié l'immeuble qui se retrouve en nature, la moitié acquise par chacun lui sera propre, parce que c'est une acquisition par succession. Delvincourt enseigne le contraire, en disant qu'il y a là simplement une résolution de la donation, et que par conséquent les choses sont remises au même

---

(1) *Conf.* Toullier (XII, 171); Buguet (sur Pothier, t. VII, p. 316); Odier (I, 77); Rodière et Paul Pont (I, 329).
(2) *Voy.* Req., 11 déc. 1850 (Dev., 51, I, 253). — *Voy.* aussi Nancy, 3 mars 1837, t Douai, 9 mai 1849 (Dev., 39, II, 202; 50, II, 180).

état qu'avant cette donation. C'est une erreur, puisque le donateur ne reprend le bien qu'avec obligation de subir les hypothèques, servitudes et autres charges imposées par le donataire, et même avec obligation d'acquitter proportionnellement les dettes héréditaires. C'est donc bien une acquisition nouvelle, une acquisition par succession et non une simple révocation de la donation (1).

Ce que nous disons du cas de l'art. 747 s'applique aussi, bien entendu, au cas de l'art. 351, parfaitement analogue au premier (2).

III. — L'art. 1405 indique la troisième source des immeubles propres. C'est le cas de donation, dont la règle est ici le contraire précisément de ce qu'elle est pour les donations de meubles. Les meubles donnés tombent en communauté, si le donateur n'a pas soin de les rendre propres par une déclaration expresse; les immeubles donnés à un époux lui restent propres en principe, mais le donateur peut les rendre communs en s'en expliquant. On comprend, du reste, qu'il s'agit aussi bien de la donation testamentaire que de la donation entre-vifs : la loi ne distingue pas, et il n'y avait aucune raison de distinguer. (Paris, 20 novembre 1809.)

Le donateur, qui peut rendre commun par une déclaration expresse l'immeuble qui resterait propre d'après la règle légale, peut-il, en sens inverse, enlever à la communauté les revenus mêmes de l'immeuble qu'il donne? L'affirmative, quoique contestée par plusieurs auteurs, est certaine. La convention par laquelle la femme se réserve l'administration et la jouissance de ses biens ou de quelques-uns de ses biens étant parfaitement permise, il n'y a évidemment rien d'illicite à ce que cette femme reçoive un immeuble pour l'administrer et en jouir elle-même. Tout ce qui suivra de là, c'est que la femme, mariée pour tout le reste en communauté, se trouvera en séparation de biens quant à cet immeuble. La communauté, qui ne gagne rien alors à la donation (du moins directement), n'y perd rien non plus (elle y gagne même indirectement, puisque l'existence d'un revenu propre à la femme diminuera les dépenses que la communauté ferait pour elle), et par conséquent elle ne peut pas s'en plaindre (3).

La loi, en posant le principe d'après lequel les immeubles donnés restent propres au donataire, ne parle pas de toutes donations, mais seulement de celles *qui ne sont faites qu'à l'un des deux époux.* Que

(1) Duranton (XIV, 187); Glandaz (n° 100); Paul Pont et Rodière (I, 461); Troplong (I, 157-590); Dalloz (772). *Contrà :* Delvincourt (t. III, p. 11, note 2); Bellot (II, 165).

(2) Et aussi des immeubles acquis par le retrait successoral. Pothier (166); Toullier (XII, 134); Duranton (XIV, 186); Glandaz (*Encyclop..* v° Comm., 99); Zachariæ (III, 422); Bugnet, sur Pothier (VII, p. 120); Troplong (586); Pont et Rodière (460); Odier (120); Paris, 20 fév. 1815, 8 juill. 1833.

(3) Aussi cette décision, repoussée par Delvincourt (t. III, notes); Vatisménil, Pardessus et M. Bellot (I, p. 300), est-elle admise par la généralité des auteurs et des arrêts : Toullier (XII, 142); Proudhon (*Usuf.*, n° 283); Duranton (XIV, 150); Glandaz (n° 23); Dalloz (X, p. 195, et *Cont. de mar.*, 786); Troplong (68, 978); Zachariæ (III, p. 447); Bugnet (sur Pothier, VII, p. 256); Odier (I, 100); Paul Pont et Rodière (I, 474); Nîmes, 18 juin 1840; Toulouse, 20 août 1840; Rej., 9 mai 1842; Paris, 5 mars 1846 (Dev., 41, II, 114; 42, I, 516; 46, II, 149).

faut-il décider pour celles qui seraient faites à ces deux époux conjointement? Nous disons *conjointement;* car si la libéralité, quoique s'adressant à l'un et à l'autre simultanément, était faite disjonctivement, c'est-à-dire avec indication de la part attribuée à chacun dans l'immeuble, si le bien, par exemple, est donné à tous deux chacun pour moitié, ou à l'un pour deux tiers et à l'autre pour un tiers, dans ce cas il est exact de dire qu'il y a deux donations réunies dans un même acte; et comme chacune de ces deux donations n'est faite qu'à l'un des époux, on se trouve dans le cas indiqué par la loi, et la portion d'immeuble donnée à chaque époux lui reste propre. C'est là un point constant et sur lequel tous les auteurs sont et ont toujours été d'accord. Mais que dire si la donation est faite aux deux époux conjointement, c'est-à-dire sans aucune assignation de parts? La question est très-controversée : Toullier (XII, 135), Delaporte (*Pand.*, t. V), Zachariæ (III, p. 417), Bellot (I, 176), et M. Odier (I, 125), enseignent que l'immeuble tombe alors dans la communauté; d'autres auteurs, et en plus grand nombre, pensent que, dans ce cas encore, le bien reste propre aux époux, à chacun selon son droit, c'est-à-dire pour moitié (1). Malgré le nombre de ces derniers, nous n'hésitons pas à repousser leur décision, et il suffit, selon nous, de rapprocher de l'ancien droit la disposition de l'art. 1405 pour saisir l'inexactitude de leur doctrine.

La disposition de l'art. 1405 est de droit nouveau. Autrefois les immeubles donnés à des époux pendant le mariage tombaient, en règle générale, dans la communauté. Il y avait seulement exception pour les donations faites entre parents en ligne directe; mais il fallait que la libéralité s'adressât personnellement à l'époux, soit qu'il fût seul donataire, soit que, si l'un et l'autre des époux étaient appelés, chacun le fût à une portion distincte (2) : quand la donation était faite à tous deux conjointement, le bien leur était commun. Or, s'il est évident que le Code a entendu supprimer la nécessité d'une parenté directe et même de toute parenté entre le donateur et le donataire, puisqu'il déclare propres tous les immeubles donnés, sans distinguer par qui ils le sont, n'est-il pas évident aussi qu'il entend exiger que la donation s'adresse divisément à un seul époux, puisqu'il pose uniquement sa règle pour les donations *qui ne sont faites qu'à l'un des époux?*... Le doute se comprendrait facilement si la loi avait parlé d'une manière plus vague de donations *faites à un époux,* car on n'aurait pas su alors si on attachait un sens rigoureux à l'adjectif *un;* mais quand la loi parle, d'une manière si précise, de donations qui NE sont faites QUE à l'un des deux *époux,* il nous paraît parfaitement impossible de méconnaître la volonté du législateur de restreindre le bénéfice nouveau qu'il crée à cette seule classe de donations, et de laisser les autres sous la règle générale de l'ancien droit.

---

(1) Delvincourt (III, notes); Battur (I, 282); Dalloz (X, p. 194, et *Cont. de mar.*, n° 781); Duranton (XIV, 189); Glandaz (n° 103); Bugnet (sur Pothier, *Comm.*, n° 170); Rodière et Paul Pont (I, 471). — *Voy.* cependant Toulouse, 23 août 1827.
(2) *Voy.* Pothier (*Comm.*, n° 173).

IV. — Une quatrième cause de propres, qui n'est, il est vrai, qu'une extension de la seconde, mais qui s'en distingue pourtant assez pour être mise à part, est indiquée par l'art. 1406. D'après cet article, l'immeuble qu'un époux reçoit d'un ascendant, soit comme payement de ce que cet ascendant lui doit, soit en se chargeant d'acquitter les dettes de cet ascendant envers d'autres personnes, reste propre à l'époux, sauf, bien entendu, récompense de l'époux à la communauté, soit pour le montant des sommes qu'il prend dans la communauté afin d'acquitter les dettes, soit pour le montant de la créance mobilière qu'il avait contre son ascendant et qui appartenait à la communauté. Le Code, ainsi que le faisait l'ancien droit, regarde les actes dont il s'agit dans cet article comme des arrangements de famille destinés à produire du vivant de l'ascendant l'effet que produirait plus tard son décès, et il traite l'immeuble venu de cette source comme s'il arrivait par succession.

Dans l'ancien droit, Lebrun avait pensé que la règle reproduite par notre article ne devait pas s'appliquer à l'immeuble livré en payement d'une somme due au descendant à titre de dot; mais Pothier et la généralité des auteurs disaient avec raison qu'il n'y avait aucun motif de distinguer ce cas des autres, et le Code n'ayant fait en effet aucune distinction, leur idée ne saurait être douteuse aujourd'hui. C'est ce que juge un récent arrêt de la Cour de cassation (1).

La loi ne distingue pas davantage quel est le degré ou la position de l'ascendant qui cède l'immeuble. Ainsi, peu importe que ce soit un aïeul ou un bisaïeul; et peu importe aussi que le père, dans le premier cas, ou même le père et l'aïeul, dans le second, soient encore existants; du moment que la cession est faite par un ascendant et dans l'un des cas indiqués, le vœu de la loi est rempli et la règle s'applique. Réciproquement, la règle ne s'appliquerait plus si la cession était faite par un descendant ou par un parent collatéral, alors même que le cessionnaire serait l'héritier présomptif du cédant : la disposition de l'art. 1405 est une exception, et ne peut pas dès lors s'étendre au delà de l'hypothèse pour laquelle elle est écrite (2). Par la même raison, la règle ne s'appliquerait pas non plus si la cession était faite par un ascendant, non pour s'acquitter de ce qu'il doit, soit au descendant, soit à d'autres que le cessionnaire s'oblige de désintéresser, mais pour se procurer une somme d'argent que ce cessionnaire s'oblige de lui payer. Ce serait alors une véritable vente, non plus un abandonnement de famille, et l'immeuble serait un conquêt. C'était un point constant dans l'ancienne jurisprudence, et c'est avec raison que la Cour de Caen l'a jugé de même sous le Code, contrairement à un précédent arrêt de Colmar (3).

N. B. — Nous avons déjà dit que nous expliquerions ici les ar-

(1) Rej., 3 juill. 1844 (Dev., 44, I, 673); Troplong (I, 625); Paul Pont et Rodière (t. I, n° 465); Dalloz (797); Odier (123). — Voy. encore Cass., 12 mars 1828.
(2) Toullier (XII, 143); Delvincourt (III, p. 11, note 2); Duranton (XIV, 191); Rodière et Pont (466); Odier (122).
(3) Colmar, 20 janv. 1831; Caen, 1er août 1844 (Dev., 32, II, 355; J. Pal., 1844,

ticles 1434 et 1435, que les rédacteurs du Code ont eu tort de placer dans la section *De l'Administration de la communauté,* puisqu'ils présentent comme les nôtres une des sources de biens propres, le remploi. Le remploi et l'échange ne sont, en quelque sorte, que deux subdivisions d'une même cause de propres, à savoir, la subrogation, à un propre aliéné, du bien acquis en remplacement de ce propre. Nous placerons donc les art. 1434 et 1435 immédiatement après l'art. 1407, qui s'occupe de l'échange. Il est d'autant plus étonnant que les rédacteurs n'aient pas suivi ce plan, commandé par la nature des choses, que c'était celui de Pothier, leur guide ordinaire.

1407. — L'immeuble acquis pendant le mariage à titre d'échange contre l'immeuble appartenant à l'un des deux époux, n'entre point en communauté, et est subrogé au lieu et place de celui qui a été aliéné, sauf la récompense s'il y a soulte.

1434. — Le remploi est censé fait à l'égard du mari, toutes les fois que, lors d'une acquisition, il a déclaré qu'elle était faite des deniers provenus de l'aliénation de l'immeuble qui lui était personnel, et pour lui tenir lieu de remploi.

1435. — La déclaration du mari que l'acquisition est faite des deniers provenus de l'immeuble vendu par la femme et pour lui servir de remploi, ne suffit point, si ce remploi n'a été formellement accepté par la femme : si elle ne l'a pas accepté, elle a simplement droit, lors de la dissolution de la communauté, à la récompense du prix de son immeuble vendu.

SOMMAIRE.

I. *Échange.* — Pas de distinction entre le mari et la femme. La somme donnée pour soulte n'empêche pas l'immeuble acquis d'être propre pour le tout, sauf récompense; mais *quid* si cette somme était assez considérable pour n'être plus une simple soulte? Controverse.

II. *Remploi.* — S'il est fait pour le mari, il suffit, mais il faut que celui-ci fasse, au moment même de l'acquisition, la déclaration que cette acquisition est faite des deniers de son propre et qu'elle a lieu pour lui donner un nouveau propre. Dissentiment avec plusieurs auteurs.

III. Pour la femme, la déclaration du mari peut être postérieure à l'acquisition; mais elle doit être accompagnée ou suivie, de la part de la femme, d'une acceptation formelle et donnée avant la dissolution de la communauté. Controverse. Cette acceptation peut se faire par acte sous seing privé. C'est seulement à compter de cette acceptation que le bien appartient à la femme. Conséquences. — Renvoi pour l'acceptation au cas de remploi conventionnel.

IV. On peut faire le remploi pour des deniers propres provenant d'une source autre que l'aliénation de l'immeuble de l'époux. On peut le faire au moyen d'un immeuble acquis dès avant l'aliénation de l'immeuble à remplacer, pourvu que les conditions de la loi soient d'ailleurs remplies. Controverse sur ces deux points.

---

t. II, p. 621). — *Voy.* au *Nouveau Denizart,* vº Acquêts, § 4, les anciens arrêts rendus en ce sens. — *Voy.* aussi MM. Rodière et Paul Pont (t. I, nº 466); Troplong (t. I, nº 628); Toullier (146); Duranton (193) ; Odier (122).

I. — L'échange est l'aliénation de l'immeuble de l'époux moyennant un autre immeuble aliéné au profit de cet époux par l'acquéreur du sien. Le remploi est le remplacement, par un immeuble acheté pour cet effet, de l'immeuble propre qui avait été aliéné moyennant une somme d'argent. Dans un cas comme dans l'autre, il y a substitution de l'immeuble acquis à l'immeuble aliéné. Cette substitution est immédiate dans le premier cas et médiate seulement dans le second ; mais dans les deux cas le second immeuble est subrogé au premier, il prend sa nature et devient propre en son lieu et place. L'échange est prévu par l'art. 1407 ; le remploi et les conditions requises pour son accomplissement, soit pour le mari, soit pour la femme, le sont par les art. 1434 et 1435.

Quant à l'échange, il n'y a pas à distinguer entre le mari et la femme : l'immeuble acquis par l'un ou par l'autre époux en contre-échange de son propre devient toujours propre à la place de celui-ci ; seulement, si les deux immeubles ne sont pas d'une égale valeur et qu'une somme d'argent soit ajoutée par l'un ou par l'autre, il sera dû récompense, soit à la communauté par l'époux, si c'est cet époux qui a payé la soulte à son coéchangiste, soit à l'époux par la communauté, si c'est par le coéchangiste que la soulte a été payée.

Mais appliquerait-on la règle même au cas où la soulte, payée par l'époux au coéchangiste, serait autant et plus considérable que l'immeuble livré par cet époux ? Ainsi, qu'un immeuble de 60 000 fr. soit acquis par un époux au moyen de 40 000 fr. pris dans la communauté et d'un immeuble de 20 000 fr. propre à cet époux, l'immeuble acquis deviendra-t-il propre à cet époux pour le tout ?... Trois opinions existent à cet égard. Toullier (XII, 149 et 150), M. Dalloz (*Rép.*, X, p. 196) et M. Glandaz (n° 113) répondent affirmativement, en se fondant sur ce que la loi ne distingue pas et déclare propre l'immeuble acquis en échange, même quand il y a soulte, sans s'occuper du plus ou moins d'importance de cette soulte. Au contraire, Delvincourt (III, notes), M. Bellot (I, p. 213), et M. Bugnet (sur Pothier, *Comm.*, n° 197), enseignent que quand la soulte est plus considérable que l'immeuble de l'époux, et représente ainsi plus de la moitié de la valeur de l'immeuble acquis, le traité, sous le nom d'échange, doit être réputé achat d'après la règle *major pars trahit ad se minorem,* et que par conséquent l'immeuble acquis forme un conquêt, sauf récompense à l'époux pour la valeur de son immeuble. Enfin M. Duranton (XIV, 195), M. Zachariæ (III, 423), M. Odier (131), M. Battur (I, 208), MM. Rodière et Paul Pont (I, 500) et M. Troplong (I, 637) décident que quand la soulte se trouve ainsi tellement considérable qu'elle ne peut plus être regardée comme un simple accessoire, le contrat doit être pris pour ce qu'il est réellement, c'est-à-dire pour un mélange d'échange et de vente, de sorte que l'immeuble acquis sera propre pour la portion correspondant à la valeur du bien abandonné par l'époux, et conquêt pour le surplus. Dans notre hypothèse, l'immeuble acquis serait propre pour deux tiers et commun pour l'autre tiers.

C'est, selon nous, ce dernier système qui doit évidemment être adopté. C'était celui de l'ancien droit (1), ce qui suffirait déjà, dans le silence du Code, pour qu'il dût être suivi ; et c'est d'ailleurs le seul conforme à la vérité des choses et aux règles de l'équité. Quand l'immeuble acquis est payé tout autant par une somme d'argent que par l'abandon d'un immeuble, il est clair qu'il y a vente autant qu'échange, et que dès lors le premier système ne saurait être accueilli. Mais, d'un autre côté, puisque l'époux a entendu échanger son immeuble, il serait aussi contraire à la justice qu'au droit de dire qu'il y a vente pour le tout, et le second système n'est pas plus acceptable que le premier. Il faut évidemment dire qu'il y a tout à la fois échange et vente, et appliquer simultanément les règles de ces deux contrats. C'est ce que reconnaît un arrêt de la Cour suprême (2).

Sans doute, si, dans le cas où l'immeuble livré par l'époux est beaucoup moins considérable que la somme prise dans la communauté, on reconnaissait en fait que l'intention des époux a été de faire uniquement une acquisition pour la communauté et qu'il y a eu achat pour le tout, on devrait dire qu'il n'y a pas lieu à l'application de notre article et que l'immeuble est pour le tout un conquêt. Mais en principe, et en dehors de circonstances particulières motivant cette décision de fait, on devra dire que l'immeuble acquis est conquêt pour partie et propre pour l'autre partie.

II. — Quand, au lieu d'échanger son immeuble, l'époux le vend, cet immeuble peut encore être remplacé par un nouvel immeuble devenant propre à la place ; mais la loi exige pour cela certaines conditions, qui sont plus ou moins sévères, selon qu'il s'agit d'un propre de la femme ou d'un propre du mari.

Quand c'est un propre du mari qui a été aliéné, il suffit, d'après l'art. 1434, qu'il soit déclaré, dans l'acte d'acquisition, que l'immeuble est acheté des deniers provenant de l'aliénation du propre et pour devenir propre lui-même en remplacement de celui-ci. Ainsi il faut alors : 1° qu'il y ait la double déclaration de l'origine des deniers, et du but de l'acquisition ; et 2° que cette déclaration soit faite au moment de l'acquisition.

Et d'abord, c'est dans l'acte d'acquisition, ou du moins en même temps que cette acquisition, que la déclaration doit se faire. La règle n'est pas nouvelle. Il a toujours été entendu qu'une déclaration qui ne serait pas faite *in continenti*, par le contrat même, et qui n'interviendrait qu'après un délai plus ou moins long, *ex intervallo*, serait inefficace (3). Le Code reproduit cette même condition, en exigeant que la déclaration soit faite *lors de l'acquisition*.

Il faut, d'un autre côté, que cette déclaration indique tout à la fois et l'origine des deniers, et la volonté d'avoir comme propre le nouvel

_____

(1) *Voy.* Bourjon (*Droit comm. de la France,* part. 2, chap. 10, sect. 2); Pothier (*Comm.,* n° 197), et les auteurs cités par eux.
(2) Rej., 31 juill. 1832 (Dev., 32, I, 505).
(3) Pothier (*Comm.,* n° 198); Lebrun (liv. 3, chap. 2, dist. 2, n° 68).

immeuble. Plusieurs jurisconsultes, notamment M. Duranton (XIV, 428), M. Zachariæ (III, p. 424), M. Duvergier (sur Toullier, XII, 370), et M. Odier (I, 325), enseignent cependant qu'une déclaration portant sur l'un des deux points seulement serait suffisante. On invoque à cet égard les règles de l'ancien droit, notamment la doctrine de Pothier, et on suppose que les rédacteurs du Code n'ont substitué que par inadvertance la conjonction *et* à la disjonctive *ou* qui se trouvait dans ce dernier auteur. Mais cette idée ne paraît pas admissible. Pothier (*loc. cit.*) présente, il est vrai, incidemment et sans discussion, la doctrine dont il s'agit, de sorte qu'on pourrait croire en le lisant qu'elle était généralement admise; mais ce serait une erreur. Renusson (ch. 4, sect. 2), Lebrun (*loc. cit.*, n° 62), Duplessis (*Commun.*, liv. 2, ch. 4, sect. 2), enseignaient positivement la nécessité d'une déclaration indiquant simultanément et l'origine des deniers et le but de l'acquisition. Les rédacteurs du Code n'ont donc fait que reproduire une ancienne règle, en exigeant, pour la subrogation des deux immeubles, que la déclaration porte sur les deux points; et cette règle est d'ailleurs conforme au principe par eux posé dans l'art. 1250, 2°, qui, pour la subrogation d'un prêteur de deniers, exige tout à la fois qu'il soit déclaré, dans l'acte d'emprunt, *que la somme a été empruntée pour faire le payement,* et dans la quittance, *que le payement a été fait des deniers fournis à cet effet.* Ce n'est donc point par inadvertance que les rédacteurs du Code ont employé la conjonctive *et;* et c'est avec raison que la nécessité de la double déclaration, enseignée par plusieurs auteurs, a été proclamée dans un arrêt de la Cour suprême (1).

Du reste, il n'est aucunement nécessaire (et le même arrêt le reconnaît) d'exprimer ces deux points en tels termes plutôt qu'en tels autres. Il n'est pas besoin non plus, évidemment (quoiqu'il faille déclarer que les deniers proviennent de l'aliénation du propre), que ce soient identiquement les mêmes pièces de monnaie : il est bien clair qu'une somme *égale* à celle du prix du propre vendu est ce qu'on appelle la *même* somme.

III. — Quand le propre vendu qu'il s'agit de remplacer est celui de la femme, la déclaration du mari sur les deux points ci-dessus peut être faite postérieurement à l'acquisition; mais il faut qu'elle soit suivie d'une acceptation formelle de la femme.

Nous disons que la déclaration du mari n'a pas besoin ici d'être faite dans le contrat et peut intervenir utilement *ex intervallo*. Il est vrai que Pothier (n° 199) pensait le contraire; mais la doctrine de Dumoulin était différente (2); et comme l'art. 1435, en reproduisant les éléments que doit contenir la déclaration, ne reproduit pas l'idée que cette dé-

---

(1) Glandaz (n° 262); Benech (*Du Remploi*, n° 36); Paul Pont et Rodière (I, 504); Troplong (II, 1119 et 1120); motifs d'un arrêt de rejet du 23 mai 1838 (Dev., 38, I, 525).

(2) Sur l'art. 231 de la Coutume de Bourbonnais. — M. Troplong, suivant en cela l'opinion de d'Aguesseau, 27° plaidoyer, interprète autrement la doctrine de Dumoulin (*Du Cont. de mar.*, n°ˢ 1117-1122).

claration doit être faite lors de l'acquisition; comme d'ailleurs l'article 1595, 2°, déclare valable la cession que le mari, pour remploi d'un propre de sa femme, ferait à celle-ci d'un immeuble à lui appartenant, sans distinguer à quelle époque il en avait fait l'acquisition, on ne doit pas hésiter à dire que la déclaration peut être faite utilement à quelque moment que ce soit. Mais cette déclaration, comme de raison, n'est pas suffisante; et pour que l'immeuble devienne la propriété de la femme, il faut de toute nécessité que celle-ci en accepte l'acquisition : car ce n'est pas par la seule volonté du mari qu'un bien peut devenir bien de la femme. Fixons-nous sur les conditions requises pour l'efficacité de l'acceptation.

D'abord, il est bien clair, malgré la doctrine contraire de Delvincourt, que l'acceptation de la femme n'a pas besoin d'être faite au moment même de l'acquisition. Puisque la déclaration même du mari, qui précède nécessairement l'acceptation de la femme, peut elle-même intervenir *ex intervallo*, à plus forte raison l'acceptation de la femme ; et c'est à bon droit que la doctrine de Delvincourt, condamnée déjà par notre ancienne jurisprudence, a été repoussée par tous les auteurs (1).

Mais si l'acceptation n'a pas besoin d'être faite en même temps que l'acquisition, il faut du moins qu'elle le soit avant la dissolution de la communauté (2). Quelques jurisconsultes, dans l'ancien droit comme sous le Code, ont enseigné le contraire ; mais notre solution, qui est et a toujours été celle de la généralité des auteurs, et que la jurisprudence paraît également adopter (3), résulte suffisamment du texte même de notre art. 1435, puisque, d'après ce texte, c'est *lors de la dissolution de la communauté* que la femme qui n'a pas accepté se trouve privée du choix qu'elle pouvait exercer jusque-là entre l'obtention d'un nouveau propre et une simple récompense du prix de son immeuble. MM. Rodière et Paul Pont (I, 509), tout en reconnaissant que l'acceptation ne pourrait plus se faire utilement après la dissolution du mariage arrivée *par la mort du mari*, enseignent qu'elle est possible, soit pour la femme après une dissolution de communauté résultant d'un jugement de séparation de biens, soit même pour les héritiers de la femme après une dissolution de communauté et de mariage arrivée par la mort de cette femme. Mais cette distinction nous paraît complétement arbitraire et inadmissible. Tant que la déclaration du mari n'a pas été

---

(1) Pothier (200); Toullier (XII, 362); M. Duranton (XIV, 393); M. Bellot des Minières (I, p. 516); M. Zachariæ (III, p. 425); MM. Rodière et Paul Pont (I, 509); Troplong (1119); Dalloz (1421).

(2) Mais il n'est pas nécessaire que le prix ait été payé, pourvu que pendant le mariage les deniers à remployer aient été à la disposition du mari. Cass., 6 janvier 1858 (Dev. 58, I, 273).

(3) Duplessis (*Comm.*, liv. 2, chap. 4, sect. 2); Lebrun (*loc. cit.*, n° 67); Valin (*Cout. de la Roch.*, II, p. 618); Merlin (*Rép.*, v° Remploi, § 2, n° 5); Maleville (III, p. 245); Delvincourt (t. III); Toullier (XII, 360 et 361); Duranton (XIV, 393); Zachariæ (III, p. 425); Benech (n°ˢ 85 et 93); Odier (I, 522); Troplong (II, 1126); Dalloz (1422); Toulouse, 22 déc. 1834; Lyon, 25 nov. 1842; Besançon, 11 janv. 1844 (Dev., 43, II, 418; 45, II, 85); Cass., 2 mai 1859. — *Contrà* : Grenoble, 25 avril 1861.

suivie de l'acceptation de la femme, le nouvel immeuble n'est qu'un conquêt; et si la communauté vient à se dissoudre, peu importe par quelle cause : pendant que les choses sont en cet état, les droits de chaque époux ou de ses héritiers se trouvent fixés en conséquence, et la femme ou ses héritiers, rencontrant un immeuble qui n'est pas propre, mais conquêt, n'ont droit qu'à une récompense pour le prix du propre aliéné : aussi est-ce par toute dissolution de communauté, arrivée par une cause quelconque, que les anciens auteurs déclaraient la femme déchue de la faculté de s'approprier l'immeuble, et notre article indique également comme faisant cesser cette faculté, et réduisant la femme à un simple droit de récompense, *la dissolution de la communauté.* C'est aussi ce qu'a enseigné depuis nous M. Troplong (II, 1128), et ce qu'avait déjà jugé l'arrêt précité de Lyon, du 25 novembre 1842.

C'est donc avant la dissolution de la communauté, comme on l'enseigne généralement, que doit intervenir l'acceptation de la femme. Mais de quelle manière doit-elle être donnée?... Il faut, d'après notre article, qu'elle soit formelle, c'est-à-dire exprimée, mentionnée, formulée enfin; en sorte qu'une acceptation tacite et que l'on induirait de telles ou telles circonstances de fait serait insuffisante. C'est donc à tort que plusieurs auteurs (1) enseignent que le fait de l'intervention de la femme au contrat d'acquisition dans lequel le mari passe la déclaration voulue par la loi suffit pour constituer une acceptation tacite qui serait efficace. La femme est, vis-à-vis de son mari, dans une trop grande dépendance pour que la loi ait pu se contenter ainsi de sa présence à l'acte: aussi l'art. 1544 nous dit-il que, dans une constitution de dot où le père a parlé seul, la mère, *quoique présente au contrat,* n'est point engagée. C'est à tort aussi que MM. Rodière et Paul Pont (I, 510), après avoir dit que cette présence de la femme serait efficace si sa volonté d'accepter résultait de quelques déclarations contenues dans l'acte d'acquisition, ajoutent : *ou de toutes autres circonstances dont l'appréciation souveraine est dans le domaine des juges du fait.* Sans doute, comme l'a décidé un arrêt de rejet du 17 août 1813, la volonté d'accepter peut s'induire de l'ensemble *des termes du contrat,* puisque du moment qu'on la trouve dans les *termes* de l'acte, elle est dès lors expresse, elle est formelle; mais on ne saurait l'induire de circonstances de fait prises en dehors de ce contrat, puisqu'il n'y avait alors qu'une acceptation tacite qui pouvait suffire autrefois, alors qu'aucune règle égale n'existait à cet égard (quoique déjà Bourjon et Lebrun enseignassent que la femme devait *accepter formellement, consentir expressément*), mais qui est inefficace aujourd'hui en présence de l'article 1435 (2).

_____

(1) Pothier (200); Bugnet (sur Pothier, 200); Toullier (XII, 364); Zachariæ (III, p. 425); Troplong (II, 1129); Odier (I, 323); Bruxelles, 10 fév. 1818.
(2) Ainsi, nous disons bien avec M. Benech (*Emploi et Remploi,* n° 43), comme principe général, que l'acceptation doit être formelle, c'est-à-dire exprimée, et que la Cour suprême devrait casser l'arrêt qui se contenterait d'une acceptation tacite; mais nous ne saurions blâmer avec lui l'arrêt de rejet de 1813, puisque la Cour d'appel, à

Quand l'acceptation de la femme n'a pas été faite en même temps que la déclaration du mari, elle doit l'être dans un acte postérieur. Mais rien ne permet d'exiger que cet acte soit authentique, comme le veut M. Duranton (XIV, 394); et c'est avec raison que cette doctrine est repoussée par M. Benech (n° 46), MM. Rodière et Paul Pont (*loc. cit.*), Odier (I, 323), Dalloz (1431) et M. Troplong (II, 1131). L'acceptation contenue dans un acte sous seing privé ne sera pas moins formelle que celle d'un acte authentique : seulement, il est bien clair que cet acte sous seing privé n'aura son effet vis-à-vis des tiers, d'après l'art. 1328, qu'autant qu'il aura acquis date certaine par une des trois causes que cet article indique. Du reste, la femme n'a pas besoin, pour faire cette acceptation séparée, de se faire autoriser par le mari : elle se trouve autorisée tacitement à l'avance par le fait même de cette déclaration du mari, qu'il achetait l'immeuble pour être propre à sa femme, si celle-ci voulait l'accepter pour tel (1).

C'est seulement par l'acceptation de la femme, avons-nous dit, que l'immeuble acquis pour servir de remploi à celle-ci lui devient propre. Par conséquent, toute aliénation ou concession de droits réels que le mari ferait à des tiers avant cette acceptation serait parfaitement valable, comme portant sur un conquêt de communauté. En cas d'aliénation, l'offre que le mari avait faite à la femme par sa déclaration se trouve retirée, et la femme ne peut plus accepter ; que si le mari a seulement concédé des servitudes ou des hypothèques, la femme est libre ou de ne pas prendre l'immeuble ou de l'accepter dans l'état où il est, en respectant les servitudes et en subissant l'effet des hypothèques. Dans aucun cas, la femme ne peut prétendre attribuer à son acceptation un effet rétroactif, et, encore une fois, toute concession faite par le mari dans l'intervalle de son acquisition, ou de sa déclaration, à l'acceptation de la femme, demeure valable, après et nonobstant cette acceptation (2).

Quant au point de savoir si l'acceptation de la femme devient inutile en cas de remploi conventionnel, c'est-à-dire quand le contrat de mariage contient la clause de remploi, nous l'examinerons sous l'article 1497, n° II.

IV. — C'est un point controversé que celui de savoir si nos art. 1434 et 1435 doivent être entendus restrictivement, quand ils parlent d'immeubles devenant propres en remploi *d'autres immeubles,* et si cette qualité de propres n'appartiendrait pas également aux immeubles ac-

tort ou à raison, avait vu l'acceptation dans les *termes* du contrat. Cette Cour d'appel avait donc reconnu, à tort si l'on veut, l'existence d'une acceptation expresse ; en sorte qu'il pouvait bien y avoir mal-jugé, mais non pas violation de la loi. *Voy.* Dalloz (1427).

(1) *Conf.* Duranton (XIV, 295); Benech (48); Rodière et Pont (510); Troplong (1131); Dalloz (1433).

(2) Discussion au conseil d'État (Fenet, XII, p. 562); Locré (XIII, 195); Rodière et Paul Pont (I, 511); Troplong (II, 1136); Toullier (XII, 342); Duranton (XIV, 395); Dalloz (1435); Caen, 22 fév. 1845, et Agen, 2 fév. 1836 ; Cass., 1er mars 1859 (Dev., 59, I, 402).

quis, sous les conditions voulues d'ailleurs, avec les deniers qui se trouvaient propres à un époux sans provenir de l'aliénation de son immeuble. Ainsi, dans le cas où une somme d'argent serait léguée à un époux à la condition qu'elle ne tombera pas en communauté, pourra-t-on, en achetant un immeuble avec déclaration qu'on le paye des deniers légués à l'époux, et que le bien est acheté pour être propre à cet époux, le rendre effectivement propre, moyennant l'acceptation de la femme si c'est d'elle qu'il s'agit?... M. Duranton (XIV, 389) et M. Dalloz (*Rép.*, X, p. 196) (1) répondent négativement, en se fondant sur le texte de nos deux articles. Mais cette idée nous paraît inexacte, et nous ne voyons ni raison ni prétexte pour la suivre. Qu'importe que des deniers soient propres parce qu'ils proviennent de l'aliénation d'un immeuble personnel, ou parce qu'ils ont été légués sous cette condition? Leur nature n'est-elle pas la même dans les deux cas? Et s'ils sont aussi bien propres dans un cas que dans l'autre, pourquoi ne pourraient-ils pas dans un cas comme dans l'autre être placés en achat d'un immeuble propre? Ces deux cas sont en définitive identiques, puisque dans le premier l'immeuble que l'époux avait d'abord n'existe plus, et qu'on n'a plus là qu'une somme d'argent aussi bien que dans le second : aussi l'art. 1595, 2°, permet-il au mari de céder des immeubles à sa femme, soit pour le remploi des immeubles de cette femme aliénés, soit pour le remploi des deniers à elle appartenant; et, d'un autre côté, l'art. 1470 reconnaît à chaque époux, lors du partage de la communauté, le droit de prélever avant partage, ou ses biens personnels, sans distinction des immeubles et des meubles, *ou ceux qui ont été acquis en remploi* de ces biens personnels, quels qu'ils soient. L'esprit évident de la loi ne repousse donc point, mais autorise parfaitement, au contraire, le remplacement, par des immeubles propres, de sommes personnelles à un époux; et c'est avec raison que la généralité des auteurs et la jurisprudence ont rejeté sur ce point la doctrine de M. Duranton (2).

Il faut, à cette occasion, faire sur l'art. 1407 une remarque analogue à cette solution, et dire que, quoique cet article parle seulement de l'immeuble acquis en échange d'un *immeuble* propre, sa règle s'appliquerait également à celui qui serait acquis en échange d'un propre *mobilier.* Ainsi, par exemple, qu'un tableau de famille d'un grand prix, qui a été donné à un époux sous la condition de lui rester propre, soit échangé par lui contre un immeuble, il ne saurait être douteux que cet

---

(1) M. Dalloz n'a pas persisté dans cette opinion. Voy. *Rép. gén.*, v° Cont. de mar. (1473).

(2) Massé et Vergé, sur Zachariæ (t. III, § 644, note 8); Toullier (XII, 356); Zachariæ (III, p. 426); Battur (I, 209); Rolland de Villargues (v° Remploi, n° 25); Paul Pont et Rodière (I, 513); Troplong (II, 1156 et 1157); Toulouse, 27 mai 1834; Caen, 6 mai 1839; Paris, 9 juill. 1841 (Dev., 35, II, 175; *J. Pal.*, 1841, II, 385); Cass., 16 nov. 1859 (Dev., 60, I, 241); Bourges, 27 août 1853 (*eod.*); Douai, 15 juin 1861 (Dev., 62, II, 65). — *Contrà :* Douai, 2 avril 1846; Rennes, 12 déc. 1846. — Selon Bugnet (sur Pothier, n° 200), cette faculté, permise à la femme, serait refusée au mari.

immeuble ne soit propre tout aussi bien que si l'objet donné en échange avait été immobilier (1).

Une question plus délicate est celle de savoir si le texte de la loi, qui n'est point exclusif du remploi de deniers propres provenus d'une autre source qu'une aliénation d'immeubles, ne le serait pas du remploi de deniers à provenir d'un immeuble à vendre; si, en d'autres termes, on peut faire à l'avance le remploi du prix d'un propre que l'on se propose de vendre ultérieurement... Au premier abord, la négative paraît évidente. On est porté à dire, comme Toullier, qu'il répugne de remployer un prix qui n'existe pas encore, de mettre une chose à la place d'une autre chose qui n'est pas encore déplacée, et il semble que la première des conditions requises pour le remploi manquera, puisque la loi demande avant tout que l'immeuble nouveau soit payé avec le prix du propre de l'époux : aussi n'hésiterions-nous pas à dire, avec plusieurs auteurs et plusieurs arrêts (2), que ce remploi anticipé est nul, s'il n'y avait pas à faire ici une distinction importante. C'est qu'en effet, le remploi, quoique fait par anticipation, peut fort bien réunir encore les conditions exigées par la loi; et c'est alors que sa nullité, qui serait incontestable en dehors de l'accomplissement de ces conditions, devient au moins très-douteuse. Ainsi, quand il est expliqué au contrat que l'acquisition est faite pour remplacer, au profit de la femme, tel propre déterminé appartenant encore à celle-ci, mais qui sera prochainement vendu; quand, d'ailleurs, le vendeur consentant à ne recevoir son prix qu'après l'aliénation projetée, il est dit que cette acquisition sera payée des deniers provenant de la vente du propre, et qu'on a soin plus tard de faire constater par la quittance que ces deniers sont bien ceux qui servent au payement ; quand à ces circonstances se joint celle de l'acceptation de la femme, et que, en un mot, toutes les conditions exigées par nos articles se trouvent réalisées, on ne voit plus pourquoi il faudrait déclarer nul un tel remploi. Ce n'est pas assurément parce que l'acquisition faite pour ce remploi serait conditionnelle, en ce qu'elle dépendrait de l'aliénation ultérieure du propre dont le prix doit la payer; car une vente peut se faire aussi bien sous condition ou à terme que purement ou simplement. Ce n'est pas non plus par cette raison, opposée par Toullier, qu'on ne peut pas remployer un prix qui n'existe pas ni remplacer un bien qui tient encore sa place; car le prix existera, et la place du propre sera devenue vacante, au moment où le remploi s'accomplira par le versement, aux mains du vendeur de l'immeuble acquis, du prix du propre aliéné : sans doute, il y aurait absurdité si l'on disait que le bien acquis va remplacer *immédiatement* dans le patrimoine de l'époux le propre qui est encore dans ce patrimoine ; mais il n'y a rien d'absurde à dire que ce bien remplacera le propre dans le patrimoine *quand ce propre en sera sorti...* Nous

---

(1) *Conf.* Pothier (197); Toullier (XII, 151); Glandaz (114); Rodière et Pont (499); Dalloz (n° 807).

(2) Toullier (XII, 370); M. Bellot (I, p. 521); Battur (I, 209); M. Odier (I, 326); Paris, 27 janv. 1820 ; Bourges, 1ᵉʳ août 1838 (Dev., 38, II, 455).

pensons donc, avec plusieurs auteurs et la plupart des arrêts (1), que le remploi fait au moyen d'une acquisition anticipée est valable quand les diverses conditions requises par nos articles sont d'ailleurs remplies.

Tout en déclarant en principe que le système contraire n'est pas même soutenable, M. Troplong admet cependant, avec un arrêt de la Cour d'Angers (2), qu'on doit l'appliquer pour le mari, et que le remploi anticipé ne doit être déclaré valable que pour la femme... Nous n'hésitons pas à repousser cette distinction arbitraire et sans base légale. En vain on objecte qu'il y aurait là pour le mari un moyen de s'enrichir aux dépens de la communauté, parce qu'il pourra réaliser l'emploi quand il verrait l'acquisition avantageuse, et le faire évanouir dans le cas contraire en ne vendant pas son propre. L'objection n'a aucune valeur, puisque l'inconvénient est le même pour le remploi ordinaire que pour le remploi anticipé : dans le remploi ordinaire, le mari est aussi le maître de n'acquérir pour lui que quand il trouve une bonne occasion, et de laisser à la communauté les autres acquisitions. M. Troplong le proclame lui-même en faisant remarquer que c'est en toute circonstance *et par la nature même des choses* que le remploi est *un instrument dangereux* quand le mari l'exerce dans son intérêt. Il n'y a donc là rien de particulier au remploi anticipé : et c'est dès lors par une négative absolue ou par une affirmative absolue que la question doit se résoudre. Si l'on admet que nos articles n'entendent permettre que le remploi du propre antérieurement aliéné, il est évident que le remploi anticipé sera défendu pour la femme aussi bien que pour le mari ; si l'on reconnaît, au contraire, comme le fait avec nous M. Troplong, que ces articles n'ont rien qui repousse ce remploi anticipé, il est également évident qu'il sera permis pour le mari aussi bien que pour la femme.

1408. — L'acquisition faite pendant le mariage, à titre de licitation ou autrement, de portion d'un immeuble dont l'un des époux était propriétaire par indivis, ne forme point un conquêt; sauf à indemniser la communauté de la somme qu'elle a fournie pour cette acquisition.

Dans le cas où le mari deviendrait seul, et en son nom personnel, acquéreur ou adjudicataire de portion ou de la totalité d'un immeuble appartenant par indivis à la femme, celle-ci, lors de la dissolution de la communauté, a le choix ou d'abandonner l'effet à la communauté, laquelle devient alors débitrice envers la femme de la portion appartenant à celle-ci dans le prix, ou de retirer l'immeuble, en remboursant à la communauté le prix de l'acquisition.

---

(1) Rolland de Villargues (*Rép.*, vº Remploi, nº 39); Coulon (*Quest.*, III, p. 413); Dalloz (1141); Glandaz (nº 264); Paul Pont et Rodière (I, 512); Poitiers, 19 janv. 1825; Rej., 23 nov. 1826; Angers, 5 fév. 1829; Bordeaux, 12 janv. 1838; Paris, 27 mars 1847; Cass., 5 déc. 1854 (Dev., 55, I, 353); Paris, 20 nov. 1858 (Dev., 59, II, 5).

(2) Troplong (II, 1154); Angers, 6 mars 1846 (Dev., 46, II, 37).

SOMMAIRE.

I. L'acquisition d'une portion de l'immeuble indivis dont une autre portion appartient à un époux donne un propre à celui-ci. Erreur de Toullier. Peu importe
quand a commencé l'indivision. Autre inexactitude de Toullier. — La règle
s'applique au cohéritier bénéficiaire devenant adjudicataire de l'immeuble, et
aussi pour l'acquisition d'une partie seulement de ce qui n'appartient pas à
l'époux. Controverse sur ces deux points.

II. La règle est faite pour tous les cas où l'acquisition aurait, en dehors de cette
disposition, produit un conquêt, et pour ces cas seulement.

III. Quand c'est à la femme qu'appartient une portion de l'immeuble indivis, et que
l'acquisition, soit de l'autre portion, soit de la totalité de cet immeuble, est
l'œuvre du mari, la femme a le choix de s'approprier l'acquisition ou de la
laisser à la communauté.

IV. L'option de la femme ne peut avoir lieu avant la dissolution de la communauté.
La femme ne peut exiger aucun délai pour la faire.

V. La femme doit récompense à la communauté, quand elle s'approprie l'acquisition faite pour celle-ci par le mari ; dans le cas contraire, il n'est dû récompense à la femme, pour la part qui lui appartenait, que si la communauté a
pris l'immeuble entier. Erreur de M. Duranton.

VI. La femme, au lieu d'exercer son option dans un sens ou dans un autre, peut y
renoncer. *Quid* dans ce cas? Le droit d'option peut être exercé par les créanciers de la femme. Controverse.

VII. Aux sept sources d'immeubles propres indiquées par les textes, il faut ajouter
l'accession à l'immeuble d'un époux. Mais on ne peut pas regarder comme
accession l'acquisition faite d'une portion de terrain pour augmenter l'enclos
de l'époux, ni l'achat, par la communauté, de l'usufruit grevant le propre de
cet époux.

VIII. *Des propres mobiliers.* — Ils sont parfaits ou imparfaits. Développements sur
les trois sources d'où ils proviennent.

I. — Cet article présente deux règles, dont la seconde, comme on le
verra plus loin, est, dans certains cas, une exception à la première.
Occupons-nous d'abord exclusivement de celle-ci.

D'après notre premier alinéa, quand l'un des époux, peu importe
lequel, se trouve propriétaire d'une part encore indivise d'un immeuble,
et que l'autre part est acquise pendant le mariage, sur licitation ou
autrement, soit par l'époux copropriétaire, soit par l'autre, soit par
tous deux (car la loi ne distingue pas), la part nouvellement acquise
devient propre à cet époux, comme et avec celle qui lui appartenait
déjà, sauf, bien entendu, la récompense qui sera due par cet époux à la
communauté pour le prix de l'acquisition. Ainsi, quand même cette
acquisition serait faite par les deux époux, avec déclaration expresse
qu'ils la font pour leur communauté ou chacun pour moitié, cette acquisition ne ferait pas moins un propre; car ce n'est pas la volonté
des époux qui fait les propres ou les conquêts, c'est la loi. Toullier
(XII, 165) tombe donc dans une grave erreur, quand il enseigne que
l'acquisition de la portion d'un immeuble dont la femme est copropiétaire donnera un conquêt de communauté, lorsqu'elle sera faite par le
mari et la femme en concours, même sans aucune déclaration, et qu'il
faudrait pour faire un propre une acceptation expresse de la femme,
comme dans le cas de remploi. Il n'y a rien de commun entre ce cas

de remploi, présentant un achat ordinaire et que la seule déclaration de l'époux différencie des autres achats (ce qui rend cette déclaration indispensable), et notre cas d'indivision, qui équivaut à partage et fait de plein droit réputer l'époux copropriétaire avoir été toujours seul propriétaire de la portion acquise. C'est pour cela que notre article, suivant en ceci la doctrine de Pothier, ne fait aucune distinction et déclare absolument propre la portion acquise, peu importe au nom de qui elle est. Non-seulement donc cette portion sera propre quand les époux agissant tous deux n'ont rien dit, comme le suppose Toullier, parce qu'on s'explique parfaitement la présence de la femme à l'acte, pour son droit de propriété, et celle du mari pour son droit de jouissance et comme conseil de sa femme ; mais elle le sera encore malgré la clause quelconque qui viendrait contrarier cette idée, parce que cette clause serait nulle comme contraire à la prescription formelle de l'alinéa premier de notre article (1). Mais s'il suffit ainsi qu'il y ait indivision, il est clair que cette indivision est indispensable; et si la part appartenant à l'époux était une fraction divise d'un immeuble déjà partagé entre lui et ses copropriétaires, la règle ne s'appliquerait plus (2).

Cette circonstance d'indivision suffit pour l'application de l'article, sans qu'on ait à considérer ni le plus ou moins d'importance de la portion indivise appartenant à l'époux, ni l'époque où a commencé l'indivision, et c'est évidemment à tort que Toullier (XII, 155, 156 et 159) demande que cette indivision soit née *avant le mariage*. Ainsi, quand je deviens, *pendant mon mariage,* par le décès de mon père, copropriétaire pour moitié de la maison qui appartenait à celui-ci et dont l'autre moitié passe à mon frère, il est bien clair que la moitié qui m'échoit n'appartient pas à la communauté, mais à moi personnellement, et que l'autre moitié, si elle vient à être acquise, me sera propre d'après notre règle, quoique l'indivision soit née pendant le mariage : aussi la doctrine de Toullier est-elle condamnée par tous les auteurs, notamment par son annotateur, M. Duvergier (3).

Mais notre règle s'appliquerait-elle au cas d'un cohéritier bénéficiaire qui deviendrait acquéreur de l'immeuble dans une adjudication forcée sur la poursuite des créanciers de la succession ? Quelques arrêts fort anciens avaient jugé la question négativement, et MM. Bellot (I, p. 219) et Zachariæ (III, p. 426) donnent sous le Code une décision

---

(1) Pothier (n° 152) ; Rodière et Paul Pont (I, 477); Troplong (I, 664-668) ; Dalloz (814 et 846); Caen, 25 fév. 1837; Nancy, 18 mai 1838; Amiens, 3 juin 1847 (Dev., 38, II, 154; 48, II, 674).

(2) Douai, 10 mai 1828.

(3) M. Troplong (I, 659), en rejetant comme nous cette erreur, croit qu'on ne peut pas la reprocher à Toullier, qui, selon lui, ne dit rien d'assez formel à cet égard. Mais Toullier est, au contraire, très-précis. Après avoir dit (n° 155) qu'il s'agit des biens indivis *acquis avant le mariage*, il ajoute (n° 156) que le seul point à considérer est celui-ci : « L'un des époux était-il, *avant le mariage,* copropriétaire indivis de l'immeuble ? » Puis (au n° 159) il répète trois fois qu'il s'agit d'un époux *copropriétaire avant le mariage*, que la loi parle d'un immeuble *indivis avant le mariage*, et que l'art. 1408 est fondé *sur le fait de l'indivision des immeubles* ANTÉRIEURE AU MARIAGE. *Voy.* encore Pont et Rodière (I, 481); Dalloz (820).

semblable. Ils se fondent sur ce que la loi ne parle que de l'acquisition *de portion* d'un immeuble dont une autre portion appartenait déjà à l'époux, tandis qu'ici le cohéritier, par l'adjudication, acquiert, disent-ils, l'immeuble *entier*, immeuble qu'il obtient, non comme héritier, mais comme acheteur. Il y a dans ce cas, dit-on, achat de la totalité de l'immeuble, et cet immeuble est dès lors un conquêt comme dans tout autre achat... Cette doctrine, qui a été, sous le Code, admise par un arrêt et condamnée par un autre (1), ne nous paraît pas exacte. Le dernier état de l'ancienne jurisprudence et la généralité des auteurs tant anciens que nouveaux la rejettent, et avec raison (2). L'adjudication, en effet, confirme, bien plutôt qu'elle ne le fait acquérir, le droit que le cohéritier avait *ab initio* pour une portion de l'immeuble : c'est évident, puisqu'il est impossible d'indiquer un propriétaire intermédiaire, pour cette portion, entre le défunt et lui. Il n'y a donc vraiment acquisition que pour ce qu'il n'avait pas, et par conséquent pour une *portion*, comme le veut la loi (3).

On s'est demandé encore si la règle doit s'appliquer à l'acquisition qui serait faite d'une partie seulement de ce qui n'appartient pas à l'époux dans l'immeuble, acquisition qui ne ferait pas dès lors cesser complétement l'indivision. Ainsi, qu'un époux, qui se trouve être l'un des trois copropriétaires d'un immeuble, achète ou voie acheter par son conjoint la part d'un des autres copropriétaires, cette part lui sera-t-elle propre?... MM. Rodière et Paul Pont (I, 485) et un arrêt de 1836 répondent négativement, et décident que notre article n'est applicable qu'à l'acte qui produit la cessation complète de l'indivision (4). Mais cette doctrine, que nous combattions déjà dans notre troisième édition, a été depuis condamnée par deux arrêts de 1849 et 1850, dont l'un de la Cour suprême (5); et elle a, en effet, contre elle le texte et l'es-

---

(1) Amiens, 3 mars 1815; Paris, 2 juin 1817. Ces deux arrêts contraires ont été rendus dans une même affaire, par suite de la cassation du premier; mais la cassation (du 24 juillet 1816) se basait sur un motif étranger à notre question, en sorte que la Cour suprême ne s'est pas prononcée sur cette question.

(2) Merlin (*Rép.*, v° Déshérit., n° 5, et *Quest. de droit*, v° Propres, § 2, n° 5); Toullier (XII, 157); Duranton (XIV, 200); Dalloz (X, p. 196); Battur (I, 259); Glandaz (n° 120); Odier (I, 135); Paul Pont et Rodière (I, 484); Troplong (t. I, n° 648). — *Voy.* encore Nancy, 9 juin 1854 (Dev., 54, II, 785).

(3) L'art. 1408 s'appliquerait à la licitation amiable comme à la licitation judiciaire (Dumoulin; Amiens, 19 déc. 1837; Dalloz, 826), et même à la vente provoquée par un créancier saisissant. Toullier (XII, 159); Dalloz (827).

(4-5) Paris, 3 déc. 1836 (Dev., 37, II, 92). — Rouen, 19 mars 1849, maintenu par un arrêt de rejet du 30 janv. 1850 (Dev., 50, I, 279). L'arrêtiste présente la solution de ces deux derniers arrêts comme n'ayant rien de contraire à celle du premier. C'est évidemment par défaut de réflexion. Il est bien vrai que dans l'affaire de 1849 et 1850 l'époux, au moment du procès, avait déjà réuni, par deux acquisitions successives, la *totalité* de l'immeuble, puisque, après avoir acheté d'abord la part d'une de ses deux sœurs, il avait fait plus tard un acte qui lui procurait aussi la part de cette dernière dans la ferme dont il s'agissait; il est bien vrai aussi que, par suite de cet état de choses, les deux arrêts de Rouen et de la Cour suprême n'ont parlé que du résultat définitif des deux actes successifs, sans s'exprimer sur l'effet particulier du premier, d'où M. Devilleneuve induit que la question de l'effet produit par ce premier acte n'a point été jugée. C'est une erreur manifeste. On ne pouvait pas juger l'effet définitif des deux actes sans juger par là même l'effet du premier : dire que, par le dernier acte, qui lui attribuait la part de sa seconde sœur,

prit de la loi. Le texte d'abord ; car l'article parle de toute acquisition *de portion* d'un immeuble dont un époux est propriétaire par indivis, sans distinguer si cette portion acquise forme ou non la totalité de ce qui n'appartenait pas à l'époux. La pensée du législateur ; car n'est-il pas conforme au but de la loi que, quand j'ai en propre un tiers de l'immeuble, le second tiers, que je trouve l'occasion d'acheter, me devienne propre aussi, pour que j'aie plus tard la propriété du bien entier quand j'en pourrai acquérir le dernier tiers? Me refuser, parce que je n'obtiens pas immédiatement la troisième part, la seconde que j'acquiers aujourd'hui, pour me refuser ensuite, parce que je n'aurai pas la seconde, la troisième que j'achèterai quelque temps après, n'est-ce pas perpétuer l'indivision malgré tous mes efforts, quand la loi tend, au contraire, à la faire cesser? N'est-ce pas créer cette indivision entre moi et ma communauté, quand la loi tend à l'éviter?... D'un autre côté, quel inconvénient peut-il y avoir à ce que j'aie en propre, pendant plus ou moins longtemps, une portion indivise plus grande que celle qui m'appartenait d'abord? L'erreur est ici provenue de l'exagération du rapport qui existe entre notre art. 1408 et l'art. 883. Sans doute, notre article repose sur des idées dont l'une a de l'analogie avec le principe de l'art. 883 ; mais il n'en est pas une simple application, comme on l'a cru. Notre article, qui a ses motifs particuliers, a aussi sa portée particulière, et ce serait prendre le change que de resserrer sa disposition dans les mêmes limites que celles de l'art. 883. C'est ce qu'ont bien compris les deux arrêts de 1849 et 1850 : « L'art. 1408, dit celui de Rouen, n'est point dominé par l'art. 883 ; il forme un droit spécial, tenant à des considérations exceptionnelles étrangères aux motifs qui ont dicté l'art. 883 » ; la Cour suprême dit à son tour que

---

Vimard se trouvait avoir en propre l'immeuble entier, c'était bien dire que par le premier acte, celui par lequel il avait acheté la part de son autre sœur, cette part lui était déjà devenue propre! S'il était vrai, comme l'avait jugé l'arrêt de 1836, et comme le dit encore M. Devilleneuve en annotant les deux arrêts de 1849 et 1850, que l'acquisition ne donne plus un propre, mais un conquêt, quand elle n'a pour objet que la part d'un des trois cohéritiers, de telle sorte qu'elle laisse continuer l'indivision entre l'époux acquéreur et son autre cohéritier, il est clair que le premier acte de Vimard (celui par lequel il n'avait acheté que la part d'une de ses deux sœurs, et qui avait ainsi laissé subsister l'indivision entre lui et son autre sœur, la dame Pradeaux) n'aurait produit qu'un conquêt, non un propre de Vimard, et que, dès lors, quand celui-ci obtint plus tard la part de son autre sœur, cette seconde acquisition n'aurait pas pu lui donner en propre la *totalité* de l'immeuble. — *Voy.* encore, dans ce sens, Bourges, 20 août 1855 (Dall., 56, II, 41). Mais la doctrine contraire, que M. Paul Pont avait défendue dans le *Traité du Contrat de mariage* (*loc. cit.*), a été reprise par lui et développée dans la *Revue critique* (t. I, p. 203, et t. II, p. 513), à l'occasion d'un arrêt rendu conformément à son opinion par la Cour de Douai, le 13 janvier 1852 (*J. Pal.*, 1852, t. II, p. 133). — *Voy.* encore un autre arrêt de la même Cour du 31 mai 1852 (Dev., 53, II, 47), d'après lequel, sous le régime de la communauté, le remploi du prix d'un propre aliéné pendant le mariage est valablement fait au moyen de l'acquisition d'une part indivise dans un immeuble appartenant pour le surplus à un tiers ou même à l'autre époux ; et, en ce cas, si c'est l'autre époux qui était déjà copropriétaire, on exciperait en vain de l'art. 1408 pour prétendre que la part nouvellement acquise aurait accru celle dudit époux ; elle reste à celui dont les propres ont été aliénés, et qui a fourni le prix de ces propres pour solder la nouvelle acquisition. Pau, 6 juin 1860; Orléans, 13 août 1856.

La question a été positivement tranchée dans le sens de l'opinion de Marcadé par un arrêt de la Cour de cassation du 30 janvier 1865 (Dev., 65, I, 140).

« l'arrêt attaqué a fait une juste application de l'art. 1408 et n'a point violé l'art. 883, qui s'applique à un autre ordre d'idées. »

II. — La règle de notre article ne paraît faite que pour le cas d'une acquisition à prix d'argent, et ne s'appliquerait pas à la portion d'immeuble arrivée comme propre par succession ou donation. Ainsi, que la moitié d'un immeuble indivis, dont l'autre moitié appartient au mari, échoie par donation ou succession à la femme, cette moitié sera propre à la femme et n'ira point, par application de notre disposition, se réunir à la moitié qu'avait déjà le mari. Cette idée, qu'indique suffisamment la nature des choses, ressort d'ailleurs du texte même de notre article, puisqu'il parle *de la somme fournie pour l'acquisition*. Nous avions déjà vu, en effet, que le Code n'appelle pas biens *acquis*, mais biens *échus*, ceux qui arrivent par succession ou donation (article 1401, 2° et 3°).

Mais cette première observation ne suffit pas, et il faut pousser l'examen plus loin. Ainsi, que la moitié indivise de l'immeuble, dont l'autre moitié appartient déjà au mari, arrive à la femme par donation, mais par une donation qui la déclare bien de communauté, comme le permet l'art. 1407, cette moitié ne devra-t-elle pas subir la règle de notre article, quoiqu'elle soit obtenue gratuitement? Réciproquement, si cette même moitié est acquise par la femme en échange d'un de ses propres, ne devra-t-elle pas, bien qu'elle soit obtenue à titre onéreux, être affranchie de la règle? En un mot, ne faut-il pas dire que notre règle doit ou non s'appliquer, non pas selon que l'acquisition est à titre onéreux ou à titre gratuit, mais selon que cette acquisition aurait, si l'article n'existait pas, donné un conquêt ou un propre?

Cette question, que nous n'avons vue soulevée nulle part et qui est cependant capitale pour l'interprétation de notre article, nous paraît délicate; mais nous croyons pourtant qu'elle doit se résoudre affirmativement.

Et d'abord, il paraît conforme à l'esprit de la loi de dire que l'acquisition subira l'application de l'article toutes les fois que, sans cet article, elle aurait donné un conquêt, et nonobstant alors la gratuité de cette acquisition. Puisque la loi, dans le cas d'un achat qui devait aller à la communauté, suppose aux époux (ou, si l'on veut, leur prête) l'idée de n'acheter la part indivise d'immeuble qu'à raison de l'existence d'une autre part dans le patrimoine de l'un d'eux, n'est-ce pas entrer dans son système que de supposer (ou de prêter) cette même idée à celui qui fait donation de cette part indivise à la communauté? Puisque, aux yeux du législateur, la présence chez un époux d'une part indivise de l'immeuble a l'énergie d'attirer à elle, en cas d'achat, la part nouvelle qui devrait en principe en rester séparée pour tomber dans la communauté, pourquoi cette présence ne produirait-elle pas le même résultat en cas de donation, quand cette donation, au lieu d'être faite personnellement à l'autre époux, s'adresse à cette même communauté? Quant à la récompense à payer par l'époux copropriétaire à la communauté, elle sera facilement fixée, non plus par le prix de l'acquisition, puisqu'il n'y a pas de prix ici, mais par une estimation de ce que la portion donnée valait au moment de la donation.

Au contraire, toutes les fois que la part nouvelle est obtenue par une cause qui, en dehors de notre article et d'après les autres dispositions de la loi, en fait un bien propre à l'époux non propriétaire de l'autre part, comme alors la qualité de propre appartient à chacune des deux parts, et qu'il n'y a pas de raison de faire prédominer le propre d'un époux sur le propre de l'autre, la portion ainsi obtenue, nonobstant le caractère onéreux de l'acquisition, semble ne devoir point se réunir à la portion de l'autre époux et devoir rester propre à celui qui l'acquiert : en d'autres termes, la règle de notre article paraît ne plus devoir s'appliquer (1).

Il est vrai que cette solution fait naître plus d'une objection. Et d'abord, elle est en opposition avec le texte, qui n'applique sa règle qu'à l'acquisition pour laquelle *une somme a été fournie,* tandis que dans notre système elle s'appliquerait même à une donation, du moment que cette donation devrait faire un conquêt. Mais il est évident que ce texte n'est pas restrictif, et que si le législateur a parlé de l'acquisition à prix d'argent, c'est parce que ce cas sera le plus fréquent, et nullement pour exclure le cas contraire. Ainsi, il ne saurait être douteux pour personne que l'article s'appliquerait, si la portion de l'immeuble dont une autre portion appartient à un des époux était acquise en échange d'un immeuble de la communauté. Et pourtant, il n'y aurait pas alors de somme fournie pour l'acquisition, et ce ne serait encore qu'au moyen d'une estimation que la récompense à payer à la communauté pourrait être fixée. — On peut objecter encore que notre système permettrait au mari d'empêcher sa femme d'obtenir une partie de l'immeuble patrimonial qu'elle peut tenir à avoir en entier, et qu'il lui suffirait pour cela de prendre lui-même cette partie pour propre en échange ou en remploi d'un autre propre. Mais il faut remarquer que cette condition même d'échange ou de remploi rendra cette circonstance tout à la fois assez rare et indépendante du simple caprice du mari : on n'a pas à faire toujours à volonté le remploi ou l'échange d'un propre. D'un autre côté, et si l'on admettait le système contraire, en disant que la portion acquise subira l'application de notre article dès là qu'elle sera acquise à titre onéreux, et quoiqu'elle le soit en échange ou en remploi d'un propre, il en pourrait résulter pour la femme des inconvénients plus graves encore ; puisque cette femme,

(1) Nous supposons une acquisition attribuant en propre la nouvelle part indivise *à l'époux non propriétaire de l'autre part;* car si c'était à l'époux déjà propriétaire de la première part que cette acquisition attribuât la nouvelle comme propre, il est clair qu'il n'y aurait plus de question ; il n'y aurait plus à se demander si la nouvelle part doit ou non se réunir à l'ancienne, puisqu'elle s'y réunirait alors en toute hypothèse, et soit qu'on appliquât la règle de notre article, soit qu'on la reconnût inapplicable. Du reste, notre pensée est, bien entendu, que la règle de notre article n'est pas plus applicable à l'acquisition qui fait la nouvelle part propre à l'époux déjà propriétaire de la première, qu'à celle qui la ferait propre à l'autre époux ; la part est propre alors, non plus d'après notre art. 1408, mais d'après l'art. 1407, ou d'après les art. 1434 et 1435, ou d'après telle autre des dispositions expliquées ci-dessus.

après avoir accepté en échange ou en remploi une portion de l'immeuble dont une part appartenait au mari, se trouverait avoir fait une acquisition nulle, serait privée tout à la fois et de l'immeuble acquis (réuni de plein droit à la part du mari) et de son propre aliéné, et serait ainsi réduite contre sa volonté à une simple créance d'argent. — Nous pensons donc que cette question doit se résoudre affirmativement, et notre idée se trouve encore consacrée à cet égard par l'arrêt de 1849, dans lequel on lit que le principe est admissible *dans tous les cas où, par l'effet de la communauté stipulée, le caractère d'acquêt serait attribué à l'acquisition.*

Ajoutons (d'après cette idée indiquée plus haut, qu'il n'y a pas lieu de faire prédominer le propre d'un époux sur celui de son conjoint) que si la communauté acquérait, soit à titre onéreux, soit à titre gratuit, une part dans un immeuble indivis dont *chacun des époux* aurait déjà une part en propre, la portion acquise deviendrait propre, d'après notre article, pour partie à l'un des conjoints, et pour partie à l'autre, en proportion pour chacun de l'importance de la part qui lui appartient (1).

Ainsi et en définitive, notre règle s'appliquera, soit pour l'époux copropriétaire, soit pour les deux époux simultanément s'ils sont copropriétaires l'un et l'autre, toutes les fois que la nouvelle part de l'immeuble indivis devrait, en dehors de cette règle, entrer dans la communauté; elle ne s'appliquera plus, du moment que cette nouvelle part constituera un propre (2).

III. — A la suite de la règle que nous venons d'étudier, notre article en pose une seconde dont l'application se fait tantôt à un autre cas, mais tantôt aussi au cas même que prévoit la première.

Après avoir dit dans son premier paragraphe que, s'il y a acquisition, pendant le mariage, de la portion d'un immeuble indivis dont une autre portion appartient déjà à un époux, la portion acquise sera propre à cet époux, l'article ajoute que, quand un mari se fait acquéreur d'une portion ou de la totalité de l'immeuble indivis dont une part appartenait à sa femme, l'objet acquis sera ou conquêt ou propre, selon qu'il plaira à cette femme de le laisser à la communauté ou de se l'approprier (3).

D'après cela, qu'un mari acquière sur adjudication la *totalité* d'un immeuble indivis dont la femme était l'un des copropriétaires, notre seconde règle s'applique; et elle s'applique alors à un cas qui ne con-

---

(1) *Conf.* Duranton (XIV, 202); Pont et Rodière (I, 292); Troplong (668).

(2) Ainsi l'art. 1408 ne s'appliquerait pas si les parts acquises provenaient *au mari* d'un legs ou d'une donation à lui faite personnellement par les copropriétaires de la femme. Duranton (XIV, 202); Glandaz (123); Taulier (V, 65); Rodière et Pont (I, 492); Dalloz (840).

(3) Mais le retrait d'indivision ne peut être exercé par la femme commune qui n'a qu'un droit d'usage sur le fonds acquis par le mari, spécialement sur un bois, quand même ce droit d'usage serait susceptible d'être cantonné. Montpellier, 9 janv. 1854 (*J. Pal.*, 1856, t. I, p. 70).

Ce droit d'option peut être exercé par la femme dotale aussi bien que par la femme commune. Toullier (XIV, 228); Duranton (XV, 363); Tessier (I, 472); Glandaz

cerne pas la première, puisque celle-ci n'est faite que pour l'acquisition de *portion* d'un immeuble dont une autre portion continue d'appartenir à un époux (1). Mais si nous supposons que ce mari achète au cohéritier de sa femme la moitié indivise de l'immeuble, dont l'autre moitié appartient à cette femme, nous serons tout à la fois dans les termes et de la première règle et de la seconde. D'une part, en effet, il a été acquis une portion d'un immeuble dans lequel l'un des époux avait un droit indivis, comme le veut la première règle; d'autre part, c'est le mari, comme le veut la seconde règle, qui s'est rendu acquéreur de portion de l'immeuble indivis appartenant pour partie à sa femme. Or, que doit-on faire dans ce concours des deux règles?... Il est évident que c'est la seconde qui s'applique et fait exception à la première. Celle-ci, en effet, est posée d'une manière *générale* pour tous les cas où il y a acquisition d'une portion de l'immeuble, dont une autre partie appartient à n'importe quel époux; tandis que la seconde est *spéciale* au cas où la portion est acquise par le mari, dans un immeuble dont l'autre portion appartient à la femme. Or, *specialia generalibus derogant;* et notre premier alinéa doit, dès lors, se compléter par cette restriction : « Excepté quand c'est à la femme qu'appartient l'une des parts indivises et que l'autre est acquise par le mari, cas qui est réglé par le second alinéa. »

Ainsi, dans ce cas particulier, la loi ne suit ni le principe général de l'art. 1401, 3°, d'après lequel les acquisitions faites pendant le mariage donnent des conquêts, ni la disposition exceptionnelle du précédent alinéa, d'après laquelle l'acquisition devient propre à l'époux déjà propriétaire d'une portion; elle s'arrête à une troisième idée, en laissant à la femme la faculté de faire de l'objet acquis un propre ou un conquêt, à son choix. La loi ne veut pas qu'un mari puisse, à son caprice, rendre sa femme propriétaire d'une portion d'immeuble, payée trop cher peut-être, et qui peut d'ailleurs ne pas lui convenir; mais elle ne veut pas non plus que la femme soit empêchée de s'approprier cette même portion, si elle le juge bon.

Pour que cette règle s'applique, il faut, dit le texte, que l'acquisition soit faite par le mari *seul et en son nom personnel;* mais ces mots ne doivent pas se prendre à la lettre, et signifient tout simplement : par le mari *agissant autrement que pour représenter ou assister sa femme.* — Supposons que le mari eût déclaré dans l'acte d'acquisition qu'il agit non pour lui personnellement, mais pour sa communauté; il faudrait,

(132); Zachariæ (III, 590); Seriziat (170); Taulier (V, 237); Rodière et Pont (I, 487, et II, 643); Troplong (690); Dalloz (832); Limoges, 23 déc. 1840; Lyon, 20 juill. 1843; Toulouse, 11 mars 1813, 27 janv. 1814, 24 janv. 1835; Limoges, 12 mars 1828, 25 fév. 1841; Nimes, 5 avril 1843; Riom, 11 fév. 1836 et 29 mai 1843; Grenoble, 18 août 1854; Cass., 1ᵉʳ mars 1860. — Et même, selon quelques arrêts, à la femme paraphernale. Limoges, 12 mars 1828; Toulouse, 24 janv. 1835; Limoges, 23 déc. 1840.
(1) Il faut qu'il s'agisse d'un immeuble déterminé. La règle ne s'appliquerait pas à une acquisition de droits éventuels et indéterminés, tels que des droits successifs. Req., 25 juill. 1844; Pont et Rodière (I, 91); Dalloz (837).—Cependant M. Troplong (675); Amiens, 3 juin 1847, 22 juin 1848; Bourges, 20 août 1855; Pau, 6 juin 1860; Aubry et Rau (IV, 507, p. 406, note 8).

si l'on s'en tenait rigoureusement au texte, dire que la règle ne s'appliquera pas. Or ce serait là, au contraire, son cas d'application le plus évident; et cette application cesserait précisément si le mari avait vraiment agi pour son compte personnel, en acquérant le bien comme propre dans les cas particuliers où la loi le lui permet, c'est-à-dire en l'acceptant comme donataire, ou en le prenant en échange ou pour remploi d'un bien à lui propre. Ce n'est nullement par opposition avec la communauté que la loi considère ici la personne du mari; c'est au contraire comme représentant cette communauté et par opposition avec la femme, avec la volonté particulière de celle-ci. — Et quand même le mari aurait déclaré qu'il fait l'acquisition pour sa femme, et pour que le bien soit propre à celle-ci, cette déclaration, si elle n'était pas la conséquence prouvée d'un mandat donné par la femme au mari, serait insignifiante et n'écarterait pas l'application de notre disposition. C'est évident, puisque cette déclaration, quand il n'y a pas eu mandat de la femme, n'est toujours que l'expression de la volonté du mari, et que notre disposition a précisément pour but d'empêcher que la femme acquière, sans sa volonté, un bien qui peut ne pas lui convenir (1). — Que si le mari avait agi avec le concours de sa femme, mais avec déclaration que l'acquisition est faite pour la communauté, ce concours, qui paraît bien plus le résultat de la soumission de la femme au mari que l'expression de la volonté particulière de celle-ci, serait insuffisant pour priver la femme de son droit d'option (2). — Il en serait de même enfin si la femme avait agi seule, mais pour son mari, et en exécution d'un mandat de celui-ci, puisque c'est alors le mari qui a agi par le ministère de la femme. — En un mot, toutes les fois que l'acquisition, de quelque façon et en quelques termes qu'elle ait été faite, est, en définitive, non l'œuvre de la femme, mais l'œuvre du mari (sans d'ailleurs lui constituer un propre), il y a lieu à l'option de la femme. Mais si c'est la femme qui a acquis, et acquis pour elle, soit par elle-même avec assistance du mari, soit par le mari agissant comme son mandataire, ce n'est plus le cas de notre second alinéa; on rentre dans la règle de l'alinéa précédent, et par conséquent la portion acquise devient propre à la femme immédiatement, et sans aucune faculté pour elle d'en faire un conquêt (3).

IV. — A quel moment peut être faite l'option que notre article confère à la femme?... Un arrêt a décidé, et M. Troplong (I, 679) enseigne aussi qu'elle pourra l'être, soit à la dissolution de la communauté, soit pendant le cours de cette communauté (4). C'est une idée que condamne un arrêt postérieur de la Cour suprême (5), et que repousse le texte même de notre article, qui ne permet l'option que *lors de la dis-*

---

(1) *Conf.* Rodière et Pont (I, 193); Troplong (672). *Voy.* Pothier (*De la Comm.*, 151).
(2) *Conf.* Duranton (XIV, 245); Taulier (V, 65); Dalloz (846).
(3) Rennes, 25 août 1826; Colmar, 20 janv. 1831; Caen, 25 fév. 1837; Lyon, 20 juill. 1843; Amiens, 3 juin 1847, 22 juin 1848.
(4) Lyon, 20 juill. 1843 (Dev., 44, II, 319).
(5) Rej., 25 juill. 1844 (Dev., 44, I, 614).

solution. On invoque en vain, à cet égard, la disposition de l'art. 1435, qui permet l'acceptation de la femme à toute époque de la durée du mariage. Car il n'y a rien à induire de l'un de ces articles à l'autre, et les deux dispositions, loin de présenter de l'analogie sous ce rapport, sont, au contraire, entièrement opposées : dans l'art. 1435, l'acceptation n'est permise que pendant la communauté, et devient impossible quand cette communauté est dissoute, tandis qu'ici c'est précisément la dissolution qui ouvre l'exercice du droit. Et en effet, il faut bien, dans l'art. 1435, que la femme puisse accepter à toute époque de la communauté, puisque si le mari, avant son acceptation, aliénait l'immeuble ou le grevait de charges quelconques, elle se trouverait par là privée de l'immeuble, ou obligée de le prendre dans l'état où il est, tandis qu'ici l'aliénation ou les concessions de droits réels seraient non avenues par la déclaration de la femme qu'elle prend l'immeuble pour propre (1). L'option de la femme, à la différence de son acceptation en cas de remploi, ayant un effet rétroactif au jour même de l'acquisition (2), il n'y avait aucune nécessité d'autoriser cette option pendant le mariage, et il était tout naturel d'en fixer l'exercice au moment où la femme recouvre son indépendance, et peut agir sans être influencée par le mari.

C'est donc à la dissolution de la communauté que s'ouvre l'exercice du droit d'option (3); mais quand se ferme-t-il ?... Toullier (XII, 168) dit que la femme a trente ans pour faire son choix, lorsqu'elle renonce à la communauté; mais il faut se défier de cette idée. Sans doute, si les héritiers du mari de leur côté et la femme du sien restaient tous dans l'inaction, sans demander de part ni d'autre la liquidation de leurs droits, ces droits subsisteraient ici comme partout pendant le temps voulu pour prescrire; mais si les héritiers du mari demandent que la femme se prononce, elle doit le faire de suite, sans pouvoir prétendre qu'un délai même d'un an (et encore bien moins de vingt ou trente ans) lui appartienne pour se décider. La loi ne dit pas que la femme pourra opter pendant un certain temps *après la dissolution de la communauté,* elle dit qu'elle le devra faire *lors de cette dissolution.* (4).

V. — Quand la femme opte pour l'appropriation de l'objet acquis par le mari (ce qu'on appelle opérer le *retrait d'indivision,* parce que

---

(1) Rej., 30 juill. 1816 ; Rej., 13 juill. 1826 ; Riom, 20 mai 1839 ; Riom, 29 mai 1843 ; *J. Pal.,* 1845, t. I, p. 39 ; 1845, t. II, p. 35 ; Douai, 22 avril 1851 ; Grenoble, 18 août 1854 (Dalloz, 52, II, 290 ; 56, II, 61). — *Voy.* cependant Req., 25 juill. 1844 ; Nancy, 9 juin 1854 (Dalloz, 44, I, 428 ; 55, II, 251 ; Dev., 54, II, 785).

(2) La femme prend donc l'immeuble libre de toutes les hypothèques consenties par le mari. Toullier (XII, 170); Duranton (XIV, 209); Rodière et Pont (I, 496); Troplong (652); Req., 30 juill. 1816; Riom, 29 mai 1843.

(3) Sous le régime dotal, la femme doit faire son option lorsquelle règle ses droits; et quand il s'agit de biens paraphernaux, elle doit opter aussitôt après l'acquisition. Limoges, 12 mai 1828 ; Rodière et Pont (I, 495) ; Troplong (691).

(4) Delvincourt (t. III) ; Duranton (XIV, 210) ; Zachariæ (III, p. 428) ; Paul Pont et Rodière (I, 495) ; Troplong (I, 680 et 681) ; Glandaz (131) ; Taulier (V, 66) ; Dalloz (852) ; Bordeaux, 6 août 1834.—*Voy.* encore Cass., 31 mars 1835.—Jugé, du reste, que le droit d'exercer le retrait d'indivision se prescrit par trente ans à partir du jour de la dissolution de la communauté. Cass., 31 juill. 1858 (Dev., 59, II, 97).

la femme, en effet, *retire* et prend pour elle, en conséquence de sa part *indivise,* ce que le mari avait acquis de l'immeuble), elle devient débitrice de la somme que la communauté à déboursée pour l'acquisition. Ainsi, il n'y a pas à considérer ce que vaut l'objet au jour du retrait, mais seulement ce qu'il a coûté, tant en principal qu'en accessoires, comme frais d'actes et grosses réparations (1). Si la femme laisse le marché pour le mari, l'objet acquis reste conquêt de communauté, sauf à cette communauté à payer à la femme la récompense à elle due, si l'acquisition a compris la part de celle-ci.

Notre règle, en effet, comme on le voit par le texte même, s'applique, soit que l'acquisition du mari ait eu pour objet l'immeuble entier et y compris la part de la femme, soit qu'elle n'ait porté que sur une portion, l'autre étant restée à cette femme ; et il y a grave erreur à penser, comme paraît le faire Toullier, que quand la femme a conservé sa part, elle n'a point le droit d'option, et se trouve obligée de laisser conquêt de communauté l'autre part, acquise par le mari. Toullier semble dire (XII, 167, *in fine*) que, si le mari a seulement acquis la portion du copropriétaire de la femme, celle-ci ne pourra conserver que sa part, et devra, si elle renonce à la communauté, partager l'immeuble, pour prendre sa portion en laissant l'autre aux héritiers du mari. L'erreur serait bien lourde, car il y aurait là deux contradictions pour une à la loi. D'un côté, la femme, dans le cas dont il s'agit, est maîtresse de faire de la part acquise par le mari un conquêt ou un propre, puisque ce droit lui est accordé pour toute acquisition faite par le mari *de portion* ou de la totalité de l'immeuble indivis. D'un autre côté et alors même que notre second alinéa ne s'appliquerait point à ce cas, et que la nature de la portion acquise, au lieu de dépendre ainsi du choix de la femme, serait directement fixée par la loi, cette portion ne serait pas un conquêt, comme semble le supposer Toullier ; elle serait forcément un propre, et la femme serait tenue de prendre l'immeuble entier : c'est évident, puisque, si ce cas était soustrait à notre seconde règle, il rentrerait dès lors dans la première, qui déclare que l'acquisition d'une portion de l'immeuble dont un des époux est copropriétaire indivis rend cette portion propre à cet époux.

Mais en évitant cette double erreur, il ne faudrait pas se jeter dans l'erreur contraire de M. Duranton, qui enseigne (XIV, 206, *in fine*) que la femme, dans cette même hypothèse, a le choix ou de prendre pour propre la part acquise par le mari, ou d'exiger que la communauté *lui prenne sa part* en lui payant en proportion de ce qu'on a payé le reste. Ces deux idées sont deux extrêmes également erronés. D'une part, et contrairement à l'idée supposée de Toullier, l'option peut être exercée aussi bien pour le cas d'acquisition d'une portion que pour le cas d'acquisition de la totalité (2). D'autre part, et contrairement à

_____

(1) Quant aux réparations d'entretien, elles restent à la charge de la communauté, puisque celle-ci est usufruitière des immeubles (art. 605). — *Voy.* cependant Cass., 14 nov. 1854 (*J. Pal.*, 1856, t. I, p. 61).

(2) C'est dans le sens que nous venons d'indiquer et de réfuter que le passage de

l'idée de M. Duranton, l'option n'est jamais possible que pour ce qui a fait l'objet de l'acquisition du mari ; en sorte que, quand le mari n'a acquis qu'une portion, c'est seulement cette portion qui peut, au choix de la femme, devenir propre à celle-ci (avec la portion qu'elle a déjà), ou former un conquêt (l'autre portion lui demeurant toujours propre).

VI. — Si la femme peut, à son choix, déclarer qu'elle prend pour propre l'objet acquis dans l'hypothèse qui nous occupe, ou déclarer qu'elle l'abandonne à la communauté, elle peut aussi ne faire ni l'un ni l'autre, et se contenter de dire qu'elle renonce à son droit d'option. Dans ce cas de renonciation au bénéfice de notre seconde disposition, les choses seront réglées, bien entendu, comme si cette disposition n'existait pas et que notre article fût réduit à son premier alinéa. Par conséquent, l'objet acquis sera propre, d'après la première règle de notre article, si l'acquisition n'a porté que sur la portion qui n'appartenait pas à la femme, celle-ci étant restée propriétaire de la sienne ; si, au contraire, c'est la totalité de l'immeuble qui a été acquise par le mari, ce n'est plus le cas de cette règle, et l'acquisition donnera un conquêt d'après le principe général de l'art. 1401, 3°. Ces deux idées, dont M. Troplong (I, 648 et 680) partage et développe la première, sans se prononcer sur la seconde, qu'il semble confondre avec elle nous paraissent aussi simples l'une que l'autre.

Un dernier point à examiner sur notre article est celui de savoir si le droit qu'il confère à la femme est de nature à pouvoir être exercé par ses créanciers à son défaut, d'après l'art. 1166, ou s'il doit être considéré comme exclusivement attaché à la personne de la femme. La jurisprudence adopte cette dernière idée, mais la plupart des auteurs la rejettent, et avec raison, selon nous (1). Si le privilége dont il s'agit consistait uniquement dans le droit de faire devenir propre un bien qui, d'après les principes, serait conquêt, nous comprendrions le système de la jurisprudence : on dirait qu'il s'agit là bien moins d'une question d'argent que d'une question d'affection personnelle, bien moins de l'intérêt pécuniaire que d'une satisfaction morale, et que la femme ou ses héritiers peuvent seuls, dès lors, invoquer ce bénéfice. Mais il n'en est pas ainsi. Le privilége consiste autant à rendre conquêt un bien qui devrait être propre qu'à rendre propre celui qui devrait être

---

Toullier a été compris par plusieurs jurisconsultes ; mais il se peut que telle n'ait pas été la pensée du professeur de Rennes. Il serait assez naturel de croire que, par les mots : *si la femme renonçait*, Toullier ait entendu, non pas *si elle renonçait à la communauté*, mais *si elle renonçait à prendre pour propre la portion acquise par le mari*. Ainsi entendue, la phrase de Toullier serait très-exacte, puisque, loin de nier le droit d'option de la femme, elle en présenterait l'exercice et n'attribuerait à la portion acquise par le mari la nature de conquêt qu'en vertu précisément de cette option de la femme.

(1) Pour la personnalité du droit : Cass., 14 juill. 1834 ; Riom, 11 fév. 1836 ; Rei., 8 mars 1837 (Dev., 34, I, 533 ; 36, II, 186 ; 37, I, 331) ; et aussi M. Glandaz (n° 129) ; M. Odier (I, 143) et M. Troplong (I, 678). — En sens contraire : M. Duranton (XIV, 203) ; M. Zachariæ (II, p. 339) ; M. Dalloz (1834, I, 282) ; MM. Paul Pont et Rodière (I, 494) ; M. Duvergier (sur Toullier, n° 169) ; Taulier (p. 65 et 66).

conquêt. Il n'est donc pas établi pour la satisfaction morale de la femme, mais pour la protection de ses intérêts d'argent et dans le but de la garantir du préjudice pécuniaire que pourrait lui causer l'administration du mari. Or, puisque le privilége se résume dans le droit de choisir entre deux biens celui qui a le plus de valeur, et qu'il constitue ainsi une pure question d'argent, il peut donc être exercé par les créanciers.

VII. — Nous avons passé en revue les sept causes indiquées par la loi comme pouvant donner aux époux des immeubles propres : 1° la propriété ou possession antérieure au mariage ; 2° la succession ; 3° la donation personnellement faite à un époux ; 4° la cession d'ascendant dont parle l'art. 1406 ; 5° l'échange d'un propre ; 6° le remploi de ce propre ; et 7° l'acquisition de tout ou partie de l'immeuble indivis dont un époux est copropriétaire. Mais, en dehors de ces cas, il en est d'autres dans lesquels l'objet acquis devient une partie tellement intégrante et inséparable du propre de l'époux, qu'il participe à sa nature par la force même des choses, et se trouve dès lors propre comme et avec lui, sans qu'il soit besoin d'une disposition spéciale de la loi à cet égard. On comprend que nous voulons parler des cas d'accession. Ainsi, que la communauté ait déboursé des sommes plus ou moins considérables pour faire faire des constructions ou plantations sur le terrain d'un époux, ou pour repeupler de pigeons, de lapins ou de poissons le colombier, la garenne ou l'étang de cet époux, il est clair que la communauté aura seulement droit à récompense, et ne pourra pas se prétendre propriétaire de ces choses, qui sont devenues propres à l'époux avec l'immeuble dont elles sont l'accessoire légalement inséparable. Et ce n'est pas seulement dans les cas indiqués par le Code en traitant de *l'Accession aux choses immobilières* (art. 552-564), que notre idée s'appliquerait ; c'est aussi dans ceux où, la loi gardant le silence, l'objet acquis est tellement dépendant du propre qu'il ne peut exister que pour lui et par lui. Ainsi, qu'on acquière la mitoyenneté du mur qui sépare l'héritage de l'époux, ou bien encore un droit de passage, de vue ou autre pour cet héritage sur l'héritage voisin, il est bien évident que ces acquisitions, quoique payées par la communauté, forment des cas d'accession et d'appropriation forcées, puisque la mitoyenneté du mur ou toute autre servitude active ne peut exister que par l'immeuble et ne peut appartenir qu'au propriétaire de cet immeuble.

On a écrit qu'il en serait de même d'une pièce de terre qu'un époux réunirait au terrain qui lui appartient, en formant du tout un seul enclos ; on argumente à cet égard de la disposition finale de l'art. 1019, qui déclare que, si celui qui a légué un enclos en augmente ensuite l'enceinte, la portion de terrain ainsi ajoutée fera partie du legs. Mais cette doctrine est inexacte, et l'analogie qu'on invoque n'existe pas. Un testateur étant maître de léguer ce qu'il veut, la question de l'étendue de son legs n'est dès lors qu'une question d'intention, et la disposition comprend tout ce que l'auteur a entendu lui faire comprendre. Au contraire, les époux ne sont pas maîtres de se créer des propres à leur gré, et l'intention qu'ils ont pu avoir, et que manifestent les circonstances, de rendre tel bien propre à tel époux, est complétement inefficace, si l'on ne se trouve pas soit dans une des hypothèses prévues par la loi comme donnant des propres ou comme formant un cas d'accession, soit dans un cas où la séparation de l'objet uni au propre serait impossible, en sorte que l'accession, et par suite l'appropriation, auraient lieu forcément et malgré le silence complet de la loi. Or l'espèce qui nous occupe n'est prévue, d'une part, dans aucun texte ; et il n'y a, d'autre part, aucune impossibilité à séparer du reste d'un enclos la partie qu'on y avait ajoutée (1).

On doit décider de même dans le cas où un tiers ayant un droit d'usufruit sur l'immeuble d'un époux, cet usufruit serait acheté pour la communauté ; l'acquisition, dans ce cas encore, donnerait un conquêt et non un propre.

Ce point, à la vérité, est beaucoup plus délicat que le premier, et nous avons longtemps pensé qu'on devrait le décider autrement. Voici les principales idées que nous émettions à ce sujet, dans un mémoire rédigé à l'appui d'un pourvoi soulevant cette question (2) : « La qualité de propre, pour l'usufruit acquis en pareil cas, résulte autant, ce semble, de la nature même des choses et de la pensée intime de la loi, que de la doctrine des anciens auteurs. L'usufruit qui existe sur l'immeuble d'un époux étant une charge qui rend cet immeuble, pour la communauté, sans aucune valeur et comme inexistant (puisque cette communauté, précisément, n'a sur les immeubles propres que le droit d'usufruit), n'est-il pas tout naturel, et parfaitement conforme à la vérité des choses, que les époux qui achètent cet usufruit des deniers de la communauté soient considérés comme dégrevant l'immeuble de la charge qui enlevait sa valeur à la communauté et rétablissant dans la maison la pleine et libre propriété de cet immeuble bien plutôt que comme déplaçant seulement, pour la faire continuer toujours, la servitude d'usufruit?... On nous dit qu'il n'en sera ainsi qu'autant que les époux auront voulu éteindre l'usufruit, le faire cesser, et non pas quand ils auront voulu l'acquérir et le faire passer, toujours subsistant et distinct de la propriété, du tiers vendeur à la communauté. Mais ce n'est pas le vouloir des époux, c'est la loi qui fait les propres ou les conquêts; et c'est uniquement dès lors la volonté de la loi, sa pensée intime, qu'il faut rechercher ici. Or cette pensée, que la nature même des circonstances suffirait à manifester, ne ressort-elle pas bien nettement et par *à fortiori* de l'art. 1408?... Quand une portion indivise de l'immeuble dont l'époux possède une autre part est achetée, le fût-elle avec déclaration formelle que c'est *pour la communauté*, cette portion, malgré le vouloir des époux, n'ira pas à la communauté, mais à l'époux copropriétaire. Et pourquoi? Parce que la loi suppose, et au besoin

(1) *Sic* MM. Paul Pont et Rodière (t. I, nᵒ 457). — *Voy.* cependant M. Taulier (t. V, p. 54).
(2) Ce mémoire est reproduit presque en entier dans le *Recueil général des lois et arrêts*, de MM. Devilleneuve et Carette, tome de 1845, 1ʳᵉ part., p. 721-725.

prête ou impose à ces époux, des idées de saine administration ; parce qu'elle leur suppose et au besoin leur prête, dans leur acquisition, la pensée (pensée si naturelle, pensée qu'ils ont eue peut-être en l'exprimant mal, pensée qu'ils devaient du moins avoir et que la loi leur impose s'ils en ont une différente) de sortir d'indivision ; parce que, enfin, puisque c'est la présence d'une portion de l'immeuble qui a fait acquérir l'autre portion, il est logique que la seconde aille s'unir à la première. Or, en cas d'usufruit, n'est-ce pas aussi parce que la nue propriété était là que cet usufruit a été acquis ; et n'est-il pas ici *plus* naturel encore, *plus* conforme aux règles d'une saine administration, de supposer ou, si l'on veut, d'imposer aux époux l'idée de dégrever l'immeuble ?... *Plus,* disons-nous ; car, d'une part, les deux portions indivises deviendraient, au moyen bien simple d'un partage, deux immeubles indépendants et pouvant rester éternellement séparés, tandis qu'ici l'objet acquis n'est qu'un démembrement et un accessoire de l'autre, démembrement qui ne peut jamais être que momentané et qui viendra fatalement, un jour ou l'autre, se réunir au premier ; d'un autre côté, la communauté n'a pas même de raison ici pour vouloir la séparation des deux objets, puisque, malgré l'attribution de l'usufruit en propre à l'époux, ce sera toujours cette communauté qui jouira, comme si cet usufruit était déclaré conquêt... Comment le système d'attraction, de réunion des deux objets, que la loi consacre dans le premier cas, pourrait-il ne pas s'appliquer dans le second, où la nature des choses le réclame bien plus impérieusement ? Et quand on voit nos anciens auteurs, Dumoulin en tête (1), poser cette doctrine comme chose incontestable et toute simple, ne faut-il pas reconnaître que c'est parce que notre législateur l'a regardée comme allant de soi, qu'il n'a pas pris la peine de l'exprimer ? »

Ces considérations sont certes fort graves, et c'est avec une profonde conviction que nous les développions devant la Cour suprême en 1845 ; aujourd'hui même, elles nous font presque hésiter encore ; pendant que nous imprimions notre troisième édition, elles entraînaient l'assentiment de M. Troplong (I, 505, et II, 1176) ; et les adversaires de cette doctrine ne leur ont pas donné de réponse satisfaisante. Cependant, après un nouvel et mûr examen, nous pensons que le sentiment contraire doit être préféré... En effet, l'attribution de la qualité de propre à un immeuble acquis pendant le mariage est, en définitive, une exception au principe général de l'art. 1401, 3°. Si c'est une exception, elle ne peut donc être admise que par l'effet d'une disposition formelle ou d'une cause qui l'entraîne forcément après elle. Or, d'une part, l'attribution de la qualité de propre à l'usufruit acheté pendant le mariage n'est indiquée par aucun des articles de la loi, et le Code n'a dit nulle part, pour ce cas, ce qu'il dit dans l'art. 1408 pour le cas d'indivision ; d'un autre côté, ce n'est pas là un cas d'appropriation forcée

---

(1) Dumoulin (art. 119, *De l'ancienne coutume de Paris*) ; Lebrun (liv. 3, chap. 2, sect. 1) ; Pothier (*De la Commun.*, n° 639).

(comme l'acquisition d'une servitude ou d'une mitoyenneté), puisque l'usufruit et la nue propriété peuvent bien exister séparément l'un de l'autre. Sans doute, il semble tout d'abord que l'exception admise pour le cas d'indivision aurait dû l'être aussi pour ce cas d'usufruit. Mais pourtant les motifs ne sont pas les mêmes, et il est très-possible que le législateur ait jugé inutile d'ajouter cette seconde exception à la première, par cette raison que, malgré l'attribution de l'usufruit à la communauté, l'époux nu propriétaire est toujours sûr de recouvrer son usufruit par la mort de l'usufruitier vendeur, et que l'acquisition, restant à la communauté, ne saurait empêcher ni même retarder d'une minute l'affranchissement de son héritage, tandis que, dans le cas de l'immeuble indivis, la portion acquise ne pourrait être attribuée à la communauté sans être à toujours perdue pour l'époux propriétaire de l'autre portion. En outre, et quand même on ne verrait pas pourquoi le législateur n'a point posé cette seconde exception, le seul fait qu'elle n'est point écrite dans la loi s'oppose à ce qu'on l'applique ; et de même qu'on ne pourrait déclarer propre la part indivise acquise pour la communauté, si l'art. 1407 n'existait pas, de même on ne peut reconnaître cette qualité à l'usufruit ainsi acquis, en l'absence d'un texte qui le permette, et alors d'ailleurs qu'il n'y a pas là d'appropriation forcée. On peut d'autant moins le faire, et prendre ainsi le silence du législateur pour le résultat d'une idée qui lui aurait paru évidente et incontestable, que précisément cette idée était déjà contestée autrefois : Ferrières (sur Paris, art. 229, § 4, n° 58) professait à cet égard une doctrine contraire à celle de Pothier.

Donc, s'il faut laisser son effet ordinaire à l'acte dans lequel les époux déclareraient éteindre l'usufruit grevant le propre de l'un d'eux (en sorte qu'il y aurait alors affranchissement immédiat de l'immeuble), il faut aussi laisser à l'acte, dans lequel cet usufruit est acheté par la communauté, l'effet qu'il produirait si l'achat était fait par un tiers, en sorte que l'usufruit, continuant de former un immeuble incorporel distinct de la propriété, appartiendra à la communauté comme il appartiendrait à tout autre acheteur, et formera par conséquent un conquêt. Ainsi l'a jugé, dans l'affaire dont nous avons parlé plus haut, la chambre civile de la Cour de cassation (1).

Que si la rédaction de l'acte était peu claire et de nature à laisser des doutes sur le point de savoir si les époux ont entendu éteindre l'usufruit ou le faire continuer pour la communauté, en d'autres termes, le racheter ou l'acheter, ce serait là un point de fait, une question d'interprétation, que les magistrats auraient à décider d'après les circonstances.

2° Des propres immobiliers.

VIII. — Nous avons déjà vu (art. 1406, n° I) que, quoique les textes

_____

(1) Rej. sur arrêt conforme de Rouen, 16 juill. 1845 (Dev., 45, I, 721); Proudhon (*Usuf.*, n° 2681); Bugnet (sur Pothier, *loc. cit.*); Paul Pont et Rodière (I, 412); Dalloz (719).

du Code ne parlent presque jamais de propres mobiliers, il en existe néanmoins (1), et que le laconisme du Code à cet égard paraît tenir à ce que, très-souvent, on a, sous ce rapport, non pas des meubles qui soient propres rigoureusement parlant, c'est-à-dire continuant d'appartenir à l'époux pour être repris en nature par lui lors de la dissolution de la communauté, mais seulement des créances de cet époux sur la communauté pour la valeur de ces meubles. Cependant il existe aussi des biens mobiliers qui sont propres dans toute la rigueur du mot ; en sorte qu'il faut distinguer, en fait de meubles, deux sortes de propres : les *propres parfaits,* qui restent la propriété de l'époux pour être repris en nature comme les propres immobiliers ; et les *propres imparfaits,* qui entrent dans la communauté en laissant à l'époux une créance égale à la valeur de l'objet.

Mais quels meubles constituent des propres parfaits, quels autres des propres imparfaits?... On est loin d'être d'accord sur ce point. Quelques auteurs semblent dire qu'il n'existe pas de meubles rigoureusement propres, et que tous biens mobiliers exclus de la communauté ne peuvent jamais l'être qu'imparfaitement, c'est-à-dire en appartenant toujours à cette communauté, sauf créance de l'époux pour le montant de leur valeur (2). D'autres, au contraire, reconnaissent comme propres parfaits tous meubles exclus de la communauté, à l'exception seulement de ceux qui se consomment par le premier usage (3). La plupart, enfin, élargissent un peu cette exception, et restreignent d'autant la classe des propres mobiliers parfaits, en retranchant encore de cette classe les meubles livrés sur estimation (4).

De ces trois systèmes, aucun ne nous paraît complétement exact ; et si le dernier est très-près de la vérité, il ne l'atteint pas encore. Et d'abord, il existe certainement, quoi que disent Pothier, Delvincourt et Merlin, des meubles rigoureusement propres. Ainsi, par exemple, personne ne pourrait refuser ce caractère à une collection de portraits de famille qu'un parent a léguée à sa parente mariée en communauté, sous la condition qu'ils n'entreront pas dans cette communauté, ou que la femme à qui ils appartenaient avant le mariage aurait *réalisés,* c'est-à-dire stipulés propres par son contrat : il est bien clair que la condition du testateur ou la stipulation de la femme a pour but d'attribuer en propre à cette femme, non pas une créance de la valeur des tableaux, mais les tableaux eux-mêmes (5). Il y a donc des meubles rigoureusement propres, et le premier des trois systèmes ci-dessus est inacceptable ; mais aussi il y en a moins que le supposent les deux autres doctrines, et il faut ranger dans les propres simplement imparfaits, en outre des choses qui se consomment par le premier usage,

---

(1) L'art. 1595, 2°, parle d'immeubles et *de deniers* propres à la femme.
(2) Pothier (n° 325); Delvincourt (t. III); Merlin (*Rép.*, v° Réalisat., § 1, n° 4).
(3) Toullier (XIII, 326).
(4) Duranton (XIV, 318); Zachariæ (III, p. 516 et 517); Odier (II, 728); Paul Pont et Rodière (II, n°ˢ 50-53).
(5) Pour les portraits de famille, *voy.* Pothier (682); Troplong (449); pour les manuscrits ou correspondances, *voy.* Troplong (435 et 436); Dalloz (669).

non pas seulement celles qui sont livrées sur estimation, mais plus généralement toutes celles qui sont livrées avec des circonstances quelconques indiquant qu'on a entendu en laisser la propriété à la communauté, sauf récompense à l'époux. Quant au point de savoir de quelles circonstances résultera suffisamment la volonté dont il s'agit, on conçoit que c'est là une question d'intention à décider en fait pour chaque espèce.

VIII *bïs*. — Les propres mobiliers, soit parfaits, soit imparfaits, peuvent provenir de trois sources principales. Ce sont : 1° les produits non fruits des immeubles propres ; 2° les choses mobilières substituées, pour une cause quelconque, à un propre meuble ou immeuble ; 3° les biens meubles donnés à un époux sous la condition de rester propres au donataire.

1° — On a déjà vu, sous l'art. 1401, n° VI, que la communauté n'a droit qu'à ceux des produits des immeubles propres qui constituent des fruits, et que les autres produits de ces mêmes immeubles sont propres à l'époux, en sorte que la communauté ne les recueille qu'en devenant débitrice de leur valeur.

2° — Quand le propre, meuble ou immeuble, d'un époux est vendu, son prix devient propre à sa place, et ne peut entrer dans la caisse commune qu'en faisant naître au profit de l'époux une créance de pareille somme sur la communauté (1). Il en est de même, en cas d'échange du propre contre un immeuble valant moins que ce propre, de la soulte qui est payée par le coéchangiste. Mais en serait-il ainsi encore de la soulte qui serait payée à un époux prenant, dans le partage d'une succession purement immobilière, une part moindre que celle de son cohéritier ? Bourjon semblait tenir pour la négative, et dire que cette soulte appartenait à la communauté (2) ; mais tous les auteurs, notamment Pothier (3), repoussaient cette doctrine, et avec raison ; car la succession étant supposée entièrement immobilière, ce n'est donc pas dans la caisse de cette succession, comme le disait fort bien Pothier, mais dans la caisse particulière du cohéritier, que se prend la soulte ; en sorte que cette soulte est pour l'époux le payement du droit qu'il avait sur un bien immobilier, sur un bien propre, et elle constitue dès lors un propre. On sait qu'il en serait autrement si, la succession comprenant tout à la fois des immeubles et des meubles, le partage attribuait à l'époux des meubles pour une partie ou même pour la totalité de sa part ; car alors il serait censé avoir succédé à ces meubles *ab initio*, n'avoir jamais eu droit qu'à eux, en sorte qu'ils appartiendraient à la communauté. Ici, au contraire, la valeur mobilière n'arrive que par substitution au droit immobilier qui a existé d'abord, et devient propre comme ce droit l'eût été (4).

---

(1) Pothier (99) ; Toullier (XII, 152) ; Rodière et Pont (430) ; Troplong (443) ; Dalloz (656) ; Royer (*Saisie-arrêt*, 187) ; Nancy, 20 août 1827, 3 mars 1837, 7 fév. 1840 ; Douai, 11 nov. 1812.
(2) *Droit comm. de la France*, tit. 10, 2ᵉ part., chap. 3.
(3) Renusson (1ʳᵉ part., chap. 3) ; Lebrun (l. 1, chap. 5, sect. 1) ; Pothier (n° 100).
(4) *Conf.* Toullier (XII, 118) ; Duranton (XIV, 118) ; Troplong (144).

Il en est de même, dans le cas d'une vente qui avait été faite à vil prix par l'époux et dont cet époux fait prononcer la rescision (article 1674), du supplément de prix que l'acheteur paye, comme le lui permet l'art. 1681, pour échapper à l'éviction. L'action, en effet, ne tend qu'à la rescision de la vente, la restitution de l'immeuble est l'unique objet du droit de l'époux, et le payement d'un supplément de prix n'est, pour l'acquéreur, que *in facultate solutionis*. L'action et la créance de l'époux sont donc immobilières, et l'argent que donne l'acquéreur, ne venant ainsi que par substitution à l'objet immobilier qui était dû, reste dès lors propre à cet époux. C'est un point reconnu par tous les auteurs anciens et nouveaux (1). Il va sans dire qu'il en serait de même dans toutes les créances facultatives dont l'objet serait immobilier, et qui, par l'effet de la faculté laissée au débiteur, se trouveraient acquittées au moyen de valeurs mobilières ; et on sait qu'il en serait autrement si la créance, au lieu d'être facultative, était alternative, c'est-à-dire présentant deux objets : dans ce cas, si l'un des objets était mobilier, et que ce fût lui qui fût livré, cet objet appartiendrait à la communauté.

3° — On trouve une troisième et dernière source de meubles propres dans la donation, soit entre-vifs, soit testamentaire, qui est faite à un époux sous la condition exprimée dans l'acte, que les meubles donnés lui seront propres (art. 1401, 1°). Nous disons que cette condition doit être exprimée, et ce point ne saurait être douteux, puisqu'il est exigé par le texte précis de la loi : les meubles donnés seront communs, *si le donateur,* dit-elle, *n'a exprimé le contraire;* aussi la contradiction que MM. Rodière et Paul Pont semblent opposer à cette idée (I, 436) n'a rien de réel ; et la seule chose à reprocher à ces jurisconsultes, c'est un langage inexact, non une erreur de droit. Ces auteurs disent qu'on ne peut pas exiger *une manifestation expresse,* et qu'il suffirait de *déclarer* que les biens sont attribués à l'époux *à la charge de lui être propres.* Mais *déclarer* que les biens sont donnés à l'époux *à la charge de lui être propres,* c'est précisément EXPRIMER la condition dont il s'agit ; en sorte que MM. Rodière et Paul Pont, quand ils disent qu'on ne peut pas exiger *une manifestation expresse,* entendent évidemment qu'on ne peut pas demander *une expression sacramentelle,* ce qui est très-vrai. Aucune formule n'est imposée ici par la loi, et il importe peu que l'idée soit exprimée de telle façon plutôt que de telle autre; mais il faut qu'elle soit *exprimée,* et une volonté tacite, c'est-à-dire qui ne résulterait que de circonstances de fait, sans se manifester par les termes de l'acte, serait inefficace (*voy.* Pothier, n° 102).

Du reste, pour que cette condition soit valable, il ne faudrait pas

---

(1) Dumoulin (sur Paris, § 33, gl. 3, n° 44) ; Pothier (*Vente,* n° 349 ; *Commun.,* n° 598) ; Toullier (XII, 186) ; Duranton (XIV, 114) ; Rodière et Paul Pont (I, 433) ; Troplong (*De la Vente,* II, 808, 825, 837, 840) ; Duvergier (*eod.,* II, 114 et 115) ; Glandaz (*Encycl.,* v° Comm., 86) ; Battur (189) ; Odier (89). — *Voy.* Nancy, 20 août 1827 ; Besançon, 20 mars 1850 (Dev., 28, II, 37 ; 50, II, 445). —En sens contraire cependant : Despeisse (I, p. 1, sect. 4, n° 5) ; Taulier (V, 43) ; Delvincourt (III, 287) ; Req., 23 prairial an 12, et 14 mai 1806.

que la donation fût faite à l'héritier réservataire du donateur, et que les meubles donnés fissent partie de la réserve ; car s'il en était ainsi, le conjoint du donataire pourrait faire annuler la condition et faire rentrer les biens dans la communauté. C'est à tort que plusieurs auteurs (1) donnent une décision contraire, en disant que, la réserve n'étant établie que pour l'héritier, la réduction ne pourrait être demandée ici que par l'époux donataire, qui se gardera bien de le faire, puisque son plus grand avantage est d'exécuter la condition. L'idée est inexacte, le droit de réduction n'est point exclusivement attaché à la personne de l'héritier ; c'est un droit purement pécuniaire qui est le gage des créanciers de l'héritier comme le reste de son patrimoine, et l'art. 921, faisant l'application des principes des art. 2092, 2093 et 1166, déclare que la réduction peut être demandée, non pas seulement par l'héritier réservataire, mais aussi par ses ayants cause. Or le conjoint de l'époux donataire est, par l'effet des conventions matrimoniales, l'ayant cause de ce donataire. Nous avons déjà réfuté plus longuement la doctrine contraire sous l'art. 387, n° II, en établissant que l'auteur usufruitier légal des biens de son enfant peut faire annuler la condition de non-jouissance imposée sur les biens donnés à l'enfant, quand ces biens font partie de la réserve de celui-ci. — Nous supposons, bien entendu, que le donataire accepte la succession du donateur, puisque, s'il y renonçait, sa qualité d'héritier disparaîtrait et par là même son droit à une réserve ; en sorte que ce donataire, ainsi que ses ayants cause, n'auraient alors que le choix de prendre la libéralité telle qu'elle est faite, ou de ne prendre rien. Mais il faut ajouter que, dans ce cas de renonciation, le conjoint du donataire renonçant pourrait, en établissant que cette renonciation est faite au préjudice des droits de la communauté, la faire annuler par application de l'art. 788.

§ 2. — Du passif de la communauté, et des actions qui en résultent contre la communauté.

SOMMAIRE.

I. Parallèle entre le passif de la communauté et son actif. Ce passif s'entend d'une manière plus ou moins large, selon qu'on le considère absolument ou relativement aux créanciers.
II. Différents sens des mots *dettes de communauté* et *dettes personnelles*. Division de la matière.

I. — La composition du passif de la communauté présente, comme cela devait être, un système parallèle à la composition de son actif. De même que la communauté prend tous les biens mobiliers que les époux possèdent au moment de la célébration, mais non leurs immeubles, de même elle prend à sa charge toutes les dettes mobilières qu'ils ont à ce même moment, à l'exception de celles qui sont relatives à ces immeubles (art. 1409, 1°) ; — pendant le mariage, la communauté conti-

(1) Toullier (XII, 114) ; Duranton (XIV, 135) ; Bugnet (sur Pothier, t. VII, p. 125) ; Zachariæ (III, p. 416) ; Glandaz (*Encycl.*, v° Comm., 24).

nuant de recueillir les biens meubles qui échoient aux époux par succession ou donation, elle supporte aussi les dettes de ces successions
ou donations en proportion de leur importance mobilière (1411-
1418) ; — comme c'est la communauté qui absorbe pendant sa durée
tout le produit du travail des époux, ainsi que leurs revenus, c'est elle,
comme de raison, qui supporte les frais faits pour l'entretien des époux
et des enfants, pour l'éducation de ceux-ci, pour toutes les charges du
ménage et toutes les autres dettes contractées pendant le mariage pour
les affaires de la communauté (1409, 5° et 2°) ; — enfin, la communauté ayant l'usufruit de tous les propres, c'est elle qui supporte toutes les charges usufructuaires ; et comme par l'effet de ce droit d'usufruit chaque époux voit entrer tous ses revenus dans le fonds commun,
c'est ce fonds qui prend à sa charge les intérêts ou revenus passifs
des dettes dont le capital reste à la charge de cet époux (1409, 3°
et 4°).

Ces charges sont les seules qui constituent véritablement le passif
de la communauté ; car elles sont les seules que cette communauté
supporte définitivement. Mais de même que la communauté prend,
sauf récompense aux époux, les biens mobiliers propres à ces époux,
de même elle est chargée de payer, sauf récompense par chaque époux,
celles des dettes mobilières de cet époux qui sont relatives à ses immeubles et qui doivent en conséquence être supportées par lui
(1409, 1°). Ainsi encore, quand les dettes contractées pendant le mariage l'ont été, non par le mari, chef de la communauté, mais par la
femme du consentement seulement de celui-ci, ou quand elles l'ont été
par le mari, mais pour son intérêt personnel, ces dettes, quoiqu'elles
restent à la charge de l'époux qui les a contractées, seront cependant
payées par la communauté, sauf que l'époux en devra récompense
(1409, 2°, et 1419). Les dettes de cette seconde catégorie sont comprises par la loi, en même temps que les précédentes, sous le nom de
passif de la communauté, comme on va le voir par l'art. 1409 ; mais
on sent combien diffèrent ces deux classes de dettes, dont les unes sont
vraiment à la charge de la communauté, tandis qu'elle ne fait jamais
que l'avance des autres.

II. — Et si la communauté peut ainsi avoir à payer, mais sauf récompense contre un époux, des dettes qui sont au fond personnelles à
cet époux, nous verrons que, réciproquement, un époux peut avoir à
payer, sauf récompense contre la communauté, des dettes qui sont à la
charge de la communauté ; en sorte qu'il faut, quand on parle de dettes
personnelles à un époux et de dettes de communauté, avoir soin de distinguer dans quel sens l'expression est employée, si c'est seulement par
rapport au droit de poursuite des créanciers, ou si c'est pour le fond
même du droit et quant au point de savoir par qui la dette doit être
supportée. Relativement au créancier, une dette est ou commune, ou
personnelle, ou tout à la fois commune et personnelle, selon que le
payement peut en être poursuivi ou sur les biens communs seulement,
ou seulement sur les propres d'un époux, ou tout à la fois sur les

propres d'un époux (ou même de tous deux) et sur les biens communs ; mais entre les époux, la dette, qui ne saurait jamais être personnelle et commune en même temps, est ou commune ou personnelle, selon qu'elle doit être supportée définitivement par la communauté ou par l'époux, sur quelques biens d'ailleurs que le créancier ait le droit de poursuivre.

Arrivons maintenant à l'explication des douze articles de notre paragraphe, en suivant, autant que possible, le texte de la loi. Les différents objets à étudier sont tous indiqués sommairement par l'art. 1409 ; mais comme le reste du paragraphe développe plus ou moins longuement plusieurs de ces objets, tandis qu'il garde le silence sur les autres, nous n'expliquerons, sous cet art. 1409, que les points sur lesquels ne reviennent pas les articles suivants. En conséquence, nous nous occuperons successivement : 1° des dettes dont les époux sont grevés au moment de la célébration (1409 et 1410) ; 2° des intérêts des dettes personnelles, des réparations usufructuaires et des diverses charges du mariage (*ibid.*) ; 3° des dettes grevant les successions et les donations qui échoient aux époux après la célébration (1411-1418) ; 4° enfin des dettes contractées pendant le mariage (1419 et 1420).

1409. — La communauté se compose passivement :

1° De toutes les dettes mobilières dont les époux étaient grevés au jour de la célébration de leur mariage, ou dont se trouvent chargées les successions qui leur échoient durant le mariage, sauf la récompense pour celles relatives aux immeubles propres à l'un ou à l'autre des époux ;

2° Des dettes, tant en capitaux qu'arrérages ou intérêts, contractées par le mari pendant la communauté, ou par la femme du consentement du mari, sauf la récompense dans les cas où elle a lieu ;

3° Des arrérages et intérêts seulement des rentes ou dettes passives qui sont personnelles aux deux époux ;

4° Des réparations usufructuaires des immeubles qui n'entrent point en communauté ;

5° Des aliments des époux, de l'éducation et entretien des enfants, et de toute autre charge du mariage.

1410. — La communauté n'est tenue des dettes mobilières contractées avant le mariage par la femme, qu'autant qu'elles résultent d'un acte authentique antérieur au mariage, ou ayant reçu avant la même époque une date certaine, soit par l'enregistrement, soit par le décès d'un ou de plusieurs signataires dudit acte.

Le créancier de la femme, en vertu d'un acte n'ayant pas de date certaine avant le mariage, ne peut en poursuivre contre elle le payement que sur la nue propriété de ses immeubles personnels.

Le mari qui prétendrait avoir payé pour sa femme une dette de cette nature, n'en peut demander la récompense ni à sa femme, ni à ses héritiers.

I. — L'art. 1409 nous indique cinq classes de charges imposées à la communauté. Nous réunirons les trois dernières; nous diviserons, au contraire, la première en deux parties, et nous aurons ainsi les quatre catégories que nous avons annoncées déjà, et dont deux vont être expliquées immédiatement, puis les deux autres sous les articles suivants.

1° *Dettes antérieures au mariage.*

II. — La loi présente comme le premier élément du passif de la communauté toutes les dettes mobilières dont les époux étaient grevés au moment de la célébration de leur mariage; mais il s'agit là du passif proprement dit, entendu *lato sensu*, et comprenant, avec les dettes qui sont vraiment à la charge de la communauté, celles qu'elle est seulement chargée d'avancer pour les époux. C'est évident, puisque, d'après le texte lui-même, il y aura lieu à récompense contre les époux pour une partie de ces dettes. Nous avons donc deux points à examiner pour ces dettes antérieures au mariage : d'abord, quelles sont celles que la communauté est tenue de payer; puis, quelles sont, parmi ces dernières, celles que cette même communauté doit supporter définitivement; en d'autres termes, quelles de ces dettes antérieures au mariage sont communes relativement aux créanciers, en restant personnelles relativement aux époux, quelles autres sont communes absolument.

C'est par l'objet, mobilier ou immobilier, de la dette, que se détermine le premier point, celui de savoir par qui cette dette doit être payée : si l'objet dû est un bien meuble d'après les règles expliquées au titre *De la Distinction des biens*, la dette est mobilière et doit dès lors être acquittée par la communauté; si l'objet est immeuble, le payement ne peut être poursuivi que contre l'époux (1).

Autrefois, que la plupart des rentes étaient immeubles, et que, d'un autre côté, la vente, au lieu de transférer immédiatement la propriété de l'objet vendu, rendait seulement le vendeur débiteur de cet objet, il y avait beaucoup plus de dettes immobilières qu'aujourd'hui; mais il peut très-bien cependant s'en présenter encore. Ainsi, l'obligation qui existerait pour un époux (soit par suite de convention, soit par l'effet d'un legs) de conférer une servitude sur son immeuble, celle de restituer l'immeuble qui lui aurait été vendu avec lésion de plus de sept douzièmes pour le vendeur, celle que lui imposerait un testament de transférer à un tiers désigné celui des immeubles d'une succession qu'il voudra choisir, sont autant de dettes immobilières, puisque l'objet dû est un immeuble, et dès lors l'époux débiteur peut seul être poursuivi en payement (2). Au contraire, toutes les fois que l'objet dû est mobilier, et ce cas est de beaucoup le plus ordinaire, la dette sera dette de communauté, sinon absolument, au moins quant au droit de poursuite du créancier, qui nous occupe seul en ce moment. Si donc l'époux acquéreur d'un immeuble vendu à vil prix était convenu avec son vendeur, avant la célébration du mariage, de payer tel supplément de prix, comme alors la dette n'était plus qu'une simple dette d'argent lors de la célébration, c'est la communauté qui sera tenue de la payer (3).

La dette alternative d'un meuble ou d'un immeuble sera commune ou personnelle, selon qu'elle sera acquittée par la livraison du meuble ou par celle de l'immeuble (4). La dette facultative, au contraire, sera toujours mobilière et imposée dès lors à la communauté, dès là que son objet (qui est unique, on le sait) sera meuble, et quoiqu'elle soit acquittée par la livraison d'un immeuble réservé *in facultate solutionis;* elle est toujours immobilière, réciproquement, et ne peut être poursuivie que contre l'époux, dès là que son objet est immeuble, et quand même cet époux déclarerait qu'il entend exercer la faculté qu'il a de se libérer par une somme d'argent (5). Que si une dette était tout à la fois mobilière et immobilière, par exemple, si un époux avait été con-

---

(1) *Conf.* Troplong (704 et 705); Dalloz (864).

(2) La question est discutée pour l'obligation de construire une maison. — Dans le sens de la dette mobilière: Pothier (*Introd. aux coutumes*, 50); Proudhon (190); Troplong (101). — *Contrà:* Rép., v° Legs; Toullier (VI, 408); Bugnet (t. VII, p. 153); Pont et Rodière (I, 336); Taulier (II, 156). — Mais si l'époux est débiteur *ou* a promis la construction, on s'accorde à reconnaître que la dette est mobilière. Toullier (XII, 208); Bugnet (*loc. cit.*, note 2); Pont et Rodière (I, 541); Troplong (711); Dalloz (873).

(3) Cependant toute dette de choses même mobilières qui sont propres à l'époux reste également propre. Exemple : j'ai vendu avant mon mariage des arbres de mon immeuble qui sont encore sur pied au moment de la célébration. Pothier (240); Toullier (XII, 211); Duranton (XIV, 223); Odier (I, 164); Rodière et Pont (I, 550).

(4) *Voy.* Pothier (n° 54). — L'option faite par l'époux débiteur ne donne pas lieu à récompense. Delvincourt (III, 24); Duranton (XIV, 226); Pont et Rodière (I, 545); Dalloz (870).

(5) *Voy.* Duranton (XIV, 115 et 227); Toullier (XII, 103); Rodière et Pont (I, 333); Troplong (373); Dalloz (594-871).

damné à restituer un immeuble et à payer une certaine somme pour les
fruits par lui perçus sur cet immeuble, il est clair que cette dette serait
personnelle pour une partie et commune pour le reste.

Remarquons dès à présent, au surplus, sauf à revenir plus loin sur
cette idée, que toute dette de la communauté est aussi, en général et
sauf exception, dette du mari, quant aux créanciers, et que le droit de
poursuite de ceux-ci, dès là qu'il existe sur les biens de la communauté,
existe aussi et par là même sur les biens du mari, chef de cette communauté.

III. — Après avoir posé, dans l'art. 1409, 1°, le principe que toutes
les dettes mobilières existant au moment de la célébration doivent être
acquittées par la communauté, la loi, dans l'art. 1410, apporte une
restriction à ce principe pour certaines dettes de la femme. Comme la
femme, pendant le mariage, ne peut pas engager la communauté sans
le consentement du mari, et que le principe dont il s'agit lui eût donné
le moyen d'atteindre frauduleusement ce résultat en souscrivant des
obligations antidatées, le Code déclare inefficace, quant à la communauté, toute dette de la femme qui n'est pas constatée par un acte
ayant date certaine antérieure au mariage.

Nous disons que la condition se réduit à demander que la dette soit
constatée par un acte *ayant une date certaine* antérieure au mariage ;
sans distinguer la cause qui donne certitude légale à la date ; car, quoique l'article ne parle que de l'enregistrement de l'acte et du décès d'un
des signataires, il n'est pas douteux qu'il faut ajouter à ces deux causes
celle qui est admise en troisième lieu par l'art. 1328, c'est-à-dire la
relation de la substance de l'écrit dans un acte authentique qui serait
lui-même antérieur au mariage (conf. Dalloz, 904).

Il est bien évident, du reste, que cette condition ne s'applique pas
à toute espèce de dettes et ne saurait être exigée quant à celles pour
lesquelles il y a eu impossibilité pour le créancier de se procurer une
preuve écrite, parce qu'elles sont nées, non d'une convention, mais
d'un quasi-contrat, d'un délit, d'un quasi-délit ou de la loi : d'une
part, on ne peut pas demander l'impossible au créancier ; et, d'autre
part, le danger prévu n'existe plus ici, puisque l'obligation résultant
alors, non de la volonté de la femme et d'actes par elle souscrits, mais
de certains faits ou de circonstances matérielles, il ne peut plus être
question d'antidate. Mais faut-il, comme M. Zachariæ (III, p. 431,
note 14), et MM. Rodière et Paul Pont (I, 529), aller plus loin encore,
et déclarer indépendantes de la règle les dettes mêmes qui résultent
d'une convention, lorsqu'elles n'excèdent pas 150 fr., vu que l'art.
1346 n'exige une preuve par écrit que pour les conventions dont l'importance dépasse ce chiffre ? Pour la négative, on peut dire que le principe de l'art. 1341 ne peut dominer la règle toute particulière de notre
art. 1410 ; que le danger que la loi combat ici existe pour des obligations inférieures à 150 fr. (obligations que la femme pourrait multiplier et élever par leur réunion à un chiffre considérable) aussi bien que
pour d'autres ; que, d'un autre côté, le créancier n'a pas été dans l'im-

possibilité de se procurer le genre de preuve que la loi exige, et qu'il a dû prévoir les conséquences légales du mariage que pouvait contracter la fille ou la veuve qu'il acceptait pour débitrice : *Nemo jus ignorare censetur.* Malgré cela, nous croyons qu'on doit répondre affirmativement. On ne peut guère admettre que le législateur ait entendu soumettre celui qui contracte avec une fille ou une veuve à la nécessité d'avoir un acte enregistré même pour des bagatelles de 15 ou 20 fr. ; et puisque, au-dessous de 150 fr., la loi ne se préoccupe plus de ces craintes de fraude, et ne donne effet qu'à la constatation positive de cette fraude ; puisque, jusqu'à ce chiffre, elle suppose (sauf la preuve du contraire) la pleine sincérité des déclarations (par le double motif qu'on ne peut étendre à toutes conventions, même aux plus minimes, des prescriptions gênantes, et qu'on ne doit pas soupçonner facilement la mauvaise foi et s'armer rigoureusement contre elle pour des circonstances d'un intérêt modique), il est conséquent de dire que jusqu'à ce chiffre de 150 fr. l'obligation conventionnelle de la femme sera suffisamment prouvée, non-seulement par un acte n'ayant pas date certaine, mais même sans acte, et que notre art. 1410, quand il exige que les dettes résultent d'un acte ayant date certaine, n'entend parler que des dettes qui, d'après les principes généraux, doivent être établies par un acte, c'est-à-dire de celles qui découlent d'une convention dont l'objet excède la valeur de 150 fr. Et, bien entendu, ce que nous disons des conventions de 150 fr. et au-dessous doit s'appliquer aussi, au-dessus de ce chiffre, à celles pour lesquelles il existe un commencement de preuve par écrit (1). En un mot, notre article doit s'expliquer, sous ce rapport, par les principes des art. 1341-1348, de même qu'il doit se combiner, comme on l'a déjà dit et comme on va le voir encore plus bas, avec le principe de l'art. 1328.

Et s'il ne faut pas étendre notre disposition au delà de sa pensée, encore moins faut-il l'étendre au delà de ses termes mêmes, et on doit se garder d'admettre la doctrine de Delvincourt et de M. Battur (I, 290), qui enseignent que la date certaine, quoique antérieure au mariage, ne suffirait pas si elle était postérieure au contrat. Ce n'est point à la passation du contrat, mais à la célébration du mariage, que la loi s'attache et qu'elle devait s'attacher ; car c'est par la célébration que la communauté commence, c'est d'après l'état du patrimoine des époux à ce moment de la célébration que se déterminent l'actif et le passif de la communauté, et c'est pour soustraire la communauté aux conséquences d'actes que la femme pourrait antidater, après qu'elle est devenue femme mariée, que notre exception est faite. Les obligations mobilières, souscrites par la femme, avec date certaine, entre la passa-

---

(1) Jugé même que l'antériorité de dettes commerciales contractées par la femme peut résulter des circonstances et documents du procès, et notamment de l'aveu des époux. Cass., 6 juill. 1833 (Dev., 54, I, 33); Angers, 2 avril 1851 ; Poitiers, 26 fév. 1856 (Dalloz, 56, II, 176). — Mais *voy.* MM. Paul Pont et Rodière (t. I, n° 530); Odier (t. I, n°ˢ 154 et 155). — *Voy.* Cependant M. Troplong (t. II, n° 773); Massé et Vergé, sur Zachariæ (t. IV, § 641). — Comp. avec Angers, 2 avril 1851 (Dev., 51, II, 529); Cass., 9 déc. 1856.

tion du contrat et la célébration, devront donc être acquittées par la communauté, à moins, bien entendu, qu'elles n'aient été contractées frauduleusement, pour modifier, au préjudice du mari, les conventions matrimoniales ; mais ce serait évidemment au mari à faire preuve de la fraude (1).

Au surplus, si celui qui se trouve créancier de la femme par un acte dont la date, antérieure au mariage, n'est point certaine, ne peut pas poursuivre la communauté, il peut très-bien poursuivre la femme. La communauté est ici un tiers, et les tiers peuvent, d'après l'art. 1328, se prévaloir du défaut de date certaine (2); mais quant aux parties contractantes, la date est toujours certaine pour elles, et la femme dès lors ne peut pas prétendre que l'acte doit être réputé fait pendant le mariage, c'est-à-dire à un moment où elle était incapable de contracter sans autorisation, et partant nul : c'est à la femme qui voudrait faire annuler l'acte pour incapacité de faire preuve positive de l'antidate et de la souscription pendant le mariage. Jusqu'à cette preuve, l'acte, dénué de valeur contre les tiers et dès lors contre la communauté, conserve toute sa force contre la femme ; il peut donc, comme le déclare le second alinéa de l'art. 1410, s'exécuter sur la nue propriété des biens propres de la femme, mais non sur leurs revenus, puisque c'est à la communauté que ces revenus appartiennent (3).

Le dernier alinéa de notre art. 1410, qui a paru fort embarrassant à plusieurs interprètes, s'explique cependant facilement. Si le mari, chef de la communauté, quoiqu'il ne soit pas tenu de répondre aux poursuites d'un créancier pour les dettes dont il s'agit, les acquitte pourtant purement et simplement, la loi le regarde comme reconnaissant par là l'exactitude de la date, l'existence réelle de la dette avant le mariage, et elle le déclare dès lors sans droit à réclamer, lors de la dissolution de la communauté, aucune indemnité qui serait fondée sur ce que la dette n'était pas prouvée antérieure au mariage, et ne devait pas dès lors être payée par la communauté. Tel est le sens de la disposition. Mais si le mari, en payant la dette, avait soin de déclarer qu'il ne reconnaît nullement l'antériorité de cette dette, qu'il ne paye que pour éviter à sa femme l'expropriation de ses immeubles, et qu'il entend se réserver ses droits, on ne voit pas comment l'indemnité pourrait lui être refusée. En vain M. Troplong (II, 783) nous dit que le mari, par cela seul qu'il paye une dette qu'il prétend postérieure au mariage, consent à en faire une dette sociale et reconnaît qu'elle a été contractée *procuratorio nomine*. Cette idée, toute naturelle au cas du silence du mari, est manifestement inexacte dans notre hypothèse, puisqu'il s'agit d'un mari qui constate formellement la personnalité de la dette, et déclare nettement ne la payer qu'au nom et pour le compte personnel de la femme, en réservant le droit de récompense de sa communauté,

---

(1) Duranton (XIV, 219) ; Glandaz (144) ; Bellot (I, 223) ; Zachariæ (III, p. 433); Taulier (t. V, p. 170) ; Odier (I, 158); Rodière et Pont (I, 531); Dalloz (912).
(2) Trèves, 31 mars 1809 ; Dalloz (906).
(3) *Conf.* Glandaz (144); Rodière et Pont (535); Dalloz (917).

étrangère à cette dette. Il faut donc dire, avec la généralité des auteurs, que cette récompense restera due (1).

Il est clair que la récompense sera également due, même dans le cas d'un payement fait purement et sans observation, s'il s'agissait d'une dette donnant lieu à cette récompense par sa nature même, et d'après la règle qui va être expliquée au numéro suivant : la récompense que la loi refuse en principe et qui ne peut être obtenue qu'au moyen de réserves expresses, c'est celle dont le droit naîtrait précisément du défaut de date certaine, et de ce fait que la communauté l'aurait payée sans être tenue de le faire; mais quant à la récompense qui résulte de ce qu'une dette est relative au propre d'un époux, récompense qui est due par conséquent même pour les dettes ayant date certaine et que la communauté devait payer, il est bien évident qu'elle restera due dans tous les cas.

IV. — Après avoir imposé à la communauté l'obligation de payer toutes les dettes mobilières grevant les époux au moment de la célébration du mariage, la loi distingue ces dettes en deux classes et déclare que celles qui sont relatives aux immeubles des époux ne seront acquittées par la communauté que sauf récompense par l'époux propriétaire. Ces dernières ne sont donc pas définitivement à la charge de la communauté, qui ne les paye que pour le compte de l'époux et comme simple avance.

Les dettes relatives aux immeubles des époux sont celles qui ont été contractées pour l'acquisition, la conservation ou l'amélioration d'immeubles appartenant à l'époux au moment de la célébration. Ainsi, le prix, encore dû lors du mariage, de l'immeuble qu'un époux avait acheté, ou la soulte par lui due en cas d'échange, ne seront payés par la communauté que sauf récompense, puisqu'ils le sont pour l'acquisition du propre. Il en serait de même, en cas d'acquisition faite à vil prix, de la somme que l'époux acquéreur serait convenu, dès avant la célébration, de payer au vendeur pour échapper à l'éviction, puisque cette dette aurait pour but la conservation du bien (2). Il en serait ainsi encore des sommes dues par l'époux, soit pour des constructions, plantations ou autres travaux faits sur son fonds, soit pour le rachat de servitudes dues par ce fonds, puisqu'il s'agit alors de l'amélioration de l'immeuble. Mais il faut, dans tous les cas, que l'immeuble appartienne encore à l'époux, puisque, s'il avait cessé de lui appartenir, la dette ne serait plus relative à un propre de l'époux (3).

---

(1) Bellot (I, p. 273); Zachariæ (III, p. 432); Odier (I, 157); Rodière et Paul Pont (I, 584).

(2) Nous avons vu, au n° II, que si cette convention de payer la somme supplémentaire était postérieure au mariage, la dette du jour de la célébration ayant alors pour objet non une somme d'argent, mais la restitution de l'immeuble, et se trouvant ainsi dette immobilière au moment où la communauté commence, cette communauté ne serait pas même tenue d'en faire l'avance, et l'époux seul pourrait être poursuivi.

(3) Les arrérages d'une rente viagère moyennant laquelle un époux a acquis un propre avant le mariage ne sont à la charge de la communauté que sauf récompense. Cass., 13 juill. 1863 (Dev., 63, I, 329).

La somme dont un époux ne serait débiteur qu'hypothécairement, sans l'être personnellement, ne serait également payée par la communauté que sauf récompense. Ainsi, qu'un époux, avant son mariage, ait laissé prendre hypothèque sur son immeuble pour la dette d'un tiers, sans s'obliger personnellement pour cette dette, ou qu'il ait acquis un immeuble grevé d'hypothèques : dans ce cas, la dette n'est pas seulement dette relative à l'immeuble, elle est plus que cela, elle est rigoureusement la dette de cet immeuble (puisque c'est seulement comme détenteur du bien que l'époux en est tenu, tellement qu'il pourrait se libérer par l'abandon de ce bien); elle ne sera donc payée par la communauté que sauf récompense par l'époux auquel l'immeuble a été conservé par le payement (1). Mais si la dette, en même temps qu'elle grève hypothécairement l'immeuble de l'époux, était une dette personnelle de cet époux, la circonstance qu'un immeuble s'en trouve accessoirement grevé ne suffirait pas pour dire que c'est une dette relative à l'immeuble, et elle resterait évidemment à la charge de la communauté, qui devrait la payer sans récompense (2).

2° Intérêts des dettes propres; obligations usufructuaires; charges diverses du mariage.

V. — Après le traité des dettes mobilières qui grèvent les époux lors de la célébration de leur mariage, il serait naturel de passer aux dettes mobilières grevant les successions ou donations qui échoient à ces époux pendant le mariage, et dont l'art. 1409 parle dans le même paragraphe; mais comme le Code en a fait l'objet des art. 1411-1415, de même qu'il revient dans les art. 1419 et 1420 aux dettes contractées pendant le mariage, nous passons de suite, pour terminer l'explication de notre article, aux charges qui font l'objet des 3°, 4° et 5° du texte, charges que nous réunissons en une seule catégorie.

Et d'abord, d'après le 3° de notre article, la communauté, dans toutes les dettes qui restent à la charge d'un époux (soit qu'elles doivent être avancées par la communauté, soit que le payement n'en puisse être poursuivi que contre l'époux), doit supporter les intérêts à payer annuellement pour ces dettes : le capital seul est à la charge de l'époux. C'est fort juste, puisque c'est la communauté qui prend tous les revenus actifs des époux. Parmi ces dettes se trouvent, on le comprend, les rentes dont un époux est grevé. Ainsi, qu'une rente ait été créée comme prix d'un immeuble que l'époux possédait en se mariant, la dette de cette rente étant relative à l'immeuble resterait propre à l'époux, et si elle était remboursée pendant le mariage, l'époux devrait récompense, lors de la dissolution, du capital versé pour son remboursement; mais tant qu'on servira la rente, c'est la communauté qui en payera les arrérages sans aucun droit à récompense.

---

(1) Pothier (237 et 238); Toullier (XII, 204); Duranton (XIV, 220); Rodière et Pont (I, 548); Odier (I, 159); Troplong (715); Dalloz (88).
(2) Douai, 6 janv. 1846 (Dev., 46, II, 533). *Conf.* Pothier (236); Duranton (XIV, 216); Troplong (369-713); Dalloz (868).

Par cette même raison que la communauté a la jouissance des propres des époux et se trouve usufruitière de ces propres, c'est elle qui en supporte toutes les charges usufructuaires et notamment les réparations d'entretien. Elle supporterait aussi, d'après le principe de raison de l'art. 605, les grosses réparations, si elles étaient la conséquence du défaut de réparations d'entretien depuis le mariage et qu'il s'agît d'un immeuble de la femme, puisque les grosses réparations ne seraient alors rendues nécessaires que par la faute du chef de la communauté, et que cette communauté, comme on le verra plus loin (art. 1424), doit payer sans récompense les obligations résultant des quasi-délits du mari, et si ces grosses réparations elles-mêmes, dans cette hypothèse, n'avaient pas été faites, la femme aurait droit à indemnité pour la moins-value de son immeuble. Que s'il s'agissait d'un immeuble du mari, la communauté n'en devrait jamais supporter les grosses réparations, qui ne seraient jamais payées par elle que sauf récompense, alors même qu'elles proviendraient du défaut de réparations d'entretien, puisque ce défaut serait précisément le fait du mari, qui ne saurait faire payer par la communauté le préjudice qu'il s'est causé lui-même par sa propre négligence. Par la même raison, le mari, si ces grosses réparations n'avaient pas été faites, n'aurait point d'indemnité pour la moins-value causée par cette absence des grosses réparations. Mais pourrait-il du moins répéter alors le montant des simples réparations d'entretien, que la communauté devait débourser et n'a pas déboursées? Toullier (XIII, 163), et M. Duranton (XIV, 261), répondent affirmativement; d'autres, notamment MM. Paul Pont et Rodière (I, 643), répondent négativement, en se fondant sur ce que le défaut des réparations d'entretien aura diminué les revenus de l'immeuble et fait perdre ainsi d'un côté à la communauté ce qu'elle gagnait de l'autre à ne pas faire les réparations. Il est évident que c'est à cette dernière idée qu'il faut s'arrêter en général, mais qu'il faudrait au contraire s'en tenir à la première si, par des circonstances particulières, les revenus étaient restés les mêmes malgré le défaut des réparations.

Toujours par le motif qu'elle garde tous les revenus des époux, ainsi que tout le produit de leur travail ou de leur industrie, la communauté supporte toutes les charges du mariage. Ainsi, les frais d'aliments et d'entretien des époux et des enfants et d'éducation de ces mêmes enfants, même de ceux d'un précédent lit (1), à moins que ces derniers ne jouissent de revenus à eux propres et suffisants pour leurs besoins ; les pensions alimentaires dues par les époux à leurs pères, mères, beaux-pères, belles-mères, etc.; les frais de dernière maladie d'un con-

---

(1) Caen, 29 mars 1844 (Dev., 44, II, 348); Paris, 19 avril 1865 (Dev., 65, II, 235); Toullier (XII, 298); Duranton (XIV, 262); Rodière et Pont (I, 645) ; Odier (I, 202); Troplong (758); Dalloz (1104). Mais la pension alimentaire due par l'un des époux à un enfant naturel qu'il a eu avant son mariage d'un autre que de son conjoint n'est pas à la charge de la communauté. Cass., 16 déc. 1861, d'un arrêt de Paris, du 9 mars 1860 (Dev., 60, II, 237; 62, I, 421).

joint (1), sont à la charge de la communauté. Il en est autrement des frais des funérailles de ce conjoint, puisque par sa mort même la communauté a cessé d'exister, et ne peut plus voir naître contre elle aucune obligation envers les époux : c'est sur la succession de l'époux défunt que ces frais seront pris (M. Troplong, n° 763) (2).

3° *Dettes grevant les successions ou les donations qui échoient aux époux pendant le mariage.*

SOMMAIRE.

I.   Ces dettes sont à la charge de la communauté, en proportion de l'importance mobilière de ces successions ou donations, comparée à leur importance immobilière. Profonde différence entre cette règle et celle des dettes existant lors du mariage.
II. Raison de cette différence. Erreur de M. Duranton, qui enseigne que les dettes des successions immobilières sont à la charge de l'époux, quoique ces successions soient échues avant le mariage.
III. Distinctions d'après lesquelles se fixe le droit de poursuite des créanciers.

I. — C'est à tort que l'art. 1409, 1°, présente comme étant sur la même ligne les dettes grevant les époux au moment de la célébration du mariage et celles des successions qui échoient aux époux après cette célébration; car la règle n'est pas la même pour les unes que pour les autres.

Quant aux dettes du jour du mariage, deux conditions sont exigées pour qu'elles soient supportées par la communauté : 1° qu'elles soient mobilières; 2° qu'elles ne soient pas relatives aux propres des époux ; et une seule de ces conditions, la première, est requise pour le droit de poursuite des créanciers. Ainsi, par cela seul qu'elles sont mobilières, les dettes du jour du mariage doivent être payées par la communauté; et si de plus elles ne sont pas relatives aux propres des époux, elles restent définitivement à la charge de cette communauté.

Il en est tout autrement, soit quant au passif proprement dit de la communauté, soit quant au simple droit de poursuite des créanciers, pour les dettes des successions ou donations arrivant aux époux pendant le mariage, et ni l'une ni l'autre des deux circonstances ci-dessus n'est plus à considérer. Peu importe que ces dettes soient ou non relatives aux immeubles des époux, peu importe qu'elles soient mobilières ou immobilières ; la règle, et quant aux époux et quant aux créanciers, est portée indépendamment de ces deux idées. Pour les époux, les dettes (mobilières ou immobilières, relatives ou non aux immeubles) sont à la charge de la communauté en raison de l'importance mobilière des successions ou donations comparée à leur importance immobilière, c'est-à-dire pour le tout si la succession (ou la do-

---

(1) Bastia, 26 fév. 1840.
(2) Les frais de scellés et d'inventaire des effets communs, les frais de partage sont aussi à la charge de la communauté. Toullier (XII, 300) ; Rodière et Pont (I, 619); Odier (I, 204); Troplong (767); Dalloz (1108). — De même que les frais du contrat de mariage. Cass., 21 juill. 1852 (Dev., 52, I, 696).

nation) est entièrement mobilière (art. 1411 et 1418), pour partie si elle est mobilière pour partie et immobilière pour le surplus (1414), pour rien si elle est entièrement immobilière (1413). Quant aux créanciers, leur droit de poursuite est réglé, indépendamment toujours des deux circonstances ci-dessus, par diverses distinctions qui seront indiquées plus loin.

Ainsi, tandis que l'époux qui est grevé, en se mariant, de 50 000 fr. de dettes mobilières non relatives à ses immeubles, verra tomber la totalité de ces dettes à la charge de la communauté, quoiqu'il n'ait pas ou presque pas d'actif mobilier et que son actif immobilier soit très-considérable, l'époux auquel il arrive, pendant le mariage, une succession ou une donation grevée du même chiffre de dettes, conservera ces dettes à sa charge, soit pour le tout, s'il ne reçoit que des immeubles, soit, s'il y a des immeubles et des meubles tout ensemble, pour une partie proportionnelle à la valeur des immeubles comparée à la valeur du mobilier.

II. — Cette différence entre les dettes existant au jour de la célébration et celles des successions ou donations arrivant pendant le mariage, différence assez étrange au premier abord, s'explique cependant facilement. L'idée de mettre à la charge de la communauté la totalité des dettes mobilières, absolument et sans considération de l'importance relative des meubles et des immeubles, a dû paraître toute naturelle et préférable à toute autre, puisque d'une part c'est la communauté qui prend tout ce avec quoi on paye ces dettes, c'est-à-dire l'argent et les autres valeurs mobilières, et que d'un autre côté ce système évite toute espèce de calculs, toute estimation et comparaison de l'actif mobilier et de l'actif immobilier (1). Or l'application de cette idée ne présentait pas d'inconvénient pour les dettes du jour du mariage, puisque, dans le cas de dettes mobilières plus considérables que l'actif mobilier, les époux sont parfaitement maîtres de soustraire leur communauté aux conséquences qui en résulteraient pour elle, soit en stipulant qu'ils resteront séparés de dettes (art. 1510), soit en faisant entrer en communauté une partie des immeubles (art. 1505). Au contraire, une fois le mariage contracté sous la communauté légale, et pour les legs ou successions qui peuvent échoir ensuite, un époux, si l'on avait appliqué la même règle, aurait été exposé à voir, contre ses prévisions et malgré sa volonté, sa communauté ruinée et son conjoint injustement enrichi pour une cause qui jetterait des dettes considérables dans le fonds social sans lui apporter aucun actif, et laisserait à ce conjoint, débarrassées de toutes dettes, les valeurs énormes qui lui arrivent en immeubles.

Il est donc tout simple que le législateur ait appliqué la règle aux dettes du jour du mariage, en la rejetant pour celles des successions ou donations postérieures ; et ces observations rendent palpable l'erreur

---

(1) Ce système est cependant critiqué par Duranton (XIV, 213) ; Odier (I, 153); Duvergier (*Des Sociétés,* 111).

dans laquelle tombe M. Duranton (XIV, 234), quand il enseigne que les dettes d'une succession immobilière échue à un époux *avant le mariage,* sont à la charge définitive de cet époux. La loi, par les articles à l'explication desquels nous arrivons, ne met les dettes des successions à la charge de l'époux héritier que quand ces successions échoient *pendant le mariage* (art. 1411, 1412), par la raison que, pour toutes les dettes antérieures au mariage, qu'elles viennent d'une succession, d'une donation ou de toute autre source, les époux sont libres de prendre tel arrangement qu'ils voudront, et n'ont dès lors pas à se plaindre s'ils les ont laissées à la charge de leur communauté. Toutes ces dettes, sans qu'il y ait à s'occuper de leur origine, forment une masse identique ; toutes, dès qu'il y a soumission à la communauté légale, doivent être acquittées par la communauté par le seul effet de leur nature mobilière. Il est vrai qu'il y a récompense pour celles de ces dettes qui sont relatives à des immeubles de l'époux ; mais il est clair que des dettes ne sont pas relatives à des immeubles par cela seul qu'elles sont arrivées à l'époux en même temps que ces immeubles et comme partie d'une même succession. Il se peut que dans une succession entièrement immobilière, et dont les dettes dès lors seront, d'après nos articles, à la charge de l'époux pour le tout, il n'y ait de relatif aux immeubles que la moitié des dettes, ou seulement le quart, ou même rien ; réciproquement, il est très-possible que dans une succession immobilière pour moitié seulement, et pour laquelle dès lors l'époux ne devra que la moitié des dettes, la totalité de ces dettes soit relative aux immeubles : il est donc palpable que ce n'est pas comme relatives aux immeubles que la loi réserve ici à l'époux les dettes des successions ou donations en raison de la valeur immobilière de ces successions ou donations comparée à leur valeur mobilière. Ainsi, les dettes mobilières d'une succession immobilière échue avant le mariage ne sauraient être mises pour cela seul à la charge de l'époux : on ne saurait invoquer, pour arriver à ce résultat, ni leur prétendu caractère de dettes relatives aux immeubles, puisque la circonstance qu'elles dépendent d'une succession immobilière ne leur donne point cette qualité, ni le principe qui met à la charge de l'époux toutes ces dettes d'une succession immobilière, puisque ce principe n'est posé et ne devait être posé que pour les successions échues pendant le mariage. L'idée de M. Duranton est donc une erreur manifeste, et c'est avec raison qu'elle a été condamnée par un récent arrêt de Cour d'appel (1).

III. — Du reste, et ainsi que nous l'avons dit déjà, la règle que les dettes des successions et donations échues aux époux pendant le mariage sont à la charge de la communauté en proportion de la partie mobilière des biens échus, et à la charge de l'époux pour le reste, n'est posée que pour les époux entre eux et quant au passif réel et définitif de la communauté ; mais quant aux créanciers et pour le droit de poursuite auquel la communauté est tenue de répondre, sauf récompense

---

(1) Douai, 6 janv. 1846 (Dev., 46, II, 533). *Conf.* Dalloz (896).

dans certains cas, la règle est différente, et si la distinction des successions ou donations en mobilières et immobilières est encore utile, elle n'est plus suffisante : il faut distinguer encore si la succession ou la donation est échue au mari ou à la femme, si le mari a fait ou non inventaire des meubles y compris, et si, quand elle est échue à la femme, celle-ci l'a acceptée avec l'autorisation du mari ou seulement avec celle de la justice. Le droit de poursuite des créanciers est plus ou moins étendu selon les cas, ainsi qu'on va le voir.

1411. — Les dettes des successions purement mobilières qui sont échues aux époux pendant le mariage, sont pour le tout à la charge de la communauté.

1412. — Les dettes d'une succession purement immobilière qui échoit à l'un des époux pendant le mariage, ne sont point à la charge de la communauté; sauf le droit qu'ont les créanciers de poursuivre le payement sur les immeubles de ladite succession.

Néanmoins, si la succession est échue au mari, les créanciers de la succession peuvent poursuivre leur payement, soit sur tous les biens propres au mari, soit même sur ceux de la communauté; sauf, dans le second cas, la récompense due à la femme ou à ses héritiers.

1413. — Si la succession purement immobilière est échue à la femme, et que celle-ci l'ait acceptée du consentement de son mari, les créanciers de la succession peuvent poursuivre leur payement sur tous les biens personnels de la femme; mais, si la succession n'a été acceptée par la femme que comme autorisée en justice au refus du mari, les créanciers, en cas d'insuffisance des immeubles de la succession, ne peuvent se pourvoir que sur la nue propriété des autres biens personnels de la femme.

SOMMAIRE.

I. Successions immobilières. Les dettes sont toujours à la charge de l'époux héritier, mais le droit de poursuite des créanciers est différent selon les différentes circonstances. *Quid* notamment quand la succession, échue à la femme, est acceptée avec autorisation du mari ? Erreur de Toullier.

II. Successions mobilières. Dettes à la charge de la communauté. Le droit de poursuite des créanciers varie également. Il ne s'opère pas confusion pour les dettes et les créances de l'époux envers le défunt.

1. — Ces articles et les suivants prouvent ce que nous avons dit plus haut, que les dettes des successions échues pendant le mariage sont toutes, et sans distinction de dettes mobilières et immobilières, à la charge de la communauté ou de l'époux, selon que ces successions sont composées de meubles ou d'immeubles. L'art. 1411, en effet, déclare que dès là qu'une succession est mobilière, ses dettes sont *pour le tout*, et sans distinction de leur nature, pour le compte de la communauté ; de même que, si la succession est immobilière, elles sont, d'après l'art. 1412, à la charge de l'époux sans distinction de. leur nature. Ce n'est là d'ailleurs que la consécration de l'ancien droit (1).

Mais si cette distinction de la nature mobilière ou immobilière de la succession est la seule à faire quant au point de savoir par qui les dettes sont supportées, il n'en est plus ainsi par rapport aux créanciers et quant au point de savoir sur quels biens le payement peut être poursuivi. Ainsi, quoique les dettes de la succession purement immobilière soient à la charge de l'époux, cependant si cette succession est échue au mari, le payement pourra, d'après le second paragraphe de l'art. 1412, être poursuivi non-seulement sur les immeubles héréditaires et les autres biens propres du mari, mais aussi sur les biens de la communauté, parce que le mari étant chef de la communauté et ayant ainsi qualité pour l'obliger, toutes ses dettes sont également dettes de la communauté (de même que les dettes de la communauté deviennent aussi ses dettes et peuvent être poursuivies sur ses biens propres); mais, bien entendu, ces dettes d'une succession immobilière ne pourront être payées par les biens de la communauté que sauf récompense pour elle sur les biens du mari. Si c'est à la femme que la succession immobilière est échue, une nouvelle distinction et nécessaire, et le droit de poursuite des créanciers est plus ou moins étendu, selon que cette succession est acceptée par la femme avec l'autorisation du mari ou seulement avec l'autorisation de la justice, vu le refus du mari.

Dans ce dernier cas, le mari, et partant sa communauté, restant complétement étrangers à l'obligation, l'exécution de cette obligation doit se faire sans nuire en rien à la communauté ; la poursuite dès lors ne peut s'étendre ni aux biens de la communauté, ni même aux revenus des propres de la femme, elle ne peut s'exercer que sur les immeubles de la succession échue et sur la nue propriété seulement des autres biens appartenant à la femme. Si la succession est acceptée avec l'autorisation du mari, le chef de la communauté, en concourant ainsi à l'acquisition, consent virtuellement à ce que l'obligation qui en résulte s'exécute d'après les règles ordinaires de toute succession, c'est-à-dire sur la totalité des biens de la femme héritière et sans en réserver les revenus. C'est en effet ce que dit la première partie de l'art. 1413.

Il est vrai que Toullier (XII, 282 et 283) va plus loin, et prétend que, malgré le silence de l'art. 1413 à cet égard, l'autorisation du mari donne aux créanciers héréditaires le droit de poursuivre tous les biens de la communauté et par suite ceux du mari; mais la longueur et la vivacité de sa dissertation, et les personnalités parfois amères qu'il y adresse à Delvincourt (2), n'empêchent pas que sa doctrine ne soit évidemment inadmissible.

---

(1) Ferrières (*Cout. de Paris*, art. 221. § 3, n° 16) ; Pothier (*Commun.*, n° 260).
(2) Surtout au dixième alinéa du n° 282 et au dernier alinéa du n° 283.

De ce que la loi, dans l'art. 1419, autorise à poursuivre sur les biens de la communauté et sur ceux du mari les dettes *contractées* par la femme avec le consentement du mari, il ne s'ensuit nullement qu'elle devait autoriser sur ces mêmes biens la poursuite des dettes qui, avec ce même consentement, sont *quasi-contractées* par la femme au moyen d'une acceptation de succession. D'une part, il peut souvent arriver qu'une dette que l'on déclare contractée pour la femme le soit pour la communauté ou même dans l'intérêt personnel du mari, tandis que l'acceptation d'une succession immobilière échue à la femme n'attribue nécessairement les biens qu'à celle-ci. D'un autre côté, il est assez naturel que celui qui a soin de ne contracter avec une femme qu'avec le concours de son mari regarde la fortune entière de la maison comme lui répondant de sa créance, en sorte qu'il eût été, sinon peu équitable, du moins bien sévère, de réduire sa garantie aux biens particuliers de la femme : une femme peut, dans une riche maison et avec une communauté considérable, n'avoir en propre que des valeurs minimes ou presque nulles, et il serait bien dur pour un créancier de se voir réduit à un recours insignifiant, malgré l'opulence des époux ; au contraire, dans notre cas de succession, les créanciers héréditaires ne peuvent jamais se plaindre, puisque le gage sur lequel ils ont compté en contractant, c'est-à-dire la fortune du défunt, leur reste tout entier, et que les biens personnels de la femme leur viennent en plus. Il n'y avait donc pas de raison de porter, pour le cas de notre art. 1413, une règle analogue à celle de l'art. 1419. Quand on considère ensuite que cette règle est exceptionnelle, puisqu'il est de principe que celui qui ne fait qu'autoriser la personne incapable ne s'oblige pas lui-même, *qui auctor est non se obligat,* il devient évident que son effet ne saurait être étendu au cas qui nous occupe. — Toullier argumente aussi de ce que la loi permet, dans ce cas, de poursuivre les revenus des biens de la femme, et il dit que, ces revenus appartenant à la communauté, cette communauté n'est donc pas mise à l'abri, et que l'on peut dès lors poursuivre tous ses biens et par conséquent ceux du mari lui-même. Mais l'inexactitude de cette idée se touche du doigt ; car, de ce que la loi voit, dans l'autorisation donnée par le mari à l'acceptation de la succession, un consentement virtuel à ce que cette acceptation produise, nonobstant les droits de la communauté, ses effets ordinaires, en permettant aux créanciers de poursuivre pleinement, et pour les revenus aussi bien que pour la propriété, les biens de la femme héritière, ce n'est certes pas une raison pour qu'on y voit en outre l'assentiment à ce qu'ils poursuivent aussi tous les biens de la communauté et du mari. — En définitive, la loi qui, dans les art. 1412, 1413, 1416, 1417, précise avec tant de soin les différents biens sur lesquels les créanciers peuvent exercer leurs poursuites, n'y met point les biens de la communauté. Or, d'un côté, la faculté de poursuivre ces biens serait ici, comme dans l'art. 1419, une exception, et par cela seul elle ne doit pas, vu le silence de la loi, être étendue à notre cas, auquel on trouve encore, d'un autre côté, de bonnes raisons pour ne pas l'étendre. La doctrine de Toullier est donc inadmissible, et c'est à juste titre qu'elle a été condamnée par tous les auteurs sans exception (1).

II. — Le droit de poursuite des créanciers demande aussi quelques observations en ce qui touche les successions purement mobilières, dont parle l'art. 1411. C'est à la charge de la communauté que sont toujours et pour le tout les dettes de ces successions, en sorte que les créanciers peuvent toujours poursuivre les biens de cette communauté; mais ils peuvent encore poursuivre tels ou tels autres biens, selon les cas. — Quand la succession mobilière est échue au mari, les créanciers peuvent évidemment (en supposant, bien entendu, une acceptation pure et simple) poursuivre aussi les biens personnels du mari héritier, sauf récompense au mari par la communauté si ce sont ces biens qui payent. — Quand la succession est échue à la femme, il faut distinguer. Si l'acceptation est faite par le mari comme exerçant les droits et actions mobiliers de la femme ou par la femme avec le consentement du mari, les dettes étant ainsi reconnues dettes de la communauté par le mari, elles peuvent dès lors être poursuivies sur les biens propres de celui-ci, comme elles peuvent l'être aussi sur les propres de la femme, puisqu'elle est héritière, sauf récompense par la communauté, soit au mari, soit à la femme. Si la succession n'est acceptée que sur l'autorisation de la justice au refus du mari, et qu'il soit fait un inventaire régulier des meubles échus, les dettes n'étant alors dettes de la communauté que contre la volonté du mari et seulement en tant que cette communauté recueille les meubles échus, le payement ne peut être poursuivi contre elle que jusqu'à concurrence de la valeur de ces meubles échus, il ne peut pas l'être sur les biens du mari, et il ne peut l'être sur ceux de la femme que pour la nue propriété et sauf récompense de la communauté à la femme. Que s'il n'était pas fait d'inventaire, la confusion faite des meubles échus avec les biens communs permettrait de poursuivre la communauté pour le tout, en même temps toujours que la nue propriété des biens de la femme. Ces idées, qui ne sont pas exprimées par le Code, ne sauraient cependant paraître douteuses en présence des dispositions analogues que l'art. 1416 porte pour les successions mixtes, c'est-à-dire mobilières et immobilières tout ensemble (2).

Notre cas de succession mobilière fait naître une question qui se présente aussi pour les successions mixtes et que nous devons décider ici. Quand l'époux héritier avait sur le défunt une créance à lui propre, conserve-t-il cette créance contre la communauté ; et réciproquement, s'il était débiteur envers le défunt pour une dette qui lui était personnelle (par exemple, pour le prix encore dû par lui d'un immeuble que

---

(1) Delvincourt (III); Duranton (XIV, 235); Bellot (I, p. 279); Battur (I, 332); Zachariæ (III, p. 463); Demante (*Thémis*, XVIII, p. 166); Dalloz (X, p. 200, et *Contr. de mar.*, 959); Glaudaz (n° 151); Taulier (V, p. 80); Odier (I, 181); Paul Pont et Rodière (I, 579); Troplong (II, 799-804).

(2) *Voy.* Toullier (XII, 276); Duranton (XIV, 232); Zachariæ (III, 461); Taulier (V, 78); Odier (I, 173); Rodière et Pont (I, 575).

ce défunt lui avait vendu avant le mariage), resterait-il débiteur envers la communauté? On pourrait être.tenté de répondre non, et de dire que la créance de l'époux dans le premier cas, et sa dette dans le second, se sont éteintes par confusion au moment où cet époux est devenu héritier du débiteur ou du créancier. Mais il n'en est pas ainsi, et il ne saurait y avoir confusion dans ce cas. La communauté est alors comme un cessionnaire des droits successifs de l'époux; et dès lors elle lui doit ce que le défunt lui devait, et peut exiger de lui ce qu'il devait au défunt (1).

1414. — Lorsque la succession échue à l'un des époux est en partie mobilière et en partie immobilière, les dettes dont elle est grevée ne sont à la charge de la communauté que jusqu'à concurrence de la portion contributoire du mobilier dans les dettes, eu égard à la valeur de ce mobilier comparée à celle des immeubles.

Cette portion contributoire se règle d'après l'inventaire auquel le mari doit faire procéder, soit de son chef, si la succession le concerne personnellement, soit comme dirigeant et autorisant les actions de sa femme, s'il s'agit d'une succession à elle échue.

1415. — A défaut d'inventaire, et dans tous les cas où ce défaut préjudicie à la femme, elle ou ses héritiers peuvent, lors de la dissolution de la communauté, poursuivre les récompenses de droit, et même faire preuve, tant par titres et papiers domestiques que par témoins, et au besoin par la commune renommée, de la consistance et valeur du mobilier non inventorié.

Le mari n'est jamais recevable à faire cette preuve.

1416. — Les dispositions de l'article 1414 ne font point obstacle à ce que les créanciers d'une succession en partie mobilière et en partie immobilière poursuivent leur payement sur les biens de la communauté, soit que la succession soit échue au mari, soit qu'elle soit échue à la femme lorsque celle-ci l'a acceptée du consentement de son mari; le tout sauf les récompenses respectives.

Il en est de même si la succession n'a été acceptée par la femme que comme autorisée en justice, et que néanmoins le mobilier en ait été confondu dans celui de la communauté sans un inventaire préalable.

1417. — Si la succession n'a été acceptée par la femme que comme autorisée en justice au refus du mari, et s'il y a eu inventaire, les créanciers ne peuvent poursuivre leur payement que sur les biens tant mobiliers qu'immobiliers de ladite succession, et, en cas d'insuffisance, sur la nue propriété des autres biens personnels de la femme.

(1) Pothier (Commun., nos 262 et 263); Toullier (XII, 293); Zachariæ (III, p. 462); Rodière et Paul Pont (I, 561 et 562); Duranton (XIV, 243); Odier (I, 190); Zachariæ (t. III, p. 464); Dalloz (937).

SOMMAIRE.

I. Successions mixtes. Dettes à la charge de la communauté en proportion de l'importance des meubles comparée à celle des immeubles. Cette importance doit être constatée par un inventaire que le mari est tenu de faire dresser. Conséquences du défaut d'inventaire.
II. Le droit de poursuite dans ce cas n'est pas régi en tous points conformément aux règles précédentes. Observations.

I. — Après s'être occupée des successions mobilières d'abord et des successions immobilières ensuite, la loi consacre les quatre articles auxquels nous arrivons aux successions composées tout à la fois de meubles et d'immeubles. De ces quatre articles, les deux premiers fixent ce que doit supporter la communauté dans les dettes de ces successions; les deux autres règlent le droit de poursuite des créanciers quant à elles.

Les dettes de ces successions mixtes sont, tout naturellement et par application pure et simple des principes posés pour celles qui sont entièrement mobilières ou entièrement immobilières, à la charge de la communauté en proportion de leur importance mobilière, et à la charge de l'époux héritier en raison de leur partie immobilière. Ainsi, qu'une succession de 100 000 fr. d'actif et de 15 000 fr. de passif soit composée de 80 000 fr. d'immeubles et de 20 000 fr. de meubles, ces 20 000 fr. de meubles que prend la communauté formant le cinquième de l'actif total, la communauté aura donc à sa charge un cinquième des dettes ou 3 000 fr., et l'époux qui conserve les 80 000 fr. d'immeubles supportera les quatre autres cinquièmes des dettes ou 12 000 fr.

Pour fixer l'importance relative du mobilier et des immeubles, la loi veut qu'il soit dressé un inventaire estimatif dont l'application est toujours imposée au mari, alors même que la succession est échue à la femme. Cette obligation s'explique assez par l'état de dépendance dans lequel la femme se trouve, et qui pourrait l'empêcher, pendant le mariage, d'accomplir cette formalité contre le gré du mari. Ce dernier est donc seul responsable du défaut d'inventaire et du préjudice qui pourrait en résulter pour la femme.

Ce préjudice serait possible, quel que soit celui des conjoints auquel la succession est échue. Pour une succession échue au mari, celui-ci pourrait, en l'absence d'un inventaire, attribuer à la partie mobilière plus d'importance qu'elle n'en avait en réalité, pour augmenter la part de dettes que la communauté doit subir, ce qui diminuerait la part de la femme ou de ses héritiers dans cette communauté. Quand la succession est échue à la femme, le mari diminuerait la valeur du mobilier pour diminuer la part de dettes à subir par la communauté, et augmenter celle que doit supporter la femme. Le défaut d'inventaire peut donc, lors de la dissolution de la communauté, faire naître des difficultés entre le mari et la femme ou leurs représentants, quel que soit l'époux auquel est échue la succession mixte, et le moyen de trancher ces difficultés nous est indiqué par l'art. 1415. Ce moyen consiste dans la faculté donnée à la femme ou à ses représentants de prouver l'importance réelle du mobilier non inventorié, non-seulement par les différents titres, registres, lettres, missives, qu'ils pourraient se procurer, ou par témoins, mais même, si besoin est, par commune renommée, c'est-à-dire, ainsi que nous avons eu déjà l'occasion de l'expliquer, par une enquête dans laquelle on se contente, au lieu de dépositions précises, rigoureusement affirmatives et portant sur des points dont le témoin a eu personnellement connaissance, de simples *on dit,* de bruits et de rumeurs plus ou moins vagues et dans lesquelles, en cas de contradiction, on penchera plutôt du côté des faits défavorables à celui contre lequel la preuve se fait. Cette rigueur extrême s'explique par cette circonstance, que c'est par la faute de celui contre lequel on prouve qu'on est réduit à recourir à ce moyen fâcheux de renseignement (1).

Comme de raison, la loi refuse au mari le droit de jamais faire preuve par ce moyen contre la femme. Et puisque ce droit ne saurait jamais appartenir au mari, il ne peut non plus, malgré la doctrine contraire de MM. Rodière et Paul Pont (1, 570), appartenir à ses héritiers, l'héritier n'étant que le représentant de son auteur et n'ayant que les droits qu'aurait ce dernier. Sans doute, il en serait autrement si ces héritiers argumentaient d'une fraude du mari, et prétendaient que c'est précisément pour leur nuire et avantager la femme à leur préjudice que le mari a omis l'inventaire : car alors ils agissent comme adversaires du mari, non plus comme ses représentants ; et puisqu'il s'agit de fraude, les règles ordinaires de la preuve ne sont plus applicables, *fraus omnia corrumpit.* Mais hors ce cas particulier, les héritiers ne sauraient avoir le droit refusé à leur auteur, et c'est avec raison que la Cour suprême l'a ainsi jugé par son arrêt de 1842 (2).

Du reste, ce sont seulement les preuves interdites par les principes généraux qui sont défendues au mari, c'est-à-dire la preuve par témoins, et à plus forte raison celle par commune renommée ; et le mari pourrait, à défaut de l'inventaire, prouver la consistance du mobilier échu, par tout autre titre propre à en justifier, comme un acte de partage, un compte de tutelle, etc. C'est ce qui résulte nettement de l'article 1504, et ce que décide l'arrêt ci-dessus cité et un arrêt précédent de la Cour de Rouen (3).

II. — Nous venons de voir que, pour ce qui concerne le passif proprement dit de la communauté, la règle des successions mixtes n'est

(1) Jugé que, sous le régime de la communauté réduite à une somme déterminée, la femme à qui une succession est échue pendant le mariage peut faire interroger son mari en justice à l'effet d'établir, même à l'encontre des créanciers dudit mari, au moyen des aveux faits par lui dans son interrogatoire, et des présomptions graves, précises et concordantes, nées du débat, qu'il est débiteur de ladite succession. Req., 29 nov. 1853 (*J. Pal.,* 1856, t. I, p. 98).—*Voy.* MM. Paul Pont et Rodière (t. I, n° 566).
(2) *Conf.* Troplong (817) ; Dalloz (948).
(3) Rouen, 29 août 1840 ; Rej. civ., 10 août 1842 (Dev., 41, II, 55 ; 42, I, 77).

que la combinaison des deux règles qui régissent les successions mobilières d'une part, et les successions immobilières d'autre part; en sorte
que ce qui est dit par la loi, sous ce rapport, pour les deux premières
classes de successions, aurait suffi pour régler, par voie de conséquence
et sans texte nouveau, celle de la troisième. Mais il n'en est pas absolument de même quant au droit de poursuite des créanciers, et nos
art. 1416, 1417, en réglant ce droit de poursuite pour les successions
mixtes, s'écartent considérablement, dans un cas, des principes précédemment posés.

Ainsi l'art. 1416 ne fait que suivre les principes déjà développés quand
il permet aux créanciers d'une succession mixte échue au mari de poursuivre (en outre des biens héréditaires et des propres du mari) les biens
de la communauté : puisque la communauté, quand il s'agit ainsi du
mari, peut être poursuivie, et dans le cas de succession mobilière, et
dans le cas de succession immobilière, il est tout simple qu'elle puisse
l'être aussi dans le cas d'une succession mobilière et immobilière tout
ensemble. Il est également tout simple, quand la succession mixte est
échue à la femme et n'est acceptée qu'avec l'autorisation de la justice
sur le refus du mari, que la poursuite des créanciers ne s'exerce, en
cas d'insuffisance des biens de la succession, que sur la nue propriété
des autres biens de la femme, s'il a été fait inventaire, et qu'elle
s'exerce sur tous les biens de la communauté, si cet inventaire n'a pas
été fait (1). L'art. 1417 et le second paragraphe de l'art. 1416 sont donc
d'accord aussi avec les règles expliquées jusqu'ici. Mais il n'en est pas
de même du dernier cas prévu par le premier paragraphe de ce même
art. 1416. La loi, du moment que la succession mixte échue à la
femme est acceptée avec le consentement du mari, autorise ici la poursuite des créanciers sur les biens de la communauté pour la totalité des
dettes, de la même manière que si la succession était échue au mari ;
or, c'est là une dérogation aux précédents principes. La poursuite
contre la communauté pour une succession échue à la femme et acceptée du consentement du mari n'étant permise que pour les successions mobilières, non pour les successions immobilières, il fallait, pour
être conséquent, ne la permettre ici que pour la portion des dettes de
la succession mixte correspondant à la partie mobilière de cette
succession, et non pas pour la totalité de ces dettes... La loi en a
ordonné autrement, dans la crainte, sans doute, qu'il ne s'élevât trop
souvent des difficultés sur la proportion dans laquelle la communauté
devrait contribuer aux dettes. Et puisque les dettes de la succession
mixte, au lieu de ne devenir dettes de la communauté que pour une
partie proportionnelle à l'importance relative du mobilier, le deviennent
ainsi pour le tout, c'est donc pour le tout aussi, et non pas pour cette

---

(1) *Conf.* Duranton (XIV, 241); Odier (I, 189); Troplong (831); Dalloz (962). —
Voy. aussi Renusson (*De la Comm.*, 1ʳᵉ part., chap. 12, nᵒ 19); Lebrun (*id.*, liv. 3,
chap. 3, sect. 2).

partie seulement, qu'elles deviendront, quant au droit de poursuite, dettes du mari (1).

Du reste, il est bien entendu, et l'art. 1416 a soin de le dire, qu'il y aura lieu à récompense toutes les fois que les dettes de la succession mixte seront acquittées sur des biens qui ne doivent pas les supporter définitivement ou qui doivent seulement en supporter une part moindre que celle qu'ils ont payée. En d'autres termes, il y aura lieu à récompense, soit au profit de l'époux héritier contre la communauté, ou réciproquement, soit au profit de l'autre époux contre l'époux héritier ou contre la communauté, toutes les fois que les dettes auront été payées autrement que par la communauté pour la part proportionnelle à la valeur du mobilier et par l'époux héritier pour le reste.

Il va sans dire, au surplus, que les règles de notre matière ne font pas obstacle à l'application des principes posés au titre *Des Successions*. Ainsi, la succession pourrait toujours, qu'elle soit échue à la femme ou au mari, n'être acceptée que bénéficiairement, et alors les créanciers ne pourraient poursuivre que les biens de la succession. Réciproquement, les créanciers pourraient, s'ils n'avaient pas confiance dans la solvabilité, soit de l'époux héritier, soit de la communauté, user du bénéfice de séparation des patrimoines (art. 878).

1418. — Les règles établies par les articles 1411 et suivants régissent les dettes dépendantes d'une donation, comme celles résultant d'une succession.

I. — Tout ce qui a été dit sous les articles précédents pour les dettes des successions mobilières, immobilières ou mixtes, s'applique également aux dettes des donations mobilières, immobilières ou mixtes, soit qu'elles se fassent entre-vifs, ou par institution contractuelle, ou par testament. Ainsi, en cas de libéralités faites à titre universel et emportant dès lors obligation de payer tout ou portion des dettes du disposant, ou même dans le cas de dispositions à titre particulier, mais contenant la charge expresse d'acquitter des dettes, on suivra les règles ci-dessus indiquées. En conséquence, les dettes qui grèvent la disposition seront à la charge ou de la communauté, ou de l'époux bénéficiaire, ou de la communauté et de l'époux chacun pour sa part, selon que la disposition aura pour objet ou des meubles seulement, ou seulement des immeubles, ou des meubles et des immeubles tout à la fois; et quant au droit de poursuite des créanciers, on distinguera en outre de la distinction principale des dispositions mobilières, immobilières et mixtes, si la disposition s'adresse au mari ou à la femme, si celle de la femme est acceptée du consentement du mari ou seulement avec l'autorisation de la justice, et enfin, en cas de disposition mobilière en tout ou en partie, s'il a été fait ou non inventaire du mobilier donné.

Toutefois, nous avons rencontré, en étudiant l'actif de la communauté, deux règles dont l'application entraînerait une exception nécessaire à ces principes. Si, comme le permet l'art. 1401, 1°, une donation mobilière était faite à la condition expresse de rester propre à l'époux donataire, il est clair que les meubles donnés restant alors à l'époux comme s'ils étaient immeubles, c'est à la charge de cet époux que seront les dettes; réciproquement, si, comme le permet l'art. 1405, une donation immobilière était faite avec déclaration que les biens tomberont en communauté, c'est la communauté qui supportera les dettes. En un mot, quand, par exception, l'actif d'une donation mobilière sera soumis au principe des donations immobilières ou réciproquement, c'est à ce même principe que sera soumis son passif.

Art. 1er. — *Dettes contractées pendant le mariage.*

Dans le cours de la société conjugale, les époux peuvent, dans une mesure et d'après des règles qui diffèrent du mari à la femme, contracter des dettes que la communauté doit tantôt supporter définitivement, et tantôt acquitter, sauf récompense. Le principe posé à cet égard par l'art. 1409, 2°, n'est développé qu'incomplétement par les art. 1419 et 1420, terminant notre paragraphe, et nous devrons, ici encore, nous écarter de l'ordre des articles et prendre dans la section suivante plusieurs textes qui complètent notre matière.

Nous traiterons séparément des dettes contractées par la femme et de celles que contracte le mari.

Dettes contractées par la femme.

1419. — Les créanciers peuvent poursuivre le payement des dettes que la femme a contractées avec le consentement du mari, tant sur tous les biens de la communauté que sur ceux du mari ou de la femme; sauf la récompense due à la communauté, ou l'indemnité due au mari.

SOMMAIRE.

I. La règle de cet article, qui est une dérogation au droit commun, reçoit exception dans deux cas. Motifs de la règle et des exceptions. Rejet d'une doctrine de M. Bellot.
II. Quand y a-t-il lieu à récompense? Le consentement du mari peut être tacite.

I. — Le mari étant le chef de la communauté, les actes de la femme ne peuvent, en général, obliger la communauté, s'ils ne sont faits avec le consentement de celui-ci, ainsi que le déclare positivement la première partie de l'art. 1426. Avec ce consentement du mari, les actes de la femme, en général aussi, obligent la communauté et par suite le mari lui-même (1).

_____

(1) Mais une jurisprudence récente a décidé que les créanciers envers lesquels la

Mais ce double principe reçoit exception dans les deux sens, et de même que les actes de la femme obligent la communauté sans le consentement du mari dans quelques cas qui nous seront indiqués par l'art. 1427, de même et réciproquement, les art. 1413 et 1432 présentent deux cas dans lesquels l'acte de la femme, quoique fait avec le consentement du mari, n'oblige pas la communauté. Le premier de ces deux cas, déjà expliqué plus haut, est celui d'une succession immobilière acceptée par la femme avec l'autorisation du mari, et dont les dettes, malgré cette autorisation du mari, ne peuvent pas se poursuivre sur les biens communs ; le second est celui d'une vente d'immeubles propres faite par la femme avec le consentement du mari, vente qui ne fait naître les obligations de vendeur que contre la femme, sans les étendre au mari et à sa communauté. Ce second cas d'exception, sans être indiqué formellement par l'art. 1432, en découle d'une manière évidente, puisque cet article ne suppose possible la poursuite de l'acheteur contre le mari qu'autant que celui-ci, au lieu d'autoriser simplement la vente, se serait porté formellement garant de sa femme.

Ces deux cas de dérogation à la règle de notre art. 1419, d'après laquelle les actes de la femme obligent le mari et sa communauté quand ils ont été autorisés par celui-ci, ne sont, ainsi qu'on l'a expliqué déjà, qu'un retour au droit commun, auquel cet art. 1419 fait exception. On sait, en effet, que, d'après le droit commun, celui qui ne fait qu'autoriser l'obligation d'un incapable ne s'oblige pas lui-même, *qui auctor est non se obligat ;* en sorte que, d'après les principes, les actes de la femme autorisés par le mari n'auraient dû obliger que la femme. Il est, du reste, facile de s'expliquer la dérogation que notre art. 1419 apporte aux principes et le retour que les art. 1413 et 1432 font à ces principes. La loi a craint que le mari ne se servît de son influence sur sa femme pour lui faire contracter, au lieu de les contracter lui-même, des actes faits pourtant dans l'intérêt de sa communauté ou dans son intérêt personnel, et, d'après cette idée, elle a porté comme règle générale pour notre matière la disposition de l'art. 1419 ; mais comme, dans les deux cas des art. 1413 et 1432, la réalisation de cette crainte se trouvait être d'une impossibilité matériellement évidente, puisque l'acceptation d'une succession immobilière échue à la femme et la vente d'un immeuble à elle appartenant ne concernent évidemment que cette femme, la loi s'est, avec raison, départie de sa règle pour revenir aux principes ordinaires (1).

D'après cela, il eût été logique de généraliser l'idée des art. 1413 et

---

femme commune s'est obligée solidairement avec son mari ne peuvent poursuivre l'exécution de cet engagement sur les biens de la communauté que du chef du mari, et non de celui de la femme, et qu'à ce cas ne s'applique pas l'art. 1419. Paris, 18 oct. 1854, 24 janv. 1855, 21 juin 1855 (Dev., 55, II, 81 et 394 ; Dalloz, 56, II, 109). — *Voy.,* en ce sens, une consultation de M. Coin-Delisle, dans la *Gazette des Tribunaux* du 15 nov. 1854 ; Lyon, 23 juill. 1858 (Dev., 59, II, 615).

(1) La condamnation aux dépens prononcée contre la femme dans un procès concernant l'un de ses propres et pour lequel le mari l'aurait autorisée est-elle exécutoire sur les biens personnels du mari et de la communauté ? Oui, selon Pigeau (liv. 2,

1432, et de faire suivre notre art. 1419 d'une disposition déclarant que le mari et sa communauté cesseraient d'être obligés toutes les fois que l'acte autorisé par le mari ne concernerait évidemment que la femme ; mais cette règle n'existe pas, et prétendre, comme M. Bellot des Minières (I, p. 477), qu'on doit néanmoins l'appliquer, ce serait évidemment corriger et refaire la loi, au lieu de l'expliquer (1).

II. — Quoique la règle de notre art. 1419 soit fondée sur la crainte que l'acte qui est fait par la femme ne le soit pour le mari ou sa communauté, il se peut fort bien, et il arrivera souvent, qu'il soit réellement fait pour cette femme. Dans ce cas, il est clair que la femme seule doit supporter la dette, et que, si cette dette est payée par les biens de la communauté ou par ceux du mari, il y aura lieu à récompense. C'est ce que dit la dernière partie de notre texte.

Du reste, le consentement exigé du mari pour que les créanciers puissent ici poursuivre les biens du mari et de la communauté n'a pas besoin d'être exprès ; il peut résulter tacitement de circonstances de fait que le juge est chargé d'apprécier (2).

1420. — Toute dette qui n'est contractée par la femme qu'en vertu de la procuration générale ou spéciale du mari, est à la charge de la communauté, et le créancier n'en peut poursuivre le payement ni contre la femme ni sur ses biens personnels.

SOMMAIRE.

I.   En cas de procuration, la femme oblige le mari et la communauté, sans s'obliger elle-même. Il y a présomption de mandat tacite pour les actes relatifs aux besoins du ménage.
II. Cas dans lesquels cesse cette présomption.

I. — Quand la femme n'a contracté une obligation que comme mandataire du mari, il est clair que la dette n'est que la dette du mari, dont la femme a été l'instrument, et qu'elle ne peut dès lors être poursuivie que sur les biens du mari et sur ceux de la communauté, sans pouvoir l'être sur ceux de la femme. C'est là une idée tellement simple et découlant si clairement des principes, qu'on ne s'expliquerait guère que le législateur ait écrit une disposition spéciale à cet égard dans notre matière : aussi nous paraît-il que notre article contient implicite-

---

part. 3, chap. 5, § 1) ; Toullier (II, 658) ; Chauveau (*Quest.*, 548) ; Demolombe (IV, 311); Rodière et Pont (I, 590) ; Cass., 24 vend. an 7, 21 fév. 1832. — Non, si le mari n'a pas conclu. Bellot (I, 477); Carré (*Quest.*, I, 548); Montpellier, 10 floréal an 13.

(1) L'opinion de M. Bellot des Minières est soutenue encore par MM. Delvincourt (t. III, p. 258); Duranton (t. XIV, n°s 248 et 308); Demante (*Thémis*, t. VIII, p. 166); Battur (t. I, n° 332); Troplong (n° 846). Mais elle a été rejetée par la Cour de Rouen, qui a jugé que, sous le régime de la communauté, le mari est tenu sur ses biens, sauf récompense, des dettes que la femme a contractées avec son autorisation, alors même qu'il ne doit retirer aucun avantage de l'obligation contractée par la femme. Rouen, 27 mai 1854 (Dev., 55, II, 17); et c'est l'avis de MM. Zachariæ (t. III, § 500), Paul Pont et Rodière (t. I, n° 590), Odier (t. I, n°s 192 et 247), Demolombe (t. IV, n° 310); Rouen, 27 mai 1854.

(2) *Sic* Paul Pont et Rodière (t. I, n° 592).

ment une autre idée que celle qu'il exprime, et qu'en posant ici le principe qu'il formule, la loi a eu en vue l'application de ce principe à une classe de dettes pour lesquelles la procuration du mari doit être considérée comme existant par la nature même des choses. Nous voulons parler des dettes qui sont contractées par la femme, soit pour l'entretien du mari et des enfants ou pour le sien propre, soit pour les autres besoins du ménage.

D'une part, c'est le mari qui doit subvenir aux besoins de la femme et des enfants, et les dettes contractées pour cet objet sont à la charge de la communauté (art. 1309, 5°). D'un autre côté, il n'est pas dans l'ordre que, dans une maison, les détails du ménage et toutes ces menues dépenses de chaque jour que ses besoins nécessitent, soient l'affaire du mari ; c'est à la femme que reviennent tous ces soins d'intérieur ; et comme, enfin, il serait aussi gênant que contraire à l'usage général d'exiger qu'une femme, pour de telles affaires, fût pourvue d'un mandat formel de son mari, il a toujours été entendu que pour les dettes de ce genre la femme est de plein droit, et par l'effet de la volonté tacite du mari, la mandataire de celui-ci, de telle sorte que ces dettes ne peuvent être poursuivies que sur les biens du mari et sur ceux de la communauté, sans pouvoir l'être sur les biens personnels de la femme. C'est notamment à cette classe particulière d'obligations que notre article s'applique (1).

Il eût sans doute été plus satisfaisant d'avoir à cet égard une disposition formelle dans le Code ; mais l'absence d'une telle disposition ne saurait avoir aucune conséquence légale. La pensée de la loi résulte assez clairement d'autres textes ; et l'arrêt qui refuserait de voir un mandat tacite du mari, ou du moins la gestion des affaires de celui-ci, dans les actes dont il s'agit, devrait être cassé pour violation des articles 214 et 1409, 5°, combinés soit avec notre article, soit avec l'article 1375.

II. — La présomption que la femme a mandat tacite du mari pour toutes les dépenses d'entretien du ménage cesserait, bien entendu, si c'était contre la volonté du mari, volonté connue des fournisseurs, que les achats eussent été faits. Quant au point de savoir si ceux qui ont fait les fournitures connaissaient ou non la volonté du mari de ne pas confier à sa femme les dépenses d'entretien de sa maison, il est clair que ce serait une question de fait que le juge aurait à décider par l'appréciation des circonstances. Et, par exemple, ce n'est pas parce qu'un mari aurait fait insérer dans un journal un avis à cet égard, comme on

---

(1) Dumoulin (art. 112 et 114 *De l'anc. cout. de Paris*); Bouhier (*Bourg.*, obs. 19, n° 92); Ferrière (*Paris*, art. 223, gl. 2, n° 72); Valin (*Rochelle*, art. 23, n° 11); Duparc-Poullain (*Bretagne*, art. 448); Lebrun (*Commun.*, liv. 2, chap. 2, sect. 2); Pothier (*Commun.*, n° 74); Merlin (*Rép.*, v° Autorit. marit., § 7); Toullier (XII, 261 à 268); Duranton (XIV, 250); Vazeille (*Mar.*, II, 335); Belhot (I, p. 247); Dalloz (X, p. 202); Odier (I, 251); Paul Pont et Rodière (I, 594); Duvergier (sur Toullier, n° 268); Troplong (II, 741 et 389). — Arrêts du Parlement de Dijon, 13 janv. 1688 ; du Parlement de Paris, du 2 août 1715, du 6 juin 1766, du 13 juill. 1781 ; Rouen, 27 déc. 1809 ; Rennes, 11, 30 déc. 1813, et 21 janv. 1814 ; Rej., 7 nov. 1820 ; Rej., 14 fév. 1826.

le fait souvent à Paris, que la présomption cesserait nécessairement;
car on ne peut pas exiger qu'un marchand lise tous les journaux et connaisse toutes les nouvelles : il en pourrait être autrement dans une petite localité et pour une maison très-connue dans l'endroit (1).

Cette présomption de mandat tacite devrait-elle cesser nécessairement et toujours par cela seul que le mari et la femme, sans être judiciairement séparés, n'habiteraient pas ensemble? Toullier (XII, 272)
l'enseigne ainsi; mais cette décision absolue ne saurait être acceptée.
Sans doute, on devra l'admettre si c'est contre la volonté du mari que
la femme reste éloignée de lui, puisque alors le mari n'est plus tenu
de fournir à ses besoins, son obligation d'entretenir la femme étant
corrélative à l'obligation de celle-ci d'habiter avec le mari, et le refus
de l'entretien étant précisément un moyen légal de contraindre la
femme à réintégrer le domicile conjugal. Mais si les fournisseurs prouvaient que c'est, au contraire, le mari qui refuse de recevoir sa femme,
ou qu'ils restent séparés d'un commun accord, sans que la femme reçoive du mari ce que celui-ci lui doit, il est clair que, le mari étant
tenu de l'entretien auquel les fournisseurs ont pourvu, les dettes contractées par la femme seraient encore à la charge du mari et de la
communauté (2).

Nous supposons, bien entendu, ici comme plus haut, qu'il ne s'agit
pas de dépenses exagérées.

1426. — Les actes faits par la femme sans le consentement du
mari, et même avec l'autorisation de la justice, n'engagent point les
biens de la communauté, si ce n'est lorsqu'elle contracte comme marchande publique et pour le fait de son commerce.

1427. — La femme ne peut s'obliger ni engager les biens de la
communauté, même pour tirer son mari de prison, ou pour l'établissement de ses enfants en cas d'absence du mari, qu'après y avoir été
autorisée par justice.

SOMMAIRE.

I.   La prétendue exception indiquée par la fin de l'art. 1426 au principe qu'il pose
     d'abord n'est point une exception. *Secùs* de celle que présente l'art. 1427.
II. Ce dernier article n'est pas limitatif. — Il doit d'ailleurs s'entendre *secundùm sub-
     jectam materiam*, et non dans un sens absolu.

I. — Si l'on peut reprocher aux rédacteurs la place donnée à ces
textes, puisqu'ils les ont mis dans la section de l'administration de la
communauté, tandis qu'ils font partie des règles qui organisent le passif de la communauté, on peut leur reprocher aussi la rédaction vicieuse

---

(1) Quand les dépenses sont excessives, la femme peut n'être pas considérée comme
mandataire du mari. — Toullier (XII, 277); Duranton (XIV, 250); Rodière et Pont
(I, 597); Dalloz (1016).
(2) Rej., 28 déc. 1830; Bordeaux, 8 juin 1839; Rej., 13 fév. 1844 (Dev., 31, I, 11;
39, II, 416; 44, I, 662). — *Voy.* MM. Rodière et Paul Pont (t. I, n° 595). — *Voy.* cependant M. Toullier (t. XII, n° 272).

de l'art. 1426, dont la seconde partie est présentée à tort comme une exception à la première. La femme, en effet, d'après l'art. 4 du Code de commerce, ne peut se faire marchande publique qu'avec le consentement du mari, en sorte que tous les actes qu'elle passe en cette qualité et pour le fait de son commerce sont toujours accomplis en vertu de l'autorisation générale du mari. La disposition qui déclare ces actes obligatoires pour la communauté n'est donc pas une exception au principe que la communauté n'est pas tenue des actes faits par la femme sans l'autorisation maritale (voy. l'art. 220).

Mais une véritable exception à ce principe existe dans l'art. 1427, d'après lequel la femme peut engager la communauté, et par conséquent le mari, avec la simple autorisation de la justice, quand il s'agit de tirer le mari de prison ou de procurer, en l'absence du mari, un établissement à ses enfants.

II. — Cet article, au surplus, n'est pas limitatif, comme le prétend M. Odier (I, 259) ; car dire que la femme, quand elle n'a pas le consentement du mari, ne peut jamais se passer de l'autorisation de la justice, même dans tel et tel cas, ce n'est nullement nier qu'il en soit de même dans d'autres cas ; c'est, au contraire, le donner à entendre, puisque, sans cela, le mot même n'aurait pas de sens. Ce que la loi dit de ces deux cas doit donc s'appliquer aux cas analogues, et si la dette contractée par la femme l'était pour délivrer le mari fait prisonnier de guerre ou pour le faire sortir de captivité, ou pour empêcher l'exécution d'une contrainte par corps, cette dette (pourvu qu'il y ait eu autorisation de la justice) obligerait la communauté aussi bien que s'il s'agissait de faire sortir le mari de prison (1).

Ce que la loi permet de faire pour rendre la liberté au mari, elle le permet aussi pour établir les enfants. Et il ne s'agit pas seulement du mariage de ces enfants ; car il y a établissement toutes les fois que l'enfant prend une position, un état dans le monde. C'est ce que prouve l'art. 204, qui parle d'établissement par mariage ou autrement (2).

On comprend, au surplus, que dans les hypothèses prévues par notre article, la femme, à la différence de ce qui a lieu dans l'article précédent, reste obligée en même temps que le mari et la communauté ; et il va sans dire que si la dette concerne personnellement le mari et qu'elle soit payée sur les biens de la communauté ou de la femme, il en sera dû récompense par le mari.

Il va sans dire également que notre article, quand il dit que la femme ne peut contracter ici qu'après y avoir été autorisée par justice, ne doit pas s'entendre dans un sens absolu, mais relativement à l'ordre d'idées qui nous occupe, secundùm subjectam materiam. Ainsi, le texte ne signifie pas que l'autorisation du mari serait insuffisante ici, et que c'est

(1) Duranton (XIV, 305); Delvincourt (t. II); Demolombe (IV, 321); Rodière et Paul Pont (I, 612); Troplong (II, 970); Mourlon (p. 25); Bourges, 13 fév. 1830. — Voy. cependant MM. Taulier (t. V, p. 97), et Dalloz (1079), qui adoptent l'opinion inexacte de M. Odier.
(2) Rodière et Pont (I, 664); Troplong (897); Dalloz (1092 et 1172).

à celle de la justice qu'il faut nécessairement recourir ; il signifie que, malgré la faveur des cas prévus, l'autorisation de la justice est indispensable, *si l'on n'a pas celle du mari* (1). Il est clair, en effet, que l'autorisation du mari rendrait celle de la justice inutile, et que notre article se rattache au précédent et s'applique aux *actes faits par la femme sans le consentement du mari.*

Art. 2. — *Dettes contractées par le mari.*

La raison qui fait que la femme ne peut, en général, engager la communauté que par le consentement du mari, fait aussi et tout naturellement que les dettes du mari peuvent toujours se poursuivre sur les biens communs, non-seulement quand elles résultent de contrats ou quasi-contrats, mais même, en général, quand elles résultent de ses délits.

Pour les contrats et quasi-contrats, la règle est sans exception, et la communauté peut toujours être poursuivie, soit que la dette née contre le mari intéresse la communauté, ou qu'elle n'intéresse que le mari personnellement, ou qu'elle n'ait été contractée par lui que dans l'intérêt de la femme (2) : seulement, il est bien entendu que si la dette est personnelle au mari ou à la femme ; s'il s'agit, par exemple, de constructions faites sur le fonds de l'un d'eux, la communauté ne la payera que sauf récompense contre le mari ou contre la femme, de même qu'il y aurait lieu à récompense contre la femme au profit du mari si c'était sur les biens de celui-ci qu'eût été payée une dette contractée par lui dans l'intérêt de la femme (3). Tout ceci résulte, soit directement, soit par argument, de l'art. 1409, 2°, qui range dans le passif de la communauté « les dettes contractées par le mari pendant la communauté, sauf la récompense dans le cas où elle a lieu. »

Quant aux obligations résultant de délits ou quasi-délits, elles vont être étudiées sous les articles suivants.

1424. — Les amendes encourues par le mari pour crime n'emportant pas mort civile, peuvent se poursuivre sur les biens de la communauté, sauf la récompense due à la femme ; celles encourues par la femme ne peuvent s'exécuter que sur la nue propriété de ses biens personnels, tant que dure la communauté.

1425. — Les condamnations prononcées contre l'un des deux

(1) Rej., 8 nov. 1814.
(2) La communauté est tenue des dettes contractées par le mari, alors même qu'elles n'ont acquis date certaine que depuis la dissolution de la communauté ; il en est ainsi des dettes contractées par billets souscrits par le mari depuis la dissolution de la communauté, et dont la cause indiquée remonte à une époque antérieure à cette dissolution, tant qu'il n'est pas établi par la femme ou par ses héritiers que ces billets ont une cause postérieure à la dissolution de la communauté. Req., 13 mars 1854 (Dev., 54, I, 529).
(3) Pothier (250) ; Troplong (726) ; Merlin (*Rép.*, v° Comm., § 5, n° 5) ; Toullier (XII, 229) ; Glandaz (*Encycl.*, v° Comm., 16) ; Rodière et Pont (I, 627).

époux pour crime emportant mort civile, ne frappent que sa part de la communauté et ses biens personnels.

SOMMAIRE.

I. Toute obligation née d'un délit du mari peut se poursuivre contre la communauté, mais toujours sauf récompense.
II. La communauté paye sans récompense les obligations nées d'un quasi-délit du mari ou des délits d'un enfant commun. — Délits et quasi-délits de la femme.
III. La communauté n'est plus engagée par le délit du mari quand celui-ci, par suite de ce délit, a encouru la mort civile.

I. — En général, et sauf le cas particulier d'une condamnation emportant mort civile, les dettes que le mari fait naître par son délit peuvent être poursuivies contre la communauté, sauf récompense, bien entendu, sur les biens du mari (1).

Nous parlons de tout délit, et non pas seulement des crimes ; car nos articles ayant été rédigés à un moment où la distinction des crimes, délits et contraventions, consacrée depuis par le Code d'instruction criminelle, n'était pas encore connue, c'est dans le sens générique de *méfait* que doit être pris le mot *crime*, employé par le texte : d'ailleurs, toute peine étant rigoureusement personnelle, il est clair que la conséquence de cette idée est la même pour les délits et les contraventions que pour les crimes proprement dits (2). Nous disons enfin que le droit de poursuite contre la communauté, sauf récompense pour celle-ci contre le mari, existe pour toute dette résultant du délit du mari, c'est-à-dire pour les dommages-intérêts et les dépens, aussi bien que pour l'amende. Ce dernier point est controversé, et plusieurs auteurs enseignent que, pour les dépens ou dommages-intérêts, la communauté est tenue sans récompense (3) ; mais cette doctrine nous paraît inexacte.

On objecte d'abord que ce n'est plus là une peine ; que les dépens et les dommages-intérêts, à la différence de l'amende, ne sont que l'exécution d'une obligation civile. Mais qu'importe pour la femme ? Du moment que ces dettes sont la conséquence directe et immédiate du délit et le résultat de la faute punissable du mari, aussi bien que l'amende elle-même, le principe de raison et d'équité qui affranchit la femme dans un cas doit également l'affranchir dans l'autre. — On objecte encore que, si des dommages-intérêts avaient été obtenus par le mari pour le délit commis par un tiers, ces dommages-intérêts seraient entrés dans la communauté et auraient profité à la femme, d'où l'on conclut que, réciproquement, la communauté et la femme ne peuvent pas se plaindre de supporter une part de ceux que doit le mari.

---

(1) *Sic* MM. Rodière et Paul Pont (t. I, n° 630).
(2) Duranton (XIV, 298) ; Taulier (V, 91) ; Rodière et Pont (632) ; Odier (I, 244) ; Zachariæ (III, 441) ; Dalloz (975 et 976).
(3) Toullier (XII, 224) ; Zachariæ (III, p. 441) ; Troplong (II, 918) ; Odier (I, 244) ; Glandaz (162). — *Voy.* aussi arrêt du 30 janv. 1840 (Dev., 40, II, 322) ; Boileux (t. III, p. 55).

Mais la prétendue corrélation n'existe pas; car, si la femme profite pour sa part des indemnités payées au mari, c'est parce qu'elle a subi pour sa part le préjudice qui les fait naître, tandis qu'il n'y a rien à reprocher à la femme dans le délit du mari : si l'idée *ubi emolumentum ibi onus* se trouvait ici exacte et applicable, il faudrait donc faire payer par la communauté, sans récompense, les dommages-intérêts dus pour un délit de la femme, puisque ceux qui sont reçus pour un délit commis envers la femme entrent dans la communauté; or, loin d'être à la charge de la communauté, ces dommages-intérêts ne peuvent pas même être poursuivis contre elle. — Il faut donc compléter la rédaction de l'art. 1424 par celle de l'art. 1425, et substituer dans la première, à l'expression trop restreinte d'*amendes*, l'expression plus large de *condamnations,* que présente la seconde. Tel est aussi le sentiment de la plupart des auteurs (1).

II. — Mais si la communauté ne paye que sauf récompense les obligations résultant d'un délit commis par le mari, elle doit payer sans récompense et supporter définitivement celles qui résultent de ses quasi-délits; car ce ne sont plus là des faits coupables, mais des accidents dont on ne saurait punir le mari administrateur, puisqu'ils sont inséparables de toute administration (2).

Il en est de même des délits d'un enfant commun, puisque ces délits ne sont pas plus imputables au mari qu'à la femme. Mais il en serait autrement s'il s'agissait d'un enfant d'un lit précédent, et nous pensons que la communauté ne payerait les dettes résultant d'un tel délit que sauf recours contre l'auteur de l'enfant. En vain on ferait remarquer, comme M. Bellot (I, p. 459), que la communauté est tenue de l'entretien de cet enfant aussi bien que de celui du mariage : c'est très-vrai, mais ce n'est pas une raison pour qu'elle doive aussi supporter les conséquences de ses délits. C'est bien évident, puisque c'est la communauté qui doit également subvenir à l'entretien des époux, et qu'elle ne supporte pas cependant les dettes résultant de leurs délits (3).

Quant aux délits de la femme, il est clair, et la seconde partie de l'art. 1424 le déclare expressément, qu'ils ne sauraient engager la communauté : puisqu'un tel effet est refusé aux actes licites de la femme, à plus forte raison doit-il l'être à ses actes illicites. Les obligations résultant de ses quasi-délits, aussi bien que celles provenant de ses délits, ne peuvent donc être poursuivies que sur la nue propriété des biens de la femme (4).

---

(1) Delvincourt (t. III) ; Vazeille (*Mar.*, II, 371) ; Duranton (XIV, 298) ; Bellot (II, p. 433) ; Battur (I, 316) ; Paul Pont et Rodière (I, 632) ; Duvergier (sur Toullier, *loc. cit.*) ; Taulier (V, 91 et 92) ; Dalloz (977) ; Colmar, 29 déc. 1849.
(2) *Conf.* Rodière et Pont (I, 633) ; Taulier (V, 92) ; Dalloz (978).
(3) *Conf.* Rodière et Pont (I, 633).
(4) *Voy.* Cass., 13 mai 1813, 18 nov. 1824, 6 juin 1811, 20 janv. 1825, 27 fév. 1827. Il y a des exceptions créées par certaines lois spéciales, notamment pour les contraventions de police rurale. Loi 28 sept.-6 oct. 1791, art. 7; Toullier (XII, 231); Rodière et Pont (I, 587). — Cass., 23 déc. 1818, 14 nov. 1840. Ou en matière de contributions indirectes. Décret du 1er germ. an 13, art. 35. Cass., 15 janv. 1820.

III. — La règle que les obligations résultant d'un délit du mari peuvent se poursuivre, sauf récompense, sur les biens de la communauté, souffre exception quand il s'agit d'une condamnation emportant mort civile (1) : la dette, dans ce cas, ne peut pas plus se poursuivre contre la communauté quand elle provient du mari que quand elle provient de la femme, et le créancier n'a d'action, d'après l'article 1425, que contre l'époux auteur du crime (2). Cette disposition, reproduite de l'ancien droit, est motivée par cette circonstance, que la mort civile dissout précisément la communauté (art. 1441), et qu'il est dès lors naturel de n'autoriser la poursuite du créancier que sur les biens de l'époux coupable, c'est-à-dire sur les propres qu'il reprend et sur la part de communauté qui lui échoit.

Cette disposition s'expliquait très-bien autrefois. Quand la mort civile était encourue par l'effet direct et dès le jour de la condamnation, il était tout simple que des poursuites qui ne pouvaient ainsi se faire qu'après la communauté dissoute ne fussent pas dirigées contre la partie de cette communauté qui était devenue propriété particulière de la femme, par la dissolution de la société. Il est bien vrai que les dommages-intérêts, à la différence de l'amende et des dépens, étaient dus dès le jour même du tort causé, c'est-à-dire dès le jour du crime commis, et que la condamnation ne faisait à cet égard que constater et liquider la dette, déjà née antérieurement et pendant que la communauté existait encore ; en sorte qu'on aurait pu prétendre que les poursuites ne devaient être réduites à la part de communauté échue au mari que pour l'amende et les dépens, et non pour le montant des réparations civiles. Mais comme cette partie de la dette, quoique née sous la communauté, ne pouvait jamais se poursuivre qu'après la dissolution aussi bien que le reste, il avait paru naturel de mettre le tout sur la même ligne, et de ne jamais soumettre aux conséquences du crime du mari des biens que ce même crime faisait devenir biens de la femme.

La disposition se comprenait donc autrefois. Mais aujourd'hui que la mort civile n'est encourue, et la communauté dissoute, que par l'exécution de l'arrêt, ou même, si la condamnation est par contumace, après cinq ans à partir de cette exécution (art. 26 et 27), l'amende et les dépens, aussi bien que les dommages-intérêts, constituent toutes des dettes nées pendant la communauté, et notre art. 1425, dont la rédaction absolue a été écrite avec trop peu de réflexion par le législateur, ne paraît pas susceptible de s'appliquer sans distinction. Quand la mort civile, comme il arrive le plus souvent, suivra de près la condamnation et que la communauté sera dissoute au moment de la pour-

(1) On sait que la mort civile a été abolie par la loi du 31 mai 1864. — La disposition de l'art. 1425 est donc abrogée. Cass., 2 mai 1864 (Dev., 64, II, 321).
(2) La disposition s'applique non-seulement aux amendes, mais encore aux réparations civiles qui seraient prononcées contre l'époux ; si donc la condamnation a été prononcée contre le mari, elle ne peut atteindre la communauté, même pour ce qui regarde les réparations civiles. Colmar, 29 déc. 1849 (Dev., 52, II, 193). — Sic M. Paul Pont (Revue critique, t. II, p. 523).

suite des créanciers, notre article s'appliquera et viendra ainsi faire exception à la règle que toute dette née *pendant la communauté* du fait du mari peut se poursuivre sur la totalité des biens communs. Mais si la mort civile ne se réalisait que longtemps après la condamnation et que la poursuite des créanciers eût lieu dans l'intervalle, par conséquent avant la dissolution de la communauté, il est clair qu'on ne pourrait pas réduire cette poursuite à telle part d'une communauté qui n'est pas partagée et qui forme encore une unité indivise. Les créances pourraient se poursuivre alors, d'après la règle ordinaire de l'art. 1424, sur tous les biens de la communauté, sauf récompense ; et quand l'article 1425 fait exception à cette règle, en restreignant la poursuite à la part du mari quant aux *condamnations prononcées pour crime emportant mort civile*, il faut entendre ces derniers mots de condamnations *qui ont produit la mort civile*, c'est-à-dire de condamnations dont le payement est poursuivi alors que déjà la mort civile est encourue et la communauté dissoute.

SECTION II.

DE L'ADMINISTRATION DE LA COMMUNAUTÉ, ET DE L'EFFET DES ACTES DE L'UN OU DE L'AUTRE RELATIVEMENT A LA SOCIÉTÉ CONJUGALE.

Le Code, qui, dans les six sections qu'il consacre à la communauté légale et dont nous allons étudier ici la seconde, présente des divisions peu précises et rentrant souvent les unes dans les autres, le Code, disons-nous, sous la rubrique assez vague que nous reproduisons ici, s'occupe successivement : — 1° de l'administration de la communauté (art. 1421-1423) ; — 2° de l'effet des actes illicites de l'un ou de l'autre époux relativement aux biens communs (1424, 1425), et ensuite de l'effet des actes licites de la femme sur ces mêmes biens (1426, 1427), matières qui se rattachaient naturellement au passif de la communauté et que nous avons dû dès lors expliquer dans la section précédente ; — 3° de l'administration des propres des époux et notamment de ceux de la femme (1428-1430) ; — 4° des indemnités ou récompenses dues, soit à un époux par la communauté ou par l'autre époux (1431-1436), soit à la communauté par un époux (1437) ; et à ce sujet le Code pose incidemment les règles sur le remploi, que nous avons expliquées plus haut ; — 5° enfin, des constitutions de dot faites par l'un ou l'autre époux pendant la communauté (1438-1440).

On voit que, des cinq objets de cette section, le second (art. 1424-1427) et la partie du quatrième relative au remploi (art. 1434, 1435) se trouvent précédemment traités. Nous avons donc à nous occuper : 1° de l'administration de la communauté ; 2° de l'administration des propres ; 3° des récompenses ; et 4° des constitutions de dot.

§ 1er. — De l'administration de la communauté.

1421. — Le mari administre seul les biens de la communauté.

Il peut les vendre, aliéner et hypothéquer sans le concours de la femme.

1422. — Il ne peut disposer entre-vifs à titre gratuit des immeubles de la communauté, ni de l'universalité ou d'une quotité du mobilier, si ce n'est pour l'établissement des enfants communs.

Il peut néanmoins disposer des effets mobiliers à titre gratuit et particulier, au profit de toutes personnes, pourvu qu'il ne s'en réserve pas l'usufruit.

1423. — La donation testamentaire faite par le mari ne peut excéder sa part dans la communauté.

S'il a donné en cette forme un effet de la communauté, le donataire ne peut le réclamer en nature, qu'autant que l'effet, par l'événement du partage, tombe au lot des héritiers du mari : si l'effet ne tombe point au lot de ces héritiers, le légataire a la récompense de la valeur totale de l'effet donné, sur la part des héritiers du mari dans la communauté et sur les biens personnels de ce dernier.

SOMMAIRE.

I. Le mari est l'administrateur des biens communs, et non pas dans le sens ordinaire de ce mot, mais avec des pouvoirs presque illimités : il est administrateur *cum liberâ.*

II. Toutefois le pouvoir du mari s'arrête aujourd'hui, en principe, devant l'aliénation gratuite entre-vifs ; et la donation qu'il ferait, même avec le concours de la femme, serait nulle : controverse.

III. Il y a une première exception pour l'établissement d'un enfant commun. Le mari peut alors donner même la totalité des biens communs : erreur de M. Duranton. Mais il ne le peut par institution contractuelle.

IV. Une seconde exception permet au mari de donner à qui il veut des biens meubles et particuliers, à la condition de ne pas s'en réserver l'usufruit.

V. Les donations faites en dehors de ces deux exceptions ne sont nulles que par rapport à la femme ; elles restent valables entre le donataire et le mari donateur, et peuvent s'exécuter par équivalent sur les propres de celui-ci.

VI. Le legs de biens communs fait par le mari s'exécute également sur ses propres pour ce qui excède sa part de communauté (distraction de M. Troplong). *Secùs* du legs fait par la femme, qui reste sans effet pour tout ce qui ne tombe pas au lot de cette femme : controverse. — La règle est la même pour l'institution contractuelle.

I. — La nature même commandait de remettre au mari la gestion de la société conjugale, l'administration absolue de la communauté ; et lui seul, en effet, d'après l'art. 1421, est chargé de cette administration. Lui seul, par conséquent, peut, en ce qui concerne les biens communs, intenter les actions ou y répondre, recevoir des sommations ou significations ; et c'est avec raison qu'un arrêt de Bourges (du 18 juin 1839) a déclaré nulle la notification que l'acquéreur d'une créance dont la femme était débitrice avant le mariage, mais qui était entrée dans la communauté par l'effet de ce mariage, avait faite à la femme au lieu de la faire au mari (1).

_____

(1) Il suffit d'une seule copie pour les époux. Cass., 4 août 1817, 20 avr. 1818, 8 avr. 1829, 17 mars 1838, 29 janv. 1840, 21 déc. 1840, 23 fév. 1842.

Et non-seulement le mari seul est ici administrateur, mais il n'est pas, et à beaucoup près, un administrateur ordinaire. L'autorité naturelle et légale dont sa qualité même l'investit et la confiance que cette qualité inspire, lui ont fait attribuer, tant dans l'intérêt de la femme et des enfants que par considération pour lui-même, des pouvoirs presque illimités, presque identiques à ceux d'un propriétaire exclusif des biens; et non-seulement il peut faire, sans conditions ni formalités aucunes, les compromis, les transactions, ou tous autres actes pour lesquels la loi prend ordinairement certaines précautions, mais il peut, par sa seule volonté et sans le concours de sa copropriétaire, hypothéquer les biens communs, les grever de servitudes, les vendre ou aliéner autrement, pourvu que ce soit à titre onéreux (1). La femme, malgré sa copropriété, ne peut exercer aucun droit d'opposition ni de contrôle ; et si cette copropriété, que le législateur ne pouvait pas livrer absolument à la discrétion d'un mari dissipateur, trouve une protection, elle n'en a du moins qu'une seule, c'est le droit pour la femme de faire prononcer la séparation de biens en justifiant de l'administration ruineuse du mari (2).

Ainsi donc, sauf les aliénations gratuites qui lui sont en général interdites, et sauf la séparation de biens par l'obtention de laquelle la femme peut faire cesser la communauté, le mari a sur les biens communs les mêmes droits que sur ses biens personnels. On a coutume d'exprimer ce pouvoir si étendu du mari en disant qu'il est administrateur *cum liberâ potestate,* ou souvent, en sous-entendant le dernier mot, *administrateur* CUM LIBERA (3).

II. — Ce pouvoir exorbitant du mari s'arrête, en principe général, devant les aliénations gratuites. Il n'en était pas ainsi autrefois : la plupart des coutumes, notamment celle de Paris, par son art. 225, permettaient au mari les dispositions gratuites aussi bien que celles à titre onéreux. Mais notre législateur moderne a pensé avec raison que, si larges que dussent être les limites de l'administration maritale, il répugnait d'y faire entrer le droit de donner à pur don, car donner c'est perdre et non plus administrer. Le mari ne peut donc plus faire de libéralités entre-vifs des biens de la communauté. Quant à la donation testamentaire, comme elle ne devient un acte de disposition que par la mort du disposant et à un moment dès lors où il n'y a plus de com-

---

(1) L'aliénation moyennant une rente viagère présente beaucoup de difficultés au sujet de la reversibilité de cette rente sur la tête de la femme et des effets qui en résultent. *Voy.* Lebrun (*De la Comm.,* liv. 1, tit. 5, dist. 2, n° 17); Troplong (t. II, n° 868, et *Rente viag.,* 254); Rodière et Pont (I, 658); Pont (*Rente viag.*); Dalloz (1129); Paris, 19 déc. 1819; Rennes, 15 fév. 1840, 16 juin 1841; Angers, 7 mars 1842; Orléans, 22 mars et 28 déc. 1843; Cass., 15 mai 1844, 20 avr. 1851, 19 fév. 1864.

(2) Les aliénations à titre onéreux ne peuvent cependant avoir lieu en fraude de la femme. Colmar, 25 fév. 1857; Troplong (I, 333); Rodière et Pont (I, 293); Duvergier (XII, 81); Aubry et Rau (t. III, § 505, n° 2); Glandaz (n° 1).

(3) *Voy.* Loisel (liv. 1, tit. 2, n° 16); Dumoulin (*Sur la cout. de Paris*); Delaurière (*id.,* art. 225); Pothier (470); d'Aguesseau (t. VII, mém. 9, p. 574); Coquille (quest. 96); Zachariæ (t. III, p. 408); Troplong (858); Rodière et Pont (I, 294); Toullier (XII, 77); Championnière (*Droits d'enreg.,* 2835); Duranton (XIV, 96); Battur (I, 64); Glandaz (12); Dalloz (545).

munauté, il est clair qu'elle reste possible, non-seulement pour le
mari, comme on le voit par l'art. 1423, mais aussi pour la femme,
ainsi que nous le dirons plus bas, sauf une différence que nous signalerons.

La prohibition ne s'applique donc qu'aux dispositions entre-vifs, et
l'art. 1422 nous en avertit; mais quel est le sens de cette prohibition ?
Ces dispositions sont-elles interdites au mari absolument, ou ne le
sont-elles que sans le concours de la femme, de telle sorte qu'avec ce
concours toute donation serait possible? C'est là un point délicat et controversé; mais nous croyons, malgré le poids des autorités contraires,
qu'il doit se résoudre dans le sens de l'interdiction absolue (1).

Comment, de quelle manière, le concours de la femme à l'aliénation
gratuite pourrait-il valider cette aliénation? Serait-ce en ce sens que
la femme pourrait, en déclarant consentir à l'aliénation faite par le
mari, faire cesser l'incapacité de celui-ci et le rendre habile à accomplir
l'acte que la loi défendait? évidemment non. D'une part, ce serait là
une véritable autorisation à obtenir de la femme par le mari, et une telle
demande d'autorisation répugne manifestement à la qualité, chez le
mari, de chef de la communauté, et à tous les principes de notre matière. D'un autre côté, il est bien clair que notre prohibition a pour
but de protéger la copropriété de la femme contre les dispositions abu-
sives du mari; or ce serait faire disparaître cette protection que de déclarer la disposition valable moyennant la permission de la femme, puisque l'état de dépendance de cette femme et les pouvoirs exorbitants du
mari ne permettraient pas à celle-là de refuser l'autorisation demandée. Le mari qui voudrait, par exemple, faire consentir la femme à la
donation d'un des immeubles communs, pourrait la menacer de punir
son refus en vendant deux ou trois de ces mêmes immeubles pour en
dissiper le prix, et la femme n'aurait rien de mieux à faire que de donner le consentement exigé d'elle... Dira-t-on que le concours de la
femme doit s'entendre autrement; que pendant que le mari (non plus
comme administrateur de toute la communauté et d'après les règles
spéciales de notre chapitre, mais d'après les principes généraux et
comme propriétaire de la moitié des biens communs) donnerait la
moitié seulement de l'objet dont on veut disposer, la femme intervien-

---

(1) *Conf.* Rodière et Paul Pont (I, 662); Odier (I, 225); Devilleneuve (44, III, 386);
Georges Delisle (*ibid.*); Bourges, 10 août 1840; Caen, 3 mars 1843 (Dev., 41, II, 357;
44, II, 386); et l'on peut considérer comme rentrant dans cette opinion une décision
récente de laquelle il résulte que la donation entre-vifs d'immeubles dépendant de la
communauté faite par la femme à d'autres qu'aux enfants communs, et, par exemple,
à un enfant d'un premier mariage du mari, est nulle, bien qu'elle ait été faite avec
l'autorisation de ce dernier. Douai, 29 août 1855 (Dev., 56, II, 39); — *Contrà* : Delvincourt (III); Duranton (XIV, 272); Zachariæ (III, p. 437); Troplong (II, 903);
Taulier (t. V); Dalloz (1167); Poitiers, 10 juin 1841; Riom, 5 janv. 1844; Amiens,
15 fév. 1849; Paris, 23 juin 1849; Rej., 5 fév. 1850 (Dev., 44, II, 385; 49, II, 554;
50, I, 337). — En rapportant ce dernier arrêt, l'arrêtiste fait une longue citation,
dans les deux sens contraires, du commentaire de M. Troplong d'abord, du nôtre
ensuite; et, malgré les raisons du savant magistrat et l'autorité de cet arrêt, il déclare néanmoins incliner à notre sentiment. — *Voy.* encore Req., 16 fév. 1852 (Dev.,
53, I, 18).

drait pour donner l'autre moitié, en sorte que la donation serait faite, non par le mari autorisé de sa femme, mais par le mari et la femme, disposant tous deux, chacun pour sa part, de ce qui leur appartient dans l'objet? Mais ceci serait impossible trois fois pour une : impossible, comme contraire encore au but de l'art. 1422, puisque la protection qu'on a voulu assurer à la femme disparaîtrait aussi bien par ce moyen que par le précédent; impossible pour la part de la femme, puisqu'elle n'a aucun droit de disposition actuelle sur les biens communs; impossible même pour la part du mari, puisque son incapacité de disposer gratuitement, incapacité qui existe aussi bien pour sa moitié, dans l'objet donné, que pour l'autre moitié, ne serait évidemment pas levée par la circonstance que la femme fait donation (inutilement aussi) de son côté.

En définitive, le mari est le chef de la communauté, c'est à lui que sont dévolus tous les pouvoirs quant aux biens communs, c'est par lui seul que peut être fait tout ce qui peut être fait, et ce qu'il ne peut faire est impossible à faire ; en sorte que quand on dit que le mari ne peut pas, en principe, donner les biens communs, cela signifie qu'en principe, *les biens communs ne peuvent pas être donnés.* Soit qu'on s'en tienne au texte de nos articles, soit qu'on veuille les éclairer en recourant aux travaux préparatoires, on sera toujours ramené à ce syllogisme : aucune disposition de biens communs ne peut être faite que par le mari; or le mari ne peut, en principe, disposer gratuitement de ces biens; donc, en principe, la disposition gratuite se trouve absolument interdite (*voy.* Fenet, XIII, p. 721).

III. — Au principe que les biens communs ne peuvent pas être aliénés à titre gratuit, l'art. 1422 apporte deux exceptions : 1° le mari peut faire toute donation qu'il juge convenable, quand cette donation a pour but l'établissement d'un enfant commun ; 2° il peut aussi donner à toute personne, quand la disposition n'a pour objet que des biens meubles donnés à titre particulier et pourvu qu'il ne s'en réserve pas l'usufruit.

Et d'abord, pour l'établissement, soit par mariage, soit autrement, d'un enfant commun, le mari peut donner ce qu'il veut des biens communs. La femme ne saurait se plaindre dans ce cas, puisque la donation n'est alors que l'accomplissement d'un devoir que la nature lui impose à elle-même aussi bien qu'au mari. Nous disons qu'il peut alors donner ce qu'il veut, puisque la loi ne pose aucune limite à l'étendue de sa disposition (1). En vain M. Duranton (XV, 281, édit. de 1844) combat vivement et longuement un arrêt par lequel la Cour suprême l'a ainsi jugé, et prétend que, même ici, le mari ne pourrait pas donner les biens communs, en totalité et à titre universel. En vain il objecte

---

(1) Rej., 2 janv. 1844 (Dev., 44, I, 9). — Mais la prohibition de l'art. 1422 étant conçue en termes généraux, il s'ensuit qu'elle frappe de nullité la donation d'immeubles faite par le mari, non point pour l'établissement des enfants communs, mais en faveur de son enfant d'un autre lit, la donation fût-elle faite à titre de constitution de dot. Cass., 14 août 1855 (*J. Pal.*, 1856, t. I, p. 529).

qu'une telle disposition pourrait ruiner la femme et la réduire à la misère, si elle n'avait pas de biens propres. Car, d'une part, une communauté pourrait n'avoir que des biens mobiliers, et M. Duranton ne saurait nier que, malgré la ruine qui peut en resulter pour la femme, le mari pourrait fort bien disposer ici de l'universalité des meubles qui constituent toute la communauté. D'ailleurs, cette possibilité, pour le mari, d'absorber d'un coup toute la communauté, n'existe-t-elle pas en dehors même du cas qui nous occupe? Le mari ne pourrait-il pas, s'il lui plaisait, vendre, argent comptant, toute sa communauté et aller en perdre le prix au jeu? De même que la loi ne met aucune limite à l'étendue des aliénations faites à titre onéreux, de même elle n'en met aucune, pour le cas d'établissement d'enfants communs, à l'étendue des aliénations gratuites. Elle compte, dans un cas comme dans l'autre, sur la raison et le bon sens du mari; et dans un cas comme dans l'autre, la seule ressource de la femme, s'il y avait abus et déraison de la part du mari, serait de se garantir, pour l'avenir, au moyen d'une séparation de biens. Mais tant qu'il y a communauté, le droit du mari est absolu dans ce cas particulier, comme il l'est dans tous les cas pour les aliénations à titre onéreux; vouloir le restreindre, ce serait faire de l'arbitraire et corriger la loi au lieu de l'expliquer (1).

Du reste, si nous sommes de l'avis de la Cour suprême sur ce point, nous ne saurions aller aussi loin qu'elle, et admettre, comme l'arrêt de 1844, que le mari puisse disposer ainsi de l'universalité de la communauté, non-seulement par la donation entre-vifs proprement dite, mais aussi par la donation à cause de mort ou institution contractuelle. C'est seulement en tant qu'il y a communauté, et qu'il s'agit de biens actuellement communs, que le mari peut disposer à son gré; et ses pouvoirs rentrent dans les limites du droit commun, du moment qu'il dispose pour le temps de son décès, c'est-à-dire pour une époque où il n'y aura plus de communauté, plus de biens communs, mais seulement des biens personnels à chaque époux ou à ses héritiers. Puisque l'institution contractuelle ne doit, comme le legs, avoir son effet qu'après la mort du disposant, elle ne peut donc être faite par le mari, comme le legs (art. 1423), que pour sa part dans la communauté... Et voyez, en effet, les résultats que pourrait présenter ici l'institution contractuelle. Que la communauté vienne alors à se dissoudre, soit par la mort de la femme, soit par la séparation de corps ou de biens, autrement enfin que par la mort du mari lui-même, à qui devrait aller dans ce cas la moitié de communauté qui sans l'institution eût appartenu à la femme? Pas à cette femme, puisque par l'effet de l'institution de tous les biens communs, institution que pour un instant nous supposons valable, cette femme n'a plus rien à réclamer dans la communauté dissoute; pas au

---

(1) *Conf.* Devilleneuve (*loc. inf. cit.*); Paul Pont et Rodière (I, 664); Troplong (II, 902); Rej., 2 janv. 1844 (Dev., 44, I, 9); Dalloz (1174). Ceci ne s'applique qu'à l'enfant commun, et non pas à l'enfant d'un lit précédent. Cass., 16 août 1855 (Dev., 55, I, 176); Douai, 29 août 1855. — *Voy.* pour la récompense, dans ce cas, Cass., 29 avr. 1851 (Dev., 51, I, 329).

mari, puisque celui-ci ne peut jamais (à moins de renonciation de la
femme, et nous supposons que la femme ne renonce pas) conserver,
après la dissolution, la communauté entière, mais seulement sa moitié;
pas au donataire, enfin, puisque c'est seulement par la mort du mari
donateur que sa donation doit s'exécuter, et que le droit s'évanouirait
même si le donataire mourait sans postérité avant le donateur
(art. 1089). A qui donc irait cette moitié? N'est-ce pas là une impasse
indiquant que l'on fait fausse route, quand on admet comme valable
l'institution contractuelle des biens communs?... Il faut donc reconnaître, malgré la décision de la chambre des requêtes et suivant l'affirmation (beaucoup trop laconique, comme souvent, mais exacte au fond)
de M. Zachariæ (III, p. 439), que les institutions contractuelles, ou donations de biens à venir, sont régies, non par l'art. 1422, mais par
l'art. 1423, et que c'est seulement par donation entre-vifs ordinaire et
proprement dite, c'est-à-dire de biens présents, que le mari peut, pour
l'établissement d'un enfant commun, donner tout ce qu'il voudra, même
la totalité de la communauté.

IV. — La seconde exception à la prohibition des aliénations gratuites ne présente pas de difficulté. Le mari peut donner à toutes personnes quand il ne prend pour objet de sa disposition que des biens
meubles et particuliers. Seulement, pour qu'il ne se livre pas trop facilement à ces libéralités, la loi veut qu'il ne puisse pas, au moyen d'une
réserve d'usufruit, faire des donations dont ses héritiers et sa femme
subiraient seuls la perte; pour qu'il ressente lui-même le détriment,
et soit ainsi moins enclin à donner, on exige qu'il donne en pleine
propriété. Ainsi, hors le cas d'établissement d'un enfant commun, le
mari ne pourrait donner ni l'universalité de la communauté, ni l'ensemble des immeubles, ni un seul immeuble particulier, ni l'ensemble
du mobilier; mais il peut donner, à la condition de ne pas se réserver
l'usufruit, un bien meuble particulier, un ameublement, une créance,
un capital, une rente, etc.

Cette exception présente aujourd'hui quelque chose de fâcheux, à
raison de l'énorme importance qu'ont acquise les fortunes mobilières.
Il est regrettable que le mari, qui ne pourrait pas donner une chaumière
valant quelques cents francs, puisse donner cent mille francs de rentes
sur l'Etat; et mieux aurait valu, ce semble, une disposition qui, comme
l'art. 1083, lui permettrait seulement de donner des valeurs modiques.
Mais *statuit lex* (1).

La donation dont il s'agit ici peut être faite au profit de toutes personnes. Si cependant elle était faite à un enfant d'un précédent lit du
mari, pour l'établissement de cet enfant, elle serait bien toujours valable, mais la communauté aurait droit à récompense, aux termes de
l'art. 1469; car l'établissement étant alors dû, non par les deux époux,

---

(1) Jugé que le don de valeurs mobilières, même fait à titre particulier, est nul si
ce don comprend en réalité la majeure partie de l'actif commun. Rouen, 25 janv.
1860.

mais par le mari, c'est sa dette personnelle que celui-ci acquitte dans ce cas avec les biens communs (1).

V. — Quand on dit que les donations de biens communs faites par le mari en dehors des deux exceptions qui viennent d'être expliquées sont nulles, il ne faut pas prendre cette proposition dans un sens absolu : ces donations ne sont inefficaces que relativement à la femme. C'est seulement pour la part de communauté appartenant à celle-ci ou à ses héritiers en cas d'acceptation, qu'elles sont non avenues et inexécutables ; elles ont toute leur valeur et s'exécutent, soit directement, soit par équivalent, sur la part de communauté du mari et sur ses biens personnels.

Et d'abord, la donation ainsi faite, alors même qu'elle aurait pour objet la totalité de la communauté, produit tout son effet tant que la communauté dure ; alors, en effet, la femme ne perd sa part que dans les revenus des biens donnés ; or ces revenus sont soumis à la disposition gratuite du mari d'après la seconde des deux exceptions ci-dessus (2). Et si, lors de la dissolution, la femme ou ses héritiers renoncent à la communauté, la donation reste valable définitivement, puisque tous les biens qui composaient cette communauté se trouvent ainsi devenir biens personnels du mari, de sorte que celui-ci a disposé de sa chose en les donnant. Que si la femme accepte, la donation se trouve alors nulle quant à elle, la communauté se partage comme si cette donation n'avait pas eu lieu (sauf quant aux revenus des biens donnés, ainsi qu'on vient de le dire), et la femme prend son lot dans les mains du donataire comme elle le prendrait dans la maison, s'il n'en était pas sorti (3). Mais le donataire, lui, ne perd rien pour cela ; et la portion qu'il restitue à la femme est reprise par lui en équivalent, soit sur la part du mari dans les biens communs qui sont survenus dans l'intervalle de la donation à la dissolution, soit sur ses biens propres (4).

Ce recours du donataire sur les autres biens du mari, ce droit d'exécution indirecte et par équivalent, peut étonner tout d'abord ; mais il est facile, soit de l'expliquer, soit de le prouver. Il s'explique par la combinaison de ces deux idées, que, par rapport à la femme, le mari n'est qu'un copropriétaire dont les donations ne peuvent pas anéantir la copropriété de la femme, mais que, vis-à-vis du tiers, il doit être considéré comme propriétaire unique de la communauté et voir ses donations de biens communs rester efficaces et s'exécuter sur la totalité de sa fortune. Il se prouve ensuite par la disposition de l'art. 1423, qui, tout en déclarant que le mari ne peut disposer par testament que de sa part de communauté, permet cependant au légataire de s'indemniser, sur les

(1) *Voy.* Massé et Vergé, sur Zachariæ (t. IV, p. 90, § 642, note 10) ; Merlin (*Rép.*, v° Comm., § 3, n° 5) ; Toullier (XII, 228) ; Cass., 13 janv. 1862 (Dev., 62, I, 252).
(2) *Conf.* Pothier (n° 496) ; Troplong (894). — *Contrà :* Lebrun (liv. 2, chap. 2, p. 180, n° 37).
(3) Lebrun (liv. 2, chap. 2, p. 180, n° 39) ; Troplong (889) ; Dalloz (1181).
(4) *Conf.* Bellot (I, 401) ; Delvincourt (III, p. 261) ; Toullier (XII, 314) ; Duranton (XIV, 275) ; Rodière et Pont (I, 667) ; Odier (I, 223) ; Zachariæ (III, 438) ; Tessier (158) ; Troplong (860) ; Dalloz (1177). — *Contrà :* Battur (527).

autres biens du mari, de celles des valeurs léguées qui lui sont enlevées comme faisant partie du lot de la femme. Et la preuve repose ici sur un argument *à fortiori*, puisque, si le droit de disposition du mari sur les biens communs est ainsi reconnu plein et entier (quant aux tiers), même pour un acte qui ne doit s'exécuter qu'après que l'autorité du mari aura cessé, c'est-à-dire pour un testament, à plus forte raison en doit-il être de même pour l'acte qui s'est accompli quand le mari était dans le plein exercice de cette autorité, et qui est exécuté déjà depuis plus ou moins longtemps lorsque la communauté se dissout, c'est-à-dire pour une donation entre-vifs.

VI. — Ce qui vient d'être dit explique le principe de l'art. 1423. Le testament étant un acte qui n'a son effet qu'après le décès du disposant, à une époque dès lors où il n'y aura plus de communauté, en sorte que le mari qui dispose par testament des biens actuellement communs n'en dispose que pour le moment et en tant qu'ils seront ses biens personnels, la loi déclare qu'il ne peut jamais disposer ainsi que de sa part de communauté. Ainsi, les deux exceptions admises pour les donations entre-vifs ne le sont plus ici; et alors même qu'il s'agirait, soit de l'établissement d'un enfant commun (cas qui ne se concevrait guère pour le testament, mais qui peut se présenter pour l'institution contractuelle qui suit la même règle), soit de la disposition d'un bien meuble et particulier, la libéralité n'en serait pas moins sans effet possible sur la part de communauté que le partage attribuera à la femme.

Cependant, et quoique d'après ce principe, combiné avec celui de l'art. 1021 (qui déclare nul tout legs de la chose d'autrui), le testament du mari dût rester non avenu pour les objets que le partage de la communauté placerait dans le lot de la femme, la loi, prenant en considération l'habitude qu'a le mari de traiter les biens communs comme s'ils lui appartenaient, veut que, même en cas de testament, la disposition faite par le mari s'exécute entièrement au profit du légataire, qui prendra sur les autres biens du testateur la valeur des choses léguées que la femme lui enlèvera (1).

Par application de cette idée, il faut décider que si le mari avait légué la totalité des biens communs, le légataire pourrait toujours se faire délivrer sur les propres du mari la valeur de la moitié de communauté qui est prise par la femme. Il est vrai que le texte ne parle que

_____

(1) Cette idée n'est certes pas douteuse (puisqu'elle fait l'objet *direct* de la déclaration *textuelle* de notre art. 1423), et l'on est grandement frappé de surprise quand on voit M. Troplong (II, 912) en faire une question, et même une question très-délicate... Le savant magistrat se demande (absolument comme si la loi n'en parlait pas) *si le légataire* de l'effet commun qu'a légué le mari, et qui tombe au lot de la femme, *aura récompense contre les héritiers du mari.* Il indique d'abord les raisons qui militent pour la négative ; il développe ensuite et plus longuement celles d'où résulterait l'affirmative, mais en ajoutant que ces raisons, prépondérantes autrefois, le sont moins sous le Code Napoléon, et que Vinnius ne les aurait pas trouvées plausibles. Il termine en disant que Voet, cependant, qui acceptait le système de Vinnius, y faisait exception pour notre cas, et donne à entendre, sans même oser le dire, que le droit à la récompense, sans être certain, lui paraît du moins plus probable... Or que signifie

du legs d'un objet particulier ; mais comme le principe de la solution est le même dans tous les cas, et que le texte autorise le recours du légataire, non-seulement sur la part de biens communs afférente au mari, mais même jusque sur ses propres, on ne doit pas hésiter à reconnaître que ce recours existerait aussi bien pour le legs fait à titre universel que pour le legs d'effets particuliers.

Ce qui est dit ici du legs fait par le mari, M. Zachariæ (III, p. 439, *note* 10), M. Duranton (XIV, 280), et MM. Rodière et Paul Pont (I, 671), enseignent qu'on doit le dire également du cas où des biens de la communauté seraient légués par la femme. C'est, à nos yeux, une idée gravement inexacte (1).

En effet, nos art. 1421, 1422 et 1423 sont tous trois, et aussi bien le dernier que les deux autres, des dérogations au droit commun. La disposition qui donne effet (quant aux tiers) au legs que le mari a fait de biens communs ne tombant pas à son lot, est une exception aux principes généraux, aussi bien que celles qui permettent au mari de donner ces mêmes biens entre-vifs sous certaines conditions, et de les aliéner, comme il veut, à titre onéreux. Ce sont là des priviléges découlant, pour le mari, de sa qualité de chef suprême de la communauté, d'administrateur ayant des droits presque semblables à ceux d'un propriétaire exclusif ; et la femme, dès lors, ne peut pas plus invoquer l'art. 1423 qu'elle ne peut invoquer les art. 1421 et 1422. On conçoit très-bien que, pour le mari, autorisé et accoutumé à traiter en maître les biens de la communauté, nos législateurs aient fait fléchir, non pas sans doute absolument et quant à la femme, dont les droits doivent ici être respectés, mais quant au légataire, leur principe de la nullité du legs de la chose d'autrui, et aient permis à ce légataire de prendre en équivalent, sur les autres biens du mari, celles des choses léguées qui tombent au lot de la femme. C'était d'autant plus naturel à leurs yeux, qu'ils voyaient encore là une restriction aux pouvoirs dont jouissait le mari dans l'ancien droit : « Le droit coutumier, dit le rapport au Tribunat, lui laissait la faculté de donner *tous meubles et immeubles,* soit par acte entre-vifs, *soit par testament.* » (Fenet, XIII, p. 720.) Pour la femme, il n'y avait rien de semblable ; on ne pouvait certes pas trouver trop dur qu'elle ne pût tester sur les biens de la communauté que conformément aux principes généraux, elle qui n'a sur eux aucun autre droit de disposition, qui se trouve avertie, partout

---

tout ceci, quand l'article nous dit en toutes lettres que, dans ce cas, *le légataire aura la récompense de la valeur totale de l'effet, et sur la part de communauté des héritiers du mari, et sur ses biens personnels?* Comment s'expliquer une pareille distraction ? — Ce qui n'est pas moins surprenant et plus regrettable, c'est qu'en discutant ainsi une prétendue question qui n'en est pas une, M. Troplong garde le silence sur des questions faisant vraiment difficulté, et notamment sur le point de savoir si ce que notre article dit du legs du mari doit s'appliquer aussi au legs de la femme. *Voy.* Bastia, 26 fév. 1840. L'art. 1423 ne s'appliquerait pas, si le testament du mari était postérieur à la dissolution de la communauté par le prédécès de la femme. Paris, 6 mai 1861 (Dev., 61, II, 322). — *Contrà :* Duranton (IX, 248).

(1) *Conf.* Aubry et Rau (t. IV, § 509, p. 282, note 11, et t. V, §§ 675 et 676, p. 537, note 17) ; Massé et Vergé (IV, 92).

et toujours, de la profonde différence qui existe entre eux et ses propres, et qui ne peut jamais perdre de vue l'idée que ces biens ne sont disponibles pour elle qu'en vue de la dissolution et de l'acceptation par elle de la communauté, et pour moitié seulement. C'est donc uniquement d'après le droit commun, et non d'après le privilége de l'article 1423, que le testament de la femme peut produire effet.

D'après cela, si la femme a déclaré léguer, en général, sa part de communauté ou une fraction de cette part, ou si, sa disposition ayant pour objet tels biens particuliers et déterminés, ces biens font partie de son lot, le legs sera parfaitement valable; mais si elle a légué, soit les deux tiers, les trois quarts ou la totalité de la communauté, soit des biens particuliers qui n'entrent pas dans son lot, le legs est nul, aux termes de l'art. 1021, pour tout ce qui est en dehors de sa part (1).

Rappelons, en terminant, que ce qui vient d'être dit dans ce nº VI pour le legs s'applique également aux donations de biens à venir, et que la règle différente de l'art. 1422 n'est faite que pour les donations entre-vifs proprement dites, c'est-à-dire de biens présents. Ainsi, d'une part, le mari ne peut pas, même pour l'établissement d'enfants communs, ou en ne donnant que des meubles particuliers, disposer, par une donation de biens à venir (ni par conséquent de biens présents et à venir), des choses formant la part de la femme (sauf au bénéficiaire, comme on l'a vu, à exécuter par équivalent sur les autres biens du mari) ; et, d'un autre côté, la femme, pour ce qui forme sa part, peut disposer aussi bien par donation de biens à venir que par testament, sauf l'autorisation dont elle a besoin dans le premier cas, tandis qu'elle en est dispensée dans le second par l'art. 226.

1424, 1425, 1426, 1427. — *On sait que ces quatre articles ont été expliqués plus haut, à la suite de l'art.* **1420.**

§ 2. — De l'administration des propres.

1428. — Le mari a l'administration de tous les biens personnels de la femme.

Il peut exercer seul toutes les actions mobilières et possessoires qui appartiennent à la femme.

Il ne peut aliéner les immeubles personnels de sa femme sans son consentement.

Il est responsable de tout dépérissement des biens personnels de sa femme, causé par défaut d'actes conservatoires.

SOMMAIRE.

I. L'administration des propres de la femme est confiée au mari. Celui-ci n'est, sous ce rapport, qu'un administrateur ordinaire. Il a toutes les actions mobilières;

_____

(1) Le legs est d'ailleurs nul pour le tout, si les héritiers de la femme renoncent à la communauté. Besançon, 10 déc. 1862 (Dev., 63, II, 55).

mais, quant aux immeubles, il ne peut agir qu'au possessoire : controverse. Du reste, les actions confiées au mari pourraient aussi, au besoin, être exercées par la femme autorisée par justice.

II. Le mari ne peut aliéner ni les immeubles de la femme ni ceux de ses meubles qui constituent des propres parfaits.

III. La femme qui accepte la communauté ne peut revendiquer que pour moitié les immeubles aliénés par le mari. Réfutation des deux systèmes contraires.

IV. Comme administrateur, le mari est responsable de la conservation des biens de la femme ; il doit notamment faire faire les grosses réparations et interrompre les prescriptions. Mais si la femme accepte la communauté, elle ne peut réclamer que la moitié de l'indemnité.

V. Renvoi pour les biens donnés à la femme sous condition que l'administration lui en restera.

1. — Le mari, bien entendu, conserve, sous le régime de communauté légale comme sous tout autre, l'administration de ses biens personnels. La femme, au contraire, en perdant la jouissance de ses propres, qui tombe dans la communauté, en perd également l'administration, que la loi confie au mari en même temps que celle des biens communs (1). Mais les droits du mari administrateur ne sont pas les mêmes, à beaucoup près, sur les propres de la femme que sur les biens communs, et tandis qu'il a pour ces derniers des pouvoirs à peu près illimités et presque semblables à ceux d'un propriétaire exclusif, il n'a, pour les autres, que ceux d'un administrateur ordinaire du bien d'autrui.

Ainsi, notre article confère au mari l'exercice de toutes actions mobilières (2) ; mais, parmi les actions immobilières, on ne lui donne que les possessoires, non les pétitoires. Lors donc qu'il s'agira de procès relatifs aux meubles propres de la femme, le mari pourra intenter l'action ou y défendre, sans le concours de la femme, et ce qui sera jugé pour ou contre lui, sera jugé pour ou contre celle-ci. Pour les immeubles, il en sera de même tant qu'il ne s'agira que du possessoire ; mais si c'est la question de propriété qui se débat, le mari n'a plus qualité, ni pour introduire l'action, ni pour y répondre. Il est vrai que Toullier (XII, 384), puis, après lui, M. Battur (II, 552) et un arrêt des requêtes (du 15 mai 1832), ont nié cette dernière idée et attribué au mari le droit d'agir pour sa femme, même au pétitoire ; mais c'est une erreur certaine. En vain Toullier nous dit que le texte de la loi ne refuse pas au mari les actions pétitoires et qu'il garde le silence à cet égard ; car, puisqu'il s'agit de droits appartenant en propre à la femme, il est clair que le mari ne peut exercer tel ou tel qu'autant que le texte les lui attribue et nullement par cela seul qu'il ne les lui refuse pas : aussi la chambre des requêtes a-t-elle contredit elle-même sa première idée dans un arrêt postérieur où elle juge que le mari ne pourrait même pas former une surenchère au nom de sa femme, vu que la soumission de surenchère conduit à l'acquisition de la propriété si cette

_____

(1) MM. Paul Pont et Rodière (t. I, n° 673) ; Troplong (t. II, n° 973).
(2) Et à plus forte raison a-t-il le droit de toucher les capitaux mobiliers de sa femme. Angers, 29 janv. 1842 ; Rej., 25 juill. 1843 (Dev., 42, II, 424 ; 51, I, 258) ; *sic* MM. Rodière et Paul Pont (t. I, n° 679) ; Colmar, 23 déc. 1863 (Dev., 64, II, 111).

surenchère n'est pas couverte. La majorité des auteurs reconnaît également que le mari n'a pas capacité pour agir au pétitoire (1).

Toutefois il va sans dire que c'est seulement pour la nue propriété que le mari se trouve sans capacité, et qu'il peut agir au pétitoire, même pour les immeubles de la femme, en ce qui concerne l'usufruit de ces immeubles : seulement, ce n'est plus comme administrateur des biens de la femme, mais comme chef de la communauté usufruitière des propres des époux, qu'il agit alors.

Du reste, de ce que le mari peut exercer les actions mobilières ou possessoires de la femme, on n'en peut pas conclure que celle-ci ne pourrait pas les exercer elle-même. Si le mari refusait d'intenter une telle action, on ne voit pas pourquoi la femme ne pourrait pas le faire, en demandant l'autorisation de la justice : il s'agit là, pour cette femme, de la conservation de son patrimoine, et on ne peut pas exiger qu'elle se contente de l'expectative d'un recours à exercer contre son mari, plus tard et illusoirement peut-être, alors qu'elle a un moyen si simple de conjurer le préjudice qui la menace. On lui a toujours reconnu le droit d'intervenir quand le procès est soutenu par le mari, dans la crainte de collusion ou de négligence de la part de celui-ci : comment ne pas lui reconnaître le droit d'agir elle-même quand le mari ne veut pas le faire? Notre texte ne s'oppose nullement à cette solution, puisqu'il dit que les actions dont il s'agit *peuvent* être exercées par le mari sans dire en aucune façon qu'elles *doivent* l'être (2).

II. — Simple administrateur, le mari ne saurait avoir, quant aux propres de la femme, aucun droit d'aliénation. Sans doute, il peut aliéner le droit de jouissance de ces propres, puisque ce droit n'appartient plus à la femme, mais à la communauté : le mari peut donc en disposer comme de tous les autres biens communs, et la concession qu'il ferait (soit à titre onéreux, soit à titre gratuit dans les limites de la loi) sur un immeuble personnel à la femme, d'un usufruit devant cesser à la dissolution de la communauté, serait parfaitement valable (3). Mais s'il peut ainsi, non plus comme administrateur des propres et d'après notre art. 1428, mais comme chef de la communauté et d'après les art. 1421 et 1422, aliéner l'usufruit des biens de la femme, il ne peut jamais aliéner le bien lui-même, c'est-à-dire transmettre à autrui (*alienum facere*) ni le domaine, ni aucune partie du domaine (4).

---

(1) Cass., 14 nov. 1831 ; Req., 15 mai 1832 ; Bordeaux, 8 juill. 1839 ; Rej., 16 déc. 1840 (Dev., 41, 1, 237) ; Duranton (XIV, 316) ; Glandaz (n° 235) ; Zachariæ (III, p. 442) ; Odier (I, 273) ; Rodière et Paul Pont (I, 681) ; Lebrun (liv. 2, chap. 2, sect. 4, n° 28) ; Renusson (part. 1, chap. 8, n° 2) ; Prévot de la Janès (n° 314) ; Bourjon (t. II, p. 576) ; Pothier (253) ; Taulier (V, 99) ; Troplong (II, 1005) ; Dalloz (1334).

(2) *Conf.* Duranton (XIV, 317) ; Odier (I, 272) ; Rodière et Paul Pont (I, 681) ; Duvergier, sur Toullier (XII, 383) ; Dalloz (1326) ; Toulouse, 2 juill. 1807.

(3) Pareillement, le mari peut consentir seul et sans le concours de sa femme la résiliation du bail d'un immeuble personnel à celle-ci et ayant encore une durée de quinze années, par voie de transaction sur une difficulté existant entre la femme et le locataire, un tel acte n'excédant pas le pouvoir d'administrateur. Paris, 26 avr. 1850 (Dev., 51, II, 796).

(4) La vente qu'il aurait consentie est tellement nulle que l'acquéreur ne pourrait intervenir au partage de la succession d'où dépendait l'immeuble, ni comme proprié-

Et quoique notre article ne parle que des immeubles, l'incapacité d'aliéner s'applique également aux propres mobiliers de la femme. Sans doute, pour ceux des meubles qualifiés ordinairement propres qui ne sont propres qu'inexactement parlant, et que nous avons appelés propres imparfaits; le mari aura le droit d'aliéner, puisque, comme on l'a vu précédemment, ces meubles ne sont pas réellement des propres, et que ce qui est propre alors, ce n'est pas le *bien,* mais tout simplement *une créance* ayant pour objet soit un autre bien semblable au premier, soit une somme représentant la valeur de ce bien : la communauté est, dans ce cas, au moyen de sa dette envers la femme, propriétaire du bien meuble, imparfaitement appelé propre, et le mari dès lors peut disposer de ce bien comme de tout autre bien commun. Mais pour les meubles qui constituent des propres parfaits, il n'y a évidemment aucune raison d'en attribuer la disposition au mari ; et c'est à tort que plusieurs auteurs anciens et modernes ont admis absolument et sans cette distinction le droit d'aliénation du mari (1).

Que pourrait-on invoquer, en effet, pour baser ce prétendu droit du mari? Dira-t-on que notre article, en défendant au mari d'aliéner les immeubles propres de la femme, ne parle pas des meubles? Mais on s'explique parfaitement son silence par cette idée que, les meubles propres n'étant, sous la communauté légale, qu'une exception, il est tout simple que le législateur n'ait pas songé à eux. Dira-t-on que le mari pouvant intenter toutes les actions mobilières de la femme, il peut par là même aliéner tous ses meubles? Mais la base de cet argument est inexacte : le droit d'intenter une action n'emporte pas celui de disposer de l'objet de cette action ; car le tuteur, qui peut, avec l'autorisation de la famille, intenter une action immobilière (art. 464), ne peut pas, avec cette seule autorisation, aliéner un immeuble (article 457). Enfin, argumentera-t-on, comme le fait surtout M. Troplong, de l'art. 1503? Cet article, écrit pour le cas où les époux sont convenus de ne mettre leur mobilier en communauté que jusqu'à concurrence d'une somme déterminée et de se réserver le surplus comme propre, déclare que chaque époux, lors de la dissolution, a le droit de reprendre la *valeur* de ce dont le mobilier venu de son chef excède la somme par lui promise; or, puisque l'époux reprend ainsi l'excédant, non en nature, mais seulement par une somme équivalente, c'est donc la communauté qui, au moyen d'une récompense à payer par elle, est alors propriétaire de la totalité du mobilier, quoique les époux s'en soient réservé une partie. Mais il n'y a pas analogie entre les deux cas :

taire dudit immeuble sur lequel le mari n'a pu conférer aucun droit, ni comme créancier du mari à raison des dommages-intérêts qu'il pourrait avoir à répéter contre lui par suite de la nullité de la vente. Rej., 10 juin 1844 (Dev., 44, I, 113).

(1) Lebrun (liv. 2, chap. 2, n° 5) ; Pothier (*Comm.,* n° 325) ; Delvincourt (t. III) ; Bellot (III, 19) ; Battur (II, 153) ; Merlin (*Rép.,* v° Réalisation, § 1, n° 4) ; Troplong (II, 982, et III, 1936 et 1937). — Jugé que la femme ne peut prétendre au droit d'exercer la reprise en nature d'un propre, quand il résulte des clauses du contrat de mariage qu'elle s'est soumise à exercer cette reprise en valeur seulement. Rej., 25 fév. 1852 (Dev., 52, I, 352).

quand l'époux, au lieu de livrer à la communauté une somme, lui livre son mobilier jusqu'à concurrence de cette somme, il est tout simple que la communauté puisse vendre ce mobilier pour se procurer la somme, sauf à tenir compte de l'excédant de valeur qu'elle en aura tiré; mais quand on exclut purement et simplement de la communauté tels ou tels meubles, il n'y a aucune raison pour que la communauté puisse en disposer.

Il faut donc, puisque aucun texte spécial ne vient ici déroger au droit commun, rentrer sous ce droit commun, et faire application des principes généraux, qui veulent qu'un bien ne puisse être aliéné que par la volonté de son propriétaire. L'art. 818 indique assez cette pensée du législateur, puisqu'il refuse au mari, aussi bien pour les meubles que pour les immeubles, l'action en partage des successions échues à la femme, du moment que ces meubles ou immeubles ne doivent pas appartenir à la communauté. Telle est, en effet, la doctrine de la plupart des auteurs, doctrine consacrée par la Cour suprême et à laquelle la Cour d'appel de Paris elle-même, après l'avoir repoussée en 1837, par deux arrêts des 21 janvier et 15 août, est revenue en 1839 (1).

III. — C'est une question très-controversée, tant par les auteurs anciens que par les interprètes du Code, que celle de savoir quels sont, lors de la dissolution de la communauté, les droits de la femme dont l'immeuble aurait été aliéné par le mari, alors que cette femme accepte la communauté. Quand la femme renonce, tout le monde reconnaît bien qu'elle peut revendiquer son immeuble; mais quand elle accepte, et qu'elle se soumet ainsi pour moitié aux obligations de la communauté, a-t-elle encore le même droit?... Trois systèmes se sont produits à cet égard.

L'un, soutenu d'abord par Pothier (qui l'a abandonné plus tard), et suivi, depuis le Code, par Toullier et d'autres auteurs (2), enseigne que la femme ne peut revendiquer que la moitié de son immeuble, par la raison que, soumise pour moitié à l'obligation de garantir l'acquéreur du dommage que l'éviction lui causerait, elle ne peut, dès lors, exercer l'éviction pour cette moitié, d'après la règle *quem de evictione tenet actio, eumdem agentem repellit exceptio.*

Dans le second, professé par Lebrun, M. Duranton, MM. Paul Pont et Rodière, etc. (3), on tient que la femme peut revendiquer la totalité,

---

(1) Toullier (XII, 379) ; Duranton (XIV, 318) ; Zachariæ (III, p. 516 et 517) ; Championnière et Rigaud (IV, 2896) ; Rodière et Paul Pont (I, 683, et II, nᵒˢ 50-53) ; Odier (II, 728) ; Duvergier (sur Toullier) ; Taulier (V, 180) ; Bugnet (sur Pothier, nᵒ 325) ; Dalloz (2698) ; Paris, 23 fév. 1835 ; Paris, 15 fév. 1839 ; Rej., 2 juill. 1840 (Dev., 35, II, 68 ; 40, II, 212 ; 40, I, 887) ; Paris, 3 janv. 1852 (Dev., 52, II, 133). — Voy. cependant Req., 25 juill. 1843 (Dev., 51, I, 258).

(2) Pothier (*Vente*, I, 179) ; Prévot de la Janès (II, 313) ; Toullier (XII, 226) ; Dalloz (X, p. 262) ; Troplong (*Vente*, I, 463, et *Contr. de mar.*, II, 730 à 733) ; Duvergier (sur Toullier, *loc. cit.*) ; Amiens, 18 juin 1814 ; Bordeaux, 30 avr. 1844 (Dev., 44, II, 536).

(3) Lebrun (liv. 3, chap. 2, sect. 1, dist. 1) ; Renusson (part. 1, chap. 6, nᵒ 64) ; Bourjon (I, p. 576) ; Duranton (XIV, 321) ; Zachariæ (III, p. 450) ; Paul Pont et Ro-

sauf à payer à l'acquéreur la moitié tant du prix d'acquisition que des dommages-intérêts auxquels il peut avoir droit.

Dans le troisième, adopté en dernier lieu par Pothier et depuis le Code par Merlin (1), on admet également que la femme peut revendiquer l'immeuble entier, mais on soutient qu'elle le peut faire en payant sa moitié dans le prix d'acquisition seulement, et non dans les dommages-intérêts, qui, d'après ce système, ne seraient dus que par le mari personnellement.

De ces trois systèmes, le second, tout d'abord, est inadmissible et porte en lui-même sa réfutation. Car de deux choses l'une : ou bien on reconnaîtra que l'obligation de garantir l'acquéreur du préjudice de l'éviction est une dette de la communauté, et alors il faudra bien reconnaître, avec le premier système, que la femme acceptante, qui se trouve tenue de cette dette pour moitié, est pour cette moitié dans l'impossibilité d'évincer; ou bien on dira que cette obligation est, même vis-à-vis du créancier, purement personnelle au mari, et alors, s'il devient vrai que la femme peut revendiquer pour le tout, il sera vrai également, comme le dit le troisième système, que cette femme n'est pas tenue de payer la moitié des dommages-intérêts dus à l'acquéreur. Prétendre tout à la fois, comme le font Lebrun, Renusson, M. Duranton, MM. Rodière et Paul Pont, etc., que la femme est tenue des suites de l'éviction pour sa moitié, et qu'elle peut pratiquer néanmoins cette éviction pour le tout, c'est enseigner le oui et le non tout ensemble. C'est donc avec raison que Pothier, en relevant la contradiction de ce système intermédiaire, n'a laissé le premier que pour adopter le troisième, et on ne doit pas hésiter à rejeter ce système pour choisir entre les deux autres.

Ce système rejeté, on ne peut pas, ce nous semble, hésiter davantage entre les deux autres, et c'est le premier qui doit être suivi. En effet, si le mari a vendu l'immeuble de la femme comme appartenant à cette femme et se portant fort pour elle, ou s'il l'a vendu comme sien, mais de bonne foi, non-seulement la dette de garantie peut être poursuivie contre la communauté, mais elle est même définitivement à sa charge. Que si le mari a vendu l'immeuble comme sien, de mauvaise foi, et s'est ainsi rendu coupable de stellionat (art. 2059), il est bien vrai que la communauté n'est alors tenue définitivement que pour le profit qu'elle a tiré de la vente, c'est-à-dire pour le prix, et que pour le surplus, c'est-à-dire pour les dommages-intérêts, c'est le mari qui est débiteur personnellement, puisque la dette provient de son délit; mais il ne faut pas oublier que, même dans ce cas, c'est encore la communauté, d'après l'art. 1424, qui doit payer (sauf récompense); la dette,

---

dière (I, 686); Odier (t. I, nos 279 et suiv.). — M. Zachariæ cite Toullier, et MM. Rodière et Paul Pont citent M. Glandaz, comme professant aussi ce second système. Il y a erreur de part et d'autre : Toullier soutient le premier système très-longuement et très-énergiquement, et M. Glandaz embrasse le troisième. M. Dalloz s'est rangé à cette opinion dans son *Rép. gén.*, v° Contr. de mar., n° 1315.

(1) Pothier (*Comm.*, n° 253); Merlin (*Rép.*, v° Comm., § 3, n° 6); Battur (I, 308); Glandaz (n° 166); Taulier (t. V, p. 100).

qui est personnelle au mari dans ses rapports avec la femme, est encore dette de communauté dans les rapports de cette femme avec le créancier. Ainsi, dans tous les cas possibles, la dette de garantie est, par rapport à l'acquéreur, non une dette du mari, mais une dette de la société conjugale, dont la femme se trouve tenue pour moitié, du moment qu'elle ne renonce pas à sa qualité d'associée (1). C'est donc au premier système qu'il faut s'en tenir.

Mais, dit-on, le mari arriverait ainsi indirectement à dépouiller la femme de ses biens, et l'aliénation par lui faite se trouverait en définitive avoir effet pour moitié ; or il est clair que la pensée de la loi est d'empêcher absolument toute aliénation faite sans la volonté de la femme, aussi bien celle qui se réaliserait indirectement par suite de la dette de garantie, que celle qui résulterait d'une concession immédiatement valable : en résumé, il ne peut jamais se faire, par aucune combinaison que ce soit, que la femme voie son propre lui échapper sans qu'elle y ait consenti. — Cette objection, sur laquelle insistent surtout M. Zachariæ et MM. Paul Pont et Rodière, au point d'en faire leur principale raison de décider, n'a cependant rien de solide. Sans doute, un propriétaire, la femme comme tout autre, ne peut pas (en général) voir son bien passer à autrui sans un acte de sa volonté : dans le cas même d'expropriation *forcée,* la perte de la propriété n'est la plupart du temps que l'effet de la volonté du débiteur, puisque celui-ci, quand il a contracté une dette, a par cela même engagé ses biens et consenti à ce qu'ils soient vendus, si besoin était, pour l'acquittement de son obligation. Un propre de la femme ne peut donc pas lui être enlevé sans sa volonté ; mais aussi cette volonté existe dans notre cas, puisque l'enlèvement du bien résulte ici pour elle, non pas précisément de l'aliénation faite par le mari, mais de l'acceptation de communauté par laquelle la femme s'est soumise pour sa part à l'obligation de garantie, acceptation toute volontaire de sa part. Si un mari ne peut, ni directement, ni indirectement, aliéner le bien de sa femme, un oncle ne saurait non plus aliéner le bien de son neveu, ni un ami le bien de son ami ; mais si mon oncle, après avoir vendu mon immeuble, meurt en me laissant pour héritier, ou si mon ami, dans la même hypothèse, meurt en me faisant son légataire universel, il est bien clair qu'en acceptant la succession du premier ou le legs du second, je me mettrai dans l'impossibilité d'évincer l'acheteur. Il en est de même de la femme

_____

(1) Pour repousser ce premier système et soutenir le troisième, M. Glandaz présente une idée nouvelle ; mais cette idée est aussi inexacte qu'elle serait décisive si elle était vraie. Pour n'avoir pas à reconnaître que la femme acceptante se trouve soumise à la dette de garantie, il trouve un moyen fort simple, c'est de dire que cette dette de garantie n'existe pas (même pour le mari) : selon lui, l'acheteur est de plein droit et nécessairement réputé savoir que le bien n'appartient pas au mari, il est nécessairement acquéreur de mauvaise foi, parce qu'il est de principe qu'on ne peut jamais ignorer la position de celui avec qui on contracte... Ce prétendu principe, qui ferait de tous ceux qui acquièrent *à non domino* des acquéreurs de mauvaise foi et supprimerait d'un trait de plume la prescription de dix ou vingt ans, n'a pas besoin d'être réfuté : il est trop clair que la mauvaise foi n'est qu'une exception qui doit être positivement prouvée.

qui, en acceptant la communauté, se soumet volontairement, pour sa moitié, à l'obligation de garantie imposée à cette communauté, et dès lors à l'impossibilité de revendiquer.

Évidemment donc, c'est au premier système qu'il faut se tenir ; et c'est ce qu'ont jugé les seuls arrêts qui, à notre connaissance, aient statué sur la question. (Amiens, 18 juin 1814 ; Bordeaux, 30 avril 1844. — *Voy.* plus haut, aux notes.) (1)

IV. — Chargé d'administrer les biens de la femme, le mari est donc tenu de pourvoir à leur conservation ; et la dernière disposition de notre article le déclare, en effet, responsable de tout dépérissement résultant du défaut d'actes conservatoires. Au premier rang de ces actes conservatoires se trouvent les réparations à faire et les prescriptions à interrompre (2).

Quant aux réparations, il ne s'agit ici que de celles qu'on appelle grosses réparations, puisque les réparations d'entretien sont faites par le mari, non plus en qualité d'administrateur des biens de la femme, mais en qualité de chef de la communauté, qui les prend à sa charge comme usufruitière des propres. Les grosses réparations, au contraire, restent pour le compte de la femme ; elles ne sont payées par la communauté que sauf récompense ; et c'est comme administrateur des biens de la femme que le mari est tenu sous sa responsabilité de veiller à ce qu'elles soient faites.

Quant aux prescriptions, elles courent, d'après l'art. 2254, contre la femme commune pour les biens administrés par son mari, aussi bien que contre un propriétaire capable ; et c'est le mari, d'après le même article, qui est responsable de l'accomplissement de ces prescriptions, que son devoir était d'interrompre. Cette règle peut tout d'abord paraître trop rigoureuse contre le mari pour celles de ces prescriptions qui couraient depuis plus d'un an déjà lors de la célébration du mariage, puisque ces prescriptions ne peuvent être arrêtées que par une action pétitoire et que notre article n'accorde au mari que les actions possessoires, inefficaces quand la possession annale est accomplie (3). Mais comme le mari, ainsi qu'on l'a vu plus haut, peut et doit agir au pétitoire pour faire revenir à la communauté l'usufruit des immeubles de la femme indûment possédés par des tiers, et que la revendication de cet usufruit interrompra la prescription courant contre la femme, il n'y avait pas de raison de faire cesser la responsabilité du mari pour les prescriptions commencées avant le mariage. Nous disons que la revendication formée quant à l'usufruit fera cesser la prescription : c'est évi-

---

(1) La femme ne peut d'ailleurs agir contre l'acheteur que quand elle a recouvré l'exercice de ses actions par la séparation de biens ou la dissolution du mariage. Toullier (XII, 400) ; Duranton (XIV, 320) ; Rodière et Pont (I, 687) ; Troplong (II, 988) ; Colmar, 14 mai 1813.

(2) Jugé même que le mari est responsable du placement des sommes provenant de l'aliénation des biens propres de la femme, encore que ce placement ait été fait par la femme elle-même, en qualité de mandataire de son mari. Rej., 8 fév. 1853 (Dev., 53, I, 425).

(3) Toullier (XII, 413) ; Troplong (*Prescr.*, II, 761, et *Contr. de mar.*, II, 1015) ; Rodière et Pont (I, 689) ; Dalloz (1386).

dent, puisque cette revendication ne pourra être admise que sur la preuve du droit de propriété de la femme (1).

On comprend, du reste, que les dommages-intérêts encourus par le mari pour défaut d'actes conservatoires étant une dette de la communauté, ainsi qu'on l'a vu à la section précédente, la femme ne peut les obtenir en totalité que quand elle renonce : si elle accepte, la dette devient pour moitié sa propre dette, et c'est seulement pour l'autre moitié qu'elle peut recourir contre le mari ou ses représentants (2).

V. — Nous avons déjà dit (art. 1389, n° VI) que la règle de l'administration des biens de la femme par le mari pouvant bien ne pas exister entre époux (puisque la femme pourrait être séparée de biens ou avoir des paraphernaux), elle n'est donc pas d'ordre public, et peut dès lors être enlevée, pour quelques-uns des biens de la femme commune d'ailleurs, soit par une clause du contrat, soit par une condition de la donation qui attribue ces biens à la femme. Sans doute, on ne pourrait pas attribuer à la femme l'administration de biens dont la jouissance serait d'ailleurs laissée au mari ; encore moins pourrait-on conférer l'administration à un tiers : ce serait là un fait insultant pour la dignité maritale et contraire dès lors aux bonnes mœurs. Mais du moment que c'est à la femme que l'administration est réservée et qu'elle l'est en même temps que la jouissance et à cause d'elle, il n'y a là rien d'illicite. Nous reviendrons plus loin sur cette idée, combattue par quelques jurisconsultes, mais admise, avec raison, par la majorité des auteurs et des arrêts (voy. l'art. 1543, n° III).

1429. — Les baux que le mari seul a faits des biens de sa femme pour un temps qui excède neuf ans, ne sont, en cas de dissolution de la communauté, obligatoires vis-à-vis de la femme ou de ses héritiers que pour le temps qui reste à courir, soit de la première période de neuf ans, si les parties s'y trouvent encore, soit de la seconde, et ainsi de suite, de manière que le fermier n'ait que le droit d'achever la jouissance de la période de neuf ans où il se trouve.

1430. — Les baux de neuf ans ou au-dessous que le mari seul a passés ou renouvelés des biens de sa femme, plus de trois ans avant l'expiration du bail courant s'il s'agit de biens ruraux, et plus de deux ans avant la même époque s'il s'agit de maisons, sont sans effet, à moins que leur exécution n'ait commencé avant la dissolution de la communauté.

SOMMAIRE.

1. Le bail fait par le mari pour plus de neuf ans n'oblige la femme que pour la période dans laquelle il se trouve lors de la dissolution. Celui que le mari ferait plus de deux ou trois ans à l'avance n'oblige la femme qu'autant qu'il est commencé lors de la dissolution.

---

(1) Req., 5 fév. 1845 (D. P., 45, 1, 153).
(2) Conf Lebrun (Comm., p. 369, 39); Rodière et Pont (I, 690); Troplong (II, 1021); Dalloz (1395).

II.   Cette dernière règle s'applique à tous les baux, à ceux de plus de neuf ans comme
       aux autres : erreur de Proudhon. Réciproquement, le bail de plus de neuf ans
       est toujours nul quand il n'a pas commencé avant la dissolution, quoiqu'il
       n'ait été fait que deux ou trois ans d'avance.

III. L'inefficacité ne peut jamais être invoquée que par la femme, non par le preneur.
       — Si un bail avait été consenti par la femme comme par le mari, il serait
       pleinement obligatoire en toute hypothèse. — Quand l'inexécution du bail fait
       en contravention à nos articles donne-t-elle lieu à indemnité?

I. — La loi ne pouvait pas restreindre à la durée de la communauté
l'efficacité des baux consentis par le mari sur les biens de la femme, et
dire que la dissolution de la communauté entraînerait immédiatement
la résiliation de ces baux, car c'eût été mettre le mari dans l'impossibilité de trouver des locataires. Elle ne pouvait pas non plus déclarer
obligatoire pour la femme tout bail passé par le mari, quelle qu'en
fût la durée. Il fallait prendre un milieu, et c'est ce que fait l'article 1429, qui veut que le bail soit fait pour neuf ans au plus. Si le bail
est d'une durée plus longue, on le divise en périodes de neuf ans chacune (sauf la dernière, qui peut être moindre), et lorsque survient la
dissolution de la communauté, il continue d'être valable pour ce qui
reste à courir de la période dans laquelle on se trouve. Ainsi, soit un
bail de vingt ans : il se divise en trois périodes, dont deux de neuf ans
et la dernière de deux ans; si la communauté se dissout, par exemple,
après douze années de jouissance, le preneur pourra jouir encore pendant six années; que si cette dissolution arrivait après cette première
année de jouissance, le bail ne pourrait être invoqué par le locataire
que pour les huit années suivantes, et serait sans valeur pour onze années sur vingt.

Après avoir fixé la durée des baux, il fallait fixer aussi l'époque à laquelle il serait permis de les renouveler : on ne pouvait pas autoriser
le mari à signer un nouveau bail autant de temps à l'avance qu'il lui
plairait, puisqu'une telle faculté lui eût permis d'ajouter, à un premier
bail obligatoire de neuf ans, un second et même un troisième bail, signés peu de temps après le premier, et de lier ainsi la femme pour dix-
huit ou vingt-sept ans, en rendant illusoire la règle de notre article 1429; mais on ne pouvait pas exiger non plus qu'il attendît au dernier moment pour s'assurer d'un locataire. L'art. 1430 lui permet de
signer le bail deux ans d'avance pour les maisons et trois ans pour les
biens ruraux.

Il résulte de la combinaison des deux articles que la femme ou ses
héritiers peuvent se trouver liés par la convention du mari pour les
douze années qui suivront la dissolution (s'il s'agit de biens ruraux),
mais jamais plus. Que si un bail a été fait plus de deux ans d'avance
(ou trois ans, selon la nature de l'immeuble), il n'est obligatoire pour
la femme qu'autant que la dissolution de communauté n'arrive qu'a-
près l'expiration de ces deux (ou trois) années, et que le bail, trop tôt
signé, se trouve ainsi en cours d'exécution quand la communauté se
dissout : il ne suffirait pas que, lors de la dissolution, le bail précédent
n'eût plus que les deux (ou trois) années à courir. La loi est formelle

à cet égard : elle déclare que le bail sera sans effet dans ce cas, si son exécution n'a commencé avant la dissolution.

II. — L'art. 1430 ne parle que des baux de neuf ans ou au-dessous, et Proudhon (III, n° 1213, 1°) a cru pouvoir en conclure que, si le bail fait trop longtemps à l'avance était de plus de neuf ans, il resterait sans effet par l'arrivée de la dissolution, toujours, et quoique cette dissolution le trouvât en cours d'exécution. Ainsi, qu'un bail fait pour vingt ans, et quatre ans à l'avance, se trouve commencé depuis un an lorsque la communauté se dissout, ce bail, d'après Proudhon, cesserait à l'instant même d'être obligatoire pour la femme... C'est là une doctrine repoussée avec raison par les autres auteurs, et dont la combinaison de nos deux articles démontre l'erreur. Le bail est fait alors, tout à la fois, en contravention à l'art. 1430 en ce qu'il a été souscrit trop longtemps à l'avance, et en contravention à l'art. 1429 en ce qu'on lui a donné une durée trop longue ; mais puisque la contravention à l'art. 1430 se couvre par l'exécution du bail avant la dissolution de la communauté, il ne reste donc plus, dans notre hypothèse, que la contravention à l'art. 1429 : or cet article veut qu'on donne effet à la période de neuf ans dans laquelle la communauté se dissout, d'où il suit que le bail qui dure déjà depuis un an lors de la dissolution, sera obligatoire pour la femme pendant huit années (1).

Mais que faudrait-il décider si le bail n'étant fait, comme le veut la loi, que deux ou trois ans à l'avance, l'était pour un temps trop long, et que la communauté vînt à se dissoudre avant qu'il eût commencé ? Faudrait-il, par cela seul qu'il est fait pour plus de neuf ans et qu'il n'est pas commencé lors de la dissolution, le déclarer entièrement inefficace envers la femme, ou devrait-on le dire obligatoire pour neuf ans ? C'est à la première idée qu'il faut se tenir, et ce bail est entièrement comme non avenu quant à la femme. Dans ce cas, en effet, l'art. 1430 étant respecté, et l'art. 1429 seul violé, on n'a donc à considérer que ce dernier article, comme si l'autre n'existait pas. Or cet art. 1429 ne donnant effet au bail fait en contravention à sa règle que pour la période de neuf ans *qui se trouve commencée* lorsque la communauté se dissout, il s'ensuit que tout bail de plus de neuf ans dont la jouissance n'a pas encore commencé ne peut être obligatoire pour aucune partie de sa durée (2).

III. — Du reste, comme c'est seulement *vis-à-vis de la femme* ou de ses héritiers, et dans leur seul intérêt, que les baux faits en contravention à nos articles sont déclarés sans valeur, il est clair que si la femme ou ses héritiers veulent exécuter le bail consenti trop longtemps à l'avance ou pour une trop longue durée, le preneur ne pourra pas s'y refuser et prétendre que le bail est nul. Ce n'est pas absolument, mais relativement à la femme, que le bail est sans valeur, et le preneur se

---

(1) Bellot (I, p. 497); Zachariæ (III, p. 449); Troplong (*Louage*, I, 152; *Contr. de mar.*, II, 1029); Rodière et Paul Pont (I, 696); Dalloz (1373).

(2) M. Troplong, sans insister sur cette idée, reproduit aussi la même doctrine (II, 1028 et 1029).

trouve ici à la discrétion de la femme, qui peut exiger, selon son intérêt, l'exécution du bail ou sa résiliation (1).

Il résulte également du texte de nos articles que les baux ne peuvent
être critiqués par la femme pour contravention à nos articles que
quand ils ont été consentis *par le mari seul*. S'ils l'ont été par le mari
et par la femme elle-même, ils seront pleinement obligatoires, quelles
que soient leur durée et l'époque où on les a souscrits (2).

Faisons observer en terminant que si le preneur, dont le bail a
été fait contrairement aux règles de nos articles et se trouve ensuite
résilié, avait été trompé par le mari, qui lui aurait présenté l'immeuble
comme sien, ce preneur aurait droit à des dommages-intérêts pour le
préjudice que lui cause l'inexécution ; et comme ces dommages-intérêts, quoique devant être supportés par le mari, pourraient être poursuivis contre la communauté (art. 1424), il s'ensuit que la femme, en
cas d'acceptation, en serait tenue pour moitié vis-à-vis du locataire.

§ 3. — Des récompenses.

La réunion, sous la main du même administrateur, des trois patrimoines existant dans la maison des époux communs, et les occasions
fréquentes qu'ont ces époux et la communauté de recevoir, de payer
ou de s'obliger l'un pour l'autre, seraient devenues une source féconde
d'avantages indirects, si le bénéfice procuré à l'un des patrimoines aux
dépens d'un autre n'avait pas donné lieu à récompense. Or, s'il est vrai
que les libéralités entre époux ne sont pas interdites aujourd'hui, ainsi
qu'elles l'étaient autrefois par certaines coutumes, cependant, comme
la volonté de donner ne saurait se présumer (surtout ici, où l'attribution du bénéfice s'explique tout naturellement par la pensée de faire
une simple avance), le principe des récompenses devait évidemment
s'appliquer sous le Code, comme il s'appliquait autrefois sous les coutumes mêmes qui permettaient les donations entre époux.

Ce principe, qui n'est posé d'une manière générale dans la loi que
pour les récompenses dues à la communauté (art. 1437), mais qui est
évidemment le même pour les récompenses dues à un époux, peut se
formuler en disant que, toutes les fois que l'un des trois patrimoines a
tiré un profit aux dépens de l'un des deux autres, une indemnité est
due à celui-ci par le premier. — Le Code s'occupe d'abord des récompenses dues à un époux, soit par son conjoint, soit par la communauté
(art. 1431-1436) ; puis des récompenses dues à la communauté par
l'un des époux (art. 1437).

1° *Récompenses dues à un époux.*

1431. — La femme qui s'oblige solidairement avec son mari pour

---

(1) *Conf.* Duranton (I, 588); Zachariæ (t. III, p. 4, note 3); Duvergier (I, 41);
Troplong (*Louage*, I, 151); Pont et Rodière (I, 693); Dalloz (1368).
(2) *Conf.* Pont et Rodière (I, 693); Troplong (II, 1033); Bourges, 17 nov. 1829.

les affaires de la communauté ou du mari, n'est réputée, à l'égard de celui-ci, s'être obligée que comme caution; elle doit être indemnisée de l'obligation qu'elle a contractée.

SOMMAIRE.

I. L'article, en ce qui touche les affaires de la communauté, apporte par·faveur pour la femme une dérogation au droit commun. Quelle utilité cette dérogation offre-t-elle à la femme acceptante?
II. Ce bénéfice n'existe pour la femme que par rapport à son mari. Elle ne pourrait pas l'invoquer vis-à-vis d'un tiers codébiteur, et celui-ci pourrait recourir contre elle pour sa part, mais pour sa part seulement : erreur d'un arrêt de la chambre des requêtes et de M. Troplong.
III. Cas où ce bénéfice doit cesser.
IV. L'article s'applique aussi aux engagements non solidaires.

I. — Toutes les fois que l'affaire pour laquelle une dette solidaire a été contractée ne concerne que l'un des débiteurs, on sait que, dans le rapport de ces débiteurs entre eux, celui que l'affaire concerne est tenu seul de toute la dette, les autres devenant par rapport à lui de simples cautions. C'est là un principe général posé par l'art. 1216, et notre article ne présente qu'une application de ce principe quand il déclare simple caution, quant au mari, la femme qui s'est obligée solidairement avec ce mari pour les affaires de celui-ci. Cette règle n'est donc que le droit commun et s'appliquerait aussi au mari, si c'était dans l'intérêt de la femme qu'une dette solidaire eût été contractée par les époux. Mais la loi va plus loin, et, pensant avec raison que la femme doit être facilement supposée ne s'obliger qu'en raison de son intime dépendance du mari, et dans la seule pensée de garantir vis-à-vis des tiers les obligations que contracte celui-ci, elle la déclare également simple caution, toujours quant au mari, même alors que la dette solidaire concerne les affaires de la communauté et sans aucune condition de renonciation par elle à cette communauté.

Ainsi, dans les deux cas, la femme serait bien débitrice solidaire quant au créancier, qui pourra, s'il le veut, la poursuivre pour la totalité de la dette sur ses biens propres; mais elle ne sera que caution dans ses rapports avec son mari, et le payement qu'elle se trouverait obligée de faire lui donnerait droit à récompense, soit contre le mari, si l'affaire concerne celui-ci personnellement, soit contre la communauté, dans le cas contraire. Le résultat, on le comprend, ne sera pas le même dans les deux cas ; car si c'est le mari qui est personnellement débiteur, la récompense sera prise sur ses biens personnels, ou, ce qui est la même chose, sur sa part de communauté (art. 1478), tandis que, quand l'affaire concerne la communauté, c'est sur la masse des biens communs que la récompense se prélève (art. 1470), en sorte que la femme (que nous supposons accepter la communauté) supporte définitivement la moitié de la dette qu'elle a payée et ne recouvre que l'autre moitié.

Cela étant, on ne voit pas au premier abord quel avantage il y a

pour la femme à n'être considérée que comme caution quant au mari,
lorsque la dette pour laquelle elle s'est obligée solidairement concerne
la communauté. Ainsi, supposons que cette dette soit de 20 000 fr.,
et que, lors de la dissolution, la communauté présente, déduction faite
de toutes les autres dettes, un actif de 80 000 fr. Si la femme était
considérée, même quant au mari, comme une débitrice solidaire ordinaire, obligée de la même manière que le mari lui-même, on appliquerait les art. 1213 et 1214, d'après lesquels la femme aurait à répéter
contre le mari la moitié de la dette payée en entier par elle, soit
10 000 fr., somme qui, réunie aux 40 000 fr., formant sa moitié dans
la communauté, lui donnerait en tout 50 000 fr. Or la femme, traitée
comme caution par rapport au mari, prélèvera d'abord sur le fonds
commun une somme égale à celle qu'elle a déboursée, soit 20 000 fr.;
et comme ce fonds, réduit à 60 000 fr. par ce prélèvement, ne lui
donnera ensuite que 30 000 fr. pour sa moitié, la femme se trouvera
encore avoir 50 000 fr. dans le second cas comme dans le premier.
Quelle utilité y aura-t-il donc pour cette femme à n'être traitée, dans
ses rapports avec son mari, que comme caution?

Cette utilité n'existera pas tant que l'actif de la communauté sera
suffisant pour acquitter l'indemnité de la femme; mais elle se présenterait si cet actif se trouvait inférieur au chiffre de la récompense due.
Ainsi, toujours dans l'hypothèse d'une dette solidaire de 20 000 fr.,
payée par la femme, supposons que la communauté, au lieu d'offrir un
actif de 80 000 fr., n'en présente que 12 000. Si la femme était
débitrice ordinaire, même par rapport au mari, elle serait réduite à
répéter 10 000 fr. contre celui-ci, pour prendre ensuite sa moitié des
12 000 fr. de communauté, en sorte qu'elle ne recueillerait que
16 000 fr. des 20 000 fr. par elle déboursés. Au contraire, la qualité
de simple caution que notre article lui donne vis-à-vis du mari la rendant créancière contre la communauté pour la totalité des 20 000 fr.,
elle pourra, après avoir pris les 12 000 fr. qui se trouvent dans le
fonds commun, recourir contre les biens personnels du mari pour les
autres 8 000 fr., puisque le mari, à la différence de la femme, est
tenu des dettes de communauté pour le tout et sur ses biens personnels,
nonobstant l'insuffisance des biens communs (art. 1472, 1483, 1484).

La position de la femme est donc plus avantageuse quand c'est pour
l'intérêt personnel du mari que celle-ci s'est obligée. Mais, bien entendu,
ce serait à elle de prouver l'existence de cet intérêt personnel; car tout
d'abord, et jusqu'à preuve du contraire, on doit présumer que la dette
ainsi contractée en commun par les deux époux l'a été dans un but
d'intérêt commun (1).

II. — La disposition portée par notre article pour le cas où l'obligation solidaire des époux n'est pas contractée dans l'intérêt personnel

____

(1) M. Troplong enseigne, au contraire, que c'est au mari à prouver que l'obligation a été contractée dans l'intérêt des deux époux ou dans l'intérêt exclusif de la
femme (1045). — *Conf.* Dalloz (1057); Req., 25 mars 1834. *Voy.* Metz, 18 juill.
1820.

du mari, étant exceptionnelle et dérogatoire au droit commun, ne saurait donc être étendue au delà de ses termes, et c'est uniquement *à l'égard du mari* que la femme peut prétendre à n'être traitée que comme caution : elle ne pourrait user de ce bénéfice ni quant au créancier, ni quant à tous autres (1).

Ainsi, qu'une obligation solidaire ait été contractée tout à la fois par les deux époux et par un tiers, dans l'intérêt des époux et du tiers, la femme qui aurait été poursuivie et aurait payé ne pourrait pas prétendre que c'est à titre de caution qu'elle peut recourir contre le tiers aussi bien que contre son mari ; car le tiers lui dirait qu'elle n'est réputée simple caution que par rapport au mari, et que, vis-à-vis de lui tiers, elle reste débitrice ordinaire, tenue aussi bien que lui-même de supporter définitivement une part de la dette. Réciproquement, si c'est le tiers qui a payé la dette, il aura son recours aussi bien contre la femme pour sa part que contre le mari pour la sienne, sans que la femme puisse prétendre que le mari seul doit être poursuivi, et que, quant à elle, sa qualité de simple caution la met à l'abri de tout recours de la part d'un débiteur principal ; car, ici encore, le tiers répondrait que la femme n'est simple caution que par rapport à son mari, et qu'elle reste obligée principale, pour sa part, vis-à-vis de tous autres.

Mais, bien entendu, c'est seulement pour sa part dans la dette (et par conséquent pour la moitié de la part afférente à la communauté des deux époux) que la femme est tenue de contribuer vis-à-vis du tiers codébiteur et de répondre à l'action en recours de ce tiers : si, par exemple, le tiers est intéressé dans l'affaire pour moitié et la communauté pour moitié (et l'on conçoit que c'est là un point à décider en fait), chacun des deux époux, dans le rapport des trois cooblgés entre eux, ne sera débiteur que pour un quart, et c'est pour ce quart seulement que le tiers codébiteur, qui a payé la totalité, pourra recourir contre la femme. Il y a donc une interprétation singulièrement fausse de notre article dans un arrêt rendu sur cette question, en 1827, par la chambre des requêtes (2).

Deux époux communs et un tiers avec eux s'étaient obligés solidairement dans une affaire intéressant pour moitié la communauté des époux, et pour l'autre moitié le troisième codébiteur. Ce codébiteur, ayant payé la totalité de la dette, réclama de la femme la moitié de la somme par lui déboursée, c'est-à-dire la totalité de la part afférente à la communauté des époux ; mais le représentant de la femme soutint, et avec raison, que la moitié seulement de la somme réclamée, c'est-

---

(1) *Voy.* Rej., 4 déc. 1855 (Dalloz, 56, I, 58) ; Limoges, 20 fév. 1855 (Dalloz, 55, II, 284) ; Lyon, 23 juill. 1858 ; Paris, 16 avr. 1864. — *Voy.* aussi MM. Paul Pont et Rodière (t. I, n° 606) ; Troplong (t. II, n° 1037) ; Dalloz (1065). — *Voy.* cependant Paris, 15 juill. 1854 (Dalloz, 56, II, 12).

(2) Rej., 29 nov. 1827 (Sirey, 28, 1, 169) ; *Coll. nouv.*, à sa date. — Cette collection nouvelle et aussi le *Journal du Palais*, en rapportant l'arrêt, citent en note Toullier (XII, 233) et M. Duranton (XIV, 306) comme décidant la question dans le même sens. C'est une erreur : aucun des deux auteurs ne traite la question, qui, à notre connaissance du moins, n'avait été examinée dans aucun ouvrage avant nous.

à-dire le quart de la somme totale, était due au tiers par la femme, puisque, si la dette solidaire est indivisible dans les rapports des débiteurs avec le créancier, elle est au contraire parfaitement divisible, se divise même de plein droit pour les débiteurs entre eux (art. 1213), de telle sorte que celui de ces débiteurs qui l'a payée en entier n'a de recours contre chacun de ses codébiteurs que pour la part pour laquelle celui-ci est personnellement intéressé (art. 1214). Ces prétentions si légitimes, si clairement fondées sur les textes les plus précis, furent repoussées et par le Tribunal de la Seine, et par la Cour d'appel de Paris, et par la chambre des requêtes de la Cour de cassation, toujours par le même motif, c'est-à-dire par une interprétation aussi fausse que possible de notre art. 1431. Voici le raisonnement auquel on s'arrêta, et que M. Troplong adopte aussi dans son récent traité (II, 1046) : « D'après l'art. 1431, quand deux époux communs s'obligent solidairement pour leur communauté, il n'y a pas là deux débiteurs principaux, dont chacun devrait supporter la moitié de la dette ; il n'y a qu'un débiteur principal, le mari chef de la communauté, qui est tenu de la dette entière, puis une caution, la femme, qui doit tout ce que doit le débiteur principal ; donc le tiers codébiteur, qui en payant sa propre part d'une dette solidaire a payé aussi la part de la communauté, a le droit, quant à cette part de la communauté, de recourir, à son choix, soit contre le mari pour le tout, soit contre la femme pour le tout également. » Or il y a là, selon nous, deux erreurs pour une.

Et d'abord, l'idée que le mari et la femme obligés solidairement pour une affaire commune ne sont pas deux débiteurs principaux, mais un débiteur et une caution, est très-vraie *relativement,* mais non pas absolument, comme le suppose le raisonnement de l'arrêt et de M. Troplong; elle est vraie relativement au mari, mais elle est fausse pour tous autres, et aussi bien vis-à-vis du tiers codébiteur que vis-à-vis du créancier : c'est seulement à l'égard du mari, dans les seuls rapports des deux époux entre eux, et en tant qu'il s'agit pour la femme de se faire indemniser par la communauté ou par le mari, que notre article déclare cette femme simple caution.

On commet donc une première erreur quand on attribue à la femme cette qualité de caution vis-à-vis du tiers codébiteur. Mais quand même cette idée serait exacte, la conséquence qu'on en tire n'en serait que plus fausse, et nous avons à relever ici une seconde erreur plus grave que la première.

En effet, si c'était aussi bien vis-à-vis du tiers codébiteur que vis-à-vis du mari que la femme fût réputée simple caution, il est clair que cette qualité, loin d'aggraver pour la femme les conséquences du droit commun, ne pourrait que les adoucir; qu'au lieu d'être soumise au recours du codébiteur pour plus que sa part, elle n'y serait même plus soumise pour cette part, et dirait avec raison que celui qui est l'un des débiteurs principaux ne peut pas recourir contre elle, simple caution... Que l'on pèse bien ce qui suit... Si notre article n'existait pas, si la femme avait été laissée sous l'empire du droit commun et qu'elle fût envers tous, même envers le mari, débitrice principale pour sa part, c'est-à-dire dans la mesure de l'intérêt qu'elle a personnellement dans l'affaire, dans ce cas-là même, celui de ses deux codébiteurs, soit le mari, soit le tiers, qui aurait payé toute la dette, ne pourrait lui redemander que la part due par elle (art. 1213 et 1214). Or, s'il est incontestable que le tiers codébiteur ne pourrait alors recourir contre la femme que pour la part de celle-ci et nullement pour cette part et celle du mari tout ensemble, comment venir dire qu'il pourra réclamer ces deux parts, parce que le femme jouit du bénéfice de n'être considérée que comme une caution?... De deux choses l'une, évidemment : ou bien ce bénéfice n'est accordé à la femme que vis-à-vis de son mari, et alors le tiers, vis-à-vis duquel elle reste codébitrice, conserve le droit de recourir contre elle pour sa part (mais non pas au delà); ou bien ce bénéfice existe aussi quant au tiers, mais alors ce tiers aura nécessairement contre la femme moins de droits qu'il n'en aurait eu!... Eh quoi! c'est l'exception introduite pour adoucir, quant à la femme, les sévérités du droit commun, qui viendrait aggraver ces sévérités, et permettre contre elle ce que les principes généraux ne permettraient pas! La faveur qui efface sa qualité de débitrice principale, pour la réputer simple caution, la soumettrait à payer au codébiteur et sa part et celle du mari, alors que, restée débitrice principale, elle ne lui eût dû que sa part!... Évidemment, la vérité est que le tiers codébiteur peut recourir contre la femme pour la part de celle-ci (mais pour cette part seulement), parce que cette femme reste débitrice principale quant à lui, et n'est réputée simple caution que vis-à-vis de son mari.

III. — L'exception apportée au droit commun par notre article est une faveur, un bénéfice motivé par la position particulière de la femme vis-à-vis de son mari, et qui n'existe pour elle que par rapport au mari. Mais ce bénéfice n'existe même pas toujours, et il est des cas où la femme doit être remise absolument, et aussi bien pour le mari que pour tous autres, sous l'empire du droit commun.

Si le législateur a posé comme règle générale que la femme en s'obligeant solidairement avec le mari, même pour sa communauté, ne serait cependant traitée par rapport au mari que comme une caution, et ne supporterait dès lors personnellement aucune partie de la dette, c'est par cette pensée que la femme qui s'oblige avec son mari ne le fait, en général, que dans le but de garantir l'obligation prise par celui-ci, et sans intention d'y contribuer définitivement. Or il est évidemment des cas particuliers où la femme a dû avoir la pensée de supporter définitivement sa part de la dette, et dans lesquels, dès lors, doit cesser le bénéfice de notre article. Le Code nous en donne un exemple dans l'art. 1438, où il déclare que, quand deux époux ont doté leur enfant commun sans expliquer par qui la dot sera payée, elle le sera par tous deux chacun pour moitié. C'est qu'en effet, l'établissement d'un enfant est une chose à laquelle la mère doit naturellement s'intéresser tout autant que le père, et l'on ne peut pas croire, à moins de déclaration formelle à cet égard, que cette mère ne soit intervenue à un tel engagement que comme garante du mari, et sans vouloir rien supporter pour son propre compte : aussi remarquons bien que notre article nous dit que la femme doit être *réputée* caution, *présumée* ne s'être obligée qu'à ce titre de caution, ce qui laisse entendre que c'est là une position qui devra s'évanouir si les circonstances révèlent chez la femme la volonté de s'obliger personnellement. C'est ce que décide un arrêt de la Cour de Lyon, dans une espèce où les époux s'étaient obligés solidairement pour le remplacement militaire de leur fils. La femme, après avoir payé la moitié à peine de la somme due, prétendait s'en faire indemniser par la succession du mari ; mais la Cour rejeta ses prétentions, et jugea, avec raison, qu'elle n'avait ainsi payé que sa propre obligation (1).

IV. — Disons en terminant que la règle formulée par notre article pour le cas de dette solidaire existerait de même, bien entendu, et comme l'a fait remarquer aussi depuis nous M. Troplong (II, 1039), pour la dette que les époux communs auraient contractée conjointement sans solidarité. Ici encore (sauf les cas particuliers dont il vient d'être parlé), la femme, dans ses rapports avec le mari, serait réputée simple caution, quoiqu'il s'agît d'une affaire de la communauté. Sans doute il y aurait, entre ce cas et celui d'une dette solidaire, cette différence, que le créancier, qui en cas de solidarité peut demander le tout à la femme aussi bien qu'au mari, ne pourrait ici lui demander que moitié ; mais la femme aurait pour cette moitié le recours que nous avons vu plus haut lui appartenir contre la communauté, et sur les biens personnels du mari subsidiairement. Et si cet engagement non solidaire avait été pris par les époux pour une affaire personnelle à l'un d'eux, il est clair que celui des deux, quel qu'il fût, qui aurait payé pour la dette de l'autre, aurait droit à récompense contre lui, aussi bien que dans le cas de solidarité (Dalloz, 1060).

1432. — Le mari qui garantit solidairement ou autrement la vente que sa femme a faite d'un immeuble personnel, a pareillement un recours contre elle, soit sur sa part dans la communauté, soit sur ses biens personnels, s'il est inquiété.

I. — Si le mari qui s'est engagé, avec ou sans solidarité, à garantir la vente faite par la femme d'un immeuble de celle-ci, se trouve tenu d'exécuter son obligation, il est clair qu'il y a lieu à récompense pour lui contre la femme dont il a ainsi acquitté la dette personnelle. Il est évident, au surplus, comme nous l'avons fait observer sous l'art. 1419, que le mari ne serait pas tenu vis-à-vis de l'acquéreur si, au lieu de *garantir* la vente faite par sa femme, il s'était borné à *l'autoriser*. Il va

(1) Lyon, 11 juin 1833. — *Voy.* aussi Paris, 30 déc. 1841 (Dev., 33, II, 654; Dalloz, 4, II, 181) ; Troplong (II, 1042 à 1045); Rodière et Paul Pont (t. I, n° 607). — *Junge* : Rennes, 22 nov. 1848; Bordeaux, 1er mai 1853 (Dev., 51, II, 85; 52, II, 154). — *Voy.* encore la dissertation de M. Paul Pont dans la *Revue critique*, t. II, p. 16.

sans dire aussi, car ce ne serait là qu'une application de l'article précédent, que si c'était la femme qui eût garanti une vente faite par le
mari, et que l'acquéreur vînt à être évincé et à recourir contre elle, elle
aurait également droit à récompense, et ce, soit que l'immeuble vendu
fût propre au mari, soit qu'il appartînt à la communauté, la femme
n'étant considérée que comme caution même dans ce dernier cas,
comme on l'a vu sous l'article précédent.

1433. — S'il est vendu un immeuble appartenant à l'un des époux,
de même que si l'on s'est rédimé en argent de services fonciers dus
à des héritages propres à l'un d'eux, et que le prix en ait été versé
dans la communauté, le tout sans emploi, il y a lieu au prélèvement
de ce prix sur la communauté, au profit de l'époux qui était propriétaire, soit de l'immeuble vendu, soit des services rachetés.

SOMMAIRE.

I. Il faut pour que la récompense soit due que le prix ait été reçu par la communauté (sens de ces mots : critique de l'opinion de Delvincourt) et qu'il n'y en ait
pas eu remploi.
II. Règle pour la preuve à faire. — Principe général dont cet article et les deux précédents ne sont que des applications particulières.

I. — Lorsqu'il a été vendu un immeuble propre à l'un des époux,
ou que cet époux a consenti moyennant une somme convenue l'extinction de servitudes dues à son immeuble, ou qu'il a concédé l'établissement sur cet immeuble de servitudes passives; toutes les fois, en un mot,
qu'un droit quelconque propre à l'époux a été aliéné moyennant un
prix, il est clair que, si ce prix est tombé dans la communauté et qu'il
n'en ait pas été fait remploi pour l'époux, celui-ci aura droit à récompense contre la communauté lors de la dissolution.

La loi, comme de raison, demande que le prix soit entré dans la
communauté. Tant que ce prix reste dû, il n'existe qu'une créance qui
demeure propre à l'époux, et si la communauté se dissout pendant cet
état de choses, l'époux ayant conservé sa créance comme bien propre
n'a rien à demander à la communauté; il a son action contre le débiteur, et c'est lui qui subirait les conséquences de l'insolvabilité de ce débiteur (1). Sans doute, il y aurait exception à ce principe si, la somme
étant due à la femme, c'était par la négligence du mari, administrateur
des biens de celle-ci, que cette somme se trouvât perdue en tout ou
partie; mais en principe et hors de cette circonstance particulière, la
créance reste aux risques de l'époux créancier, qui, encore une fois, n'a
droit à récompense, en principe, qu'autant que la communauté a reçu
la somme.

Mais il ne faut pas exagérer le sens de cette idée, que la somme doit
avoir été versée dans la communauté. Par exemple, si le prix d'un im-

(1) Conf. Troplong (1091) ; Nancy, 20 août 1827 et 7 fév. 1840.

meuble de la femme avait été délégué par le mari à ses créanciers personnels ou qu'il en eût été fait par lui donation à un tiers, nous ne croyons
pas qu'on fût fondé à dire pour cela, comme le fait Delvincourt, que
ce n'est pas la communauté qui a reçu la somme, et que dès lors elle
ne doit pas la récompense; car la disposition faite de la somme par le
chef de la communauté constitue la prise de possession, la réception,
par la communauté (1).

La loi ne reconnaît le droit à récompense que sous cette autre condition, qu'il n'ait pas été fait remploi du prix de l'aliénation. Cette idée
est si simple qu'elle n'avait pas besoin d'être exprimée. Il est bien clair
que si la somme due à l'époux a été placée en acquisition d'un immeuble devenu son immeuble propre, au moyen de l'accomplissement des
conditions voulues, cet époux n'a plus rien à réclamer. Quant à ces conditions du remploi, elles sont indiquées par les deux articles suivants que
nous avons expliqués plus haut.

11. — Notre article ne dit pas par qui la preuve devra être faite dans
les circonstances qui nous occupent. Est-ce à l'époux propriétaire du
bien vendu d'établir que le prix en est réellement entré dans la communauté, ou bien, au contraire, le versement à la communauté doit-il
se présumer, jusqu'à ce que l'autre époux prouve qu'il n'a pas eu
lieu?... La nature même des choses appelle ici une distinction entre le
mari et la femme. Si c'est un bien de la femme qui a été aliéné, comme
c'est le mari, tout à la fois administrateur des biens de la femme et
chef de la communauté, qui a dû recevoir la somme, on doit tout naturellement faire exception au principe que c'est au demandeur de faire
toutes les justifications de sa demande, et admettre contre le mari,
jusqu'à ce qu'il prouve le contraire, la présomption qu'il a mis la
somme dans sa communauté (2). Mais si c'est le mari qui réclame la
récompense, il est tout simple qu'il reste soumis au droit commun, et
qu'il soit tenu de prouver que la somme par lui reçue a été mise dans la
communauté. C'est donc avec raison qu'un arrêt de Bourges, qui avait
jugé le contraire, a été cassé par la Cour suprême pour violation de
l'art. 1315 (3).

N'oublions pas, au surplus, ce que nous avons dit en commençant
cette matière, que les dettes de récompense, dont le principe général va
être formulé par la loi pour celles qui sont dues à la communauté, sont
aussi réglées par un principe général et analogue pour celles qui sont
dues à un époux; en sorte que ce n'est pas seulement dans les cas particuliers dont parlent nos trois art. 1431-1433 qu'il sera dû récompense
à un époux, mais bien toutes les fois qu'un bénéfice aura été procuré aux
dépens du patrimoine propre de cet époux, soit à l'autre époux, soit à la

---

(1) Duranton (XIV, 358); Paul Pont et Rodière (I, 709); Angers, 7 mars 1845
(Dev., 46, II, 79); Dalloz (1499). — *Voy.* Troplong (1093).
(2) Rodière et Paul Pont (I, 711); Zachariæ (III, p. 453); Glandaz (n° 225); Troplong (1096); Dalloz (1502).
(3) Cass., 13 août 1832 (Dev. et Car., 32, I, 641), et les autorités citées à la note
précédente.

communauté. Tel est évidemment le principe dont nos trois articles ne sont que des applications particulières.

1434, 1435. — *On sait que ces deux articles, fixant les règles du remploi, ont été expliqués plus haut, à la suite de l'art.* **1407.**

Du reste, le remploi des propres de la femme est souvent imposé au mari par le contrat de mariage, et cette clause de remploi soulève plusieurs questions dont l'une surtout est aussi importante que délicate et controversée. Mais ce cas de remploi stipulé au contrat n'appartenant point à la matière de la communauté légale, mais à celle de la communauté conventionnelle, nous l'étudierons sous l'art. 1497.

1436. — La récompense du prix de l'immeuble appartenant au mari ne s'exerce que sur la masse de la communauté; celle du prix de l'immeuble appartenant à la femme s'exerce sur les biens personnels du mari, en cas d'insuffisance des biens de la communauté. Dans tous les cas, la récompense n'a lieu que sur le pied de la vente, quelque allégation qui soit faite touchant la valeur de l'immeuble aliéné.

SOMMAIRE.

I. Différence entre le mari et la femme pour l'exercice des récompenses. La communauté devant restituer, ni plus ni moins, le prix qu'elle a encaissé, on ne serait pas reçu à prouver que ce prix de vente ne représente pas la valeur de l'immeuble, mais on pourrait prouver que le prix indiqué au contrat n'est pas réellement ce prix de vente : erreur de Toullier et d'un arrêt de Lyon.
II. Il n'est jamais dû de récompense tant que la communauté n'a recueilli que les fruits des propres et a recueilli tous ces fruits. Critique de la doctrine des auteurs.
III. Réciproquement, la récompense est due toujours dès là que la communauté a encaissé un capital propre : grave erreur de M. Duranton.

I. — La récompense du prix d'aliénation dont parle l'article précédent, et, pour parler plus exactement en remontant au principe lui-même, toute récompense due par la communauté se prélève à la dissolution, sur la masse à partager, quel que soit celui des deux époux à qui cette récompense est due (art. 1470). Mais tandis que pour le mari le droit se borne là, en sorte qu'il perd sa récompense quand la masse ne présente pas de quoi la payer (1472), attendu que la femme n'est pas tenue comme commune sur ses biens personnels (1483), cette femme, au contraire, dans ce cas d'insuffisance des biens communs, exerce sa récompense sur les biens personnels du mari (1472), puisque celui-ci doit personnellement ce que doit la communauté. Ces règles, dont la première partie de notre article fait la combinaison et tire la conséquence, nous seront indiquées plus loin en détail par les art. 1470, 1472 et 1483.

La seconde partie de notre article trace une règle aussi claire qu'elle est rationnelle. Reproduisant avec raison la règle de l'ancien droit sur ce point (1), elle déclare que le montant de la récompense que doit la communauté par suite de l'aliénation du bien d'un époux sera toujours du prix pour lequel cet immeuble a été vendu, quelque allégation qui puisse être faite sur la valeur de cet immeuble. Ainsi, l'époux dont le bien a été aliéné prétendrait en vain que ce bien, vendu pour 30 000 fr., en valait 40 000, et que c'est à une récompense de 40 000 qu'il a droit; en vain aussi l'autre époux soutiendrait que l'immeuble vendu 30 000 fr. n'en valait que 20 000, et que c'est à ce dernier chiffre que la récompense doit se restreindre. Ces allégations seraient insignifiantes et on ne serait pas admis à en faire la preuve, par la raison bien simple qu'il ne s'agit que de faire restituer par la communauté le profit qu'elle a tiré de l'aliénation. Qu'importe que l'immeuble valût 40 000 fr. ou n'en valût que 20 000? la communauté, elle, a reçu le prix de la vente, ce prix est de 30 000; c'est donc 30 000 qu'elle doit restituer.

Mais si un époux ne peut pas être admis à prouver que le prix de la vente a été supérieur ou inférieur à la valeur de l'immeuble, il serait au contraire parfaitement admissible à prouver que le prix indiqué au contrat est inférieur ou supérieur au véritable prix de la vente. Ainsi la femme aurait évidemment le droit de prouver que l'immeuble du mari, qui paraît, d'après l'acte, avoir été vendu 30 000 fr., ne l'a été que 20 000, ou que son immeuble à elle, que l'acte indique comme vendu pour 30 000 fr., l'a été pour 40 000. L'obligation de la communauté étant, ni plus ni moins, de rendre ce qu'elle a reçu, il est bien évident qu'autant il est insignifiant de savoir si ce qu'elle a reçu représente ou non la valeur de l'immeuble, autant il importe de savoir si la somme portée au contrat est ou n'est pas celle qu'elle a reçue... Cette idée est d'une vérité si palpable, qu'on ne s'explique pas comment elle a pu être niée par Toullier. Le savant professeur, après avoir d'abord enseigné cette doctrine si vraie (XII, 345), la combat ensuite longuement (XIII, 181), en invoquant contre elle de nombreuses autorités. Mais pas une seule de ces autorités ne contredit l'idée que Toullier combat sans paraître la comprendre; car elles se réduisent toutes à dire que l'époux n'est pas recevable à prouver que *le prix de vente* serait inférieur ou supérieur *à la valeur de l'immeuble;* or, encore une fois, autant la différence entre le prix de vente et la valeur de l'immeuble est insignifiante, autant il importe de savoir si *le prix porté au contrat* est ou n'est pas réellement *le prix de vente...* Si fausse que fût l'idée de Toullier, ni M. Duranton ni aucun autre auteur ne l'avaient relevée jusqu'à ces derniers temps, et elle a été consacrée en 1842 par un arrêt de la Cour de Lyon; mais cet arrêt, comme on devait bien s'y attendre, a été cassé par la Cour suprême (2).

(1) *Cout. de Paris*, art. 232; *Commun.*, n° 586.
(2) Cass., 14 fév. 1843 (Dev., 43, 1, 193). — *Conf.* Besançon, 21 juin 1845 (*J. Pal.*, 1846, t. II, p. 601); Douai, 28 avr. 1851 (Dev., 52, II, 269); Rodière et Paul Pont (I, 713); Duvergier (sur Toullier, t. XIII); Troplong (II, 1162); Odier (t. I, n° 307), et la dissertation de M. Paul Pont dans la *Revue critique*, t. II, p. 652; Dalloz (1505); Cass., 30 déc. 1857 (Dev., 58, 1, 276).

En résumé, c'est, comme le dit le Code, d'accord avec la raison, sur le pied de la vente que la récompense est due ; c'est le prix de la vente qui doit être restitué, et non pas le prix qui peut être mensongèrement indiqué dans un acte frauduleux. Et, bien entendu, ce prix de vente ne doit pas s'entendre seulement de la somme principale qui a été payée, mais aussi de toutes les valeurs accessoires qui ont pu s'y réunir : si une somme a été donnée à titre de *pot-de-vin* ou d'*épingles,* et que ce soit également la communauté qui l'ait reçue, s'il a été imposé à l'acheteur des charges dont la communauté a eu le profit, s'il a été fait des prestations de choses en nature qui soient entrées dans la communauté, cette communauté devra rendre, en même temps que le prix principal, ces sommes accessoires ou l'estimation de ces charges ou prestations (conf. M. Duranton, XIV, 352).

II. — C'est une question controversée, du moins dans certaines applications, que celle de savoir si la différence d'importance des *produits* entre le bien aliéné par l'époux et le bien qu'il reçoit pour prix de l'aliénation peut donner également lieu à récompense; en d'autres termes, s'il peut quelquefois être question de *récompense* alors que la communauté a reçu *tous les fruits* des biens des époux et n'en a reçu *que les fruits.*

Pothier (*Comm.,* 590-594), et à sa suite la plupart des auteurs modernes (1), répondent affirmativement, non pas à la question posée ainsi comme idée générale (car nous ne l'avons vu poser ainsi nulle part), mais pour plusieurs circonstances qui vont être indiquées. Or nous ne saurions adopter cette doctrine. Nous croyons que la question de récompense ne peut jamais être soulevée que pour le capital des biens, non pour leurs fruits; et c'est pour faire mieux comprendre ce principe, en même temps que pour procéder plus logiquement, que nous avons ramené à une idée simple et générale les questions secondaires et de détail que les auteurs traitent ici comme indépendantes les unes des autres.

La récompense, disons-nous, ne peut être due que pour le capital des biens, jamais pour leurs fruits.

Le principe reçoit d'abord son application, et cette fois sans contestation de personne, lorsque les deux biens qui se succèdent l'un à l'autre dans le patrimoine de l'époux sont tous deux l'objet d'un droit perpétuel, et que la substitution de l'un à l'autre ne présente aucune autre circonstance que leur différence de produit annuel. Ainsi, quand une époux aliène une ferme qui se louait 1 200 fr. contre une maison qui se loue 2 200, ou pour une somme d'argent devant produire ce même chiffre d'intérêts, tout le monde reconnaît que la communauté ne devra aucune récompense à l'époux à raison de l'augmentation de jouissance de 1 000 fr. par an que celui-ci lui procure, et que cet époux ne sau-

---

(1) Merlin (*Rép.*, v° Remploi, § 2) ; Toullier (XII, 350) ; Duranton (XIV, 439 et suiv.); Zachariæ (III, p. 154) ; Dalloz (X, p. 216 et 217); Troplong (t. II, n° 1090).— *Voy.* aussi Angers, 12 mai 1853 (Dev., 53, II, 369).

rait être admis, lors de la dissolution, à prélever sur la masse autant de fois 1 000 fr. qu'il s'est écoulé d'années depuis l'aliénation de sa ferme. Réciproquement, si c'était le bien aliéné par l'époux qui produisît 2 200 fr. par an, et la valeur reçue à la place qui n'en donnât que 1 200, on reconnaît également que la communauté n'aurait droit à aucune récompense envers l'époux pour la perte de 1 000 fr. par chaque année que l'aliénation lui a causée.

Mais quand l'aliénation d'où résulte la différence de produits est celle d'un droit perpétuel abandonné moyennant un droit temporaire, ou réciproquement, la généralité des auteurs rejette ce principe et enseigne qu'il peut y avoir lieu à récompense, soit contre la communauté, soit à son profit. Ainsi, par exemple, si l'époux a échangé la propriété de la ferme rapportant 1 200 fr. contre le simple usufruit d'un bien produisant 2 200 fr., et que la communauté se dissolve dix ans après la mort de cet époux, la communauté ayant reçu pour chacune de ces dix années une somme de 1 000 fr. qu'elle n'aurait pas eue sans la transformation du droit perpétuel en un droit temporaire, elle devra, dit-on, une récompense de 10 000 fr. aux héritiers de l'époux. Réciproquement, si c'était l'usufruit rapportant 2 200 fr. que l'époux eût échangé contre la propriété de la ferme rapportant 1 200 fr., c'est la communauté qui aurait droit à une récompense d'autant de fois 1 000 fr. qu'il se serait écoulé d'années entre l'époque de l'échange et celle de la dissolution. Or cette doctrine, si généralement adoptée qu'elle soit (1), est cependant inadmissible ; elle se réfute par le principe même sur lequel repose la solution précédente, principe dont les auteurs que nous combattons ne se sont pas rendu compte, et qu'ils auraient sans doute appliqué aussi à ce second cas, s'ils avaient raisonné l'application qu'ils en font au premier.

Ce principe consiste en ce que la communauté est, ni plus ni moins, *usufruitière de tous les biens appartenant aux époux...* La communauté est *usufruitière*, et par conséquent l'époux propriétaire est bien tenu de la laisser jouir ; mais il n'est nullement obligé de la faire jouir (comme on est obligé de faire jouir un locataire), et il n'est en rien garant vis-à-vis d'elle. La communauté est usufruitière *de tous les biens de l'époux ;* la nature de ces biens est indifférente, et alors même que la plus grande partie ou la totalité du patrimoine de l'époux se composerait de droits purement viagers et devant s'éteindre par la mort de cet époux, les héritiers de celui-ci n'en seraient pas moins non recevables, après une dissolution arrivée par sa mort, à rien réclamer de la

(1) La difficulté se présente surtout fréquemment quand il s'agit d'un propre aliéné moyennant une rente viagère. On soutient généralement, dans ce cas, que la communauté doit restituer le montant des arrérages par elle touchés, moins la somme des revenus que le propre aliéné lui aurait procurés. Pothier (393) ; Prévot de la Janès (II, 369) ; Bourjon (I, p. 545, n° 37) ; Merlin (*Quest. de droit*, v° Remploi, § 2) ; Toullier (XII, 350) ; Odier (I, 308) ; Zachariæ (III, 454) ; Glandaz (260) ; Taulier (V, 106) ; Troplong (1090) ; Dalloz (1509) ; Angers, 12 mai 1853. — *Voy.* cependant Nancy, 3 juin 1853 ; Besançon, 18 fév. 1853 ; Rodière et Pont (II, 716) ; Mourlon (III, 47) ; Bugnet (VII, p. 312).

communauté qui a tout absorbé. La communauté est usufruitière de tous les biens *appartenant à l'époux*, c'est-à-dire que son droit existe sur les biens en tant et tant qu'ils sont biens de l'époux : quand l'époux acquiert, par une cause quelconque, la propriété de tel bien, la communauté en acquiert par ce fait même l'usufruit; quand cet époux, par une cause quelconque encore, cesse d'être propriétaire de tel bien, la communauté cesse par là même d'en être usufruitière; le droit d'usufruit de la communauté est la suite et le corollaire du droit de propriété de l'époux, et la durée de cet usufruit est limitée par la durée de l'existence du bien dans le patrimoine de l'époux.

Or, puisque, d'une part, la communauté est usufruitière de tout bien appartenant à l'époux, sans qu'il y ait à considérer ni quelle est la nature (perpétuelle ou temporaire) de ce bien, ni quand ou comment il est entré dans le patrimoine de l'époux, ni s'il est peu, beaucoup ou point productif, ni s'il l'est plus ou moins que tel autre qu'il est venu remplacer dans le patrimoine, comment veut-on que la communauté puisse jamais avoir à payer une indemnité à raison de la jouissance qu'elle a eue de tel ou tel bien, jouissance qui n'a été, dans tous les cas possibles, que l'exercice de son droit d'usufruit? D'autre part et réciproquement, puisque la communauté n'est qu'une usufruitière, que l'époux ne lui doit aucune espèce de garantie, et que si elle a l'*usum fructum* de la chose, celui-ci en conserve l'*abusum* et le droit de disposition, comment veut-on que la communauté puisse réclamer contre les effets de ce droit de disposition auquel le sien est essentiellement soumis? En un mot, le droit de la communauté est, ni plus ni moins, de jouir du patrimoine de l'époux, et il subit par conséquent toutes les variations que ce patrimoine subit, augmentant d'étendue quand celui-ci augmente, diminuant quand il diminue; donc, tant que la communauté n'a eu que la jouissance du patrimoine, tant qu'elle n'a recueilli que les fruits, elle ne peut devoir aucune indemnité, et réciproquement tant qu'elle a eu cette jouissance entière et que tous les fruits du patrimoine ont été pris par elle, aucune indemnité ne peut lui être due (1).

Ce même principe conduit à la solution d'un dernier cas dans lequel la question peut tout d'abord paraître plus délicate. C'est celui où l'aliénation de l'époux serait faite avec stipulation que cet époux ou son contractant, tout en prenant dès l'instant du contrat la chose qu'on lui transmet, ne livrera l'autre qu'après un certain temps; de sorte que l'époux, ou plutôt sa communauté, se trouverait pendant ce temps avoir la jouissance simultanée des deux biens, ou n'avoir au contraire la jouissance ni de l'un ni de l'autre. Ainsi, par exemple, si l'époux

---

(1) Proudhon (*Usuf.*, V, 2675); Bugnet (sur Pothier, VII, p. 311); MM. Rodière et Paul Pont (1, 716), et surtout M. Mourlon (p. 47). — *Voy* aussi Besançon, 18 fév. 1853; Nancy, 3 juin 1853 (Dev., 53, 11, 457, et 55, 11, 254); Rennes, 3 janv. 1861. — *Voy.* encore, comme analogue dans l'hypothèse inverse, Cass., 10 avr. 1855 (Dev., 55, 1, 241). — *Voy.*, en outre, les dissertations de MM. Mimerel et Paul Pont dans la *Revue critique*, t. III, p. 851, et t. IV, p. 9 et 401. — *Junge* : Orléans, 27 déc. 1855 (*J. Pal.*, 1856, t. II, p. 78).

a vendu pour 72 000 fr. une maison rapportant 3 600 fr. avec convention que l'acheteur, quoique mis de suite en possession, ne payera son prix qu'au bout de trois mois et sans intérêts, devra-t-on dire que cette convention de l'époux faisant perdre à la communauté le quart du revenu d'une année dans le loyer de la maison ou dans l'intérêt du prix, c'est-à-dire 900 fr., cette communauté aura droit contre l'époux à une récompense de pareille somme, et que réciproquement c'est la communauté qui devrait payer cette même récompense à l'époux, si la convention avait été que l'acheteur, en payant son prix comptant, n'entrerait en jouissance de la maison qu'au bout de trois mois?... Il faut, d'après notre principe, répondre négativement. Cette clause, par l'effet de laquelle la communauté peut tantôt gagner et tantôt perdre, n'est qu'un accident de l'aliénation, le droit de la consentir n'est qu'une conséquence du droit de disposition, et l'on ne pourrait en priver l'époux qu'en l'exposant parfois à manquer une opération avantageuse et en portant atteinte à son *jus abutendi*. D'un autre côté, comme la communauté a toujours eu la totalité des fruits et rien que les fruits; que si elle a été privée de la jouissance quant à tel bien pendant trois mois, c'est que pendant ces trois mois le patrimoine s'est trouvé n'avoir ni ce bien ni aucun autre bien à sa place; que si au contraire elle a eu une jouissance double pour ce même temps, c'est que pendant ce temps le patrimoine s'est trouvé contenir momentanément deux biens au lieu d'un seul; comme, en un mot et en définitive, la communauté a toujours eu tous les fruits du patrimoine et rien que les fruits du patrimoine, il ne peut donc y avoir lieu à récompense de part ni d'autre.

En vain on objecterait que telle valeur, qui paraît être pour le tout un capital, doit parfois être considérée comme constituant de simples fruits pour une certaine fraction, et que réciproquement telle valeur, qui semble ne constituer que des fruits, contient aussi une petite portion de capital; que, par exemple, quand on vend pour une somme payable après six mois seulement un bien dont l'acheteur prend de suite la jouissance, la somme convenue ne représente pas seulement un capital, mais aussi les fruits de six mois. Cette idée, qui conduit beaucoup plus loin qu'on ne croit tout d'abord, est très-exacte en soi, et l'on doit assurément en tenir compte dans les affaires de la vie; mais le législateur, précisément parce qu'elle conduirait trop loin et ferait naître de trop fréquentes et trop grandes difficultés, l'a proscrite de ses dispositions : l'idée est vraie comme fait, et celui qui la perdrait de vue ne serait point un bon administrateur; mais elle est fausse comme principe légal, et le jurisconsulte qui la prendrait pour point de départ se jetterait dans l'erreur.

Sans doute (et pour n'envisager ici qu'un côté de l'idée), celui qui vend des biens pour une somme payable comptant, tout en stipulant qu'il continuera de jouir de ces biens pendant quelque temps, n'en obtient qu'un prix moindre et mange par conséquent sous forme de fruits une certaine fraction de son capital. De même, celui qui aliène ses biens pour une rente viagère ou pour un usufruit, s'en ira *mangeant son fonds avec son revenu* et absorbera son capital sous forme de fruits. De même encore, celui qui échange des terres rapportant 3 pour 100 contre des maisons rapportant 6 pour 100, ne double ainsi son revenu qu'aux dépens de son capital, par suite de la détérioration continue que subissent les maisons, détérioration qui motive et compense le revenu plus grand (1). Mais la loi ne pouvait pas tenir compte de ces faits : d'une part, elle devait laisser à tout propriétaire la pleine liberté de composer son patrimoine en tels biens qu'il lui plairait, de le modifier par telles opérations qu'il voudrait, et de pouvoir toujours, soit le conserver ou même l'accroître en se contentant d'une jouissance plus restreinte, soit le diminuer ou même l'épuiser pour se procurer une jouissance plus large; et, d'ailleurs, elle ne pouvait pas se jeter dans les difficultés inextricables que le système contraire aurait fait naître chaque jour, en toute occasion, et pour le simple échange d'une maison contre une ferme. Le législateur devait accepter sans distinction comme fruit tout ce qui est fruit, tout ce que reproduit périodiquement un bien, sans considérer si la production laisse ce bien intact ou doit l'épuiser et le détruire plus ou moins rapidement. C'est ce qu'il a fait. La preuve en est notamment dans les art. 588 et 1568, qui déclarent que, même pour les biens dans lesquels les fruits absorbent le capital tout entier, c'est-à-dire pour l'usufruit et la rente viagère, le droit de jouissance s'étend néanmoins à la totalité de ces fruits, sans que la plus petite fraction en doive être réservée comme représentation du capital.

Sans doute, s'il était constaté en fait et par des circonstances particulières qu'une aliénation de l'époux a précisément eu pour but d'avantager sa communauté en fraude de ses héritiers, notre principe cesserait de s'appliquer, puisque tout principe tombe devant la fraude : *Fraus omnia corrumpit*. Mais, en thèse et comme point de droit, il ne pourra jamais être dû de récompense, ni à l'époux, ni par l'époux, du moment que la communauté n'aura recueilli que des fruits et aura recueilli tous les fruits.

III. — Mais si la communauté ne doit jamais de récompense tant qu'elle n'a pris que des fruits, elle en doit une toujours et dans tous les cas du moment qu'elle a reçu un capital propre à l'époux ; et M. Duranton, en enseignant le contraire, ajoute à l'erreur que nous venons de combattre une seconde erreur beaucoup plus grave.

M. Duranton (XIV, 340), représentant une hypothèse présentée par Pothier, suppose qu'un époux ayant un usufruit qui rapportait annuellement 1 000 fr., l'a vendu pour une somme de 12 000 fr. qui est en-

_____

(1) Deux faits bien remarquables sous ce rapport sont venus à notre connaissance. — En 1782, un négociant de Bordeaux laissa pour héritage à ses deux fils une maison et un vignoble présentant alors une valeur égale. En 1833, le vignoble s'est vendu 210 000 fr. avec une grande facilité, et, quelque temps après, on a eu peine à trouver de la maison 95 000 fr. — Un fabricant de Rouen avait acheté, entre 1816 et 1820, une maison de 38 000 fr. et une petite ferme d'une valeur un peu moindre. A sa mort, en 1844, la ferme a été vendue 43 000 fr. et la maison 21 000.

trée dans la caisse commune, et que la communauté s'est dissoute dix ans après, par la mort de cet époux. Pothier, faisant à ce cas l'application du principe que nous avons réfuté au numéro précédent, enseignait que les héritiers de l'époux, en même temps qu'ils ont droit à la récompense des 12 000 fr. encaissés par la communauté, devaient à leur tour récompenser cette communauté de la diminution de 400 fr. par an apportée au revenu par la transformation de l'usufruit produisant 1 000 en un capital produisant seulement 600 fr., et que cette diminution s'élevant ainsi pour les dix années à un total de 4 000 fr., ce n'était plus que 8 000 au lieu de 12 000 que les héritiers de l'époux auraient à prélever. Or M. Duranton combat cette décision, non pas, comme il fallait le faire, quant à la récompense de 4 000 fr. imposée aux héritiers (récompense qui n'est pas due, puisque la communauté a eu tous les fruits du patrimoine), mais bien quant à la récompense réclamée contre la communauté : il prétend que les héritiers n'ont droit *à rien,* et que les 12 000 fr. formant le prix de l'usufruit vendu constituent un conquêt appartenant à la communauté! La raison qu'il donne de cette étrange idée est celle-ci : Puisque c'est par la mort de l'époux que la communauté s'est dissoute, l'usufruit, s'il n'avait pas été vendu, se serait éteint par cette mort, et par conséquent le patrimoine laissé par l'époux ne se trouve en rien diminué par l'aliénation de cet usufruit. C'est donc *sans rien perdre* que le patrimoine de l'époux a enrichi le patrimoine commun; or il n'y a lieu à récompense que quand un patrimoine s'est enrichi *aux dépens de l'autre!*

C'est là une idée si singulièrement fausse qu'on ne s'explique pas que l'honorable professeur ait pu s'y arrêter un instant. Comment! la somme que vous me prenez n'est point *une perte* pour moi et ne vous est point procurée *à mes dépens,* parce que cette somme était dans mes mains un bénéfice! D'après cela, toutes les choses qui me seraient données avec stipulation qu'elles me seront propres pourront donc être prises sans récompense par la communauté, puisque, m'étant venues par donation, je n'ai rien déboursé pour les avoir! Et ces choses pourraient donc m'être volées sans que je pusse faire condamner le voleur, puisque ce voleur me dirait qu'on ne peut pas se dire volé quand on ne subit aucun préjudice, aucune perte, et que je n'ai *rien perdu,* que lui ne s'est pas enrichi *à mes dépens,* les choses dont il s'agit ayant été obtenues par moi gratuitement et sans rien débourser!... En vérité, devrait-il être nécessaire de réfuter de pareilles idées, de dire que les biens qui me sont venus à pur gain m'appartiennent tout autant et font tout aussi bien partie de mon patrimoine que celles qui me sont venues par achat ou échange, et que ma communauté dès lors me cause une diminution de patrimoine et s'enrichit à mes dépens, en s'appropriant les premières aussi bien qu'en s'appropriant les secondes? (1)

Ce n'est pas, du reste, que l'acquisition soit ici gratuite, puisqu'il y

---

(1) *Voy.* Toullier (XII, 383); Pothier (593 et suiv.); Dalloz (1493).

a eu un contrat aléatoire, qui, en offrant au patrimoine de l'époux une chance de gain (qui s'est réalisée), lui présentait aussi une chance de perte (pour le cas où, la communauté venant à se dissoudre par la mort du conjoint, l'usufruit aurait duré longtemps encore après la dissolution). Mais alors même que l'obtention des 12 000 fr. serait un pur gain, la récompense n'en serait pas moins due... En définitive, le droit d'usufruit aliéné par l'époux étant un propre, le capital de 12 000 fr. pour lequel il a été vendu est donc propre également ; et puisque c'est la communauté qui a encaissé ce capital propre, il est palpable qu'elle doit le restituer. Elle ne peut pas plus garder cet avoir de 12 000 fr. qu'elle ne le pourrait si l'on en avait fait remploi pour l'époux en un immeuble d'égale valeur, ou si l'aliénation de l'usufruit avait été faite directement en échange d'un tel immeuble.

2° Récompenses dues à la communauté.

1437. — Toutes les fois qu'il est pris sur la communauté une somme soit pour acquitter les dettes ou charges personnelles à l'un des époux, telles que le prix ou partie du prix d'un immeuble à lui propre ou le rachat de services fonciers, soit pour le recouvrement, la conservation ou l'amélioration de ses biens personnels, et généralement toutes les fois que l'un des époux a tiré un profit personnel des biens de la communauté, il en doit la récompense.

SOMMAIRE.

I. Les récompenses dues à la communauté par l'époux qui a fait son affaire personnelle avec les deniers communs sont toujours du montant de la somme prise sur la communauté : réfutation de M. Duranton et autres. Mais la récompense n'est que du montant du profit procuré à l'époux, si l'affaire dont il profite a été faite par la communauté.

II. Applications des deux règles. Controverse. Critique d'une erreur de l'auteur.

I. — De même que la communauté doit, lors de la dissolution, restituer à chaque époux ou à ses héritiers le montant de toutes les valeurs à lui personnelles qu'elle s'est appropriées, de même chaque époux doit alors lui rembourser toutes les sommes qu'elle lui a fournies pour ses affaires personnelles. Ainsi, quand, pour payer une dette personnelle à l'époux (par exemple, la soulte qu'il devait par suite de l'échange d'un propre, ou le remboursement d'une rente grevant la succession immobilière qui lui est échue), ou pour éteindre une servitude grevant son immeuble, ou pour rembourser, dans le cas d'une vente d'immeuble par lui faite à vil prix, la somme qu'il avait reçue de l'acquéreur et qu'il doit remettre pour l'évincer et recouvrer son immeuble, ou pour faire sur ses propres des travaux autres que les réparations d'entretien (lesquelles sont à la charge de la communauté) ; toutes les fois, en un mot, que, pour une affaire personnelle, l'époux s'est servi des deniers de la communauté, il doit les restituer.

Ce peu de lignes présente implicitement la décision d'une question qui nous paraît en effet fort simple, et qui est pourtant gravement controversée. Nous voulons parler du point de savoir si les récompenses dues à la communauté par un époux sont du montant des sommes fournies à la communauté pour l'affaire de l'époux ou seulement du profit que l'époux a pu tirer de l'affaire. Il nous a toujours paru évident que la récompense doit être, ni plus ni moins, le remboursement par l'époux de la somme déboursée par lui ; mais pendant que nous présentons ainsi cette idée comme allant de soi, d'autres auteurs proclament l'idée contraire comme un principe constant et à l'abri de toute controverse. « Trois principes, dit M. Duranton, régissent les récompenses... *Le second principe* est que la récompense... n'est due *que jusqu'à concurrence de ce que l'époux... a profité de la dépense* (XIV, 323 et 324). » M. Glandaz, à son tour, après avoir dit que la récompense ne peut jamais excéder le montant des sommes déboursées, ajoute : « Il faut également tenir *pour constant* que l'époux ne doit récompense à la communauté *que jusqu'à concurrence du profit qu'il a retiré*. Ces deux règles sont *fondamentales* (n° 274). » M. Troplong (II, 1193 et 1194) est aussi du même avis (1).

Malheureusement, on n'indique aucune base légale de ce prétendu principe ; et nous avons beau chercher dans le Code, nous n'y trouvons rien qui puisse l'appuyer, nous y trouvons au contraire sa condamnation. Il est vrai que la lettre de notre article nous laisse dans le doute à cet égard, parce que le texte disant successivement : « Toutes les fois qu'*il est pris sur la communauté une somme* pour l'affaire de l'époux », puis : « toutes les fois que l'*époux a tiré un profit* des biens de la communauté », la phrase finale, « il en doit la récompense », peut être entendue, par les uns, de la récompense *de la somme prise,* et par les autres, de la récompense *du profit tiré ;* mais si la rédaction de notre article ne dit rien à cet égard, il est un autre texte qui s'en explique. C'est l'art. 1408, qui, prévoyant le cas d'une acquisition donnant un propre à l'époux et faite des deniers de la communauté, déclare que l'époux prendra l'immeuble, « sauf à indemniser la communauté *de la somme qu'elle a fournie* pour cette acquisition. » Et en effet, quand un époux se sert des deniers de la communauté, comme quand la communauté s'approprie le capital d'un époux, la communauté d'une part et l'époux de l'autre jouent le rôle d'un emprunteur et d'un prêteur ; or n'est-il pas clair que l'obligation d'un emprunteur est, ni plus ni moins, de rendre la somme qu'on lui a prêtée, sans qu'il y ait à rechercher si l'emploi qu'il en a fait a été plus ou moins avantageux, si son profit a été supérieur ou inférieur à la somme fournie ?... En vain on répond que la communauté, à la différence d'un prêteur ordinaire, trouve son avantage dans la jouissance qu'elle a de la chose améliorée, ce qui lui apporte une compensation de la perte

---

(1) *Voy.* encore, dans ce sens, Toullier (XIII, 269); Zachariæ (III, p. 454); Odier (352); Dalloz (1512).

qu'elle fera en recevant moins qu'on ne lui a pris. C'est une idée manifestement fausse, puisque l'avantage que la communauté tire de l'amélioration donnée au propre, elle l'eût eu dans les intérêts ou dans tout autre emploi de son capital, en sorte que rien ne compense la perte qu'on voudrait lui faire subir d'une fraction de ce capital... En vain aussi on argumente de la maîtrise du mari sur la communauté pour en conclure que ce mari doit jouir ici d'une grande latitude, et qu'il lui suffit de rendre, non pas ce que ses affaires ont coûté à la communauté, mais seulement ce dont ces affaires l'ont enrichi. Cette manière de voir était assez naturelle autrefois, quand le mari était vraiment *seigneur et maître* de la communauté, mais elle ne saurait être admise aujourd'hui en présence des justes limitations apportées à ce droit absolu par le Code ; il est tout simple aujourd'hui, il est conforme à l'esprit de notre droit moderne, que le mari, aussi bien que la femme, rende la communauté *indemne ;* or la rendre indemne, ce n'est pas lui payer l'équivalent de ce dont on s'est enrichi, c'est lui restituer, ni plus ni moins, ce qu'on lui a pris (1).

Sans doute, si l'affaire dont un époux tire profit n'a pas été l'affaire de l'époux, mais l'affaire de la communauté faite dans son intérêt à elle et pour son compte, ce serait à la communauté d'en recueillir les résultats plus ou moins avantageux, et l'époux au profit personnel duquel tourne cette affaire ne devrait indemnité que jusqu'à concurrence de ce profit. Il n'y a plus là un prêteur et un emprunteur, dont le second doit rendre au premier la somme que celui-ci a avancée ; il y a une communauté qui a fait sa propre affaire, et vis-à-vis de laquelle l'époux n'est tenu que par application du principe que nul ne doit s'enrichir aux dépens d'autrui, en sorte que cet époux ne doit que ce dont il est enrichi. Mais du moment que c'est l'époux lui-même qui a fait son affaire personnelle, les conséquences de cette affaire le regardent seul, et puisqu'il l'a faite avec les deniers de la communauté, il est clair que son obligation consiste à restituer à la communauté la somme qu'il lui a prise.

Faisons l'application du principe et de l'exception à quelques cas prévus par les auteurs, et dont l'un, assez délicat à bien apprécier, avait reçu dans notre précédente édition une solution que nous croyons erronée (2).

---

(1) Demante (*Pr.*, III, 84); Buguet (sur Pothier, VII, p. 326); Taulier (V, p. 112); Rodière et Paul Pont (I, 724). — *Voy.* des applications de la règle dans les décisions qui ont statué sur les constitutions de rente faites en faveur des époux au moyen d'un capital tiré de la communauté, et avec clause de réversibilité sur la tête du survivant. Rej., 20 avr. 1851; Paris, 11 juin 1853 (Dev., 51, I, 329; 53, II, 456). *Voy.* aussi, sur ce point, la dissertation de M. Paul Pont, dans la *Revue critique*, t. II, p. 135.

(2) L'aliénation d'un bien commun, moyennant une rente viagère réversible sur la tête du survivant, donne-t-elle lieu à une récompense de la part de ce dernier? Oui, selon M. Pont (*Petits contrats*, I, 701, et *Revue du notariat*, 1864, p. 817). Cass., 29 avr. 1851; Paris, 19 fév. 1864. Non, d'après M. Troplong (*Contr. de mar.*, II, 1200). Cass., 15 mai 1844. — *Voy.* encore Lebrun (*Comm.*, I, chap. 5, dist. 2, n° 17); Pothier (*Const. de rente*, 242); Bourjon (*Droit comm.*, liv. 2, tit. 8, sect. 4, n° 17). Angers, 6 mars 1844; Paris, 25 mars 1844, 20 août 1862.

II. — Lorsqu'un époux a racheté des deniers de la communauté la rente viagère qu'il servait à un tiers ou l'usufruit dont son propre était grevé au profit de ce tiers, cet époux, lors de la dissolution, devra toujours restituer la somme payée, sans qu'il y ait à regarder si le tiers à qui appartenait la rente ou l'usufruit est mort pendant le cours de la communauté ou existe encore. En vain, dans le cas où ce tiers serait mort avant la dissolution, on dirait, comme M. Duranton (n°s 367 et 371) et d'autres auteurs, que l'usufruit ou la rente ayant dû, alors même qu'ils n'auraient pas été rachetés, se trouver éteints au moment où l'époux reprend la jouissance de son patrimoine, cet époux dès lors ne gagne rien au rachat qu'il en a fait et ne doit par conséquent aucune récompense. Le point de savoir si l'époux a fait une bonne affaire ou s'il en a fait une mauvaise ne regarde pas plus la communauté qu'il ne regarderait tout autre prêteur de deniers ; et du moment que c'est bien l'époux lui-même qui a racheté la charge dont il s'agit, il est clair que c'est lui qui doit payer le prix du rachat. Que si, la charge existant sur le patrimoine de la femme, c'était le mari qui eût fait le rachat sans la participation de celle-ci, alors seulement toute récompense pourrait être refusée. La femme dirait que si son mari a racheté, c'est que, comme chef de la communauté, il a sans doute cru l'opération utile à cette communauté, appelée tant qu'elle existerait à subir l'usufruit du tiers ou à lui payer sa rente ; mais que ce rachat ne lui procurant, à elle femme, aucun profit, elle ne peut dès lors rien devoir à la communauté (1).

« D'après ces mêmes règles, disions-nous dans notre précédente édition, si un époux a fait faire, avec les deniers communs, des travaux sur son fonds, il devra indemniser la communauté des sommes qu'elle lui a fournies pour cet objet, sans qu'il y ait à considérer quelle est la plus-value que les travaux ont pu procurer à l'immeuble, et si le coût de ces travaux constitue des dépenses nécessaires ou des dépenses utiles, ou des dépenses purement voluptuaires. MM. Rodière et Paul Pont, d'accord avec nous sur le principe posé plus haut, ne le sont plus sur ce point, qui n'en est pourtant que la conséquence et l'application. Tout en admettant comme nous le principe que la récompense due par l'époux qui a fait son affaire personnelle avec les deniers communs est de la somme prise sur la communauté, et non pas seulement du profit qu'il a tiré de l'affaire, ils enseignent pourtant (I, 728) qu'il n'est jamais dû récompense pour les dépenses purement voluptuaires, et que c'est uniquement dans le cas où les embellissements donneraient à l'immeuble une augmentation de valeur locative, et jusqu'à concurrence de cette augmentation, que la récompense serait alors due. N'est-ce pas là une contradiction ? Sans doute les dépenses voluptuaires ne sont, en général, qu'une affaire de goût et de fantaisie, non une affaire de spéculation ; mais qu'importe à la question ? Qu'importe à

_____

(1) Bugnet (sur Pothier, VII, p. 330) ; Paul Pont et Rodière (I, 727) ; Demante (t. III, p. 84).

votre prêteur que vous vous serviez de ses fonds pour faire une opération fructueuse ou pour satisfaire vos caprices? Et puisque MM. Rodière et Paul Pont, reproduisant et adoptant la phrase fort exacte de
M. Bugnet, disent si bien que l'époux « devient, au fur et à mesure
» des déboursés, débiteur des sommes qu'il prend dans la communauté,
» *ni plus ni moins que s'il les empruntait chez un autre* », comment
peuvent-ils en venir, pour un cas quelconque, à considérer si cet *em-*
prunteur a fait, avec les deniers empruntés, un travail plus ou moins
utile ou un travail de pur agrément? C'est là son affaire, et non celle
de la communauté (1). »

Cette solution, après nouvel examen, nous paraît être inexacte et
présenter une application fausse de principes d'ailleurs fort justes. Sans
doute un époux, qui ne doit récompense que de ce dont il s'est enrichi,
tant qu'il s'agit d'une affaire faite pour la communauté, doit récompense de la totalité des sommes prises à la caisse commune quand
il s'agit d'une affaire personnelle. Mais est-il bien exact de considérer
les travaux qu'un mari fait sur son propre comme une affaire à lui
personnelle, par cela seul qu'il s'agit de son propre, et quoique la
dépense soit purement voluptuaire?... Nous croyons, au contraire, que
le plus souvent une telle dépense doit être regardée comme faite pour
le compte de la communauté. Ainsi, quand un mari a fait sur un
domaine qui lui appartient, soit à la ville, soit à la campagne, des travaux d'embellissement, des constructions de pur agrément, dans le seul
but de procurer à sa femme et à ses enfants, comme à lui-même, soit
une résidence habituelle plus agréable ou plus saine, soit des vacances
annuelles plus attrayantes et plus favorables à la santé, n'est-il pas vrai
qu'il a fait là l'affaire de la famille, du ménage, de la communauté enfin, et non son affaire propre?... Et quand même les travaux ne devraient procurer d'agrément qu'au mari seul, ne serait-il pas encore
juste de dire que, puisqu'il consacre ses forces à travailler pour la communauté, c'est au compte de la communauté que doivent tomber les
dépenses tendant à lui donner le moyen de réparer ces forces et à lui
offrir ces distractions dont tous ont besoin? Ce serait le cas de dire avec
Coquille : « En ce grand travail d'esprit, il diminue d'autant sa vigueur
et sa vie; il est bien raison que, durant sa vie, il en reçoive quelque
contentement. De fait, aucuns bâtissent plus pour se donner du plaisir
que pour l'utilité. S'il avoit pris son passe-temps à jouer (ou en d'autres
parties de plaisir) et eût perdu ses deniers, on n'en auroit point donné
récompense à la communauté. » (*Nivernais,* ch. 22, art. 6.)

Nous admettons donc qu'il ne sera jamais dû récompense (au delà
de la plus-value) quand les travaux n'ont été faits que dans un but d'a-
grément, de plaisir, et non comme spéculation. Mais si ces travaux, au
contraire, quoique de pur embellissement, ont cependant été faits par
l'époux sur son propre comme spéculation, comme affaire d'argent
(parce qu'il s'agissait d'une habitation dont il croyait augmenter ainsi

---

(1) *Voy.* Douai, 16 juill. 1853 (Dev., 53, II, 577).

la valeur locative), c'est alors une opération ordinaire ; c'est donc tant pis pour l'époux s'il a fait une mauvaise affaire, et le chiffre de la récompense doit être, non de la plus-value que le propre acquiert, mais du montant des dépenses faites (1).

§ 4. — Des constitutions de dot par des père et mère communs.

I. — On peut distinguer trois significations du mot *dot*. Dans un sens très-large, il signifie le bien que *tout futur époux*, l'homme aussi bien que la femme, et indépendamment aussi du régime qu'on adopte, apporte pour faire face aux besoins du ménage. Dans un sens moins large et qui est le plus ordinaire, la dot s'entend seulement du bien apporté *par la femme*, mais toujours indépendamment du régime de mariage adopté par cette femme. Enfin, dans un sens tout spécial et technique, la dot est le bien apporté par la femme *dotale* et frappé *de dotalité*. Dans ce sens particulier, la dot suppose ces trois circonstances : 1° qu'il s'agit des biens de la femme (non de ceux du mari); 2° que les époux adoptent le régime dotal (non la communauté ou tel autre régime) ; 3° enfin que les biens sont dotaux (et non paraphernaux). — Du reste, c'est seulement entre la dernière et la première de ces trois significations que la distinction présente vraiment de l'importance, c'est-à-dire entre la dot tout spécialement dite et la dot entendue dans le sens le plus large et embrassant la seconde idée en même temps que la première.

Or la loi ne se préoccupe pas ici de cette espèce toute particulière de dot ; elle entend parler de toute dot constituée par les père ou mère à un enfant, indépendamment soit du sexe de cet enfant, soit du régime de mariage qu'il adopte : la seule particularité en vue de laquelle sont écrits nos articles, c'est que les père ou mère qui constituent la dot y sont supposés mariés sous le régime de communauté. Quant aux règles spéciales de la dot rigoureusement dite, nos rédacteurs ne s'en occupent, comme cela devait être, que dans le chapitre de la dotalité (art. 1542 et 1543); et ils s'occupent aussi dans ce même chapitre (art. 1544-1548) de la constitution de toute dot, quelle qu'elle soit, en tant qu'elle est faite par des père ou mère mariés sous le régime dotal.

Ainsi le texte du Code traite, d'une part, dans le chapitre *De la Communauté,* de la dot en général *en tant qu'elle est constituée par des père ou mère communs ;* puis, d'autre part, dans le chapitre de la dotalité, il s'occupe successivement et de la dot spécialement dite et vraiment *dotale,* et aussi de toute dot en général *en tant qu'elle est constituée par des père ou mère dotaux.* Quant aux cas où ceux qui constituent la dot ne seraient ni communs ni dotaux, on conçoit que

(1) *Voy.,* au sujet de ces diverses dépenses nécessaires, utiles ou voluptuaires : Pothier (635, 636 et 637); Toullier (XIII, 167 à 170); Duranton (XIV, 375-380); Rodière et Pont (726-728); Troplong (1182, 1195, 1187); Dalloz (1535-1539); Cass., 9 nov. 1864 (Dev., 65, 1, 46).

les rédacteurs n'en aient pas parlé, eux qui ne voyaient pour ainsi dire que deux régimes, la Communauté et la Dotalité, et pour qui les autres systèmes de mariage n'apparaissaient que comme des modifications de la communauté.

II. — Ce plan des rédacteurs quant aux dispositions relatives à la dot (plan qui a été pour eux la conséquence de l'idée générale que nous avons signalée au commencement du titre) est sans doute loin d'être irréprochable. Il est vicieux par le fait même de la séparation, en deux parties éloignées l'une de l'autre, de règles qui eussent été plus facilement comprises si on les avait réunies toutes sur un même point ; il est vicieux encore en ce que, par l'effet de cette division, le Code classe, comme si elles étaient spéciales à tel cas, des règles générales et s'appliquant à tous les cas possibles : c'est ainsi que la disposition de l'art. 1440, quoique rédigée pour le régime de la communauté, s'applique cependant également sous le régime dotal et sous tout autre régime, et que les dispositions des art. 1547 et 1548, faisant double emploi avec la première, sont applicables aussi en toute hypothèse et quel que soit le régime de la personne dotée et de la personne qui dote, bien qu'elles soient placées dans la matière de la dotalité. Nos rédacteurs, au lieu de fondre en un tout homogène, comme il convenait à une législation désormais unique, les diverses règles qu'ils entendaient reproduire de l'ancien droit, sont venus ici, sans aucune vue d'ensemble ni d'harmonie, copier dans le chapitre de la communauté ce qu'ils trouvaient dans les écrivains des pays coutumiers, puis dans le chapitre du régime dotal des règles qu'ils lisaient dans les auteurs des pays de droit écrit.

Néanmoins, comme le danger que cet arrangement des textes présente pour la saine intelligence des dispositions disparaît au moyen des observations ci-dessus et de celles que nous ajouterons quand il en sera besoin, nous suivrons ici la marche des articles.

1438. — Si le père et la mère ont doté conjointement l'enfant commun, sans exprimer la portion pour laquelle ils entendaient y contribuer, ils sont censés avoir doté chacun pour moitié, soit que la dot ait été fournie ou promise en effets de la communauté, soit qu'elle l'ait été en biens personnels à l'un des époux.

Au second cas, l'époux dont l'immeuble ou l'effet personnel a été constitué en dot, a, sur les biens de l'autre, une action en indemnité pour la moitié de ladite dot, eu égard à la valeur de l'effet donné, au temps de la donation.

1439. — La dot constituée par le mari seul à l'enfant commun, en effets de la communauté, est à la charge de la communauté ; et, dans le cas où la communauté est acceptée par la femme, celle-ci doit supporter la moitié de la dot, à moins que le mari n'ait déclaré expressément qu'il s'en chargeait pour le tout, ou pour une portion plus forte que la moitié.

SOMMAIRE.

I. Dot constituée à l'enfant commun par les deux époux.
II. Dot constituée à ce même enfant par le mari seul ou par la femme seule. — Dot constituée par l'un des époux à l'enfant d'un lit précédent.
III. Ancienne clause de non-jouissance, par l'enfant commun, des meubles et conquêts du prémourant des père et mère. Développement sur la clause par laquelle les père et mère imputent la dot sur la succession de ce prémourant. Inexactitude de Toullier et de MM. Rodière et Paul Pont.

I. — Quoique notre législateur n'ait pas cru devoir permettre à un enfant de contraindre ses parents à le doter (art. 204), il reconnaît cependant que c'est là une obligation naturelle pour les parents, obligation qui frappe personnellement sur chacun d'eux et les lie au même degré l'un et l'autre.

D'après cela, lorsque les deux époux dotent conjointement leur enfant commun, la dot, sur quelques biens qu'elle soit constituée d'abord et fournie ensuite, est toujours, à moins de déclaration contraire, à la charge personnelle de chacun d'eux pour moitié. Sans doute, s'il est dit que tel époux, soit parce qu'il est plus riche que son conjoint, soit pour un autre motif, supportera les deux tiers, les trois quarts ou même la totalité de la dot, la convention s'exécutera (1); mais à défaut d'une telle déclaration et quelles que puissent être d'ailleurs les circonstances, chacun des époux devra moitié. Ainsi, quoique la dot eût été constituée et acquittée exclusivement en biens propres de la femme, le mari ne pourrait pas argumenter de ce fait pour prétendre que lui, mari, n'en est pas tenu; il en devra toujours moitié, et la femme aura son recours contre lui pour cette moitié, qu'elle ne fournit que pour le compte et à l'acquit de son mari. De même, si la dot est constituée et fournie en biens communs, la femme ne pourrait pas prétendre que cette dot doit être considérée comme une charge de la communauté, et qu'elle peut, en renonçant à cette communauté, se dispenser d'en payer sa part : la dot est due personnellement par chacun des époux qui l'ont constituée, et la femme, même renonçante, doit pour sa moitié, aussi bien que le mari pour la sienne, récompenser la communauté de la dette acquittée par celle-ci pour le compte des deux époux (2). Il est tout simple, au surplus, que, dans l'un comme dans l'autre cas, l'indemnité à payer, soit à la communauté par chaque époux, soit à l'un des époux par son conjoint, se mesure sur la valeur que le bien donné présentait au moment de la donation, et non sur la valeur moindre ou supérieure qu'il peut avoir lors du payement de l'indemnité.

---

(1) Pothier (650, 631); Toullier (XII, 334); Duranton (XIV, 286); Dalloz (1228); Troplong (1226 et 1227).
(2) Bourges, 29 juill. 1851; Rej., 14 janv. 1856 (Dev., 56, I, 289). — *Voy.* aussi Bordeaux, 17 janv. 1854 (*J. Pal.*, 1856, t. I, p. 505). — Sur le mode de récompense, *voy.* Amiens, 10 avr. 1861. *Conf.* Brodeau (sur Louet, *lett.* R., som. 54-12); Pothier (669); Troplong (1217); Ferrières (sur Paris, art. 229, § 4, n° 48); Duranton (XIV, 285); Toullier (XII, 333); Pont et Rodière (I, 94); Tessier (I, p. 143).

II. — Après avoir réglé le cas d'une constitution faite par les deux époux conjointement, le Code s'occupe de la dot qui serait constituée, à l'enfant commun toujours, par le mari seul en effets de la communauté, ce qui laisse imprévues : 1° la constitution faite par le mari en biens à lui personnels; 2° celle qui serait faite par la femme; et 3° celle que l'un des époux ferait à un enfant d'un précédent lit. Nous parlerons successivement de chacun de ces différents cas.

Quand c'est le mari qui constitue la dot et qu'il le fait en biens de la communauté, le droit à lui conféré par l'art. 1422, de donner les biens de la communauté pour l'établissement d'un enfant commun, permet de le considérer comme n'ayant agi que pour le compte et en sa qualité de chef de la communauté; et cette supposition est en effet plus naturelle ici que celle qui le présenterait comme ayant agi pour son propre compte, puisque, d'une part, la volonté de donner doit toujours, dans le doute, s'entendre restrictivement, et que, d'un autre côté, l'obligation de doter existant aussi bien pour la femme que pour le mari, il est tout simple de supposer que le mari a entendu donner de manière que la femme supportât, autant que possible, la moitié de la donation. Cela étant, la loi déclare que la dot sera considérée ici, à moins de déclaration contraire, comme mise à la charge de la communauté, de sorte que la femme en supportera moitié, si elle accepte, et n'en sera affranchie que dans le cas où elle renoncerait. Que si le mari avait dit à l'acte qu'il se charge personnellement de la dot pour le tout, ou pour trois quarts, ou pour toute autre fraction plus forte que la moitié, il est clair qu'on ne pourrait plus, en face de ce consentement formel, recourir à la supposition, ci-dessus, et que la femme acceptante ne devrait que l'excédant de ce que le mari prend à sa charge (1). Mais si le mari avait seulement déclaré qu'il entend supporter la dot *pour moitié*, il est évident que cette déclaration ne changerait rien au résultat, puisqu'elle serait tout simplement, de la part du mari, l'expression de la volonté que la loi lui suppose quand il garde le silence (2). — Au surplus, quand la loi parle de dot constituée en *effets de la communauté*, il ne faut pas croire qu'il s'agisse seulement de choses déterminées *in individuo*, comme telle maison, telle rente, les pièces de vin contenues dans telle cave, etc. : toutes les fois que la dot (et ce sera précisément le cas le plus fréquent) consistera en une promesse d'une somme d'argent *in genere*, elle sera par cela même constituée en biens de communauté, et il y aura lieu d'appliquer notre règle; car l'argent comptant, en général, fait partie des biens communs, et la constitution ainsi faite se trouve être une dette que l'art. 1409, 2°, met à la charge de la communauté.

Si la dot constituée par le mari l'a été en biens à lui personnels, le mari n'a pu faire alors que son affaire propre, et la femme, soit qu'elle

_____

(1) *Conf.* Duranton (XIV, 316); Odier (I, 234); Troplong (1214 à 1216); Dalloz (1204).

(2) *Conf.* Duranton (XIV, 294); Rodière et Pont (I, 98, et 2ᵉ édit., I).

renonce, soit qu'elle accepte, ne peut avoir à supporter aucune partie de la dot.

Si enfin la dot constituée à l'enfant commun l'était par la femme seule, plusieurs distinctions seraient à faire. Et d'abord, la dot sera constituée ou en biens communs ou en biens propres à la femme. — Si la dot est constituée en biens communs ou (ce qui est la même chose, comme on l'a déjà dit) en une somme d'argent *in genere,* et que la femme soit autorisée par le mari, la communauté et par suite le mari sont liés, puisque tous actes faits par la femme avec le consentement du mari engagent la communauté et par suite le mari (art. 1419 et 1426); mais le mari et sa communauté ne sont tenus que sauf recours contre la femme, qui doit définitivement supporter seule la dot entière; car le mari, en n'intervenant que pour autoriser sa femme et sans rien promettre, manifeste bien la volonté de ne pas contribuer à la dot (1). Si c'est en l'absence du mari, et avec l'autorisation de la justice, que la dot en argent ou autres biens communs est constituée, la femme doit être réputée agir comme remplaçant et représentant le mari, en sorte que la dot ne sera plus qu'une charge de la communauté, comme si elle avait été constituée par le mari, et elle sera dès lors supportée ou par les deux époux, chacun pour moitié si la femme accepte, ou par le mari seul si elle renonce. Si enfin la femme, autorisée par le mari ou par la justice, peu importe, avait constitué la dot en biens à elle propres, il est clair que cette dot resterait à sa charge pour le tout.

Quand c'est à son enfant d'un précédent lit que l'un des époux constitue une dot, il est évident qu'elle est pour le tout à sa charge absolument et sans distinction. Si donc la dot est fournie en biens propres à cet époux, tout est immédiatement réglé; si c'est, au contraire, en biens communs, il y a lieu à récompense pour la communauté contre l'époux débiteur de la dot (art. 1469).

Il va sans dire, en effet (et l'observation s'applique à toutes les hypothèses ci-dessus), que si le patrimoine sur lequel la dot est constituée et promise est à considérer quelquefois pour savoir par qui cette dot doit être supportée, ce n'est plus ce patrimoine qu'il faut considérer, mais celui sur lequel la dot a été prise et fournie (et qui peut bien ne pas être le même), quand il s'agit de savoir si une récompense est due, et à qui et par qui elle est due.

III. — Il était autrefois permis aux père et mère (art. 281 *Cout. de Paris*) d'imposer à leur constitution de dot la charge pour l'enfant doté, lors du décès de l'un d'eux, de laisser le survivant jouir sa vie durant des biens meubles et de la portion de conquêts appartenant au prédécédé; et si l'enfant ne ratifiait pas cette stipulation et entendait prendre malgré elle la jouissance des meubles et des conquêts, il ne le pouvait qu'à la condition de subir l'imputation de la dot entière sur la succes-

---

(1) Toullier (XII, 329); Troplong (1230); Tessier (I, 127); Odier (III, 1125); Dalloz (1226). *Voy.* aussi Pothier (659); Lebrun (p. 366, *col.* 2, *in fine*); Ferrières (sur Paris, art. 229, § 4, n° 49); Troplong (1230).

sion du parent prédécédé, de manière que le survivant n'en eût aucune part à supporter.

Le Code déclarant nulle toute renonciation faite, même par contrat de mariage, aux droits que l'on aura à exercer plus tard dans une succession qui n'est pas encore ouverte (art. 791 et 1130), et, d'autre part, les conditions contraires aux lois étant réputées non écrites dans les donations (art. 900), il s'ensuit que toute stipulation de laisser jouir plus tard le survivant soit des conquêts, soit des meubles, soit de toute autre portion de la succession de l'auteur qui mourra le premier, serait aujourd'hui non avenue, alors même qu'elle se présenterait non comme une simple condition imposée par les parents, mais comme convention formellement arrêtée entre eux et l'enfant. La clause, de quelque manière qu'elle fût formulée, serait absolument nulle et insignifiante, et le devoir d'un notaire, par conséquent, serait, quoi que dise Toullier (XII, 338), de se refuser à l'insertion de cette clause, quelle que fût à cet égard l'insistance des parties; car le notaire n'exerce point, comme le prétend Toullier, un ministère *purement passif,* et jamais il ne doit se prêter à des actes manifestement contraires à la loi (1).

Mais si les père et mère ne peuvent plus stipuler, même avec le consentement de l'enfant, que celui-ci, en considération de la dot, restera privé d'une partie de la succession du prémourant, ils peuvent fort bien déclarer que la dot qu'ils lui constituent sera pour le tout imputée sur cette succession du prémourant, ou, ce qui est la même chose, qu'elle n'est donnée qu'en avancement de l'hoirie du prémourant. Cette clause est, en effet, très-usitée; et nous devons en préciser ici les effets, qui ne sont pas aussi simples qu'on pourrait le croire tout d'abord.

Cette clause a bien pour résultat évident de faire que, définitivement, l'enfant se trouve n'être doté que par celui des deux parents qui meurt le premier, de sorte que, après le décès de celui-ci, le survivant se trouve n'avoir rien donné, et que, tant qu'ils vivent tous deux, on ignore lequel d'entre eux a fourni la dot. Mais cette incertitude laisserait insolubles, du vivant des deux parents, des questions dont la solution est cependant indispensable immédiatement. Ainsi, à qui devra-t-on demander le payement de la dot promise? A qui devront être réclamés les intérêts de la somme due ou les arrérages de la rente établie? A qui pourra-t-on, le cas échéant, demander la garantie à laquelle l'art. 1440 soumet tout constituant?... Il est clair qu'on ne peut répondre à ces questions en disant que *c'est à celui des parents qui mourra le premier!*

Or, comme à côté de cette nécessité de faire reposer quelque part, dès l'instant même, la qualité de constituant, il ne peut y avoir ni raison ni prétexte de la faire peser plutôt, ou davantage, sur l'un des époux que sur l'autre (puisqu'ils ont constitué tous deux au même titre, sous la même condition et avec la même éventualité), il s'ensuit

---

(1) Conf. *Jurisp. et style du not.* (V, 250); Battur (515); Toullier (XII, 338); Dalloz (1223). — *Contrà :* voy. Paris, 11 janv. 1819.

que, provisoirement et jusqu'au décès de l'un, il faut les tenir tous deux pour constituants ordinaires, absolument comme si la clause d'imputation n'existait pas, cette clause ne pouvant avoir aucun effet qu'après ce décès accompli (1). Ainsi, toute constitution de dot faite avec l'imputation dont il s'agit est l'équivalent de ces deux propositions : 1° la dot est constituée par nous chacun par moitié; 2° mais chacun de nous stipule que, s'il survit, il sera affranchi de cette moitié, de même qu'il s'oblige à supporter le tout s'il prédécède. Il suit de là que les effets de la constitution dont il s'agit sont très-différents, selon l'époque à laquelle on se place : 1° tant que les deux parents existent, les choses se passent comme si l'imputation n'existait pas, et les parents sont traités comme constituants ordinaires chacun pour moitié; 2° quand l'un vient à mourir, tout change : la condition de prédécès, sous laquelle il était chargé de la dot entière, se trouvant accomplie (et ayant, comme toute condition, un effet rétroactif), c'est par son patrimoine seul que la dot est et a toujours été due, et les choses dès lors doivent se remettre en l'état où elles seraient si le prédécédé avait constitué seul la dot *ab initio.*

D'après cela, et pour présenter comme exemple un seul cas d'application de cette dernière règle, si nous supposons que la dot, quoique constituée par les deux parents, avait été prise sur les biens propres de l'un d'eux, et que ce soit précisément sur les biens de celui qui survit, la dot entière se trouve avoir été payée par lui à l'acquit de son conjoint prédécédé, et a dès lors droit, sur la succession de celui-ci, à une récompense égale à la valeur que les biens donnés en dot avaient au moment de la donation.

Un dernier mot sur cette clause d'imputation. Les auteurs sont loin d'être d'accord sur le point de savoir si, dans le cas où la dot imputable sur la succession du prémourant se trouverait excéder le droit héréditaire de l'enfant dans cette succession, cet enfant serait tenu de voir diminuer sa dot, ou si le survivant serait obligé de supporter alors la portion de dot que cette succession ne peut pas fournir. MM. Massé (*Jurisp. du not.,* V, 481), Bellot (I, p. 568), et Tessier (I, 33, B) enseignent la première de ces deux idées. Toullier (XII, 340 et 341), par des raisons peu intelligibles, et que son annotateur, M. Duvergier, déclare lui-même ne pas comprendre, le combat vivement : il avoue bien que la nécessité pour l'enfant de voir diminuer sa dot au niveau de son droit héréditaire, et le droit pour le parent survivant de ne contribuer en rien à cette dot, existeront quand on aura dit que cette dot est donnée *en avancement de l'hoirie* du prémourant; mais il prétend qu'il n'en sera point ainsi quand on l'aura déclarée *imputable sur la succession* du prémourant. Enfin, MM. Paul Pont et Rodière (I, 99), sans distinguer les termes du contrat, adoptent une autre distinction et

_____

(1) Battur (I, 767); Bellot (I, 567); Toullier (XII, 536); Tessier (I, 140); Pont et Rodière (I, 99); Dalloz (1221); Paris, 6 nov. 1854 (Dev., 55, II, 607).

disent que le survivant sera tenu de subir le complément de la dot si cette dot est déjà payée lors du prédécès de son conjoint, mais qu'il en sera affranchi dans le cas contraire.

Nous ne saurions adopter ni l'une ni l'autre de ces distinctions, et nous n'hésitons pas à dire qu'on doit appliquer à toutes les hypothèses la doctrine professée par les trois premiers auteurs, doctrine qui a été consacrée par un arrêt de la Cour suprême (1).

D'un côté, en effet, nous cherchons en vain une différence entre la dot donnée *en avancement d'hoirie* et celle qui l'est *par imputation sur la succession ;* car faire un don à la condition qu'on l'imputera sur la succession future du donateur, c'est précisément avancer cette succession à l'hoir présomptif, c'est faire un avancement d'hoirie. D'un autre côté, s'il est vrai que le survivant ne peut pas être tenu de fournir le complément de la dot non encore payée lors du décès, c'est donc que, par l'effet de sa survie, il se trouve n'être en rien débiteur, nonobstant l'insuffisance de la succession du prédécédé ; or, puisque, même dans ce cas d'insuffisance, la dette n'est en rien celle du survivant et pèse pour le tout sur le patrimoine du prédécédé, il est clair que le point de savoir si cette dette se paye plus tôt ou plus tard est insignifiant pour lui, et que la date du payement ne peut pas faire devenir sienne l'obligation d'un autre.

Au résumé, la stipulation étant que la succession du prédécédé fournira seule la dot, le survivant n'a jamais à y contribuer. Pour qu'il en soit autrement, il faut qu'il ait été dit (et on le fait souvent) que la dot sera imputée d'abord sur la succession du prémourant et subsidiairement sur celle du survivant.

1440. — La garantie de la dot est due par toute personne qui l'a constituée, et ses intérêts courent du jour du mariage, encore qu'il y ait terme pour le payement, s'il n'y a stipulation contraire.

SOMMAIRE.

I.   Généralité de cette règle. Pourquoi le donateur, en cas de dot, est soumis de plein droit à la garantie et au payement des intérêts.
II. La garantie de la dot constituée à l'un des époux est due à tous deux. L'obligation cesse s'il y a stipulation contraire. Étendue de cette obligation.
III. La dette d'intérêts cesse, soit au moyen d'une stipulation formelle, soit quand il s'agit d'une chose improductive : critique de la doctrine de Toullier.

I. — Cet article, à la différence des deux précédents, pose une règle qui n'a rien de particulier au régime de la communauté. Que la dot soit constituée par des père et mère communs ou dotaux, qu'elle le soit par les père et mère, par d'autres parents ou par des étrangers, que

---

(1) Cassation d'un arrêt de Grenoble, 11 juill. 1814. — Toullier invoque, pour l'opinion contraire, un arrêt de Paris du 11 janv. 1819 ; mais, outre la réfutation que nous donnons de cette opinion, il est d'ailleurs fort douteux que cet arrêt ait le sens que Toullier lui attribue.

celui qui la reçoit se marie en communauté ou sous tout autre régime ; dans tous les cas possibles, la double disposition de notre article est applicable : aussi cette disposition se trouve-t-elle reproduite identiquement, dans la matière du régime dotal, par l'art. 1547 pour la garantie, et par l'art. 1548 quant aux intérêts.

La constitution de dot est un acte d'une nature particulière et qui participe tout à la fois de la donation et de l'acte à titre onéreux. Celui qui la fait est bien un donateur, puisqu'il se dépouille gratuitement et sans aucun avantage réciproque pour lui ; mais celui à qui la dot est donnée la reçoit, sous un rapport, à titre onéreux, puisque le bien est destiné à faire face aux charges que le mariage va faire peser sur lui, mariage auquel il ne consentirait peut-être pas si la dot n'était pas donnée. La dot présente donc, d'une part, la caractère de la donation : aussi est-elle soumise, comme toute autre donation, à la réduction, au rapport, à la révocation pour survenance d'enfant au donateur ; mais elle a aussi, d'autre part, la caractère d'acte à titre onéreux, ce qui a fait accorder à la personne dotée le droit à garantie et celui d'exiger des intérêts pour la dot payable à terme, quand même ces intérêts ne seraient pas stipulés.

Occupons-nous séparément de chacune de ces deux idées.

II. — En principe, un donateur n'est point tenu à la garantie de l'objet donné. Mais ici il en est autrement ; et comme les deux futurs époux, aussi bien celui qui reçoit la dot que son conjoint, comptent tous deux sur elle pour les besoins du ménage, il n'est pas douteux que la garantie est due à l'un et à l'autre. L'opinion de Delvincourt, qui prétendait que la garantie de la dot constituée à la femme n'était due qu'au mari et non à cette femme, a été repoussée par tous les auteurs, et avec raison ; car la femme est intéressée autant que le mari à ne pas voir s'évanouir les ressources que le contrat lui assurait. L'erreur de Delvincourt est d'autant plus étrange que, rigoureusement, le droit à garantie n'appartient en propre qu'à la femme seule, puisque c'est à elle que la donation a été faite ; ce n'est que comme ayant cause de la femme, et par application de l'art. 1166, que le mari peut agir contre le donateur (1).

Du reste, quoique notre article et les art. 1547 et 1548 ne réservent textuellement que quant aux intérêts le droit pour le donateur de se soustraire à la règle légale par une stipulation expresse, il est clair que ce droit existe aussi quant à la garantie. Puisqu'un vendeur lui-même peut affranchir de l'obligation de garantie par une convention expresse (art. 1627), à plus forte raison un donateur.

Mais quelle est l'étendue de la dette de garantie imposée au donateur ? Le Code garde le silence à cet égard, et c'est en recourant aux règles de la garantie due en cas de vente, sauf à y introduire les modi-

_____

(1) Duranton (XIV, 296, et XV, 375); Tessier (I, p. 193); Bellot (I, p. 568); Benoît (I, 80); Zachariæ (III, p. 390); Rodière et Paul Pont (I, 104); Odier (III, 1145); Troplong (II, 2249); Rolland de Villargues (VI, 151, n° 40); Toullier (XIV, 92); Dalloz (1237).

fications demandées par les circonstances qui différencient les deux cas, qu'il faut décider la question.

Quand il s'agit des créances, il est évident que le donateur garantit seulement l'existence de la créance donnée et non pas la solvabilité du débiteur, puisqu'un vendeur lui-même ne devrait que cette garantie de l'existence (art. 1693). Et comme l'art. 1694 veut que le vendeur, en cas de non-existence, rembourse non pas le montant de la créance, mais seulement le prix pour lequel elle avait été vendue, c'est-à-dire ce que la non-existence de la dette fait perdre au cessionnaire, il faut en conclure que le donateur devra ici, non pas précisément et toujours le capital nominal de la créance, mais ce que sa non-existence fait perdre au donataire, c'est-à-dire ce que ce donataire aurait tiré de la créance si elle avait existé. Ainsi, quand le prétendu débiteur est tombé en faillite au moment même du mariage ou peu de temps après, la garantie devra se réduire au dividende qu'on aurait reçu si la créance avait été réelle. Mais tant qu'il y a lieu de croire que le donataire aurait obtenu le montant intégral de la créance, le donateur doit le rembourser en entier.

Quand il s'agit de choses corporelles, on distingue le cas d'éviction totale, celui d'éviction partielle, et celui de simples vices cachés de la chose.

En cas d'éviction totale de l'objet donné, le donateur devra payer ce que vaut cet objet au moment de l'éviction, quoique sa valeur actuelle soit plus grande ou plus petite que celle du jour de la donation ; car son obligation consiste, ni plus ni moins, à indemniser le donataire du préjudice qu'il éprouve. Cette décision, fort simple quand l'objet vaut moins qu'au temps de la donation, peut paraître bien rigoureuse pour le cas contraire, et l'on pourrait soutenir que le donateur n'a pas pu avoir l'idée de s'engager, pour aucun cas, au delà de ce qu'il donnait. Mais comme le principe est toujours que la personne garantie doit être rendue indemne, comme d'ailleurs l'accroissement de valeur de la chose a pu conduire cette personne à augmenter ses dépenses ou ses engagements, et que le donateur seul est la cause de son erreur, c'est à lui d'en subir les conséquences (1).

En cas d'éviction partielle, il n'est pas douteux que le donateur doive payer le prix de la portion enlevée, en raison de la valeur totale de la chose au moment de l'éviction, comme doit le faire un vendeur (art. 1637) ; mais le donataire peut-il aussi, comme un acheteur (art. 1636), contraindre le garant à reprendre l'objet entier et à lui en payer la valeur totale? Non, car l'acheteur n'obtient ce résultat qu'en faisant prononcer la résolution de la vente; or ici on ne peut pas parler de résolution, puisqu'il ne s'agit pas d'un contrat synallagmatique, et le donataire, en effet, loin de demander cette résolution, réclame au contraire la complète exécution de son contrat (2).

---

(1) *Voy.* Rodière et Pont (I, 109); Odier (III, 1142); Benoît (93 à 96); Dalloz (1242).

(2) Pont et Rodière (I, 110); Dalloz (1243).

Dans le cas, enfin, de simples vices cachés de la chose, le doute peut se présenter sur le point même de savoir si l'existence de ces vices donne droit à garantie. On pourrait dire que le constituant, par cela même qu'il donnait, a dû transmettre la chose telle quelle, et qu'il ne peut dès lors rien devoir pour les charges occultes ou défauts secrets dont elle peut être atteinte. Mais cette idée ne serait pas plus exacte pour ce dernier cas que pour les précédents : cette idée est vraie, et vraie partout, pour le donateur ordinaire, qui est en conséquence affranchi partout et toujours de la dette de garantie; mais elle est fausse, et fausse partout, pour le donateur d'une dot, lequel est traité sous ce rapport comme ayant fait un acte à titre onéreux, et doit dès lors la garantie dans tous les cas. Les époux ont compté et dû compter sur la valeur que la chose paraissait avoir, et l'indemnité dès lors leur est due. D'ailleurs, ou le donateur ignorait les vices, et il a donc entendu procurer la valeur que la chose paraissait avoir, en sorte que c'est là l'intention commune des parties; ou bien il a connu les vices, et dès lors il y a une faute qui lui est imputable... Ainsi, dans ce cas comme dans les autres, c'est au donateur qui veut échapper aux résultats possibles de son acte de s'y soustraire par la réserve expresse qu'il est toujours libre de stipuler.

III. — La circonstance que la dot a pour but de faire face aux besoins du ménage a déterminé ici une exception au principe que les intérêts ne sont dus que par la demande qui en est faite; ces intérêts, dans le cas où la dot n'est pas payée comptant, courent ici du jour même du mariage, de plein droit, et sans qu'il soit besoin de s'en expliquer.

Mais, bien entendu, la règle ne s'applique ni au cas où le donateur a soin de déclarer formellement dans le contrat qu'il entend ne point payer d'intérêts, ni à celui où la dot consiste en une chose non productive d'intérêts. La première exception est écrite dans notre article et dans l'art. 1548. La seconde, évidemment fondée en raison, résulte également du texte bien compris de ces articles, puisque ce texte revient à dire, non pas, comme semble le croire Toullier (XIV, 97), que toute dot produira des intérêts, mais seulement que la dot, quand elle sera productive d'intérêts, les produira du jour du mariage (1).

En conséquence, si la dot payable à terme consiste en une somme d'argent, les intérêts de cette somme, sans qu'il soit rien dit à cet égard, courront du jour du mariage. Si elle a pour objet un immeuble, il faut dire, par analogie, que le donateur devra livrer au donataire les fruits de cet immeuble ou leur équivalent. Mais s'il s'agit, par exemple, d'un ameublement, il est clair que le donateur ne devra pas d'intérêts. Et il n'en devrait pas davantage s'il avait constitué une créance non productive d'intérêts qu'il a sur un tiers, puisqu'ici encore le bien donné est improductif; et c'est avec raison que la doctrine contraire de Toul-

---

(1) *Conf.* M. Troplong (IV, 3094); Dalloz (1257).

lier (*loc. cit.*) est repoussée par tous les auteurs, même par son annotateur M. Duvergier (1).

N. B. — Il faut rapprocher de l'explication de cet article celle des
art. 1547 et 1548.

SECTION III.

DE LA DISSOLUTION DE LA COMMUNAUTÉ, ET DE QUELQUES-UNES DE SES SUITES.

Si peu satisfaisantes que soient les divisions adoptées par les rédacteurs dans les quatre sections auxquelles nous arrivons, le rétablissement des idées dans leur ordre naturel entraînerait un si profond boul-
leversement des articles que nous nous résignons à suivre l'ordre du
Code, sauf à l'abandonner dans notre résumé.

§ 1ᵉʳ. — Causes de la dissolution de la communauté.

1441. — La communauté se dissout : 1° par la mort naturelle;
2° par la mort civile; 3° par le divorce; 4° par la séparation de corps;
5° par la séparation de biens.

1. — Des cinq causes de dissolution que cet article énumère, il n'en
existe réellement que trois. D'une part, en effet, le divorce est aboli;
et, d'un autre côté, la séparation de corps n'est point une cause distincte de la séparation de biens, puisque c'est uniquement parce qu'elle
produit la séparation de biens que cette séparation de corps opère
médiatement dissolution de la communauté (art. 311) : c'est toujours
la séparation de biens, soit qu'elle intervienne principalement, soit
qu'elle n'arrive que comme conséquence de la séparation de corps, qui
est la cause unique de la dissolution.

Mais, réciproquement, deux causes de dissolution dont l'article ne
parle pas doivent être ajoutées à celles qu'il indique : le jugement de
nullité du mariage putatif, et quelquefois la déclaration d'absence. On
a vu, en effet (art. 201 et 202, n° III), que le mariage qui est annulé,
après avoir été contracté de bonne foi, conserve tous ses effets pour le
passé; que, dès lors, il a fait exister entre les époux une véritable communauté qui finit par le jugement, et qu'il est, ni plus ni moins, dans
le cas d'un mariage valable que le divorce viendrait dissoudre. On a vu
également (art. 124, n°ˢ IX et XVII) que la déclaration d'absence d'un
époux commun devient une cause réelle de dissolution de la communauté : 1° quand le conjoint a opté pour la dissolution provisoire, et
2° quand son option pour la continuation est suivie plus tard de l'envoi
définitif, si, dans les deux cas, on n'arrive jamais à constater ni l'existence, ni le décès de l'absent.

(1) Delvincourt (t. III); Duranton (XV, 382); Benoît (I, 158); Tessier (I, p. 167);
Zachariæ (III, p. 392); Odier (III, 1154); Duvergier (sur Toullier, *loc. cit.*); Rodière
et Paul Pont (I, 116); Troplong (II, 1255 et 1256); Dalloz (1259 et 1260). Quand les
futurs sont nourris chez le constituant, les frais d'aliments s'imputent sur les intérêts
de la dot. Benoît (I, 157); Seriziat (63); Merlin (*Rép.*, Intérêt, § 2); Tessier (I, 165);
Troplong (3096); Rodière et Pont (I, 117).

Les cinq causes possibles de dissolution sont donc : 1° la mort naturelle; 2° la mort civile; 3° la séparation de biens; 4° la déclaration de nullité du mariage; 5° la déclaration d'absence.

Le Code passe maintenant à deux suites particulières qu'entraîne quelquefois la dissolution de la communauté : 1° la peine attachée au défaut d'inventaire de la part de l'époux survivant (art. 1442); 2° la séparation de biens judiciaire, dont s'occupe le reste de la section.

§ 2. — Du défaut d'inventaire par le survivant.

1442. — Le défaut d'inventaire après la mort naturelle ou civile de l'un des époux, ne donne pas lieu à la continuation de la communauté; sauf les poursuites des parties intéressées, relativement à la consistance des biens et effets communs, dont la preuve pourra être faite tant par titres que par la commune renommée.

S'il y a des enfants mineurs, le défaut d'inventaire fait perdre en outre à l'époux survivant la jouissance de leurs revenus; et le subrogé tuteur qui ne l'a point obligé à faire inventaire, est solidairement tenu avec lui de toutes les condamnations qui peuvent être prononcées au profit des mineurs.

SOMMAIRE.

I.   Le Code supprime les anciennes continuations de communauté pour défaut d'inventaire.
II.   Mais il donne à tous intéressés le droit de prouver par commune renommée l'importance de la communauté. Ce droit n'est donc point réservé aux enfants mineurs : erreur de Toullier.
III. En cas d'enfants mineurs, le défaut d'inventaire emporte suppression du droit d'usufruit légal du survivant. Développement de cette règle. Controverse. Obligation et responsabilité du débiteur.

I. — Autrefois, le défaut d'inventaire de la part du survivant des époux communs avait pour résultat d'empêcher la dissolution de la communauté, et de faire continuer cette communauté entre le survivant et les héritiers du prédécédé. D'après la coutume de Paris, ce résultat n'avait lieu que si ces héritiers étaient des enfants du défunt et enfants mineurs; mais, suivant d'autres coutumes, il avait également lieu pour des enfants majeurs et même pour des héritiers collatéraux (1).

Si le survivant se remariait, il se formait une communauté appelée *tripartite,* parce qu'elle se partageait entre : 1° le survivant, 2° les héritiers du prédécédé, et 2° le second conjoint. Après la mort de ce second conjoint, la communauté pouvait continuer de même pour ses enfants; de sorte que, si un père qui se trouvait ainsi en commun avec des enfants de plusieurs lits épousait une femme qui fût dans le même

_____

(1) Voy. notamment *Paris,* art. 240 et 241 ; *Orléans,* art. 216; *Bar,* art. 232; *Montargis,* chap. 9, art. 3; Req., 17 fév. 1829; Pothier (829); Troplong (1271).

cas, on pouvait avoir une communauté qui se trouvait être une complication de cinq ou six communautés! Et comme les conditions et les effets de ces continuations de communauté variaient d'une coutume à une autre, on conçoit dans quel dédale on se trouvait jeté pour leur liquidation, quand, mariés dans un pays, les époux étaient venus s'établir dans un autre où l'un était devenu veuf et s'était remarié sous une législation différente!... Le Code abroge ce fâcheux état de choses, en déclarant dans notre article que le défaut d'inventaire ne donne plus lieu à la continuation de la communauté.

II. — Mais en supprimant ces continuations bizarres de communauté, le Code attribue au défaut d'inventaire l'effet, très-juste assurément, de permettre aux héritiers du prédécédé de faire, non pas seulement par titres, mais aussi par témoins et même par la commune renommée, la preuve de l'importance de la communauté (1). Nous disons que ce droit appartient aux héritiers du défunt, quels qu'ils soient. Il est vrai que Toullier (XIII, 5) dont la doctrine a été suivie par un arrêt de la Cour de Caen (2), enseigne que ce bénéfice n'existe que pour les enfants mineurs, en se fondant sur ce qu'il remplace l'ancien droit de faire continuer la communauté, lequel n'était établi, dit-il, que pour ces enfants mineurs. Mais d'abord, il y a là une erreur de fait : on a vu que la continuation existait souvent avec les enfants majeurs et même avec les collatéraux; et la règle nouvelle étant d'ailleurs aussi rationnelle que l'ancienne était ridicule et contre nature, il était tout simple que le Code la posât d'une manière générale. C'est aussi ce qu'il fait, puisqu'il accorde le droit en question aux *parties intéressées,* et que c'est après avoir ainsi écrit son premier paragraphe pour tous ceux qui auront intérêt à l'invoquer, qu'il arrive à s'occuper dans le second de ce qu'il faudra décider *s'il y a des enfants mineurs.* Enfin les travaux préparatoires sont également clairs sur ce point; car l'orateur du gouvernement, après avoir distingué le cas où il y aurait des enfants mineurs et celui où il n'y en aurait pas, ajoute que, « *dans tous les cas,* la preuve par commune renommée sera admise », et l'orateur du Tribunat dit à son tour que le droit existe pour les parties intéressées *sans distinction* (Fenet, XIII, p. 672 et 731).

III. — La disposition de notre second alinéa, exclusive pour le cas d'enfants mineurs, fait naître plus d'une difficulté. Cette règle, écrite

---

(1) Mais il a été jugé que le défaut d'inventaire ne peut motiver contre l'époux survivant aucune dérogation aux règles relatives à la composition de la masse à partager et aux prélèvements réciproques des époux. Spécialement, l'époux survivant qui, en pareil cas, déclare et offre de prouver que la succession de l'époux décédé consistait uniquement en divers titres de créance, ne peut être contraint à représenter les apports du défunt en espèces, tels qu'ils sont constatés par le contrat de mariage, sauf, bien entendu, le droit qui appartient aux héritiers du défunt, par suite du défaut d'inventaire, de demander à faire la preuve de la consistance des biens de la succession, tant par titres que par commune renommée. Cass., 5 mars 1855 (Dev., 55, I, 583); et dans le même sens, Cass., 26 juin 1827, 26 janv. 1842. — *Voy.* cependant Amiens, 22 mars 1855 (Dev., 55, II, 326).

(2) Caen, 4 janv. 1840 (Dev., 41, II, 82); *Conf.* Battur (II, 618); Bellot (II, 79). — *Contrà :* Caen, 19 janv. 1832; Odier (I, 360); Paul Pont et Rodière (I, 762); Troplong (II, 1284); Dalloz (1593).

pour le cas de communauté, doit-elle s'appliquer aussi sous les autres régimes de mariage? L'inventaire par la rédaction duquel le survivant peut échapper à la peine prononcée doit-il nécessairement être dressé dans un délai préfix? Quel est ce délai? La déchéance du droit d'usufruit est-elle encourue par le fait même de l'expiration de ce délai, ou bien est-il loisible au juge de la prononcer ou non, selon les circonstances? Enfin la privation de jouissance frappe-t-elle seulement sur les biens appartenant aux enfants dans la communauté non inventoriée, ou s'étend-elle à tous les biens pouvant appartenir aux enfants?

Toullier (XIII, 8) et Chardon (n° 146) enseignent que la déchéance ne porte pas sur les biens qui n'échoient à l'enfant que postérieurement à la dissolution de la communauté; mais c'est là une idée dont la discussion au conseil d'État prouve l'inexactitude. On y voit, en effet, que les rédacteurs étaient préoccupés d'assurer la confection de l'inventaire par l'application, au survivant qui ne le ferait pas d'une peine aussi sévère que possible, et qu'en outre de la privation absolue du droit d'usufruit légal, que plusieurs trouvaient insuffisante, on proposait d'ajouter encore une indemnité égale au quart de la communauté (*ibid.*, p. 564-566). Cette dernière idée n'a pas été admise; mais il résulte bien du procès-verbal qu'il s'agit, pour le survivant, de la suppression du droit d'usufruit légal établi par l'art. 384, suppression que l'on trouvait encore trop douce. Il n'y a donc à considérer ni l'origine des biens ni l'époque à laquelle ils arrivent à l'enfant; car la conséquence du défaut d'inventaire est que le survivant devient indigne du privilége attaché par l'art. 384 à la puissance paternelle (1). — Quant au délai dans lequel l'inventaire doit être dressé (2), il est évident, en présence de l'art. 1456 et de l'usage constant de l'ancienne jurisprudence, dont les rédacteurs ont certainement entendu reproduire la règle, qu'il est de trois mois, sauf au survivant à se faire accorder par la justice une prorogation de délai, si des circonstances particulières rendent ce temps insuffisant (3). — Il n'est pas moins certain, quand on considère l'énorme importance que nos législateurs attachaient à la confection de l'inventaire et dont témoigne énergiquement le procès-verbal précité, que c'est par le fait même du défaut de cet inventaire que la peine est encourue; et il y a violation de l'esprit, selon nous constant, de la loi, dans l'arrêt par lequel la Cour de Caen a refusé de prononcer la déchéance en se fondant sur ce que, dans l'espèce, le délai n'était expiré

---

(1) *Voy.* MM. Proudhon (t. I, p. 221); Battur (619); Dalloz (1617); Bressoles (*Rev. de législ.*, 1848, t. II, p. 301); Rodière et Paul Pont (t. I, n° 772). — *Voy.* cependant Dijon, 17 janv. 1856 (Dalloz, 56, II, 94), et M. Demolombe (t. VI, n° 579).

(2) Il faut un inventaire notarié. Pothier (794); Toullier (XIII, 14); Rodière et Pont (I, 766); Troplong (1300); Dalloz (1600). — Fait en présence du subrogé tuteur des mineurs ou de son mandataire. Pothier (797); *Nouveau Denizart*, v° Contr. de com.; Toullier (XIII, 13); Rodière et Pont (I, 767); Troplong (1298). — *Voy.* cependant Battur (II, 620); Proudhon (*De l'usuf.*, I, 65).

(3) *Conf.* Proudhon (I, 172); Duranton (III, 389); Toullier (XIII, 16); Battur (II, 771); Bellot (II, 91); Zachariæ (III, 467); Rodière et Pont (I, 770); Odier (363); Troplong (1290); Dalloz (1608); Orléans, 7 mars 1863; Douai, 14 fév. 1863.

que depuis peu de temps lorsqu'un inventaire tardif avait été fait, et que
le retard n'avait d'ailleurs pas causé de préjudice aux enfants (1). La loi
n'a rien laissé ici à l'arbitraire du juge, et dès là que l'inventaire n'a
point été fait dans trois mois du décès ou avant l'expiration de la prorogation de délai accordée par le juge, celui-ci ne peut point se dispenser de proclamer la déchéance. C'est donc avec raison que la doctrine
de cet arrêt, qui semble être celle de Proudhon (*Usuf.*, I, 174), de
M. Bellot (IV, p. 345), et que M. Demolombe adopte aussi (VI, 573),
quoiqu'il avoue *qu'elle a quelque chose d'arbitraire*, est généralement
repoussée (2). — Enfin, malgré la vive controverse qui divise sur ce
point les auteurs, nous n'éprouvons aucune hésitation à décider que notre disposition, comme nous l'avons déjà dit sous l'art. 387, n° VII, est
exclusivement applicable au cas de communauté, et ne saurait s'étendre à ceux où le survivant était marié sous l'un des régimes d'exclusion
de communauté, de séparation de biens, ou dotal. La raison bien simple qui nous détermine et devant laquelle tous les arguments de la
doctrine contraire nous paraissent se briser, c'est qu'il s'agit là d'une véritable peine, que les peines ne peuvent jamais s'étendre du cas prévu
à des cas non prévus et présentant plus ou moins d'analogie, et qu'on
ne peut pas même invoquer ici une analogie vraie, puisque les adversaires eux-mêmes reconnaissent que la confection de l'inventaire est bien
autrement importante dans le cas de communauté que pour les autres
régimes (3).

Au surplus, le subrogé tuteur des enfants mineurs est tenu de veiller
à ce que l'inventaire soit dressé, et d'y contraindre au besoin le survivant. Faute par lui de remplir cette mission, il est solidairement tenu de
toutes les condamnations qui peuvent être prononcées contre le survivant, sauf, bien entendu, son recours contre celui-ci.

§ 3. — De la séparation de biens judiciaire.

1° Cause, formes et conditions de la séparation.

1443. — La séparation de biens ne peut être poursuivie qu'en
justice par la femme dont la dot est mise en péril, et lorsque le dés-

<hr/>

(1) Caen, 18 août 1842 (Dev., 43, II, 49).
(2) Douai, 15 nov. 1833 (Dev., 34, II, 189); Toullier (XIII, 17); Duranton (III,
389); Chardon (n° 143); Battur (II, 771); Zachariæ (III, p. 467); Dalloz (X, p. 229,
et *Contr. de mar.*, 1609); Odier (I, 363); Paul Pont et Rodière (I, 770); Lamoignon
(tit. *De l'état des pers.*, n° 35); Pothier (*Garde noble*, § 3, art. 2); Troplong (II, 1291-
1295).
(3) *Conf.* Proudhon (*Usuf.*, I, 161); Bellot (II, p. 84); Duranton (III, 390); Zachariæ (III, p. 469); Taulier (V, 120); Odier (I, 366); Demolombe (VI, 577); Troplong
(II, 1305); Bressolles (*Rev. de lég.*, 1848, t. II, p. 301); Dalloz (1622); Toulouse,
19 déc. 1839 (Dev., 40, II, 164). — *Contrà :* Delvincourt (t. I); Toullier (XIII, 10);
Battur (II, 620); Glandaz (n° 290); Chardon (n° 141); Paul Pont et Rodière (I, 764).
— *Voy.* encore l'article spécial que M. Paul Pont a consacré au développement de
son opinion, dans la *Revue critique*, t. II, p. 600, et dans la *Revue de législat.*, année
1847, t. III, p. 37 et suiv. De même, jugé que le défaut d'inventaire ne peut motiver
contre le survivant aucune dérogation aux règles sur la composition de la masse ou
les prélèvements réciproques. Cass., 5 mars 1855.

ordre des affaires du mari donne lieu de craindre que les biens de celui-ci ne soient point suffisants pour remplir les droits et reprises de la femme.

Toute séparation volontaire est nulle.

1. — La séparation de biens, qui est, comme on le sait, l'un des régimes que deux époux peuvent stipuler par leur contrat, peut aussi, au moyen d'un jugement obtenu par la femme, se trouver substituée au régime de communauté établi par ce contrat; en sorte que ce jugement devient ainsi une cause de dissolution de la communauté.

La séparation de biens est donc tantôt contractuelle et tantôt judiciaire, quant à la manière dont elle s'établit. Du reste, il est bon de remarquer dès à présent que la séparation judiciaire peut être obtenue par la femme, non pas seulement sous le régime de communauté, soit légale, soit conventionnelle, mais aussi sous les deux autres régimes, l'exclusion de la communauté, et même le régime dotal (art. 1563).

Une seule cause permet à la femme, mais lui permet toujours, de faire prononcer la séparation de biens : c'est un dérangement tel, dans les affaires du mari, qu'il y ait danger pour la femme de perdre tout ou partie de ses biens présents ou futurs. Telle est, disons-nous, la cause unique de séparation, et c'est à tort que les interprètes du Code, s'attachant rigoureusement à la rédaction peu précise de notre article, indiquent ici deux causes distinctes, à savoir : 1° le péril de la dot, et 2° le danger pour la femme de ne pouvoir être remplie de ses droits et reprises. Il est évident, en effet, que cette seconde cause embrasse la première, quoiqu'elle ne présente pourtant l'idée vraie que d'une manière moins complète encore que la formule plus générale par nous adoptée. Désordre d'affaires qui mette en péril l'avoir actuel ou même éventuel de la femme, telle est, en définitive, la cause qui permet de prononcer la séparation de biens.

Ainsi, alors même qu'il s'agirait d'une femme qui n'a rien apporté en se mariant et à laquelle il n'est rien échu depuis le mariage, l'administration ruineuse du mari n'en devrait pas moins faire prononcer la séparation. Cette femme, en effet, a intérêt à s'assurer la conservation de sa moitié dans ce qui reste encore de la communauté que dissipe le mari. Que s'il n'y a pas de biens communs, elle peut avoir un talent, une industrie, dont le produit, après la séparation, lui donnera des ressources pour elle et ses enfants, tandis que le mari, tant que dure son administration, peut tout perdre et engloutir (1). Et quand

(1) Conf. Pothier (512); Roussilhe (II, 475); Toullier (XIII, 28); Bellot (II, 100);

même enfin cette femme ne serait en état de rien gagner par son travail, ne peut-elle pas dans quelques mois, dans quelques jours, recevoir des donations ou des successions qu'il lui importe de sauvegarder? (1)

Par cette même raison, la séparation pourrait être prononcée, en présence de la mauvaise administration du mari, encore bien que les reprises actuelles de la femme fussent parfaitement garanties par son hypothèque légale; car, d'une part, ces reprises peuvent augmenter d'un jour à l'autre, et d'ailleurs, la conduite du mari donne lieu de craindre qu'il n'amoindrisse la garantie hypothécaire, soit par le défaut d'entretien de ses biens, soit par des coupes de bois déréglées, soit par la transformation d'immeubles productifs en simples propriétés d'agrément. Or la prudence ne permet pas d'attendre qu'un mal soit devenu irréparable pour s'occuper d'y porter remède.

Et si, très-souvent, la séparation n'est prononcée que dans la supposition d'une administration mauvaise et blâmable du mari, elle peut très-bien l'être aussi sans qu'il y ait la moindre imprudence à reprocher au mari, et quoique le désordre de ses affaires ne provienne que d'événements de force majeure. C'est évident, puisque, malgré toute la prudence que l'on suppose au mari administrateur, ses affaires peuvent se trouver dans un état tel, que les droits de la femme courent le plus grand danger (2)... Et, bien plus, la séparation pourrait être prononcée, quoique ce soit précisément à la faute de la femme qui la demande, à ses prodigalités et à ses folles dépenses, que la cause en soit due; car c'était au chef de la société d'empêcher ces prodigalités, et l'on doit, dans ce cas, retirer l'administration à un mari qui se montre incapable de l'exercer, sauf à donner ensuite, si besoin est, à la femme devenue maîtresse de ses biens, un conseil judiciaire (3). De même le mari ne saurait jamais trouver une fin de non-recevoir contre la demande dans tel ou tel autre reproche que peut mériter la femme, et, par exemple, dans le fait que celle-ci se serait enfuie du domicile conjugal; la faute de la femme ne fait rien au mauvais état des affaires, état qui peut-être en a été la cause, et il y a là deux droits respectifs qui ne se détruisent nullement l'un l'autre : le droit pour le mari de contraindre la femme à réintégrer le domicile conjugal; le droit pour la femme d'empêcher la ruine de sa fortune (4).

En un mot, et sans qu'il y ait à se préoccuper des diverses autres cir-

---

Favard (v° Sép.); Odier (371); Zachariæ (III, 472); Rodière et Pont (800); Troplong (1309); Angers, 16 mars 1808; Rennes, 23 nov. 1820; Liége, 23 avr. 1831; Bruxelles, 31 janv. 1838. — *Contrà :* Merlin (v° Sép., sect. 2, § 1, n° 8).

(1) *Conf.* Toullier (XIII, 26); Zachariæ (§ 516, 2); Odier (371); Troplong (1220); Dalloz (1636); Colmar, 11 mai 1835; Bordeaux, 1er mai 1848.

(2) *Voy.* Pothier (n° 510); Roussilhe (472); Merlin (*Rép.*, v° Sép., sect. 2, § 1, n° 5); Dalloz (1654); Toullier (XIII, 33); Paul Pont et Rodière (1, 794); Troplong (II, 1333). — *Contrà :* Lyon, 11 juin 1853.

(3) Angers, 22 fév. 1828; Toullier (XIII, 33 et 34); Chardon (310). — *Voy.* Troplong (1334); Rodière et Pont (794).

(4) Angers, 22 fév. 1828; Poitiers, 15 août 1836; Paris, 27 mai 1837; etc. (Dev., 36, II, 461); Odier (371); Troplong (1335); Chauveau (sur Carré, 2932 *bis*); Rodière et Pont (807); Dalloz (1617).

constances, la séparation de biens doit ou ne doit pas être admise, selon que la position pécuniaire du mari présente ou non un désordre de nature à mettre en danger la conservation des droits actuels ou éventuels de la femme.

II. — La séparation de biens dont il s'agit ici étant une dérogation au contrat de mariage, il est évident qu'elle ne peut pas, d'après l'article 1395, se réaliser par simple convention entre les parties : aussi notre article nous dit-il qu'elle ne peut être obtenue qu'en justice, et que toute séparation volontaire et amiable serait nulle. C'est d'après le même principe que l'art. 870 du Code de procédure défend d'admettre comme preuve, en cette matière, l'aveu du mari.

Il est bien évident aussi que la séparation ne peut jamais être demandée par le mari contre la femme (1).

Mais il ne faut pas perdre de vue que la séparation de biens peut intervenir aussi comme conséquence forcée de la séparation de corps, de sorte qu'elle peut se réaliser alors par suite (médiate) d'une demande du mari et quoique la position pécuniaire des époux soit aussi florissante que possible. Cette séparation de biens, corollaire de la séparation de corps, produit, bien entendu, les mêmes effets que la séparation de biens principale, et ce que nous dirons sous les art. 1448 et suivants s'applique à l'une comme à l'autre; mais les articles qui nous occupent en ce moment ne concernent évidemment que la seconde.

1444. — La séparation de biens, quoique prononcée en justice, est nulle si elle n'a point été exécutée par le payement réel des droits et reprises de la femme, effectué par acte authentique, jusqu'à concurrence des biens du mari, ou au moins par des poursuites commencées dans la quinzaine qui a suivi le jugement, et non interrompues depuis.

1445. — Toute séparation de biens doit, avant son exécution, être rendue publique par l'affiche sur un tableau à ce destiné, dans la principale salle du tribunal de première instance, et de plus, si le mari est marchand, banquier ou commerçant, dans celle du tribunal de commerce du lieu de son domicile; et ce, à peine de nullité de l'exécution.

Le jugement qui prononce la séparation de biens remonte, quant à ses effets, au jour de la demande.

SOMMAIRE.

I. Formalités à remplir avant le jugement; leur but.
II. Formalités qui doivent suivre ce jugement. En quoi le Code de procédure abroge notre art. 1444.
III. La simple signification du jugement n'est point un commencement d'exécution; les poursuites d'exécution ne doivent point se discontinuer : controverse; critique de deux arrêts de la Cour suprême.

(1) Conf. Renusson (part. 1, ch. 9, n° 5); Pothier (513); Denizart (v° Sép.); Toullier (XIII, 38); Odier (373); Troplong (1311); Rodière et Pont (806); Dalloz (1668).

I. — Ces deux articles, relatifs aux formalités qui doivent être accomplies après le jugement de séparation, ont été complétés par les art. 865 et suivants du Code de procédure, où la loi règle en outre celles qui doivent précéder ce même jugement. Indiquons ces diverses formalités.

D'abord, le jugement de séparation ayant un effet qui, d'après le second paragraphe de l'art. 1445, remonte rétroactivement au jour même de la demande (1), le législateur a compris que, pour qu'il n'y eût point là un piége tendu à ceux qui pourraient contracter avec le mari dans l'intervalle de la demande au jugement, il y avait nécessité de faire donner à cette demande une entière publicité. En conséquence, la femme, qui ne peut au surplus former sa demande que sur l'autorisation du président du tribunal civil (art. 865 du Code de procédure), doit faire insérer un extrait de cette demande : 1° dans un tableau placé dans l'auditoire du tribunal (866); 2° dans l'auditoire du tribunal de commerce, s'il en existe un dans l'arrondissement (867); 3° dans les chambres d'avoués et de notaires (ibid.); et 4° dans l'un des journaux se publiant, soit dans le lieu où siége le tribunal, soit, s'il n'y en a pas en ce lieu, dans une autre ville du département (868). Ces formalités, dont le but est d'avertir les tiers qui voudraient contracter avec les époux et aussi les créanciers du mari qui voudraient contester le fondement de la demande, comme l'art. 1447 leur en donne le droit, sont exigées à peine de nullité (869 du Code de procédure); et, pour donner à ces mêmes créanciers le temps d'être renseignés et d'intervenir s'ils le jugent à propos, la loi défend de prononcer le jugement avant le délai d'un mois à compter, non pas du jour de la demande, mais du jour où toutes ces formalités ont été accomplies (ibid.).

II. — Une fois le jugement prononcé, la femme doit encore le rendre public pour avertir tant les créanciers qui peuvent avoir intérêt à l'attaquer (art. 1447), que les personnes qui contracteraient à l'avenir avec les époux. D'après notre art. 1445, les moyens de publicité consistaient simplement en une affiche dans l'auditoire du tribunal impérial, et aussi, mais seulement quand le mari était commerçant, dans celui du tribunal de commerce. Mais le Code de procédure, auquel nos rédacteurs avaient expressément réservé le complément des formes à exiger (Fenet, p. 672-73), va, en effet, plus loin. L'art. 872 exige même, quand le mari n'est pas commerçant, que le jugement de séparation soit

___

(1) Cet effet rétroactif, d'après la Cour de cassation, a lieu, soit que la séparation de biens ait été prononcée seule, soit qu'elle l'ait été comme conséquence de la séparation de corps. Req., 20 mars 1855 (J. Pal., 1856, t. I, p. 5); Cass., 13 mai 1862; Paris, 25 avr. 1863; Besançon, 15 fév. 1864. — Mais nous avons soutenu le contraire art. 311, n° 4. — Voy. aussi, dans ce dernier sens, MM. Rodière et Paul Pont (t. II, n° 869.; Delvincourt (t. III, p. 269); Valette sur Proudhon, t. I, p. 541); Demolombe (t. IV, n°° 514 et suiv.); Coin-Delisle (Revue critique, t. VIII, p. 18 et suiv.). — Voy. encore Paris, 18 juin 1856 (J. Pal., 1856, t. I, p. 9), 27 déc. 1860. L'effet rétroactif est-il opposable aux tiers de bonne foi? Oui, selon Toullier (XIII, 101); Battur (650); Zachariæ (III, 516 ; — non, suivant Pigeau (II, 541). — MM. Troplong (1389 , et Pont et Rodière (866-868), soutiennent que les actes de simple administration sont valables. Voy., dans ce sens, Rennes, 2 janv. 1808 ; Poitiers, 21 mai 1823.

lu publiquement à l'audience du tribunal de commerce ; que l'extrait en soit affiché non-seulement au tribunal civil, mais aussi au tribunal de commerce, ou, s'il n'y en a pas dans l'arrondissement, dans la salle de la mairie de la commune où demeure le mari, et que l'affiche y soit laissée pendant toute une année ; enfin que l'extrait soit également affiché dans les chambres d'avoués et de notaires. L'exécution ne peut commencer qu'après l'accomplissement de ces formalités, sauf qu'il n'est pas nécessaire d'attendre l'expiration de l'année pendant laquelle doivent rester les affiches.

Même au moyen de ces diverses formalités, l'effet du jugement de séparation n'est pas encore assuré pour la femme : le législateur était trop prévenu contre les fraudes que cachent si souvent les séparations de biens, pour restreindre là ses rigueurs. « Les séparations, disait Bourjon (1), sont presque toujours des épouvantails dont se servent les débiteurs injustes pour écarter leurs créanciers, et mettre leurs meubles à couvert de la poursuite de ces derniers » ; et l'orateur du gouvernement disait à son tour : « Ce mot de *séparation de biens* ne pouvait être prononcé sans rappeler les fraudes qui se sont trop souvent pratiquées à ce sujet (2). » La loi suppose donc que, quand une femme ne s'empresse pas d'exécuter le jugement par elle obtenu, c'est que le prétendu péril de ses biens n'était pas sérieux ; et en conséquence elle déclare, dans notre art. 1444, que la séparation sera nulle si, dans la quinzaine de la prononciation (3), l'exécution n'en est pas faite, ou du moins commencée par un premier acte, à compter duquel les poursuites ne soient pas discontinuées. L'exécution doit consister dans le payement réel des droits et reprises de la femme, effectué jusqu'à concurrence des biens du mari ; et pour éloigner tout danger d'antidate, la loi exige que ce payement soit constaté par un acte authentique (4).

Le Code de procédure (art. 174) ayant accordé à la femme qui obtient la séparation trois mois pour procéder à l'inventaire de la communauté et quarante jours pour délibérer sur le point de savoir si elle acceptera ou répudiera cette communauté, on avait d'abord pensé que notre article se trouvait abrogé, que la nécessité pour la femme de commencer l'exécution dans la quinzaine du jugement n'existait plus, et que les seules règles à suivre étaient désormais celles de l'art. 872 du Code de procédure (5). Mais c'était une erreur évidente et qu'ont bientôt repoussée, avec raison, la doctrine et la jurisprudence (6).

(1-2) *Dr. comm.*, chap. 3, sect. 1, n° 8. — Fenet (XIII, p. 672). *Voy.* Lebrun (liv. 3, chap. 1, n° 5) ; Pothier (514) ; Merlin (v° Sép., sect. 2, art. 3) ; *Coutume d'Orléans*, art. 198 ; *Dunois*, art. 58 ; *Sédan*, art. 97 ; *Melun*, art. 215.

(3) Et non de la signification (Pigeau, I, 502) ; Chauveau (quest. 2944) ; Rodière et Pont (846) ; Troplong (1359) ; Dalloz (1803).

(4) Jugé que l'exécution est effectuée par acte authentique quand le payement des reprises de la femme est constaté par l'huissier sur le commandement adressé au mari afin d'arriver à cette exécution. Req., 12 août 1847.

(5) Limoges, 24 déc. 1811 et 10 avr. 1812.

(6) Rouen, 27 avr. 1816 ; Rej., 11 juin 1818 ; Rej., 13 août 1818 ; Bourges, 13 fév.

L'art. 174, en effet, n'a rien d'incompatible avec l'obligation d'effectuer dans la quinzaine du jugement un commencement d'exécution de ce jugement, puisque la femme peut satisfaire à cette règle en poursuivant l'exercice de ceux de ses droits qui lui appartiendront en toute hypothèse, et aussi bien dans le cas de renonciation que dans celui d'acceptation. Il n'existe non plus aucune contradiction entre les deux articles quant à l'idée d'une exécution complète du jugement dans ce même délai de quinzaine; car, d'un côté, l'art. 1444 ne présente pas cette exécution comme nécessaire, mais seulement comme facultative, et, d'un autre côté, cette exécution complète demeure possible en présence de l'art. 174, puisque souvent la communauté sera tellement mauvaise que la femme y renoncera sans avoir besoin d'être renseignée par un inventaire. Le seul point de notre art. 1444 qui se trouvera dans certains cas incompatible avec les règles postérieures du Code de procédure (en sorte que, dans ce cas, il faudra le reconnaître abrogé sous ce rapport), c'est l'obligation qu'il impose de mener à fin, *sans interruption de poursuites*, l'exécution commencée dans la quinzaine. Si, après un mois ou deux mois de la date du jugement, l'exécution se trouve terminée quant aux droits indépendants de l'acceptation ou de la renonciation, la femme, puisqu'elle a quatre mois dix jours pour se fixer sur le parti à prendre quant au reste, pourra donc ne reprendre les poursuites qui doivent compléter l'exécution qu'après une assez longue interruption. Or, ici, l'interruption est légitime, et ce n'est qu'à partir de l'expiration de trois mois et quarante jours que le défaut de continuation de reprise des poursuites peut devenir une cause de nullité.

III. — Notre art. 1444 fait naître deux dernières questions dont la solution, en droit, ne devrait, ce semble, présenter aucune difficulté, tandis qu'elle a, au contraire, donné lieu à controverse et à d'étranges arrêts de la Cour suprême.

La première est de savoir quels actes de la femme peuvent constituer le commencement de poursuites qui doit intervenir dans la quinzaine du jugement. On reconnaît bien que tout acte d'exécution, quel qu'il soit, satisfait au vœu de la loi, et qu'il suffira, par conséquent, soit d'un simple commandement de payer les frais du procès, soit d'une sommation d'avoir à se trouver chez le notaire, ou d'une assignation devant le tribunal à fin de procéder à la liquidation. Mais doit-on voir ce caractère de poursuites, à fin d'exécution, dans la simple signification du jugement? L'affirmative a été jugée par la Cour suprême, dans un arrêt qui casse une décision contraire de la Cour de Bordeaux, puis par deux arrêts postérieurs de cette dernière Cour (1). Mais cette doctrine

1823; Toullier (XIII, 79); Favard (*Comm. conj.*, sect. 5, n° 5); Duranton (XIV, 414); Devilleneuve et Carette (*Coll. nouv.*, 3, 1, 269); Paul Pont et Rodière (II, 843).

(1) Cass., 9 juill. 1828 ; Bordeaux, 30 juill. 1833 et 20 mars 1840 (Dev., 34, II, 36; 40, II, 210); Pigeau (*Pr. civ.*, II, liv. 3); Th. Desmazures (II, 1021). — *Contrà :* Grenoble, 1er juin 1822; Limoges, 11 juill. 1839 (Dev., 40, II, 17); Toullier (XIII, 77); Carré (n° 2952); Bellot (II, p. 116); Troplong (II, 1363); Battur (II, 641); Benoit (I,

nous paraît erronée. La signification d'un jugement, préliminaire indispensable de tout acte d'exécution, n'est point elle-même acte d'exécution : l'art 155 du Code de procédure, entre autres textes, le prouve bien, puisqu'il exige un intervalle de huit jours (pour les jugements par défaut) entre la signification et l'exécution. En vain on parle d'insuffisance de temps, puisque, soit la sommation de se rendre devant le notaire, ou l'assignation de comparaître devant le tribunal pour procéder sur la liquidation, soit le commandement de payer les frais, pourront se donner en même temps et par le même exploit que la signification elle-même.

Le second point est de savoir combien de temps doit durer l'interruption des poursuites commencées pour emporter nullité de la séparation ; et un arrêt de la chambre des requêtes (1) a décidé que les poursuites peuvent être considérées comme n'ayant point été *légalement interrompues,* quand leur discontinuation a duré onze mois et vingt-quatre jours, c'est-à-dire moins d'une année. Mais cette doctrine, d'après laquelle *la cessation des poursuites* (ce sont les paroles du rapport de l'arrêt) *ne constituerait pas* L'INTERRUPTION LÉGALE *quand elle dure moins d'un an,* n'est-elle pas d'un arbitraire manifeste, et n'est-ce pas là refaire la loi au lieu de l'interpréter ?... Sur quoi fonderait-on cette prétendue différence entre la discontinuation ou cessation des poursuites et leur interruption ?... Où a-t-on vu que la cessation ne devient interruption qu'après avoir duré *un an,* et qu'elle n'aurait pas encore ce caractère après onze mois et vingt-quatre jours ?... Qui ne voit que cette distinction entre la discontinuation et l'interruption est aussi imaginaire que le délai demandé pour transformer l'une en l'autre ?... La pensée de la loi est assurément assez claire, surtout par le rapprochement des deux parties de sa phrase. En effet, qu'exige-t-elle ? Que, dans un très-bref délai, le jugement reçoive son *exécution entière :* c'est son premier vœu ; puis, comme adoucissement à cette règle, qui serait le plus souvent impraticable, elle ajoute qu'il faut *au moins* que, *dans les quinze jours,* on commence des poursuites qui arrivent ensuite à fin *sans être interrompues.* Qui ne voit dès lors que discontinuation ou interruption sont ici même chose, et que ce qu'exige la loi, c'est une exécution qui se termine aussi promptement que possible ?

Sans doute, il ne s'agit ici que d'une continuité morale qui n'exclut pas certains intervalles ; et comme c'est aux juges du fait qu'il appartient d'apprécier les circonstances, nous disons, d'accord en cela avec tous les auteurs, que ces juges auront à décider pour chaque espèce si l'on peut ou non dire qu'il y a eu, moralement parlant, continuité d'action et poursuites non interrompues. Mais en donnant sa part au fait, il ne faut pas dénaturer le droit ; et quand il sera constaté, comme

311); Bioche (*Sép. de biens,* 78); Dutruc (195); Aubry et Rau (t. IV, § 516, p. 336); Rouen, 31 janv. 1863.
(1) Rej. req., 2 mai 1831 (Dev., 31, I, 161).

dans l'affaire ci-dessus, qu'il y a eu vraiment inaction, cessation de poursuites bien caractérisée, c'est le cas d'appliquer la loi et de prononcer la nullité de la séparation (1).

Cette nullité, au surplus, bien qu'elle soit établie surtout dans l'intérêt des créanciers, peut également être opposée par le mari (2), puisque la loi lui permet bien d'opposer celle qui résulte du défaut de publicité (art. 869 du Code de procédure).

1446. — Les créanciers personnels de la femme ne peuvent, sans son consentement, demander la séparation de biens.

Néanmoins, en cas de faillite ou de déconfiture du mari, ils peuvent exercer les droits de leur débitrice jusqu'à concurrence du montant de leurs créances.

1447. — Les créanciers du mari peuvent se pourvoir contre la séparation de biens prononcée et même exécutée en fraude de leurs droits; ils peuvent même intervenir dans l'instance sur la demande en séparation pour la contester.

SOMMAIRE.

I. La loi refuse l'action en séparation aux créanciers de la femme, à moins de consentement de celle-ci : pourquoi ? Mais si le mari tombe en faillite ou en déconfiture, ces mêmes créanciers peuvent agir comme s'il y avait séparation. Erreur et contradiction de M. Duranton et de M. Zachariæ.

II. Les créanciers ne peuvent pas continuer, contre la volonté de la femme, l'action qu'ils ont intentée avec son consentement. Ils peuvent (et les héritiers aussi) continuer après le décès de la femme l'instance introduite par elle.

III. Droit pour les créanciers du mari de critiquer la séparation, soit avant, soit après le jugement. Développement.

I. — Quoique la faculté pour la femme de demander la séparation de biens ne soit, au fond, qu'un droit pécuniaire, la loi, considérant que ce droit, tout pécuniaire qu'il est en lui-même, touche à des intérêts moraux de l'ordre le plus élevé (puisque son exercice peut compromettre la bonne harmonie d'un ménage au grand détriment des époux et des enfants), le range parmi les droits exclusivement attachés à la personne, et ne permet point aux créanciers de la femme de l'exercer, par application de l'art. 1166, sans le consentement de cette femme. Cette règle, malgré la critique, trop peu réfléchie peut-être, dont elle a été l'objet, est éminemment sage; car la loi ne devait assurément pas sacrifier à l'intérêt matériel des créanciers les intérêts moraux de toute une famille, d'autant mieux que ces créanciers ont pu et dû

---

(1) Pothier (n° 518); Renusson (1re part., ch. 9, § 16); Merlin (*Rép* , v° Sép.); Toullier (XIII, 74 et 75); Rodière et Pont (848); Troplong (1366); Dalloz (1836).
(2) Amiens, 19 fév. 1824 et 9 déc. 1825; Bordeaux, 17 juill. 1833 et 11 août 1840 (Dev., 34, II, 49 ; 41, II, 3); Delvincourt (II, 110); Toullier (XIII, 76); Rodière et Pont (II, 850); Odier (I, 387); Troplong (1371); Dalloz (1854). — Mais la nullité pour exécution tardive n'est pas opposable de la part des époux contre les tiers. Rodière et Pont (850); Troplong (1375); Grenoble, 8 avr. 1835; Cass., 27 juin 1842 ; Colmar, 8 avr. 1820 ; Nimes, 4 juin 1835.

calculer à l'avance, en contractant avec une femme commune, les conséquences de la position de leur débitrice.

Et la loi est ici d'autant mieux à l'abri de tout reproche que, si elle a rejeté au second rang l'intérêt des créanciers de la femme, elle prend néanmoins grand soin de l'y protéger. En effet, quand le mari est tombé en faillite ou en déconfiture, et que par conséquent les droits de la femme, si celle-ci persistait nonobstant cette circonstance à demeurer en communauté, se trouveraient perdus au profit des créanciers du mari, la loi vient au secours des créanciers de cette femme, et elle leur permet alors d'exercer, jusqu'à concurrence du montant de leurs créances, les droits que leur débitrice pourrait exercer si elle faisait prononcer la séparation.

La conséquence de cette seconde règle est que la communauté, quoique continuant en réalité et conservant dès lors ses effets pour tous autres que les créanciers de la femme, est réputée dissoute quant à ceux-ci, en sorte qu'ils peuvent faire dans leur intérêt ce que la femme pourrait faire si elle était séparée de biens. C'est ce qu'enseignent notamment M. Duranton (XIV, nᵒˢ 419-421) et M. Zachariæ (III, p. 471), qui tirent de là, et avec raison, cette déduction que, puisque la femme peut, après la séparation, renoncer à la communauté pour exercer les droits à elle réservés en cas de renonciation, les créanciers pourront donc le faire eux-mêmes, et exercer ainsi les droits que la seule renonciation de la femme devait ouvrir (sauf, bien entendu, si la femme, plus tard et lors de la dissolution réelle, accepte la communauté, l'obligation pour cette femme de restituer à la communauté le montant de ce que les créanciers auront ainsi pris). Mais cela étant, comment donc ces mêmes auteurs peuvent-ils dire (*loc. cit.*) que les créanciers, en se payant sur les propres de la femme, seront tenus de n'en prendre que la nue propriété, sans pouvoir toucher aux revenus, parce que ces revenus, dit-on, appartiennent à la communauté? La contradiction est par trop manifeste. Si les créanciers, comme le dit si clairement M. Duranton (nᵒ 421, alinéa 4), peuvent agir comme si la *communauté était réellement dissoute par la séparation de biens* (ce qui est bien certain en présence de l'art. 1446), il est donc évident qu'ils peuvent prendre, pour se payer, les revenus des biens de la femme aussi bien que la propriété; c'est d'autant moins douteux que, s'ils ne les prenaient pas, ce n'est pas le mari et la femme qui en profiteraient, mais, vu l'état de déconfiture ou de faillite, les créanciers du mari! Si l'on comprend très-bien que le législateur ait suspendu le droit des créanciers de la femme pour l'intérêt moral de cette femme et de ses enfants, on ne comprendrait pas qu'il le suspendît ou le limitât pour l'intérêt, purement pécuniaire aussi, d'autres créanciers!... Du reste, la communauté n'étant réputée dissoute que quant aux créanciers de la femme et continuant d'exister pour les époux, il s'ensuit que, lors de la dissolution réelle de la communauté, la femme, soit qu'elle accepte, soit qu'elle renonce, lui devra récompense du chiffre de revenus pris par ses créanciers, puisque, dans les rapports des époux entre eux, ces revenus étaient des biens communs qui ont servi à l'acquittement des dettes personnelles de la femme (art. 1437).

II. — En dehors de ce cas de faillite ou de déconfiture, qui, sans permettre aux créanciers de la femme de faire prononcer la séparation, leur permet du moins d'agir comme si elle était prononcée, les créanciers ne peuvent jamais agir que du consentement de la femme, d'où il suit que l'action intentée d'abord avec son consentement ne pourrait plus être continuée si ce consentement était ensuite retiré ; car la femme, établie seule juge à cet égard, est, par conséquent, maîtresse d'arrêter par le retrait de son consentement l'action des créanciers, comme elle le serait d'arrêter par un désistement celle qu'elle aurait intentée elle-même (1). Mais si les créanciers ne peuvent jamais, du vivant de la femme, agir que du consentement de celle-ci, ne peuvent-ils pas, dans le cas où celle-ci viendrait à mourir après avoir intenté l'action, continuer l'instance commencée par elle ? Ils peuvent y avoir grand intérêt pour faire remonter la dissolution de la communauté au jour même de la demande, et faire ainsi tomber des actes que le mari aurait pu accomplir dans l'intervalle de ce jour à celui du décès. Le pourront-ils ? Oui, puisque, la femme étant morte après avoir introduit l'action et sans s'être désistée, c'est comme si elle avait donné aux créanciers une autorisation en vertu de laquelle ils auraient agi et qui n'aurait pas été rétractée.

A plus forte raison ce droit de continuer l'action de la femme après sa mort appartiendrait-il aux héritiers de celle-ci, et nous tenons pour erronée la doctrine contraire d'un arrêt de Douai qui ne donne, au surplus, aucun motif à l'appui de sa décision (2).

III. — Quant aux créanciers du mari, il est clair qu'il ne peut jamais être question pour eux de demander la séparation de biens ; ils ont, au contraire, comme le mari lui-même, intérêt à l'empêcher, ou à l'attaquer quand elle est admise.

En conséquence, l'art. 1447 leur permet d'intervenir dans l'instance pour contester la demande et faire les justifications qu'ils croient de nature à établir qu'elle n'est pas fondée ; et nous avons vu plus haut les moyens de publicité que la loi organise (art. 866-869 du Code de procédure) pour faire arriver cette demande à leur connaissance.

Notre article leur permet aussi de critiquer le jugement de séparation lorsqu'il est une fois prononcé (3). Ils ont pour cela les voies ordinaires de l'opposition et de l'appel, dont ils peuvent user comme le

---

(1) *Conf.* Rodière et Pont (II, 811) ; Dalloz (1683).
(2) *Conf.* Zachariæ (III, p. 470) ; Rodière et Paul Pont (II, 812) ; Troplong (II, 1394) ; Dalloz (1669) ; arrêt du 18 mars 1746, rapporté par de Lacombe, v° Séparation de biens. — *Contrà :* Douai, 23 mars 1831 (Sirey, 31, II, 244).
(3) Ils ont un an pour cela (873 *C. de proc.*) ; Toullier (XIII, 93) ; Rodière et Pont (II, 852) ; Odier (I, 390) ; Troplong (1399) ; Dalloz (1887). — Quand le jugement statue sur la liquidation des reprises, les créanciers sont-ils déchus, après l'année, du droit d'attaquer la liquidation ? *Aff.* Rej., 4 déc. 1815 ; Dijon, 6 avr. 1817 ; Riom, 26 déc. 1817 ; Delvincourt (III, 406) ; Toullier (XIII, 125) ; Duranton (XIV, 413) ; Merlin (*Rép.*, v° Sép., sect. 2, § 3, n° 5). — *Nég.* Zachariæ (III, p. 474, note 16) ; Rodière

ferait le mari lui-même, en exerçant les droits de celui-ci d'après l'art. 1166 ; puis aussi, mais seulement en cas de fraude et en prouvant cette fraude, la tierce opposition par application de l'art. 1167. Cette dernière voie, à la différence des autres, leur est ouverte même après l'exécution ; mais si toutes les formalités ont été remplies, elle ne peut ici, d'après la règle spéciale de l'art. 873 du Code de procédure, être exercée que dans le délai d'un an, pendant lequel l'extrait du jugement doit rester affiché. Que si ces formalités n'avaient pas été accomplies, le droit d'agir par tierce opposition échapperait, d'après les termes mêmes de l'art. 873, à cette prescription annale et durerait par conséquent trente ans (art. 1167, n⁰ˢ V et VII).

Quand les créanciers du mari font ainsi annuler pour fraude le jugement de séparation, l'annulation, bien entendu, ne produit son effet que pour eux, en sorte qu'on se trouve dans une position inverse de celle que nous avons remarquée pour les créanciers de la femme, en cas de faillite ou déconfiture du mari. Dans ce dernier cas, les époux sont réputés séparés de biens quant aux créanciers de la femme, et restent communs entre eux et pour tous autres ; ici, au contraire, ils sont réputés communs quant aux créanciers du mari, en restant, entre eux et pour tous autres, séparés de biens.

2° Effets de la séparation judiciaire.

1448. — La femme qui a obtenu la séparation de biens, doit contribuer, proportionnellement à ses facultés et à celles du mari, tant aux frais du ménage qu'à ceux d'éducation des enfants communs.

Elle doit supporter entièrement ces frais, s'il ne reste rien au mari.

1449. — La femme séparée soit de corps et de biens, soit de biens seulement, en reprend la libre administration.

Elle peut disposer de son mobilier, et l'aliéner.

Elle ne peut aliéner ses immeubles sans le consentement du mari, ou sans être autorisée en justice à son refus.

SOMMAIRE.

I. De quel moment le jugement de séparation de biens produit ses effets, soit quant au mari, soit quant aux tiers. Conséquences. Erreur de M. Pigeau et de deux arrêts.

II. Les effets de la séparation judiciaire sont ceux de la séparation conventionnelle, sauf pour la contribution des époux aux frais du ménage. Ces frais ne comprennent pas ceux à faire pour les enfants d'un premier lit. La part à fournir pour la femme doit, en principe, être versée au mari.

III. La femme exerce seule l'administration ; et c'est comme conséquence de son droit d'administrer qu'elle peut aliéner son mobilier. Il suit de là que c'est seulement pour les besoins de sa gestion qu'elle peut l'aliéner, en contractant des obliga-

et Pont (II, 854); Odier (I, 390); Troplong (1400); Grenoble, 21 mars 1827, 3 juill. 1828; Cass., 28 août 1833, 11 nov. 1835; Poitiers, 18 juin 1838 ; Paris, 25 avr. 1835; Limoges, 26 janv. 1836.

tions. Et ces obligations, bien entendu, ne sont jamais exécutoires sur les immeubles : erreur de plusieurs auteurs.

IV. Il s'ensuit aussi qu'elle ne peut aliéner par donation (erreur de Delvincourt); et qu'enfin le même droit d'aliénation existe dans les cas de séparation contractuelle et de paraphernalité. Réponse à MM. Rodière et Paul Pont.

1. — La séparation judiciaire de biens produit toujours les mêmes effets, soit qu'elle ait été prononcée principalement, soit qu'elle n'existe que comme conséquence de la séparation de corps, sauf que ces effets, dans le dernier cas, ne commencent que du jour du jugement (*voy.* art. 311, n° IV), tandis que la séparation de biens principale les produit rétroactivement, à partir de la formation même de la demande. Cette demande, au surplus, qui est évidemment formée, quant au mari, par la signification de l'exploit de la femme (et non pas par la requête qu'elle adresse préalablement au président, requête qui n'est que la sollicitation de la permission de former la demande), cette demande, disons-nous, n'existe légalement, quant aux tiers, que du jour où toutes les formalités exigées par la loi ont été remplies, puisque c'est par l'accomplissement de ces formalités que la demande est légalement réputée connue du public.

Ainsi, et puisque c'est du jour de la remise de l'assignation, quant au mari, que la femme dont la demande est accueillie par le jugement se trouve être séparée de biens et peut dès lors invoquer les conséquences de sa nouvelle position, c'est donc dans l'état où elle était au jour de l'assignation que la communauté, si la femme l'accepte, devra se partager entre elle et le mari. Quand il est échu à cette femme, dans le cours de l'instance, des biens qui, si la communauté avait continué, seraient entrés dans cette communauté, ces biens seront propres à la femme, aussi bien que ceux qui lui écherraient postérieurement au jugement.

De même, puisque la séparation remonte, quant aux tiers, au jour de l'accomplissement des formalités qui doivent entourer la demande, il s'ensuit que tous actes passés entre le mari et les tiers, et pour la validité desquels l'existence de la communauté est nécessaire, seront nuls quand ils seront postérieurs à l'accomplissement de ces formalités, aussi bien que s'ils n'étaient intervenus qu'après le jugement lui-même. Il est vrai qu'un auteur et deux arrêts ont émis l'idée contraire (1) et soutenu que la séparation judiciaire n'a d'effet contre les tiers de bonne foi que du jour du jugement prononcé ; mais une telle doctrine est évidemment insoutenable en présence des art. 1445 du Code Napoléon et 866-869 du Code de procédure, qui n'organisent si rigoureusement la publicité à donner à la demande qu'en vue précisément des effets que la séparation doit produire à compter de cette demande, et c'est dès lors avec raison que cette fausse idée, réfutée d'abord par Toullier, a

_____

(1) Pigeau (II, p. 541, 3ᵉ édit.): Poitiers, 21 mai 1823; Riom (et non pas *Rouen*, comme disent M. Zachariæ et M. Duvergier), 31 janv. 1826.

été unanimement repoussée depuis par les auteurs et les arrêts qui s'en sont occupés (1).

Du reste, quand on dit que la séparation judiciaire, au moyen des formalités exigées dans ce but, existe rétroactivement, même quant aux tiers, à partir de la demande, et emporte ainsi nullité des actes passés avec ces tiers par le mari pendant l'instance, il est clair qu'il ne s'agit pas de toute espèce d'actes, mais seulement de ceux qui excèdent les pouvoirs d'un administrateur ordinaire. Il faut bien, en effet, que les biens soient administrés pendant l'instance; et comme la loi n'enlève point ici au mari, pour le conférer provisoirement, soit à la femme, soit à quelque autre personne, le droit d'administration, il s'ensuit que ce droit continue d'appartenir au mari jusqu'à la fin du procès, sans qu'on puisse revenir après coup sur des actes qui sont, pour ainsi dire, l'application d'une nécessité de fait. C'est donc seulement aux actes autres que ceux de pure administration que la règle ci-dessus doit s'appliquer. (*Voy.* Toullier, XIII, 103; Rodière et Paul Pont, II, 867.)

II. — Les effets de la séparation judiciaire de biens sont identiquement ceux de la séparation conventionnelle, sauf une différence que manifeste la comparaison de notre art. 1448 avec l'art. 1537. D'après ce dernier, la femme qui adopte la séparation de biens par son contrat, ne doit contribuer aux charges du ménage, à défaut de stipulation particulière à cet égard, que jusqu'à concurrence du tiers de ses revenus; ici, comme les circonstances qui font prononcer la séparation donnent lieu de supposer que la plupart du temps le mari aura peu de ressources, et comme d'un autre côté les revenus des biens dont la femme reprend la jouissance devaient, d'après les conventions du mariage, être affectés aux besoins du ménage pour la totalité, la loi porte une règle toute différente : la femme devra contribuer dans la proportion de ses facultés comparées à celles de son mari. Si donc les deux époux ont autant de fortune l'un que l'autre, chacun subviendra pour moitié aux dépenses; si, au contraire, le mari a beaucoup moins de biens que la femme, celle-ci supportera la plus grande part des charges; que si, enfin, le mari n'a rien, c'est la femme qui supportera seule ces charges pour le tout, encore bien qu'elles doivent absorber les deux tiers ou les trois quarts de son revenu ou même davantage (2).

Dans ces frais de ménage auxquels la femme doit contribuer se trouvent comprises les dépenses à faire pour l'entretien et l'éducation des enfants communs, mais non pas celles des enfants que le mari aurait eus d'un premier lit, enfants qui ne sont que des étrangers pour la femme et pour lesquels dès lors elle n'a rien à payer. Sans doute, la présence de ces enfants pourra quelquefois aggraver indirectement la

---

(1) Toullier (XIII, 101 à 104); Battur (n° 650); Dalloz (X, p. 245); Zachariæ (III, p. 478); Rodière et Paul Pont (II, 868); Riom, 20 fév. 1826; Bordeaux, 11 mai 1843; Cass., 22 avr. 1845 (Dev., 43, II, 541 ; 46, I, 556). C'est à tort que M. Zachariæ et M. Duvergier citent aussi M. Duranton (XIV, 414) : ce dernier auteur ne traite pas cette question des tiers.
(2) *Conf.* Grenoble, 28 janv. 1836; Paris, 13 juin 1836; Agen, 13 juill. 1849 et 18 juin 1851.

position de la femme, puisque, les facultés d'une personne devant s'apprécier d'après les charges qui pèsent sur elle, cette circonstance pourra faire diminuer la portion contributoire du mari et faire augmenter dès lors celle de la femme; mais les dépenses à faire pour ces enfants ne sauraient faire partie de celles auxquelles la femme doit contribuer, de même que le mari n'aurait point à contribuer pour des enfants de sa femme (1).

Quand la somme pour laquelle la femme doit contribuer est une fois fixée, le mari peut-il exiger que cette somme soit versée entre ses mains et s'opposer à la prétention qu'aurait la femme d'en faire seule et directement l'emploi? Oui, sans doute, en thèse générale, puisque c'est toujours en lui que réside l'autorité maritale (2). Mais chaque décision particulière dépend ici des circonstances; en présence d'une séparation qui suppose souvent une mauvaise administration de la part du mari, c'est à la justice d'ordonner pour chaque cas ce qui conviendra le mieux aux véritables intérêts des époux et des enfants, et les tribunaux pourron. très-bien autoriser la femme à payer directement les fournisseurs (3).

III. — Par l'effet de la séparation judiciaire, la femme *reprend,* telle qu'elle l'avait avant son mariage (si elle était majeure), la libre et entière administration de ses biens, comme elle la *conserve* quand elle se marie en adoptant la séparation de biens par son contrat (art. 1449 et 1536).

Il s'agit, disent les textes, d'une administration *libre, entière,* c'est-à-dire de pouvoirs aussi larges que sont restreints ceux du mineur émancipé, à qui la loi permet seulement « les actes *qui ne sont que de pure administration* » (art. 481); et c'est comme faisant partie de ce droit étendu d'administrer que se présente ici le droit d'aliéner le mobilier, en sorte que le second alinéa de l'art. 1449 n'est que le développement du premier. De là suivent ces trois idées : 1° que c'est seulement pour les besoins et dans les limites de l'administration de sa fortune, que la femme peut, soit directement par des actes d'aliénation, soit indirectement en contractant des obligations, se dépouiller de son mobilier; 2° que dès lors elle ne peut jamais disposer de ce mobilier que par des actes à titre onéreux, non par donation; 3° enfin, que ce droit d'aliénation, proclamé ici pour la femme séparée judiciairement, existe également et identiquement au cas de séparation conventionnelle, et pour la femme dotale qui n'a que des biens paraphernaux.

---

(1) On a cité, comme ayant jugé ce point, deux arrêts, l'un de la Cour suprême, du 13 août 1818, l'autre de Bordeaux, du 22 janv. 1834 (Dev., 34, II, 540). Ni l'un ni l'autre n'ont aucun trait à cette idée.

(2) Bourjon (I, p. 511); Pothier (*Commun.*, nos 464 et 465); Merlin (*Rép.*, v° Sép. de biens, sect. 2, § 5, n° 8); Bellot (II, p. 150); Rodière et Paul Pont (II, 875); Troplong (II, 1435); Rej., 28 juill. 1808; Rouen, 8 juin 1824 ; Nancy, 28 janv. 1861.

(3) Chardon (*Puiss. mar.*, n° 337); Odier (I, 401); Rodière et Paul Pont (II, 875); Troplong (II, 1435); Paris, 5 août 1807; Rouen, 23 janv. 1834 ; Rej., 6 mai 1835 (Dev., 35, I, 415).

Chacune de ces idées est ou a été controversée, et nous devons, en quelques mots, insister successivement sur toutes trois.

On avait d'abord soutenu que le droit d'aliénation du mobilier était distinct du droit d'administration ; et, d'après le principe que l'on peut toujours faire indirectement ce qu'il est permis de faire directement, on en concluait que toute obligation contractée par la femme était toujours valable jusqu'à concurrence de l'importance de ses biens meubles, et exécutoire sur ces biens : plusieurs arrêts de la Cour suprême avaient admis ce système (1). Mais on a fini par comprendre que l'article 217 posant comme principe général et applicable à toute femme mariée la défense d'aliéner sans autorisation, la faculté pour elle d'aliéner son mobilier n'est dès lors qu'une exception, et que, toute exception devant s'entendre restrictivement, on ne peut pas attribuer à cette permission une autre portée que celle que réclament les circonstances en vue desquelles elle est accordée, c'est-à-dire les besoins de l'administration dont est chargée la femme séparée de biens. Cette décision se justifie également et plus directement d'une autre manière : en effet, l'art. 217 contient encore (voy. le n° I de son explication) le principe que la femme mariée est, en général, incapable de *contracter une obligation;* or, puisque l'exception que nous rencontrons ici à ce principe ne se produit que virtuellement, par l'application de l'idée « qui veut la fin veut les moyens », et comme conséquence du droit d'administration conféré à la femme, il est donc évident que c'est uniquement dans la limite des besoins de cette administration que cette exception existe. Telle est, en effet, la doctrine de la généralité des auteurs et la jurisprudence constante de la Cour de cassation depuis vingt ans (2).

Ainsi, c'est uniquement pour les besoins de son administration que la femme pourra, sans autorisation, ou aliéner directement son mobilier, ou contracter des obligations jusqu'à concurrence de la valeur de ce mobilier. Mais quand l'obligation a été contractée pour les besoins de l'administration et se trouve dès lors valable, cette obligation n'a-t-elle pour gage que le mobilier de la femme, ou peut-elle se poursuivre aussi sur la propriété même de ses immeubles? M. Duranton et M. Valette (*loc. cit.*), puis MM. Rodière et Pont (II, 883), enseignent cette dernière idée, et la raison qu'en donne le premier auteur et que les autres semblent adopter par leur silence, c'est que, d'après l'article 2092, toute obligation, du moment qu'elle est valablement contractée, peut être poursuivie sur la totalité des biens du débiteur. Mais, comme l'a très-bien dit M. Zachariæ (p. 484, n° 55), cet argument n'est qu'une pétition de principe; car il suppose une obligation pleine-

____

(1) Rej., 16 mars 1813 ; Cass., 18 mai 1819.
(2) Rej., 12 fév. 1829 ; Rej., 18 mars 1829 ; Cass., 5 mai 1829 ; Rej., 7 déc. 1829 ; Cass., 7 déc. 1830 ; Cass., 3 janv. 1831 ; Rej., 21 août 1839 (Dev., 31, 1, 22 ; 39, I, 663); Nancy, 24 juin 1854 ; Paris, 12 mai 1859 ; Cass., 30 déc. 1862 ; Duranton (II, 492); Battur (II, 514 et 652); Zachariæ (III, p. 482 et 483); Valette (sur Proudhon, I, p. 463); Rodière et Paul Pont (II, 882); Troplong (II, 1405-1407).

ment valable et dès lors un contractant pleinement capable de s'obliger ; or la question est précisément de savoir si la femme, parfaitement capable d'un contrat *exécutoire sur ses meubles,* est ou n'est pas *capable d'engager ses immeubles.* Or nous n'hésitons pas à répondre négativement. Nous avons vu (art. 217, n° I) que de l'incapacité d'aliéner certains biens découle l'incapacité de les engager et de contracter des obligations exécutoires sur eux ; or notre alinéa 3 proclame l'incapacité, pour la femme séparée de biens, d'aliéner jamais ses immeubles sans autorisation, pas plus pour l'administration de ses biens que pour tout autre objet. Le doute même ne paraît guère possible à cet égard, quand on compare les diverses parties de notre article. On reconnaît, en effet, que c'est précisément et uniquement pour les besoins de l'administration que la loi accorde ici à la femme la capacité d'aliéner ses meubles (et par là même de les engager) ; or, cela étant, il est clair que quand elle proclame, dans le même article et immédiatement, l'incapacité d'aliéner (et dès lors d'engager) les biens immeubles, elle entend que cette incapacité existe aussi bien quant aux actes d'administration que pour tout autre objet. Les obligations contractées ici par la femme ne pourront donc se poursuivre que sur son mobilier et sur les revenus de ses immeubles. Et c'est bien le moins, en effet, que quand les besoins de l'administration se trouveront accidentellement si considérables qu'il faille, pour y satisfaire, aliéner ou engager une partie des immeubles, la femme soit tenue, pour ces cas nécessairement rares, de recourir à l'autorisation du mari ou de la justice.

IV. — Notre seconde proposition présente moins de difficulté. Il est vrai qu'elle est contredite par Delvincourt, qui croit que de ces deux expressions de notre article, *disposer* de son mobilier *et l'aliéner,* la seconde s'applique aux aliénations à titre onéreux, et la première aux donations ; mais le but de la règle prouve bien que telle n'est pas la pensée de la loi et que les deux mots ne sont que la répétition d'une même idée. C'est évident, puisque le droit d'aliéner n'est accordé que pour le besoin de l'administration, et qu'on n'a certes pas besoin de faire des donations pour administrer. Sans doute, il peut quelquefois être nécessaire de faire une remise de loyers à un fermier, et un pareil acte, qui n'est point une donation et qu'un propriétaire peut faire en vue de son propre avantage, est parfaitement permis à la femme ; mais quant à des donations véritables, il est clair que notre exception n'y a aucun trait et que la femme reste pour elles sous la prohibition des articles 217 et 905 (1).

La troisième et dernière proposition paraît, au premier abord du moins, plus délicate ; et MM. Rodière et Paul Pont (II, n°s 708-710 et 788) soutiennent avec force l'idée contraire, d'après laquelle le droit d'aliéner le mobilier n'existerait que dans le cas de séparation judiciaire et non pour la femme paraphernale ou séparée contractuellement. Sans

---

(1) Duranton (XIV, 425); Zachariæ (III, p. 484, n° 56); Rodière et Paul **Pont** (II, 881).

doute, disent-ils, la femme paraphernale et celle qui est séparée par contrat pourront aussi aliéner et les fruits de leurs immeubles (puisqu'elles ont la libre jouissance de ces immeubles) et encore tous autres meubles qui seraient susceptibles de dépérissement ou dispendieux à conserver, parce que c'est là une conséquence forcée du droit d'administration (art. 796) ; mais elles n'auront pas, comme la femme séparée judiciairement, le droit d'aliéner toute espèce de biens meubles, puisque les art. 1536 et 1576 ne reproduisent point la règle portée à cet égard par notre art. 1449, et qu'en effet la position n'est pas la même, la séparation judiciaire supposant le plus souvent chez le mari une inaptitude que rien ne fait supposer dans les deux autres cas.

Nous ne saurions nous ranger à cette doctrine. Nous pensons que la séparation conventionnelle et la paraphernalité produisent les mêmes effets que la séparation judiciaire, et que le règlement des deux premiers cas doit se compléter par les dispositions portées pour le nôtre, de même que le règlement de celui-ci se complète par les dispositions portées pour les deux autres. MM. Rodière et Paul Pont reconnaissent que toute femme séparée de biens exerce un droit d'administration libre et entier, un droit plus large que celui de beaucoup d'autres administrateurs, et ils admettent même qu'elle jouit à cet égard d'une latitude telle qu'elle pourrait, pour la gestion de ses biens, s'obliger non-seulement sur ses meubles, mais encore sur ses immeubles. Cette dernière idée est exagérée et nous l'avons réfutée plus haut ; mais s'il est vrai que toute femme séparée de biens peut, pour son administration, s'obliger sur tous ses meubles et les aliéner ainsi indirectement, et s'il est également vrai, comme le reconnaissent encore les deux auteurs (n° 882, alinéa dernier), que cette aliénation indirecte se permet moins facilement parce qu'elle est plus dangereuse, il devient donc évident que l'aliénation directe, permise par notre article comme conséquence et en vue de cette administration, existe aussi pour toute femme séparée de biens et non pas seulement dans le cas de séparation judiciaire. Et en effet, l'art. 1538 ne refuse à la femme séparée contractuellement le droit d'aliéner sans autorisation que pour ses immeubles. Nous disons donc que, sauf la différence que nous avons signalée pour la contribution aux frais du ménage, la séparation conventionnelle et la paraphernalité produisent les mêmes effets que la séparation judiciaire, et c'est aussi ce qu'enseignent tous les auteurs (1).

1450. — Le mari n'est point garant du défaut d'emploi ou de remploi du prix de l'immeuble que la femme séparée a aliéné sous l'autorisation de la justice, à moins qu'il n'ait concouru au contrat, ou qu'il

---

(1) Bellot (IV, p. 300) ; Delvincourt (III, art. 1536) ; R. de Villargues (v° Séparat. de biens, § 1, n° 9) ; Duranton (XV, 313) ; Delaporte (art. 15-36) ; Toullier (XIII, 106) ; Dalloz (X, p. 371) ; Zachariæ (III, § 532, p. 563) ; Taulier (V, p. 384) ; Valette (sur Proudhon, I, p. 463) ; Paris, 12 mars 1811.

ne soit prouvé que les deniers ont été reçus par lui, ou ont tourné à son profit.

Il est garant du défaut d'emploi ou de remploi, si la vente a été faite en sa présence et de son consentement : il ne l'est point de l'utilité de cet emploi.

SOMMAIRE.

I. Quand le mari s'est approprié le prix d'un immeuble de la femme ou l'a fait servir à son profit, il en doit compte. Il est présumé, jusqu'à preuve contraire, se l'approprier, quand il intervient au payement.

II. Le mari est à l'abri quand il est reconnu que c'est la femme qui a employé le prix, si mauvais que soit l'emploi : inexactitude de MM. Rodière et Paul Pont.

III. L'article s'applique aux cas de séparation contractuelle et de paraphernalité: controverse.

1. — Le mari, chargé sous le régime de la communauté d'administrer les biens de la femme, de recevoir et de placer ses capitaux, se trouve délivré de ce devoir lorsqu'il y a séparation de biens ; et, par conséquent, il n'est plus responsable, en principe, du défaut d'emploi des sommes qui peuvent provenir à la femme de la vente de ses immeubles : celle-ci ayant la libre disposition de ses biens meubles, par conséquent de ses capitaux, c'est à elle d'employer ces sommes quand et comme elle l'entend. Mais la loi pose à ce principe des exceptions : le mari, malgré la séparation de biens, a toujours autorité sur sa femme, il exerce encore sur elle une grande influence; et la loi, dès lors, le déclare responsable du défaut d'emploi du prix des immeubles, 1° dans deux cas où elle présume que ce prix a été reçu par lui (alinéa 1, *in princ.;* alinéa 2, *in princ.*); 2° et à plus forte raison lorsque, au lieu d'une simple présomption, il y a preuve que le prix a été reçu par lui ou a tourné à son profit (alinéa 1, *in fine*).

Notre article établit la présomption de réception du prix par le mari, 1° lorsque, après avoir d'abord refusé d'autoriser sa femme, qui a dû dès lors recourir à la justice, le mari est cependant venu concourir au contrat de vente; 2° quand c'est sous l'autorisation du mari que la vente s'est faite et qu'il a été présent à l'acte. Ces deux cas, au surplus, se réduisent à un seul, puisque la règle revient à dire que la présomption existe *quand le mari assiste au contrat*, soit que ce contrat se fasse avec son autorisation ou avec celle de la justice... Il est vrai que MM. Rodière et Paul Pont (II, 894), Battur (653), Dalloz (2035) et M. Troplong (II, 1447) enseignent que la responsabilité du mari existe par cela seul que la vente s'est faite sous son consentement et quoiqu'il n'ait pas été présent au contrat; mais cette doctrine, si nettement contraire au texte de la loi, l'est également à son esprit, car on ne peut vraiment pas présumer de plein droit avoir reçu le prix d'une vente celui qui, lors de la signature de cette vente et du payement de ce prix, n'était pas présent et se trouvait peut-être à une grande dis-

tance (1). Du reste, nous supposons, comme le suppose évidemment
notre texte, que le prix a été payé au moment de l'aliénation; car s'il
n'était payé que plus tard, c'est à l'acte de quittance qu'il faudrait appliquer, selon nous, ce que la loi dit de l'acte de vente : ce qu'il faut
pour que la présomption d'avoir reçu le prix existe contre le mari, c'est
qu'il soit venu exercer son autorité lors de la numération de ce prix (2).

Quand cette présomption légale n'existe plus, le mari peut bien
encore être déclaré responsable du défaut d'emploi; mais c'est uniquement sur la preuve fournie par la femme que le mari, soit au moment même du payement, soit plus tard, s'est emparé de ce prix, ou
que du moins ce prix a tourné à son profit. De son côté, le mari pourrait très-bien, quand il est dans le cas de la présomption, prouver que
cette présomption se trouve mal fondée quant à lui, et que, malgré
son concours à l'acte, c'est bien la femme qui a reçu le prix et en a
disposé (3).

II. — Au surplus, comme le mari séparé de biens, quoi que disent
à cet égard MM. Rodière et Paul Pont (nos 893-897), n'a ni la charge
ni même le droit de diriger l'administration de sa femme, que celle-ci
est maîtresse de gérer comme elle l'entend et de disposer de ses capitaux comme il lui plaît, que si la loi déclare le mari responsable dans
le cas indiqué ci-dessus, ce n'est nullement par le prétendu motif d'imprudence ou de défaut de surveillance et de précautions, mais tout
simplement parce qu'elle suppose qu'il a usé de son influence pour s'approprier le prix de la vente, il est clair que du moment où la femme
aura fait emploi de ce prix, cet emploi, si mauvais qu'il puisse être
(pourvu, bien entendu, qu'il ne soit pas fait précisément pour le profit
du mari), fera cesser la responsabilité du mari. C'est, en effet, ce que
déclare la dernière phrase de notre article, d'après laquelle le mari
n'est jamais garant de l'utilité de l'emploi... Il n'est donc pas nécessaire pour cela, comme le disent les deux auteurs (n° 896), que le prix
ait été employé *à l'acquisition d'un autre immeuble;* car l'acquisition
d'un nouvel immeuble constitue le *remploi* (qui est l'une des espèces
de l'*emploi*); or, ce n'est pas seulement de l'utilité *du remploi* que
l'article déclare le mari non garant, c'est de l'utilité *de l'emploi,* quel
qu'il soit. Ainsi, que la femme ait employé son prix à se procurer un
nouvel immeuble, ou qu'elle l'ait employé de toute autre façon, l'emploi quelconque qu'elle en a fait, si mauvais qu'il puisse être pour elle,
met le mari à l'abri. Et cela devait être, puisque du moment que la
femme a employé elle-même son prix, c'est donc que le mari ne s'en
était pas emparé (4).

---

(1) *Conf.* Duranton (XIV, 429); Benech (391 et 392); Bellot (II, 156). — *Contrà :*
Req., 1er mai 1848.
(2) *Voy.* Rodière et Pont (897); Benech (392); Dalloz (2039).
(3) Cette preuve peut se faire par témoins ou par simples présomptions. MM. Rodière et Pont (899).
(4) Mais le mari peut s'opposer à ce que sa femme reçoive les fonds sans en faire
emploi. Troplong (1452); Poitiers, 28 fév. 1834. *Conf.* Pothier (605).

En résumé, le mari est quelquefois garant du défaut d'emploi, jamais du défaut d'utilité de cet emploi. Quand on ne voit pas où a passé le prix de l'immeuble et que le mari était présent à la réception de ce prix, on présume qu'il se l'est approprié, et il en doit compte ; mais toutes les fois qu'il est reconnu que c'est la femme qui s'est servie de la somme, quel que soit l'usage qu'elle en a fait, la responsabilité cesse.

III. — Disons en terminant que la disposition de notre article doit s'appliquer aussi aux cas de séparation contractuelle et de paraphernalité. Cette idée a rencontré des contradicteurs (1) ; mais elle nous paraît exacte. La femme paraphernale ou séparée par contrat n'est pas moins soumise à l'influence du mari que celle qui est séparée judiciairement ; on pourrait même dire qu'elle l'est davantage, puisqu'elle n'a pas contre lui les motifs de défiance que peut avoir celle qui s'est vue dans la nécessité de poursuivre sa séparation en justice. Or, puisque c'est à la crainte de cette influence qu'est due notre disposition, on doit donc reconnaître qu'ici encore le législateur a entendu que les règles de la séparation contractuelle et de la paraphernalité se compléteraient par celles de notre matière, comme celles-ci devaient dans sa pensée, et de l'aveu de tout le monde, se compléter par les autres. Tel est aussi le sentiment général (2).

1451. — La communauté dissoute par la séparation soit de corps et de biens, soit de biens seulement, peut être rétablie du consentement des deux parties.

Elle ne peut l'être que par un acte passé devant notaires et avec minute, dont une expédition doit être affichée dans la forme de l'article 1445.

En ce cas, la communauté rétablie reprend son effet du jour du mariage ; les choses sont remises au même état que s'il n'y avait point eu de séparation, sans préjudice néanmoins de l'exécution des actes qui, dans cet intervalle, ont pu être faits par la femme en conformité de l'article 1449.

Toute convention par laquelle les époux rétabliraient leur communauté sous des conditions différentes de celles qui la réglaient antérieurement, est nulle.

(1) Favard (*Rép.*, v° Rég. dot., § 4, n° 1); Sériziat (*Rég. dot.*, n° 347); Toulouse, 27 mars 1840 (Dev., 40, II, 304); Benoit (238); Odier (II, 988).
(2) Bellot (IV, p. 302); Dalloz (X, p. 372 et 2052); Zachariæ (III, p. 620); Rodière et Paul Pont (II, 715); Troplong (II, 1459 et 1460); Benech (*Emploi et Remploi*, p. 363 et suiv., où la question est traitée d'une manière complète); Duranton (XV, 316); Rolland (v° Remploi, 74); Massé et Vergé (sur Zachariæ, IV, § 649, p. 150, note 63); Aubry et Rau (t. IV, § 532, p. 418); Toullier (V, 585); Besançon, 27 fév. 1811; Limoges, 22 juin 1828; Caen, 21 mai 1851, 15 juin 1851; Cass., 27 avr. 1852; Agen, 3 déc. 1852; Cass., 27 déc. 1852; Paris, 7 mars 1853; Lyon, 25 janv. 1860, conf. en Cass. 13 nov. 1861; Montpellier, 13 déc. 1862.

I. — La séparation judiciaire et la séparation contractuelle, qui n'ont entre elles, comme on l'a vu, qu'une seule différence dans leurs effets (celle relative à la contribution des époux dans les frais du ménage), en présentent une autre dans la manière dont elles peuvent cesser : celle qui est établie par le contrat est irrévocable et ne peut finir qu'avec le mariage lui-même ; l'autre étant au contraire une dérogation au contrat, la loi voit sa cessation d'un œil très-favorable et laisse constamment permis aux époux de revenir à la communauté que réglaient leurs conventions matrimoniales.

Ce n'est jamais que par un consentement spécial, et manifesté dans les formes qui vont être indiquées, que les époux peuvent faire cesser leur séparation de biens judiciaire, et notre article déroge ici à l'ancien droit, d'après lequel cette séparation de biens, quand elle était le résultat d'une séparation de corps, cessait de plein droit par le fait même du rétablissement de la vie commune entre les époux (1). Notre législateur, considérant que cette impossibilité de rétablir la communauté de vie sans rétablir par là même et forcément la communauté de biens serait souvent un obstacle au rapprochement des époux, a préféré, et avec raison, leur laisser pleine liberté à cet égard, afin de rendre ce rapprochement aussi facile et aussi fréquent que possible, et, en conséquence, soit qu'il y ait séparation de corps et de biens tout ensemble ou séparation de biens seulement, la communauté n'est jamais rétablie que par un consentement exprès (2).

Ce consentement, pour être efficace, doit être constaté par acte passé devant notaire avec minute, parce qu'un acte sous seing privé ou dressé en simple brevet permettrait aux époux de faire apparaître ou disparaître à leur gré la preuve de leur état, et de se présenter aux tiers tantôt comme communs, tantôt comme séparés. Il faut de plus qu'une expédition de l'acte soit affichée dans l'auditoire du tribunal civil, et aussi, quand le mari est commerçant, dans celui du tribunal de commerce, conformément à l'art. 1445. Quant aux formalités plus rigoureuses de l'art. 872 du Code de procédure, que Toullier (XIII, 188), M. Duranton (XIV, 430) et M. Zachariæ (III, p. 485) prétendent également indispensables, il est clair qu'elles ne le sont pas :

(1-2) Pothier (*Commun.*, n° 524); Grenoble, 4 juin 1840.

le Code de procédure, en ajoutant de nouvelles formalités à celles qu'exigeait le Code Napoléon, ne parle que de la publication du jugement de séparation; il eût pu faire de même pour l'acte de rétablissement de la communauté, mais il ne le fait pas, et l'on ne saurait ajouter à la loi des causes de nullité qu'elle ne prononce pas. C'est donc avec raison qu'un arrêt de Rouen, qui avait jugé dans le sens des auteurs précités, a été cassé par la Cour suprême (1).

II. — Les effets de la communauté ainsi rétablie remontent au jour même du mariage; en sorte que, sauf l'exception ci-après, les époux sont réputés n'avoir jamais cessé d'être communs en biens. Ainsi, les biens qu'ils ont pu acheter pendant la séparation, aujourd'hui non avenue, et qui seraient entrés dans la communauté, appartiennent à cette communauté, et les successions ou donations mobilières qui leur sont arrivées y tombent également. Mais ce principe, bien entendu, ne s'applique que sauf le maintien des actes valablement accomplis par la femme. Ainsi, les aliénations de meubles par elle faites et toutes obligations par elle contractées dans les limites de sa capacité conserveront évidemment leur valeur. En un mot, la communauté est réputée avoir toujours duré : seulement, les actes valablement faits par la femme, qui durant la communauté n'auraient pu émaner que du mari, conservent la même efficacité que s'ils avaient été faits par lui.

Si donc la femme avait placé une partie de son ancienne fortune mobilière dans une maison qui a fait faillite, la perte sera supportée par la communauté, qui ne peut reprendre cette ancienne fortune mobilière que dans l'état où elle est aujourd'hui et sans que la femme puisse être tenue d'en fournir l'équivalent sur ses immeubles propres : ce sera comme si, la communauté ayant toujours duré, le placement mauvais avait été fait par le mari, chef de cette communauté. Que si cette portion de la fortune mobilière a été employée par la femme à l'acquisition d'un immeuble, cet immeuble devient un conquêt, comme si, la communauté durant, il avait été acheté par le mari au moyen du capital que la femme y a employé (2). Que si, enfin, la femme, ayant vendu pendant la séparation un de ses immeubles propres, en possède encore le prix, ce prix lui reste propre comme représentant l'immeuble.

Tout se réduit donc à ces deux idées : d'une part, la communauté, légalement parlant, a toujours duré; d'autre part, ce que la femme a valablement fait, dans les limites du pouvoir à elle conféré par la séparation de biens, demeure valable.

_____

(1) Cass., 17 juin 1855 (Dev., 39, 1, 460); Rodière et Paul Pont (II, 914); Duvergier (sur Toullier, *loc. cit.*); Troplong (II, 1467).

(2) Il ne faut donc pas dire, comme on le fait quelquefois, que la femme qui a ainsi converti tout ou partie de son mobilier en immeubles conserve les immeubles et doit récompense du prix. La communauté ayant légalement toujours duré, et les immeubles achetés pendant la communauté étant des conquêts (art. 1401, 3°), c'est donc à la communauté que ces immeubles appartiennent, et il n'y a pas lieu dès lors à parler de récompense. L'idée contraire, inexacte comme théorie, a aussi de l'importance en fait, puisque l'immeuble acquis peut valoir tantôt plus et tantôt moins que le prix d'acquisition.

III. — En permettant aux époux de rétablir leur communauté, la loi leur interdit rigoureusement toute modification au contrat de mariage. Mais quel est le sens précis de cette règle, et quel sera le sort de l'acte par lequel les parties déclareraient ne revenir au régime de leur contrat que sous telle ou telle modification? Est-ce l'acte qui sera nul, de sorte que, malgré cette déclaration, les époux resteraient séparés de biens; ou ne devra-t-on déclarer nulles que les clauses dérogatoires, de sorte que l'acte produirait son effet comme si les clauses n'y étaient pas écrites?

La question, controversée depuis quarante ans parmi les interprètes du Code (1), serait en effet très-délicate et présenterait des raisons à peu près égales dans les deux sens, si le passage d'où notre article a été tiré, dans Pothier, n'était décisif à cet égard.

Pothier, reproduisant la doctrine de Lebrun, dit à ce sujet : « LES CONVENTIONS portées par *l'acte de rétablissement de communauté* (qui apporteraient des modifications à la communauté primitive) SONT NULLES. Les séparations n'ont d'effet *qu'autant qu'elles durent,* elles sont *détruites* et regardées comme non avenues PAR LE SEUL FAIT, lorsque les parties ont remis leurs biens en commun. Il ne peut pas y avoir deux communautés, l'une qui ait duré jusqu'à la sentence de séparation, et l'autre qui ait commencé lors du rétablissement. Il n'y a que la seule communauté qui a commencé lors du mariage et qui a duré jusqu'à sa parfaite dissolution par la mort de l'une des parties;... *la sentence de séparation,* N'AYANT PAS DURÉ JUSQU'A LA FIN DU MARIAGE, *a été sans effet et n'a pas dissous la communauté* (n° 529). »

Cette doctrine de Lebrun et de Pothier présente deux idées : d'une part, il ne peut pas y avoir deux communautés, en sorte que, ou la séparation prononcée durera jusqu'à la fin du mariage, ou elle disparaîtra rétroactivement, et fera de nouveau place à la communauté primitive, qui se trouvera n'avoir jamais cessé; d'autre part, la séparation est détruite *par le seul fait* de la remise des biens en commun (pourvu, d'ailleurs, comme Pothier l'explique au n° 525, que ce fait soit constaté par l'écrit accompagné des formalités voulues), d'où il suit que le régime primitif se rétablit *par ce seul fait* constaté dans l'acte régulier, et que, si cet acte de rétablissement de communauté contient des conventions dérogatoires au régime primitif, il **y** a *nullité,* non pas de l'acte, mais *de ces conventions.*

Or n'est-il pas évident que ces deux idées, la seconde aussi bien que la première, sont celles que reproduit notre article? Pothier oppose *les conventions* dérogatoires, considérées au pluriel et comme multiples, à l'acte de rétablissement, parce qu'il s'agit en effet des clauses diverses que cet acte peut contenir; le Code parle à son tour de *toute convention* par laquelle les deux époux dérogeraient à leur contrat, ce qui

(1) Dans le premier sens : Delvincourt (III); Battur (II, 660); Glandaz (n° 299); Troplong (II, 1470). — *Contrà :* Duranton (XIV, 431); Zachariæ (III, p. 485); Rodière et Paul Pont (II, 920 et 921); Duvergier (sur Toullier, XIII, 118); Dalloz (2090).

implique également l'idée de pluralité et indique bien que les rédacteurs prennent le mot *convention* dans le sens de *clause,* comme le
faisait Pothier... Le rapprochement de notre article et du passage de
Pothier prouve bien que, loin de vouloir rejeter sa doctrine, notre législateur a entendu la consacrer. Cela étant, il n'y a pas à discuter,
comme on le fait souvent, sur le mérite respectif des deux systèmes
en présence; et quand il serait vrai (ce que nous ne pensons pas) que le
système de Delvincourt eût été préférable à celui de l'ancien droit, ce
point importerait peu, puisqu'il s'agit de rechercher, non ce que le législateur eût dû vouloir, mais ce qu'il a voulu.

Nous tenons donc pour inexacte la doctrine de MM. Delvincourt,
Battur, etc.; mais nous ne partageons pas pour cela celle de MM. Duranton, Zachariæ, et autres adversaires du premier système. Ceux-ci,
en effet, tout en adoptant par des motifs plus ou moins solides la décision que nous venons de justifier, ne le font que sous une distinction.
Les clauses dérogatoires, selon eux, sont à la vérité réputées non écrites
et laissent son effet à l'acte de rétablissement de la communauté, si
elles ne sont pas *déclarées être la condition du rétablissement;* mais,
dans le cas contraire, elles emportent nullité de l'acte lui-même, et la
séparation de biens continue. Or cette seconde doctrine est également
inadmissible.

D'abord, les mots *toute convention* ne peuvent assurément pas avoir,
dans notre article, tantôt un sens et tantôt un autre. Ou bien ils signifient *tout acte* (de rétablissement de communauté), et alors la présence
des modifications apportées au contrat rend cet acte nul, et nul toujours; ou bien ils signifient seulement *toute clause* (insérée dans l'acte),
et alors l'acte, malgré les clauses nulles, restera valable, et valable toujours aussi. Cette simple observation suffirait pour prouver que toute
distinction est ici impossible... D'un autre côté, puisque, comme l'expliquait Pothier, c'est *le fait même* de la remise des biens en commun
qui fait évanouir la séparation et replace ainsi les époux sous l'empire
de leur communauté primitive, il s'ensuit que cette rentrée sous le régime du contrat s'accomplit indépendamment de leur volonté, indépendamment dès lors de toutes les conditions ou déclarations qu'ils peuvent
insérer dans l'acte de rétablissement. Sans doute, la volonté concor-
dante des deux époux est nécessaire pour opérer cette remise des biens
en commun et pour la constater dans l'acte dont la loi demande la publication; mais une fois ce premier pas fait, le reste en est une conséquence légalement forcée et s'accomplit *ipso facto* sans le consentement
des parties ou même contre leur gré. En un mot, les époux sont libres
de conserver leur séparation; mais du moment qu'ils la répudient, à
l'instant, par le fait même de cette répudiation et quel que soit l'objet
pour l'obtention duquel on déclare l'accomplir, c'est de plein droit la
communauté du contrat de mariage qui vient s'y substituer.

Ce système, qui n'est que le développement des principes de Pothier,
n'était-il pas conséquent avec l'esprit de la loi dans notre titre? La loi
attache la plus haute importance au maintien des conventions matri-

moniales, et si elle permet exceptionnellement de s'en départir par une séparation judiciaire, c'est dans la pensée d'une absolue nécessité et à cause du péril que la femme prétend courir ; or quand cette femme vient ensuite proclamer que ce péril n'existe pas et consent à la suppression de la séparation, c'est bien le cas de faire retour au régime du contrat sans tenir compte de la fantaisie qui prend aux époux de ne sortir de la séparation de biens que pour se donner une communauté différente de la première.

1452. — La dissolution de communauté opérée par le *divorce* ou par la séparation soit de corps et de biens, soit de biens seulement, ne donne pas ouverture aux droits de survie de la femme; mais celle-ci conserve la faculté de les exercer lors de la mort naturelle ou civile de son mari.

I. — Cet article est tout à la fois inutile et doublement inexact.

Il est inutile ; car il va de soi que des gains de *survie,* c'est-à-dire des avantages que le contrat de mariage attribue à un époux pour le cas *où il survivra* à son conjoint, ne sont dus à cet époux qu'autant que son conjoint est prédécédé : il est clair qu'il ne saurait être question de les exercer tant que les deux époux sont vivants et qu'on ne sait pas lequel mourra le premier.

Il est inexact, en ce que sa disposition se trouve trop restreinte sous un rapport et trop large sous un autre. D'une part, en effet, l'article ne parle que de la femme; or les gains de survie pouvant très-bien être stipulés pour le mari ou pour celui des époux qui survivra, quel qu'il soit, le texte pourrait faire supposer que la règle n'est pas la même pour le mari que pour la femme, tandis qu'elle est identique pour les deux cas (1). D'un autre côté, l'article nous dit que la femme conserve le droit d'exercer plus tard ses gains de survie, quoiqu'il parle d'une dissolution opérée non-seulement par la séparation de biens, mais aussi par la séparation de corps ou par le divorce (quand le divorce existait) ; or la séparation de corps (et il en était de même du divorce) enlève tout droit aux gains de survie à l'époux contre lequel le jugement est prononcé (art. 299 et 1518).

SECTION IV.
DE L'ACCEPTATION DE LA COMMUNAUTÉ ET DE LA RENONCIATION QUI PEUT Y ÊTRE FAITE AVEC LES CONDITIONS QUI Y SONT RELATIVES.

Le Code s'occupe dans cette section : 1° de règles générales sur les acceptations et répudiations de communauté (art. 1453-1455, puis 1464) ; — 2° du cas où la communauté se dissout par la mort naturelle ou civile du mari (art. 1456-1462 et 1465) ; — 3° du cas où elle se dissout par la séparation de corps ou de biens (art. 1463) ; — 4° enfin du cas où elle se dissout par la mort de la femme (art. 1466).

---

(1) *Conf.* Rodière et Pont (II, 904) ; Troplong (1182); Dalloz (2066).

1° *Règles générales.*

1453. — Après la dissolution de la communauté, la femme ou ses héritiers et ayants cause ont la faculté de l'accepter ou d'y renoncer : toute convention contraire est nulle.

I. — Nous avons eu souvent l'occasion de signaler cette faculté, pour la femme, d'accepter ou de répudier la communauté, et de se trouver ainsi, à son choix, ou copropriétaire des biens de la société conjugale et coobligée à ses dettes, ou complétement étrangère aux uns et aux autres. Cette faculté, compensation indispensable au droit exorbitant dont jouit le mari dans sa gestion, est considérée avec raison par le législateur comme l'un des éléments essentiels du régime de communauté, et elle constitue dans la loi une de ces dispositions d'ordre public auxquelles il est interdit de déroger. Toute convention ou déclaration par laquelle la femme, soit dans son contrat, soit dans le cours de la communauté, se dépouillerait à l'avance du choix qui lui appartient à cet égard, serait nulle et non avenue.

Mais on ne pourrait pas voir cette déclaration nulle dans l'acceptation ou la renonciation qu'une femme ferait pendant le cours d'une instance en séparation de corps ou de biens ; car la déclaration faite dans ce cas, et qui, soumise à la condition que la séparation sera prononcée, n'intervient ainsi qu'en vue d'une dissolution imminente, se trouve être l'exercice même du droit d'option, bien loin d'en être l'abandon ; et s'il est vrai que notre article parle d'une option faite *après* la dissolution, il est évident que ce serait fausser sa pensée que de s'arrêter judaïquement à ce mot, et que c'est d'une option faite *lors* de la dissolution qu'il entend parler (1).

Au surplus, le droit d'option attribué à la femme, et qui peut toujours être exercé aussi par ses ayants cause (2), ne saurait jamais l'être par le mari, même en cette qualité d'ayant cause de la femme. Ainsi un mari, institué légataire universel de sa femme qui prédécède sans héritiers à réserve, ne pourrait pas (pour se soustraire au droit de mutation sur la moitié des biens communs) renoncer à la communauté comme héritier de sa femme. Sans doute, en principe, le droit d'option passe aux représentants de la femme ; mais ce principe est inapplicable au mari, attendu que le droit est précisément établi contre lui et se trouve incompatible avec sa qualité (3).

---

(1) Orléans, 14 nov. 1817 ; Lyon, 24 déc. 1829 ; Rej., 21 juin 1831 (Dev., 30, II, 99 ; 31, I, 268). Nous reviendrons sur ce dernier arrêt en expliquant l'art. 1463.
(2) Jugé cependant que la faculté de renoncer à la communauté est un droit personnel à la femme, et qui ne peut être exercé en son nom par ses créanciers. Paris, 31 mars 1853 (Dev., 53, II, 337). — *Sic* M. Odier (t. I, n° 430). — Mais *voy.*, en sens contraire, MM. Zachariæ (t. III, § 312, note 31) ; Paul Pont et Rodière (t. I, n° 870) ; Troplong (t. III, n° 1501) ; Dalloz (2142).
(3) Rej., 9 mars 1842 (Dev., 42, I, 193) ; Cass., 9 mars 1842 ; Req., 26 nov. 1849. — *Conf.* Pothier (535) ; Valin (sur Rochelle, II, 556) ; Tessier (196) ; Odier (I, 431) ; Rodière et Pont (872) ; Troplong (1503) ; Dalloz (2143).

1454. — La femme qui s'est immiscée dans les biens de la communauté, ne peut y renoncer.

Les actes purement administratifs ou conservatoires n'emportent point immixtion.

1455. — La femme majeure qui a pris dans un acte la qualité de commune, ne peut plus y renoncer ni se faire restituer contre cette qualité, quand même elle l'aurait prise avant d'avoir fait inventaire, s'il n'y a eu dol de la part des héritiers du mari.

SOMMAIRE.

I.   De l'acceptation expresse et de l'acceptation tacite.
II. La femme peut, pour minorité ou pour dol, se faire restituer contre l'une et l'autre, et aussi contre sa renonciation.

I. — La femme qui a opté dans un sens ne peut plus, en général du moins, revenir au parti contraire : une acceptation rend tout naturellement impossible la renonciation, et réciproquement.

L'acceptation de la communauté, comme celle d'une succession, peut se faire expressément au tacitement, *verbis* ou *facto* (1). Il y a acceptation expresse, lorsque la femme, soit principalement et par un acte dressé dans ce but, soit incidemment et dans un acte quelconque, prend la qualité de femme commune. Il y a acceptation tacite, lorsque la femme s'immisce dans les biens de la communauté, c'est-à-dire quand elle accomplit un fait qui prouve qu'elle se regarde comme copropriétaire de ces biens, ce fait étant de telle nature qu'elle n'a pu avoir la pensée de l'accomplir qu'en cette qualité. Par conséquent, des actes de pure administration ou tendant simplement à la conservation des biens ne constituent pas des faits d'acceptation. Il y aurait acceptation, au contraire, comme on l'a vu à l'art. 780 : 1° dans la donation que la femme ferait de ses droits, soit à des étrangers, soit à l'un ou plusieurs des héritiers du mari, soit à tous ; 2° dans la prétendue renonciation qui serait faite par elle au profit de quelques-uns seulement de ces héritiers ; 3° dans la prétendue renonciation faite même au profit de tous, du moment qu'elle ne la ferait que moyennant un prix. La décision contraire que Pothier (n° 545) donnait sur ce dernier cas, en adoptant les idées subtiles du *jus civile* des Romains, est évidemment inadmissible aujourd'hui, puisque n'abandonner un droit que moyennant un prix, c'est évidemment faire un acte de disposition de ce droit, un acte qui suppose que le droit nous appartient : aussi faut-il remarquer avec M. Bugnet que la loi citée par Pothier, tout en refusant à ce fait le caractère

_____

(1) Telle est la règle, soit dans le cas de dissolution par la mort du mari, soit dans le cas de dissolution par la séparation de corps : ainsi, même dans ce dernier cas, la communauté peut être acceptée tacitement. — *Voy.* MM. Paul Pont (*Revue critique*, t. 1, p. 210, et *Contrat de mariage,* t. I, n° 810) ; Troplong (t. III, n° 1581). — *Voy.* aussi Poitiers, 23 fév. 1842 ; Cass., 8 fév. 1843, 10 nov. 1845, 14 mars 1855 ; Paris, 31 juill. 1847 et 2 mai 1850 (*J. Pal.,* 1842, t. II, p. 42 ; 1843, t. I, p. 632 ; 1847, t. II, p. 253 ; 1848, t. I, 894 ; 1850, t. I, p. 534 ; 1856, t. I, p. 297).

d'acte d'acceptation d'après le droit civil, ajoute qu'il avait ce caractère dans l'édit du préteur, *in edictum tamen prætoris incidere ;* or c'est dans le droit du préteur, et non dans les subtilités de l'*ipsum jus,* que notre Code a ses analogies (1).

Quant au point de savoir si tel ou tel des autres faits divers qui peuvent se présenter constitue oui ou non un acte d'acceptation tacite, c'est-à-dire s'il suppose nécessairement la pensée d'agir comme propriétaire des biens communs, on conçoit que c'est là une appréciation abandonnée dans chaque espèce au juge du fait.

II. — Le principe que la femme ne peut être restituée contre son acceptation souffre exception dans deux cas : 1° lorsque cette femme était mineure au moment de l'acceptation ; 2° lorsque son acceptation a été la conséquence d'un dol pratiqué envers elle, c'est-à-dire de manœuvres qui lui ont fait croire la communauté beaucoup meilleure qu'elle n'était.

Ordinairement le dol ne peut être invoqué que contre la partie qui l'a pratiqué (art. 1116); en sorte que la femme vis-à-vis de laquelle le dol des héritiers a eu pour effet de lui faire accepter la communauté sans faire l'inventaire destiné à la garantir du payement des dettes *ultrà vires* (art. 1483), ne pourrait se plaindre que contre ces héritiers, non contre les créanciers restés étrangers aux manœuvres frauduleuses. Ainsi, d'après ce principe, l'acceptation dont il s'agit ne serait pas nulle ; elle obligerait toujours la femme envers les créanciers et lui permettrait seulement de recourir contre les héritiers coupables du dol. Mais ce principe ne s'applique point ici, et la loi nous dit qu'en présence d'un dol pratiqué par les héritiers, la femme peut faire annuler son acceptation et renoncer à la communauté. Le dol est donc ici *in rem* au lieu d'être seulement *in personam.* Cela étant, il produirait donc les mêmes effets s'il émanait des créanciers du mari ; et ce n'est dès lors qu'en se préoccupant *de eo quod plerùmque fit,* que le législateur a parlé d'un dol pratiqué par les héritiers. Nous avons indiqué le motif de cet effet particulier du dol en expliquant la disposition analogue de l'art. 783 (2).

Nous disons, au surplus, que la minorité de la femme ou le dol pratiqué envers elle sont des causes de nullité de son acceptation, sans distinguer si cette acceptation est expresse ou tacite. Il est vrai que le Code ne parle de ces causes de restitution qu'à propos de l'acceptation expresse ; mais son silence pour le cas d'acceptation tacite tient sans doute à ce que leur application à ce cas est plus évidente encore. Il est palpable, en effet, que si la femme mineure est incapable de se lier irrévocablement par un acte direct et formel d'acceptation, à bien plus forte raison l'incapacité existe-t-elle pour une acceptation résultant indirectement de certains faits accomplis par la femme, faits dont son

---

(1) Bugnet (sur Pothier, VII, p. 292) ; Paul Pont et Rodière (I, 812) ; Troplong (III, 1517).

(2) *Voy.* Rodière et Pont (816, II) ; Req., 5 déc. 1838.

âge même l'empêchera souvent de bien comprendre la portée. De même, des manœuvres frauduleuses obtiendront bien plus facilement de la femme l'accomplissement de l'un de ces faits que la signature d'un acte exprès d'acceptation, et c'est encore par *à fortiori* qu'il faut admettre ici la nullité de l'acceptation tacite. ·

Il est également évident que ces deux circonstances de dol et de minorité seraient aussi des causes de nullité de la renonciation (1).

1464. — Les créanciers de la femme peuvent attaquer la renonciation qui aurait été faite par elle ou par ses héritiers en fraude de leurs créances, et accepter la communauté de leur chef.

I. — Cette règle n'est, on le voit, qu'une application du principe de l'art. 1167, et nous renvoyons à cet égard à l'explication de ce dernier article, ainsi qu'à celle de l'art. 788. On y voit notamment que, malgré la doctrine contraire de plusieurs auteurs (2), l'action, appliquée ici aux renonciations seulement, s'applique aussi et à plus forte raison aux acceptations, comme l'enseignent Pothier (n° 559), MM. Paul Pont et Rodière (I, n° 816, 3°), Bellot (t. II, p. 342), Bugnet (sur Pothier, *loc. cit.*), et Duranton (n° 437).

2° *Dissolution de la communauté par la mort du mari.*

1456. — La femme survivante qui veut conserver la faculté de renoncer à la communauté, doit, dans les trois mois du jour du décès du mari, faire faire un inventaire fidèle et exact de tous les biens de la communauté, contradictoirement avec les héritiers du mari, ou eux dûment appelés.

Cet inventaire doit être par elle affirmé sincère et véritable, lors de sa clôture, devant l'officier public qui l'a reçu.

1457. — Dans les trois mois et quarante jours après le décès du mari, elle doit faire sa renonciation au greffe du tribunal de première instance dans l'arrondissement duquel le mari avait son domicile : cet acte doit être inscrit sur le registre établi pour recevoir les renonciations à succession.

1458. — La veuve peut, suivant les circonstances, demander au tribunal de première instance une prorogation du délai prescrit par l'article précédent pour sa renonciation; cette prorogation est, s'il y a   .

___

(1) Pour que l'acceptation ou la renonciation de la femme soit irrévocable malgré la minorité de cette femme, il faut qu'elle soit faite avec l'assistance d'un curateur et sur l'avis conforme du conseil de famille (art. 484, 461). — S'il s'agissait d'un héritier de la femme, on conçoit que cet héritier pourrait être non-seulement mineur, mais encore pupille, et que c'est par son tuteur dès lors que l'acte devrait être fait.

(2) Toullier (XIII, 293); Zachariæ (III, p. 493); Odier (I, 476); Troplong (III, 1529).

lieu, prononcée contradictoirement avec les héritiers du mari, ou eux dûment appelés.

1459. — La veuve qui n'a point fait sa renonciation dans le délai ci-dessus prescrit, n'est pas déchue de la faculté de renoncer si elle ne s'est point immiscée et qu'elle ait fait inventaire; elle peut seulement être poursuivie comme commune jusqu'à ce qu'elle ait renoncé, et elle doit les frais faits contre elle jusqu'à sa renonciation.

Elle peut également être poursuivie après l'expiration des quarante jours depuis la clôture de l'inventaire, s'il a été clos avant les trois mois.

SOMMAIRE.

I. Différence entre la veuve et la femme séparée de corps ou de biens. Analyse des articles.
II. Le défaut d'inventaire dans le délai emporte déchéance : controverse.

I. — Quand c'est par la mort du mari que la communauté se dissout, de sorte que la femme se trouve immédiatement en possession de tous les biens communs, celle-ci, en raison de sa possession et de la facilité qu'elle a de détourner une partie des choses ou valeurs mobilières, est traitée tout autrement que dans le cas de dissolution par séparation de corps ou de biens. Jusqu'à déclaration contraire faite par elle dans les formes et sous les conditions voulues, elle est ici présumée acceptante, et cette qualité lui est définitivement imprimée à défaut de l'accomplissement de ces conditions dans le délai fixé; tandis que, dans l'autre cas, c'est la renonciation qui se présume jusqu'à déclaration contraire (1), et qui demeure définitive à défaut de déclaration.

La femme survivante qui n'est point résolue d'accepter la communauté peut fort bien, si elle le veut, la répudier tout de suite après la mort du mari; et elle n'est pas tenue alors de faire faire un inventaire, elle peut aller sans préalable faire sa renonciation au greffe du tribunal civil (2). Mais si, n'étant pas décidée à rester commune, elle ne l'est pas non plus quant à présent à renoncer, et qu'elle veuille réfléchir longtemps avant de prendre parti, elle ne peut *conserver* ainsi le droit d'option qu'en faisant faire, contradictoirement avec les héritiers du mari ou eux appelés, un inventaire fidèle et régulier (3) dont elle doit affirmer la sincérité lors de sa clôture. Cet inventaire doit, autant que possible, être fait dans les trois mois du décès du mari; mais si ce délai ne suffit pas, la femme peut en demander la prorogation (art. 174 du Code de procédure). A défaut d'inventaire dans le délai fixé par la

---

(1) Il n'est pas nécessaire que l'acceptation soit expresse. Rodière et Pont (808); Troplong (1581); Req., 21 juin 1831, 8 fév. 1843, 10 nov. 1845; Paris, 2 mai 1850.

(2) Néanmoins la renonciation à la communauté peut résulter, vis-à-vis des héritiers du mari, d'une convention passée entre eux et la femme : il n'est pas nécessaire, en cas pareil, qu'elle soit faite au greffe du tribunal. Req., 4 mars 1856 (Dalloz, 56, I, 131).

(3) Quant à son *exactitude*, voy. l'explication de l'art. 794.

loi ou prorogé par le juge, la femme perd son droit d'option et reste commune. Quand, au contraire, il y a eu inventaire dans le délai, la femme (en supposant, bien entendu, qu'elle ne fasse aucun acte d'immixtion) conserve indéfiniment, c'est-à-dire pendant trente ans, la faculté de renoncer (1). Il y a cependant une distinction à faire. Dans un délai que la loi fixe à quarante jours à partir de l'expiration des trois mois, ou de la clôture de l'inventaire, s'il est terminé avant ces trois mois, délai qui, sur la demande de la femme, peut être augmenté, si besoin est, par le juge, la femme ne peut pas être forcée de se prononcer. Après l'expiration du délai, au contraire, on peut la contraindre à prendre parti, et si, sur l'action dirigée contre elle comme commune, elle déclare renoncer, ce qu'elle est toujours libre de faire, c'est du moins elle qui payera les frais de poursuite.

II. — Ce que nous avons dit, que la femme ne peut plus renoncer quand elle n'a pas fait l'inventaire dans le délai fixé par la loi ou par le juge, n'est pas sans contradiction, et la question est jugée diversement par les arrêts (2) ; mais le rapprochement par lequel on prétend justifier la doctrine contraire nous paraît en être précisément la condamnation. Il est vrai, en effet, que l'héritier (art. 800) peut toujours faire son inventaire après l'expiration des délais, tant qu'il n'est pas poursuivi et condamné comme héritier pur et simple ; mais l'héritier n'a pas, comme la veuve, la détention des biens et l'extrême facilité de s'approprier à l'insu de tous des valeurs considérables ; il n'y a aucune analogie entre les deux cas, et c'est déjà beaucoup pour la femme qu'un délai de trois mois, qui peut encore être prolongé selon les circonstances. La loi ne devait donc pas traiter la femme comme l'héritier, et elle ne le fait pas non plus, puisque, tandis que l'art. 800 autorise l'héritier, après les délais, à faire encore non-seulement l'acceptation bénéficiaire, mais aussi l'inventaire exigé pour cette acceptation, l'art. 1459, au contraire, n'accorde plus à la femme que le droit de renoncer, et que, bien loin de dire ou seulement de supposer qu'elle pourra aussi faire encore l'inventaire, il a soin de déclarer, au contraire, que cette renonciation ne pourra se faire ainsi après le délai qu'autant que l'inventaire sera déjà fait auparavant. C'est là, du reste, la doctrine suivie par la Cour de cassation (3).

Il va sans dire, au surplus, que le défaut d'inventaire dans le délai

---

(1) Il en était autrement sous la coutume de Bretagne. La renonciation à la communauté devait être faite, à peine de déchéance ou de prescription, dans le délai de trois mois et de quarante jours pour les majeurs, et pour les mineurs, dans le délai de quarante jours à partir de leur majorité ; et il a été décidé que cette prescription doit être régie encore aujourd'hui par les lois anciennes sous l'empire desquelles la communauté s'est dissoute. Cass., 18 juill. 1853 (Dev., 53, I, 567). Sur ce dernier point, *voy.* le commentaire de l'art. 2281, au titre *De la Prescription.*

(2) *Conf.* Bruxelles, 18 mai 1811 ; Paris, 2 avr. 1816 ; Rej., 24 mars 1828 ; Cass. (d'un arrêt de Colmar), 22 déc. 1829 ; Limoges, 19 juin 1835 ; Agen, 9 août 1836 ; Caen, 21 juill. 1847. — *Contrà :* Metz, 24 juill. 1824 ; Bordeaux, 24 fév. 1829 ; Paris, 10 janv. 1835 ; Colmar, 24 fév. 1838 (Dev., 35, II, 455 et 475 ; 38, II, 605).

(3) *Conf.* Toullier (XIII, 130) ; Zachariæ (III, p. 489) ; Odier (458) ; Glandaz (317) ; Rodière et Pont (805) ; Troplong (1537) ; Dalloz (2147). — *Voy.* aussi Cass., 17 mai 1858.

ne saurait être opposé à la femme qui avait d'abord accepté, et qui fait ensuite annuler son acceptation comme étant la conséquence d'un dol. La femme qui accepte n'ayant pas d'inventaire à faire, il est clair que le défaut d'inventaire par la femme n'a été, comme son acceptation elle-même, que la conséquence de la fraude, et que cette femme dès lors n'en est pas responsable quand elle fait annuler cette acceptation (1).

1460. — La veuve qui a diverti ou recélé quelques effets de la communauté, est déclarée commune, nonobstant sa renonciation; il en est de même à l'égard de ses héritiers.

SOMMAIRE.

I. Le divertissement ou le recel emporte déchéance du droit de renoncer. *Quid* du détournement postérieur à la renonciation ? Controverse.
II. L'article ne s'applique point à la femme mineure. Dissentiment avec plusieurs auteurs.

I. — La veuve qui recèle ou détourne quelque objet de la communauté accomplit un fait qui, en même temps qu'il est un délit, constitue un acte d'acceptation tacite. Elle devient dès lors commune (2), sans que la renonciation qu'elle pourrait faire plus tard puisse lui enlever cette qualité, puisque l'acceptation, sauf les exceptions prévues, est chose irrévocable (3). Que si c'était déjà après avoir renoncé que la femme accomplit le détournement, ce fait ne saurait annuler la renonciation antérieure (puisque la renonciation est irrévocable comme l'acceptation); ce serait, ni plus ni moins, un vol fait aux héritiers du mari, désormais seuls propriétaires.

Toutefois, cette solution, déjà présentée par nous sous l'art. 792 (dont le cas est tellement analogue à celui de notre article que les deux règles doivent évidemment recevoir une même explication), peut donner lieu à quelques doutes. On pourrait dire que si le droit romain (*Digeste*, l. 19, t. 2, 71, § 9) considérait le détournement postérieur à la renonciation comme constituant un vol et ne faisant pas disparaître l'effet de cette renonciation, dans notre ancien droit, au contraire, quelques coutumes, notamment celle d'Artois (art. 163), posaient une règle différente, et donnaient au détournement l'effet de rendre non avenue la renonciation même antérieure; que le texte de notre article semble exprimer cette même idée, puisqu'il parle de *déclarer la femme commune nonobstant sa renonciation,* ce qui paraît faire allusion à une

---

(1) Rej., 5 déc. 1838 (Dev., 38, I, 945).
(2) Mais il faut que l'omission soit le résultat d'un acte frauduleux; et y eût-il eu fraude à l'origine, la veuve ne devrait pas être déclarée commune s'il y avait eu restitution spontanée des objets divertis. Agen, 6 janv. 1851 (Dev., 51, II, 680). — Voy. *infrà*, sur l'art. 1477.
(3) On décide généralement, néanmoins, que les peines portées par les art. 1460 et 1477 sont inapplicables à l'époux qui, *spontanément* et avant toute réclamation, a rapporté les objets détournés. *Voy.* l'art. 1477.

renonciation déjà existante; et qu'en effet, l'article a été expliqué ainsi devant le Corps législatif par le tribun Duveyrier, qui dit que la femme sera déclarée commune, *lors même qu'elle aurait déjà renoncé* (Fenet, XIII, p. 735). — Entre ces deux systèmes absolus, on peut encore, et on l'a fait, en présenter un troisième. Toullier (IV, 350), puis après lui et récemment M. Troplong (III, 1563 et 1564), en admettant comme principe que le détournement postérieur à la renonciation ne détruit pas l'effet de celle-ci, veulent que ce principe souffre exception quand il y a connexité entre la renonciation et le détournement, dont l'une aurait eu pour but de mieux faciliter ou dissimuler l'autre.

De ces trois opinions, l'une doit être écartée tout d'abord : c'est la doctrine mitoyenne de Toullier et de M. Troplong. Que cette doctrine ait été autrefois celle de plusieurs auteurs, c'était tout simple alors que, par l'absence de textes législatifs, la plupart des règles se trouvaient précisément dans les écrits mêmes des jurisconsultes comme dans les décisions des tribunaux ; mais aujourd'hui que ni la magistrature ni les écrivains ne peuvent faire ou modifier la loi, il est clair qu'un *principe* écrit dans le Code ne peut recevoir d'autre *exception* que celle qui s'y trouve également écrite. De deux choses l'une, dès lors : ou notre article n'entend parler que de la renonciation postérieure au détournement, et alors la doctrine combattue irait plus loin que la loi en donnant pour certains cas le même effet à la renonciation antérieure ; ou l'article entend parler de la renonciation antérieure aussi bien que de l'autre, et cette doctrine irait moins loin que la loi et la violerait en sens inverse, en refusant quelquefois l'effet voulu à cette renonciation antérieure. Notre article porte une disposition absolue, et il nous place, par conséquent, ou sous le principe absolu du droit romain, ou sous le principe contraire mais également absolu de la coutume d'Artois, selon qu'il entend parler ou de la seule renonciation postérieure au détournement ou de toute renonciation. Mais maintenant, laquelle des deux idées est celle du Code?

C'est certainement la première, et l'opinion contraire du tribun Duveyrier n'est qu'une erreur... D'abord il est logique qu'une renonciation, du moment qu'elle est formellement et régulièrement accomplie, et quel que soit d'ailleurs le but loyal ou coupable dans lequel on l'a faite, rende le renonçant étranger aux biens et fasse dès lors un larcin du détournement que celui-ci commet ensuite de quelqu'un de ces biens : c'est déjà une raison pour croire, à défaut d'une déclaration très-catégorique du contraire, que le Code a suivi cette idée. Une autre raison, et qui est péremptoire, c'est que cette idée était la règle générale de notre ancien droit, et que l'idée contraire n'était qu'une exception imperceptible et comme perdue au milieu de nos diverses coutumes (1). Enfin, si le texte de notre article est ambigu sur ce point,

(1) Domat (2ᵉ part., l. 1, t. III, sect. 1, nº 12); Lebrun (l. 3, chap. 8, sect. 2, nº 60); Delaurière (sur Loisel, l. 2, t. 1); Merlin (*Rép.*, vº Recélé, nº 2); Favard (vº Renonc., nº 18); Delvincourt (t. II); Chabot (art. 792, nº 3); Belost-Jolimont

. il se trouve nettement expliqué dans ce sens par le texte analogue de l'art. 792, qui, tout en présentant, comme le nôtre, ces expressions trop vagues, que par le recel ou le divertissement les héritiers demeurent héritiers purs et simples *nonobstant leur renonciation,* ce qui pourrait faire croire à une renonciation antérieure, développe et précise son idée en disant que les héritiers sont alors *déchus de la faculté de renoncer ;* et c'est aussi dans ce sens précis et restreint d'une déchéance du droit de renoncer ultérieurement, que l'article a été présenté dans l'Exposé des motifs (Fenet, XIII, p. 152 et 153). C'est donc avec raison que cette doctrine est admise par tous les auteurs.

II. — Notre article, au surplus, comme nous l'avons dit de la disposition analogue de l'art. 792, ne s'applique point à la femme mineure ; et c'est à tort que plusieurs auteurs décident le contraire, en se fondant sur le principe de l'art. 1310, qui déclare le mineur non restituable contre l'obligation résultant de son délit. Il y a ici, de la part de ces auteurs, confusion de deux choses parfaitement distinctes : 1° l'obligation découlant du délit, et qui consiste, ni plus ni moins, à réparer le tort que ce délit a causé ; 2° l'effet tout différent, et appartenant à un tout autre ordre d'idées, par lequel le détournement, considéré comme acte d'acceptation tacite, emporte déchéance du droit de renoncer à la communauté. Il y a donc ici deux questions : celle de savoir si la femme sera obligée par son délit, laquelle est résolue affirmativement par l'art. 1310 ; puis celle de savoir si le fait emportera pour elle déchéance du droit de renoncer, et celle-ci doit se résoudre négativement, d'après ce qui a été dit sous l'art. 1455 (1).

1461. — Si la veuve meurt avant l'expiration des trois mois sans avoir fait ou terminé l'inventaire, les héritiers auront, pour faire ou pour terminer l'inventaire, un nouveau délai de trois mois, à compter du décès de la veuve, et de quarante jours pour délibérer, après la clôture de l'inventaire.

Si la veuve meurt ayant terminé l'inventaire, ses héritiers auront, pour délibérer, un nouveau délai de quarante jours à compter de son décès.

Ils peuvent, au surplus, renoncer à la communauté dans les formes établies ci-dessus ; et les articles 1458 et 1459 leur sont applicables.

I. — Lorsque la femme survivante vient elle-même à mourir avant d'être définitivement acceptante ou renonçante, le droit d'option, qui lui appartient encore lors de son décès et qui fait partie de son patrimoine, passe dès lors à ses héritiers ; et la loi, par notre article, ac-

---

(*ibid.*) ; Duranton (VI, 482, et XIV, 443) ; Malpel (n° 331) ; Bellot des Minières (II, p. 287) ; Zachariæ (III, p. 492) ; Duvergier (sur Toullier).

(1) *Conf.* Bellot (II, p. 284) ; Zachariæ (III, p. 492) ; Rodière et Paul Pont (I, 816). — *Contrà :* Delvincourt (t. III) ; Battur (II, 702) ; Troplong (III, 1567) ; Dalloz (2205). — *Voy.* Bordeaux, 2 déc. 1840 ; Req., 3 mai 1848.

corde de nouveau à ceux-ci, soit pour faire l'inventaire, soit pour délibérer, l'intégralité des délais accordés à la femme, quelle que soit la fraction déjà écoulée de ces délais. Ainsi, quoique la femme qui n'a pas terminé l'inventaire meure deux mois après le mari, ce n'est pas un mois seulement, mais trois mois que les héritiers auront pour faire cet inventaire; et si cette femme, après avoir terminé l'inventaire, meurt au bout de trente jours depuis sa confection, ce n'est pas dix jours seulement, mais quarante jours que les héritiers pourront prendre pour délibérer (1). Du reste, les règles posées plus haut continuent de s'appliquer : les héritiers pourront faire proroger par la justice le délai de quarante jours accordé pour délibérer (art. 1458); ils pourront toujours, après les délais et pendant trente ans, sauf à payer les frais des poursuites qui seraient faites contre eux, faire une renonciation (article 1459); et leur renonciation devra, comme celle de la femme, se faire par déclaration au greffe du tribunal (art. 1457).

Notre article, au surplus, dans son second paragraphe, ne dispose que pour les cas ordinaires, et sa règle ne pourrait pas s'appliquer en toute hypothèse. Si, comme il arrivera le plus souvent, les successibles de la femme qui laisse un inventaire parachevé (trouvant dans cet inventaire tous les renseignements dont ils ont besoin sur le patrimoine de leur parente, ou croyant connaître d'ailleurs suffisamment l'état de ce patrimoine) acceptent immédiatement sa succession, alors le délai de quarante jours leur suffira, et notre second paragraphe, évidemment fait en vue de ce cas, recevra son application. Mais si ces mêmes successibles (sachant ou seulement craignant que la femme, depuis la dissolution de sa communauté, n'ait fait des opérations ou passé des actes quelconques sur le résultat desquels l'inventaire de la communauté ne leur dirait rien) ne veulent point accepter de suite, il est clair qu'on ne peut pas les empêcher de prendre, pour faire inventaire de la succession, le délai de trois mois que leur donne l'art. 795; et comme le parti qu'ils prendraient quant à la communication constituerait une acceptation de cette succession, il est bien évident que c'est seulement à partir de l'expiration des trois mois, ou de la clôture de l'inventaire fait avant ces trois mois, que courraient alors les quarante jours dont il s'agit.

1462. — Les dispositions des articles 1456 et suivants sont applicables aux femmes des individus morts civilement, à partir du moment où la mort civile a commencé.

I. — Comme la mort civile du mari, aussi bien que sa mort naturelle, produit la dissolution de sa communauté et l'ouverture de sa succession; et comme, d'un autre côté, la mort civile ne peut atteindre

---

(1) La loi ne s'occupe pas, et ne devait pas s'occuper de l'hypothèse où la femme mourrait, sans confection d'inventaire, *après* les trois mois, puisque dans ce cas la veuve avait perdu son droit d'option et est morte avec la qualité irrévocable de femme commune.

que des individus entrant au bagne, ou déportés, ou en état de contumace, de sorte que la femme du mort civilement aura toujours, aussi
bien que la veuve, la possession des biens communs, les deux cas, sauf
la disposition de l'art. 1465, sont complétement assimilés l'un à l'autre, et les règles posées par les six articles précédents pour le premier
s'appliquent également au second.

1465. — La veuve, soit qu'elle accepte, soit qu'elle renonce, a
droit, pendant les trois mois et quarante jours qui lui sont accordés
pour faire inventaire et délibérer, de prendre sa nourriture et celle de
ses domestiques sur les provisions existantes, et, à défaut, par emprunt au compte de la masse commune, à la charge d'en user modé-
rément.

Elle ne doit aucun loyer à raison de l'habitation qu'elle a pu faire,
pendant ces délais, dans une maison dépendante de la communauté,
ou appartenant aux héritiers du mari; et si la maison qu'habitaient les
époux à l'époque de la dissolution de la communauté était tenue par
eux à titre de loyer, la femme ne contribuera point, pendant les mêmes
délais, au payement dudit loyer, lequel sera pris sur la masse.

I. — La veuve, par une faveur qu'explique assez sa position pénible
et digne d'intérêt, est autorisée à prendre sur la communauté, pendant
le temps nécessaire pour faire inventaire et délibérer, les frais de nourriture et de logement de sa personne et de ses domestiques.

Ce bénéfice, disons-nous, dure, ni plus ni moins, pendant le temps
employé à faire inventaire et délibérer; en sorte que si, au lieu du délai total ordinaire de quatre mois dix jours, la femme n'a employé que
deux mois à ce double objet, ou si, réciproquement et par suite d'une
prorogation du juge, elle y a employé six mois, c'est pour les deux
mois seulement dans le premier cas, et pour les six mois dans le second, que son droit existe. Il est bien évident, en effet, que quand la
femme a une fois pris son parti et qu'elle a, par exemple, renoncé à la
communauté, il n'y a plus de raison de la loger et entretenir aux frais
de cette communauté à laquelle elle est désormais étrangère; or, si le
bénéfice cesse nécessairement quand la femme a une fois pris parti,
n'est-il pas clair qu'il doit continuer réciproquement tant que sa décision n'est pas prise et que les délais à elle impartis ne sont pas expi-
rés? C'est ainsi, en effet, que l'entendait Pothier (n°s 570 et 571), et
nos rédacteurs n'ont évidemment voulu rien autre chose que reproduire sa pensée. Ce n'est pas douteux en présence de l'art. 1495, qui,
en s'occupant de nouveau de ce bénéfice pour expliquer qu'il ne passe
point aux héritiers de la femme, ne parle plus des *trois mois et qua-*
rante jours, mais seulement du *délai donné pour faire inventaire et*
délibérer (1).

_____

(1) *Sic* MM. Duranton (t. XIV, n° 106); Bellot (t. III, p. 358); Zachariæ (t. III,

Les dépenses dont il s'agit devant se prendre sur la communauté, il s'ensuit que la femme en subira la moitié si elle accepte; c'est seulement quand elle renoncera que la succession du mari en supportera la totalité. Et, de ce même principe, il faut tirer la conséquence que, dans le cas où la maison habitée par la femme appartiendrait, non à la communauté, mais aux héritiers du mari, ceux-ci pourraient se faire payer des loyers sur la masse commune, afin que la femme, en cas d'acceptation, en supporte la moitié.

L'article ne parle pas et ne devait pas parler des frais d'entretien et d'éducation des enfants de la veuve; car, ou ce sont des enfants communs, et alors ce sont eux précisément qui se trouvent héritiers du mari; ou il s'agit d'enfants d'un précédent lit, et la communauté dissoute ne leur doit rien. (Duranton, XIV, 46; Rodière et Pont, 793.)

Remarquons, en terminant, que le motif de cette disposition, et sa nature de privilége tout exceptionnel, et son texte, et enfin la place même qu'elle occupe, indiquent clairement qu'elle n'est pas applicable à la femme du mort civilement (2).

3° *Dissolution par la séparation de corps et de biens.*

1463. — La femme (*divorcée* ou) séparée de corps, qui n'a point, dans les trois mois et quarante jours après (le divorce ou) la séparation définitivement prononcés, accepté la communauté, est censée y avoir renoncé, à moins qu'étant encore dans le délai, elle n'en ait obtenu la prorogation en justice, contradictoirement avec le mari, ou lui dûment appelé.

SOMMAIRE.

I.   En cas de dissolution par séparation de corps, la femme n'est pas tenue de faire inventaire, et elle est légalement renonçante si elle n'a pas accepté dans les trois mois et quarante jours (sauf prorogation du délai) à partir du moment où le jugement a acquis force de chose jugée.
II. Passé ce délai, la femme est irrévocablement renonçante.
III. Les règles sont les mêmes pour le cas de séparation de biens. Erreur de M. Bellot; erreur contraire des tribuns Duveyrier et Mouricault.
IV. Si la femme meurt dans le délai, ses héritiers ont un nouveau délai de trois mois et quarante jours.

I. — Quand c'est par la séparation de corps, ou encore par la séparation de biens, comme nous le dirons plus bas, que la communauté se dissout, comme alors c'est au mari que restent provisoirement la pos-

p. 494, note 32); Odier (t. I, n° 479); Troplong (t. III, n° 1596); Aubry et Rau (sur Zachariæ, t. IV, § 517, p. 357, note 39); Boileux (t. V, sur l'art. 1465). — D'après d'autres auteurs, le droit doit toujours atteindre la limite fixée et ne la dépasser jamais. —. *Voy.* MM. Maleville (sur l'art. 1465); Delvincourt (t. I, p. 93); Battur (t. II, p. 686); Paul Pont et Rodière (t. I, n° 794); Dalloz (2267); Mourlon (t. III, p. 63); Massé et Vergé (sur Zachariæ, t. IV, p. 161, § 560); Metz, 10 mai 1860 (Sirey, Dev., 60, II, 401).
(1) Non plus qu'à la femme séparée de corps ou de biens. Rodière et Pont (789); Troplong (1590).

session, l'administration et la jouissance des biens communs, la loi, en présence d'une circonstance qui garantit ainsi le mari contre tout détournement de la femme, ne demande plus à celle-ci la confection d'un inventaire, et la laisse libre d'accepter ou de renoncer sans accomplir cette formalité (1); et comme cette circonstance met la femme qui veut être traitée en copropriétaire des biens dans la nécessité d'agir contre le mari pour avoir sa part du fonds social, la loi voit ici, dans le silence de cette femme, la probabilité qu'elle entend renoncer, et cette probabilité devient une certitude légale, c'est-à-dire que la renonciation est irrévocablement acquise quand la femme a laissé expirer, sans accepter (2), le délai qui lui est accordé pour faire son choix.

Ce délai, qui peut, comme celui dont la veuve présumée acceptante jouit pour renoncer, être prorogé, si besoin est, par la justice, en présence ou après appel du mari, est, en principe, de trois mois et quarante jours; en sorte qu'il équivaut aux deux délais accordés à la veuve, l'un pour faire l'inventaire, l'autre pour délibérer. Il devait, en effet, en être ainsi; car, d'une part, quoique la femme ait ici le droit de se prononcer dans un sens ou dans l'autre sans inventaire préalable, il est cependant tout naturel qu'elle ne se prononce pas sans s'être renseignée par la confection de cet inventaire, et, d'un autre côté, cet inventaire lui servira, en cas qu'elle accepte, à n'être tenue de sa moitié des dettes communes que jusqu'à concurrence de l'actif (art. 1483). Si donc elle n'est pas forcée de le faire, elle y a du moins grand intérêt, et il était juste de lui en donner le temps.

Le délai court, d'après notre texte, du jour où la séparation a été définitivement prononcée, et un arrêt de la Cour suprême décide avec raison qu'il faut entendre par là le jour où la sentence qui prononce cette séparation est devenue inattaquable par l'une des voies ordinaires de recours, c'est-à-dire, selon les cas, du jour de l'arrêt contradictoire, du jour de l'expiration du délai d'opposition contre un arrêt par défaut, ou du jour de l'expiration du délai d'appel contre le jugement de première instance (3). D'après cela, et puisque c'est du moment où la séparation est définitivement établie entre les époux, pas avant, mais pas après non plus, que court le délai, il y a donc erreur évidente à dire, comme l'avait fait un précédent et ancien arrêt de la chambre des requêtes (du 29 janvier 1818), que, dans le cas d'un jugement de séparation qui ordonne au mari de rendre compte des biens à la femme, c'est seulement du jour de la reddition du compte que le délai commence à courir. Cette doctrine, si manifestement contraire à la règle de notre arti-

---

(1) Pothier (561); Merlin (*Rép.*, v° Inv.); Battur (672); Duranton (458); Odier (453); Rodière et Pont (878); Troplong (1574); Dalloz (2239). — *Contrà* : Bellot (312); Rennes, 3 janv. 1826.

(2) Mais cette acceptation n'a pas besoin d'être expresse. Rodière et Pont (808); Troplong (1581); Pont (*Revue critique*, I, p. 193); Req., 21 juin 1831, 8 fév. 1843, 10 nov. 1845; Paris, 2 mars 1850 (Dev., 51, II, 25); Cass., 14 mars 1855 (Dev., 55, I, 335); Nîmes, 23 fév. 1858. — *Contrà* : Delvincourt (sur l'art. 1463); Massé (*Séparation de corps*, p. 20).

(3) Rej., 2 déc. 1834 (Dev., 34, I, 774).

cle, n'a pas même l'excuse d'un motif d'équité ou d'utilité pratique, puisque la femme a toujours le remède d'une prolongation du délai par le juge, et que, en face du mauvais vouloir du mari, il lui serait facile de faire déclarer, par exemple, qu'elle ne sera tenue de se prononcer que dans le mois ou dans la quinzaine qui suivra le compte rendu par l'époux.

II. — Nous avons quelquefois entendu soutenir que la femme, après l'expiration du délai à elle accordé, n'est point encore absolument et définitivement déchue de la qualité de commune; qu'elle pourrait encore, dans certaines circonstances, obtenir un nouveau délai pour se prononcer, ou bien, *de plano* et sans délai nouveau, se faire déclarer commune, en prouvant qu'elle n'a jamais eu l'intention de renoncer. On se fonde, à cet égard, sur ce que notre article dit seulement qu'à défaut d'acceptation dans le délai, la femme *est censée* avoir renoncé, posant ainsi, dit-on, une simple présomption *juris* contre laquelle l'art. 1352 n'interdit point la preuve, et l'on invoque une prétendue décision rendue dans ce sens par la Cour suprême (1).

Ces idées sont évidemment inadmissibles. La femme qui laisse passer le délai dans le silence et l'inaction n'en saurait obtenir un second, puisque notre article, non content de parler de *prorogation,* ce qui indique déjà la simple extension donnée à un délai encore existant, a d'ailleurs soin d'expliquer que la demande n'en peut être accueillie qu'autant qu'elle est faite par la femme *étant encore dans le délai.* — Elle ne peut pas davantage être reçue à prouver qu'elle a toujours eu l'intention d'être commune, et que dès lors la présomption d'après laquelle elle est traitée comme renonçante se trouve fausse; car la présomption de renonciation, du moment qu'on reconnaîtra qu'elle existe, ayant pour effet d'enlever à la femme sa copropriété des biens, le droit de les revendiquer, et se trouvant être ainsi l'une de celles sur le fondement desquelles la loi dénie l'action en justice, elle forme donc une présomption *juris et de jure* qui n'admet pas de preuve contraire (art. 1342)... Quand l'article dit que la femme *est censée* avoir renoncé, ces mots n'ont pas le sens mitigé qu'on leur prête; ils ne signifient pas que la femme est supposée, jusqu'à preuve contraire, avoir fait une renonciation, mais bien qu'*elle est absolument et rigoureusement,* en droit, *comme ayant renoncé,* quand même il n'en serait rien dans le fait; de même que l'article 785, quand il dit aussi que l'héritier renonçant *est censé* n'avoir jamais été héritier, signifie que, légalement parlant, il n'a jamais eu cette qualité; c'est ainsi encore que, d'après l'art. 883, chaque cohéritier *est censé* avoir succédé seul aux effets compris dans son lot. Les mots *censé, réputé,* ont dans la langue juridique la plus grande énergie; ils expriment la substitution du droit au fait, et sont la formule la plus ordinaire de ces mille fictions légales *quæ idem operantur in casu ficto quam veritas in casu vero.*

Quant à l'arrêt de rejet de 1831, dont nous avons parlé déjà sous

---

(1) Rej., 21 juin 1831 (Dev., 31, I, 268).

l'art. 1453, bien loin d'appuyer la doctrine que nous combattons, il la condamne, au contraire, énergiquement. Il est bien vrai, en effet, qu'on lit dans cet arrêt une phrase (fort peu exacte d'ailleurs) qui, *isolée* et *tronquée*, paraîtrait favorable au système adverse : « L'art. 1463, dit-il, n'établit qu'une présomption fondée sur le silence de la femme, *et qui ne peut prévaloir sur l'expression formelle de son intention.* » Mais la phrase se termine par deux mots qui changent du noir au blanc le sens qu'on pourrait vouloir donner à cette première partie; car on y dit : « sur l'expression formelle de son intention, *manifestée antérieurement.* » Puis l'arrêt ajoute que « le but *évident* de cette disposition n'est pas de prohiber une acceptation anticipée, mais seulement *de ne pas permettre à la femme d'accepter tardivement,* c'est-à-dire *passé le délai.* » Ainsi le demandeur en cassation, interprétant judaïquement et faussement notre article, prétendait que l'acceptation de la femme ne pouvait se faire que *dans les trois mois et quarante jours,* pas après et *pas avant,* de sorte que, dans ce système, l'acceptation faite après le jugement de séparation, mais avant l'expiration du délai d'appel, eût été sans valeur ! La Cour, comme de raison, repousse cette singulière idée ; elle dit que l'article ne prohibe point l'acceptation anticipée, mais seulement l'acceptation tardive, et que son résultat évident et unique est *qu'il n'est point permis à la femme d'accepter passé le délai.* Or c'est précisément là ce que nous soutenons (1).

III. — Nous avons dit que notre article, bien qu'il ne parle que de la séparation de corps, s'applique également au cas de séparation de biens, dont la loi paraît n'avoir pas songé à parler ici, sans doute parce qu'elle venait de s'en occuper longuement dans la section précédente, et que l'applicabilité de l'article à ce cas était d'ailleurs chose évidente et découlant par *à fortiori* du cas de séparation de corps.

Un auteur, cependant, M. Bellot (II, p. 312-321), enseigne le contraire et fait de longs efforts pour prouver que la femme séparée de biens doit être traitée comme la veuve, c'est-à-dire soumise à la nécessité de l'inventaire et aussi, à défaut de cet inventaire suivi d'une renonciation expresse, à la présomption légale d'*acceptation.* Mais ce sentiment isolé est d'une inexactitude d'autant plus certaine, l'affranchissement de l'obligation de l'inventaire et la présomption de *renonciation* (à défaut d'acceptation *verbis* ou *facto* avant l'expiration du délai) sont d'autant

---

(1) On voit, au surplus, que la première phrase de l'arrêt, celle dont on a voulu s'emparer dans le système contraire, est profondément inexacte et contradictoire avec elle-même. L'arrêt se demande qui doit prévaloir, ou de la présomption légale de renonciation, ou de l'intention d'accepter formellement exprimée par la femme. Or la présomption n'existant que quand la femme a gardé le silence, il est clair que, s'il y a expression formelle de la volonté de celle-ci, il n'y a plus de présomption ; et réciproquement, si l'on a cette présomption, c'est qu'on n'a pas l'expression formelle de l'intention contraire... Comment parler de faire prévaloir l'une sur l'autre deux choses qui ne peuvent pas coexister ? — Du reste, il a été décidé que la règle reçoit exception au cas où des contestations, qu'il n'a pas dépendu de la femme de faire cesser, l'ont empêchée de déclarer son option, et où le mari a, par ses acquiescements, renoncé à se prévaloir contre la femme de l'expiration des délais. Rouen, 26 juin 1851 (Dev., 52, II, 10).

moins douteux, que la seule difficulté que pourrait faire naître le silence de notre article serait, au contraire, de savoir si la femme séparée de biens a jamais le droit d'accepter, èt si l'on ne doit pas dire que la qualité de renonçante lui est imprimée nécessairement et par la nature même des choses. « C'est une question, disait Pothier pour ce cas, si la femme peut accepter la communauté et en demander le partage. Il semble d'abord que cette demande implique contradiction avec la séparation de biens, qui ne peut être fondée que sur le mauvais état des affaires du mari, et par conséquent de sa communauté » (n° 520). Le tribun Duveyrier, en conséquence de cette idée, disait, dans son rapport sur notre section, que « la séparation de biens n'a d'autre effet que de rendre la femme étrangère à la communauté, et que les autres causes de dissolution donnent seules lieu au droit d'option. » (Fenet, XII, p. 733 et 734). Le tribun Mouricault, dans son rapport sur l'art. 874 du Code de procédure, s'exprime dans le même sens... Il est vrai que ce serait là une erreur. Autrefois déjà, Pothier, d'accord avec Lebrun, qu'il cite, et avec la jurisprudence du Châtelet, qu'il rapporte, disait avec raison que, la séparation de biens pouvant quelquefois être obtenue en présence d'une communauté bonne encore, quoique bien diminuée, on ne pouvait pas refuser à la femme le droit de l'accepter ; et cette faculté n'est pas douteuse aujourd'hui, puisque l'art. 874 du Code de procédure accorde expressément à la femme *séparée de biens* le délai de trois mois et quarante jours pour faire l'inventaire et délibérer sur le parti à prendre. Mais s'il est certain que cette femme peut se faire acceptante, il est évident qu'elle ne peut jamais l'être présomptivement, et que, à défaut de manifestation de volonté à cet égard, la séparation de biens, à la suite de laquelle l'acceptation sera chose si rare, emporte à bien plus forte raison que la séparation de corps la présomption de renonciation, l'affranchissement de l'inventaire, et l'application entière, en un mot, de notre art. 1463 (1).

_____

(1) *Conf.* Merlin (*Rép.*, v° Invent., § 5, n° 3); Toullier (XIII, 130); Glandaz (n°ˢ 314 et 323); Demante (*Prog.*, III, 120); Duranton (XIV, 459); Paul Pont et Rodière (I, 805); Odier (I, 456); Troplong (III, 1582); Dalloz (2249); Rouen, 10 juill. 1826; Grenoble, 12 fév. 1830. — M. Troplong (qui, en adoptant d'ailleurs très-explicitement le sentiment général, traite la question d'une manière peu complète et s'étonne de la rédaction restreinte de l'article, tandis que les antécédents du Code et les circonstances de la position rendent cette rédaction toute naturelle, comme on vient de le voir) trouve qu'on s'est mépris en citant comme conforme à notre commune doctrine l'arrêt de Rouen de 1826, qui, selon lui, juge précisément *tout le contraire.* C'est une erreur. Il est bien vrai que cet arrêt, d'une rédaction peu satisfaisante, commence par dire qu'on ne peut appliquer à la femme séparée de biens ni l'art. 1459, *ni l'art. 1464;* mais il explique aussitôt qu'il n'entend parler que d'une application *textuelle* de ce dernier, que c'est *textuellement* que cet article est restreint à la femme divorcée ou séparée de corps; puis, laissant de côté les textes du Code, muets sur ce point, pour rechercher sa pensée, il déclare que *l'art. 1463 a plus d'analogie avec la femme séparée de biens que l'art. 1450,* et qu'il résulte de l'esprit de la législation qu'*il n'y a point de délai fatal pour la renonciation de la femme séparée de biens, ni d'obligation à elle imposée de faire dresser inventaire, et qu'il suffit qu'elle se soit abstenue pour être toujours recevable à renoncer.* En conséquence, et par un dispositif qui réforme la décision contraire de première instance, il juge (comme l'a fait depuis l'arrêt de Grenoble) que la femme est étrangère à la communauté, quoiqu'elle n'ait renoncé que longtemps après les délais et sans aucun inventaire... Il est d'autant plus

IV. — La loi, qui prévoit le cas où, dans le délai accordé pour l'option, il y aurait décès de la femme survivante, ne prévoit point le décès, pendant ce même délai, de la femme séparée de corps ou de biens. Comment serait réglé ce dernier cas? Faut-il dire que les héritiers n'auraient pour se prononcer que ce qui reste à courir des trois mois et quarante jours accordés à la femme ; ou bien doit-on leur accorder un délai nouveau et intégral de trois mois et quarante jours à compter du décès?

Nous n'hésitons pas à adopter cette dernière idée, par analogie de l'art. 1461. Puisque cet article accorde de nouveau l'intégralité du délai, non-seulement quant aux trois mois de l'inventaire, mais même quant aux quarante jours donnés pour délibérer, quoique ce dernier terme n'ait rien de fatal et que la femme ou ses héritiers puissent toujours, pendant trente ans, prendre le parti qu'il leur plaira, à plus forte raison doit-on accorder le délai entier dans notre cas, alors qu'il s'agit d'un terme fatal et par l'expiration duquel le droit d'option serait irrévocablement perdu.

1464, 1465. — *On sait que ces articles se trouvent plus haut, le premier à la suite de l'article* **1455**, *le second à la suite de l'article* **1462**.

4° Dissolution par la mort de la femme.

1466. — Dans le cas de dissolution de la communauté par la mort de la femme, ses héritiers peuvent renoncer à la communauté dans les délais et dans les formes que la loi prescrit à la femme survivante.

I. — Quand c'est par le décès de la femme que la communauté se dissout, la loi met ses héritiers dans une position qui n'est ni celle de la femme survivante, ni celle de la femme séparée de corps ou de biens, et qui tient le milieu entre les deux. D'une part, les héritiers, comme la femme survivante, sont tenus, s'ils veulent être étrangers à la communauté, d'y faire renonciation dans les délais et les formes des articles 1457, 1458 et 1459, en sorte que, jusqu'à déclaration contraire, ils sont réputés acceptants. D'autre part, et comme la femme séparée, ils sont affranchis de la nécessité de faire inventaire; car la loi, en leur imposant les délais et les formes de la renonciation de la veuve, ne leur en impose point les conditions, et c'est fort juste, puisque les biens étant en la possession du mari, aucun détournement n'est à craindre de la part des héritiers de la femme (1).

_____

étonnant de voir M. Troplong, en invoquant l'arrêt de Grenoble, insister sur la prétendue contrariété de celui de Rouen, que non-seulement les deux arrêts *jugent identiquement la même chose*, à savoir, l'absence de toute fixation de délai et celle de la nécessité d'un inventaire, mais que précisément celui de Rouen est beaucoup plus explicite que l'autre sur ces deux points.

(1) La jurisprudence incline en ce sens. Rouen, 10 juill. 1826 et 29 mai 1843; Gre-

Cette circonstance, que les biens ne sont point aux mains des héritiers, aurait dû conduire, semble-t-il d'abord, à les assimiler complétement à la femme séparée, en posant aussi pour eux la présomption de renonciation. Mais comme, d'un côté, la dissolution arrivée par la mort de la femme ne donne aucunement lieu de soupçonner le mauvais état d'affaires que fait supposer presque toujours la séparation de biens et quelquefois la séparation de corps, et comme, d'un autre côté, la nécessité d'une renonciation formelle n'a plus rien de gênant du moment qu'elle est affranchie de la condition d'une confection d'inventaire dans les trois mois du décès, la règle posée par notre article s'applique tout naturellement.

Quant à l'hypothèse d'héritiers dont les uns voudraient accepter la communauté, tandis que les autres voudraient y renoncer, hypothèse qui peut se présenter aussi dans les deux cas de l'art. 1461 et de l'article 1463, elle est réglée plus loin par la loi dans l'art. 1475.

SECTION V.

DU PARTAGE DE LA COMMUNAUTÉ APRÈS L'ACCEPTATION.

La loi s'occupe, dans notre section, de l'Acceptation, et du partage de communauté auquel cette acceptation donne lieu; puis, dans la section suivante, la dernière de la communauté légale, de la Renonciation et de ses effets.

1467. — Après l'acceptation de la communauté par la femme ou ses héritiers, l'actif se partage, et le passif est supporté de la manière ci-après déterminée.

I. — La section, d'après la double idée que présente cet article, traite successivement et dans deux paragraphes : 1° du partage de l'actif ; 2° de la manière dont se supporte le passif. Nous disons, comme la loi, *de la manière dont se supporte le passif,* et non pas *du partage* du passif ; car le passif, à la différence de l'actif, n'est pas dans l'indivision (puisque les dettes se divisent de plein droit), et il n'y a pas lieu dès lors à le partager ; il s'agit seulement de poser les règles suivant lesquelles le payement en doit être fait.

§ 1ᵉʳ. — **Du partage de l'actif.**

Avant de procéder au partage, il faut composer la masse partageable en faisant rapporter par les époux ce qu'ils peuvent devoir à la

noble, 12 fév. 1830 ; Poitiers, 17 déc. 1851 ; Douai, 14 mai 1855 (Dev., 47, I, 493 ; 52, II, 334 ; 56, II, 25) ; Poitiers, 6 mai 1863. C'est aussi l'avis que M. Paul Pont avait émis dans son *Traité du Contrat de mariage* (t. I, n° 878). Mais il l'a rétracté depuis. Voy. *Revue critique* (t. II, p. 656). — *Voy.* aussi MM. Odier (t. I, nᵒˢ 469 et suiv.) ; Troplong (t. III, nᵒˢ 1548 et 1603) ; Bellot (t. II, p. 315) ; Pothier (562) ; Merlin (*Rép.*, vᵒ Invent., § 5, n° 3) ; Pigeau (II, 652) ; Dalloz (2833), et Cass., 9 mars 1842 (Dev., 42, I, 913).

communauté, et en leur laissant retirer les biens qui leur sont propres ou les sommes que la communauté leur doit. La loi règle ces préliminaires dans les art. 1468-1473, et s'occupe ensuite du partage lui-même dans les art. 1474 et suivants.

1° Rapports et reprises préliminaires au partage.

1468. — Les époux ou leurs héritiers rapportent à la masse des biens existants tout ce dont ils sont débiteurs envers la communauté à titre de récompense ou d'indemnité, d'après les règles ci-dessus prescrites à la section II de la première partie du présent chapitre.

1469. — Chaque époux ou son héritier rapporte également les sommes qui ont été tirées de la communauté, ou la valeur des biens que l'époux y a pris pour doter un enfant d'un autre lit, ou pour doter personnellement l'enfant commun.

1. — Le principe d'après lequel un époux doit récompense à la communauté toutes les fois qu'il s'est procuré un profit personnel aux dépens des biens communs, principe qui s'applique notamment dans les hypothèses prévues par notre art. 1469, a été expliqué plus haut (art. 1437), et il ne s'agit plus ici que du mode suivant lequel doit s'effectuer cette récompense. Elle doit, d'après nos articles, se faire par un *rapport,* soit réel, soit fictif, à la masse commune (1), et elle ne saurait dès lors avoir lieu par voie de compensation entre les sommes dues par l'un des époux et celles que doit l'autre. Sans doute le payement par voie de compensation entre les récompenses dues de part et d'autre à la communauté aura souvent le même résultat que le payement par voie de rapport, et il sera, dans ce cas, tout naturel de le préférer comme étant le plus simple ; mais il n'en sera pas ainsi toujours. Si les récompenses dues par les époux sont accompagnées de récompenses à eux dues par la communauté et que cette communauté ait peu d'actif, le mari pourrait être gravement lésé par le mode de compensation.

Supposons que chaque époux doive à la communauté 20 000 fr. (soit par suite d'une constitution de dot de 40 000 fr. faite conjointement, soit pour toute autre cause), que cette communauté doive 50 000 fr. à la femme et qu'elle n'en ait que 10 000; si le rapport est fait par les deux époux, les 40 000 fr. qui seront réunis, soit réel-

---

(1) Lorsque l'héritier du mari, donataire d'immeubles dépendant de la communauté, a été condamné, par suite d'annulation de la donation, à rapporter ou à restituer à la communauté ces immeubles ou leur valeur, la somme d'argent qu'il rapporte à la communauté pour tenir lieu des immeubles donnés, doit être comprise dans la masse immobilière et non, comme simple récompense, dans la masse mobilière. Par suite, la femme donataire du mobilier n'a aucun droit privatif à cette somme, qui doit être partagée entre elle et le représentant du mari. Rej., 16 fév. 1852 (Dev., 53, I, 18). — *Voy.* Rodière et Pont (825); Troplong (1611 et 1612); Dalloz (2334).

lement, soit fictivement, aux 10 000 existant en caisse, fourniront précisément la somme nécessaire pour payer les 50 000 fr. dus à la femme, sans que le mari ait débouisé rien de plus que les 20 000 fr. qu'il devait à la communauté. Si, au contraire, on éteignait par compensation les deux récompenses de 20 000 fr. dues par les époux, la femme, qui ne trouverait dans la caisse commune que 10 000 fr. au lieu de 50 000 qui lui sont dus, aurait recours, pour le reste de sa reprise, sur les biens propres du mari (art. 1472), en sorte que celui-ci aurait à payer 40 000 fr. au lieu de 20 000 seulement qu'il doit payer (1).

1470. — Sur la masse des biens, chaque époux ou son héritier prélève :

1° Ses biens personnels qui ne sont point entrés en communauté, s'ils existent en nature, ou ceux qui ont été acquis en remploi ;

2° Le prix de ses immeubles qui ont été aliénés pendant la communauté, et dont il n'a point été fait remploi ;

3° Les indemnités qui lui sont dues par la communauté.

1471. — Les prélèvements de la femme s'exercent avant ceux du mari.

Ils s'exercent pour les biens qui n'existent plus en nature, d'abord sur l'argent comptant, ensuite sur le mobilier, et subsidiairement sur les immeubles de la communauté : dans ce dernier cas, le choix des immeubles est déféré à la femme et à ses héritiers.

1472. — Le mari ne peut exercer ses reprises que sur les biens de la communauté.

La femme et ses héritiers, en cas d'insuffisance de la communauté, exercent leurs reprises sur les biens personnels du mari.

SOMMAIRE.

I. Les prélèvements ont trois objets. Le mari et la femme sont sur la même ligne pour les deux premiers. Différence entre eux quant au troisième. Ici encore ils ont ceci de commun, qu'ils prennent des biens de la communauté en nature et à titre de propriété. Fausse doctrine de M. Troplong.
II. Justification de ces propositions. Rédaction inexacte du Code.
III. L'appropriation des biens communs pour récompense ne donne pas lieu au droit de mutation. *Secus* quand la femme agit sur les biens du mari. Mais la femme ne peut s'approprier les biens communs au détriment des créanciers de la communauté.

I. — Les reprises ou prélèvements des époux ont trois objets : 1° leurs immeubles propres, ce qui comprend les immeubles acquis en remploi de propres aliénés ; 2° les prix non remployés, mais non confondus dans la caisse commune, de biens propres aliénés, et aussi

(1) *Conf.* Pothier (702 et 703); Rodière et Pont (826); Troplong (1613 et 1614); Dalloz (2338).

tous autres biens meubles qui pourraient être propres; 3° toutes créances pouvant exister pour ces époux contre la communauté. La masse de biens dont parle l'art. 1470 n'est pas seulement, en effet, l'ensemble des biens communs, mais l'ensemble des biens quelconques existant dans la maison et que la loi considère comme formant une seule masse, parce que tous, même les propres, se trouvaient réunis *in unum* sous l'administration du mari et sous le droit de la communauté, usufruitière de ces propres.

L'exercice des reprises ne présente aucune différence entre le mari et la femme en ce qui touche les deux premiers objets : les biens propres qui existent *en nature*, et les prix, non confondus dans la caisse commune, de propres aliénés, qui forment ainsi des sommes propres existant aussi *en nature,* sont prélevés *in ipso corpore* par celui des époux auquel ils appartiennent personnellement. Mais il y a différence entre le mari et la femme, non pas seulement (comme le signifierait la rédaction peu exacte du Code, si on la prenait à la lettre) *pour les biens qui n'existent plus en nature,* ce qui ne s'appliquerait qu'aux récompenses dues pour aliénation de propres dont le prix est entré dans la communauté, mais pour toutes récompenses, en d'autres termes, pour toutes reprises, autres que celles de propres en nature. En effet, la femme acceptante n'étant tenue des dettes de la communauté que jusqu'à concurrence de l'actif qu'elle y trouve (art. 1483), tandis que le mari en est tenu indéfiniment et sur ses propres comme sur sa part de communauté, il s'ensuit que la femme peut exercer ses récompenses, en cas d'insuffisance des biens communs, sur les biens personnels du mari (art. 1472), tandis que celui-ci ne peut jamais agir sur les biens de la femme, et il s'ensuit aussi que les récompenses de la femme doivent s'exercer antérieurement à celles du mari (art. 1471).

Ces mêmes récompenses, qui forment, comme on le voit, le dernier des trois objets indiqués plus haut, s'exercent, pour l'un comme pour l'autre époux, sur le numéraire de la communauté d'abord; à défaut de numéraire suffisant, sur le mobilier; et si le mobilier ne suffit pas encore, sur les immeubles (1). L'époux peut, du reste, non-seulement pour les meubles, mais même pour les immeubles, prendre sur estimation ceux qu'il lui plaît de choisir (pourvu, bien entendu, que le prix n'en soit pas hors de proportion avec le chiffre de la récompense à lui due). Que si les immeubles communs sont eux-mêmes insuffisants, c'est alors que la femme peut agir pour le surplus contre le mari; mais elle ne peut plus procéder alors par prélèvement en nature : elle n'est plus là propriétaire, mais simple créancière agissant comme tout autre créancier, et l'art. 1472 se garde bien de lui conférer pour ce cas le droit que l'art. 1471 n'accorde et ne devait accorder que sur les biens de la communauté. C'est donc seulement sur ces derniers que la reprise constitue un prélèvement, un premier acte du partage; mais, pour

---

(1) L'ordre et le choix du prélèvement appartiennent au mari comme à la femme. Caen, 19 janv. 1892; Rodière et Pont (835); Dalloz (2424).

eux, il a évidemment ce caractère, et c'est avec raison que la doctrine d'après laquelle les reprises seraient faites à titre de *créance* et non à titre de *propriété* (doctrine qui se trouve dans les motifs d'un arrêt de Douai et dans M. Troplong lui-même) est énergiquement condamnée par la jurisprudence (1).

Nous disons que M. Troplong lui-même tombe à cet égard dans l'erreur justement condamnée par les arrêts de la Cour suprême. On a vu, en effet, sous les art. 1401-1403, n° II, que le savant magistrat, quoiqu'il commence par reconnaître que le Code a répudié ici l'ancien système d'un droit de créance pour adopter le système d'un droit de copropriété, reste pourtant, par une étrange méprise et en se donnant le change à lui-même, dans cet ancien système d'un droit de créance, de sorte que la femme, quand elle est appelée à prendre pour ses reprises (à défaut d'argent dans la caisse commune) des meubles ou immeubles communs en nature, ne les prendrait, selon lui, que par dation *en payement* et comme mode de *libération* de la *dette* de la communauté, d'où la conséquence qu'elle pourrait refuser les biens en nature et exiger qu'ils soient vendus afin d'être payée en argent de sa créance d'argent. Nous avons trop longuement réfuté cette doctrine, à l'endroit précité, pour y revenir ici; et puisque la femme, sous le Code et à la différence de l'ancien droit, agit alors, non en qualité de créancière, mais en qualité de copropriétaire des biens communs, il est clair qu'elle doit prendre ces biens en nature. On ne voit pas, au surplus, quoi que dise à ce sujet M. Troplong (III, 1628 et 1629), ce que cette nécessité peut avoir de dommageable pour la femme, puisque celle-ci recevra les biens sur le pied de leur valeur vénale actuelle, et qu'elle sera parfaitement libre de les vendre elle-même aussitôt après les avoir reçus : si elle est tenue de les prendre, elle n'est assurément pas tenue de les conserver (2).

II. — Ce que nous venons de dire semble être sur trois points en opposition plus ou moins marquée avec le texte de la loi; mais cette opposition est plus apparente que réelle, et il est facile de justifier nos propositions.

Nous disons d'abord que la priorité attribuée aux reprises de la femme sur celles du mari n'existe que pour les récompenses ou indem-

---

(1) Douai, 17 juin 1847; Caen, 19 janv. 1832; Rouen, 10 juill. 1845 ; Paris, 21 fév. 1846 ; Rej. civ., 1er août 1848, 28 mars 1849 ; Rej. req., 8 avr. 1850 (Dev., 41, II, 82; 46, II, 305; 48, I, 727; 49, II, 71 et 353; 50, I, 356). — Il s'ensuit que les objets prélevés pour cette cause sur la masse des biens de la communauté doivent être imputés sur le montant des reprises pour la valeur qu'avaient ces objets au jour de la dissolution de la communauté, et non pour la valeur qu'ils ont au moment où le prélèvement a lieu. Bordeaux, 13 juill. 1853 (Dev., 54, II, 145).

(2) Du reste, le droit de prélèvement en nature, accordé à la femme pour se couvrir de ses reprises par l'art. 1471, cesse lorsque les immeubles sont impartageables : le prélèvement ne peut plus alors s'exercer que sur le prix. Req., 7 mai 1855 (Dev., 56, I, 359). Et réciproquement, lorsque le mari n'a pas fait inventaire et n'a pas ainsi contesté l'existence et la consistance du mobilier, les prélèvements de la femme doivent s'exercer sur les immeubles, et le mari ne serait pas reçu, pour les faire porter d'abord sur les meubles, à demander à prouver par témoins l'existence et l'importance du mobilier. Req., 1er déc. 1852 (Dev., 53, I, 166).

nités et non pour les prélèvements de propres, c'est-à-dire pour le
dernier des trois objets indiqués par l'art. 1470 et non pour les deux
premiers. Or il est bien vrai que le premier alinéa de l'art. 1471 attribue cette priorité à tous les prélèvements de la femme sans distinction; mais cette priorité n'a rien de vrai, rien de réel, en ce qui touche
les propres. Elle ne signifie quelque chose, en effet, qu'en tant qu'elle
permet à la femme de s'approprier, même en totalité, si besoin est,
des biens dont le mari pourrait prendre une partie s'il concourait avec
la femme. Or cette faculté de la femme n'existe pas quant aux propres du mari : c'est seulement sur l'argent, les meubles ou les immeubles *de la communauté* que le même art. 1471 lui permet de faire son
choix (1); d'où il suit que les propres du mari restent là pour être repris par lui seul, et qu'il est dès lors bien indifférent qu'il en exerce la
reprise après, pendant ou même avant l'exercice des reprises de la
femme.

Nous disons, en second lieu, que le droit pour la femme de prendre
dans la communauté tels meubles qu'elle voudra à défaut d'argent,
et tels immeubles qu'il lui plaira à défaut de meubles, existe pour
toutes les récompenses qui lui sont dues, quelle que soit la cause
de ces récompenses. Or le deuxième alinéa de l'art. 1471 semble
ne conférer ce droit que pour les récompenses dues par suite de l'aliénation de biens propres à la femme; et un arrêt de Lyon décide, en
effet, que la règle est inapplicable aux simples indemnités ayant une
cause autre que l'aliénation d'un propre (2). Mais cette idée, parfaitement réfutée par l'arrêt de Caen cité à la note précédente, est
évidemment inexacte. C'est parce que la femme agit ici non comme
simple créancière, mais comme copropriétaire, comme copartageante,
que le droit dont il s'agit lui est attribué; or cette qualité de copartageante, et cette idée que les reprises sont déjà le commencement et le premier acte du partage, existent indépendamment de la
cause pour laquelle les récompenses sont dues : aussi Pothier, à la
doctrine duquel rien n'indique que le Code ait voulu déroger, pré-
sentait-il comme allant de soi et s'appliquant à toutes les récompenses ce droit de prendre en nature les biens de la communauté
(n° 702). Le motif que la Cour de Lyon essaye de donner à cette
disposition, en disant qu'elle a pour but d'attribuer à la femme de
nouveaux immeubles en remplacement de ceux qui ont été aliénés, est
singulièrement faux, puisque ce n'est que subsidiairement, exceptionnellement, et à défaut d'argent et de biens meubles, que la femme
peut arriver aux immeubles. Enfin, ce qui prouve qu'il s'agit de toute
récompense, quel que soit son principe, qu'on ne doit voir dans les

---

(1) Elle peut choisir entre les meubles aussi bien qu'entre les immeubles. Toullier
(186); de Villargues (61); Rodière et Pont (831); Dalloz (831). Mais le prélèvement
n'est que facultatif. La femme ou ses héritiers peuvent à leur choix prendre les biens
en nature, ou les laisser au mari pour en recevoir la valeur en argent. M. Troplong
(2412); Cass., 13 déc. 1864.

(2) Lyon, 3 mars 1841 (Dev., 41, II, 347). *Conf.* Troplong (1651).

termes de la loi qu'une tournure inexacte de phrase, et qu'en parlant des reprises dues *pour les biens qui n'existent plus en nature*, l'article a voulu dire toutes reprises *autres que celles de biens existant encore en nature*, c'est la disposition du n° 3 de l'art. 1470, qui présente toutes les indemnités à recouvrer comme constituant des *prélèvements* à faire sur la masse, et les met sous ce rapport sur la même ligne que les reprises de biens en nature des n°ˢ 1 et 2.

Nous disons, en troisième et dernier lieu, que si le mari ne peut jamais exercer le recouvrement de ses récompenses avant la femme ou en même temps, ni encore moins agir contre les biens de celle-ci en cas d'insuffisance de la communauté, il peut, au contraire, de même que la femme, se désintéresser par l'appropriation des biens communs. Il est vrai encore que l'art. 1471 n'exprime ce droit que pour la femme; mais comme le principe de l'art. 1470, qui fixe la nature légale des reprises et fait de toutes des prélèvements à effectuer sur la masse des biens, ne distingue point entre le mari et la femme; et comme le droit d'appropriation n'est qu'une conséquence de cette nature de prélèvement et du droit de copropriété appartenant aussi bien à un époux qu'à l'autre, on ne doit pas hésiter à reconnaître que le droit appartient aussi au mari. C'est encore ce qu'enseignait Pothier (*loc. cit.*) et ce que décide l'arrêt précité de la Cour de Caen (1).

III. — Puisque l'attribution à l'époux de biens meubles ou immeubles de la communauté, pour le remplir des indemnités à lui dues, constitue légalement un prélèvement de partage, une reprise faite par cet époux de biens qui sont censés lui avoir toujours appartenu, il n'y a donc pas dans ce cas acquisition de propriété, transmission d'une tête à une autre, et par conséquent il n'est pas dû de droit de mutation (2). Il en est autrement lorsque la femme, en cas d'insuffisance des biens communs, agit contre le mari, et que celui-ci se libère envers elle par l'abandon de biens meubles ou immeubles en nature. Il s'agit alors pour la femme de biens qui lui étaient étrangers; il y a par conséquent acquisition de ces biens, et le droit de mutation est dû (3).

Du reste, de ce que l'époux s'indemnisant par le prélèvement de biens communs ne fait légalement que conserver ces biens, la femme n'en pourrait pas conclure, comme l'enseigne M. Troplong (III, 1635-1642), que, vis-à-vis des créanciers de la communauté, le choix qu'elle fait ainsi d'un bien le soustrait à l'action de ces créanciers (4). A

---

(1) Il est permis de déroger par le contrat de mariage au mode de prélèvement de l'art. 1471. Douai, 17 juin 1847.

(2) *Conf.* Cass., 2 janv. 1855 (Dev., 55, I, 10); Cass., 8 mai 1855 (Dev., 55, I, 530); Cass., 10 juill. 1855 (*ibid.*). Il en est de même quoique, au lieu de biens en nature, la femme reçoive des deniers. Cass., 13 déc. 1864.

(3) *Conf.* Rodière et Pont (836); Cass., 3 août 1858 (Dev., 58, I, 711, trois arrêts conformes), 24 août 1858 (*ibid.*, deux arrêts conformes); Cass., 24 déc. 1860.

(4) Ce point a été l'objet de la plus vive controverse. Depuis l'arrêt du 15 fév. 1853 (*J. Pal.*, 1853, t. I, p. 513), par lequel la Cour de cassation a consacré un droit de préférence en faveur de la femme sur les valeurs mobilières de la communauté, le désarroi, on peut le dire, s'était mis dans la pratique, qui, à peu près universellement,

quelque point de vue qu'on se place, la femme ne peut jamais avoir un pareil droit. Si on la considère en tant que *propriétaire,* elle ne l'est que comme femme commune, elle ne reprend le bien que comme bien commun, et ce bien demeure dès lors le gage des créanciers de la communauté. Si on la considère en tant que *créancière* de la communauté, les autres créanciers ont un droit semblable au sien ; elle n'a vis-à-vis d'eux aucune cause de préférence, et elle ne peut venir à payement que concurremment avec les autres créanciers. Et il en est ainsi pour les immeubles de la communauté, aussi bien que pour les meubles, sans qu'on puisse opposer pour eux l'hypothèque légale de la femme, malgré la décision de Pothier (n° 747), de M. Zachariæ (III, p. 456) et d'un arrêt d'Angers (du 2 décembre 1830) ; car, à quelque sentiment qu'on s'arrête sur le point de savoir si l'hypothèque de la femme acceptante frappe sur les conquêts que le partage a fait devenir *immeubles du mari,* il est certain que cette hypothèque ne saurait frapper sur ceux qui sont encore *immeubles de la communauté.*

---

* accordait à la femme le droit simplement de venir au marc la livre avec les autres créanciers sur les valeurs mobilières de la communauté. Puis la Cour de cassation, persistant dans sa doctrine (arrêt du 11 avr. 1854, *J. Pal.*, 1854, t. I, p. 246), il s'en est suivi un pêle-mêle d'arrêts tel qu'il eût été difficile d'indiquer nettement l'état de cette jurisprudence. Voici le tableau des différents systèmes qui ont partagé la jurisprudence et les auteurs :

1er *Système.* La femme, soit qu'elle accepte la communauté, soit qu'elle renonce, prélève ses reprises à titre de propriété, non-seulement par préférence à son mari, mais encore par préférence aux créanciers de celui-ci et non pas en concurrence avec eux. Cass., 15 fév. 1853 (Dev., 53, I, 145) ; Besançon, 20 déc. 1853 (Dev., 54, II, 297) ; Douai, 8 avr. 1854 (Dev., 54, II, 297) ; Cass., 11 avr. 1854 (Dev., 54, I, 161) ; Orléans, 24 mai 1854 (Dev., 54, II, 499) ; Cass., 2 janv. 1855 (Dev., 55, I, 10) ; Cass., 8 mai 1855 (Dev., 55, I, 530) ; Cass., 10 juill. 1855 (Dev., 55, I, 530) ; Angers, 30 mai 1855 (Dev., 55, II, 749) ; Metz, 12 juin 1855 (Dev., 55, II, 321) ; Bordeaux, 27 fév. et 5 mars 1856 (Dev., 56, II, 241), 3 juin 1856 (Dev., 56, II, 593) ; Colmar, 30 avr. 1857 (Dev., 57, II, 260) ; Troplong (III, 1635) ; Bugnet (sur Pothier, t. VIII, p. 201) ; Serrigny (*Rev. critique,* t. V, p. 162) ; Ancelot (*Revue crit.*, t. VI, p. 408) ; Merville (*Revue pratique,* p. 145) ; Devilleneuve (observations sur) ; Cass., 15 fév. 1853 (1853, I, 145) ; Coin-Delisle (*Revue de droit français,* 1846, I, 657).

2e *Système.* La femme exerce ses reprises à titre de créance, et non à titre de propriété, au cas d'acceptation de la communauté comme au cas de renonciation. Bourges, 4 déc. 1854 (Dev., 54, II, 683) ; Dijon, 3 avr. 1855 (Dev., 55, II, 209) ; Paris, 4 août 1855 (Dev., 55, II, 449) ; Douai, 14 fév. 1856 (Dev., 56, II, 241) ; Paris, 23 fév. 1856 (Dev., 56, II, 139) ; Caen, 15 mai 1856 (Dev., 56, II, 593) ; Amiens, 3 janv. 1857 (Dev., 57, II, 260) ; Douai, 29 janv. 1857 (Dev., 57, II, 401) ; Cass., 1er juin 1862 (Dev., 62, I, 829) ; Caen, 27 juin et 19 juill. 1861 (Dev., 62, II, 69) ; Paris, 18 août 1859 (Dev., 63, II, 211). — Il en est ainsi spécialement en cas de renonciation. Amiens, 8 mai 1851 (Dev., 51, II, 364) ; Rennes, 17 juin 1853 (Dev., 53, II, 529) ; Paris, 13 janv. 1854 (Dev., 54, II, 209), 6 mai 1854 (Dev., 54, II, 297) ; Rouen, 22 juill. 1854 (Dev., 54, II, 609) ; Caen, 10 janv. 1855 (Dev., 55, II, 273) ; Nancy, 25 janv. 1855 (Dev., 55, II, 118) ; Paris, 4 août 1855 (Dev., 55, II, 449) ; Caen, 8 déc. 1855 (Dev., 56, II, 593) ; Douai, 21 janv. 1856 (Dev., 56, II, 241) ; Amiens, 6 mars 1856 (Dev., 56, II, 241) ; Orléans, 19 juin 1856 (Dev., 56, II, 593) ; Lyon, 25 juill. 1856 (Dev., *idem*) ; Paris, 23 août 1856 (Dev., *idem*), 16 déc. 1856 (Dev., 57, II, 260) ; Amiens, 3 janv. 1857 (Dev., *idem*) ; Douai, 29 janv. 1857 (Dev., 57, II, 401) ; Cass. (chambres réunies), 16 janv. 1858 (Dev., 58, I, 9) ; Cass., 1er déc. 1858 (Dev., 59, I, 113) ; Cass., 15 mars 1859 (Dev., 59, I, 193) ; Cass., 23 août 1859 (*idem*) ; Metz, 10 avr. 1862 (Dev., 62, II, 200) ; Rodière et Pont (t. I, 834) ; Pont (*Rev. crit.*, t. VI, p. 398) ; Valette (le *Droit,* 25 avr. 1855) ; Mourlon (t. III, p. 67) ; Odier (II, 504) ; Zachariæ (§ 511) ; Bellot (n°s 3626 et 3527) ; Delsol (t. III, p. 66) ; Berthauld (*Hyp. lég.,* n° 4) ; Rouland, Réquisitoire rapporté (Dev., 55, II, 449) ; Massé et Vergé (sur Zachariæ, IV, § 661, p. 203, note 9).

L'art. 2121, ne donnant hypothèque à la femme que sur les immeubles du mari, il est bien impossible de reconnaître l'existence de cette hypothèque sur des biens qui, par l'effet du partage, peuvent devenir, au contraire, biens de la femme elle-même. C'est un point reconnu par M. Troplong lui-même comme par les autres auteurs (1).

1473. — Les remplois et récompenses dus par la communauté aux époux, et les récompenses et indemnités par eux dues à la communauté, emportent les intérêts de plein droit du jour de la dissolution de la communauté.

I. — Les biens à prélever par les époux cessant d'appartenir à la masse du jour même de la dissolution, et les biens à rapporter faisant partie de cette masse à partir du même moment, il était juste de faire courir les intérêts à compter de ce jour, au profit des époux pour les premiers, et au profit de la masse pour les seconds. Et comme à partir de la dissolution la communauté n'existe plus (2), et qu'il n'y a plus de chef contre qui ou par qui puisse être dirigée la demande, c'était le cas de faire courir ces intérêts de plein droit et sans demande préalable (1153).

2° Du partage et de ses effets.

1474. — Après que tous les prélèvements des deux époux ont été exécutés sur la masse, le surplus se partage par moitié entre les époux ou ceux qui les représentent.

1475. — Si les héritiers de la femme sont divisés, en sorte que l'un ait accepté la communauté à laquelle l'autre a renoncé, celui qui a accepté ne peut prendre que sa portion virile et héréditaire dans les biens qui échoient au lot de la femme.

Le surplus reste au mari, qui demeure chargé, envers l'héritier renonçant, des droits que la femme aurait pu exercer en cas de renonciation, mais jusqu'à concurrence seulement de la portion virile héréditaire du renonçant.

SOMMAIRE.

I. En principe, la communauté se partage par moitié; mais il en est autrement quand une partie des héritiers de la femme y renonce.

---

(1) *Voy.* Grenier (*Hyp.*, I, 248); Delvincourt (III); Persil (*Quest.*, I, p. 233); Duranton (XIV, 516); Troplong (*Hyp.*, n° 433 *ter*); Valette (*Hyp.*, I, p. 255); Paul Pont et Rodière (I, 834). — Dans tous les cas, la femme commune en biens ne peut exercer ses reprises, soit comme propriétaire, soit comme créancière privilégiée, sur les objets mobiliers de la communauté, au préjudice des créanciers du mari auxquels celui-ci les a donnés en gage. Dijon, 18 déc. 1855 (Dev., 56, II, 353); Paris, 13 janv. 1854; Lyon, 11 juill. 1857; Cass., 17 fév. 1858. — A moins que le gage ou l'aliénation ait eu lieu depuis la dissolution de la communauté. Cass., 6 nov. 1861.

(2) La communauté subsiste-t-elle pendant sa liquidation? *Aff.* Pothier (sur Orléans, Introd., t. X, n° 134); Duparc-Poulain (V, 180); Tessier (247); Troplong (1658).

II. Le droit d'option peut s'exercer ainsi diversement, de quelque manière qu'il arrive aux héritiers.

III. Il en est de même des autres successeurs généraux. *Quid* de deux légataires, l'un aux meubles, l'autre aux immeubles?

IV. Pourquoi le mari supporte seul la reprise, faite par les renonçants, des droits stipulés par la femme.

I. — Lorsque tous les rapports et prélèvements sont effectués, les biens qui restent, et qui forment la véritable masse à partager, se divisent par moitié entre le mari et la femme ou leurs héritiers.

Il se peut cependant que le partage ne se fasse pas par moitié, quand ce n'est pas par la femme, mais par ses héritiers, après son décès, que la communauté a été acceptée. La loi, en effet, plus prévoyante ici que dans la matière des successions (*voy.* l'explication de l'art. 782, n° I), permet à chacun des héritiers de la femme de renoncer pour sa part à la communauté, encore bien que ses cohéritiers l'acceptent; de sorte que, s'il y a, par exemple, quatre héritiers ayant des droits égaux et qu'un seul renonce, le partage se fera en deux parts inégales, l'une de 5/8 pour le mari, et l'autre de 3/8 pour les héritiers acceptants, dont chacun prendra son huitième. On avait disputé dans l'ancien droit sur le point de savoir si, dans ce cas de renonciation par l'un ou plusieurs des héritiers de la femme, la part des renonçants ne devrait pas être recueillie par les acceptants, de façon que la communauté se diviserait toujours en deux moitiés, dont une pour le mari ou ses héritiers et l'autre pour les héritiers acceptants de la femme, quel que fût leur nombre; mais Pothier (n° 578) avait fait remarquer que, le droit d'accepter ou de répudier étant parfaitement divisible, chaque héritier a, ni plus ni moins, pour sa part dans la moitié, le droit que la femme aurait pour cette moitié entière, c'est-à-dire le choix d'accepter ou de faire une renonciation ayant pour effet d'attribuer au mari l'objet auquel on renonce. C'est cette idée, évidemment rationnelle, que consacre le Code. Chacun des héritiers acceptants de la femme prend donc, dans la moitié de communauté offerte à la succession de celle-ci, une fraction proportionnelle à sa part héréditaire, et tout ce qui n'est pas pris par ces héritiers acceptants reste au mari. Nous disons que chaque héritier ne peut accepter (ou renoncer) que pour sa part *héréditaire* et non pas pour sa part *virile*, comme le dit notre article en réunissant l'une à l'autre ces deux expressions; car les parts viriles sont celles qui se trouvent égales pour tous en se mesurant par têtes d'hommes, de sorte que, les droits héréditaires étant quelquefois inégaux (par exemple, s'il y a deux héritiers dont l'un est le frère du défunt et l'autre son père), les deux mots *virile* et *héréditaire,* qui sont exacts dans plusieurs cas et notamment quand il s'agit d'enfants, seraient quelquefois en contradiction.

II. — Quoique notre article ne parle que du cas où c'est *au mari* (sans ajouter *ou à ses héritiers*) que va le surplus de la communauté, il n'est pas douteux que la règle ne s'applique de même au cas où, la communauté s'étant dissoute par la mort du mari, la femme survivante serait ensuite décédée, transmettant à ses héritiers le droit d'option non exercé par elle. Il est vrai que MM. Paul Pont et Rodière (I, 839) semblent restreindre cette règle au cas de survivance du mari, et que d'autres jurisconsultes croient, en effet, voir une raison décisive de différence entre les deux cas. Quand la dissolution, disent-ils, est arrivée du vivant de la femme, comme cette femme ne pouvait pas accepter pour partie et renoncer pour partie, et que pour elle le droit d'option était indivisible, il s'ensuit que ce droit a été transmis à ses héritiers avec ce caractère d'indivisibilité, de sorte que ceux-ci sont tenus de s'entendre pour accepter tous ou renoncer tous. Quand c'est, au contraire, par la mort de la femme que la communauté se dissout, le droit d'option commençant en la personne des héritiers, il se trouve aussi divisible et divisé à sa naissance même.

C'est là une grave erreur : et le droit dont il s'agit est parfaitement divisible. Sans doute, la femme ne pouvait pas l'exercer divisément, car une même personne ne peut pas être en même temps acceptante et renonçante ; mais ceci n'a aucun rapport à une prétendue indivisibilité du droit. C'est évident, puisque pour les héritiers, chez qui le droit est divisible et divisé, il en est encore de même : chacun d'eux ne peut pas, pour sa part, être en même temps acceptant et renonçant, et tandis que, s'il venait à mourir laissant à son tour deux héritiers, l'un pourrait renoncer quand l'autre accepterait (1), lui est bien obligé d'opter dans un seul sens pour la totalité de sa portion. C'est qu'en effet, le droit le plus divisible s'exerce toujours, en tant qu'il repose pour tout ou partie sur un sujet unique, comme s'il était indivisible (art. 1220). Un droit est divisible ou non selon que son objet est ou n'est pas divisible (art. 1217) ; or ce qui se passe dans le cas de notre article est certes la meilleure preuve de la divisibilité de l'objet du droit, et par conséquent du droit lui-même : aussi, c'est précisément par ce principe de la divisibilité du droit, chez la femme comme chez ses héritiers, que Pothier commence ici ses explications (n° 577).

Il est donc incontestable que si le texte suppose la survivance du mari, c'est uniquement parce que, son hypothèse devant se réaliser bien plus souvent par le prédécès de la femme que par l'accident tout exceptionnel d'une femme qui survit d'abord et vient ensuite à mourir dans les délais avant d'avoir opté, le législateur a tout naturellement parlé, ici comme toujours, *de eo quod plerumque fit.*

III. — Le droit accordé aux héritiers de la femme appartiendrait aussi, bien entendu, à ses autres successeurs généraux, c'est-à-dire à ses successeurs irréguliers et à ses légataires universels ou à titre universel, et ceci conduit à demander ce qu'il faudrait dire si la femme avait laissé deux légataires, l'un des meubles, l'autre des immeubles, dont l'un voudrait accepter, tandis que l'autre renoncerait. Pothier, prévoyant un cas analogue (n° 580), et partant de l'idée que, quand deux successeurs ont ainsi un intérêt contraire, ce n'est pas d'après

---

(1) *Conf.* Orléans, 14 fév. 1862 (Dev., 1862, II, 249).

l'intérêt particulier de l'un ni de l'autre que l'on doit prendre parti, mais d'après l'intérêt général de la succession, répondait qu'il fallait alors faire décider le *quid utiliùs* par la justice, et il combattait la doctrine de Valin, d'après lequel on devait, dans ce cas, comme dans tout autre, laisser chacun des deux successeurs libre de prendre le parti qu'il lui plairait. Aujourd'hui que rien n'est laissé à l'arbitraire des tribunaux, qui n'ont jamais le droit de faire que ce à quoi la loi les autorise formellement, il est évident que l'examen du *quid utiliùs* ne serait plus possible, et que la doctrine de Valin serait seule applicable.

IV. — Il est tout simple, au surplus, que quand l'un ou plusieurs des successeurs de la femme répudient la communauté, les autres l'acceptant, les droits que la femme a pu se réserver pour le cas de renonciation (ce qui suppose une communauté conventionnelle), et que chacun des renonçants peut exercer pour sa part, soient supportés, non par les héritiers acceptants, mais par le mari. Ainsi, quand la femme a stipulé qu'elle pourrait, en renonçant, reprendre une somme de 20 000 fr. par elle apportée en se mariant, et que l'un de ses deux héritiers renonce, il est clair que les 10 000 fr. revenant à cet héritier lui devront être payés par le mari, et l'on ne comprend guère que Pothier (n° 579) ait pu regarder ce point comme douteux (1).

Il est évident, d'ailleurs, que le droit de la femme étant ou de prendre la moitié de la communauté, ou de prendre 20 000 fr. en laissant cette moitié au mari, le droit de chacun de ses deux héritiers est ou de prendre le quart de la communauté, ou de prendre 10 000 fr., en laissant ce quart au mari, et que ce mari trouve dans la part de communauté que le renonçant lui laisse le prix de la part que ce renonçant prend dans l'apport. Si l'on faisait supporter le payement de cette part de l'apport, soit par l'héritier acceptant seul, soit par lui et par le mari concurremment, il est palpable que cet héritier acceptant n'aurait plus son quart de communauté, puisqu'il ne prendrait ce quart d'une main qu'en payant de l'autre une somme d'argent. C'est donc le mari seul qui doit subir la reprise. C'est aussi ce que décidait Pothier et ce que veut notre article.

1476. — Au surplus, le partage de la communauté, pour tout ce qui concerne ses formes, la licitation des immeubles quand il y a lieu, les effets du partage, la garantie qui en résulte, et les soultes, est soumis à toutes les règles qui sont établies au titre *Des Successions* pour les partages entre cohéritiers.

I. — Le partage de communauté est soumis aux mêmes formes que le partage de succession, et il produit les mêmes effets. Ainsi, le partage devra se faire en justice, si, parmi les copartageants, il y a des

---

(1) *Conf.* Pothier (579); Troplong (1668); Toullier (XIII, 192); Bellot (II, 459); Battur (695); Dalloz (2428).

mineurs, des interdits ou des absents (art. 823 et suiv.); ce partage
sera purement déclaratif de propriété, non attributif (883); et l'on appliquera les règles sur la garantie, la rescision, etc. (884 et suiv., 887
et suiv.) (1).

Mais on n'appliquera pas les diverses règles auxquelles notre article
ne se réfère pas. Ainsi on ne devrait pas, selon nous, appliquer à la cession faite par l'un des conjoints de sa part indivise dans la communauté, la disposition toute privilégiée de l'art. 841, qui permet aux
cohéritiers d'exclure du partage le cessionnaire des droits successifs de
son cohéritier, en lui remboursant le prix de la cession; et on ne permettrait pas non plus aux créanciers de la communauté, par analogie de l'art. 878, de demander la séparation des patrimoines. Il
ne s'agit plus, dans ces deux cas, ni des formes, ni des effets du partage (2).

Le partage, disons-nous, est ici, comme dans les successions, comme
dans les sociétés, comme partout, déclaratif seulement du droit, et fait
considérer celui au lot duquel un bien tombe comme ayant été *ab initio* l'unique propriétaire du bien. Mais où se place ici l'*initium?* A partir de quel moment le copartageant, par l'effet rétroactif du partage,
sera-t-il réputé avoir été le propriétaire exclusif? On a écrit, en présentant même cette idée comme constante et ne faisant pas question,
que c'était à partir de la dissolution de la communauté. C'est une profonde erreur. La fiction de propriété exclusive du copartageant remonte
évidemment au jour où le bien est entré dans la communauté. L'effet
rétroactif des partages consiste à faire regarder chaque communiste
comme ayant été propriétaire exclusif pendant tout le temps qu'il a
été copropriétaire; or, de même que, dans les successions, c'est par
le décès du *de cujus* que les biens ont été communs et les héritiers
copropriétaires, de même ici c'est le jour où le bien est entré dans la
communauté, et nullement le jour de la dissolution, qu'a commencé
la copropriété, l'indivision. « En conséquence, disait Pothier, le mari
est censé *avoir acquis pour le compte de lui seul* tous les conquêts échus
dans son lot... Pareillement la femme est censée *avoir acquis* par le
ministère de son mari, pour le compte d'elle seule, les effets échus en
son lot, et en avoir été seule propriétaire *depuis le temps des acquisitions* (n° 711). »

_____

(1) *Voy.* Rej., 8 avr. 1807; Paris, 21 mai 1813; Bourges, 29 mai 1830; Cass.,
12 août 1829. — *Voy.* aussi Pothier (715); Lebrun (p. 490); MM. Toullier (t. XII,
n° 209); Merlin (*Rép.*, v° Droits success., n° 12); Zachariæ (t. III, p. 49); Odier (t. I,
n° 523); Paul Pont et Rodière (t. I, n° 844); Troplong (t. III, n° 1681); Rolland de
Villargues (117); Dalloz (2323, 2330).

(2) Merlin (*Rép.*, v° Dr. succ., n° 12); Toullier (XIII, n°ˢ 204-211); Zachariæ (III,
p. 497); Odier (I, 523); Rodière et Paul Pont (I, 844); Metz, 17 mai 1820; Bordeaux,
19 juill. 1826; Bourges, 12 juill. 1831 (Dev., 32, II, 50). — M. Troplong (III, 1681 et
1682), qui adopte le sentiment général quant à l'art. 878, ne se prononce pas nettement quant à l'art. 841. Il semble pourtant reconnaître aussi l'inapplicabilité de cet
article, vu le silence du Code, tout en regrettant l'imprévoyance du législateur à cet
égard.

1477. — Celui des époux qui aurait diverti ou recélé quelques effets de la communauté, est privé de sa portion dans lesdits effets.

I. — Cette privation étant la pénalité même du fait, il est évident que l'époux l'encourt par cela seul qu'il agit avec discernement et non-obstant sa minorité. Il n'en est plus de cette disposition comme de celle qui fait du recel un acte d'acceptation emportant soumission à toutes les dettes de la communauté (1).

Puisque la loi prive l'époux de la portion qui lui appartient en propre dans l'objet (2), à plus forte raison doit-on reconnaître, comme on l'a toujours fait dans l'ancien droit, qu'il serait privé aussi du droit que la libéralité de son conjoint lui aurait conféré sur l'autre portion ; et c'est avec raison que la doctrine contraire d'un arrêt de Colmar se trouve condamnée par une jurisprudence constante et par les auteurs (3).

Il était de principe autrefois que, si l'objet diverti ou recélé d'abord avait ensuite été rapporté spontanément par l'époux, la peine n'était plus applicable ; et la même décision est aujourd'hui admise unanimement par les diverses autorités qui se sont prononcées sur la question, à l'exception seulement de M. Glandaz (n° 357), qui adopte l'opinion contraire en invoquant un arrêt de la chambre des requêtes. Que faut-il dire à cet égard ?

Écartons d'abord l'arrêt invoqué par M. Glandaz. Il a toujours été entendu, avant comme depuis le Code, que le bénéfice dont il s'agit n'existe que pour l'époux dont le rapport a été spontané et nullement quand ce rapport est postérieur à la découverte du recel ; or c'est précisément sur ce cas d'un rapport postérieur à la constatation du divertissement que statue l'arrêt. Quant à l'hypothèse d'un rapport antérieur à la découverte et résultant dès lors exclusivement du repentir de l'époux, on ne doit pas hésiter à lui attribuer, sous le Code, l'effet qu'on lui a donné de tout temps. *Inter personas conjunctas res non sunt amarè tractandæ ;* et il est naturel d'admettre que le législateur, en punissant ici le détournement, n'entend parler que du détournement parfait, consommé par l'appropriation définitive de l'objet, non d'un acte auquel la seule volonté de l'époux a refusé de donner suite, et qui

_____

(1) Lebrun (l. 3, chap. 2, sect. 2, dist. 2); Renusson (part. 2, chap. 2, n° 14); Ferrière (*Paris*, art. 237, gl. 2, n° 20).

(2) Même immobilier. Orléans, 23 août 1844; Paris, 7 août 1858 ; Poitiers, 17 août 1860 ; Bordeaux, 22 août 1861. — *Voy.* Toullier (XIII, 214); Demolombe (*Succ.*, II, 484).

(3) Colmar, 29 mai 1823 ; Paris, 25 juin 1828 ; Rej., 6 avr. 1832 ; Bourges, 10 fév. 1840 ; Riom, 6 août 1840 ; Nancy, 10 déc. 1841 ; Paris, 24 juin 1843 ; Rej., 4 déc. 1844 (Dev., 32, 1, 526 ; 40, II, 387 et 501 ; 42, II, 220 ; 43, II, 831 ; 45, I, 194); Pothier (n° 690); Renusson (part. 2, chap. 2, n° 37 et suiv.) ; Lamoignon (arrêtés, tit. 32, art. 90); Brodeau (sur Louet, lettre R, n° 48); Toullier (XIII, 214); Zachariæ (III, p. 496); Glandaz (n° 359) ; Paul Pont et Rodière (I, 842); Troplong (III, 1692); Dalloz (2434); Massé et Vergé (t. V, § 652) ; Aubry et Rau (t. IV, p. 360, § 159); Paris, 7 août 1858 et 26 mars 1862.

dès lors n'a été, en quelque sorte, qu'un *commencement* de divertissement (1).

3° *Créances des époux entre eux. Deuil de la femme.*

1478. — Après le partage consommé, si l'un des deux époux est
créancier personnel de l'autre, comme lorsque le prix de son bien a
été employé à payer une dette personnelle de l'autre époux, ou pour
toute autre cause, il exerce sa créance sur la part qui est échue à
celui-ci dans la communauté ou sur ses biens personnels.

1479. — Les créances personnelles que les époux ont à exercer
l'un contre l'autre, ne portent intérêt que du jour de la demande en
justice.

1480. — Les donations que l'un des époux a pu faire à l'autre,
ne s'exécutent que sur la part du donateur dans la communauté, et
sur ses biens personnels.

SOMMAIRE.

I. Peu d'utilité de ces articles, mal placés d'ailleurs dans notre section. Pensée particulière qui les a dictés.
II. L'art. 1479 ne s'applique qu'aux créances nées avant la dissolution. Ce n'est qu'a-
près cette dissolution que ces créances peuvent être poursuivies.

I. — C'est à tort que ces trois articles et le suivant ont été placés
dans notre section *Du Partage de la communauté après l'acceptation*,
puisque leur principe s'applique toujours, soit que la femme accepte,
soit qu'elle renonce, soit que la communauté se partage, soit qu'elle
reste en entier au mari ou à ses représentants.

Nos trois articles se réduisent à dire que les droits qu'un époux peut
avoir à exercer sur son conjoint personnellement (droits parmi lesquels
se trouvent ceux résultant d'une donation) se poursuivent sur le *patrimoine* de ce conjoint, ce qui n'avait certes pas besoin d'être dit, et que
pour ceux d'entre eux qui peuvent produire intérêts, ces intérêts ne
courent que du jour de la demande d'après le droit commun, ce qui
n'était guère plus utile à dire... Quand la femme renonce, le patrimoine
du mari comprend ses anciens propres et toute la communauté (qui
devient aussi son bien propre), et la femme peut agir sur le tout ; le patrimoine de la femme ne consiste que dans ses propres, et c'est sur

(1) Louet et Brodeau (lettre R, ch. 1) ; Lebrun (l. 3, ch. 2, sect. 2, dist. 2, n° 36) ;
Pothier (n° 691) ; Merlin (*Rép.*, v° Recélé, n° 3) ; Dalloz (X, p. 257) ; Bellot (II, p. 235) ;
Battur (I, 702) ; Paul Pont et Rodière (I, 841) ; Troplong (III, 1695) ; Dalloz (2197) ;
Toullier (XIII, 222) ; Paris, 5 août 1839 (Dev., 40, II, 49) ; Req., 24 nov. 1847, 3 mai
1848 et 20 mars 1855 (*J. Pal.*, 1848, t. I, p. 105, et 1856, t. I, p. 505) ; Paris, 7 août
1862 (Dev., 62, II, 357). — *Voy.* Paris, 22 juill., 20 et 26 août 1863 (Dev., 1863,
II, 228). — *Secus* quand le rapport n'est fait ou offert qu'après la découverte du recel : mêmes auteurs. Rej. req., 10 déc. 1835 ; Paris, 27 juin 1846 (Dev., 36, I, 327 ;
46, II, 589).

eux que le mari exerce les droits qu'il peut avoir. Quand la femme accepte, il est clair que le patrimoine de chaque époux, objet sur lequel le conjoint créancier ou donataire peut exercer ses droits, se constitue de ses propres et de sa part de communauté. Tout ceci allait de soi.

Mais l'idée que le Code a voulu surtout exprimer pour le cas d'acceptation, et qui explique la place donnée à nos articles, c'est qu'il faut se garder d'assimiler les droits d'un époux sur son conjoint à ses droits sur la communauté, et que les premiers ne peuvent pas comme les seconds produire des intérêts sans demande, ni s'exercer par prélèvement sur la masse à partager. Ils ne produisent pas d'intérêts de plein droit, parce que la dette ici n'est pas celle d'une masse de biens qui n'a plus d'administrateur, mais celle du conjoint, contre qui il est facile de former la demande, en sorte qu'il n'y a plus de motif pour s'écarter du principe final de l'art. 1153; ils ne peuvent pas s'exercer par prélèvement sur la masse entière, mais seulement, après partage, sur la part du conjoint, puisque, si l'époux agissait sur la masse, la moitié de ce à quoi il a droit se trouverait prise ainsi sur son propre bien.

II. — On voit, par l'ordre d'idées qui a fait écrire ces dispositions, que l'art. 1479 n'entend parler que des créances qu'un époux a sur son conjoint lors de la dissolution de la communauté, et non de celles qui peuvent naître postérieurement. Ainsi, qu'une soulte soit attribuée à cet époux par le partage des biens communs, l'art. 1479 ne s'appliquera point à cette soulte, et la créance produira des intérêts de plein droit, par application de l'art. 1652, comme étant le prix de l'aliénation faite par l'époux d'un bien dont l'autre époux recueille les fruits. L'art. 1479, comme le prouve la place même qu'il occupe, n'est pas fait pour toutes créances, naissant à quelque moment que ce soit, et ne signifie nullement que la créance qu'on a contre son conjoint (ou ses représentants) ne produira jamais d'intérêts de plein droit; il signifie simplement que le bénéfice attaché aux créances qui, au moment de la dissolution, existent contre la communauté, n'est point attaché de même à celles qui, *à ce même moment de la dissolution,* existent contre le conjoint personnellement (1).

Ce n'est, du reste, qu'à ce moment de la dissolution que deviennent exigibles les dettes que deux époux communs peuvent avoir l'un sur l'autre, et ces époux ne peuvent pas agir à cet égard tant que la communauté dure. C'était un principe constant dans l'ancien droit, et c'est évidemment dans ce même sens que l'art. 1478 est rédigé (2).

---

(1) Les reprises de la femme renonçante portent intérêt de plein droit. Zachariæ (t. III, p. 445, n° 13); Rodière et Pont (II, 262); Odier (I, 512); Troplong (1708); Dalloz (2362); Bruxelles, 11 mars 1831; Rej., 3 fév. 1835. — *Contrà* : Glandaz (435); Duranton (XV, 173); Nancy, 29 mai 1828.

(2) Pothier (n°ˢ 676 et 677); Paris, 10 frim. an 13, 1ᵉʳ août 1820; Bordeaux, 6 mai 1848 (Dev., 49, II, 609). — *Voy.* aussi MM. Zachariæ (t. III, § 519); Paul Pont et Rodière (t. I, n° 732). — Il a été décidé néanmoins, par tempérament à ce principe, qu'une femme mariée sous le régime de la communauté, mais qui a formé une demande en séparation de biens contre son mari, a droit à être colloquée, même avant

1481. — Le deuil de la femme est aux frais des héritiers du mari prédécédé.

La valeur de ce deuil est réglée selon la fortune du mari.

Il est dû même à la femme qui renonce à la communauté.

I. — Que la femme accepte ou qu'elle renonce, qu'elle demeurât avec le mari ou qu'elle fût séparée de corps, que la succession du mari soit riche ou pauvre, dans tous les cas, il doit être pris sur les biens du mari de quoi fournir au deuil de la femme. Sans doute, la somme à payer par les héritiers du mari pour cet objet sera plus ou moins considérable, et le deuil sera réglé d'une manière plus modeste ou plus somptueuse, selon la fortune du mari et la condition des époux : ainsi, il pourra, suivant les circonstances, s'étendre à toute la domesticité de la maison de la veuve, si grand qu'en soit le personnel (1), ou se simplifier d'une manière très-restreinte; mais il sera dû dans tous les cas, parce que c'est là, aux yeux de la loi, une convenance publique.

Quant au point de savoir si ce deuil doit être considéré comme faisant partie des frais funéraires, et jouissant par conséquent du privilége de l'art. 2101, nous l'examinerons sous cet article.

§ 2. — Du passif de la communauté, et de la contribution aux dettes.

La loi, dans les dix articles de ce paragraphe, règle le point de savoir comment doit être supporté le passif de la communauté. Or il faut ici, comme dans le paragraphe que nous avons vu, fixer la composition de ce passif (art. 1409 et suiv.), distinguer deux choses très-différentes : 1° ce que chaque époux doit supporter vis-à-vis des créanciers, c'est-à-dire provisoirement et sauf recours sur son conjoint; 2° ce qu'il doit supporter vis-à-vis de ce conjoint et définitivement. Il faut distinguer, en d'autres termes : 1° l'obligation de répondre à la poursuite des créanciers; 2° la contribution définitive.

Notre paragraphe, dont la disposition finale (art. 1491) ne fait que déclarer applicable aux héritiers des époux ce qui a été dit des époux eux-mêmes, consacre à la *contribution* les deux premiers et les deux derniers des neuf autres articles (1482 et 1483, 1489 et 1490). Les cinq qui restent ensuite (1484-1488) sont relatifs au *droit de poursuite.*

1° *Contribution aux dettes.*

1482. — Les dettes de la communauté sont pour moitié à la charge de chacun des époux ou de leurs héritiers : les frais de scellé, inven-

---

la séparation prononcée, à raison des créances qu'elle a contre son mari, dans une contribution ouverte sur le prix des biens de celui-ci, sauf pour les autres créanciers le droit d'exiger que la femme donne caution ou qu'elle dépose à la Caisse des consignations, jusqu'à ce que la séparation de biens ait été prononcée et que les droits de la femme aient été liquidés. Besançon, 20 nov. 1852 (Dev., 53, 11, 127).

(1) Pau, 27 mai 1837 (Dev., 38, II, 291).

taire, vente de mobilier, liquidation, licitation et partage, font partie de ces dettes.

1483. — La femme n'est tenue des dettes de la communauté, soit à l'égard du mari, soit à l'égard des créanciers, que jusqu'à concurrence de son émolument, pourvu qu'il y ait eu bon et fidèle inventaire, et en rendant compte tant du contenu de cet inventaire que de ce qui lui est échu par le partage.

1489. — Celui des deux époux qui, par l'effet de l'hypothèque exercée sur l'immeuble à lui échu en partage, se trouve poursuivi pour la totalité d'une dette de communauté, a de droit son recours pour la moitié de cette dette contre l'autre époux ou ses héritiers.

1490. — Les dispositions précédentes ne font point obstacle à ce que, par le partage, l'un ou l'autre des copartageants soit chargé de payer une quotité de dettes autre que la moitié, même de les acquitter entièrement.

Toutes les fois que l'un des copartageants a payé des dettes de la communauté au delà de la portion dont il était tenu, il y a lieu au recours de celui qui a trop payé contre l'autre.

SOMMAIRE.

I. Le passif se supporte, selon les cas, ou d'après la convention arrêtée par les époux, ou par moitié pour chacun, ou par la femme dans la mesure de son émolument et par le mari pour le surplus.
II. A quelles conditions est soumis ce bénéfice pour la femme.
III. Quelles choses comprend l'émolument et comment elles s'estiment. En quoi le bénéfice d'inventaire de la femme diffère de celui de l'héritier. Critique d'une doctrine de Pothier exagérée par M. Duranton.

I. — Les époux (ou leurs représentants) sont libres, en procédant au partage de leur communauté, de fixer comme ils l'entendront la proportion pour laquelle chacun d'eux devra contribuer au passif. S'il entre dans leurs convenances, soit pour éviter la division préjudiciable d'un immeuble, soit dans toute autre vue, de mettre d'un côté, comme compensation à une plus forte part d'actif, les deux tiers, les trois quarts ou même la totalité, soit de tout le passif, soit de telle ou telle des dettes qui le composent, ils peuvent le faire, et toute convention arrêtée à cet égard sera pleinement efficace entre eux (1490, § 1). Ce n'est donc qu'à défaut de stipulation sur ce point qu'il y a lieu de recourir à la règle de la loi, et cette règle est que chaque époux (ou son représentant) contribue pour moitié (1482), sauf toutefois, s'il y a lieu, l'application du bénéfice particulier à la femme.

Celle-ci, en effet (ou ses héritiers après elle), sous les conditions qui vont être indiquées plus bas, peut; dans le cas où la moitié du passif dépasserait la valeur de ce qu'elle a pris dans l'actif, ne contribuer aux dettes que jusqu'à concurrence de cette valeur, le surplus retombant alors à la charge du mari ou de ses représentants.

Ainsi donc la contribution est due, ou 1° pour la quotité imposée à chaque époux dans la convention, ou 2° pour moitié par chacun à défaut de convention, ou 3° si l'actif pris par la femme vaut moins que cette moitié et qu'elle remplisse d'ailleurs les conditions voulues, pour une somme égale à cet actif par la femme, et pour tout le surplus par le mari.

Telle est, selon les cas, la mesure dans laquelle chaque époux doit contribuer définitivement aux dettes de la communauté, et quand l'un d'eux, soit par l'effet de l'hypothèque qui grevait un immeuble échu à son lot, soit par l'application des règles relatives au droit de poursuite des créanciers, qui vont être expliquées plus loin, aura payé au delà de cette mesure, il aura son recours contre son conjoint ou ses représentants, non pas précisément pour moitié, comme le disent les art. 1484, 1486 et 1489, mais pour la portion, plus ou moins forte selon les cas, qui excède cette mesure.

Il est évident, au surplus, que le passif de la communauté se compose de tout ce qui est dû par elle au jour de sa dissolution, d'après les règles expliquées plus haut (art. 1409 et suiv.), et aussi des frais de scellé, d'inventaire et tous autres qui se font après cette dissolution, pour tous les actes qui préparent, accompagnent ou consomment le partage.

II. — Pour que la femme n'ait à supporter les dettes de la communauté que jusqu'à concurrence de son émolument, il faut : 1° qu'elle ait régulièrement fait faire et affirmé, dans le délai ordinaire de trois mois, l'inventaire de la communauté ; 2° que cet inventaire ait été fidèle et que dès lors il n'y ait eu de sa part ni détournement ni recel ; 3° enfin qu'elle rende compte tant des biens compris en cet inventaire que de ceux qui lui sont échus sans être inventoriés, soit par l'effet d'une omission involontaire, soit à cause de leur nature immobilière, l'usage n'étant pas d'inventorier les immeubles.

Par la réunion de ces conditions, le bénéfice existe pour la femme et vis-à-vis du mari ou de ses héritiers, pour la contribution aux dettes, ainsi qu'il vient d'être dit au numéro précédent, et aussi vis-à-vis des créanciers de la communauté, pour l'obligation de répondre à leur poursuite, obligation dont traitent les articles suivants. Seulement, il y a cette différence entre les deux cas, que le bénéfice est opposable au mari pour toutes les dettes tombées à la charge de la communauté, sans distinction, tandis qu'il ne peut, bien entendu, être opposé aux créanciers que pour celles dont la femme n'est tenue qu'en sa qualité de commune et sans y être obligée personnellement (1). Par l'absence de quelqu'une des conditions ci-dessus, la femme est déchue du bénéfice aussi bien par rapport au mari ou à ses représentants que par rapport aux créanciers, et elle doit contribuer aux dettes pour moitié,

_____

(1) Pothier (*Comm.*, 739); Toullier (XIII, 242); Battur (II, 808); Duranton (XIV, 486); Mourlon (III, p. 71); Massé et Vergé (t. IV, § 653, p. 553, note 169); Odier (560); Pont et Rodière (853); Troplong (1731).

alors même que son émolument serait moindre que cette moitié des dettes.

Ainsi, d'abord, il faut un inventaire ; et cet inventaire, disons-nous, doit être fait dans les trois mois. Il est vrai que l'art. 1483 ne fixe pas de délai ; mais comme il est évidemment impossible d'admettre que le législateur ait eu la pensée d'autoriser la femme à faire l'inventaire à telle époque qu'il lui plairait, il faut bien reconnaître qu'il a entendu se référer à cet égard aux art. 1456 et autres analogues, et qu'il faut appliquer ici le délai général des inventaires, c'est-à-dire trois mois (art. 795, 1456, 1461 du Code de procédure, 174, etc.). Telle est, en effet, la jurisprudence de la Cour suprême (1).

Et le défaut d'inventaire, disons-nous, fait déchoir la femme de son bénéfice, aussi bien quant au mari et pour la contribution, que quant aux créanciers et pour le droit de poursuite. Il est vrai que beaucoup d'auteurs, se fondant sur la doctrine de Pothier (n° 745), enseignent que l'inventaire, nécessaire vis-à-vis des créanciers, ne l'est point vis-à-vis du mari ou de ses réprésentants, et que la femme, déchue ici de son bénéfice quant à la poursuite des créanciers, le conserverait néanmoins quant à la contribution (2). Mais cette doctrine de Pothier est évidemment repoussée par notre art. 1483, qui exige l'inventaire pour que le bénéfice existe, soit à l'égard du mari, soit à l'égard des créanciers. S'il est naturel de se ranger aux enseignements de Pothier sur les points où le Code garde le silence, on ne peut plus le faire quand il pose une règle qui leur est contraire ; et la pensée du législateur paraît ici d'autant moins douteuse, que c'est précisément à la suite immédiate de la règle de contribution par moitié, et avant d'entrer dans les dispositions relatives au droit de poursuite des créanciers, qu'il soumet le bénéfice à la condition de l'inventaire. C'est aussi dans ce sens que la Cour suprême a décidé ce point, que M. Demante va jusqu'à regarder, à tort, ce semble, comme ne pouvant pas même faire question (3).

Il est de toute évidence, au surplus, et on ne comprend pas que le Tribunal de la Seine ait pu juger le contraire, que la déchéance du bénéfice soumet la femme, non pas à la totalité des dettes, mais seulement à la moitié. La femme, en principe, est tenue pour moitié ; le bénéfice dont il s'agit a pour effet de faire diminuer sa part ; le bénéfice cessant, elle rentre sous le principe et doit moitié, quoique cette

(1) Cass., 22 déc. 1829 (Sirey, 30, I, 54), 21 déc. 1830 ; Rej., 7 fév. 1848 ; Besançon, 22 déc. 1855 (*J. Pal.*, 1848, t. I, p. 692 ; 1856, t. I, p. 485) ; Nancy, 17 avr. 1859 ; Angers, 20 mai 1863 ; Cass., 8 août 1864. — *Sic* MM. Rodière et Paul Pont (t. I, n° 850) ; Zachariæ (t. III, p. 500) ; Odier (550) ; Troplong (1745) ; Dalloz (2469) ; Demante (*Prog.*, t. III, p. 143). — Jugé de même que les héritiers de la femme, qui ont accepté la communauté, sont, à défaut d'inventaire, tenus des dettes au delà même de leur émolument. Lyon, 16 fév. 1854 (*J. Pal.*, 1856, t. I, p. 398)..

(2) Valin (p. 666, n° 84) ; Odier (562) ; Toullier (III, 250) ; Duranton (XIV, 189) ; Zachariæ (III, p. 596) ; Paul Pont et Rodière (I, 862) ; Troplong (III, 1750 et 1751).

(3) Rej., sur arrêt conforme de Douai, 24 mars 1828 ; Battur (II, 803) ; Dalloz (X, p. 261, n° 9) ; Demante (*Prog.*, III, 143).

moitié dépasse sa part d'actif; mais elle ne peut pas devoir au delà (1).

III. — L'émolument qui, dans le cas du bénéfice, mesure la part contributoire de la femme, comprend, bien entendu, tout ce qu'elle a tiré de la communauté, soit par la moitié qui lui est échue après prélèvement, soit par le préciput qu'elle aurait levé avant cette moitié, soit par la libération des sommes qu'elle pouvait devoir à la communauté et qui auraient été précomptées sur sa part, mais non pas, bien entendu, les sommes ou objets qu'elle a prélevés en acquit des indemnités que la communauté lui devait, puisque ce n'est là que la reprise de ce qui lui appartient et non un avantage que la communauté lui procure (2). Et pour fixer l'importance des différents biens communs qui lui sont échus, on les estime d'après leur état et leur valeur au jour du partage. En effet, la femme, d'une part, pouvait se libérer en payant immédiatement la valeur des biens à ce jour, et par conséquent elle seule doit profiter des augmentations qui ont pu survenir depuis ; d'autre part et réciproquement, les créanciers de la communauté, et le mari ou ses représentants, avaient le droit de poursuivre à ce même moment : et dès lors la diminution de valeur que les biens ont pu subir plus tard doit rester étrangère à la fixation de l'étendue de leur droit (3). Il est, au surplus, évident que, si les créanciers prétendent trop faible l'estimation portée à l'inventaire, ils ont le droit d'en exiger une nouvelle.

Du reste, quoique le bénéfice d'inventaire dont il s'agit ici ressemble assez à celui des héritiers en cas de succession, il en diffère d'une manière remarquable, non-seulement dans sa cause génératrice (puisque celui de l'héritier ne résulte que d'une déclaration au greffe, tandis que celui de la femme existe de plein droit) (4), mais aussi dans son effet ; car ici le bénéfice n'empêche pas la confusion des biens communs avec les biens propres de la femme. Tous ces biens, à compter du partage, forment irrévocablement un seul et même patrimoine, et de là découlent les deux conséquences suivantes : 1° que la femme peut fort bien aliéner, comme il lui plaît et sans formalités, même les immeubles, sans déchoir de son bénéfice, tandis que l'héritier ne le peut jamais (art. 805 et 806); 2° que si, à la vérité, elle n'est tenue que dans la mesure de son émolument, elle n'en peut pas moins, dans cette mesure, être poursuivie sur la totalité de ses biens, et ne peut jamais se libérer par l'abandon en nature des objets qu'elle a tirés de la communauté.

Il est vrai que, sur ce dernier point encore, Pothier (n° 747), dont

---

(1) Arrêt infirmatif du jugement de la Seine, 1er août 1829 ; Rej., 21 déc. 1830 (Dev., 31, I, 152). *Conf.* M. Troplong (1746); Dalloz (2470) ; Massé et Vergé (IV, § 653) ; Colmar, 5 août 1862; Cass., 8 août 1864. — *Voy.* cependant Cass., 22 déc. 1829 ; Caen, 21 nov. 1860.
(2) Pothier (747) ; Toullier (251) ; Rolland de Villargues (92) ; Battur (806) ; Rodière et Pont (848) ; Troplong (1736) ; Dalloz (2472).
(3) Rodière et Pont (849) ; Dalloz (2480).
(4) Pothier (787) ; Toullier (XIII, 247) ; Duranton (XIV, 488); Odier (558) ; Pont et Rodière (851) ; Mourlon (III, p. 72) ; Massé et Vergé (t. IV, § 653, p. 167, note 12).

la doctrine a été adoptée par M. Bellot (II, p. 522) et exagérée par M. Duranton (n° 489), était d'une opinion contraire. Il enseignait que la femme peut toujours se libérer par l'abandon des choses en nature; et M. Duranton va jusqu'à dire que non-seulement elle le peut, mais le doit, et qu'elle ne pourrait pas, si les créanciers s'y refusaient, s'acquitter en payant en argent la valeur de ces choses. Mais il faut bien reconnaître, malgré le respect dû à Pothier, que c'est là une grave erreur et une inconséquence palpable... En cas de succession, l'effet du bénéfice d'inventaire est précisément d'empêcher la confusion des biens du défunt avec les biens de l'héritier (802, 2°), en sorte que les créanciers ont pour débiteur, non pas l'héritier, mais le patrimoine du défunt, et n'ont rien à dire dès lors du moment qu'on leur abandonne, pour se payer dessus, les biens composant ce patrimoine (802, 1°). Ici, au contraire, nonobstant le bénéfice, les biens communs deviennent irrévocablement la propriété de la femme et forment avec ses autres biens un seul et même patrimoine sur lequel cette femme est personnellement débitrice, en sorte que (et c'est Pothier lui-même qui le conclut de ces principes) « la femme *peut donc être poursuivie sur ses propres biens* pour sa part des dettes de la communauté... »; le bénéfice « *ne lui donne pas le droit de n'être pas tenue sur ses propres biens* » (n° 737). Mais puisqu'il en est ainsi, puisque le bénéfice consiste ici, pour la femme, non pas à n'être pas tenue sur ses propres, mais seulement à n'être tenue que de telle somme au lieu d'une autre somme plus forte, il est donc clair qu'elle ne peut pas mettre ces propres à l'abri des poursuites de la somme due, en délaissant les autres biens (1).

Et si l'idée de Pothier se trouve ainsi évidemment erronée, à plus forte raison celle de M. Duranton l'est-elle. Comment les créanciers pourraient-ils forcer la femme à leur livrer les biens communs en nature, eux qui n'auraient pas même ce droit pour les biens d'une succession vis-à-vis de l'héritier bénéficiaire? Est-ce que les uns ou les autres peuvent exiger autre chose que de l'argent, autre chose que la somme formant le montant de leurs créances?... Sans doute, comme l'objecte M. Duranton, l'art. 1483 veut que la femme rende compte de ce qui lui est échu; mais *rendre compte* d'un bien, ce n'est pas *rendre le bien* en nature. Sans doute encore, les créanciers ne sont pas forcés de s'en tenir à une estimation à laquelle ils n'ont pas été appelés et qui peut être inférieure à la valeur réelle; mais, comme nous l'avons déjà dit, ils ont droit d'exiger une estimation nouvelle à laquelle ils interviendront, et il n'y a pas plus là qu'ailleurs de raison pour qu'ils s'approprient des biens qui ne leur appartiennent en aucune façon.

2° *Droit de poursuite des créanciers.*

I. — Quant à la contribution, et pour les deux époux entre eux, une seule et même proportion s'applique à toutes les dettes. Il est bien vrai

(1) Toullier (XIII, 247); Zachariæ (III, p. 503); Odier (I, 557); Paul Pont et Rodière (I, 851); Troplong (III, 1759); Dalloz (2478).

qu'il existe à cet égard (même indépendamment des conventions particulières qui peuvent intervenir) deux règles différentes; mais on n'applique jamais que l'une d'elles, dans chaque espèce, à la totalité du
passif : ou bien la femme n'use pas du bénéfice d'inventaire, et alors les
dettes sont supportées toutes pour moitié par chaque conjoint; ou bien
elle use de ce bénéfice, et alors les dettes, toutes encore et sans distinction, sont supportées par la femme jusqu'à concurrence de son émolument, et par le mari pour le surplus. Mais il n'en est plus de même
par rapport aux créanciers, et il peut y avoir lieu ici à l'application simultanée de quatre règles différentes qui donnent lieu de distinguer
quatre catégories de dettes :

1° Certaines dettes peuvent être poursuivies pour le tout contre le
mari, puis, contre la femme, soit pour sa moitié, soit dans la mesure
de son émolument, selon qu'il y a lieu ou non au bénéfice d'inventaire;
2° d'autres peuvent se poursuivre contre le mari pour moitié seulement
et contre la femme pour le tout; 3° d'autres encore peuvent être poursuivies contre le mari pour le tout, puis contre la femme pour moitié,
indistinctement et soit qu'il y ait ou non bénéfice d'inventaire; 4° enfin,
il en est qui peuvent se poursuivre pour le tout contre le mari et pour
le tout aussi contre la femme. C'est ce qu'on va voir par l'explication des
cinq articles suivants.

1484. — Le mari est tenu, pour la totalité, des dettes de la communauté par lui contractées; sauf son recours contre la femme ou ses
héritiers pour la moitié desdites dettes.

1. — Ce ne sont pas seulement les dettes de communauté *contractées*
par le mari qui peuvent se poursuivre contre lui pour le tout après la
dissolution : celles qui résultent de ses quasi-contrats, délits ou quasi-
délits, sont dans le même cas; par ces mots : « dettes de communauté
contractées par le mari », le Code entend toutes les dettes entrées dans
la communauté du chef du mari, par opposition aux « dettes personnelles à la femme », comme dit l'art. 1485, c'est-à-dire « entrées dans
la communauté du chef de cette femme », comme l'explique l'article 1486.

Le mari, comme l'expliquait clairement Pothier dans le chapitre
dont les deux articles de notre paragraphe ne sont que le résumé, demeure contraignable pour le tout quant à ses dettes antérieures au mariage, puisque ni la communauté qu'il a contractée, ni la dissolution de
cette communauté, n'ont certes pas effacé, vis-à-vis de ses créanciers,
sa qualité de débiteur personnel. Il en est de même des dettes grevant
les successions à lui échues pendant le mariage, même pour celles
dont l'actif, purement mobilier, a été absorbé par la communauté,
puisque, par son acceptation, le mari est devenu le débiteur personnel
des créanciers de ces successions. Même règle pour les dettes qu'il a
contractées pendant le mariage, soit dans son intérêt personnel, soit
même dans l'intérêt de la communauté, puisque le mari n'oblige ja-

mais sa communauté sans s'obliger lui-même personnellement. Même règle enfin pour les dettes résultant de ses délits et quasi-délits, puisqu'il y a une raison plus forte encore pour qu'il en soit personnellement tenu.

Le mari peut donc être poursuivi pour le tout dans toutes les dettes communes provenant de lui, sauf, bien entendu, d'après ce qu'on a vu plus haut, son recours contre la femme, soit pour moitié, soit dans la mesure de l'émolument de celle-ci, selon qu'elle use ou non du bénéfice d'inventaire.

1485. — Il n'est tenu que pour moitié, de celles personnelles à la femme et qui étaient tombées à la charge de la communauté.

1486. — La femme peut être poursuivie pour la totalité des dettes qui procèdent de son chef et étaient entrées dans la communauté, sauf son recours contre le mari ou son héritier, pour la moitié desdites dettes.

SOMMAIRE.

I. Chaque époux peut être poursuivi pour la totalité des dettes provenant de lui (sauf son recours), et pour la moitié (sauf le bénéfice de la femme) de celles provenant de son conjoint.

II. Divergences et erreurs des interprètes, notamment de Toullier, de MM. Paul Pont et Troplong, sur toute cette matière.

I. — De même que les dettes communes provenant du mari peuvent se poursuivre pour le tout contre le mari, de même, et pour les mêmes raisons, celles provenant de la femme peuvent se poursuivre pour le tout contre la femme, sauf, bien entendu, son recours sur le mari, soit pour moitié, s'il n'y a pas exercice du bénéfice d'inventaire, soit pour tout ce qui excède son émolument, dans le cas contraire.

Et pendant que la femme peut être poursuivie ici pour le tout, le mari, quant à ces mêmes dettes, peut l'être pour moitié. Pour moitié seulement, non pour le tout; car les dettes ne provenant pas de lui, mais de sa femme, il n'en a jamais été tenu comme personnellement débiteur, mais seulement par l'effet de la communauté existant entre lui et sa femme; et puisque cette communauté n'existe plus et que le mari ne détient que la moitié de l'actif commun, il ne doit donc être tenu que de la moitié de ces dettes; c'est ce que règle l'art. 1485, d'après la doctrine de Pothier. — Et puisque le mari, indépendamment de toute obligation propre et par sa seule qualité d'époux commun, répond aux créanciers de la moitié des dettes provenant de la femme, et de la totalité desquelles celle-ci répond, la femme doit donc répondre, de même et par la même raison, de la moitié des dettes provenant du mari et dont la totalité peut se poursuivre contre celui-ci.

Remarquons, au surplus, que, parmi les dettes entrées dans la communauté du chef de la femme, se trouvent évidemment celles que la femme a contractées pendant le mariage, soit avec l'autorisation du mari (art. 1426), soit avec l'autorisation de la justice dans les cas indiqués sous l'art. 1427. Ces dettes sont donc, aussi bien que celles qu'elle aurait contractées avant le mariage ou qui proviendraient de successions à elle échues, de celles qui peuvent se poursuivre pour le tout contre la femme et pour moitié contre le mari, d'après nos deux articles, et non de celles qui se poursuivent pour le tout contre le mari et pour moitié contre la femme (1).

II. — Si naturelles que puissent paraître ces diverses idées, il s'en faut de beaucoup cependant qu'elles soient partout admises, et que l'explication de nos textes soit, dans la doctrine, chose aussi simple qu'on pourrait le croire en lisant ce qui précède. Il n'est guère d'articles, au contraire, qui aient donné lieu à plus de contradictions et de tiraillements ; et plus on lit d'auteurs sur cette matière, plus on est exposé à ne pas la comprendre.

Consacrons quelques pages à relever les principales inexactitudes des interprètes sur ce point.

Les uns, ne tenant aucun compte ni des explications de Pothier, dont nos textes ne sont que le résumé, ni de ces textes eux-mêmes, commencent par poser comme principe fondamental une idée diamétralement contraire à celle du Code. Ainsi M. Zachariæ (III, p. 498) débute ici en disant que « le mari, malgré l'acceptation et le partage de la communauté, reste obligé envers les créanciers *au payement intégral de toutes les dettes dont la communauté se trouvait grevée,* et qu'il n'y a pas à distinguer sous ce rapport *entre les dettes contractées par le mari même et celles qui l'auraient été par la femme...* » C'est assurément faire trop bon marché du texte si précis des trois articles 1484-1486, dont le premier n'admet la poursuite de la totalité contre le mari que pour les dettes *contractées par le mari,* en même temps que les deux autres font poursuivre pour moitié seulement contre lui et pour le tout contre la femme les dettes *entrées dans la communauté du chef de cette femme.* Et la volonté du législateur est ici d'autant moins douteuse que, d'une part, ces textes ne sont que la reproduction des idées développées par Pothier (n°s 727-733), et que, d'un autre côté, le Tribunat ayant précisément demandé que ces textes fussent modifiés de manière à présenter le sens que leur attribue M. Zachariæ, sa demande a été rejetée par le conseil d'Etat (Fenet, XIII, p. 614).

Plusieurs auteurs, notamment M. Duranton (XIV, 493) et MM. Rodière et Paul Pont (I, 885), sans heurter ainsi nos articles, et tout en reconnaissant en principe la grande division faite par le Code en dettes procédant du mari et dettes procédant de la femme, enseignent que celles qui ont été contractées par la femme avec l'autorisation du mari, ou bien avec l'autorisation de la justice dans les cas indiqués sous l'article 1427, sont à considérer par rapport aux créanciers comme contractées par le mari lui-même, et doivent dès lors rentrer sous la règle de l'art. 1484 ; en sorte que l'art. 1486 ne comprendrait, sous le nom

_____

(1) Odier (I, 542) ; Rodière et Pont (I, 853) ; Massé et Vergé (t. IV, § 653) ; Aubry et Rau (t. IV, § 520, p. 369) ; Rennes, 6 juill. 1863.

de dettes procédant du chef de la femme, que celles que la femme aurait contractées avant le mariage, ou qui seraient arrivées comme dépendances de successions ou donations par elle recueillies. Mais cette seconde idée, moins contraire à la loi quant à la forme, est identique au fond, et se réfute de la même manière. Le Tribunat, en effet, avait précisément demandé qu'on substituât à cette formule générale de l'art. 1486, *dettes procédant du chef de la femme*, l'énonciation limitative de dettes contractées *avant le mariage*, ou provenant *de successions ou donations*, et le conseil d'Etat a rejeté cette demande. D'autre part, Pothier expliquait nettement que la poursuite contre la femme pour le tout, et pour moitié seulement contre le mari, s'applique à toutes dettes que le mari n'a pas contractées *lui-même* (n° 730), à toutes dettes « qui procèdent du chef de la femme, c'est-à-dire celles qu'elle a contractées, soit avant, *soit depuis le mariage...* (731) » (1).

M. Duvergier (sur Toullier, XIII, 241, note *a*), à son tour, trouve fort douteux que la femme, qui a payé la totalité des dettes entrées dans la communauté de son chef, puisse, au moyen de son bénéfice d'inventaire, recourir contre le mari pour ce qui excède son émolument, par conséquent pour plus de moitié; car, dit-il, l'art. 1486 ne lui accorde le recours que *pour la moitié desdites dettes!...* C'est voir des difficultés là où il n'y en a pas l'ombre. Sans doute, et notre art. 1486 pour la femme, et l'art. 1484 pour le mari, et l'art. 1489 pour les deux époux, ne mentionnent que le recours pour moitié; mais qui ne comprend que la loi parle, ici comme toujours, *de eo quod plerumque fit?* Une communauté présentant plus de dettes que de biens sera très-rarement acceptée par la femme. Le bénéfice d'inventaire, qui n'a lieu que dans ce cas d'acceptation d'une communauté insolvable, sera donc un accident exceptionnel; et il est tout simple dès lors que le législateur ne se soit pas donné la peine d'en rappeler l'application à chaque cas particulier qu'il passe en revue... L'objection se comprendrait à la rigueur, si notre article seul parlait de recours pour moitié, les autres ayant soin de préciser à cet égard l'effet du bénéfice d'inventaire : on pourrait se demander alors s'il n'y a pas, dans ce cas, quelque chose de particulier motivant une exception au principe. Mais quand la loi tient *partout* le même langage, l'objection ne se conçoit plus, puisqu'elle conduirait à dire que le bénéfice d'inventaire, dont la loi pose si nettement le principe, n'aura cependant d'application *nulle part...* Il est donc évident que *toutes les fois* (comme dit l'article 1490, § 2) qu'un des copartageants, peu importe lequel, exerce son recours contre l'autre comme ayant *trop payé*, ce recours a lieu *pour ce qu'il a payé de trop*, c'est-à-dire (en supposant une dette payée intégralement) pour moitié dans les cas ordinaires, mais, dans notre cas particulier, pour moins de moitié (si c'est le mari qui recourt), ou pour plus de moitié (si c'est la femme).

Les auteurs disputent aussi sur le point de savoir si, en cas de dettes

_____

(1) *Voy.* Rej., 23 juill. 1851 (Dev., 51, 753).

provenant de la femme, le créancier, dans l'hypothèse où les biens de la femme seraient insuffisants pour acquitter même une moitié, pourrait contraindre le mari à fournir, en outre de la moitié dont il est tenu, le complément de celle que la femme ne peut payer (1). Or la question, si difficile en apparence et à en juger par l'état actuel de la doctrine, ne peut pas même donner lieu au doute pour qui saisit les vraies raisons de décider ; et la difficulté vient ici, non de la matière, mais des explications mauvaises qu'on en a données. Toullier ayant présenté à l'appui de la décision affirmative (qui est exacte) un motif évidemment faux, on a, en rejetant ce motif, rejeté du même coup la décision, sans voir qu'elle devait être maintenue, par un motif différent. Toullier donne, en effet, pour unique raison (et quant aux autres auteurs présentant la même doctrine, ils n'en donnent aucune), que si l'art. 1485, à la vérité, ne déclare le mari tenu que pour moitié, cet article doit se combiner avec l'art. 1483, qui, en permettant, selon lui, à la femme *de ne répondre à la poursuite du créancier que dans la mesure de son émolument,* autorise par cela même le créancier à poursuivre le mari pour tout l'excédant de cet émolument, en sorte que l'art. 1485, quand il parle de moitié, se réfère aux cas ordinaires et non au cas particulier de bénéfice d'inventaire. Sans doute ce raisonnement est gravement inexact, puisque le bénéfice de n'être poursuivi que dans la mesure de l'émolument n'appartient à la femme que pour les dettes dont elle est tenue en sa seule qualité de femme commune, et dont les créanciers ne pourraient, en dehors du bénéfice d'inventaire, lui demander que la moitié, tandis qu'il s'agit ici des dettes personnelles de la femme, et à raison desquelles le créancier peut la poursuivre pour la totalité (art. 1486). C'est ce qu'ont fort bien répondu M. Zachariæ, M. Paul Pont et autres auteurs par nous cités à la note (à l'exception toutefois de M. Troplong, qui traite la question, ou plutôt l'indique avec un laconisme désespérant). Mais de ce que la raison imaginée par Toullier pour expliquer la solution de Pothier est fausse, et on ne peut plus fausse, s'ensuit-il que cette solution le soit aussi ? Non, certes ; et il est facile, au contraire, d'en prouver clairement l'exactitude. Prenons, comme Toullier, l'hypothèse d'une dette de 20 000 fr. formant tout le passif de la communauté, dont l'actif n'était que de 12 000 fr., en sorte que la femme n'en a reçu que 6 000, sans avoir d'ailleurs rien en biens propres. Quand le créancier, qui pouvait poursuivre la femme pour le tout, mais qui, connaissant sa position, a commencé par exiger du mari les 10 000 fr. dus par celui-ci, pour sa moitié, vient demander à la femme les autres 10 000 fr., celle-ci, à la vérité, ne peut pas, comme le prétend Toullier, invoquer contre le créancier son bénéfice d'inventaire pour soutenir que l'action n'est admissible que jusqu'à concurrence de 6 000 francs ; mais si elle ne peut pas invoquer ce bénéfice *contre le créancier,* elle a

---

(1) *Aff.* Pothier (n° 730); Toullier (XIII, 241); Bugnet (sur Pothier, VII, p. 369); Glandaz (n° 372). — *Nég.*, Battur (II, 799); Zachariæ (III, p. 499); Odier (I, 539); Paul Pont et Rodière (I, 857); Duvergier (sur Toullier, *loc. cit.*); Troplong (III, 1782).

le droit de l'invoquer *contre son mari*, puisque ce bénéfice, opposable au créancier pour les seules dettes dont la femme n'est pas tenue personnellement, l'est au mari pour toutes les dettes tombées en communauté, sans distinction : elle a donc le droit d'invoquer son bénéfice contre le mari, elle a le droit d'agir contre lui pour qu'il vienne la délivrer des poursuites en payant lui-même les 4 000 fr. qui excèdent son émolument. Or, puisqu'elle a ce droit, son créancier peut donc exercer ce même droit, d'après l'art. 1166, qui l'autorise à exercer tous les droits et actions de sa débitrice... Rien n'est assurément plus simple que ceci; car s'il est évident, en face de l'art. 1485, que le créancier ne peut demander au mari rien de plus que la moitié, tant qu'il agit par son action personnelle et *proprio jure,* il n'est certes pas moins évident, en face de l'art. 1166, qu'en agissant *jure debitoris* et au nom de la femme, il peut demander toute la différence qu'il y a de cette moitié à l'émolument de cette femme, comme elle le pourrait elle-même... Et en effet, comment comprendre qu'un mari pût trouver dans l'insolvabilité de sa femme l'avantage de ne point payer ce qu'il payerait si cette femme était plus riche?... En résumé, il faut sans doute reconnaître que l'article 1485 ne comporte pas d'exception ; mais il faut bien reconnaître aussi qu'il n'apporte pas non plus d'exception au principe de l'art. 1166. On s'étonne que ni M. Paul Pont, ni M. Odier, ni M. Troplong, n'aient aperçu ceci.

Suivant quelques interprètes, il faudrait, en outre de la distinction faite par la loi entre les dettes entrées dans la communauté du chef du mari et celles venues du chef de la femme, faire de part et d'autre, quant aux créanciers, une sous-distinction entre les dettes communes *définitivement* et les dettes communes *accidentellement*. Les dettes définitivement communes seraient ici celles pour lesquelles le créancier a eu juste motif de compter sur la communauté ou qui ont profité à cette communauté, et celles qui pourraient être poursuivies, conformément à nos articles, pour le tout contre l'époux du chef duquel elles proviennent, puis contre l'autre pour moitié (ou dans la mesure de son émolument, si c'est la femme) ; les autres dettes communes ne le seraient qu'accidentellement, c'est-à-dire tant que dure la communauté, et elles perdraient cette qualité vis-à-vis du créancier par la dissolution, en sorte que le payement n'en pourrait être poursuivi que contre l'époux dont elles proviennent, sans qu'on pût en rien demander à son conjoint. Parmi ces dernières se trouveraient les dettes de l'un ou de l'autre époux antérieures au mariage, surtout si elles sont relatives aux immeubles propres, celles dépendant de successions ou donations immobilières même échues au mari, et celles résultant d'un délit du mari (1)... Ce

---

(1) Nous n'avons, il est vrai, trouvé aucune trace de ce système, ni dans les auteurs, ni dans les arrêts (excepté seulement dans l'article de M. Glandaz, qui l'adopte au n° 361); mais il occupe une place importante dans l'enseignement. On en voit la preuve dans tous les livres écrits au point de vue exclusif de l'école : M. Demante (III, *Quest.* du n° 142); M. Mazerat (III, p. 35 et 36); M. Boileux (III, p. 109); M. Mourlon (p. 73 et 74). Ce dernier analyse parfaitement les arguments pour et

système, dont il serait impossible de trouver un seul mot, ni dans les textes, ni dans les travaux préparatoires, ni dans les explications de Pothier, est purement divinatoire. Il peut sans doute présenter au point de vue législatif des arguments plus ou moins graves (que nous ne croyons cependant pas concluants), mais *en point de droit* et quand il s'agit de rechercher ce que la loi est, non ce qu'elle pourrait ou devrait être, ce système n'est pas sérieusement soutenable. Toutes les dettes tombées dans la communauté sont, pour nos articles, dettes communes au même degré, toutes peuvent se poursuivre pour la totalité contre l'époux du chef duquel elles viennent, et pour moitié contre l'autre. C'est ainsi que l'art. 1485, qui emploie la qualification la plus restrictive, celle de dettes *personnelles à la femme,* veut que ces dettes, du moment qu'elles étaient tombées dans la communauté, puissent se poursuivre pour moitié contre le mari. C'est ainsi que Pothier déclare payables pour moitié par le mari toutes les dettes de la femme antérieures au mariage (n° 730), et de même payables par la femme pour moitié, ou dans la mesure de son émolument, toutes les dettes contractées avant le mariage par le mari (n°s 727 et 730).

Nous terminerons par une observation relative à une autre distinction que l'on fait souvent ici, et qui, si elle ne constitue pas précisément une erreur, est tout au moins inutile et même nuisible. M. Demante (III, 142), M. Mourlon (p. 10 et 71), M. Zachariæ (III, p. 505), MM. Paul Pont et Rodière (I, 860), en expliquant que chaque époux doit contribuer aux dettes communes pour moitié, et que dès lors celui qui a payé la totalité d'une telle dette a son recours contre le conjoint, enseignent que cette règle, quoique formulée d'une manière absolue par les art. 1482, 1484, 1486, 1489 et 1490, § 2, reçoit cependant *exception.* Il faut, disent-ils, distinguer si la dette était entrée dans la communauté avec ou sans charge de récompense : dans le premier cas, le recours a lieu; mais, dans le second, il y a exception à la règle des articles précités, et l'époux débiteur qui paye la totalité n'a rien a réclamer de son conjoint... Ces idées, vraies au fond, mais fausses avec la forme qu'on leur donne, n'ont rien à faire ici ; elles ne peuvent y avoir d'autre résultat que de compliquer inutilement notre matière. Sans doute, si c'est l'époux du chef duquel une dette de 10 000 fr. était tombée dans la communauté à charge de récompense, le mari, par exemple, qui paye, après la dissolution et le partage, ces 10 000 fr. aux créanciers, il ne pourra pas venir demander à la femme 5 000 fr. formant la part contributoire de celle-ci dans la dette (puisqu'il lui doit les 5 000 fr. formant la part de cette femme dans la récompense due à la communauté). Mais est-ce là une dérogation à la règle ci-dessus? Non, assurément; car de deux choses l'une : ou bien on admet que, lors du partage de l'actif, le rapport des 10 000 fr. dus par le mari à titre de récompense s'est fait fictivement, au moyen de l'obligation à

---

contre cette question, arguments tirés tous du point de vue *législatif,* non du point de vue du droit, sous lequel, en effet, la prétendue question n'en est pas une.

lui imposée de prendre pour son compte la dette de la communauté ;
et alors, cette dette ayant ainsi cessé, quant aux époux, de faire partie
du passif de la communauté, il est clair qu'il n'y a pas à s'en occuper
dans le règlement de la contribution des époux à ce passif. Ou bien
on dira que la dette a été laissée par les époux dans le passif commun,
le mari continuant de devoir la récompense ; et alors le mari devient,
par le payement intégral qu'il fait de cette dette, réellement créancier
sur sa femme de 5 000 fr.; seulement, comme il était antérieurement
débiteur de pareille somme envers elle pour moitié de la récompense
par lui due, sa créance se trouve ainsi payée et son recours satisfait à
l'instant par une compensation, en sorte qu'il y a toujours contribution par moitié... Il était donc inutile de compliquer notre matière de
cette distinction des dettes à récompense et des dettes sans récompense,
pour signaler une prétendue exception à un principe qui n'en comporte
pas ; et il est, en effet, à remarquer qu'on ne trouve pas un mot de
cette distinction dans les explications de Pothier.

1487. — La femme, même personnellement obligée pour une dette
de communauté, ne peut être poursuivie que pour la moitié de cette
dette, à moins que l'obligation ne soit solidaire.

I. — Quand la femme s'est obligée conjointement avec le mari et
s'est ainsi soumise personnellement à la dette en même temps que
celui-ci, le mari, contrairement à ce qui a lieu d'ordinaire dans les
obligations conjointes (où chacun n'est tenu que pour sa part), reste
obligé pour le tout, parce qu'on n'admet pas que les parties aient fait
intervenir la femme dans l'intention de diminuer l'obligation du mari,
mais au contraire pour augmenter les sûretés du créancier (Pothier,
n° 729). Mais la femme, elle, ne reçoit que l'application des principes
ordinaires de l'obligation contractée conjointement, et ne sera poursuivie dès lors que pour sa moitié ; seulement, comme elle n'est pas
simplement tenue ici par voie de conséquence de l'obligation du mari
et de sa qualité de femme commune, mais bien comme personnellement obligée, de sorte qu'elle serait tenue alors même qu'elle renoncerait, il s'ensuit qu'il n'y a pas lieu pour elle, dans ce cas, à l'application du bénéfice d'inventaire, qui n'est fait que pour les dettes dont la
femme n'est tenue que par son acceptation de la communauté. Elle pourrait donc être poursuivie pour moitié, alors même que son émolument
dans la communauté serait moindre.

Que si, au lieu de s'être engagés par une obligation conjointe seulement, les époux s'étaient obligés solidairement, il est clair que chacun d'eux pourrait être poursuivi pour le tout.

Ainsi, pour présenter le tableau complet du droit de poursuite des
créanciers quant aux dettes communes, et du recours du conjoint qui
paye au delà de sa part contributoire, nous disons :

1° Les dettes communes provenant du mari se poursuivent contre
le mari pour le tout, contre la femme pour moitié ou dans la mesure de

son émolument, sauf recours du mari, soit pour moitié, soit pour moins de moitié et dans cette mesure de l'émolument (art. 1484);

2° Celles provenant de la femme se poursuivent contre le mari pour moitié, contre la femme pour le tout, sauf recours de la femme, soit pour moitié, soit pour la portion, plus forte que moitié, excédant son émolument (art. 1485 et 1486);

3° Celles contractées par les deux époux conjointement se poursuivent contre le mari pour le tout, contre la femme pour moitié sans distinction, sauf recours, soit du mari contre la femme, pour moitié, ou pour moins de moitié et dans la mesure de l'émolument, soit de la femme contre le mari, pour la différence entre son émolument et la moitié (art. 1407);

4° Enfin, les dettes contractées solidairement et aussi celles qui, payables pour le tout par l'un des époux, grèvent hypothécairement un immeuble échu au lot de l'autre, se poursuivent pour le tout contre chacun, sauf recours, soit du mari pour moitié ou pour moins de moitié dans la mesure de l'émolument de la femme, soit de celle-ci pour moitié ou au delà de cette moitié pour l'excédant de son émolument (*ibid.* et art. 1489).

1488. — La femme qui a payé une dette de la communauté au delà de sa moitié, n'a point de répétition contre le créancier pour l'excédant, à moins que la quittance n'exprime que ce qu'elle a payé était pour sa moitié.

I. — Quand la femme qui n'était tenue d'une dette de la communauté que pour moitié a payé au créancier plus que cette moitié, elle est, à raison de sa position, présumée l'avoir fait sciemment, dans le but de libérer son mari en même temps qu'elle, et elle ne peut dès lors exercer aucune répétition contre le créancier (1). Il en est autrement quand la quittance mentionne que la somme a été payée *pour la moitié* due par la femme, parce qu'alors il y a preuve matérielle d'une erreur de calcul.

Du reste, quoique le Code, à l'exemple de Pothier, ne parle ici que de la femme, il est évident que la règle s'applique aussi au mari, et à plus forte raison. Il est évident aussi que ce qui est dit de la femme payant au delà de sa moitié doit s'appliquer de même à celle qui, ne devant qu'une part proportionnelle à son émolument, a payé au delà de cette part.

N. B. — *Les articles* **1489** *et* **1490** *sont expliqués plus haut, avec les articles* **1482** *et* **1483**.

---

(1) *Conf.* Lebrun (266, n° 11); Pothier (n°ˢ 756 et 739); Tessier (233); Troplong (1796 et 1797); Dalloz (2491); Zachariæ (III, 504); Odier (I, 559).

3° *Observation générale.*

1491. — Tout ce qui est dit ci-dessus à l'égard du mari ou de la femme, a lieu à l'égard des héritiers de l'un ou de l'autre; et ces héritiers exercent les mêmes droits et sont soumis aux mêmes actions que les conjoints qu'ils représentent.

SECTION VI.
DE LA RENONCIATION A LA COMMUNAUTÉ ET DE SES EFFETS.

Bien que cette section soit intitulée *De la Renonciation et de ses effets*, ce qui indique deux objets, elle n'en contient cependant qu'un seul. C'est plus haut, dans la section IV (art. 1453 et suiv.), que le Code s'est occupé *de la renonciation et des conditions qui y sont relatives;* et il ne parle plus ici que *des effets* de cette renonciation.

1492. — La femme qui renonce perd toute espèce de droit sur les biens de la communauté, et même sur le mobilier qui y est entré de son chef.
Elle retire seulement les linges et hardes à son usage.

I. — Par sa renonciation, la femme perd tout droit sur les biens communs. Elle *perd* ce droit, car elle l'avait, elle était commune et copropriétaire des biens, et c'est en renonçant qu'elle cesse de l'être. Nous avons réfuté ailleurs (notamment art. 1399, V), la doctrine contraire de Toullier, qui nie l'existence de la communauté pendant le mariage et la fait commencer précisément quand elle finit.

Quoique la femme renonçante perde tout droit sur les biens de la communauté et leur devienne complétement étrangère, sans distinction entre ceux qu'elle y a apportés elle-même et ceux qui proviennent du mari ou qui ont été acquis pendant le cours de la société, la loi lui accorde cependant, par un motif d'humanité et de décence publique, la permission d'emporter tous les linges et hardes à son usage : *non debet enim abire nuda.* Il ne s'agit que des linges et hardes à l'usage personnel de la femme. Ainsi, elle ne pourrait pas prendre des chaînes, diamants et autres bijoux, ni de riches cartons de dentelles, ni le linge de lit et de table; car ce ne sont là ni des vêtements, ni des linges à l'usage personnel et particulier de la femme (1). Autrefois, elle ne pouvait en général prendre qu'une robe et les autres effets nécessaires pour former un habillement complet, un seul, qui, dans certaines Coutumes, ne devait être ni le meilleur ni le pire, tandis que, selon d'autres, ce

_____

(1) *Conf.* Toullier (XIII, 283); Duranton (XIV, 508); Zachariæ (III, 507); Odier (754); Troplong (1822); Aubry et Rau (t. IV, § 521, p. 372); Rodière et Pont (t. II, n° 612); Massé et Vergé (t. IV, § 654, p. 170, note 3); Lyon, 3 juill. 1846. — *Voy.* Caen, 13 avr. 1864.

pouvait être le plus beau ; les Coutumes les plus favorables l'autorisaient à prendre une des meilleures robes, puis une moyenne, tant pour l'hiver que pour l'été, en tout quatre (Pothier, n° 569). Ces anciennes règles indiquent assez le sens de notre article. Le Code, plus libéral que les Coutumes, permet à la femme de prendre tout ce qui est vêtement ou linge à son usage particulier, tout ce qui sert à couvrir le corps, mais elle ne peut rien enlever de plus.

Il est évident, au surplus, que ce droit appartient à toute femme renonçante, et aussi bien quand la communauté est dissoute par la séparation de corps ou de biens que quand elle l'est par la mort du mari : dans un cas comme dans l'autre, *non debet abire nuda.*

1493. — La femme renonçante a le droit de reprendre :

1° Les immeubles à elle appartenant, lorsqu'ils existent en nature, ou l'immeuble qui a été acquis en remploi ;

2° Le prix de ses immeubles aliénés dont le remploi n'a pas été fait et accepté comme il est dit ci-dessus ;

3° Toutes les indemnités qui peuvent lui être dues par la communauté.

I. — La femme perd, en renonçant, tout droit sur les biens communs ; mais elle conserve, bien entendu, les biens et créances qui lui appartiennent en propre et ne font pas partie de la communauté. Elle emporte donc, dans ce cas de renonciation, tout ce qu'elle prélèverait sur la masse, en cas d'acceptation, d'après l'art. 1470. Seulement, après qu'elle a pris en nature les objets des deux premières catégories indiqués par le texte (c'est-à-dire ses immeubles propres encore existants, puis le prix, non confondu dans la caisse commune, des immeubles propres aliénés), et quand on arrive aux créances qu'elle peut avoir contre la communauté, il est clair que les choses ne se passent plus comme au cas d'acceptation : comme la femme n'est plus ici une copropriétaire exerçant ses droits sur une masse à partager entre elle et le mari, que par l'effet de sa renonciation il n'y a plus de communauté, plus de copartageant, mais d'un côté un mari propriétaire exclusif des biens jadis communs, qui ne font désormais qu'un seul et même patrimoine avec ses autres biens, et d'autre part une femme qui est simple créancière, non de la communauté (qui n'existe plus), mais du mari, il est évident que la femme ne pourra pas se payer de ses créances par l'appropriation des biens en nature (1), et que ces créances ne produiront pas intérêt de plein droit (art. 1432 et 1479). La doctrine contraire de M. Zachariæ, qui du reste se contredit lui-même en expliquant l'art. 1514 (III, p. 355, n° 13, et p. 547, n° 10), est donc inadmissible ; et l'idée de cet auteur, que les art. 1470 et 1473 embrassent aussi le cas de renonciation, est clairement condamnée et

---

(1) *Contrà :* Orléans, 21 mars 1857 (Dev., 57, II, 631).

par la place de ces articles, et par leur contexte, et surtout par la circonstance que la loi règle ici par les art. 1493-1495 pour la femme
renonçante, les reprises réglées par les autres articles pour la femme
acceptante... Il suit encore de là que si la femme reçoit dans ce cas
des immeubles en payement, il y aura transmission de propriété du
mari à la femme, et par conséquent ouverture au droit de mutation (1).

1494. — La femme renonçante est déchargée de toute contribution aux dettes de la communauté, tant à l'égard du mari qu'à l'égard
des créanciers. Elle reste néanmoins tenue envers ceux-ci lorsqu'elle
s'est obligée conjointement avec son mari, ou lorsque la dette, devenue
dette de la communauté, provenait originairement de son chef; le tout
sauf son recours contre le mari ou ses héritiers.

I. — La femme, par sa renonciation, se trouvant étrangère à la communauté et légalement réputée n'avoir jamais été commune, il s'ensuit
que, vis-à-vis du mari, elle est complétement déchargée de toute contribution aux dettes tombées à la charge de la communauté, le mari
restant chargé de supporter seul le passif comme il prend seul l'actif.
Mais vis-à-vis des créanciers, il faut distinguer (comme on l'a fait à la
section précédente pour le bénéfice d'inventaire) entre les dettes pour
lesquelles la femme peut être actionnée comme personnellement débitrice, et celles à raison desquelles elle ne pourrait l'être que comme
commune : pour les dernières, il est clair que toute poursuite est impossible, puisque la femme n'est pas commune; pour les premières,
c'est-à-dire celles entrées dans la communauté de son chef ou pour
lesquelles elle s'est personnellement obligée (art. 1486 et 1487), elle
peut toujours être poursuivie, sauf son recours contre le mari pour le
tout.

1495. — Elle peut exercer toutes les actions et reprises ci-dessus
détaillées, tant sur les biens de la communauté que sur les biens personnels du mari.

Ses héritiers le peuvent de même, sauf en ce qui concerne le prélèvement des linges et hardes, ainsi que le logement et la nourriture
pendant le délai donné pour faire inventaire et délibérer; lesquels droits
sont purement personnels à la femme survivante.

I. — Il est clair que la femme peut agir ici indistinctement, et sur
ceux des biens du mari qui étaient propres à celui-ci pendant la com-

_____

(1) Ricard (*Paris*, art. 5); Duplessis (*Cessions*, liv. 1, sect. 1); Pothier (*Fiefs*,
part. 1, § 3); Nancy, 29 mai 1828 ; Cass., 22 nov. 1837, 28 août 1838 (Dev., I, 145 et
80), 3 août 1858, trois arrêts conf. (Dev., 58, I, 711), 24 août 1858, deux arrêts conf.
(*ibid.*), 24 déc. 1860.

munauté, et sur ceux qui étaient communs, puisque tous sont désormais les biens personnels de ce mari.

Les héritiers de la femme, dans notre cas de renonciation comme au cas d'acceptation, ont les mêmes droits qu'elle, à l'exception toutefois des deux bénéfices indiqués par les art. 1492 et 1465, qui sont rigoureusement réservés à la personne même de cette femme. Mais il y a cette différence entre les deux bénéfices, que si les héritiers ne peuvent jamais profiter de celui qui a pour objet le logement et la nourriture pendant le délai donné pour faire inventaire et délibérer, ils peuvent profiter quelquefois de celui relatif aux linges et hardes. C'est quand la femme ne meurt qu'après l'avoir exercé. On conçoit, en effet, que si la femme, avant de mourir, a non-seulement renoncé, mais encore repris déjà les effets auxquels sa renonciation lui donne droit, ces effets, étant ainsi devenus sa propriété, font partie de sa succession et sont dès lors transmis à ses héritiers, aussi bien quand la femme meurt dès le lendemain du jour de la reprise effectuée que si elle mourait beaucoup plus tard. Mais s'il arrivait que la femme mourût dans l'intervalle de sa renonciation à la reprise des objets, les héritiers ne pourraient pas, selon nous, les réclamer, malgré ce qu'on a pu dire à l'appui de l'opinion contraire. L'esprit comme le texte de la loi s'y opposent. Sans doute, la femme transmet à ses héritiers la propriété des objets une fois prélevés et remis par elle dans son patrimoine; mais elle ne saurait leur transmettre le droit d'en opérer le prélèvement, puisque c'est précisément là le droit dont l'exercice, d'après notre article, lui est exclusivement personnel. Et, en effet, si l'on accorde ainsi à la femme le droit ou plutôt la faveur de prendre des objets qui appartiennent en principe au mari, c'est parce que *non debet abire nuda :* cela étant, comment y aurait-il lieu au bénéfice, quand cette femme meurt *priusquam abeat?*

Du reste, si l'expression de femme *survivante,* employée par notre article, est exacte pour le bénéfice de l'art. 1465, qui n'appartient en effet qu'à la veuve, elle ne l'est pas pour celui de l'art. 1492, qui appartient, comme on l'a vu, à toute femme renonçante, survivante ou non.

DISPOSITION

RELATIVE A LA COMMUNAUTÉ LÉGALE, LORSQUE L'UN DES ÉPOUX OU TOUS DEUX
ONT DES ENFANTS DE PRÉCÉDENTS MARIAGES.

1496. — Tout ce qui est dit ci-dessus sera observé même lorsque l'un des époux ou tous deux auront des enfants de précédents mariages.

Si toutefois la confusion du mobilier et des dettes opérait, au profit de l'un des époux, un avantage supérieur à celui qui est autorisé par l'article 1098, au titre *Des Donations entre-vifs et des Testaments,* les enfants du premier lit de l'autre époux auront l'action en retranchement.

SOMMAIRE.

I. Les avantages qu'un époux peut procurer à son conjoint par l'adoption de la communauté ne sont traités comme libéralité et réductibles au disponible que quand cet époux laisse des enfants d'un précédent lit.

II. Peu importe que les époux aient ou non fait un contrat. Peu importe aussi que les avantages résultent des biens de successions échues pendant le mariage : erreur de Toullier. Mais on ne tient pas compte des bénéfices faits sur les travaux ou revenus des époux.

III. C'est seulement au décès de l'époux, et sur la demande des enfants agissant comme héritiers, que la réduction peut être prononcée. Les enfants du mariage profitent de la réduction opérée ; mais ils ne peuvent pas la faire opérer, ni l'époux encore moins.

I. — L'adoption de la communauté légale peut avoir pour résultat de procurer à l'un des époux, au préjudice de l'autre, des avantages considérables. Ainsi, qu'ils aient chacun une fortune d'environ 80 000 fr., mais que les biens de l'un soient tous immobiliers, tandis que ceux de l'autre se composent de capitaux ou de rentes, c'est-à-dire de valeurs purement mobilières, ce second patrimoine entrant seul et tout entier dans la communauté, le premier conjoint en acquerra la moitié, c'est-à-dire 40 000 fr., au détriment du second ; en sorte que, par le fait de la célébration du mariage, les deux époux, au lieu d'avoir chacun 80 000 fr. comme auparavant, auront, l'un 40 000 fr. seulement, l'autre 120 000 fr. L'enrichissement de l'un par l'appauvrissement de l'autre serait plus considérable encore, si le premier avait des dettes mobilières. Ainsi, qu'au lieu de 80 000 fr. de biens sans dettes, il en ait 110 000 avec 30 000 fr. de dettes mobilières, la communauté se composant alors des 80 000 fr. d'actif de l'un et des 30 000 fr. de passif de l'autre, ce qui la réduit à un actif net de 50 000, le premier époux, au lieu de n'avoir, comme avant, que 80 000 fr. net, aura, d'une part, ses 110 000 fr. d'immeubles, et, d'autre part, sa moitié de 25 000 fr. dans la communauté ; en tout, 135 000 fr., tandis que le second verra son avoir réduit à 25 000. L'un des époux aura donc enrichi l'autre de 55 000 fr.

En présence de ces résultats possibles, la loi a dû se demander s'il fallait traiter ces avantages comme des libéralités réductibles à la quotité disponible et attaquables pour excès par les héritiers réservataires, ou comme des conventions entre associés ayant le caractère d'actes à titre onéreux ; et elle a résolu la question par une distinction. En principe, la convention est considérée comme acte à titre onéreux, comme n'étant rien autre chose que l'une des clauses de l'association et ne constituant point une donation. Cette règle s'applique non-seulement quand les héritiers réservataires que laisse l'époux qui a procuré l'avantage ne sont que des ascendants, mais aussi quand ce sont des enfants du mariage, parce que, s'il est vrai que la qualité des réservataires est alors très-favorable, il y a du moins cette circonstance que, s'agissant d'enfants communs aux deux époux, ce qu'ils perdent dans la succession de l'un n'en sort que pour entrer dans un patrimoine auquel ils sont également appelés à succéder. Mais quand l'époux qui a procuré l'avantage laisse des enfants d'un précédent lit, comme ces enfants n'ont aucun droit sur la succession de l'époux avantagé, et que la loi voit toujours avec défaveur et défiance le subséquent mariage d'une personne ayant des enfants, notre article permet à ces enfants d'un lit précédent de traiter comme donation la convention, expresse ou tacite, d'où résulte l'avantage, et de faire dès lors réduire cet avantage, s'il y a lieu, aux limites de la quotité disponible telle qu'elle est fixée au titre *Des Donations*, de façon que l'avantage ne dépasse jamais ni, d'une part, le quart des biens laissés par le conjoint, ni, d'un autre côté, une part égale à celle de l'enfant qui prend le moins (art. 1098, n° II).

II. — Nous disons que l'avantage peut être réduit aussi bien quand la convention matrimoniale d'où il provient est *tacite* que quand elle est expresse. Il est évident, en effet, que quand la soumission à la communauté légale résulte tacitement du fait que les époux se sont mariés sans faire de contrat, elle entraîne les mêmes conséquences et donne lieu à la même réduction que quand elle résulte d'un contrat dans lequel les époux expriment leur adoption du régime de communauté. Il est certain également que l'avantage doit être réduit, aussi bien quand il résulte de successions échues pendant le mariage, que lorsqu'il est la conséquence de la confusion des biens et dettes existant au moment même de la célébration. C'est évident, en présence de l'esprit et du texte de la loi : de son esprit, puisque les enfants seraient lésés dans un cas aussi bien que dans l'autre ; de son texte, puisque notre article admet l'action en retranchement toutes les fois que la confusion du mobilier et des dettes opère un avantage supérieur à celui qu'indique l'art. 1098. C'est donc avec raison que la doctrine contraire de Toullier est repoussée par les auteurs, et notamment par son annotateur M. Duvergier (1).

On ne doit pas, au surplus, pour déterminer s'il y a ou non avantage excessif, tenir compte des bénéfices résultant des travaux des époux ou des économies faites sur leurs revenus ; les capitaux seuls sont à considérer. C'est un point qui a toujours été constant dans l'ancien droit (2) et que le Code exprime formellement dans l'art. 1527, en reproduisant pour la communauté conventionnelle la règle portée par notre article pour la communauté légale (3).

III. — Les avantages qui excèdent la mesure fixée par l'art. 1098 ne sont pas, pour l'excédant, frappés d'une nullité de plein droit ; ils peuvent seulement être réduits, au décès de l'époux qui les a procurés, sur la demande des enfants d'un lit précédent.

C'est seulement au décès de l'époux, et sur la demande des enfants agissant comme héritiers réservataires, que la réduction peut être pro-

---

(1) Toullier (III, 290); Odier (I, 592); Paul Pont et Rodière (II, 358); Duvergier (sur Toullier); Duranton (XIV, 520); Dalloz (3062).
(2) Ricard (3ᵉ part., ch. 9, gl. 2, n° 1211); Pothier (n° 552).
(3) Pothier (*Contr. de mar.*, 552); Rodière et Pont (II, 358); Troplong (2215); Dalloz (3063).

noncée. Il suit de là, d'une part, que, dans le cas d'une dissolution de communauté résultant d'une séparation de corps ou de biens, la réduction ne pourrait pas être demandée quant à présent; le droit resterait en suspens pour s'exercer, s'il y a lieu, lors de l'ouverture de la succession de l'époux : nous disons *s'il y a lieu,* puisqu'il serait possible qu'au décès de l'époux les enfants d'un précédent lit fussent eux-mêmes prédécédés, ce qui rendrait toute réduction impossible. Il s'ensuit, d'un autre côté, que si les enfants renonçaient à la succession de leur auteur ou étaient déclarés indignes, la réduction ne pourrait pas non plus être demandée (1).

Du reste, quoique la portion de biens qui excède la quotité disponible ne puisse être réclamée que par les enfants du précédent lit et non par ceux du mariage, ceux-ci, du moment que la réduction qu'ils ne peuvent demander serait opérée et les biens rentrés dans le patrimoine du défunt, auraient le droit d'en prendre leur part, puisque ces biens font ainsi partie de la succession, et que cette succession doit se partager également entre tous les enfants du défunt. Il est bien évident, en effet, que notre article n'a aucunement pour but de déroger à la règle fondamentale du partage par portions égales, et que, si l'excès de l'avantage fait par le défunt au conjoint ne doit jamais nuire à un enfant du lit précédent, il ne peut jamais non plus devenir pour lui une cause de gain, et lui procurer, au détriment des enfants du mariage, une portion de biens plus forte que celle qu'il aurait eue si les avantages étaient restés dans les limites du disponible.

Les enfants du mariage profiteront donc de la réduction opérée, mais ils ne pourront jamais la demander. Il est vrai qu'on a souvent enseigné le contraire, en disant que du moment où la condition voulue pour l'ouverture d'un droit se trouve accomplie, l'action peut être exercée par tous ceux qui doivent profiter de ce droit, et que, par conséquent, dès que le défunt se trouve avoir, parmi les héritiers acceptant sa succession, des enfants d'un précédent lit, la réduction, parce qu'elle doit profiter à tous, peut être demandée par tous (2). Mais cette doctrine nous paraît inadmissible. La réduction, qui doit, à la vérité, si elle a lieu, profiter par contre-coup à tous les enfants, n'est cependant établie que dans l'intérêt des enfants du premier lit; et du moment, dès lors, que ceux-ci ne se plaignent pas et entendent respecter la volonté de leur auteur, d'autres ne peuvent pas se plaindre : aussi notre article ne se contente pas de nous dire que l'action sera permise s'il y a des enfants d'un premier lit; il explique nettement que ce sont ces enfants du premier lit qui auront l'action.

A bien plus forte raison la réduction ne peut jamais être obtenue par l'époux qui a procuré l'avantage excessif; et on ne comprend pas que la Cour de Bordeaux (contredite au surplus par un arrêt récent de la

---

(1) Toullier (V, 881); Duranton (XV, 246); Odier (II, 931); Rodière et Pont (II, 366); Troplong (2223).

(2) Duranton (XV, 247); Rodière et Paul Pont (II, 363); Troplong (III, 2228); Odier (II, 930); Dalloz (3073).

Cour de Colmar) ait pu juger le contraire (1). La réduction d'une libéralité, même dans les cas ordinaires et quand elle peut être demandée par tous héritiers réservataires, n'existe que pour ces héritiers et ne peut jamais être réclamée par l'auteur de la libéralité, à plus forte raison ici, où le droit de réduction est plus restreint et n'appartient pas même à tous les héritiers réservataires (2).

Il va sans dire que les héritiers peuvent ici faire preuve, non pas seulement par titres, mais aussi par témoins et par commune renommée.

DEUXIÈME PARTIE.

DE LA COMMUNAUTÉ CONVENTIONNELLE, ET DES CONVENTIONS QUI PEUVENT MODIFIER (OU MÊME EXCLURE) LA COMMUNAUTÉ LÉGALE.

1497. — Les époux peuvent modifier la communauté légale par toute espèce de conventions non contraires aux articles 1387, 1388, 1389 et 1390.

Les principales modifications sont celles qui ont lieu en stipulant de l'une ou de l'autre des manières qui suivent, savoir :

1° Que la communauté n'embrassera que les acquêts;

2° Que le mobilier présent ou futur n'entrera point en communauté, ou n'y entrera que pour une partie;

3° Qu'on y comprendra tout ou partie des immeubles présents ou futurs, par la voie de l'ameublissement;

4° Que les époux payeront séparément leurs dettes antérieures au mariage;

5° Qu'en cas de renonciation, la femme pourra reprendre ses apports francs et quittes;

6° Que le survivant aura un préciput;

7° Que les époux auront des parts égales;

8° Qu'il y aura entre eux communauté à titre universel.

SOMMAIRE.

I. Les huit modifications indiquées ici sont les seules qui se rencontrent dans la pratique et qui constituent la communauté conventionnelle.
II. Le remploi conventionnel des propres de la femme est soumis, comme le remploi facultatif, à la double condition des déclarations à faire par le mari et de l'acceptation de la femme : erreur de Toullier et autres auteurs.
III. Les époux peuvent, en adoptant la communauté, frapper d'inaliénabilité les immeubles de la femme, mais seulement en soumettant expressément ces immeubles au régime dotal : erreur de la plupart des auteurs et de plusieurs arrêts.

I. — Les époux sont entièrement libres, ainsi que nous l'a déjà dit l'art. 1387, de stipuler comme ils le jugent à propos leurs conventions

_____
(1) Bordeaux, 5 juill. 1824. — *Contrà* : Colmar, 19 fév. 1845 (*Aff.* Walh).
(2) *Voy.* MM. Paul Pont et Rodière (t. II, n° 364); Troplong (t. III, n° 2219); Dalloz (3071).

matrimoniales, sauf les restrictions que ce même article et les suivants apportent au principe par respect pour les bonnes mœurs ou l'ordre public. Ces époux sont donc maîtres, soit de modifier comme ils l'entendront, sauf ces mêmes restrictions, le système de communauté qui vient d'être exposé dans la PREMIÈRE PARTIE du chapitre, soit d'exclure la communauté en adoptant l'un des régimes contraires.

Nous avons déjà fait remarquer que le Code a eu tort de placer dans notre chapitre *De la Communauté* des conventions qui *excluent* cette communauté, et dont il s'occupe dans la neuvième et dernière section de cette SECONDE PARTIE, et nous avons expliqué, au commencement du titre, les causes de ce défaut de méthode. Quant aux conventions qui viennent seulement *modifier* le système de communauté de la loi, et d'où résulte dès lors une communauté conventionnelle, il est clair qu'elles sont ici parfaitement à leur place.

Il va sans dire que les époux sont libres d'imaginer et de stipuler, pour modifier la communauté légale, telles conventions qu'il leur plaira; mais les principales, celles qui se présentent ordinairement et même les seules qui se présentent (car la pratique n'a donné jusqu'ici l'exemple d'aucune autre), sont les huit stipulations dont parle notre article, et qui ont pour objet, celles-ci de restreindre la communauté ordinaire (1° et 2°), celles-là de l'étendre (3° et 8°), les autres de la modifier, soit quant au partage de l'actif (7° et 6°), soit sous tel ou tel autre rapport (4° et 5°).

Chacune d'elles fait l'objet d'une section particulière.

11. — Avant de passer à l'étude de ces huit sections, nous devons examiner ici deux questions que soulève la clause d'emploi ou de remploi des deniers propres de la femme et que nous avons réservées sous les art. 1434 et 1435, comme rentrant dans la matière de la communauté conventionnelle.

Nous avons vu sous ces articles que le remploi dont ils s'occupent et qu'on appelle remploi *facultatif,* parce qu'en effet le système de la communauté légale n'en impose pas l'obligation, ne s'opère qu'à la double condition : 1° qu'il y ait déclaration par le mari de l'origine des deniers et du but pour lequel l'immeuble est acquis ; 2° que cet immeuble soit accepté comme propre par la femme. Or notre première question est de savoir si cette déclaration du mari et cette acceptation de la femme sont également nécessaires dans le remploi *conventionnel* ou *obligatoire,* c'est-à-dire quand une clause spéciale du contrat de mariage impose au mari la nécessité d'employer en immeubles les deniers propres de sa femme. Nous n'hésitons pas à répondre affirmativement.

Et d'abord, quant à la déclaration à faire lors de l'acquisition, le doute ne paraît pas même possible. Quand même, en effet, il aurait été dit dans le contrat de mariage que le remploi d'un propre de la femme aliéné aurait lieu sur le premier immeuble qui serait acquis par le mari après l'aliénation, comment les tiers sauraient-ils toujours, et d'une manière certaine, si tel immeuble a été ou non la première acquisition

faite par le mari après l'aliénation du bien de la femme?.... Il faut que
ces tiers ne puissent jamais être trompés, et il n'y a dès lors aucune
raison pour s'écarter ici de la règle qui, pour le remploi facultatif, exige
la déclaration formelle du mari. Du reste, ce premier point de la question
n'est guère contesté.

Il en est autrement du second. Un arrêt de Paris et plusieurs auteurs,
notamment Toullier, décident que l'acceptation de la femme n'est pas
nécessaire lorsqu'une clause du contrat ordonne au mari de faire le
remploi ; et ils en donnent pour motif qu'en imposant cette charge au
mari, on l'établit par là même mandataire de la femme à l'effet de faire
l'acquisition pour elle (1). Mais cette idée est profondément inexacte.
Dire que le remploi, au lieu d'être facultatif pour le mari, sera obligatoire pour lui ; dire que ce mari, au lieu d'avoir à cet égard une simple
faculté, sera dans la nécessité d'acquérir un immeuble pour être propre
à la femme, ce n'est en aucune façon dire que cette femme se dépouille
du droit d'examiner si l'immeuble que le mari lui destine lui convient
ou non. La seule différence entre le remploi conventionnel et l'autre,
c'est que la simple faculté qui existe dans un cas devient dans l'autre
une obligation ; or il est évident qui si cette obligation emportait pouvoir pour le mari d'acheter irrévocablement, au nom de la femme, la
faculté emporterait aussi ce même pouvoir, avec cette seule différence
qu'il y aurait dans un cas nécessité et dans l'autre simple possibilité
d'effectuer l'opération : de même que la faculté du mari dans un cas
est d'acheter un immeuble qui sera offert à la femme pour que celle-ci
voie s'il lui plaît de le prendre, de même tel est aussi dans l'autre cas
l'objet de son obligation ; car, encore une fois, il n'y a aucun autre
changement d'un cas à l'autre que la substitution de l'obligation à la
faculté. C'est donc dénaturer singulièrement la clause de remploi que
d'y voir une renonciation de la femme à son droit d'appréciation ; c'est
transformer en *un droit* conféré au mari au détriment de la femme *une
charge* imposée au premier pour l'avantage de la seconde, c'est retourner contre la femme une clause qui n'a été écrite que dans son intérêt...
Sans doute la femme peut fort bien, soit dans son contrat, soit dans un
acte postérieur, soit dans le remploi obligatoire, soit pour le remploi
facultatif, conférer à son mari ce mandat de choisir pour elle, et s'interdire ainsi le droit d'accepter ou de refuser l'immeuble acquis ; mais un
tel mandat ne saurait se présumer, et il est, encore une fois, bien impossible de le voir dans la simple clause de remploi, clause qui, loin
d'indiquer une plus grande confiance dans le mari, n'est, au contraire,
qu'une précaution prise contre lui : l'acquisition faite en emploi ou remploi par le mari n'est jamais qu'une offre faite à la femme, offre que
celle-ci peut accepter ou refuser. Telle est aussi la doctrine d'un arrêt
de Bourges et de la plupart des auteurs, notamment de l'annotateur
de Toullier (2).

(1) Toullier (XII. 362 et 363); Tessier (I, p. 220); Rolland de Villargues (vº Remploi, 66 et suiv.); Odier (I, 315); Paris, 13 juin 1838 (*Aff*. Villeneuve).
(2) Duranton (XV, 420); Delvincourt (t. III); Zachariæ (III, p. 426); Benech

III. — Notre seconde question est celle de savoir si, sans sortir du régime de la communauté, les époux peuvent néanmoins, soit par la simple clause de remploi, soit par une clause spéciale à cet égard, imprimer aux immeubles de la femme le caractère d'inaliénabilité.

Tout d'abord, l'inaliénabilité des immeubles propres de la femme commune résulte-t-elle de la clause par laquelle il est stipulé que ces immeubles ne pourront être aliénés qu'à la condition d'un remploi? En d'autres termes, si, en présence de cette clause, un immeuble de la femme est aliéné et que le prix n'en soit pas remployé, pourra-t-on dire que, l'immeuble n'étant aliénable que sous une condition qui n'a point été accomplie, l'aliénation se trouve ainsi nulle, de sorte que la femme peut revendiquer son immeuble contre l'acquéreur; ou bien faut-il dire que la stipulation de remploi a seulement pour effet de frapper le mari d'une obligation, non de frapper les immeubles d'inaliénabilité, et que par conséquent le défaut de remploi donne seulement action à la femme contre son mari, et ne lui permet pas d'inquiéter l'acquéreur de l'immeuble?

En second lieu, et en supposant que la clause de remploi ne suffise pas pour produire l'inaliénabilité des immeubles, cette inaliénabilité résulterait-elle du moins de la clause par laquelle il serait nettement déclaré que les immeubles de la femme seront inaliénables?

Le premier point, résolu dans le sens de l'inaliénabilité par Merlin et par un ancien arrêt de la chambre des requêtes (1), doit évidemment se décider dans le sens contraire. La preuve en résultera de ce que nous avons à dire sur la seconde partie de la question, qui doit également se résoudre dans le même sens.

L'inaliénabilité des biens de la femme ne peut résulter d'aucune autre cause que de la soumission expresse au régime dotal. Cette proposition, niée, il est vrai, par plusieurs arrêts de Cours d'appel et par la généralité des auteurs, s'appuie cependant sur les principes les plus certains, en même temps qu'elle est consacrée par la jurisprudence de la Cour de cassation... C'est chose d'intérêt général et d'ordre public que l'aliénabilité des biens et leur maintien dans la libre circulation; et l'on ne peut dès lors y déroger que dans les cas et sous les conditions fixés par la loi. Or, d'une part, la loi n'admettant ici l'inaliénabilité que pour les biens de la femme seulement, et seulement sous le régime dotal, on ne peut donc jamais stipuler efficacement l'inaliénabilité des biens de la femme autrement qu'en se soumettant à la dotalité, de même qu'on ne pourrait jamais, sous quelque régime que ce fût, stipuler efficacement l'inaliénabilité des biens du mari. D'un autre côté, nous avons vu, sous l'art. 1392, qu'on ne peut établir le régime dotal qu'au moyen d'une déclaration expresse à cet égard.

(n° 35). *Conf.* Agen, 20 juill. 1858 (Dev., 59, 11, 1); Cass., 2 mai 1859 (Dev., 59, I, 293); Paul Pont et Rodière (I, 517); Duvergier (sur Toullier); Troplong (II, 1140 et 1141); Bourges, 1er fév. 1831 (Dev., 31, II, 253); arrêt du Parlement de Paris, 6 sept. 1701.

(1) Merlin (*Quest.*, v° Remploi, § 7); Rej. req., 22 nov. 1820.

A l'exception pourtant de M. Battur (II, 349), qui, de son côté, va trop loin dans le sens contraire, tous les auteurs antérieurs à nous admettent, comme l'ont fait d'ailleurs plusieurs arrêts, que la femme peut rendre ses immeubles inaliénables tout en n'adoptant pas d'autre régime que la communauté (ou l'exclusion de communauté, ou la séparation de biens), et sans qu'elle ait besoin de recourir, ni même (comme dit l'arrêt de juin 1845) de faire allusion au régime dotal. On en donne pour raison que, notre art. 1497 et l'art. 1387 permettant aux époux d'ajouter au régime de communauté (ou d'exclusion de communauté ou de séparation de biens) telle stipulation ou modification qu'il leur plaira, pourvu seulement qu'elle n'ait rien de contraire aux lois ou aux bonnes mœurs, et la clause d'inaliénabilité des biens de la femme n'ayant évidemment rien d'immoral ni d'illégal, les époux sont dès lors parfaitement libres de la stipuler (1).

Il y a là une erreur facile à saisir. Sans doute, les époux peuvent incontestablement ajouter au régime de communauté, par exemple, l'inaliénabilité des immeubles de la femme, et la doctrine contraire de M. Battur est évidemment inadmissible ; mais ils ne le peuvent qu'en adoptant, quant à ces immeubles, le régime dotal, qu'en se soumettant ainsi au régime de communauté et au régime dotal tout à la fois ; or ce dernier ne peut jamais exister, même partiellement, qu'au moyen d'une déclaration expresse de dotalité... Tout contrat qui ne contient point la soumission expresse au régime dotal est impuissant à produire l'inaliénabilité des propres de la femme. De deux choses l'une, en effet : ou il faudrait dire que le régime dotal existe alors sans soumission expresse, et l'on violerait ainsi l'art. 1392 ; ou l'on dirait (et c'est ce qu'on a fait) que l'inaliénabilité existe sans adoption du régime dotal, et l'on violerait l'art. 6 et le principe fondamental de la libre circulation des biens; car il ne faut pas perdre de vue, comme on le fait dans le système adverse, que toute stipulation d'inaliénabilité est, en principe général, absolument interdite comme contraire à l'ordre public, qu'elle ne devient permise, au moyen de l'exception écrite dans la loi, que pour la femme mariée et mariée sous le régime dotal, et que, par conséquent, on ne peut pas plus, comme nous l'avons déjà dit, stipuler l'inaliénabilité des biens de la femme, du moment qu'on est hors du régime dotal, qu'on ne pourrait, même dans ce régime, stipuler l'inaliénabilité des *biens du mari*... Cette vérité, si certaine déjà en présence de ce fait que l'inaliénabilité est une exception à un principe d'ordre public au plus haut chef, et ne peut dès lors s'étendre à nul autre cas que celui de la loi, le devient plus encore peut-être par l'historique de la confection de notre titre. On y voit, en effet, que le législateur, dans son projet de prédilection et avant qu'il admît enfin (forcé qu'il y fut par les pays de droit écrit) le système de la dotalité romaine, ne

---

(1) Merlin (*loc. cit.*); Toullier (XII, 372); Duranton (XV, 297); Zachariæ (III, p. 386, note); Rodière et Paul Pont (II, 785); puis trois arrêts de Dijon, cassés en 1841, comme on le verra plus loin, et deux arrêts de Caen, du 21 fév. 1845 (*J. Pal.*, 1845, t. II, p. 185), et du 17 juin même année (*Aff.* James c. Paisant).

s'était pas contenté de dire que les immeubles de la femme, quoique stipulés dotaux, ne deviendraient point inaliénables; il avait pris soin de déclarer que l'inaliénabilité ne pourrait pas même être créée par une clause formelle du contrat, et que toute clause de ce genre serait nulle (Fenet, t. XIII, p. 521, art. 158). C'est donc uniquement parce qu'il lui a fallu admettre enfin le régime dotal que le législateur a introduit, comme partie intégrante de ce régime, l'inaliénabilité des immeubles de la femme; et cette inaliénabilité n'est dès lors possible qu'au moyen de l'adoption de ce régime.

Cette doctrine, méconnue jusqu'à nous par tous les auteurs, mais à laquelle M. Troplong, en traitant depuis nous la question, vient d'apporter l'appui de sa haute autorité (1, 79-81; II, 1076-1085), se trouve d'ailleurs consacrée par la Cour de cassation dans trois arrêts par lesquels la chambre civile a cassé, en 1841, des décisions contraires de la Cour de Dijon, et dans des arrêts plus récents de la chambre des requêtes. — « Attendu, disent les trois premiers, que les époux Chavot ont adopté le régime de la communauté avec réserve d'aliéner leurs biens propres à charge de remploi du prix des ventes des biens de la future; attendu que cette stipulation *n'a pas soumis les biens propres de la dame Chavot* AU RÉGIME DOTAL; qu'en effet, elle n'a pas *le caractère de la* DÉCLARATION EXPRESSE *exigée par l'article* 1392, et qui est INDISPENSABLE *pour que les biens de la femme soient inaliénables.* » — La chambre des requêtes proclame, à son tour, la saisissabilité par les créanciers de la femme (et par conséquent l'inaliénabilité) de tous les biens de cette femme *autres que ceux soumis* AU RÉGIME DOTAL *par une disposition* EXPRESSE *de son contrat de mariage* (1).

Il y a donc erreur de part et d'autre à dire, comme M. Battur, que les époux ne peuvent pas, en adoptant la communauté, soumettre en même temps les immeubles propres de la femme au régime dotal (2), et à dire, comme les autres auteurs, que les époux peuvent frapper ces immeubles d'inaliénabilité sans les soumettre au régime dotal par la déclaration expresse de l'art. 1392... Une seule chose est ici permise, mais elle est parfaitement permise : c'est d'adopter, tout à la fois, et le régime dotal pour l'inaliénabilité des immeubles de la femme, et le régime de communauté pour tout le reste, ce qui formera une stipulation se rapprochant beaucoup de celle par laquelle on adopte le régime dotal en y ajoutant une communauté d'acquêts. Cette dernière stipulation, dans laquelle on donne à la dotalité plus d'étendue que dans la première (et moins à la communauté par conséquent), mais qui a ceci de commun qu'on y adopte simultanément les deux régimes dotal

---

(1) Cass., 29 déc. 1841; Rej., 23 août 1847 et 13 fév. 1850 (Dev., 42, I, 5; 47, I, 657; 50, 1353); Cass., 6 nov. 1854 (Dev., 54, I, 712), 8 juin 1858 (Dev., 58, I, 417).
(2) Jugé, en effet, que la stipulation du régime dotal partiel résulte de la clause par laquelle il a été déclaré que les immeubles de la femme ne peuvent être ni aliénés, ni hypothéqués pendant le mariage, et que, pour assurer tout son effet à cette clause, la femme déclare se constituer ses immeubles en dot. Rej., 15 mai 1853 (Dev., 53, I, 465).

et de communauté, est et a toujours été très-usitée, et le Code la pré-voit spécialement par l'art. 1581.

Passons maintenant à l'explication des huit sections dont notre art. 1497 forme pour ainsi dire le sommaire.

SECTION PREMIÈRE.

DE LA COMMUNAUTÉ RÉDUITE AUX ACQUÊTS.

1498. — Lorsque les époux stipulent qu'il n'y aura entre eux qu'une communauté d'acquêts, ils sont censés exclure de la communauté et les dettes de chacun d'eux actuelles et futures, et leur mobilier respectif présent et futur.

En ce cas, et après que chacun des époux a prélevé ses apports dûment justifiés, le partage se borne aux acquêts faits par les époux ensemble ou séparément durant le mariage, et provenant tant de l'industrie commune que des économies faites sur les fruits et revenus des biens des deux époux.

1499. — Si le mobilier existant lors du mariage, ou échu depuis, n'a pas été constaté par inventaire ou état en bonne forme, il est réputé acquêt.

SOMMAIRE.

I. Communauté d'acquêts. Aucune expression sacramentelle n'est exigée pour son établissement : erreur de Merlin et de Toullier.
II. Composition de son actif et de son passif.
III. Tout bien est réputé commun jusqu'à preuve contraire. Comment doit se faire cette preuve : controverse.
IV. Les meubles des époux se divisent en propres parfaits et propres imparfaits, et le mari ne peut aliéner les meubles propres de la femme.
V. La communauté peut se réduire aux acquêts immobiliers : erreur de plusieurs auteurs. — Quel est le passif de cette communauté : controverse. — Elle reçoit l'application de l'art. 1408.

I. — Au lieu de se soumettre à la communauté ordinaire, laquelle, comme on l'a vu, embrasse dans son actif tous les biens meubles des époux, en même temps qu'elle prend dans son passif toutes leurs dettes mobilières, les époux peuvent fort bien ne se mettre en communauté que pour les acquêts qu'ils feront.

Cette convention, bien entendu, doit être formellement exprimée, et si deux époux déclaraient seulement se marier *en communauté,* sans expliquer de quelle communauté ils entendent parler, c'est de la communauté ordinaire, de la communauté légale, que la convention s'entendrait. Mais si ce point est évident, il ne l'est pas moins qu'aucune expression ni aucune tournure de phrase n'est ici sacramentelle; et l'on ne s'explique pas comment Merlin (*Rép.,* v° Réalisat., §1, n° 2) et Toullier (XIII, 317) ont pu enseigner que les époux devaient nécessairement dire qu'ils *ne* forment *qu'*une communauté d'acquêts, et que sans cette conjonction *ne que* la stipulation de communauté d'acquêts ne produirait pas d'effet! Ici comme partout, une seule chose est nécessaire, c'est que les époux manifestent clairement leur volonté ; or cette volonté est certes bien claire quand ils disent qu'il y aura entre eux *communauté d'acquêts*, ou qu'ils se mettent en *société d'acquêts*, ou qu'ils seront communs *quant aux biens qu'ils acquerront*... Que le Code, qui venait de parler de la communauté ordinaire, ait employé la conjonction *ne que* en arrivant à celle dont il s'agit, c'est tout simple, le contraste de la seconde à la première le conduisait là tout naturellement ; mais quand deux époux viennent, sans s'occuper de la communauté légale, établir une communauté d'acquêts, il est bien évident qu'ils n'ont pas besoin de faire allusion à la première, et qu'en exprimant ce qu'ils veulent ils n'ont point à signaler ce qu'ils ne veulent pas : aussi Pothier expliquait-il que, quand les parties ont dit, « *les époux seront communs en tous les biens qu'ils acquerront* », il n'y avait plus communauté ordinaire, mais une simple communauté d'acquêts (n° 317). C'est donc avec raison que l'étrange doctrine de Merlin et de Toullier est repoussée par les auteurs et par la jurisprudence (1).

II. — L'actif de la communauté d'acquêts ne comprend que les gains provenant, soit des fruits ou revenus des biens des époux, soit de l'industrie de ces époux.

La société d'acquêts prend d'abord les fruits ou revenus perçus ou échus pendant le mariage, mais jamais le capital. Ainsi, les sommes d'argent, créances, rentes et autres biens mobiliers qui appartiennent aux époux lors de la célébration, et ceux qui leur échoient par succession ou donation dans le cours du mariage, leur sont ici propres, comme le sont les immeubles sous la communauté légale. Et dans ces meubles propres se trouvent, bien entendu, les revenus, intérêts et arrérages qui étaient échus au moment de la célébration, encore bien qu'ils n'aient été payés que plus tard, puisqu'ils constituaient alors une créance propre à l'époux : il n'y a que les revenus échus pendant le mariage qui appartiennent à la communauté, mais ils lui appartiennent tous (2). Elle prend également tous les fruits qui sont perçus pendant sa durée ; mais ici, de même que l'époux, après la dissolution de la société, doit récompense des frais de semence et de culture des fruits qui lors de cette

---

(1) Battur (II, 356) ; Dalloz (*Rép.*, X, p. 264, et *Contr. de mar.*, 2563) ; Duranton (XV, 18 et suiv.) ; Zachariæ (III, p. 510) ; Glandaz (n° 385) ; Paul Pont et Rodière (II, 17) ; Duvergier (sur Toullier, *loc. cit.*) ; Troplong (n° 1855) ; Taulier (V, 174) ; Rej., sur arrêt de Bordeaux, 10 déc. 1840 (*J. Pal.*, 1840, t. II, p. 781) ; Req., 1er juin 1853 (Dev., 53, I, 513). Ce dernier arrêt juge en outre que l'arrêt qui, en se fondant sur l'autorité des conventions, décide que les époux ont entendu établir une communauté ordinaire, dans laquelle tombent les apports mobiliers qui n'en ont pas été exclus par une clause particulière, échappe à la censure de la Cour de cassation.

(2) Jugé que les droits de la femme mariée sous le régime dotal avec communauté d'acquêts, sur les fruits pendants par racines au jour de la dissolution de la communauté, se règlent d'après les principes de la communauté d'acquêts, et non d'après ceux du régime dotal ; et, par suite, que la femme a droit à tous les fruits existants sur les immeubles dotaux, et non à une part de ces fruits proportionnellement à la durée du mariage pendant la dernière année. Rouen, 3 mars 1853 (Dev., 54, II, 31). — Sic MM. Tessier (*De la Dot*, t. II, n° 893) ; Duranton (t. XV, n° 11) ; Paul Pont et Rodière (t. II, n° 30) ; Troplong (t. III, n°s 1867 et 1868) ; Dalloz (*loc. cit.*, 2597).

dissolution pendaient par branches ou racines sur les fonds, de même la société, à la différence de ce qui a lieu pour la communauté légale, doit récompense à l'époux pour les semences et culture des fruits qu'elle a trouvés pendant au jour de la célébration. C'est évident, puisque le motif qui nous a fait admettre une solution contraire pour la communauté légale, c'est que la somme payée par l'époux pour ces frais serait, si elle n'avait point été déboursée, également entrée dans la communauté comme valeur mobilière, tandis qu'ici cette somme, si elle n'avait pas été déboursée, serait restée propre à l'époux. Ainsi les frais qui, dans le premier cas, sont réellement supportés par la communauté (qui les a trouvés en moins dans les capitaux de l'époux), sont supportés ici par le patrimoine particulier de l'époux, et il y a lieu dès lors d'appliquer, entre cet époux et sa communauté, le principe de réciprocité qui se trouve inapplicable à la communauté légale. Il y a donc inexactitude dans la doctrine de M. Duranton (XV, 11), qui admet la dette de l'époux envers la communauté et rejette celle de la communauté envers l'époux. Cette inexactitude est d'autant plus frappante, que l'honorable professeur reconnaît que si le montant des frais était dû à un tiers, la communauté devrait payer ce tiers et n'aurait pas de recours contre l'époux. Si elle n'a pas de recours, c'est donc bien que la dépense doit être supportée par elle et non par l'époux (1).

Avec les gains provenant des revenus des biens, la communauté d'acquêts prend aussi ceux provenant de l'industrie des époux; mais ici encore, bien entendu, il ne s'agit que des gains à acquérir et non de ceux qui sont déjà réalisés lors de la célébration. Ainsi, que l'on vende pendant le mariage un ouvrage d'art, de science ou autre qu'un époux avait composé avant son union, la somme en provenant lui restera propre, puisqu'elle est le prix d'un propre. Il en serait autrement du prix des éditions qui seraient faites de cet ouvrage pendant la communauté, ce prix n'étant qu'un revenu du bien. — Dans le cas de trésor découvert par un époux, ce ne serait plus seulement la moitié acquise *jure soli* qui serait ici propre à cet époux, comme dans la communauté légale; ce serait aussi l'autre moitié, puisqu'elle n'est ni un fruit ni un gain provenant de l'industrie. L'époux conserverait également en propre les objets perdus qu'il trouverait (2), et les gains qu'il ferait, soit à une loterie, soit à des jeux ou paris (3). Mais il en serait autrement d'un office qui lui serait concédé gratuitement par l'Etat ou de biens qui lui seraient accordés comme récompense nationale : ce ne sont là ni

---

(1) *Conf.* Pont et Rodière (t. II, n° 31). — *Contrà :* Troplong (1869); Dalloz (*loc. cit.*, 2598). *Voy.* Rouen, 3 mars 1853 (Dev., 54, II, 31); Limoges, 31 août 1863 (Dev., 64, II, 204).

(2) *Conf.* Toullier (XIII, 323); Zachariæ (III, 511); Taulier (V, 176); Rodière et Pont (II, 36). — Selon M. Dalloz, il faut voir s'il y a eu plus ou moins de temps employé, car le temps est un capital appartenant à la société d'acquêts. — *Contr. de mar.* (2596); Troplong (1871); Duranton (XV, 12).

(3) *Conf.* Pothier (323); Rodière et Pont (II, 38); Taulier (V, 177). — *Contrà :* Duranton (XV, 12); Zachariæ (t. III, p. 511, note 6); Tessier (76); Dalloz (*Contr. de mar.*, 2595); Odier (687); Troplong (1872).

des gains du hasard ni des donations ; la concession de l'office est faite à la capacité du titulaire, les récompenses sont le prix de ses travaux ou services, et le tout par conséquent appartient à la communauté d'acquêts (1).

Quant au passif, il ne comprend ni les dettes existant au jour de la célébration, ni celles des successions ou donations, même purement mobilières, qui échoient aux époux pendant le mariage, ni celles que ces époux contractent pour leurs propres immobiliers ou mobiliers. Il comprend celles que le mari ou la femme autorisée contractent pour la société, les intérêts ou arrérages des dettes personnelles, et toutes les charges usufructuaires des biens des époux (2).

Il va sans dire, au surplus, que la composition, soit de l'actif, soit du passif, pourrait être autrement fixée par le contrat, les époux étant toujours maîtres d'étendre ou de restreindre l'étendue que la loi lui donne.

III. — Ici, comme sous la communauté légale, tout bien est réputé commun, tant que l'un des époux ne prouve pas qu'il lui est propre. La preuve sera bien simple quant aux immeubles, dont l'origine est toujours facile à constater : aussi la loi n'en parle-t-elle pas. Mais ce point demande quelque développement quant au mobilier.

Régulièrement et en principe, la preuve doit se faire, soit par un inventaire dressé précisément en vue de distinguer les meubles propres des meubles de la communauté, soit par un état en bonne forme, tel que celui qui se trouverait dans un compte de tutelle ou qui accompagnerait une donation mobilière, état qui rendrait inutile la rédaction *ad hoc* d'un inventaire. Cette règle s'applique, aux termes de l'art. 1499, et au mobilier existant lors du mariage et à celui qui échoit aux époux pendant le cours du mariage.

A défaut de cet inventaire et de cet état, il faut distinguer entre les deux cas.

Pour le mobilier échu pendant le mariage, la règle à suivre est très-différente de l'un à l'autre époux. Comme c'est le mari qui est tout naturellement chargé de faire dresser l'inventaire que rend nécessaire l'arrivée d'un mobilier non autrement constaté, ce mari, si c'est à lui que ce mobilier est échu, ne pourra pas se plaindre du défaut de constatation, et les meubles de la propriété personnelle desquels il ne fera pas la preuve régulière resteront à la communauté (3). La femme, au con-

_____

(1) Cass., 7 nov. 1827 ; Colmar, 20 déc. 1832 ; Douai, 15 nov. 1833 ; Agen, 2 déc. 1836 (Dev., 33, II, 185 ; 34, II, 189 ; 37, II, 309); Zachariæ (III, p. 511); Paul Pont et Rodière (II, 39 et 40); Troplong (1873); Dalloz (2592). — Néanmoins la plus-value acquise par l'office *propre* au mari ne tombe pas dans la communauté d'acquêts, si elle provient uniquement de l'augmentation générale de la valeur des offices et ne peut être attribuée à l'industrie et aux efforts particuliers du mari depuis le mariage. Bordeaux, 19 fév. 1856 (Dev., 56, II, 271). *Conf.* M. Troplong (n° 1875).

(2) *Voy.* Duranton (XIII, 14); Rodière et Pont (II, 22-42); Odier (701); Troplong (1891 à 1893); Dalloz (*loc. cit.*, 2607, etc.); Tessier (132); Bordeaux, 12 déc. 1834 ; Req., 6 fév. 1833 ; Demolombe (*Dist. des biens*, 314); Limoges, 31 août 1863.

(3) Rodière et Pont (II, n° 46); Troplong (III, n° 1884); Limoges, 3 août 1860 (Dev., 61, II, 241).

traire, par la même raison et vu son état de dépendance, pourra faire preuve par tous moyens, même par commune renommée (1). C'est ce que l'art. 1504 décide pour un cas analogue au nôtre, ou plutôt identique, comme on le verra bientôt. Les héritiers de la femme auraient, bien entendu, le même droit qu'elle ; et réciproquement, les héritiers du mari n'auraient pas plus de droit que leur auteur, à moins qu'ils ne prétendissent que le défaut d'inventaire a eu lieu à dessein et pour avantager la femme au préjudice de leur réserve : ils pourraient alors faire preuve, même par commune renommée, puisque la fraude se prouve par tous moyens (2).

Quant au mobilier que les époux possèdent en se mariant, deux questions se présentent. — La première est de savoir si l'inventaire qui ne serait dressé qu'après la célébration du mariage serait néanmoins efficace. Tout le monde reconnaît que, par analogie de l'art. 1510, il ne serait pas opposable aux créanciers des époux (3), et la difficulté est seulement de savoir s'il produirait son effet entre les époux. M. Bugnet (sur Pothier, n° 298) répond négativement ; mais il n'en donne aucun motif, et nous ne voyons, en effet, aucune raison pour ne pas adopter l'affirmative, enseignée par Pothier (*loc. cit.*) (4). — A défaut d'inventaire, faudra-t-il ici, comme pour le mobilier échu pendant le mariage, appliquer la disposition de l'art. 1504 ? Telle est la seconde question. Toullier (XIII, 306) et M. Glandaz (n° 388) enseignent l'affirmative ; mais cette idée est inadmissible. La dépendance de la femme envers le mari, et l'obligation pour celui-ci de faire inventorier le mobilier de cette femme, n'existent pas tant que le mariage n'est pas célébré : les deux futurs époux sont tous deux sur la même ligne, tous deux maîtres d'agir (par eux-mêmes ou par ceux dont ils dépendent) comme il leur plaira ; tous deux, par conséquent, doivent être traités de la même façon, et ce n'est évidemment plus le cas d'accorder à l'un la preuve par commune renommée, en ne permettant à l'autre que la preuve par titre. Ainsi, de deux choses l'une : ou la preuve par commune renommée sera permise pour tous deux, ou elle ne le sera pour aucun. Mais à laquelle de ces deux idées faut-il s'arrêter ? Les auteurs et les arrêts sont divisés encore sur ce point, qui cependant nous paraît assez simple (5). La preuve testimoniale, en effet,

---

(1) Mais ceci doit s'entendre de la femme vis-à-vis de son mari. Car, à l'égard des tiers, la femme ne peut suppléer par aucune preuve au défaut d'inventaire ou état en bonne forme qu'elle prétend lui être échu pendant le mariage. Bordeaux, 21 janv. et 9 avr. 1853 ; Rej., 19 juin 1855 (Dev., 53, II, 243 et 423 ; 55, I, 506). — *Sic* MM. Paul Pont et Rodière (t. II, n° 46) ; Troplong (n° 1884) ; Odier (690) ; Massé et Vergé (t. IV, § 655) ; Aubry et Rau (t. IV, § 522, p. 378). — *Voy.* Cass., 19 juin 1855 (Dev., 55, I, 506).

(2) *Conf.* Delvincourt (t. III, p. 80) ; Bruxelles, 27 fév. 1832 ; Amiens, 17 déc. 1824 ; Req., 19 déc. 1842. *Voy.* Bordeaux, 19 fév. 1856 (Dev., 56, II, 271).

(3) Bellot (III, 27) ; Battur (II, 367) ; de Villargues (v° Comm., n° 641) ; Duranton (t. XV, 16) ; Zachariæ (t. III, p. 512) ; Taulier (t. V, p. 179) ; Toullier (t. XIII, n° 305) ; Glandaz (*Encyc.*, v° Comm., n° 388) ; Pont et Rodière (n° 49) ; Odier (n° 690) ; Troplong (n° 1883) ; Dalloz (2615) ; Poitiers, 6 mai 1836 ; Paris, 23 fév. 1835.

(4) *Conf.* Pont et Rodière (t. II, n° 45) ; Dalloz (2684).

(5) *Pour* la preuve : Maleville (III, p. 351) ; Battur (II, 367) ; Rodière et Paul Pont

n'est permise par exception qu'à ceux qui n'ont pas pu se procurer une preuve écrite ; or si la femme, pendant le mariage, est dans l'impossibilité de faire inventorier le mobilier qui lui échoit, il est clair qu'avant le mariage aucune impossibilité de ce genre n'existe ni pour la femme ni pour le mari, et que rien ne les empêche de faire dresser, à défaut d'autre état en bonne forme, l'inventaire exigé par notre article 1499 : aussi, en permettant exceptionnellement à la femme, mais à la femme seulement, de faire preuve par la commune renommée, l'art. 1504 a soin de ne le permettre que pour le mobilier échu pendant le mariage, et le Code, soit dans cet article, soit partout ailleurs, se garde bien d'en dire autant du mobilier existant lors de la célébration. On reste donc soumis, pour celui-ci, à la règle de l'art. 1499 exigeant la confection de l'inventaire, règle qui n'est d'ailleurs que l'application des principes généraux. En vain on argumente de ce que cette preuve par commune renommée était permise dans l'ancien droit; car cet ancien usage, qui serait d'une certaine autorité si le Code avait gardé le silence sur la question, devient sans valeur en présence de la règle contraire de notre art. 1499.

IV. — Nous avons vu (art. 1408, n° VIII) que, sous la communauté légale, les meubles restant propres aux époux se divisent en propres parfaits et propres imparfaits; que les premiers demeurent rigoureusement la propriété de l'époux, qui les reprend en nature lors de la dissolution, tandis que les seconds tombent de fait dans la communauté, qui en devient réellement propriétaire et se trouve seulement débitrice de leur valeur envers l'époux, et que l'on doit considérer comme n'étant ainsi qu'imparfaitement propres tous ceux qui ont été livrés, soit avec estimation, soit avec d'autres circonstances indiquant la pensée de les attribuer à la communauté, sauf récompense. Or ces idées sont évidemment applicables sous la communauté d'acquêts, avec cette différence que les meubles propres (soit parfaitement, soit imparfaitement) y seront beaucoup plus considérables, puisque tous les biens mobiliers appartenant aux époux lors de la célébration, ou leur arrivant pendant le mariage autrement que comme produit de leurs biens ou de leur travail, sont exclus de la communauté.

Il faut donc reconnaître qu'ici, comme sous la communauté légale, tous ceux de ces meubles pour lesquels ne se manifestera point la volonté de l'époux de les transférer, sauf récompense, à la communauté, demeureront rigoureusement et en nature la propriété de cet époux. En vain Merlin (v° Réalisat.), M. Battur (II, 381) et d'autres veulent établir le contraire, en se fondant sur l'art. 1503, qui dit que chaque époux peut reprendre, lors de la dissolution, la *valeur* de ce dont son mobilier excède sa mise en communauté. Nous avons déjà dit (ar-

---

(II, 48); Rej., 3 août 1831 et 19 déc. 1842; Bourges, 28 fév. 1832, et Bordeaux, 19 fév. 1856 (Dev., 56, II, 271): Orléans, 24 fév. 1860. — *Contre* : Duranton (XV, 16 et suiv.); Zachariæ (III, p. 512); Rolland de Villargues (v° Commun., n° 641); Poitiers, 6 mai 1836 (Dalloz, 37, II, 128); Limoges, 3 août 1860 (Dev., 61, II, 241). — *Voy.* aussi Cass., 19 juill. 1864 (Dev., 64, I, 461).

ticle 1428, n° II), et nous allons voir en expliquant cet art. 1503, qu'il n'y est question que du cas où l'époux s'est constitué, envers la communauté, débiteur d'une somme en payement de laquelle il lui a transféré son mobilier, en sorte que cette communauté est devenue propriétaire de ce mobilier, sauf à compter, et à rendre, s'il y a lieu, l'excédant de la valeur de ce mobilier sur la somme promise (1).

Il faut reconnaître encore, par conséquent, comme nous l'avons fait aussi sous la communauté légale (*loc. cit.*), que le mari ne pourrait pas aliéner les biens meubles demeurés propres parfaits de la femme (Rej., 2 juillet 1840 : Dev., 40, I, 886) (2).

V. — Il était d'un usage fréquent autrefois, surtout en Normandie, de stipuler une société d'*acquêts immobiliers* seulement ; en sorte que les époux n'étaient alors communs que pour les *immeubles* acquis pendant le mariage, les acquêts mobiliers demeurant la propriété du mari, comme le sont tous les acquêts meubles et immeubles sous l'exclusion de communauté. On s'est demandé si cette clause était encore permise sous le Code ; et tandis que M. Delaporte et même M. Troplong admettent l'affirmative sans discussion et comme un point qui n'est ni ne saurait être controversé, de nombreux auteurs (dont M. Troplong semble ignorer la contradiction) ont soutenu la négative (3).

Leur doctrine est inadmissible... Le motif qu'ils donnent, c'est que la position serait trop préjudiciable à la femme et trop commode pour le mari, qui pourrait exclure celle-là de toute participation aux bénéfices, en ayant soin de ne point acquérir d'immeubles. Or ce n'est pas là une raison de droit, c'est une considération de fait que la femme ou ses conseils ont à peser pour choisir le régime qui leur conviendra, mais qui ne peut jouer aucun rôle dans la question de validité ou d'invalidité de la clause. Sans doute, la position est peu avantageuse pour la femme ; mais elle l'est moins encore dans le régime d'exclusion de communauté, qui est pourtant parfaitement permis. Comment la femme ne pourrait-elle pas adopter le régime où elle court la chance d'avoir ou de n'avoir pas d'acquêts, quand elle peut adopter celui où il est entendu d'avance qu'elle n'aura rien ?... Encore une fois, ce n'est pas là du droit. En droit, la règle est que les époux sont entièrement maîtres d'arrêter telle convention qu'il leur plaira, pourvu qu'elle ne soit contraire ni au bonnes mœurs ni aux prohibitions du Code. Or la société d'acquêts immobiliers n'a rien de contraire à la morale et n'est prohibée par aucun texte ; elle est donc permise : aussi en voit-on encore beau-

---

(1) *Voy.* Cass., 16 juill. 1856 (Dev., 56, I, 865), 21 mars 1859 (Dev., 59, I, 761); Mourlon (3ᵉ examen, p. 81 et 82) ; Cubain (*Droit des femmes*, 206); Glandaz (237 et 397). Mais il peut exiger le remboursement d'une créance payée à sa femme. Cass., 25 juill. 1843 (Dev., 51, I, 258); Colmar, 23 déc. 1863 (Dev., 64, II, 111).

(2) Paris, 3 janv. 1852 (Dev., 52, II, 133).

(3) Delaporte (art. 1498); Troplong (III, nᵒˢ 1856 et 1905-1909). *Voy.* Rouen, 16 août 1808, 13 juin et 12 déc. 1822 ; Cass., 19 déc. 1827, 11 juill. 1838. — *Contrà* : Bellot des Minières (III, p. 24); Rolland de Villargues (vᵒ Commun., n° 637); Zachariæ (III, p. 519); Paul Pont et Rodière (II, 24).

coup d'exemples, comme le prouvent les divers arrêts dont nous allons parler plus bas.

La société d'acquêts immobiliers, comme son nom même l'indique, est une communauté plus étroite encore que la société d'acquêts ordinaires, et qui ne comprend qu'une partie de ce que comprend l'autre. Ainsi, elle n'embrasse pas tous les immeubles que le mari peut acquérir pendant le mariage, mais seulement ceux qui sont vraiment acquêts, c'est-à-dire qui proviennent des gains faits, soit par les revenus des propres des époux, soit par l'industrie de ces époux : de même que la société de tous acquêts ne comprend jamais que ces gains, de même la société d'acquêts immobiliers ne comprend que ceux de ces gains qui sont immobilisés. Tout ce qui serait propre dans la première reste toujours propre dans la seconde ; et, de plus, les meubles qui seraient communs dans l'une restent propres au mari dans l'autre, et n'y deviennent communs que par leur immobilisation. Il n'y a pas de difficulté à cet égard ; et s'il n'y a jamais eu de doute devant les tribunaux sur la validité de cette société particulière, il n'y en a pas eu davantage sur la composition de son actif. Mais il en est autrement pour son passif, et le point de savoir quelles dettes (autres, bien entendu, que celles relatives aux immeubles propres, qui restent toujours personnelles à chaque époux) tombent à la charge de la société a fait naître quatre systèmes contraires. L'un, dont le principe se trouve dans une idée de MM. Bellot et R. de Villargues, veut que la société ne supporte aucune partie des dettes, toutes restant à la charge des acquêts mobiliers. Un second, adopté notamment par un jugement réformé en appel par la Cour de Bruxelles en 1823, admet qu'elle devra supporter les dettes contractées à l'occasion des immeubles qui la composent. Le troisième, appliqué par un arrêt de Caen de 1828 et professé depuis par M. Troplong, divise toutes les dettes entre les acquêts immobiliers de la société et les acquêts meubles du mari, en proportion de leur importance relative. Le dernier, suivi par l'arrêt de 1823 et par un arrêt de Caen de 1850, veut que la société supporte seule la totalité des dettes, comme une communauté ordinaire (1)... De ces quatre systèmes, c'est le troisième qui doit être admis. En effet, la totalité des dettes contractées pendant le mariage doit manifestement se défalquer de la totalité des acquêts faits pendant ce même mariage ; car il n'y a vraiment de biens, il n'y a de bénéfices, que ce qui reste après déduction des dettes : *Non sunt bona, nisi deducto œre alieno.* Or, puisque les époux ont divisé l'ensemble des acquêts en deux parties, les meubles d'un côté, les immeubles de l'autre, il faut donc diviser aussi l'ensemble des dettes en deux parties, proportionnelles à l'impor-

---

(1) Bruxelles, 5 nov. 1823 (cet arrêt, que M. Troplong dit avoir inutilement cherché dans les recueils, se trouvait pourtant, à sa date même, dans le *Journal du Palais*); Caen, 31 mai 1828, 21 janv. 1850. (*Voy.* les trois arrêts dans Dev., 50, II, p. 193 et 199.) — *Junge :* Rouen, 29 juin 1850, 22 juill. 1850 et 15 mai 1851 (Dev., 54, II, 385); Rej., 3 août 1852 (Dalloz, 52, I, 257); Caen, 12 nov. 1853 (Dev., 54, II, 399). — *Voy.* encore, dans le même sens, la dissertation de M. Paul Pont, dans la *Revue critique* (t. III, p. 898).

tance réciproque des deux catégories d'acquêts; en sorte que, si l'ensemble des acquêts consiste en immeubles pour deux tiers et en meubles pour un tiers, l'ensemble des dettes soit supporté pour un tiers par les meubles et pour deux tiers par les immeubles... En vain, pour exonérer la société de toute partie des dettes, on prétend qu'elle contient pour la femme un forfait de communauté. L'idée n'est pas soutenable; car, pour qu'il y eût forfait, il faudrait que le droit (privilégié et déchargé des dettes) attribué à la femme sur les immeubles fût la transformation et la réduction d'un droit (ordinaire et passible des dettes) dans une communauté plus large; or il n'en est rien, puisque les immeubles dont la femme prend moitié sont ici l'unique objet de la communauté convenue. En vain aussi, pour soutenir que la société doit supporter seule toutes les dettes, on dit qu'il n'y a de biens que quand toutes les dettes sont acquittées. Sans doute, une société doit supporter la totalité de ses dettes, mais elle ne doit supporter que ses dettes, celles qui sont siennes; or, encore une fois, l'ensemble des dettes contractées pendant le mariage concerne l'ensemble des acquêts et ne peut pas être imposé arbitrairement aux seuls acquêts immeubles : dans toute masse de biens, la nature mobilière ou immobilière des valeurs est insignifiante pour la contribution aux dettes : *Universi patrimonii æs alienum onus est;* tous les acquêts doivent toutes les dettes et tous les doivent au même degré. Enfin, c'est parce que tous les acquêts doivent toutes les dettes au même degré, que le second système doit être écarté comme le premier et le quatrième. C'est l'universalité des acquêts qui doit l'universalité des dettes; et puisque le contrat de mariage, en divisant l'actif en deux parties, n'a rien dit du passif et l'a ainsi laissé soumis au droit commun, chaque partie de biens doit donc en supporter une part proportionnelle à son importance (1).

Une dernière question que soulève cette société d'acquêts immeubles, c'est de savoir si elle doit, comme une société de tous acquêts et comme la communauté ordinaire, recevoir l'application de l'art. 1408. Ainsi, quand le mari achète avec les deniers acquis pendant le mariage la moitié d'un immeuble indivis dont l'autre moitié lui appartenait, la moitié ainsi acquise par le mari lui sera-t-elle propre en vertu de l'art. 1408, ou fera-t-elle partie de la communauté d'acquêts immeubles? On ne doit pas hésiter à dire qu'elle sera propre. Il est vrai que l'art. 1408 ne pose sa règle que sous la condition d'une indemnité à payer à la communauté pour les deniers qu'elle a pu fournir, et qu'ici cette indemnité ne sera jamais possible, puisque les deniers dont se sert le mari appartiennent, non à la communauté, mais à lui-même; mais il ne peut y avoir là ni raison ni prétexte pour écarter l'application de l'article, et l'on s'étonne qu'on ait pu faire de cette idée, dans l'espèce dont nous parlons plus bas, un moyen de pourvoi en cassation :

---

(1) Nous sommes revenu sur ce point dans la *Revue critique*, t. III, p. 86 et suiv., où nous réfutons la doctrine contraire de M. le procureur général Rouland. *Voy.* Caen, 31 mai 1828 ; Dalloz (2649); Troplong (n° 1908).

le cas d'indemnité n'est évidemment qu'un point subsidiaire, dont la règle principale ne dépend en rien et qui dépend lui-même de la condition d'un dommage causé; le défaut d'indemnité, du moment qu'il résulte du défaut de dommage, est parfaitement insignifiant... Il est vrai encore que le défaut de dommage et d'indemnité tient ici à une organisation différente de la communauté; mais cette organisation différente, loin de militer contre l'application de l'art. 1408, militerait plutôt pour elle; car la communauté restreinte qui nous occupe comportant beaucoup plus de propres que la communauté ordinaire, comment la première rendrait-elle commun ce qui est propre même dans la seconde?... Il est vrai, enfin, que le résultat peut, au premier coup d'œil, paraître dur pour la femme; mais il est la conséquence naturelle de sa convention, et elle ne peut certes pas s'en plaindre, puisque les deniers avec lesquels le mari se fait un propre lui eussent été propres eux-mêmes d'après le contrat... C'est donc avec raison que la question a été jugée en ce sens, en 1849 et 1850, par les deux arrêts de Rouen et de la Cour suprême, cités déjà sous l'art. 1408 (n° I, alinéa 5).

Si c'était la femme qui fût copropriétaire de l'immeuble indivis dont une portion est achetée par le mari, la portion deviendrait également propre à cette femme, puisque l'art. 1408 s'applique dans tous les cas où, d'après les règles ordinaires, l'immeuble acquis aurait été conquêt; mais on a, dans ce cas, à se demander si une récompense sera due et à qui elle sera due. Que la récompense soit due, on n'en peut pas douter, puisque autrement la femme s'enrichirait (au moins pour la moitié de l'acquisition) aux dépens d'autrui, en prenant comme propre et pour elle seule un bien acquis par des deniers dont aucune partie ne lui appartenait à cet état de deniers, et dont la moitié seulement pouvait lui appartenir en cas d'immobilisation. Mais à qui et dans quelles limites la récompense est-elle due? Faut-il dire qu'elle est due au mari comme ayant, avec ses deniers propres, acheté un bien pour sa femme (en sorte que celle-ci devrait rendre au mari le prix total de l'acquisition)? Faut-il dire qu'elle est due à la communauté d'immeubles, parce que celle-ci, sans l'effet du privilége que la femme invoque, aurait conservé l'acquisition et qu'elle subit ainsi une perte dont la femme doit l'indemniser (en sorte que cette femme, en acceptant la communauté, ne devrait compte au mari que de la moitié du prix d'acquisition)?... C'est à cette dernière idée qu'il faut tenir; car on ne peut pas retourner contre la femme une règle que l'art. 1408 établit pour son plus grand avantage, et lui donner, pour un bien que la loi lui déclare propre, moins de droits qu'elle n'en aurait si ce bien était commun. C'est d'autant plus évident que la femme a toujours le droit alors de rendre l'acquisition propre ou commune à son choix, et que dès lors la moitié de cette acquisition ne saurait lui échapper... Mais pour ce qui est d'une dette du mari, on a vu que toute idée de récompense se trouve écartée par cette considération qu'il a acquis pour lui avec des deniers appartenant à lui.

SECTION II.

DE LA CLAUSE QUI EXCLUT DE LA COMMUNAUTÉ LE MOBILIER EN TOUT OU PARTIE.

1500. — Les époux peuvent exclure de leur communauté tout leur mobilier présent et futur.

Lorsqu'ils stipulent qu'ils en mettront réciproquement dans la communauté jusqu'à concurrence d'une somme ou d'une valeur déterminée, ils sont, par cela seul, censés se réserver le surplus.

SOMMAIRE.

I.   Exclusion totale ou partielle du mobilier. Elle reçoit différents noms et se présente sous diverses formes. Il faut y distinguer la clause de réalisation et la clause d'apport.
II. Clause de réalisation. La réalisation est expresse ou tacite. Elle résulte tacitement de la clause d'emploi, même avant que l'emploi soit effectué : *erreur de M. Battur.*
III. L'exclusion de l'universalité ou d'une quote-part du mobilier emporte exclusion proportionnelle des dettes : controverse.
IV. Si la clause présente deux sens, on se tient à celui qui se rapproche le plus du droit commun.

I. — La clause dont s'occupe cette seconde section a pour but, comme la précédente, de restreindre l'étendue de la communauté légale, en excluant de son actif tout ou partie du mobilier des époux.

Cette clause, que le Code semble nous offrir comme une idée simple et unique, contient cependant (à part d'autres distinctions moins importantes) deux aspects distincts que Pothier séparait avec soin, et dont chacun fait l'objet de l'un des deux alinéas de notre article.

Considérée en général, cette clause d'exclusion totale ou partielle du mobilier reçoit dans la pratique différentes dénominations et revêt aussi diverses formes. — Ainsi, on l'appelle tantôt *clause de réalisation,* parce que par elle l'époux réalise à son profit, en se les réservant propres, des valeurs qui, d'après les principes généraux, lui auraient échappé en tombant dans la communauté; tantôt *clause d'immobilisation,* parce qu'elle a pour l'époux l'effet, soit de transformer en immeubles, soit d'assimiler à des immeubles, en la lui rendant propre, la totalité ou une partie de sa fortune mobilière; tantôt *stipulation de propres,* parce qu'elle rend propres des biens qui sans elle eussent été communs; tantôt *clause d'emploi,* mais seulement dans le cas où il est stipulé que les meubles réservés seront placés en acquisition d'immeubles; tantôt, enfin, *clause d'apport;* mais cette dernière dénomination ne convient qu'à une hypothèse toute particulière présentant l'une des deux idées principales dont la distinction, déjà signalée plus haut, va revenir bientôt. Il est aussi d'usage d'appeler propres *conventionnels* ou même propres *fictifs* (expression moins exacte que la première) les biens qui sont ainsi exclus de la communauté par la convention des parties. — La réalisation, au surplus, peut être stipulée de quatre manières différentes, dont trois rentrent dans le premier alinéa de notre article, tandis que la quatrième fait l'objet du second. Elle se produit, en effet : 1° quand l'époux déclare directement et positivement exclure de la communauté la totalité ou telle partie de son mobilier ; 2° quand il déclare au contraire mettre en communauté telle partie de son mobilier, en sorte que le surplus se trouve exclu virtuellement ; 3° quand il stipule qu'une somme de…, à prendre sur le mobilier, sera placée en immeubles à lui propres, ce qui présente encore la réalisation virtuelle d'une partie de ce mobilier (et c'est là, au surplus, la *clause d'emploi*); 4° enfin, quand il déclare mettre son mobilier en communauté jusqu'à concurrence de telle somme ou valeur, ce qui constitue la *clause d'apport*.

L'expression *clause de réalisation*, en outre du sens large et générique qui embrasse ces quatre hypothèses, présente un sens plus propre dans lequel on l'oppose à la *clause d'apport*. Ces deux clauses de réalisation (*proprio sensu*) et d'apport, si bien distinctes que Pothier traitait l'une dans son art. II (n°s 286-302), et l'autre dans son art. IV (n°s 315-349), ne sont pas non plus, comme on pourrait le croire à la première vue, confondues dans notre section. Le premier alinéa de notre art. 1500 ne prévoit que la clause de réalisation, et c'est ensuite la clause d'apport qui fait l'objet du second alinéa, ainsi que des articles 1501-1503.

Parlons d'abord de la clause de réalisation.

II. — La réalisation, ou exclusion de la communauté, se fait expressément ou tacitement (1).

Quand un époux déclare mettre en communauté telle somme à prendre sur une somme plus forte ou telle partie de son mobilier, le surplus est réalisé tacitement ; car, ainsi que l'expliquait Pothier (317), dire que sur 200 000 fr. il en entrera dans la communauté 10 000, ou que, du mobilier de l'époux, tels ou tels meubles entreront dans cette communauté, c'est bien dire que le reste n'y entrera pas : *Qui dicit de uno, de altero negat*. Il y a de même réalisation tacite, quand on convient qu'une somme de… sera employée pour l'époux en immeubles : la somme se trouve alors, par sa destination même, exclue de la communauté et rendue propre à l'époux. M. Battur, il est vrai, contredit cette idée (II, 393), et enseigne qu'il n'y a réalisation que quand l'emploi est effectué ; mais c'est une erreur. N'est-il pas évident, en effet, que, par cela seul que la somme est réservée pour cet emploi, elle est exclue de la communauté? Aussi la Coutume de Paris disait-elle : « Somme donnée… pour être employée en achat d'héritage, *encore qu'elle n'ait été employée*, est réputée immeuble, à cause de sa destination (art. 93). » Il a toujours été reconnu, et avec raison, que l'accomplissement de l'emploi était indifférent (2).

---

(1) Elle peut s'induire de l'ensemble du contrat : il n'y a pas de formule sacramentelle. Pont et Rodière (t. II, n° 84 ; Troplong (1919 et 1920); Dalloz (2671).

(2) Pothier (n° 327); Merlin (*Rép.*, v° Réalisat., §§ 1 et 5); Toullier (XIII, 318); Zachariæ (t. III, p. 520); Bellot (t. III, p. 49); Battur (t. II, n° 393); Dalloz (2713); Rodière et Paul Pont (II, 66); Odier (t. II, n°s 743 et 744); Troplong (III, 1946 et

La réalisation est expresse, quand l'époux déclare directement qu'il exclut de la communauté tout ou partie de ses meubles. — La clause, qui peut, bien entendu, avoir pour objet ou la totalité du mobilier, ou une quote-part de ce mobilier, comme le tiers ou la moitié, ou certains meubles spécialement déterminés, peut d'ailleurs porter, ou sur le mobilier présent seulement, ou seulement sur le mobilier futur, ou sur le mobilier présent et futur (1). Du reste, quand l'époux déclare exclure *son mobilier futur,* il est clair que ce mobilier futur ne s'entend que de celui qui lui viendra par succession, par donation ou *fortunæ dono,* et que ne comprend pas la société d'acquêts, mais non du mobilier provenant des revenus des biens ou de l'industrie de l'époux; car, lorsqu'on exclut des biens *de la communauté, on entend donc avoir une communauté;* or où serait cette communauté et de quoi s'alimenterait-elle, si on lui refusait les produits des biens et du travail? (2)

III. — En excluant de l'actif de la communauté leur mobilier, les époux excluent par là même et de plein droit de son passif leurs dettes correspondantes. Celui qui se réserve propres tous ses meubles actuels garde par là même à sa charge toutes les dettes actuelles, et s'il exclut aussi son mobilier futur, c'est-à-dire celui des successions et donations qui lui arriveront, il prend à sa charge les dettes de ces donations et successions.

Des auteurs, cependant, notamment Delvincourt et M. Battur (II, 392), enseignent le contraire. D'abord, dit-on, cette doctrine ferait de l'exclusion du mobilier un cas identique à celui d'une société d'acquêts; or, si telle avait été la pensée du législateur, on ne voit pas pourquoi il aurait réglé deux fois et dans deux sections distinctes ce qui ne serait, en définitive, qu'une seule et même chose sous deux noms différents. D'un autre côté, tous les points auxquels il n'est pas dérogé par les conventions des parties restant soumis à la communauté légale, et les époux ne dérogeant ici qu'à la composition de l'actif, le passif doit donc rester avec sa composition ordinaire. De même que la clause de *séparation de dettes* n'exclut que le passif sans modifier l'actif, de même la clause réciproque d'*exclusion du mobilier* ne doit restreindre que l'actif sans modifier le passif, et c'est seulement la clause complexe de *simple communauté d'acquêts* qui modifie l'actif et le passif tout à la fois... Le premier motif est insignifiant. Si la clause de réalisation donne quelquefois le même résultat qu'une stipulation de communauté d'acquêts, c'est seulement quand elle s'étend à tout le mobilier présent et futur et qu'elle est stipulée à la fois par les deux époux; or, comme la réalisation peut aussi ne frapper que le mobilier présent, ou le mobilier futur, ou seulement une partie de tous deux,

---

1947); Nimes, 19 déc. 1830 (*Journ. du Pal.,* à sa date). Quant à l'arrêt de rejet du 26 mai 1835 (Dev., 35, I, 833), que l'on a cité dans le même sens, il ne juge pas la question; il statue dans un cas où l'emploi avait été effectué.

(1) *Conf.* Toullier (XIII, 398); Duranton (t. XV, n° 26); Rodière et Pont (t. II, n° 69); Odier (t. II, n° 737); Troplong (n° 1933); Dalloz (2673).

(2) Pont et Rodière (t. II, n°s 71, 72 et 73); Odier (775); Troplong (1928, 1902); Dalloz (2686); Amiens, 17 déc. 1824.

ou de l'un d'eux, ou même certains meubles déterminés, et comme elle peut aussi n'être stipulée que par un des époux, ou l'être par l'un avec moins d'étendue que par l'autre, il s'ensuit qu'elle est loin et bien loin de faire double emploi dans le Code avec la société d'acquêts. Le second argument est plus spécieux ; mais il s'évanouit devant les art. 1511 et 1514, alors surtout qu'on rapproche leurs dispositions du motif qui les a dictés. On avait d'abord disputé dans l'ancien droit sur le point de savoir si l'époux qui promet à la communauté l'apport d'une somme fixe ou d'objets déterminés, et qui retranche ainsi de l'actif commun l'universalité de son mobilier, ne doit pas par cela même conserver à sa charge toutes ses dettes antérieures au mariage. Lebrun avait enseigné la négative (1) ; mais Pothier le réfutait en disant : « Si les coutumes chargent la communauté des dettes mobilières des conjoints antérieures au mariage, c'est qu'elles y font entrer l'universalité de leurs biens mobiliers, dont, suivant les principes de l'ancien droit français, les dettes mobilières sont une charge. Mais, lorsque les conjoints ont composé autrement leur communauté, et qu'au lieu d'y apporter l'universalité de leurs biens mobiliers, ils n'y ont apporté qu'une somme certaine ou des corps certains, on doit, par une raison contraire, décider que cette communauté ne doit pas être chargée de leurs dettes antérieures au mariage ; car les dettes ne sont charge que d'une universalité de biens : *Æs alienum universi patrimonii, non certarum rerum, onus est* (n° 352). » Or le Code a consacré cette doctrine de Pothier dans l'art. 1511... Une controverse analogue avait existé sur le point de savoir si la femme qui stipule la reprise de ses apports peut jamais exercer cette reprise autrement qu'en remboursant à la communauté ses dettes antérieures au mariage que cette communauté a payées. Lebrun soutenait l'affirmative (2) ; mais Pothier avait réfuté de même cette idée en démontrant que les principes du droit, comme ceux de l'équité, ne permettent à la femme de reprendre son actif mobilier qu'en se chargeant de ses dettes mobilières, qui en sont inséparables, *quùm bona non intelligantur nisi deducto œre alieno* (n° 411) ; et cette doctrine est également consacrée par le Code dans l'art. 1514... Cela étant, comment le doute serait-il possible ? Comment l'époux qui n'apporte *rien* à la communauté se trouverait-il débarrassé de ses dettes, quand celui qui lui fait l'apport d'une somme déterminée, peut-être fort considérable, reste chargé des siennes ? Comment une femme serait-elle dispensée de payer ses dettes quand elle ne fait pas d'apports, alors qu'elle est tenue de les payer pour exécuter son droit de reprendre les apports qu'elle avait faits ? Évidemment la loi adopte ce principe, rappelé par Pothier, que les dettes mobilières sont une charge de l'universalité des biens meubles, et la doctrine de Delvincourt et de M. Battur doit dès lors être rejetée (3). Par consé-

---

(1) Lebrun (liv. 2, ch. 3, sect. 3 ; liv. 3, ch. 2, sect. 2, dist. 5).
(2) Lebrun (liv. 2, ch. 3, sect. 3 ; liv. 3, ch. 2, sect. 2, dist. 5).
(3) Toullier (XIII, 324) ; Duranton (XV, 50) ; Zachariæ (III, p. 514) ; Paul Pont et Rodière (II, 73). *Voy.* Troplong (1939 à 1945) ; Dalloz (2090).

quent, l'époux qui exclut l'universalité de son mobilier présent et futur devra payer toutes ses dettes actuelles et futures (mais les dettes futures ne sont ici, bien entendu, que celles des successions et donations à échoir) ; celui qui n'exclut que le mobilier présent, ou le mobilier futur, ou une quote-part de l'un ou de l'autre ou de tous deux, supportera les dettes actuelles seulement, ou seulement les dettes futures, ou une quote-part de ces mêmes dettes. Quant à celui qui ne réalise qu'une somme ou des objets déterminés, il ne subit aucune part des dettes.

IV. — Il est clair, au surplus, que la clause qui nous occupe étant une exception au droit commun, elle devra toujours s'étendre restrictivement. Ainsi, quand un époux aura dit qu'il se réserve *tout son mobilier,* cette expression ne s'entendra que du mobilier présent : il est vrai qu'elle pourrait très-bien signifier l'ensemble du mobilier présent et futur ; mais, en présence de ces deux sens possibles, c'est au plus restreint qu'il faut s'en tenir. Par la même raison, l'exclusion du mobilier à échoir *par succession* ne s'étendrait pas à celui qui viendrait *par donation,* et réciproquement (1).

Mais il ne faudrait pas, bien entendu, aller jusqu'à dénaturer le vrai sens d'une phrase et en restreindre la portée au delà de l'intention certaine des parties. Ainsi, quand il est dit que les époux seront communs *quant aux biens meubles et immeubles qu'ils acquerront,* il ne faudrait pas dire, comme Pothier (n° 317), que la phrase présente un double sens ; que les mots *qu'ils acquerront* peuvent s'y rapporter, soit aux meubles et aux immeubles, soit aux immeubles seulement, et que le sens le plus conforme au droit commun devant être préféré, il faut admettre que les époux seront alors communs en tous biens meubles (présents et futurs) et en acquêts immeubles. Le contraire est évident : la phrase n'a évidemment qu'un sens, dans lequel les mots *qu'ils acquerront* se réfèrent nécessairement au mot *biens* (meubles et immeubles), en sorte que les meubles futurs sont seuls mis en communauté, ce qui réserve propres les immeubles présents (2). De même, si, après avoir dit d'abord que l'époux exclut *ses meubles, son mobilier* ou sans l'expliquer autrement, le contrat contenait plus loin quelque passage indiquant clairement qu'il s'agit de meubles et présents et futurs, la réalisation devrait être admise pour les meubles futurs comme pour les autres. C'est seulement quand la pensée des parties est vraiment ambiguë, et que le contrat signifie aussi bien telle idée que telle autre,

---

(1) *Conf.* Duranton (XV, 28); Zachariæ (t. III, p. 721); Rodière et Pont (II, 76); Odier (II, 724); Troplong (1926); Dalloz (2675). — L'exclusion du mobilier à échoir par succession ne comprend pas celui qui peut être donné par testament, à moins qu'on ne regarde le legs comme une succession anticipée, parce qu'il émanerait du père ou de la mère, ou d'un autre ascendant. Pothier (322); Bellot (III, 122); Rolland (v° Commun., 660 et 661); Toullier (XIII, 322); Rodière et Pont (II, 77); Dalloz (2682).

(2) Duranton (XV, n° 38); Zachariæ (t. III, p. 521 et 522); Bugnet (sur Pothier, *De la Commun.,* p. 189, note 1); Pont et Rodière (t. II, n° 77); Dalloz (2678). — *Contrà :* Merlin (v° Réalis., § 1, n° 2); Toullier (XIII, 317); Troplong (n° 1846).

qu'on doit s'en tenir au sens le plus conforme au droit commun (1). Parlons maintenant de la clause d'apport.

1501. — Cette clause rend l'époux débiteur envers la communauté, de la somme qu'il a promis d'y mettre, et l'oblige à justifier de cet apport.

1502. — L'apport est suffisamment justifié, quant au mari, par la déclaration portée au contrat de mariage que son mobilier est de telle valeur.

Il est suffisamment justifié, à l'égard de la femme, par la quittance que le mari lui donne, ou à ceux qui l'ont dotée.

1503. — Chaque époux a le droit de reprendre et de prélever, lors de la dissolution de la communauté, la valeur de ce dont le mobilier qu'il a apporté lors du mariage, ou qui lui est échu depuis, excédait sa mise en communauté.

SOMMAIRE.

I. Clause d'apport. Elle ne produit pas toujours la réalisation, et celle qu'elle peut produire n'est qu'imparfaite. Conséquence.

II. Elle rend l'époux débiteur de la somme, et cet époux doit justifier de sa libération. Comment se fait la preuve, soit pour le mobilier du jour du mariage, soit pour celui qui échoit ensuite.

III. L'époux est garant du mobilier venant de son chef; et s'il s'agit de créances, il faut de plus qu'elles aient été acquittées : différence pour la preuve entre le mari et la femme. L'époux ne peut imputer son mobilier que sous déduction de ses dettes.

I. — La clause d'apport, à la différence de celles dont nous venons de parler sous l'art. 1500, ne produit pas toujours de réalisation, et quand elle en produit une, ce n'est qu'une réalisation imparfaite et improprement dite. Elle ne produit pas toujours de réalisation, puisqu'il n'y a d'exclu de la communauté que ce dont le mobilier de l'époux dépasse la somme par lui promise, et qu'il peut très-bien arriver que

---

(1) Quel est le pouvoir du mari sur les meubles réalisés par la femme? S'il s'agit de choses fongibles, on reconnaît que le mari a sur eux tous les droits d'un usufruitier (Dalloz, 2694). — S'il s'agit de meubles estimés pour le contrat, on applique l'art. 1551 pour décider que le mari en devient propriétaire, sauf restitution de sa valeur. — Mais il y a de grandes difficultés à l'égard des meubles qui, sans se consommer de suite, se détériorent peu à peu par l'usage, comme les meubles meublants. Pothier pense que le conjoint devient seulement créancier de la *valeur* de ces objets (n° 728), et son opinion est suivie par MM. Troplong (n° 1936), Merlin (v° Réalisat., § 1, n° 4), Bellot (t. III, p. 119), Delvincourt (t. III, p. 41, édit. 1819), Battur (II, 153). — D'autres auteurs soutiennent, au contraire, que la femme demeure propriétaire des meubles. Bourjon (*Droit commun*, t. III, p. 433, note 1); Renusson (*Des Propres*, ch. 6, sect. 3, nomb. 5); Duplessis (p. 143 et 144); Toullier (t. XII, n° 375); Duranton (t. XIV, n° 318, et XV, n° 21); Zachariæ (t. III, p. 516, note 18); Championnière (t. IV, n° 2896); Taulier (t. V, p. 180); Bugnet (sur Pothier, *De la Commun.*, n° 325); Pont et Rodière (t. II, n° 51). *Voy.* aussi Zachariæ, et Dalloz (*loc. cit.*, 2698). — La jurisprudence n'offre sur ce point que des solutions peu satisfaisantes. Paris, 21 janv. 1837, 15 avr. 1837, 15 avr. 1839; Cass., 2 juill. 1840; Bourges, 6 août 1834; Cass., 5 nov. 1860 (Dev., 61, I, 49); Amiens, 17 déc. 1861 (Dev., 62, II, 246).

tout ce mobilier, présent et futur, n'excède pas cette somme, ou quelquefois même ne l'atteigne pas. Que s'il y a un excédant, cet excédant n'est pas frappé d'une vraie réalisation, il ne devient pas propre rigoureusement; il appartient comme le reste à la communauté, qui est seulement débitrice envers l'époux d'une somme égale à la valeur de cet excédant. L'époux, dans ce cas, a mis tout son mobilier dans le fonds social en libération de la dette par lui contractée; c'est une dation en payement de la somme par lui promise; et la communauté, dès lors, acquiert la propriété de tous les meubles, sauf à compter. Lors donc que la communauté se dissout et que la valeur du mobilier provenu de l'époux excède la somme promise, cet époux reprend la valeur de l'excédant, sans pouvoir exiger les meubles en nature et sans qu'on puisse non plus le contraindre à les reprendre : ainsi c'est la communauté qui est devenue propriétaire de ces meubles dès qu'elle les a reçus, et c'est pour elle qu'ils ont augmenté ou diminué de valeur (1).

II. — La convention d'apport rend l'époux débiteur de la somme promise; et il faut par conséquent, lors des comptes qui suivent la dissolution de communauté, qu'il complète le payement de cette somme ou qu'il prouve l'avoir payée en entier au moyen du mobilier entré de son chef.

La justification du mobilier apporté lors du mariage peut se faire, aux termes de l'art. 1502, par des moyens fort simples. — Il suffit, pour celui de la femme, d'une quittance que le mari donne, soit dans le contrat, soit dans un acte postérieur, à la femme ou à ceux qui l'ont dotée; et l'on peut convenir (ce qui se pratique en effet souvent) que le fait même de la célébration vaudra quittance (2) : c'est au mari de ne pas consentir alors à la célébration avant d'avoir reçu la livraison des choses promises. — Pour l'apport du mari, une quittance ne pouvait pas être exigée : cette quittance n'aurait pas pu émaner de la femme, qui n'a pas qualité pour représenter la communauté; le mari, d'un autre côté, ne peut pas se donner quittance à lui-même. La loi se contente donc ici de la simple déclaration que le mari fait au contrat : c'est à la femme ou à ses conseils d'en vérifier l'exactitude avant de signer (3). Il va sans dire, au surplus, que la femme pourrait prouver par témoins que, dans l'intervalle du contrat où se trouve la déclaration à la célé-

_____

(1) *Conf.* Zachariæ (t. III, p. 525); Pont et Rodière (t. II, n° 81). — *Voy.* cependant M. Troplong (n° 1957); *Journal des notaires* (n° 9903); Dalloz (2743).

(2) Rej., 19 janv. 1836; Caen, 3 mai 1845 (Dev., 36, I, 198; 45, II, 536); Orléans, 29 mai 1855 (Dalloz, 56, II, 62). — *Sic* MM. Paul Pont et Rodière (t. II, n° 89); Troplong (t. III, n° 1967). *Voy.* Cass., 22 fév. 1860; Bordeaux, 29 mars 1851; Dijon, 7 mai 1862.

(3) Mais la déclaration du mari, dans le contrat de mariage, qu'il possède un mobilier de telle valeur, consistant en créances, titres, billets et argent disponibles, ne suffit pas pour faire preuve de cet apport, alors que plus tard, et lors de la dissolution de la communauté, le mari ou ses représentants ne font ni n'offrent la preuve que des billets, titres et créances ont été payés, ni qu'une quantité déterminée de deniers a été versée dans la communauté. Cass., 8 mars 1852 (Dev., 52, I, 497). — Si la femme ou ceux qui l'ont dotée s'étaient réservé la faculté d'exiger ultérieurement la justification de l'apport promis par le mari, cette réserve devrait avoir son effet. MM. Duranton (XV, 44); Zachariæ (III, 524); Rodière et Pont (II, 91).

bration du mariage, le mari s'est empressé de transformer son mobilier en immeubles, et que la communauté dès lors n'a pas reçu le mobilier que le mari semble avoir apporté : on sait que la fraude peut toujours se prouver par témoins, *fraus omnia corrumpit*. — Il va sans dire aussi que l'apport, soit du mari, soit de la femme, pourrait se prouver par d'autres moyens. Dire, comme le fait l'art. 1502, que ces moyens prouveront *suffisamment*, c'est dire qu'il est d'autres moyens qui prouveraient aussi et même plus énergiquement. Et, en effet, un inventaire spécialement dressé *ad hoc* est assurément l'acte le plus probant de tous ; et il est bien évident que c'est pour dispenser de l'état en bonne forme dont parle l'art. 1499, et nullement pour l'exclure, que la loi se contente ici d'une preuve moins rigoureuse. Quant au mobilier qui échoit pendant le mariage, les moyens de justification sont réglés par la disposition déjà connue de l'art. 1504 (1).

On tenait autrefois, pour ce mobilier arrivant pendant le mariage, qu'il ne comptait pas pour l'acquittement de la somme promise, laquelle ne devait se prendre que sur les biens présents, en sorte que ce mobilier postérieurement échu entrait purement et simplement dans la communauté, sans que l'époux pût ni réclamer l'excédant de valeur, si la somme promise était dépassée par les deux mobiliers réunis, ni se dispenser de compléter le payement de cette somme, si le mobilier du jour du mariage était insuffisant (Pothier, n° 296). Delvincourt, M. Battur (II, 338), et M. Troplong (III, 1963), enseignent qu'il en doit encore être ainsi sous le Code ; mais l'inexactitude de cette idée ressort clairement et de l'art. 1500, dans le second alinéa duquel le pronom *en* se rapporte au mobilier présent *et futur* dont parle l'alinéa précédent, et surtout de l'art. 1503, qui autorise l'époux à reprendre l'excédant de valeur du mobilier par lui apporté lors du mariage, *ou qui lui est échu depuis*. Sans doute, si le contrat de mariage, s'écartant des principes de nos articles, expliquait que c'est par son mobilier présent que l'époux s'oblige à mettre en communauté une valeur de son mobilier futur devant tomber purement et simplement dans cette communauté, cette clause recevrait son exécution comme toute autre qu'il plaît aux parties de stipuler ; mais quant à la règle de Pothier, règle qui ressort nettement de l'ensemble du § 1er de son art. 2 (n°s 287-296), et d'après laquelle l'époux, en principe et dans toute convention d'apport, ne peut imputer sur la valeur par lui promise à la communauté que son mobilier présent, il est évident qu'elle est fausse aujourd'hui en présence de nos articles et se trouve remplacée sous le Code par une règle toute contraire (2).

Il est bien clair, au surplus, que c'est d'après sa valeur au jour où il

---

(1) Du reste, lorsque l'un des futurs époux, apportant dans la communauté un objet mobilier d'une valeur naturellement incertaine et susceptible de variation, a attribué à cet objet une valeur déterminée, et que l'autre futur conjoint a accepté cette fixation de valeur, une telle clause constitue un forfait qui lie les époux et leurs héritiers. Paris, 14 mai 1853 (Dev., 54, II, 729).

(2) *Conf.* Toullier (XIII, 311); Duranton (XV, 35); Zachariæ (III, p. 523); Odier (II, 754); Rodière et Paul Pont (II, 99). *Voy.* Dalloz (2728).

est entré dans la communauté, et non d'après celle du jour de la dissolution, que le mobilier doit s'estimer (1).

III. — De ce que la convention d'apport rend l'époux débiteur de la
somme par lui promise, il s'ensuit qu'il est garant envers la communauté des meubles qu'il lui donne en payement, et qu'on ne compterait
pas à son acquit ceux dont elle aurait été évincée. Dans la communauté
légale, l'époux n'apporte ses meubles qu'en tant qu'ils sont à lui et
avec les droits tels quels qu'il a sur eux ; ici, au contraire, c'est telle
somme déterminée qu'il lui faut payer, et il est évident que si la communauté vient à être évincée de quelques-uns des effets qu'elle a reçus,
ces effets ne viendront point en payement de la somme (Pothier,
n° 302) (2). — Quand il s'agit de créances, il faut, de plus, pour pouvoir
les imputer sur la somme, qu'elles aient été payées à la communauté ;
mais il y a ici une distinction à faire entre le mari et la femme, distinction fondée sur ce que c'est au mari de poursuivre et de faire effectuer
le payement des créances appartenant à la communauté. Les créances
provenant de la femme sont présumées avoir été acquittées ou n'avoir
manqué de l'être que par la négligence du mari, tant que celui-ci ne
justifiera pas de poursuites faites en temps utile et restées sans résultat ;
en sorte que la femme n'aura pas d'autre preuve à faire que celle de
l'existence des créances. Pour celles qui viennent du mari, au contraire,
celui-ci, pour en obtenir l'imputation, doit évidemment prouver,
soit par des contre-quittances, soit autrement, que le payement en a
été fait (3).

De ce même principe que l'époux est, envers la communauté, débiteur de la somme promise, il suit également que les dettes grevant son
mobilier doivent être supportées par lui et non par la communauté. Ce
n'est pas à dire qu'il y ait proprement séparation de dettes, en ce sens
que les créanciers de l'époux ne pourraient pas agir sur les biens communs : tout le mobilier de l'époux étant entré dans la communauté, il
est tout simple que les créanciers peuvent l'y poursuivre. Mais l'époux
devra tenir compte à la communauté des dettes payées pour lui par
celle-ci : en d'autres termes, le mobilier provenant de l'époux ne s'imputera sur la somme promise que déduction faite du montant de ces
dettes. Sans cela, en effet, le prétendu apport de l'époux n'aurait rien
de réel, et la somme dont il est débiteur ne serait pas payée (4).

1504. — Le mobilier qui échoit à chacun des époux pendant le
mariage, doit être constaté par un inventaire.

A défaut d'inventaire du mobilier échu au mari, ou d'un titre propre

---

(1) Pothier (288 et 289) ; Toullier (t. XIII, n°ˢ 301, 302 et 310); Duranton (t. XV,
n°ˢ 33 et 43); Rodière et Pont (II, 100); Troplong (1958).
(2) *Conf.* Duranton (t. XV, 43); Toullier (XIII, 324); Pont et Rodière (II, 102);
Troplong (1955); Dalloz (2730).
(3) *Conf.* Pothier (290); Bellot (XIII, p. 94); Toullier (XIII, 310); Battur (II,
n° 386); Rodière et Pont (II, 98); Odier (750); Troplong (1959); Dalloz (2727).
(4) *Voy.* Pothier (n° 352); Toullier (t. XIII, n° 350); Duranton (t. XV, n° 95); Rodière et Pont (t. II, n° 198); Troplong (2022); Dalloz (2795).

à justifier de sa consistance et valeur, déduction faite des dettes, le mari ne peut en exercer la reprise.

Si le défaut d'inventaire porte sur un mobilier échu à la femme, celle-ci ou ses héritiers sont admis à faire preuve, soit par titres, soit par témoins, soit même par commune renommée, de la valeur de ce mobilier.

I. — Cette disposition, qui s'applique et en cas de clause de réalisation et en cas de clause d'apport, se trouve expliquée sous l'article 1499, n° III.

SECTION III.
DE LA CLAUSE D'AMEUBLISSEMENT.

1505. — Lorsque les époux ou l'un d'eux font entrer en communauté tout ou partie de leurs immeubles présents ou futurs, cette clause s'appelle *ameublissement*.

SOMMAIRE.

I.   Clause d'ameublissement. Elle peut avoir pour but, comme la clause réciproque d'immobilisation, d'établir l'égalité entre les deux époux.
II. Diverses espèces d'ameublissement. L'une de ces espèces constitue la communauté universelle. Renvoi pour la réfutation de plusieurs erreurs.
III. La clause d'ameublissement est de droit étroit : conséquences : erreur de Toullier et de M. Battur.
IV. Son effet se restreint à la composition de l'actif commun. — Le mineur peut la stipuler comme toute autre cause.

I. — De même que les époux peuvent restreindre la communauté ordinaire en excluant de son actif tout ou partie de leurs biens meubles, qui se trouvent ainsi *immobilisés,* c'est-à-dire assimilés aux immeubles, de même et réciproquement ces époux peuvent étendre la communauté au delà du droit commun en y faisant entrer tout ou partie de leurs biens immeubles, qui se trouveront ainsi réputés meubles quant à la composition de l'actif social. Tel est le but de la clause d'*ameublissement.*

Ces deux clauses opposées d'immobilisation du mobilier et d'ameublissement des immeubles seront souvent, pour les époux, des moyens d'établir entre eux une égalité qui, à raison de leur position respective, ne résulterait pas de l'adoption de la communauté légale. Ainsi, que de deux époux possédant chacun 100 000 fr., l'un en immeubles, l'autre en meubles, le premier ameublisse la moitié de sa fortune, en même temps que le second immobilise la moitié de la sienne, chacun d'eux aura mis en commun une valeur égale et conservera propre une valeur égale aussi, tandis que l'adoption de la communauté légale aurait réduit à zéro le patrimoine propre de l'un, en conservant intact à l'autre son patrimoine de 100 000 fr. Mais ce n'est pas à dire que ces clauses ne puissent être stipulées que dans ce but; et les époux n'ont point à rendre compte du motif qui les y fait recourir, sauf application, s'il y avait lieu, du droit de réduction réservé par l'art. 1527 aux enfants que l'un des épous aurait d'un précédent lit.

II. — L'ameublissement est général ou particulier. Il est général, quand il a pour objet l'universalité ou une quote-part, soit des immeubles présents, soit des immeubles futurs, soit des immeubles présents et futurs. On l'appelle particulier, quand il a seulement pour objet soit la totalité, soit une quote-part, d'un ou de plusieurs immeubles spécialement désignés, et la désignation n'ayant pas besoin d'être individuelle pour être spéciale, ce serait un ameublissement particulier que celui qui indiquerait collectivement les immeubles de telle province, de telle commune ou de tel canton.

Du reste, cette distinction de l'ameublissement en général et particulier a peu d'importance. La distinction dont il faut surtout se préoccuper, c'est celle de l'ameublissement en déterminé et indéterminé, ou plutôt en parfait et imparfait, comme nous le verrons sous l'article suivant (1).

Quand il y a ameublissement parfait de tous les immeubles, soit présents, soit futurs, soit présents et futurs, c'est-à-dire quand on déclare absolument et sans restriction que tous les immeubles entreront dans la communauté, cette stipulation, si elle est faite de la même manière par les deux époux, constitue la *communauté universelle,* dont la loi s'occupera plus loin dans l'art. 1526. Cette communauté universelle ou de tous biens, dont un répétiteur distingué (2) dit qu'il importe de ne pas la confondre avec la clause d'ameublissement, est donc, tout au contraire, une des espèces d'ameublissement. Cela est si vrai, que c'est uniquement dans son paragraphe *des différentes espèces d'ameublissement* que Pothier (§ I, n° 304) traitait de cette communauté de tous biens; et si le Code a cru devoir, à cause de son importance, en faire l'objet d'une section spéciale, il est clair (et reconnu, en effet, par tous les auteurs) que cette circonstance ne change rien à la nature des choses : aussi M. Mourlon ne signale-t-il une prétendue différence dans les effets des deux clauses qu'en avançant une lourde erreur. Tandis que la clause de communauté universelle fait tomber tous les immeubles dans la communauté et permet dès lors au mari d'aliéner ceux de la femme, la simple clause d'ameublissement que la femme ferait de tous ses immeubles ne les y fait pas tomber, dit-il, et ne permet pas au mari de les aliéner. Or ceci est profondément faux : du moment que la femme a, par son contrat, ameubli tous ses immeubles, il est bien évident que ces immeubles ne lui sont plus propres, qu'ils sont biens communs tout comme les meubles dont ils prennent fictivement la nature, et que le mari dès lors a parfaitement le droit de les aliéner. Nous reviendrons, du reste, sur ces idées en relevant plus loin une idée très-inexacte de M. De-

_____

(1) Les époux peuvent, de concert pendant le mariage, transformer l'ameublissement indéterminé en ameublissement déterminé. Toullier (XIII, 337); Bellot (III, 145); Duranton (XV, 83); Pont et Rodière (II, 172); Troplong (2011-2013); Dalloz (2778).

(2) M. Mourlon (*Répétitions sur le troisième examen,* p. 83, al. 5).

mante, théorie qui paraît être le principe de l'erreur de M. Mourlon.

III. — La clause d'ameublissement étant une convention dérogatoire au droit commun, il s'ensuit : 1° qu'on ne peut la reconnaître que là où elle est formellement exprimée ; 2° que, stipulée pour un cas, elle ne saurait s'étendre à un autre ; 3° qu'elle doit s'interpréter restrictivement, de telle sorte que, si elle est susceptible de deux sens, c'est à celui qui s'écarte le moins du droit commun qu'il faut s'arrêter.

Ainsi, d'abord, tandis qu'il y a, comme nous le verrons bientôt, ameublissement (imparfait) quand un époux déclare *mettre ses immeubles en communauté jusqu'à concurrence d'une somme de...*, l'ameublissement n'existerait pas, au contraire, si l'époux disait seulement qu'il apportera *cette même somme à prendre sur ses immeubles* en cas d'insuffisance des meubles. Dans ce dernier cas, en effet, les immeubles sont seulement indiqués comme obligés au payement de la somme ; mais ils ne sont en aucune façon, ni pour aucune partie, mis eux-mêmes dans le fonds commun. On ne peut reconnaître l'ameublissement qu'autant qu'on a dit que les immeubles *seraient ameublis,* ou qu'*ils entreraient dans la communauté,* ou qu'*ils sortiraient nature de conquêts,* etc. ; qu'autant, en un mot, que le contrat, en termes quelconques (car il n'y a pas, bien entendu, d'expressions sacramentelles à cet égard), exprime positivement l'idée que les immeubles seront traités en meubles quant à la composition de l'actif social (1).

De même, s'il est dit au contrat que la communauté comprendra les immeubles à échoir *par succession,* l'ameublissement ne s'étendra pas à ceux qui viendraient *par donation ;* et réciproquement, l'ameublissement des immeubles à venir par donation n'empêchera pas ceux provenant de succession de rester propres.

De même enfin, si un époux déclare mettre en communauté *tous ses immeubles,* sans autre explication, cette clause, qui peut s'entendre, soit de tous les immeubles *présents,* soit de tous les immeubles *présents et futurs,* ne devra évidemment s'entendre ici que dans le premier sens. Toullier (XIII, 333), dont la doctrine est suivie en ce point par M. Battur (II, 395), a longuement enseigné le contraire ; mais son argumentation, que M. Duranton trouve trop futile pour mériter d'être réfutée en détail, ne saurait, en effet, soutenir l'examen. Il est évident, d'une part, que toute dérogation au droit commun ne peut être admise qu'en présence d'une volonté certaine. Il est évident aussi que quand l'époux déclare mobiliser tous ses immeubles, sans rien dire de plus, on ne peut pas dire avec certitude qu'il entend parler des immeubles futurs aussi bien que des immeubles présents : sa volonté d'ameublir, certaine pour les immeubles présents, est incertaine et douteuse pour les autres ; et

---

(1) Jugé pareillement que, sous le régime de la communauté réduite aux acquêts, par conséquent sous un régime qui exclut de la communauté les immeubles présents, l'estimation faite par l'un des époux de la valeur de son apport en biens meubles et immeubles, n'a pas pour effet d'ameublir les immeubles présents, et de les faire entrer dans la communauté. Cass., 14 nov. 1855 (Dev., 56, I, 11). — *Voy.* MM. Paul Pont et Rodière (t. II, n° 143) ; Odier (t. II, n° 804) ; Troplong (n° 1986) ; Dalloz (2762) ; Duranton (XV, 59).

comme, dans le doute, c'est au droit commun qu'il faut s'en tenir, les immeubles futurs resteront propres. Sans doute, si quelque phrase postérieure du contrat venait expliquer la première dans l'autre sens ; s'il était dit, par exemple, qu'il y aura exception à la mobilisation des immeubles pour ceux qui doivent provenir à l'époux de la succession de telle personne, il est clair que, la volonté d'ameublir se trouvant ainsi manifestée pour les immeubles futurs eux-mêmes, tous, sauf ceux indiqués à l'exception, tomberaient en communauté. Mais hors de là, et en présence des seuls mots *tous les immeubles,* les biens présents seront seuls ameublis (1).

Mais cet ameublissement des immeubles présents comprendrait-il ceux que l'époux acquerrait dans l'intervalle de la signature du contrat à la célébration? La question ne s'élève, on le conçoit, que pour les immeubles acquis à titre gratuit, puisque, pour ceux qui, dans cet intervalle, seraient achetés par l'époux, la disposition de l'art. 1404, alinéa 2, les déclare communs, même sous la communauté légale ; mais *quid* pour ceux que l'époux recueillerait alors par succession ou donation? En principe, ces immeubles seront soumis à la clause et tiendront nature de biens communs. C'est par la célébration du mariage que la communauté commence et que le contrat reçoit son exécution ; or, quand l'époux vient procéder à la célébration sans avoir fait changer son contrat quant aux immeubles qui lui sont échus, il est tout simple que sa mise en communauté des immeubles *présents* s'entende de tous ceux qui sont présents au moment même que la communauté commence. Mais le principe ne serait plus applicable s'il s'agissait de succession ou de legs dont l'ouverture serait encore ignorée de l'époux au moment de la célébration. Alors, en effet, il n'y a aucune certitude que l'époux ait entendu comprendre dans la mobilisation les immeubles dont il s'agit ; on ne trouve plus aucun indice de sa volonté à cet égard dans le fait de n'avoir pas exigé un changement de contrat, puisqu'il ne s'est pas su propriétaire des immeubles nouveaux : peut-être tenait-il essentiellement à se réserver propres ces immeubles ; puisqu'il y a doute sur le point de savoir si, par immeubles présents, l'époux a compris, avec ceux qui lui appartenaient au jour du contrat, ceux aussi qui pouvaient lui appartenir au jour de la célébration, ce doute, par la raison déjà indiquée qu'il s'agit d'une clause dérogatoire au droit commun, rend la clause inapplicable à ces derniers immeubles (2).

IV. — Il va sans dire, au surplus, que l'ameublissement ne transforme fictivement les biens qu'en ce qui concerne la composition de la communauté, et que les immeubles mobilisés conservent, sous tout autre rapport, et même quant aux règles de leur aliénation par le mari, leur vraie nature de biens immobiliers (3). Ainsi le mari ne pourrait

_____

(1) Pothier (304) ; Delvincourt (t. III) ; Duranton (XV, 57) ; Zachariæ (III, p. 529) ; Bellot (III, p. 112) ; Odier (II, 805) ; Rodière et Paul Pont (II, 143) ; Duvergier (sur Toullier) ; Troplong (III, 1986) ; Dalloz (2747).
(2) *Conf.* Pont et Rodière (II, 144) ; Dalloz (2748).
(3) Les parties peuvent, par leurs conventions particulières, attribuer aux immeu-

pas (autrement que pour l'établissement d'enfants communs) les donner entre-vifs : il ne pourrait pas soutenir que l'art. 1422 ne parle que des immeubles, tandis que les biens dont il s'agit ont perdu cette qualité d'immeubles en entrant dans la communauté, où ils sont à titre de meubles. Les biens ne sont réputés meubles qu'en ce seul point, qu'ils deviennent biens communs au lieu de rester propres ; mais ce sont des biens communs immobiliers.

Il va sans dire également que le mineur peut faire dans son contrat de mariage une convention d'ameublissement aussi bien que toute autre convention. Les difficultés que ce point a pu soulever dans l'ancien droit, et les conditions ou restrictions auxquelles cette faculté a pu être soumise (1), ne sauraient exister aujourd'hui en présence de l'article 1398. Sous la seule condition d'être assisté de ceux dont le consentement lui est nécessaire pour se marier, le mineur peut consentir, et avec la même efficacité qu'un majeur, toutes les conventions dont le contrat de mariage est susceptible (2).

1506. — L'ameublissement peut être déterminé ou indéterminé.

Il est déterminé quand l'époux a déclaré ameublir et mettre en communauté un tel immeuble en tout ou jusqu'à concurrence d'une certaine somme.

Il est indéterminé quand l'époux a simplement déclaré apporter en communauté ses immeubles, jusqu'à concurrence d'une certaine somme.

1507. — L'effet de l'ameublissement déterminé est de rendre l'immeuble ou les immeubles qui en sont frappés, biens de la communauté comme les meubles mêmes.

Lorsque l'immeuble ou les immeubles de la femme sont ameublis en totalité, le mari en peut disposer comme des autres effets de la communauté, et les aliéner en totalité.

Si l'immeuble n'est ameubli que pour une certaine somme, le mari ne peut l'aliéner qu'avec le consentement de la femme ; mais il peut l'hypothéquer sans son consentement, jusqu'à concurrence seulement de la portion ameublie.

1508. — L'ameublissement indéterminé ne rend point la communauté propriétaire des immeubles qui en sont frappés ; son effet se réduit à obliger l'époux qui l'a consenti, à comprendre dans la masse, lors de la dissolution de la communauté, quelques-uns de ses immeubles jusqu'à concurrence de la somme par lui promise.

---

bles ameublis le caractère d'effets mobiliers, de manière à les faire tomber dans la communauté mobilière. Cass., 27 janv. 1858.

(1) Ricard (sur l'art. 200, *Cout. de Paris*) ; Bacquet (*Droit de just.*) ; Duplessis (*Commun.*, liv. 1, ch. 2) ; Pothier (n° 306).

(2) Pothier (n° 306), et MM. Delvincourt (t. III, p. 81) ; Bellot (t. III, p. 131) ; Duranton (t. XIV, n° 14) ; Rodière et Paul Pont (t. II, n° 154) ; Magnien (*Minorité*, t. II, n°ˢ 1172 et 1173) ; Fréminville (*ibid.*, n° 960) ; Dalloz (2752).

Le mari ne peut, comme en l'article précédent, aliéner en tout ou en partie, sans le consentement de sa femme, les immeubles sur lesquels est établi l'ameublissement indéterminé; mais il peut les hypothéquer jusqu'à concurrence de cet ameublissement.

1509. — L'époux qui a ameubli un héritage, a, lors du partage, la faculté de le retenir en le précomptant sur sa part pour le prix qu'il vaut alors; et ses héritiers ont le même droit.

SOMMAIRE.

I. Distinction de l'ameublissement en déterminé et indéterminé. Elle a été mal présentée par Pothier, quoique sa doctrine fût exacte au fond.
II. Elle a été mal comprise et mal appliquée par nos rédacteurs dans l'art. 1506, qui est d'ailleurs contredit par les art. 1507 et 1508.
III. Doctrine des interprètes. Réfutation du système de MM. Rodière et Paul Pont et de M. Troplong, ainsi que de celui de M. Demante.
IV. Rappel et développement de propositions déjà émises incidemment.
V. Effets de l'ameublissement déterminé ou parfait.
VI. Effets de l'ameublissement indéterminé ou imparfait.

I. — Rien n'est plus mal digéré, plus illogique, plus incohérent, que les idées émises, soit dans ces articles, soit dans les travaux qui en ont préparé ou accompagné la rédaction.

C'est par la distinction de l'ameublissement en *déterminé* et *indéterminé* que le Code, d'après Pothier, fixe les effets, différents selon les cas, de la clause qui fait l'objet de notre section. Cela étant, le premier point à préciser était donc le caractère qui distingue ces deux classes d'ameublissement. Or c'est là ce qu'on ne trouve, d'une manière satisfaisante, ni dans le Code, ni dans ses travaux préparatoires, ni dans Pothier lui-même.

Pothier, après avoir distingué l'ameublissement général et l'ameublissement particulier, consacre son n° 304 à l'ameublissement général; puis, donnant dans le n° 305 la définition de l'ameublissement particulier, il ajoute que *cet ameublissement* est déterminé ou indéterminé; en sorte que le premier vice de son explication, vice manifestement capital, est de laisser en dehors de cette distinction les ameublissements généraux, et de présenter la classification des ameublissements déterminés et indéterminés comme une simple subdivision des ameublissements particuliers. Ce premier vice est bientôt suivi d'un second, qui met les idées subséquentes de l'auteur en contradiction avec sa phrase première; car, après avoir dit que l'ameublissement est déterminé quand l'époux *apporte en communauté tel et tel immeuble*, il ajoute qu'il est indéterminé quand l'époux *apporte en communauté* SES BIENS IMMEUBLES *jusqu'à la concurrence de tant*, ou bien *une certaine somme à prendre* SUR SES IMMEUBLES, *qui jusqu'à concurrence sortiront nature de conquêts.* Or il résulte des explications de Pothier lui-même, et il est d'ailleurs bien évident par soi, que mettre ainsi généralement en communauté *ses biens immeubles*, c'est faire un ameublissement général; en sorte que Pothier commence par présenter la distinction des ameublissements déterminés et indéterminés comme une subdivision des ameublissements *particuliers*, et il n'explique ensuite, au contraire, l'ameublissement indéterminé que par des cas d'ameublissements *généraux*. C'est qu'en effet, la division des ameublissements déterminés et indéterminés embrasse aussi bien les ameublissements généraux que les ameublissements particuliers, et Pothier lui-même le reconnaît de fait quelques pages plus loin, puisqu'il traite, dans son paragraphe III (n° 307), des effets des ameublissements déterminés, *tant généraux que particuliers*. Son paragraphe IV (n° 313) développe également les effets de l'ameublissement indéterminé *général;* et, bien plus, il ne parle pas même de l'ameublissement indéterminé particulier.

Etrange explication que celle qui commence par faire croire que les ameublissements déterminés et indéterminés sont tous des ameublissements *particuliers,* et dont le développement, au contraire, non-seulement nous apprend qu'il y a des ameublissements déterminés *généraux,* comme il y en a de particuliers, et qu'il y a aussi des ameublissements indéterminés *généraux,* mais porterait même à penser que l'ameublissement indéterminé particulier n'existe pas!... On trouve, en effet, expliqués dans Pothier, l'ameublissement déterminé général, l'ameublissement déterminé particulier, et l'ameublissement indéterminé général; mais quant à l'ameublissement indéterminé particulier, l'auteur ne s'en occupe nulle part, et nous allons voir que c'est précisément ce silence de Pothier qui a été l'occasion de la bizarre théorie du Code Napoléon.

Et pourtant, il faut convenir que si la doctrine de Pothier était très-vicieuse comme rédaction, elle était, au fond, non-seulement très-exacte, mais aussi très-facile à saisir. D'une part, en effet, il est bien certain que Pothier admettait l'ameublissement indéterminé particulier (quoiqu'il ne prît pas la peine de le développer), puisque c'était précisément de l'ameublissement particulier qu'il disait : *Il est déterminé ou indéterminé.* D'un autre côté, on voit clairement qu'il appelait ameublissements déterminés, ceux qui mettent les immeubles en communauté purement et simplement, absolument ; et ameublissements indéterminés, ceux qui ne les y mettent que jusqu'à concurrence d'une certaine somme. Et cette idée est en effet fort juste; car, lorsque les immeubles sont déclarés communs en eux-mêmes, absolument, sans restriction à telle somme ou valeur, on sait tout de suite et très-précisément qu'est-ce qui devient bien commun : ce sont l'immeuble ou les immeubles qui font l'objet de la déclaration ; la clause détermine donc parfaitement quelles choses sont ameublies, et il y a dès lors ameublissement déterminé. Quand les immeubles, au contraire, ne sont déclarés communs que jusqu'à concurrence de telle somme, et que par conséquent ils restent, pour toute la partie de leur valeur qui excède cette somme, propres à l'époux, il est bien impossible de distinguer et de séparer ce qui devient commun et ce qui reste propre, de montrer d'une part les biens de la communauté et de l'autre ceux de l'époux ; la clause, en rendant alors nécessaire une opération qu'elle ne fait point, ne détermine pas la chose ameublie, et l'ameublissement dès lors est indéterminé...

Et qu'on ne croie pas que ces idées, contenues au fond de la doctrine mal développée de Pothier, fussent particulières à cet auteur. Ces idées, indiquées par la raison même, étaient celles de tous nos anciens jurisconsultes, c'était une doctrine unanime. C'est ainsi que Renusson et le Nouveau Denizart (1), d'accord avec Pothier pour le fond en même temps que plus clairs dans l'expression, déclarent indéterminé tout ameublissement qui n'est fait que jusqu'à concurrence d'une somme, aussi bien celui qui ne porte que sur plusieurs immeubles ou sur un seul immeuble, que celui qui frappe sur tous les immeubles. Si donc nous n'insistons ici que sur les écrits de Pothier, c'est par cette double raison, que Pothier ayant été le guide de nos rédacteurs, c'est chez lui qu'on pouvait espérer trouver (et qu'on trouve en effet) la cause et l'explication de l'étrange rédaction de nos articles, et que, d'un autre côté, comme la mauvaise exposition de Pothier pouvait devenir pour ceux qui ne l'examineraient pas suffisamment une cause d'erreur ou même une arme contre la vérité (et c'est ce qui est arrivé pour M. Troplong, ainsi qu'on va le voir plus bas), il était indispensable d'analyser avec soin tout l'ensemble de sa doctrine pour en faire bien saisir le sens.

Ainsi, rien n'est plus simple, au fond, que cette doctrine, mal présentée, mais exacte pourtant, du jurisconsulte d'Orléans. Toutes les fois que j'ameublis des immeubles purement et simplement, c'est l'ameublissement DÉTERMINÉ; si j'ameublis ainsi mon immeuble A, ou mes immeubles A et B, ou les immeubles que je possède dans tel canton, dans telle commune, etc., c'est l'ameublissement *déterminé particulier;* si j'ameublis de cette façon tous mes immeubles (soit présents seulement, soit futurs seulement, soit présents et futurs), c'est l'ameublissement *déterminé général.* Toutes les fois, au contraire, que je n'ameublis des immeubles ou un immeuble que jusqu'à concurrence de tant, l'ameublissement est INDÉTERMINÉ; et cet ameublissement est de même *indéterminé* général ou *indéterminé* particulier, d'après la distinction ci-dessus.

II. — Il eût donc été facile aux rédacteurs du Code de présenter ici une théorie claire et satisfaisante, en reproduisant les idées de Pothier d'une manière plus correcte (et aussi plus complète; car nous verrons qu'il reste une dernière question, que n'ont prévue ni Pothier ni le Code, et dont les principes ci-dessus donnent également la solution). Mais malheureusement ces rédacteurs, on le sait, étaient plus praticiens que jurisconsultes, plus familiers avec les idées d'application et de détail qu'avec les idées générales dont les premières procèdent, et, au lieu de saisir dans les explications de leur guide ces idées générales, les principes formant la base de sa doctrine, ils n'y ont vu et compris

_____

(1) Renusson (*Des Propres,* ch. 6, sect. 8, n° 16); Nouveau Denizart (v° Ameubliss., n° 3).

que celles qui se trouvaient mises en relief et matérialisées, pour ainsi dire, par des exemples. Pothier n'ayant développé ainsi que les ameublissements déterminé général, déterminé particulier, et indéterminé général, sans mettre également en relief l'ameublissement indéterminé particulier, nos rédacteurs n'ont rien compris à ce dernier, et ils ont imaginé de faire de la clause qui met en communauté tel immeuble jusqu'à concurrence d'une somme de... un ameublissement déterminé. « L'ameublissement est déterminé, dit l'art. 1506, quand l'époux a déclaré ameublir tel immeuble, en tout *ou jusqu'à concurrence d'une certaine somme.* » Mais ce qu'il y a de frappant, c'est que, poussés par la force des choses, nos rédacteurs sont arrivés, après des tâtonnements que nous signalerons plus loin, à se donner à eux-mêmes le démenti le plus net, et à réfuter les *mots* qu'ils employaient par les *choses* mêmes qu'il leur fallait subir et constater... En effet, à côté de la définition *verbis* consignée dans l'art. 1506, le Code, dans les articles 1507 et 1508, nous donne une définition *ipsâ re* qui vient démontrer la fausseté de la première.

D'après l'art. 1506, — il y aurait ameublissement déterminé : 1° quand un immeuble ou des immeubles sont mis en communauté totalement (1) ; 2° quand *un immeuble* y est mis jusqu'à concurrence d'une certaine somme ; puis il y aurait ameublissement indéterminé quand l'époux met en communauté *ses immeubles* jusqu'à concurrence d'une certaine somme.

Telle est la définition par les mots. Recourons maintenant à la définition par les choses, et voyons si l'ameublissement d'un immeuble jusqu'à concurrence d'une somme de... y sera encore un ameublissement déterminé.

Que nous disent les art. 1507 et 1508 ? « L'ameublissement *déterminé,* c'est celui qui rend la communauté propriétaire des immeubles comme s'ils étaient meubles, et qui, par conséquent, permet au chef de cette communauté de les aliéner en cette qualité (1507, alinéa 1). L'ameublissement *indéterminé,* au contraire, ne rend point la communauté propriétaire ; il ne permet point dès lors à son chef, en cette qualité, d'aliéner les biens, il l'autorise seulement à les hypothéquer (1508). — Or, quand un immeuble n'est ameubli que jusqu'à concurrence d'une somme de..., la communauté n'en est point propriétaire, son chef ne peut pas, en cette qualité, l'aliéner, il peut seulement l'hypothéquer (1507, alinéa 3)... » Peut-on établir plus nettement et

---

(1) Dans le système du Code, l'ameublissement déterminé de la première classe peut comprendre aussi bien tous les immeubles qu'un seul immeuble ; en d'autres termes, il peut être général aussi bien que particulier ; et c'est seulement l'ameublissement prétendu déterminé de la seconde classe qui, d'après ce même système, serait toujours particulier. On en a la preuve par les trois alinéas de l'art. 1507, dont les deux premiers, relatifs à l'ameublissement de la première classe, parlent de son effet sur l'immeuble *ou les immeubles,* tandis que le dernier, relatif à l'ameublissement de la seconde classe, a soin de ne parler que d'un seul immeuble. Nous réfuterons plus loin la théorie contraire de M. Demante, d'après laquelle l'ameublissement déterminé de la première classe ne pourrait également être que particulier.

plus énergiquement ce fait, que la mise en communauté d'un immeuble jusqu'à concurrence d'une somme de... n'est qu'un ameublissement *indéterminé?*

Tout se réduit donc ici à dire que l'ameublissement dont il s'agit *est qualifié*, à la vérité, par le Code, d'ameublissement déterminé, mais qu'*il est réellement*, de par le Code lui-même, ameublissement indéterminé, comme il l'est de par le bon sens et de par les principes de Pothier et des autres auteurs anciens.

Du reste, si l'on peut être surpris de l'étrange contradiction des rédacteurs sur ce point, on ne l'est pas moins de la manière dont ce même point a été traité par les orateurs officiels, lors de l'adoption de la loi. M. Berlier, dans son Exposé des motifs (1), le passe sous silence comme tout le reste de la communauté conventionnelle, en disant que les dispositions qui la composent seront toutes *facilement comprises* et que *la lecture qui en sera faite* suffira pour les faire entendre et apprécier! M. Duveyrier, dans son rapport au Tribunat, est, à la vérité, plus explicite ; mais sa prétendue analyse est assurément plus fâcheuse que le silence de M. Berlier. Après avoir dit qu'on peut ameublir, ou tous ses immeubles, ou une partie de ses immeubles, il ajoute (2) : « L'ameublissement n'est qu'une fiction par laquelle les époux peuvent *mettre en communauté une somme fixe* à prendre sur un immeuble déterminé, ou, sans détermination, sur tous les immeubles en général. *Alors la chose ameublie est à la disposition du mari,* maître de la communauté, comme toute autre chose mobilière!!! » Ainsi, la singulière analyse de M. Duveyrier, tout en parlant de détermination et d'indétermination, ne signale cependant que des ameublissements indéterminés, en donnant pour but unique à l'ameublissement de mettre en communauté une somme d'argent ; et, non content de cette première hérésie, il attribue à l'ameublissement ainsi fait pour une certaine somme l'effet qu'il ne peut jamais avoir et que deux articles pour un (1507 et 1508) lui refusent de la manière la plus explicite!...

III. — Quant aux interprètes du Code, les uns (3), sans donner toutefois de suffisantes explications à cet égard, ont, comme nous, critiqué les dispositions contradictoires de nos articles, et reconnu que l'ameublissement de tel immeuble jusqu'à concurrence d'une somme de..., quoique qualifié déterminé, est réellement indéterminé ; mais d'autres, MM. Rodière et Paul Pont et M. Troplong, ont prétendu justifier la rédaction de nos articles et prouver que l'ameublissement dont il s'agit est vraiment déterminé ; un autre enfin, M. Demante, non content de ne pas rejeter la fausse classification de l'art. 1506, la rend, par l'explication qu'il en donne, plus inexacte encore qu'elle ne l'est dans le Code.

MM. Paul Pont et Rodière (II, 149, 150 et 163) et après eux

_____

(1) Fenet (t. XIII, p. 679, 680 et 742).
(2) Fenet (t. XIII, p. 679, 680 et 742).
(3) Toullier (XIII, 329); Duranton (XV, 62); Zachariæ (III, p. 528); Odier (II, 802).

M. Troplong (III, 1990 et 2000) ont fait des efforts dignes d'une meilleure cause pour écarter de l'art. 1506 la juste critique qu'on lui adresse. Selon eux, c'est en connaissance de cause et à dessein que nos rédacteurs ont fait deux classes d'ameublissements déterminés, et transformé en ameublissement déterminé de seconde espèce l'ameublissement particulier que l'on présentait autrefois comme indéterminé. — Ils l'ont fait, dit-on, parce que, d'une part, la mise en communauté, jusqu'à concurrence d'une certaine somme, d'un ou de plusieurs immeubles *spécialement désignés*, présente un ameublissement qui, sans être déterminé parfaitement, l'est cependant beaucoup plus que celui qui met en communauté jusqu'à concurrence d'une somme de... *tous les immeubles* des époux, et parce que, d'un autre côté, cet ameublissement d'un immeuble *pour une certaine somme* ne se distingue guère au fond de l'ameublissement (incontestablement déterminé) de l'immeuble *pour une quote-part* (un tiers, un quart, etc.), que ces deux modes se confondent, et que le Code a entendu, et avec raison, les assimiler. — On ajoute que, d'ailleurs, ce système était déjà *dominant dans les derniers temps de l'ancienne jurisprudence,* et que telle était notamment *la doctrine de Pothier* (M. Troplong). — Il est enfin, dit-on, inexact de prétendre que l'ameublissement déterminé de la seconde espèce produise, d'après le Code, le même effet que l'ameublissement indéterminé, puisque l'art. 1507, alinéa 1, déclare que tout ameublissement déterminé, celui de la seconde espèce comme celui de la première, rend la communauté propriétaire, et que l'art. 1508 exprime nettement que l'ameublissement indéterminé ne produit point ce résultat. Il faut donc, comme c'est le devoir d'un commentateur, accepter les termes de la loi, la prendre telle qu'elle est, et l'expliquer au lieu de la refaire.

Ceci est profondément inexact de tous points. Il n'est pas vrai, en fait, que les rédacteurs aient écrit l'art. 1506 dans le but d'apporter un changement raisonné à l'ancienne doctrine, et de régler implicitement et identiquement, avec l'ameublissement d'un immeuble pour une somme, l'ameublissement de ce même immeuble pour une quote-part. Il est bien évident, au contraire, en présence des explications données plus haut, que ni eux ni les membres du Tribunat n'ont raisonné ni compris les principes de notre matière; que s'ils ont dénaturé sur un point le système de Pothier, c'est parce que ce point n'ayant pas été mis en relief comme les autres par des exemples, ils se sont trouvés pour lui sans guide et sans lumière; de même que s'ils n'ont rien dit de l'ameublissement d'un immeuble pour une quote-part, c'est parce que, Pothier n'ayant pas songé à en parler, ils n'y ont pas songé davantage. Il est évident, d'un autre côté, que si l'ameublissement, pour une certaine somme, d'un immeuble spécialement désigné est *moins indéterminé* que celui de tous les immeubles, il est toujours indéterminé, à la différence de l'ameublissement d'un immeuble pour une quote-part; puisque celui-ci, comme le dit très-bien Toullier (n° 330), porte sur une partie *déterminée* de l'immeuble déterminé, tandis que le

premier porte sur une portion *indéterminée* de cet immeuble déterminé. M. Troplong lui-même, dans les pages où il cherche à combattre
cette vérité, la met au contraire parfaitement en relief (n° 2000). Après
avoir dit que si un immeuble ameubli *jusqu'à concurrence de* 20 000 fr.
en vaut 60 000, il est par là même ameubli *pour un tiers*, et que la
communauté en a la propriété *pour ce tiers*, en sorte que les deux
modes d'ameublissement sont une même chose, il ajoute que le premier mode est d'ailleurs préférable, attendu qu'il est très-possible
qu'on arrive à faire les 20 000 fr. en vendant MOINS DU TIERS (comme
il se pourrait aussi, réciproquement, qu'on n'y arrivât, selon les circonstances, qu'en vendant *plus du tiers*). Or, s'il en est ainsi, si votre
ameublissement d'une partie d'un immeuble ne le mobilise que pour
un quart peut-être et peut-être *pour moitié*, comment donc venez-vous
dire que c'est même chose qu'un ameublissement fait *pour un tiers?*
Puisque votre clause *ne détermine pas* ce qui deviendra meuble et ce
qui restera immeuble, comment dites-vous que c'est une mobilisation
déterminée? — M. Troplong n'est pas plus heureux quand il va jusqu'à
dire (n° 1990) que sa doctrine était *la doctrine de Pothier*, et qu'elle
était même devenue *l'opinion dominante dans les derniers temps de
l'ancienne jurisprudence.* Le savant magistrat, ordinairement si abon-
dant et si riche de détails, se contente ici de renvoyer, pour la première assertion, au n° 313 de Pothier, et, pour la seconde, au n° 8 de
l'article *Ameublissement* du Répertoire de Merlin. Or le n° 313 ne contient pas un seul mot dont on puisse induire la doctrine annoncée, et
le n° 8 de l'article du Répertoire (où l'on s'attend à trouver l'indication
des autorités constituant *l'opinion dominante* que l'on invoque) n'est
rien autre chose que la reproduction textuelle de ce même n° 313 (1).
— Il n'est pas vrai, enfin, que le résultat de l'ameublissement faussement dit déterminé par l'art. 1506 diffère du résultat de l'ameublissement indéterminé, et c'est précisément le texte invoqué par MM. Rodière et Paul Pont, et par M. Troplong, qui réfute irréfragablement
leur système. Oui, sans doute, le Code nous dit que tout ameublissement déterminé rend la communauté propriétaire comme s'il s'agissait
de meubles et lui permet dès lors d'aliéner (art. 1507, alinéa 1), tandis

---

(1) Le n° 313 de Pothier contient, il est vrai, sur un point, une doctrine constituant un changement aux idées précédemment reçues, mais ce ne peut pas être celle
à laquelle M. Troplong veut faire allusion; car elle ne se réfère même pas à l'espèce
d'ameublissement qui nous occupe (mais seulement à l'ameublissement indéterminé
de tous les immeubles), et le Code, d'ailleurs, rejette formellement cette doctrine. Le
seul point auquel M. Troplong a pu vouloir faire allusion, c'est l'idée, plusieurs fois
indiquée par Pothier dans ce n° 313, que l'ameublissement qu'un époux fait de tous
ses immeubles indéterminément, c'est-à-dire jusqu'à concurrence d'une certaine
somme, se transforme en ameublissement déterminé, quand on spécifie ensuite un ou
plusieurs de ces immeubles pour entrer dans la communauté et la remplir de la
somme promise. L'idée de M. Troplong est peut-être que cette transformation a lieu,
dans la pensée de Pothier, non pas seulement lorsque, par la déclaration nouvelle,
l'immeuble ou les immeubles spécifiés sont ameublis purement et absolument, mais
même quand ils ne le sont, comme l'étaient d'abord tous les immeubles généralement,
que jusqu'à concurrence de la somme fixée; d'où il suivrait que Pothier regardait
l'ameublissement comme déterminé, alors même qu'il n'était fait que jusqu'à con-

que l'ameublissement indéterminé ne la rend pas propriétaire, et ne donne à son chef que le droit d'hypothéquer sans pouvoir aliéner (art. 1508); mais c'est précisément là ce qui condamne l'idée de nos contradicteurs, puisque l'ameublissement qui nous occupe ne rend pas la communauté propriétaire, et ne donne pas à son chef le droit d'aliénation, mais seulement le droit d'hypothèque! Il est donc indéterminé.

En vain on cherche ici un dernier refuge dans une subtilité qui n'est qu'un arrangement de mots vides de choses : cette dernière ressource échappe comme les autres. On nous dit que si les droits de la communauté aboutissent au *même résultat* dans les deux cas, ils sont cependant *bien différents en soi* d'un cas à l'autre; qu'en effet, dans le cas de l'art. 1508, cette communauté est déclarée n'être pas propriétaire, tandis que l'art. 1507, alinéa 3, ne dit rien de semblable, et laisse dès lors, dit-on, à cette communauté le droit de propriété, découlant pour elle de ce que l'ameublissement est qualifié déterminé... Une telle idée est-elle donc sérieuse? Quoi! la faculté, dans les deux cas, consiste, ni plus ni moins, *à pouvoir hypothéquer sans pouvoir aliéner,* et l'on admettrait qu'elle n'est pas identique d'un cas à l'autre! Elle serait, d'un côté, droit de créance, et de l'autre, droit de propriété! Evidemment, quand un système en est là, sa cause est perdue. Evidemment, la faculté dont il s'agit, et qui est plus qu'un droit de créance ordinaire, mais moins qu'un droit de propriété, est bien identique de part et d'autre, et la règle est parfaitement la même dans les deux cas. Si l'on en pouvait douter, un nouveau coup d'œil sur les travaux préparatoires suffirait pour le prouver et jeter un dernier jour sur la question... Les rédacteurs, en effet, n'avaient pas d'abord conçu tel qu'il est aujourd'hui le système des trois modes d'ameublissement et de leur effet. L'ameublissement déterminé de la première espèce et celui de la seconde étaient dans le projet ce qu'ils sont aujourd'hui; mais l'ameublissement indéterminé n'y produisait pas son effet actuel, car le second alinéa de l'art. 1508 n'existait pas. Dans cet état, les trois cas d'ameublissement pouvaient se distinguer : le premier donnait à la communauté un droit de propriété; le second lui donnait un droit se rappro-

---

currence d'une somme, dès qu'il ne frappait que sur un ou plusieurs immeubles spécialement indiqués, au lieu de frapper sur tous. Mais cette idée est complétement inadmissible. Outre que Pothier, s'il avait ainsi entendu s'écarter de la doctrine suivie jusqu'à lui, n'aurait pas manqué d'en donner quelque raison, ou tout au moins d'indiquer cette dissidence, tandis qu'il ne présente sa pensée qu'incidemment et comme simple rappel d'idées incontestées ; outre qu'il se sert ici d'expressions analogues à celles de son n° 307 (immeubles *devenant effets de la communauté,* immeubles *entrant dans la communauté*), ce qui indique qu'il entend parler dans un cas comme dans l'autre d'une mobilisation proprement dite ; en outre, enfin, diverses considérations secondaires conduisant au même résultat, il y a d'ailleurs ceci de péremptoire : si l'ameublissement fait pour une certaine somme était déterminé par cela seul qu'il frappe sur un ou plusieurs immeubles spécifiés, et qu'il ne fût indéterminé qu'autant qu'il porte sur tous les immeubles généralement, l'ameublissement indéterminé serait donc toujours un ameublissement général ; or telle n'était pas la doctrine de Pothier, puisqu'il nous présente l'ameublissement particulier comme se divisant en déterminé et indéterminé (n° 305).

chant de la propriété, en permettant de constituer une hypothèque; quant au troisième, il produisait un simple droit de créance, ne permettant pas plus l'hypothèque que l'aliénation. Mais, lors de la communication au Tribunat, celui-ci, trouvant que le second et le troisième cas d'ameublissement étaient parfaitement analogues, proposa l'addition du second alinéa de l'art. 1508, en disant qu'il fallait établir *la même règle* pour les deux hypothèses, et cette addition fut adoptée (Fenet, p. 515 et 615). Ainsi, en supposant que la classification de l'art. 1506 fût acceptable dans le projet, elle a cessé de l'être du moment où les rédacteurs, réformant ce projet, ont soumis à LA MÊME RÈGLE l'ameublissement indéterminé et l'ameublissement prétendu déterminé de la seconde espèce.

La justification tentée par MM. Rodière et Paul Pont et M. Troplong est donc impossible, et le reproche qu'ils adressent à notre doctrine, de refaire la loi au lieu de l'expliquer, porte entièrement à faux, puisque nous prenons la loi *telle qu'elle est faite,* et que c'est le Code lui-même qui réfute, par ses art. 1507 et 1508, la classification de son art. 1506.

M. Demante, à son tour, tout en reconnaissant que cet art. 1506 est le résultat d'une confusion qu'il fallait éviter (*Progr.*, III, 109), accepta néanmoins sa classification; et, chose étrange, il ne l'accepte qu'en le dénaturant pour lui donner un sens plus erroné encore : « Dans le sens du Code Napoléon, dit-il, l'ameublissement déterminé est de deux sortes : 1° l'ameublissement *d'un ou de plusieurs immeubles déterminés,* en totalité; 2° l'ameublissement *d'un ou de plusieurs immeubles déterminés,* jusqu'à concurrence d'une certaine somme... Quant à l'ameublissement indéterminé, *c'est celui qui embrasse la généralité des immeubles* (n°s 170 et 171). » Ainsi, d'après la singulière doctrine de M. Demante, la distinction de l'ameublissement en déterminé et indéterminé ne serait, sous d'autres expressions, que sa distinction en particulier et général. Quand l'ameublissement sera-t-il déterminé? c'est quand il est particulier. Quand sera-t il indéterminé? c'est quand il est général... Un tel système ne demande vraiment pas de réfutation; et une seule question, entre bien d'autres, suffit pour en faire toucher du doigt l'inexactitude : c'est celle de savoir où l'on classerait alors la clause par laquelle j'ameublis purement, absolument, et sans aucune restriction à telle somme ou valeur, *tous mes immeubles présents...* Il est certes bien impossible d'y voir l'ameublissement indéterminé, qui *ne rend point la communauté propriétaire,* qui permet seulement d'hypothéquer les immeubles *jusqu'à concurrence de la somme promise* et de contraindre l'époux à comprendre dans la masse quelques-uns de ces immeubles jusqu'à concurrence *de cette somme promise.* Or, dans le système de M. Demante, ce ne serait pas non plus un ameublissement déterminé, puisqu'il n'y a de déterminé, d'après lui, que l'ameublissement particulier, celui qui frappe sur un ou plusieurs immeubles spécialement désignés et non sur la généralité des immeubles. Que sera donc cet ameublissement général et sans détermination de somme?...

M. Demante a prévu la question, et il répond qu'en l'absence de cette détermination de somme, la clause ne sera que l'établissement d'une communauté universelle. Mais cette réponse, qui paraît avoir engendré la grave erreur que nous avons relevée plus haut chez M. Mourlon, n'est pas plus heureuse que le système qu'elle tend à protéger ; car, outre que toute clause de communauté universelle n'est qu'une des espèces d'ameublissement, un ameublissement général déterminé, il n'est d'ailleurs pas vrai que tout ameublissement général déterminé constitue réciproquement la communauté universelle. Cette communauté n'existe, on le conçoit bien, que quand le contrat ameublit tous les immeubles *des époux*. Si donc j'ameublis, moi, tous mes immeubles, mais que mon conjoint n'ameublisse par les siens, où mon ameublissement se classera-t-il alors dans la fausse théorie de M. Demante?... Nulle part, et cette seule observation suffit pour renverser le singulier système du savant professeur.

Ce système, au surplus, n'a pas même, comme celui de MM. Rodière et Paul Pont et de M. Troplong, l'excuse d'une rédaction mauvaise, mais formelle, de la loi ; et le texte même du Code lui est contraire. D'un côté, en effet, l'art. 1506 nous dit que l'ameublissement est indéterminé quand l'époux n'a mis ses immeubles en communauté que *jusqu'à concurrence d'une certaine somme*, ce qui indique déjà que l'ameublissement serait déterminé si les immeubles étaient mis en communauté absolument, totalement, sans restriction à une certaine somme. Et, d'un autre côté, l'art. 1507, alinéa 2, déclare ameublissement déterminé, sans distinction d'absence ou de présence de désignation spéciale des biens, celui qui met en communauté les *immeubles* de la femme en totalité, c'est-à-dire sans restriction à une somme de...

IV. — En définitive, l'ameublissement déterminé (auquel il eût été facile de donner un nom qui le fît mieux comprendre et qui ne prêtât pas à l'équivoque), c'est l'ameublissement véritable, celui qui fait réellement entrer les immeubles dans la communauté comme y entrent les meubles, et qui, par conséquent, a vraiment pour effet de les ameublir. L'autre n'est pas proprement un ameublissement, puisqu'il ne donne à la communauté, sur ces immeubles, qu'un droit qui ne l'en rend pas maîtresse et ne lui permet pas d'en disposer.

La distinction des ameublissements en déterminés et indéterminés, ou, pour mieux dire, en *parfaits* et *imparfaits*, est complétement indépendante de leur division en généraux et particuliers. Et cette proposition, bien établie déjà par ce qui précède, est d'ailleurs de toute raison ; car il est bien évident que la nature du droit que je confère à ma communauté ne dépend en aucune façon du point de savoir si je soumets à ce droit, soit un ou plusieurs immeubles spécialement désignés, soit la généralité de mes immeubles. Je puis donner à la communauté un entier et véritable droit de propriété, quoiqu'il s'agisse de tous mes immeubles, aussi bien que je puis ne lui donner qu'un droit moindre, quoiqu'il ne s'agisse que d'un seul immeuble.

Il est évident, au surplus, que l'ameublissement d'une quote-part d'un ou plusieurs immeubles suit la même règle que l'ameublissement d'un ou de plusieurs immeubles entiers. Ainsi, quand je déclare mettre en communauté, absolument et sans restriction à une somme, mais pour un tiers seulement, tel immeuble ou tels immeubles, ou tous mes immeubles, il est clair que l'ameublissement sera parfait, de même qu'il serait imparfait si j'avais déclaré ne le faire que jusqu'à concurrence d'une certaine somme. Il est vrai que Delvincourt (t. III), MM. Rodière et Paul Pont (II, 165), et M. Troplong (III, 2005), contestent cette doctrine, et enseignent que tout ameublissement d'une quote-part est nécessairement et toujours un ameublissement indéterminé, imparfait. Mais cette opinion est dénuée de tout motif solide ou seulement spécieux. De même qu'en mettant dans la communauté, purement et sans restriction à une somme d'argent, ma maison A, je rends la communauté propriétaire de cette maison, de même évidemment, en mettant de cette même façon dans la communauté le tiers de ma maison A, je la rends propriétaire du tiers de cette maison, c'est-à-dire copropriétaire de la maison avec moi, à qui les deux autres tiers restent propres; et la communauté peut dès lors, comme toute personne à qui j'aurais vendu, donné ou autrement aliéné ce tiers de la maison, l'aliéner sans me demander avis... Aussi ce point, que Pothier ne traitait pas (ce qui fait que nos rédacteurs n'ont pas songé à en parler), était-il résolu dans notre sens par les anciens auteurs qui le prévoyaient; ces auteurs, en effet, en déclarant ameublissement *indéterminé* celui d'un immeuble jusqu'à concurrence d'une somme, ne manquaient pas de ranger celui d'un immeuble pour telle quote-part parmi les ameublissements *déterminés,* ameublissements transférant à la communauté la propriété de la chose ameublie et la pleine faculté de l'aliéner (Nouv. Denizart, *loc. cit.*)... C'est qu'en effet, le doute même ne se comprend pas ici ; car, encore une fois, celui à qui on a transféré le tiers ou le quart d'un immeuble est parfaitement maître d'aliéner ce tiers ou ce quart quand et comme il veut. Ce n'est là que l'application des principes les plus fondamentaux ; ces principes ne pourraient cesser qu'autant que, pour notre cas, un texte formel y ferait exception ; où est ce texte?... nulle part. C'est donc avec raison que la doctrine contraire est repoussée par la généralité des auteurs (1).

Il va sans dire, enfin, qu'il n'y a rien de sacramentel dans les termes à employer pour effectuer l'ameublissement; que si l'art. 1506 parle d'un époux qui déclare *ameublir* ET *mettre en communauté,* ce n'est nullement pour indiquer qu'il faille cumuler ces deux expressions, et qu'il suffit d'une phrase exprimant que les immeubles seront *ameublis,* ou *mis en communauté,* ou *apportés à la communauté,* ou *rendus communs,* ou *réputés meubles,* ou *tenus pour conquêts,* de termes,

---

(1) Toullier (XIII, 330); Duranton (XV, 62 et 63); Zachariæ (III, p. 528); Odier (II, 802); Taulier (V, p. 490); Duvergier (sur Toullier). — *Contrà* : Dalloz (2772).

enfin, manifestant d'une manière quelconque la volonté de l'époux.

Ceci entendu, fixons successivement les effets de l'ameublissement déterminé et de l'ameublissement indéterminé.

V. — L'ameublissement déterminé, ou ameublissement véritable, ayant pour effet de rendre les immeubles biens communs, comme si c'étaient des conquêts, il s'ensuit que le chef de la communauté peut les aliéner comme tous les autres immeubles communs, et qu'ils doivent, s'ils n'ont pas été aliénés, être compris comme tous autres, lors de la dissolution, dans le partage à faire entre les époux ou leurs héritiers. Cependant la loi, par égard pour l'affection qu'on attache quelquefois à un bien de famille, permet à chaque époux, et à ses héritiers après lui, de prendre dans sa part les immeubles par lui ameublis, en les comptant pour le prix qu'ils valent à ce moment. Delvincourt enseigne, et M. Duranton (XV, 78), sans toutefois le décider nettement, incline aussi à dire que la femme qui renonce aurait un droit analogue, et pourrait reprendre les immeubles par elle ameublis, en payant leur prix au mari; mais nous pensons, comme la généralité des auteurs (1), que cette opinion est inadmissible. Il s'agit là d'une disposition que sa nature même d'exception commande de restreindre au cas prévu ; or l'art. 1509 n'accorde cette faculté qu'à l'époux venant au partage de la communauté.

Quand l'ameublissement parfait est particulier, l'époux qui l'a fait est tout naturellement garant, envers la communauté, de l'éviction qu'elle pourrait subir pour une cause antérieure au mariage. Pothier, qui avait d'abord adopté une opinion différente (2), l'a bientôt abandonnée (3), et avec raison. Il est bien évident, en effet, que la mise d'immeubles dans la communauté n'est nullement une libéralité, comme Pothier l'avait admis d'abord, mais une stipulation à titre onéreux; et dès lors l'époux qui a promis l'apport de tels immeubles spécialement indiqués doit en faire l'apport effectif et réel, c'est-à-dire en rendre la communauté propriétaire.

Il en est autrement, bien entendu, dans le cas d'un ameublissement général; car transférer à la communauté l'universalité de ses immeubles, la totalité de sa fortune immobilière, c'est la lui transmettre telle qu'on l'a, et lui attribuer les droits tels quels qui la constituent. Et, dans ce même cas d'ameublissement général, c'est la communauté qui reçoit à sa charge les dettes relatives aux immeubles ameublis, par la raison déjà indiquée maintes fois, que les dettes sont dues par la généralité des biens. La mise dans l'actif de tous les immeubles présents fait donc entrer dans le passif toutes les dettes présentes, de même que la mise des immeubles futurs, c'est-à-dire de ceux à échoir ultérieurement

---

(1) Toullier (XIII, 345); Bellot (III, p. 156); Zachariæ (III, p. 531); Odier (II, 812); Paul Pont et Rodière (II, 183); Troplong (III, 2019); Dalloz (2788).

(2-3) *Introd. à la Cout d'Orléans,* n° 53. — *Commun.,* n° 311. *Conf.* Delvincourt (t. III, p. 83); Toullier (t. XIII, n° 344); Battur (t. II, n° 401); Duranton (t. XV, 71); Pont et Rodière (t. II, n° 162); Odier (II, 815); Troplong (1998); Zachariæ (t. III, p. 531); Dalloz (2769).

par des successions ou donations, y fera tomber toutes les dettes de ces successions et donations ; et si l'ameublissement ne portait que sur une quote-part de l'universalité des immeubles, la communauté ne supporterait que la même quote-part des dettes afférentes à ces mêmes immeubles. Il en est autrement dans l'ameublissement particulier, *quia æs alienum, universi patrimonii, non certarum rerum, onus est* (voy. Dalloz, *C. de mar.*, 2769-2784).

VI. — Quand l'ameublissement n'est qu'imparfait, indéterminé, c'est-à-dire quand, au lieu de rendre purement et simplement communs les immeubles qu'il frappe, il ne les soumet à la communauté que jusqu'à concurrence d'une certaine somme, le droit qui en résulte pour cette communauté n'est plus qu'une créance, mais c'est une créance d'une nature toute particulière et qui produit de remarquables effets (1).

Cette créance a pour objet, non pas la somme jusqu'à concurrence de laquelle les immeubles sont ameublis, mais ces immeubles eux-mêmes : c'est évident, puisque la clause consiste *à mettre dans la communauté*, non pas une somme de... à prendre sur les immeubles, mais *les immeubles* jusqu'à concurrence de cette somme. De là des conséquences.

Ainsi, quand même les biens ameublis auraient une valeur inférieure à la somme indiquée, la communauté ne devrait pas moins s'en contenter, sans pouvoir exiger que l'époux qui a fait l'ameublissement complète cette somme au moyen de ses autres biens (2).

De même, si les immeubles viennent à périr, soit en totalité, soit en partie, tellement que la valeur de ce qui reste se trouve inférieure à la somme fixée, l'obligation de l'époux se trouve ainsi éteinte, faute d'objet, pour partie ou pour le tout. Mais il ne faudrait pas conclure de là que, quand l'ameublissement est particulier, l'époux ne serait pas garant d'une éviction fondée sur une cause antérieure, et qui réduirait les biens ameublis à une valeur inférieure à la somme indiquée : ici comme dans l'ameublissement parfait, l'époux doit faire une mise réelle ; la circonstance qu'il n'apporte les immeubles que jusqu'à concurrence d'une somme de... est évidemment insignifiante sous ce rapport ; et c'est seulement, comme plus haut, quand l'ameublissement est général, que l'époux cesse d'être garant de l'éviction (3).

C'est aussi parce que le droit de la communauté frappe directement sur les immeubles que la loi donne à cette communauté, quoiqu'elle ne soit pas propriétaire, et par exception de l'art. 2124, la faculté d'hy-

___

(1) Quelques auteurs soutiennent que la communauté devient propriétaire des immeubles quand ils sont ameublis jusqu'à concurrence d'une certaine somme. Pont et Rodière (II, 150 et 165); Troplong (1990 et 2000); Dalloz (2773). — *Contrà* : Toullier (t. III, 344); Delvincourt (t. III, 83); Battur (II, 49); Duranton (XV, 70).
(2) *Conf.* Pothier (314); Pont et Rodière (II, 171); Troplong (2008 et 2014); Dalloz (2777).
(3) De ce que l'ameublissement indéterminé donne lieu à une créance immobilière, il en résulte encore que si elle n'avait point encore été liquidée à la dissolution du mariage, et si l'autre conjoint se remariait, elle n'entrerait pas dans la deuxième communauté. Toullier (XIII, 337); Duranton (XV, 86); Dalloz (2760).

pothéquer les biens jusqu'à concurrence de la somme fixée. Cette faculté, du reste, ne peut évidemment avoir d'application que pour les immeubles de la femme; car lorsqu'il s'agit d'immeubles du mari, comme ce dernier, en même temps que chef de la communauté, est aussi le propriétaire des biens ameublis, il est clair que cette dernière qualité lui permet non-seulement d'hypothéquer ces biens, mais de les aliéner; et c'est seulement, dès lors, pour les immeubles ameublis par la femme que la loi avait à conférer au mari le droit d'hypothèque.

Lors de la dissolution de la communauté, l'époux, s'il n'a pas autrement acquitté sa dette, est obligé de mettre dans la masse à partager les immeubles ameublis, ou, si leur valeur excède la somme fixée, une partie de ces immeubles suffisante pour représenter cette somme: et, bien entendu, c'est à lui d'indiquer, dans ce cas, celui ou ceux des immeubles qu'il entend mettre dans la masse. Toutefois, et quoique cette mise d'immeubles en nature soit le moyen régulier d'exécution de son obligation, l'époux jouit de la faculté, signalée plus haut pour le cas d'ameublissement parfait, de retenir ses immeubles en tenant autrement compte à la communauté de la somme pour laquelle ils étaient ameublis. S'il est vrai, en effet, que cette faculté de conserver les immeubles n'est formulée par l'art. 1509 que pour l'ameublissement déterminé, il est évident qu'on doit l'admettre à plus forte raison dans notre cas. Comment le droit de substituer aux immeubles une valeur équivalente serait-il refusé à l'époux qui n'a promis les immeubles que jusqu'à concurrence d'une somme, quand la loi l'accorde à celui qui avait transmis à la communauté purement et simplement la propriété même de ces immeubles? Il faut donc reconnaître que si les immeubles font ici l'objet direct de l'obligation, le payement en argent se trouve réservé *in facultate solutionis*.

Il va sans dire que si, pendant la communauté, les immeubles ameublis avaient été vendus en tout ou en partie, et que le prix, mis dans la caisse commune, excédât la somme jusqu'à concurrence de laquelle avait eu lieu l'ameublissement, l'époux aurait une action en reprise pour l'excédant. Car la somme fixée, sans être l'objet de la créance, détermine le *maximum* de son étendue; et si l'émolument de la communauté peut quelquefois être inférieur à cette somme, comme on l'a vu, il ne peut jamais lui être supérieur (Paul Pont et Rodière, II, 181).

SECTION IV.

DE LA CLAUSE DE SÉPARATION DES DETTES.

Le Code réunit ici deux clauses distinctes : celle de *séparation des dettes* proprement dite (art. 1510-1512); celle de *franc et quitte*, qui présente, surtout dans un cas, beaucoup d'analogie avec elle, mais qui en diffère cependant en plusieurs points (art. 1513).

1° *Clause de séparation des dettes.*

1510. — La clause par laquelle les époux stipulent qu'ils payeront séparément leurs dettes personnelles, les oblige à se faire, lors de la dissolution de la communauté, respectivement raison des dettes qui sont justifiées avoir été acquittées par la communauté à la décharge de celui des époux qui en était débiteur.

Cette obligation est la même, soit qu'il y ait eu inventaire ou non : mais, si le mobilier apporté par les époux n'a pas été constaté par un inventaire ou état authentique antérieur au mariage, les créanciers de l'un et de l'autre des époux peuvent, sans avoir égard à aucune des distinctions qui seraient réclamées, poursuivre leur payement sur le mobilier non inventorié, comme sur tous les autres biens de la communauté.

Les créanciers ont le même droit sur le mobilier qui serait échu aux époux pendant la communauté, s'il n'a pas été pareillement constaté par un inventaire ou état authentique.

1511. — Lorsque les époux apportent dans la communauté une somme certaine ou un corps certain, un tel apport emporte la convention tacite qu'il n'est point grevé de dettes antérieures au mariage; et il doit être fait raison par l'époux débiteur à l'autre de toutes celles qui diminueraient l'apport promis.

1512. — La clause de séparation des dettes n'empêche point que la communauté ne soit chargée des intérêts et arrérages qui ont couru depuis le mariage.

SOMMAIRE.

I. L'exclusion des dettes est expresse ou tacite, unilatérale ou réciproque. Elle ne frappe, en principe, que les dettes antérieures au mariage.
II. Quelles dettes sont comprises sous ce nom : controverse. L'exclusion embrasse les intérêts échus avant le mariage ; elle pourrait s'étendre aux autres, au moyen d'une clause *ad hoc :* erreur de Delvincourt et de M. Battur.
III. Effets de l'exclusion, entre les époux d'abord, puis envers les créanciers.
IV. L'effet est le même pour les créanciers du mari et pour ceux de la femme : grave controverse.

I. — La stipulation d'exclusion des dettes est expresse ou tacite : expresse, quand il est formellement déclaré par le contrat de mariage que l'un ou chacun des époux supportera toutes ses dettes (art. 1510); tacite, lorsque l'un ou chacun des époux, au lieu de laisser tomber dans la communauté tout son mobilier présent, y fait seulement un apport déterminé à telle somme ou à tels ou tels objets particuliers, parce que, d'après la disposition de l'art. 1511, article qui n'est qu'une application d'un principe général que nous avons expliqué plus haut (art. 1502, IV), l'époux qui exclut de l'actif de la communauté l'universalité de son

mobilier exclut par là même virtuellement de son passif ses dettes mobilières. Nous disons dans les deux cas : *l'un ou chacun* des époux, car
on conçoit que l'exclusion, soit expresse, soit tacite, peut n'être faite
que par l'un des conjoints, comme elle peut l'être par tous deux simultanément (1).

La clause d'exclusion des dettes devant, comme toute dérogation au
droit commun, s'entendre restrictivement, il est clair qu'elle ne
s'applique, en principe, qu'aux dettes actuelles, c'est-à-dire antérieures au mariage; et c'est, en effet, ce qu'indiquent bien les art. 1511 et
1497, 4°.

Sans doute, les époux peuvent exclure aussi leurs dettes futures,
c'est-à-dire celles des successions et donations à échoir; mais cet effet
ne peut résulter que d'une déclaration spéciale à cet égard ou virtuellement de la clause qui exclurait de l'actif commun le mobilier des successions et donations futures : hors de là, toute clause de séparation des
dettes ne comprend que les dettes antérieures au mariage (2).

II. — Sous ce nom de dettes antérieures au mariage, il faut comprendre évidemment toutes celles dont la naissance est due à un fait qui
a précédé la célébration, encore bien qu'elles dépendissent d'une condition qui ne s'est accomplie que plus tard, ou qu'elles n'aient été constatées que pendant le mariage (3). — Ainsi, l'amende à laquelle un
époux a été condamné pendant le mariage, à raison d'un délit par lui
commis avant la célébration, tombe sous cette règle. On comprend
d'autant moins la controverse qui a existé sur ce point dans l'ancien
droit, que tout le monde était d'accord d'appliquer cette règle aux réparations civiles prononcées dans le même cas. Lebrun et Pothier (4),
au surplus, décidaient la question dans notre sens, et avec raison,
puisque c'est évidemment le délit qui est la cause de l'amende imposée
à l'époux. — Mais que faut-il dire des dettes d'une succession mobilière échue à l'époux avant la célébration, et acceptée après cette même
célébration? M. Duranton (XV, 92) et M. Zachariæ (III, p. 538) enseignent
que, en général, elles ne sont point comprises dans l'exclusion et restent à la charge de la communauté, tandis que MM. Paul Pont et Rodière (II, 206) et M. Troplong (III, 2030) pensent qu'elles doivent être
considérées comme antérieures au mariage et demeurer dès lors à la
charge de l'époux... Le premier sentiment nous paraît seul exact. Sans
doute, si la question devait se décider en droit rigoureux et d'après les
effets juridiques de l'acceptation de succession, il faudrait suivre l'opinion de MM. Rodière et Paul Pont; car l'héritier se trouvant investi de
sa qualité et des droits actifs et passifs du défunt par le fait même du

---

(1) *Conf.* Toullier (t. XIII, n° 349); Duranton (t. XV, n° 96); Pont et Rodière
(t. II, n° 199); Dalloz (2797).
(2) *Conf.* Pont et Rodière (II, 200); Dalloz (2798).
(3) *Conf.* Pothier (354 et suiv.); Delvincourt (t. III, p. 86); Bellot (p. 261); Toullier (XIII, 351); Rolland (n° 687); Rodière et Pont (II, 302); Troplong (2023); Duranton (XV, 97).
(4) Lebrun (liv. 2, ch. 2, sect. 3); Pothier (*Commun.*, n° 356). *Sic* Toullier (XIII,
351); Pont et Rodière (t. II, n° 203); Troplong (n° 2026); Dalloz (2802).

décès de celui-ci, et l'acceptation n'ayant d'autre effet que de faire remonter le titre et les droits de cet héritier au moment même de l'ouverture de la succession, il est vrai de dire, en droit, que les dettes héréditaires existent pour lui à compter de cette ouverture. Mais ce n'est pas en droit, c'est en fait que la question doit se décider ici : il s'agit de l'interprétation d'une clause, et le seul point à rechercher est celui de savoir quelle a été la volonté, la pensée intime des parties contractantes. C'est donc une question d'intention, par conséquent une question de fait. Or, s'il est vrai, en droit, que l'acceptation, postérieure au mariage, d'une succession ouverte avant, ne fait que rendre irrévocables des effets déjà existants, et rend dès lors antérieures au mariage, juridiquement parlant, les dettes de cette succession, il est bien évident qu'en fait, et dans la pensée de l'époux qui s'est soumis à supporter seul ses dettes personnelles, c'est seulement par l'acceptation, et à compter du jour de cette acceptation, qu'il est devenu débiteur des dettes héréditaires ; jusqu'à cette acceptation, il pouvait rester étranger à l'actif et au passif de la succession à lui offerte ; et puisque c'est en acceptant que l'époux procure à la communauté l'actif mobilier de cette succession, il est tout naturel de dire que sa pensée, si rien n'indique le contraire dans le contrat, a été de mettre réciproquement à la charge de la communauté les dettes qui correspondent à cet actif (1).

L'exclusion frappe, bien entendu, et sur le capital des dettes et aussi sur leurs intérêts ou arrérages échus avant le mariage, mais non sur ceux qui courent pendant la communauté, lesquels sont supportés par cette communauté, aux termes de l'art. 1512, comme charge des revenus des biens des époux. Delvincourt et M. Battur (n° 417), reproduisant une ancienne opinion de Lebrun (ch. 3, sect. 4), vont jusqu'à dire qu'on ne pourrait même pas, par une stipulation *ad hoc*, exclure du passif de la communauté, pour les mettre à la charge de l'époux, ces intérêts courant pendant le mariage ; mais c'est une erreur évidente. Une telle clause, comme le disait Pothier, serait inusitée, mais parfaitement valable ; car il n'y a là rien de contraire, ni aux prohibitions de notre titre, ni aux lois concernant l'ordre public ou les bonnes mœurs, et la clause dès lors n'excède pas la pleine liberté de convention consacrée par les art. 1387 et 1497 (2).

III. — Les effets de l'exclusion des dettes sont réglés par l'art. 1510, qui nous les indique d'abord quant aux époux entre eux (alinéa 1), et ensuite à l'égard des créanciers (alinéa 2 et 3).

Entre les époux, l'effet est fort simple : il consiste en ce que toutes les dettes mobilières, antérieures au mariage, de l'époux qui s'est soumis à l'exclusion, ne seront payées par la communauté qu'à la charge de récompense par cet époux lors de la dissolution. L'époux qui pré-

---

(1) *Voy.* Odier (766); Dalloz (2807).
(2) Duranton (XV, 99); Odier (II, 769); Rodière et Paul Pont (II, 209); Troplong (III, 2055); Dalloz (2808).

tend que son conjoint doit récompense pour cette cause doit, tout naturellement, établir ces deux points : 1° qu'une dette de ce conjoint
existait avant le mariage; 2° qu'elle a été éteinte par payement pendant
le cours de la communauté. Ces deux points une fois prouvés (et la
preuve pourra, bien entendu, s'en faire même par témoins), il y aura
ensuite présomption, jusqu'à preuve du contraire, que le payement s'est
fait des deniers de la communauté, puisque c'est à cette communauté
qu'appartiennent les valeurs mobilières, et dès lors l'argent avec lequel
on a dû payer. Nous disons qu'il faut prouver que la dette a été éteinte
par payement; car si l'époux débiteur s'était trouvé libéré par prescription, par une remise de son créancier ou par un autre mode dans
lequel il n'y aurait pas eu versement de deniers, il est clair que la communauté, qui n'aurait rien déboursé, n'aurait rien à demander. — Il va
sans dire que si l'époux qui doit une récompense se libère, lors du
partage, non en versant l'argent dans la caisse commune, mais en
payant directement à son conjoint, ce n'est que la moitié de la somme
due qu'il faut compter à celui-ci, puisque, en cas de versement du total dans l'actif commun, chacun d'eux en aurait ensuite pris moitié. Il
est évident aussi que la femme doit toujours payer la récompense par
elle due, soit qu'elle accepte, soit qu'elle renonce, et qu'au cas de renonciation, c'est toujours le total de l'indemnité qu'il lui faut compter,
puisque l'actif appartient alors tout entier au mari. Dans ce même cas,
et par la même raison, le mari ne peut pas avoir de récompense à payer,
puisque c'est à lui-même qu'il la payerait : toute dette de récompense
s'éteindrait alors pour lui par confusion.

A l'égard des créanciers, l'effet de la séparation des dettes est subordonné à une condition : c'est que le mobilier entré dans la communauté
du chef de leur débiteur ait été inventorié. Si le mobilier apporté lors
du mariage par l'époux débiteur a été constaté par un inventaire ou état
authentique, et qu'on ait aussi constaté de la même façon celui qui a
pu lui échoir postérieurement, la séparation des dettes produira son effet
contre les créanciers de cet époux, qui ne pourront alors poursuivre le
payement de leurs créances que sur le mobilier provenu du chef de leur
débiteur (et sur ses propres), absolument comme si ce débiteur n'avait
pas contracté mariage (1). Ainsi, la communauté sera quitte, dans ce
cas, en représentant, comme disait l'art. 222 de la Coutume de Paris,
l'inventaire ou l'estimation d'icelui; c'est-à-dire, ainsi que l'explique

---

(1) On pourrait dire que l'application des principes devait conduire ici à refuser
aux créanciers toute action sur les biens de leur débiteur devenus biens de la communauté, puisqu'un bien cesse d'être le gage du créancier par toute aliénation non
frauduleuse qu'en fait le débiteur. Le créancier n'aurait pu agir, dans ce système,
que sur la nue propriété des propres de l'époux. Mais comme la mise en communauté,
d'une part, n'est point une aliénation ordinaire et complète (puisqu'elle n'enlève à
l'époux que la moitié des biens qu'il apporte, en lui faisant acquérir réciproquement
la moitié de ceux qu'apporte son conjoint), et comme, d'un autre côté, il eût été inique que la communauté pût conserver toute la fortune mobilière d'un époux sans
avoir à répondre, au moins sur cette fortune, des dettes corrélatives, on a décidé avec
raison que les créanciers pourraient agir sur les biens venus à la communauté du
chef de leur débiteur.

Pothier (n° 364), qu'il suffira d'abandonner aux créanciers ceux des effets compris dans l'inventaire qui se trouvent en nature, et de leur remettre le prix des autres ou de leur justifier de l'emploi qui aurait été fait de ce prix en payement d'autres dettes également propres à l'époux. Que si, au contraire, on a omis d'inventorier, soit le mobilier apporté par l'époux en se mariant, soit celui qui lui est échu pendant le mariage, comme alors les créanciers n'ont plus la certitude que ce qu'on leur présente comme le mobilier provenu de leur débiteur soit vraiment tout ce mobilier, et qu'on pourrait leur en dissimuler une partie dont l'importance leur est impossible à connaître, la séparation des dettes est pour eux non avenue, et ils peuvent poursuivre leur payement sur tous les biens communs (et aussi sur les propres du mari) (1), comme s'il y avait communauté légale. — Il est évident, au surplus, que c'est seulement pendant la durée de la communauté que se présente la question de savoir si les époux doivent ou non être réputés séparés de dettes quant aux créanciers, et qu'une fois cette communauté dissoute, les époux sont séparés de dettes absolument et sans qu'il y ait à distinguer si les meubles qui étaient entrés en communauté avaient ou non été inventoriés. Pothier l'enseignait formellement pour le cas le plus douteux, celui de créanciers de la femme. Or, si les créanciers de la femme, malgré le défaut d'inventaire, ne peuvent plus, après la dissolution, agir contre le mari, à bien plus forte raison ceux du mari ne pourraient-ils pas agir contre la femme. La doctrine de Delvincourt et de M. Bellot (III, p. 186), qui, sans s'expliquer quant aux créanciers du mari, prétendent que celui-ci pourrait encore, dans ce cas, être poursuivi par les créanciers de la femme, doit donc être rejetée (2).

IV. — Il s'en faut de beaucoup que ce qui vient d'être dit, pour le cas où le mobilier entré en communauté du chef d'un époux a été dûment constaté par un inventaire, soit admis sans conteste. Tout le monde reconnaît bien que l'effet par nous indiqué, et qui consiste en ce que les dettes de cet époux antérieures au mariage ne peuvent être poursuivies que sur les biens communs provenant de lui, s'applique pour les dettes de la femme; mais beaucoup d'auteurs enseignent qu'il est inapplicable aux dettes du mari, que pour elles la clause de séparation est toujours et nécessairement non avenue, et que les créanciers de ce mari peuvent toujours, nonobstant tout inventaire, poursuivre la totalité des biens communs (3). Cette doctrine s'appuie sur deux motifs tirés, l'un des principes du droit, l'autre de l'histoire et de la tradition, mais qui sont également inadmissibles.

Le mari, dit-on d'abord, étant le maître, sous le régime de la communauté, de disposer comme il l'entendra des biens communs, il peut

---

(1) *Voy.* cependant Douai, 15 juin 1861 (Dev., 62, II, 65).
(2) Pothier (n° 364); Zachariæ (III, p. 541); Paul Pont et Rodière (II, 218); Odier (II, 782); Duvergier (sur Toullier, XIII, 356, note *b*); Troplong (III, 2046); Dalloz (2817).
(3) Delvincourt (III); Duranton (XV, 110); Rolland de Villargues (v° Commun., n° 517); Bellot (III, p. 166); Zachariæ (III, p. 539 et 540).

donc les employer à l'acquittement de ses dettes antérieures au mariage ; et s'il le peut, ses créanciers le peuvent aussi, par application de l'art. 1166. Par conséquent, la clause de séparation des dettes ne peut avoir d'effet que pour les dettes de la femme et au profit du mari, jamais pour les dettes du mari et au profit de la femme. Aussi, ajoute-t-on, c'est toujours ainsi que la clause de séparation des dettes a été entendue dans l'ancien droit ; si bien que Pothier, regardant sans doute ce point comme étant désormais hors de discussion, ne prenait pas même la peine de l'exprimer, et se contentait de ne parler des effets de la clause que par rapport aux créanciers de la femme (nos 362 et suiv.). Or rien n'indique que notre législateur ait voulu s'écarter ici des anciens principes.

La réponse à ces deux idées est facile. Sans doute, d'abord le mari est complétement maître, de droit commun, d'employer comme il l'entendra les biens de la communauté ; mais précisément la clause d'exclusion des dettes du mari a pour but et pour effet de changer cette règle du droit commun, et d'enlever au mari le droit de disposer des biens apportés par la femme pour l'acquittement des dettes dont il était grevé avant le mariage : c'est évident, puisque la femme n'a mis alors ses meubles en communauté que sous la condition que cette communauté ne payerait pas les dettes du mari antérieures au mariage. Voici pour les principes... Quant à l'autorité des anciens auteurs, il est bien vrai que la plupart professaient la doctrine que nous rejetons ; mais, outre que cette doctrine n'était pas unanime et se trouvait combattue autrefois déjà par des raisons péremptoires, cette ancienne doctrine ne pourrait, en tout cas, l'emporter aujourd'hui sur le texte de l'art. 1510, texte auquel les explications contraires de Pothier ne font précisément que donner plus de force.

A côté des auteurs qui enseignaient que la séparation des dettes n'a d'effet que contre les créanciers de la femme (1), nous trouvons dans Bacquet (2) la doctrine contraire établie aussi nettement que solidement. Après avoir indiqué l'effet que produit la séparation dans l'intérêt du mari, il explique que de même « la femme, par le moyen de la convention et stipulation susdite, pourra empêcher que les biens meubles qu'elle aura apportés en mariage soient vendus pour les dettes de son mari précédant leur mariage. Car, dit-il très-bien, encore que lesdits biens meubles soient entrés en communauté, de laquelle le mary est maistre et seigneur, toutefois c'est à la charge expresse qu'ils ne seront point tenus, saisis, ny vendus pour les dettes contractées par son mary auparavant leur mariage. » Et pourquoi donc, en effet, la femme ne jouirait-elle pas aussi bien que son mari, sous ce rapport comme sous tout autre, de la pleine liberté de modifier les règles de la communauté légale ? Pourquoi, quand elle peut aussi bien que son

_____

(1) Bourjon (*Droit comm.*, I, p. 554) ; Lebrun (l. 2, ch. 3, sect. 4, no 2) ; Duplessis (*Cout. de Paris*, I, p. 404) ; Renusson (part. 1, ch. 9, no 8) ; Ferrière (t. III, p. 129, note 22).
(2) *Droits de justice*, ch. 21, no 101.

mari ne pas mettre ses meubles en communauté, ne pourrait-elle pas, aussi bien que lui, ne les y mettre qu'à la condition qu'ils ne serviront point au payement des dettes de son conjoint? Pourquoi, en d'autres termes, ne pourrait-elle, comme le peut le mari, obtenir une exclusion des dettes de son conjoint efficace envers les créanciers?... Tout ceci, au surplus, tend plutôt à justifier la règle qu'à l'établir; car elle est suffisamment établie par le texte même du Code, rapproché des explications de Pothier. Cet auteur, conséquent avec l'idée que l'exclusion des dettes ne concerne pas les créanciers du mari, ne parlait ici, comme on l'a dit déjà, que des créanciers de la femme, et ses explications se résumaient à dire que, si le mobilier apporté *par la femme* n'a pas été inventorié, les créanciers *de cette femme* peuvent agir sur tous les biens communs. Or le Code élargit la formule en disant que, si le mobilier *des époux* n'a pas été constaté par inventaire, les créanciers *de l'un et de l'autre des époux* pourront poursuivre tous les biens communs, et qu'il en sera de même quant au mobilier échu *aux époux* pendant la communauté. C'est donc aux deux époux qu'il faut appliquer aujourd'hui ce que Pothier disait de la femme seulement; le Code a modifié l'ancienne clause de séparation des dettes comme il a modifié (et plus profondément, ainsi qu'on va le voir bientôt) l'ancienne clause de franc et quitte; et la doctrine contraire se trouve ainsi condamnée, tout à la fois, et par le texte de la loi, et par les principes généraux du droit, et par les règles de l'équité (1).

2° *Clause de franc et quitte.*

1513. — Lorsque la communauté est poursuivie pour les dettes de l'un des époux, déclaré, par contrat, franc et quitte de toutes dettes antérieures au mariage, le conjoint a droit à une indemnité qui se prend soit sur la part de communauté revenant à l'époux débiteur, soit sur les biens personnels dudit époux; et, en cas d'insuffisance, cette indemnité peut être poursuivie par voie de garantie contre le père, la mère, l'ascendant ou le tuteur qui l'auraient déclaré franc et quitte.

Cette garantie peut même être exercée par le mari durant la communauté, si la dette provient du chef de la femme; sauf, en ce cas, le remboursement dû par la femme ou ses héritiers aux garants, après la dissolution de la communauté.

SOMMAIRE.

I.   Clause de franc et quitte. Elle n'est plus ce qu'elle était autrefois. Même quand elle émane de l'époux, elle diffère de la séparation de dettes : erreur de M. Bellot.

---

(1) Battur (II, 412); Dalloz (v° Mariage, n° 2820); Bugnet 'sur Pothier, VII, p. 212); Rodière et Paul Pont (II, 217); Troplong (III, 2012-2014); Rolland (n° 698). — Toullier et son annotateur (XIII, 356) gardent le silence sur cette grave question.

II. Deux espèces de préjudice sont possibles; l'indemnité est due pour toutes deux : erreur de M. Battur.

III. Moyens de preuve contre les garants. Quand peut s'exercer l'action.

I. — On appelle clause de franc et quitte celle qui, dans un contrat de mariage, déclare l'un des époux exempt et libre de toutes dettes. Cette déclaration, qui, dans l'ancienne pratique, était toujours faite par des tiers, parents ou autres, peut aussi être faite aujourd'hui par l'époux lui-même; et, dans tous les cas, elle oblige le déclarant, quel qu'il soit, à réparer le tort que causeraient au conjoint les dettes de l'époux faussement déclaré franc et quitte. Autrefois, l'époux que ses parents ou amis avaient ainsi déclaré libre de dettes n'était, quant à lui, obligé à rien; il était réputé étranger à la convention, qui n'était censée intervenir qu'entre le conjoint et les déclarants, en sorte que ces derniers étaient seuls tenus d'indemniser ce conjoint, s'il y avait lieu (Pothier, n°s 350, 370, 375). Aujourd'hui, d'après la disposition assurément plus raisonnable et plus juste de notre article, l'époux, alors même qu'il n'a pas parlé dans la clause, est toujours obligé et le principal obligé : c'est contre lui tout d'abord que s'exercera le recours, et ce n'est que dans le cas d'insuffisance de ses biens que son conjoint pourrait agir contre ceux qui ont fait la déclaration, et qui se sont ainsi portés ses garants.

Dans le cas même où la déclaration de franchise n'est faite que par l'époux, la clause, quoiqu'elle se rapproche davantage de la simple séparation de dettes, ne se confond cependant pas avec elle, comme l'enseigne à tort M. Bellot (III, p. 191); elle s'en distingue encore par deux différences importantes, dont l'une la rend plus avantageuse au conjoint, en même temps que l'autre la lui rend moins utile sous un autre rapport. — D'une part, en effet, l'époux qui s'est dit franc et quitte, et dont la communauté paye néanmoins des dettes antérieures au mariage, n'aura pas seulement à rembourser à cette communauté, comme en cas de simple séparation de dettes, le capital des sommes payées à son acquit; les intérêts courus pendant la communauté et jusqu'au jour de la dissolution seront également dus par lui. Ainsi, tandis que l'époux séparé de dettes pour qui la communauté a payé 12 000 fr., dont 10 000 de capital, 1 000 d'intérêts antérieurs au mariage, et 1 000 d'intérêts postérieurs, ne devra tenir compte à la communauté que de 11 000 fr., l'époux qui s'est déclaré franc et quitte lui devrait, dans le même cas, non-seulement la totalité de la somme payée, mais aussi l'intérêt de cette somme pendant toute la durée de la communauté; en sorte que, si cette communauté dure seulement dix ans à partir du payement, il lui faudra verser 18 000 fr. dans la masse à partager, ou, ce qui est la même chose, compter 9 000 fr. à son conjoint. Cette obligation de payer les intérêts est toute simple : car l'époux ayant faussement déclaré n'avoir pas de dette, son conjoint a compté sur l'intégralité de la fortune mobilière de cet époux et des revenus de ses propres, et doit par conséquent trouver dans la masse commune tout ce

qu'elle comprendrait si la dette n'avait pas existé (Pothier, n° 375) (1).
— D'un autre côté, la clause de franc et quitte ne permet pas, comme
la clause de séparation des dettes, de restreindre la poursuite des créanciers, sous la condition d'un inventaire, aux meubles provenant de l'é-
poux débiteur; notre art. 1513 n'étend point à ce cas la disposition
de l'art. 1510. Les créanciers pourraient donc, nonobstant l'inventaire,
agir ici sur tous les biens communs, et ce serait, dès lors, faire une
chose utile que d'ajouter une clause expresse de séparation de dettes à
la clause de franc et quitte, plus avantageuse sous un autre rapport,
ainsi qu'on vient de le voir (2).

II. — Le payement des dettes de l'époux faussement déclaré franc
peut causer à son conjoint deux espèces de préjudice : 1° une diminution de sa part de la communauté; 2° une réduction du fonds commun
à un chiffre insuffisant pour remplir ce conjoint des différents droits et
créances qu'il peut avoir à exercer. Le payement des dettes dont il
s'agit ne produira cette seconde espèce de préjudice que dans certains
cas, tandis qu'il produira le premier nécessairement et toujours. Or, on
discutait dans l'ancien droit sur le point de savoir si le droit du conjoint
à une indemnité, droit incontesté pour la seconde espèce de préjudice, s'étendait à la première. Renusson (3) tenait pour l'affirmative ;
mais la plupart des auteurs, et notamment Pothier, enseignaient la négative (4).

Cette question n'en saurait être une aujourd'hui, et l'indemnité est
certainement due pour tout préjudice souffert... Et d'abord, les principes du droit, comme ceux de l'équité, demandaient qu'il en fût ainsi ;
car c'est par son dol, par sa fraude, que l'époux déclaré quitte nuit ici
à son conjoint; et c'était le cas ou jamais, dès lors, de l'obliger à la
réparation intégrale du dommage causé, de quelque manière que se
réalise ce dommage. Donc, du moment que notre législateur changeait,
comme on l'a vu, dans sa nature et ses effets, l'ancienne clause de franc
et quitte, il devait notamment la changer en ce point. C'est ce qu'il a
fait, puisque notre article, loin de n'admettre l'indemnité que quand il
y aura telle espèce de préjudice, ne parle pas même de préjudice, et
déclare d'une manière générale que cette indemnité sera due toutes les
fois *que la communauté aura payé les dettes antérieures au mariage de
l'époux déclaré franc et quitte.* C'est qu'en effet, il y aura toujours et
nécessairement un préjudice pour le conjoint dans ce payement, qui diminue l'actif de la communauté. La règle est donc absolue comme elle
devait l'être, et l'idée contraire de M. Battur (II, 425), rejetée d'ailleurs
par tous les auteurs (5), est évidemment inadmissible.

---

(1) Duranton (t. XIII, 137) ; Odier (788) ; Troplong (2064).
(2) *Conf* Delvincourt (t. III, p. 87, note 1) ; Duranton (t. XV, n° 125) ; Toullier
(t. XIII, n° 364) ; Rodière et Pont (t. II, n° 225) ; Troplong (2063) ; Dalloz (2830).
(3) *Commun.*, part. 1, ch. 11, n°⁵ 36 et 37.
(4) Duplessis (*Commun.*, l. 2, ch. 1, sect. 4) ; Lebrun (l. 2, ch. 3, sect. 3, n°⁵ 41 et
42) ; Bourjon (*Droit commun.* part. 3, ch. 5, sect. 1, n° 3) ; Pothier (n° 366).
(5) Delvincourt (t. III) ; Toullier (XIII, 366) ; Duranton (XV, 123) ; Bellot (III,
p. 196) ; Zachariæ (III, p. 543) ; Dalloz (*Contr. de mar.*, v° Mariage) ; Rodière et Paul

III. — Quant au point de savoir si une dette de l'époux payée par la communauté était vraiment ou non antérieure au mariage, et si l'on peut admettre comme telle celle qui ne résulterait pas d'un acte ayant date certaine, il est sans difficulté entre les deux conjoints, mais non pas quant aux garants.

Entre les conjoints, toute dette de l'époux déclaré quitte que l'acte présentera comme antérieure au mariage, sera évidemment acceptée comme telle et donnera lieu à l'indemnité, quoique la date de l'acte ne soit pas certaine ; car l'époux débiteur ne peut pas être admis à critiquer la date qu'il a lui-même donnée à son acte. Mais si, en cas d'insuffisance des biens de l'époux, le conjoint voulait recourir contre les garants, la question deviendrait délicate. D'une part, les garants sont des tiers, ils semblent donc pouvoir opposer le défaut de date certaine ; et on peut dire, comme on le faisait en effet autrefois (1), qu'il est impossible d'admettre qu'ils soient à la discrétion de l'époux déclaré quitte, qui pourrait, par des antidates, les obliger indéfiniment. Mais, d'un autre côté, le conjoint de cet époux ne doit pas non plus être victime du défaut de preuve écrite et régulière des dettes de celui-ci ; il lui était certes bien impossible de faire constater par écrit des dettes qu'on lui disait ne pas exister, en sorte qu'il peut faire preuve par tous moyens, même par témoins ; et comme, en définitive, les déclarants seraient toujours en faute d'avoir trop facilement garanti une personne dont ils ne connaissaient pas assez la position ou la probité, tandis que le conjoint n'a aucune espèce de reproche à se faire, on doit, selon nous, admettre en principe comme efficaces contre les garants, et la preuve par témoins, et aussi celle résultant d'un acte dépourvu de date certaine, en réservant seulement à ces garants de prouver (par tous moyens, bien entendu) que cet acte est antidaté et que la dette est réellement postérieure à la célébration (2).

Pour ce qui est, enfin, du moment où peut s'exercer l'action en indemnité, le texte de notre article est trop précis pour laisser place à aucune difficulté. Cette action, en principe, ne peut jamais être intentée, soit par le mari contre la femme, soit par la femme contre le mari, soit par la femme contre les garants du mari, qu'après la dissolution de la communauté. Mais le mari, lui, dans l'intérêt et pour la meilleure gestion de sa communauté, est autorisé à agir, dans le cours même de cette communauté, contre ceux qui ont déclaré sa femme franche et quitte. C'est la seule exception au principe, et ces garants eux-mêmes, après avoir payé à l'acquit de la femme l'indemnité due par celle-ci, ne peuvent exercer leur recours contre elle que quand la communauté est dissoute. Toute action leur est interdite jusque-là (3).

Pont (II, 229) ; Odier (II, 789) ; Duvergier (sur Toullier) ; Troplong (III, 2059) ; Rolland (t. II, p. 321).

(1) Duplessis (*Commun.*, l. 2, ch. 1, sect. 4) ; Pothier (n° 367).

(2) *Voy.* Pothier (367) ; Delvincourt (t. III, p. 88) ; Duranton (XV, 130) ; Odier (793) ; Troplong (2067) ; Pont et Rodière (II, 228) ; Dalloz (2832).

(3) *Conf.* Pont et Rodière (t. II, n°ˢ 233 et 234) ; Troplong (n° 2065) ; Dalloz (2841).

SECTION V.

DE LA FACULTÉ ACCORDÉE A LA FEMME DE REPRENDRE SON APPORT FRANC ET QUITTE.

1514. — La femme peut stipuler qu'en cas de renonciation à la communauté, elle reprendra tout ou partie de ce qu'elle y aura apporté, soit lors du mariage, soit depuis; mais cette stipulation ne peut s'étendre au delà des choses formellement exprimées, ni au profit de personnes autres que celles désignées.

Ainsi la faculté de reprendre le mobilier que la femme a apporté lors du mariage, ne s'étend point à celui qui serait échu pendant le mariage.

Ainsi la faculté accordée à la femme ne s'étend point aux enfants; celle accordée à la femme et aux enfants ne s'étend point aux héritiers ascendants ou collatéraux.

Dans tous les cas, les apports ne peuvent être repris que déduction faite des dettes personnelles à la femme, et que la communauté aurait acquittées.

SOMMAIRE.

I.   Clause de reprise d'apport. Elle déroge au droit commun et doit s'entendre restrictivement. Application de l'idée quant aux choses comprises dans la clause. Mauvaise rédaction du Code.
II. Application quant aux personnes appelées à jouir du droit : erreur de Toullier. Hypothèses diverses. Quand s'ouvre le droit; une fois ouvert, il est transmissible comme tout autre droit.
III. Le droit ne s'exerçant qu'au moyen d'une renonciation, il ne constitue qu'une créance contre le mari : conséquence. Il ne s'exerce que sous déduction des dettes correspondantes de la femme.

I. — Une nouvelle dérogation aux règles de la communauté légale est celle de la stipulation par laquelle la femme se réserve le droit de reprendre, en renonçant à la communauté, tout ou partie des biens qui y sont entrés de son chef. Cette stipulation, si elle ne déroge pas (quoi qu'on en ait dit) au droit commun des sociétés (1), déroge évidemment au droit commun en matière de communauté, puisque, d'après lui, la femme perd par sa renonciation toute espèce de droit sur les biens entrés dans la masse commune. Puisqu'elle déroge au droit commun, elle doit donc, et notre article s'en explique d'ailleurs formellement, s'interpréter restrictivement, et quant aux choses qui en font l'objet, et quant aux personnes au profit desquelles elle est écrite.

Ainsi, d'abord et quant aux choses, si la femme a dit qu'elle réservait, soit pour elle seulement, soit pour elle et tous ou quelques-uns de ses héritiers, le droit de reprendre *tous ses apports*, ou *tout son mobi-*

---

(1) *Voy.* MM. Malepeyre et Jourdain (nº 130); Duvergier (nº 264): Troplong (nº 660); Championnière et Rigaud (nº 2756); Rodière et Paul Pont (II, 236).

lier, ou tous les biens par elle mis en communauté, comme alors il y a doute sur le point de savoir si c'est de la totalité des biens et apports *présents,* ou des biens et apports *présents et futurs,* que la femme a entendu parler, et que les biens présents sont les seuls sur lesquels il y ait certitude de sa volonté, c'est à ceux-ci que se restreindra l'effet de la clause ; car l'interprétation restrictive d'une stipulation consiste, comme nous l'avons déjà fait remarquer plus haut, à ne l'appliquer qu'aux objets qui s'y trouvent compris d'une manière certaine. Quant à l'exemple donné par le Code, il dénature, en croyant le reproduire, le passage dans lequel Pothier indiquait cette même idée. Pothier, en effet, explique que « lorsqu'il est dit simplement que la femme reprendra *ce qu'elle a apporté,* la convention ne renferme que ce qu'elle a apporté *en se mariant.* » En ajoutant dans cette phrase, aux mots *ce qu'elle a apporté,* ceux *lors du mariage,* le Code en change le sens et n'exprime plus qu'une idée trop évidente pour qu'il fût besoin de l'exprimer. Il est bien clair, en effet, qu'en ne stipulant la reprise que pour le mobilier apporté lors du mariage, on laisse sous le droit commun celui qui écherra pendant le mariage (1). Il est clair aussi que, si la clause n'est stipulée que pour le mobilier à échoir par donation, elle ne s'appliquera point à celui qui viendrait par succession, et réciproquement (2).

Que si la femme, au lieu de dire qu'elle pourra reprendre, lors de la dissolution, ce qu'elle *apporte* ou ce qui *entre* de son chef dans la communauté (ou encore ce qui *est entré* ou ce qu'elle *a apporté*), disait ce qu'elle *aura* apporté ou ce qui *sera entré,* comme ce futur passé ne saurait être restreint au mobilier présent qu'en violant le sens naturel et grammatical des mots, il faut reconnaître que la clause comprendrait alors tous les meubles présents et futurs (3).

II. — La clause doit aussi s'entendre restrictivement quant aux personnes appelées à en profiter.

Ainsi, tandis que, en principe, le droit qu'une personne a stipulé pour elle appartient, le cas échéant, à ses héritiers ou ayants cause, quels qu'ils soient, ici la faculté stipulée pour la femme n'appartiendrait pas à ses enfants, celle qu'elle stipulerait pour elle et ses enfants n'appartiendrait point à ses héritiers ascendants, celle qu'elle se réserverait pour elle et ses enfants et ascendants ne pourrait être exercée par ses héritiers collatéraux, et celle, enfin, qui serait stipulée pour la femme et ses héritiers, sans distinction de la qualité de ces héritiers, ne s'étendrait ni à ses successeurs irréguliers (enfants naturels et l'Etat), ni à ses successeurs testamentaires, c'est-à-dire à ses légataires, même universels. Que si l'on avait rédigé la clause au mode impersonnel, en disant qu'au moyen d'une renonciation *il pourra être fait reprise* de tels ou tels biens, comme cette phrase, qui ne désigne spécialement aucune

_____

(1) *Voy.* Zachariæ (III, p. 544, 2) ; Odier (II, n° 845) ; Troplong (2096).
(2) Toullier (XIII, 379) ; Duranton (XV. 141 et suiv.) ; Delvincourt (t. III, p. 91) ; Odier (844) ; Troplong 2095) ; Dalloz (2879).
(3) Lebrun (l. 3. chap. 2. sect. 2, dist. 5) ; Pothier (n° 401) ; Rodière et Paul Pont (II, 260) ; Caen, 28 mai 1849 (Dev., 49, II, 694) ; Bellot (III, p. 229) ; Dalloz (2876).

personne, a deux sens possibles, que peut-être on a voulu y comprendre tous les héritiers et ayants cause, que peut-être aussi on n'a songé qu'à la femme, et que, de ces deux sens, le plus large est douteux et l'autre seul certain, il est clair, malgré la doctrine contraire de Toullier (XIII, 381), qu'il faut s'en tenir à ce sens restreint et refuser le droit à tous autres que la femme. Toullier, qui combat sur ce point la solution des anciens auteurs avec une telle conviction qu'il ne suffirait pas, dit-il, de l'autorité de la Cour suprême pour le faire changer d'opinion, n'adopte pourtant là qu'une erreur manifeste. Il est bien évident, en effet, que la phrase impersonnelle laisse complétement dans le doute le point de savoir si l'on a entendu parler des personnes autres que la femme ; et, puisque la loi commande d'interpréter la clause d'une manière rigoureuse, il est donc impossible de l'appliquer alors à ces personnes. Aussi l'idée de Toullier est-elle rejetée, même par son annotateur (1).

Mais si l'on doit interpréter la clause avec rigueur, il ne faut pas exagérer cette rigueur, et l'on devra donner effet à la volonté des parties toutes les fois que cette volonté, même sans être très-explicite, sera cependant bien manifestée par le contrat (2). Ainsi, quand la faculté sera stipulée pour la femme et ses héritiers collatéraux, on devra y déclarer compris les descendants et ascendants, puisque, le contrat appelant les héritiers les moins favorables, les autres se trouvent appelés par *à fortiori*. De même la vocation explicite des ascendants contiendrait virtuellement celle des descendants (3). Enfin, celle des *enfants* comprendrait tous les *descendants ;* car, en définitive, ces deux mots sont synonymes ; le mot *enfants* est une expression générique qui s'emploie pour toutes les générations, et aussi bien avec addition des mots *du 2ᵉ degré, du 3ᵉ degré,* etc., qu'avec celle *du 1ᵉʳ degré,* et le Code lui-même, qui l'entend ainsi partout, lui donne précisément ce sens dans notre article, en distinguant les trois classes d'héritiers en *collatéraux, ascendants* et *enfants.* Cette même expression d'enfants, ainsi qu'elle embrasse les enfants de tout degré, embrasse aussi les enfants de toute qualité ; les enfants naturels et les enfants adoptifs y sont compris aussi bien que les légitimes, ceux d'un précédent lit aussi bien que ceux du mariage (Pothier, nᵒˢ 387-390) (4).

(1) La Thaumassière (*Quest.*, 2ᵉ cent., ch. 72) ; Pothier (nᵒ 385) ; Rodière et Paul Pont (II, 245) ; Duvergier (sur Toullier, *loc. cit.*) ; Troplong (III, 2077). Jugé d'ailleurs que, pour que la clause soit opposable aux tiers, il faut qu'elle soit conçue en termes tellement explicites que ceux-ci n'aient pu être induits en erreur. Cass., 14 et 15 déc. 1858 (Dev., 59, I, 229), 13 août 1860 (Dev., 61, I, 154).

(2) Ainsi, la clause qui, dans ses termes, subordonnerait la reprise au *prédécès* du mari, n'exclut pas le droit de reprendre l'apport en cas de dissolution par une séparation de biens. Pothier (382) ; Bellot (III, 215) ; Rolland (725) ; Duranton (XV, nᵒ 151) ; Pont et Rodière (II, 241) ; Odier (II, 851) ; Troplong (2086) ; Dalloz (2854).

(3) Pothier (390) ; Toullier (XIII, 387) ; Battur (II, 453) ; Zachariæ (III, 545) ; Duranton (XV, 158) ; Rolland (738) ; Pont et Rodière (254) ; Odier (II, 849) ; Troplong (2082) ; Dalloz (2864).

(4) *Conf.* Delvincourt (III, p. 92) ; Bellot (t. III, 218) ; Rolland (735, 731 et 732) ; Duranton (XV, 136, 175) ; Rodière et Pont (II, 248 et 249) ; Troplong (2083) ; Dalloz

Si la femme laissait tout à la fois un héritier du sang appelé à exercer la reprise et un légataire universel qui n'y est pas appelé, le droit s'ouvrirait-il? Si l'héritier est réservataire, comme c'est lui qui, malgré la présence du légataire universel, est saisi de la succession (art. 1004), il est clair que le droit s'ouvre; si, au contraire, il s'agit d'un héritier n'ayant pas de réserve, c'est alors le légataire universel qui est saisi (art. 1006), l'héritier cesse d'être héritier, et puisque par hypothèse le légataire n'est pas compris dans la clause, le droit ne s'ouvre pas, la reprise ne peut pas être exercée (1).

Du reste, quand on dit que le droit de reprise ne peut jamais appartenir aux personnes qui n'y sont pas appelées par le contrat, cette proposition ne signifie pas que ce droit ne pourrait pas *être exercé* par ces personnes, mais seulement qu'il ne peut pas *s'ouvrir* pour elles : une fois que le droit s'est ouvert sur la tête de la personne au profit de laquelle il était stipulé, il est clair qu'il peut ensuite, comme tout autre droit, être transmis aux représentants de cette personne ou exercé par ses ayants cause. Or c'est par la dissolution de la communauté que le droit s'ouvre : il est vrai que l'exercice de ce droit est subordonné à la renonciation qui devra être faite à cette communauté (2), mais cette renonciation n'est qu'une charge, une obligation, dont l'accomplissement est exigé pour exercer le droit, et ce n'est point la renonciation, mais le fait même de la dissolution, qui donne ouverture à ce droit et le réalise sur la tête de la personne. C'est donc selon que la personne ou l'une des personnes appelées au droit de reprise existe ou n'existe pas à la dissolution de la communauté, que ce droit de reprise s'ouvre ou ne s'ouvre pas.

Ainsi, par exemple, si le droit n'est stipulé que pour la femme, et que ce soit par la mort de cette femme que la communauté se dissolve, ou si, le droit étant stipulé pour la femme et ses enfants, la communauté se dissout par la mort de la femme décédant sans laisser aucun enfant, le droit de reprise n'existera pas. Que si, au contraire, la communauté

(2861 et 2862). — Mais le mot *héritiers* ne comprend pas les enfants naturels. Bellot (III, 221); Duranton (XV, 162); Rolland (736); Rodière et Pont (II, 251). — Il en est autrement du mot *successeurs*. Duranton (XV, 162); Pont et Rodière (II, 152); Dalloz (2868).

(1) *Voy.* Pothier (397); Duranton (XV, 164); Rodière et Pont (II, 258); Dalloz (2874).

(2) Il est bien évident que la femme, comme l'a jugé un arrêt de Toulouse du 27 janv. 1844 (Dalloz, 44, II, 391), ne peut jamais faire une reprise d'apports qu'en renonçant à la communauté, et on ne comprend pas que M. Dalloz, en rapportant cet arrêt, se soit demandé si la femme ne pourrait pas aussi stipuler cette reprise, même pour le cas de renonciation. Sans doute, une femme peut stipuler qu'elle reprendra son mobilier tant en acceptant qu'en renonçant. Mais ce droit de reprendre tout ou partie de son mobilier sans condition, absolument et en toute hypothèse, ne serait plus la clause de reprises d'apports; ce serait une clause de réalisation. Car dire que l'on entend se réserver comme propre son mobilier et n'en donner à la communauté que la jouissance, ou dire qu'on ne livre ce mobilier à la communauté que pour le lui reprendre à sa dissolution, c'est évidemment la même chose. On appliquerait donc alors les règles expliquées plus haut à la section II, et non point celles de notre article. *Voy.* MM. Bellot (III, 213); Paul Pont et Rodière (II, 240); Troplong (III, 2105), et l'opinion de M. Dalloz, conforme à celle de Marcadé, au mot *Contr. de mar.*, n° 2852.

se dissout, soit par la mort du mari, soit par la séparation de corps ou de biens, le droit s'ouvre à l'instant même au profit de la femme, et quand même celle-ci décéderait quelques jours ou quelques heures plus tard, le droit, qui fait désormais partie de son patrimoine, serait transmis à ses successeurs, quels qu'ils fussent, enfants, ascendants, collatéraux, légataires, etc., à la charge par ces successeurs de renoncer à la communauté pour l'exercer ; et si la femme ou son représentant après elle négligeaient d'exercer ce droit, leurs créanciers pourraient le faire à leur place, par application de l'art. 1166 (1).

· III. — Les biens dont la femme a stipulé la reprise ayant été transmis par elle à la communauté, qui est devenue pleinement propriétaire, et dont le chef a pu en disposer et les aliéner, cette femme ne saurait en exiger la reprise en nature ; elle a seulement droit à la valeur que les biens présentaient quand ils sont entrés dans la masse commune, elle n'a enfin qu'un droit de créance (2). Et comme, par l'effet même de sa renonciation, il n'y a plus de communauté et que les biens précédemment communs sont tous devenus biens du mari, cette créance s'exerce non contre une communauté qui n'existe plus, mais contre le mari, et elle ne peut dès lors, nonobstant la doctrine contraire de MM. Rodière et Paul Pont, et d'un arrêt de la chambre des requêtes (3), produire intérêt que du jour de la demande en justice. C'est une idée déjà expliquée sous l'art. 1493.

Du reste (et nous avons expliqué cette dernière règle de notre article sous l'art. 500), la femme ne peut exercer sa reprise qu'en tenant compte à la communauté de celles de ses dettes acquittées par celle-ci qui correspondent à l'actif qu'elle reprend. Ainsi, quand elle reprend tout le mobilier par elle apporté lors du mariage, et qui, par application des principes, était entré dans l'actif commun, c'est à elle de supporter toutes les dettes mobilières dont elle était grevée à ce moment, et qui étaient réciproquement entrées dans le passif social ; si son droit de reprise ne frappe que sur la moitié de ce mobilier, la femme sup-

---

(1) Pothier (380, 393 et 394); Duranton (XV, n°ˢ 164, 251 et 252); Bellot (III, 213); Delvincourt (III, 91, 238 et 256); Rolland de Villargues (Rép., v° Commun., n° 724); Rodière et Pont (t. II, n°ˢ 238 et 256); Dalloz (2848 et 2871); Troplong (2090).

(2) Par une suite de la jurisprudence que nous avons relatée sous l'art. 1472, n° 3, note 1, de nombreux arrêts ont donné à cette clause de reprise d'apport franc et quitte, en cas de renonciation, cet effet qu'elle donnerait à la femme le droit d'exercer ces reprises, par préférence aux créanciers, sur les biens de la communauté comme sur ceux du mari. — Voy. notamment Paris, 23 avr. 1855; Metz, 12 et 14 juin 1855 (Dev., 55, II, 321 et 449). La Cour de cassation décide même que la stipulation du régime dotal partiel résulte de la clause par laquelle il est déclaré que la femme ou ses héritiers auraient le droit, au cas de renonciation de leur part à la communauté, de reprendre les apports francs et quittes, à l'exclusion de tous créanciers de la communauté, et cela lors même que la femme se serait obligée conjointement avec son mari, ou qu'elle aurait été personnellement condamnée. Rej., 7 fév. 1855 (Dev., 55, I, 580) et 16 avr. 1856 (Dev., 56, I, 411). Ces solutions sont absolument contraires aux principes en matière de communauté, et elles jettent dans la pratique les plus graves perturbations. Voy. les observations critiques dont elles ont été l'objet de la part de M. Paul Pont dans le Droit du 19 avril 1856 et dans la Revue critique, t. IX, p. 97 et suiv. — Voy. aussi Dijon, 3 avr. 1855 (Dev., 55, II, 209).

(3) Paul Pont et Rodière (II, 262); Rej., 3 fév. 1835. Voy. l'explication de l'article 1493 et la note.

portera la moitié de ces mêmes dettes; si le droit n'avait été stipulé que pour les meubles des successions et donations à échoir pendant le mariage, c'est seulement des dettes de ces successions et donations que la femme aurait à indemniser la communauté; que si, enfin, la femme n'avait stipulé que la reprise d'une certaine somme ou d'un objet particulier, elle n'aurait à subir aucune déduction de dettes, puisque *universi patrimonii, non certarum rerum, æs alienum onus est*. Cette dernière proposition, aussi évidente que les autres et professée avec raison par Pothier (n° 411), a été cependant relevée par M. Battur (II, 445) comme une erreur du grand jurisconsulte; mais cette critique de M. Battur ne repose que sur la méprise qu'il commet. Notre savant confrère suppose que Pothier parle d'une femme reprenant la somme ou l'objet déterminé *qui aurait constitué tout son apport,* tandis qu'il s'agit, au contraire, d'une femme qui, faisant l'apport ordinaire et de droit commun, l'apport, par conséquent, *de tous ses biens meubles,* a stipulé la reprise de tel de ces biens ou d'une somme de... Or, s'il est de toute évidence que la femme dût supporter ses dettes dans le premier cas, il est bien certain aussi qu'elle ne doit point les supporter dans le second. Elle doit les supporter dans le premier, puisque (à part toute question de reprise) son apport d'une somme certaine ou d'un corps certain a laissé dans son patrimoine propre l'*universalité* de ses biens meubles, et a formé ainsi une clause tacite de séparation de dettes (art. 1511); mais la femme, dans le second cas, ayant mis en communauté tous ses meubles, et n'en retirant qu'un objet particulier, c'est donc la communauté qui conserve l'universalité de la fortune mobilière de cette femme, et qui doit dès lors en subir les dettes (1).

SECTION VI.
DU PRÉCIPUT CONVENTIONNEL.

1515. — La clause par laquelle l'époux survivant est autorisé à prélever, avant tout partage, une certaine somme ou une certaine quantité d'effets mobiliers en nature, ne donne droit à ce prélèvement, au profit de la femme survivante, que lorsqu'elle accepte la communauté, à moins que le contrat de mariage ne lui ait réservé ce droit, même en renonçant.

Hors le cas de cette réserve, le préciput ne s'exerce que sur la masse partageable, et non sur les biens personnels de l'époux prédécédé.

SOMMAIRE.

1. Du préciput. Quel en peut être l'objet. Doctrine de Pothier inapplicable sous le Code : controverse.

---

(1) Duranton (XV, 162); Zachariæ (III, 547); Paul Pont et Rodière (II, 265); **Odier** (II, 865); Troplong (III, 2102); Rolland (749, 750 et 751); Bellot (t. III, p. 249); **Dalloz** (2886).

II. Le préciput peut aussi, quoique le Code n'en parle pas, être stipulé indépendamment de la survie du bénéficiaire.

III. Dans les deux cas, la femme n'y a droit qu'en acceptant. Le droit qu'elle stipulerait absolument et sans condition d'acceptation ne serait plus un préciput.

I. — On peut stipuler dans les contrats de mariage, soit pour le survivant des époux indistinctement, soit pour tel seulement des époux s'il est survivant, le droit de prélever avant partage une certaine somme, ou une certaine quantité de meubles, ou des immeubles, ou, enfin, de l'argent, des meubles et des immeubles, soit cumulativement, soit alternativement. Ce droit de prélèvement se nomme *préciput*, de *præ capere*, prendre avant le partage, et préciput *conventionnel*, nom fort exact encore aujourd'hui (puisque ce droit résulte de la *convention* insérée au contrat), mais qui n'a plus le sens particulier qu'il présentait autrefois par opposition au préciput *légal*, c'est-à-dire établi de plein droit par certaines Coutumes. Le préciput légal n'existe plus sous le Code, et ce droit de prélèvement est toujours conventionnel maintenant.

Nous disons que le droit peut avoir pour objet toute espèce de biens de la communauté, soit séparément, soit alternativement, soit cumulativement(1). C'est évident, puisque les époux peuvent faire toute stipulation non contraire aux bonnes mœurs ou à l'ordre public. Ils peuvent donc convenir que le survivant prélèvera soit de l'argent, soit des meubles ou des immeubles en nature, soit des biens en nature et de l'argent tout à la fois, soit les biens ou l'argent à son choix; et l'objet peut être soit une somme fixe ou tels biens spécialement déterminés, soit des meubles ou immeubles jusqu'à concurrence d'une somme de..., soit une quote-part de la communauté (le quart, le huitième, etc.), soit enfin tous les biens d'une certaine classe; par exemple, si c'est pour la femme, tous ses vêtements, bijoux, objets de toilette et de luxe; si c'est pour le mari, ses livres ou objets d'art ou de science, ses armes et chevaux, etc. Pothier disait (n° 441) que, dans ce cas de préciput des biens d'une certaine catégorie, la clause n'aurait tout son effet qu'autant que les biens de l'espèce indiquée ne présenteraient pas une valeur trop considérable, et que les héritiers du conjoint prédécédé pourraient faire décider par la justice si cette valeur est ou n'est pas en proportion avec la fortune des époux, pour la faire réduire en cas d'excès. Mais cette idée, malgré l'opinion de quelques auteurs (2), est évidemment inadmissible sous le Code. L'arbitraire laissé aux magistrats dans l'ancienne jurisprudence leur est interdit aujourd'hui, et puisqu'il est permis aux époux d'attribuer à l'un d'eux la totalité même de la communauté (art. 1525), à plus forte raison peuvent-ils lui attri-

---

(1) *Voy.* Pothier (442); Rodière et Pont (II, 280); Duranton (XV, 184); Zachariæ (t. III, p. 548, note 3); Dalloz (2912). Mais la clause se renferme dans les objets qui y ont été compris et ne reçoit pas d'extension. Duranton (XV, 183); Toullier (XIII, 406); Pont et Rodière (II, 284). *Voy.* Troplong (2110).

(2) Merlin (*Rép.*, v° Préciput convent., § 2, n° 3); Battur (II, 467); Zachariæ (III, 549).

buer telle ou telle classe des biens qui composent cette communauté. Sans doute, si c'était précisément dans le but d'avantager considérablement le survivant des époux qu'une grande quantité des objets eût été acquise, en prévoyance du décès prochain de l'autre conjoint, la preuve en pourrait être faite et une réduction obtenue ; car il y aurait alors violation de la véritable pensée du contrat. Mais, hors ce cas de fraude, le résultat de la disposition ne peut pas plus être critiqué dans notre hypothèse que dans toute autre (1).

II. — Nous disons aussi que le préciput peut être stipulé soit au profit de celui des époux qui survivra, soit au profit seulement de tel époux, pour le cas où ce serait lui qui survivrait. Bien mieux, il peut encore, puisque les époux sont libres de faire toute convention qui n'est point contraire à l'ordre public, être stipulé indépendamment de toute idée de survie de l'époux à son conjoint, et pour tout partage à faire de la communauté par quelque cause que cette communauté se soit dissoute. Le préciput peut donc, quant à l'époux et sans parler encore des héritiers, être stipulé de trois manières : 1° pour celui des deux époux qui survivra à son conjoint ; ou 2° pour tel époux, si c'est lui qui survit ; ou enfin 3° pour tel époux encore, lors de la dissolution de la communauté par une cause quelconque.

Du reste, le préciput, même dans ce troisième cas, ne serait que conditionnel aussi bien que dans les deux autres : il serait subordonné à la condition que l'époux appelé à en profiter survivra, non plus à son conjoint, mais au moins à la dissolution de la communauté, et que cette communauté ne finira point par son propre décès. La clause de préciput, en effet, étant une dérogation au droit commun, doit s'entendre restrictivement, et quand elle est stipulée pour la femme, par exemple, le droit n'appartient point aux héritiers de cette femme, s'ils ne sont pas formellement appelés. Lors donc qu'il sera dit que, avenant la dissolution de la communauté, la *femme* pourra prendre par préciput tels ou tels biens, la clause n'aura d'effet que si la communauté se dissout par la mort du mari ou par une séparation soit de corps, soit de biens, mais non pas si elle se dissout précisément par la mort de la femme (2). Il n'en serait autrement qu'autant qu'on aurait dit : « La femme pourra, *soit qu'elle survive ou prédécède* », ou bien : « *La femme ou ses héritiers pourront.* » Et comme cette stipulation pour l'époux *et ses héritiers* peut être faite ou seulement pour le cas de dissolution par décès, ou aussi pour toute dissolution par une cause quel-

---

(1) *Sic* MM. Toullier (t. XV, n° 407) ; Paul Pont et Rodière (t. II, n° 283) ; Rolland de Villargues (*Rép.*, v° Préciput, 14 et 15) ; Odier (II, 871) ; Troplong (2112). — Mais la clause par laquelle il est stipulé que la femme, en cas de prédécès du mari, remportera, à titre de préciput, ses bijoux et diamants, ou, pour en tenir lieu, une somme déterminée, ne donne d'autre droit à la femme que celui de prélever le préciput sur la masse de la communauté ; la femme n'a pas droit d'être payée sur les biens personnels du mari. Rej., 3 août 1852 (Dev., 52, I, 833).
(2) *Voy.* Toullier (*Des Oblig.*, VI, 412) ; Rodière et Pont (II, 276) ; Dalloz (2920).

conque, la stipulation de préciput peut donc, quant à l'événement qui doit l'ouvrir, se faire, en tout, de cinq manières différentes.

Quoique le préciput puisse être ainsi stipulé au profit d'un époux pour toute dissolution de la communauté et indépendamment du prédécès du conjoint, le Code ne parle cependant pas de ce cas, beaucoup moins fréquent que l'autre, en effet. Il s'occupe seulement *de eo quod plerumque fit,* et suppose, dans notre article et les suivants, un préciput exclusivement stipulé pour le cas de prédécès de l'autre conjoint.

III. — Dans un cas comme dans l'autre, au surplus, la femme n'a jamais droit au préciput qu'en acceptant la communauté. C'est bien évident; car le préciput n'est qu'un prélèvement à faire sur la masse à partager, un acte préliminaire du partage, et le droit de prendre ainsi deux parts dans les biens communs; or, par la renonciation de la femme, il n'y a plus de biens communs, plus de partage à faire (1). Il est vrai que notre article, après avoir déclaré que la femme n'a droit au prélèvement que lorsqu'elle accepte la communauté, semble apporter une exception à ce principe, puisqu'il dit : « à moins que le contrat ne lui ait réservé ce droit, même en renonçant. » Mais c'est là une mauvaise rédaction, et cette prétendue exception n'en est pas une. Il est bien impossible, en effet, qu'il y ait lieu à un *prélèvement avant partage,* pour employer les termes mêmes de la loi, quand il n'y a pas de partage. Sans doute, et c'est là ce que le Code a voulu dire, on peut très-bien stipuler, soit pour la femme seulement, soit pour la femme et ses enfants, ascendants, héritiers ou successeurs quelconques, le droit de prendre, tant en acceptant qu'en renonçant, soit une certaine somme, soit des biens en nature jusqu'à concurrence de tant, soit tels meubles ou immeubles déterminés. Mais ce n'est plus là un droit de préciput, de prélèvement sur la communauté ; c'est une créance de la femme contre le mari, et les résultats en sont bien différents (2).

Quand il s'agit d'un véritable préciput, il ne peut s'exercer, bien entendu, que sur les biens communs ; en sorte que l'époux bénéficiaire, qui peut, il est vrai, prendre jusqu'au dernier centime de l'actif social pour acquitter son préciput, ne peut rien exiger au delà, il ne peut pas agir sur les biens personnels de son conjoint; et si la communauté n'a pas un actif suffisant, le préciput ne sera rempli que pour partie, de même qu'il restera sans effet si cet actif est nul. Quand il s'agit, au contraire, d'un droit que la femme s'est réservé absolument, tant en renonçant qu'en acceptant, et indépendamment dès lors des droits qu'elle peut avoir sur la communauté, l'état de cette communauté de-

---

(1) *Voy.* Amiens, 23 janv. 1851 (Dev., 53, II, 142). — *Voy.* aussi MM. Paul Pont et Rodière (t. II, n° 290) ; Troplong (2117 et 2118) ; Cass., 3 août 1852.
(2) *Voy.* un arrêt de Limoges, du 6 août 1849, et les observations de l'arrêtiste, qui paraît croire, bien à tort, que c'est là un véritable préciput (Dev., 50, II, 108). — *Junge* : Pothier (n° 448); Toullier (t. XIII, n° 403); Duranton (XV, n° 187); Zachariæ (t. III, p. 552, note 16) ; Rodière et Pont (t. II, n°ˢ 307 et 309).

vient indifférent, et la femme peut, soit qu'elle accepte, soit qu'elle renonce, exercer son droit sur tous les biens du mari ou de ses héritiers
(Pothier, n° 448).

1516. — Le préciput n'est point regardé comme un avantage sujet
aux formalités des donations, mais comme une convention de mariage.

SOMMAIRE.

I. Mauvaise rédaction de l'article. Le préciput n'est point réputé donation et ne serait pas réductible, hors le cas de l'art. 1527 : controverse.

I. — Quoique le préciput soit assurément un avantage pour l'époux
qui l'obtient, il ne constitue cependant pas, dans la théorie de la loi,
une donation ordinaire, que les héritiers réservataires pourraient faire
réduire, en cas d'excès de la quotité disponible; il est, en général, réputé convention entre associés, clause à titre onéreux, et c'est seulement par les enfants d'un précédent lit de l'époux qui procure le bénéfice qu'il pourrait, d'après la disposition de l'art. 1527 (analogue à
celle que nous avons rencontrée dans l'art. 1496), être critiqué en cas
d'excès.

Il est vrai que Delvincourt (t. III) et M. Bugnet (*sur Pothier*, t. VII,
p. 246), s'attachant à la lettre de notre article, enseignent que c'est
seulement quant *aux formalités* que la clause n'est point réputée donation, et que toutes les règles de fond des donations lui sont applicables; mais cette interprétation est inadmissible en présence des derniers mots de notre texte, de la disposition de l'art. 1525, et enfin du
rapprochement de la doctrine de Pothier sur ce point.

Et d'abord, la rédaction mauvaise de la première partie de notre
art. 1516 se trouve corrigée par ce qui suit, puisque, après avoir dit
que le préciput n'est point regardé comme sujet *aux formalités* des
donations, ce qui pourrait donner à entendre qu'il n'en est pas moins,
au fond, considéré comme donation, la loi explique qu'il n'en est point
ainsi, et que ce préciput constitue légalement *une convention de mariage.* D'un autre côté, l'art. 1525, prévoyant un cas bien plus grave
que le nôtre (puisqu'il s'agit de l'attribution, au survivant, de la totalité de la communauté), déclare de même que la clause sera réputée
convention de mariage, et explique en conséquence que l'avantage sera
soustrait aux règles des donations *pour le fond* comme pour la forme;
or, s'il en est ainsi pour l'attribution de toute la communauté, à plus
forte raison pour un simple préciput. Enfin, la rédaction vicieuse, qui
fait naître la difficulté, et qui, prise à la lettre, n'aurait pas même de
sens, s'explique à la lecture de Pothier. Prise à la lettre, disons-nous,
la phrase n'aurait pas de sens; car de quelle formalité y aurait-il dispense particulière pour le préciput? Pas de l'authenticité, puisque tout
contrat de mariage doit être authentique (art. 1394); pas de l'acceptation expresse, puisque la loi en dispense toutes donations faites en
contrat de mariage (art. 1087); pas de la transcription, le préciput ne

pouvant pas y être soumis, puisqu'il n'est pas opposable aux tiers (art 1519); pas de l'état estimatif exigé pour les donations de meubles, puisqu'il s'agit ici de biens à venir, et que pour la donation de biens à venir l'état estimatif n'est ni exigé ni même possible (art. 948, n° I, *in fine*). Ce vice de rédaction s'explique, du reste, facilement. Pothier (n° 442), en disant que le préciput n'est point une donation, mais une convention de mariage, ajoutait que, par conséquent, il n'était pas sujet *à la formalité de l'insinuation* (1), et nos rédacteurs, qui ne pouvaient plus parler de l'insinuation, puisqu'ils l'avaient supprimée, ont trouvé tout simple de déclarer la clause affranchie *des formalités* des donations. Mais cette phrase, qui, encore une fois, n'a pas de sens possible, ne saurait empêcher de saisir la véritable signification de l'article, clairement manifestée par la fin de ce même article et par l'art. 1525 (2).

1517. — La mort naturelle ou civile donne ouverture au préciput.

I. — Le préciput s'ouvre, comme de raison, par l'arrivée de l'événement en prévision duquel il a été stipulé. Si donc il avait été stipulé au profit de tel époux, pour toute dissolution de communauté, il s'ouvrirait indépendamment du décès d'aucun des conjoints, et par une simple séparation de biens. Que si, comme il arrive ordinairement, et comme le supposent tous nos articles, il n'a été stipulé que pour le survivant des deux époux, il est clair que c'est seulement par le prédécès de l'autre conjoint que le droit s'ouvrira. Mais doit-on regarder comme prédécédé l'époux qui n'est frappé que de mort civile? Cette question, controversée autrefois, n'en est plus une aujourd'hui. Le Code ayant déclaré dans l'art. 25, alinéa dernier, que l'époux, comme les héritiers du mort civilement, peuvent exercer tous les droits auxquels la mort naturelle donnerait ouverture, il fait ici l'application de ce principe, et veut que la mort civile d'un époux ouvre, aussi bien que sa mort naturelle, le préciput de son conjoint.

Bien entendu, c'est à celui qui prétend exercer le préciput de prouver que le droit s'est ouvert à son profit, ou au profit de son auteur. Nous disons ou au profit de son auteur; car le droit, une fois ouvert, est évidemment transmissible comme tout autre; et si, par exemple, la femme qui avait stipulé le préciput pour le cas de sa survie survit en effet au mari, son droit s'ouvre immédiatement, et si elle venait à mourir elle-même, ses héritiers exerceraient son droit en prouvant qu'elle a survécu, ne fût-ce que de quelques instants.

Mais ces héritiers doivent établir le fait de la survie ; et quand même

(1) Il ne donne pas davantage ouverture aux droits d'enregistrement. Cass., 30 juill. 1823; Déc. min. fin., 6 mai 1828; Inst. de la Régie (n° 1256, § 4); Garnier (*Rép. gén. de l'enreg.*, n° 3766).
(2) *Voy.* MM. Paul Pont et Rodière (t. II, n°ˢ 277 et suiv.); Duranton (t. XV, n° 190); Zachariæ (t. III, p. 548, note 3); Odier (t. II, n° 872); Troplong (2123); Toullier (t. XIII, 400); Dalloz (2907); Taulier (V, p. 63).

il s'agirait, d'une part, de deux conjoints également appelés au préciput stipulé pour l'époux quelconque qui survivra, et que, d'un autre côté, les époux seraient morts dans un même événement, il n'y aurait pas lieu d'invoquer ici les présomptions de survie posées par les articles 720-722. Ces articles, comme nous l'avons vu en les expliquant, ne sauraient être étendus à aucun autre cas que celui qu'ils prévoient; et si les héritiers d'aucun des deux conjoints n'étaient en mesure de prouver que leur auteur est mort le dernier, le droit au préciput s'évanouirait et la communauté se partagerait par moitié (Pothier, n° 444) (1).

1518. — Lorsque la dissolution de la communauté s'opère par le *divorce* ou par la séparation de corps, il n'y a pas lieu à la délivrance actuelle du préciput; mais l'époux qui a obtenu soit le *divorce,* soit la séparation de corps, conserve ses droits au préciput en cas de survie. Si c'est la femme, la somme ou la chose qui constitue le préciput reste toujours provisoirement au mari, à la charge de donner caution.

SOMMAIRE.

I. Rédaction incomplète et vicieuse de l'article. Plan de l'explication.
II. Développement de la première phrase du texte : Préciput ordinaire.
III. Seconde phrase : Préciput stipulé même au cas de renonciation. La caution n'est due que dans ce cas : controverse.
IV. Du cas de séparation de biens. Du préciput stipulé sans condition de survie.

I. — La rédaction de cet article est on ne peut plus malheureuse ; et chacune de ses deux phrases, surtout la seconde, conduirait à de bien fausses idées, si on la prenait à la lettre. La seconde surtout, disons-nous ; car la première est, en définitive, très-exacte, quand on se place au point de vue auquel sont écrits les articles de notre section, c'est-à-dire quand on ne s'occupe que du préciput s'ouvrant par la mort d'un des conjoints : le seul défaut, bien léger assurément, qu'on puisse alors lui reprocher, c'est d'avoir omis le cas de séparation de biens. Mais il n'en est pas de même de la seconde, qui, même à ce point de vue, présente un vice de rédaction étrange et vraiment inexcusable.

Nous expliquerons d'abord séparément chacune des deux dispositions de l'article, en nous plaçant à son point de vue ; nous les compléterons ensuite par l'examen des cas qui n'y sont pas prévus.

II. — La loi nous dit d'abord que le préciput dont elle s'occupe, c'est-à-dire celui qui n'est stipulé qu'en vue du prédécès d'un des époux, ne donne pas lieu à une délivrance actuelle au cas de dissolution opérée par une séparation de corps (quant au divorce, on n'a plus

---

(1) *Conf.* Troplong (2127); Battur (II, 472); Bellot (III, p. 367); Bugnet (sur Pothier (*loc. cit.*) ; Zachariæ (t. III, p. 551); Duranton (t. XV, n° 192) ; Rodière et Pont (t. II, n° 292) ; Dalloz (2923).

à s'en occuper) ; mais que celui des conjoints qui a fait prononcer la séparation conserve ses droits pour le cas où il survivrait. Cette proposition est toute simple. Il est bien évident que, quand le préciput ne doit s'ouvrir, comme il arrive le plus souvent, qu'autant que l'époux qu'on y appelle survivra à son conjoint, la dissolution de communauté par séparation de corps n'y peut pas donner lieu, puisque les deux époux sont encore vivants et qu'on ignore lequel mourra le premier(1). Soit donc que le préciput ait été stipulé indistinctement pour celui des époux qui survivra (ce que suppose notre article), soit qu'il l'ait été seulement pour tel époux venant à survivre, ce préciput n'est pas ouvert quant à présent, il y a seulement possibilité de le voir s'ouvrir plus tard ; et non pas au profit de l'un ou de l'autre des époux, mais seulement, comme le dit notre article, au profit de celui qui a obtenu le jugement de séparation. Quant à celui contre qui cette séparation a été prononcée, il y perd tout droit, par application de l'art. 299, dont la disposition, écrite pour le cas de divorce, s'étend au cas de séparation de corps, comme nous l'avons établi ailleurs, et comme le reconnaît la jurisprudence aujourd'hui constante de la Cour suprême (2) et des Cours d'appel (art. 311, nos I et II).

Si donc le préciput n'était stipulé qu'au profit de tel des époux, et que ce fût précisément contre lui que la séparation de corps fût prononcée, il serait dès à présent certain que ce préciput ne sera jamais dû. Mais s'il a été stipulé pour le survivant, quel qu'il soit, ou si c'est celui des époux que le contrat y appelait qui fait prononcer la séparation, ce préciput pourra s'ouvrir plus tard. En conséquence, après le partage de la communauté, qui se fera par moitié, comme d'ordinaire, l'époux éventuellement appelé au préciput se trouvera créancier conditionnellement sur son conjoint de la moitié de ce préciput (dont il a l'autre moitié dans sa propre part de communauté), et si plus tard il survit à ce conjoint, il réclamera le payement de cette moitié à la succession du prédécédé. Cette moitié se déterminera par la simple inspection du contrat, quand le préciput consistera en une somme d'argent ; dans le cas contraire, il faudra, lors du partage, faire une estimation des choses sujettes à préciput, pour fixer la somme que la succession du prémourant devra, s'il y a lieu, payer au survivant. C'est aussi ce qu'expliquait Pothier (no 445) ; et ses explications sur ce point prouvent aussi bien que notre texte l'inadmissibilité de la doctrine, réfutée ci-dessous, d'après laquelle l'époux dont la succession peut avoir à payer plus tard la moitié du préciput serait tenu de donner caution à son conjoint. Cette caution n'est imposée que dans le cas particulier et tout différent dont s'occupe la seconde phrase de l'article.

---

(1) Mais on peut stipuler que la séparation donnera lieu à la délivrance du préciput. Rodière et Pont (t. II, no 188) ; Merlin (*Rép.*, vo Préciput, § 1) ; Troplong (1483); Toullier (XIII, 398); Duranton (XV, 181); Cass., 6 janv. 1808 ; Dalloz (2067); Limoges, 6 août 1849.

(2) Aux nombreux arrêts que nous avons cités dans nos précédents volumes, on peut en joindre un plus récent : Cass. (d'un arrêt de Douai), 18 juin 1849 (le *Droit* du 19).

III. — Cette seconde phrase, aussi mal rédigée que possible, signifierait que, dans tous les cas où c'est la femme qui conserve un droit éventuel au préciput, le mari retient, jusqu'au décès de l'un des conjoints, tout ce qui fait l'objet de ce préciput... La simple énonciation d'une pareille idée suffit pour en faire sentir l'absurdité. Soit une communauté présentant un actif net de 50 000 fr., et sur laquelle la femme a stipulé un préciput de 10 000 fr. : la femme, qui, en toute hypothèse et alors même qu'elle mourrait la première, a toujours droit à sa moitié de communauté ou 25 000 fr., serait tenue, dans ce système, de laisser son mari jouir, non-seulement de la moitié du préciput éventuel entrant au lot de ce mari, mais aussi de la moitié tombant dans son lot à elle, et ne pourrait dès lors prendre, lors du partage, que 20 000 fr.! Cette femme, qui aurait 25 000 fr. si elle n'avait stipulé aucun avantage particulier, n'en aura que 20 000 parce qu'elle a eu soin de se réserver un préciput! Il est évident que les rédacteurs n'ont pas dit là ce qu'ils voulaient dire, et ce qu'ils voulaient dire se trouve indiqué et par la nature des choses et par les explications de Pothier. Ils ont entendu porter cette règle, non pas, comme le dit le texte, pour tous les cas où la femme conserve son droit au préciput, mais pour le cas particulier où elle conserve, *en renonçant,* son droit à un préciput stipulé par elle pour ce cas même de renonciation, cas dont Pothier parlait après s'être occupé des autres hypothèses (nº 448). Ainsi, quand la femme s'est réservé, même pour le cas de renonciation, un préciput de 10 000 fr. (préciput improprement dit, comme on l'a vu sous l'art. 1515, nº III), et que lors de la séparation de corps elle renonce en effet à la communauté, l'application de la règle est parfaitement rationnelle : le mari, par l'effet de la renonciation de la femme, devient seul propriétaire des biens communs, et c'est à lui dès lors que reste provisoirement, et sauf restitution en cas de survie de la femme, non plus la moitié seulement, mais la totalité de ce qui fait l'objet du préciput. C'est donc uniquement à la femme *renonçante* que s'applique notre disposition, et ce point est reconnu par tous les auteurs (1).

Mais si tout le monde est d'accord à cet égard, on ne l'est pas sur un autre point, qui n'est pourtant que la conséquence du premier, à savoir qu'il n'y a lieu à demander caution que pour cette même femme renonçante. Plusieurs jurisconsultes pensent que la caution peut être exigée même dans le cas d'acceptation de la femme et de partage par moitié; seulement, comme il arrive toujours quand on se jette dans l'arbitraire, ils ne s'accordent pas entre eux, et tandis que les uns ne reconnaissent qu'à la femme le droit de demander cette caution, d'autres soutiennent que le droit appartient aussi au mari (2)... Cette idée, soit quant au mari, soit quant à la femme, est complétement

(1) Delvincourt (t. III); Toullier (XIII, 397); Duranton (XV, 194); R. de Villargues (*Préc. conv.,* nº 36); Zachariæ (III, p. 550); Paul Pont et Rodière (II, 301); Taulier (V, p. 205); Odier (II, 880); Duvergier (sur Toullier); Battur (475); Rolland (vº Préciput conv., nº 36); Dalloz (2936).
(2) Delvincourt, Duranton, Zachariæ, Duvergier, M. Mourlon (p. 93).

inexacte, et c'est seulement à la femme *renonçante* qu'appartient le droit d'exiger une caution.

D'abord et comme principe, il est bien évident que la faculté de demander caution n'existe que pour celui auquel l'accorde une convention ou un texte de loi; elle ne saurait, à défaut de règle expresse, appartenir à aucune créance même actuelle et immédiate, à plus forte raison à une créance éventuelle comme celle de l'époux préciputaire. Or, notre article ne parlant que de la femme, il est par cela même certain que le droit, à moins de stipulation expresse dans le contrat de mariage, ne peut jamais appartenir au mari. Mais si le mari, éventuellement appelé à un préciput dont sa femme prend provisoirement la moitié, ne peut pas demander caution à celle-ci, comment la femme pourrait-elle davantage la demander au mari dans le cas inverse?... On devait évidemment mettre les deux époux sur la même ligne, accorder la caution à tous deux ou ne la donner à aucun. C'est à ce dernier parti que le Code s'est arrêté, puisque l'article prévoit séparément par ses deux phrases : 1° le cas de partage de la communauté par moitié, 2° le cas d'attribution de toute la communauté au mari par la renonciation de la femme, et que c'est seulement pour ce second cas qu'il autorise la caution. En vain on voudrait tirer argument de ce que la seconde phrase parle de la femme en général et sans distinction de cas, puisqu'il est reconnu par nos adversaires eux-mêmes que la rédaction est vicieuse en ce point précisément, et que c'est uniquement pour la femme *renonçante* que cette phrase est écrite. Enfin, ces deux règles de notre article se trouvent être toutes simples en présence des explications que nos rédacteurs lisaient dans Pothier, puisque celui-ci, après avoir parlé du cas de partage par moitié, sans émettre pour lui aucune idée de caution ni d'autre garantie, disait ensuite, pour le cas où la renonciation de la femme laissait au mari la totalité du préciput par elle stipulé en vue de cette renonciation, que la convention rendait alors le mari et sa succession *garants du préciput* envers la femme (n° 448). Et on conçoit très-bien, en effet, que le droit d'exiger caution, refusé pour les cas ordinaires, ait été admis plus facilement en présence de ces deux faits, que le mari, d'une part, retient la totalité du préciput et non une partie seulement, et que, d'autre part, le mauvais état de la communauté (révélé par la renonciation même de la femme) présente moins de sécurité sur la manière d'administrer du mari.

Il va sans dire, au surplus, qu'à défaut par le mari de donner la caution, cette caution pourrait être remplacée soit par le dépôt à la Caisse des consignations, ou le placement sur bonne hypothèque, d'une somme égale à la valeur du préciput, somme dont le mari recevrait les intérêts.

IV. — Il nous reste à parler de deux cas que ne prévoit pas notre article.

Le premier est celui où, le préciput n'étant stipulé, comme le Code le suppose, que pour la survie, la communauté se dissoudrait, non par

la séparation de corps, mais par la séparation de biens. Il est évident
que les règles à suivre seraient les mêmes que dans le cas de séparation de corps, sauf qu'il n'y aurait pas ici de déchéance pour le mari
contre lequel la séparation serait prononcée (nous ne parlons pas de
la femme, puisque la séparation de biens ne peut jamais être demandée
contre elle) (1). Ainsi, l'époux, quel qu'il soit, appelé au préciput, conservera toujours son droit éventuel ; si la femme accepte, la communauté se partagera provisoirement par moitié, sauf au préciputaire
survivant à reprendre plus tard la moitié de son préciput sur la succession de son conjoint prédécédé, sans aucun droit d'ailleurs pour
l'un ou l'autre époux de demander caution ; que si la femme renonce
et qu'elle ait stipulé son préciput même en renonçant, ce préciput
restera tout entier au mari provisoirement, mais à charge de donner
caution.

Le second cas est celui d'un préciput stipulé, non plus en vue du
décès d'un des conjoints, mais en vue de toute dissolution de la communauté ; et il est clair qu'alors les dispositions de notre article ne
s'appliqueraient plus, à l'exception toutefois de la déchéance de l'époux
contre lequel serait prononcée la séparation de corps. Ainsi, que la
communauté se dissolve par la séparation de corps ou par la séparation
de biens seulement, on ne fera plus de provisoire, comme dans le cas
de notre article : tout sera définitif, puisque c'est précisément l'événement indiqué comme devant ouvrir le préciput qui vient de s'accomplir.
Ou le préciput sera exigible immédiatement, ou, si c'est une séparation
de corps qui est prononcée, et qu'elle le soit contre l'époux appelé au
préciput, il sera immédiatement éteint.

1519. — Les créanciers de la communauté ont toujours le droit
de faire vendre les effets compris dans le préciput, sauf le recours de
l'époux, conformément à l'article 1515.

I. — Le droit de préciput, de quelque manière qu'il soit stipulé, ne
peut jamais être opposé aux créanciers de la communauté ; et ceux-ci
peuvent toujours faire saisir et vendre les biens, même spécialement
déterminés, qui sont l'objet de ce préciput, de même que le mari,
comme chef de la communauté, peut toujours les aliéner, sans que la
femme pour laquelle le préciput serait stipulé et viendrait à s'ouvrir
pût en critiquer l'aliénation.

Mais, bien entendu, l'époux préciputaire pourra recourir, pour la
valeur de son préciput, soit sur les autres biens communs et jusqu'à
épuisement de ces biens communs, pour un préciput ordinaire, soit
aussi, pour le préciput stipulé par la femme même au cas de renonciation, sur les biens personnels du mari, ainsi que nous l'avons vu en
expliquant l'art. 1515. — Avant sa rédaction définitive, notre article
disait : « sauf recours, pour la valeur des effets, *dans le partage de la*

---

(1) *Conf.* Toullier (t. XIII, n° 396) ; Durantou (t. XV, n° 195) ; Dalloz (2937).

communauté. » Mais, lors de la communication au Tribunat, celui-ci fit observer que dans le préciput stipulé par la femme, même au cas de renonciation, l'action de cette femme, d'après l'art. 1515, n'était pas réduite aux biens de la communauté ; et il proposa de substituer à ces expressions trop restreintes : *dans le partage de la communauté,* la formule plus large : *conformément à l'art.* 1515 (Fenet, XIII, p. 517 et 616).

Cette rédaction nouvelle est, en effet, devenue celle du Code ; et on voit que si les termes en sont assez vagues, le sens en est parfaitement précisé, et par les principes eux-mêmes et par l'explication du Tribunat (1).

SECTION VII.

DES CLAUSES PAR LESQUELLES ON ASSIGNE A CHACUN DES ÉPOUX DES PARTS INÉGALES DANS LA COMMUNAUTÉ.

1520. — Les époux peuvent déroger au partage égal établi par la loi, soit en ne donnant à l'époux survivant ou à ses héritiers, dans la communauté, qu'une part moindre que la moitié, soit en ne lui donnant qu'une somme fixe pour tout droit de communauté, soit en stipulant que la communauté entière, en certains cas, appartiendra à l'époux survivant, ou à l'un d'eux seulement.

I. — Le partage égal, et d'une égalité non pas proportionnelle aux mises (comme dans les sociétés ordinaires, d'après l'art. 1853), mais absolue, est l'un des principes de la communauté légale, qui attribue à chaque époux la moitié du fonds social ; mais ce principe peut, comme les autres, être modifié par les parties. Elles peuvent, à cet égard, arrêter telles conventions qu'il leur plaira ; mais les stipulations les plus usitées, les seules dont parle le Code, se réduisent à trois : 1° l'attribution directe de parts inégales (art. 1521) ; 2° le forfait de communauté (art. 1522-1524) ; 3° l'attribution éventuelle à l'un des époux de la communauté entière (art. 1525).

Ces stipulations, on le répète, ne sont pas les seules que les époux puissent faire, puisque, dans les limites posées par l'ordre public et les bonnes mœurs, ils ont pleine et entière latitude. Ainsi on trouve, dans un arrêt de la Cour de cassation (2), l'exemple d'époux qui étaient convenus que le partage de leur communauté se ferait par l'attribution des meubles à l'un et des immeubles à l'autre. Il est vrai que MM. Rodière et Paul Pont (II, 316) enseignent qu'une telle convention est nulle, en ce qu'elle procure au chef de la communauté l'extrême facilité de s'avantager considérablement, en gérant de façon à composer presque exclusivement la communauté de la nature de biens qui doit lui rester. Mais depuis quand la facilité qu'une convention offre à la fraude em-

---

(1) Rodière et Pont (t. II, n° 310) ; Troplong (2138) ; Dalloz (2947).
(2) Rej., 16 avril 1833 (Dev., 33, I, 371).

porte-t-elle nullité de cette convention? Sans doute, la fraude accomplie et prouvée (et on sait qu'elle se prouve même par les simples présomptions résultant des circonstances) serait, ici comme partout, une cause d'annulation; mais le simple fait que la fraude est facile à commettre ne saurait évidemment engendrer une nullité. Aussi voit-on que, dans l'espèce dont nous parlons, personne n'a même songé à mettre en question la validité de la clause, le procès n'ayant roulé que sur un autre point. — M. Zachariæ (III, p. 553) professe aussi la validité de cette convention. Seulement il prête à la juste critique de MM. Rodière et Paul Pont, par la contradiction dans laquelle il tombe à cet égard; car il déclare ailleurs (sans en donner aucune espèce de motif, et comme s'il parlait en législateur) que la stipulation de société d'acquêts peut, à la vérité, être modifiée, soit par une convention de parts inégales, soit par l'attribution de la totalité au survivant, mais que la clause qui la réduirait aux acquêts immobiliers ou aux acquêts mobiliers serait non avenue. Cette solution, si gratuitement affirmée par M. Zachariæ, n'est pas plus acceptable que la précédente; ici encore il faut dire qu'il y aurait nullité en présence d'une fraude réalisée, mais non pour la possibilité de la fraude. Nous l'avons établi plus haut (art. 1499, V).

Notre article, au surplus, présente un vice de rédaction évident, quand il parle de donner une part moindre que moitié au survivant *ou à ses héritiers*. Il est clair que les héritiers du survivant ne viennent jamais au partage, qui se fait toujours entre le survivant et les héritiers du prédécédé. Il faut donc lire soit : A L'ÉPOUX *ou à ses héritiers*, soit : *à l'époux survivant ou* AUX HÉRITIERS DU PRÉMOURANT, ainsi qu'on va le voir dans l'article suivant.

1° *De l'attribution de parts inégales.*

1521. — Lorsqu'il a été stipulé que l'époux ou ses héritiers n'auront qu'une certaine part dans la communauté, comme le tiers ou le quart, l'époux ainsi réduit ou ses héritiers ne supportent les dettes de la communauté que proportionnellement à la part qu'ils prennent dans l'actif.

La convention est nulle si elle oblige l'époux ainsi réduit ou ses héritiers à supporter une plus forte part, ou si elle les dispense de supporter une part dans les dettes égale à celle qu'ils prennent dans l'actif.

SOMMAIRE.

I.   De quelles manières peut se faire l'assignation de parts inégales dans l'actif.
II. Elle emporte attribution de parts proportionnelles dans le passif; et toute convention qui, en divisant l'actif d'une façon, diviserait le passif autrement, serait nulle pour le tout : erreur de M. Duranton.

I. — L'assignation de parts inégales (même sans parler de la quotité, très-variable évidemment, que l'on peut attribuer à chaque époux : à l'un un tiers, à l'autre deux tiers, à l'un un quart, à l'autre trois quarts, etc.) peut se faire de bien des manières différentes.

D'abord, quoique le Code ne parle que de l'expression de la part moindre que moitié (expression qui fait connaître virtuellement la part plus forte réservée à l'autre époux), il va sans dire que la clause peut très-bien se formuler, au contraire, par l'expression de la part plus forte, ou encore par l'expression de chacune des deux parts. On peut dire, ou que le *prémourant n'aura qu'un tiers,* ou que le *survivant prendra deux tiers,* ou exprimer tout au long que *l'un aura deux tiers et l'autre un tiers :* il est bien évident que, quels que soient les termes, l'idée est toujours la même. Il va sans dire également que les époux peuvent attribuer la plus forte part à celui qu'il leur plaît; et quoiqu'elle soit ordinairement donnée au survivant, ce qui est en effet plus naturel, rien n'empêche de l'assigner à la succession du prémourant (1).

L'assignation (soit de la plus forte part, soit de la plus faible) peut se faire ou *à l'époux survivant,* quel qu'il soit, et alors le partage par portions inégales aura toujours lieu, puisqu'il y aura toujours un survivant (hormis le cas particulier où les époux mourraient simultanément, sans qu'on pût constater la survie d'aucun d'eux); ou seulement *à tel époux survivant,* c'est-à-dire pour le cas où il survivrait, en sorte que, s'il mourait le premier, la convention ne s'exécuterait pas, et ferait place au partage ordinaire par moitié. — Bien entendu, la condition de survie n'est pas la seule à laquelle on puisse soumettre la stipulation. Ainsi on peut dire que le survivant des époux, ou que tel époux survivant, aura les trois quarts de la communauté, *s'il n'existe pas d'enfant du mariage,* en sorte que, s'il existe des enfants, la dérogation au droit commun n'aura pas lieu, et le partage se fera par moitié (2). — L'attribution peut se faire, ou pour l'époux seulement, ou pour l'époux et ses héritiers; et, bien entendu, elle serait faite pour les héritiers virtuellement, et sans qu'on eût expressément parlé d'eux, si la clause attribuait la part à tel époux absolument, et indépendamment de toute idée de survie ou de prédécès. Ainsi, s'il était dit que la femme prendra deux tiers, soit qu'elle survive ou prédécède, il est clair que le droit, puisqu'il est stipulé aussi pour le cas de prédécès, appartient aux héritiers de la femme aussi bien qu'à elle-même. — Enfin, quoique l'assignation ne se fasse le plus souvent qu'en prévision du décès d'un des époux, elle peut se faire aussi pour tout partage de la communauté, dissoute par une cause quelconque. Dans ce dernier cas, la communauté dissoute par la séparation de corps ou de biens se partagera d'après la règle du contrat aussi bien que si elle s'était dissoute par la mort d'un époux; dans le premier, on ne fera, lors de la dissolution arrivée par séparation de corps ou de biens, qu'un partage provisoire, qui se fera,

---

(1) *Voy.* Lebrun (1. 3, ch. 2, sect. 6, dist. 1, n° 6); Pont et Rodière (II, 316); Odier (II, 849); Troplong (2142-2144); Dalloz (2955).
(2) Duranton (t. XV, n° 200); Pont et Rodière (II, 320); Troplong (2145).

bien entendu, par portions égales, et c'est plus tard, quand l'un des époux viendra à mourir, que la règle particulière du contrat s'appliquera, s'il y a lieu (1).

II. — L'attribution de parts inégales dans l'actif emporte, de plein droit et sans qu'il soit besoin de le dire, attribution de parts semblables dans le passif : dire que tel époux prendra dans telle hypothèse les trois quarts des biens, c'est dire aussi qu'il supportera les trois quarts des dettes, le dernier quart de ces dettes pouvant seul rester à la charge de celui qui ne prend que le quart des biens.

Et non-seulement la stipulation d'inégalité de parts dans l'actif entraîne de plein droit même inégalité de parts dans le passif, mais il en est ainsi forcément, et la loi ne permet pas de stipuler le contraire. Le second alinéa de notre article déclare nulle toute convention qui, en attribuant à l'un des époux une part d'actif plus ou moins forte que la moitié, lui assignerait une part différente dans le passif. Une telle convention serait donc non avenue, et laisserait sous l'empire du droit commun le partage de la communauté, qui se ferait dès lors par moitié, pour les biens comme pour les dettes.

Il est vrai que M. Duranton (XV, 206) combat cette doctrine. Il enseigne que la nullité ne frapperait alors que sur la partie de la convention qui fixe illégalement les parts du passif, et que, cette partie disparaissant, l'autre resterait avec les conséquences que la loi lui attribue ; en sorte que chaque époux prendrait toujours la part d'actif que lui assigne le contrat, en supportant une part proportionnelle dans le passif. Mais cette idée est manifestement contraire à la pensée de la loi. D'une part, en effet, comme M. Duranton lui-même le remarque, ce n'est pas la *partie* qui dans la convention se réfère au passif que le Code déclare nulle, c'est la *convention* elle-même ; et, d'un autre côté, la règle ainsi formulée n'est que la consécration de la doctrine de Pothier, qui, après avoir examiné le pour et le contre sur la question, décidait que *la convention doit être déclarée nulle dans sa totalité,* par la raison que, dans la pensée des époux, sa seconde partie, celle relative au passif, sera souvent la condition de la première. C'est donc avec raison que l'opinion de M. Duranton est rejetée par tous les auteurs (2).

2° *Du forfait de communauté.*

1522. — Lorsqu'il est stipulé que l'un des époux ou ses héritiers ne pourront prétendre qu'une certaine somme pour tout droit de communauté, la clause est un forfait qui oblige l'autre époux ou ses héri-

---

(1) *Voy.* Pothier (454) ; Delvincourt (t. III, p. 96) ; Bellot (III, 291) ; Rolland (772) ; Pont et Rodière (II, 340) ; Troplong (2167) ; Dalloz (2985). *Voy.* Cass., 1er juin 1853.

(2) Delvincourt (t. III) ; Battur (II, 480) ; Bellot (III, p. 289) ; Dalloz (X, p. 281) ; Zachariæ (III, p. 554) ; Paul Pont et Rodière (II, 325) ; Odier (II, 893) ; Troplong (III, 2150) ; Rolland (v° Comm., 757 et 758) ; Dalloz (2964).

tiers à payer la somme convenue, soit que la communauté soit bonne ou mauvaise, suffisante ou non pour acquitter la somme.

1523. — Si la clause n'établit le forfait qu'à l'égard des héritiers de l'époux, celui-ci, dans le cas où il survit, a droit au partage légal par moitié.

1524. — Le mari ou ses héritiers qui retiennent, en vertu de la clause énoncée en l'article 1520, la totalité de la communauté, sont obligés d'en acquitter toutes les dettes.

Les créanciers n'ont, en ce cas, aucune action contre la femme ni contre ses héritiers.

Si c'est la femme survivante qui a, moyennant une somme convenue, le droit de retenir toute la communauté contre les héritiers du mari, elle a le choix ou de leur payer cette somme, en demeurant obligée à toutes les dettes, ou de renoncer à la communauté, et d'en abandonner aux héritiers du mari les biens et les charges.

SOMMAIRE.

I. Des différentes manières dont le forfait peut être stipulé.
II. Ses effets. La femme appelée à prendre seule la communauté jouit toujours du droit de renonciation, mais non du bénéfice d'inventaire : erreur de MM. Bellot et Zachariæ.

I. — Le forfait de communauté, comme l'assignation de parts inégales, peut être stipulé purement et simplement, ou sous une ou plusieurs conditions ; à l'égard de l'un des époux indistinctement, ou à l'égard de tel époux spécialement ; de l'époux seulement, ou de l'époux et de ses héritiers, ou même des héritiers seulement ; comme obligation, ou comme simple faculté ; en vue seulement du décès d'un des époux, ou en vue de toute dissolution de communauté.

Ainsi on peut dire : *Le mari, soit qu'il survive ou prédécède*, gardera toute la communauté, sauf à payer 50 000 fr. à la femme ou à ses héritiers ; ou bien : *Le mari, s'il survit*, gardera la communauté en payant 50 000 fr. aux héritiers de la femme ; ou bien : *Le mari, s'il survit et s'il n'a pas d'enfants du mariage...* ; ou bien : *Le mari, soit qu'il survive ou prédécède, s'il n'y a pas d'enfants du mariage...* ; ou bien : *Les héritiers du mari prédécédé gardeont...* ; ou bien : *Les héritiers du mari, si ce ne sont pas les enfants du mariage...* On peut aussi, sous ces différents modes, dire que le mari, ou le mari et ses héritiers, ou les héritiers du mari seulement, auront le choix de garder la communauté en payant 50 000 fr., ou de partager cette communauté par moitié. On peut encore écrire ces diverses stipulations indépendamment de toute idée de décès et pour se réaliser, *avenant la dissolution de la communauté par quelque cause que ce soit*. Réciproquement, on peut appliquer *à la femme* ou à ses héritiers ce que nous venons de dire du mari. Enfin le forfait, au lieu d'être ainsi stipulé spécialement pour le *mari* ou spécialement pour la *femme*, peut l'être, avec ou sans condition d'inexis-

tence d'enfants, et soit comme obligation, soit comme simple faculté (1), pour le *survivant* des deux époux, quel qu'il soit (2).

Il n'est pas nécessaire d'insister sur les différences particulières qu'entraînent les différents modes sous lesquels la stipulation est faite, on
les comprend assez *à priori*. Ainsi, il est bien clair que, si le forfait n'est
stipulé que sous une condition, et que cette condition ne s'accomplisse
pas, la clause ne s'exécutera point et fera place au partage par moitié.
Si donc le forfait a été stipulé, non pas à l'égard de tel époux ni de cet
époux et de ses héritiers, mais à l'égard de ses héritiers seulement, il
est clair que c'est uniquement dans le cas où cet époux mourrait avant
son conjoint que la clause pourra s'appliquer : autrement, et si c'est
cet époux qui survit, comme alors le droit sur la communauté se trouve
déféré de ce côté, non point aux héritiers, mais à l'époux lui-même,
et que le forfait n'est pas stipulé à l'égard de cet époux, il est évident
qu'on reste dans le droit commun et qu'il y a lieu au partage par moitié,
comme le dit l'art. 1528.

Sous le mérite de cette observation, bien simple assurément, qu'il
n'y a lieu à l'application du forfait que dans le cas d'accomplissement
de la condition ou des conditions auxquelles il est subordonné, de la
réalisation de l'hypothèse en vue de laquelle il est convenu, étudions-
en les effets, qui sont également très-simples.

II. — Quand c'est à l'égard du mari ou de ses héritiers que le forfait
s'applique, ils sont tenus, quel que soit l'état de la communauté, et
quand même elle serait de beaucoup insuffisante pour satisfaire à une
seule de ces deux obligations, de payer à sa femme ou à ses héritiers la
somme fixée au contrat, et de supporter toutes les dettes de la communauté. La femme reste étrangère à cette communauté, elle ne peut pas
être poursuivie par les créanciers comme commune ; et si elle l'était pour
quelques dettes de communauté, parce qu'elle serait obligée personnellement, elle ne les payerait que sauf recours pour le tout contre le
mari ou ses successeurs (3).

Quand c'est à l'égard de la femme ou de ses héritiers que le forfait
est établi, les effets sont les mêmes, sauf cette différence très-impor-
tante, que, la femme, et ses héritiers comme elle, ayant en toute circonstance le droit de renoncer à la communauté, sans qu'aucune convention puisse lui enlever ce droit (art. 1853), il en résulte cette
conséquence, formellement consacrée d'ailleurs par notre art. 1524,
que cette femme aura toujours le choix ou de prendre pour elle seule

---

(1) Pothier (452); Delvincourt (III, p. 95); Rolland (762); Toullier (XIII, 416);
Dalloz (2987).

(2) M. Mourlon (p. 95, n° II) se trouve donc singulièrement loin de la vérité, quand
il réduit à *quatre* les différents aspects sous lesquels la clause peut se présenter ; car
on en pourrait compter au moins une vingtaine. Et ce qu'il y a de plus étonnant,
c'est que, parmi les nombreuses hypothèses que le tableau de M. Mourlon passe sous
silence, se trouve précisément celle à laquelle le Code consacre un article exprès,
l'art. 1523.

(3) Pothier (458); Duranton (XV, 209); Toullier (XIII, 414-420); Rolland (761);
Rodière et Pont (II, 332, 334); Troplong (2152-2159); Dalloz (2969).

l'actif et le passif de la communauté, en payant au mari la somme convenue, ou d'abandonner le tout au mari et de se rendre étrangère à la communauté, au moyen d'une renonciation, comme elle le ferait dans le cas de communauté légale.

M. Bellot (III, p. 298) et M. Zachariæ (III, p. 556) prétendent qu'il faut mettre ici sur la même ligne que ce bénéfice de renonciation, cet autre bénéfice, concédé à la femme par l'art. 1483, de n'être tenue des dettes, en acceptant, que jusqu'à concurrence de son émolument, sous la condition d'avoir fait dresser inventaire. C'est, selon nous, une erreur palpable et qui se réfute péremptoirement par le rapprochement des trois art. 1453, 1524 et 1483. Si, malgré la stipulation par laquelle la femme (comme compensation de sa chance de gains énormes) s'oblige à payer une somme et à prendre toute la communauté pour son compte personnel, malgré une convention qui, d'après les principes, ferait disparaître pour elle les deux avantages du bénéfice d'inventaire et du droit de renonciation, si, malgré cela, disons-nous, cette femme conserve néanmoins la faculté de renoncer encore à la communauté, c'est que son droit de renonciation est d'ordre public et de telle nature qu'il lui est interdit de s'en dépouiller, toute convention contraire étant déclarée nulle. Or où trouve-t-on un texte légal qui attribue la même importance, la même nature, au bénéfice de l'art. 1483 ? Nulle part ; il n'en existe pas. Aussi notre art. 1524, qui prend soin de rappeler ici le droit de renonciation, se garde-t-il bien d'y parler du bénéfice d'inventaire. Cela étant, et le droit qu'on invoque ici pour la femme de restreindre sous ce second rapport l'effet naturel de sa convention n'étant écrit ni dans la disposition de notre article, ni dans quelque autre article posant un principe semblable à celui d'où découle cette disposition, ce droit ne peut donc exister ; la convention, inefficace à l'encontre du droit de renonciation, conserve toute sa force à l'endroit du bénéfice d'inventaire ; et la femme, dès lors, bien suffisamment protégée assurément par sa faculté de renoncer, devra, du moment qu'elle préfère prendre la communauté, payer la totalité des dettes, même au delà de son émolument (1).

3° *De l'attribution éventuelle de toute la communauté à l'un des époux.*

1525. — Il est permis aux époux de stipuler que la totalité de la communauté appartiendra au survivant ou à l'un d'eux seulement, sauf aux héritiers de l'autre à faire la reprise des apports et capitaux tombés dans la communauté, du chef de leur auteur.

Cette stipulation n'est point réputée un avantage sujet aux règles relatives aux donations, soit quant au fond, soit quant à la forme, mais simplement une convention de mariage et entre associés.

___

(1) *Conf.* MM. Paul Pont et Rodière (II, 337); Odier (II, 904); Troplong (III, 2166). — Toullier ne prévoit pas la question ; mais il est étrange que M. Duvergier, qui fait une note tout exprès pour l'indiquer, ne lui donne aucune solution et n'exprime aucun sentiment à cet égard (XIII, 421). *Sic* Dalloz (2982).

SOMMAIRE.

I. La clause prévue par l'article n'est point exclusive de la communauté. Comment elle peut être stipulée.

II. Elle donne aux héritiers du prémourant le droit de reprendre tous les biens entrés de son chef dans la communauté : erreur de Toullier.

III. Effets de la clause. Elle ne constitue point par elle-même une donation ; mais, bien entendu, il peut aussi être fait une véritable donation par le prémourant de sa part de communauté au survivant.

IV. Les époux peuvent restreindre ou élargir l'étendue de la clause. Développements : erreur de M. Battur.

1. — On peut stipuler que la communauté entière restera, soit au survivant des époux, quel qu'il soit, soit à tel époux, si c'est lui qui survit.

On a prétendu que cette clause n'est pas simplement modificative de la communauté légale, mais bien exclusive de toute communauté, et se trouve dès lors placée à tort dans notre chapitre. C'est une erreur. Sans doute, il y aurait exclusion de communauté, si l'attribution de tous les biens entrés dans la prétendue communauté était faite à l'une des parties purement et simplement, sans condition, et de telle sorte qu'il fût certain à l'avance que la totalité de ces biens ira de tel côté. Si l'on disait, par exemple, que le mari, *soit qu'il survive ou prédécède,* prendra la totalité de ces biens, ou que tous ces biens resteront *au mari ou à ses héritiers,* il est clair que, puisqu'il serait entendu à l'avance que tout appartient au mari et rien à la femme, on ne pourrait plus dire qu'il y ait une communauté. Mais telle n'est pas la clause prévue par notre article : ce n'est pas d'une attribution pure et simple qu'il y est question, mais seulement d'une attribution éventuelle. La communauté entière restera *au survivant* des époux, ou à tel époux *s'il survit ;* telle est la stipulation prévue. Or, dans le premier cas, chacun des époux conserve l'espoir d'obtenir seul les biens ; dans le second, celui qui n'est point appelé à la totalité peut du moins, par sa survie, arriver au partage ordinaire par moitié. Il y a donc toujours pour chacun des époux espoir d'acquérir, en tout ou en partie, les bénéfices du travail commun : il y a société, communauté (1). Et telle a bien été la pensée des rédacteurs : la preuve en est dans tout le contexte de notre section. Tandis, en effet, que les art. 1521, 1522, 1523 et 1524 parlent tous de l'époux *ou de ses héritiers,* le nôtre a soin de ne parler que de l'époux survivant ; et la même différence se retrouve dans l'art. 1520,

_____

(1) *Voy.* MM. Rodière et Paul Pont (t. II, n° 342); Odier (919); Troplong (2173); Dalloz (2999). Et la Cour de cassation a déduit une conséquence de ceci, en décidant que, dans le cas où il a été stipulé que la totalité de la communauté appartiendrait au survivant des époux, la communauté n'en doit pas moins être partagée entre eux après la séparation de biens, le droit réservé par l'art. 1525 aux héritiers du prédécédé de reprendre les apports de celui-ci ne pouvant profiter qu'aux héritiers et n'autorisant pas les époux, ou l'un d'eux, quand la dissolution arrive par l'effet d'une séparation de biens, à reprendre ses apports et à les soustraire ainsi au partage qui est la conséquence de cette séparation de biens. Rej., 1er juin 1853 (Dev., 53, I, 513).

qui, après avoir également parlé tout d'abord de l'époux *survivant ou de ses héritiers,* a soin aussi de ne parler que de l'époux survivant quand il arrive à la clause qui nous occupe. Il ne s'agit donc bien que d'une attribution éventuelle et faite sous une condition de survie qui peut ne pas se réaliser (1).

Bien entendu, une autre condition peut être ajoutée à celle de la survie ; et il peut être dit que le survivant des époux, ou tel époux survivant, prendra la communauté entière, s'il n'y a pas d'enfants du mariage, ou si tel autre événement s'accomplit ou ne s'accomplit pas.

II. — L'attribution de la communauté entière à l'époux survivant n'a lieu (à moins de stipulation contraire, cas sur lequel nous reviendrons bientôt) que sauf le droit, pour les héritiers du prémourant, de reprendre tous les biens qui sont entrés dans la communauté du chef de leur auteur, soit par les apports faits lors du mariage, soit par les successions ou donations mobilières échues pendant le mariage. C'est seulement aux bénéfices provenant, soit des revenus de ces biens, ainsi que de ceux des immeubles, soit de l'industrie des époux, que la stipulation s'applique (2).

Il est vrai que Toullier (XIII, 422) interprète autrement la seconde phrase de notre premier alinéa, et prétend que les capitaux dont parle l'article sont uniquement les valeurs mobilières que l'époux prédécédé se serait réservées propres par une clause de réalisation. Selon lui, il faut distinguer les biens *entrés* dans la communauté des biens *tombés* dans la communauté : les premiers sont ceux qui font partie de l'actif. social, qui sont vraiment biens communs ; les seconds sont ceux qui sont versés dans la caisse sociale sans lui appartenir, et qui se trouvent ainsi mêlés aux biens communs sans avoir eux-mêmes cette qualité. Or comme la loi n'ordonne ici là reprise que pour les capitaux *tombés* dans la communauté, et non pas pour ceux qui y sont *entrés,* c'est donc uniquement, dit-il, des meubles demeurés propres qu'il s'agit.

On a vraiment peine à croire qu'un pareil argument soit celui d'un auteur sérieux ; et cette idée, dont le développement forme pourtant toute l'explication que Toullier donne de notre art. 1525, est aussi fausse qu'elle est puérile. Et d'abord, la prétendue différence de signification entre les mots *entrer* et *tomber* dans la communauté est démentie par les textes du Code, qui se servent indifféremment de l'une

---

(1) Il ne faudrait pas en conclure que l'attribution absolue de tous les biens à tel époux, pour lui ou ses héritiers et indépendamment de sa survie, serait nulle. Cette clause ne serait plus celle que prévoit notre article, elle serait exclusive de communauté, non point constitutive d'une communauté conventionnelle ; mais si elle n'est autorisée ni par notre article, ni même par la disposition plus large du premier alinéa de l'art. 1497, elle l'est par l'art. 1387, puisqu'elle n'a rien de contraire à l'ordre public.

(2) Zachariæ (III, p. 557); Rodière et Paul Pont (II, 346); Douai, 9 mai 1849 (Dev., 50, II, 180). — Mais le droit réservé par l'art. 1525 aux héritiers de l'époux commun en biens prédécédé est exclusivement applicable au cas où les conventions matrimoniales des époux attribuent au survivant d'eux la totalité de la communauté sans aucune réserve. Douai, 7 fév. 1850 (Dev., 50, II, 587). Ce droit de reprise ne constitue pas les héritiers copropriétaires de la communauté ; ils sont simplement créanciers de la masse. Cass., 7 avril 1862.

et de l'autre expression en parlant des biens composant l'actif commun (art. 1403, alinéa 1 et 3; art. 1405). D'autre part, les *apports,* que notre article met sur la même ligne que les capitaux tombés en communauté, indiquent bien qu'il s'agit des valeurs provenues de l'époux pour composer l'actif social. Enfin, un coup d'œil jeté sur les travaux preparatoires lève tout doute à cet égard; car notre article ne parlait d'abord que des apports, et les mots qui suivent y ont été mis, à la demande du Tribunat, sur cette observation précisément que, le mot *apports* ne s'entendant ordinairement que de ce qui est apporté lors de la célébration, et les héritiers ayant également le droit de reprendre les capitaux échus à l'époux pendant le mariage, il fallait s'expliquer aussi quant à ces derniers (Fenet, XIII, p. 617).

III. — Par l'effet de notre clause, l'époux survivant prend la totalité de la communauté, moins les biens provenus de son conjoint, et réciproquement il supporte la totalité des dettes, moins aussi celles correspondantes aux biens repris, lesquelles, d'après le principe exposé sous l'art. 1500, et appliqué par les art. 1511 et 1514, restent à la charge des héritiers qui font la reprise. Mais ici, comme dans les articles précédents, il y a une différence importante entre le mari et la femme. Quand c'est le mari qui est appelé à retenir toute la communauté, et, par suite, à en supporter seul les dettes, il ne peut jamais se soustraire à ce résultat; et si mauvaise que soit la communauté, c'est lui, et lui seul, qui reste chargé de son passif. Quand, au contraire, c'est à la femme que la communauté se trouve dévolue, elle a le choix, d'après le principe rappelé sous l'article précédent, ou de conserver aussi cette communauté en payant toutes les dettes, ou de rester étrangère au passif comme à l'actif, au moyen d'une renonciation. C'est toujours la conséquence de cette règle, que nulle convention ne peut porter atteinte, chez la femme, à son droit de renoncer.

Du reste, si avantageuse que puisse être parfois pour le survivant la stipulation dont il s'agit, elle n'est jamais réputée donation. Elle ne l'est, dit notre article, ni quant aux formes, ce qui n'a plus de sens aujourd'hui, comme on l'a vu sous l'art. 1516, ni quant au fond, ce qui rend inapplicable le droit ordinaire et appartenant à tout héritier réservataire de faire réduire aux limites du disponible. Mais c'est seulement le droit ordinaire de tout héritier réservataire qui se trouve ainsi écarté; car nous savons que, dans la communauté conventionnelle, d'après l'art. 1527, comme dans la communauté légale, d'après l'art. 1496, les différents avantages procurés à l'un des époux au détriment de l'autre, par les diverses combinaisons de société que la loi établit ou autorise, ne sont affranchis du caractère de libéralité réductible qu'en général, mais non à l'égard des enfants d'un précédent lit de l'époux qui procure l'avantage. Cette solution, contestée par Toullier, ne saurait cependant être douteuse en présence des articles cités, et elle est en effet admise par tous les auteurs et par la Cour suprême (1).

---

(1) Delvincourt (t. III); Bellot (t. III, p. 309); Rolland (778); Duranton (XV, 244);

Mais si l'attribution au survivant de la totalité de la communauté n'est point une donation ordinaire par elle-même et nécessairement, ce n'est pas à dire assurément qu'elle ne puisse jamais l'être ; et il est, au contraire, bien évident que, si les époux peuvent ainsi attribuer toute leur communauté au survivant par une simple convention de société, ils peuvent fort bien aussi le faire par une pure et véritable donation, qui serait dès lors réductible, comme toute autre donation, sur la demande de tout réservataire. Sans doute, ce n'est pas par cela seul que les époux auraient dit qu'ils conviennent de *donner* la communauté entière au survivant, qu'il faudrait voir une donation dans la clause, car il faut partout s'attacher moins aux mots qu'à la vraie pensée des parties ; mais si la pensée de n'attribuer la communauté qu'à titre de donation est bien manifestée par l'acte, s'il est dit, par exemple, comme dans l'espèce dont nous citons l'arrêt en note, que l'on établit une communauté *partageable par moitié*, et que *le prémourant fait donation entre-vifs, au survivant qui l'accepte, des biens communs qui composeront sa moitié*, il faut bien reconnaître alors que la volonté des contractants a été d'atteindre par une donation le résultat qu'ils pouvaient atteindre par une convention de société ; que, la clause présentant ainsi une véritable donation, il y a lieu à toutes les conséquences de la donation, notamment au payement du droit de mutation par le survivant comme donataire, et que le tribunal qui jugerait autrement violerait les principes du droit, en dénaturant l'acte sous prétexte de l'interpréter. C'est ce qu'a jugé plusieurs fois la Cour suprême, notamment dans un arrêt assez récent (1).

IV. — Il est évident que les époux sont libres, soit de restreindre, soit d'élargir l'étendue de la stipulation prévue par notre article.

Ainsi, ils peuvent convenir que le survivant, au lieu de la communauté entière, prendra seulement une moitié de cette communauté et l'usufruit de l'autre moitié ; et, comme cette stipulation est moins avantageuse que celle indiquée par l'article, il est clair qu'elle ne constituerait pas plus qu'elle une donation par elle-même (2). Il est évident aussi que, le prémourant conservant alors la propriété d'une moitié de la communauté, ce ne serait plus le cas de considérer l'attribution comme faite de plein droit sous la réserve, pour les héritiers de celui-ci, de la faculté de reprendre les valeurs provenues du chef de leur auteur. Il est également évident que le survivant n'aurait alors à supporter qu'une moitié des dettes et les intérêts seulement, sa vie durant, de l'autre moitié.

Glandaz (nᵒ 460) ; Zachariæ (III, p. 557) ; Paul Pont et Rodière (II, 384) ; Troplong (nᵒ 2217) ; Odier (II, 920) ; Dalloz (3003) ; Cass., 24 mai 1808 ; Rej., 13 juin 1855 (Dev., 55, I, 513). Ce dernier arrêt juge, d'ailleurs, que la décision, qui considère la stipulation dont s'agit comme excessive, et, par suite, qu'il y a lieu de la réduire, ne renferme, en ce point, qu'une décision de fait qui échappe à la censure de la Cour de cassation. — *Voy.* encore un arrêt de la Cour de Paris du 9 juill. 1825, et les arrêts de la Cour de cassation des 13 avr. 1858 et 3 déc. 1861.

(1) Cass. d'un jugement d'Évreux, 23 avr. 1849 (Dev., 49, I, 446).
(2) Pont et Rodière (II, 345) ; Troplong (2180) ; Rej., 20 janv. 1830 ; Agen, 1ᵉʳ juin 1838.

Réciproquement, les époux peuvent étendre la clause. Ils peuvent dire que le survivant prendra toute la communauté, y compris les biens communs provenant du chef du prémourant ; mais, comme ils excèdent alors les limites dans lesquelles la loi a bien voulu dépouiller juridiquement ces stipulations du caractère de donation qu'elles ont dans le fait, il faudrait reconnaître là une libéralité réductible, d'après les règles ordinaires. Sans doute on ne peut pas dire, comme M. Battur (II, 489), que la convention serait nulle, puisqu'elle n'a évidemment rien de contraire aux bonnes mœurs ou à l'ordre public ; mais elle ne jouirait plus du bénéfice exceptionnel écrit dans notre article (1).

SECTION VIII.
DE LA COMMUNAUTÉ A TITRE UNIVERSEL.

1526. — Les époux peuvent établir par leur contrat de mariage une communauté universelle de leurs biens tant meubles qu'immeubles, présents et à venir, ou de tous leurs biens présents seulement, ou de tous leurs biens à venir seulement.

I. — Cet article se trouve expliqué par ce qui a été dit sous les art. 1505 et suivants, où l'on a vu que la clause de communauté universelle est toujours et nécessairement un cas d'ameublissement, tandis que la clause d'ameublissement, même étendue à tous les immeubles, ne donne pas toujours réciproquement une communauté universelle, puisqu'elle peut n'être stipulée que par un époux. Ce qui a été dit précédemment suffit également pour faire comprendre que la stipulation de notre article doit toujours, comme dérogatoire au droit commun, s'interpréter restrictivement, et que la phrase dans laquelle les époux déclareraient mettre en communauté *tous leurs biens meubles et immeubles,* sans plus d'explication, ne s'entendrait que des biens présents.

Du reste, même quand les époux ont mis en commun tous leurs biens *présents et futurs,* il se pourra encore qu'ils aient des biens propres, puisque des donations ou legs pourraient leur être faits à la condition que les choses n'entreront point dans leur communauté. Il va sans dire que, dans ce cas, les dettes grevant ces donations ou legs, ainsi que celles qui seraient contractées plus tard relativement aux biens ainsi donnés, resteraient personnelles à l'époux propriétaire.

DISPOSITIONS
COMMUNES AUX HUIT SECTIONS CI-DESSUS.

1527. — Ce qui est dit aux huit sections ci-dessus ne limite pas à

---

(1) Delvincourt (t. III); Bellot (III, p. 303); Zachariæ (III, p. 557); Paul Pont et Rodière (II, 346); Championnière (t. III, n° 2769); Dalloz (2996). *Voy.* Troplong (2181); Douai, 7 fév. 1850; Cass., 15 fév. 1832, 15 fév. 1841, 24 déc. 1850, 21 mars 1860, 29 avr. 1863.

leurs dispositions précises les stipulations dont est susceptible la communauté conventionnelle.

Les époux peuvent faire toutes autres conventions, ainsi qu'il est dit à l'article 1387, et sauf les modifications portées par les articles 1388, 1389 et 1390.

Néanmoins, dans le cas où il y aurait des enfants d'un précédent mariage, toute convention qui tendrait dans ses effets à donner à l'un des époux au delà de la portion réglée par l'article 1098, au titre *Des Donations entre-vifs et des Testaments,* sera sans effet pour tout l'excédant de cette portion ; mais les simples bénéfices résultant des travaux communs et des économies faites sur les revenus respectifs, quoique inégaux, des deux époux, ne sont pas considérés comme un avantage fait au préjudice des enfants du premier lit.

I. — Les deux dispositions de cet article se trouvent expliquées par ce qui a été dit précédemment. Nous renvoyons, pour la première, à l'art. 1387 ; pour la seconde, à l'art. 1496, qui porte pour la communauté légale la même règle qui est écrite ici pour la communauté conventionnelle, règle dont nous avons signalé plusieurs fois les applications, notamment sous les art. 1516 et 1525.

1528. — La communauté conventionnelle reste soumise aux règles de la communauté légale, pour tous les cas auxquels il n'y a pas été dérogé implicitement ou explicitement par le contrat.

I. — Ce principe est de toute évidence, et nous avons eu fréquemment occasion de le faire connaître et de l'appliquer dans l'explication de la partie du Code que nous terminons ici.

RÉSUMÉ DU TITRE CINQUIÈME.

DU CONTRAT (PÉCUNIAIRE) DE MARIAGE.

(PREMIÈRE PARTIE.)

I. — Nous avons étudié, au tit. V du liv. I, le contrat qui régit l'association conjugale, et fixe les droits respectifs des époux *quant à leurs personnes ;* nous avons à étudier ici le contrat qui régit cette association et fixe les droits des époux *quant à leurs biens.* Ce dernier est généralement désigné par le nom de *contrat de mariage ;* mais, quoiqu'il n'y ait aucun inconvénient à employer cette expression, il ne faut pas oublier qu'elle est peu exacte, qu'elle conviendrait beaucoup mieux au mariage lui-même, qui est aussi un contrat, et qu'il ne s'agit ici que du contrat *pécuniaire*, qui accompagne comme accessoire le contrat moral, dont on s'est occupé précédemment.

A la différence du contrat moral de mariage, où tout est réglé par les dispositions mêmes de la loi, sans que rien y puisse dépendre de la volonté privée des parties, le contrat pécuniaire, au contraire, est entièrement abandonné au libre arbitre des contractants, qui jouissent même à cet égard d'une plus grande latitude que pour tout autre contrat. C'est seulement à défaut de conventions régulièrement fixées par les époux, que la loi intervient pour les soumettre de plein droit au système organisé par elle comme régime de droit commun.

Toutefois, et si grande que soit la latitude laissée ici aux époux, elle reçoit pourtant quelques restrictions demandées, soit par la morale elle-même, soit par des considérations d'intérêt général.

II. — Et d'abord, il n'est pas besoin de dire que les contractants ne pourraient faire aucune convention dérogeant, soit aux droits que la puissance maritale confère à l'époux sur la personne de l'épouse ou des enfants, soit à ceux qui découlent, pour l'un ou l'autre des conjoints, de la puissance paternelle ou de la tutelle légitime.

Ainsi, il serait vainement dit au contrat que la femme ne sera pas tenue, pour tel ou tel cas, d'habiter avec son mari, ou qu'elle pourra consentir seule au mariage des enfants, ou que les enfants, au lieu de rester soumis, pour leur éducation, à la direction du mari, seront nécessairement élevés de telle façon ou dans telle religion déterminées à l'avance. De telles clauses seraient sans aucune valeur, quoi qu'en aient dit des auteurs estimables ; et s'il est incontestable que la puissance maritale devrait être arrêtée par les tribunaux, du moment qu'il serait reconnu par eux qu'elle arrive à l'abus et dépasse ses limites raisonnables, il est certain aussi que les conventions des époux n'auraient aucun rôle à jouer dans les décisions rendues à cet égard, et demeureraient complétement non avenues (art. 1388, n°s III et IV).

Ainsi encore, il ne pourrait pas être utilement convenu que tel époux sera privé du droit de correction des enfants ou du droit d'usufruit légal sur les biens de ses enfants. Du moment qu'il s'agit d'un attribut de la puissance paternelle ou de la tutelle légale (qui n'est qu'une continuation de cette puissance), par cela seul, et sans qu'il faille considérer ni dans quel titre du Code le droit est écrit, ni par quel époux ou à quel moment il s'exerce, les stipulations du contrat n'y peuvent porter aucune atteinte (*ibid.*, n° VII).

Mais, encore une fois, ces règles se devinent par elles-mêmes et ne constituent pas des restrictions à notre principe, puisque c'est seulement pour le contrat pécuniaire que les époux sont libres de stipuler, tandis qu'il s'agit ici des effets du contrat moral, du mariage même (*ibid.*).

C'est donc ailleurs qu'il faut chercher les restrictions que nous avons annoncées.

III. — On trouve une première restriction à la pleine liberté des époux de stipuler ce qu'ils voudront et comme ils voudront, dans les formes rigoureuses et les conditions sévères imposées, soit au contrat, soit aux changements qu'on voudrait lui apporter après une première rédaction.

Le Code, à la différence de plusieurs de nos anciennes coutumes, et pour assurer l'immutabilité des conventions matrimoniales, exige, à peine de nullité, qu'elles soient arrêtées irrévocablement avant la célébration de l'union, par acte passé devant notaire et avec minute. Du reste, l'acte, alors même qu'il contient des donations entre-vifs, est dispensé de la présence effective du notaire en second ou des témoins, et il suffit à sa validité, d'après la triste loi du 21 juin 1843, de la constatation mensongère de cette présence. Ainsi, il y aurait aujourd'hui nullité de l'acte qui serait fait sous seing privé ou qui ne serait passé devant notaire qu'en brevet ; et il y aurait aussi nullité, quoi qu'en ait dit un auteur (dont l'erreur, au surplus, est unanimement rejetée), de tous changements apportés au contrat postérieurement à la célébration (art. 1394-97, n^{os} I et II).

Ces changements au contrat seront possibles tant que la célébration n'a pas eu lieu ; mais sous des conditions plus ou moins sévères, selon qu'il s'agit de les exécuter vis-à-vis des tiers ou entre les époux seulement. — Même entre les époux, le changement n'est valable qu'autant qu'il est constaté, comme le contrat, par acte passé devant notaire, en minute, et qu'il est fait avec le concours de tous ceux qui ont été *parties* à ce contrat, et qui doivent se réunir, par eux-mêmes ou par des fondés de pouvoirs, pour y consentir tous simultanément. Or il faut regarder ici comme ayant été parties au contrat, non pas seulement les époux, mais aussi ceux des signataires qui leur ont fait des libéralités, ceux dont le consentement est nécessaire à leur mariage, et même, quoiqu'il y ait controverse sur ce point, ceux dont ils sont tenus de requérir le conseil, puisque ces derniers, loin d'avoir seulement à donner un avis qu'on pourrait suivre ou ne pas suivre, sont armés au contraire d'un pouvoir très-grand et remplissent dans l'acte un rôle très-important. Si une seule de ces *parties* manque, il devient impossible de faire le changement projeté, alors même que cette partie ne serait qu'un simple donateur ; et le seul moyen, dans ce dernier cas, d'arriver au résultat voulu, c'est d'abandonner le premier contrat et d'en faire un nouveau, en sacrifiant la donation dont l'auteur ne veut ou ne peut se prêter au changement. Que si, au lieu de substituer un contrat nouveau au contrat primitif, on se contentait d'ajouter à ce dernier un acte modificatif auquel le donateur n'interviendrait pas, cet acte serait nul, le premier contrat subsisterait seul et le changement projeté ne se réaliserait pas. — Pour que l'acte modificatif soit valable envers les tiers, il faut en outre que les parties aient soin de le faire rédiger à la suite de la minute du contrat. La loi exige aussi que le notaire ne délivre jamais aucune expédition du contrat sans y joindre l'expédition de l'acte accessoire ; mais la violation de cette dernière règle n'entraînerait pas au profit des tiers la nullité du changement, elle leur permettrait seulement de s'adresser au notaire pour se faire indemniser du préjudice que leur cause l'expédition incomplète (*ibid.*, IV et V).

Du reste, on ne peut pas ranger parmi les changements au contrat les donations que, postérieurement à ce contrat, des tiers feraient aux époux. Mais il faut y ranger, au contraire, la donation qu'un des époux ferait à l'autre, puisqu'elle viendrait modifier la position respective que le contrat faisait à ces époux. Il faudrait y ranger également les conventions que les parties présenteraient comme simplement interprétatives d'une ou plusieurs clauses obscures de leur contrat, car du moment que ces parties entendent faire une convention, un acte juridiquement obligatoire, il est clair qu'elles doivent suivre les règles voulues, et sans lesquelles leur écrit ne serait autre chose qu'un commentaire dénué de toute force juridique (*ibid.*, III).

IV. — La fixité que la loi entend imprimer aux conventions matrimoniales, et qui ne permet pas de changer un premier système au moyen d'actes rédigés ensuite pendant le cours du mariage, ne permet pas davantage de le changer au moyen des clauses insérées à l'avance dans le contrat lui-même.

Il est donc interdit de stipuler que, par l'échéance d'un terme ou l'accomplissement d'une condition, tel système viendra commencer plus tard et se substituer, avec ou sans rétroactivité, à un premier système ; la loi veut un régime unique et identique pour toute la durée du mariage. Il est vrai que, par une cause purement historique, le texte du Code n'exprime cette règle que pour un seul régime ; mais son esprit commande de l'appliquer à tous (1399, n^{os} I-III).

V. — Arrivons aux restrictions portant sur le fond même des conventions.

Et d'abord, il est défendu de déroger aux droits qui appartiennent au mari, quant aux biens, par sa qualité de chef de la société pécuniaire des époux.

Pour bien comprendre cette règle, il faut d'abord avoir une idée sommaire des différents régimes de mariage.

On peut compter cinq régimes ou systèmes de conventions matrimoniales : la Communauté légale ; la Communauté conventionnelle ; l'Exclusion simple de communauté ; la Séparation de biens ; enfin le Régime dotal. Dans la Communauté, soit légale, soit conventionnelle, certains biens forment un fonds appartenant en commun aux deux époux et dont l'administration, ainsi que celle des biens restés propres à la femme, appartient au mari. Dans l'Exclusion simple de communauté, il n'y a que des biens propres à l'un ou à l'autre des époux ; mais c'est au mari qu'appartiennent, non-seulement l'administration, mais même le revenu des biens de la femme. La Séparation de biens laisse à chaque époux la propriété, la jouissance et l'administration de ses biens. Enfin, sous le Régime dotal, les biens de chaque époux lui restent également propres ; mais ceux de la femme se divisent en dotaux et paraphernaux, et c'est au mari que revient encore et l'administration et la jouissance des premiers. — Ceci dit, examinons notre règle et quant aux biens du mari, et quant aux biens de la femme, et quant aux biens communs à tous deux.

Quant aux biens propres du mari, il est clair qu'on ne peut déroger en rien au droit qui lui appartient d'en disposer et de les administrer. Toute clause soumettant le mari à demander, sous ce rapport, une permission à sa femme ou à la justice, serait nulle comme portant atteinte à la dignité maritale.

Pour les biens de la femme, c'est différent; et les époux jouissent ici d'une assez grande latitude. Ainsi, ils pourraient, même après avoir dit ou qu'ils adoptent la communauté légale ou que les biens de la femme seront dotaux, réserver valablement à la femme l'administration et la jouissance de ses biens : il suivrait seulement de là, dans le second cas, que la qualification de biens dotaux a été donnée inexactement, et dans le premier, que la communauté légale reçoit une modification et devient, au moins sous un rapport, une communauté conventionnelle. Mais, après avoir ainsi soumis ses biens, soit à la communauté, soit à la dotalité, soit encore à l'exclusion simple de communauté, la femme ne pourrait pas s'en réserver l'administration, si elle en séparait la jouissance pour la laisser au mari : une clause enlevant ainsi au mari l'administration de biens dont les revenus lui appartiennent serait nulle comme injurieuse pour lui et insultante pour sa suprématie. Serait nulle également la clause qui, sous quelque régime que ce soit, attribuerait à la femme le droit d'aliéner ses biens sans autorisation.

Quant aux biens communs aux deux époux, ce que nous avons dit fait assez comprendre que leur administration n'en saurait être donnée à la femme, et qu'on ne pourrait pas non plus soumettre le mari à la nécessité de recourir, pour tel ou tel cas d'administration ou d'aliénation, à l'assentiment de la femme. Et il en est ainsi, évidemment, pour les immeubles que la femme aurait mis dans la communauté aussi bien que pour les autres biens de cette communauté : du moment qu'ils sont biens communs, le mari en est le maître, et on ne peut pas plus pour eux que pour les autres porter atteinte à sa qualité de chef.

Ajoutons que tous les droits qui, d'après notre principe, ne sauraient être conférés à la femme, ne peuvent pas plus lui être attribués indirectement que directement, et qu'il y aurait dès lors nullité de l'autorisation générale ou du mandat général que le mari donnerait à la femme d'exercer de tels droits (1388, n^{os} V et VI).

La loi déclare également nulles : — Toute convention qui dérogerait à l'ordre légal des successions, sauf, bien entendu, l'effet des libéralités entre-vifs ou testamentaires, qui sont permises dans le contrat de mariage comme ailleurs, et même avec plus de facilité qu'ailleurs (*ibid.*, IX);

Toutes les stipulations qui se trouvent interdites par quelque disposition prohibitive du Code (*ibid.*, VIII);

Enfin celles qui, sans être prévues par aucun texte spécial, se trouveraient contraires aux bonnes mœurs ou à l'ordre public. La question de savoir si une convention présente ce caractère est un point de fait qui doit, dans chaque espèce, s'apprécier par les circonstances (*ibid.*, 11).

VI. — En dehors de ces diverses restrictions, commandées toutes par l'intérêt général, les futurs époux ont pleine latitude pour leurs conventions matrimoniales. Ils sont libres de choisir tel qu'il leur plaira des cinq régimes indiqués plus haut; de composer un régime mixte, en combinant les règles de celui-ci avec les règles de celui-là; d'insérer dans leur contrat des clauses qui ne sont nulle part prévues dans le Code, soit en les créant eux-mêmes, soit en les puisant dans quelqu'une de nos anciennes coutumes. Mais il faut, dans ce dernier cas, que le contrat ne se contente pas, pour indiquer l'idée ou l'ensemble d'idées que l'on veut adopter, d'un renvoi pur et simple à la coutume à laquelle on l'emprunte : les textes des anciennes coutumes n'étant plus aujourd'hui des textes légaux, personne ne peut être forcé de les conserver et d'y recourir pour les étudier et en discuter le sens. C'est seulement dans les renvois aux textes en vigueur qu'il suffit, sans aucune expression des idées, d'indiquer les articles où se trouvent ces idées; mais pour les dispositions empruntées aux anciennes coutumes, il faut qu'on les comprenne par la lecture même du contrat (1390-1393, n^{os} I, II et IV).

Si les époux peuvent adopter par leur contrat tel système qu'ils voudront, ils peuvent aussi se marier sans faire aucun contrat, et ils se trouvent alors soumis au régime de la communauté légale.

Ce régime, en effet, est établi par la loi comme système de droit commun et pour régir tous ceux qui n'en ont pas valablement adopté un autre. En conséquence, il existe, non pas seulement quand les parties ont déclaré le choisir ou quand elles n'ont pas fait de contrat, mais aussi quand le contrat rédigé se trouve nul pour vice de forme, ou quand on s'y est borné à dire qu'on prenait le régime organisé par telle ancienne coutume, ou encore quand il est rédigé de telle façon qu'il soit impossible de dire à quel régime on a entendu se soumettre. Cette dernière hypothèse se présenterait notamment dans le cas, indiqué plus haut, d'un contrat qui, au moyen de conditions ou de termes, adopterait plusieurs régimes (*ibid.*, V; 1399, IV, et 1400).

VII. — Les règles sur la capacité des parties contractantes sont, en général, et sauf l'exception unique qui va être indiquée, les mêmes pour le contrat de mariage que pour les autres contrats pécuniaires. Ainsi, quoique le jeune homme de vingt et un à vingt-cinq ans qui a encore quelque ascendant soit mineur pour le mariage, il n'en est pas moins majeur pour le contrat pécuniaire. Ainsi encore, et en sens contraire, quoique la personne pourvue d'un conseil judiciaire puisse bien se marier sans l'assistance de ce conseil, elle ne peut pas plus, sans cette assistance, disposer de ses biens par convention matrimoniale qu'autrement; et le seul moyen qu'elle ait de se soumettre alors à un régime inattaquable sans recourir à cette assistance, c'est de se marier sans contrat, ce qui la placerait, comme on l'a vu, sous la communauté légale.

Mais la loi, par faveur pour le mariage, admet une exception au principe pour le mineur; et, lui appliquant la maxime *Habilis ad nuptias habilis ad pacta nuptialia*, elle déclare pleinement valables, absolument comme si elles émanaient d'un majeur, les conventions qu'il fait avec l'assistance de ceux dont le consentement suffit à son mariage.

Du reste, l'incapacité de contracter n'étant qu'une cause d'annulabilité et non pas de nullité proprement dite, il s'ensuit que le contrat, fait sans l'assistance voulue, par un mineur ou un prodigue, comme aussi celui que le mineur ferait avant l'âge compétent pour le mariage et sans avoir obtenu de dispense, serait susceptible de ratification, notamment par une exécution volontairement faite à un moment où l'incapable serait devenu capable, et qu'elle ne serait sans effet qu'autant que l'annulation en serait prononcée sur la demande de cet incapable (art. 1398, I-IV).

VIII. — *De la dot.* — Le mot *dot* présente dans le Code deux significations très-différentes, et qu'il importe de distinguer avec soin. Tantôt il a un sens très-large et signifie le bien que tout futur époux, sous quelque régime que ce soit, apporte en se mariant pour faire face aux besoins du ménage. Tantôt, au contraire, il offre un sens tout spécial, technique, et ne s'applique plus qu'au bien apporté par *une femme* se mariant sous le *régime dotal* et qui est frappé de *dotalité*.

C'est plus loin que se placeront la plupart des règles relatives, soit à la dot simple, soit à la dot dotale; mais nous devons en indiquer ici quelques-unes que leur généralité absolue, leur complète indépendance de toutes circonstances particulières, commandent de ranger dans nos explications préliminaires.

La dot peut être fournie par l'époux lui-même sur ses biens personnels, ou être donnée par des tiers, parents ou étrangers. La constitution de dot, quand elle est ainsi faite par un tiers, est une donation qui participe de l'acte à titre onéreux. D'une part, celui qui la fait est bien un donateur, puisqu'il se dépouille gratuitement; et sa disposition reste soumise, comme toute autre donation, à la réduction, au rapport, à la révocation pour survenance d'enfant. Mais, d'un autre côté, l'acte est réputé à titre onéreux pour l'époux doté et pour son conjoint, parce que le bien est destiné à faire face aux charges d'un mariage que les époux ne contracteraient peut-être pas si la donation n'était pas faite; et le donateur, contrairement aux principes ordinaires des donations, est soumis à la garantie du bien donné, puis aussi, si la dot n'est payable qu'à terme et consiste en choses productives, au payement de plein droit des intérêts. Du reste, le donateur peut se soustraire à l'une et à l'autre obligation au moyen d'une déclaration expresse : la loi le dit formellement pour les intérêts, et ce n'est pas plus douteux pour la garantie, puisqu'un vendeur même peut le faire.

Quant à l'étendue de la garantie, elle s'apprécie par la combinaison des principes généraux et des règles particulières à la vente. — Ainsi, pour des créances, le donateur ne garantit que leur existence et non la solvabilité du débiteur ; et en cas de non-existence, le donateur devra, non pas nécessairement·et toujours le capital nominal de la créance, mais ce que sa non-existence aura fait perdre au donataire. — Pour des biens corporels, il faut distinguer le cas d'éviction totale, celui d'éviction partielle, et celui de simples vices cachés. En cas d'éviction de la chose entière, le donateur devra la valeur de cette chose non pas au jour de la donation, mais au jour de l'éviction, puisque son obligation est, ni plus ni moins, de rendre le donataire indemne. En cas d'éviction partielle, il devra le prix de la portion enlevée, eu égard encore à la valeur de la chose au temps de l'éviction, sans que le donataire puisse le contraindre à prendre le reste de la chose pour lui en payer le prix total, puisqu'on ne saurait parler ici de résolution du contrat. Dans le cas enfin de défauts secrets, on prétendrait en vain que la garantie n'est plus due ; car, dans ce cas comme dans les autres, le donataire doit être rendu indemne : ou le donataire ignorait les vices, et dès lors l'intention commune a bien été de procurer la valeur que la chose paraissait avoir ; ou bien il les connaissait, et dès lors il y a une faute aux conséquences de laquelle il ne peut échapper (art. 1440, puis 1547 et 1548).

IX. — Nous diviserons notre matière en deux parties, consacrées, l'une aux régimes de communauté, l'autre aux régimes sans communauté. La première sera subdivisée en deux chapitres, s'occupant, le premier, de la communauté légale, le deuxième, de la communauté conventionnelle ; la seconde traitera successivement : 1° de l'exclusion simple de communauté ; 2° de la séparation de biens ; 3° du régime dotal.

PREMIÈRE PARTIE.

DES RÉGIMES DE COMMUNAUTÉ.

X. — Le texte même de la loi, comme s'il eût voulu prévenir l'idée fausse qu'ont fait naître, dans l'esprit de quelques jurisconsultes, des passages mal interprétés de Dumoulin et de Pothier, déclare que la communauté, soit légale, soit conventionnelle, commence nécessairement au moment même de la célébration. C'est dès ce moment que la femme est l'associée du mari, que les biens de la société conjugale sont la propriété commune des deux époux ; et la doctrine qui, dénaturant les termes de la loi aussi bien que sa pensée, regarde la communauté comme s'établissant au moment où la loi dit qu'elle finit, n'est qu'une erreur condamnée par toutes les dispositions du Code comme par tous auteurs (1399, n° V).

CHAPITRE PREMIER.

DE LA COMMUNAUTÉ LÉGALE.

XI. — Nous avons vu plus haut (n° VI, *in fine*) dans quelles circonstances s'établit la communauté légale ; nous allons nous occuper successivement et dans trois sections différentes : 1° de la composition de la communauté ; 2° de son administration et de celle des biens propres ; 3° de la dissolution de la communauté et des suites de cette dissolution.

SECTION PREMIÈRE.

DE LA COMPOSITION DE LA COMMUNAUTÉ.

§ 1ᵉʳ. — **De l'actif de la communauté et de la distinction des biens communs et des biens propres.**

XII. — L'établissement de la communauté fait exister pour les deux époux trois masses distinctes de biens, trois patrimoines, pour ainsi dire : 1° celui du mari ; 2° celui de la femme ; 3° celui de la communauté, dont le mari est l'administrateur, mais non le propriétaire, puisque cette troisième masse de biens constitue un fonds social sur lequel chacun des deux associés a un égal droit de copropriété. Les biens de la communauté se nomment *biens communs,* ou encore, mais seulement pour ceux qui sont acquis postérieurement à la célébration, *conquéts* ou *acquéts ;* les biens personnels de chaque époux s'appellent *propres de communauté* ou simplement *propres.* Voyons quels biens sont communs, quels autres sont propres.

Le fonds commun se compose de trois espèces de biens ; il comprend : 1° tous les biens mobiliers que les époux possédaient en se mariant, sans exception ; et ceux qui lui arrivent pendant le mariage, sauf trois exceptions qui seront indiquées au numéro suivant ; 2° tous les fruits des biens restant propres aux époux ; 3° enfin, les immeubles arrivant pendant le mariage autrement que par succession, par donation, ou par quelque autre des causes exceptionnellement indiquées par la loi et qui seront précisées plus loin également.

Ainsi, on voit, dès à présent, que chaque époux conserve personnellement, mais seulement en nue propriété : 1° quelques-uns des meubles, et plusieurs des immeubles, arrivant après la célébration ; 2° tous les immeubles lui appartenant lors de cette célébration ; tandis que la communauté prend : 1° la pleine propriété de tout le mobilier existant lors de la célébration et de presque tout le mobilier postérieur ; 2° la pleine propriété de la plupart des immeubles arrivant après ce moment ; 3° l'usufruit de tous les propres des époux (1401-1403, n° I).

Développons cet aperçu, quant aux biens communs d'abord, quant aux biens propres ensuite.

1° *Des biens communs.*

XIII. — L'actif social comprend, d'après ce qui vient d'être dit : 1° presque tous les meubles ; 2° l'usufruit des propres ; 3° la plupart des immeubles arrivant pendant le mariage.

Et d'abord les *meubles*. — Nous avons dit que, quant aux biens mobiliers appartenant aux époux au moment de la célébration, tous, sans exception, tombent dans la communauté. Ainsi, l'argent comptant qu'avait un époux en se mariant, ou les sommes qui lui étaient dues ; les animaux, denrées, marchandises et toutes autres choses mobilières qui lui appartenaient, ou que des tiers lui devaient ; ses rentes sur l'État ou sur particuliers, soit perpétuelles, soit viagères ; en un mot, tout droit de propriété, d'usufruit ou de créance que l'époux avait sur des biens déclarés meubles par la loi, cesse d'appartenir à cet époux et entre dans le fonds social. Ce n'est que par une grave erreur qu'on a pu dire le contraire pour la rente viagère et enseigner que la communauté pouvait seulement en recueillir les arrérages, la rente elle-même restant propre à l'époux ; la rente viagère, dans les principes du Code, n'est qu'une rente pure et simple comme les autres, mobilière comme les autres, et tombant complétement dans la communauté, comme tout autre bien mobilier (1401-1403, n° III).

Les compositions scientifiques, artistiques ou littéraires, étant des biens meubles, tombent dès lors dans la communauté ; et ce n'est que par une fausse interprétation du décret de 1810 qu'est né le système erroné qui les prétend propres aux époux, système que condamnent avec raison la doctrine et la jurisprudence, et qui se condamne lui-même par sa propre contradiction. Il en est de même des offices transmissibles ; seulement, comme c'est uniquement à défaut du titulaire que le droit de présentation appartient à d'autres, il s'ensuit que, si c'est ce titulaire qui survit lors de la dissolution de la communauté, il reste maître de conserver la charge, en versant dans la masse à partager une somme égale à la valeur actuelle de l'office (*ibid.*, V).

Il est des créances dont la nature meuble ou immeuble reste d'abord en suspens et ne se trouve déterminée que par l'exécution ou la liquidation. C'est ainsi que le droit de reprise ou de récompense d'un époux sur une précédente communauté sera mobilier ou immobilier selon que la liquidation de cette communauté attribuera à l'époux des meubles ou des immeubles. Dans ce cas, donc, les biens échus appartiendront ou non à la communauté nouvelle, selon le résultat de cette liquidation. Il en est de même des créances alternatives dont l'un des objets est mobilier et l'autre immobilier : c'est à la communauté que la chose appartient si le débiteur donne l'objet meuble ; c'est à l'époux, s'il livre l'immeuble. Il en est autrement quand l'obligation n'est que facultative : sa nature, et par conséquent le droit de la communauté, sont alors fixés *ab initio* par la nature de l'objet unique de l'obligation, sans que la nature contraire de la chose réservée *in facultate solutionis* exerce aucune influence, quand même ce serait elle qu'on livrerait en payement (*ibid.*, II).

Quant aux biens meubles arrivant aux époux dans le cours du mariage, le principe est le même, mais il reçoit alors trois exceptions. Ces meubles, en effet, sont exclus de la communauté : 1° quand ils sont donnés sous la condition expresse de rester propres au donataire ; 2° quand ce sont des produits d'un immeuble propre sans en être des fruits ; 3° enfin, quand ils arrivent à l'époux par substitution à un propre (1408, VIII).

En dehors de ces trois exceptions, sur lesquelles nous reviendrons en traitant des meubles propres, la règle est la même pour les meubles arrivant pendant le mariage que pour ceux qui existaient lors de sa célébration, c'est-à-dire que tous tombent dans la communauté. Ainsi, alors même qu'ils arrivent par succession, ils n'en sont pas moins communs ; et ce, encore bien que, la succession étant immobilière pour partie, le partage n'eût attribué que des meubles au lot de l'époux. On sait effectivement que, par l'effet déclaratif du partage, chaque cohéritier est censé n'avoir jamais eu droit qu'aux objets compris dans son lot. Il en est de même des créances mises en entier au lot de cet époux ; car la division que la loi fait elle-même de chacune des créances, division provisoire et purement relative aux débiteurs héréditaires, ne saurait faire obstacle à la faculté de comprendre ensuite ces créances dans le partage général de la succession (1401-1403, n° IV).

XIV. — *Fruits des propres.* — La communauté a, sur les biens propres des époux, les mêmes droits, en général, qu'un usufruitier.

Ainsi, elle recueille tous les fruits que ces biens produisent pendant le mariage. Quant à ceux qu'ils ont produits avant la célébration, il est bien évident que la communauté ne saurait y avoir droit à titre d'usufruitière, et les prendre en qualité de fruits ; mais il n'est pas moins évident qu'elle les prend, d'après la règle précédente, comme faisant partie des biens meubles appartenant à l'époux au jour de la célébration, et on ne s'explique pas qu'un jurisconsulte ait pu écrire que ces fruits restent propres à l'époux.

Comme l'usufruitier ordinaire, la communauté acquiert les fruits civils au fur et à mesure de l'échéance, c'est-à-dire jour par jour, et les fruits naturels par leur perception seulement. Comme lui, elle est sans droit sur les produits qui ne sont pas réputés fruits, et, par exemple, sur les substances extraites de carrières, mines ou tourbières, qui n'étaient point en exploitation quand on a commencé la jouissance de la communauté sur l'immeuble.

Mais il y a quelques différences entre les droits de l'usufruitier ordinaire et ceux de la communauté. Ainsi, tandis que l'usufruitier n'a aucune indemnité ni à payer pour les frais de semence des fruits qu'il récolte en entrant, ni à réclamer pour les frais, par lui faits, de ceux qu'il laisse à récolter après lui, la communauté, au contraire, aura droit au remboursement de ces derniers frais sans rien devoir néanmoins pour les premiers, attendu que la somme payée par l'époux pour ceux-ci, si cet époux ne l'avait pas déboursée, aurait toujours appartenu à la communauté comme valeur mobilière. De même, tandis que l'usufruitier n'a pas droit à indemnité pour la récolte qu'il laisse à faire au propriétaire, ayant pu la faire lui-même, la communauté, dans le même cas, aura droit à cette indemnité, à cause de la facilité que le système contraire donnerait aux époux de s'avantager illégalement (*ibid.*, VI).

XV. — *Conquêts immeubles.* — La communauté prend, en troisième et dernier lieu, tous les immeubles arrivant après la célébration du mariage, à l'exception, d'une part, de ceux pour lesquels le droit de propriété de l'époux remonte rétroactivement à une époque antérieure au mariage, et, d'autre part, de ceux dont la propriété ne commence que pendant le mariage, mais par l'une des causes qui produisent des propres, lesquelles vont être indiquées dans les numéros suivants.

Du reste, même pour les immeubles, c'est la qualité de bien commun qui se présume, et c'est à l'époux qui réclame un immeuble comme propre de prouver qu'il a cette qualité (*ibid.*, VII).

2° Des biens propres.

XVI. — *Propres immobiliers.* — Huit causes peuvent donner aux époux des immeubles propres : 1° la propriété ou possession légale antérieure au mariage, puis pendant le mariage ; 2° la succession ; 3° la donation ; 4° la cession faite par un ascendant dans le cas prévu par la loi ; 5° l'échange d'un propre ; 6° le remploi ; 7° le retrait d'indivision ; 8° l'accession à un immeuble propre.

Et d'abord, chaque époux reste personnellement propriétaire des immeubles dont il avait déjà la propriété ou la possession légale au moment de la célébration, ainsi que de ceux dont la propriété, quoique réalisée pendant le mariage seulement, remonte, par l'effet rétroactif d'une condition, d'une résolution ou d'une ratification, à une époque antérieure à cette célébration. Il y a cependant une exception à cette règle pour l'immeuble que l'époux aurait acheté dans l'intervalle de la passation du contrat à la célébration. Cet immeuble, quoique l'époux en soit propriétaire quand le mariage commence, appartient à la communauté, parce qu'il est acquis en remplacement de valeurs mobilières sur lesquelles, d'après le contrat, le conjoint avait dû compter. Bien entendu, l'exception est restreinte, par sa nature même d'exception, au cas formellement prévu, et elle ne s'appliquerait plus, même pour un immeuble acheté très-peu de temps avant le mariage, s'il n'y avait pas eu de contrat, ou si c'était en exécution d'une clause de ce contrat que l'acquisition eût eu lieu (1404-1406, n° 1).

XVII.—Sont propres, en second lieu, les immeubles échus par succession ; et ce, quoique l'époux ait recueilli une part entièrement immobilière dans une succession composée d'immeubles et de meubles, et quand même encore l'immeuble excéderait la part héréditaire de l'époux et ne lui serait attribué qu'au moyen d'une soulte, sauf, bien entendu, récompense à la communauté pour cette soulte. Il y a lieu notamment à l'application de cette seconde cause de propres pour l'immeuble qu'un ascendant donateur recueille dans la succession du donataire décédé sans postérité. On a dit à tort qu'il y avait simple résolution de la donation et non acquisition nouvelle : puisque l'ascendant ne recueille l'immeuble que sous la double obligation de respecter les charges qui le grèvent et d'acquitter sa part de dettes héréditaires, c'est donc bien une acquisition nouvelle, et une acquisition par succession (*ibid.*, II).

XVIII. — Une troisième source de propres immobiliers se trouve dans la donation, entre-vifs ou testamentaire, pourvu qu'elle soit faite personnellement à l'époux et sans indication d'une volonté contraire. Si le donateur avait exprimé la volonté que le bien soit commun, ce bien serait en effet conquêt, et il en serait de même s'il avait donné aux deux époux conjointement. C'est seulement pour la donation qui n'est faite qu'à l'un des époux (ou à chacun d'eux séparément, si on les appelle l'un et l'autre) que la loi déclare faire exception au principe général d'après lequel les biens acquis pendant le mariage sont communs (*ibid.*, III).

XIX. — Le Code déclare encore propre l'immeuble que l'époux reçoit d'un ascendant, soit comme payement de ce que cet ascendant lui doit (pour dot ou pour toute autre cause, car la loi ne distingue pas), soit en se chargeant d'acquitter les dettes de cet ascendant envers d'autres personnes, sauf récompense à la communauté pour les sommes qu'il lui prend afin d'acquitter ces dettes, ou pour le montant de la créance mobilière qu'il avait sur son ascendant et qui appartenait à la communauté. La loi, à l'exemple de l'ancien droit, regarde les actes de ce genre comme des arrangements de famille produisant, du vivant de l'ascendant, l'effet que produirait plus tard son décès, et il traite alors l'immeuble comme s'il arrivait par succession. Du reste, et toujours parce que ce sont là des règles exceptionnelles et dont la disposition ne peut dès lors pas s'étendre, l'immeuble ainsi cédé serait conquêt s'il était cédé par un descendant, ou par un collatéral, ou si, cédé par un ascendant, il l'était, non dans les circonstances prévues, mais pour une somme d'argent, ce qui constituerait une vente ordinaire (*ibid.*, IV).

XX. — L'immeuble qu'un époux acquiert, non à prix d'argent, mais en échange d'un propre, soit immobilier, soit mobilier, forme lui-même un propre ; et il est propre pour le tout, quand même l'époux aurait payé une soulte pour l'obtenir, sauf alors, bien entendu, récompense à la communauté. Mais si la somme d'argent payée par l'époux était tellement considérable qu'on ne pût plus la considérer comme un accessoire, comme une simple soulte, il serait vrai de dire qu'il y a tout à la fois échange et achat, et on devrait dès lors décider, comme le faisait en effet l'ancien droit, que l'immeuble acquis n'est propre que pour une part proportionnelle à la valeur du propre aliéné et conquêt pour le surplus (1407, I).

XXI. — L'immeuble acquis pendant le mariage est encore propre quand il est acheté en remploi d'un autre propre avec les conditions voulues par la loi, conditions qui varient selon qu'il s'agit du mari ou de la femme. — Quand c'est pour le mari, il faut que celui-ci déclare, au moment même de l'acquisition, que cette acquisition est faite des deniers provenant de son propre et pour lui donner un propre nouveau. Cette double condition, 1° de déclarer tout à la fois et la nature des deniers et celle qu'on entend donner à l'immeuble, 2° de faire cette déclaration dès le moment de l'acquisition, n'est point nouvelle; elle n'est que la reproduction de la doctrine des anciens auteurs. — Quand c'est pour la femme, la déclaration du mari, qui doit toujours porter sur les deux points indiqués, peut être faite *ex intervallo;* mais elle doit être accompagnée ou suivie, de la part de la femme, d'une acceptation formelle de l'immeuble pour propre. Cette acceptation, qui ne suffirait pas si elle résultait tacitement de simples circonstances de fait, et qui doit être exprimée dans un acte, soit authentique, soit privé, doit être faite avant la dissolution de la communauté. Elle n'a, d'ailleurs, aucun effet rétroactif, et tant que la femme ne s'est par approprié l'immeuble par cette acceptation, cet immeuble, simple conquêt, peut être efficacement grevé de charges réelles ou aliéné par le mari (1434 et 1435, n°s II et III).

Du reste, rien dans la loi ne s'oppose à ce qu'un immeuble soit acquis en remploi, et comme propre, pour des deniers propres provenant d'une source autre que l'aliénation d'un immeuble de l'époux : les deux cas sont au fond les mêmes, puisque, dans le cas d'aliénation, l'immeuble n'existant plus, l'époux n'a en définitive qu'une somme d'argent, aussi bien que quand les deniers lui proviennent d'une autre source. On ne voit rien non plus qui empêche de faire le remploi sur un immeuble acquis dès avant l'aliénation du propre à remplacer, pourvu que cet immeuble ne soit payé que plus tard avec les deniers provenant du propre vendu, et que toutes les autres conditions voulues par la loi soient également remplies (*ibid.*, IV).

XXII. — Quand l'un des époux est copropriétaire, pour une portion quelconque, d'un immeuble encore indivis, ou que la totalité ou une partie du surplus de cet immeuble est acquise pendant le mariage par une cause qui, en dehors de cette circonstance d'indivision, donnerait un conquêt, la portion acquise vient se réunir à la portion indivise appartenant en propre à l'époux et lui est propre comme elle, sauf récompense à la communauté pour la valeur de cette portion. Que si, dans ce même cas, la qualité de copropriétaire existait pour chacun des deux époux, la portion acquise appartiendrait à tous deux, en proportion pour chacun de l'importance de la part qu'il avait.

Nous disons que la règle ne s'applique que dans le cas où, sans l'indivision, la portion acquise aurait été conquêt, et qu'elle ne s'appliquerait plus si, par l'une des causes précédemment indiquées, cette portion devait faire un propre : car, ou ce propre vient à l'époux non propriétaire, et la loi n'avait pas de raison de faire prédominer le propre d'un

des conjoints sur le propre de l'autre; ou il arrive à l'époux déjà propriétaire de l'autre part, et la loi n'avait pas à créer pour ce cas une
nouvelle cause de propre qui eût fait double emploi. Il est, du reste,
incontestable (et le contraire n'a pu être écrit que par inadvertance)
que le moment où a commencé l'indivision n'est point à considérer, et
que, dès là que le droit de l'époux dans cette indivision est un propre,
il n'y a point à chercher si ce droit ou l'indivision elle-même sont nés
pendant ou avant le mariage. On doit de même tenir pour certain que
la règle s'applique à l'époux cohéritier bénéficiaire qui acquerrait
l'immeuble indivis dans l'adjudication faite sur la poursuite des créanciers héréditaires : on a dit que ce n'était plus le cas, prévu par la loi,
de l'acquisition *d'une portion* de l'immeuble indivis dont l'époux *avait
et conserve l'autre portion,* et qu'il y avait ici expropriation de la portion appartenant à l'époux et ensuite acquisition par lui de l'immeuble
entier ; mais l'idée est plus subtile qu'exacte, car la propriété de la part
qu'avait l'époux n'ayant jamais reposé sur une autre tête que la sienne,
il est vrai de dire que l'adjudication n'a été, quant à cette part, qu'une
confirmation de son droit et qu'il n'y a réellement acquisition nouvelle
que pour l'autre portion (1408, I et II).

Après cette première règle, la loi, pour ce même cas d'indivision, en
pose une seconde qui fait quelquefois exception à l'autre. Quand c'est
à la femme qu'appartient la part indivise de l'immeuble, et que l'acquisition de l'autre part, ou encore de la totalité de cet immeuble, est
faite par le mari, l'objet acquis est alors ou conquêt ou propre à la
femme, au choix de celle-ci. Que si la femme, au lieu d'exercer son
droit d'option, soit dans un sens, soit dans l'autre, y renonce et fait
ainsi cesser l'effet de cette nouvelle disposition, l'objet acquis sera tantôt propre, d'après la règle précédente, lorsque le mari n'aura acquis
que la portion n'appartenant pas à la femme, et tantôt conquêt, d'après
le principe général de la matière, s'il a acquis l'immeuble entier. Du
reste, quand on parle d'une acquisition faite par le mari, il faut entendre ceci de toute acquisition (et seulement de l'acquisition) qui est
vraiment l'œuvre du mari, de quelque manière qu'elle se soit d'ailleurs
réalisée. Ainsi, quand même le mari aurait déclaré agir pour le compte
de sa femme, s'il n'est pas établi qu'il l'a fait en exécution d'un mandat
réellement donné par celle-ci, l'acquisition n'est vraiment faite que par
lui ; et quand ce serait la femme elle-même qui aurait acheté, il est
clair que si elle n'a agi qu'en vertu d'un mandat du mari, c'est encore
par celui-ci que l'acquisition est faite. Que si, au contraire, le mari n'a
acquis que sur un mandat de sa femme, l'acquisition est l'œuvre de
celle-ci aussi bien que si elle avait acheté par elle-même, et la part
acquise lui devient propre de plein droit d'après la règle précédente
(*ibid.*, III et VI).

Bien entendu, c'est seulement pour l'objet de l'acquisition que le
choix dont il s'agit appartient à la femme. Ainsi, quand le mari n'acquiert qu'une portion de l'immeuble, il est clair que la faculté de rendre
la chose propre ou conquêt, à volonté, existe bien pour la part acquise;

mais nullement pour celle qui reste à la femme, laquelle sera toujours propre, quelque parti que cette femme prenne pour l'autre portion : ce n'est que par inattention qu'on a pu écrire le contraire. Il est bien entendu aussi qu'il est dû récompense à la communauté par la femme, quand celle-ci s'approprie l'acquisition ; et par la communauté à la femme, pour la part qu'avait celle-ci et quand elle laisse comme conquêt l'acquisition faite de l'immeuble entier. L'option, au surplus, à la différence de l'acceptation d'un remploi, doit se faire lors de la dissolution de la communauté, et la femme ne pourrait pas le faire tant que cette communauté dure ; elle ne pourrait pas non plus, après la dissolution, et quand il s'agit de liquider, prétendre qu'elle peut ne se prononcer que plus tard ; son refus d'opter immédiatement équivaudrait à une renonciation au droit d'option. D'un autre côté, et à la différence encore de l'acceptation d'un remploi, l'option produit un effet rétroactif et fait évanouir les aliénations ou concessions de droits réels que le mari aurait consentis sur l'immeuble (*ibid.*, IV et V).

XXIII. — Une huitième et dernière source de propres immobiliers, dont la loi n'avait pas à parler parce qu'elle découle de la nature même des choses, c'est l'accession à l'immeuble propre d'un époux. Ainsi, toutes les fois qu'on se trouvera, soit dans un des cas d'accession immobilière indiqués par la loi, comme si des plantations ou constructions ont été faites sur le fonds de l'époux, soit dans une circonstance où l'objet de l'acquisition se réunit à ce fonds forcément et ne peut exister séparément de lui, comme si l'on acquiert, pour un immeuble, soit une servitude de passage ou de vue, soit la mitoyenneté du mur séparatif, il est clair que l'objet nouveau sera propre à l'époux, comme et avec l'immeuble dont il est l'accessoire.

Mais on ne saurait étendre l'effet de cette règle au delà des limites qui viennent d'être indiquées. Ainsi, quand une portion de terrain est acquise pour augmenter l'enclos d'un époux, cette portion ne deviendra pas propre comme le reste de l'enclos ; car on n'est là ni dans l'un des cas d'accession prévus par la loi, ni dans un cas où cette accession résulte de la force des choses, puisque le terrain ajouté à l'enclos peut toujours en être séparé. Ainsi encore, si l'usufruit grevant l'immeuble d'un des époux est acheté par ceux-ci, comme cet usufruit peut très-bien continuer d'avoir pour la communauté, comme il l'avait précédemment pour l'usufruitier, son existence propre et séparée de la propriété, on ne devra pas dire, dans ce cas de simple achat, que cet usufruit se réunit à la nue propriété et devient un simple usufruit causal en opérant la libération du propre, mais bien qu'il continue d'exister comme usufruit formel : il n'en serait autrement que si les époux avaient entendu racheter l'usufruit, l'éteindre, et non le faire passer à leur communauté. On peut tout d'abord, il est vrai, trouver étonnant que la loi n'ait pas fait pour cette acquisition de l'usufruit ce qu'elle fait pour le cas d'indivision ; mais (outre que cette différence peut s'expliquer par le motif que l'usufruit ne sera jamais perdu pour l'époux et que son retour à la propriété ne peut pas même être retardé, tandis que la portion acquise de l'immeuble indivis serait enlevée à toujours si on l'attribuait à la communauté) le seul fait que l'exception écrite pour un cas ne l'est pas pour l'autre, laisse celui-ci sous le principe que les acquisitions faites pendant le mariage donnent des conquêts (*ibid.*, VII).

XXIV. — *Propres mobiliers.* — En fait de meubles, il faut distinguer deux espèces de propres, qu'on peut appeler parfaits et imparfaits. Les premiers sont ceux qui, comme les propres immobiliers, demeurent réellement la propriété de l'époux pour être repris, lors de la dissolution, identiquement et *in specie ;* les seconds sont ceux qui entrent dans la communauté comme s'ils étaient conquêts, mais en faisant naître pour l'époux une créance égale à leur valeur. Les propres imparfaits sont ceux qui se constituent : 1° de meubles se consommant par le premier usage, ou 2° de meubles qui sont livrés, soit sur estimation, soit avec quelque autre circonstance révélant la pensée d'en abandonner la propriété même, sauf récompense. Du reste, ces deux classes de propres proviennent des mêmes causes, et ces causes peuvent se réduire à trois.

Sont propres mobiliers : 1° les produits non fruits des immeubles propres; 2° les meubles substitués pendant le mariage à un propre; 3° ceux qui sont donnés à un époux sous la condition de lui rester propres (1408, VIII).

1° Nous avons déjà vu que la communauté n'a droit qu'à ceux des produits des biens des époux qui sont réputés fruits : les autres produits sont donc propres à l'époux. Parmi ces produits on doit ranger la moitié de trésor attribuée *jure soli* au propriétaire du fonds dans lequel le trésor est trouvé ; et c'est avec raison que la doctrine contraire de quelques jurisconsultes est repoussée par la plupart des auteurs, puisque le Code, en conservant à la moitié qui est attribuée *jure inventionis* sa nature de somme d'argent ordinaire, et tombant dès lors en communauté, donne juridiquement à l'autre, d'après l'ancienne idée de Chopin et de Pothier, une nature différente et en fait fictivement une partie même de l'immeuble qui en est extrait sans en être un fruit (*ibid.*, et 1403, V, *in fine*).

2° Toute substitution d'un bien meuble à un propre donne naturellement un propre mobilier. Sont propres, par exemple, le prix d'un propre vendu; la soulte qui, au cas d'échange d'un propre, serait payée à l'époux par son coéchangiste; celle qui lui serait payée, dans le partage d'une succession, par son cohéritier, quand cette succession est entièrement immobilière; le supplément de prix qu'un acheteur, dans le cas d'une vente faite à vil prix par l'époux et que celui-ci fait rescinder, payerait pour échapper à l'éviction. Il en est de même toutes les fois qu'une créance facultative dont l'objet est immobilier se trouve acquittée par la livraison d'un objet mobilier réservé *in facultate solutionis*.

3° Une dernière source de propres mobiliers se trouve dans la donation, entre-vifs ou testamentaire, qui est faite à un époux sous la condition expresse que les meubles donnés lui seront propres. Aucune formule n'est exigée pour l'expression de la condition, qui peut résulter de termes quelconques ; mais il faut toujours que cette condition soit exprimée, que la volonté du disposant à cet égard soit constatée par l'acte même, et une manifestation tacite serait insuffisante. Du reste, quand une telle donation est faite à un héritier réservataire qui accepte la succession du disposant, il faut, pour qu'elle ne puisse pas être critiquée, que les meubles donnés ne fassent pas partie de la réserve, autrement le conjoint pourrait, comme ayant cause du donataire en vertu du contrat de mariage, faire déclarer que la condition sera non avenue et que les meubles donnés seront biens de la communauté (1408, n° VIII).

§ 2. — Du passif de la communauté et de la distinction des dettes communes et des dettes personnelles.

XXV. — Les mots *passif de la communauté, dettes de la communauté, dettes personnelles des époux*, présentent deux sens différents, selon qu'il s'agit des époux entre eux et de l'état définitif des choses, ou seulement du rapport des époux avec les créanciers. En effet, si les dettes doivent souvent être payées par les biens qui les supporteront définitivement, souvent aussi elles doivent l'être par des biens qui n'en font que l'avance, et qui n'en sont tenus envers le créancier que sauf recours ou récompense sur les biens du vrai débiteur. Ainsi la communauté sera souvent tenue de payer une dette qui doit rester à la charge personnelle de tel époux ; et réciproquement cet époux peut être tenu d'acquitter une dette qui doit rester définitivement à la charge, soit de l'autre époux, soit de la communauté. Il faut donc avoir soin ici, pour chaque dette, de préciser successivement : 1° sur quels biens le créancier peut en poursuivre le payement, et 2° quels biens doivent le supporter en définitive.

Examinons séparément, à ce double point de vue : 1° les dettes antérieures au mariage ; 2° celles qui arrivent pendant le mariage comme passif des successions ou donations que recueillent les époux ; 3° enfin celles qui, pendant ce même temps, naissent du fait de cet époux.

1° Des dettes existant lors de la célébration.

XXVI. — Pour régler le sort des dettes dont les époux se trouvent grevés au moment de la célébration de leur mariage, la loi distingue si elles sont mobilières ou immobilières. Une dette est mobilière quand elle a pour objet un bien meuble, et immobilière quand un immeuble en fait l'objet. Les dettes immobilières sont assez rares aujourd'hui ; mais il s'en rencontre cependant, et telle serait, par exemple, l'obligation imposée à un légataire de conférer sur son immeuble une servitude au propriétaire d'un autre immeuble.

Les dettes immobilières restent, bien entendu, personnelles à l'époux qui les devait, et ne peuvent être poursuivies que contre lui. Les dettes mobilières, au contraire, peuvent être poursuivies, non-seulement sur les biens de l'époux, mais sur ceux de la communauté, et par conséquent aussi sur ceux du mari, même pour une dette provenant de la femme; car toute dette de la communauté est par là même dette du mari. Mais si toutes les dettes mobilières antérieures au mariage peuvent être poursuivies contre la communauté, toutes ne restent pas à sa charge, et il y a lieu à récompense pour elle sur l'époux débiteur, pour celles de ces dettes qui seraient relatives à un immeuble de l'époux ou qui seraient exclusivement dettes de cet immeuble. On entend par dette relative à un immeuble, celle que l'époux avait contractée pour l'acquisition, la conservation ou l'amélioration d'un immeuble lui appartenant encore lors de la célébration; et par dette de l'immeuble, celle qui grève cet immeuble par l'effet d'une hypothèse, sans que l'époux en soit tenu autrement que comme détenteur (1409 et 1410, n°s III et IV).

XXVII. — Du reste, le principe que les dettes mobilières antérieures au mariage tombent à la charge de la communauté (sauf récompense pour celles qui sont exclusivement dettes d'un immeuble propre ou du moins relatives à cet immeuble) souffre exception pour celles qui, venant du chef de la femme et se trouvant dans les cas dans lesquels les principes généraux exigent une preuve par écrit, ne seraient pas constatées par un acte ayant date certaine antérieure au mariage. La dette alors reste exclusivement à la charge de la femme, et ne peut même être poursuivie que sur la nue propriété de ses biens, vu que les revenus de ces biens appartiennent à la communauté. Mais il suffit que la date certaine soit antérieure à la célébration du mariage pour que le principe reprenne son empire, et la circonstance qu'elle serait postérieure à la rédaction des conventions matrimoniales serait insignifiante, quoi qu'en aient dit certains auteurs; car alors le motif de la loi, c'est-à-dire le danger de voir la femme engager la communauté *pendant le mariage* au moyen d'antidates, n'existerait plus.

Au surplus, si le mari, poursuivi comme chef de la communauté pour une dette ainsi émanée de la femme et dépourvue de date certaine, dette que la communauté dès lors n'est pas tenue de payer, la payait cependant sans observation ni réserve, il serait censé reconnaître par là l'existence de la dette avant le mariage, et il n'aurait aucun recours à exercer. Il en serait autrement, et la communauté devrait être indemnisée par la femme, si la dette dépourvue de date certaine n'avait été payée que sous réserve (*ibid.*, n° III).

2° *Dettes des successions et donations échues pendant le mariage.*

XXVIII. — Les dettes grevant les successions et donations qui échoient aux époux pendant l'existence de la communauté sont régies par des règles aussi simples, quant aux droits respectifs des époux, qu'elles sont compliquées en ce qui concerne le droit de poursuite des créanciers.

Pour les époux, et quant au point de savoir par qui les dettes doivent être définitivement supportées, la règle se réduit à dire que ces dettes sont à la charge de la communauté en raison de l'importance mobilière des successions ou donations, et à la charge de l'époux héritier ou donataire pour le surplus. Ainsi, que les dettes soient mobilières et immobilières, qu'elles soient ou non relatives aux immeubles échus, elles sont supportées par la communauté pour le tout, si la succession ou la donation est entièrement mobilière ; elles sont pour le tout supportées par l'époux, si la succession est entièrement immobilière ; elles sont enfin à la charge de la communauté pour une partie et de l'époux pour le reste, quand la succession ou la donation est mobilière et immobilière tout à la fois (art. 1411, 1412 et 1414).

Dans ce cas de succession ou donation mixte, l'importance du mobilier par rapport aux immeubles doit être constatée par un inventaire estimatif de ce mobilier. L'obligation de faire dresser cet inventaire est, dans tous les cas et alors même qu'il s'agit d'une succession ou d'une donation échue à la femme, imposée au mari, seul responsable dès lors du défaut d'accomplissement de cette formalité. Si donc, par suite du défaut d'inventaire, il s'élève, lors de la dissolution de la communauté, des difficultés sur l'importance qu'avait la partie mobilière de la succession ou donation mixte, et par suite sur la portion contributoire de l'époux ou de la communauté dans les dettes, la femme ou ses représentants sont autorisés à prouver cette importance, non-seulement par titre, mais par témoins, et même à la faire présumer par la commune renommée. Le mari ne pourrait pas, bien entendu, et ses héritiers ne pourraient pas davantage, puisqu'un héritier n'a pas plus de droits que son auteur, recourir à ces moyens exceptionnels de preuve : il ne pourrait prouver que par des titres (art. 1414-1417, n° 1).

Dans les successions mobilières, si l'époux héritier avait sur le défunt une créance à lui propre, il conserve cette créance sur la communauté ; de même que s'il était débiteur pour une dette qui lui fût personnelle, la communauté reste créancière sur lui. La communauté, en effet, se trouvant mise au lieu et place de l'époux pour recueillir l'actif et le passif de la communauté, est comme un concessionnaire de droits successifs, et la confusion ne saurait s'opérer chez cet époux. Cette observation s'applique, bien entendu, à la partie mobilière des successions mixtes; mais on conçoit qu'elle est inapplicable aux successions immobilières, puisque leur actif et leur passif restent entièrement propres à l'époux (1411-1413, n° II).

Une dernière observation à faire ici, quant aux donations, c'est que si, par dérogation au principe ordinaire, un donateur disposait de biens mobiliers sous la condition qu'ils resteront propres à l'époux, ou de biens immeubles avec déclaration qu'ils tomberont en communauté, c'est à la charge de l'époux dans le premier cas, et de la communauté dans le second, que resteraient les dettes. Il est clair, au surplus, que tout ce qui vient d'être dit s'applique à toute donation, soit entre-vifs, soit testamentaire, et non-seulement aux dispositions à titre universel, mais aussi aux dispositions à titre particulier qui contiendraient la charge de payer des dettes (art. 1418).

XXIX. — Nous savons déjà que, quant au droit de poursuite des créanciers, la loi pose ici des règles assez compliquées. En outre, en effet, de la distinction des successions ou donations en mobilières, immobilières et mixtes, le Code distingue encore, sous ce rapport, si ces successions ou donations sont échues au mari ou à la femme, si dans ce second cas elles ont été acceptées avec l'autorisation du mari ou seulement avec celle de la justice, et si enfin, lorsqu'elles sont mobilières en tout ou partie, l'inventaire a ou n'a pas été dressé.

Successions et donations immobilières. — Quand c'est au mari que les biens arrivent, les créanciers peuvent exercer leur poursuite : 1° sur les immeubles échus, qui demeurent évidemment leur gage dans tous les cas ; 2° sur les autres biens du mari, puisque c'est lui qui est débiteur ; 3° sur les biens communs (puisque toute dette du mari est, quant aux créanciers, dette de la communauté), mais sauf récompense pour la communauté.

Quand c'est à la femme que les immeubles échoient et qu'ils sont acceptés avec le consentement du mari, la poursuite peut s'exercer : 1° sur les biens échus, 2° sur les autres propres de la femme, même quant aux revenus, mais non sur les biens de la communauté et du mari ; car le consentement du mari à l'engagement de la femme n'obligeant pas le mari en principe (*qui auctor est non se obligat*), ce n'est que dans le cas où la loi déroge formellement à ce principe que l'engagement de la femme autorisée par le mari s'étend à celui-ci et à la communauté. Si la femme n'a été autorisée que par la justice, les créanciers ne peuvent poursuivre, en outre des immeubles échus, que la nue propriété des biens de la femme (1411-1413, n° 1).

Successions et donations mobilières. — Si elles sont échues au mari, la poursuite peut s'exercer : 1° sur les biens de la communauté, 2° sur ceux du mari, sauf récompense pour celui-ci.

Si elles sont échues à la femme et acceptées, soit par le mari, soit avec son consentement, on peut poursuivre : 1° les biens de la communauté, puisque c'est elle qui doit ici supporter les dettes ; 2° les biens du mari (puisque toute dette de la communauté est, quant aux créanciers, dette du mari), mais sauf récompense pour le mari ; 3° les biens de la femme, sauf récompense pour elle sur la communauté. Si l'acceptation de la femme n'est autorisée que par la justice, mais qu'il y ait inventaire : 1° les biens de la communauté, mais seulement jusqu'à concurrence des meubles échus ; 2° les biens de la femme quant à la nue propriété seulement, et sauf récompense pour elle sur la communauté. Si, dans ce cas d'acceptation par autorisation de justice, il n'y a pas eu d'inventaire, les biens de la communauté peuvent être poursuivis pour le tout, et ceux de la femme comme il vient d'être dit (*ibid.*, n° II).

Successions et donations mixtes. — Le droit de poursuite peut s'exercer comme il suit :

Si elles sont échues au mari : 1° sur les biens échus (sauf récompense pour la communauté, si c'est sur le mobilier que l'on paye tout ou plus que la part afférente à ce mobilier, et, pour le mari, si c'est sur les immeubles que l'on paye tout ou une part trop forte); 2° sur les propres du mari (sauf récompense contre la communauté pour la part afférente au mobilier); 3° sur les biens communs (sauf récompense contre le mari pour la part afférente aux immeubles).

Si elles sont échues à la femme et acceptées avec autorisation du mari : 1° sur les biens échus (sauf récompense, soit pour la communauté, soit pour la femme, comme au 1° ci-dessus); 2° sur les propres de la femme (sauf récompense contre la communauté pour la part afférente au mobilier); 3° sur les biens de la communauté (sauf récompense contre la femme pour la part afférente aux immeubles); 4° sur les propres du mari (sauf récompense contre la communauté pour la part afférente au mobilier, et contre la femme pour la part afférente aux immeubles). S'il y a seulement autorisation de la justice, mais inventaire : 1° sur les biens échus (sauf récompense, comme au 1° ci-dessus); 2° sur la nue propriété des biens de la femme (sauf récompense, comme au 2° ci-dessus). S'il n'y a pas eu inventaire, les choses se passent comme s'il y avait eu autorisation du mari, sauf que la poursuite ne s'étend pas aux propres de celui-ci (1414-1417, n° II).

3° Des dettes créées pendant le mariage par les époux.

XXX. — Il existe ici, tout naturellement, une différence profonde entre le mari et la femme. Le mari étant le chef de la communauté, de telle sorte que ses dettes sont dettes de la communauté, et réciproquement, il s'ensuit que les biens communs se trouvent engagés par tous actes obligatoires du mari, aussi bien par ses actes illicites que par ses contrats ou quasi-contrats. Il n'y a d'exception à cette règle fondamentale que pour les obligations résultant d'un délit par suite duquel la mort civile serait encourue au moment de la poursuite du créancier. Cette poursuite ne pourrait s'exercer alors que sur la part de communauté devenue bien personnel du mari (ou plutôt de ses héritiers), en conséquence de la dissolution que la mort civile entraîne (1424 et 1425, n°ˢ I et III).

Quant à la femme, les engagements valablement contractés par elle (et qui peuvent dès lors être poursuivis sur ses biens) engagent aussi, en général et par une dérogation que le législateur apporte en matière de communauté aux principes du droit commun, les biens de la communauté et ceux du mari, s'ils sont pris avec le consentement exprès ou tacite du mari. Cette dérogation au droit commun, d'après lequel *qui auctor est non se obligat,* naît de la crainte qu'a eue le législateur de voir le mari user de son influence sur la femme pour faire contracter personnellement par celle-ci des obligations qui auraient cependant pour objet l'intérêt de ce mari ou de la communauté. C'est dans cette règle que rentre le cas de la femme marchande publique, puisque, si cette femme engage le mari et la communauté par les actes qu'elle fait pour son commerce, c'est en vertu du consentement exprès ou tacite qu'il lui a fallu obtenir du mari pour avoir cette qualité de marchande publique. — Sans ce consentement du mari, les actes de la femme, en général, n'obligent plus ni la communauté ni le mari, et ne peuvent être poursuivis que sur la nue propriété des biens de la femme (1419, I, et 1426, I).

La loi fait exception à la règle ci-dessus et revient au droit commun dans deux cas, dont l'un nous est déjà connu : c'est 1° pour les successions ou donations immobilières acceptées par la femme, du consentement du mari, et 2° pour la vente que la femme autorisée de son mari ferait de ses immeubles. On rentre pour ces deux cas sous le principe *qui auctor,* et la femme seule peut être poursuivie. Réciproquement et par une exception inverse, la femme oblige quelquefois la communauté et le mari sans le consentement de celui-ci et avec la seule autorisation de la justice. C'est quand il s'agit : 1° de rendre ou de conserver au mari sa liberté ; 2° d'établir un enfant, par mariage ou autrement, en l'absence du mari (1419, I, et 1427, II).

Puisque la femme non autorisée du mari ne peut, en général, obliger le mari ni la communauté, même par des actes licites, il va sans dire qu'elle ne saurait les obliger par des actes illicites, et que ses délits ou quasi-délits n'engageraient que la nue propriété de ses biens personnels (1424, II).

Au surplus, si la femme, en contractant avec le consentement du mari, avait agi, non pas en son nom, mais comme mandataire du mari et en exécutant la procuration expresse ou tacite de celui-ci, il est clair qu'elle obligerait le mari et la communauté sans s'obliger elle-même (1420, I).

XXXI. — Si la communauté est tenue de payer les différentes dettes dont on vient de parler, elle ne les supporte pas toutes définitivement ; et dès lors, après avoir fixé le droit de poursuite des créanciers contre elle, il faut rechercher quand elle aura droit à récompense.

Il y a lieu à récompense pour les dettes que la communauté a payées par suite des délits du mari, et ce aussi bien pour les dépens ou les dommages-intérêts résultant de ces délits que pour les amendes auxquelles ils ont donné lieu. Il serait inique, en effet, de faire partager par la femme les conséquences des méfaits du mari. Il en est autrement des simples quasi-délits : on doit les regarder comme des accidents inséparables de toute gestion, et pour lesquels dès lors la récompense ne serait pas due (1424, I et II).

Il y a évidemment lieu encore à récompense pour la communauté toutes les fois qu'elle a payé une dette qui avait été contractée dans l'intérêt personnel de l'un des époux ; comme aussi la récompense serait due par cet époux à son conjoint, si c'était sur les biens de celui-ci qu'une dette concernant le premier eût été acquittée. Il en sera ainsi, par exemple, si la femme a payé de ses deniers pour tirer le mari de prison, ou si la dette que la femme a contractée dans son propre intérêt, avec le consentement du mari, a été acquittée des biens de celui-ci (1419, II, et 1427, II).

XXXII. — Parmi les dettes que la communauté doit payer sans récompense, et qui forment ainsi son passif proprement dit, il faut ranger celles qui ont pour objet l'acquittement, soit des charges du mariage, soit des charges usufructuaires des propres des époux, et aussi les intérêts ou arrérages des dettes personnelles à ces époux.

Et d'abord, c'est la communauté qui supporte toutes les dépenses qui constituent des charges du mariage, c'est-à-dire celles qui sont relatives aux besoins du ménage, à l'entretien des époux et des enfants communs, à l'éducation de ces enfants, etc. Et il faut remarquer que, pour celles de ces dépenses qui concernent les détails du ménage, comme il serait contraire à l'usage et à l'ordre que le mari se chargeât de ces soins, dévolus par la nature même à la femme, il a toujours été et il reste entendu que celle-ci doit être considérée comme ayant mandat présumé du chef de la communauté pour contracter ces sortes de dettes, en sorte qu'elles peuvent être poursuivies sur les biens du mari et de la communauté, sans pouvoir l'être sur ceux de la femme. La présomption de mandat cesserait, bien entendu, si c'était malgré la volonté du mari, connue des fournisseurs, que les achats eussent été faits ; et s'il s'agissait d'une femme qui n'habite point avec son mari, celui-ci et sa communauté ne seraient tenus qu'autant que la séparation aurait lieu de son consentement, et qu'il ne fournirait pas lui-même à l'entretien de la femme (1409, V, et 1420, I et II).

La communauté supporte encore définitivement toutes les charges usufructuaires des propres des époux et notamment leurs réparations d'entretien. Elle supporterait de même, mais quant aux propres de la femme seulement, les grosses réparations qui seraient la conséquence du défaut de réparations depuis le mariage. Il en serait autrement pour les biens du mari, puisqu'on ne saurait reconnaître à celui-ci le droit de se faire payer par la communauté le préjudice qu'il se cause à lui-même par sa faute (1409, V).

Il est enfin important de remarquer que, même dans les dettes qui restent rigoureusement personnelles à un époux, comme sont celles d'une succession purement immobilière à lui échue, c'est la communauté qui supporte ceux des intérêts ou des arrérages de ces dettes qui échoient pendant l'existence de la communauté, en sorte que les dettes qui restent personnelles à un époux ne le sont jamais, pendant la communauté, que quant au capital (*ibid.*).

SECTION II.

DE L'ADMINISTRATION DE LA COMMUNAUTÉ ET DE CELLE DES BIENS PROPRES.

§ 1er. — De l'administration de la communauté.

XXXIII. — L'administration des biens communs est, tout naturellement, confiée au mari, qui jouit à cet égard de pouvoirs bien autrement
étendus que ceux d'un administrateur ordinaire, et presque identiques
à ceux d'un propriétaire exclusif. C'est ce qu'on exprime en disant que
le mari est administrateur *cum liberâ potestate*, ou, plus brièvement,
administrateur *cum liberá*.

Les droits du chef de la communauté ne lui permettent pas seulement de consentir des baux de longue durée, des compromis, des transactions ; ils l'autorisent aussi à hypothéquer les immeubles, à les grever de servitudes, à les aliéner même. Toutefois (et c'est là, avec le
droit pour la femme de faire prononcer la dissolution de la communauté
en cas d'administration ruineuse, ce qui distingue les pouvoirs du mari
de ceux d'un propriétaire), son droit d'aliéner s'arrête, en principe, devant l'aliénation gratuite. Le mari, ni par lui seul, ni, quoi qu'on en ait
dit à cet égard, en se procurant la permission de sa femme ou le concours de cette femme donnant en même temps que lui, ne peut, en principe et sauf les deux exceptions qui suivent, faire valablement une donation entre-vifs des biens communs (1421-1423, nos I et II).

XXXIV. — Cette prohibition de donner cesse dans deux cas. Le
premier est l'établissement, par mariage ou autrement, d'un enfant
commun ; et le mari peut faire à l'enfant, pour cet objet, une donation
même universelle de la totalité des biens composant actuellement la
communauté. Nous disons des biens composant la communauté *actuellement,* car pour ce qui est de la donation des biens à venir, de l'institution contractuelle, comme elle n'est faite que pour le moment du
décès du disposant et pour un temps dès lors où il n'y aura plus communauté, elle ne saurait être dans les pouvoirs de l'administrateur de
cette communauté, et elle rentre dans le droit commun, aussi bien que
le legs, dont nous parlerons bientôt. Le second cas est celui où le mari
ne donne que des biens meubles à titre particulier. La donation lui en
est permise, sous la condition, imposée pour rendre ces libéralités
moins fréquentes, qu'il ne se réservera pas l'usufruit des choses données. La donation peut, dans ce second cas, être faite au profit de toute
personne, sauf récompense toutefois, si, au moyen de cette donation,
le mari acquitte une dette à lui personnelle (*ibid.,* III et IV).

Hors de ces deux cas, la donation de biens communs est nulle. Mais
la nullité n'en est pas absolue ; elle n'existe que vis-à-vis et dans l'intérêt de la femme, si celle-ci, après la dissolution, accepte la communauté. En conséquence, tant que la communauté dure, la donation
s'exécute ; et si, après la dissolution, la femme renonce à la communauté, tous les biens communs devenant par là biens personnels du

mari, celui-ci se trouve n'avoir disposé que de sa chose, et la donation reste valable. Que si la femme accepte, le partage des biens communs se fera comme si la donation n'avait pas eu lieu, et la femme prend chez le donataire, s'ils s'y trouvent, les biens qui échoient à son lot; mais comme l'acte, nul quant à la femme seulement, reste toujours efficace entre le mari et le donataire, celui-ci a le droit de reprendre sur les biens du mari l'équivalent de ce qu'il restitue à la femme (*ibid.*, V).

XXXV. — Le legs et l'institution contractuelle étant des actes par lesquels leur auteur ne dispose que pour le temps de son décès, pour le temps dès lors où la communauté des époux aura cessé, les pouvoirs donnés au chef de la communauté pour la donation entre-vifs n'existent pas pour eux, et le mari ne pourrait pas, même pour l'établissement de l'enfant commun, disposer par cette voie de la totalité de la communauté. Le mari (sauf une dernière faveur qui va être indiquée) rentre ici sous l'empire du droit commun, et la disposition n'est valable, comme le serait de son côté celle de la femme, que pour les biens que le partage (ou la renonciation de la femme) lui attribuerait. Toutefois, il jouit encore ici d'un bénéfice que ni le texte ni les motifs de la loi ne permettent d'étendre à la femme : tandis que la disposition de cette dernière serait, pour tout ce qui ne tomberait pas dans son lot, frappée d'une nullité absolue, la disposition du mari ne serait encore nulle sous ce rapport que relativement à la femme, et le bénéficiaire pourrait prendre sur les autres biens du mari l'équivalent de la portion de biens communs que la femme lui enlève (*ibid.*, VI).

§ 2. — De l'administration des propres.

XXXVI. — Administrateur libre des biens communs, le mari, bien entendu et à plus forte raison, conserve et l'administration et l'entière disposition de ses biens personnels. Bien plus, la loi lui confie l'administration des biens de la femme; seulement il ne jouit à cet égard que des droits d'un administrateur ordinaire. Ainsi le mari peut exercer au nom de la femme toutes les actions mobilières et, quant aux immeubles, celles qui ne sont relatives qu'à la possession ; mais il ne peut exercer les actions immobilières pétitoires (1). Du reste, si le mari refusait d'exercer une action mobilière ou possessoire, il serait tout naturel de reconnaître à la femme le droit de l'exercer elle-même avec l'autorisation de la justice (1428, 1).

Mais, quoiqu'il puisse intenter toutes les actions mobilières de la femme, le mari cependant ne pourrait pas plus aliéner les meubles propres à cette femme que ses immeubles (2) ; car le droit d'intenter

---

(1) Il le peut, bien entendu, comme administrateur de la communauté, pour l'usufruit qui appartient à cette communauté sur les immeubles de la femme.

(2) Il ne s'agit, bien entendu, que des meubles rigoureusement propres, puisque ceux qu'on appelle propres imparfaitement ne sont au fond que des biens communs, dont le mari peut dès lors disposer comme chef de la communauté.

une action n'entraîne pas celui de disposer de l'objet de cette action, et le Code, en effet, refuse au mari le droit de procéder au partage d'une succession échue à la femme aussi bien pour des meubles que pour des immeubles (*ibid.*, II).

Au surplus, la femme, même pour des immeubles, ne pourra revendiquer pour le tout le bien à elle propre, illicitement aliéné par le mari, qu'autant qu'elle renoncerait à la communauté; car si elle l'accepte, elle se soumet par cette acceptation volontaire à la nécessité d'exécuter pour sa moitié la dette de garantie que le fait du mari a imposée à la communauté, et la revendication dès lors lui est impossible pour la moitié de l'immeuble, d'après la règle *quem de evictione tenet actio eumdem agentem repellit exceptio* (*ibid.*, III).

XXXVII. — Chargé de l'administration des biens de sa femme, le mari est responsable de tout dépérissement résultant du défaut d'actes conservatoires, au premier rang desquels se trouvent l'exécution des grosses réparations et l'interruption des prescriptions. Nous ne parlons que des grosses réparations, puisque les réparations d'entretien ne sont pas faites par le mari à ce titre d'administrateur des biens de la femme, mais en qualité de chef de la communauté, usufruitière de ces biens. Quant aux prescriptions, la loi en rend le mari responsable sans faire exception pour celles qui auraient commencé à courir avant le mariage, ce qui n'a rien d'inique, puisque les actions pétitoires que celui-ci peut exercer quant à l'usufruit suffisent pour les interrompre. On comprend, du reste, que les dommages-intérêts encourus par le mari pour le défaut d'actes conservatoires étant une dette de la communauté, la femme, quand elle acceptera cette communauté, n'en pourra réclamer que la moitié contre le mari ou ses représentants (*ibid.*, IV).

XXXVIII. — La qualité d'administrateur des biens de la femme, comme celle de chef de la communauté, usufruitière de ces biens, donnent au mari le droit d'en passer les baux; mais, pour que la femme ou ses héritiers ne fussent pas liés pour un temps trop long après la dissolution, on ne pouvait pas permettre au mari de donner à ces baux une durée trop longue ni de les renouveler trop longtemps à l'avance. Régulièrement, le bail ne doit pas être fait pour plus de neuf ans, et il ne doit être renouvelé que deux ans d'avance, au plus, pour les maisons, et trois ans pour les biens ruraux. Le bail fait pour plus de neuf ans reste nul, s'il n'a pas encore commencé lors de la dissolution de la communauté; s'il est à ce moment en cours d'exécution, on le divise en périodes de neuf ans chacune (sauf la dernière, qui peut être moindre), et il oblige la femme pour ce qui reste à courir de la période dans laquelle on se trouve. Le bail signé plus de deux ou trois ans d'avance est également nul, quand la communauté se dissout avant qu'il ait commencé (1429 et 1430, n°s I et II).

La nullité, dans les deux cas, n'étant introduite que pour l'intérêt de la femme, il est clair qu'elle ne pourrait être invoquée par le preneur et que celui-ci serait toujours tenu d'exécuter son bail, si la femme ou ses héritiers l'exigeaient. Il est évident aussi que si le bail, au lieu de n'être consenti que par le mari seul, l'était par les deux époux, il serait toujours valable, quelle que fût la durée et à quelque époque qu'on l'eût signé. Il va sans dire enfin que, quand on applique la nullité, le locataire, s'il a été trompé par le mari, a droit à des dommages-intérêts que doit supporter celui-ci, mais dont la femme, en cas d'acceptation, est tenue pour moitié, sauf son recours (*ibid.*, III).

SECTION III.
DE LA DISSOLUTION DE LA COMMUNAUTÉ ET DE SES SUITES.

XXXIX. — La communauté peut se dissoudre par cinq causes : 1° la mort naturelle de l'un des époux ; 2° sa mort civile ; 3° la séparation judiciaire de biens ; 4° la déclaration de nullité du mariage ; 5° la déclaration d'absence d'un époux (1441).

La troisième de ces causes appelle ici quelques développements. Quant aux quatre autres, les unes ne demandent pas d'explication, les autres ont été expliquées ailleurs.

La séparation de biens, qui est aussi l'un des régimes que deux époux peuvent adopter par leur contrat, et qui porte alors le nom de séparation *contractuelle* ou *conventionnelle,* ne peut se substituer à la communauté et en opérer ainsi la dissolution qu'au moyen d'un jugement : toute convention sur ce point serait nulle. Du reste, cette séparation *judiciaire* résulte, soit du jugement spécial de séparation de biens, soit comme conséquence forcée du jugement de séparation de corps. On a vu (liv. I, tit. IV) pour quelles causes l'un des époux peut obtenir la séparation de corps ; quant à la séparation de biens, elle ne peut être demandée que par la femme et pour une seule cause, à savoir, un dérangement tel des affaires du mari qu'il y ait danger pour cette femme de perdre tout ou partie de ses ressources actuelles ou éventuelles (1443, I et II).

XL. — Comme le jugement spécial de séparation de biens produit son effet rétroactivement à partir du jour même de la demande, la loi, dans l'intérêt des tiers, exige, à peine de nullité, qu'une entière publicité soit donnée à cette demande au moyen de formalités qu'elle précise et dont l'accomplissement doit précéder, d'un mois au moins, la prononciation du jugement (1445, I).

Une fois le jugement prononcé, il n'est efficace qu'à la double condition d'être également rendu public au moyen des formalités indiquées par la loi, et de recevoir, soit une exécution immédiatement réalisée par le payement des droits et reprises de la femme constaté dans un acte authentique, soit tout au moins un commencement d'exécution intervenu dans la quinzaine de la date du jugement et qui soit ensuite conduit à fin sans autre interruption que celle que rendrait indispensable le droit qu'a la femme de prendre, comme on le verra bientôt, trois mois et quarante jours pour faire inventaire et délibérer. On ne peut pas, du reste, reconnaître le caractère d'acte d'exécution à la simple signification du jugement, et la doctrine contraire n'est pas plus admissible que celle dans laquelle on prétend arbitrairement que l'interruption des poursuites doit durer toute une année pour produire son effet (*ibid.*, II et III).

XLI. — Comme le droit de demander la séparation de biens, quoique pécuniaire en lui-même, touche cependant à des intérêts moraux de l'ordre le plus élevé, la loi ne permet point aux créanciers de la femme de l'exercer sans le consentement de celle-ci ; en sorte qu'ils ne peuvent ni intenter l'action, si la femme ne le permet pas, ni même la continuer, après l'avoir introduite du consentement de la femme, si celle-ci retire le consentement donné d'abord. Mais si le mari est en faillite ou en déconfiture, de façon que l'inaction de la femme ne devrait plus profiter qu'aux créanciers de ce mari, il est alors permis aux créanciers de la femme, qui refuse de laisser introduire ou continuer l'action, d'agir comme s'il y avait séparation ; en sorte que les époux, dans ce cas, quoique restant communs, sont réputés cependant séparés de biens, par rapport à ces créanciers. Ceux-ci peuvent donc se payer sur les revenus des biens de la femme comme sur leur propriété, sauf à cette femme à indemniser la communauté, lors de sa dissolution réelle, des revenus ainsi pris (1446 et 1447, I et II).

Quant aux créanciers du mari, dont l'intérêt, on le comprend, est d'empêcher l'effet de la séparation, la loi leur permet et d'intervenir dans l'instance pour contester la demande, et aussi de critiquer le jugement une fois rendu. Ils ont, sous ce dernier rapport, les voies ordinaires d'opposition ou d'appel, puis, mais en cas de fraude seulement, la tierce opposition. Cette dernière voie leur est ouverte même après exécution, pendant un an si toutes les formalités ont été remplies, pendant trente ans dans le cas contraire (*ibid.*, III).

XLII. — Le consentement des époux, qui ne peut jamais établir la séparation de biens dont il s'agit ici, peut toujours la faire cesser. Il doit pour cela être constaté par un acte passé devant notaire avec minute et affiché dans l'auditoire du tribunal civil (et du tribunal de commerce, si le mari est commerçant). La loi n'exige point d'autres formalités (1451, I).

La séparation s'évanouit alors rétroactivement et le régime de communauté auquel elle avait succédé est censé n'avoir jamais cessé, sauf, bien entendu, que les actes faits par la femme dans la limite des pouvoirs que lui conférait la séparation demeurent valables (*ibid.*, II).

Nous disons que la communauté primitive se trouve n'avoir pas cessé. Les époux, en effet, ne peuvent jamais se placer sous une communauté qui diffère en quoi que ce soit de la première. Quand la loi, qui tient rigoureusement à l'irrévocabilité des conventions matrimoniales et qui n'avait permis de substituer la séparation à la communauté qu'à raison du péril des biens de la femme, voit cette femme abandonner ce régime de séparation et remettre ses biens en commun, elle replace les époux, *sive velint, sive nolint,* sous l'empire de la communauté précédente, en déclarant nulle toute clause ayant pour objet de modifier cette communauté. *Toute clause* tendant à ce but est nulle,

sans distinction, et aussi bien celle qui ferait des modifications stipulées la condition expresse du rétablissement, que toutes autres ; car,
ainsi que l'expliquait Pothier, c'est par le fait même de l'abandon
de la séparation que la communauté primitive reprend son empire
(*ibid.*, III).

XLIII. — Quant aux effets de la séparation judiciaire, ils sont les
mêmes, sauf un seul point, que ceux de la séparation contractuelle, et
nous renvoyons à ce qui sera dit plus loin pour ce dernier régime.

Ces effets, qui ne se produisent qu'à partir du jugement, quand la
séparation de biens ne se réalise que comme conséquence de la séparation de corps, remontent, pour la séparation de biens prononcée
principalement, au jour même de la demande, c'est-à-dire, pour le
mari, à la signification de l'exploit introductif, et, pour les tiers, au
moment où sont accomplies toutes les formalités exigées pour leur
faire connaître cette demande. Il suit de là, d'une part, que c'est dans
l'état où elle était au jour de l'exploit que la communauté se dissout
et doit se partager (s'il y a acceptation) entre le mari et la femme ;
d'autre part, que tous les actes passés entre le mari et les tiers, et
pour la validité desquels l'existence de la communauté est nécessaire,
seront nuls quand ils seront postérieurs à l'accomplissement des formalités qui doivent accompagner la demande. Parmi ces actes, au surplus, ne se trouvent point ceux de pure administration, que le mari,
naturellement, conserve le droit de faire pendant le cours du procès
(1449, I).

XLIV. — De quelque manière que la communauté se dissolve, et
aussi bien dans le cas de séparation de biens que dans tout autre, la
femme (et il en est de même de ses représentants) a le choix d'accepter
cette communauté ou d'y renoncer. C'est là une disposition d'ordre
public, et toute convention ou déclaration par laquelle la femme se dépouillerait à l'avance de cette faculté serait nulle et non avenue. Mais
si ce droit d'option appartient toujours et nécessairement à la femme
ou à ses ayants cause, il ne peut jamais appartenir au mari, même à
ce titre d'ayant cause de la femme ; car le droit étant précisément
établi contre lui, il est absolument incompatible avec sa qualité (1453,
1463, III).

Nous étudierons successivement : 1° les principes qui régissent le
droit d'option et les règles communes aux deux cas d'acceptation et
de renonciation ; 2° les effets particuliers de l'acceptation ; 3° les effets
de la renonciation.

§ 1er. — Du droit d'option et des règles communes à l'acceptation et à la renonciation.

XLV. — Nous avons dit que les représentants de la femme, et nous
entendons par là ses héritiers et autres successeurs généraux, ont
comme elle la faculté d'accepter ou de renoncer. Le droit appartient à
chacun d'eux individuellement et pour sa portion héréditaire, de telle

sorte que la communauté peut être acceptée par l'un pendant qu'elle est répudiée par l'autre, sans qu'il y ait jamais lieu ni d'exiger qu'ils s'entendent pour prendre un même parti, ni de s'adresser à la justice pour faire décider par elle le *quid utilius*. On appliquera donc alors simultanément les conséquences de l'acceptation, d'un côté, à celui qui accepte et pour sa part seulement, puis, d'un autre côté, les conséquences de la renonciation à celui qui renonce et dans les limites de sa portion. Et, bien entendu, ce n'est pas seulement quand la communauté se dissout par la mort de la femme que cette règle s'applique, mais aussi quand, la dissolution étant arrivée du vivant de la femme, celle-ci vient ensuite à mourir avant d'avoir opté et ayant encore le droit de le faire; car le droit d'option étant éminemment divisible en soi, il se divise aussi bien dans le second cas que dans le premier, en passant aux représentants multiples de la femme (1465).

Quant aux créanciers de la femme ou de ses représentants, ils peuvent faire annuler toute acceptation ou renonciation faite en fraude de leurs droits (1454).

XLVI. — L'option de la femme ou de ses représentants peut s'exercer expressément ou tacitement, *verbis* ou *facto.*

Il y a acceptation expresse quand la personne prend, dans un écrit public ou privé, la qualité de commune. Il y a acceptation tacite, soit quand cette personne réalise un acte (c'est-à-dire un fait) qu'elle n'a pu accomplir qu'en cette même qualité et qui prouve ainsi sa pensée d'être commune, soit lorsque, présumée acceptante par la loi, elle laisse expirer, sans renoncer, le délai qui lui était accordé pour faire sa renonciation. Les simples mesures conservatoires et de pure administration ne constituent point des actes d'acceptation; mais il en est autrement de tout acte de disposition, et par conséquent de la prétendue renonciation qui ne serait faite que moyennant un prix; car c'est disposer d'une chose que de s'en faire payer l'abandon (1454, I).

La renonciation expresse se fait par une déclaration passée au greffe et inscrite sur le registre des renonciations à succession (1457). Il y a renonciation tacite, quand la personne présumée renonçante par la loi laisse passer, sans accepter, les délais fixés pour son acceptation.

Quand une fois le choix est exercé dans un sens, le droit d'option est éteint et celui qui l'avait ne peut plus en général revenir au parti contraire. Mais il en est autrement si celui qui a opté l'a fait, soit par suite d'un dol pratiqué envers lui, soit en minorité sans l'accomplissement des formalités que cette minorité rendait nécessaires. Il peut alors se faire restituer, soit contre son acceptation, soit contre sa renonciation (1455, II).

Parmi les faits emportant acceptation se trouve, pour la femme majeure, le divertissement ou recel d'objets de la communauté, et cette femme dès lors ne peut plus renoncer après s'en être rendue coupable; que si c'était après avoir renoncé que la femme commît le fait, l'irrévocabilité de la renonciation ne permettrait plus de la déclarer acceptante, elle serait, ni plus ni moins, coupable de vol (1460).

XLVII. — Quand c'est par la mort, soit naturelle, soit civile, du mari, que la communauté se dissout, comme la femme se trouve alors en possession des biens de la communauté, dont elle pourrait facilement détourner une partie, la loi la présume acceptante et ne lui permet de renoncer, à moins qu'elle ne le fasse immédiatement, qu'en faisant dresser un inventaire fidèle et régulier dont elle devra affirmer la sincérité lors de sa clôture. Cet inventaire doit être terminé dans les trois mois de la mort du mari, à moins que la femme n'ait obtenu en justice la prorogation de ce délai. Après la confection de cet inventaire dans le délai, la femme jouit, pour se prononcer, d'un nouveau délai de quarante jours qui peut également être prolongé par le juge en présence des héritiers du mari ou eux appelés. A défaut par elle d'avoir fait dresser l'inventaire dans les trois mois (sauf la prorogation qui a pu être accordée), la femme, à la différence de ce qui a lieu en cas de succession pour l'héritier, est déchue du droit de renoncer et reste définitivement acceptante. L'expiration du délai de quarante jours accordé (sauf prorogation également) pour délibérer et prendre parti, ne produit pas un effet aussi rigoureux, elle ne rend pas par elle seule la femme acceptante, mais permet seulement aux intéressés de la poursuivre comme telle ; cette femme, dès là que l'inventaire a été fait dans le délai, peut, pendant trente ans à compter de la mort du mari, renoncer à toute époque, même dans le cours des poursuites dirigées contre elle (en supportant, bien entendu, les frais de ces poursuites) ; mais si, sur ces poursuites, elle ne renonce pas et se laisse condamner comme commune, elle est irrévocablement acceptante (1456-1459-1462).

Si, dans ce même cas de mort naturelle ou civile du mari, la femme, avant d'avoir opté, vient à mourir, soit dans le délai de l'inventaire, soit dans le délai donné pour délibérer, la loi accorde à ses héritiers, non pas seulement ce qui restait à courir du délai dans lequel elle est morte, mais l'intégralité d'un nouveau délai semblable. Du reste, si c'est dans le délai des quarante jours que la femme (après avoir terminé l'inventaire) vient à mourir, il est clair que les héritiers, qui ne peuvent opter sur la communauté qu'après avoir d'abord pris parti sur la succession de la femme, pourront, si l'inventaire fait de la communauté ne les renseigne pas suffisamment sur cette succession, prendre pour faire l'inventaire de cette succession le délai de trois mois imparti à tout héritier, avant et outre celui de quarante jours (1461 et 1462).

XLVIII. — Présumée acceptante quand la dissolution arrive par la mort naturelle ou civile du mari, la femme est, au contraire, présumée renonçante quand c'est par un jugement de séparation de corps ou de séparation de biens que la communauté se dissout ; et si elle laisse passer dans ce cas, sans accepter, un délai de trois mois et quarante jours (qui peut, du reste, être prorogé par le juge), elle devient entièrement étrangère à la communauté, aussi bien que si elle avait formellement renoncé. On voit que le délai donné ici à la femme pour se prononcer répond aux deux délais dont elle jouit dans le cas précédent pour faire inventaire d'abord et délibérer ensuite. C'est qu'en effet, quoique la femme ne soit pas tenue ici de faire inventaire, elle a néanmoins grand intérêt à le faire, soit pour ne prendre parti qu'en pleine connaissance de cause, soit pour jouir, en cas d'acceptation, du *bénéfice d'inventaire*, dont nous parlerons au paragraphe suivant (1463).

Dans le cas, enfin, où c'est par la mort (soit naturelle, soit civile) de la femme que la communauté se dissout, la règle tracée pour ses héritiers participe de l'une et de l'autre des deux règles qui précèdent. D'une part, ils sont affranchis, comme la femme séparée, de la nécessité de l'inventaire; mais d'autre part, ils sont, comme la femme survivante, présumés acceptants jusqu'à déclaration contraire de leur part (1466).

XLIX. — La veuve, soit qu'elle accepte, soit qu'elle répudie la communauté dissoute par le décès de son mari, a le droit de prendre sur les biens communs : 1º son deuil et celui de ses domestiques, eu égard à la position sociale et à la fortune du mari; 2º le logement et la nourriture, pour elle et ses domestiques également, pendant tout le temps que, dans les limites fixées par la loi, elle consacrera à faire inventaire et délibérer. Ce droit lui est personnel et ne passe point à ses héritiers (1465 et 1481).

L. — *Des récompenses.* — Un point important qui, sauf quelques différences de détail que nous signalerons, se trouve commun aux deux cas d'acceptation et de renonciation, c'est le payement des récompenses, c'est-à-dire des indemnités qui peuvent être dues, soit à la communauté par l'un des époux, soit à un époux par la communauté, soit à l'un des époux par l'autre.

Toutes les fois, en effet, qu'une opération faite dans le cours de la société conjugale a procuré un bénéfice à un époux aux dépens, soit de l'autre époux, soit de la communauté, il en doit être payé indemnité, après la dissolution, par l'époux qui a recueilli le bénéfice; réciproquement, si c'est la communauté qui a recueilli un profit au détriment du patrimoine d'un époux, récompense est due à cet époux sur les biens communs.

LI. — Ainsi, quand le mari s'est porté garant de la vente, faite par la femme, d'un immeuble à elle propre, et que l'acquéreur, venant à être évincé, exerce son recours contre le mari, celui-ci a droit contre sa femme à la récompense de la somme par lui payée (1432).

Et, bien entendu, ce n'est pas seulement pour ce cas de garantie d'une vente qu'une récompense serait due au mari; il y aura droit toutes les fois que, par suite d'une obligation par lui contractée, avec ou sans solidarité, pour une affaire personnelle à sa femme, il aura, en tout ou partie, acquitté la dette de celle-ci. Réciproquement, la récompense serait due à la femme, si c'était elle qui eût payé pour la dette personnelle du mari. Mais le Code va plus loin pour la femme : considérant que, le plus souvent, la femme qui s'engage avec son mari ne le fait que dans le but de garantir l'obligation que celui-ci contracte, il déclare que le droit pour la femme d'être traitée, par rapport au mari, comme simple caution, et de pouvoir dès lors exiger la récompense de tout ce qu'elle aura payé, existe alors même qu'il s'agit des affaires de la communauté, d'affaires, par conséquent, pour lesquelles la femme et le mari devraient, en principe, contribuer également. Il est vrai que, dans ce cas, c'est contre la communauté, et non pas contre le mari, que la récompense s'exerce, en sorte que, si la femme accepte la communauté, et que cette communauté soit bonne, l'exercice de la récompense n'aura ici aucun résultat, puisque la femme trouvera en moins, dans sa moitié du fonds commun, ce que cette récompense lui aura donné en plus ; mais si la communauté est mauvaise, ce droit de récompense sera fort utile à la femme, même au cas d'acceptation (1431, I et IV).

Du reste, ce n'est que dans ses rapports avec le mari que la femme jouit ainsi du bénéfice, tout exceptionnel, de n'être traitée que comme caution, quoiqu'elle se soit obligée pour une affaire qui la concerne autant que le mari. Vis-à-vis d'un tiers codébiteur, comme vis-à-vis du créancier, ce bénéfice n'existe pas, la femme reste débitrice ordinaire, et si ce tiers, en cas de solidarité, avait payé la totalité de la dette, il aurait son recours contre la femme pour la part de celle-ci (mais pour cette part seulement, bien entendu, quoi qu'en ait dit un arrêt des Requêtes), aussi bien que contre le mari pour la sienne (*ibid.*, II).

Ajoutons que ce bénéfice cessera et laissera la femme sous l'empire du droit commun, même quant au mari, lorsqu'il résultera des circonstances que la femme a dû s'engager, non point seulement pour garantir l'obligation du mari, mais avec la pensée de supporter personnellement sa part de la dette. Tel est, par exemple, le cas où l'obligation des deux époux aurait été contractée pour doter leur enfant commun (*ibid.*, III).

LII. — Il va sans dire qu'il y a lieu à récompense lorsque, quelque droit propre à un époux ayant été vendu, le prix en est entré dans la communauté. Il faut pour cela, bien entendu, que le prix soit entré dans la communauté ; car, si ce prix était resté dû, il n'y aurait là qu'une créance propre à l'époux, et dans laquelle, dès lors, cet époux seul supporterait l'insolvabilité du débiteur (à moins toutefois que la créance n'appartînt à la femme, et que sa perte ne fût due à la négligence que le mari, administrateur des biens de cette femme, aurait mise à en poursuivre le payement) ; mais cette condition ne doit pas s'entendre judaïquement, et la circonstance que le mari aurait fait donation du prix de l'aliénation faite par la femme, ou aurait délégué ce prix à ses créanciers, ne permettrait pas de dire que la condition n'est point accomplie : le prix doit être regardé comme entré dans la communauté, du moment que c'est le chef de la communauté qui en a eu la disposition. Quant au point de savoir, en général, si c'est à l'époux aliénateur de prouver que le prix de son aliénation est entré dans la communauté, ou si le versement à la communauté doit se présumer jusqu'à ce que l'autre époux prouve qu'il n'a pas eu lieu, il faut distinguer. Quand c'est la femme qui réclame la récompense, il est naturel d'admettre cette présomption jusqu'à preuve contraire par le mari ; quand c'est le mari, il reste nécessairement soumis au droit commun, et doit prouver que le prix a été mis dans la communauté et n'a point été employé pour quelque affaire à lui personnelle (1433, I et II).

Il est évident, au surplus, que la récompense due ici par la communauté est, ni plus ni moins, de la somme qu'elle a reçue comme prix (tant en accessoires qu'en principal) de l'aliénation de l'époux, sans qu'il y ait à rechercher si la valeur de la chose était moindre ou plus grande que ce prix. Mais il ne faut pas, comme l'a fait un auteur, prendre le change à cet égard ; et si l'on ne doit pas se préoccuper de la différence qui pourrait exister entre *le prix de vente* et *la valeur* de l'objet vendu, il faudra se préoccuper, au contraire, de savoir si *le prix indiqué au contrat* est ou n'est pas réellement *le prix de vente*, puisque c'est ce dernier qui est dû (1436, n° I).

LIII. — De même que la communauté doit restituer à chaque époux tout ce qu'elle a pris des biens propres de celui-ci, de même cet époux doit lui restituer tout ce qu'il a pris des biens communs pour ses affaires personnelles. Ainsi, quand l'époux s'est servi des deniers de la communauté soit pour acquitter une dette à lui propre, soit pour acquérir, au profit de ses immeubles, des servitudes actives, ou pour éteindre les servitudes passives qui les grevaient, soit pour faire faire sur ses immeubles des travaux quelconques (autres toutefois que les réparations d'entretien, puisque celles-ci sont à la charge de la communauté), soit pour toute autre affaire à lui personnelle, cet époux doit récompense à la communauté de la valeur que celle-ci lui a fournie.

Nous disons que l'époux doit alors la valeur qu'il a prise, et non pas seulement l'équivalent du profit qu'il a pu tirer de l'emploi de cette valeur. Qu'importe, en effet, à un prêteur l'emploi que l'emprunteur fait des deniers ? Sans doute, si l'affaire qui s'applique aux propres d'un époux avait été faite non par cet époux, mais par la communauté elle-même, s'il s'agissait d'une opération faite sur les biens de la femme, mais par le mari chef de la communauté, la femme dirait avec raison que cette opération n'est pas la sienne et qu'elle ne peut dès lors devoir récompense que pour ce dont l'affaire l'enrichit ; mais toutes les fois que l'opération a été faite par l'époux lui-même et que celui-ci s'est dès lors constitué, en la faisant des deniers communs, emprunteur de ces deniers, il est clair que son obligation est, ni plus ni moins, de rendre la somme empruntée (1437, I et II).

LIV. — Du reste, l'avantage ou le préjudice que les opérations d'un époux ont pu causer à la communauté ne donnent jamais lieu à récompense, tant que cet avantage ou ce préjudice ne portent que sur la jouissance appartenant à la communauté sur les biens de l'époux, jouissance que les modifications apportées par l'époux à la composition de son patrimoine auraient augmentée ou diminuée.

Ainsi, que l'époux ait aliéné une ferme d'un faible produit, soit pour une maison dont le produit est double, soit pour une rente viagère dont les arrérages seraient également du double ou même du triple, dans ce cas et d'autres analogues, la communauté, malgré l'avantage que le marché de l'époux lui a procuré, ne devra point de récompense, du moment qu'elle n'a pris que des fruits. Réciproquement, quelque préjudice qu'aient pu causer à la communauté des opérations inverses, elle n'aurait point de récompense à réclamer, du moment qu'elle a eu tous les fruits. En effet, le droit de la communauté étant, ni plus ni moins, de jouir du patrimoine tel quel de l'époux, et cet époux conservant le *jus abutendi*, son plein droit de disposition et la faculté de composer son patrimoine comme il l'entendra, il s'ensuit que, quelle qu'ait été l'augmentation de jouissance, la communauté, du moment qu'elle n'a recueilli que les fruits du patrimoine, n'a fait qu'exercer son droit et ne doit pas de restitution, de même que, quelle qu'ait été la diminution de cette jouissance, la communauté, du moment qu'elle a eu tous les fruits, a eu le plein exercice de son droit et ne saurait dès lors réclamer aucune indemnité. On objecterait en vain que l'augmentation de jouissance ne se procure en définitive qu'aux dépens du capital, et que dès lors les produits plus considérables que recueille la communauté ne sont pas de simples fruits pour le tout ; car cette idée, très-exacte comme fait, serait fausse comme règle légale, puisque, même dans le cas où les produits absorbent le capital en entier, celui d'usufruit ou de rente viagère, le Code traite comme simples fruits la totalité de ces produits (1436, II).

Mais si la communauté ne doit jamais de récompense pour les fruits des propres, il est clair que pour un capital elle la devra toujours, et qu'elle ne saurait s'y soustraire sous le prétexte que le capital propre qui est entré dans sa caisse ne coûte rien au patrimoine de l'époux (*ibid.*, III).

LV. — *Des constitutions de dot.* — Parmi les opérations qui soulèvent le plus souvent la question de récompense, se trouve la constitution de dot des enfants.

Il est d'abord évident que si un époux s'est servi des biens de la communauté ou des biens propres de son conjoint pour doter son enfant d'un précédent lit, il en devra récompense. Mais la récompense sera souvent due aussi à l'occasion de la dot de l'enfant commun (1469).

Toutes les fois que la dot constituée à l'enfant commun l'a été par les deux époux conjointement, et sans déclaration de leur part qu'ils entendaient la supporter pour des portions inégales, chacun d'eux, en quelques biens que la dot ait été constituée, en est tenu personnellement pour moitié ; en sorte que si la dot est prise en totalité ou sur les biens communs, ou sur ceux d'un des époux, il sera dû récompense, dans le premier cas, à la communauté, par chacun des conjoints pour sa moitié ; dans le second, à l'un des époux par l'autre pour la moitié due par celui-ci. Que si les conjoints avaient déclaré se charger de la dot pour des parts inégales, la dette serait personnelle à chacun pour la part déterminée, et la récompense, dans les deux hypothèses ci-dessus, serait due en raison de cette part. Le seul cas où aucune récompense ne serait due serait celui où chacun des constituants aurait pris sur ses biens propres la part dont il est tenu (1438 et 1439, 1).

Quand la dot a été constituée par le mari seul et en biens à lui propres, c'est pour son compte personnel qu'il a doté ; en sorte que nulle récompense ne lui est due, si, comme il le devait, il a fourni la dot de ses biens propres, tandis qu'il devrait lui-même récompense, si cette dot, constituée sur ses biens, venait à être prise sur ceux de la communauté ou de la femme. Que si le mari, en dotant ainsi seul, l'a fait en biens communs, il est réputé avoir agi comme chef de la communauté et pour le compte de cette communauté, en sorte qu'il n'est dû encore aucune récompense, si c'est sur les biens communs que la dot est en effet acquittée ; seulement, le montant de la dot étant ainsi pris sur la communauté, il est clair que si la femme vient accepter et partager cette communauté, elle supportera par ce fait même la moitié de cette dot (*ibid.*, II).

Quand c'est par la femme seule que la dot est constituée, il faut faire une autre distinction. Si c'est en l'absence du mari que la femme constitue la dot (avec autorisation de la justice) et qu'elle la constitue sur la communauté, elle doit, à moins de déclaration contraire, être réputée agir à la place du mari et pour le compte de la communauté, en sorte qu'il faut appliquer ce qui vient d'être dit du cas où le mari dote seul sur les biens communs. Si, au contraire, la femme dote en présence et du consentement du mari, comme le mari prouve, en laissant agir la femme seule au lieu d'agir lui-même, qu'il entend ne s'obliger personnellement en rien, la dot est à la charge de la femme, et celle-ci dès lors devra récompense, si cette dot se paye des biens du mari ou de ceux de la communauté (*ibid.*).

Les époux, dotant conjointement, ne peuvent plus, comme autrefois, stipuler que l'enfant, comme compensation de sa dot, sera privé de telle ou telle partie de la succession du prémourant; mais ils peuvent fort bien déclarer que cette dot sera pour le tout imputée sur cette succession du prémourant. Cette clause ne produit aucun effet tant que vivent les deux époux, lesquels, leur vie durant, restent toujours constituants tous deux et chacun pour moitié; mais au décès de l'un d'eux, le prémourant seul se trouve avoir constitué seul, et le survivant devient entièrement étranger à la promesse, en sorte que, si la dot a été fournie ne fût-ce que pour partie, soit sur les biens de la communauté, soit sur ceux de cet époux survivant, la succession du prémourant en doit récompense (*ibid.*, III).

§ 2. — Des effets de l'acceptation.

LVI. — L'acceptation confirme chez la femme sa qualité de commune, de copropriétaire des biens, et lui donne droit dès lors de prendre sa part de l'actif de la communauté, comme elle la soumet réciproquement à l'obligation de supporter aussi sa part dans la contribution au passif et dans le payement à faire aux créanciers.

Tout d'abord, et comme préliminaire ou premier acte du partage, il y a lieu de procéder au rapport des récompenses dues à la communauté par les époux et aux reprises que ces mêmes époux peuvent avoir à exercer.

LVII. — *Rapports.* — Chaque époux est tenu au rapport, soit réel, soit fictif, de tout ce qu'il doit à la masse commune. Il est vrai qu'une libération réciproque par voie de compensation jusqu'à due concurrence entre ce qui est dû à la communauté par le mari et ce qui lui est dû par la femme, semblerait beaucoup plus simple que le rapport, et dès lors préférable. Mais ce mode, par suite du droit qu'a la femme d'exercer ses créances sur les biens du mari en cas d'insuffisance des biens communs, serait quelquefois très-préjudiciable à celui-ci ; et s'il est tout naturel de procéder par compensation quand ce mode ne présentera pas d'inconvénient, la loi devait néanmoins adopter comme principe l'obligation du rapport et permettre ainsi au mari de s'opposer à la compensation quand elle devrait lui nuire (1468).

LVIII. — *Reprises.* — Sur la masse totale, comprenant et les biens communs et les biens propres des époux, chacun des conjoints reprend : 1° ses biens propres en nature, ce qui comprend les biens acquis en remploi de propres aliénés, et 2° le prix, non confondu dans la caisse commune, de propres aliénés et non remployés ; puis il prélève 3° le montant de toutes les indemnités que peut lui devoir la communauté. Il n'y a pas de différence entre le mari et la femme pour les deux premières classes de reprises, mais il y a pour celles de la troisième cette double différence, que la femme les exerce avant le mari, et que, en cas d'insuffisance des biens communs, elle s'en fait payer sur les biens personnels du mari.

Ces dernières reprises, c'est-à-dire les indemnités dues par la communauté, se prélèvent, pour l'un comme pour l'autre époux : 1° sur le numéraire de la communauté ; 2° sur les biens meubles, en cas d'insuffisance de l'argent comptant ; 3° enfin, et au besoin, sur les immeubles. Chacun des conjoints peut, sur les immeubles comme sur les meubles, choisir les biens qu'il lui plaît ; et ce n'est pas là pour lui un simple payement, l'acte ne constitue pas une acquisition, c'est un prélèvement qu'il opère comme copartageant, il prend le bien non comme créancier, mais comme propriétaire, et il ne doit dès lors aucun droit de mutation. Ce n'est pas une raison toutefois pour que la femme puisse soustraire à l'action des créanciers les biens qu'elle prend ainsi ; car ce n'est pas comme propres qu'elle les appréhende, ils ne lui appartiennent que par sa qualité de commune, de copartageante des biens de la communauté, et ils demeurent dès lors le gage des créanciers de cette communauté. Que si, faisant abstraction de sa qualité de copropriétaire, la femme argumentait de sa qualité de créancière, elle ne pourrait pas davantage repousser les autres créanciers, ni prétendre les primer par son hypothèque ; car elle n'a cette hypothèque que sur les biens du mari et non sur ceux qui sont encore biens de la communauté. Du reste, ce prélèvement en nature et à titre de copropriétaire devient évidemment impossible du moment où la femme, vu l'insuffisance des biens communs, exercerait ses récompenses sur les biens personnels du mari (1470, 1472).

LIX. — Comme la dissolution fait cesser la communauté et prive ses biens d'un chef par qui ou contre qui une demande d'intérêts puisse être dirigée, la loi fait courir de plein droit et sans demande, à compter du jour où cette dissolution a lieu, l'intérêt des récompenses dues à la communauté par les époux ou aux époux par la communauté (1473).

Il en est autrement, bien entendu, des sommes qui, à ce même moment, sont dues par l'un des époux à l'autre, sommes dont le payement ne peut, du reste, être poursuivi qu'à cette époque et ne pourrait pas l'être dans le cours de la communauté. Ce sont là des créances ordinaires qui ne produisent intérêt que du jour de la demande, de même qu'elles ne permettent pas à l'époux créancier de prendre en nature les biens de l'époux débiteur, autrement que par l'aliénation que celui-ci en consentirait et qui donnerait lieu, comme de raison, au droit de mutation. Quant aux droits qui peuvent naître d'un époux sur l'autre postérieurement à la dissolution, et, par exemple, comme soulte de partage, il est clair qu'ils restent soumis aux principes ordinaires, produisant ou non intérêt de plein droit selon qu'ils se trouvent ou non dans l'une des circonstances auxquelles la loi attache cet effet (1478, 1480).

LX. — *Partage de l'actif.* — Après les rapports et reprises, l'actif commun se partage par moitié entre le mari et la femme. Toutefois, si l'un des copartageants a diverti ou recélé des objets de la communauté, il est privé de sa moitié dans ces objets, et aussi, à plus forte raison, des droits que la libéralité de son conjoint lui aurait conférés sur l'autre moitié. Cette privation étant ici la pénalité même du fait, le copartageant l'encourt par cela seul qu'il agit avec discernement et malgré sa minorité. Du reste, si l'époux, qui avait d'abord détourné un objet, le rapporte par une pleine spontanéité et avant, dès lors, que le fait soit découvert, on doit admettre avec Pothier qu'il n'y a pas divertissement consommé, mais un simple commencement de recel qui ne donne pas lieu à l'application de la peine (1477).

On applique au partage d'une communauté les règles établies par la loi pour les formes et les effets du partage des successions. Ainsi, d'une part et quant aux formes, le partage devrait se faire en justice, s'il y avait parmi les copartageants des mineurs, des interdits ou des absents. Quant aux effets, le partage sera purement déclaratif, et chaque copartageant sera réputé propriétaire exclusif des biens échus à son lot, à compter du jour même où ils sont entrés dans la communauté, puisque c'est depuis ce moment que ces biens ont été en indivision entre les deux époux (1476).

LXI. — *Division du passif.* — Le passif de la communauté, qui comprend, en outre de ce qui est dû par elle au moment de la dissolution, tous les frais faits pour les actes qui préparent, accompagnent ou consomment le partage, reçoit deux divisions qu'il faut soigneusement éviter de confondre. L'une s'applique entre les époux et fixe la contribution que chacun doit supporter définitivement ; l'autre est relative aux créanciers et fixe la quotité pour laquelle chaque époux est dans l'obligation de répondre à leurs poursuites, sauf recours contre son conjoint.

La contribution se fait entre les époux, pour toutes les dettes de la communauté sans distinction, ou 1° d'après la convention qu'il leur plaira de fixer à cet égard ; ou 2° à défaut de convention spéciale, par moitié pour chacun ; ou 3° enfin, quand il y a lieu au bénéfice dont il va être question, par la femme dans la mesure de l'émolument qu'elle a tiré de l'actif, et par le mari pour tout le surplus.

Pour jouir du bénéfice dont il s'agit, il faut que la femme ait fait dresser, dans les trois mois de la dissolution, un inventaire fidèle et régulier, et qu'elle rende compte tant des biens compris en cet inventaire que de ceux qui, soit à cause de leur nature, soit par oubli, lui seraient échus sans avoir été inventoriés. L'émolument en proportion duquel la femme supporte alors les dettes comprend tout l'avantage qu'elle a retiré de la communauté, mais non pas, bien entendu, les sommes ou biens qu'elle a prélevés en acquit des indemnités à elle dues par la communauté (puisque ce n'était là que la reprise de ce qui lui appartenait) ; et c'est tout naturellement d'après l'état et la valeur que les choses avaient au jour du partage que ces choses sont comptées.

Toutes les fois que, soit par application des règles qui vont être indiquées au numéro suivant, soit par l'effet d'une hypothèque, l'un des époux a payé au delà de ce qu'il doit supporter, ainsi qu'il vient d'être dit, il a son recours contre le conjoint pour tout ce qu'il a payé de trop (1482, etc., I-III).

LXII. — Relativement au droit de poursuite des créanciers, il faut diviser les dettes de la communauté en plusieurs catégories. Celles procédant du chef du mari peuvent se poursuivre pour le tout contre le mari, parce que vis-à-vis des créanciers il en est toujours le débiteur personnel, puis contre la femme pour moitié seulement, parce qu'elle n'en est tenue que comme commune. Réciproquement, celles procédant du chef de la femme peuvent se poursuivre contre la femme pour le tout et contre le mari pour sa moitié comme époux commun. Celles qui auraient été contractées par les deux époux solidairement se poursuivent contre chacun pour le tout. Celles qui l'ont été conjointement, mais sans solidarité, peuvent se poursuivre contre le mari pour le tout (car on n'admet pas qu'il ait fait intervenir sa femme pour diminuer son obligation), et contre la femme pour moitié ; mais ce n'est plus en simple qualité de femme commune qu'elle est tenue, c'est comme personnellement obligée. Enfin, celles pour lesquelles la femme oppose au créancier son bénéfice d'inventaire (ce qu'elle ne peut faire que pour celles dont elle est tenue comme commune seulement) ne se poursuivent contre la femme que dans la mesure de son émolument, au lieu de moitié, et contre le mari pour tout le surplus (1484-1487).

Le bénéfice d'inventaire, en effet, sous les conditions indiquées plus haut, est opposable par la femme aux créanciers aussi bien qu'au mari,

sauf qu'il ne l'est contre eux que pour les dettes dont la femme est tenue comme commune seulement et sans être personnellement obligée,
tandis qu'il l'est contre le mari pour tout le passif de la communauté
sans exception ni distinction. Ce bénéfice, du reste, quoique présentant
une grande analogie avec celui qui compète à l'héritier en cas de succession, en diffère cependant et dans ses conditions constitutives (puisqu'il n'exige pas, comme l'autre, une déclaration au greffe) et aussi
dans ses effets; car il n'empêche pas la confusion des biens de la communauté et des biens de la femme. Tous ces biens forment un seul et
même patrimoine, et de là découle cette double conséquence : 1° que
la femme, à la différence de l'héritier bénéficiaire, peut aliéner comme
il lui plaît et sans formalités tous les biens communs à elle échus, aussi
bien les immeubles que les meubles; 2° qu'elle ne peut jamais forcer
les créanciers à se contenter de l'abandon des biens, comme aussi les
créanciers ne peuvent pas la contraindre à faire cet abandon; ils peuvent seulement, si l'estimation donnée à ces biens leur paraît trop
faible, en faire faire une autre à laquelle ils interviendront (1483, III).

Au surplus, quand l'un des époux a payé au créancier au delà de la
portion dont il était tenu, il est présumé avoir voulu libérer son conjoint, et il n'a droit dès lors à aucune répétition contre ce créancier. Il
n'en serait autrement qu'autant que la quittance mentionnerait que la
somme a été payée par l'époux pour la part dont il est tenu : la mention prouvant alors l'erreur, la répétition contre le créancier serait admise (1488).

LXIII. — Au nombre des dettes qui peuvent se poursuivre contre la
femme pour le tout et contre le mari pour moitié, on doit, comme
l'enseignait Pothier, comprendre aussi bien celles que la femme a contractées pendant le mariage que celles qu'elle avait contractées avant ;
car les premières sont, aussi bien que les secondes, des dettes procédant du chef de la femme.

Et pour toutes ces dettes procédant de la femme, le créancier, quand
il y a lieu entre la femme et le mari à l'application du bénéfice d'inventaire, peut, après avoir demandé au mari (*proprio jure*) la moitié dont
celui-ci est tenu, lui demander encore (*jure debitricis*) la partie de
l'autre moitié qui excède l'émolument de la femme dans l'actif. La
doctrine contraire de la plupart des auteurs est une erreur manifeste;
car, s'il est évident que ces créanciers ne peuvent demander au mari
que sa moitié tant qu'ils agissent *en leur nom personnel*, il est également évident qu'ils peuvent lui demander l'excédant de l'émolument
de la femme en agissant *au nom de celle-ci* (1485, 1486, II).

§ 3. — **Des effets de la renonciation.**

LXIV. — Par sa renonciation, la femme devient étrangère à la communauté.

En conséquence, elle n'a aucun droit sur les biens communs, qui
cessent d'être biens communs et deviennent la propriété exclusive du

mari. Seulement, et comme de raison, elle reprend : 1° les biens meubles ou immeubles à elle propres qui existent en nature ; 2° le prix, non encore confondu dans la caisse commune, de ses propres aliénés ; 3° enfin, les indemnités qui peuvent lui être dues. C'est-à-dire qu'elle reprend tout ce qu'elle prélèverait avant le partage si elle avait accepté. Mais, bien entendu, elle ne peut plus ici, comme en cas d'acceptation, se payer de ses indemnités par l'appropriation en nature de biens de la communauté ; comme elle n'est ici qu'une simple créancière, elle n'a droit qu'à un payement en argent, qu'elle peut poursuivre, du reste, sur tous les biens du mari, et l'intérêt de ses créances ne court, conformément au droit commun, que du jour de la demande. En outre de ces droits, la loi, par un motif d'humanité et de décence publique, lui permet d'enlever aussi tout ce qui est vêtement ou linge à son usage particulier : *Non debet enim abire nuda*. Mais cette faveur lui est rigoureusement personnelle et ne peut jamais être exercée par ses héritiers. Sans doute, si la femme ne mourait qu'après avoir repris les effets, ils appartiendraient aux héritiers, puisque ceux-ci les trouveraient rentrés dans son patrimoine ; mais si elle meurt avant d'en avoir fait la reprise, les héritiers ne peuvent pas la faire, le motif qui autorise cette reprise n'existant plus (1492, 1493-1495).

Réciproquement, la femme renonçante n'a rien à supporter dans les dettes de la communauté ; et si elle se trouvait obligée d'en payer quelqu'une, non comme commune (car elle ne saurait être poursuivie à ce titre), mais comme s'étant engagée personnellement, elle aurait son recours pour le tout contre le mari (1494).

OBSERVATION GÉNÉRALE.

LXV. — L'adoption de la communauté légale peut, dans certains cas, procurer à l'un des époux de très-grands avantages au préjudice de l'autre. La loi place ces avantages dans une catégorie particulière, régie tantôt par les règles des libéralités ordinaires, tantôt par celles des actes à titre onéreux : quand l'époux qui a enrichi son conjoint à ses dépens laisse pour héritiers des enfants d'un précédent lit, l'avantage est réductible sur la demande de ceux-ci, comme toute donation ; dans le cas contraire, et quoique l'époux eût pour héritiers des ascendants ou même des enfants du mariage, l'avantage ne peut pas être critiqué. Si donc la succession de l'époux est acceptée tout à la fois par des enfants du mariage et par des enfants d'un lit précédent, et que ceux-ci fassent prononcer la réduction, les premiers en profiteront (puisque les biens une fois rentrés dans le patrimoine doivent s'y partager également) ; mais ils ne pourraient pas intenter l'action. Il importe peu, au surplus, que l'établissement de communauté qui fait naître l'avantage soit la conséquence d'une exception expresse ou seulement de ce fait que les époux se sont mariés sans contrat ; il importe peu aussi que l'avantage résulte de l'état dans lequel était le patrimoine des époux lors de la célébration du mariage, ou seulement des

biens ou dettes qui leur sont échus depuis : dans tous les cas, la règle
est la même, parce que les conséquences sont les mêmes. Mais il faut
remarquer que l'avantage à considérer n'est que celui qui résulte directement de la confusion des biens et des dettes des époux en capital, et
qu'on ne tient aucun compte des intérêts, des revenus ou du produit
des travaux des époux (1496).

CHAPITRE II.

DE LA COMMUNAUTÉ CONVENTIONNELLE.

LXVI. — Les époux étant absolument libres, dans les limites de ce
qui est commandé par le respect des bonnes mœurs ou de l'ordre public, de régler comme il leur plaît leur pacte matrimonial, ils peuvent
donc, à leur gré, ou rejeter complétement tout système de communauté, en se plaçant sous l'un des régimes que nous analyserons dans
notre *seconde partie,* ou modifier la communauté légale dans les limites
ci-dessus, par telles conventions qu'ils voudront.

Il serait donc impossible de donner un tableau complet des nombreuses stipulations que peut imaginer à cet égard la fantaisie des contractants ; mais celles que la pratique a jusqu'ici présentées, et que le
Code, à l'exemple de l'ancienne doctrine, a pris soin d'expliquer, sont
au nombre de huit, que l'on peut réduire à cinq classes, selon qu'elles
ont pour objet : 1° la restriction de la communauté ordinaire ; 2° son
extension ; 3° le payement séparé des dettes des époux ; 4° le droit pour
la femme de reprendre ses apports ; 5° enfin, la modification des règles
du partage (1497, 1).

Dans ce nombre, toutefois, ne se trouve pas comprise une clause
aussi simple qu'elle est usitée, dont le Code ne parle pas, sans doute à
cause de sa simplicité même : celle d'obligation de remploi des immeubles de la femme. Nous devons en dire quelques mots, et insister
ensuite sur un autre point extrêmement important, avant de passer à
l'examen des cinq objets ci-dessus indiqués.

LXVII. — Nous avons vu que le remploi des immeubles de la femme,
tel qu'il est organisé par la loi, et qui est purement facultatif pour le
mari, ne s'opère qu'à la double condition : 1° qu'il y ait déclaration
par le mari de l'origine des deniers et du but dans lequel l'immeuble
est acquis ; 2° que cet immeuble soit accepté comme propre par la
femme. Or on reconnaît bien que la première de ces deux conditions
est nécessaire aussi pour le remploi *obligatoire* ou *conventionnel* (c'est-
à-dire celui qu'une clause spéciale du contrat commande au mari d'effectuer) ; mais il y a désaccord sur le point de savoir si la seconde condition est également exigée. On dit pour la négative qu'en imposant
au mari l'obligation d'opérer le remploi, on lui donne par là même le
mandat de faire l'acquisition pour sa femme, qui s'en rapporte ainsi
au choix que fera le premier. Mais l'erreur est manifeste. La seule
différence entre le remploi légal et le remploi conventionnel, c'est, on

le reconnaît, que la *faculté* d'acheter qui découle du premier se transforme dans le second en une *obligation ;* or, puisque c'est là l'unique différence, et que d'autre part l'objet de la faculté est simplement d'acheter un immeuble à soumettre à l'appréciation de la femme, à laquelle il ne deviendra propre que s'il lui convient, tel est donc aussi l'objet de l'obligation. Sans doute ce mandat d'acheter pour la femme, et comme si c'était la femme elle-même, peut fort bien être donné au mari, mais il est évident qu'une déclaration *ad hoc* serait nécessaire pour cela (1497, II).

Le second point à signaler ici, point singulièrement important, c'est que la liberté de convention des époux ne va pas, comme on l'a souvent prétendu, jusqu'à pouvoir frapper d'inaliénabilité les immeubles de la femme en n'adoptant que le régime de communauté ; on ne peut le faire qu'en soumettant expressément ces immeubles au régime dotal. Sans doute les époux peuvent obtenir cette inaliénabilité, tout en adoptant la communauté pour tout le reste ; mais, encore une fois, il est indispensable qu'ils adoptent expressément le régime dotal quant à ces immeubles. La raison en est simple : la libre circulation des biens, leur aliénabilité, est un principe d'ordre public auquel on ne peut déroger que dans les cas et sous les conditions formellement prévus par la loi, et il est bien évident que l'inaliénabilité des biens du mari ne pourrait jamais être efficacement stipulée. Or, la loi n'admettant l'inaliénabilité des immeubles de la femme que sous le régime dotal, et ne reconnaissant d'autre part l'existence de ce régime que dans le cas d'une soumission expresse, on ne peut donc pas plus stipuler l'inaliénabilité des immeubles de la femme en dehors d'une déclaration expresse de dotalité qu'on ne pourrait, de quelque manière que ce fût, stipuler celle des immeubles du mari (*ibid.*, III).

SECTION PREMIÈRE.

CLAUSES RESTRICTIVES DE LA COMMUNAUTÉ LÉGALE.

LXVIII.—Les époux peuvent restreindre l'étendue que la loi donne à la communauté ordinaire, soit en stipulant une simple communauté d'acquêts, soit en excluant de leur communauté tout ou partie de leur mobilier.

§ 1er. — De la communauté d'acquêts.

LXIX.— La communauté d'acquêts, pour l'établissement de laquelle la loi n'exige, quoi qu'en aient dit des auteurs, aucune expression ni tournure de phrase particulières, ne comprend dans son actif que les gains provenant, pendant le mariage, de l'industrie des époux, et les fruits ou revenus de leurs biens, perçus ou échus pendant le mariage également. Elle leur laisse en propre, par conséquent : 1° tous les biens, meubles comme immeubles, qui leur appartiennent au jour de la célébration, par quelque cause qu'ils leur soient arrivés, et 2° tous ceux qui leur échoient pendant le mariage autrement que comme résultat de leur industrie.

Les intérêts, arrérages ou revenus quelconques déjà échus lors de la célébration sont, bien entendu, propres à l'époux, quand même ils ne seraient payés que plus tard. Les fruits pendant par branches ou racines à ce même moment appartiennent à la société; mais elle ne les recueille, à la différence de la communauté légale, qu'à la charge de récompenser l'époux de la somme payée pour semence et culture, puisque ici cette somme, si elle n'avait pas été déboursée, serait restée propre à l'époux.

Réciproquement, le passif ne comprend que 1° les dettes contractées pendant le mariage pour la société, 2° les intérêts ou arrérages des dettes personnelles aux époux, 3° les charges usufructuaires des biens de ces époux. Toutes les dettes existant lors de la célébration et celles des successions ou donations mobilières qui échoient pendant le mariage restent personnelles aux époux (1498, I et II).

LXX. — Ici, comme sous la communauté légale, tout bien est réputé commun jusqu'à preuve contraire par l'époux qui le réclame comme propre. Cette preuve, bien simple quant aux immeubles, est soumise pour les meubles à des règles particulières. S'il s'agit du mobilier apporté par l'époux en se mariant, la loi, sans distinguer entre le mari et la femme, n'admet pas d'autre preuve qu'un inventaire ou état en bonne forme de ce mobilier. Mais pour les meubles échus pendant le mariage, comme c'est au mari qu'incombe alors l'obligation de faire constater non-seulement les meubles qui lui échoient, mais aussi ceux qui échoient à sa femme, et qu'on ne pourrait pas rendre celle-ci responsable de la négligence ou peut-être de la fraude du premier, la loi, tout en conservant pour le mari la nécessité d'un acte en due forme, permet à la femme, à défaut de cet acte, de prouver par témoins et même par commune renommée la consistance du mobilier à elle échu. Bien entendu, les héritiers, soit du mari, soit de la femme, ont, ni plus ni moins, les mêmes droits que leur auteur, sauf que ceux du mari pourraient aussi prouver par témoins et par commune renommée, dans le cas où ils prétendraient que c'est pour faire fraude à leur droit de réserve que l'inventaire a été omis.

Comme sous la communauté légale encore, les propres mobiliers des époux se distinguent en parfaits et imparfaits, et les meubles rigoureusement propres de la femme ne peuvent pas être aliénés par le mari (1499, III et IV).

LXX bis. — Si la communauté était réduite aux acquêts immeubles, ce qui se fait quelquefois et peut se faire en effet très-légalement, comme le reconnaît la jurisprudence et quoi que disent plusieurs auteurs (puisqu'une telle clause n'a rien de contraire aux mœurs et n'est prohibée par aucun texte), l'actif comprendrait seulement ceux des gains indiqués plus haut qui seraient immobilisés, les autres resteraient propres au mari. Quant au passif, comme l'ensemble des dettes contractées pendant le mariage (autres, bien entendu, que celles relatives aux immeubles propres des époux), pèse tout naturellement sur l'ensemble des acquêts faits pendant le même mariage, il faut dire que les acquêts meubles qui restent au mari, et les acquêts immeubles qui composent la société, supporteront dans la totalité des dettes une part proportionnelle à leur importance relative. — Du reste, cette communauté très-restreinte reçoit l'application de toutes celles des règles de la communauté ordinaire qui ne sont pas incompatibles avec elle, et notamment la règle du retrait d'indivision dont nous avons parlé au n° XXII. Seulement, si c'est au mari que le retrait donne un propre, aucune récompense ne sera due, puisque les deniers qui ont servi à l'acquisition lui appartenaient; si c'est à la femme, elle devrait la même récompense que dans la communauté ordinaire (*ibid.*, V).

§ 2. — De l'exclusion totale ou partielle du mobilier.

LXXI. — Un époux peut exclure de la communauté tout ou partie de son mobilier, soit présent, soit futur, soit présent et futur.

L'exclusion peut s'opérer sous quatre formes différentes : 1° quand l'époux déclare directement exclure la totalité ou telle partie de ses meubles ; 2° quand il déclare, au contraire, mettre telle partie en communauté, ce qui exclut le reste virtuellement ; 3° quand il stipule que telle partie de son mobilier ou une certaine somme à prendre sur ce mobilier sera employée en acquisition d'immeubles qui lui seront propres, cas où la stipulation prend le nom particulier de *clause d'emploi;* 4° enfin, quand il ne met son mobilier en communauté que jusqu'à concurrence de telle somme, ce qui en exclut l'excédant.

Cette exclusion du mobilier reçoit souvent le nom générique d'*immobilisation* ou de *réalisation,* parce qu'elle assimile à des immeubles et réalise au profit de l'époux, en la lui réservant propre, la totalité ou une partie de sa fortune mobilière. Mais ce mot de *réalisation* s'emploie aussi dans un sens plus restreint et plus exact pour les trois premiers seulement des quatre cas ci-dessus, et par opposition à la dernière stipulation, qui prend le nom particulier de *clause d'apport.* Il faut distinguer ces deux clauses l'une de l'autre (1500, I).

LXXII. — *Clause de réalisation.* — Quand un époux se réserve propre tout ou partie de ses meubles, soit en les excluant directement de la communauté, soit en excluant indirectement telle partie par la mise en communauté de telle autre, soit enfin par une clause d'emploi, cette réserve, si elle porte sur l'universalité ou sur une quote-part du mobilier, oblige l'époux à supporter proportionnellement ses dettes mobilières. Le Code, en effet, faisant cesser une dispute des anciens auteurs, consacre par plusieurs dispositions ce principe de notre vieux droit français, reproduit par Pothier, que les dettes mobilières sont partout à la charge de l'actif mobilier. Si donc l'époux réalise tous ses meubles présents, il supporte toutes ses dettes actuelles; s'il réalise, ceux à échoir par successions ou donations, il supporte les dettes de ces successions ou donations; s'il ne réserve enfin qu'une quote-part des uns ou des autres, il supporte dans les dettes une part proportionnelle. Que s'il ne se réservait qu'un ou plusieurs meubles déterminés, il n'aurait aucune dette à sa charge, de même qu'il les aurait toutes si c'était seulement sur un ou plusieurs meubles déterminés que portât sa mise en communauté : *Quia non certarum rerum æs alienum onus est.*

La clause d'emploi, bien entendu, produit la réalisation par elle-même et avant que l'emploi soit effectué. Il en a toujours été ainsi, et avec raison, puisque les choses sont évidemment exclues de la communauté par cela seul qu'elles sont réservées pour acquérir des immeubles à l'époux.

Il va sans dire, au surplus, et nous aurons à faire plusieurs fois une observation analogue, que la clause de réalisation, étant dérogatoire au droit commun, devra toujours s'interpréter restrictivement ; de sorte que, si elle présentait plusieurs sens possibles, c'est à celui qui s'écarterait le moins des règles de la communauté légale qu'il faudrait s'en tenir (1500, II, III et IV).

LXXIII. — *Clause d'apport.* — La clause par laquelle un époux met en communauté son mobilier jusqu'à concurrence d'une certaine somme diffère des trois clauses dont nous venons de parler simultanément, en ce qu'elle ne produit pas toujours la réalisation et que celle qu'elle produit quelquefois n'est point une réalisation véritable et proprement dite. D'une part, en effet, il n'y a ici d'exclu de la communauté que ce dont le mobilier de l'époux dépasse la somme par lui promise : or il se peut que ce mobilier n'excède pas la somme ou même ne l'atteigne pas. D'un autre côté, l'excédant, quand il y en a, n'est pas rigoureusement propre à l'époux ; il appartient comme tout le reste à la communauté, qui est seulement débitrice de la valeur de cet excédant. L'époux, dans ce cas, a livré son mobilier en libération de la dette qu'il contractait ; il y a dation en payement ; la communauté acquiert, sauf à compter, la propriété de tous les meubles, et c'est pour elle qu'ils augmentent ou diminuent de valeur.

L'époux s'étant constitué, par son apport, débiteur de la somme indiquée, il lui faut, lors de la dissolution de la communauté, prouver qu'il l'a payée en entier par le mobilier provenu de son chef. La preuve de la consistance de ce mobilier se trouve soumise à des règles différentes, selon qu'il s'agit du mobilier apporté lors de la célébration ou de celui qui est échu depuis. Pour ce dernier (que le Code, comme de raison et contrairement à l'ancien droit, permet de compter aussi pour l'acquittement de la somme promise), la preuve se fait d'après la règle indiquée pour la communauté d'acquêts, c'est-à-dire que le mari ne peut prouver que par un inventaire ou état en bonne forme, tandis que la femme peut, à défaut de cet état, faire sa preuve par témoins ou même par commune renommée. Quant au mobilier apporté lors de la célébration, la loi est moins exigeante : pour l'apport de la femme, il suffit d'une quittance donnée par le mari, soit dans le contrat, soit dans un acte postérieur, à cette femme ou à ceux qui l'ont dotée, et on peut très-bien stipuler dans le contrat que le fait même de la célébration vaudra quittance ; pour l'apport du mari, une quittance ne pouvait pas être exigée, et la loi se contente de la simple déclaration que le mari fait au contrat.

Il est évident, au surplus, que l'époux est garant envers la communauté des meubles qu'il lui donne en payement, et qu'on ne compterait pas à son acquit ceux dont elle aurait été évincée. S'il s'agit de créances, il faut de plus qu'elles aient été payées à la communauté : mais les créances apportées par la femme seront présumées avoir été payées ou n'avoir manqué de l'être que par la faute du mari, tant que celui-ci ne justifiera pas de poursuites faites en temps utile et restées sans résultat. Il va sans dire, enfin, que le montant des dettes grevant le mobilier de l'époux et que la communauté aurait payées, doit être défalqué de la valeur imputable de son mobilier, et que cette valeur, d'un autre côté, s'estime d'après l'état des choses au jour que la communauté les a reçues (1501-1504).

SECTION II.

DES CLAUSES EXTENSIVES DE LA COMMUNAUTÉ LÉGALE.

LXXIV. — Si les époux peuvent restreindre l'étendue légale de la communauté, ils peuvent aussi l'élargir, et de même qu'ils peuvent exclure de leur société tout ou partie de leurs meubles, qui de droit commun y entreraient, de même ils peuvent y faire entrer tout ou partie de leurs immeubles, qui en principe en sont exclus. Toute clause dont tel est l'objet se nomme *clause d'ameublissement*.

Mais ce mot *d'ameublissement* ne doit pas se prendre à la lettre. Il signifie, non pas que les immeubles faisant l'objet de la clause seront réputés meubles et entreront en communauté avec cette qualité fictive de meubles, mais tout simplement qu'ils ressembleront aux meubles, en ceci qu'ils entreront dans la communauté. Les biens ameublis se trouvent donc, non pas sur la même ligne que les meubles, mais sur la ligne des conquêts immeubles.

L'ameublissement est général ou particulier. Il est général quand il frappe sur l'universalité des immeubles, soit présents, soit futurs, soit présents et futurs, ou sur une quote-part de cette universalité. Il est particulier quand il s'applique à un ou plusieurs immeubles spécialement désignés ; et comme une désignation n'a pas besoin d'être individuelle pour être spéciale, l'ameublissement des immeubles situés dans tel canton, dans telle commune, dans tel département, serait particulier (1505,1).

LXXV. — Une autre distinction, extrêmement importante, c'est celle des ameublissements en déterminés et indéterminés. Le Code en donne deux définitions contradictoires l'une à l'autre ; mais, comme la seconde est aussi conforme à la raison et aux idées de Pothier que la première leur est contraire, comme elle consiste d'ailleurs *en choses*, tandis que la première n'est qu'une affaire *de mots* dus à un défaut évident de réflexion, il n'y a pas lieu d'hésiter entre elles un instant.

L'ameublissement déterminé, qu'on ferait mieux d'appeler ameublissement parfait, et qui n'est rien autre chose que l'ameublissement véritable et proprement dit, est celui qui met l'immeuble ou les immeubles dans la communauté purement et simplement. L'ameublissement indéterminé ou imparfait est celui qui ne les y met que jusqu'à concurrence d'une certaine somme (1506-1509, n^{os} I-IV).

L'ameublissement déterminé, qu'il soit particulier ou général, rend la communauté propriétaire des immeubles, ou de la quote-part d'immeubles qui en font l'objet, et le chef de cette communauté peut dès lors les aliéner comme les conquêts immobiliers. L'ameublissement indéterminé, au contraire, ne donne à la communauté qu'un droit de créance, mais d'une nature toute particulière. Ainsi, ce n'est pas sur la somme jusqu'à concurrence de laquelle les immeubles sont ameublis que frappe le droit de la communauté, mais sur les immeubles eux-mêmes, dans la limite de cette somme; d'où il suit, d'une part, que si leur valeur se trouvait inférieure à cette somme, la communauté n'en serait pas moins tenue de se contenter des immeubles, et que, d'autre part, la communauté, bien qu'elle ne soit pas propriétaire, est cependant autorisée à hypothéquer les immeubles jusqu'à concurrence de la somme. Deux règles, au surplus, sont communes à l'ameublissement déterminé et à l'ameublissement indéterminé. L'une est la faculté dont l'époux qui a fait l'ameublissement jouit, lors du partage de la communauté, de retenir les biens ameublis en les comptant sur sa part pour la valeur qu'ils ont à ce moment. L'autre est la dette de garantie qu'entraîne tout ameublissement particulier : l'ameublissement n'étant point une libéralité, il est clair que la communauté doit être indemnisée quand elle est évincée d'un immeuble qu'on lui avait livré spécialement. Quant à l'ameublissement général, il ne donne pas lieu à garantie, puisque celui qui livre une universalité de biens la transmet telle qu'elle est dans ses mains (*ibid.*, V et VI).

LXXVI. — Quand l'ameublissement parfait et général est consenti, soit pour les immeubles présents, soit pour les immeubles futurs, soit pour les immeubles présents et futurs, par les deux époux à la fois, cette stipulation réciproque établit entre eux, on le voit, une communauté universelle. Cette communauté, que la loi, vu son importance, place dans une section à part, n'est donc qu'un cas d'ameublissement.

Du reste, dans le cas même où cet ameublissement réciproque serait stipulé pour tous les immeubles, et présents et futurs (ce qui mettrait aussi en commun, comme conséquence, toutes les dettes présentes et futures), il pourrait arriver que la communauté ne fût cependant pas toujours rigoureusement universelle, puisque des biens pourraient être donnés à un époux à la condition de lui rester propres, ce qui exclurait de la communauté et ces biens et les dettes qui y seraient relatives.

Il est évident, au surplus, que toute clause d'ameublissement doit, comme dérogatoire au droit commun de la communauté, s'interpréter rigoureusement et restrictivement. Ainsi, par exemple, celle par laquelle les époux déclareraient mettre en commun *tous leurs immeubles,* sans autre explication, ne s'entendrait que des immeubles présents (1526, 1505, II et III).

SECTION III.

DE LA SÉPARATION DES DETTES.

LXXVII. — Il faut distinguer ici : 1° la séparation de dettes parfaite et proprement dite, et 2° celle qui résulte imparfaitement de la clause de franc et quitte.

1° *De la séparation proprement dite des dettes.* — L'exclusion, de la communauté, des dettes qui de droit commun y entreraient, exclusion qui peut avoir lieu ou pour un seul des époux ou pour tous deux, peut s'établir expressément ou virtuellement. Elle est expresse quand il est dit au contrat que l'un ou chacun des époux supportera seul ses dettes ; elle est virtuelle seulement quand l'un ou chacun des époux se réserve propre l'universalité de ses meubles, soit qu'il ne fasse aucun apport, soit qu'il n'apporte qu'une certaine somme ou des objets particuliers. C'est alors l'application de ce principe déjà connu : *Universi patri- monii, non certarum rerum, œs alienum onus est.*

La clause d'exclusion des dettes, comme toutes celles de notre cha- pitre, devant s'entendre restrictivement, celle qui parlerait *des dettes* ou *de toutes les dettes,* sans rien préciser, ne s'appliquerait qu'aux dettes antérieures au mariage. Mais que faut-il entendre par dettes antérieures au mariage ? Toutes celles et seulement celles dont la nais- sance est due à un fait qui a précédé la célébration. Ainsi, on y com- prendrait l'amende à laquelle un époux serait condamné pendant le mariage, mais pour un délit commis avant la célébration, puisque c'est ce délit qui est la cause de l'amende. On n'y comprendrait pas, au con- traire, les dettes d'une succession (mobilière) ouverte avant la célébra- tion, mais qui ne serait acceptée qu'après, puisque c'est seulement par le fait de son acceptation que l'époux se rend débiteur des dettes héré- ditaires. Sans doute, quand on considère, *en droit,* les effets de l'acceptation, il faut dire que ces effets rétroagissent au jour de l'ou- verture de la succession ; mais ici c'est une question d'interprétation de volonté qu'on examine, une question d'intention, une question *de fait ;* or, il est évident qu'en fait, et dans la pensée de l'époux, c'est son ac- ceptation seulement qui le soumet aux dettes de la succession, comme elle lui en fait acquérir l'actif. L'exclusion, au surplus, embrasse de plein droit, avec le capital des dettes, leurs intérêts échus avant la célébration : quant à ceux à échoir pendant le mariage, ils ne pour- raient être exclus qu'au moyen d'une déclaration spéciale du contrat (1510-1512, n°s I et II).

LXXVIII. — L'effet de la séparation des dettes, bien simple entre les époux, demande plus d'observations à l'égard de leurs créanciers.

Entre les époux, cet effet consiste en ce que les dettes exclues de la communauté ne seront acquittées par celle-ci qu'à la charge par l'é-

poux qu'elles concernent d'en payer récompense lors de la dissolution. C'est à l'époux qui prétend que son conjoint doit récompense pour
cette cause, d'établir qu'une dette de ce conjoint antérieure au mariage a été éteinte par payement pendant la communauté; ceci établi,
il y aura présomption, jusqu'à preuve contraire, que le payement s'est
fait des deniers communs.

A l'égard des créanciers, l'effet de la séparation est subordonné à la
condition que le mobilier entré dans la communauté du chef de leur
débiteur a été constaté par un inventaire ou état authentique. Si on a
omis d'inventorier, soit le mobilier apporté par l'époux en se mariant,
soit celui qui lui est échu depuis, comme les créanciers n'ont pas la
certitude que les valeurs qu'on leur présente comme étant tout le mobilier provenu de l'époux soient bien tout ce mobilier, la séparation des
dettes est pour eux non avenue, et ils peuvent agir sur tous les biens
communs. Que si, au contraire, on a dûment constaté et le mobilier
que l'époux débiteur avait en se mariant et celui qui lui est échu ensuite, les créanciers ne pourront poursuivre leur payement que sur le
mobilier provenant de ce débiteur et sur ses propres, comme s'il n'a-
vait pas contracté mariage.

Cette règle est commune à l'un et à l'autre époux. Il est vrai que la
plupart des anciens auteurs, et notamment Pothier, ne l'appliquaient
qu'à la femme, et enseignaient que toute clause d'exclusion des dettes
du mari est inefficace à l'égard de ses créanciers, à cause de son droit
absolu de disposition des biens de la communauté. Mais c'était une erreur manifeste, puisque, si ce droit de disposer de la communauté
comme il l'entendra, et notamment pour l'acquittement de ses dettes
antérieures au mariage, existe pour le mari sous le droit commun, il
est bien clair qu'il n'existe plus quand ce droit commun est modifié
par une clause dans laquelle on déclare n'adopter la communauté qu'à
la condition précisément que cette communauté ne payera pas les dettes du mari antérieures au mariage. Comment pourrait-on se rire ainsi
de la stipulation de la femme? Comment cette femme, qui peut ne pas
mettre ses meubles dans la communauté, ne pourrait-elle pas les y
mettre en les garantissant des poursuites des créanciers de son mari?...
Le Code revient donc aux vrais principes du droit et de l'équité, quand
il applique aux créanciers *de l'un et de l'autre des époux* ce que Pothier
disait des créanciers *de la femme* seulement (*ibid.*, III et IV).

LXXIX. — *Clause de franc et quitte.* — On appelle ainsi la clause
qui déclare l'un des époux franc et libre de toutes dettes. Cette déclaration, qui n'était jamais faite autrefois que par des tiers se portant garants de la franchise de l'époux, et qui n'obligeait en rien cet époux,
peut l'être aujourd'hui, soit par des tiers, soit par l'époux lui-même;
et lors même que l'époux n'y parle pas, par cela seul qu'il la laisse
faire, il est toujours le principal obligé : c'est seulement en cas d'insuffisance de ses biens que le conjoint, s'il y a lieu, recourra contre les
garants.

La clause de franc et quitte, dans le cas même où elle se rapproche le plus de la vraie séparation de dettes, en diffère toujours sous deux rapports, qui présentent au conjoint, l'un plus, l'autre moins d'avantage que la première clause. D'une part, en effet, l'époux déclaré quitte, et dont la communauté paye néanmoins des dettes antérieures au mariage, doit récompense, non pas seulement du capital de la dette et de ses intérêts antérieurs au mariage, mais de la totalité de la somme payée et de tous les intérêts de cette somme depuis le jour du payement jusqu'au jour de la dissolution. Il faut, en effet, que le conjoint soit mis dans la position où il aurait été si l'époux faussement déclaré franc n'avait pas eu de dettes. Mais, d'un autre côté, la clause de franc et quitte n'empêche pas les créanciers de l'époux de poursuivre leur payement sur tous les biens communs (1513, I).

LXXX. — Nous venons de dire que le conjoint de l'époux faussement déclaré quitte doit être remis dans la même position que si cet époux n'avait pas eu de dettes. Ce point, controversé autrefois en ce qui touche le préjudice consistant simplement en une diminution de la part de communauté que prend ce conjoint, n'est pas contestable aujourd'hui, puisque le Code, sans distinguer l'espèce du préjudice souffert, déclare d'une manière absolue que l'indemnité est due toutes les fois et par cela seul que la communauté a payé des dettes pour l'époux déclaré quitte (*ibid.*, II).

C'est au conjoint de prouver que les dettes payées par la communauté pour l'époux déclaré quitte étaient antérieures au mariage ; mais il est juste de l'admettre, même contre les garants, à faire cette preuve par simple témoignage ou par des actes sans date certaine souscrits par l'époux. Seulement, on doit réserver alors à ces garants la faculté de prouver que l'acte est antidaté, et que la date est postérieure à la célébration. L'action, du reste, ne peut jamais être intentée, soit par la femme contre le mari ou contre les garants, soit par le mari contre la femme, qu'après la dissolution de la communauté ; mais le mari est autorisé à agir contre ceux qui ont déclaré la femme quitte, pendant le cours même de la communauté. C'est la seule exception, et les garants eux-mêmes, après avoir payé pour la femme l'indemnité par elle due, ne pourraient recourir contre elle que quand la communauté sera dissoute (*ibid.*, III).

SECTION IV.
DU DROIT POUR LA FEMME DE REPRENDRE SON APPORT.

LXXXI. — La femme peut se réserver le droit de reprendre, en renonçant à la communauté, tout ou partie des biens meubles provenus de son chef.

La clause, d'après le principe plusieurs fois indiqué déjà, doit s'interpréter restrictivement.

Ainsi, et quant aux choses formant l'objet du droit, si la femme a dit, sans rien préciser, qu'elle pourrait reprendre *tous ses apports,* ou *tous les biens par elle mis en communauté,* la clause ne s'entendra que des biens entrés dans la communauté lors de la célébration. Pour pouvoir y comprendre ceux qui sont venus pendant le mariage, il faut au moins que le contrat dise : *tous les biens qui* SERONT *entrés du chef de la femme.*

De même, et quant aux personnes, le droit n'appartiendra qu'à celles qui y seront appelées par le contrat. Ainsi, la faculté stipulée pour la femme n'appartiendra pas à ses enfants, celle qu'elle stipulerait pour elle et ses enfants n'appartiendrait pas à ses héritiers ascendants, celle qu'elle réserverait pour ses enfants et ascendants n'appartiendrait pas aux héritiers collatéraux, et celle enfin qui serait stipulée pour tous les héritiers ne s'étendrait ni aux successeurs irréguliers ni aux successeurs testamentaires. Que si la clause était rédigée au mode impersonnel et disait qu'*il pourra être fait reprise de tels biens,* comme des deux sens, l'un très-large et l'autre très-restreint, qui sont alors possibles, le premier est douteux et le second seul certain, c'est à celui-ci qu'il faudrait se tenir, et le droit n'appartiendrait qu'à la femme. Mais la clause appelant les collatéraux comprendrait tout naturellement les ascendants et descendants : ces derniers seraient compris dans celle qui appelle les ascendants ; enfin, la vocation des enfants embrasserait les descendants de tout degré, comme elle embrasserait aussi les enfants de toute qualité. Que si la femme laissait tout ensemble un héritier appelé à exercer la reprise et un légataire universel qui n'y est pas appelé, le droit s'ouvrirait ou ne s'ouvrirait pas selon que l'héritier serait ou non saisi, c'est-à-dire selon que l'héritier serait ou non réservataire.

Mais si le droit ne peut jamais s'ouvrir pour les personnes qui n'y sont pas appelées par le contrat, il est clair qu'il peut souvent être exercé par elles ; car, une fois ouvert, il est transmissible comme tout autre droit aux ayants cause de celui au profit duquel il s'est ouvert (1514, I et II).

LXXXII. — Ce droit, au surplus, ne s'exerçant qu'au moyen de la renonciation de la femme ou de ses ayants cause, il ne constitue dès lors qu'une créance contre le mari ; d'où il suit, d'une part, que les biens ne sauraient être exigés en nature, et d'un autre côté, que les intérêts ne sont dus que du jour de la demande, conformément au droit commun.

La reprise ne peut d'ailleurs s'exercer que sous déduction proportionnelle des dettes tombées dans la communauté du chef de la femme ; en sorte que ces dettes seront à la charge de la femme ou de ses représentants, pour le tout, si la reprise est de l'universalité des meubles apportés, et pour une quote-part, si cette reprise n'est que d'une quote-part. Cette obligation de subir les dettes n'existera pas, si la reprise ne porte que sur une somme fixe ou sur un ou plusieurs objets déterminés (*ibid.*, III).

SECTION V.
CLAUSES MODIFICATIVES DU PARTAGE PAR MOITIÉ.

LXXXIII. — La règle du partage de la communauté en deux portions égales peut être modifiée de quatre manières différentes.

On peut convenir : 1° qu'avant de procéder au partage, d'ailleurs égal, l'un des époux aura droit à un préciput ; 2° que la division se fera par portions inégales ; 3° que l'une des parties n'aura qu'une somme fixe pour tout droit de communauté, ce qui constitue un forfait ; 4° enfin, que la totalité de la communauté sera éventuellement attribuée à tel époux.

1° Du préciput conventionnel.

LXXXIV. — Le préciput, ou prélèvement à faire préliminairement au partage, peut avoir pour objet, soit une somme d'argent, soit des biens (meubles, immeubles, ou meubles et immeubles) en nature, soit de l'argent et des biens en nature simultanément, soit l'argent ou les biens au choix du bénéficiaire. L'attribution des biens peut d'ailleurs se faire, ou avec indication de choses déterminées, ou jusqu'à concurrence d'une somme de..., ou pour telle quote-part de la communauté, ou pour toutes les choses d'une certaine classe. Et, bien entendu, l'effet de la clause ne pourrait pas plus dans ce dernier cas que dans les autres être critiqué sous le prétexte de la trop grande importance des biens ainsi attribués.

Quant à l'événement qui doit l'ouvrir, le préciput peut être stipulé, ou en vue seulement du décès d'un des époux, ou en vue de la dissolution de la communauté par une cause quelconque ; et il peut l'être, dans les deux cas, ou pour un époux seulement, ou pour cet époux et ses héritiers. Ainsi on peut dire que le préciput appartiendra : ou 1° au survivant des époux, quel qu'il soit ; ou 2° à tel époux, s'il survit à son conjoint ; ou 3° à tel époux absolument et soit qu'il survive ou prédécède, c'est-à-dire à l'époux et à ses héritiers, mais toujours pour le seul cas de décès de cet époux ou de son conjoint ; ou 4° à tel époux lors de la dissolution de la communauté par une cause quelconque ; ou enfin 5° à tel époux et à ses héritiers, dans le même cas (1515, I et II).

LXXXV. — Si, dans le cas d'un préciput stipulé en vue seulement du décès d'un des époux, la communauté vient à se dissoudre par une séparation, soit de corps et de biens, soit de biens seulement, le préciput n'étant pas ouvert, il n'y a pas lieu à l'exercer, au moins quant à présent, et la communauté se partage par moitié. S'il s'agit d'une séparation de corps, que le préciput ait été stipulé, non pour le survivant, quel qu'il soit, mais pour tel époux s'il survit, et que ce soit précisément contre lui que la séparation ait été prononcée, cet époux est déchu de son avantage et le partage par moitié est définitif. Que si c'est contre l'autre époux que la séparation soit prononcée, ou si le préciput est stipulé pour le survivant, quel qu'il soit, ou si encore la séparation prononcée n'est qu'une simple séparation de biens, le préciput reste possible, l'époux appelé, ou chaque époux, selon les cas, y conserve des droits éventuels, et c'est à la mort d'un des conjoints qu'il y a lieu, selon que le droit au préciput s'ouvre ou s'évanouit, de reprendre la moitié de ce préciput au profit du préciputaire sur le patrimoine de son conjoint, ou de maintenir définitivement le partage par moitié.

Quand le préciput est stipulé en vue de la dissolution de la communauté par une cause quelconque, le règlement définitif des droits a toujours lieu immédiatement, aussi bien quand la communauté se dissout par une séparation, soit de corps, soit de biens, que quand elle se dissout par la mort (1518, II et IV).

Du reste, le décès s'entend, dans toute cette matière, de la mort civile aussi bien que de la mort naturelle, et, bien entendu, le prédécès, quand le préciput en dépend, doit toujours être prouvé, sans qu'on puisse invoquer ici les présomptions de survie posées par la loi pour la matière des successions (1517).

LXXXVI. — Il n'y a de préciput possible pour la femme qu'en acceptant la communauté, puisqu'un préciput est un prélèvement avant partage sur les choses à partager, et qu'il n'y a pas lieu à partage quand la femme renonce. Mais la femme peut stipuler le droit de prendre, soit une somme d'argent, soit des biens en nature, tant en renonçant qu'en acceptant; et le Code donne aussi à ce droit le nom, impropre dans ce cas, de préciput.

Ce préciput improprement dit diffère du premier. Ainsi, tandis que le préciput véritable ne peut s'exercer que sur les biens communs, en sorte qu'il ne sera acquitté que pour partie si la communauté est insuffisante, et restera sans effet si elle est nulle, l'autre constitue une créance qui pourra toujours, soit que la femme accepte, soit qu'elle renonce, se poursuivre sur le patrimoine du mari. Et si, la communauté se dissolvant par une séparation de corps ou de biens, la femme, qui a stipulé ainsi le préciput pour le cas de sa survie même en renonçant, renonce en effet, et voit par là passer au mari la totalité des biens sur lesquels elle conserve son droit éventuel, cette femme peut alors exiger, pour la garantie de ce droit, une caution que la loi ne l'autorise pas à demander dans les autres cas (1515, III, et 1518, III).

Disons, en terminant, que le préciput, d'une part, n'est point réputé un avantage sujet à réduction sur la demande des héritiers réservataires, et que, d'un autre côté, il ne peut jamais être invoqué contre les créanciers de la communauté, lesquels peuvent toujours faire saisir et vendre les biens qui en sont l'objet. Seulement, l'époux préciputaire pourrait recourir, pour la valeur de son préciput, soit sur les autres biens communs pour un préciput ordinaire, soit aussi, pour le préciput stipulé par la femme au cas même de renonciation, sur les biens personnels du mari (1516 et 1519).

2° De l'attribution de parts inégales.

LXXXVII. — Au lieu d'établir l'inégalité de gains au moyen d'un préciput, les époux peuvent le faire par une convention directe de parts inégales, en disant que l'actif social se divisera par deux tiers, trois quarts, etc., d'un côté, et un tiers, un quart, etc., de l'autre.

La stipulation peut se faire, ou en vue seulement du décès d'un conjoint, ou en vue de tout partage de la communauté, purement et sans conditions, ou sous une ou plusieurs conditions, par exemple, si c'est tel époux qui survit et qu'il n'y ait pas d'enfants du mariage, au profit ou au détriment d'un époux seulement, ou de cet époux et de ses héritiers.

Dans tous les cas, l'inégalité de parts dans l'actif emporte, sans qu'il soit besoin de l'exprimer, l'inégalité proportionnelle dans le passif; et toute convention qui, en partageant les biens sur telle base, partagerait les dettes sur une base différente, serait nulle, non pas seulement pour la partie relative au passif, mais pour le tout, et laisserait les parties sous la règle commune du partage par moitié (1521).

3° *Du forfait de communauté.*

LXXXVIII. — Le forfait, c'est-à-dire la clause qui attribue à un époux une somme fixe pour tout droit de communauté en laissant à l'autre tout l'actif et le passif, peut être stipulé purement et simplement ou sous une ou plusieurs conditions, à l'égard de l'un des époux indistinctement ou de tel époux spécialement, à l'égard de l'époux seulement ou de l'époux et de ses héritiers ou des héritiers seulement, en vue seulement du décès d'un conjoint ou pour toute dissolution de communauté.

Quand c'est à l'égard du mari (ou de ses héritiers) que le forfait s'applique, il est tenu, quel que soit l'état de la communauté, de payer la somme fixée au contrat et de supporter toutes les dettes de la communauté. La femme ne peut pas être poursuivie comme commune; et si elle l'est parce qu'elle se serait obligée personnellement pour des dettes de la communauté, elle ne les paye que sauf recours pour le tout.

Mais quand c'est à l'égard de la femme (ou de ses héritiers) que le forfait est stipulé, celle-ci pouvant toujours renoncer à la communauté sans que nulle convention puisse lui enlever ce droit, elle a le choix, ou d'exécuter le forfait, ou d'abandonner l'actif et le passif par une renonciation, comme s'il y avait communauté légale. Mais si elle jouit, même dans ce cas, de la faculté de renoncer, parce qu'il lui est interdit de s'en dépouiller jamais, elle ne jouit pas également de l'avantage de n'être tenue des dettes, en acceptant, que jusqu'à concurrence de son émolument sous la condition d'un inventaire. La loi, en lui réservant expressément le premier bénéfice, se garde bien de parler du second, dont aucun texte en effet ne lui interdit de se dépouiller, et qui lui est enlevé dès lors par son acceptation du forfait (1524).

4° *De l'attribution éventuelle de toute la communauté à l'un des époux.*

LXXXIX. — La clause dont il s'agit ici, à la différence des précédentes, n'est jamais pure et simple; ce n'est qu'éventuellement et sous une condition quelconque que la totalité de la communauté peut être attribuée à l'un des époux. Il est clair, au surplus, que l'attribution est conditionnelle par cela seul qu'elle est faite ou au survivant des époux ou à tel époux survivant, puisque le bénéfice dépend pour la personne de la condition *si elle survit* (1).

L'attribution de la communauté entière à un époux donne, par elle-même et à moins de stipulation contraire, aux héritiers de l'autre, le droit de reprendre tous les biens entrés dans la communauté du chef de celui-ci, soit par les apports faits lors de la célébration, soit par les successions ou donations échues pendant le mariage; et de même que le premier ne prend les biens de la communauté que sous déduction de ceux provenant de son conjoint, de même il n'en supporte les dettes que sous déduction de celles correspondant aux biens repris. Mais il y a ici encore une grande différence entre le mari et la femme : quand c'est au mari que l'actif et le passif de la communauté se trouvent ainsi dévolus, il ne peut pas les refuser, si mauvais que soit le fonds social; quand c'est à la femme, au contraire, elle est toujours libre de rester étrangère aux dettes comme aux biens au moyen d'une renonciation.

Du reste, si avantageuse que puisse être parfois pour le bénéficiaire l'attribution de l'entière communauté, elle n'est cependant réputée, aussi bien que les clauses précédentes, qu'une convention entre associés, et ne constitue point légalement une donation que les réservataires ordinaires puissent faire réduire. Mais, bien entendu, cette attribution peut fort bien se faire aussi au moyen d'une véritable donation qu'un époux fait de sa moitié, et cette donation subit comme toute autre les conséquences de son caractère.

Si étendu, au surplus, que puisse être l'effet de notre clause, les époux, de même qu'ils peuvent le restreindre, peuvent encore l'étendre davantage. Ainsi, ils peuvent dire que le survivant prendra toute la communauté, y compris les biens provenant du prémourant; mais, comme ils excèdent alors les limites dans lesquelles la loi a bien voulu dépouiller la stipulation du caractère de donation, il y aurait là une libéralité réductible d'après les règles ordinaires (1525).

OBSERVATION GÉNÉRALE.

XC. — On a vu, à la fin du chapitre Ier, que si les avantages que l'un des époux procure à l'autre, par l'établissement de la communauté légale, ne sont pas réductibles pour tous héritiers réservataires de cet époux, ils le sont pour ses enfants d'un précédent mariage. Or il en est de même pour les stipulations constitutives d'une communauté conventionnelle, et il faut appliquer ici les règles indiquées au n° LXV.

---

(1) Ce n'est pas à dire qu'une telle attribution faite sans condition ne serait pas valable; mais elle présenterait une exclusion de communauté et non plus un des cas de communauté conventionnelle, les seuls qui nous occupent.

Rappelons, au surplus, en terminant, que si les diverses stipulations analysées dans ce chapitre sont les seules qui se rencontrent habituellement, elles ne sont pas les seules permises, les époux étant entièrement libres de modifier la communauté légale de telle façon qu'il leur plaira. Il va sans dire aussi qu'au point précis où s'arrêtent les modifications apportées au droit commun par les parties, là ce droit commun reprend son empire (1527 et 1528).

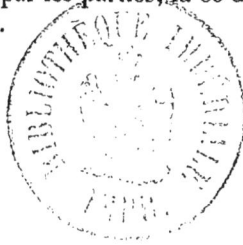

FIN DU TOME CINQUIÈME.

TABLE DES MATIÈRES

EXPLIQUÉES DANS LE CINQUIÈME VOLUME.

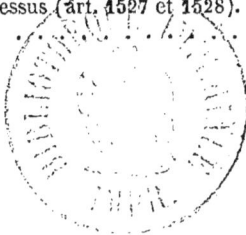

FIN DE LA TABLE.

PARIS. — TYPOGRAPHIE DE J. BEST,
rue Saint-Maur-Saint-Germain, 15.

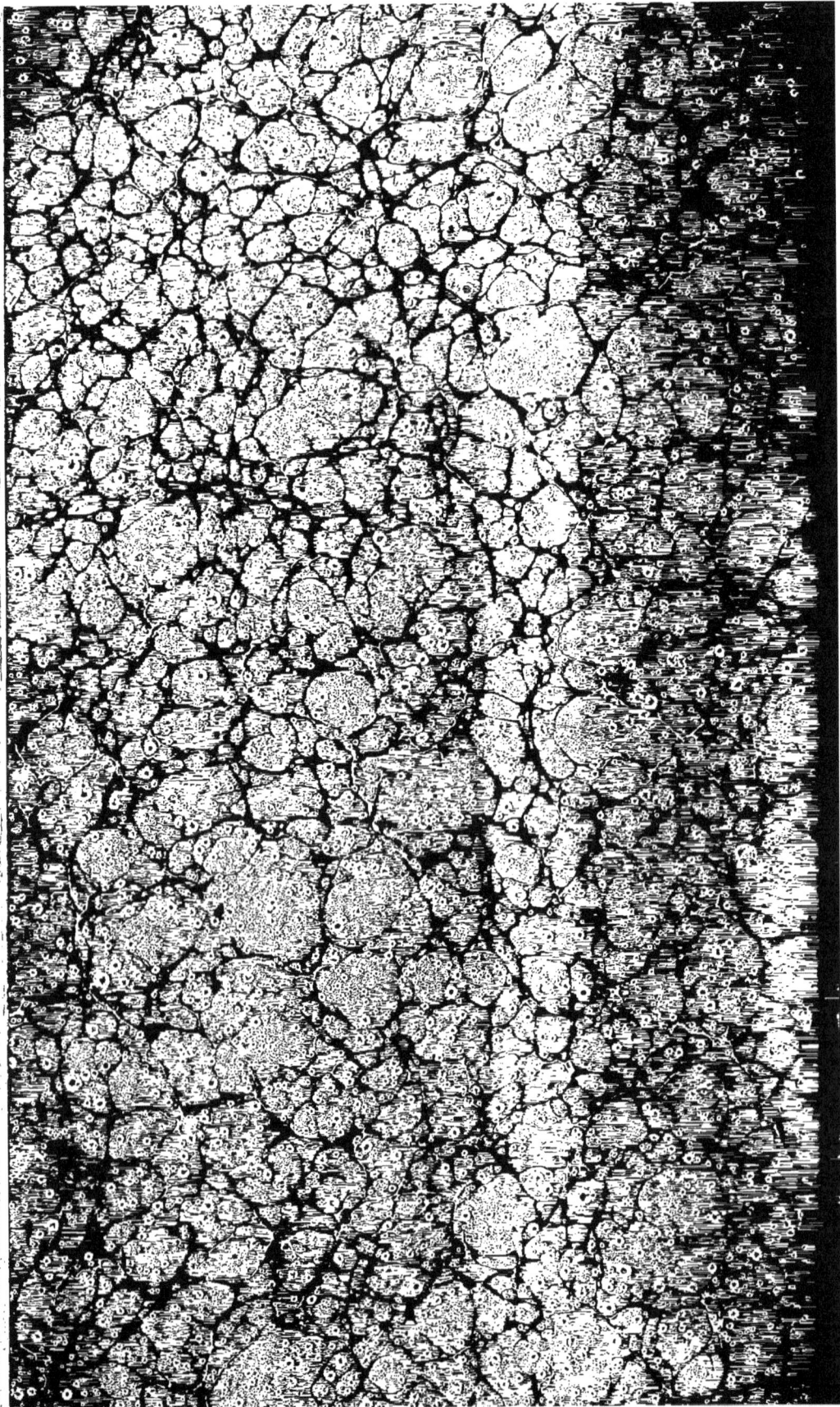

www.ingramcontent.com/pod-product-compliance
Lightning Source LLC
Chambersburg PA
CBHW060413220326
41598CB00021BA/2164